Gerenciamento de
PROJETOS
O processo gerencial

```
L333g    Larson, Erik W.
             Gerenciamento de projetos : o processo gerencial / Erik
         W. Larson, Clifford F. Gray ;  tradução: Théo Amon ;
         revisão técnica: Roque Rabechini Jr. – 6. ed. – Porto Alegre :
         AMGH, 2016.
             xvi, 592 p. : il. ; 28 cm. +  1 DVD.

             ISBN 978-85-8055-566-0

             1. Gestão de projetos. 2. Liderança de projetos. 3.
         Gerenciamento de riscos. I. Gray, Clifford F. II. Título.

                                                         CDU 005.8
```

Catalogação na publicação: Poliana Sanchez de Araujo – CRB 10/2094

6ª Edição

Gerenciamento de
PROJETOS

O processo gerencial

Erik W. Larson
Oregon State University

Clifford F. Gray
Oregon State University

Tradução:
Théo Amon

Revisão técnica:
Roque Rabechini Jr., Ph.D.
Pós-doutorado pela FEA/USP
Doutor em Engenharia de Produção pela Poli/USP
Mestre em Administração pela FEA/USP

AMGH Editora Ltda.
2016

Obra originalmente publicada sob o título
Project Management: The Managerial Process, 6th Edition
ISBN 0078096594 / 9780078096594

Original edition copyright © 2014, McGraw-Hill Global Education Holdings, LLC, New York, New York 10121. All rights reserved.

Gerente editorial: *Arysinha Jacques Affonso*

Colaboraram nesta edição:

Capa: *Maurício Pamplona*
Imagem da capa: *Alvov/Shutterstock*
Editoração e revisão de textos: *Know-How Editorial*

Reservados todos os direitos de publicação, em língua portuguesa, à
AMGH Editora Ltda., uma parceria entre GRUPO A EDUCAÇÃO S.A. e McGRAW-HILL EDUCATION.
Av. Jerônimo de Ornelas, 670 – Santana
90040-340 – Porto Alegre – RS
Fone: (51) 3027-7000 Fax: (51) 3027-7070

Unidade São Paulo
Av. Embaixador Macedo Soares, 10.735 – Pavilhão 5 – Cond. Espace Center
Vila Anastácio – 05095-035 – São Paulo – SP
Fone: (11) 3665-1100 Fax: (11) 3667-1333
SAC 0800 703-3444 – www.grupoa.com.br

É proibida a duplicação ou reprodução deste volume, no todo ou em parte, sob quaisquer formas ou por quaisquer meios (eletrônico, mecânico, gravação, fotocópia, distribuição na Web e outros), sem permissão expressa da Editora.

IMPRESSO NO BRASIL
PRINTED IN BRAZIL

AUTORES

Erik W. Larson

ERIK W. LARSON é professor de gerenciamento de projetos no College of Business, da Oregon State University. Ele ministra disciplinas de gerenciamento de projetos e liderança em cursos executivos, de graduação e pós-graduação. Suas atividades de pesquisa e consultoria concentram-se em gerenciamento de projetos. Já publicou diversos artigos sobre gerenciamento matricial, desenvolvimento de produto e parceria de projeto. Recebeu prêmios de docência do programa de MBA e de MBA Executivo, ambos da Oregon State University. Desde 1984, é membro da seccional de Portland, Oregon, do Project Management Institute. Em 1995, com uma bolsa da Fundação Fulbright, trabalhou com o corpo docente da Krakow Academy of Economics para modernizar a educação polonesa na área de negócios. Foi professor visitante da Chulalongkorn University, em Bangcoc, Tailândia, e na Baden-Wuerttemberg Cooperative State University, em Bad Mergentheim, Alemanha. Tem bacharelado em psicologia pelo Claremont McKenna College e doutorado em gestão pela State University of New York, em Buffalo. É profissional certificado de gerenciamento de projetos (PMP) e Scrum master.

Clifford F. Gray

CLIFFORD F. GRAY é professor emérito de gestão no College of Busines da Oregon State University. Atua nas disciplinas de gerenciamento de projetos na graduação e na pós-graduação, nos Estados Unidos e no exterior; ministrou mais de 100 seminários e *workshops* de desenvolvimento executivo. Seus interesses de pesquisa e consultoria dividem-se igualmente entre gerenciamento de operações e gerenciamento de projetos; já publicou diversos artigos nessas áreas, além de um livro sobre gerenciamento de projetos. Também realizou pesquisa com colegas na International Project Management Association. Desde 1976, Cliff é membro do Project Management Institute, sendo um dos fundadores da seccional de Portland, Oregon. Em 2005, foi professor visitante na Kasetsart University, em Bangcoc, Tailândia. Entre 1977 e 2005, foi presidente da Project Management International, Inc. (empresa de treinamento e consultoria especializada em gerenciamento de projetos). Tem bacharelado em economia e administração pela Milikin University, MBA pela Indiana University e doutorado em gerenciamento de operações pelo College of Business da University of Oregon. É mestre Scrum certificado.

PREFÁCIO

Nossa motivação para escrever este livro é dar uma visão realista e sociotécnica do gerenciamento de projetos. No passado, os livros-texto sobre gerenciamento de projetos se concentravam quase exclusivamente nas ferramentas e nos processos utilizados, e não na dimensão humana. Isso nos impressionava, pois são as pessoas que concluem projetos, e não as ferramentas! Embora acreditemos firmemente que o domínio de ferramentas e processos seja essencial para um gerenciamento de projetos bem-sucedido, também acreditamos que a eficácia dessas ferramentas e métodos é moldada e determinada pela cultura predominante da empresa e pela dinâmica interpessoal dos envolvidos. Portanto, tentamos dar uma visão holística, que contemple essas duas dimensões e como elas interagem para determinar o destino dos projetos.

O papel dos projetos nas empresas está recebendo atenção crescente, das quais são a principal ferramenta para implementar e realizar metas estratégicas. Em face da intensa concorrência em todo o mundo, muitas empresas se reorganizaram em torno de uma filosofia de inovação, renovação e aprendizado organizacional para sobreviver. Essa filosofia sugere uma organização flexível e impulsionada por projetos. O gerenciamento de projetos se desenvolveu ao ponto de ser uma disciplina profissional, com um corpo próprio de conhecimento e habilidades. Hoje, é quase impossível imaginar alguém, em qualquer nível da empresa, que não se beneficiaria com algum grau de *expertise* no processo de gerenciamento de projetos.

Público

Este livro é escrito para um público amplo, abrangendo conceitos e habilidades usados pelos gerentes para propor, planejar, obter recursos, orçar e liderar equipes na conclusão exitosa de projetos. O livro deverá ser útil para estudantes e futuros gerentes de projetos ao ajudá-los a entender por que as empresas desenvolveram um processo formal de gerenciamento de projetos para obter vantagem competitiva. Os leitores encontrarão conceitos e técnicas expostos com detalhes suficientes para serem imediatamente úteis em projetos novos. Profissionais da área terão no livro um guia precioso ao tratar dos problemas típicos que surgem durante os projetos. Os gerentes também verão utilidade no livro para compreender o papel dos projetos nas missões de suas empresas. Para analistas, o livro os ajudará a explicar os dados necessários para a implementação de projetos, assim como as operações de software legado ou adquirido. Os membros do Project Management Institute verão que o texto é bem-estruturado, satisfazendo as necessidades dos que desejam se preparar para os exames de certificação PMP (Project Management Professional) ou CAPM (Certified Associate in Project Management). O texto cobre com profundidade a maioria dos tópicos cruciais constantes no *Project Management Body of Knowledge* (PMBOK), do PMI. Profissionais de todos os níveis da empresa designados para trabalhar em projetos verão utilidade no livro não apenas pela lógica para o uso de processos de gerenciamento de projetos, mas também pelos *insights* que obterão sobre a melhor forma de contribuir para o sucesso do projeto.

A nossa ênfase não é apenas em como o processo gerencial funciona: o mais importante é *por que* ele funciona. Os conceitos, princípios e as técnicas são universalmente aplicáveis. Isso significa que o livro não é especializado por tipo de setor ou escopo de projeto. Em vez disso, é escrito para quem precisa gerenciar uma variedade de projetos em uma variedade de configurações organizacionais. No caso de alguns projetos pequenos, podem-se omitir alguns dos passos das técnicas, mas o modelo conceitual se aplica a todas empresas em que projetos são importantes para a sobrevivência. A abordagem pode ser usada naquelas estruturadas puramente por projetos, como construtoras, empresas de pesquisa e de consultoria de engenharia. Ao mesmo tempo, essa abordagem beneficia empresas que executam vários projetos pequenos enquanto o esforço diário para entregar produtos e serviços continua.

Conteúdo

Nesta e em outras edições, continuamos resistindo às forças que focam apenas nas ferramentas e conceitos essenciais usados no mundo real. Fomos orientados por *feedback* de praticantes, professores e estudantes. Algumas mudanças são mínimas e incrementais, concebidas para esclarecer e diminuir confusões. Já outras são consideráveis. Elas representam novos desenvolvimentos na área ou maneiras melhores de ensinar os princípios do gerenciamento de projetos. Seguem as principais modificações da sexta edição.

Os exercícios com computadores e MS Project foram atualizados para o MS Project 2010 e 2013, incluindo tutoriais em vídeo para ajudar os estudantes a dominar os fundamentos do MS Project.

Os termos e conceitos foram atualizados de acordo com a quinta edição do *Project Management Body of Knowledge* (2013).

Os capítulos sobre gerenciamento ágil de projetos e carreiras em gerenciamento de projetos foram expandidos.

Novos exercícios de estudo e casos foram acrescentados a muitos capítulos.

Em geral, o texto se debruça sobre as principais perguntas e questões com que os autores se depararam em seus mais de 60 anos combinados lecionando gerenciamento de projetos e prestando consultoria a gerentes de projetos em ambientes nacionais e estrangeiros. As perguntas a seguir representam questões e problemas que mais consomem o esforço dos gerentes de projetos praticantes: qual é o papel estratégico dos projetos nas empresas contemporâneas? Como os projetos são priorizados? Quais estilos organizacionais e gerenciais aumentam as chances de sucesso do projeto? Como os gerentes de projetos orquestram a complexa rede de relações, envolvendo fornecedores, terceirizados, membros da equipe de projeto, gerência sênior, gerentes funcionais e clientes, que afetam o sucesso dos projetos? Quais fatores contribuem para o desenvolvimento de uma equipe de projetos de alto desempenho? Qual sistema de gerenciamento de projetos pode ser instalado para se obter alguma medida de controle? Como os gerentes podem se preparar para um novo projeto internacional em uma cultura estrangeira? Como seguir uma carreira em gerenciamento de projetos?

Para serem eficientes, os gerentes de projetos precisam lidar com todo esse panorama. Todas essas questões e problemas se conectam a uma visão integrativa de gerenciamento de projetos. O conteúdo dos capítulos do livro foi inserido em uma estrutura maior, que integra esses tópicos de maneira holística. São incluídos casos e "fotografias" oriundos da experiência de gerentes atuantes. O futuro dos gerentes de projetos parece ser promissor. As carreiras serão determinadas pelo sucesso em gerenciar projetos.

Apoio ao aprendizado

A página do livro, no *site* do Grupo A (www.grupoa.com.br) contém material de apoio (em inglês) para alunos e professores que o utilizam. Pedimos a gentileza de se cadastrarem no site para ter acesso a esses materiais. Uma versão de teste do Microsoft Project vem gratuitamente em um CD-ROM junto com o livro.

Agradecimentos

Gostaríamos de agradecer a Lacey McNeely, pela atualização do Banco de Testes e os Testes Online; Charlie Cook, pela revisão das apresentações de PowerPoint; Oliver F. Lehmann, pelo acesso às questões de estudo do PMBOK; e Pinyarat Sirisomboonsuk pela revisão cruzada entre o livro e o conteúdo do Manual de Recursos do Professor.

É importante lembrar que o livro inclui contribuições de muito alunos, colegas, amigos e gerentes, obtidas em conversas pessoais. Gostaríamos que eles soubessem que agradecemos sinceramente a sua orientação e sugestões. Quase todo exercício, caso e exemplo do livro é extraído de um projeto do mundo real. Um agradecimento especial para os gerentes que generosamente cederam seus projetos atuais como ideias para exercícios, temas de casos e exemplos do livro. Shlomo Cohen, John A. Drexler, Jim Moran, John Sloan, Pat Taylor e John Wold, cuja obra é citada, têm nossa gratidão. Devemos gratidão especial a Robert Breitbarth, da Interact Management, que dividiu *insights* inestimáveis sobre priorização de projetos. Estudantes universitários e gerentes merecem louvor especial por identificar problemas nas versões inicias do texto e dos exercícios.

Temos uma dívida com os revisores das edições anteriores, que partilharam do nosso compromisso com o aprimoramento da instrução em gerenciamento de projetos. São eles: Paul S. Allen, Rice University; Denis F. Cioffi, George Washington University; Joseph D. DeVoss, DeVry University; Edward J. Glantz, Pennsylvania State University; Michael Godfrey, University of Wisconsin–Oshkosh; Robert Key, University of Phoenix; Dennis Krumwiede, Idaho State University; Nicholas C. Petruzzi, University of Illinois–Urbana/Champaign; William R. Sherrard, San Diego State University; S. Narayan Bodapati, Southern Illinois University at Edwardsville; Warren J. Boe, University of Iowa; Burton Dean, San Jose State University; Kwasi Amoako-Gyampah, University of North Carolina–Greensboro; Owen P. Hall, Pepperdine University; Bruce C. Hartman, University of Arizona; Richard Irving, York University; Robert T. Jones, DePaul University; Richard L. Luebbe, Miami University of Ohio; William Moylan, Lawrence Technological College of Business; Edward Pascal, University of Ottawa; James H. Patterson, Indiana University; Art Rogers, City University; Christy Strbiak, U.S. Air Force Academy; David A. Vaughan, City University; e Ronald W. Witzel, Keller Graduate School of Management. Nabil Bedewi, Georgetown University; Scott Bailey, Troy University; Michael Ensby, Clarkson University; Eldon Larsen, Marshall University; Steve Machon, DeVry University–Tinley Park; William Matthews, William Patterson University; Erin Sims, DeVry University–Pomona; Kenneth Solheim, DeVry University–Federal Way; e Oya Tukel, Cleveland State University. Gregory Anderson, Weber State University; Dana Bachman, Colorado Christian University; Alan Cannon, University of Texas, Arlington; Susan Cholette, San Francisco State; Michael Ensby, Clarkson University; Charles Franz, University of Missouri, Columbia; Raouf Ghattas, DeVry University; Robert Groff, Westwood College; Raffael Guidone, New York City College of Technology; George Kenyon, Lamar University; Elias Konwufine, Keiser University; Rafael Landaeta, Old Dominion University; Muhammad Obeidat, Southern Polytechnic State University; Linda Rose, Westwood College; Oya Tukel, Cleveland State University; e Mahmoud Watad, William Paterson University.

Na sexta edição, continuamos comprometidos a melhorar o conteúdo do livro e aperfeiçoar as orientações de gerenciamento de projetos. Agradecemos aos revisores que trouxeram críticas e *insights* proveitosos para a quinta edição, ajudando-nos a preparar esta revisão. São eles: Victor Allen, Lawrence Technological University; Mark Angolia, East Carolina University; Alan Cannon, University of Texas at Arlington; Robert Cope, Southeastern Louisiana University; Kenneth DaRin, Clarkson University; Ron Darnell, Amberton University; Jay Goldberg, Marquette University; Mark Huber, University of Georgia; Marshall Issen, Clarkson University; Charles Lesko, East Carolina University; Lacey McNeely, Oregon State University; Donald Smith, Texas A&M University; Peter Sutanto, Prairie View A&M University; Jon Tomlinson, University of Northwestern Ohio. Agradecemos por suas sugestões inteligentes e por melhorar o livro. Obviamente, assumimos a responsabilidade pela versão final do texto.

Além disso, gostaríamos de agradecer aos nossos colegas da Faculdade de Administração da Oregon State University pelo apoio e auxílio na conclusão deste projeto. Em especial, nosso agradecimento a Prem Mathew e Ping-Hung Hsieh pelos conselhos e sugestões úteis. Também gostaríamos de lembrar os diversos alunos que nos ajudaram em diferentes fases deste projeto, especialmente Neil Young, Saajan Patel, Katherine Knox, Dat Nguyen, Lacey McNeely e David Dempsey. Mary Gray merece crédito especial pela edição e por trabalhar com prazos exíguos nas edições anteriores. Agradecimentos especiais para Pinyarat ("Minkster") Sirisomboonsuk pela ajuda na preparação das últimas quatro edições.

Por fim, nosso agradecimento a todo o pessoal da McGraw-Hill/Higher Education pelo empenho e apoio. Primeiro, a Thomas Hayward e Wanda Zeman pela coordenação editorial, orientação e gerenciamento do desenvolvimento do livro para a sexta edição. E ainda Jane Mohr, Heather Ervolino, Nichole Birkenholz, Arpana Kumari e Janean Utley, pelo gerenciamento das fases de produção final, *design* e materiais complementares da sexta edição.

Erik W. Larson
Clifford F. Gray

OBSERVAÇÃO PARA O ESTUDANTE

O conteúdo deste texto é prático, relevante e atual. Os conceitos discutidos são relativamente simples e intuitivos. Ao estudar um capítulo, sugerimos que você tente compreender não apenas como as coisas funcionam, mas por que elas funcionam dessa forma. Recomendamos que você use o texto como um manual à medida que passar pelos três níveis de competência:

Eu sei.

Eu consigo fazer.

Eu consigo me adaptar a situações novas.

O gerenciamento de projetos é orientado tanto a pessoas quanto a técnicas. Ele envolve o entendimento das relações de causa e efeito e das interações entre as dimensões sociotécnicas dos projetos. Uma maior competência nessas dimensões aprimorará grandemente sua vantagem competitiva como gerente de projetos.

A área do gerenciamento de projetos está crescendo em importância a uma taxa exponencial. É quase impossível imaginar uma carreira gerencial no futuro que não o inclua. Os currículos dos gerentes logo serão basicamente uma descrição da participação e contribuição da pessoa em projetos.

Boa sorte em sua jornada pelo livro e em seus futuros projetos.

SUMÁRIO

Capítulo um 1
Gerenciamento moderno de projetos 1
O que é um projeto? 4
O ciclo de vida do projeto 6
O gerente de projetos 7
Ser parte de uma equipe de projeto 8
Impulsionadores atuais do gerenciamento de projetos 8
Governança de projeto 12
Alinhamento dos projetos com a estratégia organizacional 13
Gerenciamento de projetos hoje: uma abordagem sociotécnica 13
Resumo 14

Capítulo dois 19
Estratégia da empresa e seleção de projetos 19
O processo de planejamento estratégico: uma visão geral 22
Quatro atividades do processo de planejamento estratégico 22
A necessidade de um sistema de gerenciamento de portfólio de projetos 26
Problema 1: A lacuna de implementação 26
Problema 2: Política organizacional 27
Problema 3: Conflitos de recursos e multitarefas 28
Um sistema de gerenciamento de portfólio 29
Classificação do projeto 29
Critérios de seleção 30
Critérios financeiros 30
Critérios não financeiros 31
Aplicação de um modelo de seleção 34
Fontes e formulário de propostas de projeto 36
Classificação de propostas e seleção de projetos 37
Gerenciamento do sistema de portfólio 39
Equilíbrio do portfólio em riscos e tipos de projetos 40
Resumo 40

Capítulo três 55
Organização: estrutura e cultura 55
Estruturas de gerenciamento de projetos 56
Estrutura de projetos na organização funcional 56
Estrutura de projetos em equipes dedicadas 58
A organização de um projeto pelo arranjo matricial 61
Diferentes tipos de matriz 64
Qual é a estrutura certa de gerenciamento de projetos? 65
Considerações organizacionais 66
Considerações de projetos 67
Cultura organizacional 67
O que é cultura organizacional? 68
Identificação de características culturais 70
Implicações da cultura organizacional na estrutura de projetos 72
Resumo 74

Capítulo quatro 83
Definição do projeto 83
Etapa 1: Definição do escopo do projeto 84
Utilização de uma lista de verificação de escopo de projeto 85
Etapa 2: Estabelecimento das prioridades do projeto 87
Etapa 3: Criação da estrutura analítica do projeto 90
Principais agrupamentos encontrados em uma EAP 90
Como a EAP ajuda o gerente de projetos 90
Elaboração de uma EAP simples 91
Etapa 4: Integração da EAP com a empresa 93
Etapa 5: Codificação da EAP para o sistema de informação 95
Estrutura analítica do processo 96
Matrizes de responsabilidade 97
Plano de comunicação do projeto 98
Resumo 102

Capítulo cinco 106
Estimativa de tempo e de custos do projeto 106
Fatores que influenciam a qualidade das estimativas 107
Diretrizes de estimativa de tempo, custo e recursos 109
Estimativa de cima para baixo *versus* de baixo para cima 110
Métodos de estimativa de tempo e de custos do projeto 112

Abordagens de cima para baixo de estimativa de tempo e de custos do projeto 112
Abordagens de baixo para cima de estimativa de tempo e de custos do projeto 116
Um híbrido: estimativa por fases 117
Nível de detalhe 118
Tipos de custos 120
Refinamento de estimativas 122
Criação de uma base de dados de estimativa 124
Resumo 125

Capítulo seis 133
Desenvolvimento do plano do projeto 133
Desenvolvimento da rede de atividades do projeto 134
Do pacote de trabalho para a rede 134
Construção da rede do projeto 135
Terminologia 135
Regras básicas ao desenvolver redes de projeto 136
Fundamentos de atividade em nó 137
Processo de cálculo da rede 140
Caminho de ida – Data mais cedo 141
Caminho de volta – Data mais tarde 143
Determinação da folga (ou flutuação) 144
Uso das informações de caminho de ida e volta 146
Nível de detalhe das atividades 147
Considerações práticas 147
Erros lógicos na rede 147
Numeração de atividades 148
Uso de computadores para desenvolver redes 148
Datas de calendário 148
Múltiplos inícios e múltiplos projetos 151
Ampliando as técnicas de rede para chegar mais perto da realidade 151
Escalonamento 151
Uso de de tempos de espera para reduzir os detalhes do cronograma e a duração do projeto 151
Um exemplo de uso de relações de tempo de espera – o caminho de ida e caminho de volta 155
Atividades sumarizadoras 156
Resumo 157

Capítulo sete 172
Gerenciamento de riscos 172
Processo de gerenciamento de riscos 173
Etapa 1: Identificação de riscos 175
Etapa 2: Avaliação de riscos 178
Análise de probabilidade 180
Etapa 3: Desenvolvimento de resposta a riscos 181

Atenuar riscos 181
Evitar riscos 182
Transferir riscos 182
Retenção de risco 182
Planejamento de contingência 183
Riscos técnicos 186
Riscos de cronograma 187
Riscos de custo 187
Riscos de financiamento 187
Gerenciamento de oportunidades 188
Financiamento de contingência e *buffer* de tempo 188
Reservas orçamentárias 189
Reservas gerenciais 189
Buffer de tempo 189
Etapa 4: Controle de resposta a riscos 190
Gerenciamento de controle da mudança 191
Resumo 195

Capítulo oito 213
Cronograma de recursos e custos 213
Panorama do problema de planejamento de recursos 214
Tipos de restrições de recursos 216
Classificação de um problema de cronograma 217
Métodos de alocação de recursos 217
Pressupostos 217
Projetos restritos por tempo: nivelamento de demanda de recursos 218
Projetos restritos por recursos 219
Demonstração computadorizada de cronograma restrito por recursos 221
Os impactos do cronograma restrito por recursos 227
Distribuição das atividades 227
Benefícios do cronograma de recursos 231
Atribuição de trabalho de projeto 231
Planejamento de recursos para múltiplos projetos 232
Uso do cronograma de recursos para desenvolver uma linha de base de custo do projeto 234
Por que é necessária uma linha de base orçamentária em fases cronológicas? 234
Criação de um orçamento em fases cronológicas 235
Resumo 240

Capítulo nove 264
Redução da duração do projeto 264
Justificativa da redução da duração do projeto 265
Opções para acelerar a conclusão do projeto 267
Opções quando os recursos não são restritos 267
Opções quando os recursos são restritos 269

Gráfico de custo/duração do projeto 271
  Explicação dos custos do projeto 271
Criação de um gráfico de custo/duração do projeto 272
  Determinação das atividades a abreviar 272
  Um exemplo simplificado 274
Considerações práticas 277
  Uso do gráfico de custo/duração do projeto 277
  Tempos de compressão 277
  Pressuposto da linearidade 277
  Escolha das atividades a comprimir, continuação 277
  Decisões de redução de tempo e sensibilidade 278
E se a questão for o custo, e não o tempo? 279
Resumo 280

Capítulo dez 293
Liderança: ser um gerente de projetos eficaz 293
Gerenciar *versus* liderar um projeto 294
Gerenciamento das partes interessadas do projeto 295
Influência como moeda de troca 298
  Moedas relacionadas a tarefas 298
  Moedas relacionadas a posições 299
  Moedas relacionadas à inspiração 300
  Moedas ligadas a relacionamento 300
  Moedas relacionadas à equipe 300
Criação de redes sociais 301
  Mapeamento de dependências 301
  Gerenciamento por perambulação (MBWA) 302
  Gerenciamento de relações de ascendência 303
  Liderança pelo exemplo 305
Ética e gerenciamento de projetos 308
Criação de confiança: o segredo para exercer influência 310
Qualidades do gerente de projetos eficaz 311
Resumo 313

Capítulo onze 324
Gerenciamento de equipes de projeto 324
O modelo de desenvolvimento de equipe em cinco estágios 327
Fatores situacionais que afetam o desenvolvimento das equipes 328
Criação de equipes de projeto de alto desempenho 329
  Recrutamento de membros do projeto 330
  Realização de reuniões de projeto 331
  Criação de uma visão compartilhada 336
  Gerenciamento de sistemas de recompensas do projeto 338
  Rejuvenescimento da equipe do projeto 344
Gerenciamento de equipes virtuais de projeto 346
Armadilhas das equipes de projeto 349
  Pensamento de grupo 349
  Síndrome do drible burocrático 349
  O espírito de equipe se torna o xodó da equipe 349
  Agir como nativo 350
Resumo 350

Capítulo doze 361
Terceirização: gerenciamento de relações interorganizacionais 361
Terceirização de trabalho do projeto 362
Melhores práticas na terceirização de trabalho do projeto 364
  Requisitos e procedimentos bem-definidos 366
  Extensas atividades de treinamento e construção de equipe 367
  Processos bem-estabelecidos de gerenciamento de conflito 368
  Revisões e atualizações de status frequentes 369
  Coalocação, quando necessária 370
  Contratos justos e com incentivos 371
  Relações de terceirização de longo prazo 372
A arte da negociação 373
  1. Separar as pessoas do problema 374
  2. Foco em interesses, não em posições 374
  3. Crie alternativas de ganho mútuo 375
  4. Quando possível, use critérios objetivos 375
Nota sobre gerenciamento de relações com clientes 377
Resumo 379

Capítulo treze 392
Avaliação e medição do progresso e do desempenho 392
Estrutura de um sistema de informação de monitoramento de projetos 393
O processo de controle do projeto 394
Monitoramento dos prazos 395
Desenvolvimento de um sistema de cronograma/custo de valor agregado 397
  Quais custos são incluídos nas linhas de base? 400
  Métodos de análise de variação 400
Desenvolvimento de um relatório de *status*: um exemplo hipotético 402
  Pressupostos 402
  Desenvolvimento da linha de base 402
  Desenvolvimento do relatório de status 403
Índices de monitoramento de progresso 408
  Índices de desempenho 408
  Índices de percentual de conclusão do projeto 408
  Mensuração do desempenho técnico 409

Software de sistema de custo/cronograma de projetos 410
Regras adicionais de valor agregado 410
Previsão do custo final do projeto 411
Outras questões de controle 412
Fluência de escopo 412
Mudanças na linha de base 414
Os custos e problemas da aquisição de dados 416
Resumo 417

Capítulo quatorze 442
Fechamento do projeto 442
Tipos de fechamento do projeto 444
Atividades de encerramento 445
Elaboração do relatório final 448
Avaliação pós-implementação 448
Avaliação da equipe 449
Avaliações de desempenho individual, dos membros da equipe e do gerente do projeto 451
Retrospectivas 453
Por que retrospectivas? 453
Iniciação da avaliação de retrospectiva 454
Uso de um facilitador independente 454
Seleção do facilitador 454
Papéis do facilitador 454
Gerenciamento da retrospectiva 455
Supervisão de uma retrospectiva pós-projeto 456
Utilização de retrospectivas 458
Arquivamento de retrospectivas 459
Notas finais sobre a retrospectiva 460
Resumo 460
Assinaturas 463
Epílogo 465

Capítulo quinze 466
Projetos internacionais 466
Fatores ambientais 467
Jurídico/político 468
Segurança 468
Geografia 469
Economia 470
Infraestrutura 471
Cultura 472
Seleção do local do projeto 473
Considerações transculturais: um olhar mais de perto 474
Ajustes 475
Trabalhando no México 478
Trabalhando na França 479
Trabalhando na Arábia Saudita 480
Trabalhando na China 481

Trabalhando nos Estados Unidos 482
Comentários resumidos sobre o trabalho em culturas diferentes 484
Choque cultural 484
Enfrentar o choque cultural 486
Seleção e treinamento para projetos internacionais 487
Resumo 489

Capítulo dezesseis 495
Supervisão 495
Supervisão do projeto 496
Importância da supervisão para o gerente de projetos 496
Gerenciamento do portfólio de projetos 497
Escritório de projetos 497
Metodologia phasa gate – Revisão de fases 499
Gerenciamento de projetos da organização no longo prazo 504
Maturidade de gerenciamento de projetos na organização 504
O modelo do balanced scorecard 507
Resumo 508

Capítulo dezessete 511
Introdução ao gerenciamento ágil de projetos 511
Métodos tradicionais *versus* gerenciamento ágil 512
Gerenciamento ágil 514
Gerenciamento ágil de projetos em ação: Scrum 515
Papéis e responsabilidades 517
Reuniões Scrum 518
Backlogs de produto e sprint 520
Gráficos de burndown de sprint e lançamento 520
Aplicação de gerenciamento ágil em projetos grandes 522
Limitações e problemas 523
Resumo 525

Capítulo dezoito 532
Carreiras em gerenciamento de projetos 532
Possibilidades de carreiras 533
Seguindo uma carreira 534
Treinamento e certificação profissional 536
Mais sobre certificação 537
Ganhando visibilidade 538
Mentores 539
Sucesso em projetos importantes 539
Resumo 540
Apêndices 543
Glossário 571
Índice 577

CAPÍTULO UM

Gerenciamento moderno de projetos

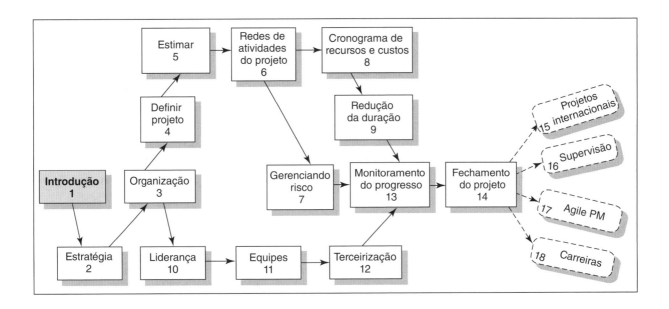

Gerenciamento moderno de projetos
O que é um projeto?
Impulsionadores atuais do gerenciamento de projetos
Governança de projeto
Gerenciamento de projetos hoje: uma abordagem sociotécnica
Resumo
Visão geral do texto

*Todas as grandes conquistas da humanidade – da construção das pirâmides
à cura da poliomielite ou à chegada do homem na Lua – começaram
como um projeto.*

Este é um bom momento para ler um livro sobre gerenciamento de projetos. Líderes de negócios e especialistas defendem que o tema é vital para o crescimento econômico sustentável. Novos trabalhos e vantagens competitivas são alcançados por meio de inovação constante, desenvolvimento de produtos e serviços e melhoria da produtividade e da qualidade do trabalho. Eis o mundo do gerenciamento de projetos. O gerenciamento de projetos proporciona às pessoas um conjunto poderoso de ferramentas que aprimora a capacidade delas de planejar, implementar e gerenciar atividades para alcançar objetivos organizacionais específicos. Mas ele é mais do que apenas um conjunto de ferramentas: é um estilo gerencial orientado a resultados que enfatiza a construção de relações colaborativas entre diferentes pessoas com caráteres distintos. Grandes oportunidades esperam por pessoas capacitadas em gerenciamento de projetos.

A abordagem por projetos, há muito, é o estilo de fazer negócios no setor da construção, nas licitações do Ministério da Defesa dos Estados Unidos e em Hollywood, assim como em grandes escritórios de consultoria. O gerenciamento de projetos tem se disseminado em diferentes setores. Equipes de projeto executam de tudo, de expansões portuárias a reestruturação de hospitais e upgrade de sistemas de informação. Criam veículos de ponta eficientes em consumo de combustível, desenvolvem fontes sustentáveis de energia e exploram os confins do espaço sideral. O impacto do gerenciamento de projetos é mais profundo na indústria de eletrônicos, em que os novos heróis são jovens profissionais cujos esforços hercúleos levam a um fluxo constante de novos produtos de hardware e software.

O gerenciamento de projetos não se limita ao setor privado, mas também é um veículo para fazer boas ações e resolver problemas sociais. Esforços como auxiliar emergencialmente áreas atingidas por desastres naturais, conceber uma estratégia para reduzir o crime e o consumo de drogas em uma cidade ou mesmo organizar esforços comunitários para renovar uma pracinha pública podem se beneficiar, o que de fato acontece, da aplicação de habilidades e técnicas modernas de gerenciamento de projetos.

O melhor indicador da demanda por gerenciamento de projetos talvez seja a expansão veloz do Project Management Institute (PMI), uma organização profissional de gerentes de projeto, cujos associados cresceram de 93 mil em 2002 para mais de 434 mil em 2014. Consulte o respectivo site (<www.pmi.org>) para informações a respeito de certificação profissional em gerenciamento de projetos.

É quase impossível pegar uma publicação da área de negócios e não encontrar algo sobre projetos. O que não é mais surpresa! Aproximadamente US$ 2,5 trilhões (cerca de 25% do produto interno bruto são gastos em projetos a cada ano, apenas nos Estados Unidos. Outros países estão gastando cada vez mais. Milhões de pessoas em todo o mundo consideram gerenciamento de projetos a principal tarefa da sua profissão.

A maioria das pessoas com excelência em gerenciamento de projetos nunca detém o título de gerente de projeto. São contadores, advogados, administradores, cientistas, empreiteiros, funcionários de saúde pública, professores e líderes comunitários cujo sucesso depende de conseguirem liderar e gerenciar atividades de projetos. Para alguns, a própria natureza do respectivo trabalho é guiada por projetos. Projetos podem ser processos para advogados, auditorias para contadores, eventos para artistas e reformas para empreiteiros. Para outros, projetos podem ser uma parte pe-

> **CASO PRÁTICO** — O Project Management Institute*
>
> O Project Management Institute (PMI) foi fundado em 1969 como uma sociedade internacional de gerentes de projetos. Em 2013, o PMI contava com mais de 424.600 associados em mais de 180 países. Eles vêm de praticamente todas as principais indústrias, incluindo aeroespacial, automotiva, administração de empresas, construção, engenharia, serviços financeiros, tecnologia da informação, farmacêutica, saúde e telecomunicações.
>
> O PMI confere a certificação de **Profissional de Gerenciamento de Projetos (PMP, do inglês Project Management Professional)** àqueles que comprovaram suficiente experiência em projetos, comprometeram-se a seguir o código de conduta profissional da entidade e demonstraram domínio do campo de gerenciamento de projetos ao serem aprovados em um exame abrangente. O número de pessoas com o *status* de PMP subiu drasticamente nos últimos anos. Em 1996, havia pouco menos de 3 mil profissionais certificados em gerenciamento de projetos. Em junho de 2013, existiam mais de 537.400 titulares da credencial.
>
> Assim como o exame CPA é o padrão dos contabilistas, ser aprovado no exame PMP pode se tornar o padrão dos gerentes de projetos. Algumas empresas estão exigindo que todos os seus gerentes de projetos tenham certificação PMP. Além disso, muitas ofertas de trabalho são restritas a PMP. Quem procura trabalho observa que, em geral, ser certificado como PMP é uma vantagem no mercado.
>
> O PMI elaborou mais uma certificação, a de *Certified Associate in Project Management (CAPM)*. O CAPM foi feito para membros de equipe de projeto e gerentes de projetos no nível de entrada, assim como estudantes qualificados de graduação e pós-graduação que querem uma credencial para seu domínio do corpo de conhecimento em gerenciamento de projetos. O CAPM não exige a extensa experiência em gerenciamento de projetos associado ao PMP. Para mais detalhes sobre PMP e CAPM, procure pelo PMI no Google para chegar ao site atualizado do Project Management Institute.
>
> * *PMI Today*, June 2013, p. 4.

quena, mas fundamental, do trabalho. Por exemplo, um professor de ensino médio que dá quatro aulas por dia é responsável por treinar um grupo de alunos em uma competição nacional de debates. Um gerente de loja que supervisiona operações diárias é encarregado de desenvolver um programa de retenção de funcionários. Um executivo de conta de vendas recebe a incumbência adicional de liderança de equipe para lançar negócios diários em uma nova cidade. Um funcionário de saúde pública que gerencia uma clínica também é responsável por organizar um evento em uma ONG. Para esses e outros profissionais, gerenciamento de projetos não é um título, mas um requisito essencial do trabalho. É difícil imaginar uma profissão ou carreira que não possa se beneficiar da eficiência em gerenciamento de projetos.

Não apenas o gerenciamento de projetos é essencial para a maioria das carreiras, como suas habilidades fazem parte de vários negócios e profissões. Em seu núcleo, os fundamentos do gerenciamento de projetos são universais. A metodologia usada nele para desenvolver um produto pode ser adaptada para criar serviços, organizar eventos, recondicionar operações e assim por diante. Em um mundo no qual se estima que cada pessoa provavelmente passe por três ou quatro mudanças de carreira, gerenciar projetos é um talento que vale a pena desenvolver.

Gerenciamento de projetos também pode ser visto da perspectiva do aumento da oferta de cursos. Vinte anos atrás, as grandes universidades ofereciam uma ou duas disciplinas de gerenciamento de projetos, principalmente para engenheiros. Hoje, a maioria delas oferece várias seções envolvendo a disciplina de gerenciamento de projetos, em que o grupo central é de engenheiros, mas acompanhado por alunos de administração com ênfase em marketing, sistemas de informação de gerenciamento e finanças e estudantes de outras áreas como oceanografia, ciências da saúde, ciências da computação e humanidades. Esses estudantes percebem que o contato com gerenciamento de projetos lhes dá claras vantagens na hora de procurar emprego. Cada vez mais empregadores estão procurando indivíduos formados com habilidades em gerenciamento de projetos. Consulte nosso Caso Prático para ver exemplos de projetos entregues aos profissionais recém-graduados. O ponto de partida lógico para desenvolver essas habilidades é compreender a unicidade (exclusividade) de um projeto e dos gerentes de projetos.

| CASO PRÁTICO | Uma dúzia de exemplos de projetos para recém-formados |

1. Informação empresarial: ingressar em uma equipe de projeto encarregada de instalar um novo sistema de segurança de dados.
2. Educação física: projetar e desenvolver um novo programa de boa forma para idosos que combine princípios de ioga e aeróbica.
3. Marketing: executar um programa de vendas para um novo purificador de ar residencial.
4. Engenharia industrial: gerenciar uma equipe para criar um relatório de cadeia de valor sobre todos os aspectos do produto principal, do design até a entrega customizada.
5. Química: desenvolver um programa de controle de qualidade para as unidades de produção de medicamentos da empresa.
6. Gerenciamento: implementar o leiaute de uma nova loja.
7. Estudante de neurologia de primeiro ano de medicina: juntar-se a uma equipe de projeto que associa mapeamento mental a ao implante de uma prótese que permitirá a deficientes visuais viverem quase normalmente.
8. Comunicação desportiva: juntar-se à equipe de projeto olímpica que promoverá produtos esportivos femininos para as Olimpíadas de 2016 no Rio de Janeiro.
9. Engenharia de sistemas: tornar-se membro de uma equipe de projeto que desenvolve mineração de dados de artigos e estudos médicos relacionados à eficácia de medicamentos.
10. Contabilidade: trabalhar na auditoria de um grande cliente.
11. Saúde pública: pesquisar e projetar um programa educacional médico sobre maconha.
12. Letras: criar um manual do usuário na Web para novos produtos eletrônicos.

O que é um projeto?

O que as seguintes manchetes têm em comum?

- Milhões assistem à cerimônia de abertura das Olimpíadas
- Sistema de Wi-Fi em toda a cidade prestes a ser ativado
- Hospitais respondem às novas reformas do sistema de saúde
- Novo iPhone da Apple chega ao mercado
- Cidade recebe fundos de fomento para expandir o sistema viário para tráfego leve

Todos esses eventos representam projetos.

O Project Management Institute dá a seguinte definição de projeto:

Um **projeto** é um empreendimento temporário que visa criar um produto, serviço ou resultado único.

Como a maioria dos esforços organizacionais, a meta principal do projeto é satisfazer uma necessidade do cliente. Além dessa semelhança fundamental, as características do projeto ajudam a diferenciá-lo de outros esforços da empresa. As principais características do projeto são as seguintes:

1. Um objetivo estabelecido.
2. Um ciclo de vida definido, com início e fim.
3. Geralmente, envolve diversos departamentos e profissionais.
4. Comumente, faz algo que nunca foi feito antes.
5. Requisitos específicos de tempo, custo e desempenho.

Em primeiro lugar, pode-se dizer que projetos têm um objetivo definido – seja construir um complexo de apartamentos de 12 andares até 1º de janeiro ou lançar a versão 2.0 de um pacote de software específico o mais rápido possível. Esse propósito específico normalmente está ausente da vida organizacional cotidiana, em que os funcionários executam operações repetitivas todos os dias.

Segundo, como há um objetivo específico, os projetos têm um ponto final definido, o que vai contra deveres e responsabilidades contínuos dos trabalhos tradicionais. Em muitos casos, as pessoas passam de um projeto para outro. Após ajudar a instalar um sistema de segurança, um engenheiro de TI pode ser designado para desenvolver uma base de dados para outro cliente.

Terceiro, ao contrário de muito trabalho organizacional, que é segmentado de acordo com a especialidade funcional, projetos geralmente exigem os esforços combinados de diversos especialistas. Em vez de trabalhar em salas separadas, com gerentes separados, os participantes do projeto (sejam engenheiros, analistas financeiros, profissionais de marketing ou especialistas em controle de qualidade) trabalham em estreita colaboração, sob a orientação de um gerente de projetos, para concluir o projeto.

A quarta característica do projeto é que ele não é rotineiro e tem alguns elementos exclusivos, únicos. Não é um problema de escolha, mas uma questão de formação. Obviamente, realizar algo que nunca foi feito antes, como montar um automóvel elétrico ou pousar dois veículos em Marte, exige que se resolvam problemas e que se use tecnologia revolucionária. Por outro lado, mesmo projetos básicos de construção, que envolvem conjuntos estabelecidos de rotinas e procedimentos, demandam algum grau de customização.

Por fim, projetos são limitados por requisitos específicos de tempo, custo e desempenho; são avaliados de acordo com a realização, o custo e o tempo gasto. Essa tripla restrição impõe um grau de prestação de contas maior do que geralmente é encontrado na maioria dos serviços. A tripla restrição é uma das funções primordiais do gerenciamento de projetos, ou seja, equilibrar os *trade--offs* entre tempo, custo e desempenho a fim de chegar à satisfação do cliente.

O que projeto não é Projetos não devem ser confundidos com trabalho do dia a dia. Um projeto não é trabalho rotineiro e repetitivo! O trabalho diário ordinário geralmente exige que se faça o mesmo trabalho ou trabalho semelhante repetidamente, enquanto um projeto é feito apenas uma vez; quando o projeto é concluído, tem-se um novo produto ou serviço. Examine a lista da Tabela 1.1, que compara rotina, trabalho repetitivo com projetos. Reconhecer a diferença é importante, pois é muito comum exaurirem-se recursos em operações diárias que talvez não contribuam para as estratégias mais amplas da empresa que exigem produtos novos e inovadores.

Programa versus *projeto* Na prática, os termos "projeto" e "programa" causam confusão. Não raro, são empregados como sinônimos. *Um* **programa** *é um grupo de projetos relacionais concebidos para realizar uma meta comum em um longo período.* Dentro de um programa, cada projeto tem seu próprio gerente. As principais diferenças estão na escala e na extensão de tempo.

Gerenciamento de programas é o processo de *gerenciar* continuamente um grupo de *projetos* interdependentes e relacionados, de forma coordenada, para atingir objetivos estratégicos. Por exemplo, uma empresa farmacêutica poderia ter um programa para a cura do câncer. Esse programa deverá incluir e coordenar *todos* os projetos de câncer que se estendem por um horizonte de tempo dilatado (Gray, 2011). Submetê-los à supervisão de uma equipe especializada em câncer traz benefícios que não existiriam se eles fossem gerenciados individualmente. Essa equipe de câncer também supervisiona a seleção e priorização dos projetos incluídos no seu portfólio especial "Câncer". Embora cada projeto mantenha suas próprias metas e escopo, o gerente e a equipe do projeto também são motivados pela meta maior do programa. As metas do programa estão intimamente relacionadas a amplas metas estratégicas da empresa.

TABELA 1.1
Comparação de trabalho rotineiro com projetos

Trabalho rotineiro e repetitivo	Projetos
Fazer anotações de aula	Escrever um artigo de fim de semestre
Inserir diariamente notas fiscais de venda no livro-razão contábil	Montar um estande de vendas para um congresso de contabilidade
Responder a uma solicitação da cadeia de suprimento	Desenvolver um sistema de informações da cadeia de suprimento
Estudar escalas no piano	Compor uma peça para piano
Fabricação rotineira de um iPod da Apple	Projetar um iPod que tenha aproximadamente 5 × 10 cm, comunique-se com PC e armazene 10 mil músicas
Colocar etiquetas em um produto fabril	Projetos de wiretag para GE e Walmart

O ciclo de vida do projeto

Outra forma de ilustrar a natureza exclusiva do trabalho em projetos é por meio do **ciclo de vida do projeto.** Alguns gerentes de projeto consideram útil usar o ciclo de vida do projeto como base para gerenciá-lo. Pelo ciclo de vida, é possível reconhecer que os projetos têm um período de vida limitado e que existem mudanças previsíveis no nível de empenho e foco ao longo de sua vida. Há diversos modelos de ciclo de vida em gerenciamento de projetos na literatura. Muitos são exclusivos para uma indústria ou tipo de projeto específico. Por exemplo, um projeto de desenvolvimento de um software pode consistir de cinco fases: 1) definição; 2) design; 3) código; 4) integração/teste; e 5) manutenção. Um ciclo genérico é mostrado na Figura 1.1.

O ciclo de vida do projeto usualmente é formado por quatro estágios sequenciais: 1) definição; 2) planejamento; 3) execução; e 4) entrega. O ponto inicial é o momento em que o projeto recebe a aprovação. O esforço do projeto começa lentamente, cresce até um pico e, então, cai até a entrega do projeto ao cliente.

1. **Estágio de definição:** as especificações do projeto são definidas; os objetivos do projeto são estabelecidos; as equipes são formadas; as principais responsabilidades são atribuídas.
2. **Estágio de planejamento:** o nível de esforço aumenta, e são desenvolvidos planos para determinar o que o projeto conterá, quando será programado, quem se beneficiará, o nível de qualidade a ser mantido e qual será o orçamento.

FIGURA 1.1 Ciclo de vida do projeto

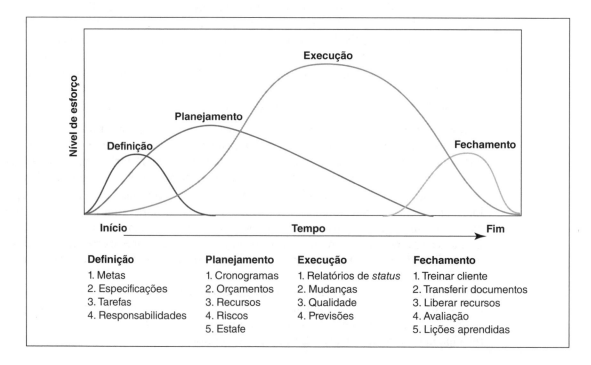

3. **Estágio de execução:** é quando ocorre o maior esforço do trabalho do projeto, tanto físico quanto mental. O produto físico é produzido (uma ponte, um relatório, um software). São usadas medidas de prazo, custo e especificações para controle. O projeto está no prazo, seguindo o orçamento e cumprindo as especificações? Quais são as previsões para cada uma dessas medidas? Quais revisões/mudanças são necessárias?
4. **Estágio de fechamento:** inclui três atividades – entregar o produto do projeto ao cliente, realocar os recursos do projeto e revisar o pós-projeto. A entrega pode compreender treinamento do cliente e transferência de documentos. Realocar geralmente envolve liberar equipamentos/materiais do projeto para outros projetos e encontrar novas tarefas para os membros da equipe. Revisões pós-projeto abrangem não apenas avaliar desempenho, mas também captar as lições aprendidas.

Na prática, o ciclo de vida do projeto é usado por alguns grupos de projeto para descrever a distribuição do tempo das principais tarefas ao longo da vida do projeto. Por exemplo, a equipe de design pode planejar um grande comprometimento de recursos no estágio de definição, enquanto a equipe de qualidade esperaria que seu principal esforço aumentasse nos estágios posteriores do ciclo de vida do projeto. Como a maioria das empresas tem um portfólio de projetos simultâneos, cada um em um estágio diferente do ciclo de vida, planejamento e gerenciamento cuidadosos nos níveis da empresa e do projeto são imperativos.

O gerente de projetos

À primeira vista, os gerentes de projetos desempenham as mesmas funções dos demais gerentes, isto é, planejam, programam, motivam e controlam. Entretanto, o que os torna únicos é que eles gerenciam atividades temporárias, e não repetitivas, a fim de concluir um projeto com vida fixa. Ao contrário dos gerentes funcionais, que assumem operações existentes, os gerentes de projetos criam uma equipe e organização de projeto onde antes não havia. Eles precisam decidir quais e como as coisas devem ser feitas, em vez de simplesmente gerenciar processos consolidados. Devem fazer frente aos desafios de cada fase do ciclo de vida do projeto, e até mesmo supervisionar a dissolução da sua operação quando o projeto estiver concluído.

Gerentes de projeto precisam trabalhar com pessoas de diferentes perfis para concluir o projeto. Eles costumam ser a ligação direta com o cliente, devendo administrar a tensão entre as expectativas do cliente e o que é exequível e razoável. Gerentes de projeto proporcionam direção, coordenação e integração à equipe de projeto, que muitas vezes é composta de funcionários em tempo parcial leais aos respectivos departamentos. Frequentemente, os gerentes de projetos precisam trabalhar com um quadro de recursos externos – fornecedores, provedores, terceirizados – que não necessariamente partilham da mesma fidelidade ao projeto.

Os gerentes de projetos são os responsáveis, em última instância, pelo desempenho (em geral, com muito pouca autoridade) do projeto. Eles devem garantir que sejam feitas escolhas adequadas entre os requisitos de prazo, custo e desempenho do projeto. Ao mesmo tempo e ao contrário dos seus correspondentes funcionais, os gerentes de projetos geralmente possuem conhecimento técnico rudimentar para tomar essas decisões. Em vez de fazê-lo, eles orquestram a conclusão do projeto, induzindo as pessoas certas, na hora certa, a tratar das questões certas e tomar as decisões certas.

Embora gerenciamento de projetos não seja para os tímidos, trabalhar em projetos pode ser uma experiência extremamente gratificante. A vida nos projetos raramente é maçante; um dia é diferente do outro. Como a maioria dos projetos é voltada à resolução de um problema concreto ou ao aproveitamento de uma oportunidade útil, os gerentes de projetos consideram seu trabalho pessoalmente relevante e satisfatório. Eles gostam de criar algo novo e inovador. Os gerentes de projetos e os membros da equipe têm um orgulho imenso da sua realização, seja uma ponte nova, um novo produto ou um serviço necessário. É frequente que os gerentes de projetos sejam estrelas na empresa e bem-remunerados.

Sempre há demanda por bons gerentes de projetos. Todos os setores da economia estão em busca de pessoas eficientes, que fazem as coisas certas acontecerem dentro do prazo. Sem dúvida, gerenciamento de projetos é uma profissão desafiadora e emocionante. A intenção deste texto é dar o conhecimento, a perspectiva e as ferramentas necessários para habilitar os estudantes a aceitar o desafio.

Ser parte de uma equipe de projeto

A primeira exposição da maioria das pessoas ao gerenciamento de projetos acontece quando trabalham em uma equipe designada para concluir um projeto específico. Às vezes, é um trabalho em tempo integral; contudo, na maior parte dos casos, as pessoas trabalham em regime de tempo parcial em um ou mais projetos. Elas precisam aprender a conciliar seus compromissos do dia a dia com as responsabilidades extras do projeto. Elas podem se juntar a uma equipe com uma longa história de trabalho conjunto, quando os papéis e as regras estão firmemente estabelecidos. Alternativamente, sua equipe pode se consistir em desconhecidos de diferentes departamentos e organizações. Nesse caso, elas passam pelos percalços crescentes de um grupo que evolui para equipe. Precisam ser uma força positiva, levando a equipe à coalescência de uma equipe de projeto eficaz.

Não apenas os aspectos pessoais, mas também ferramentas e conceitos de gerenciamento de projetos precisam ser mobilizados pelos membros do projeto. Eles desenvolvem ou recebem um documento formal de projeto ou declaração de escopo que define os objetivos e parâmetros do projeto e trabalham com terceiros para criar um cronograma e um orçamento de projeto que guiará a execução do projeto. Precisam entender as prioridades do projeto a fim de conseguir tomar decisões independentes e devem saber monitorar e relatar o progresso do projeto. Embora muito deste livro esteja escrito pela perspectiva do gerente de projetos, as ferramentas, conceitos e métodos são fundamentais para todos que trabalham em um projeto. Os membros do projeto precisam saber como evitar os perigos da fluência de escopo, gerenciar o caminho crítico, adotar o gerenciamento ágil de riscos, negociar e utilizar ferramentas virtuais para se comunicar.

Impulsionadores atuais do gerenciamento de projetos

Gerenciamento de projetos não é mais um gerenciamento de necessidades especiais. Ele está se tornando rapidamente um modo padrão de trabalhar. Consulte o "Caso Prático: Gerenciamento de projetos em ação: 2013". Um porcentual crescente do esforço típico de uma empresa está sendo dedicado a projetos. O futuro promete que a contribuição dos projetos na direção estratégica das empresas aumentará em importância. A seguir, são discutidas brevemente várias razões para isso.

Compressão do ciclo de vida dos produtos

Uma das forças norteadores mais significativas por trás da demanda por gerenciamento de projetos é a diminuição do ciclo de vida dos produtos. Por exemplo, hoje, o ciclo de vida dos produtos nas indústrias de alta tecnologia tem uma média de seis meses a três anos. Há meros 30 anos, ciclos de vida de 10 a 15 anos não eram incomuns. O *tempo até o mercado* dos produtos com curtos ciclos de vida ganha cada vez mais importância. Uma regra prática comum no mundo do desenvolvimento de produtos de alta tecnologia é a de que um atraso de 6 meses no projeto pode ocasionar uma perda de 33% na fatia de receita do produto. Portanto, a velocidade se configura em uma vantagem competitiva: cada vez mais empresas estão se fiando em equipes multidisciplinares de projeto para levar novos produtos e serviços ao mercado o mais rápido possível.

Explosão de conhecimento

O crescimento em novos conhecimentos aumentou a complexidade dos projetos, pois estes abarcam os últimos avanços. Por exemplo, construir uma estrada 30 anos atrás era um processo bastante simples. Hoje, todas as áreas ganharam complexidade, incluindo materiais, especificações, códigos, estética, equipamentos e especialistas necessários. Da mesma forma, na atual era digital e eletrônica, está ficando difícil encontrar um produto novo que não contenha ao menos um microchip. A complexidade dos produtos ampliou a necessidade de integrar tecnologias divergentes. O gerenciamento de projetos emergiu como uma disciplina importante para cumprir essa tarefa.

Resultado triplo (planeta, pessoas, lucro)

A ameaça do aquecimento global trouxe as práticas comerciais sustentáveis para o primeiro plano. As empresas não podem mais simplesmente se concentrar em maximizar o lucro em detrimento do

CASO PRÁTICO — Gerenciamento de projetos em ação: 2013

As empresas prosperam e sobrevivem com base na capacidade de gerenciar projetos resultantes em produtos e serviços que satisfaçam as necessidades do mercado. A seguir, veja uma pequena amostra de projetos importantes para o futuro das empresas.

EMPRESA: PROCTER AND GAMBLE
Projeto: Projeto de pedido, remessa e faturamento global

A meta do projeto é aprimorar o atendimento ao cliente, os processos e a estrutura da empresa. A equipe global utilizou comunicação virtual, ao mesmo tempo em que gerenciava atentamente o risco e os prazos. O novo sistema é concebido para que a P&G possa tomar decisões em tempo real, permitindo que a empresa colete e responda ao *feedback* do cliente/varejista a fim de criar promoções mais atraentes para aumentar as vendas. O sistema também deverá melhorar a eficiência na cadeia de suprimento, por exemplo, identificando os melhores depósitos para onde enviar os produtos.

– *PMI Today*, 2012 PMI Project of the Year Finalists, December 2012, p. 7.

EMPRESA: TIME DE BEISEBOL OAKLAND A'S
Projeto: Estádio Cisco

Em novembro de 2006, o futuro do Oakland A's reluziu quando o time anunciou planos para construir um estádio em Fremont, CA. Ao fazê-lo, o Oakland A's vendeu os direitos sobre o nome do estádio à Cisco Systems por US$ 4 milhões/ano durante 30 anos. O design do estádio imitava estádios clássicos antigos, mas combinado com a tecnologia mais avançada do mundo. Desde então, os planos foram suspensos, pois aumentou a oposição por parte de grandes lojistas e moradores próximos ao local do estádio. O A's vem buscando outras opções nos últimos cinco anos, incluindo a de erguer o estádio em Oakland, perto do coliseu, ou possivelmente em San Jose, CA. O A's precisa do estádio novo para superar a má frequência de torcedores nos jogos, que está entre as piores dos grandes clubes da liga de beisebol.

– *Oakland Tribune*, 01/08/12.

EMPRESA: CHINA SUNERGY CO., LTD
Projeto: Parque Solar de Sanliurfa, Turquia

A empresa chinesa Sunergy celebrou um contrato de joint venture com a Seul Energy, uma grande empreendedora no setor de energia solar, para desenvolver uma estação em Sanliurfa, Turquia que incorporará tecnologia de ponta e tipos novos de células solares. O projeto é o início de um programa ambicioso, elaborado para satisfazer o crescimento esperado da demanda energética na Ásia Central.

– www.prnewswire.com/news-releases/china, acessado em 05/01/13.

EMPRESA: THE WALT DISNEY COMPANY
Projeto: *Guerra nas Estrelas: Episódio 7*

A Disney gastou cerca de US$ 4 bilhões para comprar a Lucasfilm, o que inclui os direitos passados e futuros sobre a popular franquia Guerra nas Estrelas. O trabalho de pré-produção do novo filme da série está programado para começar em 2013, com a data de lançamento prevista para 2015. Esse investimento é visto pelos especialistas do ramo como um esforço da Disney para ampliar seu alcance na cultura pop e restabelecer os filmes da Disney no gênero de ficção científica e fantasia após o fracasso do épico espacial *John Carter – Entre Dois Mundos* e de *Marte Precisa de Mães*.

– *businessweek.com*, 11/11/12.

EMPRESA: DISH NETWORK
Projeto: Hopper

A Dish Network causou um alvoroço na Feira de Eletrônicos de Consumo de 2013 ao exibir a última geração do Hopper, um sistema residencial integral de HD DVR. Ele representou um salto tecnológico comercial e permitiu a passagem de programas para iPads e outros dispositivos móveis. O anúncio sedimentou a posição da Dish como um dos líderes do movimento "TV em todo lugar", em que as pessoas podem acessar seus programas e filmes favoritos de qualquer dispositivo e em qualquer localidade. A empresa está contando com o Hopper e produtos relacionados para concorrer com a DirecTV, provedores a cabo e empresas de telecomunicações com grandes reservas financeiras.

– *Ces.cnet.com*, 08/01/13.

> **(continuação)**
>
> **EMPRESA: FUNDAÇÃO BILL & MELINDA GATES**
> **Projeto: Milho tolerante a secas para a África**
>
> A meta do projeto é ajudar os agricultores da África Subsaariana que vivem em áreas suscetíveis a secas a ampliar a produtividade do cultivo do milho. Entregar aos agricultores africanos as variedades de milho aperfeiçoadas é o resultado de mais de duas décadas de pesquisa, envolvendo uma ampla coalizão de parceiros, desde governos e ONGs até vendedores de sementes e agricultores. Mais de 2 milhões de minifundiários da África já estão recebendo os benefícios da produção ampliada. Até 2016, espera-se que o projeto do milho tolerante a secas incremente a produção em até 30%, beneficiando 40 milhões de pessoas na África.
>
> – *gatesfoundation.org,* acessado em 09/01/13.
>
> **EMPRESA: FIAT, ITÁLIA**
> **Projeto: Fiat 500 EV 2013**
>
> À venda na primavera de 2013, o EV é uma versão totalmente elétrica da popular linha Fiat 500. Ele tem um motor elétrico de 100 hp, abastecido por baterias de lítio com 140 km de autonomia. A Fiat precisa provar que é uma empresa que olha para o futuro e dar outra razão para a compra do 500, além do estilo. Caso contrário, a curva de vendas despencará depois que a boa aparência cansar. O sucesso dependerá da capacidade da empresa de derrotar a ansiedade dos clientes no que diz respeito à autonomia do carro e do apoio dos governos, por meio de subsídios, aos veículos elétricos.
>
> – *caranddriver.com,* acessado em 20/01/13.
>
> **EMPRESA: SONY, JAPÃO**
> **Projeto: Sony PlayStation 4 (PS4)**
>
> Faz sete anos que a Sony lançou o extremamente bem-sucedido PlayStation 3, e a Internet está pipocando de rumores sobre a quarta geração. Dizem que o PS4 terá um controle em estilo tablet e gráficos de última geração. O que está em questão é a posição da Sony na indústria de jogos eletrônicos que movimenta mais de US$ 10 bilhões de dólares.
>
> – *sonyps4.com,* acessado em 11/01/13.

ambiente e da sociedade. Esforços para reduzir a pegada de carbono e utilizar recursos renováveis são concretizados por meio de gerenciamento de projetos eficaz. O impacto desse movimento em direção à sustentabilidade pode ser visto em mudanças nos objetivos e técnicas empregados para concluir projetos. Consulte o "Caso Prático: Dell Children's torna-se o primeiro Hospital 'Verde' do Mundo".

Enxugamento corporativo

A última década testemunhou uma reestruturação drástica na vida corporativa. Enxugar (*downsizing*, ou *rightsizing*, se você ainda estiver empregado) e concentrar-se nas competências essências é a chave para a sobrevivência de muitas empresas. A gerência média é um mero esqueleto do passado. Nas empresas mais planas e enxutas dos dias atuais, onde a mudança é uma constante, o gerenciamento de projetos está substituindo a gerência média como forma de garantir que as coisas sejam feitas. O enxugamento corporativo também mudou a forma como as empresas abordam projetos. Elas terceirizam segmentos consideráveis do trabalho em projeto, e os gerentes de projetos têm de gerenciar não apenas seu próprio pessoal, mas também seus pares em diferentes empresas.

Maior foco no cliente

A concorrência mais acirrada valoriza a satisfação do cliente. Os clientes não se contentam mais com produtos e serviços genéricos. Eles querem produtos e serviços customizados que atendam às suas necessidades específicas. Esse imperativo exige uma relação de trabalho muito mais estreita entre o fornecedor e o recebedor. Gerentes de conta e representantes de vendas estão assumindo mais do papel de gerente de projetos, trabalhando com a empresa para satisfazer as necessidades e solicitações exclusivas dos clientes.

A maior atenção ao cliente também tem levado ao desenvolvimento de produtos e serviços customizados. Por exemplo, 15 anos atrás, comprar um jogo de tacos de golfe era um processo relativamente simples: você escolhia um jogo com base no preço e na pegada. Hoje, há tacos de golfe para jogadores altos e jogadores baixos, tacos para jogadores que tendem ao *slice* e para os que tendem ao *hook*, tacos tecnológicos com as últimas descobertas da metalurgia para mais distância, e assim vai. O gerenciamento de projetos é fundamental tanto para desenvolver produtos e serviços customizados quanto para sustentar relações lucrativas com os clientes.

CASO PRÁTICO — O Dell Children's torna-se o primeiro hospital "verde" do mundo*

Dateline – 07/01/2009, Austin, Texas: O Dell Children's Medical Center é o primeiro hospital do mundo a receber a certificação platina LEED (Liderança em Design Energético e Ambiental), a maior distinção conferida pelo Conselho de Construção Verde dos Estados Unidos.

O Dell Children's ocupa quase 50 mil metros quadrados em uma área de 12 hectares que antes fazia parte do velho Aeroporto Mueller, em Austin. Seu projeto ambientalmente consciente não apenas poupa água e eletricidade, como também afeta de modo positivo o ambiente clínico do hospital com a melhora da qualidade do ar, a disponibilidade de luz natural e a redução de uma grande variedade de poluentes.

Para receber a certificação LEED, as construções são classificadas em cinco grandes áreas: desenvolvimento sustentável da obra; economia de água; eficiência energética; seleção de materiais; e qualidade ambiental. A seguir, são listadas algumas das realizações em cada categoria LEED:

Obra sustentável
- 47 mil toneladas de material da pista do Aeroporto Mueller foram reusadas na obra.
- O uso de cerca de 40% de cinzas em suspensão em vez de cimento Portland no concreto produziu uma queda nas emissões de dióxido de carbono equivalente a tirar 450 carros das ruas.
- 925 toneladas de resíduos de construção foram recicladas na obra.

Eficiência hídrica e conservação de água
- Água recaptada utilizada na irrigação; paisagismo *xeriscape* usando plantas nativas que precisam de menos água.
- Instalações hidráulicas de baixo fluxo.

Eficiência energética e conservação de energia
- Uma turbina local de gás natural, 75% mais eficiente do que usinas de carvão, fornece toda a eletricidade.
- A energia da conversão do vapor, por uma usina térmica, oriundo do aquecimento e resfriamento fornece água gelada.

Qualidade ambiental interna e iluminação
- A maioria dos espaços interiores dispõe de uma janela a cada 10 metros.
- Sensores de movimento e luz natural desligam lâmpadas desnecessárias.

Conservação de materiais e recursos
- Uso de materiais locais e regionais poupa combustível de transporte.
- Tintas e pisos especiais emitem níveis baixos de compostos orgânicos voláteis (COVs).

"Mesmo antes de as plantas iniciais serem desenhadas, impusemo-nos o objetivo de criar um hospital infantil de primeira classe e sermos o primeiro hospital LEED Platina certamente fazia parte disso", disse Robert Bonar, presidente e CEO do Dell Children's Medical Center no Centro do Texas. "A nossa motivação para buscar o LEED Platina não era apenas ambiental. Ser um hospital 'verde' tem um efeito profundo e verificável na cura. O que é bom para o ambiente e para nossos vizinhos também é bom para os nossos pacientes."

* *Austin Business Journal*, 11/01/2009; www.dellchildrens.net/about_us/news/2009/01/08.

Projetos pequenos representam grandes problemas

A velocidade da mudança necessária para manter-se competitivo ou simplesmente acompanhar o mercado criou um clima corporativo em que centenas de projetos são implementados ao mesmo tempo. Isso resultou em uma atmosfera multiprojeto e em muitos novos problemas. Dividir e priorizar recursos entre um portfólio de projetos é um grande desafio para a gerência sênior. Muitas empresas não têm ideia dos problemas envolvidos com o gerenciamento ineficiente de pequenos projetos. Considerados de baixo impacto nos resultados porque não demandam grandes quantidades de recursos escassos e/ou dinheiro, os pequenos projetos, normalmente, têm os mesmos riscos, ou mais, dos projetos grandes. Com tantos projetos ao mesmo tempo, e como a percepção do impacto da ineficiência é pequena, em geral, ela não é medida. Infelizmente, muitos projetos pequenos logo totalizam grandes quantias de dinheiro. Muitos clientes e milhões de dólares são perdidos todos os anos em projetos pequenos por empresas de produtos e serviços. Projetos pequenos podem representar custos ocultos não medidos pela contabilidade.

Empresas com muitos projetos pequenos simultâneos se deparam com os problemas mais árduos do gerenciamento de projetos. Uma questão vital é a criação de um ambiente organizacional que dê suporte a gerenciamento de múltiplos projetos. É necessário um processo para priorizar e desenvolver uma carteira de projetos pequenos que apoiem a missão da empresa.

Em resumo: há uma diversidade de forças ambientais interagindo no mundo dos negócios que contribuem para a maior demanda por um bom gerenciamento de projetos em todos os setores industriais. O gerenciamento de projetos parece ser idealmente apropriado para o ambiente empresarial que demande prestação de contas, flexibilidade, inovação, velocidade e melhoria contínua.

Esse ambiente e outros fatores criaram a necessidade de uma supervisão maior de todos os projetos da empresa.

Governança de projeto

A competição em um mercado global é influenciada por rápidas mudanças, inovação e tempo de chegada de um produto/serviço até o mercado, o que significa que as empresas gerenciam cada vez mais projetos. Assim, são necessários meios para coordenar e gerenciar projetos nesse ambiente em mudanças. O resultado concreto disso é a centralização de processos e práticas de gerenciamento de projetos. Por exemplo, Google, Apple, General Electric e Sony têm mais de mil projetos sendo implementados ao mesmo tempo, todos os dias do ano, cruzando fronteiras e culturas diferentes na respectiva empresa. *Perguntas: 1) Como essas empresas supervisionam o gerenciamento de todos os projetos? 2) Como eles foram selecionados? 3) Como são garantidas a medição do desempenho e a prestação de contas? 4) Como o gerenciamento de projetos pode continuar melhorando?* A centralização traz consigo a governança de todos os processos e práticas de projeto para aprimorar o gerenciamento de projetos.

A governança é concebida para aperfeiçoar o gerenciamento de projetos em toda a empresa no longo prazo. A fundamentação da integração do gerenciamento de projetos é proporcionar à gerência sênior:

- Visão geral de todas as atividades de gerenciamento de projetos;
- Panorama de como os recursos organizacionais estão sendo empregados;
- Avaliação do risco que o portfólio de projetos da empresa representa;
- Uma métrica aproximada para mensurar a melhoria do gerenciamento de projetos em comparação aos outros do setor em que a empresa atua;
- Ligações entre a gerência sênior e o gerenciamento efetivo de execução de projetos.

A visão completa de todos os componentes da empresa é essencial para alinhar os recursos comerciais internos com os requisitos do ambiente em mudança. A governança possibilita à gerência maior flexibilidade e melhor controle sobre todas as atividades de gerenciamento de projetos.

Operacionalmente, o que significa integração do gerenciamento de projetos? Significa combinar todas as principais dimensões do gerenciamento de projetos sob um só teto. Cada dimensão é conectada a um domínio estanque e integrado. Governança significa aplicar um conjunto de conhecimentos, habilidades, ferramentas e técnicas a uma coleção de projetos para levar a empresa às suas metas estratégicas. Esse movimento integrativo representa um grande impulso para empresas dirigidas por projetos, em todos os setores da economia (Figura 1.2).

FIGURA 1.2 Gerenciamento integrado de projetos

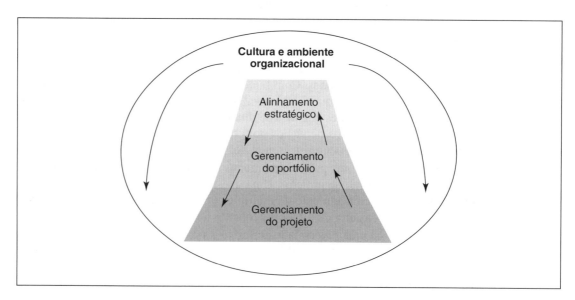

Alinhamento dos projetos com a estratégia organizacional

Hoje, os projetos são o *modus operandi* para implementar estratégia. Mesmo assim, em algumas empresas, a seleção e o gerenciamento dos projetos frequentemente falham no suporte ao seu planejamento estratégico. Planos estratégicos são elaborados por um grupo de gerentes, projetos são escolhidos por outro grupo e implementados por um terceiro. Essas decisões independentes tomadas por diferentes grupos de gerentes criam um conjunto de condições que levam a conflito, confusão e, muitas vezes, a um cliente insatisfeito. Nessas condições, os recursos da empresa são desperdiçados em atividades/projetos sem valor agregado.

Como os projetos são o *modus operandi*, o alinhamento à estratégia é de vital importância para conservar e usar com eficiência os recursos da empresa. Os critérios de seleção devem garantir que cada projeto seja priorizado e contribua para as metas estratégicas. Qualquer coisa fora disso desperdiça recursos – pessoas, capital e equipamento. Garantir alinhamento exige um processo de seleção sistemático, aberto, consistente e equilibrado. Todos os projetos escolhidos tornam-se parte de um portfólio de projetos que equilibra o risco total para a empresa. Gerenciar o portfólio de projeto garante que apenas a parte mais valiosa dos projetos seja aprovada e gerenciada na empresa toda.

Gerenciamento de projetos hoje: uma abordagem sociotécnica

É frequente que a gerência sênior se envolva na seleção de projetos, mas é raro que se envolva na implementação. Implementar projetos é o desafio.

Existem duas dimensões na execução efetiva de projetos (Figura 1.3). A primeira é o lado técnico do processo gerencial, que consiste nas partes formais, disciplinadas e puramente lógicas do processo. Essa dimensão técnica inclui planejar, programar e controlar projetos. São redigidas declarações claras de escopo de projeto para associar projeto e cliente e facilitar o planejamento e o controle. A criação de entregas e as estruturas analíticas do trabalho facilitam o planejamento e monitoramento do progresso do projeto. A estrutura analítica do projeto é base de dados que conecta todos os níveis da empresa, as principais entregas e todo o trabalho – direto para as tarefas dos pacotes de trabalho. Os efeitos das mudanças no projeto são documentados e rastreáveis. Portanto, qualquer mudança em uma parte do projeto é rastreável até a fonte por meio das ligações integradas do sistema. Essa abordagem de informação integrada consegue dar aos gerentes do projeto e ao cliente as informações de decisão apropriadas para seu nível e necessidades. Um gerente de projetos bem-sucedido será bem treinado no aspecto técnico do gerenciamento de projetos.

FIGURA 1.3
A dimensão sociotécnica do processo de gerenciamento de projetos

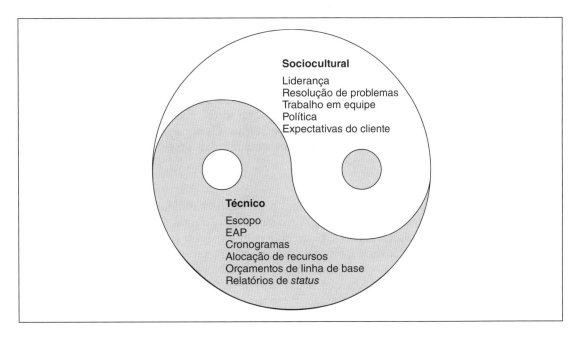

> ### DESTAQUE DE PESQUISA — Trabalha bem em equipe*
>
> A expressão "trabalha bem em equipe" há muito tem lugar garantido nos boletins escolares; hoje, no mundo da TI, é o critério número 1 para candidatos a cargo gerencial. Em uma pesquisa americana de 1999, 27% dos executivos de tecnologia de informação (CIO) mencionaram sólidas habilidades interpessoais como a qualidade mais importante para chegar a altos níveis gerenciais. Habilidades técnicas avançadas vieram em segundo lugar, obtendo 23% das respostas.
>
> O projeto foi patrocinado pela RHI Consulting, que fornece profissionais de tecnologia da informação por projeto. Foi contratada uma empresa de pesquisa independente para realizar a enquete respondida por mais de 1.400 CIO.
>
> As perguntas também incluíam:
>
> *Em 2005, com que frequência os funcionários do seu departamento de TI trabalharam em equipes de projeto junto com membros de outros departamentos da empresa?*
>
> Respostas:
>
> | | |
> |---|---|
> | Com muita frequência | 57% |
> | Com certa frequência | 26% |
> | Com pouca frequência | 10% |
> | Com muito pouca frequência | 6% |
> | Nunca | 1% |
>
> Greg Scileppi, diretor executivo da RHI Consulting, recomenda que os profissionais de TI desenvolvam habilidades interpessoais. "A predominância de equipes de projeto criou uma necessidade correspondente de sólidas capacidades de comunicação e trabalho em equipe. O estafe técnico testa essas habilidades diariamente, pois trabalha com funcionários de todos os níveis para criar e implementar soluções de TI que vão de resolução de problemas simples até iniciativas Web corporativas e *upgrades* em todo o sistema".
>
> * Joanita M. Nellenbach, "People Skills Top Technical Knowledge, CIO Insist," *PMNetwork* (August 1999), p. 7-8.

A segunda dimensão, oposta, é o lado sociocultural do gerenciamento de projetos. Em contraste com o mundo ordeiro do planejamento de projetos, ela envolve o mundo da implementação, muito mais bagunçado e, frequentemente, contraditório e paradoxal. Centra-se na criação de um sistema social temporário dentro de um ambiente organizacional maior, combinando os talentos de um conjunto divergente de profissionais que trabalham para concluir o projeto (ver "Destaque de Pesquisa: Trabalha bem em equipe"). Os gerentes de projetos precisam moldar uma cultura de projetos que estimule o trabalho em equipe que gere altos níveis de motivação pessoal, assim como a capacidade de identificar e resolver rapidamente problemas que ameaçam o trabalho. Isso raramente acontece como planejado, e os gerentes de projetos precisam conseguir reconduzir o projeto ao custo ou alterar o rumo, se necessário.

A dimensão sociocultural também envolve gerenciar a interface entre o projeto e o ambiente externo. Os gerentes de projetos têm de entender e moldar as expectativas dos clientes, sustentar o apoio político da alta gerência, negociar com os correspondentes funcionais, monitorar terceirizados e assim por diante. Em geral, o gerente precisa construir uma rede social cooperativa entre um conjunto divergente de aliados, com diferentes padrões, compromissos e perspectivas.

Alguns sugerem que a dimensão técnica representa a "ciência" do gerenciamento de projetos, enquanto a dimensão sociocultural representa a "arte" de gerenciá-los. Para obter sucesso, o gerente deve dominar ambas. Infelizmente, alguns gerentes de projetos ficam preocupados com a dimensão técnica e de planejamento. É comum que a sua primeira exposição real ao gerenciamento de projetos seja por meio de software específico, ficando deslumbrados com gráficos de rede, diagramas de Gantt e variâncias de desempenho; eles tentam gerenciar projetos a distância. Outros gerentes, por sua vez, lideram projetos "na sorte", confiando pesadamente na dinâmica da equipe e na política organizacional para concluí-los. Os bons gerentes de projeto equilibram sua atenção entre aspectos tanto técnicos quanto socioculturais do gerenciamento de projetos.

Resumo

O gerenciamento de projetos é um conjunto de habilidades imprescindível no mundo atual. Um projeto é definido como um esforço singular; não rotineiro; limitado por prazo, recursos e especificações de desempenho; e concebido para satisfazer necessidades do cliente. Uma de suas características distintivas é ter início e fim, normalmente consistindo em quatro fases: definição; planejamento; execução; e fechamento. O gerenciamento de projetos eficaz começa com a escolha e priorização de projetos que deem suporte à missão e estratégia da empresa. A implementação bem-sucedida exige habilidades tanto técnicas quanto sociais. Os gerentes de projeto têm de planejar e orçar projetos, assim como orquestrar as contribuições dos outros.

Visão geral do texto

Este livro, que se concentra tanto na ciência quanto na arte do gerenciamento de projetos, busca dar ao leitor uma compreensão abrangente e integradora desse processo. Após este capítulo introdutório, o Capítulo 2 aborda como as empresas procedem ao avaliar e selecionar projetos, dedicando atenção especial à importância de alinhar a seleção de projetos à missão e à estratégia da empresa. O ambiente organizacional no qual os projetos são implementados é o foco do Capítulo 3. A discussão de estruturas matriciais e de outras formas organizacionais é ampliada pela análise do papel da cultura da empresa na implementação de projetos.

Os seis capítulos seguintes se concentram no desenvolvimento de um plano para o projeto; afinal, o sucesso do projeto começa com um bom plano. O Capítulo 4 trata da definição do escopo do projeto e do desenvolvimento de sua estrutura analítica. O desafio de formular estimativas de custo e prazo é o tema do Capítulo 5. O Capítulo 6 foca a utilização de informações da EAP para criar um plano de projeto na forma de uma rede de atividades aprazadas e sequenciadas.

Riscos são uma ameaça potencial a qualquer projeto, e o Capítulo 7 examina como empresas e gerentes identificam e gerenciam riscos associados ao trabalho do projeto. A alocação de recursos é acrescentada ao plano no Capítulo 8, com atenção especial a como as limitações de recursos afetam o cronograma do projeto. Após estabelecido um cronograma de recursos, desenvolve-se um orçamento de projeto em fases cronológicas. Por fim, o Capítulo 9 examina estratégias para reduzir ("comprimir") o tempo do projeto, seja antes do seu início, seja em resposta a problemas ou novas demandas impostas a ele.

Os Capítulos 10 a 12 destacam a implementação do projeto e o lado sociocultural do gerenciamento de projetos, começando com o Capítulo 10, que se concentra no papel do gerente de projetos como líder, enfatizando a importância de gerenciar as partes interessadas do projeto dentro da empresa. O Capítulo 11 aborda a essência da equipe do projeto: combina as últimas informações sobre dinâmica de equipe com habilidades/técnicas de liderança para desenvolver uma equipe de projeto de alto desempenho. O Capítulo 12 prossegue no tópico do gerenciamento das partes interessadas do projeto, discutindo como terceirizar trabalho do projeto e negociar com contratados, clientes e fornecedores.

Com atenção especial dedicada ao conceito fundamental de valor agregado, o Capítulo 13 exemplifica os tipos de informação que os gerentes empregam para monitorar o progresso do projeto. O ciclo de vida do projeto é concluído com o Capítulo 14, que cobre o fechamento do projeto e a importante avaliação de desempenho e de lições aprendidas. São incluídos quatro capítulos "suplementares" para expandir o núcleo do gerenciamento do projeto. A implementação do gerenciamento de projetos em ambientes multiculturais e internacionais é o tema do Capítulo 15. O Capítulo 16 tem como foco a necessidade de supervisão organizacional e como ela afeta o gerenciamento dos projetos. O advento do gerenciamento de projetos ágil, uma abordagem de equipe mais flexível ao gerenciamento de projetos complexos em que os requisitos só podem ser definidos claramente depois de o projeto começar, é o tema do Capítulo 17. Finalmente, o Capítulo 18 conclui com o estudo das questões de carreira no campo do gerenciamento de projetos.

Ao longo do texto, você será exposto aos principais aspectos do sistema de gerenciamento de projetos. No entanto, não se consegue a compreensão verdadeira do gerenciamento de projetos sabendo o que é declaração de escopo, caminho crítico ou parceria com contratados, mas compreendendo como os diferentes elementos do sistema de gerenciamento de projetos interagem para determinar o destino do projeto. Se, no fim desta obra, você conseguir valorizar e começar a dominar as dimensões técnica e sociocultural do gerenciamento de projetos, já terá uma vantagem competitiva distinta sobre os outros que aspiram a trabalhar na área de gerenciamento de projetos.

Termos-chave

Ciclo de vida do projeto, *6*
Profissional de Gerenciamento
   de Projetos (PMP), *3*

Programa, *5*
Projeto, *4*

Questões de revisão

1. Defina "projeto". Quais as cinco características que ajudam a diferenciar projetos de outras funções desempenhadas nas operações cotidianas da empresa?
2. Quais são as principais forças ambientais que mudaram o modo como os projetos são gerenciados? Qual é o efeito dessas forças no gerenciamento de projetos?
3. Por que a implementação de gerenciamento de projetos é importante para o planejamento estratégico e para o gerente de projetos?
4. As dimensões técnica e sociocultural do gerenciamento de projetos são dois lados da mesma moeda. Explique.
5. Qual é o efeito da governança no gerenciamento de um projeto em específico? Por que essa abordagem é importante no ambiente atual?

Exercícios

1. Examine a capa do seu jornal local e tente identificar todos os projetos contidos nas matérias. Quantos você conseguiu achar?
2. Identifique o que você considera as maiores realizações da humanidade nas últimas cinco décadas. Agora, partilhe a sua lista com três a cinco alunos do curso e amplie a relação. Repasse essas realizações nos termos da definição de projeto. O que a sua revisão sugere sobre a importância do gerenciamento de projetos?
3. Identifique os projetos citados na lista anterior. Os elementos socioculturais e técnicos foram fatores de sucesso ou de dificuldades nos projetos?
4. Confira o site do Project Management Institute em *www.pmi.org*.
   a. Examine as informações gerais sobre o PMI, assim como as informações para associar-se.
   b. Veja se há um capítulo do PMI no seu estado. Se não, onde fica o mais próximo?
   c. Utilize a função de busca do *site* do PMI para encontrar informações sobre o *Project Management Body of Knowledge* (PMBOK). Quais são as principais áreas de conhecimento do PMBOK?
   d. Explore outros links oferecidos pelo PMI. O que esses links dizem sobre a natureza e o futuro do gerenciamento de projetos?

   Observação: se você tiver dificuldade para acessar qualquer endereço da Web listado aqui ou em outra parte do texto, há endereços atualizados na página do Dr. Erik Larson, coautor deste texto: http://business.oregonstate.edu/faculty-and-staff-bios/erik-larson.*

Referências

Ball Parks of Baseball, "Cisco Field," *http://www.ballparksofbaseball.com/future/CiscoField.htm* (acessado em 2 de junho de 2009).

Benko, C., and F. W. McFarlan, *Connecting the Dots* (Boston: HBS Press, 2003).

Cohen, D. J., and R. J. Graham, *The Project Manager's MBA* (San Francisco: Jossey-Bass, 2001).

Darnell, R., "The Emerging Role of the Project Manager," *PM Network,* Vol. 11, No. 7 (1997).

Derby, Charles, and Ofer Zwikael, "The Secret of (Defining) Success," *PM Network*, Vol. 26, No. 8, August 2012, pp. 20-22.

Gray, Clifford, "Program Management, A Primer," *PM World Today*, Vol. 13, No. 8, August 2011, pp. 1-7.

Jonas, D., "Empowering Project Portfolio Managers: How Management Involvement Impacts Project Management Performance," *International Journal of Project Management,* Vol. 28, No. 8 (2010), pp. 818-831.

Koh, Aileen, and Lynn Crawford, "Portfolio Management: The Australian Experience," *Project Management Journal,* Vol. 43, No. 6 (2012), pp. 33-41.

Peters, T., *PM Network,* January 2004, Vol. 18, No. 1, p. 19.

---

* N. de R.T.: No Brasil, há vários capítulos do PMI em http://brasil.pmi.org/brazil/eventPresenter.aspx.

Project Management Institute, *Leadership in Project Management Annual* (Newton Square, PA: PMI Publishing, 2006).

Project Management Institute, *A Guide to the Project Management Body of Knowledge (PMBOK),* (Newton Square, PA: PMI Publishing, 2013).

Project Management Institute, *PMI Today,* July 2011, p. 11.

The Standish Group, *CHAOS Summary 2009,* pp. 1-4.

Stewart, T. A., "The Corporate Jungle Spawns a New Species: The Project Manager," *Fortune* (September 1996), pp. 14-15.

Caso Um dia qualquer

Rachel, a gestora de um grande projeto de sistemas de informação, chega cedo ao seu escritório, antes de seus colegas e equipe de projeto, para dar conta do trabalho. No entanto, ao entrar no escritório, ela encontra seu colega Neil, um dos gerentes de projetos, que também quer começar o dia cedo. Recentemente, ele concluiu um projeto internacional. Os dois colegas conversam por 10 minutos e põem os assuntos pessoais em dia.

Rachel demora 10 minutos para chegar à sala dela e se instalar; olha a caixa de mensagens no celular e secretária eletrônica e liga o computador. Desde as 15h30min do dia anterior, quando esteve com um cliente até as 19h30min, ela não checara *e-mails* ou a secretária eletrônica. Há sete mensagens telefônicas, 16 *e-mails* e quatro recados na sua mesa. Rachel fica 15 minutos repassando a agenda e as listas de pendências do dia antes de responder às mensagens que demandam atenção imediata.

Nos 25 minutos seguintes, ela examina relatórios de projeto e prepara-se para a reunião semanal de *status*. É interrompida pela chegada do chefe. Eles passam 20 minutos discutindo o projeto. Ela menciona um rumor de que um membro da equipe está usando estimulantes para trabalhar e que não viu nada suspeito, mas ficará de olho.

A das 9h começa 15 minutos atrasada porque dois membros da equipe precisaram terminar um serviço para um cliente. Várias pessoas vão à cantina pegar café e rosquinhas, enquanto outras falam sobre o jogo da noite anterior. Os membros da equipe chegam, e os 45 minutos restantes da reunião de revisão de progresso trazem à tona questões do projeto que precisam ser resolvidas e marcadas em um plano de ação.

Após a reunião, Rachel desce o corredor para se reunir com Victoria, outra gestora de projetos de TI. Elas passam 30 minutos revisando atribuições de projeto, uma vez que duas delas têm pessoas em comum. O projeto de Victoria está atrasado e precisando de ajuda. Elas entram em acordo para devolvê-lo aos trilhos.

Rachel volta para a sala, faz vários telefonemas e responde a vários *e-mails* antes de descer para visitar membros da sua equipe de projeto. A sua intenção é fazer o acompanhamento de uma questão que emergira na reunião de *status* de projeto. No entanto, o seu singelo "Oi, pessoal, como vão as coisas?" extrai uma torrente de respostas azedas das "tropas". Após escutar pacientemente por mais de 20 minutos, ela se dá conta, entre outras coisas, que vários gerentes do cliente estão começando a solicitar atributos que não constavam na declaração de escopo original do projeto. Ela diz ao seu pessoal que verá isso imediatamente.

Voltando à sua sala, tenta ligar para seu contato na empresa do cliente, John, mas lhe dizem que ele só voltará do almoço em uma hora. Nesse intervalo, Eddie, que trabalha no departamento financeiro, dá uma passada e diz "Que tal almoçar?". Os dois passam a próxima meia hora na cantina da empresa fofocando sobre assuntos internos e ela fica surpresa ao saber que Jonah Johnson, o diretor dos projetos de sistemas e em quem sempre tivera um aliado poderoso, talvez vá para outra companhia. Ela volta à sua sala, responde a mais alguns *e-mails* e finalmente consegue falar com John. A conversa de 30 minutos sobre o problema termina com a promessa dele de fazer algumas verificações e dar um retorno assim que possível.

Rachel coloca um aviso de "Não perturbe" na porta e recosta-se na cadeira. Com fones de ouvido, ela escuta o terceiro e o quarto movimentos do quarteto para cordas em fá maior de Ravel.

Depois, Rachel pega o elevador para o terceiro andar e conversa com o agente de compras designado para o seu projeto. Eles passam os 30 minutos seguintes explorando modos de levar os equipamentos necessários até o local do projeto antes do planejado. Ela acaba autorizando a entrega expressa.

Quando volta para a sala, sua agenda a lembra de sua participação em uma teleconferência programada para as 14h30min. Leva 15 minutos para todos estarem *online*. Durante esse tempo, Rachel dá conta de alguns *e-mails*. A hora seguinte é usada trocando informações sobre os requisitos técnicos associados a uma nova versão de um pacote de *software* que eles estão usando em projetos de sistemas como o dela.

Rachel decide esticar as pernas e dar uma caminhada pelo corredor, envolvendo-se em breves conversas com vários colegas. Ela faz questão de agradecer a Chandra por sua inteligente análise na reunião de relatório de *status*. Ao voltar, vê que John deixou uma mensagem pedindo que ela telefone de volta assim que possível. Ela entra em contato com John que a informa que, de acordo com o pessoal dele, o representante de marketing da empresa dela fez algumas promessas sobre atributos específicos que o sistema dela proporcionaria. Ele não sabe como esse desencontro de informação aconteceu, mas o pessoal dele está bem chateado com a situação. Rachel agradece a John pela informação e, imediatamente, vai pela escada até o grupo de marketing e pede para falar com Mary, uma gerente sênior. Depois de esperar 10 minutos, Rachel é convidada a entrar na sala de Mary. Ao final de uma conversa acalorada de 40 minutos, Mary concorda em falar com o próprio pessoal sobre o que foi ou não prometido.

Rachel desce até onde estava seu pessoal para atualizá-lo sobre o que está acontecendo. Eles passam 30 minutos considerando o impacto que as solicitações do cliente poderiam ter no cronograma do projeto. Ela também partilha com eles as mudanças no cronograma que ela e Victoria combinaram. Então, Rachel dá boa noite à sua equipe, sobe até a sala do seu chefe e gasta 20 minutos atualizando-o sobre os principais acontecimentos do dia. De volta à sua sala, precisa de 30 minutos para ler *e-mails* e documentos do projeto. Ela entra no cronograma de MS Project e, por 30 minutos, trabalha em cenários "e se". Repassa a agenda do dia seguinte e escreve alguns lembretes pessoais antes de sair para o trajeto de 30 minutos até sua casa.

1. Você acha que Rachel passou seu dia de maneira eficiente?
2. O que esse caso lhe diz sobre como é ser um gerente de projetos?

CAPÍTULO DOIS

Estratégia da empresa e seleção de projetos

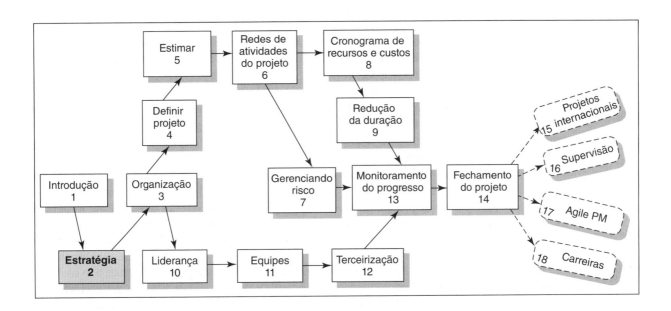

Estratégia da empresa e seleção de projetos
A necessidade de um sistema de gerenciamento
   de portfólio de projetos
Um sistema de gerenciamento de portfólio
Critérios de seleção
Aplicação de um modelo de seleção
Gerenciamento do sistema de portfólio
Resumo
Apêndice 2.1: Formulário de proposta (RFP)

Uma estratégia é implementada por meio de projetos. Todo projeto deve ter uma ligação clara com a estratégia da organização.*

Em essência, estratégia é decidir como a empresa competirá. As empresas utilizam projetos para converter estratégia em novos produtos, serviços e processos necessários para o sucesso. Por exemplo, a principal estratégia da Intel é a diferenciação. Seus projetos focam em inovação e tempo até o mercado. A empresa está voltando direcionando sua estratégia para chips especiais para produtos que não computadores, como automóveis, segurança, celulares e controles aéreos. Outra meta é reduzir o tempo de ciclo dos projetos. Intel, NEC, General Electric e AT&T diminuíram seus tempos de ciclo em 20 a 50%. Os projetos e seu gerenciamento desempenham um papel fundamental no suporte às metas estratégicas. É vital que os gerentes de projetos pensem e ajam estrategicamente.

Alinhar os projetos às metas estratégicas da empresa é fundamental para o sucesso dos projetos. O clima econômico atual não tem precedentes em termos de mudanças tecnológicas, concorrência global e incerteza financeira. Essas condições tornam o alinhamento de estratégia/projeto ainda mais essencial para o sucesso. Efetivar uma ligação forte entre o plano estratégico e os projetos é uma tarefa difícil, demandando atenção constante da alta e média gerências.

Quanto maior e mais diversificada a empresa, mais difícil será criar e manter essa ligação forte. Embora, hoje, as empresas estejam sob enorme pressão para gerenciar um processo que alinhe claramente os projetos às suas estratégias, está muito claro que muitas delas ainda não o fizeram. O resultado é a má utilização dos recursos da empresa – pessoas, dinheiro, equipamento e competências essenciais. Inversamente, empresas com uma ligação coerente entre projetos e estratégia dispõem de mais cooperação interna, têm menos projetos e melhor desempenho neles.

Como uma empresa pode garantir tais ligação e alinhamento? A resposta exige a integração dos projetos ao plano estratégico. Integração pressupõe a existência de um plano estratégico e de um processo de priorização de projetos de acordo com sua contribuição para o plano. Um fator essencial para garantir o sucesso da integração do plano com os projetos é a criação de um processo aberto e transparente para que todos os participantes consigam enxergá-lo. Este capítulo traça um panorama da importância do planejamento estratégico e do seu processo de desenvolvimento. Serão mencionados problemas clássicos encontrados quando a estratégia e os projetos não estão ligados e será discutida uma metodologia genérica integradora por meio de ligações muito fortes entre seleção de projetos e prioridade no plano estratégico. Os resultados desejados são foco organizacional mais claro, melhor uso dos recursos valiosos da empresa (pessoas, equipamento, capital) e comunicação mais eficiente entre projetos e departamentos.

Por que os gerentes de projetos precisam entender a estratégia

Historicamente, o gerenciamento de projetos se preocupa apenas com o planejamento e execução de projetos. Considera-se que a estratégia está sob os cuidados da gerência sênior. Esse é o pensamento da velha escola; o da nova escola reconhece que o gerenciamento de projetos está no vértice da estratégia e das operações. Aaron Shenhar diz que: "(...) é hora de expandir o papel tradicional do gestor de projetos de uma perspectiva operacional para uma mais estratégica. Na empresa em evolução, os gerentes de projetos se concentrarão em aspectos comerciais e o seu papel será o de fazer o trabalho alcançar os resultados comerciais e vencer no mercado".[1]

Os gerentes de projetos devem compreender a missão e a estratégia da empresa por duas grandes razões. A primeira: para que possam tomar as decisões e fazer os ajustes apropriados. Por exemplo, a resposta de um gerente de projetos a uma sugestão de modificar o *design* de um produto

---

* N. de R.T.: Alguns grupos de projetos como aqueles relacionados à infraestrutura interna da empresa, projetos de normalização, de regulamentação, de manutenção e outros necessários ao atendimento de uma lei podem não estar alinhados às estratégias da empresa.

[1] Shenhar, A., and Dov Dvie, *Reinventing Project Management*, Harvard Business School, 2007, p. 5.

CASO PRÁTICO
O projeto do Watson da IBM no Jeopardy representa uma mudança de estratégia?*

O investimento da IBM em inteligência artificial valeu a pena. Em fevereiro de 2011, milhões de pessoas estavam grudadas na televisão para assistir ao Watson da IBM superar dois ex-campeões do programa de perguntas e respostas Jeopardy. Watson teve um desempenho equivalente ao de um especialista humano em termos de precisão, confiança e velocidade.

Watson representa uma nova direção estratégia para a IBM? Na verdade, não. O projeto Watson é apenas uma manifestação da mudança de uma estratégia de hardware computacional para serviços, ocorrida há uma década.

DESCRIÇÃO DO PROJETO WATSON

A inteligência artificial progrediu consideravelmente nos últimos anos. Watson vai além do supercomputador enxadrista da IBM do fim dos anos 1990. Xadrez é finito, lógico e facilmente redutível à matemática. O espaço do Watson é mal definido, envolvendo abstração e a natureza circunstancial da linguagem. Como seu sistema consegue entender a linguagem natural, ele pode expandir o modo com as pessoas interagem com computadores.

O projeto Watson da IBM tomou três anos de intensa pesquisa e desenvolvimento por parte de um grupo central de cerca de 20 pessoas. Oito equipes universitárias, trabalhando em áreas especialmente desafiadoras, juntaram-se a esses pesquisadores.

O Watson depende de mais de 200 milhões de páginas de dados estruturados e não estruturados e de um programa capaz de rodar trilhões de operações por segundo. Com esse estoque de informações, ele ataca uma pergunta do Jeopardy dividindo-a em pedacinhos. Com a pergunta dividida, seu programa passa a buscar os dados relevantes. Usando centenas de regras de decisão, ele gera as respostas possíveis que recebem uma pontuação de confiança para decidir se o Watson deve se arriscar a responder e quanto apostar.

E DEPOIS?

Agora que a poeira abaixou, a IBM está levando adiante sua estratégia de serviços e o conhecimento obtido com o projeto Watson para aplicações comerciais. O design de inteligência artificial do projeto é flexível, sugerindo diversas possibilidades de uso em setores como finanças, medicina, segurança

interna e defesa. Extensões para aplicações móveis que se alimentem dos servidores do Watson também têm grande potencial. A IBM identificou as oportunidades que estavam caindo de maduras, como fornecimento de soluções de saúde, e já começou a conceber o programa.

A criação de um programa de "consultor médico" provavelmente seguiria uma plataforma de design semelhante à do Watson que, por exemplo, poderia:

- Gerar uma base de dados a partir de documentos médicos existentes para criar uma base de conhecimento
- Integrar informações individuais dos pacientes
- Usar a análise complexa do sistema para selecionar dados relevantes
- Aplicar regras de decisão para dar opções de diagnóstico aos médicos
- Classificar as opções com níveis de confiança para cada uma

Criar uma solução de consultoria médica não substituirá os médicos. Embora o sistema tenha um potencial tremendo, ele é feito por humanos e depende da base de dados, da análise destes e das regras de decisão para selecionar opções. Feita a consulta, um médico treinado no sistema finaliza o processo examinando o paciente e fornecendo o diagnóstico.

Com o projeto Watson, a IBM ganha flexibilidade para prosseguir em sua estratégia de uma década para cá, que a leva de hardware computacional para produtos de serviço.

*Ferrucci, et al. "Building Watson," AI Magazine. vol. 31, no. 3. Fall 2010.

---

para otimizar o desempenho depende do objetivo da empresa: ela quer ser líder de produto por meio de inovação ou atingir excelência operacional por meio de soluções de baixo custo. De maneira semelhante, a reação de um gerente de projetos a atrasos pode depender de questões estratégicas. Ele autorizará horas extras se a empresa tem como prioridade chegar ao mercado o quanto antes. Outro gerente de projetos aceitará o atraso se a rapidez não for o essencial.

A segunda razão por que gerentes de projetos precisam entender a estratégia da empresa é para serem defensores eficazes dos projetos. Eles precisam demonstrar à gerência sênior como o projeto contribui para a missão da empresa. Estando alinhados os objetivos corporativos, obtêm-se proteção e suporte contínuo. Os gerentes de projetos também precisam saber explicar aos membros da equipe e as demais partes interessadas por que a tarefa de determinar objetivos e prioridades dos projetos é crítica. Isso é essencial para conseguir adesão a decisões polêmicas de *trade-off*.

Por esses motivos, os gerentes se beneficiarão de uma compreensão aguda dos processos de planejamento estratégico e de seleção de projetos, que são discutidos em seguida.

O processo de planejamento estratégico: uma visão geral

Planejamento estratégico é o processo de avaliar "o que somos" e decidir e implementar "o que pretendemos ser e como vamos chegar lá". A estratégia descreve como uma empresa pretende competir com os recursos à disposição no ambiente existente e no futuro percebido.

Duas grandes dimensões do planejamento estratégico são responder a mudanças no ambiente externo e alocar recursos valiosos na empresa para ser mais competitiva. O constante monitoramento das mudanças no ambiente externo é uma exigência vital para sobreviver em um ambiente competitivo dinâmico. A segunda dimensão são as respostas internas a programas de novas ações para tornar a empresa mais competitiva. A natureza das respostas depende do tipo de negócio, da volatilidade do ambiente, da concorrência e da cultura organizacional.

O planejamento estratégico provê o tema e o foco da futura direção da empresa; sustenta ações consistentes em todos os níveis da empresa; e estimula a integração, pois o empenho e os recursos são comprometidos com metas e estratégias comuns. Consulte o "Caso Prático: O projeto do Watson da IBM no Jeopardy". Ele representa uma mudança de estratégia? Esse é um processo contínuo e iterativo, objetivando um plano de ação de longo prazo, integrado e coordenado. O planejamento estratégico posiciona a empresa para preencher as necessidades e requisitos dos clientes no longo prazo. Estando a posição de longo prazo identificada, objetivos são estabelecidos e estratégias são desenvolvidas para atingi-los, sendo, então, traduzidas em ações por meio da implementação de projetos. A estratégia pode determinar a sobrevivência das empresas. A maioria delas tem sucesso na *formulação* de estratégias para o(s) curso(s) que seguirão. No entanto, o é a *implementação* das estratégias – isto é, fazê-las acontecer. É comum não haver integração entre formulação e implementação de estratégia.

Os componentes do planejamento estratégico estão intimamente ligados e todos eles estão direcionados ao sucesso da empresa. O planejamento estratégico demanda ligações fortes entre missão, metas, objetivos, estratégia e implementação. A missão condensa o propósito geral da empresa. As metas fornecem alvos globais dentro da missão. Os objetivos indicam alvos específicos para as metas e dão elementos à formulação de estratégias. Por fim, para serem implementadas, as estratégias exigem ações e tarefas. Na maioria dos casos, as ações a serem empreendidas representam projetos. A Figura 2.1 mostra um esquema do **processo de planejamento estratégico** e as principais atividades exigidas.

Quatro atividades do processo de planejamento estratégico

A sequência típica das atividades do processo de planejamento estratégico é delineada aqui seguida pela descrição de cada atividade:
1. Examinar e definir a missão organizacional.
2. Analisar e formular estratégias.
3. Estabelecer objetivos para atingir a estratégia.
4. Implementar estratégias por meio de projetos.

Examinar e definir a missão organizacional

A missão identifica "o que queremos nos tornar", ou a nossa razão de ser. Declarações de missão identificam o escopo da empresa em termos de produto ou serviço. Quando dividida entre gerentes e demais funcionários, a declaração escrita da missão determina o foco na tomada de decisão. Todos na empresa devem estar cientes da missão. Por exemplo, em uma grande empresa de consultoria, os sócios que não sabem recitá-la costumam pagar o almoço. A declaração de missão comunica e identifica o propósito da empresa para todas as partes interessadas e pode ser usada para avaliar o seu desempenho.

FIGURA 2.1
Processo de planejamento estratégico

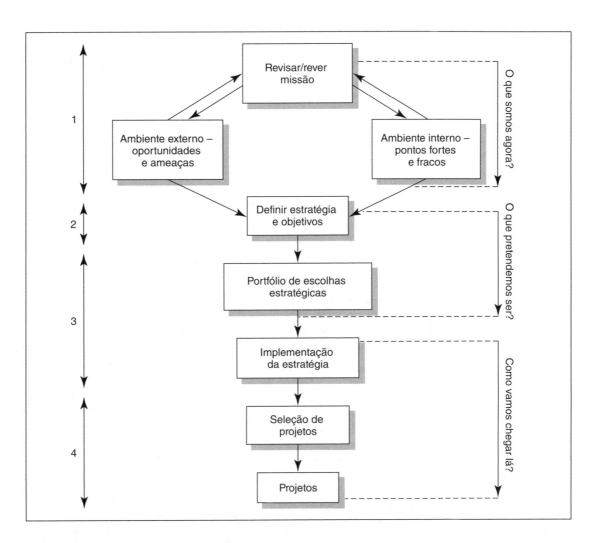

Os componentes tradicionais das declarações de missão são os principais produtos e serviços, os clientes, mercados-alvo e o território geográfico. Além disso, as declarações costumam incluir filosofia organizacional, principais tecnologias, imagem pública e contribuição para a sociedade. A inclusão desses fatores na demonstração de missão está relacionada diretamente ao sucesso nos negócios.

Declarações de missão raramente mudam. No entanto, pode ser necessário revê-las – bem como a respectiva estratégia – quando a natureza do negócio muda. Veja um exemplo de revisão de missão e estratégia no "Caso Prático: Revisão da estratégia da HP".

Declarações de missão mais específicas tendem a ter resultados melhores em razão do foco mais bem definido. Declarações de missão diminuem a chance de as partes interessadas atuarem em direções erradas. Por exemplo, compare a redação das seguintes declarações de missão:

Fornecer serviços de projeto hospitalar.
Fornecer serviços de mineração e análise de dados.
Fornecer serviços de tecnologia da informação.
Aumentar o valor para o acionista.
Fornecer produtos de alto valor ao nosso cliente.

Sem dúvida, as duas primeiras declarações deixam menos margem para interpretação equivocada do que as outras. Um teste prático para declarações de missão é: se ela pode ser a declaração de missão de qualquer um, é porque não dá a orientação e o foco necessários. A missão define os parâmetros para o desenvolvimento de objetivos.

CASO PRÁTICO — Revisão da estratégia da HP*

Em 18 de agosto de 2011, a Hewlett Packard anunciou uma mudança drástica de estratégia. Leo Apotheker, o CEO da maior produtora de computadores pessoais do mundo, decidiu abandonar a unidade de PC de baixa margem. Ele queria redirecionar a HP para *software comercial, redes e armazenamento,* que têm margens mais altas. Infelizmente, Apotheker não conseguiu comunicar bem a mudança estratégica, perdeu credibilidade, foi demitido e substituído por Meg Whitman, mas a controvérsia sobre a direção errática da empresa continuava.

O MERCADO DE PC

Em essência, o PC tornou-se uma *commodity*. Embora a unidade de computadores pessoais da HP represente cerca de um terço da receita total e aproximadamente 19% do lucro da empresa, o crescimento e os lucros está desacelerando. A maior concorrência da Ásia (por exemplo, Lenovo) continuará a reduzir a margem de lucro. Mais importante, o uso crescente dos *smartphones* e *tablets* já está canibalizando o mercado do PC.

MERCADOS DO FUTURO

Nas palavras da HP, sua nova missão corporativa *é proporcionar experiências inteiras, seguras e contextualizadas para um mundo conectado.** *Software* comercial, redes e armazenamento podem ser confortavelmente conectados para que a estratégia corporativa maior cumpra a nova missão.

IBM, Google, Oracle e Microsoft já dominam a indústria do *software*. Essas empresas e outras mais estão se mobilizando na coleta e utilização de dados não estruturados para otimizar a tomada de decisão e/ou os pedidos de clientes em diversos setores da economia. Todas elas estão desenvolvendo melhores mecanismos de busca, a fim de vascular qualquer tipo de dados relevantes. Esses *players* dominantes deixam a HP em estado de "acompanhamento".

O plano da HP para competir exige ação rápida. Para executar a estratégia de *software*, será preciso comprar empresas menores ou desenvolver relações colaborativas para adquirir *expertise* específica. A HP fez duas aquisições para firmar a nova estratégia, ambas envolvendo grandes dados estruturados e não estruturados: a Autonomy Corporation, do Reino Unido, estará concentrada na mineração e busca de grandes bases de dados estruturadas e não estruturadas; e a Vertica, que provê uma plataforma analítica para eles. Podemos esperar mais aquisições que conectem *software*, armazenamento e redes, complementando a *expertise* atual da HP no negócio de servidores.

ESTRATÉGIA EXECUTIVA

A HP enfrenta riscos. Ela apostou tudo nessa estratégia revisada, que é parecida com a que a IBM iniciou há mais de uma década. A IBM gastou bilhões e dez anos de desenvolvimento para aperfeiçoar seus sistemas (veja o Caso Prático anterior, sobre o Watson). A HP está em uma posição de "seguidora". Isso significa ter que tirar participação de mercado de rivais difíceis, como IBM, Apple, Google, Oracle e Cisco. A HP pode encarar de frente outras empresas com mais cacife do que ela? Conseguirá vender sua divisão de PCs a um preço razoável?

A HP precisa agir depressa para se atualizar. A execução da nova declaração de missão impõe diversos desafios de liderança. As mudanças nas estratégias da empresa nos últimos 15 anos gerou confusão e perda de lealdade entre os funcionários. Mais mudanças na cultura organizacional, juntamente com muitos outros projetos críticos para a nova missão, trarão ainda mais desgastes. A HP deve estar alerta para selecionar, priorizar e equilibrar o risco organizacional em todos os projetos. Ela deve comunicar uma estratégia coerente, que possa ser executada uniformemente ao longo do tempo.

Embora a nova estratégia tenha suscitado críticas e elogios, é necessário esperar e ver como os detalhes se desdobrarão. Os movimentos estratégicos da HP serão estudos de caso interessantes nos anos vindouros.

* *Site da HP,* HP newsroom.

Analisar e formular estratégias

A formulação de estratégia responde à pergunta de *o que* precisa ser feito para atingir os objetivos. A formulação de estratégia inclui determinar e avaliar alternativas que deem suporte aos objetivos da empresa e selecionar a melhor delas. A primeira etapa é uma avaliação realista da posição passada e atual da empresa. Essa etapa normalmente abrange uma análise de "quem são os clientes" e "quais são as suas necessidades, como eles (os *clientes)* as veem".

A etapa seguinte é uma avaliação dos ambientes interno e externo. Quais são os pontos internos fortes e fracos da empresa? Alguns exemplos seriam as competências essenciais, como tecnologia, qualidade de produto, talento gerencial, baixo endividamento e redes de revenda. Os gerentes podem alterar os pontos internos fortes e fracos. Oportunidades e ameaças costumam representam forças externas para mudar, como tecnologia, estrutura da indústria e concorrência. Ferramentas competitivas de *benchmarking* às vezes são usadas para avaliar as direções atuais e futuras. Oportunidades e ameaças são lados distintos da mesma moeda. Em outras palavras, uma ameaça pode ser percebida como uma oportunidade ou vice-versa. Exemplos de ameaças externas podem ser desaceleração da economia, amadurecimento do ciclo de vida, taxas de câmbio ou regulamentos governamentais. Oportunidades típicas são maior demanda, mercados emergentes e demografia.

Gestores ou empresas têm oportunidades limitadas de influenciar sozinhos esses fatores ambientais externos; entretanto, nos últimos anos, exceções notáveis foram as novas tecnologias como a da Apple, ao usar o iPod para criar um mercado de venda de música. A chave é tentar predizer as principais mudanças e ficar em um modo proativo, em vez de reativo. Essa avaliação dos ambientes externo e interno é conhecida como análise SWOT (do inglês, *strengths*, *weaknesses*, *opportunities* e *threats*).

A partir dela, são identificadas questões críticas e alternativas estratégicas. A análise crítica das estratégias compreende as seguintes perguntas: a estratégia aproveita nossas competências nucleares? Explora nossa vantagem competitiva? Maximiza a satisfação das necessidades dos clientes? Encaixa-se na nossa faixa de risco aceitável? Essas alternativas estratégicas são peneiradas até que fiquem poucas, críticas, capazes de sustentar a missão básica.

A formulação da estratégia termina com a atribuição de objetivos ou projetos a divisões, departamentos ou pessoas. A formulação de estratégia pode chegar a cerca de 20% do esforço da gerência, enquanto determinar *como* a estratégia será implementada pode consumir 80%.

Estabelecer objetivos para atingir estratégias

Os objetivos traduzem a estratégia da empresa em termos específicos, concretos e mensuráveis. Os objetivos organizacionais estabelecem alvos para todos os níveis da empresa. Os objetivos fixam a direção em que os gerentes creem que ela deve avançar. Os objetivos respondem *aonde* uma firma está indo e *quando* chegará lá. Em geral, eles englobam mercados, produtos, inovação, produtividade, qualidade, finanças, lucratividade, funcionários e consumidores. Em todos os casos, os objetivos devem ser os mais operacionais possíveis. Isto é, devem incluir uma janela de tempo, ser mensuráveis, ter um estado identificável e ser realistas. Doran criou o dispositivo mnemônico mostrado na Tabela 2.1, útil para redigir objetivos.[2]

Cada nível inferior dos objetivos organizacionais deve dar suporte àqueles de nível superior com mais pormenores; a isso costuma-se chamar "cascateamento de objetivos". Por exemplo, se uma empresa que faz malas de couro estabelece o objetivo de aumentar as vendas em 40% por meio de uma estratégia de pesquisa e desenvolvimento, essa incumbência é passada aos departamentos de *marketing*, produção e P&D. O departamento de P&D aceita a estratégia da empresa como seu objetivo, e sua estratégia torna-se o *design* e desenvolvimento de uma nova "mala de puxar com rodas retráteis ocultas". Nesse ponto, o objetivo se torna um projeto a ser implementado – desenvolver a mala de rodas retráteis para o mercado, dentro de seis meses e com um orçamento de US$ 200 mil. Em suma: os objetivos organizacionais impulsionam os projetos.

Implementar estratégias por meio de projetos

A implementação responde *como* as estratégias serão concretizadas dados os recursos disponíveis. O modelo conceitual da implementação de estratégias carece da estrutura e da disciplina encontradas na formulação de estratégias. A implementação requer ação e conclusão de tarefas; esta última costuma significar projetos críticos para a missão. Portanto, a implementação deve incluir atenção a diversas áreas-chave.

Primeiro, concluir tarefas exige alocação de recursos. Recursos normalmente representam fundos, pessoas, talentos gerenciais, habilidades tecnológicas e equipamentos. Frequentemente, a

TABELA 2.1 Características dos objetivos

S	Específico (*Specific*)	Seja específico ao estabelecer um objetivo
M	Mensurável (*Measurable*)	Estabeleça indicadores mensuráveis de progresso
A	Atribuível (*Assignable*)	Entregue a alguém a tarefa de atingi-lo
R	Realista (*Realistic*)	Determine o que realmente pode ser feito com os recursos disponíveis
T	Relacionado a tempo (*Time related*)	Determine quando o objetivo pode ser alcançado, isto é, sua duração

---

[2] Doran, G. T., "There's a Smart Way to Write Management Goals and Objectives," *Management Review*, November 1981, pp. 35-36.

implementação de projetos é tratada como um "adendo" em vez de parte integral do processo de planejamento estratégico. No entanto, objetivos múltiplos impõem demandas conflitantes com os recursos organizacionais. Segundo, implementação demanda uma organização formal e informal que complemente e dê suporte à estratégia e aos projetos. Autoridade, responsabilidade e desempenho, todos dependem da estrutura e cultura da empresa. Terceiro, deve haver sistemas de planejamento e controle ativos para garantir que as atividades de projeto necessárias para a estratégia sejam executadas com eficácia. Quarto, a motivação dos participantes é fator fundamental para o sucesso do projeto. Por fim, as áreas que vêm recebendo mais atenção nos últimos anos são o gerenciamento de portfólio e a priorização de projetos. Embora o processo de implementação de estratégias não seja tão claro quanto sua formulação, todos os gerentes percebem que, sem implementação, o sucesso é impossível. Apesar de as quatro grandes etapas do processo de planejamento estratégico não serem alteradas significativamente ao longo dos anos, a visão do horizonte temporal no processo de formulação de estratégias foi radicalmente alterada nas duas últimas décadas. A competição global e a inovação veloz exigem que ela seja tanto altamente adaptável a mudanças no curto prazo quanto consistente no prazo mais longo.

A necessidade de um sistema de gerenciamento de portfólio de projetos

Implementar projetos sem um forte **sistema de prioridades** ligado à estratégia pode ser um problema. Três dos problemas mais óbvios são expostos a seguir. Um sistema de **portfólio de projetos** pode fazer muito para reduzir (ou mesmo eliminar) o impacto desses problemas.

Problema 1: A lacuna de implementação

Em empresas com ciclos curtos de vida do produto, é interessante observar que, frequentemente, a participação no planejamento e na implementação das estratégias alcança participantes de todos os níveis. Porém, em talvez 80% das empresas de produtos e serviços, a gerência sênior se limita a formular estratégias, deixando que os gerentes funcionais as implementem. Nessas limitações mais amplas, estratégias e objetivos mais detalhados são desenvolvidos pelos gerentes funcionais. O fato de esses objetivos e estratégias serem elaborados *independentemente* em diferentes níveis por grupos funcionais da hierarquia organizacional causa múltiplos problemas.

Apresentamos, a seguir, alguns sintomas de empresas que lutam com a desconexão entre estratégia e prioridades.
- Conflitos frequentes entre gerentes funcionais, ocasionando falta de confiança.
- Reuniões frequentes para estabelecer e renegociar prioridades.
- Mudança de pessoal de um projeto para outro, dependendo da prioridade do momento. Os funcionários ficam confusos em relação a quais projetos são importantes.
- O pessoal trabalhando em vários projetos e sentindo-se ineficiente.
- Inadequação dos recursos.

Como não existem ligações claras, o ambiente organizacional torna-se disfuncional e confuso e propício à implementação ineficaz da estratégia da organização e, portanto, dos projetos. **Lacuna de implementação** é, portanto, a falta de compreensão e de consenso quanto à estratégia organizacional entre os gerentes de níveis alto e médio.

Eis um cenário que os autores já viram repetidas vezes: a alta gerência escolhe seus 20 melhores projetos para o próximo período de planejamento, sem prioridades. Cada departamento funcional – marketing, finanças, operações, engenharia, tecnologia da informação e recursos humanos – seleciona projetos da lista. Infelizmente, as prioridades de cada departamento não são homogêneas em relação ao conjunto dos projetos. Um projeto que é o primeiro no departamento de TI pode ficar em 10º no departamento financeiro. A implementação dos projetos é permeada por conflitos de interesse, com animosidades decorrente dos recursos organizacionais.

Sob essas condições, é possível implementar a estratégia com eficácia? O problema é sério. Um estudo concluiu que somente cerca de 25% dos executivos *Fortune 500* creem que há uma ligação forte e consistente entre as estratégias que formulam e a sua implementação. Em outro estudo, da

Deloitte Consulting, Jeff MacIntyre informa: "Apenas 23% de quase 150 executivos globais achavam que seus portfólios de projetos estavam alinhados com o *core business*".[3] Os gerentes médios consideravam a estratégia organizacional incumbência dos outros, fora da sua alçada de influência. É responsabilidade da gerência sênior definir políticas que apresentem uma ligação clara entre a estratégia organizacional e os objetivos e projetos que implementam essas estratégias. A pesquisa da Fusco sugere que a lacuna entre a implementação e a priorização de projetos ainda é negligenciada por muitas empresas. Ela entrevistou 280 gerentes de projetos e concluiu que 24% das empresas sequer publicavam ou colocam em circulação seus objetivos; além disso, 40% dos respondentes informaram que as prioridades entre os projetos concorrentes não eram claras, enquanto apenas 17% disseram haver prioridades claras.[4]

Problema 2: Política organizacional

Política existe em todas as empresas, podendo influenciar consideravelmente quais projetos receberão financiamento e prioridade. Isso se aplica especialmente quando os critérios de seleção de projetos são mal definidos e não estão alinhados à missão da empresa. A seleção dos projetos pode ser baseada não tanto em fatos e boa argumentação, mas na persuasão e no poder das pessoas que defendem determinados projetos.

O termo **"menina dos olhos"** é muitas vezes usado para designar um projeto em que um integrante poderoso do alto escalão defende. Para dar um exemplo, um consultor de marketing confidenciou que uma vez foi contratado pelo diretor de marketing de uma grande empresa para fazer uma análise externa e independente para um produto que a empresa queria desenvolver. A pesquisa indicou que a demanda seria insuficiente para garantir o financiamento do produto. O diretor de marketing decidiu escamotear o relatório e fez o consultor prometer nunca contar essa informação para ninguém. O diretor explicou que o seu novo produto era a "menina dos olhos" do novo CEO, que o considerava seu legado para a empresa. Ele então descreveu a obsessão irracional do CEO com o projeto ao qual se referia como seu "novo filho". Como um pai que protege ferozmente o rebento, o diretor de marketing achava que perderia seu emprego se essas informações tão importantes fossem conhecidas.

Os patrocinadores dos projetos desempenham um papel significativo na seleção e implementação bem-sucedidas dos projetos de inovação. Esse papel costuma ser desempenhado por gerentes de alto escalão que adotam e dão apoio político à um projeto específico. São vitais para a obtenção da aprovação do projeto e para protegê-lo na importante fase de desenvolvimento. A importância dos patrocinadores de projetos não deve ser menosprezada. Por exemplo, um levantamento global do PMI com mais de mil profissionais e líderes de projetos em vários setores, descobriu que as empresas com patrocinadores ativos em ao menos 80% dos seus projetos/programas têm uma taxa de sucesso de 75%, 11 pontos percentuais acima da média de 64% da pesquisa. Muitos projetos promissores não conseguiram êxito por falta de patrocínio forte.[5]

A relevância da política corporativa pode ser vista no malogrado projeto do computador ALTO, da Xerox, na metade dos anos 1970.[6] O projeto foi um sucesso tecnológico tremendo: nele se desenvolveram o primeiro *mouse* utilizável, a primeira impressora a laser, o primeiro *software* amigável ao usuário e a primeira rede de área local. Todos essas inovações estavam cinco anos à frente do concorrente mais próximo. Ao longo dos cinco anos seguintes, essa vantagem na corrida para dominar o mercado nascente de computação pessoal foi dissipada pela luta interna na Xerox e pela ausência de um patrocinador forte do projeto (o computador MacIntosh da Apple foi inspirado por muitos desses desenvolvimentos).

---

[3] MacIntyre, J., *PM Network*, vol. 20 (11) November 2006, pp. 32–35.

[4] Fusco, J. C., "Better Policies Provide the Key to Implementing Project Management," *Project Management Journal*, vol. 28 (3) 1997, pp. 38–41.

[5] PMI, "PMI's Pulse of the Profession," March 2012, Project Management Institute, p. 7.

[6] Smith, D. K., and R. C. Alexander, *Fumbling the Future: How Xerox Invented, Then Ignored the First Personal Computer* (New York: Macmillan, 1988).

A política pode desempenhar um papel não apenas na seleção dos projetos, mas também nas aspirações por trás deles. As pessoas podem incrementar seu poder dentro de uma empresa gerenciando projetos extraordinários e críticos. Poder e *status* naturalmente revertem em benefício de inovadores bem-sucedidos e tomadores de risco, e não de produtores regulares. Muitos gerentes ambiciosos perseguem projetos de alta visibilidade para subir rapidamente os degraus corporativos.

Muitos, talvez, digam que política e gerenciamento de projetos não devem se misturar. Uma resposta mais proativa é que projetos e política invariavelmente se misturam e que gerentes de projetos eficazes reconhecem que todo projeto significativo tem ramificações políticas. Da mesma forma, a alta gerência precisa desenvolver um sistema para identificar e selecionar projetos que reduza o impacto da política interna e promova a seleção dos melhores projetos para a realização da missão e estratégia da empresa.

Problema 3: Conflitos de recursos e multitarefas

Em muitas empresas, vigora um ambiente de multiprojetos. Ele cria os problemas da interdependência de projetos e da necessidade de dividir recursos. Por exemplo, qual seria o impacto sobre a mão de obra de uma construtora se ela ganhasse uma licitação da qual quer participar? O que ela dispõe atualmente desse recurso será adequado para o projeto novo, dado o prazo de conclusão? Os projetos atuais serão atrasados? Terceirização ajudará? Quais projetos terão prioridade? A concorrência entre gerentes de projetos pode ser aguerrida. Todos os gerentes de projetos buscam as melhores pessoas para seus projetos. Os problemas de dividir recursos e programá-los entre projetos crescem exponencialmente com o aumento do número de projetos. Em ambientes multiprojetos, há mais coisas em jogo, e o ônus e o bônus da programação de recursos tornam-se ainda mais consideráveis do que na maioria dos projetos avulsos.

Compartilhar recursos também leva a multitarefas que envolvem iniciar e interromper uma tarefa para ir trabalhar em outro projeto e depois voltar à tarefa original. Pessoas que trabalham em várias tarefas ao mesmo tempo são muito menos eficientes, especialmente quando desligamento e inicialização, conceituais ou físicos, são relevantes. Multitarefas trazem mais atrasos e custos. Trocar prioridades exacerba ainda mais os problemas das multitarefas. Da mesma forma, multitarefas são mais evidentes em empresas que possuem projetos demais para os recursos de que dispõem.

O número de projetos pequenos e grandes em um portfólio quase sempre excede os recursos à disposição (geralmente em três ou quatro vezes os recursos disponíveis). Essa sobrecarga de capacidade inevitavelmente leva à confusão e ao uso ineficiente de recursos organizacionais escassos. A presença de uma lacuna de implementação, política de poder e multitarefas agrava o problema de decidir quais projetos recebem recursos primeiro. O moral e a confiança dos funcionários sofrem porque é difícil entender um sistema ambíguo. Um ambiente organizacional multiprojeto se depara com grandes problemas quando não tem um sistema de prioridades claramente ligado ao plano estratégico.

Em essência, até este ponto, sugerimos que muitas empresas não têm um processo sensato para resolver os problemas que descrevemos. A primeira e mais importante mudança, que contribuirá muito para resolver esse e outros problemas, é o desenvolvimento de um relevante processo de prioridade de projetos para selecioná-los.

Como é possível reduzir a lacuna de implementação para que a compreensão e o consenso sobre as estratégias organizacionais circulem por todos os níveis da gerência? Como minimizar a política de poder? É possível desenvolver um processo em que projetos sejam consistentemente priorizados para dar suporte às estratégias organizacionais? Podem-se utilizar projetos priorizados para alocar recursos organizacional escassos – por exemplo, pessoas ou equipamentos? O processo pode encorajar a inicialização de baixo para cima de projetos que deem suporte a metas organizacionais claras?

São necessários um conjunto integrado de critérios e um processo para avaliar e selecionar projetos que deem suporte a estratégias e a objetivos de nível mais alto. Um sistema de prioridade de projetos que os classificasse por sua contribuição para o plano estratégico facilitaria a vida. Isso é fácil de dizer, mas, na prática, difícil de realizar. Empresas que gerenciavam projetos e alocavam recursos *ad hoc* passaram a fazer seleção do portfólio de projetos para atingir seus objetivos estratégicos. Essa é uma tendência mais ágil. As vantagens de sistemas bem-sucedidos de portfólio de projetos estão sendo reconhecidas nas empresas orientadas por projetos. Olhe a Tabela 2.2 que relaciona alguns dos principais benefícios; a lista pode ser facilmente ampliada.

TABELA 2.2
Benefícios do gerenciamento de portfólio de projetos

- Gera disciplina no processo de seleção de projetos
- Alinhamento da seleção de projetos às métricas estratégicas
- Priorização das propostas de projetos mediante um conjunto comum de critérios, em vez de política ou emoção
- Alocação de recursos a projetos alinhados com a direção estratégica
- Possibilidade de equilibrar o risco por todos os projetos
- Possibilidade de justificar a eliminação de projetos que não dão suporte à estratégia da empresa
- Aprimoramento da comunicação e auxílio de acordo quanto às metas do projeto

A seguir, discute-se um sistema de portfólio de projetos, com ênfase nos critérios de seleção, que é onde reside o poder do sistema de portfólio.

Um sistema de gerenciamento de portfólio

Dito de forma sucinta, a finalidade do gerenciamento de portfólio é garantir que os projetos estejam alinhados às metas estratégicas e priorizados adequadamente; segundo Foti (2002), ele pergunta o que é estratégico para a empresa. O gerenciamento de portfólio dá informações que permitem às pessoas tomarem decisões comerciais melhores. Uma vez que os projetos solicitando financiamento e pessoal geralmente são em maior número do que a disponibilidade de recursos, é importante seguir um processo lógico e definido para escolher os projetos a serem implementados.

O desenho de um sistema de portfólio de projetos deve incluir classificação do projeto, critérios de seleção dependendo da classificação, fontes e avaliação das propostas e gerenciamento do portfólio de projetos.

Classificação do projeto

Muitas empresas percebem que há três tipos básicos de projetos em seu portfólio: projetos de *conformidade* (emergência – obrigatório), *operacionais* e *estratégicos* (Figura 2.2.). Projetos de conformidade, normalmente, são aqueles necessários à satisfação de condições regulatórias exigidas para operar em uma região; por conseguinte, são chamados de projetos "obrigatórios". Projetos de emergência, como construir uma fábrica de peças automotivas destruída por um maremoto, é um exemplo de projeto obrigatório. Projetos de conformidade e emergência geralmente acarretam penalidades se não forem implementados. Projetos operacionais são aqueles necessários para dar suporte às operações atuais; concebidos, por exemplo, para aumentar a eficiência de sistemas de entrega, reduzir custos de e melhorar o desempenho de produtos. Alguns desses projetos, dados seu escopo e custo limitados, exigem apenas aprovação do gestor imediato, enquanto projetos maiores e mais caros precisam de exame extensivo. Escolher instalar um novo equipamento seria um exemplo deste último, enquanto modificar um processo de produção exemplifica o anterior. Projetos de gerenciamento da qualidade total (GQT) são exemplos de projetos operacionais. Por fim, projetos estratégicos são aqueles que dão suporte direto à missão de longo prazo da empresa e costumam estar voltados à ampliação da receita ou da fatia de mercado. Exemplos

FIGURA 2.2
Portfólio de projetos por tipo

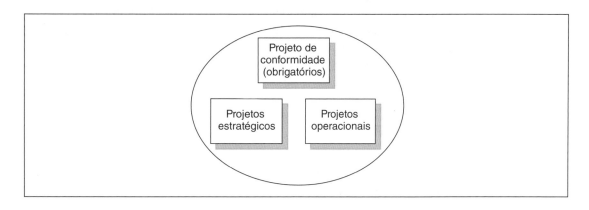

de projetos estratégicos são produtos novos, pesquisa e desenvolvimento. Para uma exposição boa e completa sobre esquemas de classificação encontrados na prática, consulte Crawford, Hobbs e Turne.

Com frequência, essas três classificações são divididas em tipo de produto, divisões organizacionais e funções que exijam critérios diferentes de seleção de projetos. Por exemplo, os critérios para a divisão financeira ou jurídica não se aplicariam ao departamento de TI (tecnologia da informação). Isso muitas vezes demanda critérios diferentes de seleção de projetos dentro das três classificações básicas de projetos estratégicos, operacionais e de conformidade.

Critérios de seleção

Apesar de haver muitos critérios para selecionar projetos, eles costumam ser identificados como *financeiros* e *não financeiros*. A seguir, é feita uma descrição breve de cada um, acompanhada de discussão sobre seu uso na prática.

Critérios financeiros

Modelos financeiros Constituem, para a maioria dos gerentes, o método preferido para avaliar projetos. Esses modelos são adequados quando há um alto nível de confiança associado às estimativas dos fluxos de caixa futuros. Dois modelos e exemplos são demonstrados aqui – ***payback*** e **valor presente líquido** (VPL).

O **Projeto A** possui um investimento inicial de US$ 700 mil e entradas de caixa projetadas de US$ 225 mil por cinco anos.

O **Projeto B** possui um investimento inicial de US$ 400 mil e entradas de caixa projetadas de US$ 110 mil por cinco anos.

1. O modelo de *payback* mede o tempo de recuperação do investimento no projeto. *Paybacks* mais curtos são mais desejáveis. O *payback* é o modelo mais simples e de uso mais disseminado. Ele enfatiza os fluxos de caixa, um fator crucial dos negócios. Alguns gerentes o utilizam para eliminar projetos com risco incomum (aqueles com longos períodos de *payback*). As principais limitações deste modelo são ignorar o valor do dinheiro no tempo, presumir entradas de caixa durante o período do investimento (e não além) e desconsiderar a lucratividade. Sua fórmula é:

Período de *payback* (anos) = Custo estimado do projeto/Ganho anual

A Tabela 2.3 compara o *payback* dos Projetos A e B. O do Projeto A é de 3,1 anos e o do Projeto B, 3,6 anos. Utilizando o método de *payback*, ambos os projetos são aceitáveis uma vez que devolvem o investimento inicial em menos de cinco anos e dão retornos sobre investimento de 32,1% e 27,5%, respectivamente. O *payback* dá informações especialmente úteis para empresas preocupadas com liquidez e com recursos suficientes para gerenciar suas obrigações financeiras.

A Tabela 2.3A apresenta o método de *payback*.

2. O modelo do valor presente líquido (VPL) usa a taxa de retorno mínima desejada pela gerência (por exemplo, taxa de desconto de 20%) para calcular o valor presente de todas as entradas de fluxo de caixa. Se o resultado for positivo (o projeto atinge a taxa de retorno mínima desejada), o projeto pode ter sua viabilidade considerada. Se o resultado for negativo, ele é rejeitado. Portanto, VPL positivos altos são desejáveis. Excel utiliza a fórmula

$$\text{Projeto VPL} = I_0 + \sum_{t=1}^{n} \frac{F_t}{(1+k)^t} \text{ onde}$$

I_0 = Investimento inicial (como é uma saída de caixa, o número é negativo)

F_t = Fluxo de caixa para o período *t*

k = Taxa de retorno requerido

TABELA 2.3
Exemplo de comparação de dois projetos usando o método de *payback* e o do valor presente líquido

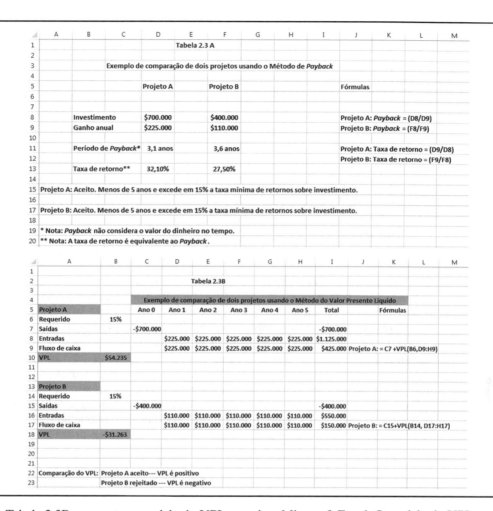

A Tabela 2.3B apresenta o modelo do VPL usando o Microsoft Excel. O modelo do VPL aceita o Projeto A, que tem um VPL *positivo* de US$ 54.235. O Projeto B é rejeitado, pois o VPL é de US$ 31.263 *negativos*. Compare os resultados do VPL com os de *payback*.. O modelo do VPL é mais realista, pois considera o valor do dinheiro no tempo, fluxos de caixa e lucratividade.

Ao usar o modelo do VPL, a taxa de desconto (taxa de retorno mínima do investimento) pode variar para projetos diferentes. Por exemplo, o ROI (retorno sobre o investimento) esperado para projetos estratégicos costuma ser definido mais alto do que para projetos operacionais. De forma semelhante, os ROI podem variar entre projetos mais arriscados e mais seguros. Os critérios para definir a taxa de retorno mínima do investimento devem ser claros e aplicados consistentemente.

Infelizmente, modelos puramente financeiros deixam de fora projetos em que o retorno financeiro é impossível de medir e aqueles em que há outros fatores decisivos. Um estudo realizado por Foti (2003) mostra que empresas usuárias de modelos predominantemente financeiros para priorizar projetos obtêm portfólios desequilibrados e projetos sem orientação estratégica.

Critérios não financeiros

O retorno financeiro, embora relevante, nem sempre reflete a importância estratégica. Os anos 1960 e 1970 testemunharam empresas que expandiram com excessiva diversificação. Hoje, o pensamento predominante é que a sobrevivência de longo prazo depende do desenvolvimento e manutenção de competências centrais. As empresas têm de ter a disciplina de dizer não a projetos potencialmente lucrativos que estão fora da abrangência da sua missão central. Isso requer que elas considerem outros critérios além do retorno financeiro direto. Por exemplo, uma empresa pode apoiar projetos que não oferecem altas margens de lucro por outras razões estratégicas, incluindo:

Captar uma participação de mercado maior;
Dificultar a entrada dos concorrentes no mercado;

Desenvolver um produto do tipo carro-chefe cuja introdução no mercado aumentará as vendas de produtos mais lucrativos;
Desenvolver tecnologia essencial nos produtos da próxima geração;
Reduzir a dependência de fornecedores instáveis;
Evitar intervenção e regulamentação do governo.

Também podem ser aplicados critérios menos tangíveis. As empresas podem apoiar projetos para restaurar a imagem corporativa ou otimizar o reconhecimento da marca. Muitas delas estão comprometidas com cidadania corporativa e apoiam projetos de desenvolvimento na comunidade.

Como não existe um único critério que reflita significado estratégico, o gerenciamento de portfólios exige modelos de triagem com múltiplos critérios. Esses modelos frequentemente ponderam os critérios separadamente para que aqueles projetos que contribuem para os objetivos estratégicos mais importantes recebam mais consideração.

Dois modelos de seleção de critérios múltiplos

A seguir, descrevem-se dois modelos: o de lista de verificação e o de pontuação multiponderada.

Modelos de lista de verificação O método mais usado na seleção de projetos é o da lista de verificação. Em essência, essa abordagem utiliza uma lista de perguntas para examinar projetos potenciais e determinar sua aceitação ou rejeição. A Tabela 2.4 relaciona várias das perguntas típicas que ocorrem na prática. As grandes empresas com multiprojetos têm mais de 250 perguntas diferentes!

Uma justificativa para os modelos de lista de verificação é que eles oferecem mais flexibilidade na seleção entre muitos tipos diferentes de projetos, sendo de fácil utilização com diferentes divisões e localidades. Embora muitos projetos sejam escolhidos usando-se alguma variação dessa abordagem de lista de verificação, ela apresenta deficiências sérias, entre as quais não dizer nada sobre a importância relativa ou o valor de um projeto potencial para a empresa, nem permite uma comparação com outros projetos potenciais. Todo projeto potencial terá um conjunto diferente de respostas positivas e negativas. Como comparar? Classificar e priorizar projetos por importância é difícil, quando não, impossível. Essa abordagem também deixa a porta aberta para o risco de jogos de poder, politicagem e outras formas de manipulação. Para superar essas sérias deficiências, os especialistas recomendam o uso de um modelo de pontuação ponderado na escolha de projetos, que será examinado a seguir.

TABELA 2.4 Amostras de perguntas de seleção usadas na prática

Tópico	Pergunta
Estratégia/alinhamento	Com qual estratégia organizacional específica este projeto se alinha?
Impulsionador	Qual problema comercial este projeto resolve?
Métricas de sucesso	Como mediremos o sucesso?
Patrocínio	Quem é o patrocinador do projeto?
Risco	Qual é o impacto de não tocar este projeto?
Risco	Qual é o risco do projeto para nossa empresa?
Risco	Onde o projeto proposto se encaixa no nosso perfil de risco?
Benefícios, valor, ROI	Qual é o valor deste projeto para nossa empresa?
Benefícios, valor, ROI	Quando o projeto apresentará resultados?
Objetivos	Quais são os objetivos do projeto?
Cultura organizacional	A cultura da nossa empresa é adequada para este tipo de projeto?
Recursos	Haverá recursos internos disponíveis para este projeto?
Abordagem	Vamos criar ou comprar?
Cronograma	Quanto tempo este projeto demorará?
Cronograma	A linha do tempo é realista?
Treinamento/recursos	Será necessário treinar a equipe?
Finanças/portfólio	Qual é o custo estimado do projeto?
Portfólio	É uma iniciativa nova ou parte de uma iniciativa existente?
Portfólio	Como este projeto interage com os projetos atuais?
Tecnologia	A tecnologia está disponível ou é nova?

CASO PRÁTICO — TI de crise

Em maio de 2007, a Frontier Airlines Holdings contratou Gerry Coady como diretor de informação (CIO). Cerca de um ano depois, a companhia aérea entrou com pedido de falência. Em uma entrevista, Coady descreveu como gerenciou projetos de TI durante a crise de falência e a recessão de 2008-2009.

Basicamente, ele se deparou com uma situação de projetos em excesso e recursos escassos. Usou uma estratégia de foco na redução do número de projetos no portfólio. Montou um comitê de coordenação com a gerência sênior que examinou várias centenas de projetos. O resultado final foi uma redução, sobrando menos de 30 projetos no portfólio.

Como se chega a um *backlog* de mais de 100 projetos?

"Nunca há recursos suficientes para fazer tudo." Com o tempo, criam-se *backlogs*. Os projetos do tipo "animal sagrado" são incluídos no sistema de seleção. Projetos propostos por pessoas que já saíram da empresa ainda estão no portfólio de projetos, ao qual projetos sem valor agregado de alguma forma também chegaram. Logo, a fila fica maior. Com todo o pessoal da TI trabalhando em projetos demais ao mesmo tempo, a conclusão de projetos e a produtividade ficam lentas.

Por que os projetos permanecem?

Para cortar o número de projetos, o comitê coordenador empregou um esquema de pesos que refletia as prioridades da empresa, que eram: voo seguro; gerar receita; reduzir custos; e serviço ao cliente. O esquema de pesos facilmente aparou os excessos. Coady observou que "para chegar à casa dos 20, a margem de diferenciação fica cada vez menor". Quanto à importância dos projetos restantes, os patrocinadores tinham de apresentar uma defesa sólida para ela. A redução do número de projetos enfatiza aqueles de alto valor.

Que conselho Coady tem para o gerenciamento de crise?

Em tempos de crise, é mais fácil tomar medidas ousadas para mudar. No entanto, deve-se ter uma visão clara de qual deve ser o foco com os recursos à disposição. Coady sugere: "No fim, deve-se ter uma boa ideia do argumento comercial fundamental do projeto e quais recursos ele consome, tanto de pessoal como de outros".

Fonte: Worthen, B., "Crisis IT," *The Wall Street Journal*, April 20, 2009, p-R6.

Modelos de classificação ponderado Um modelo de classificação ponderado usa diversos critérios de seleção para avaliar propostas de projetos. Modelos de pontuação ponderados geralmente incluem critérios qualitativos e/ou quantitativos. A cada critério de seleção é atribuído um peso segundo sua relevância no projeto sob avaliação. Os pesos e pontuações são multiplicados para se obter uma pontuação ponderada total para o projeto. Usando-se esses critérios múltiplos de triagem, os projetos podem, então, ser comparados por meio da pontuação ponderada. Projetos com pontuações ponderadas mais altas são considerados os melhores.

Os critérios de seleção devem refletir os principais fatores de sucesso da empresa. Por exemplo, a 3M definiu a meta de que 25% das vendas da empresa viessem de produtos com menos de quatro anos, contra a anterior de 20%. Seu sistema de prioridades para seleção de projeto reflete fortemente essa nova meta. Contudo, não escolher os fatores certos "inutilizará" o processo de triagem em pouco tempo. Consulte o "Caso Prático: TI de crise".

A Figura 2.3 representa uma matriz de pontuação de projeto que usa alguns dos fatores encontrados na prática. Os critérios de triagem escolhidos são apresentados no topo da matriz (por exemplo, permanecer dentro das competências centrais – ROI de 18% positivos). A gerência pondera cada critério (de um valor de 0 até um máximo de, digamos, 3) por sua importância relativa para os objetivos e plano estratégico da empresa. Então, as propostas de projeto são apresentadas a um comitê (**equipe de prioridade**) de projetos ou ao escritório de projetos.

Cada proposta de projeto é avaliada segundo sua contribuição relativa/valor agregado para os critérios escolhidos. São atribuídos valores de 0 a 10 a cada critério para cada projeto. Esse valor representa como o projeto se encaixa no critério específico. Por exemplo, o Projeto 1 parece se encaixar bem na estratégia da empresa, uma vez que recebeu um valor de 8. Por outro lado, não faz nada para reduzir defeitos (seu valor é 0). Finalmente, esse modelo aplica os pesos gerenciais a cada critério segundo sua importância, usando um valor de 1 a 3. Por exemplo, ROI e alinhamento estratégico têm peso 3, enquanto urgência e competências centrais, peso 2. Aplicando o peso a

FIGURA 2.3
Matriz de triagem de projetos

Critério / Peso	Ficar nas competências centrais	Encaixe estratégico	Urgência	25% das vendas com produtos novos	Reduzir defeitos a menos de 1%	Aumentar a fidelidade do cliente	ROI de mais de 18%	Total ponderado
	2,0	3,0	2,0	2,5	1,0	1,0	3,0	
Projeto 1	1	8	2	6	0	6	5	66
Projeto 2	3	3	2	0	0	5	1	27
Projeto 3	9	5	2	0	2	2	5	56
Projeto 4	3	0	10	0	0	6	0	32
Projeto 5	1	10	5	10	0	8	9	102
Projeto 6	6	5	0	2	0	2	7	55
⋮								
Projeto n	5	5	7	0	10	10	8	83

cada critério, o comitê deriva os pontos totais ponderados de cada projeto. Por exemplo, o Projeto 5 apresenta o valor mais alto, 102 [(2 × 1) + (3 × 10) + (2 × 5) + (2,5 × 10) + (1 × 0) + (1 × 8) + (3 × 9) = 102], e o Projeto 2 tem um valor baixo, 27. Se os recursos disponíveis criarem um ponto de corte de 50 pontos, o comitê eliminaria os Projetos 2 e 4 (observação: o Projeto 4 parece ter alguma urgência, mas não é classificado como um projeto "importante"; portanto, passa pela mesma triagem de todas as demais propostas). O Projeto 5 receberia a primeira prioridade, o projeto n, a segunda etc. Em casos raros, de recursos gravemente limitados e as propostas de projetos são semelhantes em classificação ponderada, é prudente escolher o projeto que menos demanda recursos. Modelos ponderados de critérios múltiplos semelhantes a este estão tornando-se rapidamente a opção prevalente para priorizar projetos.

Neste ponto da exposição, é melhor parar e colocar as coisas em perspectiva. Embora modelos de seleção como o apresentado possam gerar soluções numéricas para decisões de seleção de projeto, eles não devem tomar *decisões* definitivas: são as pessoas que usam os modelos que devem fazê-lo. Nenhum modelo, por mais sofisticado, pode capturar toda a realidade que pretende representar. Modelos são ferramentas para guiar o processo de avaliação para que os tomadores de decisão considerem questões relevantes e cheguem a uma conclusão acerca de quais projetos devem e quais não devem ser apoiados. Esse é um processo muito mais subjetivo do que os cálculos sugerem.

Aplicação de um modelo de seleção

Classificação de projetos Não é preciso ter exatamente os mesmos critérios para os diferentes tipos de projetos expostos (estratégicos e operacionais). Entretanto, a experiência demonstra que a maior parte das empresas usa critérios semelhantes para todos os tipos de projetos, com talvez um ou dois critérios específicos para o tipo de projeto – por exemplo, ruptura estratégica contra operacional.

A despeito das diferenças de critérios entre diferentes tipos de projetos, o mais importante na seleção é a adequação do projeto à estratégia organizacional. Portanto, esse critério deve ser uniforme para todos os tipos de projetos e receber prioridade alta em relação aos outros critérios. Essa uniformidade em todos os modelos de prioridade usados impedirá os departamentos de subutilizar os recursos organizacionais. Quem criar uma proposta de projeto deve classificá-la por tipo para que seja avaliada pelos critérios apropriados.

FIGURA 2.4A Formulário de proposta para um projeto de rastreamento veicular automático (AVL) para o transporte público

---

Formulário de proposta de projeto

Data: 22 de janeiro de 2xxx   Proposta nº 11   Patrocinador: J. Moran

Classificação do projeto?
Estratégico _____   Infraestrutura __X__   Conformidade _____

Qual problema comercial o projeto resolve?
Aumentar a satisfação do cliente por meio de estande e site para ônibus, bonde e trem
Aprimorar a segurança do motorista e dos passageiros   Link para: AVL.tri-met.org

Como esse projeto se alinha com a nossa estratégia organizacional?
Aumentar a frequência dos clientes por meio de melhores decisões de planejamento e programação de viagens
Resposta mais rápida a acidentes

Quais são as principais entregas do projeto?
Sistema de rastreamento veicular por GPS, acesso por Internet, tela com a programação

Qual é o impacto de não executar este projeto?
Não atingir as metas de frequência

Quais são os três maiores riscos deste projeto?
Excessos de custo   Integração dos sistemas de trem, ônibus e bonde
Hackers no sistema

Como mediremos o sucesso?
Maior frequência
Satisfação do cliente
Cumprimento do orçamento e do cronograma

Sim [X] Não [ ]   Este projeto exigirá recursos internos?
Sim [X] Não [ ]   Disponíveis?

Qual é o custo estimado do projeto?   US$ 10 milhões

Quanto este projeto demorará?   22 Semanas

Ação de supervisão: Aceito [X]   Devolvido [ ]
Assinatura XXXXXX   Data: 7 de fevereiro de 2xxx

Seleção do modelo   No passado, os critérios financeiros eram utilizados quase que exclusivamente. No entanto, nas últimas duas décadas, vimos uma mudança drástica com a inclusão de critérios múltiplos na seleção de projetos. Dito de forma concisa, a lucratividade por si só não é uma medida adequada de contribuição; ainda assim, é um critério importante, especialmente para projetos que otimizam receita e participação de mercado.

Hoje, a gerência sênior está interessada em identificar o *mix* potencial de projetos que atingirá o melhor uso dos recursos humanos e de capital, a fim de maximizar o retorno sobre investimento no longo prazo. Fatores como pesquisa de novas tecnologias, imagem pública, posição ética, proteção ambiental, competências centrais e alinhamento estratégico podem ser critérios importantes para escolher projetos. Os critérios de pontuação ponderada parecem ser a melhor alternativa para isso.

FIGURA 2.4B
Análise de risco para um parque eólico de 500 acres

Breve avaliação de risco
Finalidade: Chamar a atenção para os riscos aparentes do projeto que precisarão de atenção gerencial.

Quais são os quatro maiores riscos deste projeto?

1. Corte de incentivos do governo
2. Liminar contra o uso da terra
3. Diminuição do preço da energia
4. Novo imposto de importação

Classifique os riscos acima em Alto, Médio e Baixo em "probabilidade" e "impacto" na tabela abaixo.

Classificação de intensidade do risco

Risco	Probabilidade	Impacto
1. Corte de incentivos do governo	Alta	Alto
2. Liminar contra o uso da terra	Média	Alto
3. Diminuição do preço da energia	Média	Médio
4. Novo imposto de importação	Baixa	Alto

Marque outros fatores de risco do projeto

Complexidade	Baixa ☐		Média [X]		Alta ☐
Habilidades de recursos	Boas [X]		OK ☐		Ausentes ☐
Tecnologia	Baixa ☐		Média [X]		Alta ☐

Revisado por _Rachel_ Data _1º de abril de 2xxx_

Os modelos de pontuação ponderada resultam em maior alinhamento dos projetos com as metas estratégicas. Se o modelo de pontuação for divulgado e estiver à disposição de todos na empresa, alguma disciplina e credibilidade são associadas à seleção de projetos. O número de projetos que desperdiçam recursos é reduzido. Politicagem e projetos do tipo "animal sagrado" são expostos. As metas do projeto são identificadas mais facilmente e divulgadas usando critérios de seleção para corroborá-las. Por fim, a abordagem de pontuação ponderada ajuda os gerentes de projetos a compreender por que seu projeto foi escolhido, como ele contribui para as metas organizacionais e como se compara a outros projetos. A seleção de projetos é uma das decisões mais importantes que guiam o sucesso de uma empresa.

Os critérios de seleção de projetos referem-se à área onde o poder do seu portfólio começa a se manifestar. Os novos projetos são alinhados às metas estratégicas da empresa. Com um método claro de seleção de projetos em ação, podem ser solicitadas propostas de projeto.

Fontes e formulário de propostas de projeto

Como seria de se imaginar, todas as pessoas seguras de que seu projeto agregará valor à empresa devem apresentá-lo. Entretanto, muitas empresas restringem propostas de níveis ou grupos específicos internos. Isso pode ser uma oportunidade perdida. Boas ideias não se limitam a certos tipos ou classes de partes interessadas da empresa. Estimule e mantenha solicitações a todas as fontes – patrocinadores internos e externos.

A Figura 2.4A dá um exemplo de formulário de proposta para um projeto de rastreamento veicular automático (Localização Automática de Veículo) para o transporte público. A Figura 2.4B

FIGURA 2.5
Processo de triagem de projetos

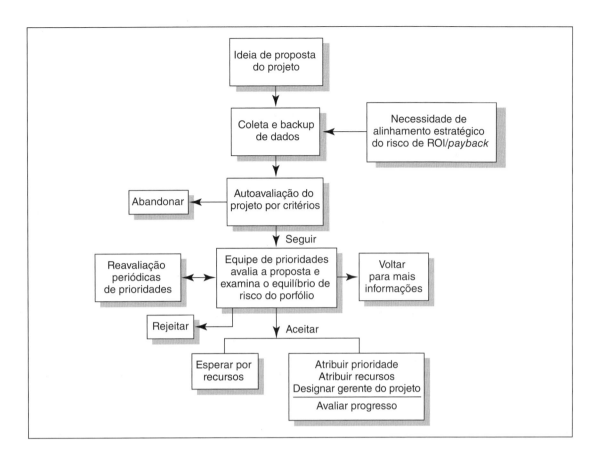

apresenta uma análise de risco preliminar para um parque eólico. Muitas empresas utilizam modelos de análise de risco para obter uma percepção rápida dos riscos inerentes de um projeto. Os fatores de risco dependem da empresa e do tipo dos projetos. Essa informação é útil para equilibrar o portfólio de projetos e identificar os principais riscos ao executar o projeto. A análise de risco de projeto é o tema do Capítulo 7.

Em alguns casos, quando as empresas não têm o necessário conhecimento sobre o projeto, elas recorrem a terceiros. Em geral, a empresa emite um formulário para proposta (RFP do inglês, *request for proposal*) aos fornecedores/provedores com a experiência adequada para implementar o projeto. Em um exemplo, um hospital divulgou uma RFP que pedia sugestões de projeto e construção de um novo centro cirúrgico que empregasse tecnologia de ponta. Diversos escritórios de arquitetura apresentaram propostas ao hospital que foram avaliadas internamente em relação a outros projetos potenciais. Na aprovação, foram usados outros critérios para escolher o ofertante mais qualificado. Veja o Apêndice 2.1 deste capítulo para uma descrição completa dos formulários de proposta (RFP).

Classificação de propostas e seleção de projetos

Peneirar tantas propostas para identificar as que agregam mais valor exige um processo estruturado. A Figura 2.5 mostra um fluxograma de um processo de triagem, começando com a criação de uma ideia de projeto. Veja no Apêndice 2.1 um modelo para avaliação dos parceiros contratados.

São coletados dados e informações para dimensionar o valor do projeto proposto para a empresa e para backup futuro. Se o patrocinador decidir ir atrás do projeto com base nos dados coletados, ele é encaminhado ao comitê de seleção de projetos (ou ao escritório de projetos). Observe que o patrocinador sabe quais critérios serão usados para aceitar ou rejeitar o projeto. Dados os critérios de seleção e o portfólio atual de projetos, o comitê rejeita ou aceita o projeto. Se o projeto for aceito, o comitê ativa a implementação.

A Figura 2.6 é um exemplo parcial de um formulário de avaliação usado por uma grande empresa para priorizar e selecionar novos projetos. O formulário distingue entre objetivos necessários e dese-

FIGURA 2.6 Análise de triagem de prioridades

			Número do projeto			
Objetivos obrigatórios	**Deve cumprir se impactar**		...26	27	28	29
Todas as atividades cumprem os padrões atuais jurídicos, de segurança e ambientais	Sim - Cumpre o objetivo Não - Não cumpre o objetivo N/A - Sem impacto		n/a			
Todos os novos produtos terão uma análise de mercado completa	Sim - Cumpre o objetivo Não - Não cumpre o objetivo N/A - Sem impacto		sim			
Objetivos desejáveis	Importância relativa 1-100	**Definições individuais de impacto do projeto**	Pontuação ponderada	Pontuação ponderada	Pontuação ponderada	Pontuação ponderada
Dá resposta imediata aos problemas	99	0 Não resolve 1 = Oportunidade de consertar 2 Problema urgente	99			
Gera US$ 5 milhões em novas vendas até 20xx	88	0 < US$ 100.000 1 = US$ 100.000–500.000 2 > US$ 500.000	0			
Melhora o serviço ao cliente externo	83	0 Impacto pequeno 1 = Impacto significativo 2 Impacto grande	166			
		Pontuação ponderada total				
		Prioridade				

jáveis. Se um projeto não satisfizer os objetivos "necessários", é desconsiderado. Os objetivos da empresa (ou divisão) foram classificados e ponderados de acordo com sua importância relativa – por exemplo, "Melhorar o atendimento ao cliente externo" tem um peso relativo de 83 na comparação com os outros objetivos desejáveis diretamente ligados àqueles constantes do plano estratégico.

As definições de impacto representam mais um refinamento do sistema de triagem. Elas são desenvolvidas para aferir o impacto previsto que um dado projeto teria na realização de um objetivo específico. É criado um esquema numérico ancorado em critérios definidores. Para ilustrar como isso funciona, examinemos os US$ 5 milhões estabelecidos como objetivo de novas vendas. Atribui-se um "0" se o projeto não tiver impacto nas vendas ou se este for inferior a US$ 100 mil; um "1" é dado se as vendas previstas forem maiores que US$ 100 mil, mas menores que US$ 500 mil; um "2" se forem maiores que US$ 500 mil. Essas avaliações de impacto são combinadas com a importância relativa de cada objetivo para determinar a contribuição geral prevista de um projeto para os objetivos estratégicos. Por exemplo, o Projeto 26 cria uma oportunidade de consertar problemas de campo, não afeta as vendas e terá um impacto importante no atendimento ao cliente. Com esses três objetivos, o Projeto 26 receberia uma pontuação de 265 [(99 × 1) + (88 × 0) + (2 × 83)]. As pontuações ponderadas individuais são somadas para cada projeto, sendo empregadas para priorizar os projetos.[*]

---

[*] N. de R.T.: Ver Figura 2.6.

Responsabilidade pela priorização

A priorização pode ser um exercício desconfortável para os gerentes. Contudo, priorizar projetos é uma responsabilidade importante da gerência sênior. Priorizar significa disciplina, prestação de contas, responsabilidade, limitações, flexibilidade reduzida e perda de poder. O comprometimento da alta gerência significa mais do que dar a bênção ao sistema de prioridade: significa que a gerência terá de classificar e ponderar, em termos concretos, os objetivos e estratégias considerados os mais críticos para a empresa. Essa declaração pública de comprometimento pode ser arriscada se os objetivos classificados revelarem-se más escolhas, mas definir o curso da empresa é o trabalho da alta gerência. A boa notícia é que se a gerência está realmente tentando direcionar a empresa para uma posição futura forte, um bom sistema de prioridade de projetos apoia seus esforços e desenvolve uma cultura em que todos contribuem para as metas organizacionais.

Gerenciamento do sistema de portfólio

O gerenciamento do portfólio leva o sistema de seleção um nível acima, na medida em que os méritos de um projeto em particular são avaliados no contexto dos projetos existentes. Ao mesmo tempo, envolve monitoramento e ajuste de critérios de seleção para refletir o foco estratégico da empresa. Isso exige empenho constante. Em uma empresa pequena, o sistema de prioridade pode ser gerenciado por um pequeno grupo de funcionários-chave. Em empresas maiores, o sistema de prioridade pode ser gerenciado pelo departamento de projetos ou por uma equipe de governança de gerentes seniores.[*]

Contribuições da gerência sênior

O gerenciamento de um sistema de portfólio exige duas grandes contribuições por parte da gerência sênior. Primeiro, a gerência sênior deve dar orientação para estabelecer critérios de seleção fortemente alinhados às estratégias organizacionais atuais. Segundo, ela deve decidir anualmente como deseja equilibrar os recursos organizacionais disponíveis (pessoas e capital) entre os diferentes tipos de projetos. A gerência sênior deve tomar uma decisão preliminar de equilíbrio (por exemplo, 20% de conformidade, 50% de estratégia e 30% de operacionalidade) antes da seleção de projetos, embora o equilíbrio possa ser alterado quando os projetos apresentados forem revisados. Dadas essas contribuições, o comitê de seleção de projetos ou o escritório de projetos pode desempenhar suas muitas responsabilidades, que podem incluir dar suporte aos patrocinadores de projetos e representar os interesses da empresa como um todo.

As responsabilidades da equipe de governança

A equipe de governança (ou departamento de projetos) é responsável por divulgar a prioridade de cada projeto e garantir que o processo seja aberto e isento de injunções políticas. Por exemplo, a maioria das empresas que utiliza uma equipe de governança ou escritório de projetos divulga, por meio de um boletim eletrônico, o atual portfólio de projetos, o *status* atual de cada projeto e as questões atuais. Essa comunicação aberta desestimula os jogos de poder. Ao longo do tempo, a equipe de governança avalia o progresso dos projetos no portfólio. Se bem administrado, todo esse processo pode ter um impacto profundo no sucesso da empresa.

É essencial o monitoramento constante do ambiente externo, para determinar se o foco organizacional e/ou os critérios de seleção devem ser alterados! A revisão periódica de prioridades e as alterações devem acompanhar as mudanças no ambiente e manter uma visão unificada do foco organizacional. Independentemente dos critérios empregados para a seleção, cada projeto deve ser avaliado pelos mesmos critérios. Se os projetos forem classificados em obrigatórios, operacionais e estratégicos, todos aqueles de uma classe devem ser avaliados pelos mesmos critérios. Fazer valer o sistema de prioridades de projetos é crucial. Manter todo o sistema aberto e franco é importante

---

[*] N. de R.T.: Em geral, profissionais da alta administração.

para manter a sua integridade e impedir que executivos novos e jovens o contornem. Por exemplo, comunicar quais projetos são aprovados, suas classificações, o *status* atual de projetos em andamento e qualquer alteração nos critérios de prioridade coíbe fraudes no sistema.

Equilíbrio do portfólio em riscos e tipos de projetos

Uma importante responsabilidade do comitê de seleção de projetos é equilibrar os projetos por tipo, risco e demanda de recursos. Isso exige uma perspectiva organizacional total. Assim, um projeto proposto que tenha obtido uma alta classificação na maioria dos critérios pode não ser escolhido porque o portfólio da empresa já contempla projetos demais com as mesmas características – por exemplo, nível de risco do projeto, uso de recursos-chave, alto custo, falta de geração de receita e longa duração. Equilibrar o portfólio de projetos é tão importante quanto selecioná-los. A empresa precisa avaliar cada projeto novo quanto ao que ele agrega ao *mix* de projetos. Necessidades de curto prazo devem ser balanceadas com potencial de longo prazo. A utilização de recursos deve ser otimizada em todos os projetos, e não apenas naquele mais importante.

Há dois tipos de risco associados a projetos. Primeiro, há aqueles associados ao portfólio total de projetos, que deve refletir o perfil de risco da empresa. Segundo, os riscos específicos dos projetos que podem inibir sua execução, como cronograma, custo ou questões técnicas. Neste capítulo, examinaremos apenas o equilíbrio dos riscos organizacionais inerentes ao portfólio de projetos, como risco de mercado, capacidade de execução, tempo até a chegada ao mercado e progressos tecnológicos. Os riscos específicos dos projetos serão abordados em detalhes no Capítulo 7.

David e Jim Matheson estudaram organizações de P&D e desenvolveram um esquema de classificação que pode ser utilizado para avaliar um portfólio de projetos.[7] Eles os separaram segundo o grau de dificuldade e valor comercial, obtendo quatro tipos básicos:

Pão com manteiga são projetos relativamente fáceis de concretizar, produzindo um valor comercial modesto. Geralmente envolvem melhorias evolutivas de produtos e serviços atuais. Exemplos: *upgrades* de *software* e esforços de redução de custo de fabricação.

Pérolas são projetos de desenvolvimento de baixo risco, com altos retornos comerciais. Representam progressos comerciais revolucionários que utilizam tecnologia comprovada. Exemplos incluem chips de circuito integrado de nova geração e imageamento de solos para localização de petróleo e gás.

Ostras são projetos de alto risco e alto valor. Envolvem ruptura tecnológica, com um potencial comercial tremendo. Exemplos são tratamentos embrionários com DNA e novos tipos de liga metálica.

Elefantes brancos são projetos que já foram promissores, mas não são mais viáveis. Exemplos incluem produtos para um mercado saturado ou uma potente fonte de energia com efeitos colaterais tóxicos.

Os Mathesons relatam que muitas empresas têm vários elefantes brancos para muito poucas pérolas e ostras. Para manter a vantagem estratégica, esses autores recomendam que elas capitalizem as pérolas, eliminem ou reposicionem os elefantes brancos e equilibrem os recursos dedicados a projetos pão com manteiga e ostras para alinhá-los à estratégia geral. Embora a pesquisa deles se concentre em organizações de P&D, as respectivas observações parecem se aplicar a todos os tipos de empresas.

Resumo

Vários projetos concorrentes, recursos limitados, equipes virtuais dispersas, pressões de tempo até o mercado e capital restrito forçam a emergência de um gerenciamento de portfólio de projetos que proporcione a infraestrutura para gerenciar múltiplos projetos e unir a seleção destes à estratégia de negócios. O elemento mais importante desse processo é a criação de um sistema de classificação que utilize critérios múltiplos que reflitam a missão e a estratégia da empresa. É vital comunicar os critérios de prioridade a todas as partes interessadas para que os critérios possam ser a fonte de inspiração das ideias de novos projetos.

---

[7] Matheson, D., and J. Matheson, *The Smart Organization* (Boston: Harvard Business School Press, 1998), pp. 203–209.

Todos os projetos significativos selecionados devem ser classificados, e os resultados, publicados. A gerência sênior deve assumir um papel ativo na definição das prioridades e no suporte ao sistema de prioridades que, se contornado, terá sua eficácia destruída. A equipe de governança (ou o escritório de projetos) deve ser composta por gerentes experimentados, capazes de fazer perguntas duras e distinguir fatos de ficção. Os recursos (pessoas, equipamentos e capital) para os principais projetos devem ser alocados com clareza, sem entrar em conflito com as operações diárias nem se tornar uma tarefa excessiva.

A equipe de governança deve fiscalizar os projetos significativos não apenas quanto ao seu valor estratégico, mas também quanto à sua adequação ao portfólio em processo de implementação. Projetos de classificação alta podem ser postergados ou mesmo rejeitados se desfizerem o equilíbrio atual entre riscos, recursos e iniciativas estratégicas. A seleção deve se basear nos méritos do projeto e na contribuição que dá ao portfólio atual. Isso demanda uma abordagem holística para alinhar os projetos com a estratégia e os recursos organizacionais.

A importância do alinhamento deve ser frisada ao máximo. Discutimos dois tipos de modelos encontrados na prática. Os modelos de lista de verificação são fáceis de desenvolver, sendo justificados basicamente pela flexibilidade entre diferentes divisões e localidades. Infelizmente, aqueles feitos por questionário não permitem comparar o valor relativo (classificação) da contribuição de projetos alternativos para a estratégia da empresa. Esta é a principal razão da preferência dos autores pelos modelos de pontuação ponderada ou multicritérios. Esses modelos mantêm a seleção de projetos altamente focada no alinhamento com a estratégia organizacional. Os modelos de pontuação ponderada exigem um grande empenho no estabelecimento dos critérios e pesos.

Termos-chave

Equipe de prioridade, *33*
Lacuna de implementação, *26*
Matriz de triagem de projetos, *34*
"Menina dos olhos", *27*
Payback, *30*

Política organizacional, *27*
Portfólio de projetos, *26*
Processo de planejamento estratégico, *22*
Sistema de prioridades, *26*
Valor presente líquido, *30*

Questões de revisão

1. Descreva os principais componentes do processo de planejamento estratégico.
2. Explique o papel que os projetos desempenham no processo de planejamento estratégico.
3. Como os projetos estão ligados ao plano estratégico?
4. Via de regra, o portfólio de projetos é representado por projetos de conformidade, estratégicos e operacionais. Que efeito essa classificação pode ter na seleção de projetos?
5. Por que o sistema de prioridades exposto neste capítulo precisa ser aberto e divulgado? O processo estimula a inicialização de projetos de baixo para cima? Ele desestimula alguns projetos? Por quê?
6. Por que a organização não deve se fiar apenas no ROI para selecionar projetos?
7. Discuta os prós e contras dos métodos de lista de verificação *versus* fator ponderado na seleção de projetos.

Exercícios

1. Você é o gerente de um resort em South Beach, na Ilha Kauai, Havaí. Você está mudando (a estratégia) o perfil do empreendimento de um tradicional destino de "diversão no sol" para um de ecoturismo (o ecoturismo está voltado à conscientização e educação ambientais.) Como você classificaria os seguintes projetos em termos de conformidade, estratégia e operacionalidade?

    a. Converter o sistema de aquecimento da piscina de energia elétrica para solar.

    b. Abrir uma trilha para escalada de 6 km.

    c. Reformar o estábulo.

    d. Lançar uma nova campanha promocional com a Hawaii Airlines.

    e. Converter os cinco hectares lindeiros em uma reserva de fauna nativa.

f. Renovar todos os banheiros dos apartamentos que têm 10 anos ou mais.

g. Mudar os folhetos do hotel para apresentar a imagem de ecoturismo.

h. Testar e revisar o plano para situações de emergência.

i. Introduzir serviço de Internet wireless no café e nas áreas de *lounge*.

Qual a dificuldade em classificar esses projetos? O que faz alguns projetos serem mais difíceis do que os outros? Quais dos seus novos conhecimentos poderiam ser úteis para gerenciar projetos no hotel?

2.* Dois novos projetos de software são propostos a uma jovem empresa *start-up*. O desenvolvimento do projeto Alfa custará US$ 150 mil e espera-se que tenha um fluxo de caixa líquido anual de US$ 40 mil. O projeto Beta custará US$ 200 mil e espera-se que tenha um fluxo de caixa líquido anual de US$ 50 mil. A empresa dá muita atenção ao fluxo de caixa. Utilizando-se o período de *payback*, qual projeto é melhor do ponto de vista do fluxo de caixa? Por quê?

3. Um projeto de cinco anos tem um fluxo de caixa líquido projetado de US$ 15 mil, US$ 25 mil, US$ 30 mil, US$ 20 mil e US$ 15 mil para os próximos cinco anos. Implementar o projeto custará US$ 50 mil. Se a taxa de retorno necessária é de 20%, efetue um cálculo do fluxo de caixa descontado para determinar o VPL.

4. Você trabalha na empresa 3T, que espera obter ao menos 18% de rendimento sobre seus investimentos. Você tem de escolher entre dois projetos parecidos. Veja a seguir as informações de caixa de cada projeto. Seus analistas preveem que a taxa de inflação estabilizará em 3% pelos próximos sete anos. Qual dos dois projetos você financiaria se a decisão se basear apenas em informações financeiras? Por quê?

Ômega Ano	Entrada (US$)	Saída (US$)	Fluxo líquido	Alfa Ano	Entrada (US$)	Saída (US$)	Fluxo líquido
A0	0	225.000	–225.000	A0	0	300.000	–300.000
A1	0	190.000	–190.000	A1	50.000	100.000	–50.000
A2	150.000	0	150.000	A2	150.000	0	150.000
A3	220.000	30.000	190.000	A3	250.000	50.000	200.000
A4	215.000	0	215.000	A4	250.000	0	250.000
A5	205.000	30.000	175.000	A5	200.000	50.000	150.000
A6	197.000	0	197.000	A6	180.000	0	180.000
A7	100.000	30.000	70.000	A7	120.000	30.000	90.000
Total	1.087.000	505.000	582.000	Total	1.200.000	530.000	670.000

5.* Você é o chefe de uma equipe de seleção de projetos, na SIMSOX, que está considerando três deles. Com base no histórico anterior, a empresa espera, no mínimo, uma taxa de retorno de 20%. Seus consultores financeiros predizem que a inflação ficará em 3% no futuro previsível.

Dadas as seguintes informações para cada projeto, qual deveria ser a prioridade número 1 da empresa? A SIMSOX deveria financiar algum dos outros projetos? Em caso afirmativo, qual deveria ser a ordem de prioridade com base no retorno do investimento?

Projeto: **Dust Devils**

Ano	Investimento	Fluxo de receita
0	US$ 500.000	0
1		50.000
2		250.000
3		350.000

---

* A resposta destes exercícios se encontra no Apêndice 1.

Projeto: **Ospry**

Ano	Investimento	Fluxo de receita
0	US$ 250.000	0
1		75.000
2		75.000
3		75.000
4		50.000

Projeto: **Voyagers**

Ano	Investimento	Fluxo de receita
0	US$ 75.000	0
1		15.000
2		25.000
3		50.000
4		50.000
5		150.000

6. Você é o chefe da equipe de seleção de projetos, na gravadora Broken Arrow, que está considerando três projetos diferentes de gravação. Com base no histórico anterior, a empresa espera, no mínimo, uma taxa de retorno de 20%. Seus consultores financeiros predizem que a inflação ficará em 2% no futuro previsível.

Dadas as seguintes informações para cada projeto, qual deveria ser a prioridade número 1 da empresa? A Broken Arrow deveria financiar algum dos outros projetos? Em caso afirmativo, qual deveria ser a ordem de prioridade com base no retorno do investimento?

Projeto de gravação: **Time Fades Away**

Ano	Investimento	Fluxo de receita
0	US$ 600.000	0
1		600.000
2		75.000
3		20.000
4		15.000
5		10.000

Projeto de gravação: **On the Beach**

Ano	Investimento	Fluxo de receita
0	US$ 400.000	0
1		400.000
2		100.000
3		25.000
4		20.000
5		10.000

Projeto de gravação: **Tonight's the Night**

Ano	Investimento	Fluxo de receita
0	US$ 200.000	0
1		200.000
2		125.000
3		75.000
4		20.000
5		10.000

7. A Custom Bike Company estabeleceu uma matriz de pontuação ponderada para avaliar projetos potenciais. Estes são os cinco projetos avaliados.
   a. Usando a matriz de pontuação a seguir, a qual projeto você daria a classificação mais alta? E a mais baixa?
   b. Se o peso de "Patrocinado forte" mudar de 2 para 5, a seleção do projeto mudaria? Quais são os três projetos com maior pontuação ponderada segundo esse novo peso?
   c. Por que é importante os pesos refletirem fatores estratégicos críticos?

Matriz de triagem de projetos

Critério / Peso	Patrocinador forte	Suporte à estratégia comercial	Urgência	10% das vendas com produtos novos	Concorrência	Preenche lacuna do mercado	Total ponderado
	2,0	5,0	4,0	3,0	1,0	3,0	
Projeto 1	9	5	2	0	2	5	
Projeto 2	3	7	2	0	5	1	
Projeto 3	6	8	2	3	6	8	
Projeto 4	1	0	5	10	6	9	
Projeto 5	3	10	10	1	8	0	

Referências

Adler, P. S., et al., "Getting the Most Out of Your Product Development Process," *Harvard Business Review*, vol. 74 (2), pp. 134-52.

Benko, C., and F. W. McFarlan, *Connecting the Dots: Aligning Projects With Objectives in Unpredictable Times* (Boston: Harvard Business School Press, 2003).

Bigelow, D., "Want to Ensure Quality? Think Project Portfolio Management," *PM Network*, vol. 16 (1) April 2002, pp. 16-17.

Bloomberg Businessweek, "IBM Wants to Put Watson in Your Pocket," September 17-23, 2012, pp. 41-42.

Boyer, C., "Make Profit Your Priority," *PM Network*, vol. 15 (10) October 2003, pp. 37-42.

Cohen, D., and R. Graham, *The Project Manager's MBA* (San Francisco: Jossey-Bass, 2001), pp. 58-59.

Crawford, L., B. Hobbs, and J. R. Turne, "Aligning Capability with Strategy: Categorizing of Projects to Do the Right Projects and Do Them Right," *Project Management Journal*, vol. 37 (2) June 2006, pp. 38-50.

Doran, G. T., "There's a Smart Way to Write Management Goals and Objectives," *Management Review*, November 1981, pp. 35-36.

Floyd, S. W., and B. Woolridge, "Managing Strategic Consensus: The Foundation of Effectiveness Implementation," *Academy of Management Executives,* vol. 6 (4) 1992, pp. 27-39.

Foti, R., "Louder Than Words," *PM Network,* December 2002, pp. 22-29. Ver também Foti, R., "Make Your Case, Not All Projects Are Equal," *PM Network,* vol. 31(7) 2003, pp. 35-43.

Frank, L., "On Demand," *PM Network,* vol. 18 (4) April 2004, pp. 58-62.

Friedman, Thomas L., *Hot, Flat, and Crowded* (New York: Farrar, Straus, and Giroux, 2008).

Fusco, J. C., "Better Policies Provide the Key to Implementing Project Management," *Project Management Journal,* vol. 28 (3) 1997, pp. 38-41.

Helm, J., and K. Remington, "Effective Project Sponsorship: An Evaluation of the Executive Sponsor in Complex Infrastructure Projects by Senior Project Managers," *Project Management Journal,* vol. 36 (1) September 2005, pp. 51-61.

Hutchens, G., "Doing the Numbers," *PM Network,* vol. 16 (4) March 2002, p. 20.

Johnson, R. E., "Scrap Capital Project Evaluations," *Chief Financial Officer,* May 1998, p. 14.

Kaplan, R. S., and D. P. Norton, "The Balanced Scorecard – Measures That Drive Performance," *Harvard Business Review,* January-February 1992, pp. 73-79. Ver também Kaplan, Robert, http;//balancedscorecard.org.

Kenny, J., "Effective Project Management for Strategic Innovation and Change in an Organizational Context," *Project Management Journal,* vol. 34 (1) 2003, pp. 45-53.

Kharbanda, O. P., and J. K. Pinto, *What Made Gertie Gallop: Learning from Project Failures* (New York: Van Nostrand Reinhold, 1996), pp. 106-11, 263-83.

Korte, R. F., and T. J. Chermack, "Changing Organizational Culture with Scenario Planning," *Futures,* vol. 39 (6) August 2007, pp. 645-56.

Leifer, R., C. M. McDermott, G. C. O'Connor, L. S. Peters, M. Price, and R. W. Veryzer, *Radical Innovation: How Mature Companies Can Outsmart Upstarts* (Boston: Harvard Business School Press, 2000).

MacIntyre, J., *PM Network,* vol. 20 (11) November 2006, pp. 32-35.

Magretta, Joan, *Understanding Michael Porter: The Essential Guide to Competition and Strategy* (Boston: Harvard Business Press Book, 2011).

Matheson, D., and J. Matheson, *The Smart Organization* (Boston: Harvard Business School Press, 1998), pp. 203-09.

Milosevic, D. Z., and S. Srivannaboon, "A Theoretical Framework for Aligning Project Management with Business Strategy," *Project Management Journal,* vol. 37 (3) August 2006, pp. 98-110.

Morris, P. W., and A. Jamieson, "Moving from Corporate Strategy to Project Strategy," *Project Management Journal,* vol. 36 (4) December 2005, pp. 5-18.

Descamps, J. P., "Mastering the Dance of Change: Innovation as a Way of Life," *Prism,* Second Quarter, 1999, pp. 61-67.

Motta, Silva, and Rogério Hermida Quintella, "Assessment of Non-Financial Criteria in the Selection of Investment Projects for Seed Capital Funding: The Contribution of Scientometrics and Patentometrics," *Journal of Technology Management Innovation,* vol. 7 (3) 2012.

PMI, "PMI's Pulse of the Profession," March 2012, Project Management Institute, p. 7.

Raskin, P., et al., *Great Transitions: The Promise and Lure of the Times Ahead,* retrieved 6-3-08. See *www.gtinitiative.org/documents/Great_Transitions.pdf.*

Schwartz, Peter, and Doug Randall, "An Abrupt Climate Change Scenario and its Implications for United States National Security," Global Business Network, Inc., October 2003.

Shenhar, A., "Strategic Project Leadership: Focusing Your Project on Business Success," *Proceedings of the Project Management Institute AnnualSeminars & Symposium,* San Antonio, Texas, October 3-10, 2002, CD. Ver também Shenhar, Aaron, *Reinventing Project Management* (Harvard Business School, 2007).

Smith, D. K., and R. C. Alexander, *Fumbling the Future: How Xerox Invented, Then Ignored the First Personal Computer* (New York: Macmillan, 1988).

Swanson, S., "All Things Considered," *PM Network,* vol. 25 (2) February 2011, pp. 36-40.

Woodward, H., "Winning in a World of Limited Project Spending," *Proceedings of the Project Management Institute Global Congress North America,* Baltimore.

Caso Hector Gaming Company

A Hector Gaming Company (HGC) é uma empresa especializada em jogos educacionais para crianças pequenas e completou seu quarto ano de atividade recentemente. Este foi um ano auspicioso para ela que recebeu um grande fluxo de capital para crescimento, emitindo ações de forma privada por meio de um banco de investimento. Parece que o retorno sobre investimento referente ao ano passado será um pouco superior a 25%, com dívida zero! A taxa de crescimento dos últimos dois anos foi de aproximadamente 80% ao ano. Pais e avós de crianças pequenas compram os produtos da HGC quase tão rapidamente quanto são desenvolvidos. Todos os 56 membros da empresa estão animados e ansiosos para ajudar a firma a crescer e se tornar a maior e melhor empresa de jogos educacionais do mundo. A fundadora da HGC, Sally Peters, foi denominada em *Young Entrepreneurs* como "a jovem empreendedora que merece atenção". Ela conseguiu criar uma cultura organizacional em que todas as partes interessadas estão comprometidas com inovação, melhoria contínua e aprendizado organizacional.

No ano passado, os 10 integrantes da alta gerência da HGC trabalharam com a McKinley Consulting para desenvolver um plano estratégico para a empresa. Neste ano, os mesmos 10 gerentes fizeram um retiro em Aruba para formular o plano estratégico do ano que vem, usando o mesmo processo sugerido pela McKinley Consulting. A maioria dos executivos parece ter um consenso sobre aonde a empresa deve ir no médio e longo prazos. Mas há pouca concordância sobre como se deve concretizar isso. Peters, a atual presidente da HGC, sente que talvez esteja perdendo o controle. A frequência dos conflitos parece aumentar. Os mesmos indivíduos são sempre solicitados para todos os projetos novos. Quando há conflitos de recursos entre os projetos, os respectivos gestores acham o próprio mais importante. Cada vez mais projetos estouram o orçamento e deixam de cumprir os prazos. A reunião da gerência de ontem revelou que alguns dos maiores talentos da HGC vêm trabalhando em um jogo de negócios internacionais para estudantes universitários. Esse projeto não se encaixa na visão ou nicho de mercado da empresa. Às vezes, parece que cada um está dançando conforme a própria música. De alguma forma, é preciso mais foco para que todos cheguem a um acordo sobre *como* a estratégia deve ser implementada dados os recursos à disposição da empresa.

A reunião de ontem alarmou Peters. Esses problemas estão surgindo em uma época ruim. Na próxima semana, a HGC estará ampliando o seu tamanho, o número de produtos novos por ano e as ações de marketing e contratando 15 pessoas no mês que vem. Peters gostaria que houvesse políticas em ação que garantissem que os novos membros fossem aproveitados de forma mais produtiva. Há mais um possível problema despontando no horizonte: os concorrentes perceberam o sucesso da HGC no seu nicho de mercado; um deles tentou roubar um importante funcionário de desenvolvimento de produto da HGC. Peters quer que a empresa esteja pronta para encarar de frente qualquer concorrência possível, desencorajando novos participantes na sua faixa de mercado. Peters sabe que a HGC é guiada por projetos; no entanto, não está segura quanto a ter uma boa pegada na gestão de uma empresa assim, especialmente com crescimento tão rápido e a potencial concorrência na iminência de se tornar uma realidade. A magnitude dos problemas que emergem demanda atenção e resolução céleres.

Peters contratou você como consultor e sugeriu um contrato de consultoria em que você tem liberdade para mudar o formato se for para incrementar a eficácia do trabalho de consultoria.

Qual é o nosso principal problema?

Identifique alguns sintomas do problema.

Qual é a principal causa do problema?

Informe um plano de ação detalhado que ataque o problema. Seja específico e dê exemplos relacionados à HGC.

Caso Priorização de filmes

A finalidade deste caso é dar a você experiência no uso de um sistema de prioridade de projetos que classifique, pela contribuição no plano estratégico e nos objetivos da empresa, os projetos propostos.

PERFIL DA EMPRESA

A empresa é a divisão de cinema de um grande conglomerado de entretenimento. A sede fica em Anaheim, Califórnia. Além da divisão de cinema, o conglomerado engloba parques temáticos, home video, um canal de televisão, jogos interativos e produções teatrais. A empresa vem desfrutando de um crescimento contínuo nos últimos 10 anos. A receita total do ano passado aumentou 12%, alcançando US$ 21,2 bilhões. A empresa está em negociações para expandir seu império de parques temáticos até a China continental e a Polônia. A divisão de cinema gerou US$ 274 milhões em receita, um aumento de 7% sobre o ano anterior. A margem de lucro caiu 3%, ficando em 16%, por causa da má reação a três dos cinco principais filmes lançados no ano.

MISSÃO DA EMPRESA

Nosso objetivo maior é criar valor para o acionista, continuando a ser a primeira empresa de entretenimento do mundo em criatividade e estratégia e do ponto de vista financeiro.

A divisão de cinema apoia essa missão produzindo de 4 a 6 filmes de entretenimento familiar de alta qualidade para distribuição em massa todo ano. Nos últimos anos, o CEO da empresa vem defendendo que a empresa assuma uma posição de liderança na defesa de questões ambientais.

Objetivos "obrigatórios" da empresa

Todo projeto precisa satisfazer os objetivos obrigatórios determinados pela direção executiva. É importante que os projetos de filmes selecionados não violem esses objetivos, de alta prioridade estratégica. Existem três objetivos obrigatórios:

1. Todos os projetos devem cumprir os padrões jurídicos, ambientais e de segurança atuais.
2. Todos os projetos de filmes devem deixar claro qual a classificação por faixa etária para orientação dos pais e responsáveis.
3. Nenhum projeto pode ter efeito adverso sobre as operações atuais ou planejadas da empresa matriz.

Objetivos "desejáveis" da empresa

Aos objetivos desejáveis são atribuídos pesos segundo sua importância relativa. A alta gerência é responsável por formular, classificar e ponderar os objetivos para que os projetos deem suporte à estratégia e missão da empresa. Segue uma lista dos objetivos desejáveis:

1. Ter a indicação e ganhar um Oscar de Melhor Animação ou Melhor Filme do Ano.
2. Gerar receita adicional com merchandising (bonecos, jogos interativos, CD de música).
3. Ampliar a conscientização pública acerca de questões e problemas ambientais.
4. Gerar lucro superior a 18%.
5. Empregar tecnologia de última geração em animação para filmes e preservar a reputação da empresa.
6. Proporcionar a base para o desenvolvimento de uma nova atração em um parque temático de propriedade da empresa.

TAREFA

Você é membro do comitê encarregado de avaliar e selecionar as propostas de filmes. Use a ficha de avaliação fornecida para avaliar e classificar formalmente cada proposta. Esteja preparado para comunicar e justificar suas decisões.

Presuma que todos os projetos foram aprovados na taxa de retorno mínima estimada de 14% de ROI. Além das breves sinopses dos filmes, as propostas incluem as seguintes projeções financeiras de bilheteria e venda de vídeos: 80, 50 e 20% de chances de ROI.

Por exemplo, para a proposta nº 1 (Dalai Lama), há 80% de chances de que ela renderá ao menos 8% de ROI, 50% de chances de que o ROI seja de 18%, e 20% de que seja de 24%.

PROPOSTAS DE FILMES

PROPOSTA DE PROJETO 1: Minha vida com o Dalai Lama

Um relato biográfico animado da infância do Dalai Lama no Tibete, baseado no popular livro infantil *Contos do Nepal*. A vida do Lama é contada pelos olhos da serpente Guoda e por outros animais nativos amigos do Dalai que o ajudam a entender os princípios do budismo.

Probabilidade	80%	50%	20%
ROI	8%	18%	24%

PROPOSTA DE PROJETO 2: Heidi

Um remake da clássica história infantil, com música dos premiados compositores Syskle e Obert. O filme, de grande orçamento, contará com estrelas renomadas e cenários de tirar o fôlego nos Alpes suíços.

Probabilidade	80%	50%	20%
ROI	2%	20%	30%

PROPOSTA DE PROJETO 3: O ano da Echo

Um documentário de baixo orçamento que celebra a carreira de uma das bandas mais influente da história do *rock and roll*. O filme será dirigido pelo direto Elliot Czerny, da nova geração alternando cenas de shows com entrevistas de bastidores e cobrindo a história de 25 anos da banda The Echos. Além de ótima música, o filme tematizará a morte de um dos membros fundadores por overdose de heroína e mostrará o submundo de sexo, mentiras e drogas da indústria da música.

Probabilidade	80%	50%	20%
ROI	12%	14%	18%

PROPOSTA DE PROJETO 4: Fuga do rio Japuni

Um filme de animação passado na floresta amazônica. A história está centrada em Pablo, um jovem jaguar que tenta convencer animais em guerra de que eles devem se unir e escapar do desmatamento.

Probabilidade	80%	50%	20%
ROI	15%	20%	24%

PROPOSTA DE PROJETO 5: Nadia!

A história de Nadia Comaneci, a célebre ginasta romena que ganhou três medalhas de ouro nas Olimpíadas de 1976. O filme de baixo orçamento documentará sua infância na Romênia e como foi escolhida pelas autoridades do país para integrar o exclusivo programa de atletismo estatal. O filme enfatizará como Nadia manteve o espírito independente e o amor pela ginástica apesar de um sistema de treinamento severo e inflexível.

Probabilidade	80%	50%	20%
ROI	8%	15%	20%

Formulário de avaliação de prioridade de projetos

Objetivos obrigatórios	Deve cumprir se impactar	1	2	3	4	5	6	7
Cumpre todos os padrões de segurança e ambientais	S = sim N = não N/a = não aplicável							
Classificação indicativa PG ou G	S = sim N = não N/a = não aplicável							
Sem efeito adverso sobre as outras operações	S = sim N = não N/a = não aplicável							

Objetivos desejáveis	Importância relativa 1-100	Definições individuais de impacto do projeto	Pontuação ponderada	Pontuação ponderada	Pontuação ponderada	Pontuação ponderada	Pontuação ponderada	Pontuação ponderada	Pontuação ponderada
Ganhar Melhor Filme do Ano	70	0 = Sem potencial 1 = Potencial baixo 2 = Potencial alto							
Ganhar Melhor Filme de Animação	60	0 = Sem potencial 1 = Potencial baixo 2 = Potencial alto							
Gerar *merchandise* adicional	10	0 = Sem potencial 1 = Potencial baixo 2 = Potencial alto							
Levantar questões ambientais	55	0 = Sem potencial 1 = Potencial baixo 2 = Potencial alto							
Gerar lucro superior a 18%	70	0 < 18% 1 = 18–22% 2 > 22%							
Elevar o padrão das animações	40	0 = Sem impacto 1 = Algum impacto 2 = Grande impacto							
Fundamentar novo passeio temático	10	0 = Sem potencial 1 = Potencial baixo 2 = Potencial alto							
Pontuação ponderada total									
Prioridade									

PROPOSTA DE PROJETO 6: Keiko – Uma baleia e tanto

A história de Keiko, a famosa baleia assassina, será contada por sua filha imaginária, Seiko, que, em um futuro distante, está falando aos próprios filhos sobre o avô famoso deles. O filme de grande orçamento integrará cenas reais da baleia em um ambiente animado realista, usando imagens computadorizadas de última geração. A história revelará como Keiko respondeu ao tratamento dispensado pelos humanos.

Probabilidade	80%	50%	20%
ROI	6%	18%	25%

PROPOSTA DE PROJETO 7: Grand Island

A história verídica de um grupo de estudantes entre as 6ª e 8ª séries que descobrem que uma fábrica de fertilizantes está descartando resíduos tóxicos em um rio próximo. O filme de orçamento médio mostra os estudantes organizando uma campanha entre os cidadãos comuns para combater a burocracia local e obrigar a fábrica a restaurar o ecossistema da região.

Probabilidade	80%	50%	20%
ROI	9%	15%	20%

Caso de seleção de projeto de levantamento de fundos

O objetivo deste caso é dar a você experiência no uso de um processo de seleção de projetos que classifica, pela contribuição na missão e na estratégia da empresa, os projetos propostos.

PROJETO DE LEVANTAMENTO DE FUNDOS

Imagine que você é aluno de uma disciplina de gerenciamento de projetos e serão formados grupos de 5 a 7 estudantes responsáveis por criar, planejar e executar um projeto de levantamento de fundos para determinada instituição de caridade. O projeto tem duas metas: (1) angariar recursos para uma causa nobre; e (2) dar uma oportunidade para todos os membros da equipe praticarem habilidades e técnicas de gerenciamento de projetos.

Além de concluir o projeto, são necessárias diversas entregas para finalizar esta tarefa que incluem:

a) Proposta de projeto
b) Plano de implementação
c) Plano de gerenciamento do risco
d) Relatório de status
e) Apresentação de reflexos do projeto
f) Retrospectiva/auditoria do projeto

Os projetos aprovados receberão US$ 250 de capital inicial, a serem restituídos quando da conclusão dos trabalhos.

OBJETIVOS "OBRIGATÓRIOS"

Todo projeto precisa satisfazer os quatro objetivos obrigatórios, conforme determinados pelo professor:

1. Todos os projetos devem ser seguros, lícitos e cumprir as políticas da universidade.
2. Todos os projetos devem conseguir render ao menos US$ 500.
3. Todos os projetos devem ser concluídos dentro de 9 semanas.
4. Todos os projetos devem dar oportunidade para todos os membros da equipe adquirirem experiência e aprendizado em gerenciamento de projetos.

Entre os fatores a considerar para o último objetivo, estariam o volume de trabalho significativo para todos os membros da equipe, o grau de coordenação exigido, a o volume de trabalho com partes interessadas externas e a complexidade do projeto.

OBJETIVOS "DESEJÁVEIS"

Além dos obrigatórios, existem objetivos "desejáveis" que o professor gostaria de atingir:

1. Arrecadar mais de US$ 500 para uma instituição de caridade.
2. Aumentar a conscientização pública sobre as instituições de caridade.

3. Dar aos alunos uma experiência digna de se pôr no currículo.
4. Aparecer no noticiário local de TV.
5. Diversão.

TAREFA

Você é membro do comitê para avaliar e selecionar as propostas de levantamento de fundos. Use a ficha de avaliação de proposta fornecida para avaliar e classificar formalmente cada proposta. Esteja preparado para comunicar e justificar sua decisão. Você deve considerar que esses projetos seriam realizados na sua universidade ou faculdade.

PROPOSTAS DE LEVANTAMENTO DE FUNDOS

Proposta de projeto 1: Cestas da esperança

O projeto é um torneio de basquete três contra três para angariar dinheiro para a Associação da Síndrome de Down. O torneio terá as categorias mista, masculina e feminina. Haverá uma taxa de inscrição de US$ 40 por time, sendo obtidos fundos extras por meio da venda de camisetas comemorativas (US$ 10). Os times vencedores receberão cestas de presente, consistindo em doações de empresas e restaurantes locais. O evento será realizado no centro de recreação da universidade.

Proposta de projeto 2: Cantando para sorrir

O projeto promoverá uma competição de karaokê em uma popular casa noturna do campus, com celebridades como jurados. Os fundos serão levantados com uma entrada de US$ 5 e uma rifa de prêmios doados por empresas locais. A arrecadação será doada para a Smile Train, uma organização internacional que faz cirurgia de lábio leporino ao custo de US$ 250 por criança. O evento exibirá fotos de crianças nascidas com lábio leporino, e, a cada US$ 250 obtidos, uma peça de quebra-cabeça será acrescentada, até que a foto original seja coberta por um rosto sorrindo.

Proposta de projeto 3: Halo para heróis

O projeto será uma competição de *video game*, realizada em um fim de semana, utilizando as salas de aula de eletrônica da faculdade, com suas telas grandes. Equipes de quatro jogadores jogarão umas contra as outras em um torneio de mata-mata, sendo o grande prêmio um PlayStation 3 da Sony, doado por uma loja local. A taxa de inscrição é de US$ 24 por equipe, e os jogadores individuais poderão jogar em uma chave de perdedores por US$ 5. Todos os proventos irão para a Associação Nacional Familiar Militar.

Proposta de projeto 4: Rifa da vida

Organizar uma rifa. Os bilhetes da rifa serão vendidos a US$ 3 cada e o bilhete ganhador receberá US$ 300. Cada um dos seis membros da equipe será responsável por vender 50 bilhetes. Todos os lucros irão para a Sociedade Americana do Câncer.

Proposta de projeto 5: Hold'em contra a fome

Organizar um torneio de pôquer Texas Hold' em um restaurante universitário. Entrar no torneio custará US$ 20, com um cacife de US$ 15. Os prêmios incluem vales-presente de US$ 300, US$ 150 e US$ 50 em uma grande loja de departamentos. Os vales serão comprados com o dinheiro das entradas. Todos os participantes concorrerão a dois ingressos grátis para jogos de basquete masculino e feminino. Os fundos angariados irão para o restaurante de comida popular do bairro.

Proposta de projeto 6: Construa sua caixa

A finalidade deste projeto é aumentar a conscientização sobre o sofrimento dos sem-teto. Os estudantes doarão dez dólares para participar da construção e viver por uma noite em uma cidade de papelão no complexo universitário. Os materiais de construção serão fornecidos por centros de reciclagem e ferragens da região. À meia-noite, a equipe distribuirá uma sopa para todos os participantes. Os proventos irão para o abrigo de sem-teto da região.

Formulário de avaliação de prioridade de projetos

Objetivos obrigatórios	Precisa cumprir se impactar	1	2	3	4	5	6	7
Ser seguro, lícito e cumprir as Políticas Universitárias	S = sim N = não							
Faturar ao menos US$ 500	S = sim N = não							
Poder ser concluído dentro de 9 semanas	S = sim N = não							
Oportunidade de aprender sobre gerenciamento de projetos	S = sim N = não							

Objetivos desejáveis	Importância relativa 1-100	Definições individuais de impacto do projeto							
Potencial de faturamento	90	0: 500–750 1: 750–1500 2: >US$ 1500 3: >US$ 2000							
Diversão	30	0: Nada 1: Um pouco 2: Muito							
Aumentar conscientização sobre caridade	30	0: Sem potencial 1: Potencial baixo 2: Potencial alto							
Bom para o currículo	40	0: Sem potencial 1: Potencial baixo 2: Potencial alto							
Aparecer no noticiário local da TV	40	0: Sem potencial 1: Potencial baixo 2: Potencial alto							
		Pontuação ponderada total							
		Prioridade							

Apêndice 2.1 Formulário de proposta (RFP)

Depois de a organização escolher um projeto, o cliente ou gestor de projetos muitas vezes é responsável por preencher um formulário de proposta (RFP) para o projeto ou setor dele.

O gestor de projetos responsável precisará da contribuição de todas as partes interessadas conectadas às atividades contempladas pela RFP. Esta será apresentada a prestadores de serviços/fornecedores externos que tenham experiência adequada para implementar o projeto. Por exemplo, os projetos do governo costumam realizar licitações para a construção de estradas, edifícios, aeroportos, instalações militares e veículos espaciais. Da mesma forma, as empresas usam RFP para receber propostas para construção de uma sala estéril (para laboratórios, por exemplo), desenvolvimento de um novo processo produtivo, fornecimento de software de faturamento de seguro ou realização de uma pesquisa de mercado. Em todos esses exemplos, os requisitos e atributos devem ser pormenorizados o suficiente para que os prestadores de serviços que se candidatam tenham uma descrição clara do resultado final que satisfará as necessidades do cliente. Na maioria dos casos, a RFP também especifica um formato para a proposta de cada prestador, para que as respostas de diferentes prestadores possam ser avaliadas com igualdade. Embora nós costumemos pensar em RFP para prestadores externos, em algumas empresas as RFP são usadas internamente: isto é, elas enviam uma RFP para diferentes divisões ou departamentos.

O conteúdo da RFP é extremamente importante. Na prática, o erro mais comum é apresentar uma RFP sem detalhes suficientes, o que, geralmente, resulta em conflitos, mal-entendidos, às vezes em demandas judiciais entre o prestador contratado e o cliente, e, além disso, em um cliente insatisfeito. Cada RFP é diferente, mas o formulário da Figura A2.1 é um bom ponto de partida para uma elaboração pormenorizada. seguirem seguida, cada campo é brevemente descrito.

1. Resumo de necessidades e pedido de ação. Primeiro, apresentar um quadro histórico e uma breve descrição da entrega (produto/serviço) final do projeto. Um exemplo de um sumário poderia ser:

Por meio de simuladores de jogos bélicos, a Marinha dos Estados Unidos descobriu que seus antigos navios de guerra gigantes eram vulneráveis demais à tecnologia atual (um exemplo é o míssil antinavios Silkworm). Além disso, a missão da Marinha mudou e agora deverá apoiar forças terrestres e missões de paz, o que exige maior proximidade da costa, o que fez a Marinha adaptar seus navios. A partir das respostas à sua RFP, a Marinha selecionará três projetos para posterior refinamento. Em geral, espera-se que o novo navio seja capaz de atingir, ao menos 55 nós, meça entre 25 e 75 metros de comprimento e seja dotado de painéis de absorção de radar para desviar mísseis teleguiados.

2. Declaração do trabalho (SOW – *statement of work*) detalhando o escopo e as principais entregas. Por exemplo, para um projeto que envolve uma enquete de pesquisa de mercado, as principais entregas poderiam ser projeto, coleta de dados, análise de dados e indicação de recomendações até 21 de fevereiro de 2014, a um custo abaixo de US$ 300 mil.

3. Especificações/requisitos das entregas, atributos e tarefas. Esta etapa deve ser muito abrangente para que as ofertas dos candidatos a fornecedores possam ser validadas e servir para controle mais tarde. Especificações típicas incluem características físicas como tamanho, quantidade, materiais, velocidade e cor. Por exemplo, um projeto de TI pode especificar requisitos de hardware, software e treinamento com alto nível de detalhes. Se conhecidas, podem ser incluídas as tarefas necessárias para concretizar as entregas.

4. Responsabilidades – fornecedor e cliente. Deixar de discriminar as responsabilidades de ambas as partes é notoriamente uma fonte de sérios problemas quando o contratado implementar o projeto. Por exemplo, quem paga pelo quê (se o contratado deve estar no local, ele deverá pagar pelo espaço de escritório?)? Quais os limites e isenções do contratado (por exemplo, quem fornecerá o equipamento de teste?)? Qual plano de comunicação será usado pelo contratado e pelo proprietário? Se for necessário o escalonamento, qual procedimento será seguido? Como o progresso é avaliado? Responsabilidades bem-definidas evitam muitos problemas imprevistos.

5. Cronograma do projeto. Esta etapa diz respeito a se obter um cronograma "de verdade" que possa ser usado para controlar e avaliar o progresso do projeto. Os clientes geralmente são muito

FIGURA A2.1
Formulário de proposta

1. Resumo de necessidades e pedido de ação
2. Descritivo de serviços (SOW) detalhando o escopo e as principais entregas
3. Especificações/requisitos das entregas, atributos e tarefas
4. Responsabilidades – fornecedor e cliente
5. Cronograma do projeto
6. Cronograma de custos e pagamento
7. Tipo de contato
8. Experiência e equipe
9. Critérios de avaliação

rigorosos com o cumprimento do cronograma do projeto. No ambiente atual de negócios, o tempo até o mercado (*time-to-market*) é um grande "gatilho", influenciando participação de mercado, custos e lucros. O cronograma deve explicitar o quê, quem e quando.

6. Cronograma de custos e pagamento. A RFP deve estabelecer muito claramente como, quando e qual será o processo da determinação de custos e das condições para pagamentos progressivos.

7. Tipo de contrato. Essencialmente, existem dois tipos – de preço fixo e por administração. Contratos de preço fixo estipulam um preço ou valor fechado desde já, que permanece inalterado desde que não haja mudanças nas disposições de escopo do contrato. Este é o tipo preferível em projetos bem-definidos, com custos previsíveis e riscos mínimos. O contratado deve usar de cautela ao estimar o custo, pois qualquer subestimativa de custos diminuirá o lucro. Em contratos por administração, o contratado é reembolsado por todas ou algumas das despesas que incidirem durante a execução do contrato. Essa taxa é negociada anteriormente e, em geral, envolve uma porcentagem dos custos totais. "Tempo e material", mais um fator de lucro, são típicos de contratos por administração. Ambos os tipos de contrato podem abranger cláusulas de incentivo por ótimo desempenho quanto a prazo e custo, ou, em alguns casos, penalidades quando, por exemplo, perder-se a data de abertura de um novo estádio desportivo.

8. Experiência e equipe. A capacidade do contratado de implementar o projeto pode depender de habilidades específicas; a experiência necessário deve ser especificada, junto com a garantia de que estará disponível a mão de obra a ser alocada para o projeto.

9. Critérios de avaliação. Devem ser especificados os critérios para avaliar e aprovar o contrato do projeto. Por exemplo, critérios de seleção costumam incluir metodologia, preço, cronograma e experiência; em alguns casos, esses critérios são ponderados. O uso do esquema da Figura A2.1 ajudará a evitar a omissão de itens-chave da proposta. Uma RFP bem-preparada dará aos contratados diretrizes suficientes para elaborar uma proposta que preencha claramente as necessidades do projeto e do cliente.

SELEÇÃO DO CONTRATADO A PARTIR DAS OFERTAS

Os prestadores de serviços interessados respondem às RFP de projeto com uma oferta escrita. Provavelmente, muitos o farão.

A etapa final do processo de RFP é escolher o candidato que melhor satisfaz os requisitos solicitados na RFP. Os critérios de seleção oferecidos na RFP são utilizados para avaliar quem ganhará o contrato para implementar o projeto. Os preteridos devem receber uma explicação sobre os principais fatores que levaram à seleção do vencedor, expressando o reconhecimento pela participação e empenho deles. Consulte a Figura A2.2, Modelo de Avaliação de Contratado, adaptado de um usado na prática.

FIGURA A2.2 Modelo de avaliação do contratado

Modelo de avaliação de contratado	Peso máximo	Proposta 1	Proposta 2	Proposta 3	Proposta 4
Qualificações do contratado	Peso = 10				
Habilidades técnicas	Peso = 20				
Compreensão do contrato e condições	Peso = 5				
Força financeira para implementar o projeto	Peso = 15				
Compreensão das especificações da proposta	Peso = 10				
Inovação e originalidade da proposta	Peso = 5				
Reputação de entrega dentro do prazo e orçamento	Peso = 15				
Preço	Peso = 20				
Total	**100**				

CAPÍTULO TRÊS

Organização: estrutura e cultura

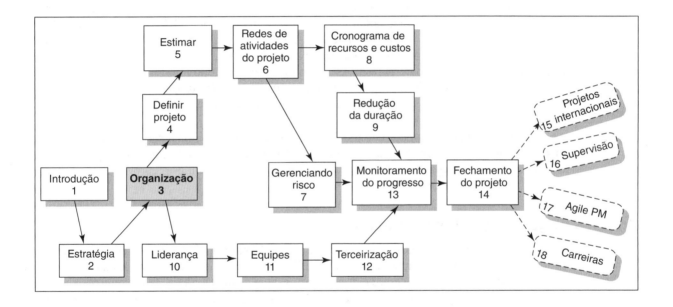

Organização: estrutura e cultura
Estruturas de gerenciamento de projetos
Qual é a estrutura certa de gerenciamento de projetos?
Cultura organizacional
Implicações da cultura organizacional na estrutura de projetos
Resumo

Gerenciamento matricial funciona, mas é difícil muitas vezes. Todos os gerentes precisam cuidar da saúde e tratar o estresse.

– Um gerente de projetos

Após a gerência sênior aprovar um projeto, a questão passa a ser a sua implementação. Este capítulo examina três estruturas diferentes de gerenciamento de projetos utilizadas para implementá-los: organização funcional; equipes de projeto dedicadas; e estrutura matricial. Embora não sejam as únicas, essas estruturas e suas variantes são as mais utilizadas na montagem de projetos. O capítulo discute as vantagens e desvantagens de cada uma delas, assim como alguns dos fatores críticos que podem levar uma empresa a escolher uma forma em detrimento das outras.

A decisão de levar adiante um projeto dentro da organização funcional tradicional ou de uma forma matricial é apenas parte da história. Quem já trabalhou para mais de uma empresa percebe que existem diferenças consideráveis em como os projetos são gerenciados, mesmo por empresas com estruturas semelhantes. Trabalhar em um sistema matricial na AT&T é diferente de trabalhar em um ambiente matricial na Hewlett-Packard. Muitos pesquisadores atribuem essas diferenças à cultura de ambas as organizações. Uma explicação simples de *cultura organizacional* é que ela reflete a "personalidade" da empresa. Assim como cada indivíduo tem uma personalidade única, cada empresa tem uma cultura única. Mais para o final deste capítulo, examinaremos o que é cultura organizacional e o impacto que a cultura matricial tem na estrutura e no gerenciamento de projetos.

A estrutura de gerenciamento de projetos e a cultura organizacional são elementos fundamentais do ambiente empresarial em que os projetos são implementados. É importante que os gerentes e participantes dos projetos conheçam o terreno para evitar obstáculos e aproveitar caminhos que levem à conclusão dos trabalhos.

Estruturas de gerenciamento de projetos

Um sistema de gerenciamento de projetos é um modelo para iniciar e implementar atividades de projeto em uma empresa. Um bom sistema equilibra corretamente as necessidades da empresa e do projeto, ao definir a interface entre eles em termos de autoridade, alocação de recursos e eventual integração de resultados do projeto nas operações rotineiras. Tendo isso em mente, começaremos a exposição sobre estruturas de gerenciamento de projetos.

Estrutura de projetos na organização funcional

Uma forma de estruturar um projetos é simplesmente gerenciá-lo dentro da hierarquia funcional da empresa. Após a gerência decidir implementar um projeto, seus diferentes segmentos são atribuídos às respectivas unidades funcionais e cada uma será responsável por concluir o respectivo segmento (Figura 3.1). A coordenação é mantida por meio dos canais gerenciais normais. Por exemplo, uma fabricante de ferramentas decide diferenciar sua linha de produtos oferecendo uma série deles desenhados especialmente para canhotos. A alta gerência decide implementar o projeto, dos quais diferentes segmentos são distribuídos para as áreas apropriadas. O departamento de desenho industrial é responsável por modificar as especificações para adequá-las às necessidades dos usuários canhotos. O departamento de produção é responsável por conceber os meios de produzir novas ferramentas de acordo com tais especificações. O departamento de marketing é responsável por calibrar demanda e preço, assim como por identificar os pontos de distribuição. O projeto geral será gerenciado dentro da hierarquia normal, como integrante de uma pauta de trabalho da alta gerência.

A organização funcional também costuma ser usada quando, dada a natureza do projeto, uma área funcional desempenha um papel dominante na conclusão do projeto ou tem interesse especial

Capítulo 3 *Organização: estrutura e cultura* **57**

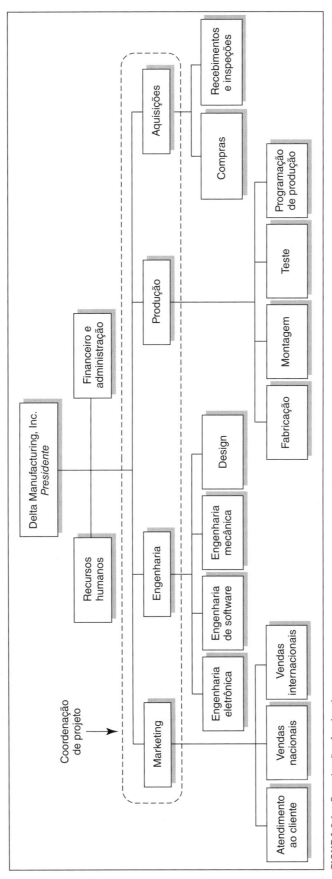

FIGURA 3.1 Organizações funcionais

no seu sucesso. Nessas circunstâncias, um gerente de alto escalão daquela área recebe a responsabilidade de coordenar o projeto. Por exemplo, a transferência de equipamentos e pessoas para um novo escritório seria gerida por um gerente de alto escalão do departamento de instalações da empresa. Da mesma forma, um projeto envolvendo o *upgrade* do sistema de informações gerenciais seria gerido pelo departamento de tecnologia da informação (TI). Em ambos os casos, a maior parte do trabalho do projeto seria realizado dentro do departamento específico e a coordenação com outros departamentos ocorreria por meio dos canais normais.

Há vantagens e desvantagens no uso da organização funcional existente para administrar e concluir projetos (Larson, 2004). As principais vantagens são as seguintes:

1. **Sem mudança.** Os projetos são concluídos dentro da estrutura funcional básica da empresa. Não há uma alteração radical no desenho e operação da empresa.
2. **Flexibilidade.** Há flexibilidade máxima no uso da equipe. Os especialistas apropriados de diferentes unidades funcionais podem ser temporariamente designados para trabalhar no projeto, depois voltando ao seu trabalho regular. Com uma base ampla de pessoal técnico à disposição em cada departamento funcional, as pessoas podem ser transferidas entre diferentes projetos com relativa facilidade.
3. *Expertise* **aprofundada.** Se o escopo do projeto for estreito e uma unidade funcional que recebe a responsabilidade principal for correta, podem-se alocar recursos com *expertise* nos aspectos mais cruciais do projeto.
4. **Transição pós-projeto facilitada.** Mantêm-se os planos de carreira normais em cada divisão funcional. Embora os especialistas possam dar contribuições consideráveis aos projetos, seu campo funcional é sua base profissional e o foco do seu crescimento e progresso profissional.

Assim como há vantagens na estruturação de projetos de acordo com a organização funcional, também existem desvantagens evidentes quando o escopo do projeto é amplo e um departamento funcional não assume a liderança tecnológica e gerencial:

1. **Falta de foco.** Cada unidade funcional tem sua própria rotina central a cumprir; às vezes, as responsabilidades do projeto são postas de lado para satisfazer as obrigações primárias. Essa dificuldade é incrementada quando o projeto tiver prioridades diferentes para unidades diferentes. Por exemplo, o departamento de marketing pode considerar o projeto urgente, enquanto o pessoal das operações o considera de importância apenas secundária. Imagine a tensão se o pessoal do marketing, para dar continuidade às suas tarefas, tiver de esperar o pessoal das operações concluir o próprio segmento do projeto.
2. **Má integração.** Pode haver pouca integração entre as unidades funcionais. Os especialistas funcionais tendem a se ocupar apenas com o respectivo segmento do projeto, e não com aquilo que é melhor para o projeto total.
3. **Lentidão.** Geralmente, concluir projetos demora mais por meio da estrutura funcional. Isso é parcialmente explicado pela lentidão das respostas – as informações e decisões do projeto precisam circular pelos canais gerenciais regulares. Além do mais, a falta de comunicação horizontal e direta entre os grupos funcionais contribui para o retrabalho, com os especialistas percebendo as implicações dos atos alheios depois de realizados.
4. **Falta de propriedade.** As pessoas designadas ao projeto podem ter fraca motivação, vendo-o como um fardo extra, não diretamente ligado ao desenvolvimento ou progresso profissional delas. Além disso, como estão trabalhando em somente um segmento, não se identificam com o projeto.

Estrutura de projetos em equipes dedicadas

No outro extremo do espectro estrutural, estão as **equipes dedicadas de projeto** que operam como unidades separadas do restante da empresa. Via de regra, um gerente de projeto em turno integral é designado para montar um grupo central de especialistas que trabalham no projeto em turno integral. O gerente do projeto recruta o pessoal necessário, tanto de dentro quanto de fora da empresa, da qual a equipe resultante é fisicamente separada e recebe orientações precisas para concluir o projeto (Figura 3.2).

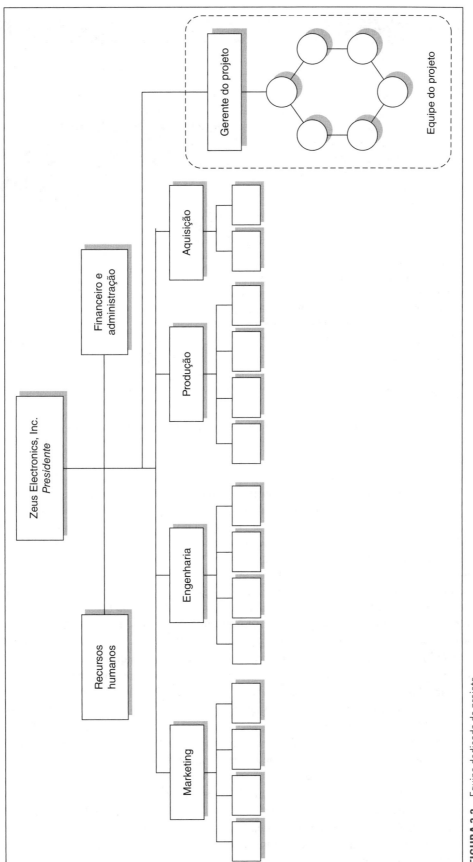

FIGURA 3.2 Equipe dedicada de projeto

CASO PRÁTICO — Skunk works na Lockheed Martin*

No folclore do gerenciamento de projetos, *skunk works* é um código para uma equipe pequena e dedicada designada para um projeto revolucionário – ela é concentrada na inovação. O primeiro *skunk works* foi criado há mais de meio século por Clarence L. Kelly Johnson, da Lockheed Aerospace Corporation. O projeto de Kelly tinha dois objetivos: 1) criar um caça a jato, o Shooting Star; e 2) fazê-lo o mais rápido possível. Kelly e um pequeno grupo de engenheiros criativos funcionavam como uma equipe dedicada, livre de protocolos e dos atrasos burocráticos do processo normal de P&D. O nome foi cunhado pelo membro da equipe Irvin Culver, em referência à destilaria clandestina na floresta da popular tirinha Lil'Abner. O uísque caseiro era chamado, eufemisticamente, de *kickapoo joy juice* (suco da alegria kickapoo).

O projeto foi um sucesso espetacular. Em apenas 43 dias, a equipe de 23 engenheiros de Johnson e equipes de pessoal de suporte montaram o primeiro caça americano que voava a mais de 800 km/h. A Lockheed continuou usando o *skunk works* para desenvolver uma série de jatos de alta velocidade, incluindo o F117 Stealth Fighter. A Lockheed Martin tem uma divisão oficial *skunk works*. O seu lema é o seguinte:

> *Skunk works* é uma concentração de algumas pessoas boas em resolver problemas com muita antecedência – e a uma

fração do custo – aplicando os métodos mais simples e diretos possíveis para desenvolver e produzir novos produtos.**

* J. Miller, *Lockheed Martin's Skunk Works* (New York: Speciality Publications, 1996).

** N. de R. T.: no Brasil, um projeto desenvolvido nesse conceito de equipes dedicadas foi o totem de *check-in*. Em menos de 50 dias, a TAM conseguiu instalar a primeira base no aeroporto de Congonhas, São Paulo. Hoje praticamente em todos os aeroportos brasileiros e com a adesão das maiores companhias, a operação de *check-in* pode ser feita nesses aparelhos.

A interface entre a empresa e as equipes de projeto varia. Em alguns casos, a empresa mantém rédea curta por meio de controles financeiros. Em outros casos, ela dá ao gerente do projeto liberdade máxima para executá-lo como ele achar que deve. A Lockheed Martin utilizou essa abordagem para desenvolver aviões a jato de nova geração. Consulte o "Caso Prático: *Skunk Works* na Lockheed Martin".

No caso de empresas em que os projetos são a forma dominante de negócios, como uma construtora ou consultora, elas são inteiramente desenhadas para dar suporte a equipes de projeto. Em vez de um ou dois projetos especiais, a empresa consiste em conjuntos de equipes praticamente independentes que trabalham em projetos específicos. A principal responsabilidade dos departamentos funcionais tradicionais é dar assistência e suporte a elas. Por exemplo, o departamento de marketing é voltado à geração de novos negócios que levem a mais projetos, enquanto o departamento de recursos humanos é responsável por gerenciar uma variedade de questões de pessoal, além de recrutar e treinar novos funcionários. A isso se chama na literatura **estrutura projetizada**, retratada graficamente da Figura 3.3. É importante observar que nem todos os projetos têm equipes dedicadas de projeto: os profissionais podem trabalhar em meio turno em diversos projetos.

Como no caso da organização funcional, a abordagem de equipe dedicada de projeto tem pontos fortes e fracos (Larson, 2004). Seguem os pontos fortes reconhecidos:

1. **Simples.** Em vez de tomar recursos sob a forma de especialistas designados para o projeto, a organização funcional permanece intacta, com a equipe de projeto operando independentemente.
2. **Rápido.** O projeto tende a ser realizado mais rapidamente quando os participantes dedicam toda a atenção a ele, sem se dispersarem com outras obrigações e deveres. Além disso, o tempo de resposta tende a ser mais rápido neste esquema porque a maioria das decisões é tomada dentro da equipe, não sendo encaminhada para a hierarquia superior.
3. **Coeso.** Em geral, emerge um alto nível de motivação e coesão na equipe de projeto. Os participantes partilham uma meta comum e responsabilidade pessoal em relação ao projeto e à equipe.
4. **Integração transfuncional.** Especialistas de diferentes áreas trabalham perto uns dos outros e, com a orientação correta, comprometem-se com a otimização do projeto, e não com suas respectivas áreas de expertise.

FIGURA 3.3
Estrutura de organização projetizada

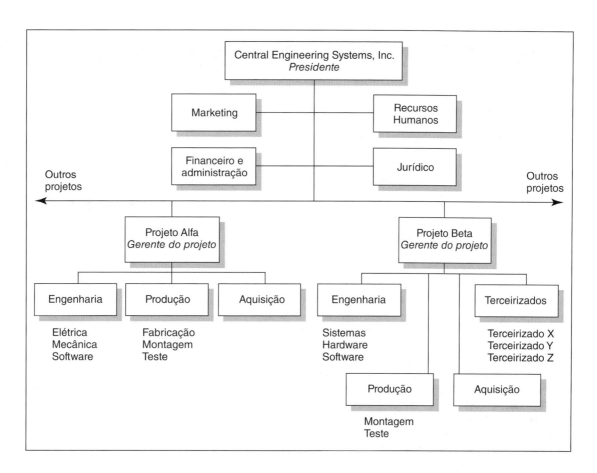

Em muitos casos, a abordagem de equipe de projeto é a ideal para concluí-lo quando visto apenas do ponto de vista do que é melhor para sua conclusão. Seus pontos fracos tornam-se mais evidentes quando as necessidades da empresa-mãe são levadas em consideração.

1. **Caro.** Não apenas foi criado um cargo gerencial (gerente de projetos), como recursos também são designados em tempo integral. Isso pode resultar na duplicação dos esforços nos projetos e em uma perda de economias de escala.
2. **Desgaste interno.** Às vezes, equipes dedicadas de projeto assumem vida própria e emergem conflitos entre a equipe e o restante da empresa (ver "Caso Prático: O nascimento do Mac"), o que pode fragilizar não apenas a integração dos futuros resultados do projeto às operações comuns, como também a assimilação dos membros da equipe de projeto de volta às respectivas unidades funcionais após concluído o projeto.
3. *Expertise* **tecnológica limitada.** A criação de equipes próprias inibe a utilização de *expertise* na resolução de problemas tecnológicos. A *expertise* técnica é de certa forma limitada aos talentos e experiência dos especialistas designados para o projeto. Embora nada impeça que os especialistas consultem outros na divisão funcional, a síndrome do "nós/eles" e o fato de que esse auxílio não é formalmente sancionado pela empresa desestimula a cooperação.
4. **Transição pós-projeto dificultada.** Designar pessoal para um projeto em tempo integral cria o dilema de o que fazer com as pessoas após o projeto ser concluído. Se não houver mais trabalho de projeto à mão, a transição de volta aos respectivos departamentos funcionais pode ser difícil, em razão da ausência prolongada e da necessidade atualização daquele pessoal quanto às últimas realizações de sua área funcional.

A organização de um projeto pelo arranjo matricial

Uma das maiores inovações gerenciais a emergir nos últimos 40 anos foi a da estrutura matricial. **Gerenciamento matricial** é uma forma organizacional híbrida, em que uma estrutura de projeto

CASO PRÁTICO — O nascimento do Mac*

Uma das vantagens de criar equipes de projeto dedicadas é que os participantes vindos de diferentes áreas funcionais podem evoluir até uma equipe de trabalho altamente coesa, fortemente comprometida com a conclusão do projeto. Apesar de essas equipes geralmente produzirem esforços hercúleos na busca da conclusão do projeto, esse comprometimento tem uma dimensão negativa que costuma ser chamada na literatura de **projetite**. Pode surgir uma atitude "nós/eles" entre os membros da equipe do projeto e o resto da empresa. A equipe sucumbe à *hubris* e assumir uma atitude de nariz empinado que antagoniza com a empresa. As pessoas não designadas para o projeto ficam com ciúmes da atenção e prestígio obtidos pelo pessoal eleito, especialmente quando acreditam que é o seu trabalho árduo que está financiando a empreitada. A tendência de dar às equipes de projetos títulos exóticos, como "Silver Bullets" ou "Tiger Teams", assim como dar-lhes regalias, pode aprofundar o problema.

Parece ter sido o caso na equipe de desenvolvimento do Macintosh, da Apple, de grande sucesso. Steve Jobs, que à época era o presidente da empresa e o gerente do projeto do Mac, mimava a equipe com regalias, incluindo massagens na mesa de trabalho, *coolers* cheios de suco de laranja fresco, um piano de concerto Bösendorfer e passagens aéreas de primeira classe. Nenhum outro funcionário da Apple podia viajar de primeira classe. Jobs considerava a sua equipe a elite da Apple e tinha a tendência a se referir a todos os outros como "palhaços" que "não entendiam nada". Os engenheiros da divisão Apple II, que era o arroz com feijão das vendas da Apple, ficaram furiosos com o tratamento especial que os seus colegas estavam recebendo.

Certa noite no Ely McFly's, um boteco local, as tensões entre os engenheiros da Apple II sentados em uma mesa e os

da equipe da Mac sentados na outra vieram à tona. Aaron Goldberg, um veterano consultor do ramo, assistiu do seu banco a eles se alfinetando. "Os caras do Mac estavam gritando: 'Nós somos o futuro!'. Os caras da Apple II estavam gritando: 'Nós somos o dinheiro!'. Aí, houve uma briga de *geeks*. Protetores de bolso e canetas voavam. Eu estava esperando que um caderno caísse, para que eles parassem e recolhessem os papéis".

Embora cômica a distância, a discórdia entre os grupos Apple II e Mac atrapalhou gravemente o desempenho da Apple nos anos 1980. John Sculley, substituto de Steve Jobs na presidência da Apple, observou que a empresa se transformara em duas "empresas em guerra", referindo-se à rua entre os edifícios Apple II e Macintosh como "a DMZ" (zona desmilitarizada).

* J. Carlton, *Apple: The Inside Story of Intrigue, Egomania, and Business Blunders* (New York: Random House, 1997), pp. 13-14; J. Sculley, *Odyssey: Pepsi to Apple... A Journey of Adventure, Ideas, and the Future* (New York: Harper & Row, 1987), pp. 270-79.

---

horizontal é "sobreposta" à hierarquia funcional normal. Em um sistema matricial, costuma haver duas cadeias de comando, uma em linhas funcionais e a outra em linha de projetos. Em vez de delegar segmentos do projeto a diferentes unidades ou criar uma equipe autônoma, os participantes do projeto se reportam simultaneamente a gerentes funcionais e de projetos.

As empresas empregam esse esquema matricial de muitos jeitos diferentes. Algumas montam sistemas matriciais temporários para lidar com projetos específicos, enquanto a "matriz" é um mecanismo permanente em outras. Vamos primeiro, examinar a sua aplicação geral para, depois, proceder a uma discussão pormenorizada de pontos mais sutis. Olhe a Figura 3.4. Há três projetos em curso: A, B e C. Todos os três gerentes de projeto (GP A-C) se reportam ao diretor de gerenciamento de projetos, que supervisiona todos os projetos. Cada projeto tem um assistente administrativo, embora aquele do projeto C o seja somente em meio turno.

O Projeto A diz respeito ao desenho e expansão de uma linha de produção existente para acomodar novas ligas metálicas. Para atingir esse objetivo, o Projeto A designou-lhe 3,5 pessoas da produção e 6 pessoas da engenharia. Esses indivíduos são designados em regime de meio turno ou turno integral, dependendo das necessidades do projeto durante suas várias fases. O Projeto B envolve o desenvolvimento de um produto, exigindo uma presença forte de engenharia, produção e marketing. O Projeto C envolve a previsão de necessidades cambiantes de uma base já existente de clientes. Enquanto esses três projetos (assim como outros) estão sendo concluídos, as divisões funcionais seguem realizando as respectivas atividades centrais básicas.

A estrutura matricial é concebida para utilizar ao máximo os recursos, com pessoas trabalhando em vários projetos e também conseguindo realizar os deveres funcionais normais. Ao mesmo tempo,

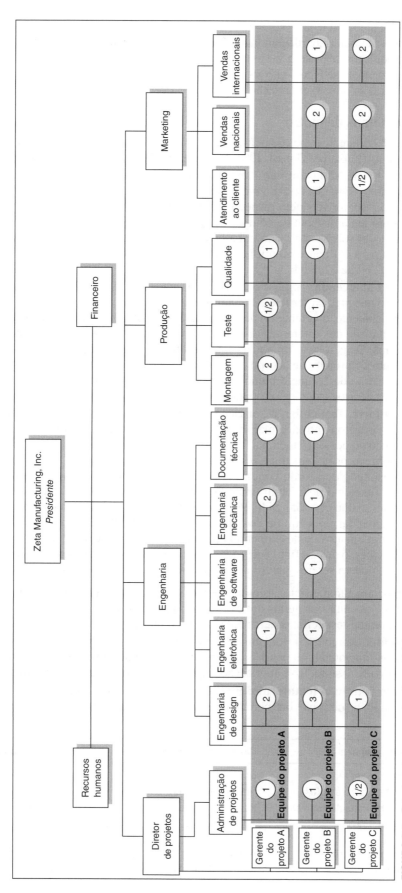

FIGURA 3.4 Estrutura de uma organização matricial

a abordagem matricial tenta obter maior integração criando e legitimando a autoridade de um gerente de projeto. Na teoria, a abordagem matricial proporciona um foco duplo entre as expertises funcional/técnica e requisitos de projeto, ausente na abordagem de equipe de projeto ou funcional do gerenciamento de projeto. Esse foco é visto com mais facilidade na contribuição relativa dos gerentes funcionais e gerentes de projeto em relação às principais decisões do projeto (ver Tabela 3.1).

Diferentes tipos de matriz

Na prática, há diferentes tipos de matriz, dependendo da autoridade relativa dos gerentes de projeto e dos funcionais (Larson & Gobeli, 1985; Bowen et al., 1994). Eis um esboço abreviado de três tipos:

- **Matriz fraca.** Muito similar à abordagem funcional, salvo que há um gerente de projeto formalmente designado, responsável por coordenar as atividades do projeto. Os gerentes funcionais são responsáveis pelo respectivo segmento do projeto. O gerente do projeto basicamente age como um assistente da equipe, elaborando cronogramas e listas de verificação, coletando informações sobre o *status* do trabalho e facilitando a conclusão do projeto. Ele tem autoridade indireta para agilizar e monitorar o projeto. Os gerentes funcionais mandam mais, decidindo quem faz o quê e quando.
- **Matriz balanceada.** Trata-se da matriz clássica, em que o gerente do projeto é responsável por definir o que precisa ser feito, enquanto os gerentes funcionais tratam de como será feito. Mais especificamente, o gerente do projeto estabelece o plano geral de conclusão do projeto, integra a contribuição das diferentes disciplinas, estabelece cronogramas e monitora o progresso dos trabalhos. Os gerentes funcionais são responsáveis por designar pessoal e executar o próprio segmento do projeto, de acordo com os padrões e cronogramas definidos pelo gerente do projeto. A fusão de "o que e como" exige que ambas as partes trabalhem de perto, aprovando juntas as decisões técnicas e operacionais.
- **Matriz forte.** Tenta criar a "sensação" de equipe de projeto em um ambiente matricial. O gerente do projeto controla a maioria dos aspectos do projeto, incluindo alterações de escopo e a atribuição do pessoal funcional, além de quanto e o quê os especialistas fazem, tendo a palavra final sobre as principais decisões do projeto. O gerente funcional tem mando sobre seu pessoal e é consultado de acordo com a necessidade. Em algumas situações, o departamento de um gerente funcional pode atuar como "terceirizado" no projeto, caso em que terá mais controle sobre o trabalho especializado. Por exemplo, o desenvolvimento de uma nova série de *laptops* pode demandar uma equipe de especialistas de diferentes disciplinas, trabalhando no design básico e requisitos de desempenho em um esquema matricial de projeto. Estabelecidas as especificações, o design final e a produção de determinados componentes (por exemplo, fonte de energia) podem ser designados aos respectivos grupos funcionais.

O gerenciamento matricial apresenta pontos fortes e fracos únicos (Larson & Gobeli, 1987). As vantagens e desvantagens gerais das estruturas matriciais são as assinaladas a seguir, apenas apresentando questões específicas pertinentes às diferentes formas:

1. **Eficiente.** Os recursos podem ser compartilhados por vários projetos, assim como entre as divisões funcionais. As pessoas podem dividir sua energia em múltiplos projetos, conforme a necessidade. Isso reduz a duplicação requerida em uma estrutura projetizada.
2. **Projeto com foco fortalecido.** É obtido quando se tem um gerente de projeto formalmente designado, responsável por coordenar e integrar as contribuições das diferentes unidades. Isso

TABELA 3.1 Divisão das responsabilidades do gerente de projetos e do gerente funcional em uma estrutura matricial

Gerente de projetos	Questões negociadas	Gerente funcional
O que tem que ser feito?	Quem fará a tarefa?	Como se fará?
Quando a tarefa será feita?	Onde a tarefa será feita?	
Quanto dinheiro há disponível para fazer a tarefa?	Por que a tarefa será feita?	Como o envolvimento com o projeto afetará as atividades funcionais normais?
O projeto total foi bem executado?	A tarefa foi concluída satisfatoriamente?	As contribuições funcionais foram bem integradas?

ajuda a sustentar uma abordagem holística na resolução de problemas, geralmente ausente na organização funcional.
3. **Transição pós-projeto facilitada.** Como a estrutura por projetos é sobreposta às divisões funcionais, os especialistas mantêm laços com seu grupo funcional, tendo, assim, um porto para voltar após a conclusão do projeto.
4. **Flexível.** Estruturas matriciais proporcionam utilização flexível de recursos e *expertise* na empresa. Em alguns casos, as unidades funcionais podem fornecer o pessoal, liderado pelo gerente do projeto. Em outros casos, as contribuições são monitoradas pelo gerente funcional.

Os pontos fortes da estrutura matricial são consideráveis. Infelizmente, os pontos fracos potenciais também o são. Isso se deve, em grande medida, ao fato de que a estrutura matricial é mais complicada, com a criação de vários chefes representando um desvio radical do sistema tradicional de autoridade hierárquica.

Além do mais, não se instala uma estrutura matricial de um dia para o outro. Os especialistas dizem que demora de três a cinco anos para um sistema matricial chegar à maturidade. Muitos dos problemas descritos a seguir representam dificuldades do amadurecimento.

1. **Conflito disfuncional.** A abordagem matricial é fundamentada na tensão entre gerentes funcionais e gerentes de projetos, que trazem *expertise* e perspectivas críticas para o projeto. Essa tensão é vista como um mecanismo necessário para atingir um equilíbrio correto entre complexas questões técnicas e requisitos exclusivos do projeto. Embora a intenção seja nobre, o efeito, às vezes, é análogo a abrir a caixa de Pandora. Um conflito legítimo pode espirrar para um nível mais pessoal, originado de pautas e prestações de contas conflitantes. Discussões válidas podem degenerar em argumentos acalorados e animosidade entre os gerentes envolvidos.
2. **Luta interna.** Toda atividade em que equipamentos, recursos e pessoas são divididos entre atividades de projetos e atividades funcionais se presta a conflito e concorrência por recursos limitados. Podem ocorrer lutas internas entre gerentes de projetos primordialmente interessados no que é melhor para seu projeto.
3. **Estressante.** O gerenciamento matricial viola o princípio gerencial da unidade de comando. Os participantes do projeto têm no mínimo dois chefes: o funcional e um, ou mais, gerente de projeto. Trabalhar em um ambiente matricial pode ser extremamente estressante. Imagine como seria trabalhar em um ambiente em que três gerentes diferentes mandam você fazer três coisas conflitantes.
4. **Lentidão.** Na teoria, a presença de um gerente de projeto para coordenar o projeto deveria acelerar sua conclusão. Na prática, a tomada de decisões pode ser sabotada, tendo-se que forjar acordos entre múltiplos grupos funcionais. Isso se aplica especialmente à matriz balanceada.

Quando se consideram as três variantes da abordagem matricial, vê-se que as vantagens e desvantagens não se aplicam necessariamente a todas elas. A matriz forte provavelmente otimizará a integração do projeto, diminuirá as lutas internas por poder e acabará melhorando o controle sobre as atividades e custos do projeto. Em contrapartida, a qualidade técnica pode sofrer, pois as áreas funcionais têm menos controle sobre suas contribuições. Por fim, pode surgir projetite, à medida que os membros desenvolvem uma identidade forte de equipe.

A matriz fraca provavelmente melhorará a qualidade técnica, além de proporcionar um sistema melhor para gerenciar conflito entre projetos, pois o gerente funcional designa pessoas para diferentes projetos. O problema é que o controle funcional, muitas vezes, é mantido à custa de uma integração ruim do projeto. A matriz balanceada consegue equilibrar qualidade técnica e requisitos do projeto, mas é um sistema muito delicado a ser administrado, ensejando riscos maiores de sucumbir a muitos dos problemas associados à abordagem matricial.

Qual é a estrutura certa de gerenciamento de projetos?

Existe evidência empírica de que o sucesso do projeto está diretamente ligado ao grau de autonomia e autoridade que os gerentes de projetos têm sobre seus projetos (Gray et. al., 1990; Larson & Gobeli, 1988; Larson & Gobeli, 1987). No entanto, a maior parte dessa pesquisa é baseada no que

CASO PRÁTICO — EP: Escritório de Projeto*

Os escritórios de projeto (EP) foram originalmente desenvolvidos como uma resposta ao histórico ruim que muitas empresas tinham na conclusão de projetos dentro do prazo, do orçamento e do plano. Eles muitas vezes eram estabelecidos para ajudar os sistemas matriciais a amadurecer até plataformas eficazes de entrega de projeto.

Hoje, os EPs vêm em muitos formatos e tipos diferentes. Um modo interessante de classificá-los foi proposto por Casey e Peck, que descrevem certos EP em termos de (1) uma estação meteorológica, (2) uma torre de controle ou (3) um acervo de recursos (*pool* de recursos). Cada um desses modelos desempenha funções muito diferentes para a respectiva empresa.

- **Estação meteorológica.** A função primária do EP de estação meteorológica é acompanhar e monitorar o desempenho do projeto. Ele geralmente é criado para satisfazer a necessidade da alta gerência de manter-se informada sobre o portfólio de projetos em andamento. A equipe dá uma previsão independente do desempenho do projeto. As perguntas para projetos específicos incluem:
  - Como os nossos projetos estão progredindo? Quais estão nos trilhos? Quais não estão?
  - Como estamos em termos de custos? Quais projetos estão acima ou abaixo do orçamento?
  - Quais são os principais problemas? Existem planos de contingência ativos? O que a empresa pode fazer para ajudar o projeto?

- **Torre de controle.** A função principal do EP de torre de controle é melhorar a execução do projeto. Ele considera o gerenciamento de projetos uma profissão a ser protegida e promovida. O estafe do EP identifica as melhores práticas e padrões de excelência em gerenciamento de projetos e trabalha como consultores e treinadores para dar suporte aos gerentes de projetos e suas equipes.

- **Acervo (pool) de recursos.** A meta do DP de acervo de recursos é proporcionar à empresa um quadro de profissionais e de gerentes de projetos treinados. Ele funciona como uma academia para o aprimoramento contínuo dos profissionais de projeto da empresa. Além do treinamento, esse tipo de EP também serve para elevar a estatura do gerenciamento de projetos dentro da empresa.

* W. Casey and W. Peck, "Choosing the Right PMO Setup," *PM Network*, vol. 15, no. 2(2001), pp. 40-47.

é melhor para gerenciar projetos específicos. É importante lembrar o que foi dito no começo do capítulo – que o melhor sistema equilibra as necessidades do projeto com as da empresa matriz. Assim, qual estrutura de projetos deve ser usada pela empresa? Essa é uma pergunta complicada, sem respostas precisas. Devem ser consideradas diversas questões, no âmbito tanto da organização quanto do projeto.

Considerações organizacionais

No âmbito organizacional, a primeira pergunta que precisa ser respondida é: que importância o gerenciamento de projetos tem para o sucesso da empresa e qual porcentagem do trabalho central envolve projetos? Se mais de 75%, então a empresa deve considerar uma estrutura inteiramente projetizada. Se a empresa tem tanto produtos padrão quanto projetos, uma estrutura matricial seria o mais adequado. Se a empresa tem poucos projetos, um arranjo menos formal provavelmente é o necessário. Podem ser criadas equipes dedicadas, conforme a necessidade, e a empresa pode terceirizar trabalhos de projeto.

A segunda grande pergunta é quanto à disponibilidade de recursos. Lembre-se: a matriz veio da necessidade de compartilhar recursos entre múltiplos projetos e domínios funcionais, ao mesmo tempo em que se cria legítima liderança em projetos. Para empresas que não têm como atrelar pessoal crítico a projetos individuais, um sistema matricial pareceria adequado. Uma alternativa seria criar uma equipe dedicada, mas terceirizar trabalho de projeto quando os recursos não estão disponíveis internamente.

No contexto dessas duas primeiras perguntas, a empresa precisa avaliar as práticas atuais e as mudanças necessárias para gerenciar projetos com mais eficácia. Não se instala uma matriz forte de projetos de um dia para o outro. O deslocamento rumo à maior ênfase em projetos tem uma multidão de implicações políticas que precisam ser trabalhadas, o que requer tempo e liderança forte. Por exemplo, já observamos muitas empresas fazendo a transição de estrutura funcional para estrutura matricial a partir de uma matriz funcional fraca. Isso se deve em parte à resistência dos gerentes funcionais e de departamento quanto a transferir autoridade a gerentes de projetos. Com o tempo, essas estruturas matriciais acabam evoluindo para uma matriz de projeto. Muitas empresas criaram departamentos de gerenciamento de projetos para dar suporte a esforços de gerenciamento de projetos. Consulte o "Caso Prático: EP: Escritório de Projetos".

Considerações de projetos

No âmbito do projeto, a questão é o grau de autonomia de que ele precisa para ser concluído com êxito. Hobbs e Ménard (1993) identificam sete fatores que devem influenciar a escolha da estrutura de gerenciamento de projetos:
- Tamanho do projeto
- Importância estratégica
- Novidade e necessidade de inovação
- Necessidade de integração (número de departamentos envolvidos)
- Complexidade ambiental (número de interfaces externas)
- Limitações de orçamento e prazo
- Estabilidade dos requisitos de recursos

Quanto mais altos os níveis desses sete fatores, mais autonomia e autoridade são necessárias para que o gerente e a equipe do projeto tenham sucesso.[1] Isso se traduz no uso de uma equipe de projeto dedicada ou de uma estrutura matricial de projeto. Por exemplo, essas estruturas devem ser usadas para projetos grandes que são estratégicos e novos para a empresa, demandando, portanto, muita inovação. Elas também seriam apropriadas para projetos complexos e multidisciplinares que precisam de contribuições de muitos departamentos, assim como para projetos que requerem contato constante com os clientes para avaliar suas expectativas. Equipes dedicadas de projeto também devem ser usadas para projetos urgentes cuja natureza do trabalho exige que o pessoal trabalhe continuamente, do início ao fim.

Muitas empresas pesadamente envolvidas com gerenciamento de projetos criaram um sistema de gerenciamento flexível, que organiza os projetos de acordo com seus requisitos. Por exemplo, a Chaparral Steel, fábrica pequena que produz vergalhões e vigas de aço com metal de sucata, classifica os projetos em três categorias: desenvolvimento avançado; plataforma; e incremental. Projetos de desenvolvimento avançado são empreitadas de alto risco que envolvem a criação de um produto ou processo revolucionário. Projetos de plataforma têm risco médio que implicam *upgrades* de sistemas, gerando novos produtos e processos. Projetos incrementais apresentam baixo risco e curto prazo, contemplando ajustes menores a produtos e processos existentes. Em um dado momento, a Chaparral pode ter 40 a 50 projetos em andamento, dos quais apenas um ou dois são avançados, três a cinco são de plataforma e o restante, pequenos projetos incrementais. Estes são quase todos feitos dentro de uma matriz fraca, com o gerente do projeto coordenando o trabalho de subgrupos funcionais. Utiliza-se uma matriz forte para concluir os projetos de plataforma, enquanto, geralmente, são criadas equipes de projetos para concluir aqueles de desenvolvimento avançado. Cada vez mais empresas estão usando essa abordagem de "misturar e adequar" para gerenciar projetos.

Cultura organizacional

A decisão de combinar neste capítulo a discussão de estruturas de gerenciamento de projetos e culturas organizacionais remonta à conversa que nós, os autores, tivemos com dois gerentes de projetos que trabalham para uma empresa de tecnologia da informação de porte médio.

Eles estavam desenvolvendo uma plataforma operacional que seria definitiva para o sucesso futuro da sua empresa. Ao tentar descrever como o projeto era organizado, um deles começou a esboçar em um guardanapo uma complicada estrutura envolvendo 52 equipes diferentes, cada uma com um líder de projeto e um líder técnico! Em resposta à nossa tentativa de compreender como esse sistema funcionava, ele parou e esclareceu: "O segredo para fazer essa estrutura funcionar é a cultura da nossa empresa. Essa abordagem jamais funcionaria na empresa Y, onde eu trabalhava antes. Mas, por causa da nossa cultura aqui, conseguimos aplicá-la".

---

[1] Para uma discussão mais sofisticada sobre os fatores de contingência relacionados ao gerenciamento de projetos específicos, ver: A. J. Shenhar and D. Dvir, *Reinventing Project Management: The Diamond Approach to Successful Growth and Innovation* (Boston: Harvard Press, 2007).

Esse comentário, o que observamos de outras empresas e a pesquisa sugerem uma forte conexão entre estrutura de gerenciamento de projetos, cultural organizacional e sucesso do projeto.[2] Observamos empresas gerenciando projetos com sucesso em uma estrutura funcional tradicional porque a cultura estimulava a integração transfuncional. Inversamente, vimos estruturas matriciais fracassarem porque a cultura organizacional da empresa não dava suporte à divisão de autoridade entre gerentes de projeto e gerentes funcionais. Também observamos empresas que lançavam mão de equipes de projeto independentes, pois a cultura dominante não abrigaria a inovação e a velocidade necessárias para o sucesso.

O que é cultura organizacional?

Cultura organizacional diz respeito a um sistema de normas, crenças, valores e pressupostos compartilhados que ligam as pessoas, assim criando significados compartilhados (Deal & Kennedy, 1982). Esse sistema manifesta-se em costumes e hábitos que explicam os valores e crenças da empresa. Por exemplo, a horizontalidade pode ser representada no traje informal usado em uma empresa de alta tecnologia. Inversamente, uniformes obrigatórios em uma loja de departamentos reforça o respeito pela hierarquia.

A cultura reflete a personalidade da empresa e, como a personalidade de uma pessoa, permite prever atitudes e comportamentos dos seus profissionais. A cultura também é um dos aspectos definidores das empresas que as distingue entre si, ainda que no mesmo setor.

A pesquisa sugere que há 10 características primárias que, no conjunto, captam a essência da cultura de uma empresa:[3]

1. **Identidade dos membros** – o grau no qual os funcionários se identificam com a empresa como um todo, em vez de com o tipo de serviço ou campo de especialidade profissional de cada um.
2. **Ênfase na equipe** – o grau no qual as atividades de trabalho são organizadas em torno de grupo, e não de indivíduos.
3. **Foco gerencial** – o grau no qual as decisões gerenciais levam em contra o efeito dos resultados sobre as pessoas da empresa.
4. **Integração das unidades** – o grau no qual as unidades da empresa são estimuladas a operar de maneira coordenada ou interdependente.
5. **Controle** – o grau no qual regras, políticas e supervisão direta são utilizadas para supervisionar e controlar o comportamento dos funcionários.
6. **Tolerância a risco** – o grau no qual os funcionários são estimulados a serem ousados, inovadores e ávidos por risco.
7. **Critérios de recompensa** – o grau em que recompensas, tais como promoções e aumentos de salário, são alocadas de acordo com o desempenho dos funcionários, em vez do princípio da antiguidade, favoritismo ou outros fatores desligados do desempenho.
8. **Tolerância a conflitos** – o grau no qual os funcionários são encorajados a dar vazão a conflitos e críticas abertamente.
9. **Orientação a meios *versus* fins** – o grau no qual o gerenciamento foca em resultados, em vez de nas técnicas e nos processos usados para atingi-los.
10. **Foco em sistemas abertos** – o grau no qual a empresa monitora mudanças no ambiente externo e responde a elas.

Como mostrado na Figura 3.5, cada uma dessas dimensões existe em um *continuum*. A avaliação de uma empresa conforme essas 10 dimensões oferece uma imagem que compõe a respectiva

---

[2] Ver, por exemplo: Kerzner, H., *In Search of Excellence in Project Management* (New York: Von Nostrand Reinhold, 1997); Matheson, D., and J. Matheson, *The Smart Organization* (Boston: HBS Press, 1998).

[3] Harrison, M. T., and J. M. Beyer, *The Culture of Organizations* (Englewood Cliffs, NJ: Prentice Hall, 1993); O'Reilly, C. A., J. Chatman, and D. F. Caldwell, "People and Organizational Culture: A Profile Comparison Approach to Assessing Person-Organization Fit," *Academy of Management Journal,* vol. 34, no. 3. September 1991, pp. 487–516; and Schein, E., *Organizational Culture and Leadership: A Dynamic View* (San Francisco, CA: Jossey-Bass, 2010).

FIGURA 3.5
Principais dimensões que definem a cultura de uma empresa

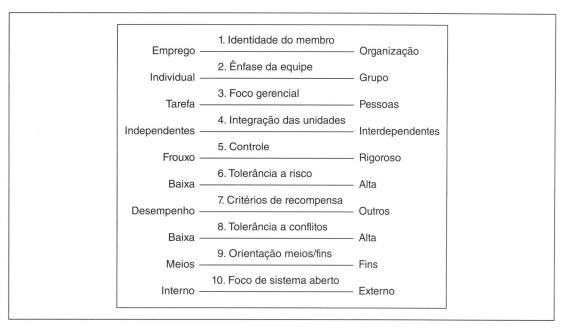

cultura. A imagem torna-se a base para a compreensão que os membros compartilham sobre a empresa, sobre como devem ser comportar e sobre como as coisas são feitas.

A cultura desempenha diversas funções importantes nas empresas e *dá um senso de identidade* para seus membros. Quanto mais claramente as percepções e valores da empresa são afirmados, mais fortemente as pessoas conseguem se identificar com ela e sentir-se uma parte vital dela. Identidade gera comprometimento com a empresa e razões para que os membros dediquem energia e lealdade a ela.

Uma segunda função importante é que a cultura *ajuda a legitimar o sistema gerencial* da empresa. A cultura ajuda a esclarecer relações de autoridade. Ela explica por que as pessoas estão em cargos de autoridade e por que sua autoridade deve ser respeitada.

Mais importante, a cultura organizacional *esclarece e reforça padrões de comportamento*, ajudando a definir o que é comportamento permissível e inapropriado. Esses padrões abrangem um amplo espectro de comportamento, de traje e horário de trabalho até questionar superiores e colaborar com outros departamentos. Em última instância, a cultura *ajuda a criar ordem social* dentro de uma empresa. Imagine como seria se os membros não compartilhassem crenças, valores e pressupostos semelhantes – caos! Os costumes, normas e ideais transmitidos pela cultura organizacional dão a estabilidade e previsibilidade de comportamento que é essencial para uma empresa eficaz. Consulte o "Caso Prático: Google-y" para ver um exemplo disso.

Embora a nossa discussão sobre cultura organizacional pareça sugerir que ela domina toda a empresa, na realidade raramente esse é o caso. "Forte" ou "pesada" são adjetivos usados para denotar uma cultura em que os costumes e valores centrais da empresa são amplamente compartilhados nela toda. Inversamente, uma cultura "fraca" ou "leve" é aquela que não é amplamente compartilhada ou praticada na empresa.

Mesmo em uma cultura organizacional forte, é provável que haja subculturas alinhadas a departamentos específicos ou áreas de especialidade. Como observado anteriormente na nossa discussão sobre estruturas de gerenciamento de projetos, não é incomum que normas, valores e costumes se desenvolvam dentro de um campo ou profissão específico, como marketing, financeiro ou operações. As pessoas que trabalham no departamento de marketing podem ter normas e valores diferentes daqueles das pessoas que trabalham no financeiro.

Às vezes, emergem nas empresas contraculturas que corporificam um conjunto diferente de valores, crenças e costumes – frequentemente, em contradição direta com a cultura sancionada

CASO PRÁTICO   Google-y*

Em 2012, a Google Inc. encabeçou a lista da revista *Fortune* das melhores empresas para trabalhar, pela terceira vez em cinco anos. Ao entrar no Googleplex, que funciona 24 horas, em Mountain View, Califórnia, o visitante sente-se em um campus universitário de nova geração, e não na sede corporativa de um negócio de bilhões de dólares. A coleção de prédios baixos e interconectados, com escritórios coloridos e envidraçados, oferece tratamento VIP – três refeições *gourmet* gratuitas por dia, piscina externa com ondas, academia coberta e uma grande creche, ônibus de ida e volta privativo até São Francisco e outras áreas residenciais, o que desperta inveja dos trabalhadores de toda a área da baía. Essas e outras regalias refletem a cultura do Google de manter as pessoas felizes e pensando de maneira não convencional.

Nada evidencia mais a importância da cultura corporativa do que o fato de a chefe de Recursos Humanos, Stacy Savides Sullivan, acumular o cargo de diretora cultural (*chief culture officer*). Sua tarefa é tentar preservar a cultura inovadora de *start-up* à medida que o Google evolui para uma gigantesca corporação internacional. Sullivam caracteriza a cultura da empresa como "pessoas orientadas a equipes, muito colaborativas e estimulantes, que pensam de modo não tradicional, diferente de qualquer lugar onde já trabalharam – eles trabalham com integridade, para o bem da empresa e para o bem do mundo, o que está ligado à nossa missão geral de tornar a informação acessível para o mundo". O Google faz questão de selecionar os novos funcionários para que eles não apenas tenham capacidades técnicas excelentes, mas também se encaixem na cultura do Google. Sullivan segue definindo um funcionário googleano como alguém "flexível, adaptável, que não se prende a cargos ou hierarquia e que simplesmente faz as coisas".

A cultura do Google é rica em costumes e tradições não encontrados em ambientes corporativos dos EUA. Por exemplo, as equipes de projeto normalmente têm reuniões *stand-up* diárias de sete minutos de duração depois da hora marcada. Por que sete minutos depois da hora? Porque uma vez o cofundador do Google,

Sergey Brin, estimou que demorava esse tempo para atravessar o campus do Google. Todo mundo fica de pé para que ninguém fique confortável demais e não se perca tempo durante a atualização, tudo feito a jato. Como observou um gerente: "Todo o conceito da *stand-up* é discutir o que todos estão fazendo, então, se alguém está trabalhando em algo em que você está trabalhando, você pode descobrir e colaborar, e não duplicar".

Outro costume é a "comida para cachorro". É quando uma equipe de projeto lança o protótipo funcional de um produto futuro para que os funcionários do Google façam o *test drive*. Existe uma norma estrita dentro do Google para testar produtos novos e dar *feedback* aos desenvolvedores. A equipe de projeto recebe *feedback* de milhares de googleanos. O grupo de foco interno pode registrar os *bugs* ou simplesmente comentar sobre *design* ou funcionalidade. Os companheiros googleanos não poupam críticas no *feedback* e são rápidos em apontar coisas de que não gostam. Isso costuma gerar consideráveis melhorias nos produtos.

* Walters, H., "How Google Got Its New Look," *BusinessWeek*, May 10, 2010; Goo, S. K., "Building a 'Googley' Workforce," *Washington Post*, October 21, 2006; Mills, E., "Meet Google's Culture Czar," *CNET News.com*, April 27, 2007.

---

pela alta gerência. A disseminação dessas subculturas e contraculturas afeta a força da cultura da empresa e a medida em que ela influencia as ações e respostas dos membros.

Identificação de características culturais

Decifrar a cultura de uma empresa é um processo subjetivo e altamente interpretativo, que exige a avaliação do histórico. Para compreendê-la, não pode simplesmente depender do que as pessoas informam sobre ela. Deve-se examinar o ambiente físico em que trabalham e como agem e respondem a diferentes eventos que ocorrem. A Figura 3.6 contém uma planilha para o diagnóstico da cultura de uma empresa. Embora de forma alguma exaustiva, a lista de verificação, muitas vezes, gera pistas sobre as normas, costumes e valores da empresa:

1. **Estude as características físicas da empresa.** Como é a arquitetura externa? Que imagem ela transmite? Ela é única? Os prédios e salas são da mesma qualidade para todos os funcionários? Ou há prédios modernos e salas mais sofisticadas reservadas para executivos sênior ou gerentes de um departamento específico? Quais os costumes relativos a vestuário? Quais símbolos a empresa utiliza para sinalizar autoridade e *status* internamente? Essas características físicas podem lançar luz sobre quem tem poder real na empresa, o quanto ela é diferente internamente e o grau de formalidade que adota nas suas operações comerciais.

FIGURA 3.6
Planilha de diagnóstico de cultura organizacional

Power Corp.

I. Características físicas:
Arquitetura, leiaute do escritório, decoração, vestuário
A sede corporativa é um moderno edifício de 20 andares, com a presidência no último. Os escritórios são maiores nos andares altos do que nos mais baixos. Vestuário formal de negócios (camisa branca, gravata, ternos classudos...). O poder parece aumentar quanto mais se sobe.

II. Documentos públicos:
Relatórios anuais, circulares internas, declarações de objetivos
No centro do jeito Power Corp. está o nosso objetivo... de ser a empresa de energia global mais admirada por seus funcionários, parcerias e desempenho.
Integridade. Somos honestos com os outros e conosco. Cumprimos os mais altos padrões éticos em todas as os nossos negócios. Fazemos o que dizemos que faremos.

III. Comportamento:
Ritmo, linguagem, reuniões, questões discutidas, modo de decidir, padrão de comunicação, rituais
Tomada de decisão hierárquica, ritmo ligeiro, mas ordeiro, as reuniões começam e terminam no horário, os subordinados escolhem as palavras com muito cuidado ao falar com superiores, as pessoas dificilmente trabalham além das 18h, o presidente faz um cruzeiro todos os anos, no melhor navio que há...

IV. Folclore:
Histórias, anedotas, heroínas, heróis, vilões
Um jovem gerente de projetos foi demitido depois de passar por cima do seu chefe para pedir fundos extras.
Stephanie C. é considerada uma heroína porque assumiu total responsabilidade por um erro técnico.
Jack S. foi tachado de traidor quando foi para o principal concorrente após trabalhar por 15 anos na Power Corp.

---

2. **Leia sobre a empresa.** Examine relatórios anuais, declarações de missão, *press releases* e circulares internas. O que eles descrevem? Quais princípios sancionam? Os relatórios enfatizam as pessoas que trabalham para a empresa e o que fazem, ou o desempenho financeiro dela? Cada ênfase reflete uma cultura diferente. A primeira demonstra atenção para com as pessoas que compõem a empresa. A segunda pode sugerir preocupação com os resultados.

3. **Observe como as pessoas interagem com a empresa.** Qual é o ritmo delas: lento e metódico ou urgente e espontâneo? Quais rituais existem na empresa? Quais valores expressam? Muitas vezes, reuniões podem render informações reveladoras. Quem são as pessoas nas reuniões? Quem fala? Com quem falam? Quão franca é a conversa? As pessoas falam pela empresa ou pelo departamento de cada uma delas? Qual é o foco das reuniões? Quanto tempo se gasta em cada questão? Questões discutidas repetidamente e por bastante tempo são pistas sobre os valores da cultura organizacional.

4. **Interprete as histórias e o folclore que cercam a empresa.** Procure semelhanças entre as histórias contadas por pessoas diferentes. Os temas salientados em histórias recorrentes costumam refletir o que é importante para a cultura da empresa. Por exemplo, muitas das histórias que são repetidas na Versatec, uma subsidiária da Xerox que faz *plotters* gráficos para computadores, envolvem seu extravagante cofundador, Renn Zaphiropoulos. De acordo com o folclore da empresa, uma das primeiras coisas que Renn fez quando abriu a empresa foi montar a equipe de alta gerência na casa dele. Assim, eles dedicavam os fins de semana para fazer uma bela mesa de reuniões de madeira, em torno da qual todas as decisões futuras seriam tomadas. Essa mesa veio a simbolizar a importância do trabalho em equipe e de se manterem altos padrões de desempenho, duas qualidades essenciais da cultura na Versatec. Tente identificar os heróis e vilões do folclore da empresa. O que eles sugerem sobre os ideais da respectiva cultura? Voltando à história da Versatec, quando a empresa acabou sendo comprada pela Xerox, muitos funcionários tiveram dúvidas se a cultura informal e de "brinque bastante/trabalhe bastante" da Versatec não seria sobrepujada pela burocracia da Xerox. Renn incentivava os funcionários a ter níveis superiores de desempenho dizendo que se eles excedessem as expectativas da Xerox, seriam deixados em paz. A autonomia permaneceu um atributo da cultura da Versatec muito depois da aposentadoria de Renn.

Também é importante prestar bastante atenção ao fundamento para promoções e recompensas. O que as pessoas veem com elementos-chave para subir na empresa? O que contribui para quedas? Essas duas perguntas podem dar insights importantes sobre as qualidades e comportamentos que a empresa aprecia, assim como os tabus e determinados comportamentos que podem fazer uma carreira descarrilar. Por exemplo, uma gerente de projetos confidenciou que um ex-colega foi mandado para o purgatório do gerenciamento de projetos logo após questionar publicamente a validade de um relatório de marketing. Daquele ponto em diante, sempre que tinha dúvidas sobre as informações passadas pelo departamento de marketing, a gerente de projetos tomava o cuidado extra de consultá-lo.

Com a prática, um observador consegue avaliar a força da cultura dominante na empresa e a significância das subculturas e contraculturas. Além disso, é possível discernir e identificar onde a cultura organizacional se situa nas 10 dimensões culturais apresentadas anteriormente e, em essência, começar a criar um perfil cultural da empresa. Com base nele, podem ser tiradas conclusões sobre costumes e normas específicos que precisam ser seguidos, assim como os comportamentos e ações que violam as normas da empresa.

Implicações da cultura organizacional na estrutura de projetos

Os gerentes de projetos têm de saber operar em diversas culturas organizacionais potencialmente diversas. Primeiro, eles têm de interagir com a cultura da sua empresa matriz, assim como com as subculturas de vários departamentos (por exemplo, marketing, contabilidade). Segundo, eles têm de interagir com o cliente do projeto ou com empresas clientes. Por fim, eles têm de interagir, em vários graus, com uma multidão de outras empresas conectadas ao projeto que incluem fornecedores e provedores, terceirizados, consultorias, governo e agências regulatórias, e, em muitos casos, grupos comunitários. É provável que muitas desses agentes tenham culturas muito diferentes. Os gerentes de projetos precisam saber ler a cultura em que trabalham e dialogar com ela para desenvolver estratégias, planos e respostas que possam ser entendidos e aceitos. Também, a ênfase deste capítulo é na relação entre cultura organizacional e estrutura de gerenciamento de projetos, e é necessário adiar a discussão mais profunda dessas implicações para os Capítulos 10-12, que se concentram em liderança, criação de equipes e terceirização.

Já foi dito que acreditamos que existem relações fortes entre estrutura de gerenciamento de projetos, cultura organizacional e gerenciamento de projetos bem-sucedido. Para explorar mais essas relações, retornemos às dimensões que podem ser usadas para caracterizar a cultura de uma empresa. Ao examinar essas dimensões, poderíamos supor que certos aspectos da cultura organizacional têm sucesso em apoiar um gerenciamento de projetos bem-sucedido, enquanto outros aspectos impediriam ou prejudicariam um gerenciamento eficaz. A Figura 3.7 tenta identificar quais características culturais criam um ambiente propício à conclusão da maior parte dos projetos complexos envolvendo pessoas de diferentes disciplinas.

Observe que, em muitos casos, a cultura ideal não está em nenhum dos extremos. Por exemplo, uma cultura de projetos fértil poderia ser aquele em que a gerência equilibra seu foco nas necessidades tanto da tarefa quanto das pessoas. Uma cultura ótima equilibraria a preocupação com saída (fins) e com os processos para atingir esses resultados (meios). Em outros casos, a cultura ideal estaria em uma extremidade de uma ou outra dimensão. Por exemplo, como a maioria dos projetos exige colaboração entre as disciplinas, seria desejável que a cultura organizacional enfatizasse o trabalho em equipes e a identificação com a empresa, e não apenas com o domínio profissional. Da mesma maneira, é importante que a cultura apoie certo grau de risco e tolerância a conflitos construtivos.

Uma empresa que parece se encaixar nesse perfil ideal é a 3M, celebrada por manter uma cultura empreendedora dentro de um grande quadro corporativo. A essência dessa cultura é capturada em expressões que os membros da 3M repetiram dentro da empresa: "Estimule a experimentação"; "Contrate pessoas boas e deixe-as em paz"; "Se você põe cercas em volta das pessoas, você fica com ovelhas"; "Dê às pessoas o espaço de que elas precisam". Liberdade e autonomia para experimentar refletem-se na "regra dos 15%", que estimula os técnicos a passarem até 15% do seu tempo em projetos de sua própria escolha e iniciativa. Essa cultura fértil contribuiu para a 3M se ramificar em mais de 60 mil produtos e 35 unidades de negócio separadas (Collins & Porras, 1994).

FIGURA 3.7
Dimensões culturais de uma empresa que dá suporte ao gerenciamento de projetos

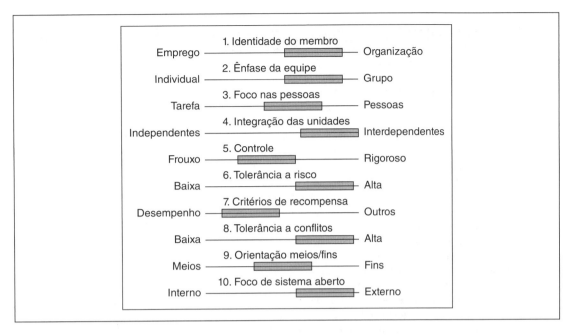

A metáfora que escolhemos para descrever a relação entre cultura organizacional e gerenciamento de projetos é a de uma viagem de barco em um rio. A cultura é o rio, e o projeto é o barco. Organizar e concluir projetos em uma empresa na qual a cultura é propícia ao gerenciamento de projetos é como remar rio abaixo: é preciso muito menos esforço. Muitas vezes, a corrente pode ser tão forte que basta definir a direção. É o caso de projetos que funcionam em um ambiente amigável a eles, em que trabalho em equipe e cooperação transfuncional são a norma, em que há um profundo comprometimento com excelência e o conflito saudável é externado e tratado de forma rápida e eficaz.

Inversamente, tentar concluir um projeto em uma cultura tóxica é como remar rio acima: é preciso muito mais tempo, esforço e atenção para chegar até o destino. Essa seria a situação em culturas que desestimulam trabalho em equipe e cooperação, que têm baixa tolerância a conflitos e em que o avanço na carreira é baseado menos em desempenho e mais no cultivo de relações favoráveis com superiores. Nesses casos, o gerente de projetos e o seu pessoal não apenas têm de superar os obstáculos naturais do projeto, mas também as forças negativas dominantes inerentes à cultura organizacional.

As implicações dessa metáfora são importantes. Exige-se mais autoridade em termos de projeto e tempo para concluir projetos que se deparam com uma forte corrente cultural negativa. Inversamente, menos autoridade formal e menos recursos são necessários para concluir projetos em que as correntes culturais geram comportamento e cooperação essenciais para o sucesso deles.

A questão central é o grau de interdependência entre a empresa e a equipe do projeto. Em casos em que a cultura organizacional dominante dá suporte aos comportamentos essenciais para conclusão de projetos, uma estrutura de gerenciamento de projetos mais fraca e flexível pode ser eficaz. Por exemplo, a Chaparral Steel consegue usar uma matriz funcional para concluir projetos incrementais com êxito porque a cultura da empresa contempla normas sólidas de cooperação (Bowen et at., 1994). Veja "Destaque de Pesquisa: O segredo do sucesso" para mais um exemplo de uma cultura dando suporte bem-sucedido ao gerenciamento de projetos.

É aconselhável isolar a equipe de projeto da cultura dominante quando esta inibe a colaboração e a inovação. Aí, torna-se necessário criar uma equipe de projeto autossuficiente. Se uma equipe dedicada de projeto for inviável em razão de limitações de recursos, ao menos deve-se usar uma matriz de projeto em que o gerente do projeto tenha controle dominante sobre ele. Em ambos os casos, a estratégia gerencial é criar uma cultura paralela de equipe, distinta, na qual se desenvolva um novo conjunto de normas, costumes e valores propícios para a conclusão do projeto.

> ## DESTAQUE DE PESQUISA — O segredo do sucesso*
>
> Em *The Secret of Success: The Double Helix of Formal and Informal Structures in an R&D Laboratory*, Polly Rizova revelou os resultados de uma pesquisa de um ano sobre o funcionamento interno de um laboratórios de P&D das empresas que aparecem na lista da *Fortune 500*. Por meio de entrevistas com importantes participantes e análise dos dados de *networking* social, Rizova avaliou a eficácia de seis projetos de desenvolvimento de alta tecnologia.
>
> Quatro fatores críticos de sucesso emergiram. Um deles é a confiança na comunicação aberta e irrestrita, aliada à baixa quantidade de relatórios formais. Em outras palavras, os membros da equipe interagem livremente uns com os outros, a despeito de cargos, experiência ou disciplina. Outro fator-chave é ter pessoas no projeto altamente respeitadas em todo o laboratório por suas habilidades técnicas e experiência excepcionais. Da mesma forma, também é vital ter envolvidas no projeto pessoas extremamente respeitadas por sua *expertise* e experiência organizacionais. Ter tanto "estrelas técnicas" quanto "estrelas organizacionais" na equipe do projeto é essencial para o sucesso. O fator final é um suporte forte e sustentado ao projeto por parte da gerência corporativa da empresa. Além do mais, a análise de Rizova revelou a natureza interativa dos quatros fatores: nenhuma condição poderia produzir resultados bem-sucedidos isoladamente, mas quando todas as condições dos fatores estiverem ativas de modo a reforçar umas às outras. Assim, a cultura do laboratório foi vista como o grande catalisador.
>
> Rizova descreve um sistema matricial em que as pessoas trabalham em múltiplos projetos ao mesmo tempo, mas com um viés diferente. Os indivíduos ocupam cargos diferentes e desempenham papéis diferentes, dependendo do projeto. Por exemplo, é comum que um engenheiro sênior seja gerente de um projeto e pesquisador em outro, liderado por seu subordinado. Em essência, é possível "chefiar" seu próprio chefe. À primeira vista, essa estrutura formal deveria criar tensões destrutivas. Entretanto, Rizova postula que a cultura organizacional do laboratório é a cola que mantém as coisas funcionando direitinho.
>
> Ela descreve uma cultura na qual as normas sociais de cooperação, respeito e civilidade são afirmadas e reproduzidas. É uma cultura caracterizada por confiança e um forte impulso direcionado a maiores aprendizado e realização individual e organizacional. A cultura é captada pelos comentários dos pesquisadores:
>
> "Essa é uma das coisas mais legais daqui. As suas opiniões são ouvidas. Os superiores levam em consideração suas colocações. Percebe-se que a maioria dos projetos aqui é um esforço de equipe".
>
> "O que mais me agrada é o pensamento positivo e a atitude 'custe o que custar'. Conflitos de personalidade podem ser devastadores. Aqui, todo mundo ajuda e dá suporte a você".
>
> "Ambiente muito amistoso... Conheci novas pessoas e aprendi muito com elas que não se importam em dividir sua expertise".
>
> * Polly S. Rizova, *The Secret of Success: The Double Helix of Formal and Informal Structures in an R&D Laboratory* (Stanford, CA: Stanford University Press, 2007).

Em circunstâncias extremas, essa cultura de projetos pode até representar uma contracultura, na medida em que muitas das normas e valores são a antítese da cultura dominante da matriz. Foi o caso quando a IBM decidiu desenvolver o computador pessoal em 1980 (Smith & Reinertsen, 1995). A empresa sabia que o projeto poderia naufragar pela abundância de conhecimento e de burocracia na empresa. Ela também percebeu que teria de trabalhar de perto com os fornecedores e usar muitas peças de fora da IBM se quisesse chegar ao mercado rapidamente. Na época, esse não era o perfil da empresa. Uma equipe de projeto do PC foi então montada em um depósito em Boca Raton, Flórida, longe da sede e de outras instalações de desenvolvimento da empresa.

Resumo

Este capítulo examinou duas grandes características de uma empresa que afetam a implementação e conclusão de projetos. A primeira é a estrutura formal da empresa e como ela escolhe estruturar e gerenciar seus projetos. Embora o gerente de projetos possa ter muito pouco mando nessa escolha, ele deve saber reconhecer as opções disponíveis, assim como os pontos fortes e fracos inerentes às diferentes abordagens.

Três estruturas básicas de gerenciamento de projetos foram descritas e avaliadas quanto aos seus pontos fracos e fortes. Somente circunstâncias especiais é que justificariam gerenciar um projeto dentro da hierarquia funcional normal. Quando se pensa apenas em termos de o que é bom para o projeto, a criação de uma equipe independente é claramente favorecida. Entretanto, o sistema de gerenciamento de projetos mais eficaz faz o equilíbrio corrente entre as necessidades do projeto e as da empresa. As estruturas matriciais emergiram da necessidade de a empresa dividir pessoas e recursos entre projetos e operações múltiplos, criando, ao mesmo tempo, um foco legítimo no projeto. A abordagem matricial é uma forma organizacional híbrida que combina elementos das formas funcional e de equipe de projeto, em uma tentativa de concretizar as vantagens de ambas.

A segunda grande característica de uma empresa que foi exposta neste capítulo foi o conceito de cultura organizacional. Cultura organizacional é o padrão de crenças e expectativas compartilhadas pelos membros da empresa. Cultura inclui normas comportamentais, costumes, valores compartilhados e as "regras do jogo" para se dar bem com e dentro da empresa. É importante que os gerentes de projetos sejam "sensíveis à cultura", para desenvolver estratégias e respostas apropriadas e evitar a violação de normas centrais que prejudicariam sua eficácia na empresa.

A interação entre a estrutura de gerenciamento de projetos e a cultura organizacional é complicada. Postulamos que, em determinadas empresas, a cultura estimula a implementação dos projetos. Nesse ambiente, a estrutura de gerenciamento de projetos utilizada desempenha um papel menos decisivo no sucesso do projeto. Inversamente, para as empresas em que a cultura enfatiza competição interna e diferenciação, a verdade pode ser exatamente o oposto. As normas, costumes e atitudes prevalecentes inibem o gerenciamento de projetos eficaz, e a estrutura de gerenciamento de projetos desempenha um papel mais decisivo na implementação exitosa dos projetos. No mínimo, em condições culturais adversas, o gerente do projeto precisa ter uma autoridade considerável sobre a equipe do projeto; em condições mais extremas, as empresas precisam realocar fisicamente equipes de projeto dedicadas para concluir projetos críticos. Em ambos os casos, a estratégia gerencial deve ser isolar o trabalho no projeto da cultura dominante, para que uma "subcultura" mais positiva possa emergir entre os participantes do projeto.

A estrutura de gerenciamento de projetos da empresa e a cultura organizacional são elementos centrais do ambiente em que o projeto é iniciado. Os capítulos subsequentes examinarão como os gerentes de projetos e profissionais trabalham nesse ambiente para concluir projetos com sucesso.

Termos-chave

Cultura organizacional, 68
Equipes dedicadas de projeto, 58
Escritórios de projeto (EP), 66
Estrutura projetizada, 60

Gerenciamento matricial, 61
Matriz balanceada, 64
Matriz forte, 64
Matriz fraca, 64

Questões de revisão

1. Quais são as vantagens e desvantagens relativas das abordagens funcional, matricial e de equipe dedicada para gerenciar projetos?
2. O que distingue a matriz fraca da matriz forte?
3. Em que condições seria aconselhável utilizar uma matriz forte em vez de uma equipe de projeto dedicada?
4. Como escritórios de gerenciamento de projetos (EP) podem dar suporte eficaz ao gerenciamento de projetos?
5. Por que é importante avaliar a cultura de uma empresa antes de decidir qual estrutura de gerenciamento de projetos deve ser utilizada?
6. Além da cultura, quais outros fatores organizacionais devem ser considerados para determinar a estrutura de gerenciamento de projetos a ser usada?
7. O que você acha que é mais importante para a conclusão bem-sucedida de um projeto: a estrutura formal de gerenciamento de projetos ou a cultura da empresa?

Exercícios

1. Ir para a faculdade é análogo a trabalhar em um ambiente matricial, já que a maioria dos estudantes cursa mais de uma disciplina e precisa distribuir seu tempo por várias delas. Quais problemas essa situação cria para você? Como isso afeta o seu desempenho? Como o sistema poderia ser mais bem administrado para tornar sua vida menos difícil e mais produtiva?

2. Você trabalha para a LL Company, que fabrica miras telescópicas ópticas de alta qualidade para rifles de caça. A empresa é líder de mercado nos últimos 20 anos e decidiu diversificar sua atuação aplicando a tecnologia que detém para desenvolver binóculos de ponta. Que tipo de estrutura de gerenciamento de projetos você recomendaria que fosse usada nesse projeto? Quais informações você gostaria de ter para fazer essa recomendação? Por quê?

3. Você trabalha na Barbata Electronics. O seu pessoal de P&D acha que criou uma tecnologia que duplicará a capacidade dos MP3 players atuais e que usa um formato de áudio superior a eles. O código do projeto é KYSO (*Knock Your Socks Off*). Que tipo de estrutura de gerenciamento de projetos você recomendaria? Quais informações você gostaria de ter para fazer essa recomendação? Por quê?

4. Este capítulo discutiu o papel dos valores e crenças na formação da cultura organizacional cujo tópico está na ordem do dia na Internet. Muitas companhias usam seus sites para descrever sua missão, visão, e valores e crenças corporativos. Também existem muitas empresas de consultoria que divulgam como elas ajudam as outras a mudarem sua cultura. A finalidade deste exercício é que você obtenha informações pertinentes à cultura organizacional de duas empresas diferentes. Você pode cumprir essa tarefa simplesmente fazendo buscas na internet com as palavras-chave "cultura organizacional" e "visão e valores corporativos" que identificarão várias empresas para você usar a fim de responder às perguntas seguintes. Escolha empresas em que você gostaria de trabalhar no futuro.

   a. Quais os valores e crenças sancionados pelas empresas?

   b. Use a planilha da Figura 3.6 para avaliar o site. O que o site revela sobre a cultura da empresa? Essa cultura seria propícia para um eficaz gerenciamento de projetos?

5. Use as dimensões culturais listadas na Figura 3.5 para avaliar a cultura da sua instituição de ensino. Em vez de funcionários, considere os alunos; e em vez de gerenciamento, use a docência. Por exemplo, a identidade de membro se refere à maior identificação dos alunos com a instituição como um todo, mais do que com o curso que fazem. Sozinho ou em pequenos grupos, classifique a cultura da sua instituição nas dez dimensões.

   a. Quais dimensões foram fáceis de avaliar e quais não foram?

   b. Quão forte é a cultura da sua instituição?

   c. Quais funções a cultura preenche para a sua instituição?

   d. Você acha que a cultura da sua instituição é a melhor para maximizar o seu aprendizado? Por quê?

   e. Quais tipos de projetos seriam fáceis de implementar na sua instituição e quais tipos de projetos seriam difíceis, dada a estrutura e cultura dela? Justifique sua resposta.

6. Você trabalha como analista no departamento de marketing da Springfield International (SI). A SI usa uma matriz fraca para desenvolver serviços novos. A gerência criou uma cultura organizacional extremamente competitiva, que enfatiza a obtenção de resultados acima de tudo. Um dos gerentes de projetos aos quais você foi designado o está pressionando para fazer do seu projeto a prioridade número um. Ele também quer que você expanda o escopo do seu trabalho no projeto dele além do que o seu gerente de marketing acredita ser necessário ou apropriado. O gerente de projetos é visto por muitos como uma pessoa promissora dentro da SI. Até o momento, você está resistindo à pressão do gerente de projetos e obedecendo às diretivas do seu gerente de marketing. Entretanto, a sua última troca de ideias com o gerente de projetos acabou com ele dizendo: "Não estou contente com o nível de ajuda que estou recebendo de você e me lembrarei disso quanto me tornar vice de marketing". Como você reagiria e por quê?

Referências

Block, T. R., and J. D. Frame, *The Project Office – A Key to Managing Projects Effectively* (Menlo Park, CA: Crisp Publications, 1998).

Block, T. R., and J. D. Frame, "Today's Project Office: Gauging Attitudes," *PM Network,* August 2001.

Bowen, H. K., K. B. Clark, C. A. Holloway, and S. C. Wheelwright, *The Perpetual Enterprise Machine* (New York: Oxford University Press, 1994).

Brown, S., and K. R. Eisenhardt, "Product Development: Past Research, Present Findings, and Future Directions," *Academy of Management Review,* 20 (2) 1995, pp. 343-78.

Cameron, K. S., and R. E. Quinn, *Diagnosing and Changing Organizational Culture: Based on the Competing Values Framework* (Upper Saddle River, NJ: Prentice Hall, 2011).

Carlton, J., *Apple: The Inside Story of Intrigue, Egomania, and Business Blunders* (New York: Random House, 1997), pp. 13-14.

Casey, W., and W. Peck, "Choosing the Right PMO Setup," *PM Network,* 15 (2) 2001, pp. 40-47.

Collins, J. C., and J. I. Porras, *Built to Last: The Successful Habits of Visionary Companies* (New York: HarperCollins, 1994), pp. 150-58.

Deal, T. E., and A. A. Kennedy, *Corporate Cultures: The Rites and Rituals of Corporate Life* (Reading, MA: Addison-Wesley, 1982).

De Laat, P. B., "Matrix Management of Projects and Power Struggles: A Case Study of an R&D Laboratory," *IEEE Engineering Management Review,* Winter 1995.

Filipczak, B., "Beyond the Gates of Microsoft," *Training,* September 1992, pp. 37-44.

Gallagher, R. S., *The Soul of an Organization: Understanding the Values That Drive Successful Corporate Cultures* (Chicago: Dearborn Trade Publishing, 2002).

Graham, R. J., and R. L. Englund, *Creating an Environment for Successful Projects: The Quest to Manage Project Management* (San Francisco: Jossey-Bass, 1997).

Gray, C., S. Dworatschek, D. H. Gobeli, H. Knoepfel, and E. W. Larson, "International Comparison of Project Organization Structures: Use and Effectiveness," *International Journal of Project Management,* vol. 8, no. 1, February 1990, pp. 26-32.

Harrison, M. T., and J. M. Beyer, *The Culture of Organizations* (Englewood Cliffs, NJ: Prentice Hall, 1993).

Hobbs, B., and P. Ménard, "Organizational Choices for Project Management," in Paul Dinsmore (ed.), *The AMA Handbook of Project Management* (New York: AMACOM, 1993).

Hobday, M., "The Project-Based Organization: An Ideal Form for Managing Complex Products and Systems?" *Research Policy,* vol. 29, no. 17, 2000.

Jassawalla, A. R., and H. C. Sashittal, "Cultures that Support Product-Innovation Processes," *Academy of Management Executive,* 15 (3) 2002, pp. 42-54.

Johnson, C. L., M. Smith, and L. K. Geary, *More Than My Share in All* (Washington, D.C.: Smithsonian Institute Publications, 1990).

Kerzner, H., *In Search of Excellence in Project Management* (New York: Von Nostrand Reinhold, 1997).

Kerzner, H., "Strategic Planning for the Project Office," *Project Management Journal,* 34 (2) 2003, pp. 13-25.

Larson, E. W., "Project Management Structures" in *The Wiley Handbook for Managing Projects,* P. Morris & J. Pinto (eds.) (New York: Wiley, 2004), pp. 48-66.

Larson, E. W., and D. H. Gobeli, "Matrix Management: Contradictions and Insights," *California Management Review,* vol. 29, no. 4, Summer 1987, p. 137.

Larson, E. W., and D. H. Gobeli, "Organizing for Product Development
Projects," *Journal of Product Innovation Management,* vol. 5, 1988, pp. 180-90.

Larsson, U. (ed.), *Cultures of Creativity: The Centennial Exhibition of the Nobel Prize* (Canton, MA: Science History Publications, 2001).

Laslo, Z., and A. I. Goldberg, "Matrix Structures and Performance: The Search for Optimal Adjustments to Organizational Objectives?" *IEEE Transactions in Engineering Management,* vol. 48, no. 12, 2001.

Lawrence, P. R., and J. W. Lorsch, *Organization and Environment* (Homewood, IL: Irwin, 1969).

Majchrzak, A., and Q. Wang, "Breaking the Functional Mind-Set in Process Organizations," *Harvard Business Review,* Sept.-Oct. 1996, pp. 93-99.

Miller, J., *Lockheed Martin's Skunk Works* (New York: Speciality Publications, 1996).

Olson, E. M., O. C. Walker, Jr., and R. W. Ruekert, "Organizing for Effective New Product Development: The Moderating Role of Product Innovativeness," *Journal of Marketing,* vol. 59 (January), 1995, pp. 48-62.

O'Reilly, C. A., J. Chatman, and D. F. Caldwell, "People and Organizational Culture: A Profile Comparison Approach to Assessing Person-Organization Fit," *Academy of Management Journal,* vol. 34, n. 3, September 1991, pp. 487-516.

Pettegrew, A. M., "On Studying Organizational Culture," *Administrative Science
Quarterly,* vol. 24, no. 4, 1979, pp. 570-81.

Powell, M., and J. Young, "The Project Management Support Office" in *The Wiley Handbook for Managing Projects,* P. Morris and J. Pinto (eds.) (New York: Wiley, 2004), pp. 937-69.

Rebello, K., "Inside Microsoft," *Business Weekly,* July 15, 1996, pp. 56-67.

Rizova, P., *The Secret of Success: The Double Helix of Formal and Informal Structures in an R&D Laboratory* (Stanford, CA: Stanford University Press, 2007).

Schein, E., *Organizational Culture and Leadership: A Dynamic View* (San Francisco, CA: Jossey-Bass, 2010).

Sculley, J., *Odyssey: Pepsi to Apple . . . A Journey of Adventure, Ideas, and the Future* (New York: Harper & Row, 1987), pp. 270-79.

Shenhar, A. J., "From Theory to Practice: Toward a Typology of Project

Management Styles," *IEEE Transactions in Engineering Management,* 41 (1) 1998, pp. 33-48.

Shenhar, A. J., D. Dvir, T. Lechler, and M. Poli, "One Size Does Not Fit All – True for Projects, True for Frameworks," *Frontiers of Project Management Research and Application,* Proceedings of PMI Research Conference, Seattle, 2002, pp. 99-106.

Smith, P. G., and D. G. Reinertsen, *Developing Products in Half the Time* (New York: Van Nostrand Reinhold, 1995).

Stuckenbruck, L. C., *Implementation of Project Management* (Upper Darby, PA:

Project Management Institute, 1981).

Youker, R., "Organizational Alternatives for Project Management," *Project Management Quarterly,* vol. 8, March 1977, pp. 24-33.

Caso Escritório de contabilidade Moss and McAdams

Bruce Palmes trabalhava para o Moss and McAdams (M&M) há seis anos e fora promovido recentemente a gerente de contas. A primeira tarefa dele foi fazer uma auditoria na Johnsonville Trucks. Ele estava bem satisfeito com os cinco contadores designados para a equipe, especialmente Zeke Oldsa, um veterano do exército que voltou para a faculdade e obteve dupla graduação, em ciências contábeis e ciências da computação. Ele estava à frente dos últimos desenvolvimentos em sistemas de informação financeira e tinha a reputação de inventar soluções inovadoras.

A M&M era um escritório de contabilidade regional bem-estabelecido, com 160 funcionários distribuídos por seis sedes em Minnesota e Wisconsin. A matriz, onde Palmer trabalhava, ficava em Green Bay, Wisconsin. Na realidade, um dos fundadores, Seth Moss, chegou a jogar pelo time de futebol americano Packers no fim dos anos 1950. Os principais serviços da M&M eram auditorias empresariais e preparação fiscal. Nos últimos dois anos, os sócios decidiram passar agressivamente para o ramo de consultoria. A M&M projetou que a consultoria representaria 40% de seu crescimento nos cinco anos seguintes.

Eles operavam com uma estrutura matricial. À medida que novos clientes eram atraídos, um gerente era designado para a conta. Um gerente poderia ser designado a várias contas, dependendo do tamanho e escopo do trabalho. Era especialmente o caso de projetos de preparação fiscal, em que não era incomum que um gerente recebesse de oito a 12 contas. Da mesma forma, contadores sênior e de estafe eram designados a várias equipes de conta. Ruby Sands era a gerente de escritório responsável por designar pessoal a diferentes contas na sede de Green Bay. Ela dava o melhor de si para designar estafe a múltiplos projetos sob o mesmo gerente. Nem sempre era possível e, às vezes, os contadores tinham de trabalhar em projetos liderados por gerentes diferentes.

A M&M, como a maioria das firmas de contabilidade, tinha um sistema de promoção em faixas. Os novos contabilistas entravam como contador júnior ou de estafe. Depois de dois anos, o desempenho deles era examinado para promoção a contador sênior ou demissão. Ali pelo quinto ou sexto ano, era decidido promovê-los a gerente de contas. Por fim, depois de 10 ou 12 anos na empresa, o gerente poderia ser promovido a sócio. Esse era um cargo muito disputado. Nos últimos cinco anos, somente 20% dos gerentes de conta da M&M tinham sido promovidos a sócio, condição em que gozavam de uma posição praticamente vitalícia e de aumentos consideráveis de salário, benefícios e prestígio. A M&M tinha reputação de ser uma empresa voltada a resultados: as promoções a sócio eram baseadas em cumprimento de prazos, retenção de clientes e geração de receita. A equipe de promoção baseava a respectiva decisão no desempenho relativo do gerente de contas em comparação com seus pares.

Depois de uma semana fazendo a auditoria em Johnsonville, Palmer recebeu uma ligação de Sands para encontrá-la em seu escritório. Lá, ele foi apresentado a Ken Crosby, que entrara há pouco para a M&M, após trabalhar nove anos em uma das cinco maiores empresas de contabilidade, para gerenciar projetos especiais de consultoria. Sands informou que Crosby tinha conseguido recentemente um grande projeto de consultoria com a Springfield Metals. Aquele era um grande momento para a empresa: a M&M tinha competido pelo projeto contra duas das cinco maiores empresas de contabilidade. Sands pôs-se a explicar que estava trabalhando com Crosby para montar a equipe dele para a qual Crosby insistia que Zeke Olds fosse designado. Ela lhe disse que isso seria impossível, pois Olds já fora designado para trabalhar na auditoria em Johnsonville. Crosby não desistiu, dizendo que a expertise de Olds era essencial para o projeto de Springfield. Sands decidiu chegar a um meio-termo, fazendo Olds dividir seu tempo entre os dois projetos.

Nesse momento, Crosby voltou-se para Palmer e disse: "Não gosto de complicar as coisas. Por que não combinamos de Olds trabalhar para mim de manhã e para você à tarde? Tenho certeza de que conseguiremos resolver os problemas que surgirem. Afinal, ambos trabalhamos para a mesma empresa".

SEIS SEMANAS DEPOIS

Palmer tinha vontade de gritar sempre que se lembrava das palavras de Crosby: "afinal, ambos trabalhavam para a mesma empresa". O primeiro sinal de apuros veio na primeira semana da nova combinação, quando Crosby ligou pedindo que Olds trabalhasse no seu projeto por toda a quinta-feira. Eles estavam fazendo uma abrangente visita ao cliente, e Olds era vital para a avaliação. Depois que um relutante Palmer concordou, Crosby disse que ficava lhe devendo uma. Na semana seguinte, quando Palmer ligou para Crosby pedindo que devolvesse o favor, Crosby recusou taxativamente e disse que poderia fazê-lo em qualquer semana, menos naquela. Uma semana mais tarde, Palmer tentou de novo, obtendo a mesma resposta.

No início, Olds aparecia pontualmente às 13h no escritório de Palmer para trabalhar na auditoria. Logo, tornou-se um hábito chegar 30 ou 60 minutos atrasado. Sempre havia um bom motivo. Ele estava em uma reunião em Springfield e não podia sair, ou uma tarefa urgente demorara mais do que o planejado. Uma vez, era porque Crosby levou toda a sua equipe para almoçar no novo restaurante tailandês – Olds chegou uma hora atrasado por causa do serviço lento. No início, Olds costumava compensar o horário trabalhando após o expediente, mas Palmer sabia, por conversas que ouviu, que isso estava criando tensão na sede.

O que provavelmente mais incomodava Palmer eram os e-mails e telefonemas que Olds recebia de Crosby e dos membros da sua equipe durante a tarde, quando ele deveria estar trabalhando para Palmer. Em um par de vezes, Palmer poderia jurar que Olds estava trabalhando no projeto de Crosby no escritório dele (no de Palmer).

Palmer se reuniu com Crosby para falar sobre o problema e dar vazão às suas reclamações. Crosby fez cara de surpreso e até de um pouco magoado e prometeu que as coisas mudariam, mas o padrão prosseguiu.

Palmer começou a ficar paranoico a respeito de Crosby. Ele sabia que Crosby jogava golfe com Olds nos fins de semana e ficava imaginando Crosby falando mal do projeto de Johnsonville e destacando como a auditoria era chata. O triste era que provavelmente havia alguma verdade no que Crosby eventualmente dissesse: o projeto de Johnsonville estava indo mal e a equipe estava ficando para trás no cronograma. Um dos fatores que contribuía para isso era o desempenho de Olds cujo trabalho não seguia o padrão costumeiro. Palmer foi falar com Olds sobre isso que ficou na defensiva; depois, Olds pediu desculpas e confidenciou que achava difícil ora sintonizar o pensamento na consultoria, ora na auditoria, mas prometeu se emendar, e houve uma ligeira melhoria no desempenho dele.

A gota d'água veio quando Olds pediu para sair mais cedo na sexta-feira para que pudesse levar a esposa e os filhos a um jogo de beisebol dos Milwaukee Brewers. Revelou-se que a Springfield Metais havia dado ingressos corporativos a Crosby que decidiu, então, presentear a equipes com lugares no camarote logo atrás do *dugout* dos Brewers. Palmer odiou ter de fazê-lo, mas precisou recusar o pedido de Crosby e se sentiu culpado ao escutar o colega explicando para o filho, ao telefone, por que eles não poderiam ir ao jogo.

Palmer finalmente decidiu pegar o telefone para solicitar uma reunião urgente com Sands e resolver o problema. Tomou coragem e fez a ligação apenas para descobrir que ela só voltaria ao escritório na semana seguinte. Ao pôr o telefone no gancho, ele pensou que as coisas talvez melhorassem.

DUAS SEMANAS DEPOIS

Sands apareceu inesperadamente no escritório de Palmer, dizendo que eles precisavam falar sobre Olds. Palmer ficou encantado, pensando que agora poderia dizer a ela o que andava acontecendo. Mas antes de ele ter chance de falar, Sands contou que conversou com Olds no dia anterior e que ele confessara estar em maus lençóis trabalhando nos projetos de Crosby e de Palmer. Ele estava tendo dificuldades para se concentrar na auditoria de tarde porque estava pensando em algumas das questões de consultoria que surgiam de manhã. Estava fazendo horas extras para tentar cumprir os prazos de ambos os projetos e isso estava criando problemas em casa. O resumo era que ele estava estressado, não sabia como lidar com a situação e pediu para ser designado ao projeto de Crosby em tempo integral. Sands explicou que Olds não culpou Palmer; ao contrário, tinha muitas coisas boas para dizer dele e apenas gostava mais do trabalho de consultoria e o achava mais desafiador. Sands concluiu: "Eu lhe disse que compreendia e que falaria com você sobre a situação para ver o que poderia ser feito. Francamente, acho que devemos retirar Olds do seu projeto e colocá-lo trabalhando em tempo integral no de Crosby. O que você acha?".

1. Se você fosse Palmer, como você reagiria?
2. Palmer poderia fazer alguma coisa para não perder Olds? O quê?
3. Quais as vantagens e desvantagens de uma estruturação do tipo matriz que ficam aparentes nesse caso?
4. O que a gerência da M&M poderia fazer para administrar melhor situações como essa?

Caso | Horizon Consulting

Patti Smith olhou para o claro céu azul da Carolina antes de entrar no escritório da Horizon Consulting. Era sexta-feira, o que queria dizer que ela precisava se preparar para a reunião semanal de relatório de *status*. A Horizon Consulting é uma **empresa de desenvolvimento de software customizado** que oferece **serviços de aplicativos móveis** completamente integrados para plataformas **iPhone™**, **Android™**, **Windows Mobile®** e **BlackBerry®**. Foi fundada por James Thrasher, um ex-executivo de marketing que logo percebeu o potencial do marketing digital via smartphones. A Horizon obteve sucesso inicial no marketing esportivo, mas logo expandiu para outros setores. Uma chave do êxito foi a queda no custo do desenvolvimento de aplicativos de smartphones, o que expandiu a base de clientes, devida principalmente à curva de aprendizado e à capacidade de criar soluções customizadas sobre plataformas estabelecidas.

Patti Smith ingressou mais tarde nesse mercado, tendo voltado à universidade após trabalhar no ramo de restaurantes por nove anos. Ela e o ex-marido tentaram, sem êxito, gerenciar um restaurante vegetariano em Golden, Colorado. Após o divórcio, ela voltou à Universidade de Colorado, onde se graduou em sistema de informação de gerenciamento, com cadeiras em marketing também. Embora gostasse muitos mais das cadeiras de marketing do que das de sistemas, Patti sentia que o *know-how* adquirido lhe daria um diferencial no mercado de trabalho. Isso se mostrou verdadeiro quando a Horizon a contratou como gerente de contas logo depois da formatura para substituir Stephen Stills, que iniciara o ramo de restaurantes da Horizon. Conforme um gerente de contas disse, Stephen fora demitido por que era uma *prima donna* e acumulava recursos. Os clientes de Patti iam de restaurantes finos aos pés-sujos de fundo de quintal. Ela ajudou a desenvolver aplicativos de smartphone para que os usuários fizessem reservas, navegassem pelos cardápios, recebessem alertas sobre ofertas especiais do dia, dessem *feedback* de cliente, fizessem pedidos para retirada e, em alguns casos, pedir tele-entrega. Como gerente de contas, ela trabalhava com os clientes para avaliar as necessidades deles, desenvolver um plano e criar aplicativos customizados de smartphone.

A Horizon parecia um belo achado para Patti. Ela tinha treinamento técnico suficiente para poder trabalhar com engenheiros de software e ajudar a guiá-los na produção. Ao mesmo tempo, ela sabia se relacionar com os donos de restaurantes e gostava de trabalhar com eles em web design e marketing digital.

A Horizon estava organizada em três departamentos: vendas; desenvolvimento de *software*; e gráficos, com gerentes de contas atuando como gerentes de projetos. Os gerentes de contas geralmente vinham das vendas, e dividiam o tempo entre projetos e apresentações de vendas para clientes potenciais. A Horizon empregava um grupo central de engenheiros e designers de software, complementado por programadores contratados, quando necessários.

A primeira etapa do desenvolvimento de uma aplicação de smartphone exigia que o gerente de contas se reunisse com o cliente para definir os requisitos e a visão do aplicativo. Então, o gerente de contas trabalhava com um designer de interface gráfica de usuário (GUI, do inglês *graphic user interface*) para obter um *story board* preliminar de como o aplicativo funcionaria e qual seria seu aspecto. Aprovados o conceito inicial e os requisitos, dois pares de engenheiros de software eram designados para o gerente de contas. O primeiro par (engenheiros de aplicativo) trabalhava no lado de smartphone do aplicativo, enquanto o segundo par trabalhava do lado do cliente do aplicativo. A Horizon preferia que os engenheiros de software trabalhassem em duplas para que um pudesse verificar o trabalho do outro. Em geral, os dois engenheiros de aplicativo trabalham em tempo integral na aplicação, até que ela estivesse finalizada, enquanto os outros engenheiros trabalhavam em diversos projetos, segundo a necessidade. Da mesma forma, os designers de GUI trabalhavam no projeto em certos estágios-chave do ciclo de desenvolvimento do produto quando a respectiva expertise era necessária.

O chefe da Graphics administra o cronograma dos designers de GUI, enquanto o chefe de software administra as tarefas do engenheiro de software. No fim de cada projeto, os gerentes de contas apresentavam revisões de desempenho das suas equipes. O diretor de vendas era responsável pelas revisões de desempenho dos gerentes de contas, com base na satisfação do cliente, geração de vendas e desempenho do projeto.

A empresa acreditava em desenvolvimento iterativo e, a cada 2 a 3 semanas, os gerentes de contas tinham que demonstrar a última versão das aplicações aos clientes. Isso resultava em *feedback* útil e, em muitos casos, na redefinição do escopo do projeto. Frequentemente, os clientes queriam acrescentar mais funcionalidade a determinada aplicação depois de perceberem o que o software podia fazer. Dependendo da complexidade da aplicação e das mudanças introduzidas após o projeto estar em andamento, geralmente levava de 2 a 4 meses até que a Horizon entregasse um produto acabado ao cliente.

No momento, Patti estava trabalhando em três projetos. Um era para o Shanghai Wok, um popular restaurante chinês caseiro localizado no centro de Charlotte, Carolina do Norte. Os proprietários do queriam que a Horizon criasse um aplicativo de smartphone para que os clientes pudessem pedir e pagar antecipadamente refeições que simplesmente recolheriam em uma janela de entregas. O segundo projeto era para o Taste of India, que funcionava em Kannapolis, Carolina do Norte. Eles queriam que a Horizon criasse um aplicativo de telefone para que os funcionários das empresas de biotecnologia próximos pedissem comida para entrega nos horários de almoço e jantar. O último projeto era para o Nearly Normal, um restaurante vegetariano que queria enviar alertas por e-mail a assinantes, descrevendo em detalhes seus especiais fresquinhos do dia.

James Thrasher era um admirador do Google e estimulava um ambiente lúdico, porém focado, no trabalho. Os funcionários podiam decorar os respectivos espaços de trabalho, trazer animais de estimação e jogar pingue-pongue ou sinuca quando precisavam de um intervalo. A Horizon pagava bem seus funcionários, mas a grande recompensa era o bônus anual de Natal, baseado nos lucros gerais da empresa que eram distribuídos proporcionalmente ao nível salarial e às revisões de desempenho. Não era incomum que os funcionários recebessem um acréscimo de 10 a 15% do pagamento no fim do ano.

REUNIÃO DE RELATÓRIO DE *STATUS*

Como de hábito, Patti chegou cedo à reunião de relatório de *status*. David Briggs estava no meio de uma descrição do lance decisivo que John Lorsch fizera no jogo de *softball* da noite anterior. A Horizon patrocinava um time de *softball* misto da liga municipal, no qual a maioria dos gerentes de contas jogava. Patti fora persuadida a jogar para que o número necessário de "jogadoras femininas" estivesse em campo. De início, ela torceu o nariz para a ideia: aquele não era o esporte dela, mas, no fim, gostou de participar. Não só era divertido, mas também lhe dava uma oportunidade de conhecer os outros gerentes.

James Thrasher entrou na sala e todo mundo se aprumou para trabalhar. Como sempre, ele começou perguntando se alguém tinha notícias importantes para trazer à atenção de todos. Jackson Browne lentamente ergueu a mão e disse: "Acho que tenho. A IOS da Apple me avisou recentemente que eles rejeitaram nosso app TAT". TAT, um aplicativo de telefone cujo projeto era liderado por Jackson, permitia que os assinantes reservassem e vissem em tempo real quais raias de piscina estavam disponíveis em um prestigiado clube atlético. Essa informação foi seguida por um grunhido coletivo. Antes de um aplicativo Apple poder entrar em operação, ele tinha de ser submetido à Apple e aprovado por ela. Isso, geralmente, não era um problema, mas, nos últimos tempos, a Apple vinha rejeitando aplicativos por razões as mais diversas. Jackson seguiu distribuindo uma lista das mudanças que tinham de ser feitas para que a Apple aprovasse o aplicativo. O grupo estudou a lista e em ridicularizou alguns dos novos requisitos.

Por fim, James Thrasher perguntou a Jackson quanto demoraria para fazer as alterações necessárias e reenviar o aplicativo para aprovação. Jackson achava que provavelmente de duas a três semanas, no máximo. Thrasher perguntou quem eram os engenheiros trabalhando naquele projeto. Patti ficou preocupada, pois um dos engenheiros de aplicativo que haviam desenvolvido o aplicativo TAT estava trabalhando no projeto dela, o Shanghai Wok, e ela sabia o que aconteceria em seguida. Thrasher anunciou: "OK, pessoal: faz sentido que esses engenheiros sejam os melhores para terminar o que começaram, então todos eles terão de ser realocados no projeto TAT. Os afetados terão de se conversar depois dessa reunião e pensar em como vão substituí-los". A reunião, então, prosseguiu como o planejado com cada gerente de contas relatando o *status* do respectivo projeto e compartilhando questões relevantes com o grupo.

APÓS A REUNIÃO

Enquanto todos debandavam, Patti olhava ao redor para ver quem mais estava no mesmo barco. Havia três outros gerentes de contas, assim como Jackson Browne. As atribuições de recursos eram uma questão recorrente na Horizon, dada a natureza do trabalho. A empresa desenvolvera uma política em que as decisões eram tomadas com base na prioridade dos projetos. Cada um deles recebia uma designação verde, azul ou roxa, conforma a prioridade da empresa. O *status* de prioridade era baseado na contribuição do projeto para a missão da firma. O projeto do Shanghai Wok, dados seu tamanho e escopo limitados, era um projeto roxo, a classificação mínima. A lista de engenheiros de software disponíveis estava exibida no telão. Patti só conhecia alguns nomes.

Leigh Taylor, que tinha o único projeto verde, escolheu Jason Wheeler da lista. Ela já escalara antes e confiava no trabalho dele. Tom Watson e Samantha Stewart tinham projetos azuis e precisavam substituir um engenheiro de aplicativos móveis. Os dois imediatamente disputaram Prem Mathew, dizendo que ele era a pessoa certa para o projeto. Após um pouco de disputa amigável, Tom disse: "OK, Sam, você pode ficar com ele. Eu me lembro de quando você me ajudou no projeto Argos; além disso, o meu projeto está começando. Vou ficar com Shin Chen". Todo mundo ficou olhando para Patti. Ela começou dizendo: "Sabe, conheço apenas alguns desses nomes. Acho que fico com Mike Thu". Jackson exclamou: "Oi, pessoal. Lamento que isso tenha acontecido e tenho certeza de que Mike é um bom programador, mas eu recomendo que você trabalhe com Axel Gerthoff. Já trabalhei com ele antes, o que foi ótimo e ele aprende muito". Isso foi um alívio para Patti que aceitou logo a sugestão. Eles saíram para apresentar um relatório a Thrasher, detalhando as decisões que cada um tinha tomado e o impacto sobre os respectivos projetos.

1. Quão bem-sucedido foi o pós-reunião?
2. Quais fatores contribuíram para o sucesso ou fracasso dessa reunião?
3. Que tipo de estrutura de gerenciamento de projetos a Horizon usa? É a estrutura certa? Explique.

CAPÍTULO QUATRO

Definição do projeto

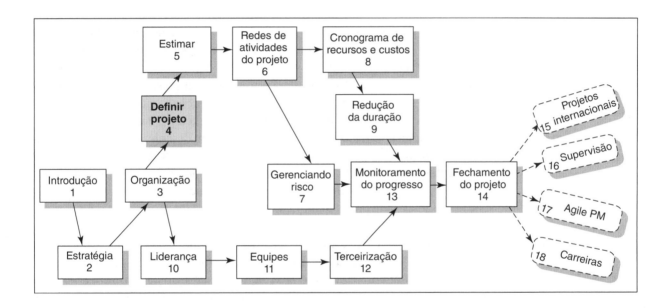

Definição do projeto
Etapa 1: Definição do escopo do projeto
Etapa 2: Estabelecimento das prioridades do projeto
Etapa 3: Criação da estrutura analítica do projeto (EAP)
Etapa 4: Integração da EAP com a empresa
Etapa 5: Codificação da EAP para o sistema de informação
Matriz de responsabilidade
Plano de comunicação do projeto
Resumo

Select a dream (selecione um sonho)

Use your dream to set a goal (use o seu sonho para definir uma meta)

Create a plan (crie um plano)

Consider resources (considere os recursos)

Enhance skills and abilities (otimize habilidades e capacidades)

Spend time wisely (empregue o tempo sabiamente)

Start! (comece!) Organize-se e vá

... é um daqueles acro-alguma-coisa, disse o ursinho Puff.[*]

Os gerentes de projetos encarregados de um único projeto pequeno podem organizar e programar as tarefas dele sem muito planejamento e informação. Entretanto, quando o gerente de projetos precisa administrar vários projetos pequenos ou um grande e complexo, rapidamente conclui que não consegue mais dar conta dos detalhes.

Este capítulo descreve um método disciplinado e estruturado para coletar seletivamente informações a serem utilizadas em todas as fases do ciclo de vida do projeto, satisfazer as necessidade das partes interessadas (como o cliente e o gerente do projeto) e medir o desempenho em relação ao plano estratégico da empresa. O método sugerido representa um desenho do projeto e chama-se *estrutura analítica do projeto*. Os primeiros estágios do desenvolvimento do planejamento servem para que todas as tarefas sejam identificadas e os participantes do projeto compreendam o que deve ser feito. Após a estrutura de trabalho ser definida em detalhes, pode-se desenvolver um sistema de informação integrado para programar trabalho e alocar orçamentos. Essas informações de base serão usadas mais tarde para controle.

Além disso, o capítulo apresenta uma variante da estrutura analítica do projeto chamada *estrutura analítica de processo*, assim como as matrizes de responsabilidade usadas para projetos menores e menos complexos. Com o trabalho do projeto definido por meio da *estrutura analítica do projeto*, o capítulo encerra com o processo de criação de um plano de comunicação para ajudar a coordenar as atividades do projeto e acompanhar seu progresso.

As cinco etapas genéricas aqui descritas fornecem uma abordagem estruturada para a coleta das informações necessárias no desenvolvimento de uma estrutura analítica do projeto. Essas etapas e o desenvolvimento de redes de projeto, como se verá nos capítulos seguintes, ocorrem todos ao mesmo tempo, e geralmente são necessárias diversas iterações para estabelecer datas e orçamentos que possam ser usados para gerenciar o projeto. O velho ditado "só se pode controlar o que se planeja" é verdadeiro; portanto, definir o projeto é a primeira etapa.

Etapa 1: Definição do escopo do projeto

A definição do escopo do projeto cria o cenário para o desenvolvimento do plano do projeto. O escopo define o resultado final ou missão do projeto – um produto ou serviço para seu cliente. O objetivo principal é definir, o mais claramente possível, as entregas para o usuário final e focar os planos do projeto. Por mais fundamental e essencial que pareça a definição do escopo, ela, muitas vezes, é negligenciada por líderes de projetos de grandes corporações bem-administradas.

---

[*] Roger E. Allen and Stephen D. Allen, *Winnie-the-Pooh on Success* (New York: Penguin, 1997), p. 10.

Pesquisas mostram claramente que um escopo ou missão maldefinidos é a barreira ao sucesso do projeto mais mencionada. Em um estudo envolvendo mais de 1.400 gerentes de projetos nos Estados Unidos e Canadá, Gobeli e Larson (1986) concluíram que cerca de 50% dos problemas de planejamento estão relacionados à definição incerta de escopo e metas. Esse e outros estudos sugerem uma forte correlação entre sucesso no projeto e definição clara de escopo (cf. Ashley et al., 1987; Pinto and Slevin, 1988; Standish Group, 2009). O documento de escopo direciona o foco para a finalidade do projeto durante toda a sua vida, para os participantes e para o cliente.

O escopo deve ser desenvolvido sob a direção do gerente do projeto, do cliente e de outras partes interessadas. O gerente do projeto é responsável por garantir que haja um acordo com o patrocinador sobre objetivos do projeto, entregas em cada estágio, requisitos técnicos e assim por diante. Por exemplo, uma entrega no estágio inicial pode ser o estabelecimento de especificações; no segundo estágio, três protótipos para produção; no terceiro, uma quantidade suficiente para introduzir no mercado; e, por fim, promoção e treinamento de marketing.

A definição do escopo do projeto é um documento que será publicado e utilizado pelo patrocinador e pelos participantes do projeto para planejar e medir o sucesso dele. *Escopo* descreve o que se espera entregar ao cliente quando o projeto for concluído e deve definir os resultados a serem atingidos em termos específicos, tangíveis e mensuráveis.

Utilização de uma lista de verificação de escopo de projeto

O escopo do projeto é, claramente, o calcanhar de Aquiles que entrelaça todos os elementos do plano do projeto. Para garantir que a definição de escopo esteja completa, você pode usar a seguinte lista de verificação:

Lista de verificação de escopo do projeto
1. Objetivo do projeto
2. Entregas
3. Marcos
4. Requisitos técnicos
5. Limites e exclusões
6. Revisões com o cliente

1. **Objetivo do projeto.** A primeira etapa da definição de escopo do projeto é definir o objetivo geral para satisfazer as necessidades do seu cliente. Por exemplo, após uma abrangente pesquisa de mercado, uma empresa de software decide desenvolver um programa que traduza automaticamente frases verbais do inglês para o russo. O projeto deve ser concluído dentro de 3 anos, a um custo não superior a US$ 1,5 milhão. Outro exemplo é desenhar e produzir um sistema completamente portátil de tratamento térmico de resíduos tóxicos, em 13 meses e a um custo abaixo de US$ 13 milhões. O objetivo do projeto esclarece o que, quando e quanto.

2. **Entregas.** A próxima etapa é definir as principais entregas: as saídas esperadas e mensuráveis ao longo da vida do projeto. Por exemplo, a entrega da primeira fase de desenho de um projeto poderia ser uma lista de especificações. Na segunda, as entregas poderiam ser a codificação do software e o manual técnico. A fase seguinte poderia ser o protótipo. Na fase final, poderiam ser os últimos testes e o software aprovado. Observação: entregas e requisitos, muitas vezes, são empregados como equivalentes.

3. **Marcos.** Um marco é um evento significativo em um projeto que ocorre em um ponto no tempo. O cronograma de marcos exibe apenas grandes segmentos de trabalho: ele representa as primeiras estimativas aproximadas de tempo, custo e recursos do projeto. O cronograma é criado utilizando-se as entregas como uma plataforma para identificar os principais segmentos de trabalho e uma data final, por exemplo, testes concluídos e finalizados até 1º de julho do mesmo ano. Os marcos devem ser pontos de controle naturais e importantes do projeto, além de passíveis de fácil reconhecimento por parte de todos os envolvidos do projeto.

4. **Requisitos técnicos.** Na maior parte das vezes, um produto ou serviço terá requisitos técnicos para garantir o desempenho correto que, em geral, esclarecem as entregas ou definem as especificações de desempenho. Por exemplo, um requisito técnico de um computador pessoal poderia ser a capacidade de aceitar corrente alternada de 120 volts ou contínua de 140 volts, sem adaptadores ou interruptores. Outro exemplo conhecido é a capacidade dos sistemas de emergência 911 de identificar o número e a localidade do telefone de quem chama. Exemplos de projetos de sistemas de informação incluem velocidade e capacidade de sistemas de base de dados e conectividade com sistemas alternativos. Para compreender a importância dos principais requisitos, consulte o "Caso Prático: Big Bertha II *versus* o requisito de COR da USGA".
5. **Limites e exclusões.** Devem-se definir os limites do escopo. Não fazê-lo pode levar a falsas expectativas e ao gasto de recursos e tempo no problema errado. Exemplos de limites são: os deslocamentos da e para a sede do trabalho serão terceirizados será terceirizado; a manutenção e o reparo do sistema serão feitos somente até um mês após a inspeção final; o treinamento extra além do previsto no contrato será cobrado do cliente. As exclusões definem melhor o limite do projeto ao dizer o que não está incluído. Exemplos incluem: os dados serão coletados pelo cliente, e não pelo contratado; será construída uma casa, mas sem paisagismo ou dispositivos de segurança; será instalado software, mas não será dado treinamento.
6. **Revisões com o cliente.** A lista de verificação do escopo termina com uma revisão com o cliente, interno ou externo. O principal aqui são a compreensão e o acordo quanto às expectativas. O cliente está obtendo o que deseja com as entregas? A definição do projeto identifica as principais realizações, orçamentos, agenda e requisitos de desempenho? As questões de limites e exclusões foram cobertas? É imperativa a comunicação clara sobre todas essas questões a fim de evitar reclamações ou mal-entendidos.

A definição do escopo deve ser a mais breve possível, porém completa: uma ou duas páginas são o normal para um projeto pequeno. Consulte o "Caso Prático: Declaração de escopo".

O *checklist* que vimos na página anterior é genérico. Diferentes setores e empresas desenvolverão listas de verificação e modelos diversos para acomodar suas necessidades e tipos específicos de projetos. Algumas empresas envolvidas em trabalho contratado se referem à declaração de escopo como "descritivo de serviços" (SOW). Outras usam o **termo de abertura do projeto** que acabou assumindo um significado especial no mundo do gerenciamento de projetos: o daquele que autoriza o gerente do projeto a dar início e liderar o projeto. Esse documento é emitido pela gerência superior, autorizando por escrito que o gerente do projeto use os recursos organizacionais para as respectivas atividades. O documento formal frequentemente inclui uma breve descrição do escopo e itens como limites de risco, necessidades do cliente, limites de despesa e até composição da equipe.

Muitos projetos sofrem de **fluência de escopo**, a tendência que o escopo do projeto tem de se expandir ao longo do tempo – normalmente mediante alteração de requisitos, especificações e prioridades. Ela pode ser reduzida escrevendo-se a respectiva declaração com cuidado. Se for ampla demais será um convite à fluência de escopo. A fluência de escopo pode ter um efeito positivo ou negativo sobre o projeto, mas, na maioria dos casos, ela significa mais custos e possíveis atrasos no projeto. Mudanças de requisitos, especificações e prioridades costumam gerar gastos excessivos e atrasos. Os exemplos são muitos: o sistema de manejo de bagagem do aeroporto de Denver; o novo sistema de estradas expressas de Boston; o trem-bala de Xangai, na China; e a lista segue. Em projetos de desenvolvimento de software, a fluência de escopo se manifesta em produtos inchados, em que muitas funções prejudicam a facilidade de uso.

Se o escopo do projeto precisar mudar, é fundamental um sólido processo de controle de mudanças em ação, registrando-as e mantendo um rol de todas que ocorrerem no projeto. O rol identifica mudança, impacto e os responsáveis por aceitar ou rejeitar a mudança proposta.

O controle da mudança é um dos tópicos do Capítulo 7. Os gerentes de projetos afirmam continuamente que lidar com requisitos que se modificam é um dos seus problemas mais desafiadores.

CASO PRÁTICO — Big Bertha II *versus* o requisito de COR da USGA*

Em 1991, a Callaway Golf Equipment apresentou seu *driver* Big Bertha, revolucionando o ramo dos equipamentos de golfe. O Big Bertha – batizado assim por causa de um canhão de longa distância alemão da Primeira Guerra Mundial – era muito maior do que os tacos de madeira convencionais e não tinha *hosel* (o encaixe na cabeça do taco onde a haste é inserida), de forma que o peso se distribuía melhor por toda a cabeça. Esse design inovador dava à cabeça do taco um ponto otimizado maior, o que permitia ao jogador acertar a bolinha fora do centro sem perder muito em distância ou precisão. A Callaway mantém sua posição proeminente na indústria do golfe utilizando tecnologia espacial para ampliar a exatidão e a distância de equipamentos de golfe.

No ano 2000, a Callaway apresentou o *driver* Big Bertha ERC II, forjado em titânio, tecnologicamente superior a qualquer outro do mercado. No entanto, havia um grande problema. A nova versão do Bertha não estava em conformidade com o requisito de coeficiente de restituição (COR) definido pela Associação de Golfe dos Estados Unidos (USGA). Em consequência, seu uso foi vetado para golfistas da América do Norte que quisessem jogar segundo as regras da USGA.

A Associação acreditava que os velozes progressos tecnológicos dos equipamentos de golfe introduzidos pela Callaway Golf e outros fabricantes estavam ameaçando a integridade do esporte. Os jogadores estavam dando tacadas tão mais compridas e retas que os campos de golfe em todo o mundo estavam sendo redesenhados para ficarem mais longos e terem maior grau de dificuldade.

Assim, a USGA, em 1998 estabeleceu limites de desempenho para todos os novos equipamentos de golfe. Para impedir que os fabricantes desenvolvessem tacos mais potentes, a USGA limitou o COR dos novos equipamentos de golfe a 0,83. O COR era calculado disparando-se uma bola de golfe contra um *driver*, com uma máquina parecida com um canhão, a 175 km/h. A velocidade da bola devolvida para o canhão não poderia passar de 83% da sua velocidade inicial (145 km/h). A USGA denominou a proporção entre as velocidades de entrada e de saída de coeficiente de restituição (COR). A intenção do valor COR da USGA era limitar a distância com qual as bolas de golfe poderiam ser lançadas, uma vez que estudos indicavam que um aumento de 0,01 no COR resultava em duas jardas a mais de alcance. O COR do Big Bertha ERC II era de 0,86.

Após diversos esforços para que a USGA alterasse seus requisitos técnicos, os engenheiros da Callaway voltaram às pranchetas e, em 2002, apresentaram o Great Big Bertha II, de acordo com a restrição de USGA de 0,83 de COR.

* John E. Gamble. "Callaway Golf Company: Sustaining Advantage in a Changing Industry," in A. A. Thompson, J. E. Gamble, and A. J. Strickland, *Strategy: Winning in the Marketplace*, Boston: McGraw-Hill/Irwin, 2004, pp. C204-C228.

Etapa 2: Estabelecimento das prioridades do projeto

Qualidade e sucesso final do projeto são tradicionalmente definidos como satisfação e/ou superação das expectativas do cliente e/ou gerência superior em termos de custo (orçamento), tempo (cronograma) e desempenho (escopo) do projeto (Figura 4.1). A inter-relação entre esses critérios varia. Por exemplo, por vezes é necessário comprometer o desempenho de escopo do projeto para concluí-lo mais rapidamente ou com menos gastos. Muitas vezes, quanto mais o projeto demora, mais caro fica. No entanto, nem sempre se verifica uma correlação positiva entre custo e cronograma. Em outros casos, os custos do projeto podem ser diminuídos utilizando-se mão de obra mais barata e menos eficiente ou equipamentos que estendem a duração do projeto. Da mesma forma, como será visto no Capítulo 9, os gerentes de projetos, com frequência, são forçados a agilizar ou "comprimir" certas atividades-chave, acrescentando mais mão de obra e, portanto, aumentando o custo original do projeto.

CASO PRÁTICO — Declaração de escopo

OBJETIVO DO PROJETO

Construir uma casa customizada e de alta qualidade, em 5 meses e a um custo não superior a US$ 500 mil.

ENTREGAS

- Uma casa pronta de 204 m², três dormitórios, dois banheiros e um lavabo.
- Uma garagem pronta, isolada e rebocada.
- Eletrodomésticos, incluindo fogão, forno, micro-ondas e lava-louça.
- Aquecedor a gás de alta eficiência, com termostato programável.

MARCOS

1. Permissões aprovadas – 5 de março
2. Fundações – 14 de março
3. Drywall. Aprovação nas inspeções de portas e esquadrias, forros, encanamento, elétrica e mecânica – 25 de maio
4. Inspeção final – 7 de junho

REQUISITOS TÉCNICOS

1. A casa deve cumprir a legislação de edificações.
2. Todas as aberturas devem ser aprovadas nas classificações de energia classe 40 da NFRC.
3. O isolamento da parede externa deve atingir um fator "R" de 21.
4. O isolamento do teto deve atingir um fator "R" de 38.
5. O isolamento do piso deve atingir um fator "R" de 25.
6. A garagem deve acomodar dois carros grandes e um trailer de 6 metros.

LIMITES E EXCLUSÕES

1. A casa será construída de acordo com as especificações e o projeto das plantas originais fornecidas pelo cliente.
2. O proprietário é o responsável pelo paisagismo.
3. Os eletrodomésticos não incluem geladeira.
4. Ar-condicionado não está incluído, mas a instalação elétrica específica sim.
5. O contratado se reserva o direito de terceirizar serviços.
6. O contratado é o responsável por trabalho terceirizado.
7. O trabalho na obra está limitado de segunda a sexta-feira, das 8h00 às 18h00.

REVISÃO DO CLIENTE

John e Joan Smith

Um dos principais serviços do gerente de projetos é administrar os *trade-offs* entre tempo, custo e desempenho. Para tal, eles precisam definir e entender a natureza das prioridades do projeto. Devem ter uma conversa franca com o cliente do projeto e com a gerência superior para estabelecer a importância relativa de cada critério. Por exemplo, o que acontece quando o cliente não para de acrescentar requisitos? Ou se, no meio de um projeto, deve ser feito um *trade-off* entre custo e prazo (rapidez), qual critério terá prioridade.

Uma técnica encontrada na prática, útil para esse fim, é elaborar uma **matriz de prioridades** para o projeto identificando quais critérios são restritos, quais devem ser otimizados e quais podem ser aceitos:

Restrição. O parâmetro original é fixo. O projete deve cumprir a data de conclusão, as especificações e o escopo do projeto ou o orçamento.

Otimização. Dado o escopo do projeto, qual critério deve ser otimizado? No caso de tempo e custo, a resposta, geralmente, significa aproveitar oportunidades para reduzir custos ou encurtar o cronograma. Inversamente, em termos de desempenho, otimizar significa agregar valor ao projeto.

FIGURA 4.1
Trade-offs de gerenciamento de projetos

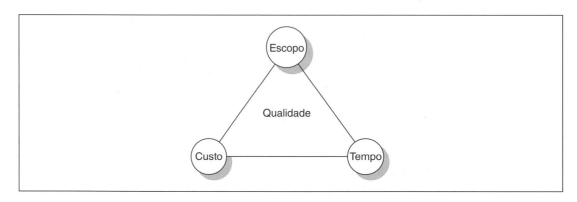

FIGURA 4.2
Matriz de prioridades do projeto

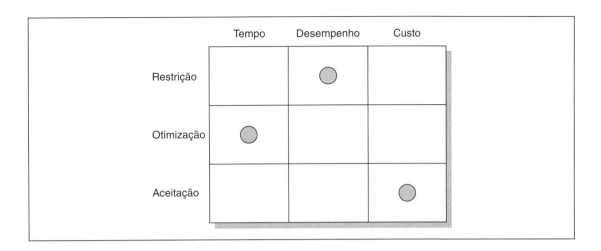

Aceitação. Para quais critérios é tolerável não cumprir os parâmetros originais? Quando trade-offs têm de ser feitos, é permissível falhar como cronograma, reduzir o escopo e desempenho do projeto ou estourar o orçamento?

A Figura 4.2 mostra a matriz de prioridades para o desenvolvimento de um modem wireless. Como o *tempo* até o mercado é importante para as vendas, o gerente do projeto é instruído a aproveitar todas as oportunidades de reduzir o tempo de conclusão. Ao fazer isso, estourar o *orçamento* passa a ser aceitável, embora não desejável. Ao mesmo tempo, as especificações originais de *desempenho* do modem, assim como os padrões de confiabilidade, não podem ser comprometidas.

As prioridades variam de projeto para projeto. Por exemplo, para muitos projetos de software, o tempo até o mercado é crítico, e empresas como a Microsoft podem adiar os requisitos de escopo originais para versões posteriores a fim de chegar ao mercado primeiro. Alternativamente, para projetos de eventos especiais (conferências, desfiles, torneios), o tempo é restrito após o anúncio da data, e, se o orçamento for apertado, o gerente do projeto terá de comprometer o escopo do projeto a fim de concluir o projeto a tempo.

Alguns talvez digam que todos os três critérios são sempre restritos e que o bom gerente de projetos deve buscar otimizar todos eles. Se tudo ocorrer bem no projeto e não surgirem grandes problemas ou reveses, tal argumento pode ser válido. Porém, essa situação é rara, e os gerentes de projetos muitas vezes são forçados a tomar decisões difíceis, que beneficiam um critério em detrimento dos outros dois. A finalidade deste exercício é definir e chegar a um acordo quanto a prioridades e restrições do projeto, para que, quando "o bicho pegar", as decisões certas possam ser tomadas.

É provável que haja limites naturais para a medida do quanto os gerentes podem restringir, otimizar ou aceitar um dado critério. Pode ser aceitável que o projeto fique um mês (mas não mais) além do prazo, ou exceda o orçamento planejado em até US$ 20.000. Da mesma forma, pode ser desejável finalizar um projeto com um mês de antecedência, mas, depois disso, a conservação de custos deve ser a meta primária. Alguns gerentes de projetos documentam esses limites como parte da criação da matriz do projeto.

Em resumo, desenvolver uma matriz de prioridades para um projeto *antes de o projeto começar* é um exercício proveitoso que proporciona um fórum para estabelecer claramente as prioridades com clientes e a alta gerência, de modo a criar expectativas compartilhadas e evitar mal-entendidos. As informações de prioridade são essenciais para o processo de planejamento, onde podem ser feitos ajustes no escopo, cronograma e alocação de recursos. Por fim, a matriz é útil a meio do caminho do projeto para abordar um problema que precisa ser resolvido.

Deve-se mencionar um porém: durante o curso de um projeto, as prioridades podem mudar. O cliente pode subitamente precisar que o projeto seja concluído um mês antes ou novas diretivas da alta gerência podem enfatizar iniciativas de economia de custo. O gerente do projeto precisa estar alerta para antecipar e confirmar mudanças nas prioridades e fazer os ajustes necessários.

Etapa 3: Criação da estrutura analítica do projeto

Principais agrupamentos encontrados em uma EAP

Após o escopo e as entregas terem sido identificados, o trabalho do projeto pode ser subdividido em elementos de trabalho cada vez menores. O resultado desse processo hierárquico é chamado de **estrutura analítica do projeto (EAP)**. O uso da EAP ajuda a assegurar aos gerentes de projetos que todos os produtos e elementos de trabalho sejam identificados, integrar o projeto com a estruturação atual e estabelecer uma base para controle. Basicamente, a EAP é um esboço do projeto com diferentes níveis de detalhe.

A Figura 4.3 mostra os principais agrupamentos comumente usados para desenvolver uma EAP hierárquica. A EAP começa com o projeto como a entrega final. Primeiro, identificam-se as principais entregas/sistemas do trabalho do projeto; então, as subentregas necessárias para realizar os trabalhos maiores são definidas. O processo é repetido até que o nível de detalhe das subentregas seja pequeno o suficiente para ser gerenciável, com a possibilidade de associar uma pessoa como responsável. Essa subentrega é dividida em pacotes de trabalho. Como a menor subentrega geralmente compreende diversos pacotes de trabalho, estes são agrupados por tipo de trabalho – por exemplo, *design* e testes. Os agrupamentos dentro de uma subentrega são chamados de contas de custo. Esse agrupamento facilita um sistema de monitoramento de andamento do projeto por trabalho, custo e responsabilidade.

Como a EAP ajuda o gerente de projetos

Ela define todos os elementos do projeto em um quadro hierárquico e estabelece suas relações com os itens finais do projeto. Pense no projeto como um grande pacote de trabalho que é sucessivamente decomposto em pacotes de trabalho menores; o projeto total é a soma de todos os pacotes de

FIGURA 4.3 Composição hierárquica da EAP

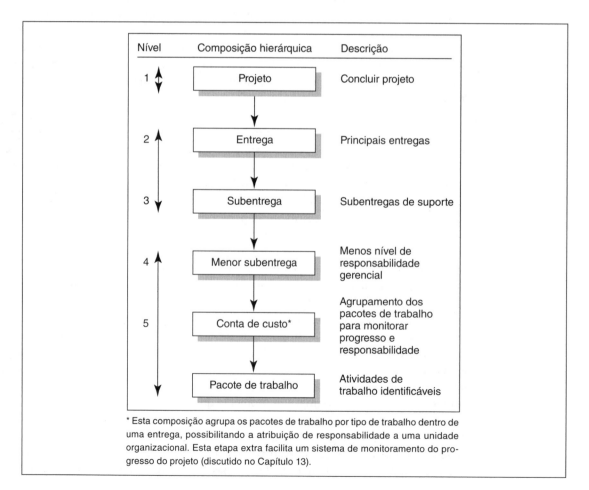

trabalho menores. Essa estrutura hierárquica facilita a avaliação de custo, tempo e desempenho técnico em todos os níveis da empresa ao longo da vida do projeto. A EAP também dá à gerência informações adequadas para cada nível. Por exemplo, a alta gerência lida primordialmente com as principais entregas, enquanto os supervisores lidam com entregas e pacotes de trabalho menores.

Cada item da EAP precisa de uma estimativa de tempo e custo, informações com as quais é possível planejar, programar e orçar o projeto. Ela também serve de modelo para acompanhar custos e o desempenho do trabalho.

À medida que a EAP é elaborada, unidades organizacionais e indivíduos recebem responsabilidade pela execução de pacotes de trabalho. Isso integra o trabalho e a empresa. Na prática, esse processo ocasionalmente é chamado de estrutura analítica da organização (do inglês, OBS – *organization breakdown structure*), que será discutida mais adiante no capítulo.

O uso da EAP dá a oportunidade de "fechar" o orçamento e custos efetivos dos pacotes de trabalho menores em elementos de trabalho maiores, para que se possa medir o desempenho por unidade organizacional e realização dos trabalhos.

A EAP também pode ser usada para definir canais de comunicação, ajudando na compreensão e coordenação de muitas partes do projeto. A estrutura mostra o trabalho e as unidades organizacionais responsáveis, sugerindo para onde deve ser direcionada a comunicação escrita. Os problemas podem ser rapidamente atacados e coordenados, pois a estrutura integra trabalho e responsabilidade.

Elaboração de uma EAP simples

A Figura 4.4 mostra uma EAP simplificada para desenvolver o protótipo de um novo *tablet*. No alto da tabela (nível 1), está o item final do projeto – o Protótipo E-Slim Tablet x-13. As subentregas (2-5) abaixo do nível 1 representam uma decomposição do trabalho. Os níveis da estrutura também podem representar informações de níveis diferentes de gerência. Por exemplo, informações de nível 1 representam o objetivo total do projeto, sendo úteis para a alta gerência; os níveis 2, 3 e 4 são próprios para a gerência média; e o nível 5 é para gerentes de primeira linha.

Na Figura 4.4, o nível 2 indica que há duas grandes entregas – *hardware* e CPU, ou unidade de processamento central (provavelmente, há outras grandes entregas, como *software*, mas, para fins ilustrativos, limitamos nossa atenção a apenas duas.) No nível 3, a CPU está conectada a três entregas – fonte de energia, flash ROM e controlados I/O. O controlador I/O tem três subentregas no nível 4 – slots USB, Internet e *touch screen*. As muitas subentregas de *slots* USB e Internet não foram decompostas. O *touch screen* (hachurado) foi decomposto até o nível 5 e o nível de pacote de trabalho.

Observe que o nível 2, *hardware*, pula os níveis 3 e 4, pois as subentregas finais podem ser empurradas até o menor nível gerenciável, o 5; pular os níveis 3 e 4 sugere que é necessária pouca coordenação e que membros capacitados da equipe já estão familiarizados com o trabalho necessário para concluir as subentregas do nível 5. Por exemplo, hardware necessita de quatro subentregas no nível 5 – gabinete, câmeras, alto-falantes e antena. Cada subentrega inclui pacotes de trabalho que serão concluídos por uma unidade organizacional designada. Observe que a subentrega câmeras inclui quatro pacotes de trabalho – WB-C1, 2, 3 e 4. O *back light*, um subresultado prático do *touch screen*, inclui três pacotes de trabalho – WB-L 1, 2, e 3.

O menor nível da EAP é chamado de **pacote de trabalho**. Pacotes de trabalho são tarefas de baixa duração que têm pontos definidos de início e parada, consomem recursos e representam custos. Cada pacote de trabalho é um ponto de controle. O gerente do pacote de trabalho é responsável por verificar se o pacote é concluído no prazo, dentro do orçamento e de acordo com as especificações técnicas. A prática sugere que um pacote de trabalho não deve ultrapassar 10 dias de trabalho ou um período de relatório. Se esse tempo for superado, devem ser estabelecidos pontos de checagem ou monitoramento no intervalo de, digamos, 3 ou 5 dias, para que o andamento e os problemas possam ser identificados antes que passe tempo demais. Cada pacote de trabalho da EAP deve ser o mais independente possível dos demais pacotes do projeto. Nenhum deles é descrito em mais de uma subentrega da EAP.

Existe uma diferença importante entre início e fim da última subentrega da composição do trabalho e do pacote de trabalho. Em geral, uma subentrega inclui os resultados de mais de um pacote de trabalho, de talvez dois ou três departamentos. Portanto, a entrega não tem uma duração própria e não consome recursos ou dinheiro diretamente (em certo sentido, é claro, a duração de um elemento específico da composição de trabalho pode ser derivada identificando-se qual pacote de trabalho deve começar primeiro [o mais cedo] e qual pacote será o último a terminar; a diferença entre início e fim torna-se a duração da subentrega). Os elementos superiores são usados para identificar entregas em diferentes fases do projeto e para desenvolver relatórios de *status* durante o estágio de execução do ciclo de vida do projeto. Portanto, o pacote de trabalho é a unidade básica usada para planejar, programar e controlar o projeto.

Repassando, cada pacote de trabalho da EAP:

1. Define o trabalho (o que).
2. Identifica o tempo para concluir um pacote de trabalho (quanto tempo).
3. Identifica um orçamento em fases cronológicas para concluir um pacote de trabalho (custo).
4. Identifica os recursos necessários para concluir um pacote de trabalho (quanto).
5. Identifica uma pessoa responsável pelas unidades de trabalho (quem).
6. Identifica pontos de monitoramento para medir o andamento (quão bom).

Criar uma EAP do nada pode ser desencorajador. Os gerentes de projetos devem aproveitar os exemplos relevantes de projetos anteriores para iniciar o processo.

Uma EAP é produto de esforços em grupo. Se o projeto for pequeno, a equipe toda pode estar envolvida na decomposição do projeto em seus componentes. Para projetos grandes e complexos, as pessoas responsáveis pelas principais entregas podem se reunir para estabelecer os dois primeiros níveis de entregas. Em seguida, os detalhes subsequentes devem ser delegados às pessoas responsáveis pelos trabalhos específicos. Coletivamente, essas informações devem ser reunidas e integradas em uma EAP formal por uma pessoa do suporte ao projeto. A versão final deve ser revisada por todos os membros internos da equipe de projeto. As partes interessadas relevantes (sobretudo os clientes) seriam consultados para confirmar a integração e revisar, se for o caso.

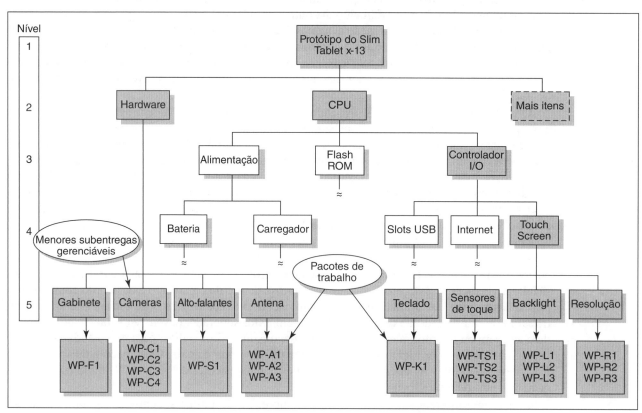

FIGURA 4.4 Estrutura analítica do projeto

CASO PRÁTICO — Elaboração de uma EAP

A Figura 4.4 representa a EAP clássica em que o projeto é decomposto até a menor entrega gerenciável e os pacotes de trabalho subsequentes. Muitas situações não exigem esse nível de detalhe. Isso inevitavelmente traz a questão de até onde se deve decompor o trabalho.

Não existe uma resposta pronta para essa pergunta. No entanto, eis algumas dicas dos gerentes de projetos:

Decomponha o trabalho até você conseguir obter uma estimativa que seja precisa o suficiente para as suas finalidades. Se você está fazendo uma estimativa genérica para ver se o projeto é digno de consideração séria, provavelmente não precisa decompô-lo além das principais entregas. Mas se está precificando um projeto para participar de uma concorrência, é possível que você desça até o nível de pacote de trabalho.

A EAP deve se adequar à programação o trabalho. Por exemplo, se as atribuições forem feitas em termos de dias, as tarefas devem ser limitadas a 1 dia ou mais para conclusão, na medida do possível. Se horas forem a menor unidade de programação, o trabalho pode ser decomposto em incrementos de uma hora.

As atividades finais devem ter eventos de início/fim claramente definidos. Evite tarefas abertas, como "pesquisa" ou "análise de mercado". Leve-as até o próximo nível, em que as entregas/saídas são mais bem definidas. Em vez de terminar com análise de mercado, inclua itens como identificar participação de mercado, listar requisitos do usuário ou redigir uma declaração de problema.

Se prestação de contas e o controle forem importantes, fragmente o trabalho para que fique clara para cada indivíduo a responsabilidade dele sobre aquela tarefa. Por exemplo, em vez de parar em design de produto, vá até o próximo nível e identifique componentes específicos do design (diagrama elétrico, fonte de energia etc.) cuja criação seja de responsabilidade de indivíduos diferentes.

O essencial é que a EAP deve dar o nível de detalhe necessário para administrar com sucesso o projeto em questão.

As equipes de projeto que desenvolvem sua primeira EAP frequentemente esquecem que a estrutura deve ser voltada ao item final, à saída. As primeiras tentativas costumam resultar em uma EAP que segue a estrutura da empresa – *design*, *marketing*, produção, financeiro. Se isso acontecer, o foco recairá sobre a função e os processos da empresa, em vez de sobre a saída ou entregas do projeto. Além disso, uma EAP com foco no processo torna-se uma ferramenta contábil que registra custos por função, em vez de uma ferramenta de gerenciamento de "saída". Devem ser empregados todos os esforços para desenvolver uma EAP orientada à saída, a fim de se concentrar em entregas concretas. Consulte o "Caso Prático: Elaboração de uma EAP".

Etapa 4: Integração da EAP com a empresa

A EAP é utilizada para ligar as unidades organizacionais responsáveis por realizar o trabalho. Na prática, o resultado desse processo é a **estrutura analítica da organização (OBS)**. A OBS retrata como a organização se organizou para se desincumbir do trabalho com responsabilidade. As finalidades da OBS são fornecer um modelo para sumarizar o desempenho de trabalho da unidade organizacional, identificar unidades organizacionais responsáveis por pacotes de trabalho e atrelar a unidade organizacional a contas de controle de custo. Lembre-se: contas de custo agrupam pacotes de trabalho semelhantes (geralmente sob os cuidados de um departamento). A OBS define as subentregas da empresa em um padrão hierárquico, em unidades cada vez menores. Muitas vezes, a estrutura organizacional tradicional pode ser usada. Mesmo se o projeto for completamente concluído por uma equipe, é necessário decompor a estrutura da equipe para designar responsabilidade por orçamentos, tempo e desempenho técnico.

Como na EAP, a OBS designa à menor unidade organizacional a responsabilidade por pacotes de trabalho dentro de uma conta de custo. Eis uma grande força do uso de EAP e OBS: elas podem ser *integradas*, como mostrado na Figura 4.5. A intersecção entre os pacotes de trabalho e a

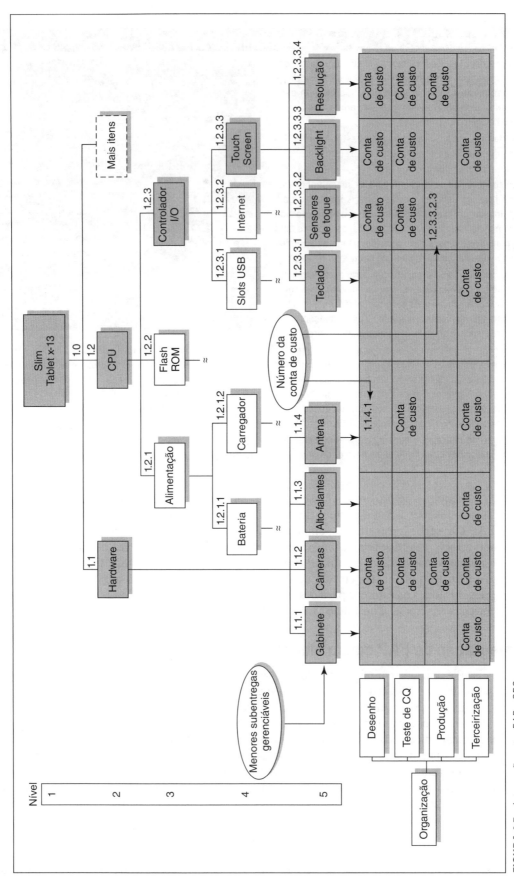

FIGURA 4.5 Integração entre EAP e OBS

unidade organizacional cria um ponto de controle de projeto (**conta de custo**) que integra trabalho e responsabilidade. Por exemplo, no nível 5, sensores de toque, há três pacotes de trabalho que foram designados aos departamentos de design, teste de controle de qualidade e produção. A intersecção entre a EAP e a OBS representa o conjunto de pacotes de trabalho necessários para concluir a subentrega localizada imediatamente acima e a unidade organizacional à esquerda responsável por realizar os pacotes na intersecção. Observe que o departamento de design é responsável por cinco pacotes de trabalho diferentes nas entregas de *hardware* e *touch screen*.

Mais tarde, usaremos a intersecção como uma conta de custo para o controle gerencial de projetos. Por exemplo, o elemento câmeras exige a conclusão de pacotes de trabalho cujas principais responsabilidades incluem os departamentos de design, teste de CQ, produção e terceirização. Os controles podem ser verificados a partir de duas direções – resultados e responsabilidade. Na fase de execução do projeto, a evolução pode ser acompanhada verticalmente pelas entregas (interesse do cliente) e horizontalmente pela responsabilidade organizacional (interesse do proprietário).

Etapa 5: Codificação da EAP para o sistema de informação

A obtenção da utilidade máxima de uma estrutura analítica depende de um sistema de codificação. Os códigos são usados para definir níveis e elementos da EAP, elementos da empresa, pacotes de trabalho e informações de orçamento e custo. Os códigos possibilitam que sejam consolidados relatórios em qualquer nível da estrutura. O esquema mais usado na prática é por níveis hierárquicos numéricos. Uma parte do projeto do Protótipo E-Slim Tablet x-13 é apresentada na Tabela 4.1.

TABELA 4.1
Codificação da EAP
TELA DE EXCEL

	Modo de tarefa	Nome da tarefa
1		**1 Protótipo E-Slim Tablet x-13**
2		**1.1 Hardware**
3		1.1.1 Câmeras
4		1.1.2 Alto-falantes
5		1.1.3 Antena
6		**1.2 CPU**
7		**1.2.1 Alimentação**
8		1.2.1.1 Bateria (mais itens)
9		1.2.1.2 Carregador (mais itens)
10		**1.2.2 Flash ROM (mais itens)**
11		1.2.2.1 Controlador I/O
12		1.2.2.2 Slots USB (mais itens)
13		1.2.2.3 Internet (mais itens)
14		**1.2.3 Touch screen**
15		**1.2.3.1 Teclado**
16		1.2.3.1.1 Pacote de trabalho
17		**1.2.3.2 Sensores de toque**
18		1.2.3.2.1 Pacote de trabalho
19		1.2.3.2.2 Pacote de trabalho
20		1.2.3.2.3 Pacote de trabalho
21		1.2.3.3 Backlight (mais itens)
22		1.2.3.4 Resolução (mais itens)

Observe que a identificação do projeto é 1.0. Cada nível sucessivo representa um elemento ou pacote de trabalho menor. No fim, o esquema numérico desce até o nível do pacote de trabalho, e todas as tarefas e elementos da estrutura têm um código de identificação. A "conta de custo" é o ponto focal, em que todos os orçamentos, atribuições de trabalho, tempo, custo e desempenho técnico se reúnem.

Esse sistema de codificação pode ser estendido para abarcar projetos grandes. Esquemas adicionais podem ser acrescentados para relatórios especiais. Por exemplo, colocar "23" após o código pode indicar a localidade de uma obra, uma elevação ou uma conta especial, como mão de obra. Algumas letras podem ser usadas como identificadores especiais, como "M" para materiais ou "E" para engenheiros Você não está limitado a apenas 10 subdivisões (0-9); você pode estender cada subdivisão em números grandes, por exemplo: 0,1 – 0,99 ou 0,1 – 0,9999. Se o projeto for pequeno, é possível usar números inteiros. O exemplo a seguir é de um projeto grande e complexo:

$$3R - 237A - P2 - 33,6$$

onde 3R identifica a instalação; 237A representa elevação e a área; P2, um cano de duas polegadas de espessura; e 33,6, o número do pacote de trabalho. Na prática, a maioria das empresas é criativa ao combinar letras e número para minimizar o comprimento dos códigos de EAP.

Em projetos maiores, a EAP é apoiada por um **dicionário EAP** que dá informações detalhadas sobre cada elemento da EAP. O dicionário normalmente inclui o nível do pacote de trabalho (código), nome e descrição funcional. Em alguns casos, a descrição é apoiada por especificações. A disponibilidade de descrições detalhadas tem o benefício adicional de inibir a fluência de escopo.

Estrutura analítica do processo

A EAP é mais bem adequada para projetos de design e construção que apresentam resultados tangíveis, como uma instalação de mineração offshore ou um novo protótipo de carro. O projeto pode ser decomposto ou fragmentado em principais entregas, subentregas, mais subentregas e, por fim, em pacotes de trabalho. É mais difícil aplicar EAP em projetos menos tangíveis, *orientados a processo*, em que o resultado final é o produto de uma série de etapas ou fases. Aí, a grande diferença é que o projeto evolui no tempo, com cada fase afetando a seguinte. Projetos de sistemas de informação normalmente se encaixam nessa categoria – por exemplo, a criação de um site de extranet ou um sistema interno de base de dados de software. Projetos de processo são guiados por requisitos de desempenho, e não por plantas ou croquis. Alguns praticantes preferem utilizar o que chamamos de **estrutura analítica do processo (PBS)** em vez da EAP clássica.

A Figura 4.6 dá um exemplo de PBS para um projeto de desenvolvimento de *software*. Em vez de ser organizado em torno de entregas, o projeto é organizado em torno de fases. Cada uma das cinco principais fases pode ser decomposta em atividades mais específicas, até que se atinja um nível de detalhes suficiente para comunicar o que deve ser feito para concluir a fase. Podem ser atribuídas atividades específicas às pessoas, e uma OBS complementar pode ser criada, do mesmo jeito que a EAP. Os resultados práticos não são ignorados, mas definidos como saídas que devem passar para a fase seguinte. A indústria do *software* seguidamente se refere à PBS como o "método da cascata", uma vez que o progresso flui para baixo por meio de cada fase.[1]

São elaboradas listas de verificação contendo os requisitos de saída da fase, para gerenciar o progresso do projeto. Essas listas de verificação proporcionam o acompanhamento e as revisões de fase. Elas variam, dependendo dos projetos e das atividades envolvidas, mas costumam incluir os seguintes detalhes:

- Entregas necessárias para sair de uma fase e iniciar uma nova.
- Pontos de verificação de qualidade para assegurar que as entregas estejam completas e precisas.

---

[1] As limitações do método de cascata para desenvolvimento de software levaram ao surgimento dos métodos ágeis de gerenciamento de projetos, tópico do Capítulo 17.

FIGURA 4.6
PBS para projeto de desenvolvimento de software

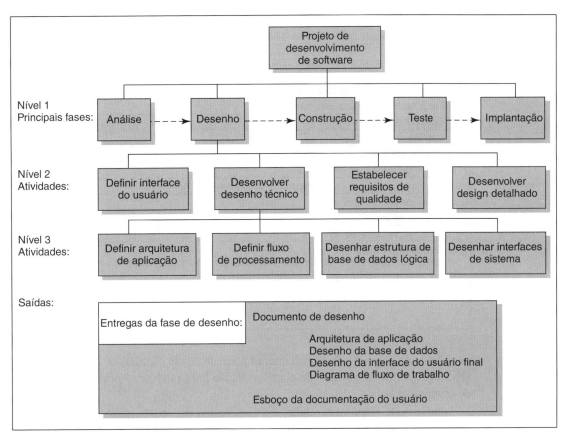

- Aprovações de todas as partes interessadas responsáveis para indicar que a fase foi concluída com êxito e que o projeto deve passar para a fase seguinte.

Contanto que requisitos de saída sejam firmemente estabelecidos e as entregas de cada fase sejam bem-definidas, a PBS é uma alternativa adequada à EAP padrão para projetos que envolvem trabalho extenso de desenvolvimento.

Matrizes de responsabilidade

Em muitos casos, o tamanho e o escopo do projeto não justificam uma EAP ou OBS elaborada. Uma ferramenta de amplo uso entre gerentes de projetos e líderes de força-tarefa em projetos pequenos é a **matriz de responsabilidade** (RM, do inglês *responsibility matrix*). A RM (às vezes, denominada tabela de responsabilidade linear) sintetiza as tarefas a serem realizadas e quem é responsável pelo que no projeto. Na sua forma mais simples, a RM consiste em uma tabela listando todas as atividades do projeto e os participantes responsáveis por cada uma delas. Por exemplo, a Figura 4.7 ilustra a RM de um estudo de pesquisa de mercado. Nessa matriz, o R é usado para identifica o membro do comitê responsável por coordenar os esforços dos demais membros da equipe designados para a tarefa e assegurar que esta seja concluída. O S é usado para identificar os membros da equipe de cinco pessoas que darão suporte e/ou assistência aos indivíduos responsáveis. RM simples como essa são úteis não somente para organizar e atribuir responsabilidades em projetos pequenos, mas também em subprojetos de projetos grandes e mais complexos.

RM mais complexas não apenas identificam responsabilidades individuais, mas também esclarecem interfaces críticas entre as unidades e indivíduos que precisam de coordenação. Por exemplo, a Figura 4.8 é a RM de um projeto maior e mais complexo para desenvolver um novo equipamento automatizado. Observe que em cada célula é usado um esquema de codificação numérica

FIGURA 4.7
Matriz de responsabilidades para um projeto de pesquisa de mercado

	Equipe do projeto				
Tarefa	Richard	Dan	Dave	Linda	Elizabeth
Identificar cliente-alvo	R	S		S	
Desenvolver rascunho do questionário	R	S	S		
Fazer teste-piloto do questionário		R		S	
Finalizar questionário	R	S	S	S	
Imprimir questionário					R
Preparar etiquetas de postagem					R
Enviar questionários pelo correio					R
Receber e monitorar os questionários devolvidos				R	S
Inserir os dados de resposta			R		
Analisar os resultados		R	S	S	
Elaborar rascunho do relatório	S	R	S	S	
Elaborar relatório final	R		S		

R = Responsável
S = Suporte/assistência

para definir a natureza do envolvimento naquela tarefa específica. Uma RM assim estende a EAP/OBS e proporciona um método claro e conciso para ilustrar responsabilidades, hierarquia e canais de comunicação.

Matrizes de responsabilidade são uma forma dos participantes do projeto visualizarem suas responsabilidades e concordarem com as tarefas que lhes são atribuídas. Também ajudam a esclarecer a extensão ou tipo de autoridade exercida por cada participante ao realizar uma atividade na qual duas ou mais partes têm envolvimento sobreposto. Utilizando-se uma RM e definindo-se hierarquia, responsabilidade e comunicação em seu molde, fica clara a relação entre diferentes unidades organizacionais e o conteúdo de trabalho do projeto.

Plano de comunicação do projeto

Após definidos claramente as entregas e o trabalho do projeto, é vital fazer o acompanhamento com um plano de comunicação interna. Há inúmeras histórias sobre má comunicação como um elemento decisivo do fracasso do projeto. Ter um plano de comunicação robusto pode ser um grande passo para mitigar problemas de projeto, garantindo que os clientes, membros da equipe e demais partes interessadas tenham a informação para cumprir os respectivos trabalhos.

O plano de comunicação normalmente é criado pelo gerente do projeto e/ou pela equipe no estágio inicial do planejamento do projeto.

A comunicação é um componente essencial da coordenação e acompanhamento dos cronogramas, questões e itens de ação do projeto. O plano mapeia o fluxo de informação todos os interessados, tornando-se uma parte integral do plano geral do projeto. Seu propósito é expressar o que, quem, como e quando as informações serão transmitidas aos envolvidos no projeto para que cronogramas, questões e itens de ação possam ser acompanhados.

O plano de comunicação do projeto aborda as seguintes perguntas centrais:
- Quais informações precisam ser coletadas e quando?
- Quem receberá as informações?
- Quais métodos serão usados para reunir e armazenar informações?
- Quais são os limites (se houver) para quem tem acesso a certos tipos de informação?
- Quando as informações serão comunicadas?
- Como as informações serão comunicadas?

Entregas	Desenho	Desenvolvimento	Documentação	Montagem	Teste	Compras	Garantia da qualidade	Produção
Desenhos arquitetônicos	1	2			2		3	3
Especificações de hardware	2	1				2	3	
Especificações de kernel	1	3						3
Especificações de utilitários	2	1			3			
Desenho de hardware	1			3		3		3
Drivers de disco	3	1	2		3			
Gerenciamento de memória	1	3	1					
Documentação do sistema operacional	2	2		1		3		3
Protótipos	5		4		3	3	3	4
Teste integrado de aceitação	5	2	2		1		5	5

Organização

1 Responsável
2 Suporte
3 Consulta
4 Notificação
5 Aprovação

FIGURA 4.8 Matriz de responsabilidades para o projeto de esteira transportadora

Desenvolver um plano de comunicação que responda a essas perguntas normalmente envolve as seguintes etapas básicas:

1. **Análise das partes interessadas.** Identifica os grupos-alvo. Grupos típicos seriam o cliente, patrocinador, equipe do projeto, escritório do projeto ou qualquer um que precisa de informações do projeto para tomar decisões e/ou contribuir para seu progresso. Uma ferramenta comum encontrada na prática para identificar a analisar inicialmente as necessidades dos principais interessados no projeto é apresentada na Figura 4.9.[2] Como e o que é comunicado são influenciados pelo interesse e poder das partes interessadas. Algumas delas talvez tenham poder para bloquear ou otimizar o projeto. Ao identificar as partes interessadas e priorizá-las no mapa de "Poder/Interesse", pode-se planejar o tipo e a frequência das comunicações necessárias (será falado mais sobre partes interessadas no Capítulo 10).

   Por exemplo, em um projeto clássico, o certo é gerenciar de perto os profissionais que fazem o trabalho, ao mesmo tempo em que se satisfaz a gerência sênior e o patrocinador do projeto com atualizações periódicas. Você pode manter informados os gerentes operacionais interessados em capacitação e enviaria informações gerais para os departamentos jurídico, de relações públicas e outros.

2. **Necessidades de informação.** Quais informações são pertinentes para quem contribui com o progresso do projeto? A resposta mais simples pode ser obtida perguntando-se a diferentes pessoas de quais informações precisam e quando. Por exemplo, a alta gerência precisa saber como o projeto está progredindo, onde ele está encontrando problemas críticos e quanto das metas do projeto está sendo concretizado. Essas informações são necessárias para a alta gerência possa tomar decisões estratégicas e administrar o portfólio de projetos. Os membros da equipe do projeto precisam ver cronogramas, listas de tarefas, especificações e outros para saber o que precisa ser feito. Grupos externos precisam ficar sabendo de mudanças no cronograma e nos requisitos de desempenho dos componentes que estão fornecendo. As informações requeridas frequentemente em planos de comunicação são:

Relatórios de *status* do projeto	Questões de entregas
Mudanças no escopo	Reuniões de *status* da equipe
Decisões de revisão	Solicitações aceitas de mudança
Itens de ação	Relatórios de marcos

3. **Fontes de informação.** Quando as necessidades de informação são identificadas, a etapa seguinte é determinar as fontes para satisfazê-las. Em outras palavras, onde está localizada a informação?

FIGURA 4.9
Comunicações com partes interessadas

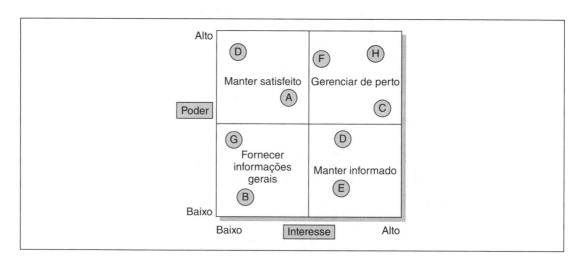

---

[2] Para um esquema mais elaborado para avaliar partes interessadas, ver: Lynda Bourne, *Stakeholder Relationship Management* (Farnham, U.K.: Gower Publishing Ltd., 2009).

Como ela será coletada? Por exemplo, informações relativas ao relatório de marcos, reuniões da equipe e reuniões de *status* do projeto seriam encontradas nas atas e relatórios de diversos grupos.

4. **Modos de disseminação.** No mundo atual, as reuniões tradicionais de relatório de *status* estão sendo substituídas pelo uso de e-mail, teleconferência, SharePoint e uma variedade de programas que compartilham bases de dados para circular informação. Em especial, muitas empresas estão usando a Internet para criar um "escritório de projeto virtual" para armazenar informações do projeto. Um software de gerenciamento de projetos alimenta informações diretamente para o site, para que diferentes pessoas tenham acesso imediato às informações relevantes do projeto. Em alguns casos, as informações apropriadas são automaticamente encaminhadas a partes interessadas importantes. Cópias físicas em papel como backup para algumas delas ainda são importantes para muitas mudanças de projeto e itens de ação.

5. **Responsabilidade e cronologia.** Determinar quem enviará a informação. Por exemplo, uma prática comum é mandar secretárias de reuniões encaminharem as atas ou informações específicas para determinados partes interessadas. Em alguns casos, a responsabilidade é do gerente do projeto ou escritório do projeto. Deve-se estabelecer a cronologia e frequência adequadas de distribuição da informação.

A vantagem de estabelecer um plano de comunicação é que, em vez de responder às solicitações de informação, controla-se o fluxo de informação. Isso reduz confusões e interrupções desnecessárias, além de dar mais autonomia aos gerentes de projetos. Por quê? Relatando regularmente como as coisas estão indo e o que está acontecendo, permite-se que a gerência sênior sinta-se mais confortável quanto a deixar a equipe concluir o projeto sem interferência. Consulte a Figura 4.10 para o exemplo de plano de comunicação de projeto de pesquisa de óleo de xisto.

Nunca é demais destacar a importância de contar desde o início com um plano para comunicar informações importantes do projeto. Muitos dos problemas de um projeto podem ter origem no pouco tempo dedicado ao estabelecimento de um plano de comunicação interna bem-fundamentado.

FIGURA 4.10
Plano de comunicação de projeto de pesquisa de óleo de xisto

Quais informações	Público-alvo	Quando?	Método de comunicação	Fornecedor
Relatório de marcos	Gerência sênior e gerente do projeto	Bimensal	E-mail e cópia física	Escritório de projeto
Relatórios e pautas de *status* do projeto	Equipe e cliente	Semanal	E-mail e cópia física	Gerente do projeto
Relatórios de *status* da equipe	Gerente do projeto e escritório de projeto	Semanal	E-mail	Registrador da equipe
Relatório de questões	Equipe e cliente	Semanal	E-mail	Registrador da equipe
Relatórios de escalonamento	Equipe e cliente	Quando necessário	Reunião e cópia física	Gerente do projeto
Desempenho de terceirização	Equipe e cliente	Bimensal	Reunião	Gerente do projeto
Solicitações de mudança aceitas	Escritório do projeto, gerência sênior, cliente, estafe e gerente do projeto	A qualquer momento	E-mail e cópia física	Departamento de design
Decisões de barreira de supervisão	Gerência sênior e gerente do projeto	Conforme for preciso	Relatório de reunião por e-mail	Grupo de supervisão ou escritório de projeto

Resumo

Definição do escopo do projeto, prioridades e estrutura analítica do projeto são as chaves para praticamente todos os aspectos do gerenciamento de um projeto. A definição do escopo direciona nossa atenção para os itens finais do projeto. Estabelecer prioridades deste possibilita aos gerentes tomarem as decisões apropriadas em termos de *trade-off*. A estrutura ajuda a garantir que todas as tarefas do projeto sejam identificadas, propiciando as duas perspectivas do projeto, a das entregas e a da responsabilidade organizacional. A EAP evita que o projeto seja guiado por função organizacional ou por um sistema financeiro. A estrutura direciona a atenção a requisitos realistas de pessoal, hardware e orçamentos. O uso da estrutura proporciona um modelo poderoso de controle de projeto que identifica desvios do plano, identifica responsabilidades e mostra áreas organizacionais para melhorar o desempenho. Nenhum plano de projeto ou sistema de controle bem-desenvolvido é possível sem uma abordagem disciplinada e estruturada. A EAP, OBS e os códigos de conta de custo formam essa disciplina. A EAP serve como base de dados para desenvolver a rede do projeto que estabelece a cronologia do trabalho, pessoas, equipamento e custos.

A PBS costuma ser usada para projetos baseados em processos com entregas mal definidas. Em projetos pequenos, podem ser usadas matrizes de responsabilidade para esclarecer responsabilidades individuais.

Definir claramente o seu projeto é a primeira e mais importante etapa do planejamento. A ausência de um plano claramente definido quase sempre consta como a principal razão do fracasso de projetos. Utilizar uma EAP, PBS ou matriz de responsabilidade depende primordialmente do tamanho e da natureza do seu projeto. Qualquer que seja o método usado, a definição do projeto deve ser adequada para possibilitar um bom controle quando o projeto for implementado. Um acompanhamento com um plano de comunicação claro para coordenar e monitorar o progresso do projeto mantém informadas importantes partes interessadas e evita alguns problemas potenciais.

Termos-chave

Conta de custo, *95*
Declaração de escopo, *88*
Dicionário EAP, *96*
Estrutura analítica da organização (OBS), *93*
Estrutura analítica do processo (PBS), *96*
Estrutura analítica do projeto (EAP), *90*

Fluência de escopo, *86*
Marcos, *85*
Matriz de prioridades, *88*
Matriz de responsabilidade, *97*
Pacote de trabalho, *91*
Termo de abertura do projeto, *86*

Questões de revisão

1. Quais são os seis elementos de uma declaração de escopo típica?
2. A quais perguntas um objetivo de projeto deve responder? Qual seria um exemplo de um bom objetivo de projeto?
3. O que significa quando as prioridades do projeto incluem restrição de tempo, aceitação de escopo e otimização de custo?
4. Quais tipos de informações constam em um pacote de trabalho?
5. Quando seria apropriado criar uma matriz de responsabilidades, em vez de uma EAP completa?
6. Como o plano de comunicação beneficia o gerenciamento de projetos?

Exercícios

1. Você foi encarregado de organizar um show em um jantar dançante para uma instituição de caridade local. Você reservou um salão para 30 casais sentados e contratou um conjunto de jazz.
    a. Desenvolva uma declaração de escopo para esse projeto que contenha exemplos de todos os elementos. Considere que o evento ocorrerá em quatro semanas e dê sua melhor estimativa aproximada das datas dos marcos.

b. Quais seriam as prioridades prováveis deste projeto?
2. Em grupos pequenos, identifique na vida real exemplos de um projeto que se encaixe em cada um dos seguintes cenários de prioridades:

 a. Restrição de tempo, otimização de escopo e aceitação de custo.

 b. Aceitação de tempo, restrição de escopo e aceitação de custo.

 c. Restrição de tempo, aceitação de escopo e otimização de custo.

3. Desenvolva uma EAP para um projeto em que você construirá uma bicicleta. Tente identificar todos os principais componentes e dê três níveis de detalhe.
4. Você é pai ou mãe de uma família de quatro (filhos com idade de 13 e 15 anos) planejando uma viagem de acampamento no fim de semana. Desenvolva uma matriz de responsabilidades para o trabalho que deve ser feito antes de começar a sua viagem.
5. Desenvolva uma EAP para uma peça de teatro. Não se esqueça de identificar as entregas e as unidades organizacionais (pessoas) responsáveis. Como você codificaria o seu sistema? Dê um exemplo dos pacotes de trabalho em uma das suas contas de custo. Desenvolva uma OBS correspondente que identifique quem é responsável pelo que.
6. Use um exemplo de um projeto que você conheça ou no qual esteja interessado. Identifique as entregas e as unidades organizacionais (pessoas) responsáveis. Como você codificaria o seu sistema? Dê um exemplo dos pacotes de trabalho em uma das suas contas de custo.
7. Desenvolva um plano de comunicação para um projeto de segurança em aeroporto. O projeto envolve instalar o sistema de hardware e software que (1) escaneia os olhos do passageiro, (2) tira as impressões digitais dos passageiros e (3) transmite as informações a uma localidade central para serem avaliadas.
8. Entre em um site de busca da Internet (por exemplo, Google) e digite *plano de comunicação de projeto*. Verifique duas ou três páginas que tenham ".gov" como fonte. Quão parecidas ou diferentes elas são? Qual seria a sua conclusão a respeito da importância de um plano de comunicação interna?
9. A sua colega de quarto está prestes a submeter uma declaração de escopo para um show de primavera patrocinado pelo conselho de entretenimento da Western Evergreen State University (WESU). A WESU é uma universidade com dormitório, com mais de 22.000 alunos. Faz 6 anos que a WESU patrocinou um show de primavera. O conselho de entretenimento orçou US$ 40 mil para o projeto. O evento ocorrerá em 5 de junho. Como a sua colega de quarto sabe que você está fazendo uma disciplina de gerenciamento de projetos, ela pediu que você examinasse a declaração de escopo que elaborou e fizesse sugestões de melhoria. Ela considera o show uma experiência de currículo e quer ser o mais profissional possível. A seguir, há um rascunho da declaração. Quais sugestões você faria? Por quê?

Show de primavera da WESU (Western Evergreen State Univesity)

Objetivo do projeto

Organizar e entregar um show de seis horas de música

Entregas

- Segurança no show
- Contatar jornais e estações de rádio da cidade
- Pátio separado com cerveja
- Seis horas de entretenimento musical
- Fazer uma camiseta comemorativa do show
- Patrocinadores locais
- Barracas de comida
- Seguro do evento
- Ambiente seguro

Marcos

1. Obter todas as autorizações e alvarás
2. Contratar um artista de renome

3. Contatar artistas secundários
4. Obter contratos com fornecedores
5. Campanha de publicidade
6. Planejar a instalação
7. Show
8. Limpeza

Requisitos técnicos

1. Palco e sistema de som profissionais
2. Ao menos cinco atrações
3. Banheiros
4. Estacionamento
5. Conformidade com os requisitos/leis municipais e da WESU

Limites e exclusões

- Capacidade para 8 mil estudantes sentados
- Os artistas são responsáveis pelo deslocamento de idade e volta da WESU
- Os artistas devem providenciar seu próprio seguro de responsabilidade civil
- Os artistas e pessoal de segurança receberão almoço e jantar no dia do show
- Os comerciantes contribuirão com 25% das vendas para o fundo do show
- O show deve acabar à 0h15

Revisão do cliente: WESU

Referências

Ashley, D. B., et al., "Determinants of Construction Project Success," *Project Management Journal*, 18 (2) June 1987, p. 72.

Chilmeran, A. H., "Keeping Costs on Track," *PM Network*, 19 (2) 2004, pp. 45-51.

Gary, L. "Will Project Scope Cost You – Or Create Value?" *Harvard Management Update*, January 2005.

Gobeli, D. H., and E. W. Larson, "Project Management Problems," *Engineering Management Journal*, 2, 1990, pp. 31-36.

Ingebretsen, M., "Taming the Beast," *PM Network*, July 2003, pp. 30-35.

Katz, D. M., "Case Study: Beware 'Scope Creep' on ERP Projects," *CFO.com*, March 27, 2001.

Kerzner, H., *Project Management: A Systems Approach to Planning*, 8th ed. (New York: Van Nostrand Reinhold, 2003).

Lewis, J. P., *Project Planning, Scheduling and Controlling*, 3rd ed. (Burr Ridge, IL: McGraw-Hill, 2000).

Luby, R. E., D. Peel, and W. Swahl, "Component-Based Work Breakdown Structure," *Project Management Journal*, 26 (2) December 1995, pp. 38-44.

Murch, R., *Project Management: Best Practices for IT Professionals* (Upper Darby, NJ: Prentice Hall, 2001).

Pinto, J. K., and D. P. Slevin, "Critical Success Factors Across the Project Life Cycle," *Project Management Journal*, 19 (3) June 1988, p. 72.

Pitagorsky, G., "Realistic Project Planning Promotes Success," *Engineer's Digest*, 29 (1) 2001.

PMI Standards Committee, *Guide to the Project Management Body of Knowledge* (Newton Square, PA: Project Management Institute, 2000).

Posner, B. Z., "What It Takes to Be a Good Project Manager," *Project Management Journal*, 18 (1) March 1987, p. 52.

Raz, T., and S. Globerson, "Effective Sizing and Content Definition of Work Packages," *Project Management Journal*, 29 (4) 1998, pp. 17-23.

The Standish Group, *CHAOS Summary 2009*, pp. 1-4.

Tate, K., and K. Hendrix, "Chartering IT Projects," *Proceedings, 30th Annual, Project Management Institute* (Philadelphia, PA. 1999), CD.

Caso Clube de futebol Manchester United

Nicolette Larson estava carregando a máquina de lavar-louça com seu marido, Kevin, e contando-lhe sobre a primeira reunião do Comitê Organizador do Torneio do Manchester United. Nicolette, uma autoproclamada *soccer mom* (mãe que leva os filhos à aula de futebol), fora eleita diretora do torneio e era responsável pela organização do primeiro torneio de verão do clube.

O Manchester United Soccer Club (MUSC), localizado em Manchester, New Hampshire, foi fundado em 1992 para levar jogadores amadores a um nível mais alto de competição, preparando-os para o Programa Estadual de Desenvolvimento Olímpico e/ou para times universitários. Atualmente, o clube tem 24 meninos e meninas (com idade variando de sub-9 a 16) em times afiliados à Associação de Futebol de Hampshire e à Liga Estadual de Futebol de Meninas de Granite. No outono, o conselho de administração do clube decidiu patrocinar um torneio de futebol de verão para convidados para gerar receita. Dado o *boom* do futebol juvenil, organizar torneio de verão tornou-se um método popular para angariar fundos. As equipes do MUSC competem regularmente em três a quatro torneios todos os verão, em diferentes regiões da Nova Inglaterra. A informação é de que esses torneios rendem entre US$ 50 mil e US$ 70 mil para o clube hospedeiro.

O MUSC precisa de mais receita para reformar e expandir o número de campos no complexo futebolístico de Rock Rimmon. Os fundos também seriam usados para aumentar o programa de bolsas do clube, que dá auxílio financeiro a jogadores que não podem pagar a anuidade de US$ 450 do clube.

Naquela noite, Nicolette fez ao seu marido um relato, lance a lance, do que se dera na primeira reunião do comitê do torneio. Ela começou a reunião fazendo todos se apresentarem e falando de sua empolgação com o fato de o clube patrocinar o próprio torneio. Em seguida, sugeriu que o comitê fizesse um *brainstorming* do que precisava ser feito para levar a cabo o evento; ela registraria as ideias em um flipchart.

Surgiram várias ideias e sugestões. Um membro imediatamente enfatizou a importância de haver árbitros qualificados e passou vários minutos descrevendo em pormenores como o time do seu filho foi roubado em um jogo de um campeonato com um péssimo juiz. Seguiram-se outras histórias de injustiça nos jogos. Outro membro sugeriu que eles precisam contatar rapidamente os colegas locais para ver se seria possível usar seus campos. O comitê passou mais de 30 minutos conversando sobre como deveriam selecionar os times e quanto cobrar de taxa de inscrição. Surgiu uma discussão sobre se deveriam premiar os times vencedores de cada faixa etária com medalhas ou troféus. Muitos membros achavam que medalhas eram baratas demais, enquanto outros pensavam que troféus seriam caros demais. Alguns sugeriram que buscassem patrocínio de empresas da cidade para ajudar a financiar o torneio. A proposta de vender camisetas e moletons do torneio foi seguida de uma crítica geral das diferentes camisetas que os pais adquiriram em diferentes torneios. Um membro defendia a ideia de recrutarem um artista que ele conhecia para fazer um design exclusivo em *silk-screen* para o torneio. A reunião terminou com 30 minutos de atraso e com apenas metade dos membros. Nicolette voltou para casa com sete folhas com anotações de ideias e uma dor de cabeça.

Enquanto servia um copo d'água para as duas aspirinas que Nicolette ia tomar, Kevin tentava acalmá-la, dizendo que organizar esse torneio seria um projeto grande, parecido com aqueles em que ele trabalhava na sua empresa de engenharia e design. Ele se ofereceu para sentar-se com ela na noite seguinte e ajudá-la a planejar o projeto. Kevin sugeriu que a primeira coisa de que precisavam era desenvolver uma EAP para o projeto.

1. Faça uma lista das principais entregas para o projeto e use-as para desenvolver um esboço da estrutura analítica do projeto para o torneio que contenha ao menos três níveis de detalhe. Quais são as principais entregas associadas a organizar um evento como um torneio de futebol?
2. Como o desenvolvimento de uma EAP aliviaria alguns dos problemas surgidos na primeira reunião e ajudaria Nicolette a organizar e planejar o projeto?
3. Onde Nicolette pode encontrar mais informações para ajudá-la a desenvolver uma EAP para o torneio?
4. Como Nicolette e sua força-tarefa poderiam usar a EAP para gerar estimativas de custo para o torneio? Por que essa informação seria útil?

CAPÍTULO CINCO

Estimativa de tempo e de custos do projeto

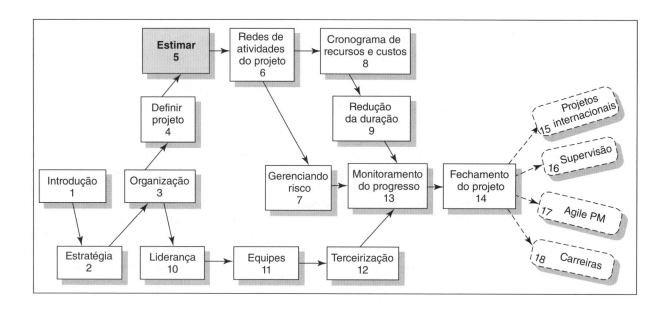

Estimativa de tempo e de custos do projeto
Fatores que influenciam a qualidade das estimativas
Diretrizes de estimativa de tempo, custo e recursos
Estimativa de cima para baixo *versus* de baixo para cima
Métodos de estimativa de tempo e de custos do projeto
Nível de detalhe
Tipos de custos
Refinamento de estimativas
Criação de uma base de dados de estimativa
Resumo
Apêndice 5.1: Curvas de aprendizado

A estimativa do projeto é de fato uma medida de referência para o controle de custo do projeto. E se a medida de referência for defeituosa, você começa "com o pé trocado"... nós o incitamos a não subestimar a estimativa.*

Dada a urgência de começar o trabalho no projeto, os gerentes, às vezes, minimizam ou evitam o esforço de partir para a estimativa do tempo e custo do projeto. Isso pode custar caro. Existem razões importantes para fazer o esforço e arcar com o custo de estimar seu projeto. O Anexo 5.1 sintetiza algumas das principais.

Estimativa é o processo de prever ou aproximar o tempo e o custo para concluir as entregas do projeto. Os processos de estimativa costumam ser classificados em dois tipos: de cima para baixo e de baixo para cima. Estimativa de cima para baixo geralmente são feitas pela gerência sênior. A gerência frequentemente faz estimativas por analogia, consenso do grupo ou relações matemáticas. Estimativas de baixo para cima normalmente são realizadas pelas pessoas que estão fazendo o trabalho e baseiam-se nos elementos constantes na estrutura analítica do projeto.

Todas as partes interessadas do projeto preferem estimativas precisas de custo e tempo, mas elas também compreendem a incerteza inerente a todos os projetos. Estimativas imprecisas levam a expectativas erradas e insatisfação do cliente. A precisão é melhorada mediante mais esforço, mas valem o tempo e o custo – estimar custa dinheiro! A estimativa do projeto torna-se um *trade-off*, balanceando os benefícios de maior precisão contra os custos de garantir maior precisão.

Estimativas de custo, tempo e orçamento são elementos da linha mestra do controle de projetos que serve de padrão para comparar o real com o planejado durante toda a vida do projeto. Os relatórios de status do projeto dependem de estimativas confiáveis para medir variações e tomar medidas corretivas. Idealmente, o gerente do projeto e, na maioria dos casos, o cliente prefeririam ter uma base de dados de estimativas detalhadas de cronograma e custo para cada pacote de trabalho do projeto. Infelizmente, uma coleta de dados tão detalhada assim nem sempre é possível ou prática, e são usados outros métodos para desenvolver estimativas de projeto.

Fatores que influenciam a qualidade das estimativas

Uma afirmação típica na prática é o desejo de "ter 95% de probabilidade de cumprir as estimativas de tempo e custo". *Experiência passada* é um bom ponto de partida para desenvolver estimativas de tempo e custo. Porém, as estimativas de experiências passadas quase sempre precisam ser refinadas por outras considerações para que se chegue ao nível de probabilidade de 95%. Fatores relacionados à exclusividade do projeto têm uma influência forte sobre a precisão das estimativas. Devem ser considerados projeto, pessoas e fatores externos para melhorar a qualidade das estimativas de tempo e de custos do projeto.

TABELA 5.1
Por que estimar tempo e custo é importante

- Estimativas são necessárias para dar suporte a boas decisões
- Estimativas são necessárias para programar o trabalho
- Estimativas são necessárias para determinar quanto o projeto deve demorar e o seu custo
- Estimativas são necessárias para determinar se vale a pena fazer o projeto
- Estimativas são necessárias para desenvolver as necessidades de fluxo de caixa
- Estimativas são necessárias para determinar se o projeto está progredindo bem
- Estimativas são necessárias para desenvolver orçamentos em fases cronológicas e estabelecer a linha de base do projeto

---

* O. P. Kharbanda and J. K. Pinto, What Made Gertie Gallop: Learning from Project Failures (New York: Von Nostrand Reinhold, 1996), p. 73.

Horizonte de planejamento

A qualidade da estimativa depende do *horizonte de planejamento*; estimativas de eventos atuais são próximas de 100%, mas se reduzem para aqueles mais distantes. Por exemplo, as estimativas de custo de uma festa que você está organizando para este fim de semana serão muito mais precisas do que as de um casamento que ocorrerá em três meses. A precisão das estimativas de tempo e custo melhoram à medida que se passa da fase conceitual para o ponto onde pacotes de trabalho individuais são definidos. Projetos de longa duração aumentam a incerteza das estimativas.

Duração do projeto

O tempo de implementação de uma *tecnologia* nova costuma se expandir de modo crescente, e não linear. Às vezes, especificações de escopo mal escritas para novas tecnologias produzem erros na estimativa de tempo e de custos.

Pessoas

O fator *pessoas* pode influenciar a qualidade das estimativas de tempo e custo. Por exemplo, a precisão das estimativas depende das habilidades das pessoas que as fazem. Quão familiarizadas elas estão com a tarefa que estão estimando?

Estrutura do projeto e estrutura organizacional

A *estrutura analítica de projeto* escolhida para ser base da gestão do projeto influencia as estimativas de tempo e custo. Uma das maiores vantagens da equipe dedicada de projeto discutida anteriormente é a velocidade obtida com foco concentrado e decisões de projeto localizadas. Essa velocidade vem ao custo adicional de vincular pessoas em tempo integral. Inversamente, projetos que operam em um ambiente de matriz podem reduzir os custos por meio de um compartilhamento mais eficiente de mão de obra entre os projetos, mas podem demorar mais para serem concluídos, uma vez que a atenção é dividia e as demandas de coordenação são maiores.

Prolongamento de estimativas

Em alguns casos, as pessoas inclinam-se a *prolongar estimativas*. Por exemplo, se lhe perguntam quanto demora para chegar até o aeroporto, você poderia dar um tempo médio de 30 minutos, assumindo uma chance de 50% de chegar lá em 30 minutos. Se lhe perguntam o mais rápido que você poderia chegar lá, você poderia diminuir o tempo de viagem para 20 minutos. Por fim, se lhe perguntassem quanto levaria a viagem se você tivesse que chegar lá a qualquer custo, para se encontrar com o presidente, você provavelmente aumentaria a estimativa para, digamos, 50 minutos, para garantir que não se atrasaria. Em situações de trabalho em que se pedem estimativas de tempo e custo, a maioria de nós tende a prolongar um pouco para aumentar a probabilidade e reduzir o risco de se atrasar. Se todo mundo, em todos os níveis do projeto, prolongar um pouco para reduzir o risco, a duração e o risco do projeto ficam seriamente exagerados. Esse fenômeno faz alguns gerentes ou clientes exigirem um corte de 10 a 15% no tempo e/ou custo do projeto. É claro, na próxima rodada do jogo, a pessoa que estiver estimando custo e/ou tempo prolongará a estimativa em 20% ou mais. Obviamente, esses jogos arruínam as chances de estimativas realistas, necessárias para ser competitivo.

Cultura organizacional

A *cultura organizacional* pode influenciar consideravelmente as estimativas do projeto. Em algumas empresas, o prolongamento de estimativas é tolerado e até secretamente encorajado. Já em outras, valoriza-se a precisão e os jogos de estimativas são fortemente desestimulados. A importância das estimativas varia entre as empresas. A crença prevalente em algumas delas é que estimativas detalhadas tomam tempo demais, não valendo a pena o esforço, ou que é impossível prever o futuro. Outras se afiliam à crença de que estimativas precisas são a base do gerenciamento de projetos eficaz. A cultura organizacional molda todas as dimensões do gerenciamento de projetos: a estimativa não é imune a essa influência.

Outros fatores

Por fim, *fatores não relacionados a projetos* podem afetar as estimativas de tempo e custo. Por exemplo, o tempo de paralisação de equipamentos pode alterar as estimativas de tempo. Feriados nacionais, férias e limites legais podem influenciar as estimativas do projeto. A prioridade do projeto pode interferir na atribuição de recursos, tendo impacto sobre tempo e custo.

A estimativa de projeto é um processo complexo. Quando essas variáveis são consideradas na elaboração das estimativas, a qualidade destas pode ser melhorada. Juntas, as estimativas de tempo e custo permitem que o gerente desenvolva um orçamento em fases cronológicas, o que é imperativo para o controle do projeto. Antes de discutir métodos macro e mico de estimativa de tempo e de custo, uma revisão das diretrizes de estimativa nos lembrará algumas importantes "regras do jogo" que podem aperfeiçoar a estimativa.

Diretrizes de estimativa de tempo, custo e recursos

Os gerentes reconhecem que estimativas de tempo, custo e recursos devem ser precisas para que o planejamento, programação e controle do projeto sejam eficazes. Entretanto, há considerável evidência sugerindo que más estimativas contribuem muito para o fracasso de projetos. Portanto, devem-se empreender todos os esforços para que as estimativas iniciais sejam as mais precisas possíveis, uma vez que escolher não fazer estimativas é dar muito espaço para a sorte, o que é inaceitável para gerentes de projetos sérios. Mesmo que o projeto nunca tenha sido feito antes, o gerente pode seguir sete diretrizes para desenvolver estimativas úteis de pacote de trabalho.

1. **Responsabilidade.** No nível do pacote de trabalho, as estimativas devem ser feitas pela pessoa mais familiarizada com a tarefa. Explore a *expertise* deles! Salvo tarefas muito técnicas, os responsáveis por fazer o serviço dentro do cronograma e do orçamento geralmente são supervisores de primeira linha ou técnicos, experientes e familiarizados com o tipo de trabalho envolvido. Eles não possuem uma ideia pré-concebida e imposta de um prazo para uma dada entrega, e sim elaboram uma estimativa com base em experiência e sensatez. Outro benefício é a esperança de que "comprem a ideia" de fazer a estimativa se concretizar na implementação do pacote de trabalho. Se os envolvidos não forem consultados, será difícil responsabilizá-los pela eventual falha em atingir o tempo estimado. Por fim, explorar a *expertise* dos membros da equipe que serão responsáveis ajuda a criar canais de comunicação desde cedo.

2. **Diversas pessoas para fazer estimativas.** É sabido que uma estimativa de custo ou de tempo normalmente tem mais chances de ser razoável e realista quando feita por profissionais com experiência relevante e/ou conhecimento da tarefa. É verdade, as pessoas trazem diferentes vieses, com base nas respectivas experiências. Contudo, também é verdade que a discussão das diferenças individuais nas estimativas leva a consenso e tende a eliminar erros extremos de estimativa.

3. **Condições normais.** Quando estimativas de tempo, custo e recursos da tarefa são determinadas, elas são baseadas em certos pressupostos. *As estimativas devem ser baseadas em condições normais, métodos eficientes e nível normal de recursos.* Condições normais, às vezes, são difíceis de discernir, mas é necessário um consenso na empresa quanto ao que significa "condições normais" no projeto. Se o dia de trabalho normal é de oito horas, a estimativa de tempo deve basear-se em um dia de oito horas. Da mesma forma, se o dia de trabalho normal é de dois turnos, a estimativa de tempo deve basear-se em um dia de dois turnos. Toda estimativa de tempo deve refletir métodos eficientes para os recursos normalmente disponíveis. A estimativa de tempo deve representar o nível normal de recursos – pessoas ou equipamentos. Exemplificando, se houver três programadores disponíveis para codificar ou duas motoniveladoras para construir uma estrada, as estimativas de tempo e custo devem ser baseadas nesses níveis normais de recursos, salvo se for previsto que o projeto mudará o que é atualmente visto como "normal". Além disso, possíveis conflitos de demanda por recursos em atividades paralelas ou concorrentes não devem ser considerados nesse estágio. A necessidade de acrescentar recursos será examinada quando se discutir programação de recursos, em um capítulo posterior.

4. **Unidades de tempo.** As unidades específicas de tempo a serem usadas devem ser escolhidas no início da fase de desenvolvimento da rede do projeto. *As estimativas de tempo de todas as tare-*

fas necessitam de unidades de tempo uniformes. As estimativas de tempo precisam considerar se o tempo normal é representado por dias corridos, dias úteis, semanas de trabalho, dias-homem, turnos, horas, minutos etc. Na prática, o uso de dias úteis é a escolha dominante para expressar a duração de tarefas. No entanto, em projetos como uma operação de transplante de coração, minutos provavelmente seriam mais apropriados como unidade de tempo. Um projeto que usou minutos como unidade de tempo foi a mudança de pacientes de um hospital antigo para um novo e elegante, do outro lado da cidade. Como algumas vidas corriam risco com as mudanças, foram usados minutos para garantir a segurança dos pacientes, de modo que houvesse sistemas de manutenção de funções vitais disponíveis, se necessário. O ponto em questão é que a análise de rede demanda uma unidade de tempo padronizada. Quando programas de computador possibilitam mais de uma unidade, deve-se observar qualquer variação da unidade de tempo padrão. Se a unidade de tempo padrão for uma semana de trabalho de cinco dias e a duração estimada da atividade estiver em dias corridos, ela deve ser convertida para a semana de trabalho normal.

5. **Independência.** Os estimadores devem tratar cada tarefa como independente das demais tarefas que possam ser integradas pela EAP. O uso de gerentes de primeira linha geralmente tem como resultado a consideração independente das tarefas – isso é bom. Altos gerentes têm a tendência de agregar tarefas demais em uma estimativa de tempo e, por dedução, fazer as estimativas de tempo das tarefas individuais totalizarem o total. Se as tarefas estiverem em cadeia e forem realizadas pelo mesmo grupo ou departamento, é melhor não pedir todas as estimativas de tempo em sequência de uma vez só, a fim de evitar a tendência que o planejador ou supervisor tem de olhar o caminho todo e tentar ajustar o tempo das tarefas avulsas na sequência para cumprir um cronograma arbitrário imposto ou alguma estimativa "chutada" do tempo total de todo o caminho ou segmento do projeto. Essa tendência não reflete as incertezas das atividades individuais, geralmente resultando em estimativas otimistas de tempo de tarefa. Em suma, a estimativa de tempo de cada tarefa deve ser considerada independentemente das demais atividades.

6. **Contingências.** *As estimativas dos pacotes de trabalho não devem incluir tolerâncias para contingências.* A estimativa deve pressupor as condições normais ou médias, embora nem todo pacote de trabalho se materialize como planejado. Por esse motivo, a alta gerência deve criar um fundo extra para contingências, a ser usado para cobrir eventos imprevistos.

7. **Acrescentar avaliação de risco à estimativa ajuda a evitar surpresas para as partes interessadas.** É óbvio que algumas tarefas possuem mais risco de tempo e custo do que outras. Por exemplo, uma tecnologia nova normalmente traz mais riscos de tempo e custo do que um processo comprovado. Simplesmente identificar o grau de risco faz as partes interessadas considerarem métodos alternativos e alterarem decisões de processo. Uma simples avaliação de tempo de tarefa em otimista, provável ou pessimista pode dar informações valiosas a respeito de tempo e custo. Veja o Capítulo 7 para ver mais a respeito de risco do projeto.

Onde aplicáveis, essas diretrizes ajudarão enormemente a evitar muitas das ciladas comuns na prática. Consulte o "Caso Prático: Redução de erros de estimativa" para um conjunto parecido de diretrizes.

Estimativa de cima para baixo *versus* de baixo para cima

Uma vez que estimar esforços custa dinheiro, quanto empregar de tempo e detalhamento na estimativa é uma decisão importante. Ainda assim, quando estimativas são o assunto, você, como gerente de projetos, talvez ouça afirmações como estas:

Uma ordem de magnitude aproximada é o suficiente. Ocupar o tempo em estimativas detalhadas desperdiça dinheiro.

Tempo é tudo: nossa sobrevivência depende de chegar primeiro! Previsão de tempo e custos não tem importância.

O projeto é interno. Não precisamos nos preocupar com custo.

O projeto é tão pequeno, não precisamos nos incomodar com estimativas. É só fazer.

> **CASO PRÁTICO** — Redução de erros de estimativa*
>
> Complexidade é a principal fonte do erro de estimativa, segundo Kerry Wills, diretor de gerenciamento de projetos da prestadora de serviços de saúde Cigna, de Hartford, Connecticut. "É impossível que os gerentes de projetos sejam *experts* em todas as áreas, portanto precisam se fiar na *expertise* das partes interessadas ao estimar", observa Willis. Para minimizar erros, ele recomenda tratar a estimativa como um processo vivo, e não como um evento avulso.
>
> Ele segue a mesma abordagem em todos os seus projetos:
> 1. **Identificar todas as partes interessadas** com base no escopo do projeto e na história da empresa.
> 2. **Envolver as partes interessadas ao elaborar as estimativas.** "Não se pode cobrar das pessoas estimativas que elas não ajudaram a fazer", diz Willys.
> 3. **Agregar as estimativas comparando vários modelos** (com base em recursos, paramétricas, etc.).
> 4. **Gerenciar o projeto em relação às estimativas.** Isso inclui ajustar, com base nas mudanças, o escopo do projeto.
> 5. **Acompanhar os projetos de perto**, usando ferramentas como valor agregado, para aferir o progresso em relação às estimativas.
> 6. **Monitorar os custos e o tempo efetivos em um nível granular** a fim de recalibrar o modelo para projetos futuros.
>
> "A estimativa inicial pode ser perfeita, mas se não for administrada, o resultado final será ruim e as pessoas culparão o processo de estimativa", pondera Wills.
>
> * S. Swanson, "Estimating Errors," *PMNetwork*, October 2011, pp. 62-66.

Existem bons motivos para usar estimativas de cima para baixo ou de baixo para cima. A Tabela 5.2 apresenta condições que sugerem quando uma abordagem é preferida à outra.

Estimativas de cima para baixo normalmente são obtidas por alguém que usa a experiência e/ou informações para determinar a duração ou custo total do projeto. Todavia, essas estimativas às vezes são feitas por altos gerentes com muito pouco conhecimento das atividades componentes utilizadas para concluir o projeto. Por exemplo, o prefeito de uma grande cidade observou em um discurso que um novo edifício do judiciário seria construído ao custo de US$ 23 milhões, estando pronto para ser ocupado em dois anos e seis meses. Embora o prefeito provavelmente tenha pedido para alguém fazer a estimativa, ela poderia ter vindo de uma reunião de almoço com um empreiteiro local, que anotou a estimativa (ou chute) em um guardanapo. Esse é um exemplo extremo, mas, em certo sentido relativo, é frequentemente reproduzido na prática. Consulte o "Caso Prático: Câmara enfurecida com a história do bondinho" para outro exemplo disso. A questão na verdade é: *essas estimativas representam métodos eficientes e de baixo custo*? Raramente. O fato de virem do escalão mais alto pode influenciar as pessoas responsáveis a "fazer o que for preciso para cumpri-las".

Se possível e praticável, o melhor é reduzir o processo de estimativa até o nível de pacote de trabalho para obter estimativas de baixo para cima que estabeleçam métodos eficientes e de baixo custo. Isso pode ocorrer após o projeto ser definido em detalhes. O bom senso sugere que as estimativas do projeto devem vir das pessoas com mais conhecimento sobre a estimativa necessária. O uso de diversas pessoas com experiência relevante com a tarefa pode melhorar a estimativa de tempo e de custo. A abordagem **de baixo para cima** no nível do pacote de trabalho pode servir como checagem dos elementos de custo da EAP, reunindo os pacotes de trabalho e as contas de custo associados em principais entregas. Os requisitos de recursos podem ser verificados de forma semelhante. Mais tarde, as estimativas de tempo, recursos e custos dos pacotes de trabalho podem ser consolidadas em redes em fases cronológicas, programas de recursos e orçamentos usados para controle.

TABELA 5.2 Condições para preferir estimativas de tempo e custo de cima para baixo ou de baixo para cima

Condição	Estimativas de cima para baixo	Estimativas de baixo para cima
Tomada de decisão estratégica	X	
Custo e tempo importantes		X
Alta incerteza	X	
Projeto interno e pequeno	X	
Contrato de preço fixo		X
Cliente quer detalhes		X
Escopo instável	X	

> **CASO PRÁTICO** — Câmara enfurecida com a história do bondinho*
>
> O empreendimento em frente ao rio Willamette, em Portland, Oregon, explodiu com sete torres de condomínio e um centro de ciências da saúde em construção. O centro será ligado à Universidade de Ciências Médicas de Oregon (OHSU), localizada no alto de um morro próximo, por meio de um teleférico que deverá promover a expansão da universidade, aumentar a pesquisa sobre biotecnologia e tornar-se o ícone de Portland, como a Space Needle em Seattle. Tudo isso ruiu quando as notícias de uma audiência sugeriram que o orçamento real da construção do bondinho, originalmente estimado em US$ 15 milhões, seria de US$ 55 a 60 milhões, quase quatro vezes a estimativa original, e poderia subir ainda mais. Os vereadores queriam descobrir por que os funcionários municipais se fiaram conscientemente em estimativas erradas. Mike Lindberg, presidente da sociedade sem fins lucrativos Aerial Transportation Inc., reconheceu que "a cifra de US$ 15 milhões não era precisa. Era apenas um chute". O vereador Erik Sten disse: "Esses números foram apresentados como muito mais sólidos do que eram, ao que parece... Parece que o desenho em si não teve o custo calculado. Isso é uma fraude".
>
>
>
> * *The Oregonian*, January 13, 2006, by Frank Ryan, pages A1 and A14, and April 2, 2006, page A1.

A abordagem de baixo para cima também dá ao cliente a oportunidade de comparar a abordagem do método eficiente e de custo menor com as restrições impostas. Por exemplo, se a duração de conclusão do projeto for imposta em dois anos e a análise disser que o projeto demorará dois anos e seis meses, o cliente pode então considerar o *trade-off* do método do baixo custo *versus* comprimir o projeto para dois anos (ou, em casos raros, cancelar o projeto). *Trade-offs* similares podem ser comparados para níveis diferentes de recursos ou incrementos no desempenho técnico. O pressuposto é que qualquer movimento para longe do método eficiente e de baixo custo aumenta os custos (por exemplo, horas extras). A sequência preferível na ao definir o projeto é fazer estimativas aproximadas de cima para baixo, desenvolver a EAP/OBS, efetuar estimativas de baixo para cima, elaborar cronogramas e orçamentos e conciliar as diferenças entre as estimativas de cima para baixo e as de baixo para cima. Espera-se que essas etapas sejam realizadas *antes* da negociação final com o cliente interno ou externo. Concluindo, a abordagem ideal é que o gerente do projeto dê tempo suficiente para que as estimativas de cima para baixo e de baixo para cima sejam elaboradas para que um plano completo baseado em estimativas confiáveis possa ser oferecido ao cliente. Desse modo, minimizam-se as falsas expectativas para todas as partes interessadas e reduz-se a negociação.

Métodos de estimativa de tempo e de custos do projeto

Abordagens de cima para baixo de estimativa de tempo e de custos do projeto

No nível estratégico, são empregados métodos de estimativa de cima para baixo para avaliar a proposta de projeto. Às vezes, muitas das informações necessárias para derivar estimativas precisas de tempo e custo não estão disponíveis na fase inicial do projeto – por exemplo, o design não foi finalizado. Nessas situações, empregam-se estimativas de cima para baixo até que as tarefas decorrentes da EAP estejam definidas claramente.

Método de consenso

Utiliza a experiência acumulada dos gerentes seniores e/ou médios para estimar a duração e custo totais do projeto. Isso normalmente requer uma reunião em que os especialistas conversam, discutem e acabam chegando a uma decisão a respeito da melhor estimativa intuitiva. Empresas buscando maior rigor utilizam o Método Delphi para fazer essas estimativas macro. Consulte o "Caso Prático: O método Delphi".

CASO PRÁTICO — O Método Delphi

Desenvolvido originalmente pela RAND Corporation, em 1969, para previsões tecnológicas, o **Método Delphi** é um processo de decisão em grupo sobre a probabilidade de que determinados eventos ocorram. Ele faz uso de um painel de especialistas que conhecem o tipo de projeto em questão. A ideia é que indivíduos bem-informados, recorrendo aos seus *insights* e experiências, estão mais bem capacitados para estimar custos/tempo de projeto do que abordagens teóricas ou métodos estatísticos. As respostas deles a questionários de estimativa são anônimas e eles recebem um resumo de opiniões.

Em seguida, os especialistas são incentivados a reconsiderar e, se for o caso, modificar sua estimativa anterior à luz das respostas dos demais especialistas. Após duas ou três rodadas, acredita-se que o grupo convergirá para a "melhor" resposta por meio desse processo consensual. O ponto médio das respostas é categorizado estatisticamente pela pontuação mediana. Em cada rodada sucessiva de questionários, presume-se que o espectro de respostas dos integrantes do painel diminuirá e a mediana se deslocará para o que é considerada a estimativa "correta".

Uma vantagem diferencial do Método Delphi é que os especialistas não precisam de reuniões presenciais. O processo também não exige concordância completa entre todos os integrantes do painel, uma vez que a opinião da maioria é representada pela mediana. Como as respostas são anônimas, evitam-se as ciladas de ego, personalidades dominantes e o "efeito de halo ou de Maria vai com as outras" nas respostas. Contudo, nem sempre os desenvolvimentos futuros são previstos corretamente por consenso iterativo ou por especialistas, mas por pensamento criativo, "vindo do nada".

É importante reconhecer que essas primeiras estimativas de cima para baixo são apenas uma versão aproximada, normalmente ocorrendo no estágio "conceitual" do projeto, úteis no desenvolvimento inicial de um plano completo. Entretanto, essas estimativas às vezes estão consideravelmente fora da realidade, pois poucas informações detalhadas foram reunidas. Nesse nível, os itens de trabalho individuais não estão identificados. Ou então, em alguns casos, as estimativas de cima para baixo não são realistas porque a alta gerência "quer o projeto". Ainda assim, as estimativas iniciais de cima para baixo servem para determinar se o projeto justifica mais planejamento formal, o que incluiria estimativas mais detalhadas. Tenha cuidado para que estimativas marco feitas por gerentes sênior não sejam ditadas aos gerentes de nível menor, que podem se sentir compelidos a aceitá-las mesmo se acreditarem que os recursos são inadequados.

Embora prefiramos evitar a abordagem de cima para baixo, se possível, já testemunhamos, em casos isolados, uma precisão surpreendente na estimativa da duração e do custo do projeto. Alguns exemplos são construção de uma fábrica, construção de um armazém de distribuição, desenvolvimento de controle de ar para arranha-céus e construção de estradas. No entanto, também vimos alguns erros monstruosos de cálculo, geralmente em áreas onde a tecnologia é nova e não comprovada. Os métodos de cima para baixo podem ser úteis se a experiência e o julgamento forem acurados.

Métodos de quociente

Os métodos de cima para baixo (ocasionalmente chamados de paramétricos) normalmente usam o quociente, ou substitutos, para estimar tempos e custos de projeto. Abordagens de cima para baixo, muitas vezes, são adotadas na fase de conceito ou "necessidade" do projeto, a fim de obter uma estimativa inicial de duração de custo do projeto. Por exemplo, empreiteiros frequentemente se valem da quantidade de m^2 para estimar o custo e o tempo para construir uma casa; ou seja, uma casa de 250 m^2 pode custar US$ 1.600/m^2 (250 m^2 $\times$ US$ 1.600/m^2 é igual a US$ 400 mil). Da mesma forma, conhecendo a metragem e o preço/m^2, a experiência sugere que a obra levará aproximadamente 100 dias para ser concluída. Dois outros exemplos comuns de estimativas de cima para baixo são o custo de uma fábrica nova estimado pela capacidade dela, ou o de um software estimado pelos respectivos atributos e complexidade.

Método de rateio

Trata-se de uma extensão do método do quociente. O **rateio** é aplicado quando os projetos seguem de perto os projetos anteriores em termos de atributos e custos. Tendo-se bons dados históricos, estimativas podem ser feitas rapidamente, com pouco esforço e razoável precisão. Este método é bastante comum em projetos relativamente padronizados, mas com alguma pequena variação ou customização.

Qualquer um que já tenha recorrido a um empréstimo bancário para construir uma casa já foi exposto a esse processo. Dado um custo total estimado para a obra, os bancos e a FHA (Federal Housing Authority*) autorizam que se pague o empreiteiro pela conclusão de segmentos específicos da casa. Por exemplo, as fundações podem representar 3% do total do empréstimo; estruturas, 25%; elétrica, hidráulica e calefação, 15%; etc. Os pagamentos são feitos à medida que esses itens são concluídos. Um processo análogo é seguido por algumas empresas que rateiam os custos pelas entregas da EAP recorrendo às porcentagens de custo médias de projetos anteriores. A Figura 5.1 apresenta um exemplo semelhante a um encontrado na prática. Assumindo que seja estimado um custo total do projeto de US$ 500 mil (utilizando-se uma estimativa de cima para baixo), os custos são rateados como uma porcentagem do custo total. Por exemplo, os custos rateados para a entrega "Documento" são 5% do total, ou US$ 25 mil. As subentregas "Doc-1 e Doc-2" recebem 2% e 3% do total – US$ 10 mil e 15 mil, respectivamente.

Método de pontos de função para projeto de software e sistema

Na indústria do software, projetos de desenvolvimento de software, muitas vezes, são estimados por meio de variáveis macro ponderadas chamadas de **"pontos de função"**, ou grandes parâmetros, como número de insumos, de saídas, de consultas, de arquivos de dados e de interfaces. Essas variáveis ponderadas são ajustas por um fator de complexidade e somadas. A contagem ajustada total dá a base para estimar o esforço de mão de obra e o custo de um projeto (normalmente usando-se uma fórmula de regressão derivada de dados de projetos anteriores). Este último método pressupõe dados históricos adequados por tipo de projeto de software para a indústria – por exemplo, sistemas SIG. Na indústria de software dos Estados Unidos, uma pessoa/mês representa, em média, cinco pontos de função. Uma pessoa trabalhando por um mês consegue gerar, em média (em todos os tipos de projetos de software), cerca de cinco pontos de função. É claro, cada empresa tem de desenvolver sua própria média para seu tipo específico de trabalho. Esses dados históricos dão a base para se estimar a duração do projeto. Variações dessa abordagem de cima para baixo são escolhidas por empresas como IBM, Bank of America, Sears Roebuck, HP, AT&T, Ford Motors, GE, DuPont e muitas outras. Veja a Tabela 5.3 e a Tabela 5.4 para um exemplo simplificado de metodologia de contagem de pontos de função.

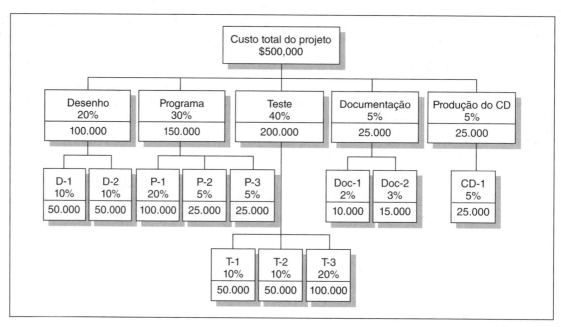

FIGURA 5.1 Método de rateio para alocação de custos do projeto usando a estrutura analítica de projeto

---

* N. de R.T.: Equivalente ao Sistema Nacional de Habitação brasileiro.

TABELA 5.3
Processo simplificado de contagem básica de ponto de função para um projeto prospectivo ou entrega

Elemento	Ponderação da complexidade			
	Baixa	Média	Alta	Total
Número de *entradas*	____ × 2 +	____ × 3 +	____ × 4	= ____
Número de *saídas*	____ × 3 +	____ × 6 +	____ × 9	= ____
Número de *consultas*	____ × 2 +	____ × 4 +	____ × 6	= ____
Número de *arquivos*	____ × 5 +	____ × 8 +	____ × 12	= ____
Número de *interfaces*	____ × 5 +	____ × 10 +	____ × 15	= ____

A partir de dados históricos, a empresa desenvolve o esquema de ponderação por complexidade constante na Tabela 5.3. Pontos de função são derivados da multiplicação do número de tipos de elementos pela complexidade ponderada.

A Tabela 5.4 apresenta os dados coletados para uma tarefa ou entrega específica: internação de pacientes e faturamento – o número de insumos, saídas, consultas, arquivos e interfaces, com a classificação de complexidade esperada. Por fim, a aplicação da contagem de elementos é aplicada, resultando em uma contagem total de pontos de função de 660. Dada essa contagem e o fato de que, historicamente, uma pessoa/mês é igual a cinco pontos de função, o serviço exigirá 132 pessoas/mês (660/5 = 132). Assumindo que há 10 programadores que podem trabalhar nessa tarefa, a duração seria de aproximadamente 13 meses. O custo é facilmente derivado multiplicando-se a taxa de mão de obra por mês vezes 132 pessoas/mês. Por exemplo, se o salário mensal por programador é de US$ 4 mil, o custo estimado seria de US$ 528 mil (132 × 4.000). Embora as métricas de ponto de função sejam úteis, sua precisão depende de dados históricos adequados, atualização dos dados e relevância do projeto/entrega em relação às médias anteriores.

Curvas de aprendizado

Alguns projetos exigem que a mesma tarefa, grupo de tarefas ou produto seja repetido várias vezes. Os gerentes sabem intuitivamente que o tempo para realizar uma tarefa melhora com a repetição. Esse fenômeno se aplica especialmente às tarefas intensivas em mão de obra. Nessas circunstâncias, o padrão do fenômeno de melhoria pode ser aceito para predizer a redução no tempo de realização da tarefa. Partindo de evidências empíricas de *todas* as indústrias, o padrão dessa melhoria foi quantificado na **curva de aprendizado** (também chamada de curva de melhoria, curva de experiência e curva de progresso industrial), descrita pela seguinte relação:

> *Sempre que a quantidade de saída duplica, as horas de mão de obra unitária são reduzidas a uma taxa constante.*

TABELA 5.4
Exemplo: Método da contagem de pontos de função

Projeto de software 13: Internação de pacientes e faturamento			
15	Insumos	Complexidade classificada como baixa	(2)
5	Saídas	Complexidade classificada como média	(6)
10	Consultas	Complexidade classificada como média	(4)
30	Arquivos	Complexidade classificada como alta	(12)
20	Interfaces	Complexidade classificada como média	(10)

Aplicação do fator de complexidade					
Elemento	Contagem	Baixa	Média	Alta	Total
Entradas	15	× 2			= 30
Saídas	5		× 6		= 30
Consultas	10		× 4		= 40
Arquivos	30			× 12	= 360
Interfaces	20		× 10		= 200
				Total	660

Na prática, a razão de melhoria pode variar de 60%, representando uma melhoria muito grande, até 100%, representando nenhuma melhoria. Em geral, à medida que a dificuldade do trabalho diminui, a melhoria esperada também diminui, aumentando a razão de melhoria utilizada. Um fator significativo a considerar é a proporção de mão de obra na tarefa em relação ao trabalho com ritmo ditado por máquinas. Obviamente, uma porcentagem menor de melhoria só ocorre em operações com alto teor de mão de obra. O Apêndice 5.1 no fim do capítulo dá um exemplo detalhado de como o fenômeno da melhoria pode ser utilizado para estimar tempo e custo de tarefas repetitivas.

A principal desvantagem das abordagens de cima para baixo de estimativa é simplesmente que o tempo e o custo das tarefas específicas não são considerados. O agrupamento de muitas tarefas em um lote comum provoca erros de omissão e o uso de tempo e de custos impostos.

Métodos de estimativa micro costumam ser mais exatos do que os métodos macro.

Abordagens de baixo para cima de estimativa de tempo e de custos do projeto

Métodos de modelo

Se o projeto for similar a projetos anteriores, os custos destes podem ser usados como seu ponto de partida e as diferenças podem ser registradas, ajustando-se o tempo e os custos anteriores para refletir as variações. Por exemplo, uma empresa de reparo de navios em diques tem um conjunto de projetos padrão de reparo (como modelos de revisão, elétrica, mecânica) adotados como ponto de partida para estimar o custo e duração de qualquer projeto novo. As diferenças em relação ao projeto padronizado apropriado são registradas (em tempos, custos e recursos) e feitas as mudanças. Esta abordagem permite que a empresa desenvolva um cronograma potencial, estime custos e desenvolva um orçamento em um espaço de tempo muito curto. O desenvolvimento desses modelos em uma base de dados pode reduzir rapidamente erros de estimativa.

Procedimentos paramétricos aplicados a tarefas específicas

Assim como técnicas paramétricas (como custo/m^2) podem ser a fonte de estimativas de cima para baixo, elas também podem ser aplicadas a tarefas específicas. Por exemplo, como parte de um projeto de conversão do MS Office, diferentes 36 estações de trabalho computadorizadas precisam ser convertidas. Com base nos projetos anteriores de conversão, o gerente do projeto determinou que, em média, uma pessoa poderia converter três estações de trabalho por dia. Portanto, a tarefa de converter as 36 estações de trabalho ocuparia três técnicos por 4 dias [(36/3)/3]. De forma semelhante, para estimar a quota de papel de parede de uma reforma residencial, o empreiteiro calculou um custo de US$ 5/m^2 de papel de parede e US$ 2/m^2 para aplicá-lo, dando um custo total de US$ 7/m^2. Medindo a largura e altura de todas as paredes, ele pôde calcular a área total em m^2 e multiplicá-la por US$ 7.

Estimativa por faixa

Estimativa por faixa funciona melhor quando os pacotes de trabalho abrigam uma incerteza considerável associada ao tempo ou ao custo de conclusão. Se o pacote de trabalho for rotineiro e houver pouca incerteza, trabalhar com uma pessoa muito familiarizada com o pacote de trabalho costuma ser a melhor abordagem. Ela conhece por experiência (ou sabe onde encontrar) a informação para estimar as durações e custos dos pacotes de trabalho. Entretanto, quando os pacotes de trabalho trazem uma incerteza considerável associada ao tempo ou custo de conclusão, uma política prudente é exigir três estimativas de tempo – baixa, média e alta (tomadas emprestadas da metodologia PERT, que usa distribuições de probabilidade). A baixa e a alta dão uma faixa dentro da qual a estimativa média se encaixará. A determinação das estimativas baixa e alta para a atividade é influenciada por fatores como complexidade, tecnologia, novidade e familiaridade.

Como obter as estimativas? Uma vez que a estimativa por faixa funciona melhor para pacotes de trabalho com uma incerteza considerável, ter um grupo determinando o custo ou duração baixos, médios e altos dá os melhores resultados. A estimativa por grupo tende a refinar extremos ao trazer julgamentos mais ponderados para a estimativa e os riscos potenciais. O julgamento dos outros do grupo ajuda a moderar riscos percebidos extremos associados à estimativa de tempo ou de custo. Envolver outros na elaboração da estimativa da atividade atrai adesão e credibilidade para a estimativa.

FIGURA 5.2
Modelo de estimativa por faixa

ID da EAP	Descrição	Estimativa Baixa de Dias	Estimativa Média de Dias	Estimativa Alta de Dias	Intervalo de Dias	Nível de Risco
	Número do Projeto: 18			**Gerente de Projeto: Dawn O'Connor**		
	Descrição do Projeto: Lançamento do Novo Vinho Orgânico			**Data: 2/7/2xxx**		
			Projeto do Lançamento do Vinho Orgânico			
			Range Estimates			
102	Aprovação	1	1	3	2	baixo
103	Design de Embalagem	4	7	12	8	médio
104	ID potential costumers	14	21	35	21	alto
105	Design da marca da garrafa	5	7	10	5	baixo
106	Contratação do espaço do ponto de venda	8	10	15	7	médio
107	Construção do ponto de venda	4	4	8	4	médio
108	Design do folheto para o evento	6	7	12	6	alto
109	Propaganda no jornal de comércio	10	12	15	5	médio
110	Teste de produção	10	14	20	10	alto
111	Produção para o estoque	5	5	10	5	alto
112	Serviço de escaner para cartões de visita	1	2	3	2	baixo
113	Serviço de sistema de video	2	2	4	2	médio
114	Ensaio para o evento	2	2	5	3	alto

A Figura 5.2 apresenta um modelo resumido de estimativa que usa três estimativas de tempo para pacotes de trabalho desenvolvidos por um grupo multidisciplinar de partes interessadas do projeto. As estimativas de grupo mostram a estimativa baixa, média e alta para cada pacote. A coluna de Nível de Risco é a avaliação independente do grupo sobre o grau de confiança de que o tempo efetivo ficará muito próximo à estimativa. Em certo sentido, esse número representa a avaliação do grupo relativa a muitos fatores (como complexidade ou tecnologia) que podem afetar a estimativa de tempo médio. No nosso exemplo, o grupo pensa que os pacotes de trabalho 104, 108, 110, 111 e 114 têm alta chance de que o tempo médio varie em relação ao esperado. Também, a confiança do grupo sente que o risco de os pacotes de trabalho 102, 105 e 112 não se concretizarem como o esperado é baixo.

Como usar as estimativas? A estimativa por faixa de grupo dá ao gerente e ao cliente do projeto a oportunidade de avaliar a confiança associada ao tempo (e/ou custos) do projeto. Por exemplo, um empreiteiro responsável por construir um prédio de apartamentos de vários andares pode dizer ao proprietário que o projeto custará entre US$ 3,5 e 4,1 milhões e levará de 6 a 9 meses para ser concluído. A abordagem ajuda a reduzir as surpresas à medida que o projeto progride. O método da estimativa por faixa também dá uma base para avaliar risco, gerenciar recursos e determinar o fundo de contingência do projeto (consulte o Capítulo 7 para uma discussão sobre fundos de contingência.) A estimativa por faixa é popular em projetos de software e novos produtos, em que os requisitos iniciais são confusos e não muito bem conhecidos. A estimativa por faixa de grupo é frequentemente usada com estimativa por fases, exposta a seguir.

Um híbrido: estimativa por fases

Esta abordagem se inicia com uma estimativa de cima para baixo e depois refina as estimativas pelas fases do projeto à medida que ele é implementado. Alguns projetos, por sua natureza, não podem ser definidos rigorosamente por causa da incerteza do design ou do produto final. Embora raros, eles realmente existem e costumam ser encontrados nas áreas aeroespacial, de TI, de novas tecnologias e de construção quando o design está incompleto. Neles, a estimativa por fase ou ciclo de vida é de uso mais frequente.

A **estimativa por fases** é aplicada quando um grau incomum de incerteza cerca um projeto, inviabilizando estimar tempo e custos para todo o seu conjunto. Estimativa por fases utiliza um sistema de duas estimativas ao longo da vida do projeto. Desenvolve-se uma estimativa detalhada para a fase imediata e elabora-se uma estimativa macro para as fases restantes. A Figura 5.3 ilustra as fases e a progressão das estimativas ao longo da vida do projeto.

FIGURA 5.3
Estimativa por fases ao longo do ciclo de vida do projeto

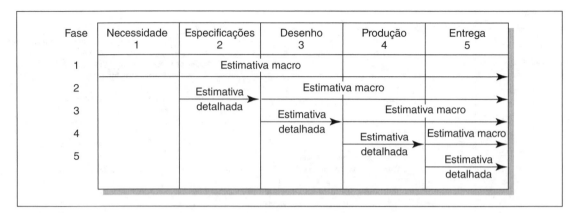

Por exemplo, quando a necessidade do projeto é determinada, faz-se uma estimativa macro do custo e da duração do projeto para possibilitar análises e decisões. Simultaneamente, é feita uma estimativa detalhada para derivar especificações do projeto e uma estimativa macro para o restante dele. À medida que o projeto progride e as especificações se solidificam, elabora-se uma estimativa detalhada de design e calcula-se uma estimativa macro para o restante do projeto. Claramente, à medida que o projeto progride por seu ciclo de vida e mais informações ficam disponíveis, a confiabilidade das estimativas deve melhorar. Consulte o "Caso Prático: Precisão da estimativa".

Prefere-se estimativa por fases naqueles projetos em que o produto final não é conhecido e a incerteza é muito grande – como integração de celulares e computadores. O comprometimento com custo e cronograma é necessário apenas pela fase seguinte do projeto, evitando-se o comprometimento com cronogramas e custos futuros não realistas baseados em informações ruins. Esse método macro/micro progressivo dá uma base mais segura para empregar estimativas de cronograma e custo a fim de administrar o progresso durante a fase seguinte.

Infelizmente, o cliente (interno ou externo) quer uma estimativa precisa de cronograma e de custo no momento em que é tomada a decisão de implementar o projeto. Além disso, o cliente que está pagando pelo projeto normalmente considera a estimativa por fases um cheque em branco, pois os custos e cronogramas não são consistentes durante a maior parte do ciclo de vida do projeto. Muito embora os motivos da estimativa por fases sejam sólidos e legítimos, a maioria dos clientes tem de ser convencida sobre a sua legitimidade. Uma grande vantagem para o cliente é a oportunidade de modificar atributos, reavaliar ou mesmo cancelar o projeto a cada nova fase. Concluindo, a estimativa por fases é muito útil em projetos que possuem enormes incertezas a respeito da natureza final (forma, tamanho, atributos) do projeto.

Consulte a Figura 5.4 para um resumo das diferenças entre estimativas de cima para baixo e de baixo para cima.

Obter estimativas precisas é um desafio. Empresas comprometidas aceitam o desafio de arranjar estimativas significativas e investir pesadamente em desenvolver sua capacidade de fazê-lo. Estimativas precisas reduzem a incerteza e dão suporte à disciplina para administrar projetos com eficácia.

Nível de detalhe

O nível de detalhe é diverso para diferentes níveis de gerência. Em qualquer nível, o detalhe não deve ser maior do que o necessário. Os interesses da alta gerência normalmente se concentram no projeto total e nos principais eventos de marco que pontuam as grandes realizações – por exemplo, "Construir plataforma petroleira no Mar do Norte" ou "Concluir protótipo". A gerência média pode se concentrar em um segmento do projeto ou em um marco. Os interesses dos gerentes de primeira linha podem se limitar a uma tarefa ou pacote de trabalho. Uma das partes boas da EAP é a capacidade de agregar informações em rede, de modo que cada nível da gerência possa ter a informação necessária para tomar decisões.

CASO PRÁTICO — Precisão da estimativa

Quanto menor o elemento do pacote de trabalho, mais precisa a estimativa geral deverá ser. O grau da precisão varia com o tipo do projeto, fato refletido na tabela a seguir, desenvolvida para tanto. Por exemplo, projetos de tecnologia da informação que determinam suas estimativas de tempo e custo no estágio conceitual podem esperar que seus dados efetivos se equivoquem em até 200% acima das estimativas de custo e duração, e talvez até 30% abaixo delas. Inversamente, estimativas de construção, estradas, etc. feitas após a definição clara dos pacotes de trabalho têm um erro menor, ficando os custos e tempo efetivos 15% acima da estimativa e 5% abaixo dela. Embora essas estimativas variem por projeto, podem ser referência para as partes interessadas escolherem como serão derivadas as estimativas de tempo e custo do projeto.

Precisão da estimativa de tempo e de custo por tempo de projeto

	Obras	Tecnologia da informação
Estágio conceitual	+60% a −30%	+200% a −30%
Resultados práticos definidos	+30% a −15%	+100% a −15%
Pacotes de trabalho definidos	+15% a −5%	+50% a −5%

Fazer o nível de detalhe da EAP corresponder às necessidades da gerência para implementação eficaz é crucial, mas é difícil encontrar esse equilíbrio delicado. Consulte o "Caso Prático: Nível de detalhe – regra prática". O nível de detalhe da EAP varia com a complexidade do projeto; a necessidade de controle; o tamanho, custo e duração do projeto; e outros fatores. Se a estrutura refletir detalhe excessivo, há a tendência de fragmentar o esforço de trabalho em incumbências departamentais, o que pode se configurar em uma barreira ao sucesso, uma vez que a ênfase será em resultados departamentais em vez de naqueles passíveis de entrega. Detalhe excessivo também significa mais papelada improdutiva. Observe que se o nível da EAP for aumentado em 1, o número de contas de custo pode aumentar geometricamente. Contudo, se o nível de detalhe não for adequado, uma unidade organizacional pode achar que a estrutura não dá conta de satisfazer suas necessidades. Felizmente, a EAP tem flexibilidade embutida. As unidades organizacionais participantes podem expandir sua porção da estrutura para satisfazer suas necessidades especiais. Por exemplo, o departamento de engenharia pode desejar esmiuçar mais seu trabalho em uma entrega, separando pacotes menores em elétrica, civil e mecânica. De forma similar, o departamento de marketing talvez deseje fragmentar sua promoção do produto novo em TV, rádio, periódicos e jornais.

FIGURA 5.4 Estimativa de cima para baixo e de baixo para cima

Estimativas de cima para baixo

Uso pretendido
Viabilidade/fase conceitual
Estimativa aproximada de tempo/custo
Requisitos de financiamento
Planejamento de capacidade de recursos

Custo de preparação
1/10 a 3/10
de um percentual
do custo total do projeto

Precisão
De menos de 20%
a mais de 60%

Método
Consenso
Rateio
Distribuição
Ponto de função
Curvas de aprendizado

Estimativas de baixo para cima

Uso pretendido
Orçamento
Programação
Requisitos de recursos
Timing de financiamento

Custo de preparação
3/10 de um percentual
a 1,0%
do custo total do projeto

Precisão
De menos de 10%
a mais de 30%

Método
Modelo
Paramétrico
Pacotes de EAP
Estimativas por faixa

> ### CASO PRÁTICO — Nível de detalhe – regra prática
>
> Gestores de projetos praticantes defendem que se mantenha o nível de detalhe em um mínimo. Mas há limites para essa sugestão. Um dos erros mais frequentes dos gerentes de projetos iniciantes é esquecer que a estimativa do tempo da tarefa será usada para controlar o desempenho de custo e cronograma. Uma regra prática frequente seguida por gerentes de projetos diz que a duração da tarefa não deve exceder 5 dias úteis ou ter, no máximo, 10, se essa for a unidade de tempo utilizada para o projeto. Tal regra provavelmente ensejará uma rede mais detalhada, mas o detalhe adicional compensa na hora de controlar o cronograma e o custo à medida que o projeto progride.
>
> Suponha que a tarefa seja "criar protótipo de esteira transportadora controlada por computador"; a estimativa de tempo, 40 dias úteis; e o orçamento, US$ 300 mil. Talvez seja melhor dividir a tarefa em sete ou oitos tarefas menores para fins de controle. Se uma delas atrasar por um problema ou má estimativa de tempo, será possível aplicar uma medida corretiva rapidamente e evitar o atraso sucessivo de tarefas do projeto. Se for usada a tarefa única de 40 dias úteis, talvez as medidas corretivas se inviabilizem até o dia 40, já que muitas pessoas tendem a "esperar para ver" ou não querem admitir que estão atrasadas nem transmitir notícias ruins; o resultado pode significar muito mais do que 5 dias de atraso nu cronograma.
>
> A regra prática dos cinco a 10 dias se aplica a metas de custo e de desempenho. Se seu uso resultar em muitas tarefas em rede, existe a alternativa de o tempo da atividade ser estendido além da regra dos cinco a 10 dias somente *SE* puderem ser estabelecidos pontos de verificação de monitoramento de controle para segmentos da tarefa, a fim de serem identificadas medidas de progresso claras em um percentual específico de conclusão.
>
> Essas informações são preciosas para o processo de controle pela mensuração do desempenho de cronograma e custo – por exemplo, pagamentos de trabalho de empreitada são efetuados em termos de "porcentagem concluída". Definir uma tarefa com pontos de início e fim e pontos intermediários claros e defináveis aumenta a chance de se detectar problemas precocemente, de medidas corretivas e de conclusão do projeto no prazo.

Tipos de custos

Assumindo-se que os pacotes de trabalho estão definidos, podem ser feitas estimativas detalhadas de custo. Eis tipos comuns de custos encontrados em um projeto:

1. Custos diretos
   a. Mão de obra
   b. Materiais
   c. Equipamentos
   d. Outros
2. Custos das despesas diretas do projeto
3. Custos das despesas gerais e administrativas (G&A)

A estimativa de custo total do projeto é discriminada dessa maneira para aguçar o processo de controle e aperfeiçoar a tomada de decisão.

Custos diretos

Claramente contabilizáveis em um pacote de trabalho específico, os **custos diretos** podem ser influenciados pelo gerente do projeto, pela respectiva equipe e por indivíduos implementando o pacote de trabalho. Os custos diretos representam saídas reais de caixa e precisam ser pagos à medida que o projeto progride; logo, costumam ser separados dos custos de despesas. O sumário de projeto de nível inferior frequentemente inclui apenas custos diretos.

Custos de despesas diretas do projeto

As taxas acessórias diretas apontam com mais pormenores quais recursos da empresa estão sendo utilizados no projeto. **Custos de despesas** diretos do projeto podem ser atrelados a entregas ou pacotes de trabalho do projeto. Exemplos incluem o salário do gerente do projeto e o espaço temporário alugado para a equipe. Embora esses custos não sejam uma despesa imediata, são *reais* e devem ser cobertos no longo prazo para a empresa se manter viável. As taxas geralmente são uma razão do valor em dinheiro dos recursos consumidos – como mão de obra direta, materiais e equipamentos. Por exemplo, uma taxa de encargos trabalhistas diretos de 20% acrescentaria um lança-

FIGURA 5.5
Custos resumidos de proposta de empreitada

Custos diretos	US$ 80.000
Custos de despesas diretos	US$ 20.000
Custos diretos totais	US$ 100.000
Custos de despesas G&A (20%)	US$ 20.000
Custos totais	US$ 120.000
Lucro (20%)	US$ 24.000
Total da proposta	US$ 144.000

mento de custos de despesas diretas de 20% sobre a estimativa do custo direto de mão de obra. Uma taxa direta de 50% pelos materiais traria uma cobrança de 50% extras à estimativa de custo de material. Lançamentos seletivos de custos de despesas diretas proporcionam um custo mais acurado para o projeto (serviço ou pacote de trabalho), no lugar de um lançamento de custo acessório generalizado para todo o projeto.

Custos de despesas gerais e administrativas (G&A)

Representam custos da empresa não ligados diretamente a um projeto específico. Incidem por toda a duração do projeto. Exemplos incluem custos organizacionais para todos os produtos e projetos, como publicidade, contabilidade e gerência sênior acima do nível do projeto. A alocação dos custos G&A varia entre as empresas. No entanto, eles costumam ser alocados como uma porcentagem do custo direto total, ou como uma porcentagem do total de um custo direto específico, como mão de obra, materiais ou equipamentos.

Dados os totais de custos diretos e de despesas para pacotes de trabalho específicos, é possível acumular os custos de qualquer entrega ou para o projeto inteiro. Se você é um contratado, pode-se acrescentar uma porcentagem do seu lucro. Um discriminativo de custos para uma oferta proposta é apresentado na Figura 5.5.

As percepções de custos e orçamentos variam, dependendo do usuário. O gerente do projeto precisa estar muito atento a essas diferenças ao montar o orçamento do projeto e comunicá-las para os outros. A Figura 5.6 ilustra essas diferentes percepções. O gerente do projeto pode comprometer custos meses antes de o recurso ser aproveitado. Essa informação é útil para o responsável pelo financeiro da empresa ao prever saídas de caixa futuras. O gerente do projeto está interessado em

FIGURA 5.6
Três visões de custo

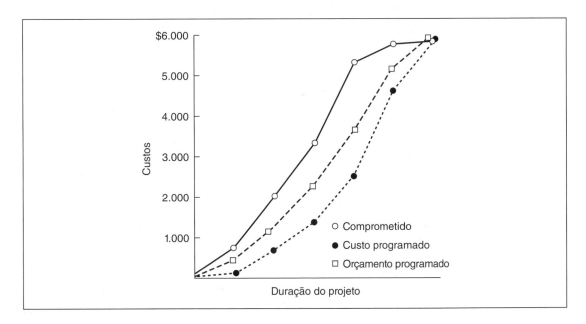

quando o custo orçado deverá ocorrer e quando o custo orçado é de fato lançado (gerado); as cronologias respectivas dessas duas cifras de custo são usadas para medir o cronograma do projeto e variações de custo.

Refinamento de estimativas

Como descrito no Capítulo 4, estimativas detalhadas de pacotes de trabalho são agregadas ou "acumuladas" por entrega para estimar o custo direto total do projeto. De forma semelhante, as durações estimadas são inseridas na rede de atividades do projeto para possibilitar a construção do cronograma e determinar a duração geral do projeto. A experiência nos diz que, para muitos projeto, as estimativas totais não se concretizam e que os custos e cronograma efetivos de alguns projetos excedem consideravelmente as estimativas baseadas nos pacotes de trabalho originais. Para compensar o problema dos custos e cronogramas efetivos que excedem as estimativas, alguns gerentes de projetos ajustam os custos totais com algum multiplicador (por exemplo, custos estimados totais × 1,20).

A prática de ajustar as estimativas originais em 20% ou até 100% torna inevitável perguntar como, depois de se investirem tanto tempo e energia em estimativas detalhadas, os números podem estar tão distantes? Existem diversas razões para isso e a maioria remonta ao processo de estimativa e à incerteza inerente à previsão do futuro. Algumas dessas razões são discutidas a seguir.

- **Custos de interação estão ocultos nas estimativas.** De acordo com as diretrizes, a estimativa de cada tarefa deveria ser feita de forma independente. Porém, as tarefas quase nunca são concluídas no vácuo, independentemente. O trabalho em uma tarefa depende de tarefas anteriores, e as transições entre tarefas exigem tempo e atenção. Por exemplo, pessoas trabalhando em desenvolvimento de protótipos precisam interagir com engenheiros projetistas após concluído design, seja para simplesmente algum esclarecimento ou para ajustes no design original. De modo parecido, o tempo necessário para coordenar atividades não costuma ser refletido em estimativas independentes. Há coordenação, refletida em reuniões e briefings, assim como o tempo necessário para resolver desconexões entre tarefas. O tempo (e, portanto, custo) dedicado a administrar interações aumenta exponencialmente à medida que a quantidade de pessoas e de disciplinas diferentes envolvidas aumenta no projeto.
- **Condições normais não se aplicam.** Estimativas deveriam se basear em condições normais. Embora esse seja um bom ponto de partida, ele raramente se aplica na vida real. Isso é especialmente verdadeiro quando se trata da disponibilidade de recursos. A escassez de recursos, sejam humanos, de equipamentos ou de materiais, pode expandir as estimativas originais. Como no caso de, sob condições normais, em um projeto serem operadas quatro escavadeiras para limpar determinado terreno em cinco dias, mas a disponibilidade de apenas três escavadeiras estenderia a tarefa para 8 dias. Da mesma forma, a decisão de terceirizar certas tarefas pode aumentar os custos, assim como prolongar a duração das tarefas, uma vez que leva tempo até que as pessoas de fora se aclimatem às especificidades do projeto e à cultura organizacional da empresa.
- **Coisas dão errado em projetos.** Falhas de design são reveladas após o fato, condições meteorológicas severas ocorrem, acidentes acontecem, e assim por diante. Embora não se deva planejar que esses riscos aconteçam ao se estimar uma tarefa específica, a probabilidade e o impacto desses eventos devem ser considerados.
- **Mudanças no escopo e planos do projeto.** Enquanto o projeto avança, o gerente alcança melhor compreensão do que precisa ser feito para realizá-lo. Isso pode levar a grandes mudanças nos planos e custos do projeto. Da mesma forma, se for um projeto comercial, muitas vezes devem ser feitas mudanças no meio do caminho para responder a novas demandas do cliente e/ou concorrência. Escopos de projeto instáveis são uma grande fonte de excessos de custos. Ainda que devam ser empreendidos todos os esforços para fixar o escopo do projeto desde o início, está ficando cada vez mais difícil fazê-lo neste mundo de rápidas mudanças.
- **Otimismo excessivo.** Existem pesquisas significativas indicando que há uma tendência de as pessoas superestimarem a rapidez com que conseguem fazer as coisas e subestimarem quanto demorarão para concluir tarefas. Isso se aplica especialmente em cultura organizacionais em que o prolongamento não é a norma. Consulte o "Destaque da pesquisa: Megaprojetos: um caso especial".

DESTAQUE DE PESQUISA — Megaprojetos: um caso especial

Os megaprojetos não têm ficha limpa quanto a estimativas de custo. Exemplos conhecidos de grandes excessos de custo incluem a Ópera de Sydney, o Túnel do Canal entre Inglaterra e França e o túnel-artéria de Boston, "Grande Escavação". Em um estudo de projetos de infraestrutura aprovados pelo governo americano, Bent Flyvbjerg concluiu que os custos de pontes, túneis, estradas e ferrovias são subestimados em 33,8, 20,4 e 44,7%, respectivamente, em relação às estimativas iniciais de linha de base.[1]

Flyvbjerg sugere: "(...) as autoridades não devem confiar nas estimativas de custo apresentadas por promotores de projeto cuja principal ambição é o projeto de seu favorecimento particular ou político. Essas estimativas tendem a ser excessivamente otimistas. Os defensores de um projeto sabem que custos altos reduzem as chances de financiamento". O problema, então, é como atenuar essas influências nas nossas estimativas.

Uma possibilidade é utilizar uma "visão externa" baseada em resultados efetivos de projetos semelhantes concluídos no passado. Ela é chamada de **Previsão por Classe de Referência (RCF)** e usa a abordagem da pesquisa de Flyvbjerg.

METODOLOGIA DE PREVISÃO POR CLASSE DE REFERÊNCIA

Em essência, seu método é simples e direto, envolvendo três grandes etapas:

1. *Selecione uma classe de referência de projetos semelhantes ao projeto potencial*, por exemplo, navios de carga ou pontes.
2. *Reúna e arranje os dados de resultados como uma distribuição.* Crie uma distribuição dos excessos de custo como porcentagem da estimativa original do projeto (para cima ou para baixo).
3. *Use os dados de distribuição para chegar a uma previsão realista.* Compare a estimativa de custo original do projeto com os projetos da classe de referência (por exemplo, pergunte ao defensor do projeto que evidências ele tem de que o projeto não seguirá aqueles da classe de referência.)

APLICAÇÃO

Os estudos seminais de Flyvbjerg serviram como impulso para o uso da Previsão por Classe de Referência. Por exemplo, o Ministério do Transporte e o Tesouro Real do Reino Unido empregam o método como parte da avaliação de grandes projetos de transporte sob sua jurisdição. A Associação Americana de Planejamento (APA) recomenda o método RCF e sugere com veemência que os planejadores nunca dependam exclusivamente de técnicas de previsão convencionais ao fazer previsões. A AACE Internacional (Associação para o Desenvolvimento da Engenharia de Custos) recomenda o uso da RCF como validação de estimativas de custo. Previsão por classe de referência pode ser facilmente aplicada a projetos como eventos desportivos, pesquisa e desenvolvimento, sistemas de tecnologia da informação, usinas e represas, construção, arenas desportivas, cinema, exploração de energia, exploração espacial e muitas outras classes.[2]

BENEFÍCIOS

Os benefícios da previsão por classe de referência são instigantes:

- Dados empíricos externos atenuam o viés subjetivo.
- Forças políticas, estratégicas e promocionais têm dificuldades em ignorar as informações externas de previsão por classe de referência.
- Serve como uma checagem de realidade no financiamento de projetos grandes.
- Ajuda os executivos a evitarem otimismo infundado.
- Melhora a prestação de contas.
- Dá a base para fundos de contingência de projeto.

APLICAÇÃO FUTURA ALÉM DA INFRAESTRUTURA

Visto que os custos estouram em nove entre dez megaprojetos, as imprecisões têm de ser reduzidas para melhorar as chances de financiamento. O uso da Previsão por Classe de Referência está aumentando à medida que governos e organizações exigem que o método seja utilizado para harmonizar as estimativas dos defensores dos projetos e reduzir imprecisões.

[1] Ver, por exemplo: Lovallo, D., and D. Kahneman, "Delusions of Success: How Optimism Undermines Executives' Decisions," *Harvard Business Review,* July 2003, pp. 56–63; Buehler, R., D. Griffen, and M. Ross, "Exploring the 'Planning Fallacy': Why People Underestimate Their Task Completion Times," *Journal of Personality and Social Psychology,* 67 (3), pp. 366–381.

[2] Flyvbjerg, Bent, "From Nobel Prize to Project Management: Getting Risks Right," *Project Management Journal,* August 2006, pp. 5-15.

- **Apresentação tendenciosa.** Há evidências crescentes no sentido de que os promotores de projetos subestimam os custos dos projetos e superestimam seus benefícios para obter aprovação. Parece ser particularmente o caso de projetos de obras públicas de grande porte, que têm o hábito notório de sair muito do orçamento (lembre-se da "Câmara Enfurecida").

A realidade é que, para muitos projetos, nem todas as informações necessárias para fazer estimativas precisas estão disponíveis, sendo impossível predizer o futuro. O desafio ainda é aumentado pela natureza humana e pelas dinâmicas políticas associadas à aprovação do projeto. O dilema é que, sem estimativas sólidas, a credibilidade do plano do projeto se desgasta, prazos perdem o sentido, orçamentos se flexibilizam e a prestação de contas torna-se problemática.

Desafios similares influenciam as estimativas definitivas de tempo e custo. Mesmo com os melhores esforços de estimativa, pode ser necessário revisar as estimativas com base em informações relevantes *antes* de estabelecer um cronograma e orçamento de linha de base.

As empresas eficientes ajustam as estimativas de tarefas específicas depois que os riscos, recursos e especificidades da situação foram definidos mais claramente. Elas reconhecem que as estimativas acumuladas geradas a partir de uma estimativa detalhada baseada na EAP são apenas o ponto de partida. À medida que se impregnam mais do processo de planejamento do projeto, fazem as revisões cabíveis no tempo e no custo de atividades específicas. Elas fatoram a atribuição final de recursos no orçamento e cronograma do projeto. No caso de perceberem que há apenas três, e não quatro, escavadeiras à disposição para limpar um terreno, ajustam tanto o tempo quanto o custo da atividade. Corrigem as estimativas para contabilizar ações específicas a fim de atenuar riscos potenciais do projeto. Exemplificando, para reduzir as chances de erros de código de design, essas empresas acrescentariam ao cronograma e orçamento o custo de testadores independentes. Por fim, ajustam as estimativas para levar em conta condições anormais. Por exemplo, se amostras de solo revelam água subterrânea em excesso, revisam os custos e o tempo de fundação.

Sempre haverá alguns erros, omissões e ajustes que demandarão mudanças adicionais nas estimativas. Felizmente, todo projeto deve ter um sistema de gerenciamento de mudança em atividade para acomodar essas situações e os impactos na linha de base do projeto. Gerenciamento da mudança e fundos de contingência serão discutido mais adiante, no Capítulo 7.

Criação de uma base de dados de estimativa

O melhor jeito de aprimorar estimativas é coletar e arquivar dados estimados e efetivos de projetos anteriores. Guardar dados históricos (estimados e efetivos) proporciona uma base de conhecimento para melhorar a estimativa de tempo e de custo do projeto. A criação de uma base de dados é uma "boa prática" entre as empresas líderes em gerenciamento de projetos.

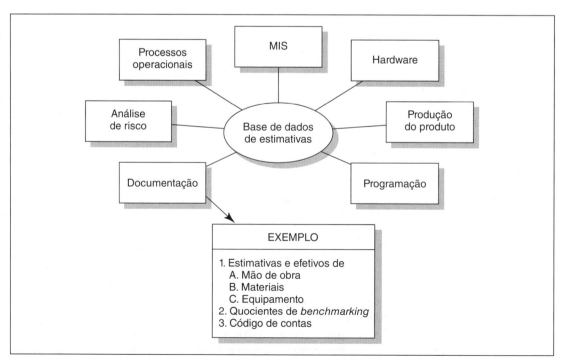

FIGURA 5.7 Modelos de base de dados de estimativa

Algumas delas têm grandes departamentos de estimativa, com profissionais dedicados (por exemplo, Boeing, IBM), desenvolvendo grandes **bases de dados de tempo e custo**. Outras coletam esses dados pelo escritório de projeto. Essa abordagem de base de dados possibilita que o responsável pelas estimativas escolha na base de dados um item específico de pacote de trabalho para incluir. Então, ele faz os ajustes necessários no que tange a materiais, mão de obra e equipamentos. É claro, qualquer item que não conste na base de dados pode ser adicionado ao projeto – e, em última instância, à base de dados, se desejado. Novamente, a qualidade das estimativas da base de dados depende da experiência dos envolvidos, mas a qualidade dos dados deve melhorar com o tempo. Essas bases de dados estruturadas servem como *feedback* para os estimadores e como *benchmarks* de custo e tempo para cada projeto. Além disso, a comparação dos dados estimados e efetivos de diferentes projetos pode sugerir o grau de risco inerente às estimativas. Veja na Figura 5.7 a estrutura de uma base de dados semelhante às encontradas na prática.

Resumo

Estimativas de tempo e de custo feitas com qualidade são o fundamento do controle do projeto. A experiência passada é o melhor ponto de partida para elas. A qualidade das estimativas é influenciada por outros fatores como pessoas, tecnologia e inatividades. O segredo para obter estimativas que representem tempos e custos médios realistas é contar com uma cultura organizacional que admita erros nas estimativas, sem acusações. Se os tempos representam tempo médio, deve-se esperar que 50% ficarão abaixo da estimativa e 50% a ultrapassarão. Trabalhar com equipes altamente motivadas pode ajudar a manter o tempo e os custos das tarefas próximos da média. Por esse motivo, é crucial fazer a equipe apoiar as estimativas de tempo e custo.

Aplicar estimativas de cima para baixo é bom para tomar decisões iniciais e estratégicas ou em situações em que os custos associados ao desenvolvimento de estimativas melhores têm pouco benefício. Entretanto, na maioria dos casos, a abordagem de baixo para cima é preferível e mais confiável porque avalia cada pacote de trabalho, em vez de todo o projeto, seção ou entrega. Estimar tempo e custos de cada pacote de trabalho facilita o desenvolvimento do cronograma do projeto e um orçamento em fases cronológicas, necessários para controlar o projeto na implementação. A aplicação das diretrizes de estimativa ajuda a eliminar muitos erros comuns cometidos por quem não está familiarizado com estimativa de tempo e de custo para controle de projetos. O estabelecimento de uma base de dados de estimativa de tempo e de custo se encaixa bem na filosofia da organização que aprende.

O nível de detalhe de tempo e de custo deve seguir o preceito: "não mais que o necessário e suficiente". Os gerentes precisam se lembrar de diferenciar dispêndios comprometidos, custos efetivos e custos programados. É sabido que se empenhar desde cedo para definir claramente os objetivos, escopo e especificações do projeto melhora amplamente a precisão da estimativa de tempo e custo.

Por fim, como as estimativas são coletadas e como elas são utilizadas pode afetar sua utilidade no planejamento e controle. O clima da equipe e a cultura e a estrutura organizacionais podem influenciar fortemente a importância associada às estimativas de tempo e de custo e como elas são empregadas no gerenciamento de projetos.

Termos-chave

Bases de dados de tempo e custo, *125*
Curva de aprendizado, *115*
Custos de despesas, *120*
Custos diretos, *120*
Estimativa por faixa, *116*
Estimativa por fases, *117*
Estimativas de baixo para cima, *111*
Estimativas de cima para baixo, *111*

Método Delphi, *113*
Métodos de quociente, *113*
Métodos de modelo, *116*
Pontos de função, *114*
Previsão por Classe de Referência, *123*
Prolongamento de estimativas, *108*
Rateio, *113*

Questões de revisão

1. Por que estimativas precisas são críticas para um gerenciamento de projetos eficaz?
2. Como a cultura organizacional de uma empresa influencia a qualidade das estimativas?
3. Quais as diferenças entre as abordagens de estimativa de baixo para cima e de cima para baixo? Em que condições você preferiria uma e não a outra?
4. Quais os principais tipos de custos? Quais custos são controláveis pelo gerente do projeto?

Exercícios

1. Calcule o custo direto da mão de obra de um membro da equipe do projeto usando os seguintes dados:
   Taxa: US$ 40/h
   Horas necessárias: 80
   Taxa de custos de despesas: 40%

2. A Sra. Tolstoy e o marido, Serge, estão planejando a casa dos sonhos. O terreno está no topo de um monte, com uma linda vista das Montanhas Apalaches. As plantas indicam que a casa terá 270 m² de área. O preço médio de um terreno e uma casa semelhantes é de R$ 120/m². Felizmente, Serge é um encanador aposentado e acha que consegue poupar dinheiro instalando ele mesmo o encanamento. A Sra. Tolstoy acha que consegue dar conta da decoração de interiores.

   As informações de custo médio a seguir foram dadas por um banco local que faz empréstimos a empreiteiros da região para os quais desembolsa pagamentos progressivos quando tarefas específicas são comprovadamente concluídas.

24%	Escavação e estrutura concluídas
8%	Telhado e lareia concluídos
3%	Fiação interna
6%	Encanamento interno
5%	Revestimento aplicado
17%	Janelas, isolamento, passarelas, gesso e garagem concluídos
9%	Aquecedor instalado
4%	Instalação hidráulica
10%	Pintura externa, instalação elétrica, acabamento de ferragens instalados
6%	Carpete e guarnições instalados
4%	Decoração interior
4%	Piso colocado

   a. Qual é o custo estimado da casa dos Tolstoy se utilizarem empreiteiros para concluir toda a obra?
   b. Estime qual seria o custo da casa se os Tolstoys usassem os próprios talentos para fazer eles mesmos um pouco da casa.

3. A seguir, a EAP de um trabalho com o custo rateado por percentuais. Se o custo total do projeto é estimado em R$ 600 mil, quais os custos estimados para as seguintes entregas?
   a. Design?
   b. Programação?
   c. Teste *in-house?*

   Quais fraquezas são aparentes nessa abordagem de estimativa?

4. Projeto de Firewall XT. Usando o esquema de "ponderação por complexidade" do Exercício 5.3 e a tabela de ponto de função ponderado por complexidade, exibida a seguir, estime a contagem total de ponto de função. Assuma que os dados históricos sugerem que cinco pontos de função são iguais a uma pessoa por 1 mês e que seis pessoas podem trabalhar no projeto.

Tabela de ponderação por complexidade		
Número de insumos	10	Complexidade classificada como baixa
Número de saídas	20	Complexidade classificada como média
Número de consultas	10	Complexidade classificada como média
Número de arquivos	30	Complexidade classificada como alta
Número de interfaces	50	Complexidade classificada como alta

a. Qual a duração estimada do projeto?
b. Se houver 20 pessoas disponíveis para o projeto, qual é a duração estimada dele?
c. Se o projeto tiver que ser concluído em 6 meses, quantas pessoas serão necessárias?

EXERCÍCIO 5.3
Cifra da EAP

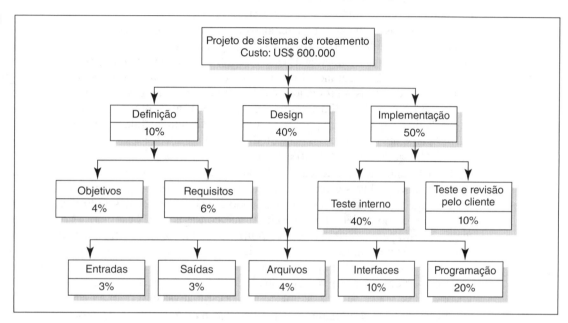

Referências

Buehler, R., D. Griffen, and M. Ross, "Exploring the 'Planning Fallacy': Why People Underestimate Their Task Completion Times," *Journal of Personality and Social Psychology,* vol. 67 (3), pp. 366-381.

Dalkey, N. C., D. L. Rourke, R. Lewis, and D. Snyder, *Studies in the Quality of Life: Delphi and Decision Making* (Lexington, MA: Lexington Books, 1972).

Flyvbjerg, Bent, "From Nobel Prize to Project Management: Getting Risks Right," *Project Management Journal,* August 2006, pp. 5–15; Flyvbjerg, Bent, "Curbing Optimism Bias and Strategic Misrepresentation in Planning: Reference Class Forecasting in Practice," *European Planning Studies,* vol. 16, No. 1 (January 2008), pp. 3–21; and Flyvbjerg, Bent, N. Bruzelius, and W. Rothengatter, *Mega Projects and Risk: An Anatomy of Ambition* (Cambridge Press, 2003).

Gray, N. S., "Secrets to Creating the Elusive 'Accurate Estimate,'" *PM Network,* 15 (8) August 2001, p. 56.

Jeffery, R., G. C. Low, and M. Barnes, "A Comparison of Function Point Counting Techniques," *IEEE Transactions on Software Engineering,* 19 (5) 1993, pp. 529-32.

Jones, C., *Applied Software Measurement* (New York: McGraw-Hill, 1991).

Jones, C., *Estimating Software Costs* (New York: McGraw-Hill, 1998).

Kharbanda, O. P., and J. K. Pinto, *What Made Gertie Gallop: Learning from Project Failures* (New York: Von Nostrand Reinhold, 1996).

Lovallo, D., and D. Kahneman, "Delusions of Success: How Optimism Undermines Executives' Decisions," *Harvard Business Review,* July 2003, pp. 56-63.

Magne, E., K. Emhjellenm, and P. Osmundsen, "Cost Estimation Overruns in the North Sea," *Project Management Journal* 34 (1) 2003, pp. 23-29.

McLeod, G., and D. Smith, *Managing Information Technology Projects* (Cambridge, MA: Course Technology, 1996).

Milosevic, D. Z., *Project Management ToolBox* (Upper Saddle River, NJ: John Wiley, 2003), p. 229.
Pressman, R. S., *Software Engineering: A Practitioner's Approach,* 4th ed. (New York: McGraw-Hill, 1997).
Symons, C. R., "Function Point Analysis: Difficulties and Improvements," *IEEE Transactions on Software Engineering,* 14 (1) 1988, pp. 2-11.

Caso Sharp Printing, AG

Três anos atrás, o grupo de planejamento estratégico da Sharp Printing (SP) estabeleceu como meta o lançamento de uma impressora colorida a laser por menos de US$ 200, voltada para pequenas empresas e consumidores individuais. Alguns meses depois, a gerência sênior se reuniu fora da empresa para discutir o novo produto. Os resultados dessa reunião foram um conjunto de especificações técnicas gerais acompanhado de principais entregas, data de lançamento do produto e uma estimativa de custo com base na experiência prévia.

Pouco depois, realizou-se uma reunião de gerência média para explicar as metas do projeto, as principais responsabilidades, a data de início do projeto e a importância de se cumprir a data de lançamento do produto dentro da estimativa de custo. Membros de todos os departamentos envolvidos compareceram. A empolgação era grande. Embora todos considerassem altos os riscos, não conseguiam deixar de pensar nas recompensas prometidas para a empresa e para o pessoal. Alguns participantes questionaram a legitimidade das estimativas de duração e de custo do projeto. Outros estavam preocupados com a tecnologia necessária para produzir um produto de alta qualidade por menos de US$ 200. Contudo, em vista da empolgação do momento, todos concordaram que o projeto valia a pena e era exequível. A impressora colorida a laser deveria ter a mais alta prioridade de projeto da empresa.

Com 15 anos de experiência em design e fabricação de impressoras, incluindo o gerenciamento bem-sucedido de diversos projetos relacionados a impressoras para mercados comerciais, Lauren foi selecionada como a gerente do projeto. Sendo uma das pessoas desconfortáveis com as estimativas de custo e tempo do projeto, Lauren achava que conseguir boas estimativas de baixo para cima sobre tempo e custo para as entregas era seu primeiro assunto. Rapidamente, fez uma reunião com as partes interessadas significativas para criar uma EAP identificando os pacotes de trabalho e a unidade organizacional responsável pela implementação deles. Lauren enfatizou que queria estimativas de tempo e de custo elaboradas por quem faria o trabalho ou por quem mais dominasse o assunto, se possível, e foi encorajou que houvesse mais de uma fonte. As estimativas deveriam ser entregues em duas semanas.

As estimativas compiladas foram colocadas na EAP/OBS. A de custo parecia estar errada, com US$ 1,250 milhão acima daquela da gerência sênior; ou seja 20% acima! A estimativa de tempo vinda da rede desenvolvida pelo projeto estava apenas quatro meses acima daquela da alta gerência. Foi marcada outra reunião com as partes interessadas relevantes para verificar as estimativas e fazer brainstorming sobre as soluções alternativas; as estimativas de custo e tempo pareciam ser razoáveis. Algumas das sugestões para a sessão de brainstorming são:

- Mudar o escopo.
- Terceirizar design de tecnologia.
- Utilizar a matriz de prioridades (Capítulo 4) para fazer a alta gerência esclarecer suas prioridades.
- Fazer parceria com outra empresa ou criar um consórcio de pesquisa para dividir custos e compartilhar a tecnologia e os novos métodos de produção desenvolvidos.
- Cancelar o projeto.
- Encomendar um estudo de ponto de equilíbrio (*break-even*) para a impressora a laser.

Foi identificado muito pouco em termos de economias concretas, embora houvesse consenso de que o tempo poderia ser comprimido até a data de lançamento no mercado, mas a custos adicionais.

Lauren se reuniu com os gerentes de marketing (Connor), produção (Kim) e design (Gage), que trouxeram algumas ideias para corte de custos, mas nada de impacto grande significativo. Gage observou: "Eu não gostaria de estar na pele de quem dirá à alta gerência que a estimativa de custos deles está errada em US$ 1,250 milhão! Boa sorte, Lauren".

1. Nesse ponto, o que você faria se fosse a gerente do projeto?
2. A alta gerência agiu corretamente ao desenvolver uma estimativa?
3. Quais técnicas de estimativa deveriam ser usadas em um projeto crítico para a missão como esse?

Caso: Aventura de pós-graduação

Josh e Mike foram colegas de quarto no segundo ano de faculdade no MacAlister College, em St. Paul, Minnesota. A despeito de um início complicado, eles se tornaram ótimos amigos e estão planejando fazer juntos uma viagem de duas semanas para comemorar a formatura em junho. Josh nunca esteve na Europa e quer visitar a França e a Espanha. Mike passou um semestre fora em Aarhus, Dinamarca, e já viajou bastante pelo Norte da Europa. Apesar de nunca ter ido à França ou à Espanha, Mike quer ir a algum lugar mais exótico, como África do Sul ou Vietnã. Na semana passada, conversaram bastante sobre aonde devem ir. Josh argumenta que será muito caro pegar um avião para a África do Sul ou o Vietnã, enquanto Mike rebate que será muito mais barato viajar dentro do Vietnã ou da África do Sul depois que chegarem lá. Ambos concordaram que não podem gastar mais de US$ 3.500 cada na viagem, nem ficar fora mais de duas semanas.

Uma noite, quando estavam discutindo e tomando cerveja com amigos, Sara disse: "Por que vocês não aproveitam o que aprenderam na cadeira de gerenciamento de projetos para decidir o que fazer?". Josh e Mike se olharam e concordaram que aquilo era mais que sensato.

1. Imagine que você é Mike ou Josh; como procederia para tomar uma decisão utilizando metodologia de gerenciamento de projetos?
2. Olhando apenas para custo, que decisão você tomaria?
3. Depois do custo, quais outros fatores deveriam ser considerados antes de tomar uma decisão?

Apêndice 5.1: Curvas de aprendizado de estimativa

Uma estimativa do tempo necessário para cumprir um pacote de trabalho ou tarefa é uma necessidade básica para programar o projeto. Em alguns casos, o gerente simplesmente usa seu julgamento e a experiência passada para estimar o tempo do pacote ou, então, usa registros históricos de tarefas similares.

A maioria dos gerentes e dos trabalhadores sabe intuitivamente que com a repetição se dá uma melhoria no tempo necessário para realizar uma tarefa ou grupo de tarefas. Um trabalhador consegue executar uma tarefa melhor/mais rápido na segunda vez e a cada vez que a executa (não havendo mudança tecnológica). É esse padrão de melhoria que é importante para o gerente ou programador do projeto.

Essa melhoria advinda da repetição geralmente resulta em uma redução das horas de mão de obra para a realização de tarefas e em custos menores para o projeto. Partindo de evidências empíricas de *todas* as indústrias, o padrão dessa melhoria foi quantificado na *curva de aprendizado* (também chamada de curva de melhoria, curva de experiência e curva de progresso industrial), descrita pela seguinte relação:

Sempre que a quantidade de saída duplica, as horas de mão de obra unitária são reduzidas a uma taxa constante.

Por exemplo, imagine que um fabricante possui um novo contrato para 16 unidades de protótipo, tendo sido necessárias 800 horas de mão de obra para a primeira unidade. A experiência passada indicou que, em tipos semelhantes de unidades, a taxa de melhoria era de 80%. Essa relação de melhoria de horas de mão de obra é mostrada assim:

Unidade		Horas de mão de obra
1		800
2	800 × 0,80 =	640
4	640 × 0,80 =	512
8	512 × 0,80 =	410
16	410 × 0,80 =	328

Usando os valores unitários da Tabela A5.1, podem-se determinar as horas de mão de obra por unidade similar. Cruzando o nível de 16 unidades com a coluna de 80%, obtém-se um quociente de 0,4096 que, multiplicando pelas horas de mão de obra da primeira unidade, resulta no valor unitário de:

$$0,4096 \times 800 \times 328 \text{ horas, ou } 327,68$$

Em outras palavras, a 16ª unidade deve exigir cerca de 328 horas de mão de obra, assumindo-se um quociente de melhoria de 80%.

TABELA A5.1
Valores unitários de curvas de aprendizado

Unidades	60%	65%	70%	75%	80%	85%	90%	95%
1	1,0000	1,0000	1,0000	1,0000	1,0000	1,0000	1,0000	1,0000
2	0,6000	0,6500	0,7000	0,7500	0,8000	0,8500	0,9000	0,9500
3	0,4450	0,5052	0,5682	0,6338	0,7021	0,7729	0,8462	0,9219
4	0,3600	0,4225	0,4900	0,5625	0,6400	0,7225	0,8100	0,9025
5	0,3054	0,3678	0,4368	0,5127	0,5956	0,6857	0,7830	0,8877
6	0,2670	0,3284	0,3977	0,4754	0,5617	0,6570	0,7616	0,8758
7	0,2383	0,2984	0,3674	0,4459	0,5345	0,6337	0,7439	0,8659
8	0,2160	0,2746	0,3430	0,4219	0,5120	0,6141	0,7290	0,8574
9	0,1980	0,2552	0,3228	0,4017	0,4930	0,5974	0,7161	0,8499
10	0,1832	0,2391	0,3058	0,3846	0,4765	0,5828	0,7047	0,8433
12	0,1602	0,2135	0,2784	0,3565	0,4493	0,5584	0,6854	0,8320
14	0,1430	0,1940	0,2572	0,3344	0,4276	0,5386	0,6696	0,8226
16	0,1296	0,1785	0,2401	0,3164	0,4096	0,5220	0,6561	0,8145
18	0,1188	0,1659	0,2260	0,3013	0,3944	0,5078	0,6445	0,8074
20	0,1099	0,1554	0,2141	0,2884	0,3812	0,4954	0,6342	0,8012
22	0,1025	0,1465	0,2038	0,2772	0,3697	0,4844	0,6251	0,7955
24	0,0961	0,1387	0,1949	0,2674	0,3595	0,4747	0,6169	0,7904
25	0,0933	0,1353	0,1908	0,2629	0,3548	0,4701	0,6131	0,7880
30	0,0815	0,1208	0,1737	0,2437	0,3346	0,4505	0,5963	0,7775
35	0,0728	0,1097	0,1605	0,2286	0,3184	0,4345	0,5825	0,7687
40	0,0660	0,1010	0,1498	0,2163	0,3050	0,4211	0,5708	0,7611
45	0,0605	0,0939	0,1410	0,2060	0,2936	0,4096	0,5607	0,7545
50	0,0560	0,0879	0,1336	0,1972	0,2838	0,3996	0,5518	0,7486
60	0,0489	0,0785	0,1216	0,1828	0,2676	0,3829	0,5367	0,7386
70	0,0437	0,0713	0,1123	0,1715	0,2547	0,3693	0,5243	0,7302
80	0,0396	0,0657	0,1049	0,1622	0,2440	0,3579	0,5137	0,7231
90	0,0363	0,0610	0,0987	0,1545	0,2349	0,3482	0,5046	0,7168
100	0,0336	0,0572	0,0935	0,1479	0,2271	0,3397	0,4966	0,7112
120	0,0294	0,0510	0,0851	0,1371	0,2141	0,3255	0,4830	0,7017
140	0,0262	0,0464	0,0786	0,1287	0,2038	0,3139	0,4718	0,6937
160	0,0237	0,0427	0,0734	0,1217	0,1952	0,3042	0,4623	0,6869
180	0,0218	0,0397	0,0691	0,1159	0,1879	0,2959	0,4541	0,6809
200	0,0201	0,0371	0,0655	0,1109	0,1816	0,2887	0,4469	0,6757
250	0,0171	0,0323	0,0584	0,1011	0,1691	0,2740	0,4320	0,6646
300	0,0149	0,0289	0,0531	0,0937	0,1594	0,2625	0,4202	0,5557
350	0,0133	0,0262	0,0491	0,0879	0,1517	0,2532	0,4105	0,6482
400	0,0121	0,0241	0,0458	0,0832	0,1453	0,2454	0,4022	0,6419
450	0,0111	0,0224	0,0431	0,0792	0,1399	0,2387	0,3951	0,6363
500	0,0103	0,0210	0,0408	0,0758	0,1352	0,2329	0,3888	0,6314
600	0,0090	0,0188	0,0372	0,0703	0,1275	0,2232	0,3782	0,6229
700	0,0080	0,0171	0,0344	0,0659	0,1214	0,2152	0,3694	0,6158
800	0,0073	0,0157	0,0321	0,0624	0,1163	0,2086	0,3620	0,6098
900	0,0067	0,0146	0,0302	0,0594	0,1119	0,2029	0,3556	0,6045
1.000	0,0062	0,0137	0,0286	0,0569	0,1082	0,1980	0,3499	0,5998
1.200	0,0054	0,0122	0,0260	0,0527	0,1020	0,1897	0,3404	0,5918
1.400	0,0048	0,0111	0,0240	0,0495	0,0971	0,1830	0,3325	0,5850
1.600	0,0044	0,0102	0,0225	0,0468	0,0930	0,1773	0,3258	0,5793
1.800	0,0040	0,0095	0,0211	0,0446	0,0895	0,1725	0,3200	0,5743
2.000	0,0037	0,0089	0,0200	0,0427	0,0866	0,1683	0,3149	0,5698
2.500	0,0031	0,0077	0,0178	0,0389	0,0606	0,1597	0,3044	0,5605
3.000	0,0027	0,0069	0,0162	0,0360	0,0760	0,1530	0,2961	0,5530

Obviamente, o gerente do projeto pode precisar de mais de um valor unitário para estimar o tempo de alguns pacotes de trabalho. Os valores cumulativos da Tabela A5.2 fornecem fatores para calcular as horas cumulativas de mão de obra total de todas as unidades. No exemplo anterior, para as 16 primeiras unidades, o total de horas de mão de obra seria:

$$800 \times 8{,}920 = 7.136 \text{ horas}$$

Dividindo o total acumulado de horas (7.136) pelas unidades, a média de horas de mão de obra por unidade pode ser obtida:

$$7.136 \text{ horas de mão de obra}/16 \text{ unidades} = 446 \text{ horas médias de mão de obra por unidade}$$

Note como as horas de mão de obra para a 16ª unidade (328) são diferentes da média para todas as 16 unidades (446). O gerente do projeto, conhecendo os custos médios de mão de obra e de processamento, poderia estimar os custos totais dos protótipos (a derivação matemática dos fatores constantes nas Tabelas A5.1 e A5.2 pode ser encontrada em Jelen, F. C., and J. H. Black, *Cost and Optimization Engineering*, 2nd ed. New York: McGraw-Hill, 1983).

EXEMPLO DE CONTRATO

Imagine que o gerente do projeto obtém um pedido adicional de 74 unidades, como ele deveria estimar as horas e o custo de mão de obra? Indo à Tabela A5.2 acumulada, encontramos na intersecção entre quociente de 80% e 90 unidades totais uma razão de 30,35.

800 × 30,35 =	24.280 horas de mão de obra para 90 unidades
Menos as 16 unidades anteriores =	7.136
Total do pedido adicional =	17.144 horas de mão de obra
17.144/74 é igual a 232 horas médias de mão de obra por unidade	

As horas de mão de obra para a 90ª unidade podem ser obtidas na Tabela A5.1: 0,2349 × 800 = 187,9 horas de mão de obra (para razões entre os valores dados, simplesmente estime).

Exercício A5.1

Empresa Norueguesa de Desenvolvimento de Satélites
(Norwegian Satellite Development Company-NSDC)
Estimativas de custo para o
Projeto de Central Telefônica Mundial por Satélite

A NSDC tem um contrato para produzir oito satélites de apoio a um sistema telefônico mundial (para a Alaska Telecom, Inc.) que permite que as pessoas usem um único telefone celular em qualquer lugar da Terra, fazendo ou recebendo ligações. A NSDC desenvolverá e produzirá as oito unidades. Ela estimou que os custos de P&D serão de NOK 12 milhões (coroas norueguesas). Espera-se que os custos com material sejam de NOK 6 milhões. Eles estimaram que o design e a produção do primeiro satélite exigirão 100 mil horas de mão de obra, e espera-se uma curva de aprendizado de 80%. O custo da mão de obra qualificada é de NOK 300/h. O lucro desejado em todos os projetos é de 25% dos custos totais.

a. Quantas horas de mão de obra o oitavo satélite demandará?
b. Quantas horas de mão de obra são necessárias para todo o projeto de oito satélites?
c. Que preço você pediria pelo projeto? Por quê?
d. No meio do projeto, o pessoal de design e produção se dá conta de que uma curva de melhoria de 75% é mais correta. Que efeito isso tem no projeto?
e. Perto do fim do projeto, a Deutsch Telefon AG solicitou uma estimativa de custo para quatro satélites idênticos àqueles que você já produziu. Que preço você orçará para eles? Justifique seu preço.

TABELA A5.2
Valores cumulativos de curvas de aprendizado

Unidades	60%	65%	70%	75%	80%	85%	90%	95%
1	1,000	1,000	1,000	1,000	1,000	1,000	1,000	1,000
2	1,600	1,650	1,700	1,750	1,800	1,850	1,900	1,950
3	2,045	2,155	2,268	2,384	2,502	2,623	2,746	2,872
4	2,405	2,578	2,758	2,946	3,142	3,345	3,556	3,774
5	2,710	2,946	3,195	3,459	3,738	4,031	4,339	4,662
6	2,977	3,274	3,593	3,934	4,299	4,688	5,101	5,538
7	3,216	3,572	3,960	4,380	4,834	5,322	5,845	6,404
8	3,432	3,847	4,303	4,802	5,346	5,936	6,574	7,261
9	3,630	4,102	4,626	5,204	5,839	6,533	7,290	8,111
10	3,813	4,341	4,931	5,589	6,315	7,116	7,994	8,955
12	4,144	4,780	5,501	6,315	7,227	8,244	9,374	10,62
14	4,438	5,177	6,026	6,994	8,092	9,331	10,72	12,27
16	4,704	5,541	6,514	7,635	8,920	10,38	12,04	13,91
18	4,946	5,879	6,972	8,245	9,716	11,41	13,33	15,52
20	5,171	6,195	7,407	8,828	10,48	12,40	14,64	17,13
22	5,379	6,492	7,819	9,388	11,23	13,38	15,86	18,72
24	5,574	6,773	8,213	9,928	11,95	14,33	17,10	20,31
25	5,668	6,909	8,404	10,19	12,31	14,80	17,71	21,10
30	6,097	7,540	9,305	11,45	14,02	17,09	20,73	25,00
35	6,478	8,109	10,13	12,72	15,64	19,29	23,67	28,86
40	6,821	8,631	10,90	13,72	17,19	21,43	26,54	32,68
45	7,134	9,114	11,62	14,77	18,68	23,50	29,37	36,47
50	7,422	9,565	12,31	15,78	20,12	25,51	32,14	40,22
60	7,941	10,39	13,57	17,67	22,87	29,41	37,57	47,65
70	8,401	11,13	14,74	19,43	25,47	33,17	42,87	54,99
80	8,814	11,82	15,82	21,09	27,96	36,80	48,05	62,25
90	9,191	12,45	16,83	22,67	30,35	40,32	53,14	69,45
100	9,539	13,03	17,79	24,18	32,65	43,75	58,14	76,59
120	10,16	14,16	19,57	27,02	37,05	50,39	67,93	90,71
140	10,72	15,08	21,20	29,67	41,22	56,78	77,46	104,7
160	11,21	15,97	22,72	32,17	45,20	62,95	86,80	118,5
180	11,67	16,79	24,14	34,54	49,03	68,95	95,96	132,1
200	12,09	17,55	25,48	36,80	52,72	74,79	105,0	145,7
250	13,01	19,28	28,56	42,08	61,47	88,83	126,9	179,2
300	13,81	20,81	31,34	46,94	69,66	102,2	148,2	212,2
350	14,51	22,18	33,89	51,48	77,43	115,1	169,0	244,8
400	15,14	23,44	36,26	55,75	84,85	127,6	189,3	277,0
450	15,72	24,60	38,48	59,80	91,97	139,7	209,2	309,0
500	16,26	25,68	40,58	63,68	98,85	151,5	228,8	340,6
600	17,21	27,67	44,47	70,97	112,0	174,2	267,1	403,3
700	18,06	29,45	48,04	77,77	124,4	196,1	304,5	465,3
800	18,82	31,09	51,36	84,18	136,3	217,3	341,0	526,5
900	19,51	32,60	54,46	90,26	147,7	237,9	376,9	587,2
1.000	20,15	34,01	57,40	96,07	158,7	257,9	412,2	647,4
1.200	21,30	36,59	62,85	107,0	179,7	296,6	481,2	766,6
1.400	22,32	38,92	67,85	117,2	199,6	333,9	548,4	884,2
1.600	23,23	41,04	72,49	126,8	218,6	369,9	614,2	1001
1.800	24,06	43,00	76,85	135,9	236,8	404,9	678,8	1116
2.000	24,83	44,84	80,96	144,7	254,4	438,9	742,3	1230
2.500	26,53	48,97	90,39	165,0	296,1	520,8	897,0	1513
3.000	27,99	52,62	98,90	183,7	335,2	598,9	1047	1791

CAPÍTULO SEIS

Desenvolvimento do plano do projeto

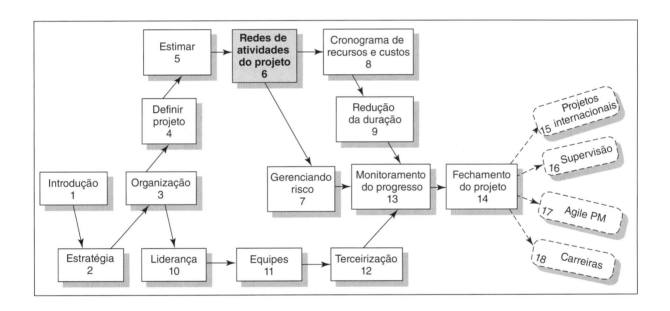

Desenvolvimento do plano do projeto
Desenvolvimento da rede de atividades do projeto
Do pacote de trabalho para a rede
Construção da rede do projeto
Fundamentos de atividade em nó (AON)
Processo de cálculo da rede
Uso das informações de caminho de ida e volta
Nível de detalhe das atividades
Considerações práticas
Ampliando as técnicas de rede para chegar mais perto da realidade
Resumo

Eu tenho em meus serviços seis homens honestos (que me ensinaram tudo o que sei); seu nomes são O Que, Por Que, Quando, Como, Onde e Quem.

Rudyard Kipling

Desenvolvimento da rede de atividades do projeto

A rede do projeto é a ferramenta utilizada para planejar, programar e monitorar o progresso do projeto. Desenvolvida a partir das informações coletadas para a EAP, tem a forma de um fluxograma gráfico no plano de serviço do projeto e retrata as atividades do projeto que precisam ser concluídas, as sequências lógicas, as interdependências das atividades a serem concluídas e, na maioria dos casos, os tempos de início e fim das atividades, juntamente com os caminhos mais longos da rede – o *caminho crítico*. A rede é o molde do sistema de informações do projeto que será usado pelos respectivos gerentes para tomar decisões a respeito de tempo, custo e desempenho do projeto.

O desenvolvimento de redes de projeto toma tempo, portanto, custa dinheiro! Será que as redes realmente valem o empenho? A resposta definitivamente é sim, salvo em casos em que o projeto é considerado banal ou de duração muito curta.[1] A rede é facilmente compreendida pelos outros porque apresenta uma exibição gráfica do fluxo e sequência de trabalho no projeto. Uma vez desenvolvida, é muito fácil modificá-la quando ocorrem eventos inesperados à medida que o projeto progride. Por exemplo, se os materiais para uma atividade se atrasam, o impacto pode ser avaliado com rapidez, revisando-se todo o projeto em apenas alguns minutos no computador. Essas revisões podem ser comunicadas de forma célere a todos os participantes do projeto (por exemplo, via e-mail ou site do projeto).

A rede do projeto propicia informações e insights valiosos. Ela proporciona a base para a programação da mão de obra e dos equipamentos. Otimiza a comunicação que une todos os gerentes e grupos para cumprir os objetivos de tempo, custo e desempenho do projeto. Fornece uma estimativa da duração do projeto, em vez de escolher uma data de conclusão do projeto a esmo ou a data preferida por alguém. A rede informa o tempo em que as atividades podem iniciar e terminar e em quanto podem ser atrasadas. Ela dá a base para orçar o fluxo de caixa do projeto. Identifica quais atividades são "críticas" e, portanto, não devem ser atrasadas para que o projeto seja concluído conforme o planejado. Sublinha quais atividades devem ser consideradas caso o projeto precise ser comprimido para cumprir um prazo.

Existem outras razões para que as redes de projeto valham peso de ouro. Basicamente, elas minimizam as surpresas, divulgando o plano desde cedo e possibilitando *feedback* colaborativo. Uma afirmação que se ouve muito é que a rede do projeto representa três quartos do processo de planejamento. Talvez isso seja um exagero, mas assinala a importância percebida da rede por parte dos gerentes de projetos no negócio.

Do pacote de trabalho para a rede

Desenvolvida a partir da EAP, a rede do projeto é um diagrama de fluxo visual da sequência, inter-relações e dependências de todas as atividades que devem ser realizadas para concluir o projeto. *Uma **atividade** é um elemento do projeto que consome tempo, por exemplo, trabalho ou espera.* Os pacotes de trabalho da EAP são usados para criar as atividades constantes na rede do projeto. Uma atividade pode incluir um ou mais pacotes de trabalho. As atividades são postas em uma

---

[1] Esse processo pode ser esclarecido e melhorado por meio de uma matriz de responsabilidade simples (ver Capítulo 3).

sequência que garante a conclusão correta do projeto. As redes são criadas usando-se nós (caixas) e setas (linhas).

A integração dos pacotes de trabalho e da rede representa um ponto em que o processo gerencial costuma falhar na prática. As principais explicações para esse fracasso são que (1) grupos (pessoas) diferentes se envolvem na definição dos pacotes de trabalho e das atividades e (2) a EAP é mal construída, não sendo orientada a entregas/saídas. A integração da EAP com a rede do projeto é crucial para um gerenciamento de projeto efetivo. O gerente do projeto precisa tomar cuidado para garantir continuidade, garantindo que algumas das pessoas que definiram a EAP e os pacotes de trabalho também desenvolvam as atividades da rede.

As redes fornecem o cronograma do projeto ao identificar dependências, sequenciamento e cronologia das atividades, o que não é incumbência da EAP. As principais entradas para desenvolver um plano de rede do projeto são pacotes de trabalho. Recorde que um pacote de trabalho é definido independentemente dos demais pacotes, tem pontos definidos de início e fim, demanda recursos específicos, inclui especificações técnicas e apresenta estimativas de custo para o pacote. No entanto, a dependência, o sequenciamento e a cronologia de cada um desses fatores não estão incluídos no pacote de trabalho. Uma atividade da rede pode incluir um ou mais pacotes de trabalho.

A Figura 6.1 apresenta um segmento do exemplo de EAP e como a informação é utilizada para desenvolver uma rede de projeto. A entrega de menor nível na Figura 6.1 é "placa de circuito". As contas de custo (design, produção, teste, software) denotam o trabalho de projeto, a unidade organizacional responsável e os orçamentos em fases cronológicas para os pacotes de trabalho. Cada conta de custo representa um ou mais pacotes de trabalho. Por exemplo, a conta de custo de design tem dois pacotes de trabalho (D-1-1 e D-1-2) – especificações e documentação. As contas de software e produção também têm dois pacotes de trabalho. O desenvolvimento de uma rede exige que se sequenciem as tarefas de todos os pacotes de trabalho que reúnem trabalho mensurável.

A Figura 6.1 mostra como os pacotes de trabalho são usados para desenvolver uma rede de atividades. É possível utilizá-los pelo esquema de códigos. Por exemplo, a atividade A usa os pacotes de trabalho D-1-1 e D-1-2 (especificações e documentação), enquanto a atividade C usa o pacote de trabalho S-22-1. A metodologia de selecionar pacotes de trabalho para descrever atividades é usada para desenvolver a rede do projeto, que sequencia e faz a cronologia das atividades do projeto. Deve-se tomar cuidado para incluir todos os pacotes de trabalho. *O gerente deriva estimativas de tempo de atividade a partir do tempo de tarefas do pacote de trabalho.* Por exemplo, a atividade B (protótipo 1) exige 5 semanas para ser concluída; a atividade K (teste) exige 3. Após calcular os **tempos (datas) mais cedo e mais tarde**, o gerente pode programar recursos e orçamentos em fases cronológicas (com datas).

Construção da rede do projeto

Terminologia

Todo ramo de negócio tem seu jargão que permite que os colegas se comuniquem com segurança sobre as técnicas que usa. Os gerentes de projetos não são exceção. Eis alguns termos usados na criação de redes de projeto:

Atividade. Para gerentes de projetos, uma *atividade* é um elemento do projeto que exige tempo. Pode ou não exigir recursos. Em geral, uma atividade consome tempo – seja com as pessoas trabalhando ou com as pessoas esperando. Por exemplo, pessoas esperando para que contratos sejam assinados ou materiais cheguem, aprovação de medicamentos pelo governo, liberação de orçamento etc. As atividades costumam representar uma ou mais tarefas de um pacote de trabalho. As descrições das atividades devem usar um formato verbo/substantivo, como em "desenvolver especificações do produto".

Atividade intercalada. Tem mais de uma atividade imediatamente precedente (mais de uma seta de dependência levando até ela).

Atividades paralelas. Podem ocorrer ao mesmo tempo, se o gerente desejar. Entretanto, ele pode escolher que as atividades paralelas *não* ocorram simultaneamente.

FIGURA 6.1
EAP/Pacotes de trabalho para a rede

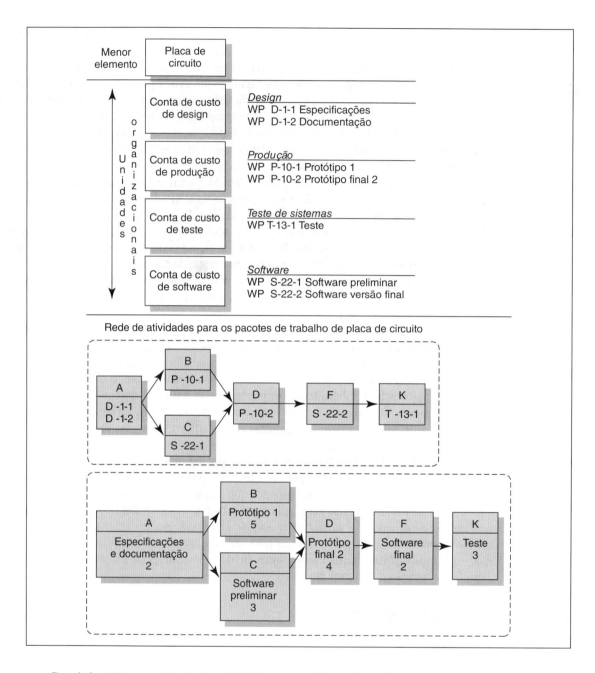

Caminho. Uma sequência de atividades conectadas e dependentes.

Caminho crítico. Aquele(s) caminho(s) com a duração mais longa em toda a rede; se uma atividade no caminho é atrasada, o projeto é atrasado na mesma quantidade de tempo.

Atividade de desdobramento. Tem mais de uma atividade imediatamente seguinte (mais de uma seta de dependência saindo dela).

Regras básicas ao desenvolver redes de projeto

As oito regras seguintes se aplicam, em geral, quando se desenvolve uma rede de projeto:
1. As redes geralmente fluem da esquerda para a direita.
2. Uma atividade não pode começar até que todas as atividades precedentes conectadas tenham sido concluídas.
3. Setas em redes indicam precedência e fluxo e podem se cruzar.
4. Cada atividade deve ter um número de identificação exclusivo.

5. O número de identificação da atividade precisa ser maior do que o das atividades que a precedem.
6. Não são permitidas voltas (em outras palavras, não pode ocorrer a reciclagem de um conjunto de atividades).
7. Não são permitidas afirmações condicionais (isto é, o seguinte tipo de afirmação não deve existir: "Se bem-sucedido, faça algo; senão, não faça nada").
8. A experiência sugere que quando há múltiplos inícios, pode ser usado um nó de início comum para indicar um começo claro para o projeto na rede. Da mesma forma, pode-se usar um único nó de fim de projeto para indicar um término claro.

Leia o "Caso Prático: A abordagem do adesivo amarelo" e veja como essas regras são usadas para criar redes de projeto.

CASO PRÁTICO — A abordagem do adesivo amarelo (para criar uma rede de projeto)

Na prática, é comum que se criem redes de projetos pequenos (de 25 a 100 atividades) por meio de adesivos amarelos Post-it®. Os requisitos e processo de reunião da equipe do projeto são descritos aqui.

Seguem os requisitos de determinado projeto:
1. Membros da equipe do projeto e um facilitador.
2. Um lembrete adesivo (7 × 10 cm ou maior) para cada atividade, com a descrição da atividade impressa.
3. Quadro branco apagável e pincel atômico (pode-se usar um pedaço de papel pardo, comprido e com 1,20 m de largura, no lugar do quadro branco).

Todos os adesivos amarelos são colocados à vista da equipe toda que começa identificando aqueles das atividades que não possuem predecessores. Então, cada um desses adesivos é preso no quadro branco. Desenha-se um nó de início e conecta-se uma seta de dependência em cada atividade.

Dadas as atividades iniciais do começo da rede, cada uma é examinada quanto às sucessoras imediatas. Elas são postas no quadro branco, acompanhadas das setas de dependência. O processo segue até que todos os adesivos amarelos estejam presos no quadro branco, com setas de dependência (observação: o processo pode ser revertido, começando com as atividades que não têm sucessoras e conectando-as a um nó final do projeto; selecionam-se as atividades predecessoras

para cada atividade, prendendo-as ao quadro branco com as setas de dependência marcadas).

Ao final do processo, as dependências são registradas no *software* do projeto, que desenvolve uma rede desenhada em computador, juntamente com os caminhos críticos e os tempos cedo, tarde e de folga. Essa metodologia sensibiliza os membros da equipe desde logo para as interdependências entre as atividades do projeto. Porém, o mais importante é que ela autonomiza os membros da equipe, fazendo-os contribuir para as importantes decisões que deverão implementar mais tarde.

Fundamentos de atividade em nó (AON)

Historicamente, dois métodos são usados para desenvolver redes de projeto: **atividade em nó (AON, do inglês *activity-on-node*) e atividade em seta (AOA, do inglês *activity-on-arrow*).** Ao longo do tempo, a disponibilidade de gráficos computadorizados avançados aprimorou a clareza e a atratividade visual do método AON. Hoje, o método da atividade em nó acabou dominando quase todos os planos de rede de projeto. Por esse motivo, limitamos a nossa discussão a métodos AON. A Figura 6.2 apresenta alguns usos típicos de blocos construtivos para construir a rede AON. Uma **atividade** é representada por um *nó* (caixa). O nó pode assumir diversas formas, mas nos últimos anos a representação dele como um retângulo (caixa) vem prevalecendo. As dependências entre as atividades são retratadas por *setas* entre os retângulos (caixas) da rede AON. As setas indicam como as atividades se relacionam e a sequência em que as coisas precisam ser realizadas. O comprimento e a inclinação da seta são arbitrários, sendo ajustados para facilitar o desenho da rede. As letras nas caixas servem

FIGURA 6.2
Fundamentos de redes com atividade em nó

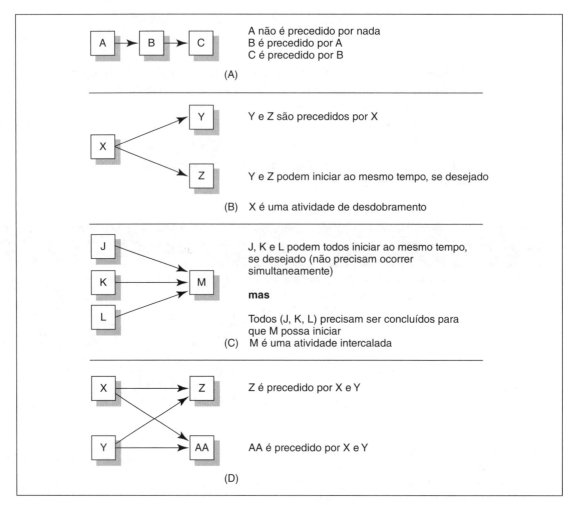

para identificar as atividades enquanto se aprendem os fundamentos de construção e análise de rede. Na prática, as atividades possuem números de identificação e descrições.

Existem três relações básicas que precisam ser estabelecidas para as atividades incluídas em uma rede de projeto. As relações podem ser encontradas respondendo-se a estas perguntas para cada atividade:

1. Quais atividades devem ser concluídas imediatamente *antes* desta atividade? Estas são chamadas de atividades *predecessoras.*
2. Quais atividades devem vir imediatamente *em seguida* a esta atividade? Estas são chamadas de atividades *sucessoras.*
3. Quais atividades podem ocorrer *enquanto* esta atividade está se dando? Esta é conhecida como relação *concorrente* ou *paralela.*

Às vezes, o gerente pode usar apenas as perguntas de 1 a 3 para estabelecer as relações; são informações permitem que o analista da rede crie um fluxograma gráfico da sequência e das interdependências lógicas das atividades do projeto.

A Figura 6.2A é análoga a uma lista de coisas para fazer, em que primeiro se conclui a tarefa no topo da lista e, depois, passa-se para a segunda tarefa, etc. Essa figura diz ao gerente do projeto que a atividade A deve ser concluída antes de a atividade B poder começar, e que a atividade B deve ser concluída antes de a atividade C poder começar.

A Figura 6.2B nos diz que as atividades Y e Z não podem começar antes de a atividade X ser concluída. Essa figura também indica que as atividades Y e Z podem ocorrer concorrente ou simultaneamente, se o gerente do projeto assim desejar; no entanto, não é uma condição necessária.

Por exemplo, pavimentar um acesso para veículos com concreto (atividade Y) pode ocorrer durante a execução do paisagismo (atividade Z), mas a limpeza do terreno (atividade X) precisa ser concluída antes de Y e Z, consideradas atividades paralelas, poderem começar. Caminhos paralelos dão ensejo a esforço concorrente, o que pode encurtar o tempo para realizar uma série de atividades. A atividade X pode ser referida como uma atividade de *desdobramento*, pois mais de uma seta irrompe do nó. O número de setas indica quantas atividades se seguem imediatamente à atividade X.

A Figura 6.2C nos mostra que as atividades J, K e L podem ocorrer simultaneamente, se desejado, e que a atividade M não pode iniciar antes que as atividades J, K e L estejam todas concluídas. As atividades J, K e L são atividades paralelas. A atividade M é chamada de atividade intercalada porque mais de uma atividade precisa ser concluída antes de M poder iniciar. A atividade M também poderia ser chamada de marco – uma realização significativa.

Na Figura 6.2D, as atividades X e Y são paralelas, que podem acontecer ao mesmo tempo; as atividades Z e AA também. Contudo, as atividades Z e AA não podem iniciar até que as atividades X e Y estejam ambas concluídas. Dados esses fundamentos de AON, podemos treinar o desenvolvimento de uma rede simples. Lembre-se de que as setas podem se cruzar (por exemplo, Figura 6.2D), fazer curva e ter qualquer comprimento ou inclinação. Capricho não é um critério para uma rede válida e útil – apenas a inclusão precisa de todas as atividades do projeto, suas dependências e estimativas de tempo.

Informações sobre uma rede de projeto simplificada são dadas na Tabela 6.1. Este projeto representa um novo sistema de armazém automatizado para recolher pedidos de comida congelada e levá-los a uma área de espera para serem entregues às lojas.

A Figura 6.3 mostra as primeiras etapas para construir a rede de projeto AON a partir das informações da Tabela 6.1. Vê-se que a atividade A (definir requisitos) não é precedida por nada; logo, é o primeiro nó a ser desenhado. Em seguida, percebe-se que as atividades B e C (designar equipe e desenhar hardware) são ambas precedidas pela atividade A. Desenham-se e conectam-se duas setas às atividades B e C. O segmento mostra ao gerente do projeto que a atividade A precisa ser concluída para que as atividades B e C possam começar. Depois de A ser concluída, B e C podem ocorrer concorrentemente, se desejado. A Figura 6.4 mostra a rede finalizada, com todas as sequências e dependências de atividades.

As informações da Figura 6.4 são tremendamente valiosas para quem gerencia o projeto. Contudo, estimar a duração de cada atividade aumenta ainda mais o valor da rede. Um plano e um cronograma de projeto realista exigem estimativas de tempo confiáveis para as atividades do projeto. O acréscimo do tempo à rede nos permite estimar quanto o projeto demorará. Quando as atividades podem ou precisam se iniciar, quando os recursos precisam estar disponíveis, quais atividades podem ser atrasadas e quando o projeto estará concluído, segundo o que se estima: tudo isso é determinado a partir dos tempos atribuídos. Para derivar uma estimativa de tempo de uma atividade, é necessária uma avaliação precoce das necessidades de recursos em termos de material, equipamento e pessoal. Em essência, a rede de projeto com estimativas de tempo de tarefa liga planejamento, programação e controle de projetos.

TABELA 6.1 Informações da rede

Armazém automatizado Sistema de recolhimento de pedidos		
Atividade	**Descrição**	**Atividade precedente**
A	Definir requisitos	Nenhuma
B	Designar equipe	A
C	Desenhar hardware	A
D	Codificar software	B
E	Criar e testar hardware	C
F	Desenvolver pedido de patente	C
G	Testar software	D
H	Integrar sistemas	E, F, G

FIGURA 6.3
Armazém automatizado – Rede parcial

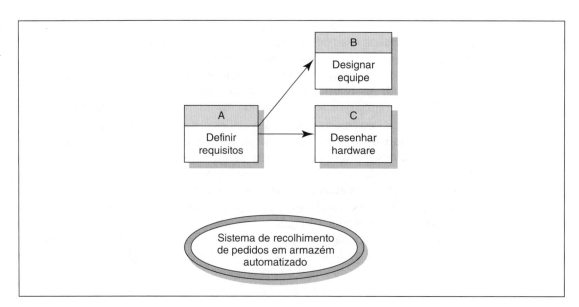

Processo de cálculo da rede

O desenho da rede do projeto coloca as atividades na sequência correta para calcular os tempos de início e de fim das atividades. As estimativas de tempo das atividades são obtidas dos tempos das tarefas no pacote de trabalho sendo acrescentadas à rede (examine a Figura 6.1.). Com alguns cálculos simples, o gerente do projeto pode efetivar um processo conhecido como caminho de volta. A realização do *caminho de ida* e do *caminho de volta* responde às seguintes perguntas:

Caminho de ida – Datas mais cedo
1. Qual é a data mais cedo que a atividade pode iniciar? (início mais cedo – ES, do inglês *early start*)
2. Qual é a data mais cedo que a atividade pode terminar? (fim mais cedo – EF, do inglês *early finish*)
3. Qual é a data mais cedo que projeto pode ser concluído? (tempo esperado – ET, do inglês *expected time*)

Caminho de volta – Datas mais tarde
1. Qual é a data mais tarde que a atividade pode iniciar? (início tarde – LS, do inglês *late start*)
2. Qual é a data mais tarde que a atividade pode terminar? (fim tarde – LF, do inglês *late finish*)

FIGURA 6.4
Armazém automatizado – Rede completa

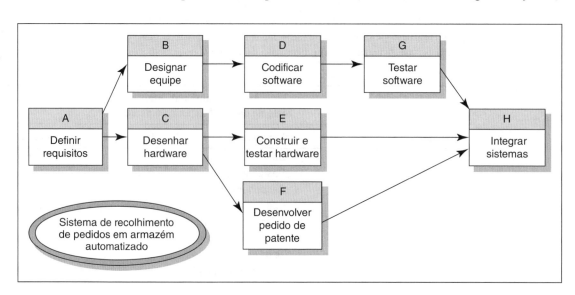

3. Quais atividades representam o caminho crítico (*critical path*, CP)? Esse é o caminho mais longo na rede que, se atrasado, atrasará o projeto.
4. Por quanto tempo a atividade pode ser atrasada? (folga ou flutuação – SL, do inglês *slack or float*)

Os termos entre parênteses representam as siglas usadas pela maioria dos textos e programas de computador e pelos gerentes de projetos. O processo de caminho de ida e caminho de volta é apresentado a seguir.

Caminho de ida – Datas mais cedo

O caminho de ida começa com as primeiras atividades do projeto e percorre cada caminho (corrente de atividades sequenciais) por toda a rede até as últimas atividades do projeto. À medida que se percorre o caminho, *adicionam-se* os tempos das atividades. O caminho mais longo denota o tempo de conclusão do projeto para o plano, sendo chamado de caminho crítico (CP). A Tabela 6.2 lista o tempo das atividades em dias úteis para o exemplo do projeto do Armazém Automatizado que usamos para desenhar uma rede.

A Figura 6.5 mostra a rede, com a estimativa de tempo de atividade situada no nó (verifique a legenda "DUR" para duração). Por exemplo, a atividade A (definir requisitos) tem uma duração de atividade de 10 dias úteis, e a atividade E (criar e testar hardware) de 50. O caminho de ida começa com o tempo de início do projeto, que costuma ser o tempo zero (observação: os tempos do projeto em dias-calendário podem ser calculados na fase de planejamento).

No nosso exemplo do Armazém Automatizado, o tempo de início cedo da primeira atividade (atividade A) é zero e está no canto superior esquerdo do nó da atividade A da Figura 6.6. O fim cedo da atividade A é 10 dias (EF = ES + DUR ou 0 + 10 = 10). Em seguida, vemos que a atividade A precede as atividades B (designar equipe) e C (desenhar hardware). Portanto, o mais cedo que as atividades B e C podem iniciar é o instante no tempo em que a atividade A é concluída; esse tempo é 10 dias. Agora, você pode ver na Figura 6.6 que as atividades B e C têm um início cedo (ES) de 10 dias. Usando a fórmula EF = ES + DUR, os tempos de fim cedo (EF) das atividades B e C são 15 e 35 dias. Seguindo-se o mesmo processo de percorrer cada caminho da rede, são exibidos aqui os tempos cedo de início e fim cedo de atividades selecionadas:

Atividade D: ES = 15	EF = 15 + 20 = 35	Atividade F: ES = 35	EF = 35 + 15 = 50
Atividade E: ES = 35	EF = 35 + 50 = 85	Atividade G: ES = 35	EF = 35 + 35 = 70

A atividade H (integrar sistema) é uma atividade intercalada, pois é precedida por mais de uma atividade. O início cedo (ES) de uma atividade intercalada depende do fim cedo (EF) de todas as atividades que se fundem nela. Nesse projeto, a atividade H é precedida pelas atividades E, F e G. Qual atividade controla o ES da atividade H? A resposta é a atividade E. Na Figura 6.6, os tempos

TABELA 6.2 Informações da rede

Armazém automatizado Sistema de recolhimento de pedidos			
Atividade	**Descrição**	**Atividade precedente**	**Tempo da atividade**
A	Definir requisitos	Nenhuma	10 dias úteis
B	Designar equipe	A	5
C	Design hardware	A	25
D	Codificar software	B	20
E	Criar e testar hardware	C	50
F	Desenvolver pedido de patente	C	15
G	Testar software	D	35
H	Integrar sistemas	E, F, G	15

142 Gerenciamento de projetos

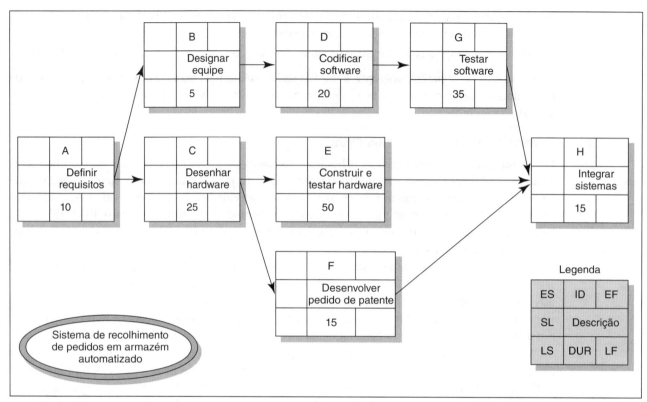

FIGURA 6.5 Rede de atividade em nó

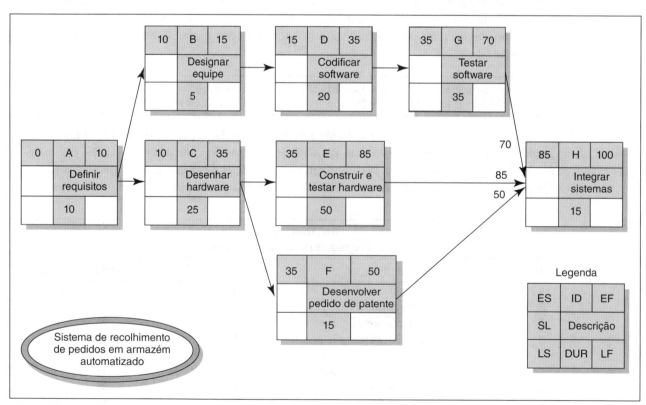

FIGURA 6.6 Caminho de ida em rede de atividade em nó

de EF são 85, 50 e 70. Uma vez que 85 dias é o maior tempo de EF, a atividade E controla o ES da atividade H, que é 85. Se a atividade E for atrasada, a atividade H também será. O fim cedo da atividade H é 100 dias (EF = ES + DUR ou 85 + 15 = 100).

O caminho de ida exige que você se lembre de apenas três coisas ao calcular tempos cedo de atividades:

1. Você *adiciona* os tempos das atividades de cada caminho da rede (ES + DUR = EF).
2. Você transfere o fim cedo (EF) para a atividade anterior, em que ele se torna o seu início cedo (ES); *contudo*
3. Se a próxima atividade sucessora for uma atividade intercalada, você seleciona a *maior* data de fim cedo (EF) de *todas* as suas atividades predecessoras imediatas.

As três perguntas derivadas do caminho de ida foram respondidas, isto é: foram calculados os tempos de início cedo (ES), fim cedo (EF) e duração esperada do projeto (ET). O caminho de volta é o próximo processo a ser aprendido.

Caminho de volta – Data mais tarde

O caminho de volta se inicia com as últimas atividades de projeto da rede. Percorre-se cada caminho para trás *subtraindo-se* os tempos das atividades para obter os tempos de início tarde (LS) e fim tarde (LF) de cada atividade. Antes de poder calcular o caminho de volta, deve ser escolhido o fim tarde das últimas atividades do projeto. Nos estágios iniciais de planejamento, esse tempo costuma ser definido como igual ao fim cedo (EF) da última atividade do projeto (ou, no caso de múltiplas atividades terminando, da atividade com o maior EF). Em alguns casos, existe um prazo imposto de duração do projeto, sendo essa data, então, usada. Para fins de planejamento, vamos assumir que podemos aceitar a duração do projeto (ET) de EF como igual a 100 dias úteis. O LF da atividade H se torna 100 dias (EF = LF) (ver Figura 6.7).

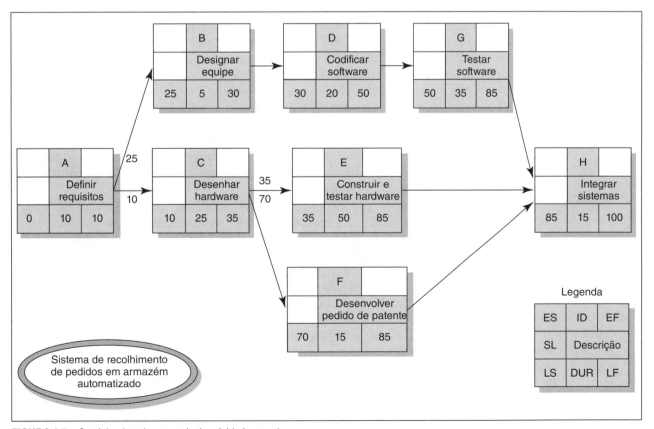

FIGURA 6.7 Caminho de volta em rede de atividade em nó

O caminho de volta é semelhante ao caminho de ida; você precisa se lembrar de três coisas:
1. Você *subtrai* os tempos das atividades ao longo de cada caminho, começando com a atividade final do projeto (LF − DUR = LS);
2. Você transfere o LS para a atividade precedente, a fim de estabelecer o seu LF; *contudo*
3. Se a próxima atividade precedente for uma atividade *de desdobramento*, você seleciona o *menor* LS de todas as suas atividades sucessoras imediatas a fim de estabelecer o seu LF.

Vamos aplicar essas regras ao nosso exemplo do Armazém Automatizado. Começando com a atividade H (integrar sistemas) e um LF de 100 dias úteis, o LS da atividade H é de 85 dias (LF − DUR = LS ou 100 − 15 = 85). O LS da atividade H torna-se o LF das atividades E, F e G. Indo para trás na rede, os início tarde de E, F e G são mostrados aqui (LS = LF − DUR):

| Atividade E: LS = 85 − 50 = 35 | Atividade G: 85 − 35 = 50 |
| Atividade F: LS = 85 − 15 = 70 | |

Neste ponto, vemos que a atividade C é uma atividade *de desdobramento*, que se liga (precede) às atividades E e F. O fim tarde da atividade C é controlado pelo LS das atividades E e F. O *menor* LS das atividades E e F (LS = 35 e LS = 70) é a atividade E. Isso estabelece o LF da atividade C. O LS da atividade C torna-se 10. Retrocedendo até a primeira atividade do projeto, notamos que ela também é uma atividade *de desdobramento* que se liga às atividades B e C. O LF da atividade A é controlado pela atividade C, que tem o menor LS, 10 dias. Dado um LF de 10 dias, o LS da atividade é o período de tempo zero (LS = 10 − 10 = 0). O caminho de volta está completo, e os tempos mais tarde das atividades são conhecidos. A Figura 6.8 mostra a rede finalizada, com todos os tempos cedo, tarde e de folga incluídos. A folga pode ser importante do gerenciamento do seu projeto.

Determinação da folga (ou flutuação)

Folga total

Depois dos cálculos dos caminhos de ida e de volta, é possível determinar quais atividades podem ser atrasadas calculando-se a "folga" ou "flutuação". **Folga total** *nos diz a quantidade de tempo em que uma atividade pode ser atrasada sem atrasar o projeto.* Dito de outra forma, *folga total é a quantidade de tempo em que uma atividade pode exceder sua data de fim cedo sem afetar a data de término do projeto ou uma data de conclusão imposta.*

A folga ou flutuação total de uma atividade é simplesmente a diferença entre o LS e o ES (LS − ES = SL) ou entre o LF e o EF (LF − EF = SL). Por exemplo, na Figura 6.8, a folga total da atividade D é de 15 dias úteis e da atividade F, 35; e a da atividade E é zero. Se for usada a folga total de uma atividade em um caminho, o ES de todas as atividades que se seguem na corrente será atrasado e sua folga, reduzida. O uso da folga total *deve ser coordenado* com todos os participantes das atividades que se seguem na corrente.

Após a folga de cada atividade ser calculada, o(s) caminho(s) crítico(s) é(são) facilmente identificado(s). Quando LF = EF para uma atividade de término de projeto, o caminho crítico pode ser identificado como aquelas atividades que também têm LF = EF ou uma folga de zero (LF − EF = 0 ou LS − ES = 0). *O caminho crítico é o(s) caminho(s) da rede que tem (têm) menos folga em comum.* Essa redação esquisita é necessária porque surge um problema quando a atividade de término do projeto possui um LF diferente do EF encontrado no caminho de ida − por exemplo, uma data de duração imposta. Se não for o caso, a folga no caminho crítico *não* será zero: será a diferença entre o EF do projeto e o LF imposto da última atividade do projeto. Por exemplo, se o EF do projeto for de 100 dias, mas o LF imposto, ou data-alvo, for ajustado para 95 dias, todas as atividades no caminho crítico teriam uma folga de 5 dias negativos. É claro, isso resultaria em um início tarde de cinco dias para a primeira atividade do projeto − um bom truque se o projeto tiver de começar agora. Folga negativa ocorre na prática quando o caminho crítico é atrasado.

Na Figura 6.8, o caminho crítico é marcado com setas tracejadas − atividades A, C, E e H. Atraso em qualquer uma dessas atividades atrasará todo o projeto pelo mesmo número de dias. Uma vez que os projetos reais podem ter muitas atividades críticas com diversas dependências

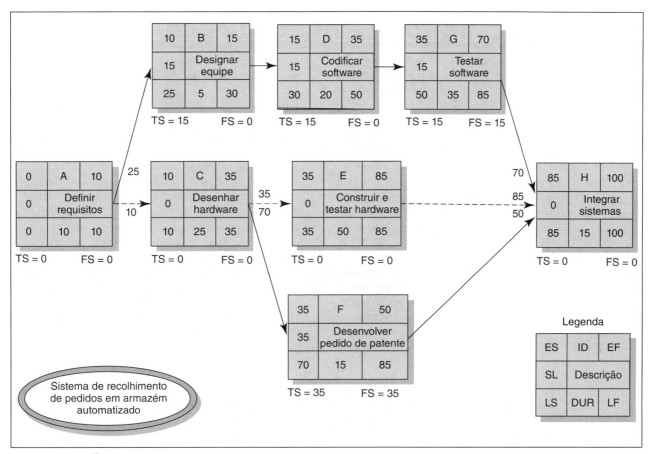

FIGURA 6.8 Caminho de ida e caminho de volta feitos com tempos de folga

precedentes, a coordenação entre os responsáveis por atividades críticas é crucial. Atividades críticas representam cerca de 10% das atividades do projeto. Portanto, os gerentes de projetos prestam muita atenção às atividades do caminho crítico para que elas não sejam atrasadas. Consulte o "Caso Prático: O caminho crítico".

Usamos o termo **sensibilidade** para refletir a probabilidade de que o caminho crítico original mude após o projeto ser iniciado. Sensibilidade é uma função do número de caminhos críticos ou quase críticos. Um cronograma de rede que tivesse apenas um caminho crítico e atividades não críticas com folga considerável seria rotulado de insensível. Inversamente, uma rede sensível seria aquela com mais de um caminho crítico e/ou atividades não críticas com muito pouca folga. Nessas circunstâncias, é muito mais provável que o caminho crítico original mude quando o trabalho for iniciado no projeto. Quão sensível o cronograma do Armazém Automatizado é? Não muito, já que há apenas um caminho crítico e os dois outros caminhos não críticos têm 15 e 35 dias de folga, o que sugere uma flexibilidade considerável. Os gerentes de projetos avaliam a sensibilidade dos cronogramas de rede para determinar quanta atenção devem dedicar ao gerenciamento do caminho crítico.

Folga (ou flutuação) livre

Folga livre (FS) é algo diferente. *É a quantidade de tempo em que uma atividade pode ser atrasada sem atrasar nenhuma atividade imediatamente seguinte (sucessora). Ou, então, folga livre é a quantidade de tempo em que uma atividade pode exceder sua data de fim cedo sem afetar a data de início cedo de nenhuma sucessora.* A folga livre nunca é negativa. Apenas atividades que ocorrem na extremidade de uma corrente de atividades, onde se tem uma atividade intercalada, podem ter folga livre. Consulte a Figura 6.8, o projeto do Armazém Automatizado.

Na Figura 6.8, enquanto as atividades B e D não têm folga livre, a atividade G tem uma de 15 dias. Nesse caso, ela é a última atividade no caminho superior, fundindo-se na atividade H. Por

> **CASO PRÁTICO** — O caminho crítico
>
> O método do caminho crítico (CPM) é há muito considerado o Santo Graal do gerenciamento de projetos. Aqui vão alguns comentários de gerentes de projetos veteranos quando indagados sobre a relevância do caminho crítico no gerenciamento de projetos:
>
> - Sempre que possível, faço questão de colocar meus melhores profissionais nas atividades críticas ou naquelas atividades com as maiores chances de se tornarem críticas.
> - Presto atenção extra quando faço avaliação de risco para identificar os riscos que podem afetar o caminho crítico, direta ou indiretamente, ao tornarem uma atividade não crítica tão tardia que ela se torna crítica. Quando tenho dinheiro para gastar em redução de riscos, ele normalmente é gasto nas tarefas críticas.
> - Não tenho tempo para monitorar todas as atividades de um projeto grande, mas faço questão de manter contato com as pessoas que estão trabalhando em atividades críticas. Quando tenho tempo, são elas que visito para ver pessoalmente como as coisas estão indo. É incrível o quanto consigo descobrir a mais falando com quem pega no pesado e lendo a expressão de seu rosto – muito mais do que consigo com um relatório de *status* voltado para números.
> - Quando recebo ligações de outros gerentes pedindo para "pegar emprestado" equipamento ou pessoas, sou muito mais generoso quando estão envolvidos recursos do trabalho em atividades não críticas. Por exemplo, se outro gerente de projetos precisa de um engenheiro eletricista que recebeu uma tarefa com 5 dias de folga, estarei disposto a dividir esse engenheiro com outro gerente de projetos por 2 ou 3 dias.
> - A razão mais óbvia da importância do caminho crítico é que essas são as atividades que afetam o tempo de conclusão. Se eu receber uma ligação repentina de cima dizendo que eles precisam do meu projeto pronto 2 semanas antes do planejado, o caminho crítico é onde programo as horas extras e acrescento recursos a mais para finalizar o projeto mais depressa. Do mesmo modo, se o cronograma do projeto começa a se arrastar, é nas atividades críticas que eu me concentro para entrar no cronograma de novo.

conseguinte, atrasar a atividade G até 15 dias *não atrasa nenhuma atividade seguinte, nem demanda coordenação com os gerentes das outras atividades*. Inversamente, se a atividade B ou D for atrasada, os gerentes das atividades seguintes precisam ser notificados de que a folga foi usada para que possam ajustar seus cronogramas de início. Por exemplo, se a atividade B for atrasada em cinco dias, o gerente da atividade B deve notificar os encarregados das atividades seguintes (D e G) de que as folgas deles foram reduzidas para 10 unidades de tempo e que o início cedo deles será atrasado em cinco dias. Nesse exemplo, a atividade D não pode começar antes do dia 20, o que reduz a folga da atividade D a 10 dias (LS − ES = SL ou 30 − 20 = 10). A folga livre da atividade G também é reduzida para 10 dias.

Ocorre folga livre na última atividade de uma corrente de atividades. Em algumas situações, a "corrente" tem apenas um elo. A atividade F da Figura 6.8 é um exemplo. Ela apresenta uma folga livre de 35 dias. Observe que ela não necessita de coordenação com outras atividades, salvo se um atraso exceder de 35 dias (observação: no momento em que você excede toda a folga livre à disposição, você atrasa o projeto e precisa se coordenar com os outros que são afetados).

A distinção entre folga livre e total pode parecer trivial à primeira vista, mas, na realidade, é muito importante. Quando você é responsável por uma atividade atrasada com zero de folga livre, você afeta os cronogramas das atividades subsequentes. Você deve notificar os gerentes das demais atividades da corrente de que se atrasará. Novamente, observe que a folga total é compartilhada por todo o caminho. Alternativamente, se você é responsável por uma atividade que tem folga livre quando você começa, não precisa notificar ninguém, contanto que o seu trabalho não absorva toda a folga!

Uso das informações de caminho de ida e volta

Voltando à rede do projeto do Armazém Automatizado na Figura 6.8, o que significa para o gerente do projeto uma folga de 35 dias para a atividade F (desenvolver pedido de patente)? Nesse caso específico, significa que a atividade F pode ser atrasada 35 dias. Em um sentido mais amplo, o gerente de projetos logo aprende que a folga livre é importante, pois permite flexibilidade na programação dos recursos escassos do projeto (pessoas e equipamentos), que são usados em mais de uma atividade paralela ou em outro projeto.

Conhecer os quatro tempos da atividade (ES, LS, EF e LF) é precioso para as fases de planejamento, programação e controle do projeto. O ES e o LF dizem ao gerente do projeto o intervalo de tempo no qual a atividade deve ser concluída. Por exemplo, a atividade G (testar software) precisa ser concluída dentro do intervalo de 35 a 85 dias; ela pode se iniciar já no dia 35 ou terminar só no dia 85. Por sua vez, a atividade C (desenhar hardware) precisa se iniciar no dia 10, senão o projeto ficará atrasado.

Quando se conhece o caminho crítico, é possível administrar de perto os recursos das atividades para evitar erros que provoquem atrasos. Além disso, se por alguma razão o projeto precisar ser agilizado para uma data mais cedo, é possível escolher as atividades ou uma combinação delas que custe menos para abreviá-lo. Da mesma forma, se o caminho crítico for atrasado e for preciso criar tempo abreviando alguma(s) atividades(s) ao longo dele para compensar a folga negativa, é possível identificar aquelas que custem menos para abreviar. Se houver outros caminhos com muito pouca folga, também pode ser necessário abreviar as atividades respectivas.

Nível de detalhe das atividades

Trabalho em fases cronológicas e orçamentos do projeto tornam necessária uma definição cuidadosa das atividades que compõem a rede do projeto. Normalmente, uma atividade representa uma ou mais tarefas de um pacote de trabalho. Quantas tarefas são incluídas em cada atividade é o que define o nível de detalhe. Em alguns casos, é possível acabar com informações demais para gerenciar, o que pode provocar maiores custos acessórios. Os gerentes de pequenos projetos conseguem minimizar o nível de detalhe eliminando algumas das etapas preliminares do desenho de redes. Empresas maiores também reconhecem o custo da sobrecarga de informações e estão trabalhando para diminuir o nível de detalhe nas redes e na maioria das outras dimensões do projeto.

Considerações práticas

Erros lógicos na rede

As técnicas de rede de projeto possuem certas regras lógicas que devem ser seguidas. Uma delas é que afirmações condicionais, como "se o teste for bem-sucedido, criar protótipo; se fracassar, redesenhar", não são permitidas. A rede não é uma árvore de decisão: é um plano de projeto de presumível materialização. Se fossem permitidas afirmações condicionais, o caminho de ida e volta não faria muito sentido. Embora na realidade um plano raramente se concretize como o esperado em todos os detalhes, é um pressuposto inicial razoável. Você verá que, desenvolvido o plano da rede, é um passo fácil fazer revisões para acomodar mudanças.

Outra regra que vai contra a rede do projeto e o processo de cálculo é a *volta (looping)*, uma tentativa do planejador de retornar a uma atividade anterior. Recorde que os números de identificação de atividade devem sempre ser maiores para as atividades que se seguem à outra; essa regra ajuda a evitar relações de precedência ilógicas entre as atividades. Uma atividade deve acontecer somente uma vez; se tiver de ocorrer novamente, deverá ser com novos nome e número de identificação e integrada à rede na sequência correta. A Figura 6.9 mostra uma volta ilógica. Se fosse permitido que ela existisse, esse caminho se repetiria perpetuamente. Muitos programas de computador detectam esse tipo de erro lógico.

FIGURA 6.9
Volta ilógica

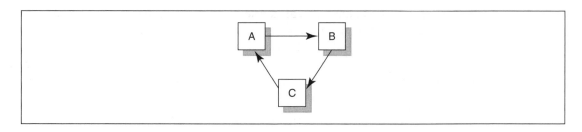

Numeração de atividades

Cada atividade precisa de um código de identificação exclusivo (uma letra ou um número). Na prática, existem esquemas muito elegantes. A maioria deles numera as atividades em ordem ascendente, isto é: cada atividade sucessora tem um número maior, de modo que o fluxo das atividades do projeto se direciona à conclusão deste. É comum deixar lacunas entre os números (1, 5, 10, 15...), o que permite acrescentar atividades novas ou faltantes mais tarde. Como é quase impossível desenhar uma rede de projeto perfeitamente, a respectiva numeração muitas vezes só é feita depois de a rede estar completa.

Na prática, encontram-se programas de computador que aceitam designações de atividades numéricas, alfabéticas ou combinadas. Designações combinadas são frequentemente usadas para identificar custo, habilidade profissional, departamentos e localidades. Como regra geral, os sistemas de numeração de atividades devem ser ascendentes e o mais simples possível. A intenção é facilitar ao máximo que os participantes do projeto percorram a rede e localizem atividades específicas.

Uso de computadores para desenvolver redes

Todas as ferramentas e técnicas discutidas neste capítulo podem ser usadas com os softwares disponíveis hoje. Dois exemplos são apresentados nas Figuras 6.10 e 6.11. A primeira apresenta uma saída computadorizada genérica em AON para o projeto do Sistema de Recolhimento em Armazém Automatizado. Observe que essa figura usa números para identificar as atividades. O caminho crítico é identificado pelos nós (atividades) 2, 4, 6 e 9. A descrição da atividade é mostrada na linha de cima do nó da atividade. O tempo de início e a identificação da atividade estão na segunda linha. O tempo de fim e a duração estão na terceira linha do nó. O projeto começa em 1º de janeiro e tem seu fim planejado para 20 de maio. Note que essa amostra de rede computadorizada inclui dias não úteis, como feriados e fins de semana.

A Figura 6.11 apresenta um **gráfico de Gantt**[2] de início cedo. Diagramas de barras são populares porque apresentam uma imagem clara e fácil de entender em um horizonte com escala de tempo. Eles são usados durante o planejamento, a programação de recursos e o relatório de *status*. O formato é uma representação bidimensional do cronograma do projeto, com as atividades descendo as colunas e o tempo no eixo horizontal. Nessa figura, as barras em cinza representam a duração das atividades. As linhas que se estendem a partir das barras representam a folga. Por exemplo, "testar software" (ID nº 8) tem uma duração de 35 dias (área sombreada da barra) e 15 dias de folga (representado pela linha estendida). A barra também indica que o teste do software tem um início cedo em 19 de fevereiro e terminaria em 8 de abril, mas pode terminar até 29 de abril, pois tem 15 dias de folga. Quando são usadas datas de calendário no eixo temporal, os diagramas de Gantt são um panorama claro do cronograma do projeto, muitas vezes encontrados nas paredes das salas de projetos. Infelizmente, quando os projetos possuem muitas relações de dependência, as linhas que a traduzem logo tornam-se excessivas, anulando a simplicidade do gráfico de Gantt.

Software de gerenciamento de projetos pode ser um auxílio tremendo nas mãos de quem entende e conhece as ferramentas e técnicas discutidas neste texto. No entanto, nada é mais perigoso do que alguém usando o software com pouco ou nenhum conhecimento de como o software deriva sua saída. Erros de entrada são muito comuns, exigindo alguém capacitado nos conceitos, ferramentas e no sistema de informação para reconhecer os enganos e, assim, evitar ações equivocadas.

Datas de calendário

No fim, você atribuirá datas de calendário a atividades do seu projeto. Se não estiver sendo usado um programa de computador, a atribuição será manual. Monte um calendário de dias úteis (exclua os outros) numerados. Então, relacione os dias úteis do calendário aos dias úteis da rede do seu projeto. A maioria dos programas atribui datas de calendário automaticamente depois de você identificar datas de início, unidades de tempo, dias não úteis e outras informações.

---

[2] Os diagramas de Gantt foram introduzidos há mais de 100 anos, por Henry Gantt.

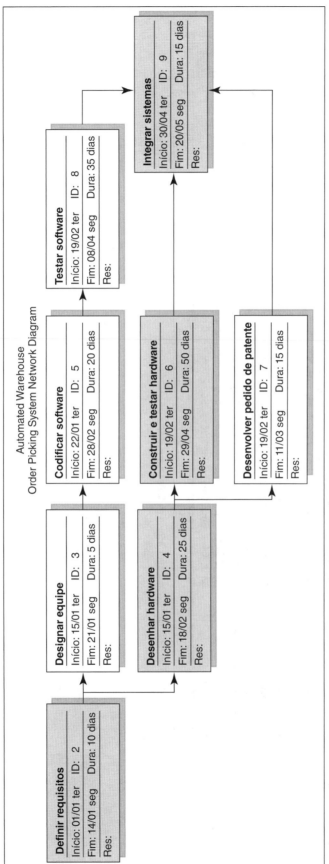

FIGURA 6.10 Rede do sistema de recolhimento de pedidos em armazém automatizado

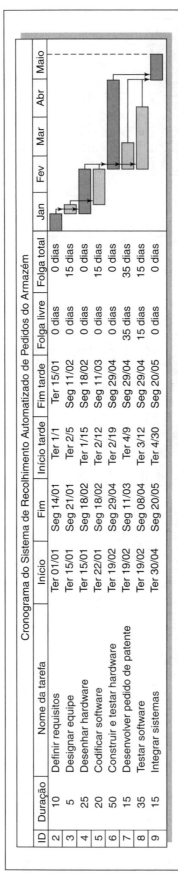

FIGURA 6.11 Gráfico de barras do sistema de recolhimento automatizado de pedidos do armazém

Múltiplos inícios e múltiplos projetos

Alguns programas de computador exigem um evento comum de início e fim na forma de um nó (em geral, um círculo ou um retângulo) para a rede de projeto. Mesmo se esse não for um requisito, é uma boa ideia, pois evita caminhos "soltos que dão a impressão de que o projeto não tem um começo ou término claro. Se um projeto contém mais de uma atividade que pode iniciar quando ele começar, cada caminho é um caminho solto. O mesmo se aplica se uma rede de projeto termina com mais de uma atividade: esses caminhos não conectados também são denominados soltos. Eles podem ser evitados ligando-se atividades soltas a um nó comum de início ou fim de projeto.

Quando diversos projetos são interligados em uma empresa, o uso de um nó comum de início e fim ajuda a identificar o período total de planejamento de todos os projetos. O uso de atividades de espera falsas ou pseudoatividades a partir do nó comum de início possibilita datas de início diferentes para cada projeto.

Ampliando as técnicas de rede para chegar mais perto da realidade

O método para mostrar as relações entre as atividades da última seção é chamado de relação de fim para início, pois assume que todas as atividades precedentes imediatas conectadas devem ser concluídas antes de a próxima atividade poder começar. No esforço de se aproximar mais da realidade dos projetos, foram acrescentadas algumas extensões úteis. O uso do *escalonamento (laddering)* foi a primeira extensão óbvia, considerada muito útil pelos praticantes.

Escalonamento

A presunção de que todas as atividades precedentes imediatas precisam estar 100% concluídas é restritiva demais para algumas situações encontradas na prática. Essa restrição ocorre com mais frequência quando uma atividade se sobrepõe ao início de outra e tem uma duração longa. Na relação de fim para início padrão, quando uma atividade é longa e atrasará o início de outra imediatamente seguinte, ela pode ser fragmentada em segmentos, sendo a rede desenhada numa abordagem de *escalonamento* para que a atividade seguinte possa começar mais cedo sem atrasar o trabalho. Essa segmentação da atividade maior dá a aparência de degraus de escada na rede, daí o nome. O exemplo clássico usado em muitos textos e artigos é a instalação de tubulação, pois é fácil de visualizar. O buraco precisa ser cavado e a tubulação é colocada preenchendo-o. Se a tubulação tiver 1 km de comprimento, não é necessário cavar essa medida nem instalar 1 km de tubulação para que a colocação possa começar. A Figura 6.12 mostra como essas atividades sobrepostas apareceriam em uma rede AON usando-se a abordagem padrão de fim para início.

Uso de tempo de espera para reduzir os detalhes do cronograma e a duração do projeto

O *tempo de espera (lag)* é um recurso que garante maior flexibilidade na construção da rede. *Tempo de espera é a quantidade mínima de tempo que uma atividade dependente precisa ser atrasada para iniciar ou terminar.* O uso de tempos de espera* em redes de projetos se dá por dois motivos principais:

FIGURA 6.12
Exemplo de escalonamento usando relação de fim para início

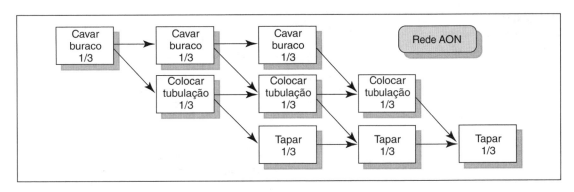

---
* N. de R.T.: *Lag* é o período de tempo de entre duas atividades dependentes. O padrão é relacionamento fim-início com *lag* zero.

FIGURA 6.13
Relação de fim para início

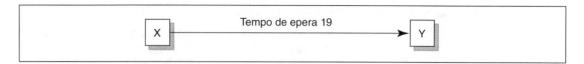

1. Quando uma atividade de longa duração atrasa o início ou o fim das atividades sucessoras, quem desenha a rede normalmente a fragmenta em atividades menores para evitar o longo atraso das sucessoras. O uso de tempos de espera pode evitar esses atrasos e reduzir os detalhes da rede.
2. Defasagens podem ser utilizadas para restringir o início e o fim de uma atividade.

As extensões de relação mais comumente usadas são início para início, fim para fim e combinações dessas duas. Esses padrões de relação são discutidos nesta seção.

Relação de fim para início

A relação de fim para início representa o estilo normal e genérico de rede, utilizado na parte inicial do capítulo. Entretanto, existem situações em que a atividade seguinte de uma sequência precisa ser defasada, mesmo quando a atividade precedente está concluída. Por exemplo, a retirada de moldes de concreto não pode iniciar sem que o cimento tenha curado por duas unidades de tempo. A Figura 6.13 mostra **o tempo de espera** em redes AON. Tempos de espera de fim para início são frequentemente usadas quando se pedem materiais. Por exemplo, pode levar um dia para fazer o pedido, mas demorar 19 para receber as mercadorias. O uso de fim para início permite que a duração da atividade seja de apenas 1 dia, sendo o tempo de espera de 19. Essa abordagem permite que o custo da atividade seja atrelado apenas à realização do pedido, em vez de contabilizar 20 dias de trabalho para a atividade. O mesmo tempo de espera de fim para início é útil ao representar defasagens de transporte, jurídicas e postais.

O uso de tempos de espera de fim para início deve ser checado cuidadosamente para que tenha validade. Gerentes de projetos conservadores ou as pessoas responsáveis pela conclusão das atividades têm o costume de usar tempos de espera como um meio de embutir um fator "por fora" a fim de reduzir o risco de atraso. Uma regra simples é utilizar tempos de espera de fim para início aprovadas por alguém responsável por uma grande parte do projeto. A legitimidade dos tempos de espera não é difícil de discernir. O uso legítimo da relação adicional mostrou-se capaz de otimizar muito a rede, ao representar mais fielmente as realidades do projeto.

Relação de início para início

Uma alternativa à segmentação das atividades apresentada é usar uma relação de início para início, cujos exemplos típicos são exibidos na Figura 6.14. A Figura 6.14A mostra a relação de início para início com tempo de espera zero, enquanto a Figura 6.14B mostra a mesma relação com uma espera de cinco unidades de tempo. É importante notar que a relação pode ser usada com ou sem tempo de espera. Se for atribuído tempo, ele normalmente é mostrado na seta de dependência da rede AON.

FIGURA 6.14
Relação de início para início

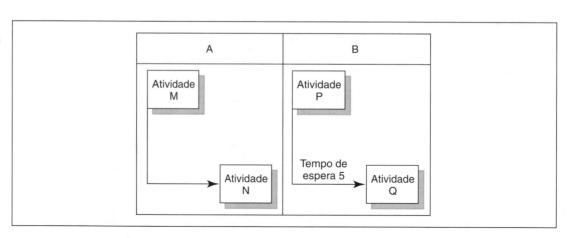

Na Figura 6.14B, a atividade Q só pode se iniciar depois de cinco unidades de tempo após o início da atividade P. Esse tipo de relação normalmente retrata uma situação em que se pode executar uma porção de uma atividade e começar a atividade seguinte antes de concluir a primeira. Essa relação pode ser empregada no projeto de instalação de tubulação. A Figura 6.15 mostra o projeto usando uma rede AON. Com relações de tempo de espera, a relação de início para início reduz os detalhes da rede e os atrasos do projeto.

É possível achar oportunidades de compressão modificando as relações de fim para início em relações de início para início. Uma revisão das atividades críticas de fim para início pode apontar oportunidades passíveis de conversão em paralelas por meio de relações de início para início. Por exemplo, no lugar de uma atividade de fim para início "desenhar casa, depois colocar fundação", poderia ser usada uma relação de início para início em que a fundação pode ser iniciada, digamos, cinco dias (tempo de espera) após o desenho ser iniciado – presumindo-se que o desenho da fundação seja a primeira parte da atividade total de desenho. Essa relação de início para início com um pequeno tempo de espera permite que se trabalhe em uma atividade sequencial em paralelo, comprimindo-se a duração do caminho crítico. O mesmo conceito aparece seguidamente em projetos nos quais se usa engenharia concorrente para acelerar a conclusão do projeto. **Engenharia concorrente**, que é destacada no "Caso Prático: Engenharia concorrente", basicamente decompõe as atividades em segmentos menores para que se possa trabalhar em paralelo e agilizar o projeto (TURTLE, 1994). Relações de início para início podem ilustrar as condições de engenharia concorrente e reduzir os detalhes da rede. É claro, o mesmo resultado pode ser alcançado decompondo-se uma atividade em pacotes pequenos que podem ser implementados em paralelo, isso ampliaria consideravelmente a rede e os detalhes de acompanhamento.

Relação de fim para fim

Esta relação é encontrada na Figura 6.17. O fim de uma atividade depende do fim de outra. Por exemplo, não se podem concluir os testes antes de decorrerem 4 dias da conclusão do protótipo. Observe que esta não é uma relação de fim para início, pois a testagem dos subcomponentes pode iniciar antes de o protótipo ser concluído, mas são necessários 4 dias de testagem de "sistema" após a finalização do protótipo.

Relação de início para fim

Esta relação representa situações em que o fim de uma atividade depende do início de outra. Por exemplo, a documentação do sistema não pode terminar antes que três dias tenham decorrido desde o início dos testes (ver Figura 6.18). Nesse caso, todas as informações relevantes para concluir a documentação do sistema são produzidas após os 3 primeiros dias da testagem.

FIGURA 6.15
Uso de tempos de espera para reduzir a duração do projeto

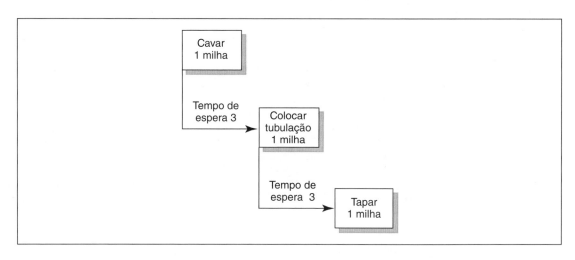

CASO PRÁTICO — Engenharia concorrente*

Antigamente, quando um projeto de desenvolvimento de novo produto era iniciado por uma firma, começaria a sua jornada sequencial no departamento de pesquisa e desenvolvimento. Conceitos e ideias eram trabalhados e os resultados, passados ao departamento de engenharia, que às vezes retrabalhava o produto inteiro. Este era passado para a produção, onde poderia ser novamente retrabalhado a fim de que pudesse ser fabricado usando as máquinas e operações existentes. Os incrementos de qualidade eram iniciados depois disso, quando defeitos e oportunidades de melhoria eram descobertos durante a produção. Essa abordagem sequencial ao desenvolvimento do produto exigia muito tempo e não era incomum que o produto final fosse totalmente irreconhecível quando comparado às especificações originais.

Dada a ênfase em velocidade até o mercado, as empresas abandonaram a abordagem sequencial ao desenvolvimento de produto e adotaram outra mais holística, intitulada engenharia concorrente. Em resumo, *engenharia concorrente* contempla o envolvimento ativo de todas as áreas de especialidade relevantes durante todo o processo de design e desenvolvimento. A sequência encadeada tradicional de relações de fim para início é substituída por uma série de relações de tempos de espera de início para início, assim que o trabalho significativo possa ser iniciado para a próxima fase. A Figura 6.16 sintetiza os enormes ganhos em tempo até o mercado obtidos com essa abordagem.

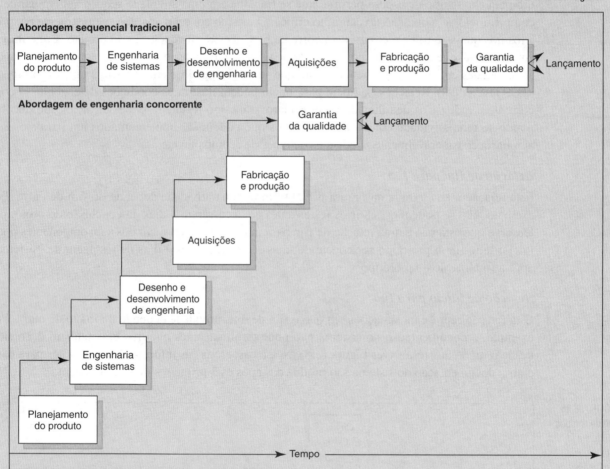

FIGURA 6.16 Processo de desenvolvimento de produto novo

No mundo do gerenciamento de projetos, essa abordagem também é chamada de *procedimento acelerado* (*fast tracking*, paralelismo das atividades). A General Motors a utilizou para desenhar o primeiro carro híbrido americano, o Chevy Volt. Desde o início, especialistas de marketing, engenharia, design, produção, garantia de qualidade e outros departamentos relevantes foram envolvidos em todos os estágios do projeto que não apenas cumpriu todos os seus objetivos, como também foi finalizado antes do prazo.

* "Chevrolet Volt Hits Road, Ahead of Schedule," *The New York Times*, June 25, 2009; consultado *online* em 2 de junho de 2011.

FIGURA 6.17
Relação de fim para fim

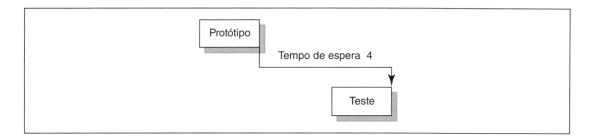

Combinações de relações de tempos de espera

Mais de uma relação de tempos de espera pode ser acoplada a uma atividade. Essas relações normalmente são combinações de início para início e de fim para fim ligadas a duas atividades. Por exemplo, o debug não pode iniciar antes de duas unidades de tempo após o início da codificação. A codificação precisa ser concluída 4 dias antes de o debug poder ser finalizado (ver Figura 6.19).

Um exemplo de uso de tempos de espera – o caminho de ida e caminho de volta

Os procedimentos de caminho de ida e caminho de volta são os mesmos explanados anteriormente no capítulo quando se falou em relações de fim para início (sem defasagens). A técnica modificadora aqui está na necessidade de se verificar cada relação nova para ver se ela altera o tempo de início ou fim de outra atividade.

Um exemplo do resultado do caminho de ida e caminho de volta é mostrado na Figura 6.20. O pedido do hardware depende do design do sistema (início para início). Após três dias de design do sistema (atividade A), é possível fazer o pedido do hardware necessário (atividade B). Depois de feito o pedido (atividade B), o hardware demora quatro dias para chegar e começar a ser instalado (atividade C). Após dois dias de instalação do sistema de software (atividade D), o teste do sistema pode iniciar (atividade E). A testagem do sistema (atividade E) pode ser concluída dois dias após a instalação (atividade D). A preparação da documentação do sistema (atividade F) pode iniciar após o design ser concluído (atividade A), mas não pode ser concluída senão dois dias após o teste do sistema (atividade E). Esta relação final é um exemplo de tempo de espera de fim para fim.

Observe que uma atividade pode ter um fim e/ou início crítico. As atividades E e F têm fins críticos (folga zero), mas seus inícios de atividade têm quatro e 12 dias de folga. É apenas o fim das atividades E e F que é crítico. Por seu turno, a atividade A tem zero de folga para iniciar, mas tem cinco dias de folga para terminar. O caminho crítico segue as restrições de início e fim de atividade que ocorrem devido ao uso das relações adicionais disponíveis e aos tempos de espera impostos. É possível identificar o caminho crítico na Figura 6.20 seguindo-se a linha tracejada na rede.

FIGURA 6.18
Relação de início para fim

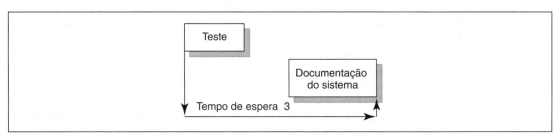

FIGURA 6.19
Relações de combinação

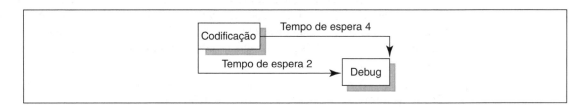

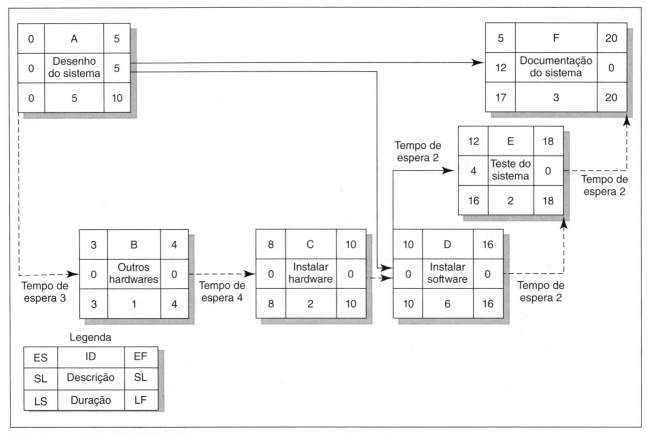

FIGURA 6.20 Rede usando tempos de espera

Se existir uma relação de tempos de espera, cada atividade precisará ser verificada para ver se o início ou fim é restringido. Por exemplo, no caminho de ida, o EF da atividade E (testar sistema) (18) é controlado pelo fim da atividade D (instalar software) e a espera de duas unidades de tempo (16 + 1 tempo 2 = 18). Por fim, no caminho de volta, o LS da atividade A (desenhar sistema) é controlado pela atividade B (fazer pedido de hardware) e pela relação de tempo de espera com a atividade A (3 − 3 = 0).

Atividades sumarizadoras

Outra das técnicas estendidas usa uma **atividade sumarizadora**. A duração da atividade sumarizadora é determinada *depois* de se desenhar o plano da rede. As atividades sumarizadoras costumam ser usadas para identificar o uso de recursos fixos ou os custos em um segmento do projeto. Exemplos são serviços de inspeção, consultoria ou serviços de gerenciamento de construção. A atividade sumarizadora deriva sua duração do intervalo de tempo entre outras atividades. Por exemplo, é necessária uma copiadora em cores especial para um segmento de um projeto de publicação em uma feira especializada. Pode-se usar uma atividade sumarizadora para indicar a necessidade desse recurso e aplicar custos ao longo desse segmento do projeto. Essa sumarizadora é ligada do início da primeira atividade do segmento que usa a copiadora em cores até o fim da última atividade que a utiliza. A duração da sumarizadora é simplesmente a diferença entre o EF da última atividade e o ES da primeira atividade, calculada após o caminho de ida e, portanto, não tem influência sobre os tempos das outras atividades. A Figura 6.21 dá um exemplo de atividade sumarizadora usada em uma rede cuja duração é obtida a partir do início cedo da atividade D e do fim cedo da atividade F, isto é, a diferença entre 13 e cinco, ou oito unidades de tempo. A duração mudará se qualquer ES ou EF da sequência encadeada mudar. Atividades sumarizadoras são muito úteis para designar e controlar custos indiretos do projeto.[3]

---

[3] A fim de designar G como atividade sumarizadora no MS Project 2012, você tem que copiar e colar na atividade G a data de início da atividade B e a data de fim da atividade F (http://support.microsoft.com/kb/141733).

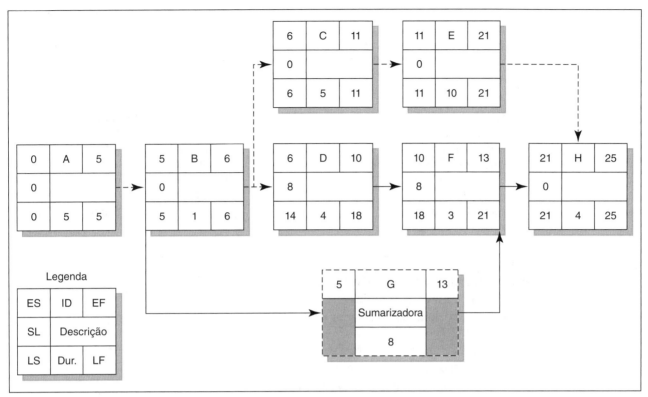

FIGURA 6.21 Exemplo de atividade sumarizadora

Outro grande uso das atividades sumarizadoras é agregar seções a um projeto, o que se parece com desenvolver uma sub-rede, mas a precedência ainda é preservada. Trata-se de abordagem, às vezes, adotada para apresentar uma "rede macro" a níveis gerenciais mais altos. O uso de uma atividade sumarizadora para agrupar atividades pode facilitar a obtenção do nível correto de detalhe para seções específicas do projeto.

Resumo

Muitos gerentes de projetos acham que a rede do projeto é seu documento de planejamento e prática mais valioso. As redes sequenciam e dividem, em fases cronológicas, o trabalho do projeto, os recursos e os orçamentos. São usadas tarefas de pacote de trabalho para desenvolver atividades para redes. Todo gerente de projetos deve se sentir confortável ao trabalhar em um ambiente AON cujo método usa nós (caixas) para atividades e setas para dependências. O caminho de ida e o caminho de volta estabelecem tempos cedo e tarde para as atividades. Embora a maioria dos gerentes de projetos use computadores para gerar redes e tempos de atividades, eles consideram a compreensão aguda do desenvolvimento de redes e a capacidade de calcular tempos de atividades algo que não tem preço no ramo. Computadores sofrem panes; erros de entrada dão informações falsas; algumas decisões precisam ser tomadas sem a análise "e se" computadorizada. Gerentes de projetos que conhecem bem o desenvolvimento de redes e métodos AON e que saibam calcular tempos de atividades se depararão com menos problemas do que os que conhecem menos. As redes de projeto ajudam a assegurar que não haja surpresas.

Diversas extensões e modificações foram incorporadas ao método AON original. Defasagens, por exemplo, permitem que o planejador do projeto replique mais de perto as condições efetivas encontradas na prática. O uso de defasagens pode fazer o início ou fim de uma atividade se tornar crítico. Alguns softwares simplesmente chamam toda a atividade de crítica, em lugar de identificar o início ou fim como crítico. Deve-se tomar cuidado para que as defasagens não sejam usadas como barreiras para possíveis erros da estimativa de tempo. Por fim, as atividades sumarizadoras são úteis para monitorar os custos dos recursos utilizados em um dado segmento do projeto. Elas também podem ser usadas para diminuir o tamanho da rede do projeto ao agrupar as atividades, obtendo simplificação e clareza. Todos os refinamentos da metodologia AON original discutidos contribuem para melhorar o planejamento e o controle dos projetos.

Termos-chave

Atividade, *137*
Atividade intercalada, *135*
Atividade em nó (AON), *137*
Atividade de desdobramento, *136*
Atividade em seta (AOA), *137*
Atividades paralelas, *135*
Atividade sumarizadora, *156*
Caminho crítico, *136*

Engenharia concorrente, *153*
Folga livre (FS), *145*
Folga total, *144*
Gráfico de Gantt, *148*
Relação de tempos de espera, *152*
Sensibilidade, *145*
Tempos mais cedo e mais tarde, *135*

Questões de revisão

1. Qual é a diferença entre a EAP e a rede de projeto?
2. Como a EAP e as redes de projeto estão ligadas?
3. Por que passar pelo trabalho de criar uma EAP? Por que não ir direto para a rede do projeto e esquecer a EAP?
4. Por que a folga é importante para o gerente do projeto?
5. Qual é a diferença entre folga livre e folga total?
6. Por que são usadas defasagens no desenvolvimento de redes de projeto?
7. O que é uma atividade sumarizadora e quando ela é usada?

Exercícios

Criação de uma rede de projeto

1. Segue uma estrutura de decomposição de trabalho (EAP), parcial, para um casamento. Utilize o método descrito no "Caso Prático: A abordagem do adesivo amarelo" para criar uma rede para este projeto.

Observação: Não inclua tarefas resumidas na rede (por exemplo, "1.3. Cerimônia" é uma tarefa resumida; "1.2. Habilitação de Casamento" não é uma tarefa resumida). Ao montar a rede, desconsidere quem fará a tarefa. Por exemplo, não coloque "contratar banda" após "florista" por ser a mesma pessoa responsável pelas duas tarefas. Concentre-se apenas nas dependências técnicas entre as tarefas.

Dica: Comece com a última atividade (recepção de casamento) e vá voltando até o início do projeto. Crie a sequência lógica das tarefas fazendo a seguinte pergunta: para ter ou fazer isto, o que precisa ser realizado imediatamente antes? Após terminar, verifique para frente no tempo fazendo a seguinte pergunta: esta(s) tarefa(s) é (são) a(s) única(s) coisa(s) necessária(s) imediatamente antes do início da próxima tarefa?

Estrutura analítica do projeto

1. Projeto de casamento
    1.1 Decidir a data
    1.2 Habilitação de casamento
    1.3 Cerimônia
        1.3.1 Alugar igreja
        1.3.2 Florista
        1.3.3 Criar/imprimir programas
        1.3.4 Contratar fotógrafo
        1.3.5 Cerimônia de casamento
    1.4 Convidados
        1.4.1 Fazer a lista de convidados
        1.4.2 Fazer o pedido dos convites

1.4.3 *Endereçar e postar os convites*
1.4.4 *Controlar RSVP*
1.5 Recepção
    1.5.1 *Reservar salão de recepção*
    1.5.2 *Comida e bebida*
        1.5.2.1 *Escolher o bufê*
        1.5.2.2 *Decidir cardápio*
        1.5.2.3 *Fazer pedido final*
    1.5.3 *Contratar banda*
    1.5.4 *Decorar salão de recepção*
    1.5.5 *Recepção de casamento*

Desenho de redes AON

2. Desenhe uma rede de projeto a partir das informações que seguem. Quais são as atividades de desdobramento? Quais são as atividades intercaladas?

ID	Descrição	Predecessora
A	Inspecionar terreno	Nenhuma
B	Instalar drenagem	A
C	Instalar cabos elétricos	A
D	Escavar terreno	B, C
E	Colocar fundações	D

3.* Desenhe uma rede de projeto a partir das informações que seguem. Quais são as atividades de desdobramento? Quais são as atividades intercaladas?

ID	Descrição	Predecessora
A	Identificar tópico	Nenhuma
B	Pesquisar tópico	A
C	Redigir artigo	B
D	Revisar artigo	C
E	Criar gráficos	C
F	Referências	C
G	Versão final	D, E, F

4. Desenhe uma rede de projeto a partir das informações que seguem. Quais são as atividades de desdobramento? Quais são as atividades intercaladas?

ID	Descrição	Predecessora
A	Contrato assinado	Nenhuma
B	Pesquisa concebida	A
C	Mercado-alvo identificado	B
D	Coleta de dados	B, C
E	Desenvolver apresentação	B
F	Analisar resultados	D
G	Demografia	C
H	Apresentação	E, F, G

---

* A solução desse exercício consta no Apêndice 1.

5. Desenhe uma rede de projeto a partir das informações que seguem. Quais são as atividades de desdobramento? Quais são as atividades intercaladas?

ID	Descrição	Predecessora
A	Pedir revisão	Nenhuma
B	Pedir peças padronizadas	A
C	Produzir peças padronizadas	A
D	Desenhar peças customizadas	A
E	Desenvolvimento de software	A
F	Fabricar peças customizadas	C, D
G	Montar	B, F
H	Testar	E, G

Tempos de rede AON

6. A partir das informações seguintes, desenvolva uma rede de projeto AON. Realize o caminho de ida e caminho de volta, calcule as folgas de atividade e identifique o caminho crítico. Quantos dias o projeto tomará?

ID	Descrição	Predecessora	Tempo
A	Inspecionar terreno	Nenhuma	2
B	Instalar drenagem	A	5
C	Instalar cabos elétricos	A	3
D	Escavar terreno	B, C	4
E	Colocar fundações	D	3

7. Aqui, são apresentadas as informações do projeto de pedido customizado da Companhia de Controle Aéreo. Desenhe uma rede para este projeto. Calcule os tempos de atividade cedo e tarde e os tempos de folga. Identifique o caminho crítico.

ID	Atividade	Predecessora	Tempo
A	Pedir revisão	Nenhuma	2
B	Pedir peças padronizadas	A	15
C	Produzir peças padronizadas	A	10
D	Desenhar peças customizadas	A	13
E	Desenvolvimento de software	A	18
F	Fabricar peças customizadas	C, D	15
G	Montar	B, F	10
H	Testar	E, G	5

8. Você assinou um contrato para construir uma garagem para os Simpsons. Se concluir o projeto em 15 dias úteis, você receberá um bônus de US$ 500. O contrato também contém uma cláusula penal, segundo a qual você perderá US$ 100 por cada dia em que o projeto exceder 15 dias úteis.

Desenhe uma rede de projeto com as informações a seguir. Realize o caminho de ida e o caminho de volta, calcule as folgas de atividade e identifique o caminho crítico. Você acha que receberá um bônus ou uma multa neste projeto?

ID	Descrição	Predecessora	Tempo (dias)
A	Colocar fundações	Nenhuma	3
B	Levantar estrutura	A	4
C	Telhado	B	4
D	Janelas	B	1
E	Portas	B	1
F	Elétrica	B	3
G	Instalação preliminar	C, D, E, F	2
H	Controle do portão	E, F	1
I	Pintura	G, H	2
J	Limpeza	I	1

9. Você está criando uma base de dados de clientes para o time Modesto Nuts, da liga de beisebol infantil. Desenhe uma rede de projeto com as informações a seguir. Realize o caminho de ida e caminho de volta, calcule as folgas de atividade e identifique o caminho crítico.

    Quanto este projeto demorará? Quão sensível é o cronograma da rede? Calcule a folga livre e a folga total para todas as atividades não críticas.

ID	Descrição	Predecessora	Tempo (dias)
A	Design de sistemas	Nenhuma	2
B	Design do subsistema A	A	1
C	Design do subsistema B	A	1
D	Design do subsistema C	A	1
E	Programa A	B	2
F	Programa B	C	2
G	Programa C	D	2
H	Teste do subsistema A	E	1
I	Teste do subsistema B	F	1
J	Teste do subsistema C	G	1
K	Integração	H, I, J	2
L	Teste de integração	K	1

10. J. Wold, gerente de projetos da Print Software, Inc., quer que você elabore uma rede de projeto; calcule os tempos cedo, tarde e de folga das atividades; determine a duração planejada do projeto; e identifique o caminho crítico. Seu assistente coletou as seguintes informações para o Projeto de Software de Drivers de Impressora em Cores:

ID	Descrição	Predecessora	Tempo
A	Especificações externas	Nenhuma	8
B	Revisar atributos de design	A	2
C	Documentar novos atributos	A	3
D	Escrever software	A	60
E	Programar e testar	B	60
F	Editar e publicar notas	C	2
G	Revisar manual	D	2
H	Site alfa	E, F	20
I	Imprimir manual	G	10
J	Site beta	H, I	10
K	Fabricar	J	12
L	Lançar e remeter	K	3

11.*Uma grande cidade da costa leste está solicitando financiamento federal para um projeto de estacionamento integrado com o sistema de transporte público. Catherine Walker, a engenheira-chefe, quer que você desenvolva um plano com rede de atividades de projeto, uma das exigências para a candidatura. Ela reuniu as estimativas de tempo das atividades e as suas dependências, exibidas a seguir. Mostre a rede das atividades do seu projeto com os tempos cedo, tarde e de folga das atividades. Marque o caminho crítico.

ID	Descrição	Predecessora	Tempo
A	Inspeção	Nenhuma	5
B	Relatório de solo	A	20
C	Desenho de tráfego	A	30
D	Leiaute do estacionamento	A	5
E	Aprovação do desenho	B, C, D	80
F	Iluminação	E	15
G	Drenagem	E	30
H	Paisagismo	E	25
I	Sinalização	E	20
J	Proposta	F, G, H, I	10

12. Você está criando uma base de dados de clientes para o time Winston-Salem Warthogs, da liga de beisebol infantil. Desenhe uma rede de projeto com as informações a seguir. Elabore o caminho de ida e caminho de volta, calcule as folgas de atividade e identifique o caminho crítico.

Quanto este projeto demorará? Quão sensível é o cronograma da rede? Calcule a folga livre e a folga total para todas as atividades não críticas.

ID	Descrição	Predecessora	Tempo (dias)
A	Design de sistemas	Nenhuma	2
B	Design do subsistema A	A	1
C	Design do subsistema B	A	2
D	Design do subsistema C	A	1
E	Programa A	B	2
F	Programa B	C	10
G	Programa C	D	2
H	Teste do subsistema A	E	1
I	Teste do subsistema B	F	1
J	Teste do subsistema C	G	1
K	Integração	H, I, J	2
L	Teste de integração	K	1

13.*Você está fazendo um artigo de fim de semestre em grupo. Dada a rede de projeto a seguir, realize o caminho de ida e o caminho de volta, calcule as folgas de atividade e identifique o caminho crítico. Use essas informações para criar um gráfico de Gantt para o projeto. Não se esqueça de mostrar a folga das atividades não críticas.

---

* A solução destes exercícios constam no Apêndice 1.

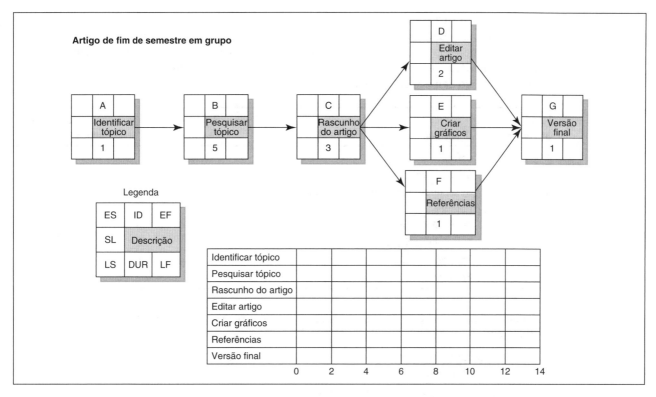

14. Você está conduzindo um projeto de pesquisa de mercado para a FUN Inc. Dada a rede de projeto a seguir, realize o caminho de ida e o caminho de volta, calcule as folgas de atividade e identifique o caminho crítico. Use essas informações para criar um gráfico de Gantt para o projeto. Não se esqueça de mostrar a folga das atividades não críticas.

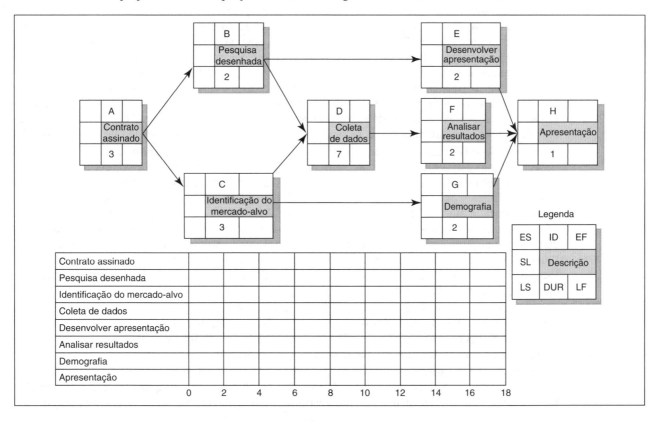

Exercícios computacionais

15. O departamento de planejamento de uma empresa de eletrônicos estabeleceu as atividades de desenvolvimento e produção de um novo mp3 player. Dadas as informações a seguir, desenvolva uma rede de projeto usando o Microsoft Project. Assuma uma semana útil de cinco dias e que o projeto começa em 4 de janeiro de 2016.

ID da atividade	Descrição	Predecessora da atividade	Tempo de atividade (semanas)
1	Estafe	Nenhuma	2
2	Desenvolver programa para o mercado	1	3
3	Selecionar canais de distribuição	1	8
4	Patente	1	12
5	Produção do piloto	1	4
6	Mercado de teste	5	4
7	Promoção publicitária	2	4
8	Preparar para produção	4, 6	16

A equipe pediu que você criasse uma rede para o projeto e determinasse se ele pode ser concluído em 45 semanas.

16. Usando o Microsoft Project, monte a rede e determine o caminho crítico da Fase 1 do projeto. A semana útil do projeto será de 5 dias (de segunda a sexta).

Projeto do resort de esqui de Whistler

Dado o fato de que número de visitantes esquiadores de Whistler, B. C., Canadá vem crescendo em uma velocidade promissora, a Associação de Esqui de Whistler está considerando construir outro complexo de esqui. Os resultados de um recente estudo de viabilidade econômica de membros do estafe mostram que um complexo de resort de inverno próximo ao pé da montanha Whistler poderia ser um empreendimento muito lucrativo. A área é acessível de carro, ônibus, trem e avião. O conselho de administração aprovou a construção do complexo de 10 milhões de dólares recomendado pelo estudo. Infelizmente, dada a curta estação de verão, o complexo terá que ser construído em estágios. O primeiro (ano 1) compreenderá um albergue diurno, teleférico de cadeira, reboque por corda, casa de geração (de eletricidade) e um estacionamento para 400 carros e 30 ônibus. O segundo e terceiro estágios incluirão um hotel, rinque de patinação, piscina, lojas, mais dois teleféricos de cadeira e outras atrações. O conselho decidiu que o estágio 1 deve começar até 1º de abril, sendo concluído até 1º de outubro, a tempo para a estação de esqui seguinte. A você foi atribuída a tarefa de gerente do projeto, e é sua incumbência coordenar o pedido de materiais e as atividades de construção para assegurar que ele seja concluído até a data requerida.

Depois de investigar depois de pesquisar as possíveis fontes de materiais, você é confrontado pelas seguintes estimativas de tempo: os materiais do teleférico de cadeira e do reboque por corda demorarão 30 e 12 dias, respectivamente, para chegar após o pedido ser enviado; a madeira para o albergue diurno, a cobertura do gerador e as fundações levarão 9; os materiais de elétrica e hidráulica do albergue diurno, 12; o gerador, 12 também. Antes da construção em si poder se iniciar nas várias instalações, deve-se construir uma estrada até o local; isso demorará 6 dias. Assim que a estrada estiver pronta, pode-se começar a limpar o terreno simultaneamente nos locais do albergue diurno, da casa de geração, do teleférico de cadeira e do reboque por corda, o que tomará para cada local 6, 3, 36 e 6 dias, respectivamente. A limpeza das principais pistas de esqui pode se iniciar após a área do teleférico ser limpa, isso demorará 84 dias.

As fundações do albergue tomarão 12 dias até serem concluídas. A construção da estrutura principal levará mais 18 dias. Após a estrutura ser finalizada, as instalações elétrica e hidráulica podem ser feitas concorrentemente. Elas devem tomar 24 e 30 dias, respectivamente. Por fim, o acabamento do albergue pode começar; isso demorará 36 dias.

A instalação das torres do teleférico (67 dias) pode se iniciar após o terreno ser limpo, a madeira ser entregue e a fundação concluída (6 dias). Também, após a limpeza do terreno do teleférico, pode-se iniciar a construção de uma estrada permanente até as torres superiores; isso demorará 24 dias. Enquanto as torres estão sendo instaladas, pode-se instalar o motor elétrico de propulsão do teleférico em 24 dias. Após a conclusão das torres e a instalação do motor, o cabo exigirá 3 dias para ser instalado e as cadeiras, mais 12.

A instalação das torres para o reboque por corda pode começar após o terreno ser limpo e as fundações, armadas e colocadas; são necessários quatro dias para armar a fundação, verter o concreto e deixá-lo curar, e 20 dias para instalar as torres do reboque. Enquanto as torres estão sendo erguidas, pode-se instalar o motor elétrico de propulsão do reboque; esta atividade demorará 24 dias. Após as torres e o motor serem instalados, o reboque pode ser encordoado em um dia. O estacionamento pode ser limpo após o reboque por corda ser finalizado; esta tarefa demorará 18 dias.

As fundações da casa de geração e do albergue podem se iniciar ao mesmo tempo; isso demorará seis dias. A estrutura principal da casa de geração pode se iniciar após as fundações estarem concluídas, o que demorará 12 dias. Após a estrutura ser montada, o gerador a diesel pode ser instalado em 18 dias. Agora, pode se iniciar o acabamento da casa de geração, que tomará mais 12 dias.

Incumbência:
1. Identifique o caminho crítico da sua rede.
2. O projeto pode ser concluído até 1º de outubro?

Projeto de pré-instalação de disco óptico
17. A equipe do projeto de disco óptico começou a reunir as informações necessárias para desenvolver a rede do projeto – atividades predecessoras e tempos de atividade em semanas. Os resultados da sua reunião constam na tabela a seguir.

Atividade	Descrição	Duração	Predecessora
1	Definir escopo	6	Nenhuma
2	Definir os problemas do cliente	3	1
3	Definir registros de dados e relações	5	1
4	Requisitos de armazenamento em massa	5	2, 3
5	Análise de necessidade de consultoria	10	2, 3
6	Preparar rede de instalação	3	4, 5
7	Estimar custos e orçamento	2	4, 5
8	Desenhar sistema de "ponto" de seção	1	4, 5
9	Redigir solicitação de proposta	5	4, 5
10	Compilar lista de fornecedores	3	4, 5
11	Elaborar sistema de controle gerencial	5	6, 7
12	Elaborar relatório comparativo	5	9, 10
13	Comparar "filosofias" de sistema	3	8, 12
14	Comparar instalação total	2	8, 12
15	Comparar custo do suporte	3	8, 12
16	Comparar nível de satisfação do cliente	10	8, 12
17	Atribuir pontos por filosofia	1	13
18	Atribuir custo da instalação	1	14
19	Atribuir custo do suporte	1	15
20	Atribuir pontos por satisfação do cliente	1	16
21	Selecionar o melhor sistema	1	11, 17, 18, 19, 20
22	Fazer o pedido do sistema	1	21

A equipe do projeto pediu que você criasse uma rede para o projeto e determinasse se ele pode ser concluído em 45 semanas.

Exercícios com tempos de espera
18. A partir das informações seguintes, desenhe a rede do projeto. Calcule os tempos cedo, tarde e de folga de cada atividade. Identifique o caminho crítico (dica: desenhe primeiro as relações de fim para início).

ID	Duração	Predecessora fim para início	Tempo de espera fim para início	Relações de tempo de espera adicional	Tempo de espera
A	5	Nenhuma	0	Nenhuma	0
B	10	A	0	Nenhuma	0
C	15	A	0	Início-fim C para D	20
D	5	B	5	Início-início D para E	5
				Fim-fim D para E	25
E	20	B	0	Fim-fim E para F	0
F	15	D	0	Nenhuma	0
G	10	C	10	Fim-fim G para F	10
H	20	F	0	Nenhuma	0

19. A partir das informações seguintes, desenhe a rede do projeto. Calcule os tempos cedo, tarde e de folga para a rede do projeto. Quais atividades do caminho crítico têm apenas o início ou o fim da atividade no caminho crítico?

ID	Duração	Predecessora fim para início	Tempo de espera fim para início	Relações de tempo de espera adicional	Tempo de espera
A	2	Nenhuma	0	Nenhuma	0
B	4	A	0	Nenhuma	0
C	6	A	0	Fim-fim C para F	7
D	8	A	0	Nenhuma	0
E	18	B	0	Fim-fim E para G	9
		C	10		
F	2	D	0	Nenhuma	0
G	5	F	0	Início-início G para H	10
H	5	Nenhuma	0	Nenhuma	0
I	14	E	0	Fim-fim I para J	5
J	15	G, H	0	Nenhuma	0

20.*Dadas as informações dos seguintes exercícios, calcule os tempos cedo, tarde e de folga da rede do projeto. Quais atividades do caminho crítico têm apenas o início ou o fim da atividade no caminho crítico?

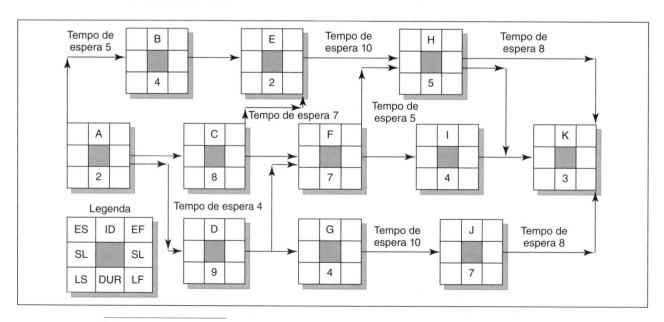

* As soluções dos exercícios constam no Apêndice 1.

21. Dada a rede seguinte, calcule os tempos cedo, tarde e de folga para cada atividade.

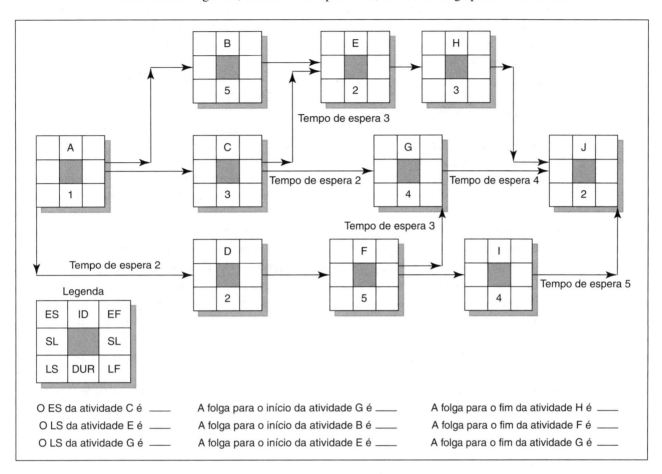

O ES da atividade C é ___   A folga para o início da atividade G é ___   A folga para o fim da atividade H é ___
O LS da atividade E é ___   A folga para o início da atividade B é ___   A folga para o fim da atividade F é ___
O LS da atividade G é ___   A folga para o início da atividade E é ___   A folga para o fim da atividade G é ___

Projeto CyClon

22. A equipe do projeto CyClon começou a reunir as informações necessárias para desenvolver a rede do projeto – atividades predecessoras e tempos de atividade em dias. Os resultados da sua reunião constam na tabela a seguir:

Atividade	Descrição	Duração	Predecessora
1	*Projeto CyClon*		
2	Design	10	
3	Obter peças para o protótipo	10	2
4	Fabricar peças	8	2
5	Montar protótipo	4	3, 4
6	Teste de laboratório	7	5
7	Teste de campo	10	6
8	Ajustar design	6	7
9	Pedir componentes de estoque	10	8
10	Pedir componentes customizados	15	8
11	Montar unidade de produção de teste	10	9, 10
12	Testar unidade	5	11
13	Documentar resultados	3	12

Parte A. Criar uma rede baseada nessas informações. Quanto este projeto demorará? Qual é o caminho crítico?

Parte B. Fazendo uma revisão posterior, a equipe reconhece que deixou passar três tempos de espera de fim para início. Solicitar as peças para o protótipo envolverá apenas dois dias de trabalho, mas as peças demorarão oito dias para ser entregues. Da mesma forma, Pedir componentes de estoque consome dois dias de trabalho e oito até a entrega, e Pedir componentes customizados, dois dias de trabalho e 13 até a entrega.

Reconfigure o cronograma do CyClon inserindo as três defasagens de fim para início. Qual o impacto desses tempos de espera sobre o cronograma original? E sobre a quantidade de trabalho necessária para concluir o projeto?

Parte C. A gerência ainda não está satisfeita com o cronograma e quer o projeto concluído o mais breve possível. Infelizmente, eles não estão dispostos a aprovar recursos extras. Um membro da equipe apontou que a rede continha apenas relações de fim para início e que talvez fosse possível reduzir a duração do projeto criando-se tempos de espera de início para início. Após muito deliberar, a equipe concluiu que as seguintes relações poderiam ser convertidas em tempos de espera de início para início.

- Obter peças para o protótipo poderia se iniciar 6 dias após o início de design.
- Fabricar peças poderia se iniciar nove dias após o início de design.
- Teste de laboratório poderia começar um dia depois do início de montar protótipo.
- Teste de campo poderia se iniciar cinco dias após o início de Teste de laboratório.
- Ajustar design poderia começar sete dias após o início de Teste de campo.
- Pedir componentes de estoque e Pedir componentes customizados poderiam começar cinco dias após Ajustar design.
- Testar unidade poderia começar nove dias após o início de Montar unidade de produção de teste.
- Documentar resultados poderia se iniciar três dias após o início de Testar unidade.

Reconfigure o cronograma do CyClon inserindo todas as nove defasagens de início para início. Qual o impacto dessas defasagens sobre o cronograma original (Parte A)?
Quanto este projeto demorará?
Há mudanças no caminho crítico?
Há mudanças na sensibilidade da rede?
Por que a gerência gostaria desta solução?

Referências

Gantt, H. L., *Work, Wages and Profit*, published by *The Engineering Magazine*, New York, 1910; republished as *Work, Wages and Profits* (Easton, PA: Hive Publishing Company, 1974).

Kelly, J. E., "Critical Path Planning and Scheduling: Mathematical Basis," *Operations Research*, 9 (3) May–June 1961, pp. 296–321.

Levy, F. K., G. L. Thompson, and J. D. West, "The ABCs of the Critical Path Method," *Harvard Business Review*, 41 (5) 1963, pp. 98–108.

Rosenblatt, A., and G. Watson, "Concurrent Engineering," *IEEE Spectrum*, July 1991, pp. 22–37.

Turtle, Q. C., *Implementing Concurrent Project Management* (Englewood Cliffs, NJ: Prentice Hall), 1994.

Caso Migração do centro de dados da Advance Energy Technology*

Brian Smith, administrador de rede da Advanced Energy Technology (AET), recebeu a responsabilidade de implementar a migração de um grande centro de dados para uma nova sede. É necessário um planejamento cuidadoso, pois a empresa trabalha na indústria do petróleo, que é altamente competitiva. Ela é uma das cinco empresas nacionais de software que fornecem um pacote

---

* Elaborado por James Moran, professor de gerenciamento de projetos da Faculdade de Administração de Universidade do Estado de Oregon.

de contabilidade e gerenciamento de negócios para intermediários de petróleo e distribuidoras de gasolina. Faz alguns anos, a AET entrou no ramo dos "provedores de serviços de aplicação". O grande centro de dados da empresa dá aos clientes acesso remoto à suíte completa de sistemas de software de aplicação da AET. Tradicionalmente, uma das principais vantagens competitivas da AET é sua comprovada confiabilidade em TI. Devido à complexidade deste projeto, Brian terá de utilizar um método paralelo de implementação. Embora isso aumente os custos do projeto, uma abordagem paralela é essencial para que não se comprometa a confiabilidade.

Atualmente, a central de dados da AET está situado no segundo andar do prédio reformado de um antigo banco, no centro de Corvallis, Oregon. A empresa está se mudando para um novo prédio de um andar, localizado no complexo industrial inaugurado recentemente do Aeroporto Internacional de Corvallis. Em 1º de fevereiro, Brian é formalmente incumbido da tarefa pelo vice-presidente de operações, Dan Whitmore, com as seguintes diretrizes:

- Do início ao fim, estima-se que todo o projeto levará de três a quatro meses para ser finalizado.
- É essencial que os 235 clientes da AET não sofram paralisações.

Whitmore orienta Brian a voltar ao Comitê Executivo em 15 de fevereiro, com uma apresentação sobre o escopo do projeto que contemple custos, cronograma "preliminar" e proposta de membros da equipe do projeto.

Brian teve algumas conversar preliminares com alguns gerentes e diretores de cada um dos departamentos funcionais da AET e, então, combinou para 4 de fevereiro uma reunião de um dia inteiro para tratar do escopo com gerentes e representantes técnicos de operações, de sistemas de instalações e aplicações. A equipe de escopo determinou o seguinte:

- Três a quatro meses é cronograma de projeto exequível, sendo a estimativa preliminar de custo na ordem de US$ 80 mil a US$ 90 mil (isso inclui o upgrade de infraestrutura do novo local).
- Crítica para o requisito "sem paralisação" é a necessidade de depender do "hot site" remoto de recuperação de desastre da AET para plena funcionalidade.
- Brian atuará como gerente de projeto de uma equipe consistindo de um membro de cada estafe – instalações, operações/sistemas, operações/telecomunicações, sistemas e aplicações e atendimento ao cliente.

O relatório de Brian para o Comitê Executivo foi recebido positivamente e, após algumas modificações e recomendações, ele foi formalmente incumbido da responsabilidade pelo projeto. Brian recrutou sua equipe e marcou a primeira reunião (1º de março) como a tarefa inicial do processo de planejamento do projeto.

Depois disso, Brian pode contratar os empreiteiros para reformar o novo centro de dados. Durante esse tempo, ele pensará em como desenhar a rede, estimando que a triagem e contratação do empreiteiro levarão cerca de 1 semana e o desenho da rede, cerca de 2. O novo centro exige um novo sistema de ventilação. Os requisitos do fabricante incluem uma temperatura ambiente de 18°C para manter todos os servidores de dados funcionando na velocidade ideal. O sistema de ventilação tem um prazo de fornecimento de três semanas. Brian também precisará encomendar racks novos para sustentar os servidores, interruptores e outros aparelhos de rede. Os racks têm um tempo de entrega de duas semanas.

O supervisor do centro de dados solicitou que Brian substituísse todas as fontes de energia e cabos de dados velhos. Brian terá que pedi-los também. Como tem uma ótima relação com os fornecedores, eles garantem que o prazo das fontes e cabos será de apenas uma semana. Após o novo sistema de ventilação e os racks chegarem, Brian pode começar a instalá-los. Demorará uma semana para instalar o sistema de ventilação, e três para os racks. A reforma do novo centro de dados pode começar assim que os empreiteiros tenham sido contratados. Eles dizem a Brian que a obra levará 20 dias. Após a obra começar e Brian tiver instalado o sistema de ventilação e os racks, o fiscal da prefeitura precisa aprovar a construção do piso elevado.

O fiscal levará dois dias para aprovar a infraestrutura. Depois da fiscalização e da chegada das novas fontes de energia e cabos, Brian poderá instalar as fontes e fazer o cabeamento. Ele estima que são necessários cinco dias para instalar as fontes e uma semana para passar todo o cabeamento de dados. Antes de Brian poder definir uma data real para tirar a rede do ar e transferi-la para o hot site remoto, ele precisa da aprovação de cada uma das unidades funcionais ("Aprovação da transferência"). As reuniões com todas as unidades funcionais demandarão uma semana. Durante esse período, ele pode iniciar uma checagem de energia para ver se todos os racks têm voltagem suficiente. Isso só exige um dia.

Ao concluir a checagem e energia, ele pode usar uma semana para instalar seus servidores de teste que verificarão todas as funções primárias da rede e atuarão como salvaguarda antes de a rede ser tirada do ar. As baterias precisam ser carregadas, a ventilação deve ser instalada e os servidores devem estar ativos e funcionando para que a gerência tenha certeza de que a nova infraestrutura é segura, o que levará dois dias. Eles, então, assinarão a verificação de Sistemas Primários, o que toma um dia de muitas reuniões. Eles também definirão uma data oficial para a mudança da rede.

Brian está contente por tudo ter ido bem até o momento e está seguro de que a mudança também será tranquila. Agora que há uma data oficial definida, a rede será desligada por um dia. Brian precisa passar todos os componentes dela para o novo centro de dados e fará a mudança durante o fim de semana – dois dias –, quando o tráfego de usuários é mínimo.

INCUMBÊNCIA

1. Crie uma matriz de prioridades para a mudança do sistema da AET.
2. Desenvolva uma EAP para o projeto de Brian. Inclua duração (dias) e predecessores.
3. Utilizando uma ferramenta de planejamento de projeto, crie um diagrama de rede para este projeto.

Observação: baseie seu plano nas seguintes diretivas: dias de oito horas, semanas de cinco dias (exceto quando Brian transportar os componentes da rede no fim de semana), nenhum feriado, 1º de março de 2010 é a data de início do projeto. Pedido de Sistema de Ventilação, Racks Novos e Fontes de Energia/Cabos tomam apenas um dia de trabalho efetivo. Os dias restantes constituem o tempo necessário para que os fornecedores processem e remetam o pedido para Brian. Portanto, use aí defasagens de fim para início. Pressuponha que o piso elevado estará pronto para a fiscalização cinco dias após o início da Reforma do Centro de Dados (tempo de espera de início para início).

Caso Caso do estádio Greendale

A G&E Company está se preparando para fazer uma proposta de construção do estádio de beisebol Greendale, com 47 mil assentos. A obra deve começar em 1º de julho de 2015, sendo finalizada a tempo para o início da temporada de 2018. O contrato prevê uma cláusula de multa de US$ 100 mil por dia de atraso a partir de 20 de maio de 2018.

Ben Keith, o presidente da empresa, exprimiu otimismo quanto à obtenção do contrato, revelando que a empresa poderia lucrar até US$ 2 milhões em cima do projeto. Ele também disse que, se houver êxito, as perspectivas para projetos futuros são muito boas, pois projeta-se uma revitalização da construção de campos desportivos clássicos com modernos camarotes de luxo.

INCUMBÊNCIA

Dadas as informações constantes na Tabela 6.3, elabore uma rede de projeto para o estádio, respondendo às seguintes perguntas:

1. O projeto conseguirá ser concluído até o prazo de 20 de maio? Quanto ele demorará?
2. Qual é o caminho crítico do projeto?
3. Com base no cronograma, você recomendaria que a G&E batalhe por esse contrato? Por quê? Inclua um gráfico de Gantt para o cronograma do estádio.

APÊNDICE DO CASO: DETALHES TÉCNICOS DO ESTÁDIO DE BEISEBOL GREENDALE

O estádio de beisebol é uma estrutura externa com uma cobertura retrátil. O projeto começa com a limpeza do terreno, uma atividade que dura 70 dias. Em seguida, pode-se começar a trabalhar

TABELA 6.3 Caso do estádio Greendale

ID	Atividade	Duração	Predecessor(as)
1	**_Estádio de beisebol_**		
2	Limpar terreno do estádio	70 dias	—
3	Demolir edificação	30 dias	2
4	Montar canteiro de obras	70 dias	3
5	Colocar estacas de suporte	120 dias	2
6	Concretar anel inferior	120 dias	5
7	Concretar arquibancada principal	120 dias	3, 6
8	Instalar campo	90 dias	3, 6
9	Construir anel superior de aço	120 dias	3, 6
10	Instalar cadeiras	140 dias	7, 9
11	Construir camarotes de luxo	90 dias	7, 9
12	Instalar telão	30 dias	7, 9
13	Infraestrutura do estádio	120 dias	7, 9
14	Construir cúpula de aço	75 dias	10
15	Instalação dos refletores	30 dias	14
16	Construir suportes da cobertura	90 dias	6
17	Construir cobertura	180 dias	16
18	Instalar trilhos da cobertura	90 dias	16
19	Instalar cobertura	90 dias	17, 18
20	Vistoria	20 dias	8, 11, 13, 15, 19

simultaneamente na estrutura em si e na demolição de um canteiro de obras adjacente. Essa demolição é necessária para criar um depósito de materiais e equipamentos. São 30 dias para demolir as edificações e mais 70 dias para montar o canteiro de obras.

O trabalho no estádio começa colocando-se 160 estacas de suporte, o que levará 120 dias. Na sequência, vem a concretagem do anel inferior (120 dias). Após isso e o canteiro de obras estar montado, podem ser feitas a concretagem da arquibancada principal (120 dias), a instalação do campo (90 dias) e a construção do anel superior de aço (120 dias).

Após a finalização da arquibancada e do anel superior, pode-se começar a trabalhar simultaneamente na construção dos camarotes de luxo (90 dias) e instalação das cadeiras (140 dias), do telão (30 dias) e da infraestrutura do estádio (120 dias), o que inclui banheiros, vestiários, restaurantes, etc. Após as cadeiras serem instaladas, pode-se construir a cúpula de aço (75 dias), seguida da instalação dos refletores (30 dias).

A cobertura retrátil representa o desafio técnico mais significativo do projeto. Pode-se começar a erigir os suportes do trilho da cobertura (90 dias) após o anel inferior de concreto ser construído. Nesse momento, as dimensões da cobertura podem ser finalizadas e pode-se iniciar a construção da cobertura em um canteiro separado (180 dias). Após os suportes da cobertura serem finalizados, os trilhos podem ser instalados (90 dias). Depois de terminados os trilhos e a cobertura, a cobertura pode ser instalada e ativada (90 dias). Depois de todas as atividades serem concluídas, são necessários 20 dias para vistoriar o estádio.

Para os fins deste caso, pressuponha o seguinte:

1. Observam-se os seguintes feriados: 1º de janeiro, Dia de Tiradentes (penúltima segunda-feira de abril), 9 de julho, Dia da Padroeira do Brasil Nossa Senhora Aparecida (segunda segunda-feira de outubro), Proclamação da República (3ª quinta-feira de novembro, 15 e 16 de novembro).
2. Se um feriado cair em um sábado, a sexta-feira será dada de folga; se cair em um domingo, a segunda-feira será dada de folga.
3. Os operários trabalham de segunda a sexta.

CAPÍTULO SETE

Gerenciamento de riscos

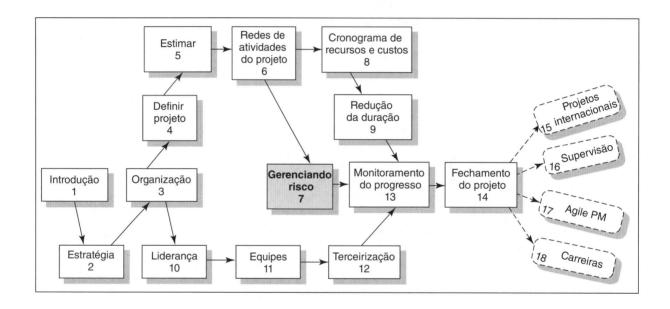

Gerenciamento de riscos
Processo de gerenciamento de riscos
Etapa 1: Identificação de riscos
Etapa 2: Avaliação de riscos
Etapa 3: Desenvolvimento de resposta a riscos
Planejamento de contingência
Gerenciamento de oportunidades
Financiamento de contingência e *buffer* de tempo
Etapa 4: Controle de resposta a riscos
Gerenciamento de controle da mudança
Resumo
Apêndice 7.1: PERT e simulação PERT

Para achar o que quer, às vezes você tem que ser do contra, pois é lá que você encontra.

Will Rogers

Todo gerente de projetos compreende que os riscos são inerentes aos projetos. Nenhuma dose de planejamento pode superar o *risco*, ou a incapacidade de controlar eventos casuais. No contexto do gerenciamento de projetos, **risco** é um evento ou condição incerta que, se ocorrer, terá um efeito positivo ou negativo sobre os objetivos do projeto. Um risco possui uma causa e, se ocorrer, uma consequência. Por exemplo, a causa pode ser o vírus da gripe ou uma mudança nos requisitos do escopo. O evento é que os membros da equipe pegam gripe ou o produto tem de ser redesenhado. Se qualquer desses eventos incertos ocorrer, terá um impacto sobre o custo, cronograma e qualidade do projeto.

Podem-se identificar alguns eventos potenciais de risco antes do início do projeto – como mau funcionamento de equipamentos ou mudança nos requisitos técnicos. Riscos podem ser consequências antecipadas, como atrasos no cronograma ou estouros de orçamento. Riscos podem estar além do imaginável, como a pane financeira de 2008.

Embora os riscos possam ter consequências positivas, como uma redução inesperada nos preços do materiais, o foco principal deste capítulo é o que pode dar errado e o processo de gerenciamento de riscos.

O gerenciamento de riscos tenta reconhecer e administrar pontos de problemas potenciais e imprevistos que podem ocorrer quando o projeto for implementado. Seu gerenciamento é identificar o máximo possível de eventos de risco (o que pode dar errado), visando minimizar seus impactos (o que pode ser feito a respeito do evento antes de o projeto começar), administrar as reações aos eventos que chegam a se materializar (planos de contingência) e aprovar fundos de contingência para cobrir eventos de risco realmente materializados.

Para um exemplo engraçado (mas, no fim das contas, constrangedor) de mau gerenciamento do risco, veja o "Caso Prático: O picolé gigante que deu errado".

Processo de gerenciamento de riscos

A Figura 7.1 apresenta um modelo gráfico do desafio do gerenciamento de riscos. A probabilidade de ocorrência de um evento de risco (por exemplo, erro de tecnologia de design ou nas estimativas de tempo ou nas de custos) é maior nos estágio iniciais do projeto. É aí que a incerteza está no máximo e muitas perguntas não têm respostas. À medida que o projeto progride em direção à conclusão, o risco diminui enquanto as questões críticas ("A tecnologia funcionará?"; "A cronologia é exequível?") são resolvidas. O impacto do custo de um evento de risco, contudo, aumenta ao longo da vida do projeto. Por exemplo, o evento de risco de uma falha de design que ocorre após o protótipo ser feito tem um impacto de custo ou tempo maior do que se a falha é descoberta durante a fase de planejamento do projeto.

O custo do controle de riscos mal administrado no início do projeto é exemplificado pelo malfadado Mars Climate Orbiter da NASA, de 1999. As investigações revelaram que a Lockheed Martin deu uma mancada no design do importante *software* de navegação. Enquanto os computadores de voo em solo faziam os cálculos com base em libras de propulsão por segundo, o *software* da aeronave usava unidades métricas, newtons. Nunca foi feita uma verificação para ver se os valores eram compatíveis.

"Os nossos processos de freios e contrapesos deveriam, mas não pegaram esse erro", disse Ed Weiler, administrador adjunto de ciência espacial da NASA. "Resumo da ópera" (*Orlando Sentinel,* 1999). Se o erro tivesse sido descoberto cedo, a correção teria sido relativamente simples e

> **CASO PRÁTICO** — O picolé gigante que deu errado*
>
> Uma tentativa de erguer o maior picolé do mundo em Nova York terminou em uma cena que parecia de um filme apocalíptico, mas muito mais grudenta.
>
> A guloseima de 7,5 m de altura e 17,5 toneladas de suco congelado derreteu mais rápido do que o esperado, inundando a Union Square, no centro de Manhattan, com fluido sabor kiwi e morango.
>
> Os ciclistas passavam derrapando em rios de gosma. Os pedestres escorregavam. O tráfego ficou, bem, congelado. Os bombeiros fecharam diversas ruas e usaram mangueiras para lavar o líquido viscoso, espesso e doce.
>
> A Snapple Company, uma fabricante líder de refrescos, tentava promover uma nova linha de sorvetes com o recorde de maior picolé do mundo, mas cancelou a proeza antes que o gigante congelado fosse colocado em pé por um guindaste.
>
> As autoridades disseram que estavam preocupadas com a queda do picolé de dois andares e meio.
>
> Os organizadores não sabiam ao certo por que ele derretera tão depressa. "Tínhamos planejados isso. Só não esperávamos que acontecesse tão rápido", disse a porta-voz da Snapple, Lauren Radcliffe. Ela disse que a empresa se ofereceria para pagar ao município os custos da limpeza.
>
> * Associated Press, 23 de junho de 2005.

barata. Mas nada foi descoberto e, depois de nove meses de jornada até o Planeta Vermelho, a sonda de US$ 125 milhões se aproximou de Marte a uma altitude muito baixa e incendiou na atmosfera do planeta. Em seguida ao desastre de 1999, a NASA instituiu um sistema de gerenciamento de riscos mais robusto, que produziu uma bem-sucedida cadeia de missões até Marte, incluindo o dramático pouso da sonda *Curiosity*, em agosto de 2012.[1]

O gerenciamento de riscos é uma abordagem proativa, em vez de reativa. É um processo preventivo concebido para assegurar que as surpresas sejam reduzidas e que as consequências negativas associadas a eventos indesejados sejam minimizadas. Ele também prepara o gerente do projeto

FIGURA 7.1
Gráfico de evento de risco

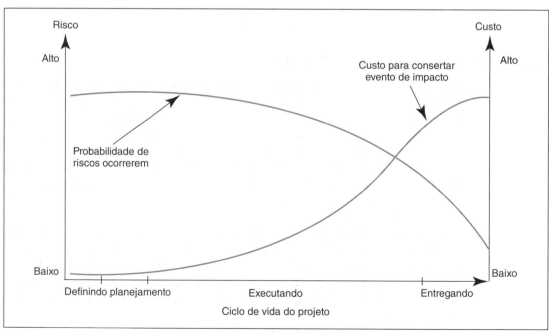

---

[1] E. Landau, "Mars Landing Went 'Flawlessly,' Scientists Say," *CNN.com*, acessado em 14 de agosto de 2012.

para entrar em ação quando for possível uma vantagem técnica e de tempo e/ou custo. O gerenciamento exitoso de riscos do projeto dá ao gerente maior controle sobre o futuro, podendo melhorar consideravelmente as chances de atingir os objetivos do projeto no prazo, dentro do orçamento e conforme o desempenho técnico (funcional) exigido.

As fontes de riscos do projeto são ilimitadas. Existem fontes exteriores à empresa, como inflação, aceitação do mercado, taxas de câmbio e regulamentos governamentais. Na prática, esses eventos de risco são muitas vezes referidos como "ameaças", para diferenciá-los daqueles que não estão dentro da área de responsabilidade da equipe ou do gerente do projeto (mais adiante, veremos que os orçamentos desses eventos de risco são colocados em um orçamento de contingência de "reserva gerencial"). Uma vez que tais riscos externos normalmente são considerados antes da decisão de ir em frente com o projeto, eles serão excluídos da discussão sobre os riscos do projeto. No entanto, os riscos externos são extremamente importantes, devendo ser levados em conta.

Os principais componentes do processo de gerenciamento de riscos são ilustrados na Figura 7.2. Cada etapa será examinada em pormenores no restante do capítulo.

Etapa 1: Identificação de riscos

O processo de gerenciamento de riscos começa com a geração de uma lista de todos os riscos que poderiam afetar o projeto. Quase sempre, o gerente do projeto forma, durante a fase de planejamento, uma equipe de gerenciamento de riscos com membros da equipe central e de demais partes interessadas relevantes. A pesquisa demonstra que grupos emitem juízos mais precisos sobre ris-

FIGURA 7.2
O processo de gerenciamento de riscos

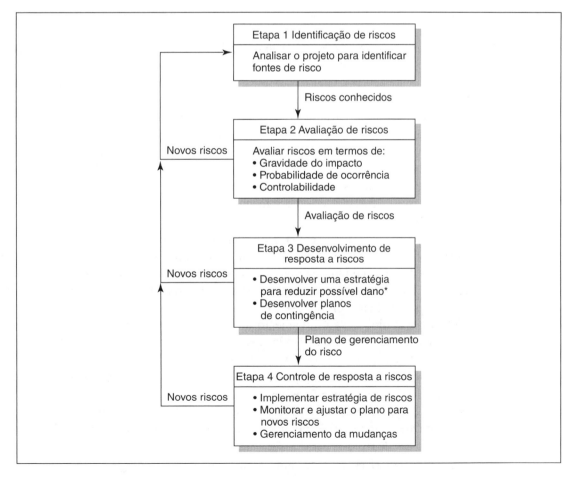

* N. de R.T.: Ou para otimizar uma oportunidade.

FIGURA 7.3
A estrutura analítica de riscos (EAR)

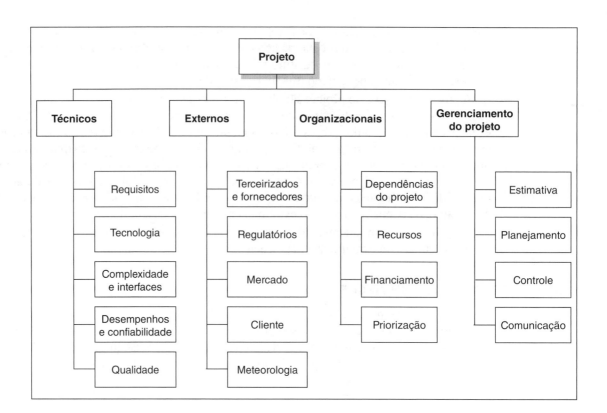

cos do que pessoas (Snizek and Henry, 1980). A equipe usa *brainstorming* e outras técnicas de identificação de problemas para detectar problemas potenciais. Os participantes são estimulados a manter a mente aberta e citar o máximo de riscos prováveis. Mais de um projeto já foi esmagado por um evento que, no início, os membros achavam uma estupidez. Depois, na fase de avaliação, os participantes terão a oportunidade de analisar e filtrar riscos infundados.

Um equívoco comum cometido no início do processo de identificação de riscos é se concentrar nos objetivos, e não nos eventos que poderiam produzir consequências. Por exemplo, os membros da equipe podem identificar o descumprimento do cronograma como um grande risco. O que eles precisam enfocar são os eventos que poderiam provocar isso (por exemplo, estimativas ruins, mau tempo, atrasos de transporte, etc.). Somente focando-se os eventos reais é que podem ser encontradas soluções potenciais.

As empresas utilizam **estruturas analíticas de risco** (EAR) em conjunto com estruturas analíticas de projeto (EAP) para ajudar as equipes de gerenciamento a identificar e analisar riscos. A Figura 7.3 dá um exemplo genérico de uma EAR. No início, o foco deve ser em riscos que podem afetar o projeto inteiro, em oposição a uma seção específica do projeto ou rede. Por exemplo, a discussão sobre financiamento pode levar a equipe a identificar como um evento de risco significativo a possibilidade de o orçamento do projeto ser cortado depois de iniciado o projeto. Da mesma forma, ao discutir o mercado, a equipe pode identificar como um evento de risco a reação ao lançamento de produtos dos concorrentes.

Identificados os riscos macro, as áreas específicas podem ser checadas. Uma ferramenta eficaz para identificar riscos específicos é a estrutura de decomposição de trabalho. O uso da EAR reduz o risco de que um evento de risco seja negligenciado. Em projetos grandes, várias equipes de risco são organizadas em torno de entregas específicas, apresentando ao gerente do projeto relatórios de gerenciamento de riscos.

Um **perfil de risco**, outra ferramenta útil, é uma lista de perguntas, desenvolvidas e refinadas a partir de projetos anteriores parecidos, abordando áreas tradicionais de incerteza em um projeto. A Figura 7.4 dá um exemplo parcial de um perfil de risco.

FIGURA 7.4
Perfil de risco parcial para projeto de desenvolvimento de produto

---

Requisitos técnicos
Os requisitos são estáveis?

Design
A proposta de *design* se baseia em pressupostos irrealistas ou otimistas?

Teste
O equipamento para teste estará disponível quando necessário?

Desenvolvimento
O processo de desenvolvimento é amparado por um conjunto de procedimentos, métodos e ferramentas compatíveis?

Cronograma
O cronograma depende da completude de outros projetos?

Orçamento
Quão acurada é a estimativa de custos?

Qualidade
As considerações sobre a qualidade foram apropriadas à proposta de *design*?

Gerência
As pessoas envolvidas sabem quem tem autoridade sobre o que?

Ambiente de trabalho
As pessoas trabalham de forma cooperativa além das áreas de atuação?

Estafe
O estafe é inexperiente ou muito pequeno?

Cliente
O cliente compreende o que é necessário para completar o projeto?

Prestadores de serviço
Existe alguma ambiguidade nas definições das atividades dos contratados?

Bons perfis de risco, como as EAR, são ajustados para o tipo de projeto em questão. Por exemplo, criar um sistema de informação é diferente de construir um carro novo. Eles são específicos por empresa. Os perfis de risco reconhecem os pontos fortes e fracos peculiares da empresa e abordam riscos tanto técnicos quanto gerenciais. Por exemplo, o perfil exibido na Figura 7.4 faz perguntas sobre design, como: o design se baseia em pressupostos irrealistas? As perguntas podem levar a equipe a identificar que a tecnologia não funcionará em condições extremas, como um risco. De maneira semelhante, perguntas sobre ambiente de trabalho ("As pessoas cooperam além das áreas de atuação?") podem ensejar a identificação de possíveis panes de comunicação entre marketing e P&D como um risco.

Normalmente, os perfis de risco são gerados e mantidos pelo pessoal do departamento de projeto. Eles são atualizados e refinados durante a auditoria pós-projeto (ver Capítulo 14). Esses perfis, quando mantidos atualizados, podem ser um recurso poderoso no processo de gerenciamento de riscos. A experiência coletiva dos projetos anteriores da empresa reside nas suas perguntas.

Registros históricos podem ser usados quando os perfis de riscos estiverem indisponíveis ou complementá-los. As equipes de projeto podem investigar o que aconteceu em projetos semelhantes no passado para identificar riscos potenciais. Por exemplo, um gerente de projeto pode verificar o desempenho pontual dos fornecedores escolhidos para aferir a ameaça de atrasos de envio. Gerentes de projetos de TI podem acessar documentos de "melhores práticas" que detalham as experiências de outras empresas na conversão de sistemas de *software*. As consultas não devem se limitar a dados registrados. Gerentes de projeto sensatos exploram a sabedoria dos outros, buscando a orientação de gerentes de projeto veteranos.

O processo de identificação de risco não deve se limitar à equipe central. Devem ser solicitados dados de clientes, patrocinadores, terceirizados, fornecedores e outras partes interessadas. Partes interessadas relevantes podem ser entrevistadas formalmente ou incluídas na equipe de gerenciamento de riscos. Não apenas esses atores têm uma perspectiva valiosa, mas, quando são envolvidos no processo de gerenciamento de riscos, também ficam mais comprometidos com o sucesso do projeto.[2]

Uma das chaves de êxito da identificação do risco é a atitude. Embora uma atitude de "podemos fazer" seja essencial na implementação, os gerentes de projetos têm de encorajar o pensamento

---

[2] Método Delphi (vide p. 113) é uma técnica popular de envolvimento de partes interessadas.

crítico quando se trata de identificar riscos. A meta é achar problemas potenciais antes que eles aconteçam.

A EAR e os perfis de risco são ferramentas úteis para que nada escape à verificação. Ao mesmo tempo, na identificação benfeita, a quantidade de riscos identificados pode ser estarrecedora e um tanto desestimulante. O otimismo inicial pode ser substituído por queixumes e lamentos sobre "onde foi que nos metemos?". É importante que os gerentes de projetos estabeleçam o tom certo e concluam o processo de gerenciamento de riscos de modo que os membros reconquistem a confiança em si e no projeto.

Etapa 2: Avaliação de riscos

A etapa 1 produz uma lista de riscos potenciais, mas nem todos merecem atenção. Alguns são triviais e podem ser ignorados, enquanto outros apresentam ameaças sérias à integridade do projeto. Os gerentes precisam desenvolver métodos para peneirar a lista de riscos, eliminando os insignificantes e redundantes e estratificando os restantes quanto à importância e necessidade de atenção.

Análise de cenários é a técnica mais fácil e comum para analisar riscos. Os membros da equipe avaliam a relevância de cada evento de risco em termos de:
- Probabilidade do evento.
- Impacto do evento.

Dito de forma simples, os riscos devem ser avaliados segundo a probabilidade de o evento ocorrer e o impacto ou consequências da sua ocorrência. O risco de o gerente do projeto ser atingido por um raio em uma obra teria um grande impacto negativo sobre o projeto, mas a probabilidade é tão pequena que não merece consideração. Por outro lado, as pessoas mudam de trabalho, então, um evento como a perda de pessoas vitais para o projeto teria não apenas um impacto adverso, como também alta probabilidade de ocorrer em algumas empresas. Nesse caso, seria inteligente que a empresa fosse proativa e atenuasse esse risco desenvolvendo esquemas de incentivo para reter especialistas e/ou praticasse treinamento interdisciplinar para reduzir o impacto da rotatividade.

A qualidade e a credibilidade do processo de análise de riscos exigem que sejam definidos diferentes níveis de probabilidade e impactos de risco. Essas definições variam, devendo ser ajustadas à natureza e às necessidades específicas do projeto. Por exemplo, em uma escala relativamente simples, indo de "muito improvável" até "quase certo", pode bastar para um projeto, enquanto outro pode utilizar probabilidades numéricas mais precisas (como 0,1, 0,3, 0,5...).

Escalas de impacto podem ser um pouco mais problemáticas, uma vez que os riscos adversos afetam os objetivos dos projetos de modos diferentes. Por exemplo, uma falha de componente pode provocar apenas um ligeiro atraso no cronograma, mas um grande aumento em seu custo. Se controlar custos for uma prioridade alta, o impacto seria grave. Se, por outro lado, tempo é mais crítico do que custo, o impacto seria leve.

Como o impacto, afinal, tem de ser avaliado em termos das prioridades do projeto, são usados diferentes tipos de escalas de impacto. Algumas podem simplesmente usar descritores de ordem de classificação, como "baixo", "moderado", "alto" e "muito alto"; já outras usam pesos numéricos (por exemplo, 1-10). Há aquelas que podem enfocar o projeto em geral, enquanto as demais se concentram nos objetivos específicos do projeto. A equipe de gerenciamento do projeto precisa estabelecer desde o início o que distingue 1 de 3, ou impacto "moderado" de impacto "grave". A Figura 7.5 dá um exemplo de como escalas de impacto podem ser definidas em custo, tempo, escopo e qualidade dados os objetivos do projeto.

A documentação das análises de cenários pode ser encontrada em vários formulários de avaliação de risco usados pelas empresas. A Figura 7.6 é um exemplo parcial de um formulário de avaliação de risco usado em um projeto de Tecnologia da Informação (TI) envolvendo o upgrade de Windows 7 para Windows 8.

Observe que, além de mensurar a gravidade e a probabilidade dos eventos de risco, a equipe também deve avaliar quando o evento poderia ocorrer e a respectiva dificuldade de detecção. Dificuldade de detecção é uma medida da facilidade com que se detecta que o evento ocorreria a

FIGURA 7.5
Condições definidas para escalas de impacto de um risco sobre os principais objetivos do projeto (exemplos somente de impactos negativos)

	\multicolumn{5}{c}{Escala relativa ou numérica}
Objetivo do projeto	1 Muito baixo	2 Baixo	3 Moderado	4 Alto	5 Muito alto
Custo	Aumento insignificante do custo	Aumento de custo < 10%	Aumento de 10-20% no custo	Aumento de 20-40% no custo	Aumento de custo > 40%
Tempo	Aumento insignificante de tempo	Aumento de tempo < 5%	Aumento de 5-10% no tempo	Aumento de 10-20% no tempo	Aumento de tempo > 20%
Escopo	Diminuição quase imperceptível do escopo	Áreas menores do escopo afetadas	Grandes áreas do escopo afetadas	Redução de escopo inaceitável para o patrocinador	Item final do projeto é inútil na prática
Qualidade	Degradação quase imperceptível da qualidade	Apenas aplicações muito exigentes são afetadas	Redução da qualidade exige aprovação do patrocinador	Redução de qualidade inaceitável para o patrocinador	Item final do projeto é inútil na prática

tempo de se adotarem medidas atenuadoras, isto é: quanto de advertência teríamos? Assim, no exemplo da conversão para o Windows 8, a escala de detecção iria de 5 = sem advertência, até 1 = muito tempo para reagir.

Frequentemente, as empresas têm dificuldades em categorizar a gravidade dos diferentes riscos em uma espécie de matriz de avaliação de risco que costuma ser estruturada em torno do impacto e probabilidade do evento de risco. Por exemplo, a matriz de risco apresentada na Figura 7.7 consiste em um arranjo 5 × 5 de elementos, em que cada um deles representa um conjunto diferente de valores de impacto e probabilidade.

A matriz é dividida em zonas vermelha, amarela e verde, representando risco grande, moderado e pequeno, respectivamente. A zona vermelha está centralizada no canto superior direito da matriz (alto impacto/alta probabilidade), enquanto a verde está centralizada no canto inferior esquerdo (baixo impacto/baixa probabilidade). A amarela, de risco moderado, se estende até o meio da matriz. Visto que o impacto geralmente é considerado mais importante do que a probabilidade (uma chance de 10% de perder US$ 1 milhão normalmente é considerada um risco mais grave do que uma chance de 90% de perder US$ 1 mil), a zona vermelha (risco grande) se estende mais para baixo na coluna de alto impacto.

Usando novamente o projeto do Windows 8 como exemplo, problemas de interface e paralisação do sistema ficariam na zona vermelha (risco grande), enquanto reação adversa dos usuários e mau funcionamento do hardware ficariam na zona amarela (risco moderado).

FIGURA 7.6
Formulário de avaliação de risco

Evento de risco	Probabilidade	Impacto	Dificuldade de detecção	Quando
Problemas de interface	4	4	4	Conversão
Sistema congela	2	5	5	Start-up
Reação adversa do usuário	4	3	3	Pós-instalação
Mau funcionamento do hardware	1	5	5	Instalação

FIGURA 7.7
Matriz de gravidade de risco

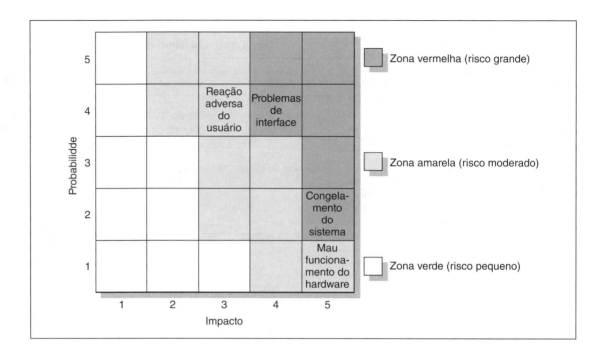

A **matriz de gravidade de risco** dá a base para priorizar quais riscos abordar. Aqueles na zona vermelha recebem primeira prioridade, seguidos daqueles da zona amarela. Os riscos da zona verde costumam ser considerados insignificantes e ignorados se seu *status* não mudar.

Análise de Modo e Efeitos de Falha (FMEA, do inglês *Failure Mode and Effects Analysis*) amplia a matriz de gravidade de risco ao incluir facilidade de detecção na equação:

$$\text{Impacto} \times \text{Probabilidade} \times \text{Detecção} = \text{Valor do Risco}$$

Cada uma das três dimensões é classificada de acordo com uma escala de cinco pontos. Por exemplo, detecção é definida como a capacidade que a equipe do projeto tem de discernir que o evento de risco é iminente. A pontuação 1 seria atribuída se até um chimpanzé pudesse ver o risco se aproximando. A maior pontuação de detecção, 5, seria conferida a eventos que só poderiam ser descobertos quando fosse tarde demais (por exemplo, paralisação do sistema). Escalas ancoradas semelhantes seriam aplicadas a respeito de gravidade do impacto e probabilidade de ocorrência do evento. Então, a ponderação dos riscos é baseada na pontuação geral. Por exemplo, um risco com um impacto na zona "1", com uma probabilidade muito baixa e uma pontuação de detecção fácil, poderia pontuar 1 ($1 \times 1 \times 1 = 1$). Inversamente, um risco de alto impacto, com alta probabilidade e impossível de detectar, pontuaria 125 ($5 \times 5 \times 5 = 125$). Esse amplo espectro de pontuações numéricas possibilita a fácil estratificação do risco conforme a significância geral.

Nenhum esquema de avaliação é absolutamente infalível. Por exemplo, a fraqueza da abordagem FMEA é que um evento de risco classificado como Impacto = 1, Probabilidade = 5 e Detecção = 5 receberia a mesma pontuação ponderada de um evento classificado como Impacto = 5, Probabilidade = 5 e Detecção = 1! Isso sublinha a importância de *não* tratar a avaliação de risco como simplesmente um exercício de matemática. Nada substitui uma discussão refletida sobre os principais eventos de risco.

Análise de probabilidade

Existem muitas técnicas estatísticas que podem assistir o gerente de projetos na avaliação de riscos. São usadas árvores de decisão para avaliar planos de ação alternativos usando valores esperados. Variações estatísticas do valor presente líquido (NPV, do inglês *net presente value*) são utilizadas para avaliar riscos de fluxo de caixa em projetos. Correlações entre o fluxo de caixa de projetos anteriores e curvas S (curva de custo cumulativo do projeto – em linha de base – ao longo da vida do projeto) são usadas para avaliar os riscos de fluxo de caixa.

PERT (técnica de avaliação e revisão de programa, do inglês *program evaluation and review technique*) e simulação PERT podem ser usadas para examinar risco de atividade e projeto. PERT e técnicas relacionadas têm uma perspectiva mais macro, olhando os riscos gerais de custo e cronograma. Aqui, o foco não é em eventos avulsos, mas na probabilidade de que o projeto seja concluído no prazo e no orçamento. Esses métodos são úteis para avaliar o risco geral do projeto e a necessidade de coisas como fundos de contingência, recursos e tempo. O uso da simulação PERT está aumentando porque ela se vale dos mesmos dados exigidos pela PERT, e o *software* para executá-la está prontamente disponível.

Basicamente, a simulação PERT assume uma distribuição estatística (faixa entre otimista e pessimista) para a duração de cada atividade; depois, ela simula a rede (talvez mais de mil simulações) usando um gerador aleatório de números. O resultado é a probabilidade relativa (chamada de índice de criticidade) de uma atividade se tornar crítica com as muitas durações diferentes possíveis de cada atividade. A simulação PERT também fornece uma lista de caminhos críticos potenciais e respectivas probabilidades de ocorrência. Ter essas informações à mão pode facilitar enormemente a identificação e avaliação dos riscos de cronograma (consulte o Apêndice 7.1, no fim deste capítulo, para descrição e discussão em mais pormenores).

Etapa 3: Desenvolvimento de resposta a riscos

Quando um evento de risco é identificado e avaliado, deve-se tomar uma decisão a respeito de qual resposta é apropriada para o evento específico. As respostas a riscos podem ser classificadas em atenuar, evitar, transferir, compartilhar ou reter.

Atenuar riscos

Reduzir riscos é, quase sempre, a primeira alternativa considerada. Existem basicamente duas estratégias para isso: (1) reduzir a probabilidade de que o evento ocorra e/ou (2) reduzir o impacto que o evento adverso teria sobre o projeto. A maioria das equipes se concentra primeiro em reduzir a probabilidade dos eventos de risco, já que, se tiver sucesso, isso pode eliminar a necessidade de considerar a segunda estratégia, possivelmente cara.

Testes e protótipos são frequentemente usados para evitar que problemas surjam mais adiante no projeto. Um exemplo de teste pode ser encontrado em um projeto de sistemas de informação. A equipe do projeto era responsável por instalar um novo sistema operacional na empresa matriz. Antes de implementar o projeto, a equipe testou o novo sistema em uma rede menor isolada. Ao fazê-lo, descobriu uma variedade de problemas e conseguiu resolvê-los antes da implementação. A equipe também encontrou problemas com a instalação, mas a quantidade e a gravidade foram muito reduzidos.

É importante identificar a causa-raiz de um evento. Por exemplo, o receio de que um fornecedor não consiga entregar componentes customizados a tempo pode ser atribuído a; (1) relações ruins com fornecedores, (2) má comunicação de design e (3) falta de motivação. Como resultado dessa análise, o gerente do projeto pode decidir almoçar com o responsável para melhorar o clima, convidar o fornecedor para comparecer a reuniões de design, e reestruturar o contrato para incluir incentivos por entrega no prazo.

Outros exemplos de redução da probabilidade de ocorrência de riscos são programar trabalho externo para meses de verão, investir em treinamento antecipado de segurança e escolher materiais e equipamentos de alta qualidade.

Quando a preocupação é que a duração e os custos foram subestimados, os gerentes aumentam as estimativas para compensar as incertezas. É comum usar um quociente entre projeto velho e novo para ajustar tempo ou custo. O quociente geralmente funciona como uma constante. Por exemplo, se os projetos anteriores tomaram 10 minutos por linha de código de computador, uma constante de 1,10 (representando um aumento de 10%) seria usada para as estimativas de tempo do novo projeto, pois ele é mais difícil do que os anteriores.

Uma estratégia alternativa é reduzir o impacto do risco se ele ocorrer. Por exemplo, um projeto de construção de ponte ilustra a redução do risco. O projeto de uma nova ponte em um porto litorâneo deveria usar um processo inovador de concretagem contínua, desenvolvido por uma empresa australiana para poupar grandes somas de dinheiro e tempo. O principal risco era que o processo de concretagem contínua de cada seção principal da ponte não poderia ser interrompido. Uma interrupção exigiria que toda a seção de cimento (centenas de metros cúbicos) fosse quebrada e reiniciada. Uma avaliação de possíveis riscos se concentrou na entrega do cimento pela fábrica. Os caminhões poderiam se atrasar, ou a fábrica poderia ter uma pane. Esses riscos provocariam tremendos custos e atrasos de retrabalho. O risco foi diminuído montando-se duas fábricas portáteis de cimento nas proximidades, em estradas diferentes, aa 35 km do projeto da ponte, caso o fornecimento da fábrica principal fosse interrompido. Essas duas fábricas portáteis continham matéria-prima para toda uma seção da ponte, e caminhões extras estavam de prontidão sempre que a concretagem contínua era requerida. Cenários semelhantes de redução de risco fazem parte de projetos de desenvolvimento de *software* e de sistema, em que processos inovadores paralelos são usados caso um falhe.

O "Caso Prático: A cúpula no chão" detalha as medidas que a empresa Controlled Demolition tomou para minimizar os danos ao implodir um estádio coberto em Seattle.

Evitar riscos

Evitar riscos é alterar o plano do projeto para eliminar o risco ou condição. Embora seja impossível eliminar todos os eventos de risco, alguns riscos específicos podem ser evitados antes de se lançar o projeto. Por exemplo, adotar tecnologia comprovada em vez de experimental pode eliminar falhas técnicas. Escolher um fornecedor australiano em oposição a um fornecedor indonésio praticamente eliminaria as chances de que distúrbios políticos interrompessem o fornecimento de materiais críticos. Da mesma forma, pode-se eliminar o risco de escolher o *software* errado desenvolvendo-se aplicações Web que usem tanto uma determinada tecnologia quanto outra. Optar por fazer um show em espaço fechado eliminaria a ameaça de intempéries climáticas.

Transferir riscos

Passar o risco para outra parte é comum; essa transferência não altera o risco e quase sempre paga-se por ela. Contratos a preço fixo são o exemplo clássico de transferência de risco de um proprietário a um contratado. O contratado sabe que a sua firma pagará por qualquer evento de risco que se materialize; portanto, acrescenta-se um fator de risco monetário ao preço da oferta. Antes de se decidir por transferir risco, o contratante tem de decidir qual parte pode controlar melhor as atividades que ensejariam o risco. Também, o contratado é capaz de absorver o risco? É imperativo que se identifique claramente e documente a responsabilidade pela absorção do risco.

Outro jeito mais óbvio de transferir risco é o seguro. Entretanto, na maioria dos casos isso é impraticável, pois definir um evento e as condições de risco do projeto para um corretor de seguro que não conhece o projeto é difícil e, geralmente, caro. É claro, eventos de risco de baixa probabilidade e alta consequência, como caso fortuito, são mais fáceis de definir e segurar. Garantias de execução, garantias técnicas e cauções são outros instrumentos financeiros usados para transferir risco.

Em grandes projetos internacionais de construção, como usinas petroquímicas e refinarias de petróleo, os países hospedeiros têm insistido em contratos prevendo dispositivos Construir-Possuir-Operar-Transferir (BOOT, do inglês *Build-Own-Operate-Transfer*), segundo os quais a empresa que encabeça o projeto deve não apenas construir a instalação, como também assumir a respectiva propriedade até que se comprove sua capacidade operacional e toda a depuração tenha sido feita, para então efetuar a transferência definitiva da propriedade para o cliente. Nesses casos, o país hospedeiro transfere o risco financeiro da propriedade até que o projeto seja concluído e as capacidades, comprovadas.

Retenção de risco

Em alguns casos, toma-se uma decisão consciente de aceitar o risco de que algo ocorra. Alguns riscos são tão grandes que não é viável transferir ou reduzir o respectivo evento (por exemplo, um terremoto ou uma enchente). O proprietário do projeto assume o risco porque a possibilidade de que o evento ocorra é muito pequena. Em outros casos, riscos identificados na reserva de orça-

CASO PRÁTICO A cúpula no chão*

Em 25 de março de 2000, a maior estrutura em forma de cúpula de concreto do mundo foi reduzida a um monte de caliça, em uma dramática implosão que durou menos de 20 segundos. De acordo com Mark Loizeaux, cuja empresa de Maryland, Controlled Demolition Inc. foi contratada para derrubar o Seattle Kingdome, de 24 anos: "Não explodimos as coisas. Usamos explosivos como motor, mas a gravidade é o catalisador que faz desabar".

Destruir o Kingdome foi a mais complicada das 7 mil demolições feitas pela empresa de Loizeaux. Foram necessários quase três meses de preparação para implodir a construção, a um custo total de US$ 9 milhões. O Kingdome era uma das estruturas mais fortes do mundo, com mais de 25 mil toneladas de concreto, com cada uma das suas 40 nervuras abobadadas incorporando sete comprimentos de barras de reforço de aço de 57 mm.

Fios de cordel detonador laranja – basicamente, dinamite em fio, que explode à velocidade relâmpago de 7.315 metros por segundo – conectavam seis "fatias" do Kingdome a um centro de controle próximo.

Em cada seção, os operários da Controlled Demolition perfuraram quase mil buracos e os entupiram de explosivos gelatinosos de alta velocidade, do tamanho de cachorros-quentes. Grandes cargas foram colocadas mais ou menos na marca do primeiro terço de cada nervura do domo, com cargas menores mais acima das nervuras. Quando o botão de detonação foi pressionado, cápsulas de deflagração acionaram uma reação em cadeia de explosões em todas as seções, reduzindo o estádio a escombros.

Embora a implosão em si tenha sido um *tour de force* técnico, o gerenciamento de riscos foi uma parte crucial do sucesso do projeto. Para minimizar o dano aos prédios próximos, as cargas explosivas foram envolvidas com uma camada de tela de arame coberta de grossas folhas de tecido geotêxtil de polipropileno para conter os fragmentos de concreto que voariam. Os prédios vizinhos foram protegidos de diversas maneiras, dependendo da estrutura e da proximidade ao Dome. As medidas

incluíam vedar unidades de ventilação, tapar com fita as frestas de portas janelas, cobrir pisos e janelas com compensado e enrolar exteriores com folhas de polietileno reforçado.

Para ajudar a absorver o impacto, as unidades de ar-condicionado removidas do interior foram empilhadas com outros materiais para criar uma barreira em torno do perímetro da área de trabalho.

Centenas de policiais e seguranças trabalharam para isolar os populares e curiosos em uma área que se estendia por aproximadamente 300 m do estádio. O tráfego foi interrompido em uma área maior. Foram providenciadas acomodações para as pessoas e animais de estimação que viviam na zona restrita.

Oito caminhões-pipa, oito unidades de varrição e mais de 100 trabalhadores foram mobilizados imediatamente após a demolição para controlar a poeira e começar a limpeza.

Diga-se de passagem que um terço do concreto será esmagado e utilizado nas fundações de um novo estádio de futebol americano, de US$ 430 milhões, que está sendo construído no mesmo local. O resto do concreto será removido em carretas e usado em estradas e fundações por toda a região de Seattle.

* *New York Times* – Sunday Magazine (March 19, 2000); *Seattle Times* (March 27, 2000) site.

---

mento podem simplesmente ser absorvidos caso se materializem. Reter o risco exige um plano de contingência a ser implementado se o risco se materializar. Em alguns poucos casos, o evento de risco pode ser ignorado e um excesso de custo pode ser aceito no caso de o evento de risco ocorrer.

Quanto mais empenho for aplicado na resposta ao risco antes de o projeto começar, melhores as chances de minimizar surpresas no projeto. Saber que a resposta a um evento de risco será retida, transferida ou atenuada reduz enormemente o estresse e a incerteza. Repetindo: o controle é possível com essa abordagem estruturada.

Planejamento de contingência

Um **plano de contingência** é uma alternativa a ser usada se um evento de risco previsto se tornar realidade e contempla ações que reduzirão ou atenuarão o impacto negativo do evento de risco. Uma distinção fundamental entre a resposta a um risco e o plano de contingência é que a primeira é parte do plano efetivo de implementação, tomando-se uma medida antes que o risco possa se materializar, ao passo que o segundo não faz parte do plano inicial de implementação, entrando em vigor apenas depois de o risco ser reconhecido.

Como todos os planos, o de contingência responde a perguntas sobre qual, onde, quando e quanto ocorrerá a ação. Quando um evento de risco ocorre, a ausência de um plano de contingência pode fazer o gerente atrasar ou postergar a decisão de implementar um corretivo. A postergação pode levar a pânico, aceitando-se o primeiro corretivo sugerido. Esse tipo de decisão após o evento, sob pressão, pode ser perigosa e cara. O planejamento de contingência avalia corretivos alternativos para eventos previstos antes que ocorram, selecionando o melhor plano entre as alternativas. Esse planejamento de contingência precoce facilita uma transição suave para o corretivo ou plano paliativo. A disponibilidade de um plano de contingência pode aumentar consideravelmente as chances de sucesso do projeto.

As condições para ativar a implementação do plano de contingência devem ser decididas e documentadas cedo. Ele deve incluir uma estimativa de custo e identificar a fonte do financiamento. Todas as partes afetadas devem concordar com ele e ter autoridade para se comprometer. Como a implementação acarreta a ruptura da sequência do trabalho, todos os planos de contingência devem ser comunicados aos membros da equipe para que se minimizem a surpresa e a resistência.

Eis um exemplo: uma empresa de computadores que atende ao nicho de alta tecnologia pretende introduzir um novo produto de "plataforma" em uma data-alvo muito específica. Todas as 47 equipes do projeto concordam que atrasos serão inaceitáveis. Seus planos de contingência para dois grandes fornecedores de componentes demonstram a seriedade com que o gerenciamento de riscos é encarado. A fábrica de um fornecedor fica sobre a Falha de San Andreas, sujeita a terremotos. O plano de contingência tem um fornecedor alternativo, constantemente atualizado, produzindo uma réplica do componente em outra fábrica. Outro fornecedor importante, em Toronto, Canadá, apresenta risco de entrega na data de prazo por razões climáticas. Esse plano de contingência prevê um avião fretado (já contratado para ficar de prontidão) se o transporte terrestre se atrasar. Para quem vê de fora, esses planos devem parecer um pouco extremos, mas nas indústrias de alta tecnologia, em que o tempo até o mercado é soberano, os eventos de riscos identificados são levados a sério.

Matrizes de resposta a riscos como a da Figura 7.8 são úteis para resumir os planos de gerenciamento dos riscos já identificados. Mais uma vez, o projeto do Windows 8 é usado para ilustrar esse tipo de matriz. A primeira etapa é identificar se o risco deve ser reduzido, compartilhado, transferido ou aceito. A equipe decidiu reduzir a probabilidade de congelamento do sistema ao testar com um protótipo dele, o que não apenas lhe possibilita identificar e consertar *bugs* de conversão antes da instalação de verdade, mas também rende informações que podem ser úteis para otimizar a aceitação dos usuários finais. A equipe do projeto, então, pode identificar e documentar mudanças entre o sistema antigo e o novo e incorporá-las ao treinamento que os usuários receberão. O risco de mau funcionamento do equipamento é transferido escolhendo-se um fornecedor confiável, com um programa forte de garantia.

A etapa seguinte é identificar planos de contingência caso o risco ocorra mesmo assim. Por exemplo, se os problemas de interface se revelarem insuperáveis, a equipe tentaria um paliativo

Evento de risco	Resposta	Plano de contingência	Desencadeador	Quem é responsável
Problemas de interface	Atenuar: Testar protótipo	Dar um jeito até vir ajuda	Não resolvido em 24 horas	Nils
Sistema congela	Atenuar: Testar protótipo	Reinstalar Sistema Operacional	Ainda congelado após uma hora	Emmylou
Reação adversa do usuário	Atenuar: Demonstração do protótipo	Aumentar suporte ao estafe	Ligação da alta gerência	Eddie
Equipamento com mau funcionamento	Atenuar: Selecionar fornecedor confiável Transferir: Garantia	Pedir reposição	Equipamento com pane	Jim

FIGURA 7.8 Matriz de resposta a riscos

CASO PRÁTICO Gerenciamento de risco no topo do mundo*

No ar rarefeito, o empolgante relato de Jon Krakauer de uma tentativa malfadada de escalar o Monte Everest em que seis alpinistas morreram, é um testemunho sobre os riscos da escalada de picos extremos. Treze dias após a tragédia, David Breashears conseguiu levar uma equipe de filmagem até o cume. O resultado pode ser visto no espetacular filme em IMAX, *Everest*.

Relatos sobre expedições ao Monte Everest dão *insights* sobre gerenciamento de riscos em projetos. Primeiro, a maioria dos alpinistas passa mais de três semanas aclimatando o corpo às condições da grande altitude. Os *sherpas* nativos são muito solicitados para carregar suprimentos e montar cada um dos quatro acampamentos usados nos estágios finais da escalada. Para diminuir o impacto da hipóxia, vertigem e desorientação causadas pela escassez de oxigênio, a maioria dos alpinistas usa máscaras e tubos de oxigênio durante a subida final. As expedições que tiverem a sorte de não serem as primeiras da estação encontrarão o caminho até o cume já estaqueado e cabeado pelos alpinistas anteriores. Os guias de escalada recebem por rádio informes meteorológicos atualizadíssimos para confirmar se o tempo justifica o risco. Finalmente, para maior segurança, a maioria dos alpinistas se une aos *sherpas* em um elaborado ritual de *puja*, com a intenção de invocar o auxílio divino antes de iniciar a subida.

Todos esses esforços empalidecem frente aos imensos rigores físicos e mentais da última escalada do acampamento IV até o cume. Essa é o que os alpinistas chamam de "zona da morte", pois depois dos 26 mil pés, a mente e o corpo começam a se deteriorar rapidamente, apesar do oxigênio suplementar. Com tempo bom, são necessárias cerca de 18 horas para fazer a viagem de ida até o topo e de volta ao acampamento. Os alpinistas partem a 1h para conseguir voltar antes do anoitecer e da exaustão completa.

O maior perigo de escalar o Monte Everest não é atingir o cume, mas voltar até o acampamento. A cada cinco alpinistas que chegam ao cume, um morre durante a descida. O segredo é estabelecer um plano de contingência caso os alpinistas enfrentem problemas ou o tempo piore. Os guias fixam um horário de volta (por exemplo, 14h) para assegurar um retorno seguro, não importa o quão próximos os alpinistas estejam do cume. Aceitar o horário exige uma disciplina tremenda. O alpinista solo Goran Krupp, por exemplo, foi surpreendido pelo horário e teve de voltar quando estava a 300 metros do topo, após ter percorrido 12.870 km de Estocolmo a Katmandu!

Muitos perderam a vida por não voltar na hora combinada e continuar rumo ao cume. Como disse um alpinista: "Com determinação suficiente, qualquer idiota sobe aquele morro. A façanha é voltar vivo".

* Jon Krakauer, *Into Thin Air* (New York: Penguin, 1997), p. 190. Broughton Coburn, *Everest: Mountain without Mercy* (New York: National Geographic Society, 1997).

---

até que especialistas dos fornecedores chegassem para ajudar a resolvê-los. Se o sistema congelar após a instalação, a equipe primeiro tentará reinstalar o *software*. Se a insatisfação do usuário for alta, o departamento de TI dará mais suporte à equipe. Se a equipe não conseguir obter equipamentos confiáveis do fornecedor original, terá de pedir uma marca diferente de um segundo revendedor. A equipe também tem de discutir e chegar a um acordo acerca de o que desencadearia a implementação do plano de contingência. No caso de o sistema congelar, o estopim é não conseguir descongelar o sistema em uma hora, ou, no caso de reação adversa do usuário, uma ligação zangada da alta gerência. Finalmente, deve-se designar o indivíduo responsável por monitorar o risco potencial e dar início ao plano de contingência. Gerentes inteligentes de projetos estabelecem protocolos para respostas de contingência antes que elas sejam necessárias. Para ter um exemplo da importância de estabelecer protocolos, consulte o "Caso Prático: Gerenciamento de riscos no topo do mundo".

Alguns dos métodos mais comuns para tratar de risco são discutidos aqui.

> **CASO PRÁTICO** — Jogando futebol no deserto
>
> O torcedor comum de futebol provavelmente ficou estarrecido em 2010 quando foi anunciado que a Copa do Mundo de 2022 seria organizada pelo minúsculo estado emirado do Catar.* Foi um verdadeiro feito para o Catar, uma monarquia constitucional com apenas 1,7 milhão de habitantes. Estima-se que os projetos de infraestrutura relacionados à Copa do Mundo, incluindo nove novos estádios ecologicamente corretos, estradas, pontes, portos, ferrovias e instalações de serviço para torcedores e jogadores, exigirão gastos de mais de US 100 bilhões.
>
> A grande pergunta é como se joga futebol no deserto do Catar, onde as temperaturas típicas de verão flutuam em torno de 50°C!? O Catar prometeu à FIFA (Federação Internacional de Futebol Associado) que os estádios da sua Copa do Mundo poderiam ser regulados para menos de 27°C, confortavelmente abaixo dos 30°C sob os quais o comitê médico da FIFA diz que os jogadores entram em estafa após 51 minutos de jogo. A resposta mais simples seria construir apenas estádios fechados. No entanto, as regras da FIFA ditam que as do torneio sejam disputadas a céu aberto. Na verdade, esse risco era a maior preocupação da FIFA ao eleger o Catar sede da Copa do Mundo FIFA de 2022. Por essa razão, o emirado planeja construir nove estádios abertos com ar-condicionado integral.
>
> Para persuadir o comitê de seleção de que era possível manter o conforto de torcedores e jogadores apesar do calor, o Catar organizou uma demonstração da tecnologia de refrigeração que planejava usar. Os engenheiros criaram um protótipo para um pequeno estádio de testes. A simulação ocorreu em um dia em que a temperatura exterior era de 46°C e a interna, de confortáveis 23°C! O teste foi um sucesso. A energia viria de uma usina solar próxima. Embora haja riscos associados à ampliação da tecnologia para a escala de estádios maiores, o comitê de seleção estava confiante no funcionamento.
>
> O emirado está considerando outras estratégias para vencer o calor. Por exemplo, Saud Abdul Ghani, chefe do departamento de engenharia mecânica da Universidade do Catar, propõe que se usem nuvens artificiais controladas remotamente por cima dos estádios para resfriar tudo.** Ele utilizará um motor solar para suspender uma nuvem ultraleve, de fibra de carbono artificial, acima do estádio, na tentativa de derrubar a temperatura e reduzir o risco de sobrecarregar o ar-condicionado interno. O sucesso dessa nuvem seria uma inovação significativa e uma grande redução de custos.
>
> Os olhos do mundo estão sobre o Catar à medida que o evento da Copa do Mundo de Futebol de 2022 se aproxima.
>
> * http://www.reuters.com/article/2012/02/09/us-contract-qatar-idUSTRE 8180GJ20120209, acessado em 12 de setembro de 2012.
>
> ** Peter Alegi, http://www.footballiscominghome.info/the-hosts/artificial-clouds-2022/, acessado em 12 de setembro de 2012.

Riscos técnicos

Riscos técnicos são problemáticos: muitas vezes, podem ser daqueles que fazem o projeto ser desativado. E se o sistema ou processo não funcionar? Planos de contingência ou *backup* são elaborados para as possibilidades previstas. Por exemplo, a Carrier Transicold trabalhou no desenvolvimento de uma nova unidade de refrigeração Phoenix para aplicações em baús de caminhão. Essa nova unidade utilizaria painéis arredondados de ligas de metal que, na época, representavam uma tecnologia nova para a Transicold. Além disso, um dos concorrentes havia tentado, sem sucesso, incorporar aos respectivos produtos ligas de metal semelhantes. A equipe de projeto estava ansiosa para fazer a nova tecnologia funcionar, mas foi só no finalzinho do projeto que conseguiu que os novos adesivos tivessem a liga adequada para concluir o projeto. Por todo o projeto, a equipe manteve a fabricação com painel soldado para o caso de não terem sucesso. Se essa abordagem de contingência tivesse sido necessário, teria aumentado os custos de produção, mas o projeto seria concluído a tempo ainda assim.

Além das estratégias de *backup*, os gerentes de projetos precisam desenvolver métodos para avaliar rapidamente se as incertezas técnicas podem ser resolvidas. O uso de sofisticados programas de CAD ajuda muito a resolver problemas de design. Ao mesmo tempo, Smith e Reinertsen (1995), no livro *Developing Products in Half the Time*, dizem que nada substitui fazer uma coisa e ver seu funcionamento, atuação ou aparência. Eles sugerem que se devem primeiro identificar as áreas técnicas de alto risco, para depois criar modelos ou conceber experimentos para resolver o risco o mais rapidamente possível. Isolando-se e testando-se as principais questões técnicas no início, a viabilidade do projeto pode ser rapidamente determinada, fazendo-se os ajustes necessários, como retrabalhar o processo ou, em alguns casos, encerrar o projeto.[3]

Para ler como essa abordagem foi importante para dar segurança à candidatura à Copa do Mundo de 2022, veja o "Caso Prático: Jogando futebol no deserto".

---

[3] Esse é o princípio do gerenciamento ágil de projetos, discutido no Capítulo 17.

Riscos de cronograma

As empresas seguidamente adiam a ameaça de atraso do projeto até que ela vem à tona. E, então, separam-se fundos de contingência para agilizar ou "comprimir" o projeto e colocá-lo de volta nos trilhos. Consegue-se comprimir (ou reduzir) a duração do projeto encurtando-se uma ou mais atividades do caminho crítico. Isso traz custos e riscos adicionais. Técnicas para administrar essa situação são discutidas no Capítulo 9. Alguns planos de contingência conseguem evitar procedimentos custosos. Por exemplo, os cronogramas podem ser alterados trabalhando-se atividades em paralelo ou usando-se relações de tempos de espera de início para início e colocar as melhores pessoas nas tarefas de alto risco também pode mitigar ou aliviar a probabilidade de que alguns eventos de risco ocorram.

Riscos de custo

Projetos de longa duração precisam de alguma contingência para mudanças de preços, que costumam ser para cima. O ponto importante a lembrar quando se examina o preço é evitar a armadilha de usar uma quantia única para cobrir os riscos de preço. Por exemplo, se a inflação vem ficando em cerca de 3%, alguns gerentes acrescentam 3% para todos os recursos utilizados no projeto. Essa abordagem de quantia única não contempla onde exatamente a proteção de preço é necessário, nem oferece monitoramento e controle. Em projetos sensíveis a custo, os riscos de preço devem ser avaliados item por item. Algumas compras e contratos não mudam ao longo da vida do projeto. Os que podem mudar devem ser identificados, fazendo-se estimativas sobre a magnitude da mudança. Essa abordagem garante controle sobre os fundos de contingência à medida que o projeto é implementado.

Riscos de financiamento

E se o financiamento do projeto for cortado em 25%, ou as projeções de conclusão indicarem que os custos ultrapassarão em muito os fundos disponíveis? Qual a probabilidade de que o projeto seja cancelado antes da conclusão? Gerentes tarimbados de projetos reconhecem que uma avaliação de risco completa precisa incluir uma avaliação da oferta de financiamento, o que se aplica especialmente a projetos com financiamento público. Um exemplo é o caso do malfadado helicóptero ARH-70 Arapaho que estava sendo desenvolvido pela BellAircraft para o exército norte-americano. Mais de U$ 300 milhões haviam sido investidos para desenvolver um helicóptero pioneiro de combate e reconhecimento quando, em outubro 2008, o Ministério da Defesa recomendou que o projeto fosse cancelado em razão da necessidade de cortar custos e a mudança para o uso de aeronaves não tripuladas em missões de patrulha e também de combate.

Assim como os projetos governamentais estão sujeitos a mudanças de pauta estratégica e política, as empresas comerciais frequentemente passam por mudanças de prioridades e de alta gerência. Os projetos xodós do novo CEO substituem os projetos xodós do antigo. Os recursos ficam apertados, e um modo de financiar projetos novos é cancelar outros.

Cortes orçamentários severos e falta de financiamento adequado podem ter um efeito devastador sobre um projeto. Geralmente, quando tal sina se cumpre, é necessário redimensionar o escopo do projeto para o que é possível. "Projetos tudo ou nada" são alvos conspícuos dos cortadores de orçamento. Foi o caso do helicóptero Arapaho depois de tomada a decisão de se abandonar o uso de aeronaves tripuladas em missões de reconhecimento. A compressão das atividades do projeto pode ser uma vantagem quando, por exemplo, projetos de rodovias podem não cumprir as intenções originais, mas, ainda assim, agregar valor por cada quilômetro concluído.

Em uma escala muito menor, podem existir riscos semelhantes de financiamento em projetos mais corriqueiros. Por exemplo, um empreiteiro pode descobrir que, devido a uma súbita queda no mercado de ações, seus clientes não podem mais pagar pela construção da casa dos sonhos deles. Ou então, uma empresa de consultoria de Sistemas de Informação pode ficar de mãos abanando quando um cliente pede falência. No primeiro caso, o empreiteiro pode ter como contingência a venda da casa; já a empresa de consultoria infelizmente terá de entrar na longa fila de credores.

Gerenciamento de oportunidades

Para fins de brevidade, este capítulo enfocou os riscos negativos – o que pode dar errado em um projeto. Existe o outro lado da moeda – o que poderia dar certo em um projeto, referido frequentemente como risco positivo, ou oportunidade. Uma **oportunidade** é um evento que pode ter um impacto positivo nos objetivos do projeto. Por exemplo, circunstâncias meteorológicas incomumente favoráveis podem acelerar obras, ou uma queda nos preços do combustível pode gerar uma economia passível de agregar valor ao projeto. Essencialmente, o mesmo projeto usado para gerenciar riscos negativos é aplicado aos riscos positivos. Oportunidades são identificadas, avaliadas em termos de probabilidade e impacto, respostas são determinadas e, inclusive, planos e fundos de contingência podem ser estabelecidos para aproveitar a oportunidade, caso ela ocorra. A principal diferença entre administrar riscos negativos e oportunidades são as respostas. A profissão de gerenciamento de projetos identifica quatro tipos diferentes de resposta a uma oportunidade:[4]

Explorar. Busca eliminar a incerteza associada à oportunidade para que esta se materialize. Exemplos seriam colocar as melhores pessoas em uma crucial atividade de desdobramento para reduzir o tempo de conclusão, ou revisar um design para que um componente possa ser comprado em vez de desenvolvido internamente.

Compartilhar. Envolve alocar parte ou toda a propriedade de uma oportunidade em uma outra parte que possa aproveitá-la melhor em benefício do projeto. Exemplos incluem estabelecer incentivos por melhoria contínua para contratados externos ou *joint ventures*.

Otimizar. É o oposto de atenuação, na medida em que se age para aumentar a probabilidade e/ou o impacto positivo de uma oportunidade. Exemplos incluem escolher a localidade de uma obra com base em padrões meteorológicos favoráveis ou matérias-primas que possam diminuir de preço.

Aceitar. Aceitar uma oportunidade é estar disposto a aproveitá-la se ela ocorrer, mas não fazer nada para ir atrás dela.

Embora seja natural focar apenas riscos negativos, é uma prática saudável envolver-se também no gerenciamento ativo de oportunidades.

Financiamento de contingência e *buffer* de tempo

Estabelecem-se fundos de contingência para cobrir riscos do projeto (identificados e desconhecidos). Quando, onde e quanto dinheiro será gasto são coisas que só se sabe quando o evento de risco ocorre. Os "proprietários" do projeto muitas vezes relutam em montar fundos de contingência para ele que parecem sugerir que o plano do projeto talvez seja ruim. Alguns consideram o fundo de contingência um fundo adicional. Outros dizem que encararão o risco quando ele se materializar. Em geral, essa relutância em estabelecer reservas de contingência pode ser superada com a identificação documentada de riscos, avaliações, planos de contingência e planos em relação a quando e como os fundos serão desembolsados.

O tamanho e o valor das reservas de contingência dependem da incerteza inerente do projeto. A incerteza reflete-se na "novidade" do projeto, estimativas imprecisas de tempo e custo, incógnitas técnicas, escopo instável e problemas não previstos. Na prática, as contingências vão de 1% a 10% em projetos semelhantes a projetos anteriores. No entanto, em projetos exclusivos e de alta tecnologia, não é incomum encontrar contingências na faixa de 20% a 60%. O uso e a taxa de consumo das reservas devem ser monitorados e controlados de perto. Simplesmente escolher uma porcentagem da linha de base, digamos, 5%, e chamá-la de reserva de contingência não é uma abordagem sólida. Também, somar todas as alocações identificadas de contingência e misturá-las no mesmo balaio não resulta em um controle correto do fundo de reserva.

---

[4] PMBOK, 5th ed. (Newton Square, PA: PMI, 2013), pp. 345-6.

Na prática, o fundo de reserva de contingência costuma ser dividido, para fins de controle, em fundos de reserva orçamentária e gerencial. Reservas orçamentárias são instituídas para cobrir riscos identificados: são reservas alocadas em segmentos ou em entregas específicos do projeto. Reservas gerenciais são instituídas para cobrir riscos não identificados, sendo alocadas em riscos associados ao projeto total. Os riscos são separados porque seu uso demanda aprovação de diferentes níveis de autoridade do projeto. Como todos os riscos são probabilísticos, as reservas não são incluídas na linha de base de cada pacote de trabalho ou atividade; são ativadas somente quando ocorre um risco. Se um risco identificado não ocorrer e a possibilidade de que ocorra não existir mais, o fundo destinado ao risco deve ser deduzido da reserva orçamentária (isso elimina a tentação de utilizar reservas orçamentárias para outras questões ou problemas). É claro, se o risco ocorrer, os fundos são retirados da reserva e acrescentados à linha de base de custo.

É importante que as quotas de contingência sejam independentes das estimativas originais de tempo e custo. Essas quotas precisam ser distinguidas claramente, a fim de evitar que se brinque com tempo e orçamento.

Reservas orçamentárias

São identificadas para pacotes de trabalho ou segmentos específicos do projeto constantes no orçamento de linha de base ou na estrutura de decomposição de trabalho. Por exemplo, pode-se acrescentar um valor de reserva para "codificação de computador", a fim de cobrir o risco de os "testes" revelarem um problema de codificação. O valor da reserva é determinado calculando-se antecipadamente o custo do plano aceito de contingência ou de recuperação. As reservas orçamentárias devem ser comunicadas à equipe do projeto, o que demonstra confiança e estimula um bom desempenho de custo. Porém, distribuí-las deve ser responsabilidade tanto do gerente do projeto quando dos membros da equipe encarregados de implementar o segmento específico do projeto. Se o risco não se materializa, os fundos são retirados das reservas orçamentárias que, portanto, diminuem à medida que o projeto progride.

Reservas gerenciais

São fundos de reserva necessários para cobrir grandes riscos imprevistos e, portanto, aplicados ao projeto total. Por exemplo, uma grande mudança de escopo pode se impor no meio do projeto. Como essa mudança não foi antecipada ou identificada, ela é coberta com a reserva gerencial. Reservas gerenciais são estabelecidas *após* as orçamentárias serem identificadas e os fundos, estabelecidos. Elas são independentes das reservas orçamentárias e controladas pelo "dono" do projeto, que pode ser interno (alta gerência) ou externo à empresa do projeto, e pelo gerente do projeto. A maioria das reservas gerenciais é fixada usando-se dados históricos e juízos a respeito da exclusividade e complexidade do projeto.

Colocar contingências técnicas na reserva gerencial é um caso especial. Frequentemente, associa-se a identificação de possíveis riscos técnicos (funcionais) com um processo ou produto novo, não testado e inovador. Como existe o risco de que a inovação não funcione, é necessário um plano de retaguarda. Esse tipo de risco está além do controle do gerente do projeto. Logo, reservas técnicas são mantidas na reserva gerencial e controladas pelo proprietário ou pela alta gerência. O proprietário e o gerente do projeto decidem quando o plano de contingência será implementado e quando os fundos de reserva serão usados. É muito provável que esses fundos nunca sejam usados.

A Tabela 7.1 mostra o desenvolvimento de uma estimativa de fundo de contingência para um projeto hipotético. Observe que as reservas orçamentária e gerencial são mantidas separadas; é fácil manter controle com esse formato.

Buffer de tempo

Assim como os fundos de contingência são estabelecidos para absorver custos não planejados, os gerentes usam *buffer* de tempo para amortecer possíveis atrasos no projeto. Como os fundos de contingência, a quantidade de tempo depende da incerteza inerente ao projeto. Quanto mais incerto

TABELA 7.1
Estimativa de fundo de contingência (milhares de dólares)

Atividade	Linha de base de orçamento	Reserva de orçamento	Orçamento de projeto
Design	US$ 500	US$ 15	US$ 515
Código	900	80	980
Teste	20	2	22
Subtotal	US$ 1.420	US$ 97	US$ 1.517
Reserva gerencial	—	—	50
Total	US$ 1.420	US$ 97	US$ 1.567

o projeto, mais tempo deve ser reservado para o cronograma. A estratégia é atribuir tempo extra para momentos críticos do projeto. Por exemplo, são criadas *buffers* em atividades que:

A. tenham riscos graves;
B. sejam intercaladas com tendência a atrasos em razão de uma ou mais atividades precedentes que se atrasam;
C. não sejam críticas, a fim de reduzir as chances de que elas criem outro caminho crítico;
D. demandam recursos escassos para garantir que estes estejam disponíveis quando necessários.

Em face da incerteza geral do cronograma, muitas vezes um pulmão de tempo é acrescentado ao fim do projeto. Por exemplo, um projeto de 300 dias de trabalho pode ter um *buffer* de 30 dias. Embora os 30 dias a mais não apareçam no cronograma, estão à disposição, caso necessário. Como outras reservas similares, esse *buffer* normalmente exige a autorização da alta gerência. Oferecemos uma abordagem mais sistemática ao gerenciamento de *buffer* no Apêndice do Capítulo 8, sobre gerenciamento de projetos com corrente crítica.

Etapa 4: Controle de resposta a riscos

Via de regra, os resultados das três primeiras etapas do processo de gerenciamento de riscos são sintetizados em um documento formal – às vezes, chama-se **registro de riscos** –, que detalha todos os riscos identificados, incluindo descrições, categoria, probabilidade de ocorrência, impacto, respostas, planos de contingência, proprietários e *status* atual. O registro é o fundamento da última etapa do processo de gerenciamento de riscos: controle de riscos. Controle de riscos envolve executar a estratégia de resposta a riscos, monitorar eventos desencadeadores, dar início a planos de contingência e acautelar-se contra novos riscos. Estabelecer um sistema de gerenciamento da mudança para lidar com eventos que requerem mudanças formais no escopo, orçamento e/ou cronograma do projeto é um elemento essencial do controle de riscos.

Os gerentes de projetos precisam monitorar riscos da mesma forma que acompanham o progresso do projeto. Avaliação e atualização do risco devem fazer parte de toda reunião de *status* e do sistema de relatório de progresso. A equipe do projeto precisa estar constantemente alerta a riscos novos e a imprevistos. A gerência precisa ter consciência de que os outros podem não ser francos quanto a reconhecer novos riscos e problemas. Admitir que pode haver um bug no código de design ou que componentes diferentes não são compatíveis depõe contra o desempenho individual. Se na cultura organizacional prevalente erros são punidos com rigor, a autopreservação, inerente à natureza humana, falará mais alto. Da mesma forma, se más notícias forem recebidas com aspereza e houver uma propensão a "matar o mensageiro", os participantes terão relutância em falar livremente. A tendência a abafar más notícias é confirmada quando a responsabilidade individual é vaga e a equipe do projeto sofre pressão extrema da alta gerência para executar o projeto rapidamente.

Os gerentes de projetos precisam estabelecer um ambiente em que os participantes se sintam confortáveis para levantar questões e admitir erros. A norma deve ser que erros são aceitáveis; escondê-los, intolerável. Os problemas devem ser incorporados, e não negados. Os participantes devem ser estimulados a identificar problemas e novos riscos. Para tanto, a chave é uma atitude positiva do gerente do projeto em relação a riscos.

Em projetos grandes e complexos, talvez seja prudente repetir o exercício de identificação/avaliação de riscos com informações mais novas. Os perfis de risco devem ser revisados para ver se as respostas originais se mostraram verdadeiras. As partes interessadas relevantes devem ser trazidas para a discussão, atualizando-se o registro de riscos. Apesar de não ser prático em termos contínuos, os gerentes de projetos devem mantê-las informadas regularmente ou chamá-las para reuniões especiais para examinar o *status* dos riscos do projeto.

Um segundo segredo para controlar o custo dos riscos é documentar responsabilidades. Isso pode ser problemático em projetos que envolvem multiplicidade de empresas e contratados. A responsabilidade pelo risco, muitas vezes, é passada adiante para outros, com a afirmação "Isso não é problema meu". Essa mentalidade é perigosa. Cada risco identificado deve ser designado (ou compartilhado) em mútuo acordo entre o proprietário, o gerente do projeto e o contratado ou pessoa com responsabilidade direta pelo pacote de trabalho ou segmento do projeto. É melhor fazer a pessoa diretamente responsável aprovar o uso dos fundos de reserva orçamentária e monitorar sua taxa de uso. Se forem necessários fundos de reserva gerencial, a pessoa diretamente envolvida deve ter um papel ativo na estimativa dos custos e fundos extras necessários para concluir o projeto. Fazer o pessoal de linha participar diretamente do processo concentra atenção na reserva gerencial, controle da sua taxa de uso e advertência precoce sobre potenciais eventos de risco. Se o gerenciamento de riscos não for formalizado, a responsabilidade e as respostas a riscos serão ignoradas – *esse não é o meu departamento*.

O resumo é que os gerentes de projetos e os membros das equipes devem estar vigilantes para monitorar riscos potenciais e identificar novas minas escondidas que podem descarrilar o projeto. A avaliação de riscos tem de ser parte da pauta ativa das reuniões de *status* e, quando novos riscos emergem, eles devem ser analisados e incorporados ao respectivo processo de gerenciamentos.

Gerenciamento de controle da mudança

Um elemento importante do processo de controle de riscos é o gerenciamento da mudança. Nem todo detalhe do plano do projeto se materializará como esperado. Tolerar e controlar mudanças no projeto representam um desafio formidável para a maioria dos gerentes de projetos. Mudanças podem ter muitas origens, como a ocorrência de eventos de risco e o cliente, o proprietário, o gerente e os membros da equipe do projeto. A maioria das mudanças classifica-se em:

1. Alterações no escopo, na forma de designs ou de acréscimos representam grandes mudanças; por exemplo, o cliente solicita um novo atributo ou um novo design para aperfeiçoar o produto.
2. Implementação de planos de contingência, quando ocorrem eventos de risco, representam mudanças nos custos e cronogramas de linha de base.
3. Mudanças de melhoria sugeridas por membros da equipe do projeto representam outra categoria.

Como a mudança é inevitável, um processo bem-definido de revisão e controle da mudança deve ser fixado no começo do ciclo de planejamento do processo.

Sistemas de gerenciamento de mudanças compreendem relatar, controlar e registrar mudanças em relação à linha de base do projeto (observação: algumas empresas consideram os sistemas de controle da mudança uma parte do gerenciamento de configuração). Na prática, a maioria dos sistemas de gerenciamento da mudança é concebida para realizar o seguinte:

1. Identificar mudanças propostas.
2. Listar os efeitos esperados das mudanças propostas sobre o cronograma e o orçamento.
3. Revisar, avaliar e aprovar ou rejeitar formalmente as mudanças.
4. Negociar e resolver conflitos de mudança, condições e custo.
5. Comunicar mudanças às partes afetadas.
6. Atribuir responsabilidade pela implementação das mudanças.
7. Ajustar o cronograma e orçamento-mestre.
8. Acompanhar todas as mudanças que devem ser implementadas.

Como parte do plano de comunicação do projeto, os interessados definem desde cedo o processo de comunicação e de tomada de decisão a ser usado para avaliar e aceitar mudanças. O processo pode ser capturado em um diagrama de fluxo, como o exibido na Figura 7.9. Em projetos pequenos, esse processo pode acarretar simplesmente a aprovação de um pequeno grupo de partes interessadas. Em projetos maiores, são estabelecidos processos mais elaborados de tomada de decisão, com o uso de diferentes processos para diferentes tipos de mudança. Por exemplo, mudanças em requisitos de desempenho podem exigir consentimentos múltiplos, inclusive do patrocinador do projeto e do cliente, enquanto a troca de fornecedores pode ser autorizada pelo gerente do projeto. Qualquer que seja a natureza do projeto, a meta é estabelecer o processo para introduzir as mudanças necessárias de maneira ágil e efetiva.

É de particular importância avaliar o impacto da mudança sobre o projeto. Muitas vezes, as soluções para problemas imediatos têm consequências adversas sobre outros aspectos do projeto. Por exemplo, ao superar um problema com o sistema de exaustão de um automóvel híbrido, os engenheiros projetistas contribuíram para que o protótipo excedesse os parâmetros de peso. É importante que as implicações das mudanças sejam avaliadas por profissionais com expertise e perspectiva adequadas. Em projetos de construção, essa costuma ser uma responsabilidade do escritório de arquitetura, enquanto arquitetos de *software* desempenham uma função semelhante em esforços de desenvolvimento de *software*.

As empresas utilizam formulários e registros de solicitação de mudança para acompanhar as mudanças propostas. Um exemplo de formulário simplificado é exibido na Figura 7.10. Em geral, os formulários incluem uma descrição da mudança, o impacto do seu indeferimento, o impacto da mudança sobre o escopo/cronograma/custo do projeto e espaços para as devidas assinaturas, além de um número de acompanhamento no registro.

FIGURA 7.9 Processo de controle da mudança

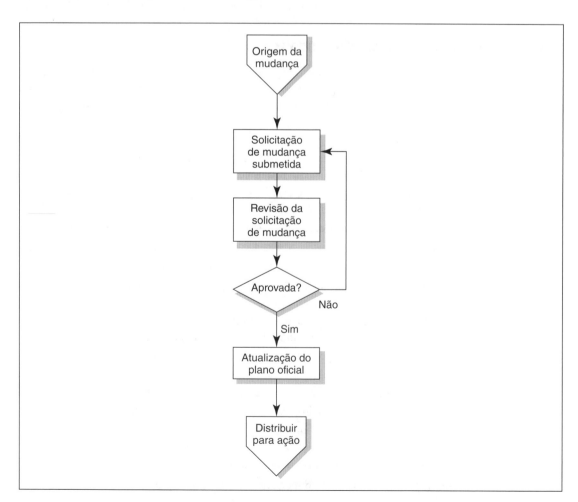

FIGURA 7.10
Amostra de solicitação de mudança

Nome do projeto *Intercâmbio cultural irlandês/chinês*   Data *6 de junho de 2xxx*

Patrocinador do projeto *Embaixada irlandesa*   Número da solicitação *12*

Mudança solicitada por *Escritório cultural chinês*   Originador *Jennifer McDonald*

Descrição da mudança solicitada
1. Solicitar que os dançarinos do Riverdance substituam o pequeno grupo de dança irlandês.
2. Solicitar uma dança que combine o Riverdance com um grupo de balé da China.

Motivo da mudança
O Riverdance ampliará a estatura do evento. O grupo é conhecido e adorado pelo povo chinês.

Áreas de impacto da mudança descrita - descreva cada uma em uma folha separada

[X] Escopo [X] Custo [ ] Outro _____
[ ] Cronograma [ ] Risco

Decisão	Prioridade	Fonte de financiamento
[ ] Aprovado	[ ] Emergência	[ ] Reserva gerencial
[X] Aprovado com emendas	[X] Urgente	[ ] Reserva orçamentária
[ ] Rejeitado	[ ] Baixa	[X] Cliente
[ ] Adiado		[ ] Outra

Assinatura de aprovação

Gerente do projeto *William O'Mally*   Data *12 de junho de 2xxx*
Patrocinador do projeto *Kenneth Thompson*   Data *13 de junho de 2xxx*
Cliente do projeto *Hong Lee*   Data *18 de junho de 2xxx*
Outro _____   Data _____

Uma versão abreviada de registro de solicitação de mudanças para um projeto de construção é apresentada na Figura 7.11. Os registros são usados para monitorar as solicitações de mudança. Eles normalmente sumarizam o *status* de todas as solicitações de mudança em aberto e incluem informações úteis, como fonte e data da mudança, códigos de documentos para informações relacionadas, estimativas de custo e o *status* atual da solicitação.

Cada mudança aprovada deve ser identificada e integrada ao plano oficial por meio de alterações na EAP do projeto e no cronograma de linha de base. O plano oficial é o plano atual do projeto em termos de escopo, orçamento e cronograma. Ele funciona como um referencial de gerenciamento de mudanças para solicitá-las futuramente, assim como linha de base para avaliar o progresso do projeto.

Se o sistema de controle de mudanças não for integrado à EAP e à linha de base, os planos do projeto e o controle logo se autodestruirão. Portanto, uma das chaves para um processo exitoso de

Relatório de *status* de mudanças solicitadas pelo proprietário – Itens em aberto OSU–Weatherford

Nº de SM	Descrição	Referência documento	Data de recebimento	Data de submissão	Quantidade	*Status*	Comentários
51	Trabalho no esgoto compensado				–188.129	ABERTO	FINANCIAMENTO DE OUTRA FONTE
52	Chapas inoxidáveis nas válvulas dos chuveiros	ASI 56	05/01/2013	30/03/2013	9.308	APROVADO	
53	Opções de impermeabilização	ASI 77	13/01/2013		169.386	ABERTO	
54	Mudar especificações da caixa elétrica do piso	RFI 113	05/12/2013	29/03/2013	2.544	SUBMETER	
55	Ver opção de portas de correr	Amostras de portas	14/01/2013		–20.000	ROM	
56	Limpar com jato torre C	Limpar com jato do proprietário	15/03/2013	30/03/2013	14.861	SUBMETER	
57	Vidro Fire Lite nas escadas	Solicitação do proprietário			8.000	ORÇAMENTO	ROM COM BASE EM FIRELITE NT
58	Equipamento extra de tele/OFOI no cybercafé	ASI 65	30/01/2013	29/03/2013	4.628	APROVADO	
59	Abafadores extras na ala C	ASI 68	04/02/2013	29/03/2013	1.085	SUBMETER	
60	Revisar forro do corredor	ASI 72	13/02/2013	31/03/2013	–3755	SUBMETER	

ABERTO – Solicitar estimativa
ROM (do inglês, *rough order magnitude*) – Magnitude de ordem aproximada
SUBMETER – Carta de SM submetida
APROVADO – Carta de SM aprovada
ORÇAMENTO – Orçamento do terceirizado
ASI – Instruções suplementares do arquiteto
PDI – Pedido de informação
REVISAR – Carta de SM a ser revisada

FIGURA 7.11 Registro de solicitações de mudança

controle de mudança é documentar, documentar e documentar! Os benefícios resultantes dos sistemas de controle da mudança são os seguintes:

1. Mudanças insignificantes são desencorajadas pelo processo formal.
2. Os custos das mudanças são mantidos em um registro.
3. Mantém-se a integridade da EAP e das medidas de desempenho.
4. Controlam-se a alocação e o uso dos fundos de reservas orçamentária e gerencial.
5. Esclarece-se a responsabilidade pela implementação.
6. O efeito das mudanças é visível para todas as partes envolvidas.
7. Monitora-se a implementação da mudança.
8. As mudanças de escopo são rapidamente refletidas pela linha de base e pelas medidas de desempenho.

Evidentemente, o controle de mudanças é importante e exige que alguém ou algum grupo seja responsável por aprová-las, manter o processo atualizado e comunicá-las as à equipe do projeto e às partes interessadas relevantes. O controle do projeto depende muito de que se mantenha atualizado o processo de controle de mudanças. Esse registro histórico pode ser utilizado para satisfazer consultas de clientes, identificar problemas em auditorias após o projeto e estimar os custos futuros do projeto.

Resumo

Para que os processos discutidos neste capítulo fiquem na perspectiva correta, deve-se reconhecer que a essência do gerenciamento de projetos é o gerenciamento de riscos. No fundo, cada técnica deste livro é uma técnica de gerenciamento de riscos. Ao seu modo, cada uma delas tenta evitar que alguma coisa ruim aconteça. Os sistemas de seleção de projetos tentam reduzir a probabilidade de que a empresa execute aqueles que não contribuem para sua missão. Declarações de escopo de projeto (entre outras coisas) são concebidas para evitar mal-entendidos caros e reduzir a fluência do escopo. Estruturas de composição de trabalho diminuem o risco de que uma parte vital do projeto seja omitida ou que as estimativas orçamentárias não sejam realistas. A criação de equipes reduz a probabilidade de conflito disfuncional e panes de coordenação. Todas as técnicas tentam aumentar a satisfação das partes interessadas e aumentar as chances de sucesso do projeto.

A partir dessa perspectiva, os gerentes exercem atividades de gerenciamento de riscos para compensar a incerteza inerente ao gerenciamento de projetos e o fato de que as coisas jamais correm conforme o plano. O gerenciamento de riscos é proativo, e não reativo. Ele diminui o números de surpresas e amplia a compreensão dos resultados mais prováveis dos eventos negativos.

Embora muitos gerentes creiam que, em última análise, a avaliação de riscos e a contingência dependem de julgamento subjetivo, deve-se incluir em todos os projetos um método padronizado de identificação, avaliação e resposta a riscos. O próprio processo de identificação de riscos em projetos obriga todos os níveis da respectiva gerência a alguma disciplina e aprimora o desempenho do projeto.

Planos de contingência aumentam as chances de que o projeto possa ser finalizado no prazo e dentro do orçamento. Planos de contingência podem ser simples "paliativos" ou elaborados e pormenorizados. A responsabilidade pelos riscos deve ser claramente identificada e documentada. É desejável e prudente manter uma reserva como proteção contra riscos do projeto. As reservas orçamentárias estão ligadas à EAP, devendo ser comunicadas à equipe do projeto. O controle das reservas gerenciais deve ficar com o proprietário, o gerente do projeto e a pessoa diretamente responsável. O uso das reservas de contingência deve ser minuciosamente monitorado, controlado e revisado durante todo o ciclo de vida do projeto.

A experiência indica claramente que o uso de um processo formal e estruturado para lidar com possíveis eventos de risco em projetos, previstos e imprevistos minimiza surpresas, custos, atrasos, estresse e mal-entendidos. O gerenciamento de riscos é um processo iterativo, que se dá durante toda a vida do projeto. Quando eventos de risco ocorrem ou mudanças são necessárias, usar um processo eficaz que as controle para rapidamente aprová-las e registrá-las facilita a mensuração do desempenho em relação ao cronograma e ao custo. Por fim, o gerenciamento de riscos bem-sucedido exige uma cultura em que as ameaças sejam incorporadas (e não negadas) e os problemas sejam identificados (e não escondidos).

Termos-chave

Análise de cenários, *178*
Atenuar riscos, *181*
Buffer de tempo, *189*
Estruturas analíticas de risco (EAR), *176*
Evitar riscos, *182*
Matriz de gravidade de risco, *180*
Oportunidade, *188*
Perfil de risco, *176*

Plano de contingência, *183*
Registro de riscos, *190*
Reservas gerenciais, *189*
Reservas orçamentárias, *189*
Retenção de riscos, *182*
Riscos, *173*
Sistemas de gerenciamento de mudanças, *191*
Transferir riscos, *182*

Questões de revisão

1. Riscos de projeto podem/não podem ser eliminados se ele for cuidadosamente planejado. Explique.
2. A probabilidade de eventos de risco ocorrerem e seus respectivos custos aumentarem muda ao longo do ciclo de vida do projeto. Qual é a relevância desse fenômeno para o gerente de projetos?
3. Qual é a diferença entre evitar e aceitar um risco?
4. Qual é a diferença entre atenuar um risco e planejamento de contingência?
5. Explique a diferença entre as reservas orçamentárias e as gerenciais.
6. Como a estrutura analítica de trabalho e o controle de mudanças estão conectados?
7. Quais são os resultados prováveis se não for usado um processo de controle de mudanças? Por quê?
8. Quais são as principais diferenças entre administrar riscos negativos e riscos positivos (oportunidades)?

Exercícios

1. Reúna um pequeno grupo de alunos. Pense em um projeto que a maioria deles entenderia; os tipos de tarefas envolvidos também devem ser familiares. Identifique e avalie os riscos grandes e pequenos inerentes ao projeto. Decida sobre um tipo de resposta. Desenvolva um plano de contingência para 2 a 4 riscos identificados. Estime os custos. Designe reservas de contingência. Quanto de reserva a sua equipe estimaria para o projeto inteiro? Justifique suas escolhas e estimativas.
2. Você foi designado para uma equipe de riscos de projeto de cinco membros. Como essa é a primeira vez que a sua empresa montou formalmente uma equipe dessas, espera-se que os integrantes desenvolvam um processo que possa ser empregado em todos os projetos futuros. Para a primeira reunião da equipe na manhã da próxima segunda-feira, foi pedido que cada membro se preparasse descrevendo, com o máximo de detalhe possível, como ele acha que a equipe deveria proceder no tratamento de riscos em projetos. Todos entregarão esse esboço de proposta no início da reunião. Ele deve incluir, entre outras, as seguintes informações:
   a. Objetivos da equipe.
   b. Processo para tratar eventos de risco.
   c. Atividades da equipe.
   d. Resultados da equipe.
3. A equipe do projeto do Torneio de Futebol do Manchester United (reveja o caso do Manchester United no fim do Capítulo 4) identificou os seguintes riscos potenciais:

a. Juízes que não aparecem nos jogos combinados.
b. Brigas entre os times.
c. Erro crucial cometido por juiz determinando o resultado de um jogo.
d. Comportamento inadequado dos pais em volta do campo.
e. Estacionamento inadequado.
f. Sem times suficientes inscritos nas diferentes categorias de idade.
g. Lesão grave.

Quais respostas (evitar, aceitar, etc.) você recomendaria para esses riscos, e por quê?

4. Faça uma busca na Internet com as seguintes palavras-chave: "melhores práticas", "gerenciamento de projeto". O que você encontrou? Como essas informações poderiam ser úteis para um gerente de projetos?

Referências

Atkinson, W., "Beyond the Basics," *PM Network,* May 2003, pp. 38-43.

Baker, B., and R. Menon, "Politics and Project Performance: The Fourth Dimension of Project Management," *PM Network,* 9 (11) November 1995, pp. 16-21.

Carr, M. J., S. L. Konda, I. Monarch, F. C. Ulrich, and C. F. Walker, "Taxonomy-Based Risk Identification," *Technical Report CMU/SEI-93-TR 6, Software Engineering Institute,* Carnegie Mellon University, Pittsburgh, 1993.

Ford, E. C., J. Duncan, A. G. Bedeian, P. M. Ginter, M. D. Rousculp, and A. M.

Adams, "Mitigating Risks, Visible Hands, Inevitable Disasters, and Soft Variables: Management Research that Matters to Managers," *Academy of Management Executive,* 19 (4) November 2005, pp. 24-38.

Gray, C. F., and R. Reinman, "PERT Simulation: A Dynamic Approach to the

PERT Technique," *Journal of Systems Management,* March 1969, pp. 18-23.

Hamburger, D. H., "The Project Manager: Risk Taker and Contingency Planner," *Project Management Journal,* 21 (4) 1990, pp. 11-16.

Hulett, D. T., "Project Schedule Risk Assessment," *Project Management Journal,* 26 (1) 1995, pp. 21-31.

Ingebretson, M., "In No Uncertain Terms," *PM Network,* 2002, pp. 28-32. "Math Mistake Proved Fatal to Mars Orbiter," *The Orlando Sentinel,* November 23, 1999.

Meyer, A. D., C. H. Loch, and M. T. Pich, "Managing Project Uncertainty: From Variation to Chaos," *MIT Sloan Management Review,* Winter 2002, pp. 60-67.

Pavlik, A., "Project Troubleshooting: Tiger Teams for Reactive Risk Management," *Project Management Journal,* 35 (4) December 2004, pp. 5-14.

Pinto, J. K., *Project Management: Achieving Competitive Advantage* (Upper Saddle River, NJ: Pearson, 2007). *Project Management Body of Knowledge* (Newton Square, PA: Project Management Institute, 2013).

Schuler, J. R., "Decision Analysis in Projects: Monte Carlo Simulation," *PM Network,* 7 (1) January 1994, pp. 30-36.

Smith, P. G., and G. M. Merritt, *Proactive Risk Management: Controlling Uncertainty in Product Development* (New York: Productivity Press, 2002).

Smith, P. G., and D. G. Reinertsen, *Developing Products in Half the Time* (New York: Van Nostrand Reinhold, 1995).

Snizek, J. A., and R. A. Henry, "Accuracy and Confidence in Group Judgment," *Organizational Behavior and Human Decision Processes,* 4 (3) 1989, pp. 1-28. *Organizational Behavior and Human Decision Processes,* 4 (3) 1989, pp. 1-28.

Caso Pescaria no Alasca*

Você está sentado junto à lareira em um chalé em Dillingham, Alasca, conversando sobre a pescaria que está planejando com seus colegas da Great Alaska Adventures (GAA). No início do dia, você recebeu um *e-mail* da presidente da BlueNote, Inc. que quer premiar seus gestores com uma pescaria no Alasca, com tudo pago. Ela gostaria que a GAA organizasse e liderasse a expedição.

---

* Este caso foi elaborado com a assistência de Stuart Morigeau.

Vocês terminaram recentemente uma declaração de missão preliminar para o projeto (veja adiante). Agora, estão fazendo um *brainstorming* sobre os riscos potenciais associados ao projeto.

1. Em seu *brainstorming*, tente descobrir ao menos cinco riscos diferentes.
2. Utilize um formulário de avaliação de riscos semelhante ao da Figura 7.6 para analisar os riscos identificados.
3. Desenvolva uma matriz de resposta a riscos semelhante à da Figura 7.8 para delinear como você lidaria com cada um deles.

DECLARAÇÃO DO ESCOPO DO PROJETO

Objetivo do projeto

Organizar e liderar uma expedição de pesca no sistema fluvial do Rio Tikchik, no Alasca, de 21 a 25 de junho, com um custo máximo de US$ 35 mil.

Entregas

- Contratar transporte aéreo de Dillingham, Alasca, até o Acampamento I e do Acampamento II de volta para Dillingham.
- Contratar transporte fluvial, consistindo em dois botes de oito pessoas com motor de popa.
- Encomendar três refeições por dia durante os cinco dias passados no rio.
- Contratar quatro horas de instrução em pesca com mosca.
- Reservar acomodação noturna no chalé em Dillingham, mais três tendas de quatro pessoas, com camas, roupa de cama e lanternas.
- Contratar quatro guias com experiência no rio que também pratiquem pesca com mosca.
- Obter autorizações de pesca para todos os convidados.

Marcos

1. Contrato assinado em 22 de janeiro.
2. Convidados chegando em Dillingham em 20 de junho.
3. Partida de avião para o Acampamento Base I em 21 de junho.
4. Partida de avião do Acampamento Base II para Dillingham em 25 de junho.

Requisitos técnicos

1. Transporte aéreo de ida e volta até os acampamentos.
2. Transporte por bote no sistema fluvial do Rio Tikchik.
3. Aparelhos de comunicação celular digital.
4. Acampamentos e pesca de acordo com os requisitos estaduais do Alasca.

Limites e exclusões

1. Os convidados são responsáveis pela viagem até Dillingham, Alasca, ida e volta.
2. Os convidados são responsáveis por sua indumentária e equipamento de pesca.
3. O transporte aéreo doméstico de ida e volta aos acampamentos será terceirizado.
4. Os guias turísticos não são responsáveis pelo número de salmões-rei pescados pelos convidados.

Revisão do cliente

O presidente da BlueNote, Inc.

Caso Silver Fiddle Construction

Você é o presidente da Silver Fiddle Construction (SFC), especializada em construção de residências customizadas de alta qualidade na área de Grand Junction, Colorado, que foi contratada recentemente pelos Czopeks para construir a casa dos sonhos deles. Você opera como empreiteiro, empregando apenas um contador em meio período e terceiriza o trabalho de trabalhadores braçais da região. A construção residencial em Grand Junction está passando por um boom. A sua agenda preliminar é de concluir 11 casas neste ano. Você prometeu aos Czopeks que os custos finais variarão entre US$ 450 mil e US$ 500 mil, e que levará 5 meses para finalizar a casa após a pedra fundamental. Os Czopeks se dispõem a ter o projeto atrasado a fim de poupar custos.

Vocês fizeram recentemente uma declaração de missão preliminar para o projeto (veja adiante). Agora, estão fazendo um *brainstorming* sobre os riscos potenciais associados ao projeto.

1. Identifique os riscos potenciais associados a este projeto. Tente descobrir ao menos cinco riscos diferentes.
2. Utilize um formulário de avaliação de risco semelhante ao da Figura 7.6 para analisar os riscos identificados.
3. Desenvolva uma matriz de resposta a riscos semelhante à da Figura 7.8 para delinear como você lidaria com cada um deles.

DECLARAÇÃO DO ESCOPO DO PROJETO

Objetivo do projeto
Construir uma casa customizada e de alta qualidade em 5 meses e a um custo inferior a US$ 500 mil.

Entregas
- Uma casa acabada de 230 m² com três dormitórios, dois banheiros e um lavabo.
- Uma garagem acabada, isolada e rebocada.
- Eletrodomésticos, incluindo fogão, forno, micro-ondas e lava-louça.
- Caldeira a gás de alta eficiência, com termostato programável.

Marcos
1. Alvarás aprovados em 5 de julho.
2. Fundação feita em 12 de julho.
3. "Casa fechada" – inspeções de portas e esquadrias, forros, encanamento, elétrica e mecânica – aprovação em 25 de setembro.
4. Inspeção final em 7 de novembro.

Requisitos técnicos
1. A casa deve cumprir a legislação imobiliária municipal.
2. Todas as aberturas devem ser aprovadas nas classificações de energia classe 40 da NFRC.
3. O isolamento da parede externa deve atingir um fator "R" de 21.
4. O isolamento do teto deve atingir um fator "R" de 38.
5. O isolamento do piso deve atingir um fator "R" de 25.
6. A garagem deve acomodar dois carros e um trailer de 8,5 m.
7. A estrutura deve estar de acordo com a legislação de estabilidade sísmica.

Limites e exclusões
1. A casa será construída de acordo com as especificações e o projeto das plantas originais fornecidas pelo cliente.
2. O proprietário é o responsável pelo paisagismo.
3. Os eletrodomésticos não incluem geladeira.
4. Ar-condicionado não está incluído, somente pré-instalação.
5. A SFC se reserva o direito de terceirizar serviços.

Revisão do cliente
"Bolo" e Izabella Czopek.

Caso Projeto de LAN da Trans

A Trans Systems é uma pequena empresa de consultoria em sistemas de informação sediada em Meridian, Lousiana que há pouco foi contratada para desenhar e instalar uma rede de área local

(LAN) para o Instituto de Previdência Social da cidade de Meridian. Você é o gerente do projeto, que inclui um profissional da Trans e dois estagiários de uma universidade da região. Vocês terminaram recentemente uma declaração de missão preliminar para o projeto (veja adiante). Agora, estão fazendo um *brainstorming* sobre os riscos potenciais associados ao projeto.

1. Identifique os riscos potenciais associados a este projeto. Tente descobrir ao menos cinco riscos diferentes.
2. Utilize um formulário de avaliação de risco semelhante ao da Figura 7.6 para analisar os riscos identificados.
3. Desenvolva uma matriz de resposta a riscos semelhante à da Figura 7.8 para delinear como você lidaria com cada um deles.

DECLARAÇÃO DO ESCOPO DO PROJETO

Objetivo do projeto

Desenhar e instalar uma nova rede de área local (LAN) em 1 mês e com um orçamento máximo de US$ 90 mil, para o Instituto de Previdência Social de Meridian, com um mínimo de interrupção das operações atuais.

Entregas

- Vinte estações de trabalho e vinte laptops.
- Servidor com processadores dual-core.
- Duas impressoras laser em cores.
- Servidor Windows R2 e sistema operacional nas estações de trabalho (Windows 7).
- Migração das bases de dados e programas existentes para o novo sistema.
- Quatro horas de treinamento introdutório para o pessoal do cliente.
- Dezesseis horas de treinamento para o administrador da rede do cliente.
- Sistema LAN plenamente operacional.

Marcos

1. Hardware em 22 de janeiro.
2. Definição das prioridades dos usuários e autorização em 26 de janeiro.
3. Teste interno de toda a rede concluído em 1º de fevereiro.
4. Teste na unidade do cliente concluído em 2 de fevereiro.
5. Treinamento concluído em 16 de fevereiro.

Requisitos técnicos

1. Estações de trabalho com monitores de tela plana de 17 polegadas, processadores dual-core, 4 GB de RAM, DVD-RW 8x, cartão wireless, cartão de Ethernet e disco rígido de 500 GB.
2. Laptops com display de 12 polegadas, processadores dual-core, 2 GB de RAM, DVD-RW 8x, cartão wireless, cartão de Ethernet, disco rígido de 500 GB e com menos de 2 kg.
3. Cartões de interface de rede sem fio e conexões de Ethernet.
4. Os sistemas devem suportar as plataformas Windows Vista/Windows 7.
5. O sistema precisa dar acesso externo seguro aos trabalhadores de campo.

Limites e exclusões

1. O trabalho no local deve ser feito entre 20h00 e 7h00. De segunda a sexta-feira.
2. Manutenção e reparo do sistema somente até 1 mês após a inspeção final.
3. Garantias técnicas transferidas para o cliente.
4. Responsável somente por instalar *software*s indicados pelo cliente até 2 semanas antes do início do projeto.
5. O cliente será cobrado por treinamento extra além do prescrito pelo contrato.

Revisão do cliente

Diretor do Instituto de Previdência Social da cidade de Meridian.

Caso: Show de primavera da XSU

Você é membro do comitê discente de entretenimento da Universidade Estadual de X (XSU). Seu comitê concordou em patrocinar um show de primavera cuja motivação é oferecer uma alternativa segura ao Hasta Weekend, um evento de primavera em que os estudantes da XSU alugam casas flutuantes e fazem festas pesadas. Tradicionalmente, ele ocorre no último fim de semana de maio. Infelizmente, as festas têm uma longa história de exageros, às vezes levando a acidentes fatais. Depois de uma tragédia dessas na primavera passada, o comitê quer oferecer uma experiência alternativa para aqueles que pretendem comemorar a virada do clima e o último ano que falta de faculdade.

Vocês terminaram recentemente uma declaração de missão preliminar para o projeto (veja adiante). Agora, estão fazendo um *brainstorming* sobre os riscos potenciais associados ao projeto.

1. Identifique os riscos potenciais associados a este projeto. Tente descobrir ao menos cinco riscos diferentes.
2. Utilize um formulário de avaliação de risco semelhante ao da Figura 7.6 para analisar os riscos identificados.
3. Desenvolva uma matriz de resposta a riscos semelhante à da Figura 7.8 para delinear como você lidaria com cada um deles.

DECLARAÇÃO DO ESCOPO DO PROJETO

Objetivo do projeto

Organizar um show de 8 horas no Wahoo Stadium, com um custo máximo de US$ 50 mil, no último sábado de maio.

Entregas
- Anúncios na região.
- Segurança no show.
- Pátio separado com cerveja.
- Oito horas de música e entretenimento.
- Barracas de alimentação.
- Camisetas do show.
- Obter todas as autorizações e alvarás.
- Atrair patrocinadores.

Marcos
1. Obter todas as autorizações e alvarás até 15 de janeiro.
2. Contratar artista famoso até 15 de fevereiro.
3. Completar o rol de artistas até 1º de abril.
4. Fechar contratos com os fornecedores até 15 de abril.
5. Montagem concluída em 27 de maio.
6. Show em 28 de maio.
7. Limpeza concluída até 31 de maio.

Requisitos técnicos
1. Palco e sistema de som profissionais.
2. Ao menos um artista famoso.
3. Ao menos sete atrações.
4. Banheiros para 10 mil pessoas.
5. Estacionamento para mil carros.
6. Conformidade com os requisitos/leis municipais e da XSU.

Limites e exclusões
1. Os artistas são responsáveis por providenciar o transporte de ida e volta até a XSU.

2. Os fornecedores contribuem com uma porcentagem fixa das vendas.
3. O show precisa terminar até 23h30.

Revisão do cliente
O representante discente da XSU.

Caso | Sustentação do gerenciamento de riscos do projeto durante a implementação

HISTÓRICO

Bill (vice-presidente júnior de desenvolvimento de produto): Carlos (gerente de projetos), temos que conversar. Estou preocupado com o jeito de administramos os riscos de projeto aqui, na Futuronics. Acabei de vir de um congresso internacional sobre "Dispositivos Mote do Futuro" na UC Berkeley [observação: *mote* é um sensor sem fio muito pequeno, com 2 a 3 mm de lado, que pode ser colocado em terra ou água para medir e comunicar dados]. As sessões de gerenciamento de projetos que receberam mais atenção se voltaram ao risco em projetos de desenvolvimento de produto. Eles descreveram o nosso gerenciamento de riscos em projetos ao pé da letra: fracasso em sustentar o gerenciamento de riscos *após o projeto estar em andamento*. Parece que alguma cabeça tem que rolar para que o gerenciamento de riscos seja levada a sério.

Para minha grande surpresa, quase todos os gerentes de projetos lá admitiram que as empresas deles têm problemas em sustentar o interesse dos membros da equipe no gerenciamento de riscos depois que o projeto começa. Aquela velha história de "se você não administra o risco, você paga o preço mais tarde" gerou histórias de terror por parte dos poucos que pagaram o preço. Passamos um tempo fazendo brainstorming de modos para lidar com o problema no nível do projeto, mas houve muito poucas sugestões concretas. O congresso foi um despertar para mim. Carlos, precisamos atacar esse problema, senão um evento de risco novo ou conhecido pode tirar nós dois do emprego. As semelhanças entre as histórias de terror deles e alguns dos nossos erros do passado é assustadora.

Como nós aqui, na Futuronics, só desenvolvemos produtos novos, que estão no mínimo 7 anos à frente de qualquer coisa no mercado, o nível de "eventos de risco conhecidos e risco desconhecido" é muito mais alto do que o da maioria das outras empresas. Gerenciar o risco do projeto é importante para todo projeto, mas aqui, na Futuronics, todo projeto de produto novo é lotado de riscos. Carlos, eu gostaria de trabalhar com você para melhorar o nosso gerenciamento de riscos em projetos na empresa.

Carlos: Bill, estou ciente do problema. As mesas-redondas PMI [Project Management Institute] que eu frequento também falam da dificuldade de manter a disposição das equipes e outras partes interessadas para revisitar o risco depois que o projeto está em andamento [mesas-redondas PMI são reuniões mensais de PM praticantes de vários setores concebidas para falar sobre problemas de gerenciamento de projetos]. Em uma mesa-redonda recente, também ouvi histórias de guerra. Estou com umas anotações da reunião aqui.

Tudo começou com a pergunta do líder: "Quantos gerentes de projetos efetivamente administram o risco ao longo de todo o ciclo de vida do projeto?".

PM 1: Todos nós passamos pelo processo inteiro de gerenciamento de riscos muito antes que o projeto comece. Temos certinho o modelo de processo de identificação de riscos, avaliação, resposta, controle, registros de riscos e contingência. Simplesmente não levamos adiante depois que o projeto inicia. Acho que o interesse morre. Você já tentou fazer as partes interessadas do projeto irem a uma reunião de risco quando o projeto está indo relativamente bem?

PM 2: Um e-mail recente de uma das nossas partes interessadas dizia: "Vamos lidar com ele [o risco] quando ele acontecer".

PM 3: Concordo. O interesse parece mudar de voltado ao futuro para reacionário. Também, o gerenciamento de riscos parece degenerar em gerenciamento de questões (preocupações e problemas), em oposição ao gerenciamento de riscos de verdade.

PM 4: Pergunto aos membros da equipe qual o risco de não gerenciar o risco por toda a vida do projeto. Às vezes, essa pergunta cutuca alguns, que respondem positivamente, especialmente se os riscos mudaram ou se novos são percebidos. Uso um projeto fracassado, em que um processo sólido de gerenciamento de riscos teria evitado o fracasso. Explico todos os processos de gerenciamento de riscos que teriam ajudado a melhorar os elementos de risco: identificação de riscos, desencadeadores, responsabilidade, transferência, aceitação etc.

PM 5: Risco não é uma rubrica de orçamento ou cronograma. Talvez conste no orçamento de contingência, para cobrir "incógnitas de incógnitas". Tenho de cuidar para que a gerência não tente espremer o orçamento de contingência em razão de qualquer outra coisa.

Carlos seguiu, contando ao seu chefe que havia muito mais comentários, mas muito poucos eram de grande valia, e expôs sua ideia:

Carlos: Colette é a nossa melhor treinadora, especialmente em gerenciamento de transição, e ela seria uma ótima opção para tomar conta desse problema. As aulas de treinamento que ela dá sobre gerenciamento inicial do risco são excelentes. Deveríamos pedir que ela faça uma apresentação?

Bill: Você tem razão, Carlos, Colette é ideal. Ela é inteligente e uma grande motivadora de equipes. Pergunte a ela, mas lhe dê algum tipo de direção de foco.

Alguns dias depois, Carlos enviou um memorando:

Colette, este é o seguimento da nossa conversa no almoço de ontem sobre sustentar o gerenciamento de riscos depois de o projeto estar em andamento. Dada a natureza vanguardista da nossa empresa, devemos enfatizar que os nossos projetos de desenvolvimento de produto trazem mais riscos inerentes do que os projetos tradicionais. Sugiro que as aulas de treinamento aprofundem ações e políticas concretas que incentivem o interesse dos membros da equipe e outras partes interessadas do projeto na sustentação de práticas de gerenciamento de riscos durante a execução do projeto.

Agradecemos que você tenha assumido este projeto, Colette. Quanto tiver desenvolvido sua sessão de treinamento, pode me enviar uma cópia para eu programar e dar suporte ao seu trabalho.

Grato, Carlos

DESAFIO

Divida a aula em equipes de três ou mais participantes.

Colette precisa da sua ajuda para desenvolver o programa de treinamento. Você talvez queira considerar as seguintes perguntas para as reflexões iniciais.

- Por que as partes interessadas do projeto perdem interesse nos respectivos riscos após o projeto estar em andamento?
- Quais são os perigos de não ficar em cima do gerenciamento de riscos durante a implementação?
- Que tipo de empresa é a Futuronics?

Faça *brainstorming* de ações específicas que incentivariam as partes interessadas dos projetos a investigar o ambiente do projeto em busca de eventos de risco. Sugira três ações concretas ou cenários que incentivariam as partes interessadas dos projetos a mudar de comportamento e realmente apoiar o gerenciamento de riscos enquanto os projetos estão sendo implementados. Os seguintes títulos esquemáticos podem ser úteis para desenvolver possíveis atitudes que melhorariam/otimizariam o suporte das partes interessadas.

- Melhoria do processo de gerenciamento de riscos
- Atitudes da empresa
- Motivação de participação

Apêndice 7.1 PERT e simulação PERT

PERT – TÉCNICA DE AVALIAÇÃO E REVISÃO DE PROGRAMA

Em 1958, o Gabinete Especial da Marinha e a empresa de consultoria Booze, Allen, and Hamilton desenvolveram a PERT (Program Evaluation and Review Technique) para programar os mais de

3.300 contratados do projeto do submarino Polaris e sanar a incerteza das estimativas de tempo da atividade.

A PERT é quase idêntica à técnica do método do caminho crítico (CPM), salvo que presume que a duração de cada atividade varia segundo uma distribuição estatística. A PERT utiliza três estimativas de tempo para cada atividade. Basicamente, isso significa que a duração de cada atividade pode variar de um tempo otimista até um tempo pessimista, podendo-se calcular uma média ponderada para cada atividade. Como as atividades do projeto geralmente representam trabalho, e como trabalho tende a atrasar do que adiantar, os desenvolvedores da PERT escolheram uma aproximação da *distribuição beta* para representar as durações das atividades. Sabe-se que essa distribuição é flexível, podendo acomodar dados empíricos que não seguem uma distribuição normal. As durações das atividades podem ser manobradas mais para a extremidade alta ou baixa da variação de dados. A Figura A7.1 ilustra uma *distribuição beta* de durações de atividades manobrada para a direita, sendo representativa de trabalho que tende a continuar atrasado após ficar para trás. A distribuição para a duração do projeto é representada por uma distribuição normal (simétrica), exibida na Figura A7.2. A distribuição do projeto representa a soma das médias ponderadas das atividades nos caminhos críticos.

Conhecer a média ponderada e as variações de cada atividade permite que o planejador do projeto calcule a probabilidade de realizar as diferentes durações do projeto. Siga os passos descritos no exemplo hipotético dado a seguir (O jargão é difícil para quem não entende de estatística, mas o processo é relativamente simples depois que se repassam alguns exemplos).

A média ponderada de tempo para a atividade é calculada pela seguinte fórmula:

$$t_e = \frac{a + 4m + b}{6} \quad (7.1)$$

onde t_e = tempo da atividade em média ponderada

a = tempo otimista da atividade (1 chance em 100 de concluir a atividade mais cedo em condições *normais*)

b = tempo pessimista da atividade (1 chance em 100 de concluir a atividade mais tarde em condições *normais*)

m = tempo mais provável da atividade

Quando as três estimativas de tempo são especificadas, essa equação é usada para calcular a duração média ponderada de cada atividade. O valor médio (determinístico) é colocado na rede do projeto como no método CPM, sendo os tempos cedo, tarde, de folga e de conclusão do projeto calculados como no mesmo método.

A variabilidade das estimativas de tempo de atividade é aproximada mediante as seguintes equações: a 7.2 representa o desvio padrão da *atividade*; a 7.3, o desvio padrão do *projeto*. Observe que se extrai a raiz quadrada do desvio padrão da atividade nessa equação, ao que se chama também variação. Essa soma inclui apenas atividades no caminho (crítico ou não) sendo examinado.

FIGURA A7.1
Distribuições de frequência de atividades e projetos

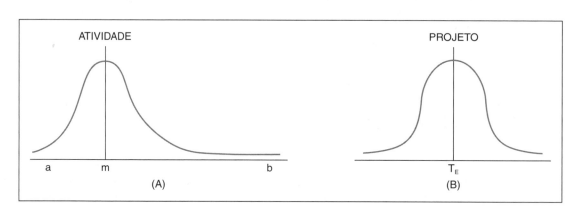

$$\sigma_{t_e} = \left(\frac{b-a}{6}\right) \quad (7.2)$$

$$\sigma_{T_E} = \sqrt{\Sigma \sigma_{t_e}^2} \quad (7.3)$$

Por fim, a duração média do projeto (T_E) é a soma de todos os tempos médios das atividades no caminho crítico (soma de t_e) e segue uma distribuição normal.

Conhecer a duração média do projeto e as variações das atividades oferece a probabilidade de se concluir um projeto (ou segmento de projeto) até um tempo específico, calculado utilizando-se tabelas estatísticas padrão. A equação 7.4 é usada para calcular o valor "Z" constante nas tabelas estatísticas (Z = número de desvios padrão em relação à média), o que, por sua vez, dá a probabilidade de se concluir o projeto no tempo especificado.

$$Z = \frac{T_S - T_E}{\sqrt{\Sigma \sigma_{t_e}^2}} \quad (7.4)$$

onde T_E = duração do caminho crítico
T_S = duração programada do projeto
Z = probabilidade (de cumprir a duração programada), constante na Tabela A7.2 de estatísticas.

UM EXEMPLO HIPOTÉTICO USANDO A TÉCNICA PERT

Os tempos e variações das atividades são dados na Tabela A7.1. A rede do projeto é apresentada na Figura A7.2 que mostra a rede do projeto como AOA e AON. A rede AON é apresentada como um lembrete de que a PERT pode usar redes AON também, além de AOA.*

A duração esperada do projeto (T_E) é de 64 unidades de tempo; o caminho crítico é 1-2-3-5-6. Com essas informações, a probabilidade de conclusão do projeto até uma data específica pode ser facilmente calculada por meio de métodos estatísticos padrão. Por exemplo, qual é a probabilidade de que o projeto seja concluído antes de um tempo programado (T_E) de 67? A curva normal do projeto seria como a exibida na Figura A7.3.

Usando a fórmula para o valor de Z, a probabilidade pode ser calculada como segue:

$$Z = \frac{T_S - T_E}{\sqrt{\Sigma \sigma_{t_e}^2}}$$
$$= \frac{67 - 64}{\sqrt{25 + 9 + 1 + 1}}$$
$$= \frac{+3}{\sqrt{36}}$$
$$= +0{,}50$$
$$P = 0{,}69$$

TABELA A7.1 Tempos e variações de atividades

Atividade	a	m	b	t_e	$[(b-a)/6]^2$
1–2	17	29	47	30	25
2–3	6	12	24	13	9
2–4	16	19	28	20	4
3–5	13	16	19	16	1
4–5	2	5	14	6	4
5–6	2	5	8	5	1

---

* N. de R.T.: No Brasil, diz-se:
Para AOA – MDS – Método de diagramas de setas.
Para AON – MDP – Método de diagramas de precedência.

FIGURA A7.2
Rede hipotética

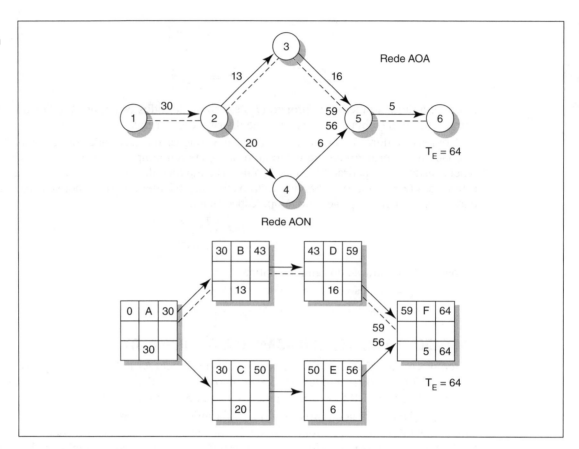

Na Tabela A7.2, um valor de Z de 0,5 dá uma probabilidade de 0,69, indicando que há uma chance de 69% de que se conclua o projeto em até 67 unidades de tempo.

Por sua vez, a probabilidade de concluir o projeto até o período de tempo 60 é calculado como segue:

$$Z = \frac{60-64}{\sqrt{25+9+1+1}}$$
$$= \frac{-4}{\sqrt{36}}$$
$$= -0,67$$
$$P \approx 0,26$$

FIGURA A7.3
Durações possíveis de projeto

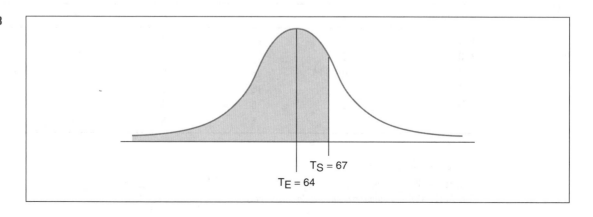

TABELA A7.2
Valor de Z e probabilidades

Valor de Z	Probabilidade	Valor de Z	Probabilidade
−3,0	0,001	+0,0	0,500
−2,8	0,003	+0,2	0,579
−2,6	0,005	+0,4	0,655
−2,4	0,008	+0,6	0,726
−2,2	0,014	+0,8	0,788
−2,0	0,023	+1,0	0,841
−1,8	0,036	+1,2	0,885
−1,6	0,055	+1,4	0,919
−1,4	0,081	+1,6	0,945
−1,2	0,115	+1,8	0,964
−1,0	0,159	+2,0	0,977
−0,8	0,212	+2,2	0,986
−0,6	0,274	+2,4	0,992
−0,4	0,345	+2,6	0,995
−0,2	0,421	+2,8	0,997

A partir da Tabela A7.2, um valor de Z de 0,67 dá uma probabilidade aproximada de 0,26, o que significa que há uma chance de cerca de 26% de que se conclua o projeto em até 60 unidades de tempo. Note que esse mesmo tipo de cálculo pode ser feito para qualquer caminho ou segmento de caminho da rede.

Quando essas probabilidades estão à disposição da gerência, podem ser tomadas decisões de trade-off para aceitar ou reduzir o risco associado à duração de um projeto específico. Por exemplo, se o gerente do projeto desejar aumentar as chances de concluir o projeto em até 64 unidades de tempo, há no mínimo duas opções. Primeiro, a gerência pode gastar dinheiro desde o início para mudar condições que reduzam a duração de uma ou mais atividades no caminho crítico. A segunda alternativa, mais prudente, seria alocar dinheiro em um fundo de contingência e esperar para ver como o projeto progride enquanto é implementado.

EXERCÍCIOS

1. Dadas as informações a seguir, qual a probabilidade de que se conclua o projeto do brinquedo do feriado nacional em 93 unidades de tempo?

Atividade ID	Descrição	Predecessora	Otimista (a)	Mais provável (m)	Pessimista (b)	Tempo da ativ. t_e	Variação $[(b = a)/6]^2$	Crítico
1	Desenhar pacote	Nenhuma	6	12	24			
2	Desenhar produto	1	16	19	28			
3	Construir pacote	1	4	7	10			
4	Obter patente	2	21	30	39			
5	Construir produto	2	17	29	47			
6	Pintar	3, 4, 5	4	7	10			
7	Mercado de teste	6	13	16	19			

2. As empresas Global Tea e Organic Juice fundiram-se.

   Coletaram-se as seguintes informações para o "Projeto de Consolidação".

Atividade	Descrição	Predecessora	a otimista	m ml	b pessimista
1	Codificar contas	Nenhuma	16	19	28
2	Protocolar memorial de unificação	Nenhuma	30	30	30
3	Unificar política de preço e crédito	Nenhuma	60	72	90
4	Unificar políticas de pessoal	Nenhuma	18	27	30
5	Unificar processamento de dados	1	17	29	47
6	Treinar equipe de contabilidade	1	4	7	10
7	Fazer rodada piloto de processamento de dados	5	12	15	18
8	Calcular L & P e balanço patrimonial	6, 7	6	12	24
9	Transferir imóveis	2	18	27	30
10	Treinar equipe de vendas	3	20	35	50
11	Negociar com sindicatos	4	40	55	100
12	Determinar necessidades de capital	8	11	20	29
13	Explicar políticas de pessoal	11	14	23	26
14	Obter linha de crédito	9, 12	13	16	19
15	Fim	10, 13, 14	0	0	0

1. Calcule o tempo esperado de cada atividade.
2. Calcule a variação de cada atividade.
3. Calcule a duração esperada do projeto.
4. Qual é a probabilidade de concluir o projeto até o dia 112? E em 116 dias?
5. Qual é a probabilidade de concluir "Negociação com Sindicatos" até o dia 90?

3. A seguir, são dados os tempos esperados e variações das atividades do projeto. Qual é a probabilidade de concluir o projeto em 25 períodos?

ID da variação	Descrição	Predecessora	t_e	$[(b = a)/6]^2$
1	Produção do piloto	Nenhuma	6	3
2	Selecionar canais de distribuição	Nenhuma	7	4
3	Desenvolver programa de marketing	Nenhuma	4	2
4	Mercado de teste	1	4	
5	Patente	1	10	5
6	Produção integral	4	16	10
7	Promoção publicitária	3	3	2
8	Lançamento	2,5,6,7	2	1

Caso International Capital, Inc. — Parte A

A International Capital, Inc. (IC) é uma pequena empresa de investimentos especializada em custodiar fundos para pequenas e médias empresas. Ela consegue usar um formato de projeto padronizado para todos os trabalhos. Apenas os tempos das atividades e circunstâncias incomuns modificam a rede padrão. Beth Brown foi designada para este cliente como gerente de projeto associada e compilou as informações de rede e os tempos de atividade para o último cliente, como segue:

Atividade	Descrição	Predecessora imediata
A	Iniciar esboço mediante modelo	—
B	Pesquisar a empresa do cliente	—
C	Elaborar esboço inicial de "due diligence"	A, B
D	Coordenar proposta de necessidades com o cliente	C
E	Estimar demanda futura e fluxos de caixa	C
F	Esboçar planos futuros para a empresa do cliente	E
G	Elaborar e aprovar documentos jurídicos	C
H	Integrar todos os esboços na primeira minuta de proposta	D, F, G
I	Alinhar potenciais fontes de capital	G, F
J	Verificar, aprovar e imprimir proposta jurídica final	H
K	Assinar contratos e transferir fundos	I, J

Tempo em dias úteis

Atividade	Otimista	Mais provável	Pessimista
A	4	7	10
B	2	4	8
C	2	5	8
D	16	19	28
E	6	9	24
F	1	7	13
G	4	10	28
H	2	5	14
I	5	8	17
J	2	5	8
K	17	29	45

RELATÓRIO GERENCIAL

Beth e outros corretores associados têm a política de passar seus planos por um comitê de revisão de projetos composto pelos colegas. Esse comitê geralmente verifica se todos os detalhes foram cobertos, se os tempos são realistas e se os recursos estão disponíveis. Beth quer que você desenvolva um relatório apresentando um cronograma planejado e o tempo esperado de conclusão do projeto, em dias úteis. Inclua uma rede de projeto no seu relatório. A duração média de um projeto de levantamento de capital é de 70 dias úteis. Os parceiros da IC estabeleceram que negócios bons são projetos com 95% de chances de alcançar o plano. Como este projeto se compara com o projeto médio? Qual teria de ser a média para que houvesse 95% de chances de concluir o projeto em 70 dias úteis?

Caso Migração do centro de dados da Advantage Energy Technology – Parte B

No Capítulo 6, Brian Smith, administrador da rede da Advanced Energy Technology, recebeu a responsabilidade de implementar a migração de um grande centro de dados para a nova sede do escritório.

Foi necessário um planejamento cuidadoso, pois a AET trabalha na indústria do petróleo, que é altamente competitiva. A AET é uma das cinco empresas nacionais de *software* que fornecem um pacote de contabilidade e gerenciamento de negócios para intermediários de petróleo e distribuidoras de gasolina. Faz alguns anos, ela embarcou no mundo dos "provedores de serviços de aplicação". O seu grande centro de dados dá aos clientes acesso remoto a todos os sistemas de *software* de aplicação da AET. Tradicionalmente, uma das principais vantagens competitivas da empresa é a comprovada confiabilidade em TI. Devido à complexidade deste projeto, o Comitê Executivo insistiu na realização de uma análise preliminar da data prevista de conclusão.

Brian compilou as seguintes informações na preparação de algumas análises PERT:

	Nome da tarefa	Dur. otimista	Dur. mais provável	Dur. pessimista	Predecessora imediata	Caminho crítico
	Tempo em dias úteis					
1	**MIGRAÇÃO DO CENTRO DE DADOS DA AET**	54	68	92		
2	Reunião com a equipe	0,5	1	1,5		✓
3	Assinar com contratados	6	7	8	2	
4	Desenho da rede	12	14	16	2	
5	**Sistema de ventilação**	—	—	—	—	
6	Fazer pedido do sistema de ventilação	18	21	30	2	
7	Instalar sistema de ventilação	5	7	9	6	
8	**Racks novos**	—	—	—	—	
9	Fazer pedidos dos racks novos	13	14	21	2	✓
10	Instalar racks	17	21	25	9	✓
11	**Fontes de energia e cabos**	—	—	—	—	
12	Fazer pedido de fontes de energia e cabos	6	7	8	2	
13	Instalar fontes de energia	5	5	11	12, 16	
14	Instalar cabos	6	8	10	12, 16	✓
15	Renovação do centro de dados	19	20	27	3, 4	
16	Vistoria municipal	1	2	3	3, 7, 10	✓
17	**Reuniões de transferência**	—	—	—	—	
18	Instalações	7	8	9	14	
19	Operações/sistemas	5	7	9	14	
20	Operações/telecomunicações	6	7	8	14	
21	Sistemas e aplicações	7	7	13	14	
22	Atendimento ao cliente	5	6	13	14	✓
23	Verificação de energia	0,5	1	1,5	13, 14, 15	✓
24	Instalar servidores de teste	5	7	9	18, 19, 20, 21, 22, 23	✓
25	Verificação de segurança de gerenciamento	1	2	3	7, 23, 24	✓
26	Verificação dos sistemas primários	1.5	2	2.5	25	✓
27	Fixar data da mudança	1	1	1	26	✓
28	Concluir mudança	1	2	3	27	✓

1. Com base nessas estimativas e na duração esperada do projeto resultante, de 69 dias, o comitê executivo quer saber qual é a probabilidade de concluir o projeto antes de um tempo programado (T_s) de 68 dias?
2. A relevância deste projeto deixa o comitê executivo muito preocupado. Ele decidiu serem necessárias mais análises da duração de cada atividade. Antes de executar o trabalho, pediu que Brian calculasse a duração esperada do projeto para garantir 93% de chances de conclusão dentro de 68 dias.

ADVANTAGE ENERGY TECHNOLOGY (AET) — SISTEMA DE CONTAS A PAGAR

O departamento de vendas da AET está preocupado com uma *start-up* que está prestes a lançar um sistema de contas a pagar trazendo funcionalidades que concorrerão a sério com o sistema atual de Contas a Pagar da AET, em alguns casos superando o que ela oferece.

Tom Wright, desenvolvedor de aplicações sênior na AET, foi encarregado de analisar, desenhar, desenvolver e entregar um novo sistema de contas a pagar (C/P) para os clientes da AET.

Para complicar a questão, o departamento de vendas está preocupado com a recente dificuldade da AET de cumprir as datas de entrega prometidas. Eles convenceram o CEO (Larry Martain) de que terá de ser empreendido um considerável esforço de marketing para convencer os clientes de que devem esperar pelo produto da AET, em vez de passar para o pacote oferecido por um novato no negócio de *software* petrolífero. Além desse esforço, é importante o desempenho do grupo de desenvolvimento de *software*.

Consequentemente, Tom decidiu adotar as seguintes medidas: apertar o trabalho de estimativa por parte dos seus desenvolvedores; incorporar alguns novos procedimentos de estimativa; e usar algumas técnicas PERT para gerar probabilidades associadas às suas datas de entrega.

A equipe de planejamento de Tom fez uma versão provisória do conjunto de atividades e das durações associadas:

	Nome da tarefa	Dur. otimista	Dur. mais provável	Dur. pessimista	Predecessora imediata	Caminho crítico
1	**SISTEMA DE CONTAS A PAGAR**					
2	Reunião de planejamento	1	1	2		✓
3	Atribuição de equipe	3	4	5	2	✓
4	**Especificação do programa**					
5	Requisitos do cliente	8	10	12	3	✓
6	Estudo de viabilidade	3	5	7	5	
7	Análise de sistemas	6	8	10	5	✓
8	Orçamento e cronograma preliminar	1	2	3	7	✓
9	Especificação funcional	3	5	7	7	✓
10	Design preliminar	10	12	14	9	✓
11	Configuração & necessidades de desempenho	3	4	5	10	✓
12	Requisitos de hardware	4	6	8	11	✓
13	Especificação do sistema	5	7	9	10	
14	Design detalhado	12	14	16	12, 13	✓
15	Especificação do programa	8	10	12	14	✓
16	Programação – 1ª fase	27	32	37	15	✓
17	Documentação	14	16	18	10	
18	**Protótipo**					
19	Desenvolvimento	5	7	9	16	✓
20	Teste & *feedback* do usuário	12	14	16	19	✓
21	Programação – 2ª fase	10	12	14	16	
22	Teste beta	18	20	22	21	
23	Pacote final de documentação	9	10	11	17, 20	✓
24	Pacote de treinamento	4	5	6	21SS, 23	✓
25	Lançamento do produto	3	5	7	22, 23, 24	✓

SS = Tempo de espera de início para início

3. Com base nessas estimativas e no caminho crítico, a duração do projeto é estimada em 149 dias. Contudo, um vendedor da AET da região Sudeste descobriu que o pacote de C/P concorrente (com melhorias consideráveis) está programado para ser entregue em aproximadamente 145 dias. A equipe de vendas está muito ansiosa para bater esse tempo de entrega. O comitê executivo pede a Tom uma probabilidade estimada de redução da duração esperada do seu projeto em 2 dias.

4. Tom avisa o comitê executivo que, depois de concluídas todas as estimativas, ele soube que um dos seus dois analistas de sistemas mais importantes talvez tenha de se mudar por sérios motivos de família. Tom ainda acredita muito que, com alguns rearranjos de equipe, assistência de um terceirizado e algumas atividades "com a mão na massa" de sua parte, ele ainda conseguirá cumprir a data de entrega original, centrada em 149 dias.

Essa notícia é muito desconcertante para o comitê e a equipe de vendas. Nesse ponto, o comitê decide que, com base no desempenho de entrega mais recente da AET, uma data de entrega modificada e confortável deve ser comunicada aos clientes da AET – uma que Tom e sua equipe certamente possam cumprir. Consequentemente, pede-se que Tom calcule a duração esperada do projeto para garantir uma chance de conclusão de 98% dentro de 160 dias – isto é, uma data "publicada e certeira", que possa ser comunicada aos clientes.

CAPÍTULO OITO

Cronograma de recursos e custos

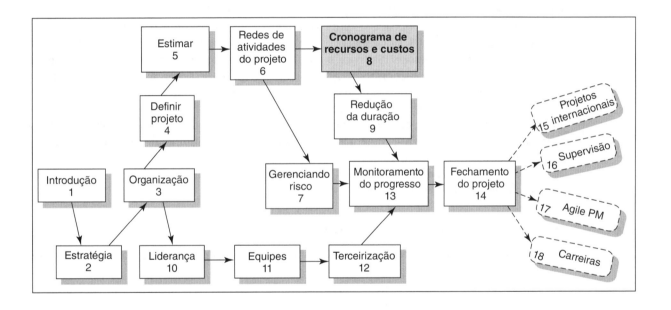

Cronograma de recursos e custos
Panorama do problema de planejamento de recursos
Tipos de restrições de recursos
Classificação de um problema de cronograma
Métodos de alocação de recursos
Demonstração computadorizada de cronograma restrito por recursos
Distribuição das atividades
Benefícios do cronograma de recursos
Atribuição de trabalho de projeto
Planejamento de recursos para múltiplos projetos
Uso do cronograma de recursos para desenvolver uma linha de base de custo do projeto
Resumo
Apêndice 8.1: A abordagem de corrente crítica

Os tempos de rede do projeto só se tornam um plano quando os recursos lhe são atribuídos. As estimativas de tempo só se tornam um orçamento quando estão em um cronograma.

Enfatizamos constantemente que o planejamento desde o início resulta em grandes retornos. Quem examinou diligentemente os capítulos anteriores sobre processos de planejamento já está quase pronto para lançar o próprio projeto. Este capítulo finaliza as duas tarefas de planejamento que se tornam o plano-mestre do projeto: cronograma de recursos e custos (ver Figura 8.1). Esse processo usa o cronograma de recursos para atribuir custos em um cronograma, que proporcionam a *linha de base* do orçamento do projeto. Dada essa linha de base em fases cronológicas, podem ser feitas comparações entre cronograma e custos efetivos e planejados. Este capítulo discute primeiro o processo de desenvolvimento do cronograma de recursos do projeto, a ser será usado para atribuir os valores orçados em fases cronológicas e criar uma **linha de base orçamentária** para o projeto.

Sempre existem mais propostas de projetos do que recursos disponíveis. O sistema de prioridades precisa selecionar aqueles que mais contribuem para os objetivos da empresa, dentro das restrições de recursos disponíveis. Se todos os projetos e seus respectivos recursos forem programados no computador, podem-se avaliar rapidamente a viabilidade e o impacto de acrescentar um projeto novo àqueles em curso. Com essas informações, a equipe de prioridades de projetos só acrescenta um projeto novo se houver recursos disponíveis para serem comprometidos formalmente com esse projeto específico. Este capítulo examinará métodos de programação de recursos para que a equipe possa emitir julgamentos realistas sobre disponibilidade de recursos e duração dos projetos. O gestor do projeto usa o mesmo cronograma para implementar o projeto. Se ocorrerem mudanças durante a implementação, o cronograma computadorizado é facilmente atualizado e os resultados facilmente avaliados.

Panorama do problema de planejamento de recursos

Após atribuídos estafe e outros recursos ao seu projeto, uma gerente de projetos relacionou as seguintes perguntas que ainda precisavam ser respondidas:
- A mão de obra e/ou equipamento serão adequados e estarão disponíveis para o meu projeto?
- Terceiros serão contratados?
- Existem dependências imprevistas de recursos? Há um novo caminho crítico?
- Quanta flexibilidade temos para usar os recursos?
- O prazo original é realista?

Está claro que ela tem uma boa compreensão dos problemas que está enfrentando. Todo sistema de programação de projeto deve facilitar que perguntas assim sejam fácil e rapidamente respondidas.

Os tempos de duração planejada da rede e das atividades do projeto que apareceram nos capítulos anteriores não tratavam de uso e disponibilidade de recursos. As estimativas de duração dos

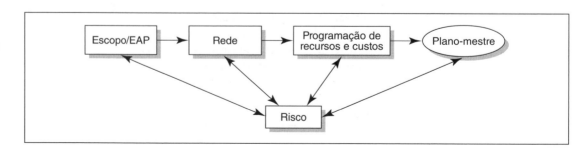

FIGURA 8.1 Processo de planejamento de projetos

tempos dos pacotes de trabalho e da rede eram feitas independentemente, com a presunção implícita de que haveria recursos disponíveis. Esse pode ou não ser o caso.

Se os recursos forem adequados, mas a demanda variar amplamente durante a vida do projeto, pode ser desejável nivelar a demanda atrasando atividades não decisivas (usando a folga) para abaixar o pico de demanda, aumentando, assim, a utilização dos recursos. Esse processo é chamado de **nivelamento de recursos**.

Contudo, se os recursos não forem adequados para cumprir as demandas de pico, o começo de algumas atividades deve ser postergado e a duração do projeto deve ser aumentada. Esse processo é chamado de *programação restrita por recursos*. Um estudo de Woodworth e Willie (1975) com mais de 50 projetos concluiu que as durações da rede do projeto aumentavam 38% quando os recursos eram programados.

As consequências de não programar recursos limitados são caras e atrasos de projeto costumam se manifestar no meio dele, quando medidas corretivas são difíceis. Uma consequência adicional de não programar recursos é ignorar os picos e vales do uso dos recursos ao longo da duração do projeto. Como os recursos de projeto, em geral, estão comprometidos em excesso e dificilmente estão alinhados por disponibilidade e necessidade, são necessários procedimentos para lidar com esses problemas. Este capítulo expõe métodos pelos quais os gerentes de projetos podem lidar com a utilização e a disponibilidade de recursos mediante nivelamento de recursos e programação restrita por recursos.

Até agora, o início e a sequência de atividades se basearam unicamente em considerações técnicas ou lógicas. Por exemplo, a rede de um projeto de estrutura de uma casa pode apresentar três atividades em sequência: (1) fazer as fundações, (2) construir a estrutura e (3) cobrir o telhado. A rede de um projeto de *software* novo pode colocar as atividades da rede em uma sequência de (1) design, (2) código e (3) teste. Em outras palavras, só se pode executar logicamente a atividade 2 após concluir a 1, e assim por diante. A rede do projeto apresenta restrições técnicas (ver Figura 8.2A) e pressupõe que há pessoas e equipamentos disponíveis para realizar o trabalho necessário. Nem sempre é o caso!

A ausência ou escassez de recursos pode alterar drasticamente as restrições técnicas. O planejador da rede de um projeto pode assumir recursos adequados e representar atividades ocorrendo em paralelo. No entanto, atividades paralelas têm potencial de conflitos de recursos. Por exemplo, imagine que você está planejando uma recepção de casamento que abrange quatro atividades: (1) planejar, (2) contratar a banda, (3) decorar o salão e (4) comprar bebidas. Cada atividade toma um dia. As atividades 2, 3 e 4 podem ser feitas em paralelo por pessoas diferentes. Não existe razão técnica ou dependência de uma em relação à outra (Figura 8.2B). Entretanto, se apenas uma pessoa tem de executar todas as atividades, a restrição de recursos exige que sejam realizadas em sequência ou série. Evidentemente, as consequências são o atraso dessas atividades e um conjunto muito diferente de relações de rede (Figura 8.2C). Observe que a dependência de recursos tem prioridade sobre a dependência tecnológica, mas *não a transgride*, isto é: contratar, decorar e comprar podem precisar ocorrer em sequência, em vez de simultaneamente, mas tudo precisar ser concluído para que a recepção possa ocorrer.

As inter-relações e interações entre restrições de tempo e recurso são complexas até mesmo para redes de projetos pequenos. Alguns esforços para examinar essas interações antes que o projeto comece costumam revelar problemas surpreendentes. Gerentes de projetos que não consideram a disponibilidade dos recursos em projetos moderadamente complexos normalmente percebem o problema quando é tarde demais para corrigi-los. Um déficit de recursos pode alterar consideravelmente as relações de dependência, datas de conclusão e custos do projeto. Os gerentes de projetos precisam ter cuidado ao programar recursos para garantir disponibilidade nas quantidades certas e no tempo certo. Felizmente, existem *software*s que conseguem identificar problemas de recursos na fase inicial do planejamento do projeto, quando mudanças corretivas podem ser consideradas. Esses programas só precisam das necessidades de recursos das atividades e de informações de disponibilidade para programar recursos.

Consulte o "Caso Prático: Trabalhando em locais apertados" para uma terceira restrição que afeta cronogramas de projetos.

FIGURA 8.2
Exemplos de restrições

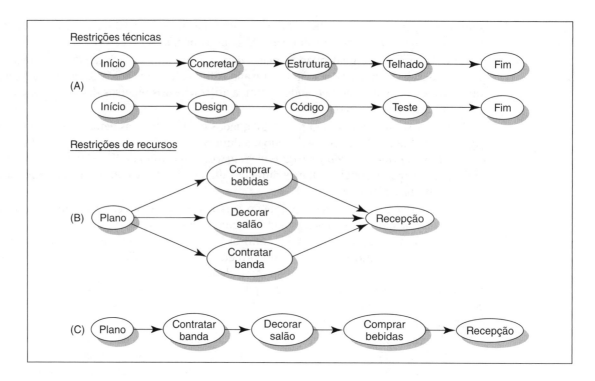

Tipos de restrições de recursos

Recursos são pessoas, equipamentos e materiais que podem ser utilizados para realizar alguma coisa. Em projetos, a disponibilidade ou indisponibilidade de recursos muitas vezes influencia o modo como os projetos são administrados.

1. Pessoas. Recurso mais óbvio e importante de um projeto. Recursos humanos normalmente são classificados pelas habilidades que trazem ao projeto – por exemplo, programador, engenheiro mecânico, soldador, inspetor, diretor de marketing, supervisor. Em casos raros, algumas habilidades são intercambiáveis, mas normalmente com uma perda de produtividade. As muitas habilidades diferentes dos recursos humanos ampliam a complexidade dos cronogramas dos projetos.

2. Materiais. Abrangem um amplo espectro: por exemplo, químicos para um projeto científico; concreto para um projeto de rodovia; dados de pesquisa para um projeto de marketing.

A indisponibilidade e a escassez de material levam a culpa pelo atraso de muitos projetos. Quando se sabe que a indisponibilidade de materiais é importante e provável, os materiais devem ser incluídos no cronograma e no plano da rede do projeto. Por exemplo, entrega e instalação de uma torre petrolífera em uma jazida siberiana têm uma janela de tempo muito pequena durante um mês de verão. Qualquer atraso na entrega significa um dispendioso atraso de um ano. Outro exemplo em que o material era o principal recurso programado foi trazer à superfície e substituir algumas estruturas da ponte Golden Gate, em São Francisco. O trabalho do projeto estava limitado ao período entre meia-noite e 5h, com uma multa de US$ 1 mil por minuto de trabalho além desse horário. A programação da chegada das estruturas de substituição era uma parte extremamente importante da administração dessa janela de cinco horas. A programação dos materiais também ganhou importância no desenvolvimento de produtos para os quais o tempo até o mercado pode resultar em perda de participação de mercado.

3. Equipamento. Equipamento normalmente é apresentado por tipo, tamanho e quantidade. Em alguns casos, podem ser intercambiados para melhorar os cronogramas, mas isso não é comum. O equipamento, muitas vezes, é negligenciado como restrição. A negligência mais comum é assumir que o acervo de recursos é mais que adequado para o projeto. Por exemplo, se o projeto precisa de um trator de terraplenagem daqui a seis meses e a empresa tem quatro deles, é comum supor que o recurso não atrasará o projeto. No entanto, quando o trator for necessário na obra, em seis meses, pode ser que todas as quatro máquinas estejam ocupadas em outros projetos. Em am-

CASO PRÁTICO   Trabalhando em lugares apertados

Em situações raras, fatores físicos podem exigir que atividades que normalmente ocorreriam em paralelo sejam restringidas por condições contratuais ou ambientais. Por exemplo, em teoria, a reforma da cabine de um veleiro envolve quatro ou cinco tarefas que podem ser feitas de forma independente. Entretanto, como o espaço só comporta uma pessoa trabalhando por vez, todas as tarefas têm de ser executadas em sequência. Da mesma forma, em um projeto de mineração, talvez só seja fisicamente possível que dois mineiros trabalhem no mesmo poço por vez. Outro exemplo seria erguer uma torre de comunicação e o trabalho em solo adjacente. Por razões de segurança, o contrato proíbe trabalho em solo dentro de 600 m da construção da torre.

Os procedimentos para lidar com fatores físicos são similares àqueles usados para restrições de recursos.

bientes de múltiplos projetos, é prudente usar um acervo comum de recursos para todos os projetos. Essa abordagem torna necessárias uma verificação de recursos em todos os projetos e a reserva do equipamento para necessidades específicas do projeto no futuro. Reconhecer as restrições de equipamento antes de o projeto começar evita altos custos de compressão ou atraso.

Classificação de um problema de cronograma

A maioria dos métodos de cronograma disponíveis hoje exige que o gestor do projeto o classifique como *restrito por tempo* ou *restrito por recursos*. Os gerentes de projetos precisam consultar sua matriz de prioridades (Figura 4.2) para determinar em qual caso o projeto se encaixa. Um teste simples para determinar se o projeto é restrito por tempo ou recursos é perguntar: "Se a caminho crítico for atrasado, serão acrescentados recursos para voltar ao cronograma?". Se a resposta for afirmativa, assuma que o projeto é restrito por tempo; se não, assuma que ele é restrito por recursos.

Um **projeto restrito por tempo** é aquele que deve ser concluído até uma data imposta. Se necessário, podem ser acrescentados recursos para isso. Embora o tempo seja o fator decisivo, o uso de recursos não deve ser maior do que o necessário e suficiente.

Um **projeto restrito por recursos** é aquele que assume que o nível de recursos disponíveis não pode ser ultrapassado. Se os recursos forem inadequados, será aceitável atrasar o projeto, mas o mínimo possível.

Em termos de cronograma, restrito por tempo quer dizer que o tempo (a duração do projeto) é fixo e os recursos são flexíveis, ao passo que restrito por recursos significa que os recursos são fixos e o tempo é flexível. Na próxima seção, são apresentados métodos para programar esses projetos.

Métodos de alocação de recursos

Pressupostos

A demonstração mais fácil dos métodos de alocação disponíveis requer alguns pressupostos limitadores para manter a atenção no âmago do problema. O resto do capítulo depende inteiramente dos pressupostos assinalados aqui. Primeiro, não será permitida a divisão de atividades. Isso quer dizer que, depois de colocar uma atividade no cronograma, presuma que se trabalhará nela continuamente até que esteja concluída; assim, uma atividade não pode ser iniciada, parada por um período e, então, finalizada. Segundo, o nível de recursos usados para uma atividade não pode ser alterado. Esses pressupostos limitadores não existem na prática, mas simplificam o aprendizado. É fácil para os novos gerentes de projetos lidar com a realidade de divisão de atividades e alteração do nível de recursos quando se deparam com ela no trabalho.

Projetos restritos por tempo: nivelamento da demanda por recursos

A programação de projetos restritos por tempo se concentra na *utilização* de recursos. Quando a demanda por um tipo específico de recurso é errática, é difícil administrá-la, e a utilização pode ser precária. Os profissionais atacaram o problema da utilização usando técnicas de nivelamento de recursos que equilibram a demanda por um recurso. Basicamente, todas as técnicas de **nivelamento** atrasam atividades não decisivas ao usarem folga positiva para reduzir a demanda de pico e preencher as baixas dos recursos. Um exemplo demonstrará o procedimento básico para um projeto restrito por tempo. Consulte a Figura 8.3.

Para fins de demonstração, o projeto do jardim botânico usa apenas um recurso (retroescavadeiras); todas as retroescavadeiras são intercambiáveis. O gráfico de barras de cima mostra as atividades em uma escala cronológica. As dependências são exibidas pelas setas conectoras verticais. As setas horizontais depois das atividades representam a folga da atividade (por exemplo, a irrigação leva 6 dias para ser concluída, tendo 6 dias de folga). A quantidade de retroescavadeiras necessárias para cada tarefa é exibida no bloco (retângulo) hachurado de duração da atividade. Depois de escarificada a terra e definida a planta baixa, pode-se começar a trabalhar simultaneamente nas

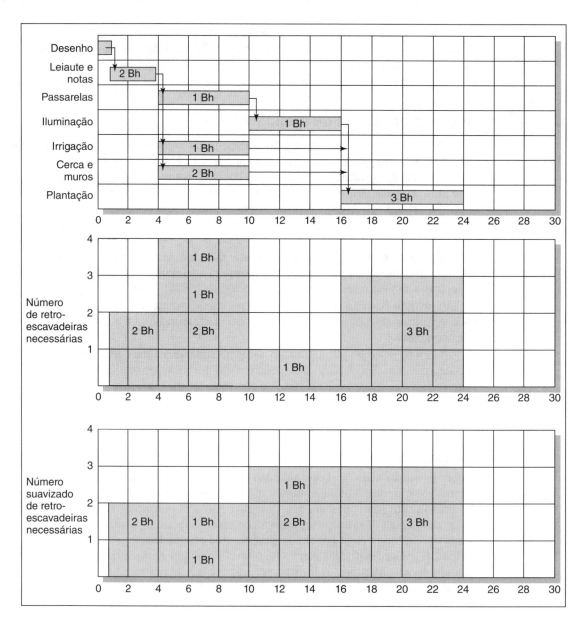

FIGURA 8.3
Jardim Botânico

passagens, na irrigação e nas grades e muros de arrimo. A tabela do meio apresenta o perfil de recursos das retroescavadeiras. Nos períodos de 4 a 10, são necessárias quatro retroescavadeiras.

Como o projeto foi declarado restrito por tempo, a meta será reduzir o requisito de pico para o recurso, aumentando, assim, a utilização dele. Um rápido exame da tabela de carga de recursos de ES (início cedo, do inglês *early start*) sugere que apenas duas atividades têm folga que pode ser usada para reduzir o pico – grades e muros são a melhor opção para aplainar as necessidades de recursos. Outra opção poderia ser a irrigação, mas isso resultaria em um perfil de recurso com altos e baixos. A escolha provavelmente se centrará na atividade percebida com o menor risco de atraso. A tabela de carga de recurso aplainada mostra os resultados do atraso em atividade de grades e muros. Observe as diferenças entre os perfis de recursos. A ideia importante é que os recursos necessários ao longo da vida do projeto foram reduzidos de quatro para três (25%). Além disso, o perfil foi suavizado, tornando-se mais fácil de gerenciar.

O cronograma do projeto do jardim botânico atingiu as três metas do nivelamento:
- O pico da demanda pelo recurso foi diminuído.
- Os recursos ao longo da vida do projeto foram reduzidos.
- As flutuações na demanda do recurso foram minimizadas.

Esta última aprimora a utilização dos recursos. Retroescavadeiras não são fáceis de transportar de um lugar para o outro. Existem custos associados à mudança do nível de recursos necessários. A mesma analogia se aplica à movimentação de pessoas entre diversos projetos. Sabe-se que elas são mais eficientes quando podem concentrar seu esforço em um só projeto, em vez de dividir seu tempo em multitarefas, como, digamos, três projetos.

O lado ruim do nivelamento é a perda de flexibilidade consequente à redução da folga. O risco de que atividades atrasem o projeto também aumenta, pois a redução da folga pode criar mais atividades decisivas e/ou quase. É arriscado levar o nivelamento longe demais, buscando-se um perfil de recurso perfeitamente plano. Aí, todas as atividades se tornam decisivas.

O exemplo do Jardim Botânico dá uma ideia do problema da restrição por tempo e da abordagem do nivelamento. Todavia, na prática, a magnitude do problema é muito complexa, até para projetos pequenos. Soluções manuais não são práticas. Felizmente, os pacotes de *software* disponíveis hoje oferecem rotinas muito boas para nivelar recursos de projeto. Eles, geralmente, usam as atividades que mais têm folga para nivelar os recursos do projeto. A lógica é que as atividades com mais folga são as que apresentam menos risco. Embora isso geralmente seja verdade, outros fatores de risco, como redução da flexibilidade para usar recursos distribuídos em outras atividades e a natureza da atividade (fácil, complexa), não são contemplados por uma lógica assim tão simples. É fácil experimentar muitas alternativas para encontrar a que melhor se encaixa no projeto e minimiza o risco de atrasar o projeto.

Projetos restritos por recursos

Quando a quantidade de pessoas e/ou equipamentos não satisfaz os requisitos de demanda e é impossível obter mais, o gestor do projeto se depara com um problema de restrição por recursos. Ele tem de ceder alguma coisa. O segredo é priorizar e alocar recursos para minimizar o atraso do projeto sem exceder o limite de recursos ou alterar as relações técnicas de rede.

O problema da programação de recursos é uma grande questão combinatória. Isso significa que mesmo a rede de um projeto de tamanho modesto, com uns poucos tipos de recursos, pode ter vários milhares de soluções possíveis. Alguns pesquisadores demonstraram soluções matemáticas *ótimas* para o problema da alocação de recursos, mas apenas para redes pequenas e muito poucos tipos de recursos (Arrow and Hurowicz, 1977; Talbot and Patterson, 1979; Woodworth and Shanahan, 1988). Os imensos requisitos de dados para problemas maiores inviabilizam as soluções matemáticas puras (como programação linear). Uma abordagem alternativa da situação é o uso de **heurística** (regras práticas) para resolver problemas combinatórios grandes, utilizada há muitos anos em decisões práticas ou de prioridade.

O método paralelo:

Período	Ação
	Ver Figura 8.4
0-1	Apenas a atividade 1 está habilitada. Ela exige dois programadores.
	Coloque a atividade 1 no cronograma.
1-2	Nenhuma atividade está habilitada para ser programada.
2-3	As atividades 2, 3 e 4 estão habilitadas para ser programadas. A atividade 3 tem a menor folga (0) – aplique a regra 1.
	Coloque a atividade 3 no cronograma.
	A atividade 2 vem a seguir, com uma folga de 2; porém, a atividade 2 exige dois programadores e apenas um está disponível.
	Atrase a atividade 2. Atualização: ES = 3, folga = 1.
	A próxima atividade habilitada é a 4, já que só exige um programador.
	Coloque a atividade 4 no cronograma.
	Ver Figura 8.5
3-4	A atividade 2 está habilitada, mas excede o limite de três programadores do acervo.
	Atrase a atividade 2. Atualização: ES = 4, folga = 0.
4-5	A atividade 2 está habilitada, mas excede o limite de três programadores do acervo.
	Atrase a atividade 2. Atualização: ES = 5, LF = 11, folga = –1.
	Atrase a atividade 7. Atualização: ES = 11, LF = 13, folga = –1.
5-6	A atividade 2 está habilitada, mas excede o limite de três programadores do acervo.
	Atrase a atividade 2. Atualização: ES = 6, LF = 12, folga = –2.
	Atrase a atividade 7. Atualização: ES = 12, LF = 14, folga = –2.
6-7	As atividades 2, 5 e 6 estão habilitadas, com folga de –2, 2 e 0, respectivamente.
	Coloque a atividade 2 no cronograma (regra 1).
	Como a atividade 6 tem 0 de folga, é a próxima atividade habilitada.
	Coloque a atividade 6 no cronograma (regra 1).
	O limite de programadores de 3 é alcançado.
	Atrase a atividade 5. Atualização: ES = 7, folga = 1.
7-8	O limite é alcançado. Não há programadores disponíveis.
	Atrase a atividade 5. Atualização: ES = 8, folga = 0.
8-9	O limite é alcançado. Não há programadores disponíveis.
	Atrase a atividade 5. Atualização: ES = 9, LF = 11, folga = –1.
9-10	O limite é alcançado. Não há programadores disponíveis.
	Atrase a atividade 5. Atualização: ES = 10, LF = 12, folga = –2.
10-11	A atividade 5 está habilitada.
	Coloque a atividade 5 no cronograma.
	(Observação: a atividade 6 não tem folga porque não existem programadores disponíveis – máximo de 3.)
11-12	Nenhuma atividade habilitada.
12-13	A atividade 7 está habilitada.
	Coloque a atividade 7 no cronograma.

A heurística nem sempre gera um cronograma ideal, mas é muito deficiente na geração de um cronograma "bom" para redes muito complexas, com muitos tipos de recursos. A eficiência das diferentes regras e combinações de regras está muito bem documentada (Pascoe, 1965; Fendly, 1968). Entretanto, como cada projeto é único, é inteligente testar diversos conjuntos de heurísticas em uma rede para determinar as regras de alocação de prioridades que diminuam o atraso do projeto. Os *software*s atuais facilitam muito o trabalho do gestor de projetos de criar um bom cronograma de recursos para o projeto. Um exemplo simples de abordagem heurística é ilustrado aqui.

A heurística aloca recursos para as atividades que minimizam o atraso do projeto, isto é, determina quais atividades recebem recursos e quais serão postergadas quando os recursos não são adequados.

O método paralelo é o mais comum na aplicação da heurística, o que costuma minimizar consistentemente o atraso dos projetos quando há uma grande variedade deles. O método paralelo é

um processo iterativo que inicia com o começo do tempo do projeto e, quando os recursos necessários excedem os recursos disponíveis, retém as atividades primeiro pelas regras de prioridade:
1. Folga mínima.
2. Menor duração.
3. Número de identificação de atividade mais baixo.

Aquelas que não podem ser programadas sem atrasar as outras são empurradas adiante no tempo. Entretanto, não tente mexer em atividades já iniciadas. Ao considerar as atividades que não serão atrasadas, tenha em conta os recursos que cada uma usa. Em qualquer período em que duas ou mais atividades exigem o mesmo recurso, aplicam-se as regras de prioridade. Por exemplo, se no período 5 três atividades podem começar (isto é, têm o mesmo ES) e exigem o mesmo recurso, a primeira atividade posta no cronograma seria aquela com menos folga (regra 1). Porém, se todas as atividades tiverem a mesma folga, seria invocada a regra seguinte (regra 2), e a atividade com a menor duração seria colocada primeiro no cronograma. Em casos muito raros, quando todas as atividades qualificadas têm a mesma folga e a mesma duração, o empate é desfeito por meio do número mais baixo de identificação de atividade (regra 3), pois cada atividade tem um número exclusivo de ID.

Quando se alcança o limite de um recurso, o início cedo (ES) das atividades sucessoras que ainda não estão no cronograma é atrasado (sem nenhuma das atividades sucessoras com folga livre), sendo sua folga diminuída. Nos períodos subsequentes, o procedimento é repetido até que o projeto esteja programado. O procedimento é demonstrado a seguir; veja a Figura 8.4. As áreas hachuradas da tabela de carga de recurso representam o "intervalo de programação" do cronograma *restrito por tempo* (ES até LF). Pode-se programar o recurso em qualquer lugar *dentro* do intervalo sem atrasar o projeto. Programar a atividade além do LF atrasará o projeto.

Os programadores são limitados a três. Siga as ações descritas nas Figuras 8.4 e 8.5. Observe que o limite de três programadores começa a atrasar o projeto.

Veja que é necessário atualizar cada período para refletir mudanças nos tempos de início cedo e de folga das atividades, de modo que a heurística reflita as mudanças nas prioridades. Ao usar o método de programação paralela, a rede da Figura 8.5, reflete a nova data programada de 14 unidades de tempo, em vez da duração de projeto restrita por tempo de 12 unidades de tempo. A rede também foi revisada para refletir os novos tempos de início, fim e folga de cada atividade. Observe que a atividade 6 ainda é decisiva e tem uma folga de 0 unidades de tempo porque não há recursos disponíveis (eles estão sendo usados nas atividades 2 e 5). Compare a folga de todas as atividades constantes nas Figuras 8.4 e 8.5; a folga foi diminuída consideravelmente. Observe que a atividade 4 só tem duas unidades de folga, em vez do que parecem ser 6 unidades de folga. Isso ocorre porque apenas três programadores estão disponíveis, e eles são necessários para satisfazer os requisitos de recursos das atividades 2 e 5. Observe que o número de atividades decisivas (1, 2, 3, 5, 6, 7) aumentou de 4 para 6.

Esse pequeno exemplo demonstra o cenário de programar recursos em projetos reais e o consequente aumento do risco de se atrasar. Na prática, esse não é um problema trivial! Gerentes que não programam recursos normalmente se deparam com esse risco de cronograma quando é tarde demais para contornar o problema, resultando em um atraso no projeto.

Já que usar manualmente o método paralelo é impraticável em projetos do mundo real por causa do tamanho, os gerentes de projetos se valem de *software*s para programar recursos de projetos.

Demonstração computadorizada de cronograma restrito por recursos

Felizmente, *software*s de gerenciamento de projetos são capazes de avaliar e resolver complicados cronogramas restritos por recursos usando heurísticas semelhantes às já descritas. Utilizaremos o projeto do EMR para demonstrar como isso foi feito com o MS Project. É importante notar que o *software* não está "gerenciando" o projeto. O *software* é simplesmente uma ferramenta que o gestor do projeto usa para visualizar o projeto de diferentes perspectivas e condições. Consulte o "Caso Prático: Avaliação de alocação de recursos", para obter mais dicas sobre avaliação de problemas de recursos.

FIGURA 8.4 Cronograma restrito por recursos para os períodos 2-3

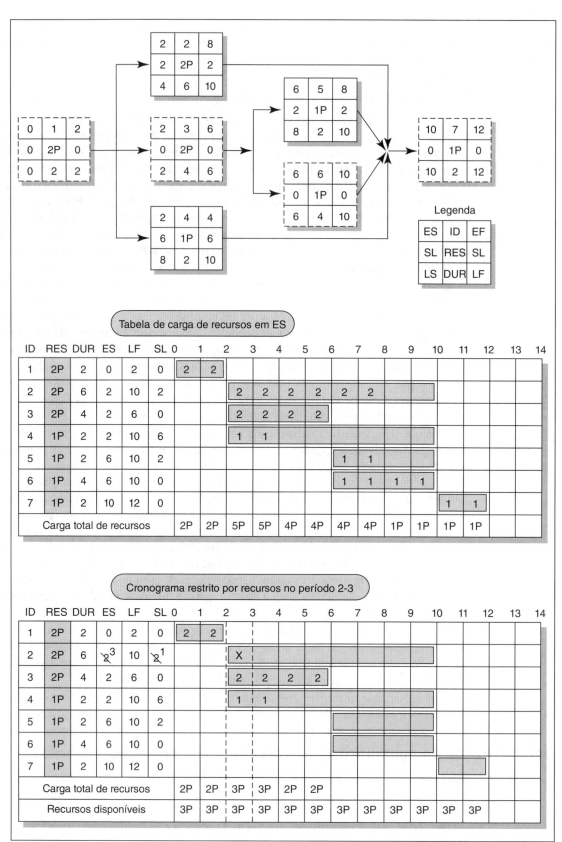

FIGURA 8.5
Cronograma restrito por recursos para os períodos 5-6

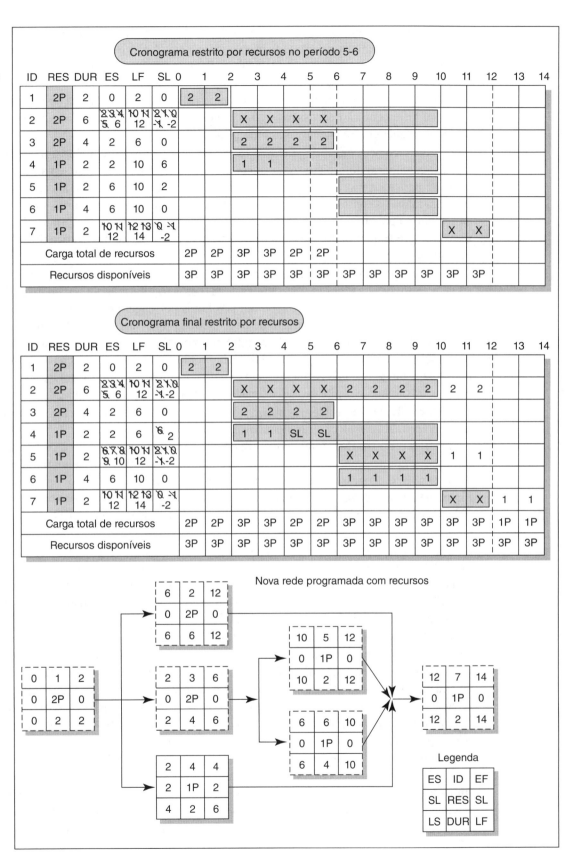

EMR é o nome dado ao desenvolvimento de um guia de referência médico eletrônico portátil, a ser usado por técnicos e paramédicos de emergência. A Figura 8.6 apresenta uma rede limitada por tempo para a fase de desenho do projeto. Para os fins deste exemplo, assumimos que apenas engenheiros projetistas são necessários para as tarefas e que eles são intercambiáveis. A quantidade de engenheiros projetistas necessários para realizar cada tarefa está assinalada na rede, onde 500% significa que são necessários cinco deles. Por exemplo, a atividade 5, especificações dos atributos, requer quatro engenheiros projetistas (400%).

O projeto começa em 1º de janeiro e termina em 14 de fevereiro, tendo uma duração de 45 dias úteis. O calendário do projeto foi ajustado para funcionar sete dias por semana, para que o leitor possa acompanhar e ver com mais facilidade os resultados e impactos dos recursos (similares às soluções manuais constantes nos exercícios do capítulo). O gráfico de barras limitado (restrito) por tempo para o projeto é exibido na Figura 8.7 e incorpora as mesmas informações usadas para desenvolver a rede do projeto, mas apresenta o projeto na forma de um gráfico de barras ao longo de uma linha do tempo.

Por fim, apresenta-se uma tabela de uso de recursos para um segmento do projeto (de 15 para 23 de janeiro); veja a Figura 8.8A. Observe que o projeto limitado por tempo exige 21 engenheiros projetistas em 18 e 19 de janeiro (168 horas/8 horas por engenheiro = 21 engenheiros). Esse segmento representa o pico de requisito de engenheiros projetistas do projeto. Entretanto, em função da escassez desses profissionais e do comprometimento com outros projetos, apenas oito engenheiros podem ser atribuídos ao projeto. Isso cria problemas de sobrealocação, detalhados na Figura 8.8B, que é um gráfico de carga de recurso para engenheiros projetistas. Observe que o pico é 21 engenheiros, sendo o limite de oito exibido pela área sombreada em cinza.

Para resolver esse problema, utilizamos a ferramenta de "nivelamento" dentro do *software*, tentando primeiro resolver o problema nivelando apenas dentro da folga. Tal solução preservaria a data de fim original. Entretanto, como esperado, isso não resolve todos os problemas de alocação. A opção seguinte é permitir que o *software* aplique heurística de cronograma e nivele fora da folga. O novo cronograma consta no gráfico revisado da rede limitada por recursos apresentado na Figura 8.9. A rede de projeto limitada por recursos indica que a duração do projeto agora foi estendida para 26/02, ou 57 dias úteis (contra os 45 dias do tempo delimitado). O caminho crítico agora é 2, 3, 9, 13.

A Figura 8.10 apresenta o gráfico de barras do projeto e os resultados de se nivelar o cronograma do projeto para refletir a disponibilidade de apenas oito engenheiros projetistas. A aplicação de heurística pode ser vista na programação das atividades de especificações internas, externas e de atributos. Todas as três atividades estavam originalmente programadas para iniciar imediatamente após a atividade 1, decisões arquitetônicas.

Isso é impossível, uma vez que as três atividades exigem coletivamente 14 engenheiros. O *software* opta por programar a atividade 5 primeiro porque ela está no caminho crítico original e tem folga zero (regra heurística nº 1). Em seguida, e simultaneamente, a atividade 4 é escolhida em detrimento da 3 porque tem uma duração menor (regra heurística nº 2); especificações internas, atividade 3, é atrasada devido à limitação de oito engenheiros projetistas. Observe que o caminho crítico original não se aplica mais por causa das dependências de recursos criadas por haver apenas oito engenheiros projetistas. Consulte a Figura 8.9 para ver o caminho crítico original planejado.

Compare o gráfico de barras da Figura 8.10 com o gráfico de barras limitado por tempo da Figura 8.7. Por exemplo, observe as diferentes datas de início para a atividade 8 (tela). No plano limitado por tempo (Figura 8.7), a data de início da atividade 8 é 18/01, ao passo que a data de início no cronograma limitado por recursos (Figura 8.10) é 16/02, quase 1 mês depois!

Embora gráficos de recursos em barra sejam comumente usados para ilustrar problemas de sobrealocação, preferimos visualizar tabelas de uso de recursos, como a apresentada na Figura 8.8A. Essa tabela lhe diz quando você tem um problema de sobrealocação e identifica as atividades que a estão causando.

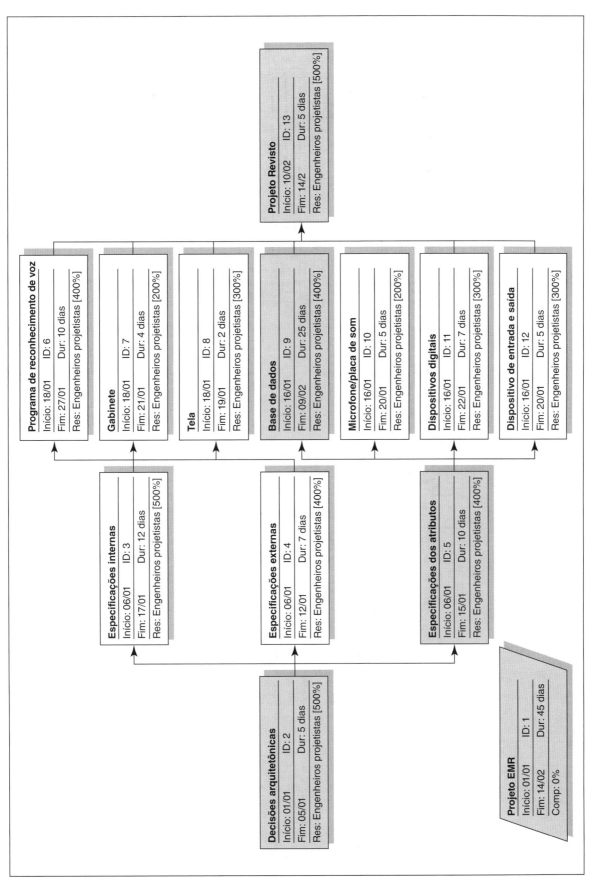

FIGURA 8.6 Cronograma em visualização de rede do projeto EMR antes de nivelar os recursos

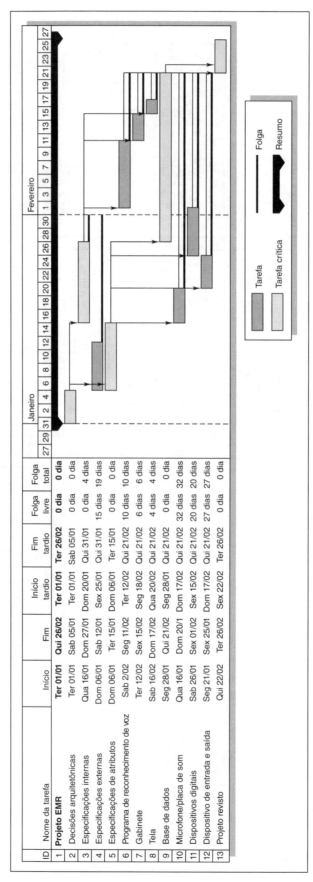

FIGURA 8.7 Projeto EMR antes da adição dos recursos

Nome do recurso	Trabalho	15 jan						21 jan		
		T	Q	Q	S	S	D	S	T	Q
Engenheiros projetistas	3.024 h	72h	136h	136h	168h	168h	144h	104h	88h	64h
Decisões arquitetônicas	200 h									
Especificações internas	480 h	40h	40h	40h						
Especificações externas	224 h									
Especificações de atributos	320 h	32h								
Programa de reconhecimento de voz	320 h				32h	32h	32h	32h	32h	32h
Gabinete	64 h				16h	16h	16h	16h		
Tela	48 h				24h	24h				
Base de dados	800 h		32h	32h	32h	32h	32h	32h	32h	32h
Microfone/placa de som	80 h		16h	16h	16h	16h	16h			
Dispositivos digitais	168 h		24h	24h	24h	24h	24h	24h	24h	
Dispositivo de entrada e saída	120 h		24h	24h	24h	24h	24h			
Projeto revisto	200 h									

FIGURA 8.8A Projeto EMR – Visualização de uso de recursos restritos por tempo, 15-23 de janeiro

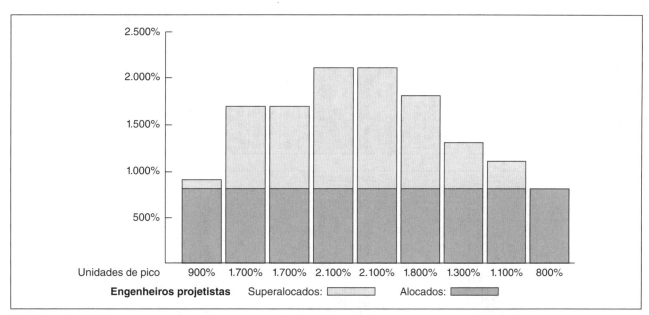

FIGURA 8.8B Gráfico de carga de recursos para o projeto EMR, 15-23 de janeiro

Os impactos do cronograma restrito por recursos

Com o nivelamento de recursos, o planejamento restrito dos recursos implica reduzir a folga, diminuir a flexibilidade do uso desta para garantir a diminuição do atraso e aumentar o número de atividades decisivas e quase decisivas. A complexidade do planejamento é ampliada porque se acrescentam restrições de recurso às restrições técnicas; os tempos de início agora podem ter duas restrições. O conceito tradicional de caminho crítico, com atividades sequenciais do início ao fim do projeto, não tem mais significado. As restrições de recursos podem quebrar a sequência e deixar a rede com um conjunto de atividades decisivas desconjuntadas. Inversamente, atividades paralelas podem se tornar sequenciais. Atividades com folga em uma rede restrita por tempo podem mudar de decisivas para não decisivas.

Distribuição das atividades

Divisão de tarefas é uma técnica de programação usada para obter um cronograma de projeto melhor e/ou aumentar a utilização dos recursos. O planejador divide o trabalho contínuo incluído em

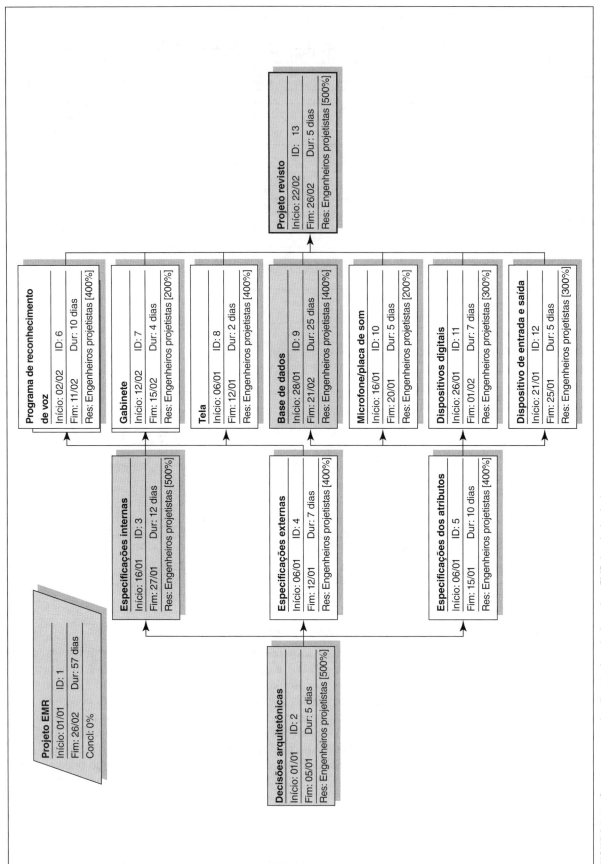

FIGURA 8.9 Cronograma em visualização de rede do projeto EMR depois de nivelar os recursos

Capítulo 8 *Cronograma de recursos e custos* **229**

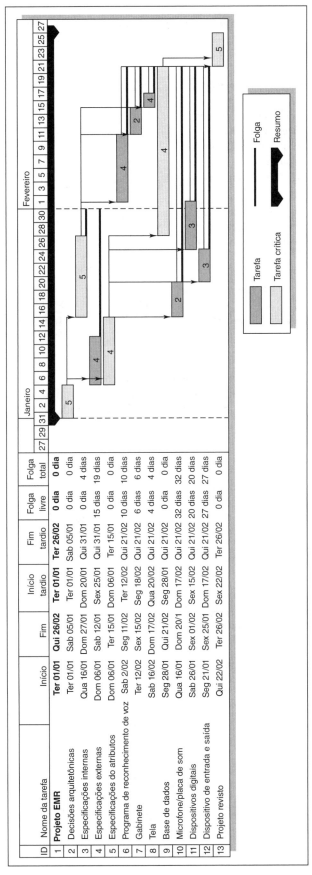

FIGURA 8.10 Projeto EMR com recursos nivelados

CASO PRÁTICO — Avaliação da alocação de recursos

Um dos pontos fortes dos atuais *software* de gerenciamento de projetos é a capacidade de identificar e oferecer opções para resolver problemas de alocação de recursos. Um gestor de projetos que usa o MS Project para planejá-los compartilhou conosco a seguinte lista de verificação útil no manejo dos conflitos de recursos após a atribuição preliminar de recursos.

1. Avalie se você tem problemas de sobrealocação (olhe o *Vermelho* na visualização de planilha de recursos).
2. Identifique onde e quando ocorrem os conflitos, examinando visualmente o uso de recursos.
3. Resolva o problema da seguinte forma:
   a. Substituindo os recursos sobrealocados pelos recursos adequados disponíveis. Veja, então, se isso resolve o problema.
   Se não, tente:
   b. Use a ferramenta de nivelamento e escolha o nível com opção de folga.
      i. Isso resolve o problema? (Ainda há recursos sobrealocados?)
      ii. Cheque a sensibilidade da rede e veja se está aceitável.
   Se não:
   c. Considere dividir tarefas.
      i. Não se esqueça de reajustar as durações das tarefas, levando em conta o tempo adicional de inicialização e desligamento.
4. Se 3 não funcionar:
   a. Use a opção padrão da ferramenta de nivelamento e veja se a nova data de conclusão é satisfatória.
   Se não:
   b. Negocie recursos adicionais para concluir o projeto. Se não for possível:
   c. Considere reduzir o escopo do projeto para cumprir o prazo.

Embora essa lista de verificação faça referências específicas ao MS Project, as mesmas etapas podem ser utilizadas na maioria dos *software* de gerenciamento de projetos.

---

uma atividade interrompendo o trabalho e enviando o recurso para outra atividade por um período de tempo, depois fazendo o recurso retomar o trabalho na atividade original. A divisão pode ser uma ferramenta útil se o trabalho envolvido não inclui grandes custos de inicialização ou desligamento – por exemplo, transferir equipamentos da localidade de uma atividade para outra. O erro mais comum é interromper "trabalho das pessoas", em que há altos custos de inicialização e desligamento conceitual. Por exemplo, interromper o projetista de uma ponte para trabalhar no desenho de outro projeto pode fazê-lo perder quatro dias trocando de bases conceituais entre as duas atividades. O custo pode estar escondido, mas é real. A Figura 8.11 ilustra a natureza do problema da divisão. A atividade original foi dividida em três atividades separadas: A, B e C. Os tempos de desligamento e inicialização estendem o tempo da atividade original.

FIGURA 8.11 Divisão de atividades

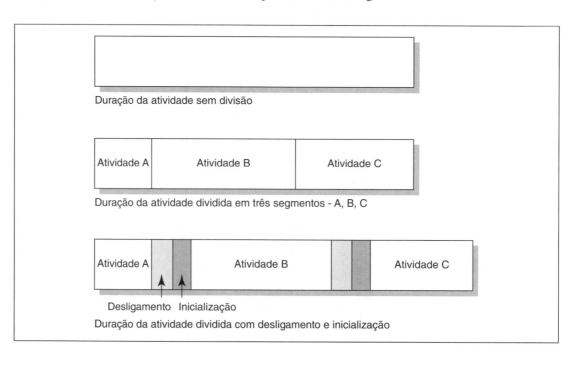

> **CASO PRÁTICO** — Escassez de recursos do Serviço Florestal dos Estados Unidos
>
> Um grande segmento do trabalho de administração das florestas do Serviço Florestal dos Estados Unidos (USFS) é vender madeira madura a madeireiras que cortam as árvores segundo condições contratuais monitoradas pelo órgão. Os proventos são devolvidos ao governo federal. O orçamento alocado a cada floresta depende do plano bienal submetido ao Ministério da Agricultura do país.
>
> A matriz da Olympic Forest, em Olympia, Washington, estava desenvolvendo um plano bienal como base de um financiamento. Todos os distritos na floresta apresentaram seus projetos de venda de madeira (totalizando mais de 50) à matriz que os compilou e os agregou em um plano de projeto para toda a floresta. A primeira versão impressa foi examinada por um pequeno grupo de gerentes seniores para determinar se o plano era razoável e factível. A gerência estava satisfeita e aliviada em perceber que todos os projetos pareciam factíveis na janela de tempo de 2 anos, até que se levantou uma dúvida a respeito da impressão do computador. "Por que todas as colunas rotuladas 'RECURSOS' desses projetos estão em branco?". Um engenheiro respondeu: "Não usamos essa parte do programa".
>
> Na discussão que se seguiu, reconheceu-se a importância dos recursos para concluir o plano bienal, terminando com uma solicitação para "testar o programa com os recursos incluídos". O novo resultado foi surpreendente. O programa de 2 anos transformou-se em um plano de 3 anos e meio, por causa da escassez de mão de obra específica, como engenheiro de rodovias e especialista em impacto ambiental. A análise demonstrou que acrescentar apenas três pessoas qualificadas possibilitaria que se concluísse o plano bienal a tempo. Além disso, a análise posterior mostrou que contratar apenas mais algumas pessoas qualificadas além daquelas três possibilitaria que mais 1 ano de projetos também fosse comprimido no plano bienal. Isso ocasionaria uma receita extra de mais de US$ 3 milhões. O Ministério da Agricultura rapidamente aprovou os dólares extras solicitados para o estafe adicional e obter a receita extra.

Alguns já disseram que a propensão de lidar com escassez de recursos por divisão é uma grande razão por que os projetos não conseguem cumprir o cronograma (cf. Goldratt, 1997; Newbold, 1997). Nós concordamos. Os planejadores devem evitar ao máximo o uso da divisão, salvo em situações em que se sabe que os custos de divisão são pequenos ou quando não há alternativa para resolver o problema de recursos. Os *software* oferecem a opção de divisão para todas as atividades; use-a com parcimônia. Consulte o "Caso Prático: Avaliação de alocação de recursos".

Benefícios do cronograma de recursos

É importante lembrar que se os recursos são realmente limitados e as estimativas de tempo da atividade são precisas, o cronograma restrito por recursos se materializará na medida em que o projeto for implementado – *e não* o cronograma restrito por tempo! Portanto, não programar recursos limitados pode trazer problemas sérios para o gestor do projeto. O benefício de criar esse cronograma *antes* que o projeto comece é ganhar tempo para considerar alternativas razoáveis. Se o atraso programado for inaceitável ou o risco do atraso for alto demais, o pressuposto de restrição por recursos pode ser reavaliado. Podem ser considerados trade-offs custo/tempo. Em alguns casos, é possível mudar as prioridades. Consulte o "Caso Prático: Escassez de recursos do serviço florestal dos Estados Unidos".

O planejamento de recursos dá as informações necessárias para elaborar orçamentos de pacotes de trabalho em fases cronológicas com datas que, uma vez fixadas, proporcionam um meio rápido para que o gestor do projeto calibre o impacto de eventos imprevistos, como rotatividade de empregados, panes de equipamentos ou transferências de pessoal do projeto. Os cronogramas de recursos também possibilitam que os gerentes de projetos avaliem a flexibilidade relativa a certos recursos. Isso é útil quando eles recebem solicitações de outros gerentes para emprestar ou compartilhar recursos. Conceder esses pedidos demonstra boa vontade e enseja um "te devo uma" que pode ser retribuído em tempos de necessidade.

Atribuição de trabalho de projeto

Ao fazer as atribuições individuais, os gerentes de projetos devem adequar, ao máximo possível, as demandas e requisitos do trabalho específico às qualificações e experiências dos participantes

> **CASO PRÁTICO** Gerenciando *geeks**
>
> Eric Schmidt, depois de uma carreira de sucesso na Sun Microsystemas, assumiu a conturbada Novell, Inc., ajudando a empresa a dar uma reviravolta em dois anos. Quatro anos depois, ele se tornou o CEO da Google. Um dos segredos do seu sucesso é a capacidade de gerenciar os magos da técnica que desenvolvem os sofisticados sistemas, *hardware* e *software* que são a espinha dorsal das empresas impulsionadas pela eletrônica. Ele usa o termo *geek* (e ele pode, pois é um deles, tendo doutorado em ciências da computação) para descrever esse grupo de tecnólogos que comanda o mundo cibernético.
>
> Schmidt tem algumas ideias muito interessantes sobre atribuir *geeks* a projetos. Ele acha que colocar *geeks* com outros *geeks* em equipes de projeto cria uma pressão de pares produtiva. Os *geeks* se importam muito com a forma como os outros *geeks* os percebem. Eles são bons em julgar a qualidade do trabalho técnico, rápidos para elogiar e também criticar o trabalho uns dos outros. Alguns *geeks* são intoleravelmente arrogantes, mas Schmidt argumenta que fazê-los trabalhar juntos em projetos é o melhor jeito de controlá-los — deixando-os controlar uns aos outros.
>
> Ao mesmo tempo, Schmidt assevera que às vezes há *geeks* demais para pouco índio. Com isso ele quer dizer que quando há *geeks* demais em uma equipe de desenvolvimento, existe a tendência de se olhar intensamente para o próprio umbigo técnico. Os membros perdem os prazos de vista, e os atrasos são inevitáveis. Para combater essa tendência, ele recomenda que se usem *geeks* apenas em grupos pequenos e que se fragmentem projetos grandes em menores e mais gerenciáveis para que equipes menores de *geeks* possam ser atribuídas a eles. Isso mantem o projeto no prazo e torna as equipes responsáveis umas perante as outras.
>
> * Russ Mitchel, "How to Manage Geeks," *Fast Company* (May 31, 1999), pp. 175–80.

disponíveis. Assim, haverá uma tendência natural a atribuir as melhores pessoas às tarefas mais difíceis. Os gerentes de projetos precisam ter cuidado para não exagerar nisso. Ao longo do tempo, essas pessoas podem acabar se ressentindo com o fato de sempre receberem as incumbências mais árduas. Ao mesmo tempo, os participantes menos experientes podem se ressentir com o fato de que nunca têm a oportunidade de expandir sua base de habilidades/conhecimentos. Os gerentes de projetos precisam equilibrar o desempenho da tarefa com a necessidade de desenvolver os talentos das pessoas designadas para o projeto.

Os gerentes de projetos precisam decidir não apenas quem faz o quê, mas quem trabalha com quem. É preciso considerar diversos fatores ao decidir os parceiros de trabalho. Primeiro, para minimizar a tensão desnecessária, os gerentes precisam escolher pessoas com hábitos de trabalho e personalidades compatíveis, mas que se complementam (ou seja, o ponto fraco de uma é o ponto forte da outra). Por exemplo, uma pessoa pode ser brilhante na resolução de problemas complexos, mas desajeitada na documentação do respectivo progresso. Seria inteligente juntá-la a alguém bom em prestar atenção a detalhes. Experiência é outro fator. Veteranos devem ser agrupados com novas contratações: eles podem não apenas dividir sua experiência, mas também ajudam a familiarizar os novatos com os costumes e normas da empresa. Por fim, devem ser consideradas as necessidades futuras. Quando o gestor lida com pessoas que nunca trabalharam juntas antes, mas que deverão fazê-lo mais adiante no projeto, seria inteligente aproveitar oportunidades de reuni-las já no início para que possam se conhecer. Por fim, consulte o "Caso Prático: Gerenciando *geeks*" para ver alguns pensamentos interessantes sobre como a Novell, Inc. monta equipes.

Planejamento de recursos para múltiplos projetos

Para fins de clareza, discutimos questões de alocação de recursos-chave no contexto de um único projeto. Na realidade, a alocação de recursos normalmente ocorre em um ambiente de múltiplos projetos, em que as demandas de um projeto precisam ser conciliadas com as necessidades de outros. As empresas precisam desenvolver e administrar sistemas para alocar e programar recursos de maneira eficiente em vários projetos com diferentes prioridades, requisitos de recursos, conjuntos de atividades e riscos. O sistema deve ser dinâmico e capaz de acomodar novos projetos, assim como realocar os recursos após concluído o trabalho do projeto. Embora as mesmas questões e recursos que se aplicam a um único projeto também sejam empregados nesse ambiente de múltiplos projetos, as aplicações e soluções são mais complexas, dada a interdependência entre eles.

A seguir, são listados três dos problemas mais comuns encontrados no gerenciamento de cronogramas de recursos de múltiplos projetos. Observe que são manifestações macro de problemas de projeto único, agora ampliados em um ambiente de múltiplos projetos:

1. **Atraso geral do cronograma.** Como os projetos geralmente compartilham recursos, atrasos em um projeto podem ter um efeito dominó, atrasando outros projetos. Por exemplo, o trabalho em um projeto de desenvolvimento de *software* pode estacar porque os codificadores programados para a próxima tarefa decisiva se atrasam na conclusão do seu trabalho em outro projeto de desenvolvimento.
2. **Utilização ineficiente de recursos.** Uma vez que os projetos tenham cronogramas e requisitos diferentes, existem picos e baixas nas demandas gerais de recursos. Por exemplo, uma empresa pode ter uma equipe de 10 eletricistas para satisfazer picos de demanda, quando apenas cinco deles são necessárias em condições normais.
3. **Gargalos de recursos.** Atrasos e cronogramas são estendidos como resultado da escassez de concorridos recursos exigidos por múltiplos projetos. Por exemplo, em uma instalação da Lattice Semiconductor, os cronogramas dos projetos ficaram atrasados por causa de concorrência pelo acesso ao equipamento de teste necessário para fazer o debug dos programas. Da mesma forma, diversos projetos em uma área florestal dos Estados Unidos foram estendidos porque só havia um silvicultor no estafe.

Para lidar com esses problemas, cada vez mais empresas criam escritórios ou departamentos de projeto que supervisionem a programação de recursos entre múltiplos projetos. Uma abordagem para a programação de recursos em múltiplos projetos é usar a regra de quem chegou primeiro. Cria-se um sistema de fila de projetos, no qual os projetos em andamento têm precedência sobre os novos. Os cronogramas dos projetos novos são baseados na disponibilidade projetada dos recursos. Essa fila tende a levar a estimativas de conclusão mais confiáveis, sendo preferível em projetos contratados com multas pesadas por atraso. As desvantagens dessa abordagem enganosamente simples são que ela não utiliza os recursos de modo ótimo nem leva em conta a prioridade do projeto. Consulte o "Caso Prático: Programação de recursos em múltiplos projetos".

Muitas empresas utilizam processos mais elaborados para programar recursos e aumentar a capacidade de iniciar projetos. A maioria desses métodos aborda o problema tratando os projetos individuais como parte de um "megaprojeto", adaptando a ele a heurística de programação que apresentamos. Os programadores de projetos monitoram o uso de recursos e providenciam cronogramas atualizados com base no progresso e na disponibilidade de recursos entre todos os projetos. Um grande avanço do *software* de gerenciamento de projetos nos últimos anos foi a capacidade de priorizar a alocação de recursos para projetos específicos. Os projetos podem ser priorizados em ordem ascendente (por exemplo, 1, 2, 3, 4...), e essas prioridades controlam a heurística de programação de modo a encaminhar os recursos para o projeto mais alto na lista de prioridades (observação: essa melhoria se encaixa perfeitamente em empresas que usam modelos de prioridades de projetos semelhantes aos descritos no Capítulo 2). A programação centralizada de projeto também facilita que se identifiquem gargalos de recursos que emperram o progresso dos projetos. Uma vez identificado, o impacto dos gargalos pode ser documentado e usado para justificar a aquisição de equipamentos adicionais, o recrutamento de profissionais disputados ou o atraso do projeto.

Por fim, muitas empresas estão usando a terceirização para lidar com problemas de alocação de recursos. Em alguns casos, elas reduzem os projetos que têm de administrar internamente apenas àqueles centrais, terceirizando os outros não tão decisivos para contratados e consultorias. Em outros casos, segmentos específicos de projetos são terceirizados para superar deficiências de recursos e problemas de programação. As empresas podem contratar trabalhadores temporários para agilizar determinadas atividades que estão ficando fora do cronograma ou projetos contratados em período de pico, quando há recursos internos insuficientes para satisfazer as demandas de todos os

> **CASO PRÁTICO** — Programação de recursos em múltiplos projetos
>
> Os praticantes conhecem bem os argumentos a favor de uma fonte central que supervisione a programação de recursos nos projetos. Eis uma sinopse de uma conversa com um gerente médio.
>
> *Entrevistador:* Parabéns por sua proposta de programação de múltiplos projetos ter sido aceita. Todos me dizem que você foi muito persuasivo.
>
> *Gerente médio:* Obrigado. Desta vez, ser aceito foi fácil. O conselho reconheceu rapidamente que não temos opção se quisermos ficar à frente da concorrência colocando nossos recursos nos projetos certos.
>
> *Entrevistador:* Você já tinha apresentado isso ao conselho antes?
>
> *Gerente médio:* Sim, mas não nesta empresa. Apresentei a mesma ideia na empresa em que trabalhava dois anos atrás. Na reunião de revisão anual, fui encarregado de apresentar uma proposta que sugerisse a necessidade e os benefícios de um planejamento central de capacidade de recursos para gerenciar os projetos da empresa.
>
> Tentei defender que se colocassem os projetos sob um só teto para padronizar práticas e prever e atribuir as pessoas-chave aos projetos decisivos para a missão. Expliquei que benefícios como demandas de recursos seriam alinhados com projetos decisivos para a missão, planejamento proativo de recursos e uma ferramenta para detectar gargalos de recursos e resolver conflitos.
>
> Quase todo mundo concordou que era uma boa ideia. Fiquei contente com a apresentação, sentindo-me confiante de que alguma coisa aconteceria. Mas a ideia nunca foi posta em prática de verdade; ela só foi caindo no esquecimento.
>
> Em retrospecto, percebo que os gerentes não confiavam nos colegas dos outros departamentos, então só deram um suporte mais ou menos ao planejamento central de recursos. Eles queriam proteger o próprio terreno e garantir que não teriam de ceder algum poder. A cultura lá era simplesmente inflexível demais para o mundo em que vivemos hoje. Eles ainda estão envolvidos em constantes conflitos entre os projetos.
>
> Ainda bem que vim para esta empresa. A cultura aqui é muito mais voltada a equipes. A gerência está comprometida com a melhoria do desempenho.

projetos. A capacidade de gerenciar mais de maneira eficiente as marés do trabalho de projeto é uma das grandes forças que impelem a terceirização hoje.

Uso do cronograma de recursos para desenvolver uma linha de base de custo do projeto

Finalizadas as atribuições de recurso, podemos desenvolver um cronograma de orçamento de linha de base para o projeto. Usando o cronograma do projeto, é possível colocar os pacotes de trabalho em *fases cronológicas* e designá-los às respectivas atividades programadas a fim de desenvolver um cronograma de orçamento ao longo da vida do projeto. É muito importante compreender o motivo pelo qual, sem um orçamento em fases cronológicas, tornam-se impossíveis um bom cronograma de projeto e um controle de custos.

Por que é necessária uma linha de base orçamentária em fases cronológicas?

Isto é demonstrado no seguinte cenário. O desenvolvimento de um produto novo deve ser concluído em 10 semanas, com um custo estimado de US$ 400 mil semanais, resultando em um custo total de US$ 4 milhões. A gerência quer um relatório de *status* ao fim de 5 semanas. Foram reunidas as seguintes informações:

- Os custos planejados para as primeiras 5 semanas são de US$ 2 milhões.
- Os custos efetivos para as primeiras 5 semanas são de US$ 2,4 milhões.

Como estamos indo? Seria fácil concluir que há um excesso de custo de US$ 400 mil. Mas, na verdade, não temos como saber. Os US$ 400 mil podem representar dinheiro gasto para colocar o projeto à frente do cronograma.

Imagine outro conjunto de dados ao fim de cinco semanas:

- Os custos planejados para as primeiras cinco semanas são de US$ 2 milhões.
- Os custos efetivos para as primeiras cinco semanas são de US$ 1,7 milhão.

O projeto está custando US$ 300 mil a menos do que esperávamos? Talvez. Mas os US$ 300 mil podem representar o fato de que o projeto ficou para trás do cronograma e o trabalho ainda não começou. O projeto poderia estar atrás do cronograma e acima do custo? Impossível responder apenas com esses dados. Os muitos sistemas encontrados no mundo real que usam apenas fundos planejados (um índice de desempenho de custo constante) e custos efetivos (custo realizado) podem dar informações falsas e enganosas. Não há como ter certeza sobre quanto trabalho concreto foi realizado. *Esses sistemas não medem quanto trabalho foi realizado com o dinheiro gasto! Portanto, sem custos em fases cronológicas para confrontar com o cronograma do projeto, é impossível ter informações confiáveis para fins de controle.*

Criação de um orçamento em fases cronológicas

Usando as informações da sua EAP e do cronograma de recursos, você pode criar uma linha de base de custo em fases cronológicas. Lembre-se, da EAP para o Projeto de PC dos Capítulos 4 e 5, que integramos à EAP e à estrutura analítica de organização (OBS) para que os pacotes de trabalho pudessem ser monitorados por entrega e unidade organizacional responsável. Veja a Figura 8.12 para um exemplo do Projeto de Protótipo de PC esquematizado por entrega e unidade organizacional responsável. Para cada ponto de intersecção da matriz EAP/OBS, você vê os orçamentos dos pacotes de trabalho e o custo total. O custo total em cada intersecção é chamado de conta de custo ou de controle. Por exemplo, na intersecção entre a entrega "Cabeçote de leitura/gravação" e o departamento de Produção, vemos que há três pacotes de trabalho, com um orçamento total de US$ 200 mil. A soma de todas as contas de custo em uma coluna deve representar os custos totais da

FIGURA 8.12
Resumo do orçamento de mão de obra direta (US$ mil)

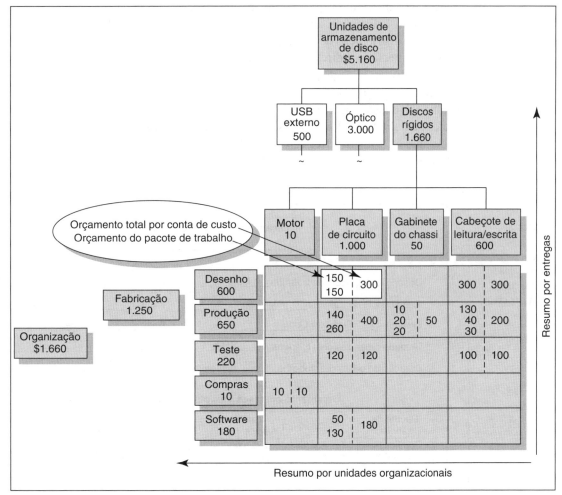

entrega. Por sua vez, a soma das contas de custo em uma linha devem representar os custos ou orçamento da unidade organizacional responsável por realizar o trabalho. Você pode continuar a "centralizar" os custos da EAP/OBS até os custos totais do projeto. Essa EAP dá as informações que você pode utilizar para pôr os pacotes de trabalho em fases cronológicas e atribuí-los às suas respectivas atividades programadas ao longo da vida do projeto.

Recorde, do desenvolvimento da sua estrutura analítica de trabalho para cada pacote de trabalho, do que precisava ser atendido:

1. Definir o trabalho (o que).
2. Identificar o tempo para concluir um pacote de trabalho (quanto tempo).
3. Identificar um orçamento em fases cronológicas para concluir um pacote de trabalho (custo).
4. Identificar os recursos necessários para concluir um pacote de trabalho (quanto).
5. Identificar uma pessoa responsável pelas unidades de trabalho (quem).
6. Identificar pontos de monitoramento para medir o andamento (quão bem).

O item 3 (colocar o pacote de trabalho em fases cronológicas) é decisivo para a etapa final de criação de linha de base orçamentária. O processo de colocação dos pacotes de trabalho em fases cronológicas, ilustrado em seguida, é demonstrado na Figura 8.13. O pacote de trabalho tem duração de 3 semanas. Supondo que mão de obra, materiais e equipamentos sejam controlados separadamente, os custos de mão de obra do pacote de trabalho são distribuídos ao longo de três semanas, na medida em que deverão ocorrer – US$ 40 mil, US$ 30 mil e US$ 50 mil para cada semana, respectivamente. Quando o pacote de trabalho de três semanas é colocado no cronograma da rede, os custos são distribuídos para o orçamento em fases cronológicas para as mesmas três semanas programadas. Felizmente, a maioria dos pacotes de trabalho avulsos tornam-se uma atividade, e o processo de distribuição de custos é relativamente simples. Isto é, a relação é de um para um. Esse timing orçamentário é diretamente do pacote de trabalho para a atividade.

Em alguns casos, uma atividade inclui mais que um pacote de trabalho quando os pacotes são atribuídos a *uma pessoa ou departamento responsável e entrega*. Nessa situação, os pacotes de trabalho são consolidados em uma atividade. Como visto na Figura 8.14, essa atividade inclui dois pacotes de trabalho (WP, do inglês *work package*). O primeiro, WP-1.1.3.2.4.1 (Código), é distribuído durante as primeiras três semanas. O segundo, WP-1.1.3.2.4.2 (Integração), é sequenciado ao longo das semanas 3 e 4. A duração da atividade é de 4 semanas. Quando a atividade é colocada no

FIGURA 8.13
Orçamento por pacote de trabalho em fases cronológicas (apenas custo da mão de obra)

Orçamento em fases cronológicas por pacote de trabalho

Descrição do pacote de trabalho __Teste__   Página __1__ de __1__
ID do pacote de trabalho __1.1.3.2.3__   Projeto __Protótipo de PC__
Entrega __Placa de Circuito__   Data __24/03/xx__
Unidade organizacional responsável __Teste__   Avaliado __CEG__
Duração do pacote de trabalho __3__ semanas   Custo total da mão de obra __US$ 120.000__

Orçamento em fases cronológicas da mão de obra (US$ mil)

Pacote de trabalho	Recurso	Taxa de mão de obra	1	2	3	4	5	Total
Codificação 1.1.3.2.3	Testadores de qualidade	US$ xxx/semana	$40	$30	$50			$120

(Períodos de trabalho - semanas)

FIGURA 8.14 Dois pacotes de trabalho em fases cronológicas (apenas custo da mão de obra)

Orçamento em fases cronológicas por pacote de trabalho
Apenas custo da mão de obra

Descrição do pacote de trabalho _Software_   Página __1__ de __1__
ID do pacote de trabalho **1.1.3.2.4.1 e 1.1.3.2.4.2**   Projeto _Protótipo de PC_
Entrega _Placa de circuito_   Data _24/03/xx_
Unidade organizacional responsável _Software_   Avaliador _LGG_
Duração do pacote de trabalho __4__ semanas   Custo total da mão de obra _US$ 180.000_

Orçamento em fases cronológicas da mão de obra (US$ mil)

Pacote de trabalho	Recurso	Taxa de mão de obra	1	2	3	4	5	Total
Código **1.1.3.2.4.1**	Programadores	US$ 2000/ semana	$20	$15	$15			$50
Integração **1.1.3.2.4.2**	Sistema/ programadores	US$ 2500/ semana			$60	$70		$130
Total			$20	$15	$75	$70		$180

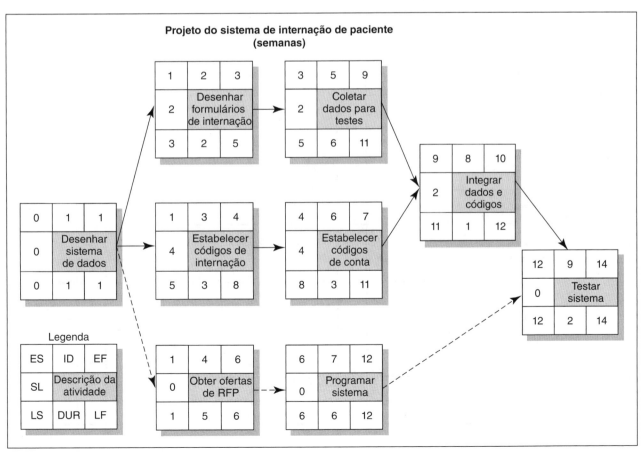

FIGURA 8.15 Rede do projeto de internação de paciente

cronograma, os custos são distribuídos, começando com o início do cronograma – US$ 20 mil, US$ 15 mil, US$ 75 mil e US$ 70 mil, respectivamente.

Esses orçamentos em fases cronológicas para pacotes de trabalho são retirados da EAP e colocados no cronograma do projeto, já que se espera que eles ocorram ao longo da vida do projeto. O resultado dessas alocações orçamentárias é a linha de base de *custo* do projeto (também chamada de **valor planejado – VP**), usada para determinar as variações de custo e cronograma à medida que o projeto é implementado.

A Figura 8.15 mostra o cronograma de rede do Projeto de Internação de Paciente, usado para colocar na linha de base os orçamentos dos pacotes de trabalho em fases cronológicas. A Figura 8.16 apresenta o orçamento de projeto em fases cronológicas do Projeto de Internação de Paciente e o gráfico cumulativo da linha de base orçamentária do projeto. Nessa figura, pode-se ver como os custos dos pacotes de trabalho em fases cronológicas foram colocados na rede e como se desenvolve o gráfico do orçamento cumulativo do projeto. Observe que os custos não precisam ser distribuídos linearmente, mas devem ser posicionados como se espera que ocorrerão.

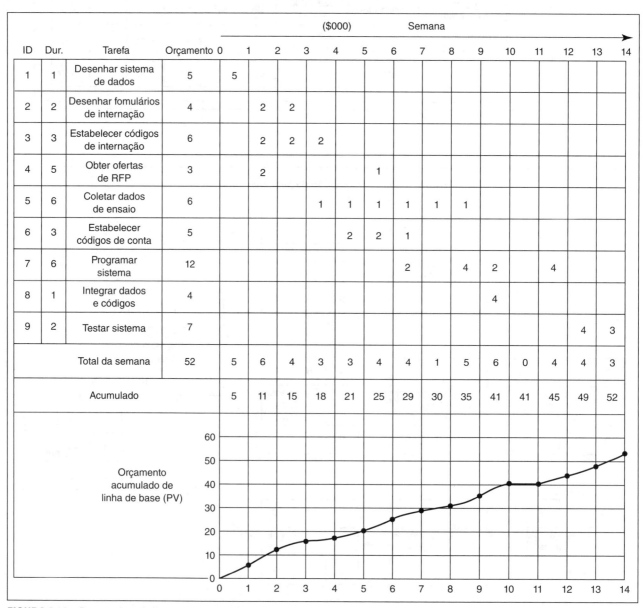

FIGURA 8.16 Pacotes de trabalho em fases cronológicas atribuídos na internação de paciente

Agora, você desenvolveu planos completos de tempo e custo para o seu projeto. Essas linhas de base de projetos serão empregadas para comparar o cronograma e os custos planejados por meio de um sistema integrativo chamado de *valor agregado*. A aplicação e o uso de linhas de base do projeto para medir desempenho são discutidos em detalhes no Capítulo 13. Tendo estabelecido a linha de base orçamentária do seu projeto, você pode gerar as demonstrações de fluxo de caixa dele, como a apresentada na Figura 8.17. Essas demonstrações preparam a empresa para cobrir os custos da vida do projeto. Finalmente, com as atribuições de recursos finalizadas, você pode gerar cronogramas de uso de recursos para o seu projeto (veja a Figura 8.18). Eles mapeiam a mobilização completa de pessoas e equipamentos e podem ser usados para gerar cronogramas de trabalho individuais.

	Janeiro	Fevereiro	Março	Abril	Maio	Junho	Julho
Projeto CEBOO							
Hardware							
Especificações de hardware	$11.480,00	$24.840,00	$3.360,00				
Desenho de hardware			$23.120,00	$29.920,00	$14.960,00		
Documentação de hardware					$14.080,00	$24.320,00	
Protótipos							
Pedir GXs							
Montar modelos pré-produção							
Sistema operacional							
Especificações de kernel	$5.320,00	$9.880,00					
Drivers							
Drivers OC			$3.360,00	$12.320,00	$11.760,00	$12.880,00	
Drivers seriais VO							
Gerenciamento de memória							
Documentação do sistema operacional		$10.240,00	$21.760,00				
Interface de rede							
Utilitários							
Especificações de utilitários				$8.400,00			
Utilitários de rotina				$5.760,00	$21.120,00	$20.160,00	$10.560,00
Utilitários complexos							
Documentação de utilitários				$7.680,00	$17.920,00		
Invólucro							
Integração do sistema							
Decisões arquitetônicas	$20.400,00						
Integração de primeira fase							
Teste H/S do sistema							
Documentação do projeto							
Teste de aceitação de integração							
Total	$37.200,00	$44.960,00	$48.240,00	$55.120,00	$80.400,00	$56.240,00	$23.440,00

FIGURA 8.17 Demonstração de fluxo de caixa mensal do projeto CEBOO

	30/12	06/01	13/01	20/01	27/01	03/02
I. Suzuki	24 h	40 h	40 h	40 h	40 h	40 h
Especificações de hardware				24 h	40 h	40 h
Desenho de hardware						
Documentação de hardware						
Documentação do sistema operacional						
Documentação dos utilitários						
Decisões arquitetônicas	24 h	40 h	40 h	16 h		
J. Lopez	24 h	40 h	40 h	40 h	40 h	40 h
Especificações de hardware				12 h	20 h	20 h
Desenho de hardware						
Protótipos						
Especificações de kernel				12 h	20 h	20 h
Especificações de utilitários						
Decisões arquitetônicas	24 h	40 h	40 h	16 h		
Integração de primeira fase						
J.J. Putz				24 h	40 h	40 h
Documentação de hardware						
Especificações de kernel				24 h	40 h	40 h
Documentação do sistema operacional						
Documentação dos utilitários						
Documentação do projeto						
R. Sexon				24 h	40 h	40 h
Especificações de hardware				24 h	40 h	40 h
Protótipos						
Montar modelos de pré-produção						
Driver OC						
Utilitários complexos						
Integração de primeira fase						
Teste H/S do sistema						
Teste de integração de aceitação						

FIGURA 8.18 Cronograma de uso de recursos semanal do projeto CEBOO

Resumo

Uso e disponibilidade de recursos são grandes áreas problemáticas para gerentes de projetos. A atenção a essas áreas ao desenvolver um cronograma de projeto pode apontar gargalos de recursos antes que o projeto inicie. Os gerentes de projetos devem compreender as ramificações de não se programarem recursos. Os resultados da programação de recursos muitas vezes são significativamente diferentes dos resultados do método CPM padrão.

Com as rápidas mudanças da tecnologia e a ênfase no tempo até o mercado, perceber problemas de uso e disponibilidade de recursos antes que o projeto se inicie pode poupar os custos de comprimir atividades do projeto mais tarde. Todos os desvios de recursos em relação ao plano e ao cronograma que acontecem enquanto o projeto é implementado podem ser rapidamente registrados, percebendo-se o efeito. Sem essa capacidade de atualização imediata, o efeito negativo real de uma mudança pode não ser conhecido até que ela aconteça. Atrelar a disponibilidade de recursos a um sistema multiprojetos e multirrecursos ajuda o processo de prioridade de projetos, que os seleciona segundo a respectiva contribuição para os objetivos e o plano estratégico da empresa.

A atribuição das pessoas aos projetos pode não se harmonizar com as atribuições feitas por rotinas de *softwares*. Nesses casos, manipular a solução do computador para acomodar diferenças e habilidades individuais é quase sempre a melhor opção.

O cronograma de recursos do projeto é importante porque serve como a sua linha de base de tempo, utilizada para medir diferenças de tempo entre o plano e o realizado. O cronograma de recursos é fundamental para desenvolver a linha de base orçamentária de custo de projeto em fases cronológicas. A linha de base (valores planejados – VP, ao longo do ciclo de vida do projeto) é a soma das contas de custo, e cada conta de custo é a soma dos pacotes de trabalho na conta de custo. Lembre-se que, se os seus custos orçados não estiverem em fases cronológicas, você não tem um modo confiável de medir o desempenho. Embora haja diversos tipos de custos de projeto, a linha de base de custo normalmente se limita aos custos diretos (como mão de obra, materiais e equipamentos) sob o controle do gestor do projeto; demais custos indiretos podem ser acrescentados aos custos do projeto separadamente.

Termos-chave

Divisão, *227*
Heurística, *219*
Linha de base orçamentária em fases cronológicas, *214*
Nivelamento de recursos, *215*

Nivelamento, *218*
Projetos restritos por recursos, *219*
Projetos restritos por tempo, *218*
Valor planejado (VP), *238*

Questões de revisão

1. Como a programação de recursos se liga à prioridade dos projetos?
2. Como a programação de recursos reduz a flexibilidade do gerenciamento de projetos?
3. Apresente seis razões por que programar recursos é uma tarefa importante.
4. Com a terceirização de trabalho de projeto pode mitigar os três problemas mais comuns associados à programação de recursos para múltiplos projetos?
5. Explique os riscos associados ao nivelamento de recursos, compressão de projetos e durações impostas (ou "de compensação") durante a implementação do projeto.
6. Por que é vital desenvolver uma linha de base em fases cronológicas?

Exercícios

1. Dado o plano de rede que segue, calcule os tempos cedo, tarde e de folga. Qual é a duração do projeto? Usando qualquer abordagem que quiser (por exemplo, tentativa e erro), desenvolva uma tabela de carga para os recursos Engenheiros Eletricistas (EE) e Engenheiros Mecânicos (EM). Pressuponha que só existe um de cada recurso. Dado o seu cronograma de recursos, calcule os tempos cedo, tarde e de folga do seu projeto. Quais atividades são decisivas agora? Qual é a duração do projeto agora? Uma coisa dessas poderia acontecer em projetos reais?

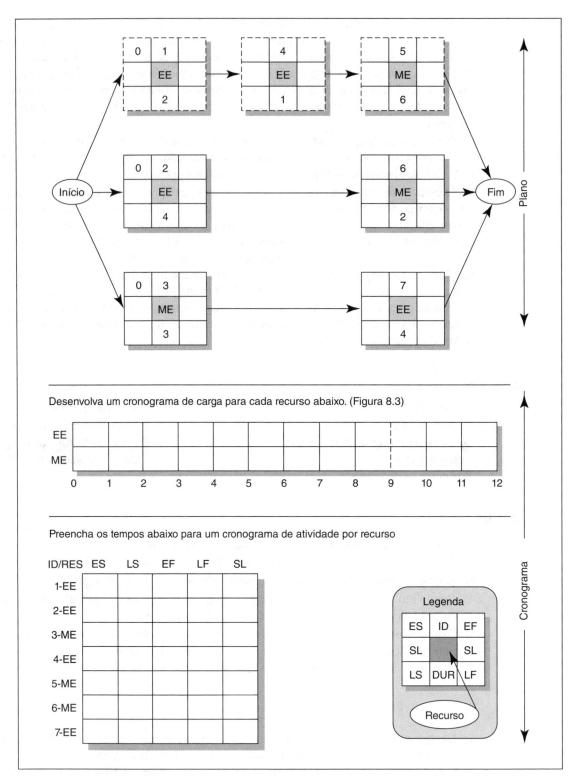

2. Dado o plano de rede que segue, calcule os tempos cedo, tarde e de folga. Qual é a duração do projeto? Usando qualquer abordagem que quiser (por exemplo, tentativa e erro), desenvolva uma tabela de carga para os recursos Carpinteiros (C) e Eletricistas (E). Pressuponha que haja apenas um Carpinteiro e dois Eletricistas disponíveis. Dado o seu cronograma de recursos, calcule os tempos cedo, tarde e de folga do seu projeto. Quais atividades são decisivas agora? Qual é a duração do projeto agora?

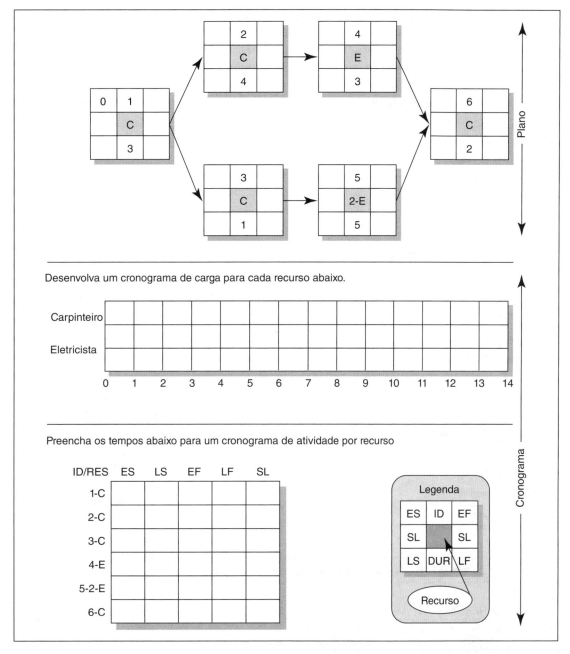

3. Calcule os tempos cedo, tarde e de folga para as atividades da rede que seguem, assumindo uma rede restrita por tempo. Quais atividades são decisivas? Qual a duração do projeto restrito por tempo?

Observação: lembre-se de que, no gráfico de carga de recursos programados, o intervalo de programação *restrito por tempo* (ES até LF) foi hachurado. Qualquer recurso programado além da área hachurada atrasará o projeto.

Suponha que você tenha apenas três recursos e está usando um computador com um *software* que programa projetos pelo método paralelo e seguindo heurística. Programe apenas um período por vez!

Folga mínima

Menor duração

Número de identificação mais baixo

Mantenha um registro de cada mudança e atualização de atividade em cada período – por exemplo, período 0-1, 1-2, 2-3, etc. (Use um formato semelhante ao da página 259.) O registro deve incluir todas as mudanças e atualizações nos tempos de ES e folga de cada período, atividades programadas e as atrasadas (dica: lembre-se de manter as dependências técnicas da rede). Use o gráfico de carga de recursos para ajudá-lo na programação (veja Figuras 8.4 e 8.5).

Liste a ordem em que você programou as atividades do projeto. Quais atividades do seu cronograma são decisivas agora?

Recalcule sua folga para cada atividade com seu novo cronograma. Qual a folga das atividades 1, 4 e 5?

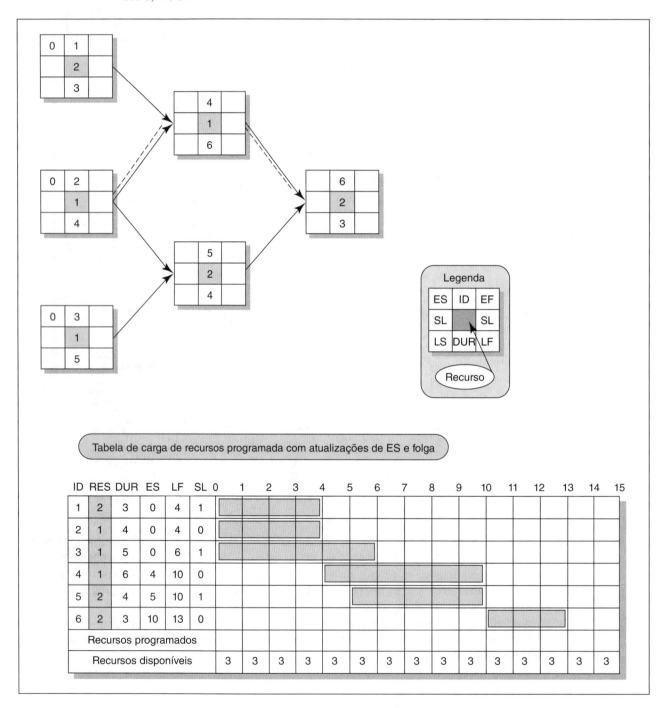

4.* Você elaborou o seguinte cronograma para um projeto em que o principal recurso é um trator. Existem três tratores disponíveis. As atividades A e D exigem um trator para serem concluídas, enquanto as atividades B, C, E e F exigem dois.

Desenvolva um cronograma restrito por recursos no seguinte gráfico de carga. Use o método paralelo e a heurística informada. Não se esqueça de atualizar cada período, como o computador faria. Registre o início cedo (ES), fim tarde (LF, do inglês *late finish*) e folga (SL, do inglês *slack*) do novo cronograma.

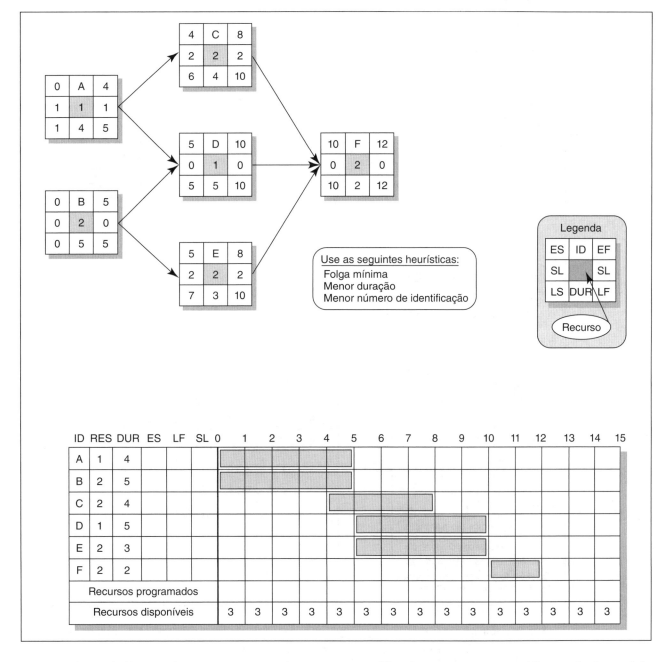

5. Desenvolva um cronograma de recursos no gráfico de carga que se segue. Use o método paralelo e a heurística informada. Não se esqueça de atualizar cada período, como o computador faria.

---

* A solução deste exercício está no Apêndice 1.

Observação: as atividades 2, 3, 5 e 6 usam duas das habilidades de recurso e três delas estão disponíveis. Como a folga mudou para cada atividade? O risco de se atrasar mudou? Como?

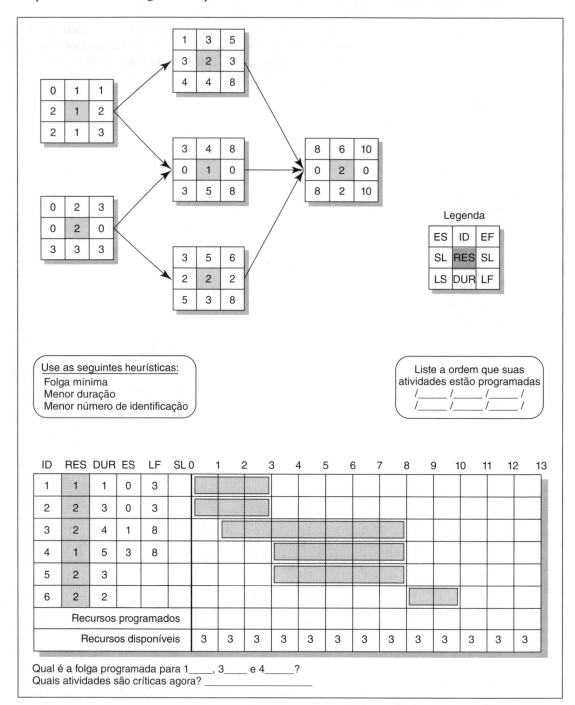

6. Você elaborou o seguinte cronograma para um projeto em que o principal recurso é uma retroescavadeira. A contingência desse cronograma é ter três retroescavadeiras. Você recebe uma ligação do seu sócio, Brooker, que precisa desesperadamente de uma das máquinas. Você diz a ele que estaria disposto a ceder a retroescavadeira se ainda for possível concluir seu projeto em 11 meses.

Desenvolva um cronograma de recursos no gráfico de carga a seguir para ver se é possível concluir o projeto em 11 meses com apenas duas retroescavadeiras. Lembre-se de registrar a ordem em que você programar as atividades por meio de heurística de programação. As atividades 5 e 6 exigem duas retroescavadeiras, ao passo que as atividades 1, 2, 3 e 3 exigem uma. Não é possível dividir atividades. Você pode atender Brooker?

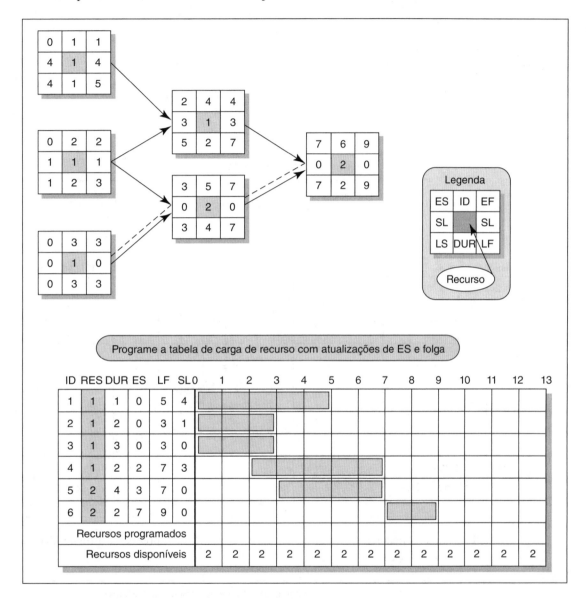

7.* Você é um dos três carpinteiros designados para concluir um pequeno projeto de construção. Logo antes do início do projeto, um dos seus colegas foi hospitalizado, não estando disponível para trabalhar.

Desenvolva um cronograma restrito por recursos no gráfico de carga a seguir para ver quanto o projeto demoraria com apenas dois carpinteiros. Lembre-se de registrar a ordem em que você programar as atividades por meio da heurística de programação. As atividades A, B, C, D, E, G e H exigem 2 carpinteiros para serem concluídas. A atividade F demanda apenas um. Não é possível dividir atividades.

Você receberá um bônus se o projeto for concluído em 15 dias. Você deve começar a planejar como gastará seu bônus?

---

* A solução deste exercício está no Apêndice 1.

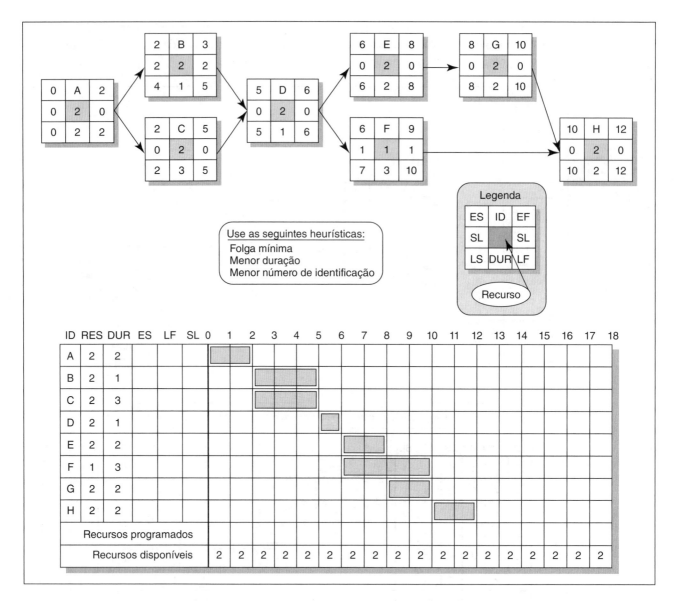

8. Dados os pacotes de trabalho em fases cronológicas, preencha o formulário de orçamento de linha de base para o projeto.

9. Dados os pacotes de trabalho em fases cronológicas e a rede, preencha o formulário de orçamento de linha de base para o projeto.

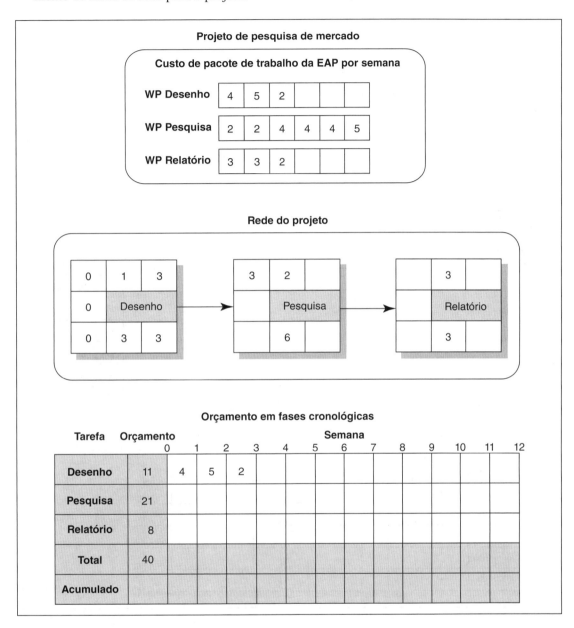

10.* Dados os pacotes de trabalho em fases cronológicas e a rede, preencha o formulário de orçamento de linha de base para o projeto.

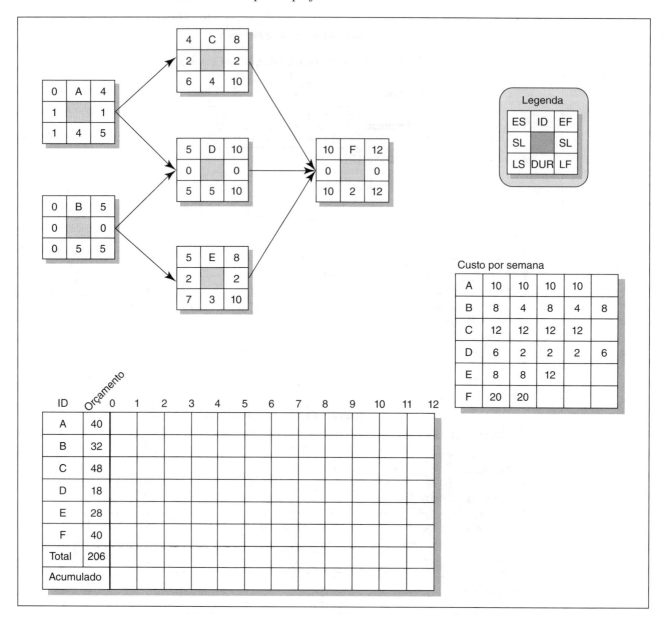

---

* A solução deste exercício está no Apêndice 1.

11. Dados os pacotes de trabalho em fases cronológicas e a rede, preencha o formulário de orçamento de linha de base para o projeto.

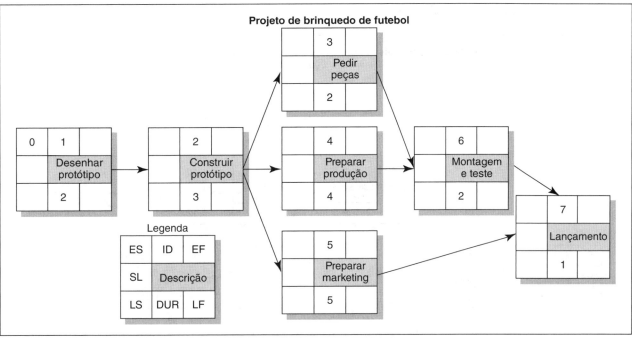

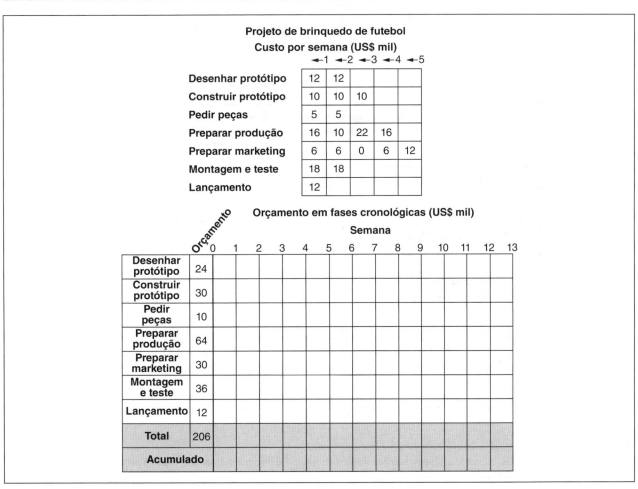

12. O Instituto Oceânico Nacional está planejado uma pesquisa sobre o aquecimento global na Antártida. O cronograma da rede de 16 meses é apresentado a seguir. Ele é acompanhado por orçamentos para cada atividade. Crie um orçamento em fases cronológicas para o projeto de pesquisa no modelo fornecido.

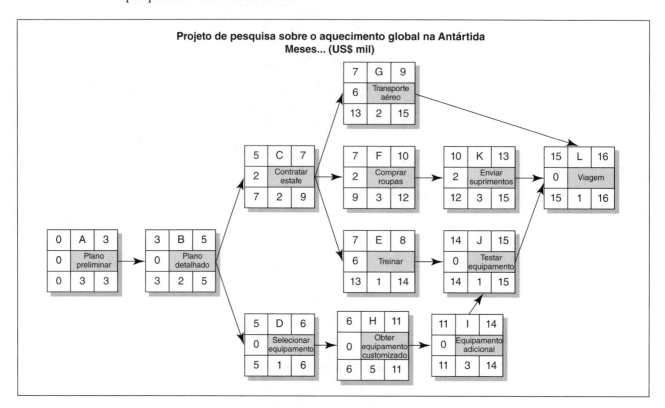

Projeto de pesquisa sobre o aquecimento global na Antártida – Pacotes de trabalho em fases cronológicas por atividade, por mês (US$ mil)

	Tarefa	Duração	Orçamento	0	1	2	3	4	5	6
A	Plano preliminar	3	3	1	1	1				
B	Plano detalhado	2	2	1	1					
C	Contratar estafe	2	4	4						
D	Selecionar equipamentos	1	5	5						
E	Treinar	1	3	3						
F	Comprar roupas	3	9	3	0	6				
G	Transporte aéreo	2	60	5	55					
H	Obter equipamento customizado	5	36	5	5	10	10	6		
I	Equipamento adicional	3	20	10	5	5				
J	Testar equipamento	1	6	6						
K	Enviar todos os suprimentos	5	15	3	3	0	0	9		
L	Viagem	1	9	9						
	Orçamento total		172							

Referências

Arrow, K. J., and L. Hurowicz, *Studies in Resource Allocation Process* (New York: Cambridge University Press, 1997).

Brucker, P., A. Drexl, R. Mohring, L. Newmann, and E. Pesch, "Resourceconstrained Project Scheduling: Notation, Classification, Models and Methods," *European Journal of Operational Research,* Vol. 112, 1999, pp. 3-42.

Burgess, A. R., and J. B. Kellebrew, "Variations in Activity Level on Cyclical Arrow Diagrams," *Journal of Industrial Engineering,* Vol. 13, March-April 1962, pp. 76-83.

Charnes, A., and W. W. Cooper, "A Network Interpretation and Direct Sub Dual Algorithm for Critical Path Scheduling," *Journal of Industrial Engineering,* July-August 1962.

Demeulemeester, E. L., and W. S. Herroelen, *Project Scheduling: A Research Handbook* (Norwell, Mass: Kluwer Academic Publishers, 2002).

Fendly, L. G., "Towards the Development of a Complete Multi Project Scheduling System," *Journal of Industrial Engineering,* Vol. 19, 1968, pp. 505-15.

Goldratt, E., *Critical Chain* (Great Barrington, MA: North River Press, 1997).

Newbold, R. C., "Leveraging Project Resources: Tools for the Next Century," *Proceedings of 28th Annual Project Management Institute, 1997 Seminars and Symposium* (Newtown, PA: Project Management Institute, 1997), pp. 417-21.

Pascoe, T. L., "An Experimental Comparison of Heuristic Methods for Allocating Resources," Ph.D. dissertation, University of Cambridge, United Kingdom, 1965.

Reinersten, D., "Is It Always a Bad Idea to Add Resources to a Late Project?" *Electric Design,* October 30, 2000, pp. 17-18.

Talbot, B. F., and J. H. Patterson, "Optimal Methods for Scheduling Under Resource Constraints," *Project Management Journal,* December 1979.

Wiest, J. D., "A Heuristic Model for Scheduling Large Projects with Unlimited Resources," *Management Science,* Vol. 18, February 1967, pp. 359-77.

Woodworth, B. M., and C. J. Willie, "A Heuristic Algorithm for Resource Leveling in Multiproject, Multiresource Scheduling," *Decision Sciences,* Vol. 6, July 1975, pp. 525-40.

Woodworth, B. M., and S. Shanahan, "Identifying the Critical Sequence in a Resource Constrained Project," *International Journal of Project Management,* Vol. 6, 1988, pp. 89-96.

Caso Power Train, Ltd.

Temos sistemas arrasadores para relatório, rastreamento e controle de custos em projetos de design. O planejamento dos nossos projetos é melhor do que o que vi em qualquer outra empresa. A nossa programação parecia nos atender bem quando éramos pequenos e tínhamos poucos projetos. Agora que temos muito mais projetos e fazemos a programação com *software* para múltiplos projetos, existem situações demais em que as pessoas corretas não são designadas para os projetos importantes para o nosso sucesso. Isso está nos custando muito dinheiro, dor de cabeça e estresse!

Claude Jones, vice-presidente de design e operações

HISTÓRICO

A Power Train, Ltd. (PT) foi fundada em 1970 por Daniel Gage, um habilidoso engenheiro mecânico e maquinista que, antes de abrir a PT, trabalhou por três anos como engenheiro projetista em uma empresa que desenhava e construía transmissões para tanques militares e caminhões. Foi uma transição natural Dan abrir o próprio negócio em desenhar e construir sistemas de transmissão para empresas de tratores rurais. Hoje, ele não está mais na ativa como administrador da PT, mas ainda é reconhecido por tê-la fundado. Ele e sua família ainda têm 25% da empresa, que abriu as ações ao público em 1998. A PT vem crescendo a um ritmo de 6% nos últimos cinco anos, mas acredita que o crescimento da indústria se nivele quando a oferta exceder a demanda.

Hoje, a PT continua em sua orgulhosa tradição de desenhar e construir os melhores sistemas de transmissão para fabricantes de tratores e equipamentos rurais. A empresa emprega 178 engenheiros projetistas e tem cerca de 1.800 funcionários entre produção e suporte. Projetos de design encomendados por fabricantes de tratores representam uma grande parte da receita da PT. Em qualquer momento, entre 45 e 60 projetos de design são tocados ao mesmo tempo. Uma pequena parte do trabalho de design é para veículos militares. A PT só aceita contratos militares que envolvem tecnologia nova e muito avançada e que sejam do tipo "mais que custo".

Um novo fenômeno levou a gerência da PT a buscar um mercado maior. No ano passado, uma grande fabricante sueca de caminhões a consultou para ver se ela desenharia sistemas de transmissão para seus veículos. À medida que a indústria se consolidar, as oportunidades da PT deverão aumentar, pois essas empresas grandes estão terceirizando mais para cortar custos de infraestrutura e se manterem bem flexíveis. Na semana passada, o engenheiro projetista da PT falou com o gerente de uma fabricante alemã de caminhões em uma conferência. O gerente alemão já estava explorando a terceirização de sistemas de transmissão para a Porsche e ficou muito contente de ser lembrado sobre a expertise da PT na área. Marcaram uma reunião para o mês seguinte.

CLAUDE JONES

Claude Jones entrou na PT em 1999, logo depois do MBA obtido na Universidade de Edimburgo. Trabalhara como engenheiro mecânico na UK Hydraulics por cinco anos antes de voltar à faculdade para o MBA. "Eu só queria ser parte da equipe de gerência, onde está a ação". Jones subiu rapidamente na empresa. Hoje, é o vice-presidente de design e operações. Sentado à sua mesa, Jones está refletindo sobre os conflitos e confusões aparentemente crescentes na programação de pessoas nos projetos. Ele de fato se empolga com a ideia de desenhar sistemas de transmissão para caminhões grandes; contudo, dados seus problemas atuais de programação de projetos, um grande aumento nos negócios apenas aprofundaria seus problemas. De alguma forma, esses conflitos têm de ser resolvidos antes que se possa pensar a sério sobre expandir para o desenho de transmissões para fabricantes de caminhões.

Jones está pensando nos problemas que a PT teve no ano anterior. O projeto da MF é o primeiro a lhe vir à mente. O projeto não era terrivelmente complexo, nem exigia seus melhores engenheiros. Infelizmente, o *software* de cronograma atribuiu ao projeto da MF um dos engenheiros mais criativos e caros. Uma situação semelhante, mas invertida, aconteceu com o projeto da Deer que envolvia um cliente grande um uma nova tecnologia hidrostática para tratores pequenos. Nele, o *software* de cronograma designou engenheiros que não conheciam transmissões para tratores pequenos. De alguma forma, pensa Jones, as pessoas certas têm de ser programadas para os projetos certos. Quando se reflete a respeito, esse problema de programação vem aumentando desde que a PT entrou na programação de múltiplos projetos. Talvez seja necessário um departamento de projetos para acompanhar esses problemas.

Uma reunião com a equipe de tecnologia da informação e os fornecedores de *software* foi positiva, mas não de muito auxílio, pois esse pessoal não sabe muito dos problemas dos cronogramas detalhados. Os fornecedores trouxeram todo tipo de evidências sugerindo que as heurísticas usadas – folga mínima, menor duração e número de identificação – são absolutamente eficientes para programar pessoas e minimizar atrasos no projeto. Uma fornecedora de *software* de projeto, Lauren, não parava de dizer que o seu *software* permitiria que a PT customizasse a programação de projetos e pessoas para quase qualquer variação escolhida. Lauren repetia sem parar: "Se a heurística padrão não satisfaz seu requisitos, criem as suas próprias para fazê-lo". Lauren chegou a se prontificar para ajudar na montagem do sistema. Porém, ela só está disposta a empregar tempo no problema depois que a PT lhe descrever exatamente quais critérios serão usados (e a sequência deles) para selecionar e programar pessoas nos projetos.

E AGORA?

A possibilidade de expansão para o negócio de sistemas de transmissão de caminhões só é viável depois que a confusão na programação dos projetos for resolvida ou consideravelmente reduzida. Jones está pronto para atacar o problema, mas não tem certeza de por onde começar.

Apêndice 8.1 | A abordagem de corrente crítica

Na prática, os gerentes de projetos administram cuidadosamente a folga em projetos sensíveis limitados por recursos. Se possível, eles acrescentam folga ao fim do projeto, comprometendo-se com uma data de conclusão que ultrapasse a programada. Por exemplo, os planos dizem que o projeto será concluído em 1º de abril, muito embora a data oficial de conclusão seja 1º de maio. Outros gerentes assumem uma abordagem mais agressiva ao gerenciamento da folga no cronograma. Eles utilizam um cronograma de início cedo e proíbem o uso de folga em qualquer atividade ou pacote de trabalho a ser utilizado, salvo se autorizado pelo gestor do projeto. Monitora-se cuidadosamente o progresso pela porcentagem de conclusão e tempo restante. Informam-se quais atividades estão se antecipando aos tempos de conclusão estimados para que as atividades sucessoras possam iniciar antes do programado. Isso garante que o tempo ganho não seja desperdiçado, mas aproveitado para antecipar uma atividade sucessora. A intenção é criar e poupar folga como uma reserva de tempo para concluir o projeto cedo ou cobrir problemas de atraso que possam surgir em atividades decisivas ou caminhos críticos.

Eliyahu Goldratt, que defendeu a "teoria das restrições" no seu conhecido livro *A meta*, propõe uma abordagem alternativa ao gerenciamento da folga.[1] Ele cunhou o termo "corrente crítica" para reconhecer que a rede do projeto pode ser restringida por dependências tanto de recursos quanto técnicas. Cada tipo de restrição pode criar dependências, e, no caso das restrições de recursos, podem ser criadas dependências de tarefas! Lembra-se de como as restrições de recursos deslocavam o caminho crítico? Se não, consulte a Figura 8.5 novamente. A corrente crítica se refere à sequência mais longa de dependências que existe no projeto. Usa-se "corrente" no lugar de "caminho", pois este último tende a ser associado apenas a dependências técnicas, e não a de recursos. Goldratt usa o conceito de corrente crítica para desenvolver estratégias de aceleração da conclusão de projetos, baseadas em suas observações acerca das estimativas de tempo das atividades individuais.

ESTIMATIVAS DE TEMPO

Goldratt argumenta que as pessoas têm uma tendência natural a acrescentar tempo de segurança (para garantir) às estimativas que fazem. Acredita-se que quem estabelece tempos de atividades dão uma estimativa com cerca de 80% a 90% de chances de finalização até ou antes do tempo estimado. Logo, o tempo médio (50% de chances) é superestimado em aproximadamente 30% a 40%. Por exemplo, um programador pode estimar que há uma chance de 50% de que finalize uma atividade em 6 dias. Entretanto, para garantir o êxito e se proteger contra eventuais problemas, ele adicionar 3 dias de tempo de segurança e informa que demorará nove dias para concluir a tarefa. Nesse caso, o tempo médio (50%) é superestimado em cerca de 50%. Ele agora tem 50% de chances de concluir o projeto 3 dias antes do programado. Se essa contingência oculta for presente em todo o projeto, a maioria das atividades deve ser concluída antes do programado, em teoria.

Não apenas os trabalhadores acrescentam uma margem de segurança, mas os gerentes de projetos também o fazem para assegurar que conseguirão terminar o projeto antes do programado. Em um projeto de 9 meses, eles põem 1 mês a mais para cobrir atrasos ou riscos eventuais. Essa situação traz um paradoxo interessante:

> *Se há uma tendência a superestimar a duração das atividades e acrescentar uma margem de segurança ao fim do projeto, por que tantos projetos estouram o cronograma?*

O gerenciamento projetos de por meio da corrente crítica (CCPM, do inglês *critical-chain project management*) oferece diversas explicações:

- *Lei de Parkinson:* O trabalho preenche o tempo disponível. Por que se apressar para finalizar uma tarefa hoje se o prazo dela só termina amanhã? Não apenas o ritmo de trabalho é ditado pelo prazo, mas os trabalhadores aproveitam o tempo livre percebido para cuidarem de outras coisas. Isso se aplica especialmente em ambientes de matriz, em que os trabalhadores usam esse tempo para limpar o *backlog* de trabalho em outros projetos e deveres.
- *Autoproteção:* Os participantes não informam fins cedo por medo de que a gerência ajuste os padrões futuros e exijam mais na próxima vez. Por exemplo, se um membro da equipe estimar que uma tarefa tomará sete dias e entregá-la em cinco, da próxima vez em que lhe pedirem uma estimativa o gestor de projetos pode querer encurtá-la com base no desempenho passado. A pressão dos pares também pode ser um fator aqui: para evitar serem tachados de "caxias", os membros podem não informar fins cedo.

---

[1] E. Goldratt, *The Goal* (Great Barrington, MA: North River Press, 1997).

- *Bastão derrubado:* Goldratt usa a metáfora do projeto como uma corrida de revezamento para ilustrar o impacto da coordenação ruim. Assim como o tempo de um corredor é perdido se o próximo não estiver pronto para receber o bastão, o tempo ganho com a conclusão precoce de uma tarefa é desperdiçado se o próximo grupo de pessoas não estiver pronto para receber o trabalho do projeto. Comunicação ruim e cronogramas de recursos inflexíveis impedem que o progresso ocorra.
- *Multitarefas excessivas:* Na maioria das empresa, a norma é que o pessoal de projetos trabalhe em diversos projetos, atividades ou incumbências ao mesmo tempo. Isso leva a interrupções caras e divisão excessiva de tarefas. Como apontado na página 268, isso atrasa todas as atividades. Vista isoladamente, uma perda de tempo pode parecer mínima, mas, como um todo, os custos de transição podem ser acachapantes.
- *Gargalos de recursos:* Em empresas de múltiplos projetos, estes frequentemente sofrem atrasos porque os equipamentos de teste ou outros recursos necessários estão empatados nos trabalhos entre os projetos.
- *Síndrome do estudante (procrastinação):* Goldratt afirma que, assim como os estudantes adiam a redação de um trabalho de faculdade até o último minuto, os trabalhadores adiam o início das tarefas quando percebem que têm tempo mais que suficiente para concluir a tarefa. O problema de adiar o início de uma tarefa é que os obstáculos costumam só ser detectados quando ela já está em andamento. Postergando-se seu início, a oportunidade de lidar com esses obstáculos e concluir a tarefa a tempo é comprometida.

CORRENTE CRÍTICA EM AÇÃO

A solução da CCPM para reduzir os excessos de tempo do projeto é insistir que as pessoas usem as estimativas de tempo de atividade de "50% verdadeiras" (em vez de estimativas que têm 80% ou 90% de chances de conclusão antes do tempo estimado); as estimativas de 50% resultam em uma duração de projeto com cerca da metade do baixo risco das estimativas de 80% a 90%. Isso demanda uma cultura corporativa que valorize estimativas precisas e não culpe as pessoas por não cumprir prazos. De acordo com a CCPM, o uso de estimativas de 50% desestimula que a lei de Parkinson, a síndrome do estudante e a autoproteção se manifestem, pois há menos "tempo livre" à disposição. A produtividade crescerá quando as pessoas tentarem cumprir prazos mais apertados. De maneira semelhante, o cronograma de tempo comprimido reduz a possibilidade do efeito do bastão derrubado.

A CCPM recomenda que se insiram reservas de tempo no cronograma, agindo como "absorvedores de choque" a fim de proteger a data de conclusão do projeto contra a duração de tarefa maior que a estimativa de 50%. A lógica é que, ao usar estimativas de 50%, você está essencialmente retirando toda a "margem de segurança" das tarefas individuais. A CCPM também recomenda que se usem estrategicamente porções dessa margem de segurança coletiva, inserindo-se reservas de tempo onde há problemas potenciais. Existem dois tipos de reservas na CCPM:

- *Reserva (buffer) de projeto:* Primeiro, uma vez que todas as atividades na corrente crítica têm uma *incerteza* inerente que é difícil de predizer, a duração do projeto é incerta. Por conseguinte, acrescenta-se uma reserva de tempo de projeto à *duração do projeto* esperada. A CCPM recomenda que se use aproximadamente 50% da margem de segurança agregada. Por exemplo, se o cronograma modificado reduzir a duração do projeto em 20 dias (de 50 para 30), seria usada uma reserva de projeto de 10 dias.
- *Reservas de alimentadores:* Acrescentam-se reservas à rede onde caminhos não críticos se fundem com a corrente crítica. Essas reservas protegem a corrente crítica contra atrasos.
- *Reservas de recursos:* Inserem-se reservas de tempo onde recursos escassos são necessários para uma atividade. Reservas de tempo de recursos existem em, no mínimo, duas formas: uma reserva de tempo ligada a um recurso disputado para assegurar que ele esteja preparado e disponível quando necessário, o que mantém a corrida de revezamento; a outra forma de reserva de tempo é acrescentada a atividades que precedem o trabalho de um recurso disputado. Esse tipo de reserva protege contra gargalos de recurso ao aumentar a probabilidade de que a atividade precedente esteja concluída quando o recurso estiver disponível.

CASO PRÁTICO — Corrente crítica aplicada à chegada de peças de avião*

A Spirit Aero Systems, fabricante de peças de avião, já teve que atrasar projetos de desenvolvimento porque faltaram algumas peças para montagem. Para reduzir o problema, a gestão da Spirit experimentou várias abordagens, como *lean*, corrente de valor, redução do tempo de ciclo e engenharia baseada em conhecimento. Embora todas tenham gerado algumas melhorias, os impactos não foram grandes. Retrabalho, horas extras, custos de atraso e custos de expedição dos fornecedores continuaram impactando os custos, cumprimento de compromissos e reputação. A empresa adotou a metodologia do gerenciamento de corrente crítica em um projeto-piloto.

Joseph Zenisek, o gerente de corrente crítica, disse que escolher a corrente crítica foi "uma reviravolta para nós". A Spirit a aplicou na montagem de pilones usados para teste de destruição por ruptura de carenagens em um projeto de motor a jato. Zenisek creditou o sucesso a três fatores-chave:

- Criar uma regra de nunca iniciar um pacote de trabalho antes que todas as peças e estafe estivessem disponíveis.
- Assegurar que as reservas de peças cobrissem os pacotes de trabalho, monitorando atentamente as partes da montagem que usam grande quantidade de peças.
- Desenvolver uma pequena equipe de engenharia para administrar fornecedores e reservas para garantir que as mais de 300 peças cheguem a tempo.

O programa de corrente crítica levou a resultados impressionantes. A regra das peças e estafe cortou as entregas atrasadas e o retrabalho em pacotes de trabalho parcialmente concluídos causado por peças em falta. O resultado foi uma redução de 50% nas horas extras. A diminuição dos atrasos reduziu o tempo de ciclo de montagem em 18%. O trabalho em curso e os pacotes de trabalho também foram reduzidos, pois a disponibilidade de peças de reserva evitava atrasos. O método da corrente crítica levou a um melhor gerenciamento de recursos e a menos estresse.

Dado o êxito do programa de corrente crítica, a Spirit pretende expandir a aplicação do método para projetos de desenvolvimento de produtos para seus clientes.

* Peter Fretty, "E Is in the Air," *PMNetwork,* February 2012, Vol. 26, No. 2, pp. 50–56.

Todas as reservas diminuem o risco de que a duração do projeto se estenda e aumentam as chances de conclusão precoce do projeto.[2] Consulte o "Caso Prático: Corrente crítica aplicada à chegada de peças de avião".

CORRENTE CRÍTICA *VERSUS* ABORDAGEM TRADICIONAL DE CRONOGRAMA

Para ilustrar como a CCPM afeta a programação, vamos compará-la com a abordagem tradicional de cronograma de projeto. Primeiro, resolveremos os problemas de recurso do modo descrito no Capítulo 8; depois, pelo método CCPM. A Figura A8.1A mostra a rede *planejada* do projeto de Controle Aéreo, sem nenhum cuidado com recursos. Isso quer dizer que se presume que as atividades são independentes e que os recursos serão disponibilizados e/ou são intercambiáveis.

A Figura A8.1B apresenta o gráfico de barras do projeto. As barras azul-escuras representam as durações das atividades decisivas; as barras azul-claro representam as durações das atividades não decisivas; as barras cinza representam a folga. Observe que a duração é de 45 dias e que o caminho crítico é representado pelas atividades 1, 4, 6, 7 e 8.

Atividades paralelas têm potencial de conflitos de recursos. É o caso deste projeto. Ryan é o recurso das atividades 3 e 6. Se você inserir Ryan no gráfico de barras da Figura A8.1B para as atividades 3 e 6, poderá ver que a atividade 3 se sobrepõe à atividade 6 por cinco dias – uma situação impossível. Como Ryan não pode trabalhar em duas atividades ao mesmo tempo e não há outra pessoa que possa tomar seu lugar, existe uma dependência de recursos. O resultado é que duas atividades (3 e 6), que antes se julgavam independentes, agora tornam-se dependentes. Alguma coisa tem que ceder! A Figura A8.2 mostra a rede do projeto de Controle Aéreo com os recursos incluídos. Foi acrescentada à rede uma pseudosseta tracejada para indicar a dependência de recursos. O gráfico de barras da Figura A8.1B reflete o cronograma revisado, resolvendo a sobrealocação de Ryan. Com o novo cronograma, a folga de algumas atividades mudou. Mais importante, o caminho crítico mudou. Ele agora é 1, 3, 6, 7, 8. O cronograma de recursos mostra que a duração nova do projeto é de 50 dias, em vez de 45.

---

[2] Para mais informações sobre reservas, ver: L. P. Leach, "Critical Chain Project Management Improves Project Performance," *Project Management Journal,* 30 (2) 1999, pp. 39–51.

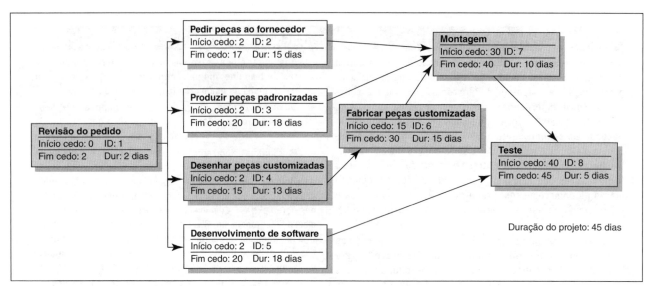

FIGURA A8.1A Projeto de Controle Aéreo: Plano de tempo sem recursos

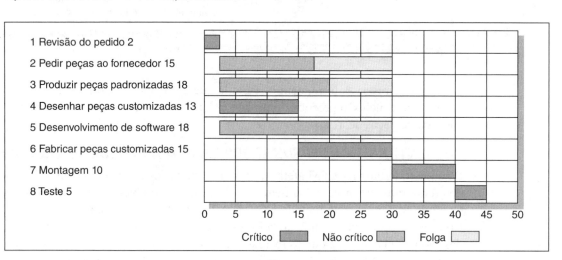

FIGURA A8.1B
Projeto de
Controle Aéreo:
Plano de tempo
sem recursos

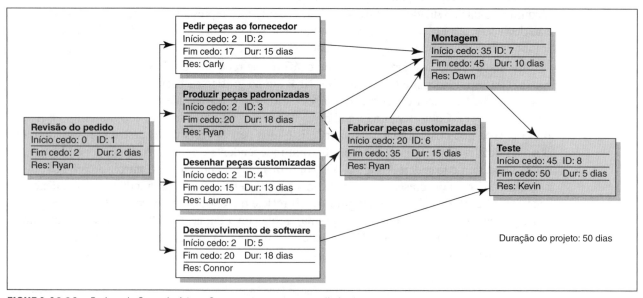

FIGURA A8.2A Projeto de Controle Aéreo: Cronograma com recursos limitados

FIGURA A8.2B
Projeto de Controle Aéreo: Cronograma com recursos limitados

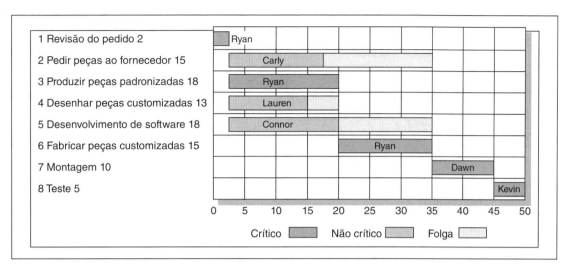

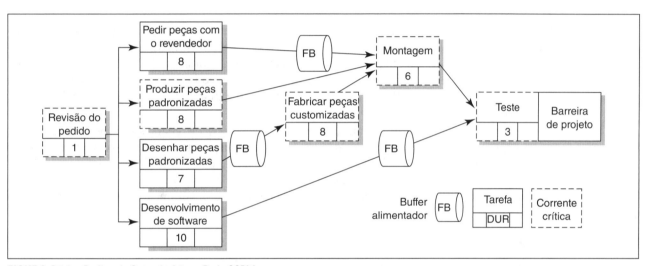

FIGURA A8.3 Projeto de Controle Aéreo: Rede CCPM

Agora, vamos aplicar a abordagem CCPM ao projeto de Controle Aéreo. A Figura A8.3 detalha muitas das mudanças. Primeiro, observe que as estimativas das tarefas agora representam aproximação da regra dos 50%. Segundo, veja que nem todas as atividades da corrente crítica estão ligadas tecnicamente. "Fabricar peças customizadas" é incluída por causa da dependência de recursos definida anteriormente. Terceiro, acrescenta-se uma reserva de tempo de projeto ao fim do cronograma. Finalmente, são inseridas reservas alimentadoras em todos os pontos onde uma atividade não decisiva se funde com a corrente crítica.

O impacto que a abordagem CCPM tem sobre o cronograma do projeto pode ser mais bem visto no gráfico de Gantt apresentado na Figura A8.4. Observe primeiro os tempos de início tarde de cada uma das três atividades não decisivas. Por exemplo, segundo o método da corrente crítica, "pedir peças dos fornecedores" e "desenvolvimento de *software*" seria programadas para iniciar imediatamente após a revisão do pedido. Em vez disso, elas são programadas para mais além no projeto. Foram adicionados reservas alimentadoras de três dias a cada uma dessas atividades, para absorver eventuais atrasos que possam ocorrer nessas atividades. Por fim, em vez de demorar 50 dias, agora estima-se que o projeto tomará apenas 27 dias, com uma reserva de projeto de 10 dias!

Esse exemplo dá a oportunidade de explicar as diferenças entre reservas e folga. Folga é tempo de sobra inerente à programação de atividades não decisivas, podendo ser determinado pelas diferentes entre o início cedo e o início tarde de uma atividade específica. Reservas, por outro lado, são blocos de tempo dedicados reservados para cobrir as contingências mais prováveis, sendo monito-

FIGURA A8.4
Gráfico de Gantt do Projeto de Controle Aéreo: Rede CCPM

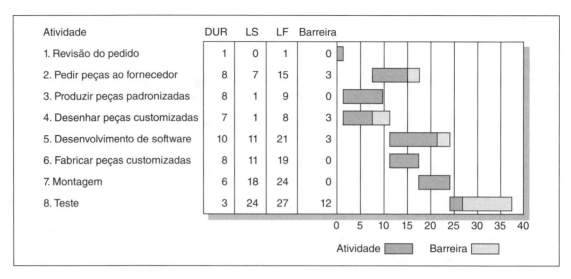

radas de perto para que, se elas não forem necessárias, as atividades subsequentes possam prosseguir dentro do cronograma. Reservas são necessárias porque as estimativas são baseadas em aproximações de 50%, e portanto cerca de metade das atividades durará mais do que o planejado. Para se proteger contra essas durações estendidas de atividades, são inseridas reservas para minimizar o impacto no cronograma. Reservas não integram o cronograma do projeto e são usadas apenas quanto o bom gerenciamento dita.

Apesar de não ilustrado nas figuras, um exemplo de reserva de recursos seria acrescentar 6 dias ao cronograma de Ryan (lembre-se de que ele é o recurso disputado que fez o cronograma se estender). Isso garantiria que ele continuasse a trabalhar no projeto além do 18º dia, caso "produzir peças padronizadas" e/ou "fabricar peças customizadas" tomem mais tempo do que o planejado. O progresso nessas duas tarefas seria monitorado de perto e o cronograma dele, ajustado conforme o necessário.

CCPM E DIVISÃO DE TAREFAS

As reservas não tratam dos efeitos insidiosos da divisão disseminada de tarefas, especialmente em um ambiente de múltiplos projetos, em que os trabalhadores lidam com várias incumbências de projetos diferentes. A CCPM tem três recomendações que ajudam a diminuir o impacto da divisão de atividades:

1. Reduza a quantidade de projetos, para que as pessoas não sejam designadas para tantos projetos concorrentemente.
2. Controle as datas de início dos projetos para acomodar escassez de recursos. Só inicie projetos quando houver recursos suficientes à disposição para trabalhar no projeto em tempo integral.
3. Providencie (garanta) recursos *antes* de o projeto iniciar.

MONITORAMENTO DO DESEMPENHO DO PROJETO

O método CCPM usa reservas para monitorar o desempenho de tempo do projeto. Recorde que, como exibido na Figura A8.3, usa-se uma reserva de projeto protegê-lo de atrasos ao longo da corrente crítica. Para fins de monitoramento, essa reserva costuma ser dividida em três zonas – OK, Observar e Planejar, e Agir (Figura A8.5). Quando a reserva começa a diminuir e entra na segunda zona, alarmes disparam para que se busque ação corretiva. Para ser verdadeiramente eficaz, o gerenciamento de reservas exige que se compare o uso das reservas com o progresso efetivo do projeto. Por exemplo, se o projeto está 75% concluído e você usou somente 50% da reserva do projeto, o projeto está em muito boa forma. Inversamente, se o projeto está apenas 25% concluído e já foram usados 50% da reserva, você está em apuros e é necessária uma ação corretiva. No Capítulo 13, é descrito um método para estimar a porcentagem de conclusão.

FIGURA A8.5
Controle do projeto – Gerenciamento de reservas

O MÉTODO CCPM HOJE

A CCPM gerou um debate considerável na comunidade de gerenciamento de projetos. Embora ela seja boa na teoria, no momento o suporte é limitado, mas está crescendo. Por exemplo, a Harris Semiconductor conseguiu construir uma fábrica automatizada de pastilhas em 13 meses usando métodos CCPM, enquanto o padrão da indústria para esse tipo de instalação é de 26 a 36 meses. A indústria aeronáutica israelense emprega as técnicas CCPM para reduzir o trabalho médio de manutenção nos aviões de 2 meses para 2 semanas. A Aeronáutica e a Marinha dos Estados Unidos, assim como a Boeing, Lucent Technologies, Intel, GM e 3M, estão aplicando princípios de corrente crítica aos respectivos ambientes de múltiplos projetos.[3]

A CCPM tem suas desvantagens. Primeiro, ela não ataca a maior causa de atrasos em projetos, que é o escopo de projeto maldefinido e instável. Segundo, alguns críticos contestam os pressupostos de Goldratt sobre o comportamento humano. Eles questionam a tendências dos especialistas em prolongar estimativas e que os empregados ajam deliberadamente contra a empresa em seu próprio interesse e benefício. Os críticos também objetam a insinuação de que profissionais treinados exibiriam hábitos da síndrome do estudante (Zalmanson, 2001). Terceiro, a evidência de sucesso é quase exclusivamente anedótica, baseada em estudos de caso avulsos ou modelagem computadorizada.[4] A falta de evidência sistemática levanta dúvidas quanto à generalidade da aplicação. A CCPM talvez funcione bem apenas para certos tipos de projetos.

Um dos segredos para implementar a CCPM é a cultura da empresa. Se ela valorizar esforços nobres que não conseguem cumprir as estimativas da mesma forma que faz com esforços que as cumprem, haverá mais aceitação. Inversamente, se a gerência tratar o fracasso honesto de modo diferente do sucesso, a resistência será alta. As empresas que adotam a abordagem CCPM têm de investir uma energia considerável para obter "adesão" por parte de todos os participantes aos seus princípios centrais e apaziguar os medos que esse sistema pode gerar.

RESUMO DO APÊNDICE

Seja qual for a posição no debate, a abordagem de CCPM merece crédito por levar a dependência de recursos ao primeiro plano, enfatizando as mazelas atuais das multitarefas e nos forçando a repensar os métodos convencionais de programação de projetos.

QUESTÕES DE REVISÃO DO APÊNDICE

1. Explique como se desperdiça tempo no gerenciamento de projetos.
2. Distinga entre reservas de projeto e alimentadoras.
3. Reservas não são o mesmo que folga. Explique.

EXERCÍCIOS DO APÊNDICE

1. Consulte o site do Instituto Goldratt em http://www.goldratt.com para ver informações atualizadas sobre a aplicação de técnicas de corrente crítica no gerenciamento de projetos.

---

[3] Citado nos materiais desenvolvidos pelo Instituto Eliyahu Goldratt (New Haven, CT) para um workshop de que um dos autores participou, intitulada "Gerenciamento de projetos do jeito da teoria das restrições", em 1998.

2. Aplique princípios de programação de corrente crítica ao projeto da Print Software, Inc. apresentado no Capítulo 6, nas páginas 191-192. Revise as durações de tempo estimado em 50%, arredondando para cima as durações ímpares (por exemplo, 3 torna-se 4). Desenhe um diagrama de rede CCPM semelhante ao constante na Figura A8.3 para o projeto da Print Software, assim como um gráfico de Gantt semelhante à Figura A8.4. Como esses diagramas difeririam daqueles gerados pela técnica tradicional de programação?

Caso O dilema da CCPM

Pinyarat trabalhava para o departamento de TI de uma empresa de TI diversificada. Ela estava descrevendo as primeiras tentativas de programação em corrente crítica para um amigo de outra empresa da mesma área.

Três anos antes, a gerência decidiu acrescentar 10% de tempo a todas as estimativas de atividades porque quase todos os projetos estavam atrasados. Uma ideia era que os funcionários estavam simplesmente trabalhando demais, precisando de um alívio. Essa abordagem não funcionou! Os projetos ainda assim atrasavam. Em seguida, a gerência decidiu retirar o tempo extra das atividades e acrescentar 10% às estimativas dos projetos, para garantir que as durações dos projetos fossem cumpridas. Novamente, nada melhorou, e os projetos continuaram a atrasar. Recentemente, a empresa contratou um consultor que promovia a programação em corrente crítica, que foi implementada em todos os projetos da divisão dela. Quase todos tiveram mau desempenho.

Pinyard explicou: "As estimativas eram basicamente impossíveis. As durações das atividades foram espremidas para menos do que a diretriz dos 50%. Nós nos atrasávamos em quase todas as tarefas. Além disso, não deixavam que eu colocasse uma reserva grande o suficiente, o que só agravava o atraso dos projetos. Um colega que estava trabalhando em seis projetos desistiu e se demitiu; ele disse que estava se matando e não via esperanças de que as coisas melhorassem. Os meus projetos não são os únicos que estão tendo problemas. Algumas pessoas não concebiam por que alguém usaria a programação CCPM. Citando um dos meus melhores programadores: 'Eles pedem uma estimativa e, então, a cortam em 50% ou mais'. Que tipo de jogo é esse? Aparentemente, eles não confiam em nós".

Uma semana mais tarde, para sua surpresa, Pinyarat foi chamada à sala do gerente de TI. Ela imaginou diversas hipóteses ruins de como a reunião seria – até a possibilidade remota de ser despedida! O gerente queria que a divisão alinhavasse suas práticas de gerenciamento de projetos e parasse de atrasar quase todos os projeto de TI. Havia rumores de intervenção branca ou terceirizar o trabalho de TI.

O gerente achava que Pinyarat, que fora aprovada no exame de PMP, tinha as melhores chances de dar um jeito nas coisas. Ele disse: "Pinyarat, estou chegando próximo do desespero; a alta gerência está ficando por aqui com a nossa divisão. Precisamos dar um jeito nisso, pelo bem de nós dois. Me dê um plano que eu possa patrocinar até o fim da semana".

Pinyarat explicou ao seu amigo algumas das ideias, como espremer demais as atividades. Mas ela disse que aproveitaria todas as ideias que conseguisse com os outros.

Escreva para Pinyarat um relatório de até 800 palavras que identifique os principais problemas e um plano de ação que ela possa apresentar ao gerente de TI.

REFERÊNCIAS DO APÊNDICE

Budd, C. S., and M. J. Cooper, "Improving On-time Service Delivery: The Case of Project as Product," *Human Systems Management,* 24 (1) 2005, pp. 67-81.

Goldratt, *Critical Chain* (Great Barrington, MA: North River Press, 1997).

Herroelen, W., R. Leus, and E. Demeulemeester, "Critical Chain Project Scheduling: Do Not Oversimplify," *Project Management Journal,* Vol. 33 (4) 2002, pp. 48-60.

Leach, L. P., "Critical Chain Project Management," *Proceedings of 29th Annual Project Management Institute, 1998, Seminars and Symposium* (Newtown, PA: Project Management Institute, 1998), pp. 1239-44.

Levine, H. A., "Shared Contingency: Exploring the Critical Chain," *PM Network,* October 1999, pp. 35-38.

Newbold, R. C., *Project Management in the Fast Lane: Applying the Theory of Constraints* (Boca Raton, FL: St. Lucie Press, 1998).

Noreen, E., D. Smith, and J. Mackey, *The Theory of Constraints and Its Implication for Management Accounting* (Great Barrington, MA: North River Press, 1995).

Raz, T., R. Barnes, and D. Dvir, "A Critical Look at Critical Chain Project Management," *Project Management Journal,* December 2003, pp. 24-32.

Sood, S., "Taming Uncertainty: Critical-Chain Buffer Management Helps Minimize Risk in the Project Equation," *PM Network,* March 2003, pp. 57-59.

Zalmanson, E., "Readers Feedback," *PM Network,* Vol. 15 (1) 2001, p. 4.

CAPÍTULO NOVE

Redução da duração do projeto

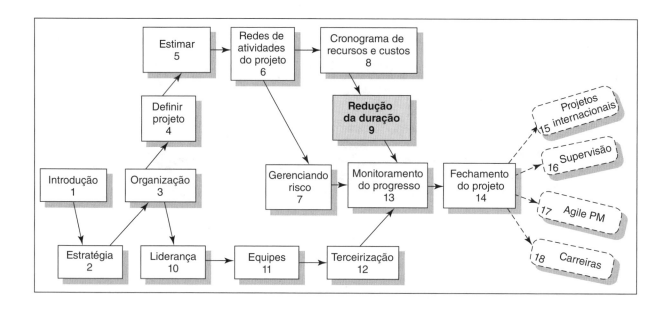

Redução da duração do projeto
Justificativa da redução da duração do projeto
Opções para acelerar a conclusão do projeto
Gráfico de custo/duração do projeto
Criação de um gráfico de custo/duração do projeto
Considerações práticas
E se a questão for o custo, e não o tempo?
Resumo

Ao patinar no gelo fino, nossa segurança é a nossa velocidade.

– Ralph Waldo Emerson

Imagine os seguintes cenários:
- Finalizado o cronograma do seu projeto, você percebe que a data de conclusão estimada está dois meses além do que o seu chefe prometeu publicamente a um importante cliente.
- Após cinco meses de projeto, você percebe que já está três semanas atrasado em relação à data inadiável de conclusão.
- Após quatro meses em um projeto, a alta gerência muda as prioridades e agora lhe diz que dinheiro não é problema. Conclua o projeto o mais rápido possível!

O que você faz?

Este capítulo aborda estratégias para reduzir a duração do projeto, seja antes de definir a respectiva linha de base ou no meio da execução. A escolha entre as opções é baseada nas restrições que cercam o projeto. É aí que entra em jogo a matriz de prioridades do projeto, apresentada no Capítulo 4. Por exemplo, existem muito mais opções à disposição para reduzir o tempo do projeto quando não há restrição por recursos do que quando é impossível gastar mais do que o orçamento original. Começaremos examinando primeiro os motivos para reduzir a duração do projeto, seguidos por uma discussão sobre diferentes opções para acelerar sua conclusão. O capítulo terminará com o clássico modelo de tempo/custo para selecionar quais atividades "comprimir". Compressão é um termo que surgiu no vocabulário de gerenciamento de projetos para a abreviação da duração de uma atividade ou projeto além do que normalmente se faria.

Justificativa da redução da duração do projeto

Existem muitas boas razões para tentar reduzir a duração de um projeto. Uma das mais importantes hoje é o tempo até o mercado. A intensa concorrência global e o grande progresso tecnológico fizeram da velocidade uma vantagem competitiva. Para ter êxito, as empresas têm de localizar novas oportunidades, lançar equipes de projetos e trazer novos produtos ou serviços ao mercado muito rapidamente. Talvez em nenhuma outra indústria a velocidade conte tanto quanto na de eletrônicos. Por exemplo, uma regra geral para empresas de tecnologia média a alta é que um atraso de seis meses na colocação de um produto no mercado pode resultar em uma perda de cerca de 35% de participação de mercado. Nesses casos, as empresas de alta tecnologia normalmente assumem, sem prévia análise formal, que poupar tempo e evitar perdas valem qualquer custo extra para reduzir a demora até o mercado. Consulte o "Caso Prático: Guerras de *smartphone*" para saber mais sobre isso.

A sobrevivência nos negócios depende não apenas de inovação com rapidez, mas também de adaptabilidade. A recessão global e as crises de energia aturdiram o mundo dos negócios, e sobreviverão as empresas que que conseguirem se adaptar rapidamente a novos desafios. Isso exige um gerenciamento de projetos célere! Por exemplo, o destino da indústria automotiva norte-americana depende em parte da velocidade com que ela se capacitar para desenvolver meios de transporte alternativos e com eficiência de combustível.

Outra razão comum para reduzir o tempo do projeto são os imprevistos (por exemplo, intempéries climáticas, falhas de *design* e panes de equipamento) que resultam em atrasos consideráveis no meio do projeto. Voltar ao cronograma geralmente exige que se comprima o tempo de algumas das atividades decisivas remanescentes. Os custos adicionais de voltar ao cronograma precisam ser comparados às consequências do atraso. Isso é especialmente verdadeiro quando o tempo é uma prioridade alta.

CASO PRÁTICO — Guerras de *smartphones**

A velocidade é vital nos negócios desde a Corrida do Ouro na Califórnia. A indústria de *smartphones* é um bom exemplo de um negócio intensamente competitivo que valoriza velocidade e inovação. Na primeira semana de setembro de 2012, a Nokia e a Motorola lançaram versões dos seus smartphones. O Lumina 920 da Nokia, considerado decisivo para o revigoramento da empresa, apresentou PureMotion HD+ e muitos outros atributos novos. O RazrM da Motorola tinha uma tela maior, desempenho mais veloz e um sistema operacional Android atualizado. Ambos os telefones vinham como uma reação ao lançamento do iPhone 5 da Apple, 10 dias antes, que tinha uma tela maior e uma interface mais rápida.

Para sobreviver, RIM, Samsung, Apple e os outros fabricantes de *smartphones* se tornaram mestres em gerenciamento de projetos. Eles conseguiram reduzir o tempo de lançamento de novos telefones no mercado de 12 a 18 para seis a nove meses. O que está em jogo é mais de US$ 1 bilhão em vendas previstas de novos *smartphones*.

* J. Garside, "Smartphone sales to hit 1bn a year for the first time in 2013," *The Guardian*, www.guardian.co.uk/2013/jan/06/smartphone.

Contratos de incentivo podem tornar gratificante a redução do tempo do projeto – normalmente, tanto para o contratado quanto para o proprietário do projeto. Por exemplo, um contratado terminou uma ponte sobre um rio com 18 meses de antecedência, recebendo mais de US$ 6 milhões pela conclusão precoce. A disponibilidade da ponte para a comunidade vizinha 18 meses antes, diminuindo o impasse do trânsito, fez o custo do incentivo para a comunidade parecer pequeno para os usuários. Em outro exemplo, em um acordo de melhoria contínua, o empenho conjunto do cliente e do prestador de serviço levou à conclusão antecipada da eclusa de um rio e uma divisão igualitária entre eles da economia entre resultante. Consulte o "Caso Prático: Resposta ao terremoto de Northridge" para ver uma situação em que o prestador de serviço contratado fez de tudo para concluir um projeto o mais rápido possível.

"Prazos impostos" são outra razão para acelerar a conclusão do projeto. Por exemplo, um político anuncia publicamente que um novo prédio de um órgão jurídico estará pronto em dois anos. Ou então o presidente de uma companhia de software observa em um discurso que um novo software avançado estará à disposição em um ano. É comum demais que essas afirmações se tornem datas impostas de duração do projeto, sem nenhuma consideração pelos problemas ou custos de concretização até lá. A duração do projeto é fixada enquanto ele está na fase "conceitual", antes de qualquer programação detalhada de todas as atividades do projeto (ou sem que a haja). Esse fenômeno é muito frequente! Infelizmente, tal prática quase sempre leva a um custo de projeto mais alto do que o planejado detalhadamente. Além disso, a qualidade, às vezes, é comprometida para que os prazos sejam cumpridos. Mais importante, esses custos majorados pelas datas impostas raramente são reconhecidos ou percebidos pelos participantes do projeto.

Por vezes, custos acessórios muito altos são reconhecidos antes que o projeto se inicie. Por exemplo, pode custar US$ 80 mil por dia simplesmente alojar e alimentar uma turma de construção nos mais distantes confins do Norte do Alasca. Nesses casos, é prudente examinar os custos diretos de encurtar o caminho crítico *versus* a economia nos custos acessórios. Geralmente, há oportunidades para encurtar algumas atividades decisivas por menos do que a taxa diária de custos acessórios. Em condições específicas (que não são raras), economias imensas são possíveis com pouco risco.

Finalmente, há vezes em que é importante refazer a atribuição de equipamentos e/ou pessoas decisivas a projetos novos. Nessas circunstâncias, o custo de comprimir o projeto pode ser comparado aos custos da oportunidade de não liberar aqueles equipamentos e pessoas.

CASO PRÁTICO — Resposta ao terremoto de Northridge*

Em 17 de janeiro de 1994, um terremoto de magnitude 6,8 atingiu a bacia de Los Angeles, perto do subúrbio de Northridge, causando 60 mortes, milhares de feridos e bilhões de dólares em danos materiais. Em nenhum outro lugar o poder destrutivo da natureza ficou mais evidente do que nas seções demolidas do sistema rodoviário, interrompendo o transporte diário de aproximadamente 1 milhão de habitantes. O terremoto de Northridge impôs um dos maiores desafios ao Departamento de Transporte da Califórnia (CalTrans) em sua história de quase 100 anos. Para agilizar o processo de recuperação, o governador Pete Wilson assinou uma declaração de emergência que permitia que o CalTrans simplificasse os procedimentos licitatórios e oferecesse incentivos atrativos para a finalização das obras antes do programado. Para cada dia antecipado ao cronograma, era dado um bônus considerável. Inversamente, para cada dia além do prazo, a empreiteira era multada na mesma quantia. O valor (de US$ 50 mil a US$ 200 mil) variava dependendo da importância da obra.

O esquema de incentivos se mostrou um poderoso motivador para as empreiteiras de reconstrução das rodovias. C. C. Myers, Inc., de Rancho Cordova, Califórnia, ganhou a licitação para a reconstrução das pontes da Interestadual 10. A Myers se jogou de cabeça para finalizar o projeto em apenas 66 dias – inacreditáveis 74 dias antes do programado –, ganhando um bônus de US$ 14,8 milhões! A Myers aproveitou todas as oportunidades para poupar tempo e simplificar as operações. Eles ampliaram em muito o efetivo. Por exemplos, foram empregados 134 ferreiros, em vez dos 15 usuais. Foi instalado equipamento especial de iluminação para que o trabalho pudesse ser feito 24 horas por dia. Da mesma forma, foram preparados canteiros de obra e utilizados materiais especiais para que não houvesse interrupção mesmo com clima. A obra foi programada de maneira muito parecida com uma linha de montagem, com as atividades decisivas sucedendo umas às outras. Foi criado um generoso esquema de incentivos para recompensar trabalho em equipe e atingir certas fases o quanto antes. Os carpinteiros e ferreiros competiam em equipes para ver qual terminaria primeiro.

Embora a C. C. Meyers tenha recebido um bônus substancial pelo término precoce, ela gastou muito dinheiro em horas extras, gratificações, equipamento especial e outros extras para manter o serviço nos trilhos. O CalTrans apoiou os esforços da Myers. Com obras de reconstrução 24 horas por dia, inclusive com britadeiras e bate-estacas, o CalTrans alojou temporariamente muitas famílias em pousadas da região. O CalTrans até ergueu uma parede acústica temporária de plástico para ajudar a diminuir o barulho da obra, que chegava até um complexo de apartamentos vizinho. A cortina dupla, de 135 m de comprimento e 6 m de altura, foi projetada para diminuir em 10 decibéis o barulho da construção.

Apesar das dificuldades e despesas na construção das estradas em turnos de 24 horas, a maior parte dos habitantes de Los Angeles saudou o empenho do CalTrans. O Gabinete de Planejamento e Pesquisa do Governo publicou um informe que concluía que, para cada dia em que a Rodovia de Santa Monica esteve fechada, a economia da região perdeu mais de US$ 1 milhão.

* Jerry B. Baxter, "Responding to the Northridge Earthquake," *PM Network* (November 1994), pp. 13–22.

Opções para acelerar a conclusão do projeto

Os gerentes têm diversos métodos eficazes para comprimir atividades específicas dos projetos quando os recursos não são restritos. A seguir, são sintetizados vários deles.

Opções quando os recursos não são restritos

Acréscimo de recursos

O método mais comum para encurtar o tempo do projeto é atribuir mais estafe e equipamento às atividades. Existem limites, contudo, à rapidez que se pode ganhar com isso. Duplicar o tamanho da equipe de trabalho não necessariamente diminuirá o tempo de conclusão pela metade. Essa relação só é exata quando a comunicação for mínima entre os profissionais das tarefas partilhadas, como na colheita manual de uma lavoura ou na repavimentação de uma rodovia. A maioria dos projetos não se encaixa nisso: trabalhadores adicionais aumentam os requisitos de comunicação para coordenar seu esforços. Por exemplo, duplicar a equipe acrescentando dois trabalhadores exige seis vezes mais intercomunicação entre pares do que o necessário na equipe original de duas pessoas. Não apenas é preciso mais tempo para coordenar e administrar uma equipe maior: existe

> **CASO PRÁTICO** — Terceirização de biotecnologia*
>
> Em face da crescente pressão de chegada de produtos/serviços até o mercado, muitas empresas de biotecnologia estão se voltado à terceirização para agilizar o processo de desenvolvimento de medicamentos. Panos Kalaritis, vice-presidente de operações da Irix Pharmaceuticals, diz que o desenvolvimento do processo de terceirização pode acelerar a evolução de medicamentos, permitindo que a empresa farmacêutica continue a pesquisa enquanto o terceirizado trabalha para otimização do processo. Susan Dexter, da Lonza Biologics, identificou diferentes tipos de contrato de terceirização, incluindo de desenvolvimento de produto, fornecimento de ensaios clínicos, suprimentos comerciais ou de mercado e transferência de tecnologia. Muitas vezes, disse ela, um determinado projeto pode abranger mais de um dos estágios citados ao longo de vários anos.
>
> Recorrer a um terceirizado, diz Paul Henricks, gerente comercial da Patheon Inc., dá à empresa cliente acesso a conhecimento e infraestrutura especializados, assim como a recursos flexíveis e capacitação. A empresa patrocinadora também pode gerenciar riscos compartilhando responsabilidades mediante terceirização.
>
> "A comunicação é a chave de um bom relacionamento de terceirização", disse Dan Gols, vice-presidente de desenvolvimento de processos na Covance, antiga Corning Bio. "Os contratados e os patrocinadores devem ambos designar gerentes de projeto e precisam trabalhar juntos para manter, monitorar e documentar a conclusão do projeto. Precisa haver um esforço concertado de ambas as partes para trabalhar como parceiros na conclusão do projeto."
>
> * Mathew Lerner, "Outsourcing in Bio-Technology Picks Up Speed," *Chemical Market Reporter*, Vol. 251, No. 14 (2002), p. 17.

um atraso extra para treinar o pessoal novo e integrá-lo ao projeto. O resultado final é captado pela lei de Brook: *acrescentar mão de obra a um projeto de software atrasado o atrasa*.[1]

Frederick Brooks formulou esse princípio com base na sua experiência como gerente do projeto de software System/360 da IBM, no início da década de 1960. Embora a pesquisa subsequente tenha confirmado a predição de Brook, ela também revelou que adicionar pessoas a um projeto atrasado nem sempre atrasa mais o projeto.[2] O segredo é acrescentar nova equipe logo para que haja tempo suficiente para compensar o terreno perdido após a completa assimilação dos novos.

Terceirização de trabalho do projeto

Um método comum para abreviar o tempo do projeto é terceirizar uma atividade. O terceirizado pode ter acesso a tecnologia ou *expertise* superior, o que acelerará a conclusão da atividade. Por exemplo, com uma retroescavadeira é possível fazer em duas horas o que uma turma de operários faria em dois dias. Da mesma forma, ao contratar uma empresa de consultoria especializada em determinada linguagem de programação, uma empresa pode cortar pela metade o tempo que os programadores internos menos experientes levariam para fazer o serviço. A terceirização também libera recursos que podem ser designados a uma atividade decisiva, o que idealmente resultaria em uma duração menor do projeto. Consulte o "Caso Prático: terceirização de biotecnologia". A terceirização é exposta em mais detalhes no Capítulo 12.

Programação de horas extras

O jeito mais fácil de acrescentar mão de obra extra a um projeto não é adicionar mais pessoas, mas programar horas extras. Se uma equipe trabalhar 50 horas por semana, em vez de 40, poderá realizar 20% mais. Ao programar horas extras, você evita os custos adicionais de coordenação e comunicação que surgem quando novas pessoas são acrescentadas. Se os profissionais envolvidos são assalariados, pode não haver custo adicional pelo trabalho extra. Outra vantagem é que há menor distração quando as pessoas trabalham fora do horário normal.

As horas extras têm desvantagens. Primeira, trabalhadores remunerados por hora trabalhada costumam receber uma vez e meia por hora extra e duas vezes por fins de semana e feriados. Trabalho extenso em hora extra por parte de assalariados pode ocasionar custos intangíveis, como divórcio, exaustão e, uma grande preocupação organizacional quando há escassez de trabalhadores, demissões. Além do mais, é uma simplificação exagerada presumir que, ao longo de um período

---

[1] O livro de Brook, *The Mythical Man-Month* (Reading, MA: Addison-Wesley, 1994), é tido como um clássico sobre gerenciamento de projetos de software.

[2] R. L. Gordon and J. C. Lamb, "A Close Look at Brooks' Law," *Datamation*, June 1977, pp. 81-86.

estendido de tempo, uma pessoa é tão produtiva em sua décima primeira hora de trabalho quanto em sua terceira. Existem limites naturais para o que é humanamente possível, e horas extras podem, na verdade, levar a um declínio geral na produtividade quando a fadiga se instalar (Demarco, 2002).

Horas extras e horários de trabalho maiores são a opção preferida para acelerar a conclusão do projeto, especialmente quando a equipe do projeto é assalariada. O principal é usar as horas extras com parcimônia. Lembre-se: um projeto é uma maratona, e não uma corrida de 100 m! Você não quer que a energia acabe antes da linha de chegada.

Estabelecimento de uma equipe núcleo do projeto

Como discutido no Capítulo 3, uma das vantagens de se criar uma equipe núcleo dedicada para concluir um projeto é a velocidade. Atribuir profissionais em tempo integral a um projeto evita o custo oculto das multitarefas, quando as pessoas são forçadas a dar conta das demandas de múltiplos projetos. Permite-se que os profissionais dediquem atenção integral a um projeto específico. Esse foco único cria uma meta comum que pode unir um conjunto diversificado de profissionais em uma equipe altamente coesa, capaz de acelerar a conclusão do projeto. Fatores que contribuem para o advento de equipes de projeto de alto desempenho serão discutidos em pormenores no Capítulo 11.

Fazer duas vezes – rápida e corretamente

Se você está com pressa, tente criar uma solução de curto prazo "rápida e rasteira"; depois volte e faça do jeito certo. Por exemplo, pontões flutuantes são usados como solução temporária para pontes danificadas em combate. Nos negócios, as empresas de software são notórias por lançar versões 1.0 de produtos que não estão completamente finalizados e testados. As versões 1.1...x subsequentes corrigem bugs e dão mais funcionalidade ao produto. Os custos adicionais de fazer duas vezes costumam ser mais que compensados pelos benefícios de se cumprir o prazo.

Opções quando os recursos são restritos

O gerente de projetos tem menos opções para acelerar a conclusão do projeto quando recursos adicionais não estão disponíveis ou quando o orçamento é severamente restrito. Isso se aplica especialmente quando o cronograma foi estabelecido. A seguir, são descritas algumas dessas opções que também estão disponíveis quando os recursos não são restritos.

Agilização

Ocasionalmente, é possível rearranjar a lógica da rede do projeto para que as atividades decisivas sejam realizadas em paralelo (simultaneamente), em vez de sequencialmente. Essa é uma boa alternativa quando a situação do projeto está boa. Quando se dá atenção especial a essa alternativa, é incrível observar o quão criativo os membros da equipe do projeto podem ser para reestruturar em paralelo as atividades sequenciais. Como assinalado no Capítulo 6, um dos métodos mais comum para reestruturar atividades é modificar uma relação de fim para início em uma relação de início para início. Por exemplo, em vez de esperar que o design final seja aprovado, os engenheiros de produção podem começar a criar a linha de produção assim que fixadas as principais especificações. Modificar atividades de sequenciais para paralelas tem seu risco. Alterações tardias no design podem provocar desperdício de esforços e retrabalho. A agilização requer coordenação estreita entre os responsáveis pelas atividades afetadas e confiança no trabalho que foi concluído.

Corrente crítica

O gerenciamento de projetos por meio da corrente crítica (CCPM, do inglês *critical-chain project management*) é concebido para acelerar a conclusão do projeto. Como exposto no Apêndice 8.1, seria difícil aplicar a CCPM no meio do andamento do projeto. Ela requer um treinamento considerável e uma mudança nos hábitos e perspectivas que levam tempo. Apesar dos relatos de ganhos imediatos, especialmente em termos de tempos de conclusão, provavelmente é necessário um comprometimento gerencial de longo prazo para colher todos os benefícios. Consulte o "Caso prático: A casa mais rápida do mundo" para um exemplo extremo de aplicação de CCPM.

CASO PRÁTICO — A casa mais rápida do mundo*

17 de dezembro de 2002 – Após calibrar as ferramentas motorizadas e arregimentar voluntários, o Habitat for Humanity, do Condado de Shelby, bateu o recorde mundial da construção mais rápida de uma casa, fechando em 3 horas, 26 minutos e 34 segundos. O recordista anterior, a Filial do Habitat em Mannakau, Nova Zelândia, deteve o recorde de 3 horas, 44 minutos e 59 segundos por três anos. O projeto do Alabama bateu o recorde da Nova Zelândia em 18 minutos.

"Esse projeto de construção era diferente de qualquer outro de que eu já participei", disse o gerente do Projeto, Chad Calhoun. "O cronograma minuto por minuto, o planejamento do mais preciso movimento, a organização de todas as equipes e materiais, nada poderia ter corrido melhor no dia da obra. Todas as longas horas de planejamento definitivamente compensaram."

Na preparação para a obra, os voluntários do Habitat colocaram as fundações e construíram painéis pré-fabricados para as paredes. Quando o apito soou, às 11h de 17 de dezembro, os painéis das paredes exteriores foram instalados, seguidos pelo painel interior, o que só tomou 16 minutos. Equipes especiais de operários, com códigos de cores, conectaram a fiação e o encanamento, colocaram a vedação, instalaram os aparelhos, colocaram carpetes e azulejos, fizeram a instalação das luzes, pintaram a casa por dentro, aplicaram revestimento de vinil por fora e acoplaram as varandas montáveis na frente e atrás.

Ao mesmo tempo, o telhado era construído no terreno ao lado da casa. Pronto o telhado (cerca de 1h30min depois), um guindaste da Steel City içou o telhado de 6.300 kg e o pôs no lugar. Alguns voluntários prendiam o telhado enquanto outros completavam o trabalho interior. Houve tempo até para colocar grama, plantar urzes e decorar uma árvore de Natal no jardim – tudo dentro do tempo oficial da obra, de 3 horas, 26 minutos e 34 segundos.

Quem recebeu esse maravilhoso presente foi Bonnie Lilly, uma mãe solteira e técnica de enfermagem que havia enviado três solicitações ao Habitat for Humanity até ser selecionada para receber a casa de três dormitórios e dois banheiros. "É incrível", disse Lilly. "Quem sou eu para receber isso? Um recorde mundial, centenas de pessoas se juntando para construir a minha casa – eu ainda não consigo acreditar".

Habitat for Humanitu é uma entidade internacional de caridade que constrói casas simples e baratas, vendendo-as sem juros ou lucro para famílias necessitadas.

* "The house that love built, really FAST—and just in time for Christmas kicker: Habitat for Humanity breaks world record set by New Zealand," Erin Drummond, www.csre.com. "Shelby County, Ala. Builds fastest Habitat House in three and a half hours," www.habitat.org/newsroom/2002archive.

Redução do escopo do projeto

Provavelmente, a resposta mais comum para cumprir prazos inatingíveis é reduzir ou diminuir a escala do escopo do projeto. Isso invariavelmente leva a uma redução da funcionalidade do projeto. Por exemplo, o carro novo terá uma média de apenas 10 km/L em vez 12 km/L, ou o software terá menos recursos do que o originalmente planejado. Embora a redução da escala do escopo do projeto possa gerar grande economia de tempo e dinheiro, pode ter como custo a redução do valor do projeto. Se o carro fizer menos quilômetros por litro, ele ficará à altura dos modelos concorrentes? Os clientes ainda desejarão o software sem os recursos?

O segredo para reduzir o escopo do projeto sem diminuir o valor é reavaliar as verdadeiras especificações do projeto. Muitas vezes, requisitos são acrescentados em cenários ideais, representando coisas desejáveis, mas não essenciais. Aí, é importante falar com o cliente e/ou os patrocinadores do projeto e explicar a situação – ficará como você quer, mas não antes de fevereiro. Isso pode forçá-los a aceitar uma extensão ou liberar mais dinheiro para apressar o projeto. Senão, deve ocorrer uma discussão saudável sobre quais são os requisitos essenciais e quais itens podem ser comprometidos a fim de cumprir o prazo. Um reexame mais intenso dos requisitos pode, inclusive, aprimorar o valor do projeto, executando-o mais rapidamente e a um custo menor.

O cálculo da economia no escopo de projeto reduzido começa com a estrutura analítica do projeto. Reduzir a funcionalidade significa que certas tarefas, entregas ou requisitos podem ser reduzidos, ou mesmo eliminados. Essas tarefas precisam ser localizadas e o cronograma, ajustado. O foco deve estar sobre as mudanças nas atividades do caminho crítico.

Comprometimento da qualidade

Reduzir a qualidade é sempre uma opção, mas raramente é aceitável ou utilizada. Se a qualidade for sacrificada, pode ser possível diminuir o tempo de uma atividade no caminho crítico.

Na prática, os métodos mais comumente usados para comprimir projetos são programar horas extras, terceirizar e acrescentar recursos. Todas elas mantêm a essência do plano original. Opções que desviam do plano original do projeto incluem fazer duas vezes e agilizar. Repensar o escopo do projeto, as necessidades do cliente e o cronograma tornam-se considerações vitais nessas técnicas.

Gráfico de custo/duração do projeto

Nada no horizonte sugere que a necessidade de encurtar o tempo do projeto mudará. Na verdade, o que pode acontecer é aumentar a pressão para finalizar projetos antes e mais rápido. O desafio do gerente de projetos é usar um método veloz e lógico para comparar os benefícios de reduzir o tempo do projeto com o custo. Sem métodos sólidos e lógicos, é difícil isolar as atividades que terão o maior impacto na redução do tempo do projeto com o menor custo. Esta seção descreve um procedimento para identificar os custos de redução do tempo do projeto, para que se possam fazer comparações com os benefícios de concluir o projeto antes. O método requer a coleta dos custos diretos e indiretos de cada duração de projeto. Investigam-se as atividades decisivas para encontrar aquelas de menor custo direto que encurtarão a duração do projeto. Os custos totais de cada duração de projeto são calculados e comparados aos benefícios de se reduzir o tempo do projeto – antes de o projeto iniciar ou enquanto estiver em andamento.

Explicação dos custos do projeto

A natureza geral dos custos do projeto é ilustrada na Figura 9.1, **Gráfico de custo/duração do projeto**. O custo total de cada duração é a soma dos custos indiretos e diretos. Os custos indiretos incidem durante toda a vida do projeto. Por conseguinte, toda redução da duração do projeto acarreta uma redução dos custos indiretos. Os custos diretos do gráfico sobem a uma taxa crescente, na medida em que a duração do projeto diminui em relação à originalmente planejada. Com as informações de um gráfico desses para o projeto, os gerentes podem apreciar rapidamente as alternativas, como cumprir um prazo de tempo até o mercado. É necessário discutir mais sobre custos indiretos e diretos antes que se demonstre um procedimento para desenvolver as informações de um gráfico semelhante ao ilustrado na Figura 9.1.

FIGURA 9.1
Gráfico de custo/duração do projeto

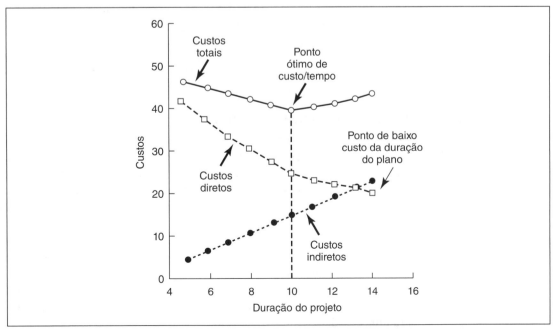

Custos indiretos do projeto

Custos indiretos representam custos acessórios, como supervisão, administração, consultoria e juros e não podem ser associados a um pacote de trabalho ou atividade particular, daí o termo. Como os custos indiretos variam diretamente com o tempo, qualquer redução no tempo resulta em uma redução sobre ele. Por exemplo, se os custos diários de supervisão, administração e consultoria são de US$ 2 mil, qualquer redução na duração do projeto representaria uma economia de US$ 2 mil por dia. Se os custos indiretos forem uma porcentagem significativa dos custos totais do projeto, as reduções no tempo do projeto podem representar economia muito real (presumindo-se que os recursos indiretos possam ser utilizados em outra parte).

Custos diretos do projeto

Custos diretos normalmente representam mão de obra, materiais, equipamentos e, por vezes, pessoal terceirizado. O pressuposto ideal é que os custos diretos de um tempo de atividade representam os custos normais, o que geralmente significa métodos eficientes e baratos com um tempo normal. Quando as durações do projeto são impostas, os custos diretos podem não mais representar métodos eficientes e baratos. Os custos para uma data de duração imposta serão maiores do que para uma duração de projeto desenvolvida a partir de tempos normais ideias para as atividades. Como se presume que os custos diretos são estabelecidos a partir de métodos e tempo normais, qualquer redução no tempo da atividade deverá agravar os custos da atividade. A soma dos custos de todos os pacotes de trabalho ou atividades representa os custos diretos totais do projeto.

O principal desafio enfrentado na geração das informações para um gráfico semelhante ao da Figura 9.1 é o cálculo dos custos diretos da abreviação das atividades decisivas individuais e, então, a obtenção do custo direto total de cada duração de projeto à medida que o tempo do projeto é comprimido: o processo requer que se selecionem as atividades críticas que menos custam para abreviar (observe: o gráfico implica haver sempre um ponto ótimo de custo/tempo, o que só acontecerá se a abreviação do cronograma tiver economias incrementais de custo indireto que excedem o custo direto incremental incidente; no entanto, na prática quase sempre há várias atividades em que os custos diretos da abreviação são inferiores aos custos indiretos).

Criação de um gráfico de custo/duração do projeto

São necessárias três grandes etapas para criar um gráfico de custo/duração do projeto:
1. Obter os custos diretos totais para as durações do projeto selecionadas.
2. Obter os custos indiretos totais para as durações de projeto selecionadas.
3. Somar os custos diretos e indiretos dessas durações selecionadas.

Então, usa-se o gráfico para comparar alternativas de custo adicional com os benefícios. Os detalhes dessas etapas são apresentados agora.

Determinação das atividades a abreviar

A tarefa mais difícil da criação de um gráfico de custo/duração é encontrar os custos diretos totais de durações de projeto específicas dentro do espectro relevante. O cuidado central é decidir quais atividades abreviar e até onde levar o processo de abreviação. Basicamente, os gerentes devem procurar atividades decisivas que possam ser abreviadas com o *menor aumento no custo por unidade de tempo*. A lógica dessa busca depende da identificação dos tempos normal e de compressão da atividade e dos custos correspondentes. O *tempo normal* de uma atividade representa métodos baratos, realistas e eficientes para concluir a atividade em condições normais. Abreviar uma atividade recebe o nome de **compressão**. O tempo mínimo possível em que uma atividade pode realisticamente ser concluída é seu **tempo de compressão**. O custo direto de fazê-lo é chamado de *custo de compressão*. Os tempos e custos normais e de compressão são coletados junto às pessoas mais familiarizadas com a conclusão da atividade. A Figura 9.2 exibe um gráfico hipotético de custo/duração para uma atividade.

FIGURA 9.2
Gráfico de atividade

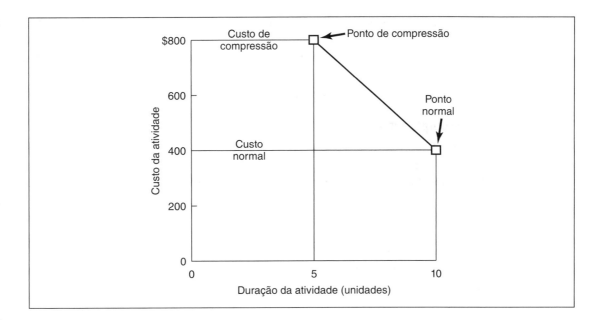

O tempo normal da atividade é de 10 unidades de tempo e o custo correspondente, US$ 400. O tempo de compressão para a atividade é cinco unidades de tempo e o custo, US$ 800. A intersecção entre tempo e custos normais representa o cronograma original, de custo baixo e início cedo. O **ponto de compressão** representa o tempo máximo em que uma atividade pode ser comprimida. A linha grossa conectando os pontos normal e de compressão representa a inclinação, que pressupõe que o custo de reduzir o tempo da atividade é constante *por unidade de tempo*. Os pressupostos que fundamentam o uso desse gráfico são os seguintes:

1. A relação custo/tempo é linear.
2. O tempo normal pressupõe métodos baratos e eficientes para concluir a atividade.
3. O tempo de compressão representa um limite: a maior redução de tempo possível em condições realistas.
4. A inclinação representa o custo por unidade de tempo.
5. Todas as acelerações devem ocorrer dentro dos tempos normal e de compressão.

Conhecer a inclinação das atividades possibilita que os gerentes comparem quais atividades decisivas devem abreviar. Quanto menos íngreme a inclinação de custo de uma atividade, menos custará abreviar um período de tempo; uma inclinação mais íngreme significa que custará mais abreviar uma unidade de tempo. O custo por unidade de tempo (ou inclinação) de uma atividade é calculado pela seguinte equação:

$$\text{Inclinação do custo} = \frac{\text{Custo}}{\text{Duração}} = \frac{\text{Custo de compressão} - \text{Custo normal}}{\text{Tempo normal} - \text{Tempo de compressão}}$$

$$= \frac{CC - NC}{NT - CT} = \frac{\$800 - \$400}{10 - 5}$$

$$= \frac{\$400}{NT - CT} = \$80 \text{ por unidade de tempo}$$

Na Figura 9.2, a vertical é o eixo *y* (custo) e a horizontal é o eixo *x* (duração). A inclinação da linha do custo é de US$ 80 para cada unidade de tempo em que a atividade é reduzida; o limite de redução do tempo da atividade é de cinco unidades de tempo. A comparação das inclinações de todas as atividades decisivas permite que determinemos quais delas abreviar para minimizar o custo direto total. Dado o cronograma preliminar (ou em curso) do projeto, com todas as atividades definidas em seus tempos de início cedo, pode-se iniciar a busca de atividades decisivas candidatas à redução.

O custo direto total de cada duração comprimida do projeto precisa ser obtido.

Um exemplo simplificado

A Figura 9.3A apresenta os tempos e custos normais e de compressão de cada atividade, a inclinação calculada e o limite de redução de tempo, o custo direto total e a rede do projeto, com uma duração de 25 unidades de tempo. Note que o custo direto total para a duração de 25 períodos é de US$ 450. Esse é um ponto de ancoragem para que se inicie o procedimento de abreviação do caminho crítico e se obtenham os custos diretos totais para cada duração específica inferior a 25 unidades de tempo. A redução máxima de tempo de uma atividade é simplesmente a diferença entre os tempos normais e de compressão de uma atividade. Por exemplo, a atividade D pode ser reduzida de um tempo normal de 11 unidades de tempo para um tempo de compressão de 7 unidades ou, um máximo, de 4. A inclinação positiva da atividade D é calculada como segue:

FIGURA 9.3
Exemplo de *trade-off* custo/duração

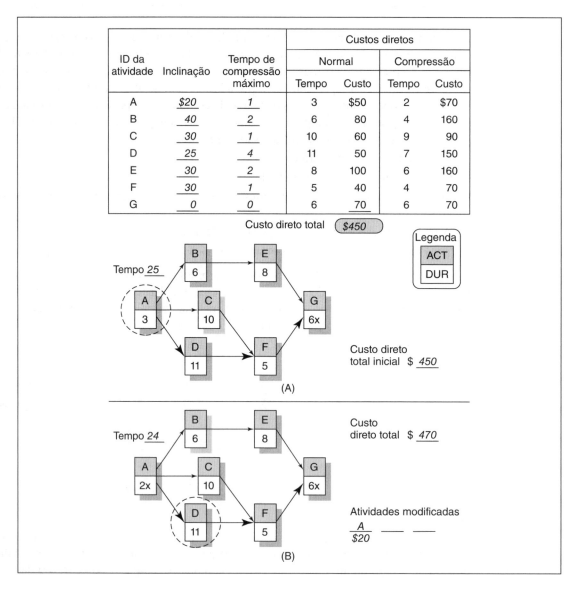

$$\text{Inclinação do custo} = \frac{\text{Custo de compressão} - \text{Custo normal}}{\text{Tempo normal} - \text{Tempo de compressão}} = \frac{\$150 - \$50}{11 - 7}$$

$$= \frac{\$100}{4} = \$25 \text{ por unidade de tempo}$$

A rede indica que o caminho crítico são as atividades A, D, F e G. Como é impossível abreviar a atividade G (usa-se "x" para indicar isso), a atividade A é circulada porque é o candidato de menor custo, isto é, sua inclinação (US$ 20) é menor do que as inclinações das atividades D e F (US$ 25 e US$ 30). Reduzir a atividade A em uma unidade de tempo corta a duração do projeto para 24 unidades, mas aumenta os custos diretos para US$ 470 (US$ 450 + US$ 20 = US$ 470). A Figura 9.3B reflete essas mudanças. A duração da atividade A foi reduzida a duas unidades de tempo; o "x" indica que a atividade não pode ser mais reduzida. A atividade D é circulada porque é a que menos custa (US$ 25) para abreviar o projeto para 23 unidades de tempo. Compare o custo da atividade F. O custo direto total para uma duração de projeto de 23 unidades de tempo é de US$ 495 (Figura 9.4A).

FIGURA 9.4
Exemplo de *trade-off* custo/duração (continuação)

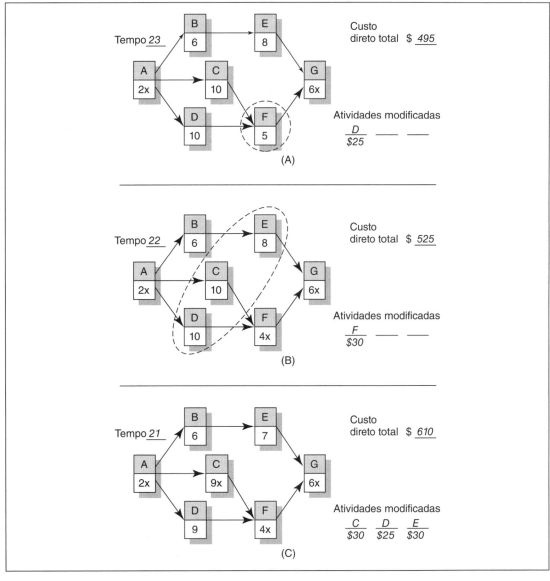

Observe que a rede do projeto da Figura 9.4A agora tem dois caminhos críticos: A, C, F, G e A, D, F, G. A redução do projeto para 22 unidades de tempo exige que se reduza a atividade F; logo, ela é circulada. Essa mudança é refletida na Figura 9.4B. O custo direto total para 22 unidades de tempo é de US$ 525. Essa redução criou um terceiro caminho crítico – A, B, E, F; todas as atividades são decisivas. O método de menor custo para reduzir a duração do projeto para 21 unidades de tempo é combinar as atividades circuladas C, D e E (que custam US$ 30, US$ 25 e US$ 30, respectivamente) e aumentar os custos diretos totais para US$ 610. Os resultados dessas mudanças são exibidos na Figura 9.4C. Embora algumas atividades ainda possam ser reduzidas (aquelas sem o "x" ao lado do tempo da atividade), nenhuma atividade ou uma combinação delas ocasionará uma redução da duração do projeto.

Tendo-se obtido os custos diretos totais para a gama de durações de projetos específicas, a próxima etapa é reunir os custos indiretos para essas durações. Eles, normalmente, são uma taxa diária e facilmente obtidos junto ao departamento de contabilidade. A Figura 9.5 apresenta os custos diretos totais, custos indiretos totais e custos totais do projeto, todos projetados na Figura 9.6, cujo gráfico mostra que a duração custo/tempo ótima é de 22 unidades de tempo e US$ 775. Assumindo-se que o projeto realmente se concretizará conforme o planejado, qualquer desvio em relação a essa duração de tempo aumentará os custos. O movimento de 25 para 22 unidades de tempo ocorre porque, nesse espectro, as inclinações absolutas dos custos indiretos são maiores do que as inclinações dos custos diretos.

FIGURA 9.5
Resumo de custos por duração

Duração do projeto	Custos diretos	+	Custos indiretos	=	Custos totais
25	450		400		$850
24	470		350		820
23	495		300		795
(22)	525		250		(775)
21	610		200		810

FIGURA 9.6
Gráfico de custo/duração do projeto

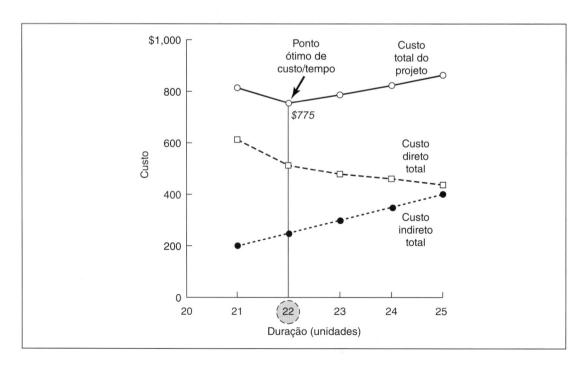

Considerações práticas

Uso do gráfico de custo/duração do projeto

Esse gráfico, como apresentado nas Figuras 9.1 e 9.6, é valioso para comparar alternativas ou alterações propostas com o custo e tempo ótimos. Mais importante, a criação desse gráfico mantém a importância dos custos indiretos no primeiro plano da tomada de decisão. Custos indiretos são, frequentemente, esquecidos no campo onde a pressão por ação é intensa. Por fim, o gráfico pode ser utilizado antes que o projeto comece ou quando estiver em curso. Criar o gráfico na fase de planejamento pré-projeto, sem uma duração imposta, é a primeira opção, pois o tempo normal é mais significativo. Criar o gráfico na fase de planejamento do projeto, com uma duração imposta, é menos desejável, pois o tempo normal é forçado a se encaixar na data imposta, provavelmente sem ser de baixo custo. Criar o gráfico após o projeto ter iniciado é o menos indicado, pois algumas alternativas podem ser excluídas do processo de decisão. Os gerentes podem optar por não usar o procedimento formal demonstrado. No entanto, a despeito do método usado, os princípios e conceitos inerentes ao procedimento formal são altamente aplicáveis na prática, devendo ser considerados em toda decisão de trade-off custo/duração.

Tempos de compressão

Pode ser difícil reunir tempos de compressão, mesmo para um projeto de porte moderado. É difícil transmitir o significado do tempo de compressão. O que se quer dizer ao defini-lo como "o tempo mais curto em que se pode realisticamente concluir uma atividade"? O tempo de compressão está aberto a diferentes interpretações e julgamentos. Alguns dos profissionais que fazem estimativas se sentem muito desconfortáveis em informar tempos de compressão. Seja qual for o nível de conforto, a precisão dos tempos e dos custos de compressão costuma ser, no máximo, aproximada quando comparada à do tempo e do custo normais.

Pressuposto da linearidade

Como a precisão dos tempos e custos comprimidos de atividade é questionável, a hipótese de alguns teóricos – a relação entre custo e tempo não ser linear, mas curvilínea –, raramente, é uma questão para os gerentes praticantes. Comparações razoáveis e rápidas podem ser feitas com o pressuposto linear.[3] A abordagem simples é adequada para a maioria dos projetos. Existem situações incomuns em que as atividades não podem ser dividas em unidades de tempo separadas. Em vez disso, a compressão é "tudo ou nada". Por exemplo, a atividade A durará 10 dias (por, digamos, US$ 1 mil) ou sete (por, digamos, US$ 1,5 mil), mas não existe nenhuma opção em que a atividade A demorará oito ou nove dias para ser concluída. Em alguns casos raros de projetos muito grandes, complexos e de longa duração, o uso das técnicas de valor presente pode ser útil; essas técnicas estão além do escopo deste texto.

Escolha das atividades a comprimir, continuação

O método de compressão de custo/tempo depende da escolha do método mais barato para reduzir a duração do projeto. Outros fatores, além dos custos, têm de ser avaliados. Primeiro, devem ser considerados os riscos inerentes envolvidos na compressão de determinadas atividades. É mais arriscado comprimir algumas atividades do que outras. Por exemplo, acelerar a conclusão de um código de design de software pode não ser inteligente se isso aumentar a probabilidade de que erros surjam mais adiante. Inversamente, pode ser inteligente comprimir uma atividade mais cara quando há menos riscos inerentes envolvidos.

Segundo, deve-se considerar a cronologia das atividades. Comprimir uma atividade inicial pode ser prudente se for possível atrasar as atividades subsequentes, absorvendo o tempo ganho. Assim, o gerente ainda teria a opção de comprimir atividades finais para voltar ao cronograma.

---

[3] A linearidade assume que o custo de comprimir cada dia é constante.

CASO PRÁTICO   Aposto com você...

O foco deste capítulo foi como os gerentes de projetos comprimem atividades, normalmente atribuindo efetivo e equipamentos extras a fim de cortar bastante tempo das atividades programadas. Os gerentes de projetos muitas vezes se deparam com situações em que precisam motivar as pessoas a acelerar a conclusão de uma tarefa decisiva específica. Imagine o seguinte cenário.

Brue Young recém recebeu da sede corporativa uma incumbência prioritária. Os esboços preliminares de engenharia, que devem ser entregues amanhã, precisam ser enviados para a costa oeste por e-mail até às 16h de hoje, para que a oficina de maquetes possa começar o protótipo para apresentar à alta gerência. Ele fala com Danny Whitten, o projetista responsável pela tarefa, cuja reação inicial é: "Isso é impossível!". Embora concorde que seria muito difícil, Brue não acha tão impossível quanto Danny sugere, ou mesmo que Danny realmente ache isso. O que ele deve fazer?

Brue lhe diz que sabe que será um serviço apressado, mas que confia na capacidade de Danny para executá-lo. Quando Danny recua, ele responde: "Vou dizer uma coisa, faço uma aposta com você: se o o desenho ficar pronto até às 16h, garanto para você dois ingressos para o jogo de basquete de amanhã, entre os Celtics e os Knicks". Danny aceita o desafio, trabalha febrilmente para concluir a incumbência e consegue levar a filha ao primeiro jogo de basquete profissional dela.

Conversas com gerentes de projetos revelam que muitos usam apostas como essa para motivar desempenhos extraordinários. Essas apostas vão de ingressos para eventos esportivos e de entretenimento a vales para restaurantes finos e uma merecida tarde de folga. Para que as apostas funcionem, elas precisam aderir aos princípios da teoria da motivação da expectativa* que, em termos simples, repousa sobre três perguntas fundamentais:

1. Eu consigo (é possível cumprir o prazo)?
2. Vou ganhar (posso demonstrar que venci o desafio e posso confiar que o gerente do projeto cumprirá parte dele no acordo)?
3. Vale a pena (a recompensa tem valor pessoal suficiente para justificar o risco e o empenho extras)?

Se, para o desafiado, a resposta a qualquer dessas perguntas for negativa, ele certamente rejeitará o desafio. No entanto, quando as respostas são afirmativas, ele poderá aceitar a aposta e motivar-se.

Apostas podem ser eficazes ferramentas motivacionais, trazendo um elemento de entusiasmo e diversão ao trabalho de projeto. Contudo, deve-se atentar às seguintes orientações práticas:

1. A aposta tem mais significação se também beneficiar familiares ou entes queridos. Poder levar um filho a um jogo de basquete faz a pessoa "ganhar pontos" em casa por causa do trabalho. Essas apostas também reconhecem e recompensam o apoio que os membros do projeto recebem das respectivas famílias, reforçando a importância do trabalho deles para quem amam.
2. Apostas devem ser usadas com parcimônia; se não, tudo pode se tornar negociável. Elas só devem ser empregadas em circunstâncias especiais que exigem empenho extraordinário.
3. Cada aposta deve envolver um esforço individual claramente reconhecível, ou surgirão ciúmes e discordância no grupo. Se todos perceberem que ela exige um esforço realmente notável, "acima do dever", eles a considerarão justa e legitimada.

* A teoria da expectativa é considerada uma das mais importantes teorias da motivação humana e foi inicialmente trabalhada por V. H. Vroom, *Work and Motivation* (New York: John Wiley & Sons, 1964).

Terceiro, a compressão muitas vezes resulta em sobrealocação de recursos e aqueles necessários para acelerar uma atividade mais barata podem, subitamente, não estar mais disponíveis. A disponibilidade de recursos (e não o custo) pode ditar quais atividades serão comprimidas.

Por fim, precisa-se avaliar o impacto que a compressão teria sobre o moral e a motivação da equipe de projeto. Se o método de menor custo repetidamente sinalizar que um subgrupo acelere o progresso, podem surgir fadiga e ressentimento. Inversamente, se houver pagamento de horas extras envolvido, os outros membros da equipe podem se ressentir de não ter acesso a esse benefício. Essa situação pode trazer tensão à equipe do projeto. Os bons gerentes de projetos aferem a resposta que a compressão de atividades suscitará. Consulte o "Caso prático: Aposto com você..." para conhecer uma nova abordagem para motivar os funcionários a trabalhar mais rápido.

Decisões de redução de tempo e sensibilidade

O gerente do projeto deve adotar o custo/tempo ótimo? A resposta é: "Depende". Deve-se considerar o risco. Lembre-se do nosso exemplo em que o ponto ótimo de tempo do projeto representava um custo de projeto reduzido e era menor do que o tempo original normal (reexamine a Figura 9.6). Próximo do ponto normal, a linha de custo direto do projeto costuma ser relativamente chata. Como os custos indiretos do projeto geralmente são maiores na mesma faixa, o ponto ótimo de custo/tempo é menor do que o ponto normal de tempo. A lógica do procedimento de custo/tempo sugere que os gerentes devem reduzir a duração do projeto até a duração e ponto de custo total mínimos.

Até onde reduzir o tempo do projeto, do tempo normal até o ótimo, depende da *sensibilidade* da rede do projeto. Uma rede é sensível se tem diversos caminhos críticos ou quase críticos. No nosso exemplo, o movimento do projeto em direção ao tempo ótimo exige que se gaste dinheiro para reduzir as atividades críticas, resultando em redução da folga e/ou mais caminhos e atividades críticos. A redução da folga em um projeto com vários caminhos quase críticos aumenta o risco de atraso. O efeito prático pode ser um custo total de projeto maior, se algumas atividades quase decisivas forem atrasadas e se tornarem decisivas; o dinheiro gasto reduzindo-se atividades no caminho crítico original seria desperdiçado. Redes sensíveis exigem uma análise cuidadosa. O resumo é que a compressão do cronograma de projetos com vários caminhos quase críticos reduz a flexibilidade de programação e aumenta o risco de atrasar o projeto. O resultado dessa análise provavelmente sugerirá apenas um movimento parcial do tempo normal em direção ao tempo ótimo.

Existe uma situação positiva em que deslocar-se em direção ao tempo ótimo pode resultar em economia muito grande, o que se dá quando a rede é *insensível* – ela tem um caminho crítico dominante, isto é, não tem caminhos quase críticos. Nessa circunstância, o movimento do tempo normal em direção ao tempo ótimo *não* cria atividades novas ou quase decisivas. O resumo disso é que a redução da folga das atividades não decisivas aumenta apenas levemente o risco de que elas se tornem decisivas, se comparado ao efeito em uma rede sensível. Redes insensíveis têm o maior potencial de economia efetiva (às vezes grandes) nos custos totais do projeto, com um risco mínimo de que atividades não decisivas se tornem decisivas.

Redes insensíveis não são uma raridade na prática: elas ocorrem em, talvez, 25% de todos os projetos. Por exemplo, a equipe de um projeto de trem leve observou na respectiva rede um caminho crítico dominante e custos indiretos relativamente altos. Logo ficou claro que, gastando-se alguns dólares em algumas atividades decisivas, os custos indiretos poderiam ser substancialmente reduzidos. Economia de muitos milhões de dólares foi aproveitada estendendo-se a ferrovia e acrescentando-se outra estação. A lógica encontrada nesse exemplo é tão aplicável a projetos pequenos quanto a grandes. Redes insensíveis com altos custos indiretos podem produzir grandes economias.

No fim das contas, decidir se e quais atividades comprimir são questões de julgamento que demandam uma consideração cuidadosa das opções disponíveis, dos custos e risco envolvidos e da importância de cumprir um prazo.

E se a questão for o custo, e não o tempo?

No mundo acelerado dos dias atuais, parece haver maior ênfase em fazer as coisas rapidamente. Ainda assim, as empresas estão sempre procurando formas baratas de fazê-las. Isso se aplica especialmente a projetos de oferta fixa, em que a margem de lucro é derivada da diferença entre a oferta e o custo efetivo do projeto. Cada dólar poupado é um dólar no seu bolso. Às vezes, para obter o contrato, as ofertas são justas, o que coloca mais pressão na contenção de custos. Em outros casos, há incentivos financeiros atrelados à contenção de custos.

Mesmo em situações em que o custo é transferido para os clientes, existe pressão para reduzir o custo. Excesso de custos deixa os clientes infelizes e pode prejudicar as futuras oportunidades comerciais. Orçamentos podem ser fixados ou cortados e, quando os fundos de contingência são exauridos, o excesso de custos tem de ser compensado com as atividades restantes.

Como dito antes, a abreviação da duração do projeto pode vir às custas de horas extras, acrescentar mais pessoas e usar equipamentos e/ou materiais mais caros. Inversamente, às vezes, pode-se economizar nos custos estendendo-se a duração do projeto. Isso pode permitir que se utilizem menor força de trabalho, menos mão de obra qualificada (cara) e mesmo equipamentos e materiais mais baratos. A seguir, algumas das opções mais usadas para cortar custos.

Reduzir o escopo do projeto

Assim como se pode ganhar tempo diminuindo a escala do escopo do projeto, entregar menos do que o originalmente planejado também gera substancial economia. Novamente, o cálculo da economia de um escopo de projeto começa com a estrutura analítica do projeto (EAP). Entretanto, como tempo não é a questão, você não precisa se ater às atividades decisivas. Por exemplo, em projetos cinematográficos com orçamento estourado, não é incomum substituir, para cortar custos, locações para algumas cenas por material de arquivo.

Fazer o dono assumir mais responsabilidade

Um modo de reduzir os custos do projeto é identificar as tarefas que os clientes podem fazer eles mesmos. Os proprietários de residências, frequentemente, lançam mão disso para diminuir os custos de projetos de reforma. Por exemplo, para reduzir o custo da reforma de um banheiro, o proprietário pode se dispor a pintá-lo em vez de pagar para que o empreiteiro o faça. Em projeto de TI, o cliente pode concordar em assumir um pouco da responsabilidade por equipamentos de teste ou fornecimento de treinamento interno. Naturalmente, é melhor negociar a respeito antes que o projeto comece. Os clientes são menos receptivos a essa ideia se você a lançar de repente. Uma vantagem do método é que, embora os custos sejam reduzidos, o escopo original é mantido. É claro, esta opção se limita a áreas nas quais o cliente possui expertise e a capacidade de assumir as tarefas.

Terceirizar atividades do projeto ou mesmo o projeto inteiro

Quando as estimativas excedem o orçamento, faz sentido não apenas reexaminar o escopo, mas também buscar formas mais baratas de concluir o projeto. Em vez de depender de recursos internos, talvez fosse mais custo-efetivo terceirizar segmentos ou mesmo o projeto inteiro, abrindo trabalhos para concorrência de preços externa. Terceirizados especializados muitas vezes oferecem vantagens exclusivas, como descontos em materiais para grandes quantidades ou em equipamentos que não apenas fazem o serviço de modo mais rápido, mas também mais econômico. Eles podem ter custos acessórios ou de mão de obra menores. Por exemplo, para reduzir os custos de projetos de software, muitas empresas americanas terceirizam trabalho para empresas estrangeiras, que pagam a um engenheiro de software um terço do que um americano recebe. No entanto, terceirizar significa possuir menos controle sobre o projeto e precisar ter entregas claramente definidas.

Fazer **brainstorming** *sobre opções de economia de custos*

Assim como os membros da equipe podem ser uma rica fonte de ideias para acelerar as atividades do projeto, também podem oferecer modos concretos de reduzir custos. Por exemplo, um gerente de projetos relatou que a equipe dele fez sugestões que gerariam mais de US$ 75 mil de economia nos custos sem comprometer o escopo do projeto. Os gerentes de projetos não devem subestimar o valor de simplesmente perguntar se há um jeito melhor e mais barato.

Resumo

A necessidade de se reduzir a duração do projeto se verifica por muitas razões, como datas de duração impostas, considerações de tempo até o mercado, contratos de incentivo, necessidades de recursos-chave, altos custos acessórios ou simplesmente atrasos imprevistos. Essas situações são muito comuns na prática, sendo conhecidas como decisões de *trade-off* custo/tempo. Este capítulo apresentou um processo lógico e formal para avaliar as implicações de situações que envolvem a abreviação da duração do projeto. Comprimir a duração do projeto aumenta o *risco* de atraso. Até onde comprimi-la, do tempo normal até o ótimo, depende da *sensibilidade* da rede do projeto. Uma rede sensível é aquela com diversos caminhos críticos ou quase críticos. Deve-se tomar muito cuidado ao abreviá-la para evitar o aumento dos riscos do projeto. Inversamente, redes insensíveis representam oportunidades para economia de custos de projetos potencialmente grandes ao eliminar alguns custos acessórios com pouco risco de danos.

Estratégias alternativas para reduzir o tempo do projeto foram discutidas no contexto de se o projeto é ou não limitado por recursos. A aceleração do projeto costuma ter como preço ou gastar dinheiro com mais recursos, ou comprometer o escopo. Se for o caso deste último, é essencial que todas as partes interessadas relevantes sejam consultadas, para que todos aceitem as mudanças necessárias. Outro ponto crucial é a diferença em implementar atividades redutoras de tempo no meio da execução do projeto *versus* incorporá-las ao plano do projeto. Normalmente, têm-se muito menos opções com o projeto em andamento do que antes de ele começar. Isso se aplica especialmente quando se quer aproveitar as novas metodologias de programação, como agilização e corrente crítica. O tempo empregado considerando alternativas e desenvolvendo planos de contingência já no início poupará tempo no fim.

Termos-chave

Agilização, *269*
Compressão, *272*
Custos diretos, *272*
Custos indiretos, *272*

Gráfico de custo/duração do projeto, *271*
Ponto de compressão, *273*
Tempo de compressão, *272*
Terceirização, *268*

Questões de revisão

1. Quais são os cinco motivos mais comuns para comprimir o cronograma de um projeto?
2. Quais são as vantagens e desvantagens de se reduzir o escopo do projeto para acelerá-lo? O que pode ser feito para reduzir as desvantagens?
3. Por que programar horas extras é uma escolha popular para colocar os projetos de volta no cronograma? Quais são os problemas potenciais de depender dessa opção?
4. Identifique quatro custos indiretos que poderiam ser encontrados em um projeto moderadamente complexo. Por que eles são classificados como indiretos?
5. Como o gerente do projeto pode usar um gráfico de custo/duração? Explique.
6. Reduzir a duração do projeto aumenta o risco de atraso. Explique.
7. É possível abreviar o caminho crítico e poupar dinheiro. Explique como.

Exercícios

1. Desenhe uma rede de projeto a partir das seguintes informações.

Atividade	Predecessora	Duração
A	Nenhuma	2
B	A	4
C	A	3
D	A	2
E	B	3
F	C	6
G	C, D	5
H	E, F	6
I	G	5
J	H, I	5

As atividades B e H podem ser abreviadas até um mínimo de duas semanas. Qual atividade você abreviaria para reduzir a duração do projeto em duas semanas? Por quê?

2.* Use as informações a seguir para comprimir uma unidade de tempo por manobra, mediante o método do menor custo. Reduza o cronograma até atingir o ponto de compressão da rede. Para cada manobra, identifique as atividades comprimidas e o custo total ajustado.

---
* A solução deste exercício está no Apêndice 1.

Ativ.	Custo de compressão (inclinação)	Tempo de compressão máximo	Tempo normal	Custo normal
A	0	0	1	100
B	100	2	3	150
C	50	1	4	200
D	60	1	3	200
E	70	2	4	200
F	90	1	3	150

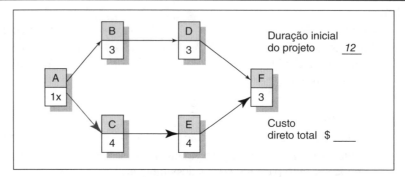

3. Suponha a rede e os dados que se seguem. Calcule os custos diretos totais para cada duração de projeto. Se os custos indiretos de cada duração de projeto forem de US$ 400 (19 unidades de tempo), US$ 350 (18), US$ 300 (17) e US$ 250 (16), calcule o custo total do projeto para cada duração. Trace os custos totais diretos, indiretos e do projeto para cada uma dessas durações em um gráfico de custo/tempo. Qual é o cronograma ótimo de custo/tempo para o projeto? Qual é o custo?

Ativ.	Custo de compressão (inclinação)	Tempo de compressão máximo	Tempo normal	Custo normal
A	20	1	3	50
B	60	2	5	60
C	40	1	3	70
D	0	0	10	50
E	50	3	6	100
F	100	3	7	90
G	70	1	5	50
				US$ 470

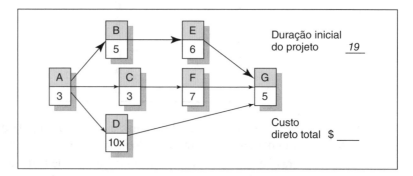

4. Com os dados e informações seguintes, calcule o custo direto total para cada duração de projeto. Se os custos indiretos de cada duração de projeto forem de US$ 90 (15 unidades de tempo), US$ 70 (14), US$ 50 (13), US$ 40 (12) e US$ 30 (11), calcule o custo total do projeto para cada duração. Qual é o cronograma ótimo de custo/tempo para o projeto? Qual é o custo?

Ativ.	Custo de compressão (inclinação)	Tempo de compressão máximo	Tempo normal	Custo normal
A	20	1	5	50
B	60	2	3	60
C	0	0	4	70
D	10	1	2	50
E	60	3	5	100
F	100	1	2	90
G	30	1	5	50
H	40	0	2	60
I	200	1	3	200
				US$ 730

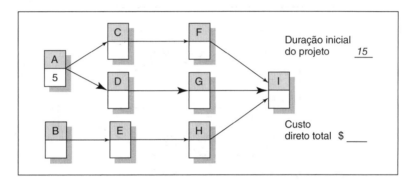

Duração inicial do projeto 15

Custo direto total $ ___

5. Se os custos indiretos de cada duração forem US$ 1.200 para 16 semanas, US$ 1.130 (15), US$ 1.000 (14), US$ 900 (13), US$ 860 (12), US$ 820 (11) e US$ 790 (10), calcule os custos totais para cada duração. Trace esses custos em um gráfico. Qual é o cronograma ótimo de custo/tempo?

Ativ.	Custo de compressão (inclinação)	Tempo de compressão máximo	Tempo normal	Custo normal
A	10	1	4	30
B	70	2	7	60
C	0	0	1	80
D	20	2	4	40
E	50	3	5	110
F	200	3	5	90
G	30	1	2	60
H	40	1	2	70
I	0	0	2	140
				US$ 680

Unidade de tempo = 1 semana

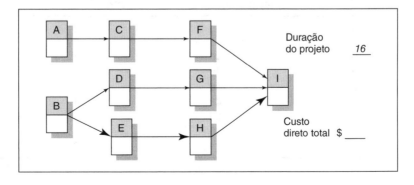

Duração do projeto 16

Custo direto total $ ___

6. Se os custos indiretos de cada duração forem de US$ 300 (27 semanas), US$ 240 (26), US$ 180 (25), US$ 120 (24), US$ 60 (23) e US$ 50 (22), calcule os custos diretos, indiretos e totais para cada duração. Qual é o cronograma ótimo de custo/tempo? O cliente lhe oferece US$ 10 para cada semana em que você abreviar o projeto a partir da rede original. Você aceita? Se sim, por quantas semanas?

Ativ.	Custo de compressão (inclinação)	Tempo de compressão máximo	Tempo normal	Custo normal
A	80	2	10	40
B	30	3	8	10
C	40	1	5	80
D	50	2	11	50
E	100	4	15	100
F	30	1	6	20
				US$ 300

Unidade de tempo = 1 semana

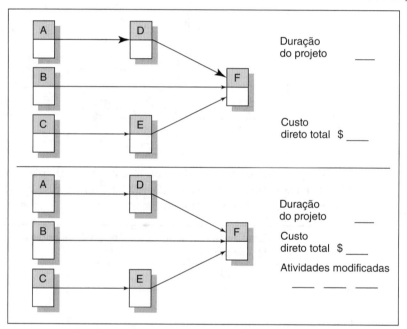

7. Use as informações a seguir para comprimir uma unidade de tempo por manobra, usando o método do menor custo. Reduza o cronograma até atingir o ponto de compressão da rede. Para cada manobra, identifique quais atividades foram comprimidas, o custo total ajustado e explique a sua escolha, caso tenha que escolher entre atividades de mesmo custo.

Observe: o ponto de compressão da rede é aquele em que a duração não pode mais ser reduzida.

Atividades ID	Custo de compressão (Inclinação)	Tempo de compressão máximo	Tempo normal	Custo normal
A	—	0	4	US$ 50
B	US$ 40	3	5	70
C	40	1	5	80
D	40	2	4	40
E	40	2	5	60
F	40	1	5	50
G	30	1	4	70
H	30	1	4	80
I	—	0	3	50

Custos normais diretos totais – US$ 550

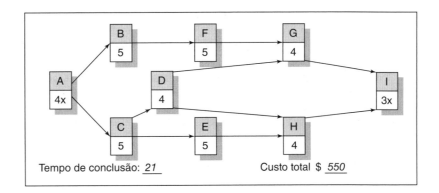

Tempo de conclusão: 21   Custo total $ 550

8.* Use as informações a seguir para comprimir uma unidade de tempo por manobra, usando o método do menor custo. Reduza o cronograma até atingir o ponto de compressão da rede. Para cada manobra, identifique quais atividades foram comprimidas, o custo total ajustado e explique a sua escolha, caso tenha que escolher entre atividades de mesmo custo.

Se os custos indiretos de cada duração forem US$ 1.500 para 17 semanas, US$ 1.450 (16), US$ 1.400 (15), US$ 1.350 (14), US$ 1.300 (13); US$ 1.250 (12), US$ 1.200 (11) e US$ 1.150 (10), qual é o cronograma ótimo de custo/tempo para o projeto? Qual é o custo?

Ativ.	Custo de compressão (inclinação)	Tempo de compressão máximo	Tempo normal	Custo normal
A	0	0	3	150
B	100	1	4	200
C	60	1	3	250
D	40	1	4	200
E	0	0	2	250
F	30	2	3	200
G	20	1	2	250
H	60	2	4	300
I	200	1	2	200

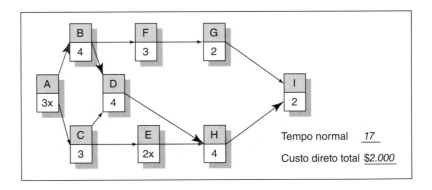

Tempo normal 17
Custo direto total $2.000

Referências

Abdel-Hamid, T., and S. Madnick, *Software Project Dynamics: An Integrated Approach* (Englewood Cliffs, NJ: Prentice Hall, 1991).

Baker, B. M., "Cost/Time Trade-off Analysis for the Critical Path Method," *Journal of the Operational Research Society,* 48 (12) 1997, pp. 1241-44.

---

* A solução deste exercício consta no Apêndice Um.

Brooks, F. P., Jr., *The Mythical Man-Month: Essays on Software Engineering Anniversary Edition* (Reading, MA: Addison-Wesley Longman, Inc., 1994), pp. 15-26.

DeMarco, T., *Slack: Getting Past Burnout, Busywork, and the Myth of Total Efficiency* (New York: Broadway, 2002).

Gordon, R. I. and J. C. Lamb, "A Closer Look at Brooke's Law," *Datamation,* June, 1977, pp. 81-86.

Ibbs, C. W., S. A. Lee, and M. I. Li, "Fast-Tracking's Impact on Project Change," *Project Management Journal,* 29 (4) 1998, pp. 35-42.

Khang, D. B., and M.Yin, "Time, Cost, and Quality Tradeoff in Project Management," *International Journal of Project Management,* 17 (4) 1999, pp. 249-56.

Perrow, L. A., *Finding Time: How Corporations, Individuals, and Families Can Benefit From New Work Practices* (Ithaca, NY: Cornell University Press, 1997).

Roemer, T. R., R. Ahmadi, and R. Wang, "Time-Cost Trade-offs in Overlapped Product Development," *Operations Research,* 48 (6) 2000, pp. 858-65.

Smith, P. G., and D. G. Reinersten, *Developing Products in Half the Time* (New York: Van Nostrand Reinhold, 1995).

Verzuh, E., *The Fast Forward MBA in Project Management,* 4th ed. (New York: John Wiley, 2012).

Vroom, V. H., *Work and Motivation* (New York: John Wiley & Sons, 1964).

Caso — International Capital, Inc. – Parte B

Considerando a rede de projeto derivada na Parte A do caso do Capítulo 7, Beth também quer estar preparada para responder a questionamentos relativos à compressão da duração do projeto, quase sempre levantados pelo departamento contábil, pelo comitê de revisão e pelo cliente. Para estar pronta, ela levantou os dados seguintes, caso seja necessário comprimir o projeto (use os tempos médios ponderados [t_e], calculados na Parte A do Caso da International Capital, no Capítulo 7).

Atividade	Custo normal (US$)	Tempo de compressão máximo	Custo de compressão/dia (US$)
A	3.000	3	500
B	5.000	2	1.000
C	6.000	0	—
D	20.000	3	3.000
E	10.000	2	1.000
F	7.000	1	1.000
G	20.000	2	3.000
H	8.000	1	2.000
I	5.000	1	2.000
J	7.000	1	1.000
K	12.000	6	1.000
Custos normais totais = US$ 103.000			

Usando os dados fornecidos, defina as decisões de compressão da atividade e a duração de projeto como melhor tempo/custo. Dadas as informações que você desenvolveu, quais sugestões você faria a Beth para que ela esteja preparada para o comitê de revisão do projeto? Suponha que os custos acessórios do projeto são de US$ 700 por dia útil. Isso altera as suas sugestões?

Caso — Corrida Mundial de Veleiros Whitbread

Todo ano, vários países se inscrevem na Corrida Mundial de Veleiros Whitbread, que tem duração de nove meses. Nos últimos anos, cerca de 14 países participaram com embarcações dotadas das mais avançadas tecnologias e habilidades humanas.

Bjorn Ericksen foi escolhido como gerente do projeto pela experiência como mestre timoneiro e pela fama recente de "melhor designer de veleiros de corrida do mundo". Bjorn tem o prazer e o orgulho de poder desenhar, construir, testar e treinar a tripulação para a inscrição do seu país no

Whitbread do ano que vem. Ele escolheu Karin Knutsen (engenheiro chefe projetista) e Trygve Wallvik (mestre timoneiro) como os líderes da equipe responsável para preparar os inscritos do ano que na tradicional parada no Rio Tâmisa, no Reino Unido, que marca o início da corrida.

Ao começar a pensar em um plano de projeto, Bjown vê dois caminhos paralelos perpassando o projeto: (1) desenho e construção e (2) treinamento da tripulação. O barco do ano passado será usado para treino até que o novo possa ter a tripulação a bordo para aprender tarefas de manutenção. Bjown se reúne com Karin e Trygve para desenvolver um plano de projeto. Os três concordam que a principal meta é ter um barco e tripulação vencedores para competir no torneio do ano que vem, a um custo de US$ 3,2 milhões. Ao verificar o calendário, Bjorn vê que tem 45 semanas até que a próxima embarcação zarpe para o Reino Unido para iniciar a corrida.

A REUNIÃO INAUGURAL

Bjorn pede que Karin comece descrevendo as principais atividades e a sequência necessária para desenhar, construir e testar o barco. Karin começa observando que o desenho do casco, convés, mastro e acessórios deve tomar apenas seis semanas, a julgar pelas plantas de desenho dos inscritos em corridas anteriores e de algumas plantas dos inscritos de outros países. Após a conclusão do desenho, o casco pode ser construído e o mastro, as velas e os acessórios, encomendados. O casco demandará 12 semanas para ser finalizado. Após o pedido, o mastro exigirá um tempo de entrega de oito semanas; depois de solicitadas, as sete velas tomarão 6 semanas para chegar; e os acessórios, 15. Assim que o casco estiver finalizado, os tanques de lastro podem ser instalados, precisando de 2 semanas. Então, o convés pode ser construído, demorando cinco semanas. Ao mesmo tempo, o casco pode ser tratado com revestimento selante e resistente à fricção, o que tomará três semanas. Quando finalizado o convés e o mastro e os acessórios, recebidos, o mastro e as velas podem ser instalados, necessitando de duas semanas; os acessórios podem ser instalados, levando seis semanas. Depois de tudo isso, o barco pode ser testado no mar, o que deve tomar cinco semanas. Karin acredita que terá estimativas consistentes de custos para o barco em cerca de duas semanas.

Trygve acha que consegue começar a selecionar a tripulação de 12 membros e obter alojamento para ela imediatamente. Ele acredita que levará seis semanas para contratá-la no local e três semanas para obter alojamento. Trygve lembra Bjorn de que a embarcação do ano passado precisa estar preparada para o treinamento quando a tripulação chegar, até que a nova embarcação esteja pronta para testes. Manter a embarcação antiga em operação custará US$ 4 mil por semana de uso. Com a tripulação no local e alojada, eles podem desenvolver e implementar um programa de rotina de treinamento em navegação e manutenção de 15 semanas (usando a embarcação antiga). Também, após a tripulação ser selecionada e estar no local, o equipamento da tripulação pode ser escolhido, o que demorará apenas duas semanas. Então, esse equipamento pode ser pedido e demorará cinco semanas para chegar. Concluídos os equipamentos da tripulação e o programa de treinamento em manutenção, pode-se começar a manutenção da tripulação na nova embarcação; isso deve tomar 10 semanas. Contudo, a manutenção da tripulação na nova embarcação não pode começar sem que o convés esteja finalizado e o mastro, as velas e os acessórios tenham chegado. Após a manutenção da tripulação na nova embarcação começar, a nova embarcação custará US$ 6 mil por semana até que o treinamento no mar esteja concluído. Depois de concluída a manutenção do novo barco e enquanto ele estiver sendo testado, pode-se implementar o treinamento inicial de navegação, o qual deve tomar sete semanas. Por fim, depois de testado o barco e concluído o treinamento inicial, pode-se iniciar o treinamento normal no mar (se o tempo permitir), que exige oito semanas. Trygve acredita que conseguirá reunir as estimativas de custo em uma semana, dadas as despesas do ano anterior.

Bjorn está satisfeito com a *expertise* demonstrada por seus líderes de equipe. Todavia, ele acredita que eles precisam mandar alguém desenvolver uma daquelas redes de caminho crítico para ver se conseguirão cumprir com segurança o prazo inicial da corrida. Karin e Trygve concordam. Karin sugere que as estimativas de custo também deverão incluir custos de compressão para as atividades que possam ser comprimidas, junto com os custos resultantes da compressão. Karin também sugere que a equipe preencha a seguinte matriz de prioridades para a tomada de decisões do projeto:

FIGURA C9.1
Matriz de prioridades do projeto: Projeto Whitbread

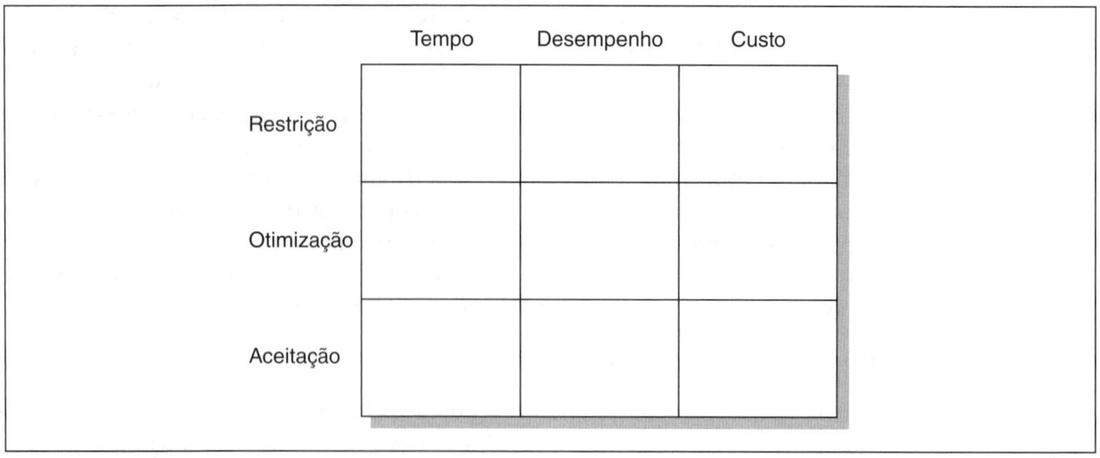

	Tempo	Desempenho	Custo
Restrição			
Otimização			
Aceitação			

DUAS SEMANAS DEPOIS

Karin e Trygve apresentam a Bjorn as seguintes estimativas de custo para cada atividade e os custos de compressão correspondentes (em milhares de dólares):

Atividade		Custo normal	Tempo normal	Tempo comprimido	Custo comprimido
A	Design	6	US$ 40	2	US$ —
B	Construir casco	12	1.000	2	—
C	Instalar tanques de lastro	2	100	0	—
D	Pedir mastro	8	100	1	200
E	Pedir velas	6	40	0	—
F	Pedir acessórios	15	600	2	100
G	Construir convés	5	200	0	—
H	Revestir casco	3	40	0	—
I	Instalar acessórios	6	300	1	100
J	Instalar mastro e velas	2	40	1	40
K	Testar	5	60	1	40
L	Ensaios no mar	8	200	1	250
M	Selecionar tripulação	6	10	1	10
N	Obter alojamento	3	30	0	—
O	Selecionar equipamento da tripulação	2	10	0	—
P	Pedir equipamento da tripulação	5	30	0	—
Q	Navegação/manutenção de rotina	15	40	3	30
R	Treinamento da tripulação em manutenção	10	100	1	240
S	Treinamento inicial em navegação	7	50	2	150
Custo direto total			US$ 2.990		

Bjorn examina o material e se pergunta se o projeto conseguirá se encaixar no orçamento de US$ 3,2 milhões e em 45 semanas. Oriente a equipe Whitbread sobre a sua situação.

Caso Projeto Rouxinol – A

Você é gerente assistente de projeto de Rassy Brown, encarregada do projeto Rouxinol, codinome dado ao desenvolvimento de um guia de referência médico eletrônico portátil destinado a técnicos e paramédicos de emergência que precisassem de um guia prático de referência.

Rassy e sua equipe de projeto estavam desenvolvendo um plano de projeto com vistas a produzir 30 modelos operacionais a tempo para a MedCON, a maior feira de equipamentos médicos do ano. Cumprir o prazo da MedCON, 25 de outubro, era decisivo para o sucesso. Todos os grandes fabricantes de equipamentos médicos expunham e faziam pedidos de produtos novos na MedCON. Rassy também ouviu rumores de que a concorrência estava pensando em desenvolver um produto semelhante, e ela sabia que ser o primeiro no mercado traria uma vantagem de vendas considerável. Além disso, a alta gerência vinculou o financiamento ao desenvolvimento de um plano viável para cumprir o prazo da MedCON.

A equipe do projeto passou a manhã trabalhando no cronograma do Rouxinol. Eles começaram com a EAP e desenvolveram as informações para a rede, acrescentando atividades quando necessário. Depois, a equipe incluiu as estimativas de tempo que havia reunido para cada atividade. Seguem as informações preliminares das atividades, com tempo de duração e predecessoras.

Atividade	Descrição	Duração	Predecessora
1	Decisões arquitetônicas	10	Nenhuma
2	Especificações internas	20	1
3	Especificações externas	18	1
4	Especificações dos atributos	15	1
5	Reconhecimento de voz	15	2,3
6	Gabinete	4	2,3
7	Tela	2	2,3
8	Plugues de saída dos alto-falantes	2	2,3
9	Mecanismo de fita	2	2,3
10	Base de dados	40	4
11	Microfone/placa de som	5	4
12	Pager	4	4
13	Leitor de código de barras	3	4
14	Alarme	4	4
15	Entrada/saída do computador	5	4
16	Revisar design	10	5,6,7,8,9,10,11,12,13,14,15
17	Componentes de preço	5	5,6,7,8,9,10,11,12,13,14,15
18	Integração	15	16,17
19	Documentação do projeto	35	16
20	Obter componentes para os protótipos	20	18
21	Montar protótipos	10	20
22	Testar protótipos no laboratório	20	21
23	Testar protótipos no campo	20	19,22
24	Ajustar o projeto	20	23
25	Pedir peças de estoque	15	24
26	Pedir peças customizadas	2	24
27	Montar primeira unidade de produção	10	25, IF – 8 unidades de tempo 26, IF – 13 unidades de tempo
28	Testar unidade	10	27
29	Produzir 30 unidades	15	28
30	Treinar representantes de vendas	10	29

Use o programa de rede de projeto disponível para desenvolver o cronograma das atividades (consulte o Apêndice do Caso para mais instruções), registrando os tempos tarde e cedo, o caminho crítico e a conclusão estimada do projeto.

Elabore um pequeno memorando que trate das seguintes questões:
1. O projeto cumprirá o prazo planejado de 25 de outubro?
2. Quais são as atividades no caminho crítico?
3. Quão sensível esta rede é?

Caso: Projeto Rouxinol – B

Rassy e a equipe estão preocupados com os resultados da sua análise e passaram a tarde fazendo brainstorming de modos alternativos de abreviar a duração do projeto. Eles rejeitaram a terceirização de atividades porque a maior parte do trabalho era intrinsecamente de desenvolvimento, só podendo ser feita internamente. Consideraram alterar o escopo do projeto, eliminando alguns dos atributos propostos para o produto. Depois de muito debate, julgaram que não poderiam comprometer nenhum dos atributos centrais e ter sucesso no mercado. Assim, concentraram-se em acelerar a conclusão de atividades por meio de horas extras e acrescentar mais efetivo técnico. Rassy embutira na proposta dela um fundo discricionário de US$ 200 mil. Ela se dispôs a investir até metade desse fundo para acelerar o projeto, mas queria segurar no mínimo US$ 100 mil para lidar com problemas inesperados. Após uma longa discussão, a equipe concluiu que as seguintes atividades poderiam ser reduzidas com o custo especificado:

- O desenvolvimento de um sistema de reconhecimento de voz poderia ser reduzido de 15 para 10 dias, a um custo de US$ 15 mil.
- A criação da base de dados poderia ser reduzida de 40 para 35 dias, a um custo de US$ 35 mil.
- A documentação do projeto poderia ser reduzida de 35 para 30 dias, a um custo de US$ 25 mil.
- As especificações externas poderiam ser reduzidas de 18 para 12 dias, a um custo de US$ 20 mil.
- A obtenção dos componentes do protótipo poderia ser reduzida de 20 para 15 dias, a um custo de US$ 30 mil.
- O pedido das peças de estoque poderia ser reduzido de 15 para 10 dias, a um custo de US$ 20 mil.

Ken Clark, engenheiro de desenvolvimento, apontou que a rede continha apenas relações de fim para início, e que talvez fosse possível reduzir a duração do projeto criando-se defasagens de início para início. Por exemplo, ele disse que o seu pessoal não teria de esperar que todos os testes de campo fossem concluídos para começar a fazer os ajustes finais no design, o que poderia acontecer após os 15 primeiros dias de testes. A equipe do projeto passou o restante do dia analisando como introduzir defasagens na rede para, se possível, abreviar o projeto. Concluíram que as seguintes relações de fim para início poderiam ser convertidas em defasagens:

- Documentar design poderia começar cinco dias após o início de revisar design.
- Ajustar design poderia começar 15 dias após o início do teste de campo dos protótipos.
- Pedir peças de estoque poderia começar cinco dias após o início de ajustar design.
- Pedir peças customizada poderia começar cinco dias após o início de ajustar design.
- O treinamento dos representantes de vendas poderia começar 5 duas após o início da unidade de testes, sendo concluído cinco dias após a produção das 30 unidades.

Com o término da reunião, Rassy pede que você avalie as opções apresentadas, tentando desenvolver um cronograma que cumpra o prazo de 25 de outubro. Você tem de elaborar um relatório a ser apresentado para a equipe do projeto respondendo às seguintes perguntas:

1. É possível cumprir o prazo?
2. Em caso positivo, como você recomendaria que se modificasse o cronograma original (Parte A)? Por quê? Avalie o impacto relativo de comprimir atividades *versus* introduzir defasagens para abreviar a duração do projeto.
3. Como seria o novo cronograma?
4. Quais outros fatores devem ser considerados antes de se finalizar o cronograma?

APÊNDICE DO CASO: DETALHES TÉCNICOS

Crie o seu cronograma de projeto e avalie as suas opções com base nas seguintes informações:
1. O projeto iniciará no primeiro dia útil de janeiro de 2015.
2. Observam-se os seguintes feriados: 1º de janeiro, Dia do Trabalhador (1º maio), 9 de julho, Dia da Independência (primeira segunda-feira de setembro), Dia da Proclamação da República (quarta quinta-feira de novembro), 25 e 26 de dezembro.

3. Quando um feriado cai no sábado, a sexta-feira é dia de folga; quando ele cai no domingo, a folga é dada na segunda-feira.
4. A equipe do projeto trabalha de segunda a sexta-feira, em jornadas diárias de oito horas.
5. Se você optar por reduzir a duração de qualquer das atividades mencionadas, deve ser com o tempo e custo especificados (por exemplo, você não pode escolher reduzir a base de dados para 37 dias com custo reduzido; você só pode reduzi-la a 35 dias com um custo de US$ 35 mil).
6. Você só pode gastar até US$ 100 mil para reduzir atividades do projeto; as defasagens não contêm custos extras.

Caso O Casamento "Pra Já" – Parte A*

Em 31 de dezembro do ano passado, Lauren irrompeu na sala de estar da família e anunciou que ela e Connor (o namorado da faculdade) se casariam. Após se recuperar do choque, a mãe a abraçou e perguntou: "Quando?". Produziu-se a seguinte conversa:

Lauren: 21 de janeiro.

Mãe: O quê?

Pai: O casamento "pra já" será o *hit* social do ano. Mas por que tão em cima?

Lauren: Porque, em 30 de janeiro, Connor (que está na Guarda Nacional) estará fora do país. Nós queremos uma semana para a lua de mel.

Mãe: Mas, querida, é impossível fazer todas as coisas que precisamos até lá. Lembra todos os detalhes do casamento da sua irmã? Mesmo se começarmos amanhã, leva um dia para reservar a igreja e o salão de recepção, e eles precisam de ao menos 14 dias de antecedência. Isso tem de ser feito antes de podermos começar a decorar, o que demora três dias. Uns US$ 200 a mais no domingo, porém, provavelmente cortariam essa antecedência de 14 para sete dias.

Pai: Rapaz!

Lauren: Quero que Jane Summers seja minha madrinha.

Pai: Mas ela está no Corpo da Paz na Guatemala, não? Levaria 10 dias para ela se preparar e vir de carro até aqui.

Lauren: Mas poderíamos trazê-la de avião em dois dias, e só custaria US$ 1 mil.

Pai: Rapaz!

Mãe: E o bufê! Demora dois dias para escolher o bolo e os enfeites, e o Jack's Catering quer no mínimo cinco dias de antecedência. Além disso, precisaríamos ter essas coisas antes de começar a decorar.

Lauren: Posso usar o seu vestido de noiva, mãe?

Mãe: Bem, teríamos que substituir algumas rendas, mas você pode usá-lo, sim. Podemos pedir as rendas de Nova York quando pedirmos o tecido para os vestidos das damas de honra. Leva oito dias para fazer o pedido e receber. Primeiro temos de escolher o padrão, o que tomaria três dias.

Pai: Podemos fazer o material chegar em cinco dias se pagarmos mais US$ 20 para mandarem por frete aéreo. Rapaz!

Lauren: Quero que a Sra. Jacks costure os vestidos.

Mãe: Mas ela cobra US$ 48 por dia.

Pai: Rapaz!

Mãe: Se nós costurássemos tudo, poderíamos terminar os vestidos em 11 dias. Se a Sra. Jacks ajudasse, nós poderíamos cortar isso para 6 dias, a um custo de US$ 48 por cada dia de diferença em relação aos 11 dias. Ela é muito boa, também.

Lauren: Não quero ninguém além dela.

---

* Este caso foi adaptado de outro originalmente escrito pelo Professor Dr. Clay Whybark, Universidade da Carolina do Norte, Chapel Hill, NC.

Mãe: Seriam dois dias para fazer o ajuste final e mais dois dias para lavar e passar os vestidos. Eles teriam de estar prontos para a noite do ensaio. Precisamos fazer um ensaio na noite anterior ao casamento.

Pai: Tudo tem de estar pronto na noite do ensaio.

Mãe: Esquecemos uma coisa: os convites!

Pai: Temos de fazer o pedido dos convites da gráfica do Bob, o que costuma tomar sete dias. Aposto que ele faria em seis dias se escorregássemos uns US$ 20 a mais para ele!

Mãe: Levaríamos dois dias para escolher o estilo do convite antes de podermos pedi-los, e queremos que os envelopes tenham nosso endereço de devolução impresso.

Lauren: Ah! Isso vai ficar elegante.

Mãe: Os convites devem ser mandados no mínimo 10 dias antes do casamento. Se deixarmos para mais tarde, alguns dos parentes receberiam os seus tarde demais para vir, o que os deixaria bravos. Aposto que se não os enviarmos até oito dias antes do casamento, a tia Ethel não conseguirá vir e diminuirá o presente de casamento em US$ 200.

Pai: Rapaz!

Mãe: Teremos que levá-los aos correios para postá-los, o que leva um dia. Endereçá-los levaria três dias, exceto se contratássemos umas meninas, e não podemos começar antes que a gráfica termine. Se contratarmos as meninas, podemos provavelmente ganhar dois dias, gastando US$ 40 por dia ganho.

Lauren: Precisamos conseguir presentes para as damas de honra. Posso separar um dia para fazer isso.

Mãe: Mas antes de podermos começar a preencher esses convites, precisamos de uma lista de convidados. Céus, levaria quatro dias para ajeitar isso, e sou a única que consegue entender nossa caderneta de endereços.

Lauren: Ah, mãe, estou tão animada. Podemos colocar cada um da família em um serviço diferente.

Mãe: Querida, não vejo como poderíamos fazer isso. Afinal, tenho de escolher os convites, os padrões, reservar a igreja...

Pai: Por que você simplesmente não pega US$ 3 mil e foge? O casamento da sua irmã me custou US$ 2.400 e ela não teve que trazer gente de avião da Guatemala, contratar meninas e Sra. Jacks, usar frete aéreo ou coisa do gênero.

1. Com a abordagem do adesivo amarelo (p. 153), desenvolva uma rede de projeto para o casamento "pra já".
2. Crie um cronograma para o casamento usando o MS Project. Você conseguirá atingir o prazo de 21 de janeiro para o casamento "pra já"? Senão, quanto custaria cumprir o prazo de 21 de janeiro, e quais atividades você mudaria?

Caso O Casamento "Pra Já" – Parte B

Diversas complicações surgiram enquanto se tentava cumprir o prazo de 20 de janeiro para o ensaio do casamento "pra já". Uma vez que Lauren se mostrou irredutível quanto a fazer o casamento em 21 de janeiro (assim como Connor, por razões óbvias), as consequências de cada uma dessas complicações tiveram de ser avaliadas.

1. Em 1º de janeiro, o presidente do Comitê da Sacristia da igreja não se deixou abalar pela doação extra e disse que não diminuiria o período de aviso prévio de 14 para sete dias.
2. A mãe fica de cama com uma gripe de três dias quando começa a trabalhar na lista de convidados em 2 de janeiro.
3. A gráfica de Bob ficou fechada em 5 de janeiro para substituir escovas defeituosas no motor elétrico.
4. A renda e o tecido dos vestidos se extraviaram no transporte. O aviso do extravio é recebido em 10 de janeiro.

O casamento ainda pode ser feito em 21 de janeiro? Se não, quais opções existem?

CAPÍTULO DEZ

Liderança: como ser um gerente de projetos eficaz

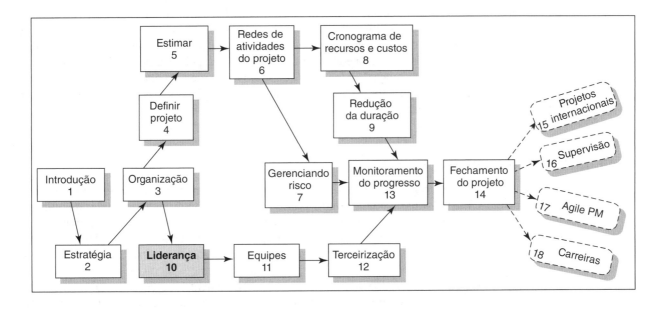

Liderança: como ser um gerente de projetos eficaz
Gerenciar *versus* liderar um projeto
Gerenciamento das partes interessadas do projeto
Influência como troca
Criação de redes sociais
Ética e gerenciamento de projetos
Criação de confiança: o segredo para exercer influência
Qualidades do gerente de projetos eficaz
Resumo

Eu mal podia esperar para ser o gerente do meu próprio projeto e conduzi-lo como eu achava que tinha de ser feito. Rapaz, como eu ainda tinha o que aprender!

– gerente de projetos de primeira viagem

Este capítulo é baseado na premissa de que um dos segredos para ser um gerente de projetos eficaz é criar relações cooperativas entre diferentes grupos de pessoas a fim de concluir o trabalho. O sucesso do projeto não depende apenas do desempenho da equipe. O sucesso ou fracasso depende das contribuições da alta gerência, dos gerentes funcionais, dos clientes, dos fornecedores, dos contratados e de outros.

Este capítulo se inicia com uma breve exposição sobre as diferenças entre liderar e gerenciar um projeto. Em seguida, introduz-se a importância de gerenciar as partes interessadas no projeto. Os gerentes precisam de uma ampla base de influência para serem eficazes nessa área. São discutidas diferentes fontes de influência, sendo elas usadas para descrever como os gerentes de projetos criam capital social. Esse estilo gerencial requer constante interação com os diferentes grupos de pessoas dos quais os gerentes de projetos dependem. Atenção especial é dedicada à administração da relação crítica com a alta gerência e à importância de liderar pelo exemplo e de obter cooperação e gerar e sustentar a confiança dos demais. O capítulo fecha identificando os atributos pessoais associados aos gerentes de projetos eficazes. Os capítulos subsequentes expandirão essas ideias em uma discussão sobre o gerenciamento da equipe do projeto e o trabalho com pessoas de fora da empresa.

Gerenciar *versus* liderar um projeto

Em um mundo perfeito, o gerente do projeto simplesmente implementaria o plano do projeto e este seria concluído. Ele trabalharia com os outros para formular o cronograma, organizar a equipe do projeto, monitorar o progresso e anunciar o que precisa ser feito e todo mundo acompanharia. É óbvio, ninguém vive em um mundo perfeito e é raro que tudo vá de acordo com o plano. Os participantes do projeto têm caprichos; não complementam uns aos outros; os outros departamentos não conseguem cumprir os respectivos compromissos; surgem percalços técnicos; o trabalho demora mais do que o esperado. O serviço do gerente do projeto é colocar tudo de volta aos eixos. O gerente agiliza certas atividades; inventa jeitos de resolver problemas técnicos; atua como pacificador quando a tensão sobe; e faz os *trade-offs* apropriados entre tempo, custo e escopo do projeto.

No entanto, os gerentes de projetos fazem mais do que apagar incêndios e manter o projeto no rumo. Eles também inovam e se adaptam às circunstâncias em eterna mudança. Frequentemente, precisam se desviar do que foi planejado e introduzem mudanças consideráveis no escopo e cronograma do projeto a fim de responder a ameaças ou oportunidades imprevistas. Por exemplo, as necessidades dos clientes podem mudar, exigindo consideráveis alterações de *design* no meio do do projeto. Os concorrentes podem lançar produtos novos que imponham a compressão dos prazos do projeto. As relações de trabalho entre os participantes do projeto podem ruir, exigindo uma reformulação da equipe do projeto. Em última instância, o que era planejado ou esperado no começo pode ser muito diferente do resultado atingido no fim do projeto.

Os gerentes de projetos são responsáveis pela integração dos recursos designados para concluir o projeto de acordo com o plano. Ao mesmo tempo, precisam dar início a mudanças nos planos e cronogramas quando problemas persistentes os inviabilizam. Em outras palavras, os gerentes querem manter o projeto andando enquanto fazem os ajustes necessários ao longo do caminho. De acordo com Kotter (1990), essas duas atividades diferentes representam a distinção entre gerenciamento e liderança. Gerenciar é lidar com complexidade, enquanto liderar é lidar com mudança.

O bom gerenciamento instaura ordem e estabilidade ao formular planos e objetivos, conceber estruturas e procedimentos, monitorar resultados em relação a planos e tomar medidas corretivas, quando necessário. Liderança envolver reconhecer e articular a necessidade de alterar consideravelmente a direção e operação do projeto, alinhar as pessoas com a nova direção e motivá-las a trabalhar juntas a fim de superar os reveses produzidos pela mudança e concretizar novos objetivos.

Uma liderança forte, embora normalmente desejável, nem sempre é necessária para concluir um projeto com sucesso. Projetos bem-definidos que não encontram surpresas significativas exigem pouca liderança, como pode ser o caso da construção de um prédio de apartamentos convencional, em que o gerente do projeto simplesmente administra o plano do projeto. Por outro lado, quanto maior o grau de incerteza encontrado em um projeto (seja em termos de mudanças no escopo do projeto, impasses tecnológicos, rupturas na coordenação entre as pessoas, e assim por diante), mais liderança é necessária. Por exemplo, seria necessária liderança forte em um projeto de desenvolvimento de software no qual os parâmetros estão sempre mudando para estar à altura do desenvolvimento da indústria.

É preciso uma pessoa especial para desempenhar bem ambos os papéis. Alguns indivíduos são grandes visionários, bons em empolgar as pessoas quanto a mudanças. Contudo, é muito comum que eles careçam da disciplina ou da paciência para lidar com o trabalho diário do gerenciamento. Da mesma forma, existem outros indivíduos muito organizados e metódicos, mas não possuem a capacidade de inspirar os outros.

Líderes fortes podem compensar pontos fracos gerenciais tendo assistentes de confianças que supervisionam e gerenciam os detalhes do projeto. Inversamente, um líder fraco pode complementar seus pontos fortes tendo assistentes bons em perceber a necessidade de mudança e apoiar os participantes do projeto. Ainda assim, uma das coisas que tornam bons gerentes de projetos tão valiosos para uma empresa é a capacidade tanto de gerenciar quanto de liderar um projeto. Ao fazê-lo, eles reconhecem a necessidade de gerenciar as interfaces do projeto e criar uma rede social que lhes permita descobrir o que precisa ser feito e obter a cooperação necessária para fazê-lo.

Gerenciamento das partes interessadas do projeto

Gestores de projetos de primeira viagem ficam ansiosos para implementar as próprias ideia e gerenciar o pessoal para concluir com sucesso o projeto. O que eles logo descobrem é que o sucesso do projeto depende da cooperação de uma grande diversidade de pessoais e muitas delas não se reportam diretamente a ele. Por exemplo, durante um projeto de integração de sistemas, uma gerente de projetos ficou surpresa com o tempo que gastava negociando e trabalhando com fornecedores, consultores, especialistas técnicos e outros gerentes funcionais:

> Em vez de trabalhar com o meu pessoal para concluir o projeto, eu me vi sendo constantemente acossada pelas demandas de diferentes grupos de pessoas que não estavam diretamente envolvidas com o projeto, mas que tinham um interesse pessoal no resultado.

É muito frequente que os novos gerentes de projetos adotem uma abordagem "mão na massa" ao gerenciamento do projeto quando encontram o tempo para trabalhar diretamente no projeto. Eles escolhem esse estilo não porque são egomaníacos sedentos de poder, mas porque estão ávidos por alcançar resultados. Logo estarão frustrados com a lentidão com que as coisas funcionam, a quantidade de pessoas que tem de ser envolvidas e a dificuldade de obter cooperação. Infelizmente, à medida que essa frustração se acumula, a tentação natural é exercer mais pressão e se envolver mais pesadamente no projeto. Esses gerentes de projetos rapidamente ganham a reputação de "microgerentes" e começam a perder de vista o papel real que desempenham na orientação do projeto.

Alguns gerentes novos nunca rompem esse círculo vicioso. Outros logo percebem que autoridade não é igual à influência e que ser um gerente de projetos eficaz implica gerenciar um conjunto de interfaces muito mais complexo e expansivo do que o que eles imaginavam. Deparam com uma teia de relações que exige um espectro de influência muito mais amplo do que o que achavam que seria necessário ou mesmo possível.

Por exemplo, um projeto significativo (a reforma de uma ponte, a criação de um produto novo ou a instalação de um novo sistema de informação) provavelmente envolverá, de um modo ou de outro, trabalhar com diversos grupos diferentes de partes interessadas. Primeiro, existe o grupo central de especialistas designados para concluir o projeto que certamente será suplementado, em momentos diferentes, por profissionais que trabalham em segmentos específicos do projeto. Segundo, existem os grupos de pessoas de dentro da empresa executante que estão direta ou indiretamente envolvidos com o projeto. O que mais se destaca é a alta gerência, a quem o gerente do projeto presta contas. Existem também outros gerentes que fornecem recursos e/ou podem ser responsáveis por segmentos específicos do projeto e serviços de suporte administrativo, como recursos humanos, financeiro etc. Dependendo da natureza do projeto, existe uma variedade de grupos diferentes de fora da empresa que influenciam o sucesso do projeto; o mais importante é o cliente para o qual o projeto foi concebido (Figura 10.1).

Cada um desses grupos de partes interessadas traz diferentes expertises, padrões, prioridades e pautas para o projeto. **Partes interessadas** são pessoas e empresas ativamente envolvidas no projeto ou cujos interesses podem ser afetados positiva ou negativamente por ele. A imensa amplitude e complexidade das relações com partes interessadas distingue o gerenciamento de projetos do gerenciamento comum. Para ser eficaz, o gerente de projetos precisa compreender como as partes interessadas podem afetar o projeto e desenvolver métodos para administrar a dependência. A natureza dessas dependências é identificada aqui:

- A **equipe do projeto** gerencia e conclui o trabalho do projeto. A maioria dos participantes quer fazer um bom serviço, mas eles também prestam atenção nas suas outras obrigações e como o seu envolvimento com o projeto contribuirá para suas metas e aspirações pessoais.
- Os **gerentes de projetos** naturalmente competem entre si por recursos e pelo apoio da alta gerência. Ao mesmo tempo, muitas vezes, precisam dividir recursos e trocar informações.
- Grupos de **suporte administrativo**, como recursos humanos, sistemas de informação, agentes de compras e manutenção, prestam valiosos serviços de suporte. Ao mesmo tempo, impõem restrições e requisitos ao projeto, como documentação de despesas e entrega ágil e precisa de informações.
- **Gerentes funcionais**, dependendo de como o projeto é estruturado, podem desempenhar um papel maior ou menor rumo ao sucesso do projeto. Em arranjos de matriz, eles podem ser responsáveis por designar pessoas ao projeto, resolver impasses técnicos e supervisionar a conclu-

FIGURA 10.1
Rede de partes interessadas

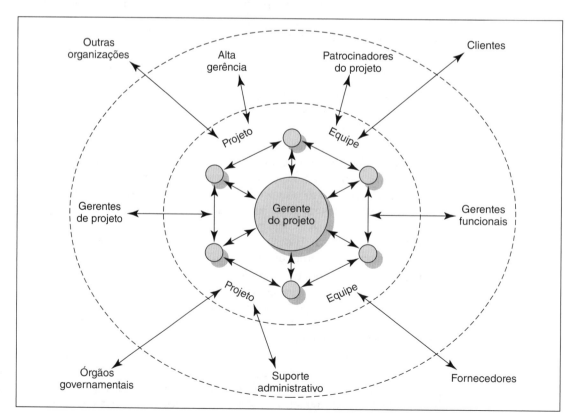

são de segmentos significativas do trabalho do projeto. Mesmo em equipes dedicadas de projeto, a contribuição técnica dos gerentes funcionais pode ser útil e a aceitação de trabalho do projeto concluído pode ser decisiva para projetos internos. Os gerentes funcionais se dispõem a cooperar até um ponto, mas só até certo ponto. Eles também estão preocupados em preservar seu *status* na empresa e minimizar as eventuais rupturas do projeto nas próprias operações.

- A **alta gerência** aprova o financiamento do projeto e fixa prioridades na empresa. Ela define o que é sucesso e concede prêmios por realizações. Normalmente, ajustes significativos no orçamento, escopo e cronograma exigem a aprovação dela. A alta gerência tem interesse pessoal natural no sucesso do projeto, mas, ao mesmo tempo, precisa ser sensível quanto ao que é melhor para a empresa como um todo.
- Os **patrocinadores do projeto** defendem o projeto e usam a influência que têm para obter aprovação para o projeto. A reputação deles está atrelada ao sucesso do projeto e eles precisam se manter informados sobre todos os principais desenvolvimentos; defendem o projeto quando ele é atacado do qual são os grandes aliados.
- **Fornecedores/prestadores de serviços** podem fazer todo o trabalho, em alguns casos com a equipe do projeto meramente coordenando suas contribuições deles. Em outros casos, os prestadores são responsáveis por segmentos acessórios do escopo do projeto. Trabalho ruim e mancadas do cronograma podem afetar o trabalho da equipe central do projeto. Apesar de as reputações dos prestadores dependerem da qualidade do trabalho, eles precisam equilibrar a dedicação ao projeto, as próprias margens de lucro e os compromissos que têm com outros clientes.
- **Agências governamentais** impõem restrições ao trabalho do projeto. Alvarás e permissões precisam ser obtidos. Obras precisam ser construídas conforme a legislação específica. Remédios novos precisam ser aprovados em uma rigorosa bateria de testes do órgão competente. Outros produtos precisam satisfazer padrões de segurança e normas técnicas.
- **Outras empresas**, dependendo da natureza do projeto, podem afetar o projeto direta ou indiretamente. Por exemplo, fornecedores proveem os recursos necessários para a conclusão do trabalho do projeto. Atrasos, escassez e má qualidade podem levá-lo à estagnação. Grupos de interesses públicos podem exercer pressão sobre agências do governo. Alguns clientes, muitas vezes, contratam consultores e auditores para proteger os respectivos interesses em um projeto.
- Os **clientes** definem o escopo do projeto, e o sucesso final do projeto depende da satisfação deles. O gerente de projeto precisa ser sensível às necessidades e aos requisitos cambiantes dos clientes e à satisfação das expectativas deles. Acima de tudo, os clientes estão interessados em obter um *bom negócio*, e isso, como será visto no Capítulo 11, naturalmente cria tensão com a equipe do projeto.

Essas relações são interdependentes na medida em que a capacidade do gerente do projeto de trabalhar de maneira eficaz com um grupo afeta a sua capacidade de gerenciar os outros grupos. Por exemplo, os gerentes funcionais provavelmente serão menos cooperativos se perceberem que o comprometimento da alta gerência com o projeto está se esvaindo. Por sua vez, a capacidade do gerente do projeto em proteger a equipe contra assédios do cliente provavelmente aumentará o seu moral com ela.

A estrutura de gerenciamento de projetos utilizada influencia a quantidade e o grau de dependências externas que precisam ser administradas. Uma vantagem de criar uma equipe dedicada de projeto é reduzir dependências, especialmente na empresa, pois a maioria dos recursos está atribuída ao projeto. Inversamente, uma estrutura de matriz funcional aumenta as dependências, deixando o gerente do projeto muito mais nas mãos de colegas funcionais para trabalho e equipe.

A visão antiquada do gerenciamento de projetos enfatizada a direção e o controle de subordinados; a nova perspectiva enfatiza o gerenciamento de partes interessadas do projeto e a antecipação da mudança como os serviços mais importantes. Os gerentes de projetos precisam saber dissipar as preocupações dos clientes, manter o apoio para o projeto nos níveis mais altos da empresa, identificar rapidamente os problemas que ameaçam o trabalho do projeto e, ao mesmo tempo, defender a integridade do projeto e os interesses dos participantes.[1]

---

[1] Para um tratado sistemático sobre gerenciamento de partes interessadas, ver: Lynda Bourne, *Stakeholder Relationship Management* (Farnham, England: Gower Publishing Ltd., 2009).

> **CASO PRÁTICO** — **O gerente de projetos como regente**
>
> Metáforas transmitem significado além das palavras. Por exemplo, uma reunião pode ser descrita como difícil ou como "uma briga de foice". Uma metáfora popular para o papel do gerente de projetos é a do *regente*. O regente da orquestra integra os sons divergentes de diferentes instrumentos para executar determinada composição e fazer uma bela música. Da mesma forma, o gerente de projetos integra os talentos e contribuições de diferentes especialistas para concluir o projeto. Ambos precisam ter uma boa compreensão de como os diferentes participantes contribuem para a execução do todo. Ambos são quase inteiramente dependentes da expertise e do know-how dos participantes. O regente não tem domínio de todos os instrumentos musicais. Da mesma forma, o gerente de projetos normalmente só possui uma pequena proporção do conhecimento técnico para tomar decisões. Assim sendo, o regente e o gerente de projetos facilitam a execução dos outros, em vez de realmente executar.
>
> Regentes usam os braços, a batuta e gestos não verbais para influenciar o andamento, a intensidade e o envolvimento dos diferentes músicos. De maneira parecida, os gerentes de projetos orquestram a conclusão do projeto gerenciando o envolvimento e a atenção dos respectivos membros. Os gerentes de projetos equilibram tempo e processo e induzem os participantes a tomar as decisões certas no momento certo, assim como o regente induz os instrumentos de sopro a entrar no momento certo de um movimento. Ambos controlam o ritmo e a intensidade do trabalho ou obra administrando o andamento e o envolvimento dos executantes. Finalmente, ambos possuem uma visão que transcende a partitura ou o plano do projeto. Para ter êxito, eles precisam conquistar a confiança e o respeito dos seus executantes.

Nessa teia de relações, o gerente de projetos precisa descobrir o que deve ser feito para atingir as metas do projeto e criar uma rede cooperativa para alcançá-las. Os gerentes de projetos precisam fazer isso sem a autoridade cogente de esperar ou demandar cooperação. Isso exige boas habilidades de comunicação, traquejo político e uma larga base de influência. Consulte o "Caso Prático: O gerente de projetos como regente" para ler mais sobre o que torna especiais os gerentes de projetos.

Influência como moeda de troca

Para gerenciar um projeto com sucesso, o gerente precisa criar, com sagacidade, uma rede cooperativa entre aliados divergentes. Redes são alianças mutuamente benéficas geralmente governadas pela **lei da reciprocidade** (Kaplan, 1984; Grant, 2013). O princípio básico é que "uma boa ação merece outra, e, igualmente, uma ruim também". O principal modo de obter cooperação é fornecer recursos e serviços aos outros em troca de recursos e serviços futuros. É a antiquíssima máxima: "*Quid pro quo* (algo por algo)". Ou, no vernáculo moderno: "Uma mão lava a outra".

Cohen e Bradford (1990) descreveram como "moedas" a percepção da influência como troca. Se você quer trabalhar em um determinado país, você tem de estar preparado para usar a moeda apropriada, e as taxas de câmbio mudam com o tempo à medida que as condições mudam. Do mesmo modo, o que é valorizado por um gerente de marketing pode ser diferente do que é valorizado por um veterano engenheiro de projetos, e você certamente precisará usar diferentes moedas de influência para obter a cooperação de cada pessoa. Embora essa analogia seja um tanto simplificada, a premissa principal se sustenta no longo prazo: as contas de "débito" e "crédito" precisam ser equilibradas para que as relações cooperativas funcionem. A Tabela 10.1 apresenta as moedas organizacionais normalmente negociadas, como identificadas por Cohen e Bradford; elas são discutidas em mais detalhes nas seções seguintes.

Moedas relacionadas a tarefas

Esta forma de influência vem diretamente da capacidade do gerente do projeto de contribuir para a execução do trabalho dos outros. Provavelmente, a forma mais significativa dessa moeda é a capacidade de responder às solicitações por parte dos subordinados de mais efetivo, dinheiro ou tempo para concluir um segmento do projeto. Esse tipo de moeda também fica evidente ao compartilhar recursos com outro gerente de projeto carente deles. Em um nível mais pessoal, pode simplesmente significar dar assistência direta a um colega na resolução de um problema técnico.

Endossar a proposta ou recomendação de um colega é outra expressão dessa moeda. Como a maioria do trabalho significativo certamente gerará alguma forma de oposição, a pessoa que está tentando obter aprovação para um plano ou proposta pode ser bastante auxiliada se tiver um "pistolão".

TABELA 10.1
Moedas organizacionais comumente negociadas

Moedas relacionadas a tarefas	
Recursos	Emprestar ou dar dinheiro, aumentos de orçamento, de pessoal etc.
Assistência	Ajudar em projetos existentes ou executar tarefas indesejadas.
Cooperação	Dar suporte às tarefas, oferecer tempo de resposta mais veloz ou auxiliar na implementação.
Informação	Proporcionar conhecimento organizacional e também técnico.
Moedas relacionadas a posições	
Avanço	Dar uma tarefa ou incumbência que pode resultar em uma promoção.
Reconhecimento	Reconhecer empenho, realizações ou capacidades.
Visibilidade	Oferecer uma chance de ser conhecido por superiores ou pessoas valorizadas pela empresa.
Rede/contatos	Oferecer oportunidades para se ligar com outros.
Moedas relacionadas à inspiração	
Visão	Envolver-se em uma tarefa com um significado maior para a unidade, empresa, cliente ou sociedade.
Excelência	Ter a oportunidade de fazer coisas importantes muito bem.
Correção ética	Fazer o que é "certo" segundo um padrão mais alto do que a eficiência.
Moedas ligadas a relacionamento	
Aceitação	Proporcionar intimidade e amizade.
Apoio pessoal	Dar suporte pessoal e emocional.
Compreensão	Escutar as inquietações e questões dos outros.
Moedas relacionadas à equipe	
Desafio/aprendizado	Compartilhar tarefas que ampliam habilidades e capacidades.
Propriedade/envolvimento	Deixar os outros terem propriedade e influência.
Gratidão	Expressar reconhecimento.

Fonte: Adaptada de A. R. Cohen and David L. Bradford, *Influence without Authority* (New York: John Wiley & Sons, 1990). Reimpresso com permissão de John Wiley & Sons, Inc.

Essa moeda também representa empenho extraordinário. Por exemplo, cumprir uma solicitação de emergência para concluir um documento de desenho em 2 dias, no lugar dos 4 normais, pode suscitar gratidão. Finalmente, dividir informações valiosas que podem ser úteis para outros gerentes é outra forma dessa moeda.

Moedas relacionadas a posições

Esta forma de influência advém da capacidade do gerente de otimizar as posições dos outros dentro na empresa. Um gerente de projetos pode fazer isso dando a alguém uma incumbência desafiadora que pode auxiliar seu progresso, desenvolvendo suas habilidades e capacidades. Receber uma chance de provar o próprio valor naturalmente gera um forte senso de gratidão. Dividir os louros e guiar a atenção dos escalões mais altos aos esforços às realizações dos outros geram boa vontade.

Os gerentes de projetos confidenciam que uma estratégia útil para obter a cooperação dos profissionais de outros departamentos/empresas é descobrir como fazer essas pessoas ficar bem aos olhos dos seus chefes. Por exemplo, um gerente de projetos trabalhava com um terceirizado cuja empresa era intensamente comprometida com gerenciamento da qualidade total (TQM, do inglês *total quality management*). Nas reuniões de briefing com os altos escalões, o gerente de projetos fazia questão de apontar como os processos de melhoria da qualidade implantados pelo contratado contribuíam para o controle de custos e a prevenção de problemas.

Outra variação do reconhecimento é melhorar a reputação dos outros dentro da empresa. "Boa divulgação" pode preparar o caminho para muitas oportunidades, enquanto "má divulgação" pode rapidamente isolar alguém e dificultar o desempenho. Essa moeda também fica evidente quando se ajuda a preservar a reputação de alguém defendendo-o quando é injustamente responsabilizado por reveses de projetos.

Finalmente, uma das formas mais expressivas dessa moeda é o compartilhamento de contatos com outras pessoas. Ajudar as pessoas a expandir suas próprias redes, apresentando-as a pessoas importantes, naturalmente cultiva a gratidão. Por exemplo, sugerir a um gerente funcional que ele deve contatar Sally X se quiser descobrir o que realmente está acontecendo naquele departamento ou agilizar uma solicitação certamente criará um sentimento de dívida.

Moedas relacionadas à inspiração

Talvez a forma mais poderosa de influência esteja baseada na inspiração. A maioria das fontes de inspiração deriva do desejo ardente que as pessoas têm de fazer diferença e dar significado às suas vidas. Criar uma visão empolgante e ousada para um projeto pode render um comprometimento extraordinário. Por exemplo, muitas das rupturas tecnológicas associadas à introdução do computador Macintosh original foram atribuídas à sensação dos membros do projeto de que tinham uma oportunidade de mudar o jeito como as pessoas viam os computadores. Uma forma variante de visão é dar a oportunidade de se fazer algo muito bem. Muitas pessoas podem ser impelidas pelo orgulho que têm de seu trabalho.

Frequentemente, a própria natureza do projeto proporciona uma fonte de inspiração. Descobrir a cura para uma doença devastadora, introduzir um novo programa social que ajudará os mais necessitados ou simplesmente construir uma ponte que diminuirá um grande gargalo de trânsito pode dar oportunidades para as pessoas se sentirem bem com o que realizam e que estão fazendo diferença. A inspiração atua como um ímã: ela atrai as pessoas para fazer algo, em vez de empurrá-las.

Moedas ligadas a relacionamento

Estas moedas têm mais a ver com fortalecer a relação com alguém do que diretamente realizar as tarefas do projeto. A essência desta forma de influência é formar uma relação que transcenda os limites profissionais normais e se estenda ao âmbito da amizade. Essas relações são desenvolvidas dando-se apoio pessoal e emocional. Pôr as pessoas para cima quando elas estão tristonhas, alimentar sua confiança e incentivá-las naturalmente cria boa vontade. Compartir de um senso de humor e abrandar épocas difíceis é outra forma dessa moeda. De forma semelhante, envolver-se em atividades não relacionadas a trabalho, como esportes e passeios em família, é outra meio pelo qual as relações são naturalmente otimizadas.

Talvez a forma mais básica dessa moeda seja simplesmente escutar as outras pessoas. Os psicólogos sugerem que a maioria das pessoas tem um forte desejo de ser compreendida, e que as relações se rompem porque os envolvidos param de ouvir um ao outro. Dividir segredos/ambições pessoais e ser um confidente sábio também criam um laço especial entre os indivíduos.

Moedas relacionadas à equipe

Esta última forma de moeda lida com as necessidades individuais e um senso geral de autoestima. Alguns dizem que a autoestima é uma necessidade psicológica primária: poder ajudar os outros a ter um senso de importância e de relevância pessoal naturalmente gera boa vontade. Um gerente de projetos pode otimizar o sentimento de relevância de um colega compartilhando tarefas que aumentam habilidades e capacidades, delegando autoridade sobre o trabalho para que ele experimente tal responsabilidade e possibilitando que se sinta confortável com a extensão de suas habilidades. Essa forma de moeda também pode ser verificada em expressões sinceras de gratidão pelas contribuições alheias. Contudo, deve-se tomar cuidado ao expressar gratidão, pois ela é facilmente desvalorizada quando usada em excesso. Isto é, o primeiro *obrigado* certamente será mais valorizado do que o vigésimo.

O essencial é que o gerente de projetos será influente apenas na medida em que puder oferecer uma coisa que os outros valorizem. Além disso, dado o elenco diverso de pessoas das quais o gerentes de projetos depende, é importante que ele saiba adquirir e exercer diferentes moedas de influência. A capacidade de fazê-lo será restrita, em parte, pela natureza do projeto e como ele é organizado. Por exemplo, um gerente de projetos encarregado de uma equipe dedicada tem consideravelmente mais a oferecer aos membros da equipe do que um gerente que recebe a responsabilidade de coordenar as atividades de profissionais diferentes espalhados por diferentes departamentos e empresas. Nesses casos, o gerente provavelmente terá de depender mais de bases de influência pessoal e relacional para obter a cooperação dos outros.

Criação de redes sociais

Mapeamento de dependências

A primeira etapa para criar uma **rede social** é identificar as partes interessadas das quais o sucesso do projeto depende. O gerente do projeto e os seus principais assistentes precisam responder às seguintes perguntas:

- Precisaremos da cooperação de quem?
- Precisaremos da concordância ou aprovação de quem?
- A oposição de quem nos impediria de realizar o projeto?

Muitos gerentes de projetos acham útil desenhar um mapa dessas dependências. Por exemplo, a Figura 10.2 contém as dependências identificadas por uma gerente de projetos responsável pela instalação de um novo sistema de software financeiro na empresa.

É sempre melhor superestimar dependências do que subestimá-las. Mais frequente do que o desejável, gerentes de projetos talentosos e bem-sucedidos saem dos trilhos porque são pegos desprevenidos por alguém cuja posição ou poder eles não tinham antecipado. Após identificar as partes interessadas associadas ao seu projeto, é importante avaliar a sua significação. É aí que se faz útil a matriz de poder/interesse apresentada no Capítulo 3. Os indivíduos com mais poder e interesse no projeto são as partes interessadas mais significativas, merecendo a atenção máxima. Em particular, você deve "se pôr na pele deles" e ver o projeto da mesma perspectiva:

- Quais diferenças existem entre mim e as pessoas das quais dependo (metas, valores, pressões, estilos de trabalho, riscos)?
- Como essas várias pessoas veem o projeto (defensores, indiferentes, antagonistas)?
- Qual o *status* atual da minha relação com as pessoas das quais dependo?
- Quais fontes de influência tenho em relação àqueles dos quais eu dependo?

Após iniciar essa análise, você pode começar a aferir o que os outros valorizam e quais moedas você pode ter para oferecer como uma base sobre a qual construir uma relação de trabalho. Você começa a perceber onde estão os principais problemas – relações nas quais você está com um

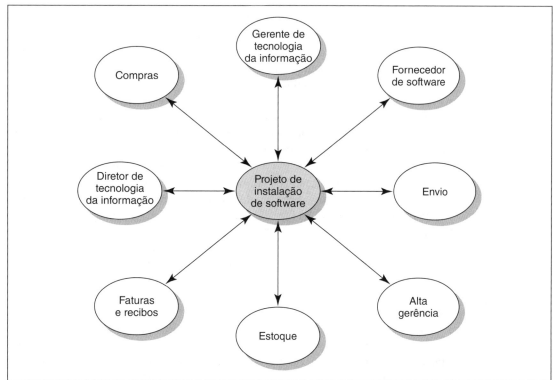

FIGURA 10.2
Dependências do projeto de instalação de software financeiro

débito ou não tem moeda conversível. Além disso, diagnosticar o ponto de vista do outro, assim como o fundamento das suas posições, ajuda-o a antecipar as reações e sentimentos dele sobre as decisões e atitudes que você toma. Essas informações são vitais para selecionar a estratégia e táticas de influência apropriadas e conduzir negociações ganha-ganha.

Por exemplo, após mapear sua rede de dependências, a gerente de projetos encarregada de instalar o sistema de software percebeu que possivelmente teria sérios problemas com o gerente do departamento de recebimentos, um dos principais usuários do software. Ela não tinha nenhum histórico de trabalho com aquela pessoa, mas ouvira dizer que o gerente estava chateado com a escolha do software e que considerava esse projeto mais uma ruptura desnecessária da operação do departamento dele. Antes de iniciar o projeto, a gerente marcou um almoço com aquele gerente, e escutou pacientemente as suas inquietações dele. Ela investiu tempo e atenção extras para expor a ele e à equipe dele os benefícios do novo software; tentou minimizar as rupturas que a transição causaria no departamento deles; alterou o cronograma de implementação para acomodar as preferências do gerente quanto ao momento em que o software seria instalado e o início do treinamento subsequente. Em retribuição, o gerente de recebimentos e o respectivo pessoal estavam muito mais dispostos a aceitar a mudança, e a transição para o novo software foi muito mais suave do que o previsto.

Gerenciamento por perambulação (MBWA)

O exemplo anterior ilustra o passo seguinte da criação de uma rede social apoiadora. Após estabelecidos os principais atores que determinação o sucesso, deve-se fazer contato e começar a criar uma relação com eles. Fazer isso exige um estilo gerencial que os funcionários da Hewlett-Packard chamam de **"gerenciamento por perambulação"** (**MBWA**, do inglês *management by walking around*), uma vez que os gerentes passam a maioria do tempo fora das salas. Por meio de interações, os gerentes de projetos conseguem ficar em contato com o que está realmente acontecendo no projeto e criar a cooperação essencial para o sucesso dele.

Gerentes de projetos eficazes fazem contato com atores importantes para se manter a par de desenvolvimentos, antecipar problemas potenciais, dar incentivo e reforçar os objetivos e a visão do projeto. Eles conseguem intervir para resolver conflitos e evitar impasses. Em essência, eles "gerenciam" o projeto. Ficando em contato com vários aspectos do projeto, eles se tornam o ponto central das informações sobre ele. Os participantes recorrem a eles para obter as informações mais atualizadas e abrangentes sobre o projeto, o que reforça seu papel central como gerentes dos projetos.

Também observamos gerentes de projetos menos eficazes, que desprezam a MBWA e tentam gerenciar projetos de suas salas e terminais de computador. Anunciam orgulhosamente uma política de portas abertas e estimulam os outros a falar com eles quando surge um problema ou questão. Para eles, ausência de novidades é boa notícia. Isso faz seus contatos serem determinados pela agressividade relativa dos outros. Quem tomar a iniciativa e for atrás do gerente do projeto obtém uma proporção alta demais da atenção dele. As pessoas menos prontamente disponíveis (fisicamente afastadas) ou mais passivas são ignoradas. Esse comportamento contribui para o adágio "quem não chora não mama", o que semeia ressentimento dentro da equipe do projeto.

Os gerentes de projetos eficazes também arranjam tempo para interagir regularmente com partes interessadas mais distais. Eles mantêm contato com fornecedores, provedores, alta gerência e outros gerentes funcionais. Ao fazê-lo, eles promovem familiaridade com diferentes partes, sustentam amizades, descobrem oportunidades para prestar favores e compreendem os motivos e necessidades dos outros. Eles lembram as pessoas sobre compromissos e defendem a causa do projeto. Eles também moldam as expectativas das pessoas ("Caso Prático: Gerenciamento de expectativas"). Por meio de comunicação frequente, solucionam as inquietações acerca do projeto, dissipam rumores, advertem sobre problemas potenciais e preparam o terreno para tratar de reveses de maneira mais eficaz.

A não ser que os gerentes de projetos tomem a iniciativa para criar uma rede de relações de suporte, eles talvez só se encontrem com um gerente (ou outra parte interessada) quando há más notícias ou quando precisam de um favor (por exemplo, não receberam os dados prometidos ou o projeto está atrasado no cronograma). Sem interações de troca anteriores, frequentes e fáceis a

> **CASO PRÁTICO** — Gerenciamento de expectativas*
>
> Dorothy Kirk, consultora de gerenciamento de projetos e gerente de programas do Grupo de Soluções Financeiras da Mynd, oferece diversos insights sobre a arte de gerenciar as expectativas das partes interessadas:
>
> ... expectativas são complicadas. Tudo de que elas precisam para se enraizarem é a ausência de evidência que as contrarie. Uma vez enraizadas, a palavra não dita encoraja o crescimento. Elas conseguem se desenvolver e prosperar sem estar fundamentadas na realidade. Por esse motivo, os gerentes de projeto combatem diariamente com expectativas irreais.
>
> Ela prossegue oferecendo várias dicas para gerenciar expectativas:
>
> - O modo como você apresenta informações pode esclarecer ou obscurecer as expectativas. Por exemplo, se você estima que uma tarefa tomará 317 horas, você está impondo altas expectativas em razão da sua precisão. As partes interessadas certamente ficarão descontentes se ela demorar 323 horas. Mas não ficariam se você tiver estimado de 300 a 325 horas.
> - Reconheça que é da natureza humana que cada um interprete uma situação de acordo com seu interesse. Por exemplo, se você diz a alguém que o trabalho estará terminado em janeiro. Com este prazo, você pode considerar, para seu próprio benefício, o último dia de janeiro; ao passo que a outra pessoa acha que o trabalho estará terminado em 1º de janeiro.
> - Aproveite toda oportunidade de realinhar as expectativas com a realidade. É frequente demais que evitemos fazê-lo porque nos aferramos a uma falsa esperança de que as coisas se ajeitarão.
> - Não peça às partes interessadas sugestões de melhoria se você não pretende fazer alguma coisa com a contribuição delas. Pedir contribuições eleva as expectativas.
> - Explique o óbvio, pois o que é óbvio para você pode ser obscuro para os outros.
> - Não evite dar más notícias. Comunique abertamente e pessoalmente. Espere um pouco de raiva e frustração. Não fique na defensiva ao reagir. Esteja preparado para explicar o impacto dos problemas. Por exemplo, nunca diga que o projeto se atrasará sem poder dar uma data nova. Explique o que você vai fazer para que isso não aconteça novamente.
>
> Todas as partes interessadas têm expectativas sobre cronograma, custo e benefícios do projeto. Os gerentes de projetos precisam ouvir, entender e administrar essas expectativas.
>
> * D. Kirk, "Managing Expectations," *PM Network*, August 2000, pp. 59-62.

respeito de questões não decisivas, o encontro causado pelo problema certamente provocará tensão excessiva. É muito mais provável que as partes ajam defensivamente, interrompam-se e percam de vista o problema comum.

Gerentes de projetos experientes reconhecem a necessidade de criar relações antes de precisar delas. Fazem contato com as principais partes interessadas quando não há questões ou problemas em aberto e, portanto, não há ansiedades ou suspeitas. Nessas ocasiões sociais, envolvem-se em bate-papos leves e conversas amenas. Respondem às solicitações de auxílio, apoiam com orientações e trocam informações. Assim, estabelecem crédito naquela relação, o que lhes possibilitará lidar com problemas mais sérios no futuro. Quando uma pessoa vê a outra como agradável, confiável e prestimosa com base em contatos anteriores, estará muito mais acessível para pedidos de ajuda e menos inclinada a confrontos quando surgirem problemas.[2]

Gerenciamento de relações de ascendência

A pesquisa é uniforme em apontar que o sucesso do projeto é intensamente afetado pelo grau em que conta com o apoio da alta gerência.[3] Esse apoio é refletido por um orçamento apropriado, resposta a necessidades inesperadas e sinalização clara aos demais na empresa sobre a importância da cooperação.

Apoio visível da alta gerência não apenas é fundamental para obter o apoio dos outros gerentes da empresa, mas também é um fator-chave da capacidade do gerente de projetos de motivar a equipe respectiva. Nada estabelece melhor o direito que um gerente tem de liderar do que a sua capacidade de defesa. Para obter a lealdade dos membros da equipe, os gerentes de projetos precisam ser defensores eficazes dos seus projetos. Eles precisam saber fazer a alta gerência revogar

---

[2] Essa discussão está baseada em Leonard R. Sayles, *Leadership: Managing in Real Organizations* (New York: McGraw-Hill, 1989) pp. 70-78.
[3] Vide, por exemplo: J. L. Pinto and S. K. Mantel, "The Causes of Project Failure," *IEEE Transactions in Engineering Management*, Vol. 37, No. 4 (1990), pp. 269-76.

demandas descabidas, fornecer recursos adicionais e reconhecer as realizações dos membros da equipe. Isso é mais fácil de dizer do que fazer.

As relações de trabalho com a gerência superior são uma fonte comum de consternação. Lamentos como os seguintes são frequentemente ouvidos de gerentes de projetos sobre a alta gerência:

"Eles não sabem como nos afeta perder Neil para outro projeto";

"Eu queria vê-los fazerem esse projeto com o orçamento que nos deram";

"Eu só queria que eles se decidissem a respeito do que realmente é importante".

Embora pareça contraintuitivo que um subordinado "gerencie" um superior, os gerentes de projetos inteligentes dedicam bastante tempo e atenção influenciando e auferindo o apoio da alta gerência. Os gerentes de projetos precisam aceitar as profundas diferenças de perspectiva e se aprimorarem na arte de persuadir superiores.

Muitas das tensões que surgem entre a alta gerência e os gerentes de projetos resultam de diferenças de perspectiva. Os gerentes de projetos ficam naturalmente absorvidos com o que é melhor para o seu projeto. Para eles, a coisa mais importante do mundo é o projeto. A alta gerência tem um conjunto diferente de prioridades. Ela se preocupa com o que é melhor para a empresa como um todo. Nada mais natural que as duas perspectivas eventualmente entrem em conflito. Por exemplo, um gerente de projetos pode fazer *lobby* intensivo por mais pessoal, tendo seu pedido negado porque a alta gerência acredita que os outros departamentos não podem sofrer uma redução de equipe. Embora a comunicação frequente possa minimizar as diferenças, o gerente de projetos tem de aceitar o fato de que a alta gerência inevitavelmente enxergará o mundo de um jeito diferente.

Após aceitarem que discordâncias com os superiores são mais uma questão de perspectiva do que de essência, os gerentes de projetos podem aplicar mais da sua energia na arte de persuadir a alta gerência. Porém, antes de conseguirem isso, eles precisam provar sua lealdade[4] E, então, a gerência sênior ficará muito mais receptiva aos seus desafios e pedidos. Nesse contexto, lealdade simplesmente significa que, na maior parte do tempo, os gerentes de projetos precisam mostrar que dão seguimento consistente às solicitações e aderem aos parâmetros fixados pela alta gerência sem muito resmungo ou barulho.

Os gerentes de projetos precisam cultivar laços fortes com os altos gerentes que patrocinam o projeto, os quais, como observado antes, são executivos de alto escalão que defenderam a aprovação e o financiamento do projeto; assim sendo, as suas reputações estão atreladas ao projeto. Os patrocinadores também são quem defendem o projeto quando ele está sofrendo ataques nos círculos superiores da gerência e amparam o projeto contra interferência excessiva (Figura 10.3). Os gerentes de projetos devem *sempre* manter essas pessoas informadas sobre problemas que possam causar constrangimento ou decepção. Por exemplo, se os custos estão começando a estourar o orçamento ou um percalço técnico está ameaçando atrasar a conclusão do projeto, os gerentes devem garantir que os patrocinadores sejam os primeiros a saber.

Timing é tudo. Pedir mais orçamento no dia seguinte à divulgação de decepcionantes lucros do terceiro trimestre é muito mais difícil do que fazer um pedido semelhante quatro semanas depois.

FIGURA 10.3
A importância do patrocinador do projeto

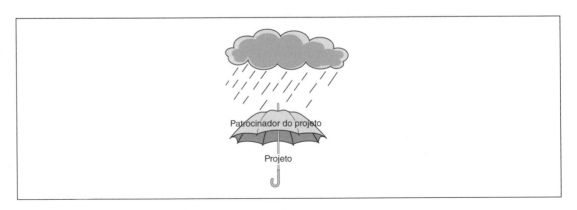

---

[4] Sayles, *Leadership,* pp. 136-45.

DESTAQUE DE PESQUISA — Melhoria do desempenho de equipes de novos produtos*

Ancona e Caldwell estudaram o desempenho de 45 equipes de novos produtos em cinco empresas de alta tecnologia, vindo com alguns resultados estarrecedores. O mais significativo era que a dinâmica interna da equipe não estava relacionada com o desempenho. Isto é, equipes de alto desempenho não se distinguiam por metas mais claras, fluxo de trabalho mais fluido entre os membros ou maior capacidade de satisfazer as metas individuais dos membros da equipe. O que estava relacionado ao desempenho da equipe eram o nível e a intensidade das interações externas entre a equipe do projeto e o resto da empresa. Ancona e Caldwell identificaram quatro principais padrões de atividade que contribuíam para uma equipe de alto desempenho:

1. *Embaixador* as atividades são voltadas a representar a equipe perante os outros e proteger a equipe de interferências. O gerente do projeto normalmente assume esta responsabilidade, que envolver imunizar a equipe contra pressões políticas e gerar apoio para o projeto dentro da hierarquia da empresa.
2. *Coordenador de tarefas* as atividades são voltadas para coordenação dos esforços da equipe com outras unidades e empresas. Ao contrário das atividades concernentes à figura do embaixador, voltada para os níveis acima, estas são mais laterais, envolvendo negociação e interação com partes interessadas da empresa.
3. *Batedor* como o batedor de uma expedição, que se distancia da equipe para trazer informações a respeito do que está acontecendo no resto da organização, esse tipo de tarefa é muito menos focada do que a do tipo coordenador de tarefas.
4. *Guarda* as atividades diferem das outras atividades porque devem manter informações e recursos dentro da equipe, evitando que vazem. Uma atividade-chave do guarda é manter as informações necessárias em sigilo até a oportuna divulgação.

Ancona e Caldwell concluíram que a importância dessas atividades deve variar durante o ciclo de vida de desenvolvimento do projeto para que a equipe do projeto tenha sucesso. Por exemplo, as atividades de batedor são mais vitais durante a fase de criação, quando a ideia do produto está sendo formulada e a equipe se formando. As atividades de embaixador são especialmente decisivas na fase de desenvolvimento, quando as especificações do produto já foram convencionadas e a principal tarefa é desenvolver um protótipo.

Ancona e Caldwell advertem que as suas conclusões não significam que o trabalho em equipe e as operações internas da equipe de projeto não sejam importantes para o sucesso do projeto. Uma dinâmica de equipe eficaz é necessária para conseguir integrar informações de fontes externas e coordenar atividades entre os grupos. A pesquisa confirma o senso comum de que os problemas e as oportunidades muitas vezes estão nas fronteiras dos projetos e que uma das tarefas principais do gerente de projeto é administrar a interface entre a sua equipe e o resto da empresa.

* D. G. Ancona and D. Caldwell, "Improving the Performance of New-Product Teams," *Research Technology Management*, Vol. 33, No. 2 (March-April 1990), pp. 25-29.

Os bons gerentes de projetos escolhem o momento ideal para apelar à alta gerência. Eles arregimentam os patrocinadores do seu projeto para fazer *lobby* para a sua causa. Também percebem que há limites para as acomodações da alta gerência. Aqui, a analogia do Zorro é apropriada: você só tem algumas balas de prata, então use-as com sabedoria.

Os gerentes de projetos precisam adaptar seu padrão de comunicação ao do grupo sênior. Por exemplo, um gerente de projetos reconheceu que a alta gerência tinha a tendência de usar metáforas esportivas para descrever situações comerciais, então, ao admitir um recente deslize no cronograma, ela usou as seguintes palavras de admissão: "perdemos cinco jardas, mas ainda temos duas jogadas para fazer o primeiro *touchdown*". Gestores de projetos inteligentes aprendem a linguagem da alta gerência e a usam em proveito próprio.

Finalmente, alguns gerentes de projetos admitem que ignoram as cadeias de comando. Se eles têm certeza de que a alta gerência rejeitará uma solicitação importante e que o que eles querem fazer beneficiará o projeto, eles o fazem sem pedir permissão. Embora reconheçam que isso é muito arriscado, alegam que os chefes normalmente não discutem com o sucesso.

Liderança pelo exemplo

Um estilo gerencial altamente interativo e visível não apenas é essencial para criar e sustentar relações cooperativas, como também permite que os gerentes de projetos utilizem a ferramenta de liderança mais poderosa: o próprio comportamento (Peters, 1988; Kouznes & Posner, 2012). Muitas vezes, quando deparam com incertezas, as pessoas buscam nos outros dicas para como reagir e demonstram uma propensão a imitar o comportamentos dos superiores. O comportamento do gerente do projeto simboliza como os outros devem trabalhar no projeto. Por meio do seu

CASO PRÁTICO   Liderança no limite*

Em 1914, o intrépido explorador Ernest Shackleton embarcou no *Endurance* com sua equipe de marinheiros e cientistas, determinado a atravessar o inexplorado continente antártico. O que aconteceu nos dois anos entre a sua partida e seu resgate inacreditável raramente foi igualado nas histórias sobrevivência: um navio esmagado por uma massa de gelo em expansão; uma tripulação ilhada em um bloco de gelo do Mar de Weddell congelado; duas arriscadas jornadas pelo furioso Mar do Sul em barcos abertos; uma equipe isolada na selvagem e esquecida Ilha do Elefante, levada aos limites da resistência humana.

Essa aventura proporcionou a base para o livro *Liderança no limite: lições de liderança extraídas da extraordinária saga da expedição à Antártida de Shackleton*, de Dennis Perkins. O autor expõe diversos incidentes que demonstram como o exemplo pessoal de Shacketon influenciou o comportamento da sua atribulada tripulação. Por exemplo, do início ao fim da expedição transatlântica, ele sempre estimulou comportamentos que enfatizassem cuidado e respeito:

> Após a destruição do *Endurance*, ele esquentava leite para a tripulação e ia de tenda em tenda com o leite "da vida". Após velejar até a ilha de Geórgia do Sul, quando a tripulação exausta havia chegado em terra, ele fez a primeira vigia de três horas, em vez da normal de uma.

Os membros da tripulação imitavam os comportamentos atenciosos do modelo de Shackleton. Um bom exemplo disso ocorreu em um dos momentos mais dramáticos da saga do *Endurance*. O suprimento de comida era perigosamente baixos. Restava menos de uma semana de suprimento e a minúscula ração de bife de foca, normalmente servida no café da manhã, fora descartada. Mas, a carne rejeitada, geralmente usada para alimentar os cães, foi inspecionada na busca de restos comestíveis.

Nessas condições miseráveis, e após uma noite úmida e insone, houve uma discussão entre alguns membros da equipe. Pego no fogo cruzado, Greenstreet derrubou sua minúscula ração de leite em pó e gritou com Clark, um biólogo. Alfred Lansing descreveu o que aconteceu em seguida:

> Greenstreet fez uma pausa para retomar o fôlego, naquele instante a raiva se dissipou e ele, de súbito, ficou em silêncio.

Todos os demais na tenda também ficaram quietos e olharam para Greenstreet, de cabelos desgrenhados, barbudo e sujo de sebo, segurando a caneca vazia e olhando impotente para a neve que tragara vorazmente seu precioso leite. A perda era tão trágica que ele parecia estar a ponto de chorar. Sem dizer nada, Clark se aproximou e verteu um pouco de leite na caneca de Greenstreet. Então vieram Worsely, depois Macklin, e Rickerson e Kerr, Orde-Lees, e finalmente Blackborrow. Eles terminaram em silêncio.

* Adaptado de Dennis N. T. Perkins, *Leading at the Edge: Leadership Lessons from the Extraordinary Saga of Shackleton's Antarctica Expedition* (New York: AMACOM Press, 2000), pp. 94–95; e Alfred Lansing, *Endurance: Shackleton's Incredible Voyage* (New York: Carroll & Graf, 1998), p. 127.

---

comportamento, um gerente de projetos pode influenciar a forma como os outros agem e reagem a uma variedade de questões ligadas ao projeto. Consulte o "Caso Prático: Liderança no limite" para um exemplo dramático disso.

Para serem eficazes, os gerentes de projetos precisam "fazer o que dizem" (Figura 10.4). A seguir, são discutidos seis aspectos da liderança por exemplo.

Prioridades

Ações falam mais do que palavras. Subordinados e demais partes envolvidas discernem as prioridades dos gerentes de projetos pela forma como estes empregam o próprio tempo. Se um gerente de projetos diz que um projeto é decisivo e, depois, é visto dedicando mais tempo a outro projeto, certamente os ouvidos se farão moucos para todas as suas afirmações verbais. Inversamente, um gerente de projetos que se dá o trabalho de observar um teste decisivo, em vez de apenas esperar

FIGURA 10.4
Liderança por exemplo

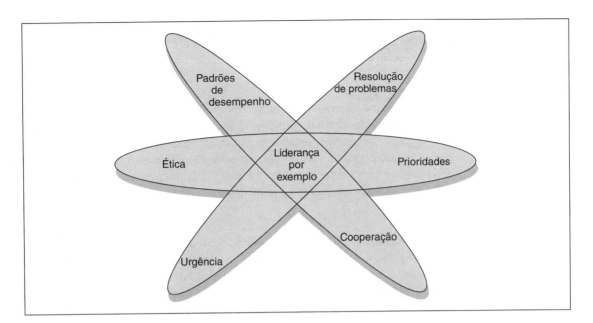

pelo relatório, afirma a importância dos executores do teste e do trabalho feito. Da mesma forma, os tipos de perguntas que os gerentes de projetos fazem comunicam prioridades. Perguntando repetidamente como questões específicas se relacionam à satisfação do cliente, o gerente de projetos pode reforçar a importância dela.

Urgência

Por meio das suas ações, os gerentes de projetos podem transmitir um senso de urgência passível de permear as atividades do projeto. Essa urgência pode ser transmitida parcialmente pelos prazos severos, reuniões de relatório de *status* frequentes e soluções agressivas para agilizar o projeto. O gerente do projeto usa essas ferramentas como um metrônomo para dar o andamento do projeto. Ao mesmo tempo, esses mecanismos serão ineficazes se não houver uma mudança correspondente no comportamento do gerente do projeto. Se ele quer que os outros trabalhem mais rápido e resolver problemas com mais velocidade, ele também precisa trabalhar mais rápido. Precisa apressar o ritmo do próprio comportamento. Ele deve acelerar a frequência das suas interações, falar e caminhar mais depressa, chegar mais cedo ao trabalho e sair mais tarde. Simplesmente aumentando o ritmo dos seus padrões de interação diária, o gerente de projeto pode reforçar um sentimento de urgência nos outros.

Resolução de problemas

A reação dos gerentes de projetos a problemas dá o tom à reação dos outros. Se más notícias forem recebidas com ataques verbais, os outros ficarão relutantes em se manifestar.[5] Se o gerente do projeto está mais preocupado em descobrir quem culpar do que como evitar que os problemas aconteçam de novo, os outros terão a tendência de apagar vestígios e lançar a culpa para outra parte. Se, por outro lado, ele se concentrar em como converter um problema em uma oportunidade ou no que se pode aprender com um erro, aumentará a probabilidade de que os outros adotem uma postura mais proativa acerca da resolução de problemas.

Cooperação

A maneira como os gerentes de projetos agem em relação aos indivíduos externos à equipe influencia a interação dos membros da equipe com os externos. Se um gerente de projetos faz observações

---

[5] Essa é a clássica síndrome de "matar o mensageiro". Essa e outras forças que contribuem para distorcer informações podem ser encontradas em Erik Larson and Jon King "The Systemic Distortion of Information An On-going Management Challenge," *Organizational Dynamics*, Winter 1996, pp. 49-62.

desrespeitosas sobre os "idiotas" do departamento de marketing, elas, frequentemente, formatam a visão de toda a equipe. Quando ele trata os externos com respeito e é solícito para com as necessidades deles, a equipe seguirá o exemplo.

Padrões de desempenho

Gerentes de projetos veteranos reconhecem que precisam exceder as expectativas dos outros quanto ao bom gerenciamento de projetos se se quiserem que os participantes excedam as expectativas dos projetos. Os gerentes estabelecem um alto padrão de desempenho do projeto pela qualidade das suas interações diárias. Respondem rapidamente às necessidades dos outros, preparam cuidadosamente e conduzem reuniões eficientes, ficam em cima de todas as questões relevantes, facilitam a resolução de problemas e têm firmeza nos assuntos importantes.

Ética

A reação dos outros aos dilemas éticos que surgem durante um projeto é influenciado pela reação do gerente do projeto a dilemas similares. Em muitos casos, os membros da equipe baseiam suas ações em como acham que o gerente do projeto reagiria. Quando os gerentes de projetos distorcem deliberadamente ou sonegam informações vitais dos clientes ou da alta gerência, estão sinalizando aos outros que esse comportamento é aceitável. O gerenciamento de projetos invariavelmente cria dilemas éticos; este seria um momento apropriado para investigar o assunto com mais detalhes.

Ética e gerenciamento de projetos

Algumas questões éticas já apareceram em capítulos anteriores que discutiram prolongamento de estimativas de custo e tempo, exagero de retornos de propostas de projeto, e assim por diante. Dilemas éticos envolvem situações em que é difícil determinar se uma conduta é certa ou errada. É aceitável assegurar falsamente os clientes de que tudo está nos eixos, quando, na realidade, você só está dizendo isso para evitar que eles entrem em pânico e piorem as coisas?

Em uma pesquisa entre gerentes de projetos, 81% relataram que se defrontavam com questões éticas em seu trabalho.[6] Esses dilemas vão de ser pressionado para alterar relatórios de *status*, fraudar datas de assinaturas ou adulterar documentos para mascarar a realidade do progresso do projeto até falsificar contas de custo, comprometer padrões de segurança para acelerar o progresso e aprovar trabalho malfeito.

O gerenciamento de projetos é um trabalho complicado, e, sendo assim, a ética invariavelmente envolve zonas cinzentas de julgamento e interpretação. Por exemplo, é difícil distinguir entre a falsificação deliberada de estimativas e os erros genuínos, ou entre o exagero propositado de retornos do projeto e o otimismo genuíno. Torna-se problemático determinar se promessas não cumpridas foram engodos deliberados ou uma resposta adequada em circunstâncias diferentes.

Para dar mais clareza à ética comercial, muitas empresas e grupos profissionais publicam um código de conduta. Alguns veem esse documento como pura maquiagem, enquanto seus adeptos argumentam que ele é importante, embora de alcance limitado. Na prática, a ética pessoal não reside em estatutos formais, mas na intersecção entre trabalho, família, educação, profissão, crenças religiosas e interações quotidianas do indivíduo. A maioria dos gerentes de projetos informa que se orienta pelo próprio senso particular de certo e errado – o que um gerente de projetos chamou de "bússola interna". Uma regra geral comum para testar se uma reação é ética é perguntar: "Imagine que o que quer que você faça seja publicado na capa do jornal da sua região. Como você se sentiria a respeito? Você ficaria confortável?".

Infelizmente, os escândalos da Enron, Worldcom e Arthur Andersen demonstraram a disposição de profissionais altamente treinados de abdicar da responsabilidade pessoal por atos ilegais e

---

[6] Embora essa pesquisa seja um tanto antiga, nossas conversas com gerentes de projetos sugerem que os resultados ainda tenham validade hoje (J. Cabanis, "A Question of Ethics: The Issues Project Managers Face and How They Resolve Them," *PM Network*, December 1995, pp. 8-28).

CASO PRÁTICO   A queda da Arthur Andersen*

"Pense sem rodeios e fale sem rodeios" era o princípio sobre o qual Arthur E. Andersen abriu seu escritório de contabilidade no início dos anos 1900. A expressão usada por sua mãe tornou-se o lema da empresa. O comprometimento com a integridade e a abordagem sistemática e planejada do trabalho foram essenciais para que a Arthur Andersem se transformasse em uma das maiores e mais conhecidas empresas de contabilidade do mundo.

Trabalhar na Arthur Andersen não era para qualquer um. Era uma cultura um tanto dura, hierárquica e verticalizada demais para os espíritos mais livres. Muitas pessoas saíam depois de dois anos, acreditando que as recompensas não justificavam as demandas que lhes eram feitas. Outras aprendiam a dançar conforme a música e alguns até prosperavam. Para permanecer na empresa, os membros da equipe tinha que trabalhar muito, respeitar a autoridade dos postos e manter um alto nível de adequação. Em troca, eram recompensados com apoio, promoção e a possibilidade de sociedade. As pessoas que fizeram carreira na empresa envelheceram juntas, profissional e pessoalmente, e quase nunca tinham trabalhado em outro lugar. Para esses sobreviventes, a Andersen era uma segunda família, e eles desenvolveram uma forte lealdade à empresa e à sua cultura (p. 133).

Em 23 de outubro de 2001, David Duncan disse à sua equipe do projeto Enron que eles precisavam começar a cumprir a nova política da Andersen sobre o tratamento de documentos de auditoria. A política fora instituída para que a papelada acessória da empresa não pudesse ser usada em processos judiciais. Embora a política de retenção de documentos exigisse que os papéis que fundamentassem os pareceres e auditorias da empresa fossem retidos, ela permitia que uma série de outros documentos fosse destruída. A equipe reagiu à diretiva de Duncan com um silêncio aturdido.

Então, todos se levantaram e começaram a correr para fazer o que lhes fora ordenado. Ninguém pediu a Duncan mais explicações. Ninguém perguntou se o que eles estavam fazendo era errado. Ninguém questionou se o que estava fazendo poderia ser ilegal. A equipe da Andersen em Houston simplesmente reagiu, seguindo ordens sem perguntas.

Em 9 de novembro de 2001, um dia depois de a Comissão de Valores Mobiliários (SEC) intimar a Andersen, a picotagem parou. Mais de uma tonelada de documentos havia sido destruída, e 30 mil e-mails e arquivos de computador relacionados à Enron haviam sido apagados. De acordo com a equipe jurídica que defendia a Andersen, a picotagem era uma operação corriqueira. Os advogados alegavam que ela era uma prática padronizada para eliminar arquivos desnecessários. Para a SEC, parecia o início de uma abrangente operação de fachada. Tempos depois, uma das empresas de contabilidade mais respeitadas do mundo fecharia as portas.

* Susan E. Squires, Cynthia J. Smith, Lorna McDougall, and William R. Yeak, *Inside Arthur Andersen: Shifting Values, Unexpected Consequences* (Upper Saddle River, NJ: Prentice Hall, 2004).

---

obedecer a diretivas dos superiores (veja o "Caso Prático: A queda de Arthur Andersen"). A alta gerência e a cultura da empresa desempenham um papel decisivo na moldagem da crença dos membros sobre o que é certo e errado. Muitas empresas estimulam transgressões éticas criando uma mentalidade de "ganhar a todo custo". As pressões para ter sucesso obscurecem a consideração sobre se os fins justificam os meios. Outras empresas valorizam o *fair play* e angariam uma posição no mercado por serem confiáveis.[7]

Muitos gerentes de projetos alegam que o comportamento ético é a recompensa em si. Ao seguir a própria bússola interna, o seu comportamento expressa os valores pessoais. Outros sugerem que o comportamento ético é duplamente gratificante. Não apenas você consegue dormir à noite, como também desenvolver uma reputação sólida e admirável. Como será explorado na seção seguinte, essa reputação é essencial no estabelecimento da confiança necessária para exercer influência com eficácia.

---

[7] Para uma discussão mais aprofundada sobre ética, veja: L. Trevino and K. Nelson, *Managing Business Ethics: Straight Talk about How to Do It Right,* 5th ed. (Hoboken, NJ: John Wiley & Sons, 2011).

Criação de confiança: o segredo para exercer influência

Todos conhecemos pessoas que têm influência, mas nas quais não confiamos; esses indivíduos são às vezes chamadas de "políticos" ou "tubarões". Embora costumem ter muito sucesso no curto prazo, a sensação predominante de desconfiança inviabiliza o êxito de longo prazo. Gerentes de projetos bem-sucedidos precisam não apenas ser influentes, mas também exercer influência de uma maneira que crie e sustente a confiança dos outros.

O significado da confiança pode ser dimensionado pela ausência dela. Imagine como a relação de trabalho é diferente quando você desconfia da outra parte, em vez de confiar nela. Quando as pessoas desconfiam umas das outras, frequentemente perdem tempo e energia tentando compreender intenções ocultas e o significado verdadeiro do foi dito eventualmente, para depois obter garantias de promessas. Elas ficam muito mais cautelosas e hesitantes em cooperar. Eis o que um gerente de linha tinha para dizer sobre como ele reagia a um gerente de projetos no qual não confiava:

> Sempre que Jim me abordava sobre alguma coisa, eu me surpreendia tentando ler nas entrelinhas para descobrir o que realmente estava acontecendo. Quando ele fazia um pedido, a minha reação inicial era 'não' até eu ter certeza do que ele queria.

Inversamente, confiança é o lubrificante que mantém interações tranquilas e eficientes. Quando há confiança, há mais chances de as pessoas encararem as suas ações e intenções pelo que estas são mesmo sob circunstâncias ambíguas. Por exemplo, eis o que um gerente funcional tinha para dizer sobre como ele lidava com uma gerente de projetos na qual confiava:

> Se Sally dizia que precisava de alguma coisa, não se faziam perguntas. Eu sabia que era importante, senão ela não teria pedido.

Confiança é um conceito subjetivo. É difícil definir em termos precisos por que se confia em alguns gerentes de projetos e não em outros. Um jeito popular de compreender a confiança é enxergá-la como uma função de caráter e competência. O caráter engloba motivos pessoas (por exemplo, ele quer fazer a coisa certa?); já a competência compreende as habilidades necessárias para concretizar motivos (por exemplo, ele sabe quais são as coisas certas a fazer?).

Stephen Covey ressuscitou o significado do caráter na literatura da liderança no seu best-seller *Os 7 hábitos das pessoas altamente eficazes*. Ele critica a literatura popular sobre gerenciamento, dizendo que ela enfoca demais habilidades rasas de relações humanas e técnicas manipuladoras e as rotula de ética da personalidade. O autor argumenta que no âmago das pessoas altamente eficazes há uma ética de caráter que está profundamente enraizada em valores e princípios pessoais, como dignidade, presteza, justiça, busca pela verdade e respeito.

Um dos traços distintivos do caráter é a consistência. Quando as pessoas são guiadas por um conjunto nuclear de princípios, elas são naturalmente mais previsíveis, pois as suas ações são consistentes com esses princípios. Outro atributo do caráter é a receptividade. Quando as pessoas têm uma ideia clara de quem elas são e do que valorizam, são mais abertas e receptivas aos outros. Esse traço proporciona-lhes a capacidade de empatia e o talento de criar consenso entre pessoas divergentes. Por fim, outra qualidade do caráter é o senso de propósito. Os gerentes com caráter são impelidos não apenas por ambições pessoais, mas também pelo bem comum. Preocupam-se principalmente quanto ao que é melhor para a empresa e o projeto, e não melhor para si. Essa disposição a subordinar interesses pessoais a um propósito maior granjeia o respeito, a lealdade e a confiança dos outros.

O significado do caráter é sintetizado pelos comentários de dois membros de equipe sobre dois gerentes de projetos muito diferentes.

> No início, todos gostavam de Joe e estavam empolgados com o projeto. Porém, depois de um tempo, as pessoas começaram a suspeitar dos motivos dele. Ele tinha a tendência de dizer coisas diferentes para pessoas diferentes. As pessoas começaram a se sentir manipuladas. Ele passava tempo demais com a alta gerência. O pessoal começou a achar que ele só prestava atenção em si. Era o projeto DELE. Quando o projeto começou a afundar, ele abandonou o barco e deixou o pepino com outro. Nunca mais trabalho para esse cara.
>
> A minha primeira impressão sobre Jack não foi nada de especial. Ele tinha um estilo gerencial silencioso, despretensioso. Com o tempo, aprendi a respeitar seu julgamento e sua capacidade de fazer as pessoas traba-

lhar juntas. Quando você ia até ele com um problema ou pedido, ele sempre escutava atentamente. Se ele não podia fazer o que você queria, explicava direitinho o porquê. Quando surgiam desentendimentos, ele sempre pensava no que era melhor para o projeto. Tratava todo mundo com as mesmas regras; ninguém recebia tratamento especial. Eu aproveitaria uma oportunidade de trabalhar com ele de novo.

Caráter sozinho não engendra confiança. Também precisamos ter confiança na competência dos indivíduos para podermos realmente confiar neles (Kanter, 1979). Todos conhecemos os gerentes bem-intencionados de quem gostamos, mas em quem não confiamos porque têm um histórico de não cumprir totalmente as promessas que fazem. Embora possamos ficar amigos desses gerentes, não gostamos de trabalhar com ou para eles.

A competência é refletida em diversos níveis diferentes. Primeiro, há conhecimento e habilidades relacionados a tarefas refletidos na capacidade de responder a perguntas, resolver problemas técnicos e atingir excelência em certos tipos de trabalho. Segundo, há a competência em um nível interpessoal, demonstrada pela capacidade de escutar bem, comunicar com clareza, resolver discussões, incentivar e assim por diante. Por fim, existe a competência organizacional. Isso inclui saber conduzir reuniões eficazes, fixar objetivos significativos, reduzir ineficiências e criar uma rede social. Existe uma tendência excessiva de que jovens engenheiros e outros profissionais valorizem demais a competência técnica ou de tarefa. Eles subestimam a importância das habilidades organizacionais. Profissionais veteranos, por outro lado, reconhecem a importância do gerenciamento e dão mais valor às habilidades organizacionais e interpessoais.

Um problema que os gerentes de projetos novos têm é que leva tempo até que se estabeleça um senso de caráter e competência. Caráter e competência frequentemente são demonstrados quando são testados, como quando é preciso tomar uma decisão difícil ou quando problemas complicados têm de ser resolvidos. Gerentes de projetos veteranos têm a vantagem da reputação e de uma trajetória de sucesso sedimentada. Embora o aval de patrocinadores possa ajudar um jovem gerente de projetos a criar uma primeira impressão favorável, no fim, ele terá de demonstrar caráter e competência durante as tratativas com os outros para ganhar a confiança deles.

Até o momento, este capítulo falou da importância de criar uma rede de relações para concluir o projeto com base em confiança e reciprocidade. A próxima seção examina a natureza do trabalho do gerenciamento de projetos e as qualidades pessoais necessárias para a excelência na área.

Qualidades do gerente de projetos eficaz

O gerenciamento de projetos é, à primeira vista, uma disciplina enganosa, na medida em que há uma lógica inerente à progressão que parte da elaboração de uma declaração de escopo do projeto, criação da EAP, desenvolvimento da rede, acréscimo de recursos, finalização do plano até o alcance dos resultados. Entretanto, quando se trata de realmente implementar e concluir projetos, essa lógica rapidamente desaparece, e os gerentes de projetos encontram um mundo muito mais caótico, cheio de incoerências e paradoxos. Os gerentes de projetos eficazes precisam saber lidar com a natureza contraditória do seu trabalho. Algumas dessas contradições são listadas aqui:

- **Inovar e manter estabilidade.** Os gerentes de projetos precisam apagar incêndios, restaurar a ordem e colocar o projeto de volta nos trilhos. Ao mesmo tempo, devem ser inovadores e desenvolver novas e melhores maneiras de fazer as coisas. As inovações desfazem rotinas estáveis e provocam novos distúrbios com os quais é preciso lidar.
- **Enxergar o panorama completo enquanto mete a mão na massa.** Os gerentes de projetos precisam enxergar o panorama geral e como o projeto se encaixa na estratégia maior da empresa. Também existem momentos em que eles precisam se envolver profundamente com o trabalho e tecnologia do projeto. Se eles se importarem com os detalhes, quem se importará?
- **Estimular os indivíduos, mas enfatizar a equipe.** Os gerentes de projetos precisam motivar, persuadir e atrair desempenhos individuais, ao mesmo tempo em que mantêm o trabalho em equipe. Precisam cuidar para que sejam considerados justos e coerentes no modo como tratam os membros da equipe, ao mesmo tempo em que tratam cada membro como um indivíduo especial.
- **Intervir ou não.** Os gerentes de projetos precisam intervir, desfazer impasses, resolver problemas técnicos e insistir em abordagens diferentes. Ao mesmo tempo, precisam reconhecer quando é apropriado ceder espaço deixando as pessoas descobrir o que fazer.

- **Flexível, porém firme.** Os gerentes de projetos precisam ser adaptáveis e reativos a eventos e resultados que ocorrem no projeto. Ao mesmo tempo, às vezes eles têm de pôr limites e endurecer quando alguém quiser desistir.
- **Lealdades à equipe *versus* à empresa.** Os gerentes de projetos precisam forjar uma equipe de projeto unificada, cujos membros estimulem uns aos outros a um desempenho extraordinário. Contudo, ao mesmo tempo, precisam contrabalançar os excessos de coesão e a resistência da equipe a ideias exteriores. Eles precisam cultivar lealdades tanto à equipe quanto à empresa matriz.

A administração dessas e outras contradições demanda sutileza e equilíbrio. Sutileza envolve o hábil movimento de vai e volta entre padrões comportamentais opostos (Sayles, 1989). Por exemplo, na maior parte do tempo, os gerentes de projetos envolvem ativamente os outros, mobilizam-se por progressos e buscam o consenso. Existem outros momentos em que os gerentes de projetos precisam agir como autocratas, tomando ações decisivas e unilaterais. Equilíbrio envolve reconhecer o perigo dos extremos e que coisas boas em excesso invariavelmente tornam-se danosas. Por exemplo, muitos gerentes têm a tendência de sempre delegar as incumbências mais estressantes e difíceis aos melhores membros da sua equipe. Esse hábito costuma instilar ressentimento entre os escolhidos ("por que sou sempre eu que fico com o trabalho ruim?") e não permite que os membros mais fracos ampliem seus talentos.

Não existe um só estilo ou fórmula gerencial para ser um gerente de projetos eficaz. O mundo do gerenciamento de projetos é complicado demais para fórmulas. Os gerentes de projetos de sucesso têm um pendor a adaptar estilos às circunstâncias específicas da situação.

Então, o que se deve procurar em um gerente de projetos eficaz? Muitos autores já enfrentaram essa pergunta, gerando lista após lista de habilidades e atributos associados a ser um gerente eficaz (Posner, 1987; Shenhar and Nofziner, 1997; Turner and Müller, 2005). Ao examinar essas listas, às vezes se tem a impressão de que ser um gerente de projetos bem-sucedido poderes sobre-humanos. Embora concordemos que nem todo mundo tem o que é necessário para ser um gerente de projetos eficaz, existem alguns traços e habilidades centrais que podem ser desenvolvidos para realizar bem o trabalho, oito dos quais são:

1. **Pensador sistêmico.** Os gerentes de projetos precisam saber adotar uma abordagem holística, e não reducionista, em relação aos projetos. Em vez de fragmentar o projeto em pedaços separados (planejamento, orçamento) e administrá-lo tentando compreender cada parte, a perspectiva sistêmica guia a compreensão de como os fatores de projetos relevantes interagem para produzir os resultados do projeto. Aí, a chave para o sucesso se torna administrar a interação entre as diferentes partes, e não as partes em si.[8]
2. **Integridade pessoal.** Antes de poder liderar e gerenciar os outros, você tem de conseguir liderar e gerenciar a si mesmo (Bennis, 1989). Comece estabelecendo um sentido firme de quem você é, o que você representa e como você deve se comportar. Essa força interior dá estabilidade para resistir aos altos e baixos do ciclo de vida do projeto e a credibilidade essencial para sustentar a confiança dos outros.
3. **Proativo.** Bons gerentes de projetos tomam medidas antes que elas sejam necessárias, para evitar que pequenos percalços ampliem-se para grandes problemas. Eles passam a maior parte do tempo dentro da sua esfera de influência para resolver problemas, sem se demorar em coisas sobre as quais têm pouco controle. Gestores de projetos não podem ser reclamões.[9]
4. **Alta inteligência emocional (IE).** Gerenciamento de projetos não é para os passivos. Os gerentes de projetos precisam ter controle sobre suas emoções e saber reagir construtivamente aos outros quando as coisas saem um pouco do controle. Consulte "Pesquisa em Destaque: Inteligência emocional" para ler mais sobre essa qualidade.

---

[8] Para uma elaboração prática sobre o que significa ser um pensador sistêmico, veja: Peter M. Senge, *The Fifth Discipline* (New York: Doubleday, 1990).

[9] Para uma discussão mais extensiva sobre ser proativo, veja Stephen Covey, *The Seven Habits of Highly Effective People* (New York: Simon & Schuster, 1989), pp. 65-94.

> ### DESTAQUE DE PESQUISA — Inteligência emocional*
>
> Inteligência emocional (IE) é a capacidade ou habilidade de perceber, avaliar e administrar as emoções próprias e alheias. Embora a noção de IE tenha emergido nos anos 1920, foi apenas quando Daniel Goleman publicou seu livro *Inteligência emocional* que o conceito chamou a atenção do público e dos homens de negócios.
>
> Goleman dividiu a IE nas cinco competências emocionais a seguir:
>
> - **Autopercepção** – conhecer as suas emoções, reconhecer os sentimentos quando eles ocorrem e compreender a ligação entre as suas emoções e o seu comportamento. A autopercepção é refletida na confiança e na avaliação realistas dos pontos fortes/fracos pessoais e na capacidade de rir de si mesmo.
> - **Autocontrole** – conseguir controlar impulsos e humores perturbadores e responder adequadamente às situações. A autorregulação é refletida na confiança e abertura à mudança.
> - **Automotivação** – saber reunir seus sentimentos e perseguir metas com energia, paixão e persistência. As marcas da automotivação incluem um forte desejo de realização e otimismo internos.
> - **Empatia** – conseguir reconhecer os sentimentos dos outros e sintonizar com os seus sinais verbais e não verbais. A empatia é reflectiva na capacidade de sustentar relações e na sensibilidade transcultural.
> - **Habilidades sociais** – conseguir criar redes sociais e se relacionar com diferentes tipos de pessoas. Habilidades sociais incluem saber liderar mudança, resolver conflitos e criar equipes eficazes.
>
> Não é preciso ter muita imaginação para ver como o IE poderia contribuir para ser um gerente de projetos eficaz.
>
> Na visão de Goleman, essas competências se sobrepõem em uma hierarquia, na base da qual está a autopercepção. É necessário certo nível de autopercepção para se passar à autorregulação. Por fim, as habilidades sociais precisam de todas as outras quatro competências a fim de que se comece a ser proficiente como líder. Os especialistas acreditam que a maioria das pessoas pode aprender a aumentar consideravelmente a própria IE. Diversos programas e materiais de treinamento surgiram para ajudar a concretizar o potencial de IE.
>
> * T. Bradberry, and J. Graves, *The Emotional Intelligence Quick Book*: Simon & Schuster, 2005); J. Cabanis-Brewin, "The Human Task of a Project Leader: Daniel Goleman on the Value of High EQ," *PM Network*, November 1999, pp. 38-42.

5. **Perspectiva completa do negócio.** Como o papel principal do gerente de projeto é integrar as contribuições de diferentes disciplinas comerciais e técnicas, é importante que ele tenha domínio geral de fundamentos de negócios e de como as diferentes disciplinas funcionais interagem para um negócio bem-sucedido.
6. **Gerenciamento eficaz do tempo.** O tempo é o recurso mais escasso dos gerentes de projetos, que precisam orçá-lo com sabedoria e ajustar as prioridades rapidamente. Eles devem equilibrar as interações para que ninguém se sinta ignorado.
7. **Político hábil.** Os gerentes de projetos precisam saber lidar de maneira eficaz com um grande espectro de pessoas, obtendo seu apoio e aval para o projeto. Eles precisam saber vender as virtudes do projeto sem comprometer a verdade.
8. **Otimista.** Os gerentes de projetos precisam demonstrar uma atitude de "vamos conseguir". Precisam conseguir encontrar raios de luz em um dia improdutivo, mantendo positiva a atenção das pessoas. Bom senso de humor e atitude lúdica, muitas vezes, são o maior ponto forte de um gerente de projetos.

E como se desenvolvem esses traços? Oficinas, autodidatismo e cursos podem atualizar a perspectiva geral de negócios de uma pessoa e sua capacidade de pensamento sistêmico. Os programas de treinamento podem aprimorar a inteligência emocional e as habilidades políticas. As pessoas também podem aprender técnicas de gerenciamento de estresse e de tempo. No entanto, não conhecemos nenhuma oficina ou poção mágica que possa transformar um pessimista em um otimista ou dar um senso de propósito a quem não o tem. Essas qualidades atingem a própria alma da pessoa. Otimismo, integridade ou mesmo proatividade não são fáceis de desenvolver se não houver já uma predisposição para apresentá-los.

Resumo

Para ter sucesso, os gerentes de projetos precisam criar uma rede cooperativa entre um conjunto diverso de aliados. Eles começam identificando as principais partes interessadas do projeto, seguindo-se um diagnóstico da natureza das relações e o fundamento do exercício da influência. Os gerentes de projetos eficazes são hábeis em adquirir e exercitar um amplo espectro de influência e um estilo gerencial altamente interativo para monitorar o desempenho do projeto e iniciar as mudanças apropriadas nos planos e direção dele. Fazem isso de um modo que gera confiança e esta, em última análise, é baseada na percepção que os outros têm sobre seu caráter e competência.

Recomenda-se que os gerentes de projetos tenham em mente as seguintes orientações:

- *Criar relações antes de precisar delas.* Identifique os principais atores e o que você pode fazer para ajudá-los antes de precisar do auxílio deles. É sempre mais fácil receber um favor depois de ter concedido um. Isso exige que o gerente de projetos tenha uma visão sistêmica do projeto e entendam como ele afeta outras atividades e pautas dentro e fora da empresa. Partindo dessa perspectiva, eles podem identificar oportunidades para fazer boas ações e granjear o apoio dos outros.

- *Confiança é sustentada pelo frequente contato pessoal.* A confiança definha com a negligência. Isso é especialmente verdadeiro em condições de mudança rápida e incerteza que naturalmente engendram dúvidas, suspeitas e mesmo acessos momentâneos de paranoia. Os gerentes de projetos precisam manter contato frequente com as principais partes interessadas para estar sempre a par das evoluções, resolver inquietações, envolver-se em testes e focar a atenção no projeto. Frequentes interações pessoais afirmam respeito mútuo e confiança.

No fim das contas, exercer influência de uma maneira efetiva e ética começa e termina com a forma como você vê as outras partes. Você as enxerga como parceiros potenciais ou como obstáculos às suas metas? Na primeira hipótese, você exerce influência para obter comprometimento e apoio. Na segunda, você se utiliza da sua influência para manipular e obter concordância e cooperação. As pessoas que enxergam redes sociais como a oportunidade para a criação de parcerias veem toda interação com duas metas: resolver o problema/preocupação imediato e melhorar a relação de trabalho, para que da próxima vez esta seja ainda mais eficaz. Gerentes de projetos experientes percebem que "o que vai volta", e tentam a todo custo evitar atores antagonistas para a rápida obtenção do sucesso.

Termos-chave

Criação de rede social, *301*
Gerenciamento por perambulação (MBWA), *302*
Inteligência emocional (IE), *312*
Lei da reciprocidade, *298*
Liderança pelo exemplo, *305*
Moedas relacionadas à inspiração, *300*

Moedas relacionadas a posições, *299*
Moedas ligadas a relacionamentos, *300*
Moedas relacionadas a tarefas, *298*
Moedas relacionadas à equipe, *300*
Partes interessadas, *296*
Pensador sistêmico, *312*
Proativo, *312*

Questões de revisão

1. Qual é a diferença entre liderar e gerenciar um projeto?
2. Por que o regente de orquestra é uma metáfora apropriada para o gerente de projetos? Quais aspectos do gerenciamento de projetos não são refletidos nessa metáfora? Você consegue pensar em outras metáforas apropriadas?
3. O que o modelo de troca de influência sugere que você faça para criar relações cooperativas a fim de concluir um projeto?
4. Que diferenças você esperaria ver entre os tipos de moedas de influência que um gerente de projetos em uma matriz funcional usaria e a influência que um gerente de projetos em uma equipe dedicada de projeto usaria?
5. Por que é importante criar uma relação antes de precisar dela?
6. Por que é decisivo manter o patrocinador do projeto informado?
7. Por que a confiança é uma função tanto do caráter quanto da competência?

8. Qual dos oito traços/habilidades associados ao gerente de projetos eficazes é o mais importante? Qual é o menos importante? Por quê?

Exercícios

1. Faça uma busca na Internet por Keirsey Temperament Sorter Questionnaire e ache um *site* que pareça ter um questionário de autoavaliação confiável. Preencha-o para identificar o seu tipo de temperamento. Leia os documentos de apoio associados ao seu tipo. Quais tipos de projeto esse material sugere que seriam mais adequados para você? Quais são seus pontos fortes e fracos como gerente de projetos segundo o material? Como você pode compensar os seus pontos fracos?
2. Acesse o site do Project Management Institute e veja a seção de Padrões Éticos do Membro do PMI. Como essas informações podem ajudar alguém a decidir qual comportamento é apropriado e inapropriado?
3. Você está organizando um show de arrecadação de fundos para o combate à Aids na sua cidade natal, com bandas locais de heavy metal e palestrantes. Trace um mapa de dependência que identifique os principais grupos de pessoas que podem influir no sucesso do projeto. Qual você acha que mais cooperará? Qual você acha que menos cooperará? Por quê?
4. Você é o gerente de projetos responsável pela construção de um novo aeroporto internacional. Trace um mapa de dependência que identifique os principais grupos de pessoas que podem influir no sucesso do projeto. Qual você acha que mais cooperará? Qual você acha que menos cooperará? Por quê?
5. Identifique uma pessoa importante (colega, chefe, amigo) com quem você está tendo problemas para obter cooperação. Avalie essa relação segundo o modelo de moedas de influência. Quais tipos de moeda de influência você vem trocando nessa relação? A "conta" dessa relação está no "vermelho" ou no "preto"? Quais tipos de influência seriam apropriados para criar uma relação mais forte com essa pessoa?
6. Cada um dos seguintes cenários de minicasos envolve dilemas éticos associados ao gerenciamento de projetos. Como você reagiria a cada situação e por quê?

Jack Nietzche

Você voltou de uma reunião da equipe de projeto em que foram definidas as próximas etapas do projeto. Apesar do esforço, você não conseguiu persuadir o diretor a promover um dos melhores assistentes, Jack Nietzche, ao cargo de gerente de projetos. Você está se sentindo um pouco culpado, pois havia alimentado a perspectiva dessa promoção para motivar Jack, que respondeu fazendo horas extras para garantir que os seus segmentos no projeto fossem concluídos a tempo. Você se pergunta como Jack irá reagir. Mais importante, você se pergunta como a reação dele poderia afetar o seu projeto. Você tem cinco dias para cumprir um prazo para um cliente muito importante. Embora não seja fácil, você pensava que conseguiria concluir o projeto a tempo. Agora não tem tanta certeza. Jack está no meio da conclusão da fase de documentação, que é a última atividade decisiva. Jack, às vezes, é muito emotivo, e você tem medo de que ele estoure quando descobrir que não conseguiu a promoção. Voltando à sua sala, você se pergunta o que fazer. Você deve dizer a Jack que ele não vai ser promovido? O que você deve dizer se ele perguntar sobre as novas tarefas?

Projeto de construção Seaburst

Você é o gerente do projeto de construção Seaburst que, até o momento, está à frente do cronograma e abaixo do orçamento. Em parte, você atribui isso à boa relação de trabalho que tem com os carpinteiros, encanadores, eletricistas e operadores de máquinas que trabalham para a sua empresa. Mais de uma vez, você pediu que eles dessem 110% de si, e eles responderam.

Em uma tarde de domingo, você decide passar de carro pela obra para mostrá-la ao seu filho e descobre que vários equipamentos valiosos não estão no galpão de depósito. Na segunda-feira cedo, você está prestes a falar sobre o assunto com um supervisor quando percebe que todos os equipamentos ausentes estão de volta no galpão. O que você deve fazer? Por quê?

A reunião de relatório de *status* do projeto
Você está indo de carro para uma reunião de relatório de *status* do projeto com sua cliente. Você encontrou um problema técnico significativa no projeto que atrasou o cronograma. Essa não é uma boa notícia, pois o tempo de conclusão é a prioridade número 1 do projeto. Você tem certeza de que a sua equipe conseguirá resolver o problema se puder se dedicar exclusivamente a ele e que trabalhando duro você conseguirá voltar ao cronograma inicial. Você também acredita que se falar com a cliente sobre o problema, ela pedirá uma reunião com a sua equipe para discutir a respeito. Você também corre o risco de ela enviar seu pessoal para supervisionar a solução. Essas interrupções certamente atrasarão mais o projeto. O que você deve dizer à cliente sobre o *status* atual do projeto?

Projeto de LAN Gold Star
Você trabalha para uma grande empresa de consultoria e foi designado para o projeto LAN Gold Star. O trabalho no projeto está quase concluído e os seus clientes da Gold Star parecem estar contentes com seu desempenho. No curso do projeto, houve mudanças no escopo original para acomodar necessidades específicas dos gerentes da Gold Star. Os custos dessas mudanças foram documentados (assim como os custos acessórios) e submetidos ao departamento central de contabilidade. Eles processaram as informações e enviaram uma conta de pedido retificada para você assinar. Você fica surpreso ao ver que a conta é 10% mais alta do que a que você apresentou. Você entra em contato com Jim Messina, do escritório de contabilidade e pergunta se houve algum erro. Ele responde secamente que não houve nenhum erro e que a gerência ajustou a conta. Jim recomenda que você assine o documento. Você fala sobre isso com outra gerente de projetos, e ela lhe confidencia que sobretaxar clientes por mudanças nos pedidos é uma prática comum da sua empresa. Você assinaria o documento? Por quê? Por que não?

Cape Town Bio-Tech
Você é responsável por instalar a nova linha de produção Double E. A sua equipe reuniu estimativas e usou a EAP para gerar um cronograma de projeto. Você confia no cronograma e no trabalho que a equipe fez. Você informa à alta gerência que acha que o projeto tomará 110 dias, sendo concluído até 5 de março, o que é saudado por ela. O patrocinador do projeto confidencia que os pedidos, na verdade, só têm de ser enviados a partir de 1º de abril. Você deixa a reunião se perguntando se deveria dividir essa informação com a equipe do projeto ou não.

Ryman Pharmaceuticals
Você é engenheiro de testes no projeto Bridge da Ryman Pharmaceuticals, em Nashville, Tennessee, e finalizou recentemente os testes de condutividade de um novo composto eletroquímico cujos resultados ultrapassaram as expectativas. O novo composto deverá revolucionar a indústria. Você está pensando se chama a sua corretora de ações e pede que ela compre US$ 20 mil em ações da Ryman antes que mais alguém descubra a respeito. O que você faria? Por quê?

Princeton Landing
Você está gerenciando a reforma do Old Princeton Landing Bar and Grill. O projeto está no cronograma, embora tenha recebido uma remessa atrasada de tinta que deveria ter chegado em 30/01, mas só chegou em 01/02. O gerente assistente da loja se desfaz em desculpas pelo atraso e pergunta-lhe se você se disporia a assinar a nota de recebimento com a data atrasada de 30/01. Ele diz que se a entrega for registrada como atrasada, ele se desqualificará para um bônus pelo qual trabalhara duro no mês anterior. Ele promete que vai compensar nos projetos futuros. O que você faria? Por quê?

Referências
Abrashoff, D. M., *It's Your Ship* (New York: Business Plus, 2002).

Ancona, D. G., and D. Caldwell, "Improving the Performance of New-Product Teams," *Research Technology Management,* 33 (2) March-April 1990, pp. 25-29.

Anand, V., B. E. Ashforth, and M. Joshi, "Business as Usual: The Acceptance and Perpetuation of Corruption in Organizations," *Academy of Management Executive,* 19 (4) 2005, pp. 9-23.

Badaracco, J. L., Jr., and A. P. Webb, "Business Ethics: A View from the Trenches," *California Management Review,* 37 (2) Winter 1995, pp. 8-28.

Baker, B., "Leadership and the Project Manager," *PM Network,* December 2002, p. 20.

Baker, W. E., *Network Smart: How to Build Relationships for Personal and Organizational Success* (New York: McGraw-Hill, 1994).

Bennis, W., *On Becoming a Leader* (Reading, MA: Addison-Wesley, 1989).

Bradberry, T., and J. Graves, *The Emotional Intelligence Quick Book: How to Put Your EQ to Work* (New York: Simon & Schuster, 2005).

Bourne, L., *Stakeholder Relationship Management* (Farnham, England: Gower Publishing Ltd., 2009).

Cabanis, J., "A Question of Ethics: The Issues Project Managers Face and How They Resolve Them," *PM Network,* December 1996, pp. 19-24.

Cabanis-Brewin, J., "The Human Task of a Project Leader: Daniel Goleman on the Value of High EQ," *PM Network,* November 1999, pp. 38-42.

Cohen, A. R., and D. L. Bradford, *Influence Without Authority* (New York: John Wiley & Sons, 1990).

Covey, S. R., *The Seven Habits of Highly Effective People* (New York: Simon & Schuster, 1989).

Dinsmore, P. C., "Will the Real Stakeholders Please Stand Up?" *PM Network,* December 1995, pp. 9-10.

Einsiedel, A. A., "Profile of Effective Project Managers," *Project Management Journal,* 31 (3) 1987, pp. 51-56.

Ferrazzi, K., *Never Eat Alone and Other Secrets to Success One Relationship at a Time* (Crown Publishers, 2005).

Gabarro, S. J., *The Dynamics of Taking Charge* (Boston: Harvard Business School Press, 1987).

Grant, A., *Give and Take: A revolutionary Approach to Success,* (New York: Viking Press, 2013).

Hill, L. A., *Becoming a Manager: Mastery of a New Identity* (Boston: Harvard Business School Press, 1992).

Kanter, R. M., "Power Failures in Management Circuits," *Harvard Business review*, July–August, 1979, pp. 65–79.

Kaplan, R. E., "Trade Routes: The Manager's Network of Relationships," *Organizational Dynamics,* 12 (4) Spring 1984, pp. 37-52.

Kirk, D., "Managing Expectations," *PM Network,* August 2000, pp. 59-62.

Kotter, J. P., "What Leaders Really Do," *Harvard Business Review,* 68 (3) May–June 1990, pp. 103-11.

Kouzes, J. M., and B. Z. Posner, *The Leadership Challenge 5th edt.,* (San Francisco: Jossey-Bass, 2012).

Kouzes, J. M., and B. Z. Posner, *Credibility: How Leaders Gain and Lose It. Why People Demand It* (San Francisco: Jossey-Bass, 1993).

Larson, E. W., and J. B. King, "The Systemic Distortion of Information: An Ongoing Management Challenge," *Organizational Dynamics,* 24 (3) Winter 1996, pp. 49-62.

Lewis, M. W., M. A. Welsh, G. E. Dehler, and S. G. Green, "Product Development Tensions: Exploring Contrasting Styles of Project Management," *Academy of Management Journal,* 45 (3) 2002, pp. 546-64.

Peters, L. H., "A Good Man in a Storm: An Interview with Tom West," *Academy of Management Executive,* 16 (4) 2002, pp. 53-63.

Peters, L. H., "Soulful Ramblings: An Interview with Tracy Kidder," *Academy of Management Executive,* 16 (4) 2002, pp. 45-52.

Peters, T., *Thriving on Chaos: Handbook for a Management Revolution* (New York: Alfred A. Knopf, 1988).

Pinto, J. K., and S. K. Mantel, "The Causes of Project Failure," *IEEE Transactions in Engineering Management,* 37 (4) 1990, pp. 269-76.

Pinto, J. K., and D. P. Sleven, "Critical Success Factors in Successful Project Implementation," *IEEE Transactions in Engineering Management,* 34 (1) 1987, pp. 22-27.

Project Management Institute, *PMBOK Guide 5th edt.,* (Newtown Sq., PA: Project Management Institute, 2013).

Posner, B. Z., "What It Takes to Be an Effective Project Manager," *Project Management Journal,* March 1987, pp. 51-55.

Project Management Institute, *Leadership in Project Management Annual* (Newton Square, PA: PMI Publishing, 2006).

Robb, D. J., "Ethics in Project Management: Issues, Practice, and Motive," *PM Network,* December 1996, pp. 13-18.

Sayles, L. R., *Leadership: Managing in Real Organizations* (New York: McGraw-Hill, 1989), pp. 70–78.

Sayles, L. R., *The Working Leader* (New York: Free Press, 1993).
Senge, P. M., *The Fifth Discipline* (New York: Doubleday, 1990).
Shenhar, A. J., and B. Nofziner, "A New Model for Training Project Managers," *Proceedings of the 28th Annual Project Management Institute Symposium*, 1997, pp. 301-6.
Shtub, A., J. F. Bard, and S. Globerson, *Project Management: Engineering, Technology, and Implementation* (Englewood Cliffs, NJ: Prentice Hall, 1994).
Trevino, L. K., and K. A. Nelson, *Managing Business Ethics: Straight Talk about How to Do It Right*, 5th ed. (Hoboken, NJ: John Wiley & Sons, 2011).
Turner, J. R., and R. Müller, "The Project Manager Leadership Style as a Success Factor on Projects: A Literature Review," *Project Management Journal*, 36 (2) 2005, pp. 49-61.

Caso O projeto Blue Sky*

Garth Hudson tinha 29 anos e era egresso da Eastern State University (ESU), com bacharelado em sistemas de informação de gerenciamento. Após se graduar, trabalhou por sete anos na Bluegrass Systems, em Louisville, Kentucky. Quando estava na ESU, trabalhou em meio turno para um professor de oceanografia, Ahmet Green, criando uma base de dados personalizada para um projeto de pesquisa do professor. Green foi recentemente nomeado diretor do Eastern Oceanography Institute (EOI), e Hudson tinha certeza de que a sua experiência seria útil para conseguir o posto de diretor de serviços de informação (SI) do Instituto. Embora tenha sofrido um considerável corte de receita, atirou-se na oportunidade de retornar à escola. O trabalho na Bluegrass Systems estava exigindo muito. Os expedientes prolongados e as muitas viagens atrapalhavam seu casamento. Hudson queria um trabalho normal, com horários razoáveis. Além disso, Jenna, sua mulher, estaria ocupada com o MBA na Eastern State University. Quando estava na Bluegrass, Hudson trabalhou em muitos projetos de SI e confiava na sua expertise técnica para atingir a excelência no trabalho novo.

O Eastern Oceanography Institute era uma unidade de pesquisa de financiamento independente alinhada à Eastern State University com 50 funcionários em turno integral e meio turno. Eles trabalhavam com bolsas de pesquisa financiadas pela Fundação Nacional da Ciência (NSF) e pelas Nações Unidas (ONU), assim como com pesquisas financiadas por empresas particulares. Normalmente, havia de sete a nove grandes projetos de pesquisa em andamento, assim como 20 a 25 projetos menores. Um terço dos cientistas do Instituto tinha compromissos docentes em meio turno na ESU e usava o Instituto para realizar a própria pesquisa básica.

PRIMEIRO ANO NO EOI

Hudson fez questão de se apresentar aos diversos grupos quando chegou ao Instituto. Ainda assim, seu contato com a equipe era limitado. Ele passava a maior parte do seu tempo familiarizando-se com o sistema de informação do EOI, treinando a equipe, respondendo a problemas inesperados e trabalhando em diversos projetos. Hudson tinha alergias alimentares e não participava dos almoços informais da equipe nos restaurantes vizinhos. Para se dedicar mais ao trabalho, ele parou de comparecer às reuniões quinzenais da equipe. Agora, só comparecia às reuniões quando havia um item específico da pauta relativo ao gerenciamento dele.

A equipe de SI do EOI consistia em dois assistentes em tempo integral, Tom Jackson e Grant Hill. Eles eram auxiliados por cinco assistentes discentes em meio turno do departamento de ciências da computação. Grant Hill recebeu uma bolsa de tempo integral de cinco anos da NSF, voltada à criação de uma biblioteca virtual de pesquisa oceanográfica. Hill trabalhava na sala do líder do projeto e tinha muito pouca interação com Hudson ou Jackson. A relação de Hudson com Jackson fora esquisita desde o início. Ele descobriu depois que Jackson achava que obteria o posto de diretor. Eles nunca falavam a respeito, mas Hudson sentiu a tensão nos primeiros meses no emprego. Um dos problemas era que ele e Jackson tinham personalidades totalmente diferentes. Jackson era gregário e muito falante. Tinha o hábito de, após o almoço, caminhar pelo Instituto, conversando com diferentes cientistas e pesquisadores. Isso frequentemente levava a informações proveitosas.

---

* Elaborado por Erik Larson e V. T. Raja, instrutor sênior na Faculdade de Administração, Oregon State University.

Hudson, por outro lado, preferia ficar na própria sala, solucionando diversas incumbências, só saindo de lá quando chamado. Embora Hudson achasse que Jackson não estava tão atualizado sobre os últimos desenvolvimentos quanto ele estava, respeitava o trabalho de Jackson.

No mês anterior, um vírus entrou no sistema. Hudson dedicou um fim de semana inteiro para restaurar a operação. Uma dor de cabeça recorrente era um dos servidores, de apelido "Poncho", que volta e meia desligava sem razão aparente. Em vez de substituí-lo, decidiu ir cuidando de Poncho até que pudesse ser substituído. O trabalho de Hudson era interrompido a toda hora por ligações histéricas de pesquisadores da equipe que precisavam de ajuda imediata em uma variedade de problemas relacionados a computador. Ele estava chocado com a ignorância computacional de alguns dos pesquisadores e como tinha de guiá-los pelos fundamentos de gerenciamento de *e-mails* e configuração de base de dados. Conseguiu encontrar tempo para ajudar a professora-assistente, Amanda Johnson, em um projeto. Johnson era a única, entre os pesquisadores, que respondeu ao *e-mail* de Hudson anunciando que a equipe de SI estava à disposição para auxiliar projetos. Hudson criou um escritório virtual de projetos na Internet para que Johnson pudesse colaborar com colegas de institutos da Itália e Tailândia em uma bolsa de pesquisa da ONU. Ele ansiava pelo dia em que poderia empregar mais tempo em projetos divertidos como aquele.

O PROJETO DE CONVERSÃO BLUE SKY

O projeto de conversão "Blue Sky" começou a sério quatro meses atrás. Ahmet Green voltou de Washington, D. C., com notícias sombrias. A recessão econômica causaria uma redução drástica no financiamento. Ele previa até 25% de redução no orçamento anual ao longo dos próximos três a cinco anos. Isso levaria a cortes na equipe e nos custos operacionais. Uma das medidas de corte seria transferir as operações de TI para a "nuvem". Green propôs a ideia a Hudson pela primeira vez quando foi a uma reunião com diversos diretores de outros institutos que enfrentavam desafios financeiros semelhantes.

A estratégia básica era passar todas as bases de dados, *software* e até *hardware* do Instituto para uma "nuvem privada". A equipe usaria os PCs atuais simplesmente para acessar máquinas mais potentes pela Internet que poderiam ser particionadas e configuradas diferentemente, de acordo com as necessidades da equipe de pesquisa, dando a cada um a própria máquina virtual (VM). A equipe poderia acessar, utilizar e compartilhar servidores virtuais pela Internet, conforme o necessário. Hudson trabalhou em uma análise de custo-benefício com o contador do Instituto. Do ponto de vista deles, fazia total sentido. Primeiro, o instituto não precisaria substituir ou atualizar computadores e servidores velhos. Segundo, desfrutaria consideráveis economias em TI, pois só pagaria pelos recursos efetivamente usados. Terceiro, a computação em nuvem daria aos cientistas mais flexibilidade, acessando os recursos ou *software* desejados de qualquer lugar, a qualquer momento. E, por fim, após o sistema estar ativo e funcionando, o Instituto não precisaria dos serviços de mais de um funcionário de TI em turno integral. Green decidiu batizar o projeto de "Blue Sky" (Céu Azul), para dar um toque positivo à conversão.

No início, os diretores adjuntos rechaçaram a ideia. Alguns tinham dificuldades com o conceito de computação em nuvem. Outros estavam preocupados com segurança e confiabilidade. No fim, aprovaram o projeto relutantemente quando lhes deram alternativas de corte de custos. Hudson asseverou-lhes que a computação em nuvem era a onda do futuro e que configurar e acessar máquinas virtuais na "nuvem" era tão simples quanto configurar ou acessar uma conta no Gmail.

O projeto de conversão seria concluído em estágios; o primeiro era escolher um provedor; depois, migrar para a nuvem informações que não fossem decisivas para a missão. Os estágios seguintes envolveriam migrar cada um dos seis grandes projetos de bolsa para a nuvem, em ondas. O estágio final se concentraria nos projetos menores restantes. O treinamento seria uma parte integral de cada estágio. O instituto manteria um back-up de todos os dados por seis meses até a finalização da conversão. Depois disso, o provedor do serviço de nuvem seria responsável pelo *back-up* dos dados.

No início, Jackson estava empolgado com o projeto, conhecia o bastante para perceber que esse era o futuro da computação, e estava intrigado com o modo como todo o sistema funcionaria. Mudou logo de opinião quando começou a pensar sobre as ramificações potenciais para o trabalho dele.

Perguntou a Hudson mais de uma vez como ficaria o departamento após a conversão. Hudson respondeu de forma vaga, dizendo que eles saberiam depois que o sistema estivesse ativo e funcionando.

Formou-se uma força-tarefa, chefiada por Hudson, para selecionar um provedor de serviço de nuvem. Ele ficou surpreso com quantas opções havia. Os planos e estruturas de custo variavam consideravelmente. Após muita deliberação, o comitê limitou as opções a três. As duas primeiras estavam entre os maiores provedores, VMWARE e Microsoft. A terceira opção era uma companhia relativamente nova, OpenRange, que oferecia uma solução mais barata. Jackson argumentou que, embora os provedores maiores custassem mais, eram uma aposta muito mais segura. Hudson respondeu que confiava na OpenRange e que cortar custos era a meta principal por trás do projeto. No fim, Hudson persuadiu o comitê a escolher a OpenRange. Não apenas o custo seria consideravelmente menor, mas a OpenRange ajudaria a treinar o pessoal. Hudson gostava da ideia, pois treinamento não era o forte dele e não estava muito disposto a levar pela mão cientistas veteranos por todo o processo.

Hudson e Jackson levaram seis semanas para identificar os dados não decisivos. Hudson trabalhava no *back-end*, enquanto Jackson se reunia com a equipe para identificar as informações não decisivas. O lema era: na dúvida, deixe de fora. A migração em si só tomou uns dois dias. O treinamento mostrou ser mais problemático. A equipe enviado pela OpenRange parecia ter saído da faculdade recentemente. Embora entusiasmados, eles não tinham experiência na arte de fazer os funcionários mais velhos aceitar e utilizar a nova tecnologia. Muitos instrutores tinham o hábito de simplesmente fazer as coisas para a equipe, em vez de mostrar como fazer. A gota d'água veio quando uma queda de energia no sistema de armazenamento da OpenRange desligou e interrompeu as operações do Instituto por 36 horas.

Ahmet convocou uma reunião de emergência. Hudson informou que a queda de energia ocorrera no Nordeste da Índia, e que a OpenRange estava expandindo seus sistemas de *back-up*. Diversos membros propuseram que o Instituto passasse para um dos provedores maiores. Quando isso foi levantado, Hudson olhou para Jackson e ficou aliviado quando ele ficou em silêncio. No fim, Ahmet anunciou que seria caro demais trocar de provedor, e que Hudson e seu equipe teriam de fazer a conversão funcionar. Jackson se prontificou como voluntário para administrar o treinamento. Todos concordaram que o Instituto deveria contratar mais três assistentes em meio turno para ajudar a equipe com a transição.

Hudson trabalhava nos bastidores, fazendo a coordenação com os correspondentes da OpenRange e planejando a conversão do próximo segmento do projeto. Jackson trabalhava de perto com os instrutores da OpenRange, reforçando a atenção deles no treinamento. No início, a resistência foi bastante alta. Jackson usou os contatos pessoais dele no Instituto para angariar apoio para a mudança. Ele persuadiu Hudson a modificar o cronograma da conversão, começando com os projetos em que os líderes mais apoiavam a mudança. O treinamento melhorou e Jackson criou alguns materiais úteis de treinamento, incluindo pequenos vídeos sobre como acessar as máquinas virtuais.

Um problema que ocorreu no início do processo envolvia uma assistente de pesquisa da graduação que digitou comandos errados por engano e apagou a sua máquina virtual, em vez de fazer *log-off*. Isso causou a perda completa dos dados daquela máquina na nuvem. Felizmente, o Instituto ainda tinha *back-up* e Jackson conseguiu recuperar o trabalho. Colaborando com alguns programadores da OpenRange, Jackson escreveu um programa que desencadeava uma mensagem *pop-up* na tela, avisando os usuários para não apagarem sua máquina virtual ao fazer *log-off*.

FECHAMENTO DO PROJETO BLUE SKY

Demorou quase um ano para concluir o projeto Blue Sky. Após o início pedregoso, as coisas foram relativamente tranquilas. A aceitação foi lenta, mas Jackson trabalhou com a equipe para demonstrar como o novo sistema facilitaria o trabalho. Os dois assistentes estudantes estavam sempre a postos para resolver problemas ou dúvidas. Hudson passava a maior parte do tempo interagindo com os correspondentes da OpenRange, raramente dando as caras fora da própria sala. Os assistentes estudantes coletavam informações junto à equipe para que Hudson configurasse as novas máquinas virtuais de modo a corresponder exatamente às necessidades deles. Ele fazia longas jornadas de trabalho para que as bases de dados customizadas funcionassem no novo ambiente.

Isso se mostrou uma tarefa muito difícil e Hudson ficou muito feliz com o trabalho. Por duas vezes, o servidor da OpenRange teve quedas momentâneas de energia, interrompendo o trabalho no Instituto. Hudson teve o prazer de informar que a OpenRange estava em tratativas para montar um sistema alternativo de servidor na Ucrânia.

Quando o Instituto realizou uma retrospectiva (revisão de projeto) sobre o projeto Blue Sky, alguns ainda questionavam a escolha da OpenRange como provedor do serviço de nuvem, mas louvavam o trabalho de Jackson em ajudar a equipe a fazer a transição. Apesar das críticas sobre a escolha da OpenRange, Hudson se sentia bem com o projeto. O sistema estava ativo e funcionando, e a equipe estava começando a gostar da flexibilidade que ele proporcionava. Além do mais, o Instituto obteria uma economia real com o novo sistema.

Logo após um balanço, Hudson estava na sua sala e ficou surpreso quando Ahmet entrou e fechou a porta. Ahmet começou agradecendo a Hudson por seu trabalho no projeto e, então, pigarreou e disse: "Sabe, Garth, uma das consequências do Blue Sky é diminuir nossa equipe de TI. Grant Hill é necessário para o projeto da biblioteca de dados. Assim, ficamos entre você ou Jackson. Francamente, existe um entendimento generalizado entre os diretores adjuntos de que Jackson é essencial para o Instituto. Sei que isso pode ser uma surpresa para você, e, antes de tomar minha decisão, quero lhe dar uma chance de mudá-la".

1. Se você fosse Hudson, como responderia ao diretor?
2. Quais erros Hudson cometeu?
3. Quais as lições devem ser aprendidas com esse caso?

Caso Tom Bray

Tom Bray estava repassando mentalmente a agenda de trabalho do dia quando avistou a tempestade se aproximando no horizonte. Era o segundo dia oficial do projeto Pegasus e o trabalho de verdade estava prestes a começar.

O Pegasus era um projeto de reforma de dois meses para a AtlantiCorp, uma grande financeira sediada em Boston, Massachusetts. O grupo de Tom era responsável por instalar os móveis e equipamentos no departamento de contas a receber reformado, no terceiro andar. O projeto Pegasus, liderado por Tom, era uma equipe dedicada ao projeto composta a partir do departamento de infraestrutura da AtlantiCorp.

Tom estava entusiasmado porque esse era o seu primeiro projeto *grandão* e estava ansioso para praticar um novo estilo gerencial, o MBWA, ou gerenciamento por observação ao qual fora apresentado em uma disciplina de negócios da faculdade, mas foi apenas ao frequentar um seminário de treinamento em liderança da AtlantiCorp que decidiu mudar o modo como gerenciava pessoas. O instrutor era um dedicado defensor do MBWA ("Não se pode gerenciar sentado no computador!"). Além disso, os depoimentos dos seus pares reforçavam a diferença que o MBWA pode fazer quando se trata de trabalho em projetos.

Tom entrara para o grupo de infraestrutura da AtlantiCorp cinco anos antes, após trabalhar por seis anos na EDS. Logo demonstrou competências técnicas e bons hábitos de trabalho. Foi incentivado a cursar todas as oficinais internas de gerenciamento de projeto oferecidas pela AtlantiCorp. Nos seus dois últimos projetos, atuou como gerente de projetos assistente, sendo responsável por compras e gerenciamento de contratos.

Tom leu livros sobre o lado humano do gerenciamento de projetos e o MBWA fazia sentido: afinal, são pessoas que executam projetos, e não ferramentas. O chefe lhe dissera que precisava refinar as habilidades com pessoas e trabalhar no desenvolvimento de relações com os membros da equipe. O MBWA parecia uma solução perfeita.

Tom repassou a lista dos nomes dos membros da equipe: alguns dos nomes estrangeiros eram verdadeiros trava-línguas. Por exemplo, um dos melhores profissionais era da Tailândia e se chamava Pinyarat Sirisomboonsuk. Ele treinou dizer "Pin-ya-rãt See-re-som-boon-sook". Levantou-se, colocou a camisa para dentro da calça e saiu da sala, descendo até o andar onde a sua equipe estava descarregando equipamentos.

Tom cumprimentou alguns funcionários até encontrar Jack, que estava desencaixotando alguns computadores enquanto seus colegas conversavam por perto. Tom prorrompeu: "Vamos lá, pessoal, temos trabalho para fazer". Eles rapidamente se separaram e começaram a descarregar as caixas.

O resto da visita pareceu ir bem. Ele ajudou Shari a descarregar uma caixa pesada e conseguiu tirar um sorriso de gratidão de Pinyarat quando pronunciou o nome dela quase corretamente. Satisfeito, Tom voltou à sala dele pensando que o MBWA não seria assim tão difícil de fazer.

Após responder a *e-mails* e ligar para alguns fornecedores, Tom novamente foi ver como as coisas estavam indo lá embaixo. Quando chegou lá, o andar estava estranhamente silencioso. As pessoas estavam ocupadas e as tentativas dele de puxar conversa obtiveram respostas constrangidas. Saiu pensando que talvez o MBWA fosse ser mais árduo do que pensara.

1. O que você acha que aconteceu no final?
2. O que Tom deve fazer a seguir? Por quê?
3. O que pode ser aprendido com esse caso?

Caso Cerberus Corporation*

A Cerberus é uma bem-sucedida produtora de químicos especializados e opera em nove grandes campi dos Estados Unidos, com uma quantidade diferente de unidades comerciais em cada localidade. Essas unidades comerciais atuam com independência, reportando-se diretamente à sede corporativa. Funções das localidades como segurança, ambiental e gerenciamento de infraestrutura se reportam a uma central, geralmente à unidade comercial que é o maior usuário dos seus serviços.

SUSAN STEELE

Susan Steel trabalha no grupo de infraestrutura da Cerberus em Richmond há dois anos. O gerente de infraestrutura, Tom Stern, se reporta ao gerente-geral da maior unidade comercial da localidade, a Divisão de Adesivos e Selantes, altamente lucrativa. Susan começou na Cerberus quando se formou em administração na Awsum University. Ela estava empolgada com a nova incumbência: liderar um projeto pela primeira vez. Lembrava-se do que Tom dizia: "O mobiliário do nosso escritório vem dos anos 1980. São aquelas mesas feias com tampo verde que parecem sucata militar! Estou especialmente preocupado com a ergonomia das estações de trabalho computacionais – é uma questão crucial que absolutamente precisamos consertar! Quero que você lidere um projeto que faça a transição do nosso mobiliário para o novo padrão corporativo".

Susan montou a equipe de projeto: Jeff, o engenheiro de segurança/ergonomia da localidade; Gretchen, a planejadora de espaços; Cindy, a coordenadora de mudanças; e Kari, o contato contábil de infraestrutura. Na primeira reunião, todos concordaram que a ergonomia era a questão mais premente. Todas as cinco unidades comerciais responderam a uma enquete sobre estações de trabalho, que identificou que problemas de ergonomia causavam lesões. A equipe estava desenvolvendo um plano para substituir as mesas velhas por móveis novos, com ajuste ergonômico, até o fim do ano. Susan indagou Kari sobre o orçamento que respondeu: "A infraestrutura não deve pagar por isso. Nós queremos que as unidades comerciais individuais paguem para que os custos apareçam onde ocorrerão".

Gretchen se manifestou: "Sabe, temos constantemente muitos departamentos se mudando. Todo mundo está sempre mexendo pauzinhos para conseguir espaço e locais quando o ponto comercial precisa mudar. Além da ergonomia, poderíamos dizer que apenas a mobília corporativa padrão será deslocada? Isso obrigaria a mudar algumas das coisas que são simplesmente horríveis". Todo mundo concordou quer era uma ótima ideia.

Susan apresentou o plano do projeto a Tom e recebeu sinal verde para prosseguir.

---
* Cortesia de John Sloan, Oregon State University.

JON WOOD

Jon Wood é gerente de planejamento, com 22 anos de experiência na Cerberus. A sua unidade comercial, a Divisão de Químicos de Fotografia (PCD), está perdendo dinheiro. A fotografia digital segue diminuindo o tamanho do mercado, e a PCD tem problemas para acompanhar as incessantes reduções de preço da concorrência. Faz pouco, Jon se transferiu da sede corporativa, onde comandava o grupo de previsões econômicas, para Richmond. Ele é considerado alguém que veio para mudar e está decidido a fazer uma limpeza geral.

Uma das primeiras atitudes de Jon foi negociar uma mudança de departamento com seu gerente-geral. O dinheiro estava apertado, e a função de infraestrutura da localidade cobrava os olhos da cara por mudanças (cobrindo todos os custos acessórios fixos, o pessoal das operações abria o berreiro). No entanto, Jon achava que era importante se mudar do Prédio 4, ao lado da Produção, para o Prédio 6, próximo do Marketing, Previsão e Contabilidade. Seu gerente-geral concordou e a equipe estava muito entusiasmada com a mudança. Jon designou um dos seus planejadores, Richard, para trabalhar com a equipe de infraestrutura no leiaute e plano de mudança. As coisas pareciam ir bem: Jon via Richard reunindo-se com o coordenador da mudança e eles pareciam estar no rumo certo. Faltando um dia para a mudança, Jon teve uma teleconferência especialmente tensa com um terceirizado canadense. A produção não ia bem, e a disponibilidade de produto estaria apertada durante o resto do trimestre. Aglomerados em torno da mesa, estavam Richard, Cindy e uma pessoa que Jon ainda não conhecera, Susan. Após apresentações apressadas, ela disse a Jon que os armários de arquivo dele não podiam ser transportados. Eram grandes arquivos laterais, com 1,5 m de largura e 0,6 m de profundidade, uma combinação de arquivo com estante de livros. Jon os trouxera consigo da sede porque os achava bonitos com laterais de aço cinza-escuro e tampos de madeira envernizada. Susan lhe disse que ele teria de substitui-los pelos novos armários corporativos padrão, com praticamente o mesmo tamanho. Jon argumentou: "Você quer dizer que eu tenho que jogar fora arquivos perfeitamente bons e gastar mais US$ 2 mil em novos, só para padronizar? Não vou fazer isso!".

Susan replicou: "Então não vou autorizar o transporte dos arquivos velhos".

Jon disse: "Está brincando: esses arquivos são cinza, os novos são cinza – a única diferença é o tampo de madeira! Você jogaria US$ 2 mil fora por nada?".

Susan respondeu firme: "Desculpe, é a política".

Jon disse: "Não dou a mínima para a política. Nem que eu tenha de transportá-los eu mesmo, esses arquivos não vão para o lixo. A minha divisão está perdendo dinheiro e não vou jogar dinheiro fora. Se você não gostar, vai ter de fazer o seu gerente-geral convencer o meu gerente-geral a me obrigar. Agora, deixem-me, por favor, para eu trabalhar um pouco".

1. Se você fosse Susan, o que você faria?
2. Susan poderia ter feito algo diferente para evitar esse problema? O quê?
3. O que a gerência da Cerberus poderia fazer para administrar melhor situações como essa?

CAPÍTULO ONZE

Gerenciamento de equipes de projeto

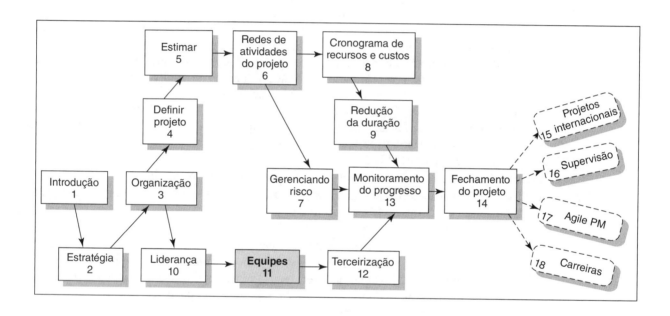

Gerenciamento de equipes de projeto
O modelo de desenvolvimento de equipe em cinco estágios
Fatores situacionais que afetam o desenvolvimento das equipes
Criação de equipes de projeto de alto desempenho
Gerenciamento de equipes virtuais de projeto
Armadilhas das equipes de projeto
Resumo

Reunir-se é um início. Manter-se juntos é progresso. Trabalhar juntos é sucesso.

– Henry Ford

A mágica e o poder das equipes são captados no termo "sinergia", do grego *sunergos*: "trabalhar junto". Existem a sinergia positiva e a negativa. A essência da **sinergia** positiva pode ser encontrada na expressão: "O todo é maior do que a soma das partes". Inversamente, ocorre sinergia negativa quando o todo é menos do que a soma das partes. Matematicamente, esses dois estados podem ser simbolizados pelas seguintes equações:

$$\text{Sinergia positiva } 1 + 1 + 1 + 1 + 1 = 10$$

$$\text{Sinergia negativa } 1 + 1 + 1 + 1 + 1 = 2 \text{ (ou mesmo } -2\text{)}$$

Talvez o melhor jeito de enxergar a sinergia seja em uma quadra de basquete ou campo de futebol, onde os companheiros jogam como um para derrotar o adversário superior (ver "Caso Prático: O time da redenção olímpica de 2008"). Embora menos visível do que nos esportes de equipe, a sinergia positiva e negativa também podem ser observadas e sentidas nas operações diárias das equipes de projeto. Eis a descrição de um membro de equipe que entrevistamos:

> Em vez de funcionarmos como uma grande equipe, nós nos fracionamos em uma série de subgrupos. O pessoal do marketing ficou junto, assim com os caras dos sistemas. Muito tempo era gasto com fofocas e reclamações sobre os outros. Quando o projeto começou a atrasar, todo mundo começou a apagar os próprios rastros e a distribuir a culpa. Depois de um tempo, evitávamos a conversa direta e recorríamos ao *e-mail*. No fim, a gerência abortou tudo e trouxe outra equipe para resgatar o projeto. Foi uma das piores experiências de gerenciamento de projetos da minha vida.

Felizmente, a mesma pessoa também pôde narrar uma experiência mais positiva:

> Havia um entusiasmo contagiante na equipe. É claro, todos tínhamos nosso quinhão de problemas e reveses, mas lidávamos com eles objetivamente e, às vezes, conseguíamos fazer o impossível. Todos nos importávamos com o projeto e cuidávamos uns dos outros. Ao mesmo tempo, desafiávamos uns aos outros para fazer melhor. Foi uma das épocas mais legais da minha vida.

Segue um conjunto de características comumente associadas a equipes de alto desempenho que apresentam **sinergia positiva**:[1]

1. A equipe tem um senso de propósito comum e todos os membros estão dispostos a trabalhar pelos objetivos do projeto.
2. A equipe identifica os talentos e *expertises* individuais e os utiliza, dependendo das necessidades do projeto em cada momento. Nessas ocasiões, a equipe aceita de bom grado a influência e a liderança dos membros cujas habilidades são relevantes para a tarefa imediata.
3. Os papéis são equilibrados e compartilhados para facilitar a realização das tarefas e os sentimentos de coesão e moral do grupo.
4. A equipe direciona energia para a resolução de problemas, em vez de permitir desgastes por questões interpessoais ou lutas competitivas.
5. Diferenças de opinião são incentivadas e livremente expressadas.
6. Para estimular a criatividade e a exposição a riscos, os erros são tratados como oportunidades de aprendizado, em vez de razões para punição.
7. Os membros fixam altos padrões pessoais de desempenho e incentivam uns aos outros a concretizar os objetivos do projeto.

---

[1] Ver E. H. Schein, *Process Consultation*, 2nd ed. (Reading, MA: Addison-Wesley, 1988), pp. 42-43; e R. Likert, *New Patterns of Management* (New York: McGraw-Hill, 1961), pp. 162–77.

CASO PRÁTICO — O time da redenção olímpica de 2008*

Nas Olimpíadas de 2004, em Atenas, 12 anos após Magic Johnson e Michael Jordan levarem o Dream Team dos Estados Unidos ao ouro olímpico em Barcelona, a seleção americana de basquete, composta de estrelas da NBA, perdeu não uma, mas três partidas. Pela primeira vez na história olímpica, os Estados Unidos ficaram com uma medalha de bronze no basquete masculino. O basquete não era mais o jogo nacional.

A necropsia da debacle em Atenas revelou um caso grave de sinergia negativa. As causas eram muitas. O time só tinha três jogadores que ficaram do grupo das eliminatórias no verão anterior. Sete dos convidados originais recusaram. No fim, cerca de 14 jogadores disseram não ao Tio Sam, invocando desculpas que iam de obrigações familiares até lesões recorrentes e a situação da segurança na Grécia. Como resultado, o técnico Larry Brown assumiu um time com idade média de 23 anos. Nos bastidores, problemas com vestuário e pontualidade aumentavam e eram recorrentes. Brown queria mandar vários jogadores para casa na véspera dos jogos. Jogadores de milhões de dólares estavam de salto alto, presumindo que o seu brilho individual prevaleceria. A dependência excessiva na jogada individual e a defesa ruim da equipe os condenaram, fazendo-os perder para Porto Rico, Lituânia e Argentina.

Sobre o time de 2004, afirma Jerry Colangelo, 68 anos, ex-técnico, jogador e presidente do Phoenix Suns. "A maneira como se portaram deixou muito a desejar". "Observando e ouvindo como as pessoas reagiam aos nossos jogadores, eu sabia que tínhamos chegado ao fundo do poço." Colangelo disse ao comissário da NBA, David Stern, que só assumiria o posto de diretor-gerente se recebesse controle completo. Como uma amostra de como a situação era desesperadora, ele imediatamente ganhou o que pediu.

Em 2005, Colangelo se encontrou cara a cara com todos os possíveis jogadores da seleção, para ouvir dos próprios por que queriam representar o país. Os selecionados não seriam pagos nem teriam tempo de jogo garantido, muito menos um lugar de titular. Um recruta fundamental foi a superestrela LeBron James, tachado de "LeBronze" depois da sua performance no decepcionante time de 2004. Colangelo diz: "Consegui a adesão. No meio da nossa conversa, ele disse: 'Estou dentro'". Kobe Bryant logo o imitou, e todas, exceto duas das 30 maiores estrelas da NBA, disseram não a Colangelo.

Mike Kryzewski, o técnico universitário da Duke, foi contratado com um objetivo em mente: a medalha de ouro. Para isso, ele tinha que mudar a atitude dos jogadores. Eles tinham de dominar os egos de superestrelas e aderir ao conceito de jogar em equipe. O que saiu melhor do que a encomenda foi a eliminação da equipe do campeonato mundial de 2006 por um time grego. A decepção levou os atletas a se comprometer com o jogo em equipe e a treinar exaustivamente a passagem da bola. Formas mais sutis evidenciaram a mudança de atitude. O USA nos uniformes estava em vermelho vivo, enquanto o nome dos jogadores estava em azul fraco. Os jogadores não se referiam mais ao "nosso jogo", dizendo que agora tinha se tornado o jogo do mundo. Mesmo o slogan oficial do time (Unidos crescemos) e o apelido não oficial (Time da Redenção) sugeriam melhorias.

O time aderiu a um objetivo comum e chegou à final vencendo os adversários por mais de 30 pontos de vantagem, em média. Os especialistas não se admiravam tanto com a margem de vitória quanto com a forma como o time jogava. "A nossa meta é ganhar a medalha de ouro, na humildade", diz Jason Kidd, seis vezes melhor armador, "e se for por 50, é para garantir que estamos jogando do jeito certo". Nada exemplificou melhor o jeito certo do que um lance da final em que um domínio de bola impecável dos redentores, durante 16 segundos e sem levar nenhum drible, culminou com Dwight Howard recebendo um passe perfeito para uma enterrada incontestável.

No fim, eles não ganharam a medalha de ouro. A Espanha se mostrou um oponente inspirado. Eles simplesmente acabaram com o jogo, e, pela primeira vez desde que os jogadores da NBA entraram para as Olimpíadas, os Estados Unidos jogaram como um time, e não como um monte de individualidades preocupadas em aparecer.

* Wolff, Alexander, "The Redeem Team: New nickname, new outlook for U.S. at Olympics," http://sportsillustrated.cnn.com/2008/writers/alexander_wolff/07/22/redeem.team0728/index.html

Varkonyi, Greg, "The Redeem Team played like a dream in the Olympic basketball final," http://www.sportingo.com/olympic-games/basketball/a10072_redeem-team-played-like-dream-olympic-basketball-final

8. Os membros se identificam com a equipe e a consideram importante fonte de crescimento profissional e pessoal.

Equipes de alto desempenho tornam-se campeãs, criam produtos inovadores, ultrapassam as expectativas dos clientes e terminam os projetos antes do cronograma e abaixo do orçamento. Elas são unidas por interdependência mútua e por uma meta ou visão comum. Os respectivos integrantes confiam uns nos outros e apresentam alto nível de colaboração.

O modelo de desenvolvimento de equipe em cinco estágios

Assim como os recém-nascidos se desenvolvem de certa maneira nos primeiros meses de vida, muitos especialistas alegam que os grupos se desenvolvem de maneira previsível. Um dos modelos mais populares identifica cinco estágios (Figura 11.1) pelos quais os grupos evoluem para equipes eficazes (Tuchman, 1965; Tuchman and Jensen, 1977):

1. **Formação.** Nesta fase inicial, os membros conhecem uns aos outros e compreendem o escopo do projeto. Eles começam a estabelecer regras básicas, tentando descobrir quais comportamentos são aceitáveis no que tange ao projeto (o papel que desempenharão, quais as expectativas de desempenho) e às relações interpessoais (quem realmente está no comando). Este estágio é concluído quando os membros começam a pensar em si como parte de um grupo.

2. **Desarranjo.** Como o nome sugere, este estágio é marcado por um alto grau de conflito interno. Os membros aceitam que são parte de um grupo de projeto, mas resistem às restrições que o projeto e o grupo impõem à sua individualidade. Há conflitos quanto a quem controlará o grupo e como as decisões serão tomadas. Quando resolvidos, a liderança do gerente do projeto é aceita e o grupo passa para o próximo estágio.

3. **Normatização.** O terceiro estágio é aquele em que se desenvolvem relações estreitas e o grupo demonstra coesão. Realçam-se sentimentos de camaradagem e responsabilidade compartilhada pelo projeto. A fase de normatização é concluída quando a estrutura do grupo de solidifica e ele estabelece um conjunto comum de expectativas sobre como os membros devem trabalhar juntos.

4. **Desempenho.** A esta altura, a estrutura de funcionamento do grupo é plenamente funcional e aceita. A energia do grupo se deslocou de conhecer uns aos outros para como o grupo trabalhará junto para atingir as metas do projeto.

5. **Desmobilização.** Em grupos de trabalho convencionais, o desempenho é o último estágio do desenvolvimento. No entanto, em equipes de projeto, existe uma fase de finalização. Nela, as equipes se preparam para debandar. Alto desempenho não é mais uma prioridade. Em vez disso, dedicam-se a dar um fechamento ao projeto. Neste estágio, as reações dos membros variam. Alguns membros estão animados, triunfantes com as realizações da equipe de projeto. Outros podem estar deprimidos com a perda da camaradagem e das amizades feitas durante a vida do projeto.

FIGURA 11.1
O modelo de desenvolvimento de equipe em cinco estágios

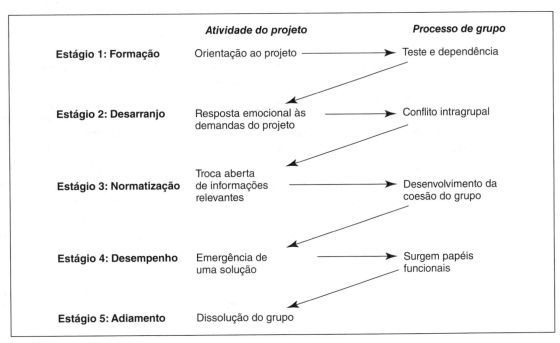

Este modelo tem várias implicações para quem trabalha em equipes de projeto. A primeira é que ele dá uma estrutura para o grupo compreender o próprio desenvolvimento. Os gerentes de projetos consideram proveitoso compartilhar o modelo com as equipes. Ele ajuda os membros a aceitar as tensões da fase de desarranjo, direcionando o foco para passar às fases mais produtivas. Outra característica é que ele enfatiza a importância da fase de normatização, que contribui consideravelmente para o nível de produtividade verificado na fase de desempenho. Os gerentes de projetos, como veremos, precisam assumir um papel ativo na moldagem de normas de grupo que contribuam para o sucesso final do projeto. Para um modelo alternativo de desenvolvimento de grupo, consulte o "Destaque de Pesquisa: Equilíbrio pontuado".

Fatores situacionais que afetam o desenvolvimento das equipes

A experiência e a pesquisa indicam que equipes de projeto de alto desempenho têm muito mais chances de se desenvolver nas seguintes condições:[2]

- Há 10 ou menos membros por equipe.
- Os membros se oferecem para atuar na equipe de projeto.
- Os membros atuam no projeto do início ao fim.
- Os membros trabalham em tempo integral no projeto.
- Os membros são parte de uma cultura organizacional que promove cooperação e confiança.
- Os membros se reportam exclusivamente ao gerente do projeto.
- Todas as áreas funcionais relevantes estão representadas na equipe.
- O projeto envolve um objetivo estimulante.
- Os membros estão a uma distância uns dos outros que permite conversar.

Na verdade, é raro que um gerente de projetos receba um projeto que preencha todas essas condições. Por exemplo, os requisitos de muitos projetos ditam o envolvimento ativo de mais de 10 membros, podendo consistir em um complexo conjunto de equipes interseccionadas, contendo mais de 100 profissionais. Em muitas empresas, os gerentes funcionais ou agências que recrutam mão de obra designam membros de equipe com pouca intervenção do gerente do projeto. Para otimizar a utilização dos recursos, a dedicação dos membros da equipe pode ser em meio turno e/ou os participantes podem entrar e sair da equipe do projeto conforme o necessário. No caso de forças-tarefa *ad hoc*, nenhum membro da equipe trabalha no projeto em tempo integral. Em muitas empresas, existe uma cultura do "não foi inventado aqui" (NIH, do inglês *not invented here*) que desestimula a colaboração além das fronteiras funcionais.

É comum que os membros da equipe se reportem a gerentes diferentes e, em alguns casos, que o gerente do projeto não contribua diretamente nas avaliações de desempenho e oportunidades de promoção dos membros da equipe. Importantes áreas funcionais podem não ser representadas por uma duração inteira do projeto, sendo envolvidas apenas de maneira sequencial. Nem todos os projetos têm um objetivo estimulante. Pode ser difícil entusiasmar os membros em projetos ordinários, como uma simples extensão de produto ou um complexo de apartamentos convencionais. Finalmente, muitas vezes os membros da equipe estão espalhados por diferentes salas ou prédios corporativos, ou, no caso de um projeto virtual, pelo mundo inteiro.

É importante que os gerentes e membros das equipes reconheçam as restrições situacionais sob as quais operam e façam o melhor possível. Seria ingênuo achar que todas as equipes de projeto têm o mesmo potencial de evoluir para uma equipe de alto desempenho. Em condições menos que ideais, pode ser uma luta apenas atingir os objetivos do projeto. Engenhosidade, disciplina e sensibilidade são essenciais nas dinâmicas de equipe de projeto para maximizar o desempenho.

---

[2] Ver, por exemplo: G. C. Homans, *Social Behavior: Its Elementary Forms* (New York: Harcourt Brace Jovanovich, 1961); Sherif, M., *Group Conflict and Cooperation: Their Social Psychology* (Chicago: Aldine, 1967); Seta, J. J., P. B. Paulus, and J. Schkade, "Effects of Group Size and Proximity under Cooperative and Competitive Conditions," *Journal of Personality and Social Psychology*, 98 (2) 1976, pp. 47–53; e A. Zander, *Making Groups Effective* (San Francisco: Jossey-Bass, 1994).

DESTAQUE DE PESQUISA — O modelo de equilíbrio pontuado de desenvolvimento de grupo*

A pesquisa de Gersick sugere que os grupos não se desenvolvem em uma sequência universal de estágios, como sugerido pelo modelo em cinco fases. Baseada no conceito sistêmico de *equilíbrio pontuado*, a pesquisa concluiu que o *timing* de quando os grupos são formados e de quando eles realmente mudam o modo como funcionam é altamente consistente. O que torna essa pesquisa atrativa é que ela ancora-se em estudos de mais de uma dúzia de forças-tarefa de campo e de laboratório designadas para concluir um projeto específico. Essa pesquisa revela que cada grupo começa com uma abordagem exclusiva para realizar o projeto, estabelecida na primeira reunião e que inclui o comportamento e os papéis que dominam a fase I. A fase I continua até a metade do tempo alocado para a conclusão do projeto (a despeito da quantidade efetiva de tempo). Nesse ponto médio, ocorre uma grande transição, que compreende o abandono das normas e padrões de comportamento antigos do grupo e o surgimento de novas relações de comportamento e trabalho que contribuam para a conclusão do projeto. A última reunião é marcada por atividade acelerada para concluir o projeto. Essas finalizações são resumidas na Figura 11.2.

A descoberta notável desses estudos é que cada grupo passava pela transição no mesmo ponto — aproximadamente no meio do caminho entre a primeira reunião e o prazo de conclusão, mesmo considerando-se que alguns grupos gastavam apenas uma hora no respectivo projeto, e outros, seis meses. Era como se os grupos passassem universalmente por uma crise de meia-idade naquele ponto. O ponto médio parecia atuar como um despertador, aguçando a percepção dos membros de que o tempo era limitado e que eles precisavam tocar adiante. No contexto do modelo em cinco estágios, sugere-se que os grupos começassem combinando os estágios de formação e normatização; depois, passassem por um período de baixo desempenho; seguido pelo desarranjo; na sequência, um período de alto desempenho; e, por fim, dissolução.

As conclusões de Gersick sugerem a existência de pontos naturais de transição na vida das equipes em que o grupo está receptivo a mudanças, e que um desses momentos ocorre naturalmente no ponto médio do projeto. No entanto, o gerente não quer ter de esperar seis meses em um complicado projeto de 12 meses para que a equipe se aprume! Aqui, é importante notar que os grupos de Gersick estavam trabalhando em projetos de escala relativamente pequena, por exemplo, uma força-tarefa encarregada de desenhar uma nova conta bancária em um mês e uma força-tarefa médica de 12 pessoas encarregada de reorganizar duas unidades de um centro de tratamento. Na maioria dos casos, não era estabelecido um plano formal de projeto. No mínimo, os resultados apontam a importância de um bom gerenciamento de projetos e a necessidade de estabelecer prazos e marcos. Impondo-se uma série de prazos associados a marcos importantes, é possível criar múltiplos pontos de transição para um desenvolvimento natural do grupo. Por exemplo, um projeto de construção de 12 meses pode ser fragmentado em seis a oito marcos significativos com o desafio de cumprir um prazo, produzindo a tensão necessária para elevar o desempenho da equipe.

* Connie J. Gersick, "Time and Transition in Work Teams: Toward a New Model of Group Development," *Academy of Management Journal*, Vol. 31, No. 1 (March 1988), pp. 9-41; e Connie J. Gersick, "Making Time Predictable Transitions in Task Groups," *Academy of Management Journal*, Vol. 32, No. 2 (June 1989), pp. 274-309.

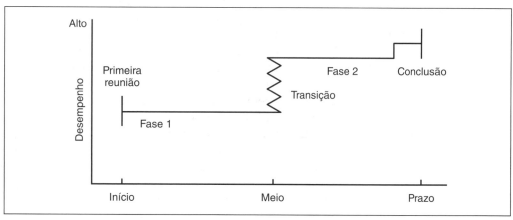

FIGURA 11.2 O modelo de equilíbrio pontuado de desenvolvimento de grupo

Criação de equipes de projeto de alto desempenho

Os gerentes de projetos são fundamentais no desenvolvimento de equipes de projeto de alto desempenho. Eles recrutam membros, organizam reuniões, estabelecem uma identidade de equipe, criam um senso comum de propósitos ou uma visão compartilhada, administram um sistema de recompensas que incentiva o trabalho em equipe, orquestram a tomada de decisão, resolvem conflitos que surgem na equipe e revigoram a equipe quando a energia se esvai (Figura 11.3). Os gerentes de projetos aproveitam fatores situacionais que contribuem naturalmente para o desenvolvimento de equipes, ao mesmo tempo em que improvisam em torno dos fatores que o inibem. Ao fazê-lo, exibem um estilo gerencial altamente interativo que exemplifica o trabalho em equipe e, como discutido no capítulo anterior, administram a interface entre e equipe e o resto da empresa.

Recrutamento de membros do projeto

O processo de selecionar e recrutar membros do projeto varia de acordo com a empresa. Dois fatores importantes que afetam o recrutamento são a importância do projeto e a estrutura gerencial usada para concluí-lo. Muitas vezes, em projetos de alta prioridade decisivos para o futuro da empresa, o gerente do projeto receberá praticamente carta branca para escolher quem julgar necessário. Para projetos menos significativos, o gerente terá de convencer pessoas de outras áreas da empresa a se juntar à equipe.

Em muitas estruturas em matriz, o gerente funcional controla quem é designado ao projeto e é com ele que o gerente do projeto terá de trabalhar para conseguir as pessoas necessárias. Mesmo em uma equipe de projeto em que os membros são selecionados e designados em turno integral, o gerente do projeto precisa ser sensível às necessidades dos outros. Não existe jeito melhor de criar inimigos dentro de uma empresa do que ser visto como alguém que rouba desnecessariamente pessoas essenciais dos outros departamentos.

Os gerentes de projetos experientes sublinham a importância de pedir voluntários. No entanto, essa medida desejável, às vezes, está fora do controle do gerente. Mesmo assim, o valor de se ter membros de equipe que se voluntariaram para o projeto, em oposição a serem designados, não pode ser negligenciado. Concordar em trabalhar no projeto é o primeiro passo rumo à criação de comprometimento pessoal com o projeto. Esse comprometimento será essencial para manter a motivação quando vierem os tempos difíceis e for necessário empenho extra.

Ao selecionar e recrutar membros para a equipe, os gerentes de projetos naturalmente buscam indivíduos com a experiência e o conhecimento e as habilidades técnicas necessárias para a conclusão do projeto. Ao mesmo tempo, existem considerações menos óbvias que precisam ser levadas em conta no processo de recrutamento:

- *Capacidade de resolução de problemas.* Se o projeto é complexo e confuso, o gerente precisa de pessoas boas em trabalhar com incertezas e hábeis para identificar e resolver problemas. Essas mesmíssimas pessoas provavelmente se entendiam e são menos produtivas quando trabalham em projetos descomplicados e sem surpresas.
- *Disponibilidade.* Ocasionalmente, as pessoas disponíveis não são as desejadas para a equipe. Por sua vez, se os membros recrutados já estiverem comprometidos em excesso, podem não estar em condições de oferecer muita coisa.
- *Expertise tecnológica.* Os gerentes devem ter cautela com pessoas que sabem demais sobre uma tecnologia específica. Elas podem ser ases da tecnologia que gostam de estudar, mas ter dificuldades em se aquietar e fazer o trabalho.
- *Credibilidade.* A credibilidade do projeto é otimizada pela reputação das pessoas envolvidas. Recrutar um número suficiente de "vencedores" empresta confiança ao projeto.

FIGURA 11.3
Criação de uma equipe de projeto de alto desempenho

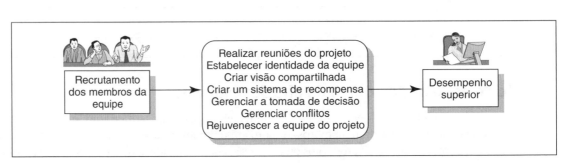

CASO PRÁTICO — Gerenciamento de marcianos*

A carreira de 35 anos de Donna Shirley como engenheira aeroespacial chegou ao ápice em julho de 1997, quando a Sojourner – a sonda autoguiada movida a energia solar, do tamanho de um forno de micro-ondas – foi vista explorando a paisagem de Marte nas espetaculares imagens da Pathfinder da superfície do planeta vermelho. O acontecimento assinalou um marco da exploração espacial: nenhum veículo jamais vasculhara a superfície de outro planeta antes. Shirley, gerente do Programa de Exploração de Marte do Jet Propulsion Laboratory, chefiou a equipe predominantemente masculina que desenhou e construiu a Sojourner. Em suas esclarecedoras memórias, *Managing Martians*, escritas com Danielle Morton, ela faz a seguinte observação sobre o gerenciamento de equipes criativas:

Cortesia da NASA

> Quando você está gerenciando pessoas realmente brilhantes e criativas, em algum ponto perceberá que é impossível comandá-las ou controlá-las, porque você não consegue entender o que elas estão fazendo. Depois que elas superarem sua capacidade de entendê-las, você tem uma escolha. Você pode limitar a elas e ao projeto pela sua inteligência, o que acho errado. Ou, então, você pode confiar nelas e usar as suas habilidades gerenciais para mantê-las focados na meta.
>
> Muitos maus gerentes sentem-se ameaçados quando seus "subordinados" sabem mais do que eles. Eles ou contratam pessoas inferiores a si próprios, para que possam sempre se sentir no controle, ou sufocam as pessoas que sabem algo que eles não sabem, para poder manter o controle. Todo o projeto sofre com as inseguranças do gerente.

* Donna Shirley and Danelle Morton, *Managing Martians* (New York: Broadway Books, 1998), pp. 88-89.

- *Conexões políticas*. É sábio os gerentes recrutarem pessoas que já têm uma boa relação de trabalho com as principais partes interessadas. Isso é verdadeiro especialmente em projetos que funcionam em um ambiente de matriz, em que uma porção considerável do trabalho estará sob o domínio de um departamento funcional específico, e não da equipe nuclear do projeto.
- *Ambição, iniciativa e energia*. Essas qualidades podem compensar muitas das deficiências em outras áreas, não devendo ser subestimadas.
- *Familiaridade*. A pesquisa sugere que a colaboração repetida sufoca a criatividade e a inovação. Em projetos desafiadores e de ruptura, é inteligente mistura, na equipe, especialistas de pouca experiência de trabalho com os outros (Skilton and Dooley, 2010).

Veja o "Caso Prático: Gerenciamento de marcianos" para mais orientação sobre recrutamento de membros de equipe.

Após revisar as habilidades necessárias, o gerente deve fazer sondagens para descobrir quem é bom, quem está disponível e quem poderia querer trabalhar no projeto. Algumas empresas talvez permitam entrevistas diretas. É frequente que o gerente tenha de gastar capital político para fazer as pessoas mais apreciadas serem designadas para o projeto.

Em ambientes de matriz, o gerente do projeto terá de marcar hora com gerentes funcionais para discutir os requisitos do projeto em termos de estafe. Os seguintes documentos devem estar à disposição para essas conversas: uma declaração do escopo geral do projeto, o aval da alta gerência e uma descrição das tarefas e do cronograma geral no que concerne às pessoas dos respectivos departamentos. Os gerentes devem ser precisos acerca dos atributos que estão buscando e por que são importantes.

Realização de reuniões de projeto

A primeira reunião da equipe de projeto

A pesquisa sobre desenvolvimento de equipe confirma o que ouvimos dos gerentes de projetos: a **reunião inaugural do projeto** é vital para o funcionamento inicial da equipe de projeto. Segundo um gerente de projetos veterano:

> A primeira reunião dá o tom de como a equipe trabalhará junta. Se ela for desorganizada ou se ativer a miudezas, sem objetividade, é fácil isso se tornar uma profecia autorrealizável no trabalho subsequente do grupo. Contudo, se ela for conduzida com lisura, concentrando-se em questões e preocupações reais, de uma maneira honesta e direta, os integrantes ficarão animados por fazer parte da equipe do projeto.

Em geral, há três objetivos que os gerentes de projeto tentam atingir na primeira reunião. O primeiro é dar uma visão geral do projeto, incluindo o escopo e objetivos, o cronograma geral, método e procedimentos. O segundo é começar a abordar algumas das inquietações interpessoais captadas no modelo de desenvolvimento de equipe: quem são os outros membros da equipe? Como eu me encaixarei? Conseguirei trabalhar com essa gente? O terceiro objetivo, o mais importante, é começar a modelar como a equipe vai trabalhar junta para concluir o projeto. O gerente do projeto precisa reconhecer que as primeiras impressões são importantes: o comportamento dele será cuidadosamente vigiado e interpretado pelos membros da equipe. Essa reunião deve servir como um modelo exemplar das reuniões seguintes e refletir o estilo do líder.

A reunião em si apresenta uma variedade de formas e formatos. Não é incomum que, em projetos grandes, a reunião inaugural envolva de um a dois dias, frequentemente em um local remoto, longe de interrupções. Esse retiro proporciona tempo suficiente para a apresentação preliminar, começar a estabelecer as regras básicas e definir a estrutura do projeto. Uma vantagem das reuniões inaugurais externas é que elas dão ampla oportunidade para interação informal entre os membros nos intervalos, refeições e atividades noturnas: essas interações informais são vitais para formar relações.

Entretanto, muitas empresas não podem se dar ao luxo de promover retiros elaborados. Em outros casos, o escopo do projeto não justifica tal investimento de tempo. Nesses casos, o princípio operacional deve ser o KISS (*keep it simple, stupid!* – simplifique, seu burro!). É muito comum que, limitados pelo tempo, os gerentes de projetos tentem fazer demais na primeira reunião: desse modo, as questões não são totalmente resolvidas e os membros saem com dor de cabeça de tanta informação.

O gerente do projeto precisa recordar que a meta principal é realizar uma reunião produtiva, com objetivos realistas para o tempo à disposição. Se a reunião é de apenas uma hora, o gerente deve simplesmente revisar o escopo do projeto, discutir como a equipe foi formada e dar oportunidade para os membros se apresentarem à equipe.

Estabelecimento de regras básicas

Seja como parte de uma elaborada primeira reunião ou nas reuniões de seguimento, o gerente do projeto precisa rapidamente começar a estabelecer as regras operacionais básicas sobre como a equipe trabalhará junta, que envolvem não apenas questões organizacionais e procedimentais, mais também normativas sobre como a equipe interagirá. Embora os procedimentos específicos variem entre empresas e projetos, algumas das principais questões que precisam ser definidas são descritas a seguir.

Decisões de planejamento

- Como o plano do projeto será desenvolvido?
- Será utilizado um pacote de software específico de gerenciamento de projetos? Se sim, qual?
- Quais são os papéis e responsabilidades específicos de todos os participantes?
- Quem precisa ser informado das decisões? Como eles serão mantidos informados?
- Qual é a importância relativa de custo, tempo e desempenho?
- Quais são as entregas do processo de planejamento do projeto?
- Quem aprovará e assinará a conclusão de cada entrega?
- Quem recebe cada entrega?

Decisões de acompanhamento

- Como o progresso será avaliado?
- Em que nível de detalhes o projeto será acompanhado?
- Como os membros da equipe obterão dados uns dos outros?
- Com que regularidade eles receberão esses dados?
- Quem gerará e distribuirá relatórios?
- Quem precisa ser informado sobre o progresso do projeto e como eles serão informados?
- Qual é o conteúdo/formato apropriado para cada público?

- Reuniões
    - Qual será o local das reuniões?
    - Que tipo de reunião será organizado?
    - Quem "conduzirá" essas reuniões?
    - Como as pautas serão produzidas?
    - Como as informações serão registradas?

Gerenciamento de decisões de mudança

- Como as mudanças serão instituídas?
- Quem terá autoridade sobre a aprovação das mudanças?
- Como as mudanças planejadas serão documentadas e avaliadas?

Decisões de relacionamento

- Com quais departamentos ou empresas a equipe terá de interagir durante o projeto?
- Quais são os papéis e responsabilidade de cada um (revisor, aprovador, criador, usuário)?
- Como todas as partes envolvidas serão mantidas informadas sobre entregas, datas programadas, expectativas, etc.?
- Como os membros da equipe se comunicarão entre si?
- Quais informações serão e quais não serão trocadas?

Listas de verificação como essa são apenas um guia; devem-se acrescentar ou deletar itens conforme o necessário. Muitos desses procedimentos já terão sido estabelecidos pelos precedentes, só precisando de breve revisão. Por exemplo, o Microsoft Project ou o Primavera pode ser a ferramenta padrão para planejamento e acompanhamento. Da mesma forma, é provável que uma empresa específica tenha um formato estabelecido para reportar informações de *status*. O modo de lidar com outras questões terá de ser determinado pela equipe do projeto. Quando for o caso, o gerente do projeto deve solicitar ativamente contribuições dos membros da equipe do projeto e se beneficiar da experiência e dos hábitos de trabalho deles. Esse processo também contribui para que eles aceitem as decisões operacionais, que devem ser registradas e circular entre todos os membros.

Durante o estabelecimento desses procedimentos operacionais, o gerente do projeto, por meio de palavras e atos, deve começar a trabalhar com os membros para estabelecer as normas da interação da equipe. A seguir, listam-se exemplos de algumas das normas associadas a equipes de alto desempenho, segundo pesquisadores.[3]

- A confidencialidade é mantida; nenhuma informação é divulgada para fora da equipe sem que todos concordem com isso.
- É aceitável estar em apuros, mas não surpreender os outros. Informe imediatamente que prazos ou marcos não serão atingidos.
- Há tolerância zero para abrir caminho à força em um problema ou questão.
- Concorde ou discorde, mas quando uma decisão foi tomada, a despeito dos sentimentos pessoais, siga em frente.
- Respeite os externos e não se exiba com sua posição na equipe do projeto.
- Trabalho árduo não impede diversão.

Um modo de tornar essas normas mais tangíveis é criar um documento formal de equipe que vá além da declaração de escopo do projeto, afirmando em termos explícitos as normas e valores da equipe. Esse documento formal deve ser um esforço colaborativo por parte da equipe nuclear. Os gerentes de projeto podem liderar propondo certos princípios, mas precisam estar abertos a sugestões da equipe. Uma vez estabelecido um acordo geral quanto às regras de conduta, cada membro assina o documento final para simbolizar seu compromisso com os princípios ali constantes.

---

[3] Ver Katzenbach, J. R., and D. K. Smith, *The Wisdom of Teams* (Boston: Harvard Business School Press, 1993); Bolman, L. G. and T. E. Deal, "What Makes Teams Work," Organizational Dynamics, vol. 21 (2), pp. 34-45; Katz, R., "How a Team at Digital Equipment Designed the 'Alpha' Chips," The Human Side of Managing Technological Innovation, R. Katz, Editor (New York: Oxford Press, 1997) pp. 137-148.

Infelizmente, em alguns casos os documentos formais se tornam um ritual vazio, pois são assinados e arquivados, nunca mais sendo discutidos novamente. Para ter um efeito duradouro, o documento formal precisa ser uma parte legítima do sistema de monitoramento do projeto. Assim como as revisões da equipe progridem rumo aos objetivos do projeto, a equipe avalia o grau de adesão dos membros aos princípios do documento formal.

O gerente de projeto desempenha um papel importante no estabelecimento de normas de equipe mediante seu exemplo pessoal. Se admitir abertamente que errou e compartilhar o que aprendeu, os demais membros da equipe começarão a fazer o mesmo. Ao mesmo tempo, o gerente de projeto precisa intervir quando acha que essas normas estão sendo violadas. Ele deve falar em particular com os violadores e afirmar claramente as suas expectativas. O incrível dos grupos é que quando o grupo é coeso, com normas bem-estabelecidas, os membros se policiam a si mesmos e o gerente não precisa ser duro. Por exemplo, um gerente de projetos confidenciou que a equipe costumava ter um saquinho de feijões em toda reunião. Se um membro achasse que um colega estava falando bobagem ou mascarando a verdade, ele era obrigado a arremessar o saquinho de feijões em quem falava. Veja o "Caso Prático: Colocando a Ford em *fast-forward*" para exemplos de normas que estimulam a inovação.

Gerenciamento das reuniões subsequentes do projeto

A reunião inaugural do projeto é um dos diversos tipos de reunião necessários para concluir um projeto. Outros tipos abrangem reuniões de relatório de *status*, reuniões de resolução de problemas e reuniões de auditoria. As questões pertinentes a elas serão discutidas em capítulos subsequentes. Por enquanto, aqui vão algumas diretrizes gerais para dirigir reuniões eficazes:

- Começar as reuniões no horário, mesmo não estando todos presentes.
- Preparar e distribuir a pauta antes da reunião.
- Definir o horário de término.
- Periodicamente, separar um tempo para revisar o quão efetivas as reuniões anteriores foram.
- Solicitar recomendações e implantar mudanças.
- Providenciar um bom registro de atas.
- Revisar a pauta antes de iniciar, e tentar determinar um tempo para cada item.
- Priorizar as questões para que sejam feitos ajustes por restrições de tempo.
- Estimular a participação ativa de todos os membros fazendo perguntas em vez de afirmações.
- Resumir as decisões e repassar as incumbências para a próxima reunião.
- Preparar e distribuir um resumo da reunião para as pessoas adequadas.
- Reconhecer realizações e comportamento positivo.

Reuniões muitas vezes são consideradas um anátema contra a produtividade, mas não precisa ser assim. A reclamação mais comum é que elas demoram demais. Estabelecer uma pauta e um horário de término ajuda os participantes a planejar o tempo de discussão e dá uma base para agilizar os trabalhos. O registro de atas pode ser uma tarefa ingrata e tediosa. Utilizar laptops para registrar decisões e informações em tempo real pode facilitar o processo de comunicação. A preparação cuidadosa e a aplicação consistente dessas diretrizes podem tornar as reuniões uma parte vital dos projetos.

Estabelecimento de uma identidade de equipe

Um dos desafios que os gerentes de projetos frequentemente encaram ao criar uma equipe é a falta de envolvimento integral dos respectivos membros. Os especialistas trabalham em fases diferentes do projeto e empregam a maior parte do tempo e da energia em outras coisas. Muitas vezes, participam de múltiplas equipes, todas competindo pelo tempo e lealdade deles. O expert em projetos David Frame (1995) aponta que, para muitos desses profissionais, um projeto específico é uma abstração, consequentemente, a motivação deles definha. Os gerentes de projetos precisam tentar tornar a equipe do projeto o mais tangível possível para os participantes, desenvolvendo uma identidade exclusiva para ela, a qual os integrantes possam se ligar emocionalmente. Reuniões, coalocação de membros, nomes e rituais de equipes são veículos comuns para isso.

> **CASO PRÁTICO** Colocando a Ford em *fast-forward**
>
> Adam Gryglak recebeu uma missão impossível: entregar um novo motor Ford a diesel em menos de 36 meses. O desafio era ainda mais intimidador porque, no passado, a Ford havia terceirizado o desenho e a fabricação de motores a diesel para a Navistar. Gryglak não apenas tinha de cumprir um prazo ridículo, mas também criar um motor do zero. Engenheiro-chefe de diesel, ele sabia que o sucesso dependia de curto-circuitar o processo de design da Ford. Assim, montou uma equipe de engenheiros ávidos, mudou a equipe para um local fora da sede da empresa blindou seu time contra a ansiedade da alta gerência. Ele batizou o projeto de Scorpion, em homenagem à banda de heavy metal Scorpions.
>
> O progresso foi imediato. Especialistas acostumados a trabalhar somente com seus pares familiarizaram-se com o que os outros engenheiros andavam fazendo. "Poupávamos meses de trabalho sabendo instantaneamente o que os outros caras estavam pensando e quais eram os problemas deles", diz Pat Morgan, um engenheiro veterano da Ford. "O resultado foi que o motor se encaixou perfeitamente na caminhonete, de primeira, o que quase nunca acontece."
>
> Gryglak também percebeu que os engenheiros trabalham mais e melhor quando estão se divertindo. Para aliviar a pressão, eles pregavam peças uns nos outros, montando bonecos de neve em tamanho real, decorados com peças de máquina, em cima das mesas dos colegas. Gryglak estimulava a competição amigável. Após atingir um marco decisivo de design, a equipe organizou um torneio de Pinewood Derby, um famoso evento de escoteiros em que os meninos entalham carrinhos de madeira e descem rampas com eles. Aqui eram engenheiros, e não escoteiros, então, em vez de carrinhos de madeira, os carrinhos eram feitos de alumínio. Alguns deles tinham até controle remoto e motor.
>
> O novo motor a diesel da Ford foi concluído a tempo, com muitos elogios. Ele foi o primeiro do a usar tecnologia antipoluição de ponta de acordo com os novos padrões federais. Ele também tinha a melhor autonomia de combustível da categoria e não precisa de grandes manutenções pelos primeiros 480 mil km. O motor, considerado uma das chaves da recuperação da Ford, está presente na linha de caminhonetes campeã de vendas F-150.
>
> * "Putting Ford Fast Forward," *Businessweek*, October 26, 2009, pp. 58-59.

- *Uso eficaz de reuniões.* Reuniões periódicas da equipe de projeto proporcionam um foro importante para comunicar informações projetuais. Uma função menos óbvia é a de ajudar a estabelecer uma identidade concreta para a equipe. Nas reuniões do projeto, os membros veem que não estão trabalhando sozinhos, que fazem parte de uma equipe de projeto maior e que o sucesso do projeto depende dos esforços coletivos de todos eles. Reuniões periódicas com todos os participantes do projeto ajudam a definir a associação à equipe e reforçar a identidade coletiva.
- *Coalocação dos membros da equipe.* O modo mais óbvio de tornar a equipe de projeto tangível é fazer os membros trabalharem juntos em um espaço comum. Isso nem sempre é possível em ambientes de matriz, em que o envolvimento é em meio turno e os membros trabalham em outros projetos e atividades. Um substituto valioso para a coalocação é a criação de um departamento de projeto, às vezes chamado de sala de comando ou sede de clube do projeto. Esses espaços são o local comum de reuniões e contêm a documentação mais significativa do projeto. Frequentemente, suas paredes estão cobertas com gráficos de Gantt, gráficos de custo e outras documentações associadas ao planejamento e controle do projeto. Essas salas servem como um sinal tangível do esforço projetual.
- *Criação de um nome para a equipe do projeto.* O desenvolvimento de um nome para a equipe, como "Equipe A" ou "Cruzados de Casey", é um mecanismo comum para tornar a equipe mais tangível. Muitas vezes, cria-se também um logo. Novamente, o gerente do projeto deve se fiar na engenhosidade da equipe para inventar nome e logo adequados. Esses símbolos podem se aplicados em material de escritório, camisetas, canecas, etc., ajudando a caracterizar a associação à equipe.
- *Criação de algo juntos logo no início.* Nada reforça mais a sensação de equipe do que trabalhar juntos em alguma coisa. No caso de um projeto internacional, o gerente simplesmente organizou um jantar em que cada membro trouxe um prato pelo qual seu país era famoso.
- *Rituais de equipe.* Assim como os rituais corporativos ajudam a estabelecer a identidade exclusiva de uma empresa, atos simbólicos semelhantes no âmbito do projeto podem contribuir para uma cultura exclusiva da equipe. Por exemplo, em um projeto, os membros receberam gravatas com listras que correspondiam ao número de marcos do projeto. Sempre que se atingia um marco, os membros se reuniam e cortavam a próxima listra da gravata, simbolizando o

progresso.[4] Ralph Katz (2004) informa que era uma prática comum na equipe de design de chip alfa da Digital Equipment demonstrar reconhecimento por quem achasse um *bug* no design dando-lhe uma barata fosforescente de brinquedo. Quanto maior o *bug* descoberto, maior a barata de brinquedo recebida. Esses rituais ajudam a separar o trabalho projetual das operações corriqueiras, reforçando um *status* especial.

Criação de uma visão compartilhada

Ao contrário das declarações de escopo de projeto, que incluem custos, datas de conclusão e requisitos de desempenho específicos, a **visão** envolve aspectos menos tangíveis do desempenho projetual. Ela diz respeito a uma imagem que a equipe do projeto tem em comum sobre como será o projeto quando concluído, como trabalharão juntos e/ou como os clientes aceitarão o projeto. No nível mais simples, uma visão compartilhada é a resposta à pergunta: "O que queremos criar?". Nem todo mundo tem a mesma visão, mas as imagens devem ser parecidas. As visões existem em diversas formas e formatos; podem ser capturadas em um *slogan* ou símbolo, ou podem ser escritas como uma declaração formal de visão.

O que a visão é não tem menos importância do que o que ela faz. Uma visão inspira os membros da equipe a darem o melhor de si (veja o "Caso Prático: Um bom homem em uma tempestade"). Além do mais, uma visão compartilhada une, em uma aspiração comum, profissionais com históricos e ideários diferentes. Ela ajuda a motivar os membros da equipe a subordinarem seus interesses individuais e fazer o que é melhor para o projeto. Como diz o psicólogo Robert Fritz, "na presença da grandeza, a mesquinhez desaparece".[5] Visões também proporcionam foco e ajudam a comunicar prioridades menos tangíveis, auxiliando os membros a fazer opções de julgamento mais apropriadas. Por fim, uma visão compartilhada em um projeto promove o comprometimento de longo prazo e desestimula posturas volúveis que, coletivamente, diluem a qualidade do projeto.

As visões às vezes são surpreendentemente simples. Por exemplo, a visão de um carro novo pode ser traduzida como um "foguete de bolso". Compare essa visão com a descrição mais tradicional do produto: "um carro esportivo na faixa média de preço". A imagem do "foguete de bolso" dá uma ideia muito mais clara de como o produto final deve ser. Os engenheiros projetistas imediatamente entenderiam que o carro será pequeno e rápido, devendo ter aceleração rápida, ligeireza nas curvas e muita velocidade nas retas (Bowen et al., 1994). Alternativamente, as visões podem ser mais concretas:

"O Helpdesk Automated Site (Hass) versão 4.5 resolverá as 10 maiores reclamações dos clientes na universidade, sem nenhum impacto negativo sobre o desempenho médio, a confiabilidade ou o tempo de resposta em todo o sistema".[6]

Parece haver quatro qualidades essenciais em uma visão eficaz (Figura 11.4). Primeiro, as suas qualidades essenciais devem poder ser comunicadas. Uma visão é imprestável se existir só na cabeça de uma pessoa. Segundo, as visões devem ser desafiadoras, se bem que realistas. Por exemplo, uma força-tarefa voltada à reforma do currículo da faculdade de administração de empresas de uma universidade estadual certamente revirará os olhos se o reitor anunciar que pretende competir com a Harvard Business School. Contudo, desenvolver o melhor programa de graduação em administração do estado pode ser uma visão realista para essa força-tarefa. Terceiro, o gerente do projeto precisa acreditar na visão, a paixão é um elemento essencial de uma visão eficaz. Finalmente, ela deve ser uma fonte de inspiração para os outros.

Após o gerente do projeto admitir a importância de uma visão compartilhada, a próxima questão é como obter uma visão para um projeto em particular. Primeiro, os gerentes de projetos não obtêm visões. Eles devem agir como catalisadores e parteiros para a formação de uma visão compartilhada de uma equipe de projeto (Smith, 1994). Em muitos casos, as visões são inerentes ao escopo e aos objetivos do projeto. As pessoas ficam naturalmente empolgadas em serem as

---

[4] Esta história foi contada pelo Dr. Frances Hartman, Universidade de Calgary, Alberta.
[5] Citado em P. Senge, *The Fifth Discipline* (New York, Doubleday,1990) p. 209.
[6] S. Berkun, *The Art of Project Management* (Sebastopol. CA: O'Reilly, 2005), p. 79.

CASO PRÁTICO — Um bom homem em uma tempestade*

Era uma vez, em 1976, uma empresa chamada Data General Corporation, que precisava criar rapidamente um minicomputador veloz de 32 bits a um preço razoável para concorrer com o VAX, da Digital Equipment Corporation. O CEO da Data General, Edson de Castro, lançou o Projeto Fountainhead e entregou a ele as melhores pessoas e amplos recursos para concluir a iniciativa de 32 bits. Como *back-up* para o projeto Fountainhead, a Data General criou o projeto Eagle dentro do grupo Eclipse, sob a liderança de Tom West. O trabalho em ambos os projetos começou em 1978.

Em 1980, a Data General anunciou seu novo computador, simples, potente e de baixo custo. Esse computador não era o Fountainhead, do grupo "melhor" da DG, com mais financiamento, mas o Eagle, da equipe Eclipse de Tom West, com menos financiamento. Tracy Kidder viu tudo isso acontecer e contou a história em *A alma da nova máquina*, que ganhou o Prêmio Pulitzer em 1982. Esse livro, que Kidder achava que seria de interesse para meia dúzia de cientistas da computação, tornou-se um clássico do gerenciamento de projetos.

No início do relato, o autor apresenta os leitores ao protagonista do livro, Tom West, contando como ele partiu com um iate da costa da Nova Inglaterra para cruzar mares bravios. O título de Kidder para o prólogo era "Um bom homem em uma tempestade".

Vinte anos após a publicação do livro de Kidder, Tom West foi entrevistado por Lawrence Peters, da *Academy of Management Executive*. Seguem alguns trechos que capturam as visões de Tom sobre o gerenciamento de projetos inovadores:

Sobre seleção dos membros de equipe:

Você explica ao cara qual é o desafio, e daí vê se os olhos dele brilharem.

Sobre motivação dos membros de equipe:

...Desafio era tudo. As pessoas, especialmente técnicos criativos que realmente querem fazer diferença, fazem tudo o que for possível ou necessário. Eu já fiz isso mais de uma vez, e já repeti várias e várias vezes. Parece que funciona.

Sobre a importância de ter uma visão:

...você precisa encontrar um grito de guerra. Você precisa ter alguma coisa que possa ser descrita com muita simplicidade e que soe verdade para um engenheiro, que dirá: "Sim, é isso que se deve fazer agora". Senão, você vai estar sempre remando contra a maré.

Sobre o papel de ser gerente de projetos:

Você tem de agir como um animador de torcida. Você tem de agir com o instrutor. Você sempre tem de ter em mente qual é a finalidade e o que está levando a bola até o gol, o que está ocorrendo nas linhas laterais e você tem de assumir muitas batalhas por eles. Quer dizer, você realmente não quer que o seu engenheiro projetista fique interrogando o cara do design sobre o jeito do cara do design trabalhar. Eu posso fazer isso, e posso impor minha autoridade também, às vezes era o que eu fazia mesmo.

* Tracy Kidder, *The Soul of a New Machine* (New York: Avon Books, 1981). Lawrence H. Peters, "'A Good Man in a Storm': An Interview with Tom West," *Academy of Management Executive*, Vol. 16, No. 4, 2002, pp. 53-60.

---

primeiras a trazer uma nova tecnologia ao mercado ou resolver um problema que está ameaçando a empresa. Mesmo em projetos corriqueiros, muitas vezes, há amplas oportunidades para estabelecer uma visão estimulante. Um modo de identificá-las é conversar com várias pessoas envolvidas no projeto e descobrir já de início o que as empolga nele. Para algumas, pode ser fazer um serviço melhor do que no projeto anterior, ou a satisfação nos olhos dos clientes quando o projeto acabar. Muitas visões evoluem como resposta à concorrência. Por exemplo, a equipe da Kodak

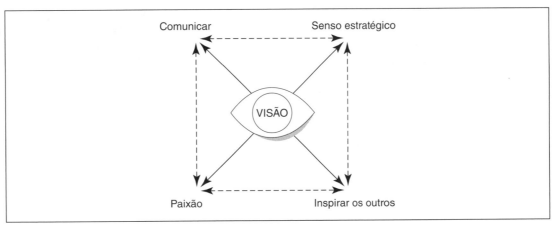

FIGURA 11.4 Requisitos de uma visão de projeto eficaz

que desenvolveu a câmera descartável FunSaver foi impelida ao mercado pela visão de superar um esforço semelhante da Fuji (Bowen et al., 1994).

Alguns *experts* defendem reuniões formais para criar a visão. Elas, geralmente, envolvem diversas etapas, começando quando os membros identificam diferentes aspectos do projeto e geram cenários ideais para cada aspecto. Por exemplo, em um projeto de construção, os cenários podem incluir "sem acidentes", "sem processos na justiça", "ganhar um prêmio" ou "como gastaremos nosso bônus por concluir o projeto antes do prazo". O grupo revisa e escolhe os cenários mais atrativos e os traduz em declarações de visão para o projeto. A próxima etapa é determinar estratégias para alcançá-las. Por exemplo, se uma das declarações de visão é que não deve haver processos judiciais, os membros terão de trabalhar com o cliente e os terceirizados para evitar litígios. Em seguida, os membros devem ser voluntariar manter viva cada declaração. A visão, as estratégias e o nome do membro responsável são publicados e distribuídos para as partes interessadas relevantes.

Na maioria dos casos, as visões compartilhadas surgem informalmente. Os gerentes de projetos coletam informações sobre o que empolga os participantes a respeito do projeto. Eles testam partes da visão provisória em conversas com os membros da equipe para aferir o nível de entusiasmo que as ideias iniciais despertam. Em certa medida, é uma pesquisa de mercado básica. Os gerentes aproveitam oportunidades para unir mais a equipe, por exemplo, quando um executivo faz observações descabidas como o projeto não ser finalizado a tempo ou quando uma empresa concorrente ameaça lançar um projeto semelhante. Consenso no início não é essencial. O que é essencial é um grupo nuclear, de ao menos um terço da equipe do projeto, que esteja genuinamente comprometido com a visão. É ele que vai garantir a massa crítica para puxar os demais a bordo. Depois de formulada a linguagem para comunicar a visão, a declaração precisa ser uma parte fixa de toda pauta de trabalho, e o gerente do projeto deve estar preparado para ter um discurso "pronto" de uma hora para a outra. Quando surgirem problemas ou desentendidos, todas as reações devem estar em conformidade com a visão.

Já se escreveu muito sobre visões e liderança. Os críticos alegam que a visão é um substituto glorificado das metas compartilhadas. Outros argumentam que ela é uma das coisas que separam líderes de gerentes. O segredo é descobrir o que empolga as pessoas no projeto, saber articular essa fonte de entusiasmo de uma maneira atrativa e, por fim, protegê-la e cultivá-la por toda a duração do projeto.

Gerenciamento de sistemas de recompensas do projeto

Os gerentes de projetos são responsáveis por gerenciar o sistema de recompensas que estimula o desempenho e o empenho extra da equipe. Uma vantagem que eles têm é que o trabalho projetual costuma ser inerentemente satisfatório, seja manifestando-se em uma visão inspiradora ou na simples sensação de realização. Projetos dão aos participantes uma mudança de cenário, uma chance de aprender novas habilidades e uma oportunidade de sair do seu casulo departamental. Outra recompensa é o que Tracy Kidder, em *A alma da nova máquina*, chama de "pinball" – o sucesso do projeto normalmente dá aos membros da equipe a opção de disputar outro jogo emocionante.[7]

Ainda assim, muitos projetos são pouco apreciados, entediantes, interferem em outras prioridades mais significativas e são considerados um fardo a mais. Em alguns desses casos, a maior recompensa é finalizar o projeto para que os membros da equipe possam voltar ao que realmente gostam de fazer e que dá os maiores ganhos pessoais. Infelizmente, quando essa atitude é o incentivo principal, a qualidade do projeto pode sofrer. Nessas circunstâncias, recompensas externas desempenham um papel mais importante na motivação do desempenho da equipe.

A maioria dos gerentes de projetos com quem conversamos defende o uso de recompensas de grupo. Como a maioria do trabalho projetual é um esforço colaborativo, faz muito sentido que o sistema de recompensas estimule o trabalho em equipe. O reconhecimento individual dos membros, independentemente de realizações, pode minar a unidade da equipe. O trabalho projetual é altamente interdependente, então pode se tornar problemático distinguir quem realmente merece

---

[7] T. Kidder, *The Soul of a New Machine* (New York: Avon Books, 1981), pp. 221-22.

crédito adicional. Bônus e incentivos em dinheiro precisam estar ligados às prioridades do projeto. Não faz sentido recompensar uma equipe por concluir o trabalho mais cedo se o controle de custos era a prioridade número 1.

Uma das limitações de bônus em dinheiro pagos de uma vez só é que eles, quase sempre, são consumidos pelo orçamento doméstico para pagar o dentista ou o mecânico. Para ser mais valorizadas, as recompensas precisam ter um significado duradouro (Preston & Reinertsen, 1995). Muitas empresas convertem o dinheiro em recompensas de férias, às vezes com a folga correspondente. Por exemplo, uma delas recompensou uma equipe de projeto por ter terminado o trabalho à frente do cronograma com uma viagem de quatro dias, com tudo pago, à Disney World, para as famílias dos membros. Essas férias não apenas serão lembradas por anos, mas também dão reconhecimento aos cônjuges e filhos, que, de certo modo, também contribuíram para o sucesso do projeto. De forma similar, sabe-se que outras empresas distribuem computadores, games ou *home theaters*. Os gerentes inteligentes de projetos negociam um orçamento discricionário, para que possam recompensar as equipes que ultrapassam os marcos, com vales-presente de restaurantes ou ingressos para eventos esportivos. Festa surpresa ou churrasco também são usados para celebrar realizações importantes.

Às vezes, os gerentes de projetos precisam usar reforço negativo para motivar o desempenho do projeto. Por exemplo, Ritti e Levy relatam a história de um gerente de projetos encarregado da construção de uma fábrica moderna. A equipe de projeto trabalhava com diversas empreiteiras e o projeto estava ficando para trás no cronograma, especialmente por causa da falta de cooperação entre os diferentes atores. O gerente do projeto não tinha autoridade direta sobre muitas pessoas-chave, especialmente as contratadas das outras empresas. No entanto, ele tinha a liberdade de convocar reuniões a seu critério. Assim, instituiu "reuniões de coordenação" diárias, exigindo a presença de todos os coordenadores envolvidos às 6h da manhã. As reuniões prosseguiram por cerca de duas semanas até o projeto voltar ao cronograma. Então, o gerente do projeto anunciou que a reunião seguinte estava cancelada, e não houve mais nenhuma ao nascer do sol.[8]

Embora os gerentes de projetos costumem pensar em recompensas de grupo, há momentos em que eles precisam recompensar o desempenho individual. Isso é feito não apenas para gratificar esforços extraordinários, mas também para sinalizar aos outros qual é o comportamento exemplar. Mais especificamente, seguem algumas das recompensas para motivar e reconhecer contribuições individuais:

- **Cartas de recomendação.** Apesar de os gerentes de projetos não terem responsabilidade pelas avaliações de desempenho dos membros da equipe, eles podem escrever cartas louvando determinado desempenho no projeto. Essas cartas podem ser remetidas aos supervisores do profissional e arquivadas na respectiva pasta pessoal.
- **Reconhecimento público por trabalho extraordinário.** Profissionais aplicados devem ser publicamente reconhecidos. Alguns gerentes de projetos iniciam toda reunião de revisão de *status* com uma breve menção dos profissionais do projeto que excederam as metas projetuais.
- **Incumbências de trabalho.** Os bons gerentes de projeto reconhecem que, embora possam não ter muita autoridade orçamentária, possuem um controle considerável sobre quem faz o quê, com quem, quando e onde. O bom trabalho deve ser recompensado com incumbências desejáveis. Os gerentes precisam estar cientes das preferências dos membros e, quando apropriado, acomodá-las.
- **Flexibilidade.** Estar disposto a fazer exceções às regras, se judiciosamente, pode ser uma recompensa poderosa. Permitir que os membros trabalhem em casa quando um filho está doente ou relevar pequenas faltas pode criar lealdade duradoura.

As recompensas individuais devem ser usadas judiciosamente e em circunstâncias extraordinárias. Nada mina mais a coesão de uma equipe do que alguns membros começarem a sentir que estão sendo tratados injustamente ou que os outros recebem tratamento especial. A camaradagem e a colaboração podem desaparecer velozmente, sendo substituídas por implicância e preocupação

---

[8] R. R. Ritti and S. L. Levy, *Ropes to Skip and Ropes to Know: Studies in Organizational Theory and Behavior* (New York: Wiley, 2009) pp. 93–94.

excessiva com política de grupo. Essas distrações podem absorver a energia que deveria ser dirigida à conclusão do projeto. Via de regra, só se devem usar recompensas individuais quando todo mundo da equipe reconhece que um membro está merecendo reconhecimento especial.

Orquestração do processo de tomada de decisão

A maioria das decisões de um projeto não exige uma reunião formal para discutir alternativas e determinar soluções. Em vez disso, as decisões são tomadas em tempo real, como parte das interações diárias entre gerentes de projetos, partes interessadas e membros da equipe. Por exemplo, em consequência da pergunta corriqueira "como vai?", um gerente de projetos descobre que um engenheiro mecânico estacou tentando satisfazer os critérios de desempenho em um protótipo. Eles vão falar com os *designers*, explicar o problema e perguntar se algo pode ser feito. Os *designers* distinguem os critérios essenciais e quais eles acham que podem ser comprometidos. Então, o gerente do projeto verifica com o grupo de marketing se as modificações são aceitáveis, que concorda com todas as modificações, exceto duas. O gerente do projeto volta ao engenheiro mecânico e pergunta se as mudanças propostas ajudariam a resolver o problema. O engenheiro confirma. Antes de autorizar as mudanças, o gerente chama o patrocinador do projeto, repassa os acontecimentos e faz o patrocinador assinar a autorização das mudanças. Esse é um exemplo de como, ao praticar a MBWA (gerenciamento por perambulação), os gerentes de projetos consultam membros da equipe, solicitam ideias, determinam soluções ótimas e criam um sentimento de envolvimento que gera confiança e comprometimento com decisões.

Mesmo assim, os projetos se deparam com problemas e decisões que requerem o conhecimento coletivo dos membros da equipe, assim como das partes interessadas relevantes. A decisão deve ser tomada em grupo quando aprimorar a qualidade de decisões importantes (Vroom and Jago, 1988). É, muitas vezes, o caso de problemas complexos que demandam a contribuição de uma variedade de especialistas diferentes. Deve-se tomar decisão em grupo também quando é necessário um forte comprometimento com a decisão e há uma baixa probabilidade de aceitação se apenas uma pessoa tomá-la. A participação coletiva reduz resistências e garante apoio à decisão. A seguir, são dadas diretrizes para gerenciar decisões em grupo.

Facilitação da tomada de decisão em grupo

Os gerentes de projetos desempenham papel fundamental em guiar o processo de tomada de decisão em grupo. Eles precisam se recordar de que seu trabalho não é tomar uma decisão, mas facilitar a discussão no grupo para que ele chegue a um consenso sobre a melhor solução possível. Nesse contexto, consenso não quer dizer que todos concordem 100% com a decisão, mas que todos concordem com qual é a melhor solução naquelas circunstâncias. A facilitação da tomada de decisão de grupo envolve essencialmente quatro etapas principais. A seguir, descreve-se brevemente cada uma delas, com sugestões sobre como gerenciar o processo.[9]

1. **Identificação do problema.** O gerente do projeto precisa ter cuidado para não expor o problema em termos de escolhas (por exemplo, devemos fazer X ou Y?). Em vez disso, ele deve identificar os problemas subjacentes para os quais essas alternativas, e provavelmente outras, são soluções potenciais. Isso possibilita que os membros do grupo criem alternativas, em vez de, simplesmente, escolher entre elas. Um modo útil de definir os problemas é considerar a lacuna entre o ponto em que o projeto está (isto é, o estado presente) e aquele em que deveria estar (o estado desejado). Por exemplo, o projeto pode estar quatro dias atrasado no cronograma ou o protótipo pode pesar 1 kg a mais do que determinam as especificações. Não importa se a lacuna é pequena ou grande, a finalidade é eliminá-la. O grupo precisa encontrar uma ou mais linhas de ação que transformarão o estado existente no desejado.

    Se forem detectadas posturas defensivas na da identificação do problema, pode ser sábio adiar a etapa de resolução dele, se possível. Isso permite que as emoções arrefeçam e os membros arejem a perspectiva sobre as questões envolvidas.

---

[9] Essa discussão é baseada na obra clássica de N. R. F. Maier, *Problem-Solving Discussion and Conferences* (New York: McGraw-Hill, 1963); e *Problem Solving and Creativity in Individuals and Groups* (Belmont, CA: Brooks-Cole, 1970).

2. **Geração de alternativas.** Havendo concordância geral quanto à natureza do(s) problema(s), a próxima etapa é gerar alternativas de solução. Se o problema exige criatividade, o *brainstorming* costuma ser recomendado. Nele, a equipe produz uma lista de soluções possíveis em um *flipchart* ou quadro. Enquanto isso, o gerente do projeto fixa uma trégua relativa a críticas ou avaliação de ideias. Os membros são incentivados a "pegar carona" nas ideias dos outros, estendendo-as ou combinando ideias em uma nova. O objetivo é criar o máximo possível de alternativas, por mais esquisitas que pareçam. Alguns gerentes de projetos informam que, para problemas realmente árduos, eles verificaram que é benéfico realizar essas sessões longe do ambiente normal de trabalho: a mudança de cenário estimula a criatividade.

3. **Obtenção da decisão.** A etapa seguinte é valorar e avaliar os méritos das soluções alternativas. Nesta fase, é proveitoso ter um conjunto de critérios para avaliar os méritos das diferentes soluções. Em muitos casos, o gerente do projeto pode recorrer às prioridades do projeto e fazer o grupo avaliar cada alternativa em termos do impacto nos custos, cronograma e desempenho, assim como na redução da lacuna relativa ao problema. Por exemplo, se o tempo for decisivo, seria escolhida a solução que resolve o problema o mais rápido possível.

   Durante a discussão, o gerente do projeto tenta criar consenso no grupo. Esse pode ser um processo complicado. Os gerentes de projetos precisam fornecer resumos periódicos para ajudar o grupo a acompanhar o progresso. Eles precisam proteger os membros que representam a visão minoritária e assegurar que ela seja devidamente ouvida. Eles precisam garantir que todos tenham a oportunidade de dividir opiniões, sem que uma pessoa ou grupo domine a conversa. Talvez seja útil cronometrar o tempo de fala em dois minutos. Quando ocorrem conflitos, os gerentes precisam aplicar algumas das ideias e técnicas discutidas na próxima seção.

   Os gerentes de projetos precisam efetuar testes de consenso, para verificar em quais pontos o grupo concorda e quais ainda são fonte de discórdia. Devem tomar cuidado para não interpretar silêncio como consentimento; consentimento se confirma fazendo-se perguntas. Em última instância, por meio de interação refletida, a equipe chega a um "ajuste mental" acerca de qual solução é a melhor para o projeto.

4. **Acompanhamento.** É importante que o grupo separe tempo para avaliar a efetividade da decisão tomada e implantada. Se ela não conseguiu dar a solução prevista, os motivos devem ser explorados e as lições aprendidas devem ser acrescentadas ao banco de memória coletiva da equipe do projeto.

Gerenciamento de conflito dentro do projeto

Discordâncias e conflitos surgem naturalmente em uma equipe de projeto durante a vida do projeto. Os participantes discordam a respeito de prioridades, alocação de recursos, a qualidade de trabalhos específicos, soluções a problemas descobertos, e assim por diante. Alguns conflitos favorecem as metas do grupo e aperfeiçoam o desempenho do projeto. Por exemplo, dois membros podem se engajar em um debate sobre uma decisão de *design* envolvendo diferentes atributos de um produto. Eles discutem porque acham que o atributo preferido de cada um é o que o cliente principal realmente quer. Essa discordância pode forçá-los a conversar ou obter mais informações com o cliente, tendo como resultado perceberem que nenhum dos atributos é altamente valorizado, mas que o cliente quer outra coisa. Mas os conflitos também podem prejudicar o desempenho do grupo. As discordâncias iniciais podem crescer até discussões acaloradas, com ambas as partes saindo furiosas da sala e se recusando a trabalhar juntas.

É provável que as fontes de conflito mudem na medida em que o projeto progride no seu ciclo de vida (Thamhain and Wilemon, 1975; Posner, 1986; Adams and Brandt, 1988). A Figura 11.5 sintetiza as principais fontes de conflito em cada fase.

Durante a definição do projeto, as fontes mais significativas de conflito são prioridades, procedimentos administrativos e cronograma. Ocorrem desentendimentos acerca da importância relativa do projeto em comparação com outras atividades, qual estrutura de gerenciamento de projeto usar (em especial, quanto controle o gerente do projeto deve ter), as pessoas a serem designadas e a programação do projeto nas cargas de trabalho existentes.

CASO PRÁTICO — Gerenciamento de projetos de baixa prioridade

Até agora, a discussão sobre a construção de equipes esteve direcionada primordialmente a projetos significativos, que demandam a atenção e o envolvimento dos membros designados. Mas e os projetos que têm baixa prioridade para os membros; e as forças-tarefas perfunctórias às quais os membros se juntam de má vontade; e o trabalho de comitê ao qual as pessoas são designadas; e os projetos em meio turno que tiram os membros do trabalho decisivo que prefeririam fazer; e os projetos que fazem os membros se questionar interiormente por que eles estão fazendo aquilo?

Não existe uma vara de condão que transforma equipes de projeto em meio turno moderadamente interessadas em equipes de alto desempenho. Entrevistamos diversos gerentes de projetos sobre esses cenários de projetos. Todos eles concordaram que, às vezes, as incumbências podem ser muito difíceis e frustrantes e que há limites ao que é possível. Ainda assim, eles ofereceram dicas e conselhos para aproveitar ao máximo cada situação, a maioria delas se concentra na criação de comprometimento com o projeto quando ele não existe naturalmente.

Um gerente de projetos defendia um grande investimento de tempo já no início dos projetos, seja na forma de uma longa reunião ou de uma incumbência inicial significativa. Ele via isso como uma forma de pagamento de entrada que os membros perdem se não levarem o projeto até a conclusão.

Outros enfatizavam que se introduzisse o máximo de diversão possível nas atividades. Aqui entram em cena os rituais discutidos no contexto da construção da identidade da equipe. As pessoas se comprometem porque gostam de trabalhar juntas no projeto. Uma gerente de projetos inclusive admitiu que a assiduidade nas suas reuniões de projeto se devia principalmente à qualidade das rosquinhas servidas.

Outra estratégia é mostrar os benefícios do projeto o mais realisticamente possível aos membros da equipe. Um gerente de projetos ampliou o comprometimento com uma força-tarefa obrigatória de prevenção de acidentes trazendo pessoas acidentadas para uma reunião. Outro gerente de projetos trazia o patrocinador do projeto, dos altos escalões, para reenergizar a equipe, reforçando a importância do projeto para a empresa.

A maioria dos gerentes de projetos enfatizou a importância de construir uma forte relação pessoal com cada um dos membros da equipe. Quando essa conexão ocorre, os membros trabalham bem não tanto porque realmente se importam com o projeto, mas porque não querem decepcionar o gerente do projeto. Embora não fossem versados em no modelo de moeda de influência, esses gerentes falaram sobre conhecer cada membro, compartilhar contatos, oferecer incentivo e dar uma mão amiga quando necessário.

Por fim, todos os gerentes de projetos advertiram que nada deve ficar subentendido em projetos de baixa prioridade. Eles recomendam que as pessoas sejam lembradas das reuniões e que se levem às reuniões cópias extras dos materiais para quem estiver sem eles. Os gerentes de projetos devem manter contato frequente com os membros do projeto e lembrá-los de suas incumbências. Um gerente fez uma bela suma ao dizer: "Às vezes, tudo se resume a saber encher a paciência dos outros".

Durante a fase de planejamento, a maior fonte de conflitos continua sendo as prioridades, seguidas de cronogramas, procedimentos e requisitos técnicos. Ela é o ponto em que o projeto passa de um conceito geral para um conjunto detalhado de planos. A importância relativa do projeto ainda está sendo estabelecida, assim como as suas prioridades (tempo, custo, escopo). É comum que surjam discordâncias a respeito do cronograma final, atribuição de recursos, procedimentos de comunicação e de tomada de decisão e requisitos técnicos.

FIGURA 11.5 Fontes de conflito ao longo do ciclo de vida do projeto

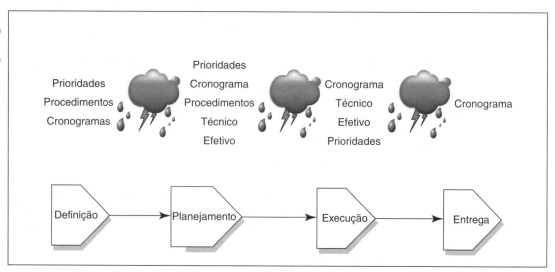

Na fase de execução, surgem atritos por causa de atraso no cronograma, problemas técnicos e questões de equipe. Os marcos ficam mais difíceis de serem atingidos em razão dos atrasos acumulados no cronograma. Isso gera tensão na equipe, pois os atrasos impedem os outros de começar ou terminar o próprio trabalho. A administração dos *trade-offs* entre tempo, custo e desempenho torna-se crucial. Os gerentes de projetos precisam decidir entre deixar o cronograma ficar para trás, investir fundos adicionais para voltar aos eixos ou reduzir a escala do escopo do projeto a fim de poupar tempo. Problemas técnicos envolvem encontrar soluções para problemas inesperados e integrar as contribuições de diferentes pessoas. O desgaste do projeto pode se expressar em conflitos interpessoais, assim como em pressões para utilizar recursos com mais eficácia.

Na fase de entrega, o nível de conflito tende a se abrandar. Em projetos problemáticos, os cronogramas permanecem como a maior fonte de conflito, pois os atrasos no cronograma dificultam ainda mais que se cumpram as datas de cumprimento das metas. Pressões para cumprir objetivos, aliadas à ansiedade crescente quanto às incumbências futuras, aumentam as tensões interpessoais. Problemas técnicos são raros, uma vez que a maioria deles já foi discutida nas fases anteriores.

Incentivo do conflito funcional

A demarcação entre **conflito funcional** e **disfuncional** não é clara, tampouco precisa. Em uma equipe, os membros podem promover uma diatribe com palavrões e acabar resolvendo suas diferenças. Já em outra equipe de projeto, esse comportamento criaria desafetos irreconciliáveis e impediria que as partes trabalhassem juntas outra vez. O critério de distinção é a maneira como o conflito afeta o desempenho do projeto, e não como os indivíduos se sentem. Os membros podem ficar chateados e insatisfeitos com o atrito, mas, desde que a discordância leve adiante os objetivos do projeto, o conflito é funcional. Os gerentes de projetos devem reconhecer que o conflito é inevitável, sendo até uma parte desejável do trabalho projetual; o segredo é estimular o conflito funcional e administrar o conflito disfuncional.

Uma visão compartilhada pode transcender as incongruências de um projeto e estabelecer um propósito comum a fim de canalizar o debate de maneira construtiva. Sem metas compartilhadas, não há um fundamento comum para abordar as diferenças. No exemplo anterior a respeito das decisões de *trade-off* de design, quando ambas as partes concordaram que a meta principal era satisfazer o cliente, havia uma base para resolver a disputa com mais objetividade. Portanto, concordar antecipadamente sobre qual prioridade é mais importante – custo, cronograma ou escopo – pode ajudar a equipe do projeto a definir a resposta mais apropriada.

Às vezes, o problema não é a presença de conflito, mas a sua ausência. Seguidamente, como resultado de pressões de tempo comprimido, dúvida em relação a si mesmo e do desejo de preservar a harmonia da equipe, os membros relutam em manifestar objeções. Essa hesitação priva a equipe de informações úteis que poderiam levar a soluções melhores e a evitar erros cruciais. Os gerentes de projetos precisam encorajar a dissidência saudável a fim de melhorar a resolução de problemas e a inovação. Eles podem demonstrar esse processo fazendo perguntas difíceis e desafiando a lógica por trás das recomendações. Eles também podem orquestrar o conflito saudável trazendo pessoas com pontos de vista diferentes a reuniões críticas.

Os gerentes de projetos podem legitimar a dissenção dentro da equipe atribuindo a alguém o papel de advogado do diabo, ou pedindo que o grupo use 15 minutos para pensar em todas as razões por que não se deveria seguir determinada linha de ação. O conflito funcional tem um papel crítico na obtenção de uma compreensão mais profunda das questões e para chegar às melhores decisões possíveis.

Uma das coisas mais importantes que os gerentes de projetos podem fazer é modelar uma resposta apropriada para quando alguém discorda ou contesta suas ideias. Eles precisam evitar ficar na defensiva e, em vez disso, estimular o debate crítico. Devem exibir habilidades eficazes de escuta e sumarizar as principais questões antes de responder. Devem ver se os outros concordam com o ponto de vista oposto. Finalmente, os gerentes de projetos precisam valorizar e proteger os dissidentes. As empresas tendem a criar muitos bajuladores e o rei precisa que lhe digam quando ele está nu.

Gerenciamento do conflito disfuncional

Gerenciar o conflito disfuncional é uma tarefa muito mais desafiadora do que incentivar o conflito funcional. Primeiro, o conflito disfuncional é de difícil identificação. O gerente pode ter dois profissionais altamente talentosos que se odeiam, mas que, no calor da competição, produzem resultados de mérito. Essa é uma situação agradável? Não. Ela é funcional? Sim, se contribuir para o desempenho do projeto. Por sua vez, às vezes o conflito funcional degenera em conflito disfuncional. Essa mudança acontece quando discordâncias técnicas evoluem para choques irracionais de personalidade, ou quando o fracasso em resolver uma questão causa atrasos desnecessários em trabalho de projeto decisivo.

A segunda maior dificuldade com que os gerentes se deparam é que frequentemente não existe uma solução fácil para o conflito disfuncional. Os gerentes de projetos precisam decidir entre diversas estratégias diferentes para administrá-lo; eis cinco possibilidades:

1. **Mediar o conflito.** O gerente intervém e tenta negociar uma resolução, usando argumentação e persuasão, sugerindo alternativas, e assim por diante. Um dos segredos é tentar encontrar um terreno comum. Em alguns casos, gerente do projeto pode argumentar que a troca ganha-perde cresceu até o ponto em que se tornou perde-perde para todos e que a hora é de fazer concessões.

2. **Arbitrar o conflito.** Depois de escutar todas as partes, o gerente impõe uma solução ao conflito. A meta não é decidir quem ganha, mas fazer o projeto ganhar. Ao fazer isso, é importante buscar uma solução que permita que todas as partes continuem sendo respeitadas; de outra forma, a decisão pode trazer apenas alívio momentâneo. Uma gerente de projetos admite que obtém muito sucesso usando uma abordagem ao estilo do rei Salomão para resolver conflitos. Ela contou que anuncia uma solução da qual nenhuma parte gosta, dando aos oponentes 2 horas para criarem uma solução melhor com que ambos concordem.

3. **Controlar o conflito.** Reduzir a intensidade do conflito, acomodando diferenças ou introduzindo humor, é uma estratégia efetiva. Se os ânimos estão se acirrando, o gerente pode encerrar a interação e esperar que as cabeças estejam mais frias no dia seguinte. Se o conflito continuar se acirrando, talvez seja preciso que as designações do projeto sejam rearranjadas, para que as duas partes não tenham que trabalhar juntas.

4. **Aceitar.** Em alguns casos, o conflito sobreviverá ao projeto e, embora seja uma distração, o gerente terá de viver com isso.

5. **Eliminar o conflito.** Por vezes, o conflito se ampliou a um ponto em que não é mais tolerável. Se houver nitidamente um vilão, ele deve ser removido. Se, como frequentemente é o caso, ambas as partes estiverem erradas, seria sábio eliminar ambos os indivíduos, se possível. Dispensá-los será um sinal claro aos outros da equipe de que esse tipo de comportamento é inaceitável.

Em suma, os gerentes de projetos estabelecem o fundamento do conflito funcional fixando papéis e responsabilidades claros, desenvolvendo metas comuns ou uma visão compartilhada e usando incentivos de grupo que recompensem a colaboração. Eles têm de ser espertos para ler a linguagem corporal a fim de identificar discordância não manifesta. Também devem ficar em contato com o que está acontecendo no projeto para identificar pequenos problemas que podem crescer até conflitos grandes. Humor oportuno e o redirecionamento do foco ao que é melhor para o projeto podem atenuar as tensões interpessoais possíveis em uma equipe de projeto.

Rejuvenescimento da equipe do projeto

Ao longo de um projeto longo, a equipe, às vezes, sai do curso e perde o pique. O gerente do projeto precisa se lançar à ação de modo a realinhar a equipe com os objetivos do projeto e pisar fundo. Existem jeitos formais e informais de fazer isso. Informalmente, o gerente do projeto pode instituir novos rituais, como as "baratas de brinquedo", para reenergizar a equipe. Em um projeto que não estava indo lá muito bem, o gerente interrompeu o trabalho e levou a equipe ao boliche para aliviar a frustração. Em outro projeto, a gerente exibiu para a sua equipe o filme *Um sonho de liberdade* para reavivar a esperança e o comprometimento com o sucesso.

Outra opção é conseguir que o patrocinador do projeto faça um discurso para levantar o moral das "tropas". Em outros casos, um desafio amistoso pode revigorar a equipe. Por exemplo, um patrocinador de projeto se ofereceu para preparar uma refeição de cinco pratos se o projeto voltasse aos eixos e atingisse o marco seguinte.

Volta e meia, é preciso tomar medidas mais formais. O gerente do projeto pode reconhecer a necessidade de uma sessão de construção de equipe para melhorar os processos de trabalho. Essa reunião é particularmente apropriada se ele sentir que a equipe está se aproximando de um ponto de transição no desenvolvimento dela. A meta dessa sessão é aprimorar a eficácia da equipe por meio de um melhor gerenciamento das demandas do projeto e de seus processos. Trata-se de um olhar interior que a equipe do projeto lança aos próprios desempenho, comportamento e cultura com o propósito de eliminar os comportamentos disfuncionais e fortalecer os funcionais. Ela critica o respectivo desempenho, analisa o modo de fazer as coisas e tenta desenvolver estratégias para melhorar.

Frequentemente, contrata-se um consultor externo, ou um especialista interno é designado para facilitar a sessão. Esse processo traz à baila uma perspectiva externa, mais objetiva, libera o gerente do projeto para tomar parte no processo e proporciona um especialista treinado em dinâmicas de grupo. Além disso, se informações preliminares tiverem de ser coletadas, os membros da equipe podem ser mais francos e abertos com alguém de fora.

Um cuidado ao utilizar consultores externos é que, muitas vezes, os gerentes recorrem a isso como um método para lidar com um problema do qual eles não conseguem ou não querem tratar. A ordem do dia para o consultor é "conserte minha equipe para mim". O que os gerentes deixam de reconhecer é que um dos segredos para consertar a equipe é melhorar a relação de trabalho entre eles mesmos e o restante da equipe. Para que essas sessões sejam eficazes, os gerentes de projetos precisam estar dispostos a ter seu próprio papel investigado e ser receptivos à alteração do próprio comportamento e de hábitos de trabalho com base nos comentários e sugestões da equipe do projeto.

Os consultores usam uma ampla variedade de técnicas de **construção de equipe** para elevar o desempenho da equipe. Eis uma breve descrição de uma das abordagens mais comuns. O primeiro passo é reunir informações e efetuar um diagnóstico preliminar do desempenho da equipe. Seja mediante entrevistas individuais ou coletivas, o consultor faz perguntas gerais sobre o desempenho da equipe de projeto, isto é: quais são obstáculos a um desempenho melhor? Essa informação é sintetizada em temas. Depois que todos os tenham entendido, o grupo os classifica segundo a importância de cada um e o domínio que tem sobre eles. Essa última dimensão é vital. *Domínio* diz respeito à influência direta que a equipe tem sobre a questão. Por exemplo, ela provavelmente tem pouca influência sobre a entrega dos fornecimentos contratados, mas os membros da equipe têm controle sobre a rapidez com que informam uns aos outros as súbitas mudanças de planos.

Se o grupo estiver inquieto com questões fora do seu controle, a reunião pode rapidamente se tornar uma sessão de choradeira desmoralizante. Portanto, as questões mais importantes sobre as quais eles têm controle compõem a pauta. Durante a reunião, serão geradas muitas informações interpessoais e de processo do grupo, sendo elas examinadas também. Assim, a equipe trabalha com dois conjuntos de itens: os da pauta e os que surgem da interação dos participantes. É aí que a expertise do facilitador externo torna-se fundamental para identificar os padrões de interação e suas implicações para o desempenho da equipe.

Discutindo-se problemas importantes, são desenvolvidas alternativas de ação. A sessão de construção de equipe termina decidindo-se medidas específicas de ação para remediar problemas e fixando-se datas para quem fará o que quando. Essas incumbências podem ser revisadas em reuniões de *status* do projeto ou em uma sessão especial de acompanhamento.

Virou moda associar atividades de construção de equipe a vivências ao ar livre como *rafting* ou escaladas, o que coloca os membros da equipe em uma variedade de situações fisicamente desafiadoras que precisam ser dominadas por meio de trabalho coletivo, e não de esforço individual. Tendo de trabalhar juntos para superar obstáculos difíceis, os membros da equipe acabam sentindo maior autoconfiança, mais respeito pelas capacidades alheias e um maior comprometimento com trabalho em equipe. Não existem dados empíricos para validar essas empreitadas exóticas além do apoio entusiástico dos participantes. Elas certamente proporcionam uma experiência comum que

> ### CASO PRÁTICO — Gerenciamento de equipes globais virtuais*
>
> Carl A. Singer, gerente sênior de programas na IBM Global Services, descreveu como os fusos horários globais eram usados para concluir um projeto intensivo em tempo. O projeto exigia que especialistas de matéria específica (SMEs) documentassem as melhores práticas existentes na manutenção e as aportassem em uma ferramenta de gerenciamento de conhecimento. Os SMEs mais proficientes à disposição estavam em lados opostos do planeta: Austrália e Escócia. A revisão e o controle do projeto eram feitos nos Estados Unidos.
>
> A gerência se deu conta de que apenas trabalhar mais e com mais inteligência não seria suficiente para a equipe atingir os alvos de tempo e qualidade. Para esse projeto, eles usaram a dimensão cronológica em seu benefício. Aplicando bons princípios gerenciais e aproveitando sistemas de comunicação eletrônica, a equipe conseguiu criar um dia de trabalho virtual de 24 horas para respostas rápidas e revisões aceleradas.
>
> Cada equipe era composta por profissionais veteranos, familiarizados com os rigores de projetos de consultoria pressionados pelo tempo. Definiu-se um contato local para cada equipe e estabeleceram-se alvos, terminologia e processos mutuamente acordados.
>
> Foi organizada uma reunião inaugural com todos, em que os participantes puderam se enturmar, compreender as restrições locais e de projetos e finalizar um plano acordado. A reunião foi feita em um hotel corporativo cujas instalações o fizeram ser considerado "uma estância de consultores da IBM". Isso apressou a recuperação do *jet lag* e proporcionou um ambiente de trabalho sem interrupções.
>
> Depois de voltarem às suas bases, as equipes criaram a maioria das suas entregas independentemente, com teleconferências periódicas com três participantes coordenando. Foi estabelecido um livro eletrônico de controle do projeto para que todos os participantes tivessem acesso aos últimos documentos do projeto.
>
> A fase final do projeto exigia intensa interface e revisões entre as equipes. Essas revisões precisavam de mudanças para lidar com problemas, diferenças entre subprojetos e outras questões. Foi aqui que a natureza internacional do projeto foi alavancada. Usando uma "abordagem de lavanderia" (entrada às 17h00 e saída às 9h00), os membros da equipe na Austrália e na Escócia conseguiam resolver questões geradas nas revisões externas feitas nos Estados Unidos e dar respostas concretas até o início do dia útil seguinte. Teleconferências às 6h (horário-padrão dos Estados Unidos) eram usadas para coordenar respostas e resolver questões e, no fim do dia de trabalho, para finalizar questões e incumbências. A Figura 11.6 ilustra o relógio global de 24 horas usado para alinhar os cronogramas de comunicação.
>
> Usava-se teleconferência em vez de videoconferência por causa do tempo de preparação e porque os participantes não precisam sair de suas salas. O *e-mail* era usado largamente para comunicação geral. Um repositório eletrônico de trabalho do projeto era usado para coordenar o envolvimento global. Na prática, um participante podia redigir um documento e depositá-lo eletronicamente e encontrando, no dia seguinte, o documento anotado com revisões sugeridas. De forma parecida, podia-se começar o dia checando uma caixa de entrada cheia de documentos para revisar e questões a resolver. Ao longo do tempo, "*G'day*" e "*Cheers*" se infiltraram na fala americana — um claro indicador da coesão da equipe.
>
> Singer identificou diversas lições aprendidas com o projeto. Elas incluíam:
>
> - A reunião inaugural com a presença de todos foi decisiva para estabelecer metas e procedimentos, assim como "regras de cortesia".
> - Soltar as rédeas — estabelecer entregas claras e, então, sair da frente, deixando os profissionais trabalharem.
> - Estabelecer e cobrar padrões de qualidade e modelos de entregas convencionados.
> - Manter um cronograma regular de teleconferências, mesmo que fosse apenas para dizer: "Olá, hoje não temos nada para falar". As teleconferências devem ser guiadas por pautas preestabelecidas, procedimentos de anotação e revisões.
>
> * Carl A. Singer, "Leveraging a Worldwide Project Team," *PM Network*, April 2001, pp. 36-40.

pode acelerar o desenvolvimento social da equipe. Um investimento em tempo e dinheiro mostra a importância do trabalho de equipe, fazendo alguns considerarem uma regalia fazer parte do projeto. Ao mesmo tempo, se as lições dessas experiências não puderem ser imediatamente transferidas para o trabalho efetivo no projeto, seu sentido poderá desaparecer.

Gerenciamento de equipes virtuais de projeto

Criar uma equipe de projeto de alto desempenho com uma mistura de integrantes em meio turno e turno integral é uma tarefa desafiadora. Pense em como é mais desafiador criar um equipe quando os membros não podem interagir cara a cara. Seria o caso de uma **equipe virtual de projeto**, em que os membros estão situados geograficamente de modo que raramente ou nunca se encontrem cara a cara como uma equipe. Por exemplo, a sede comercial de circuitos integrados e uma parte das instalações de P&D da Hewlett-Packard estão localizadas em Palo Alto, Califórnia; as duas operações de fabricação de pastilhas estão localizadas em Corvallis, Oregon, e em Fort Collins,

FIGURA 11.6
Relógio global de 24 horas

Estados Unidos (Costa Leste)	Austrália	Escócia	Comentários
0h	14h	5h	
1h	15h	6h	
2h	16h	7h	
3h	17h	8h	
4h	18h	9h	Entrega da Austrália para revisão no turno inverso
5h	19h	10h	
6h	20h	11h	Janela de conferência de 3 vias (principal)
7h	21h	12h	Janela de conferência de 3 vias (principal)
8h	22h	13h	Janela de conferência de 3 vias (principal)
9h	23h	14h	
10h	0h	15h	
11h	1h	16h	
12h	2h	17h	Entrega da Escócia para revisão no turno inverno
13h	3h	18h	
14h	4h	19h	
15h	5h	20h	
16h	6h	21h	Janela de conferência de 3 vias (secundária)
17h	7h	22h	Janela de conferência de 3 vias (secundária)
18h	8h	23h	Entrega dos EUA para revisão no turno inverno
19h	9h	0h	
20h	10h	1h	
21h	11h	2h	
22h	12h	3h	
23h	13h	4h	
0h	14h	5h	

☐ Horário principal   ■ Horário secundário   ▨ Horário morto

Colorado; o processo de montagem de embalagem fica majoritariamente em Cingapura e na Coreia. Não é incomum que profissionais de todas essas localidades se envolvam no mesmo projeto. Quando os membros da equipe estão espalhados por diferentes fusos horários e continentes, a oportunidade de comunicação direta é drasticamente limitada. A comunicação eletrônica, como por Internet, e-mail e teleconferência, assume muito mais importância nos projetos virtuais, pois é o principal meio de comunicação. Consulte o "Caso Prático: Gerenciamento de equipes globais virtuais" para ver um exemplo de como isso funciona.

Dois dos maiores desafios envolvidos no gerenciamento de uma equipe virtual de projeto são desenvolvimento de confiança e padrões eficazes de comunicações (Lipsinger and Derosa, 2010). É difícil estabelecer confiança no gerenciamento de projetos virtuais. Ao contrário do trabalho em uma equipe tradicional, em que os membros podem ver se alguém fez o que diz ter feito, os participantes de equipes virtuais dependem da palavra de membros distantes. Ao mesmo tempo, pode ser difícil confiar em alguém que você só viu uma ou duas vezes, se tanto. A separação geográfica também veda as interações sociais informais que podem ser tão essenciais para criar camaradagem entre os membros de uma equipe. Como disse um integrante de uma equipe virtual: "Não dá para sair para tomar um chope pela Internet".

Então, como o gerente de projetos pode facilitar o desenvolvimento da confiança em uma equipe virtual? Primeiro, se for impossível uma reunião presencial no início, os gerentes precisam orquestrar a troca de informações sociais: quem são as pessoas envolvidas e algumas informações de histórico pessoal durante a troca eletrônica inicial. Segundo, eles precisam definir papéis claros para cada membro da equipe. Idealmente, tarefas específicas devem ser atribuídas a cada membro para que eles possam trazer uma contribuição imediata ao projeto. Em projetos virtuais, a confiança cresce por meio de confiabilidade, consistência e reatividade dos membros da equipe (Coutu, 1998). Finalmente, o gerente do projeto precisa sempre demonstrar entusiasmo e uma orientação à ação em todas as mensagens: espera-se que esse espírito se alastre entre os demais membros da equipe.

O segundo grande desafio do gerenciamento de uma equipe de projeto virtual é estabelecer padrões eficazes de comunicação. E-mails e fax são ótimos para comunicar fatos, mas não os sentimentos por trás deles; tampouco possibilitam comunicação em tempo real. Teleconferência e salas de bate-papo sobre o projeto podem ajudar, mas também têm suas limitações. A videoconferência é um aprimoramento considerável em relação às formas eletrônicas não visuais de comunicação. Ainda assim, é uma mídia muito cara, e a interação em tempo real só está disponível para os sistemas mais avançados e dispendiosos. A máxima é que a tecnologia corresponda à necessidade de comunicação. Aqui, vão algumas diretrizes desenvolvidas pela 3M para uso em seus projetos distribuídos:[10]

- *Quando enviar e-mails.* Para distribuir informações e notícias importantes em um contexto de um para um ou de um para muitos.
- *Quando usar boletins eletrônicos.* Para estimular a discussão e extrair diversidade de opinião sobre questões.
- *Quando fazer videoconferência.* Quando for preciso ver o rosto e a expressão do interlocutor. Isso é importante nas fases iniciais do projeto, quando você está construindo relações e desenvolvendo uma compreensão comum do que precisa ser feito. Utilize-a novamente ao trabalhar decisões críticas e/ou decisões polêmicas.
- *Quando usar teleconferência.* Quando pessoas em diferentes localidades estão trabalhando com documentos, apresentações, esboços e modelos comuns. Use para reuniões de relatório de *status* e para manter a camaradagem.
- *Quando viajar.* Para criar ou restaurar confiança. Use o orçamento de viagem para reunir todos os principais atores bem no início a fim de instilar comprometimento com as metas do projeto e promover atividades de construção de equipe.

Mesmo com o melhor sistema de comunicação, os gerentes precisam superar o problema das diferenças de fuso horário, nuances culturais e achar um horário conveniente para as conferências.

A seguir, algumas sugestões adicionais para aliviar problemas de comunicação e aprimorar o desempenho de equipes virtuais:

1. **Mantenha os membros da equipe informados sobre como o projeto em geral está indo.** Use *shareware* ou desenvolva um ponto de acesso central, como um site ou uma conta de LAN, para que os membros recebam cronogramas atualizados do projeto. Eles precisam saber onde se encaixam no panorama geral.
2. **Não deixe os membros da equipe desaparecerem.** Frequentemente, as equipes virtuais enfrentam problemas para entrar em contato. Use um programa de agenda pela Internet para armazenar as agendas dos membros.
3. **Estabeleça um código de conduta para evitar atrasos.** Os membros da equipe precisam estar de acordo não apenas sobre quando, como e quais informações serão divididas, mas também sobre como e quando deverão reagir a elas. Desenvolva um sistema de prioridades para distinguir mensagens que exigem resposta imediata daquelas com janelas maiores de tempo.
4. **Estabeleça normas e protocolos claros para trazer à tona pressupostos e conflitos.** Como a maior parte da comunicação é não visual, o gerente do projeto não pode observar a linguagem corporal e expressões faciais para ter uma ideia do que está acontecendo. Quando se comunica, ele precisa forçar a barra para fazer os membros explicarem os pontos de vista, ações e preocupações mais deles claramente; o gerente precisa se assegurar que compreendeu.

---

[10] "3M Meeting Network," em www.3M.com/meetings, acessado em 06/06/2002.

5. **Compartilhe a dor.** Não exija que todos se conformem com seu fuso horário e preferências. Faça um rodízio de horários para que todos os membros da equipe tenham oportunidade de trabalhar de acordo com a hora local.

Em certa medida, administrar uma equipe de projeto virtual não é diferente de administrar uma de projeto normal. O segredo é trabalhar dentro das restrições da situação para desenvolver modos eficazes para os membros interagirem e combinarem os respectivos talentos para concluir o projeto.

Armadilhas das equipes de projeto

Equipes de projeto de alto desempenho podem gerar resultados fantásticos. Entretanto, como todas as coisas boas, existe o lado ruim das equipes de projeto que os gerentes precisam conhecer. Nesta seção, examinamos em mais detalhes algumas das patologias às quais as equipes de projeto de alto desempenho podem sucumbir e salientar o que os gerentes de projetos podem fazer para reduzir a probabilidade de esses problemas ocorrerem.

Pensamento de grupo

Janis (1982) foi quem primeiro identificou o *pensamento de grupo* como um fator que influenciou a invasão malfadada de 1961 da Baía dos Porcos, em Cuba. O termo diz respeito à tendência que os membros de grupos altamente coesos têm de perder suas capacidades avaliativas críticas. Essa mazela aparece quando as pressões por conformidade se combinam à ilusão de invencibilidade para suspender a discussão crítica das decisões. Em consequência, as decisões são tomadas rapidamente, com pouca consideração das alternativas; muitas vezes, a prática leva a fiascos que, após o fato, parecem totalmente improváveis. Alguns dos sintomas do pensamento de grupo incluem os seguintes:

- *Ilusão de invulnerabilidade.* A equipe se sente invencível. Ela é marcada por um alto grau de *esprit de corps*, uma fé implícita na própria sabedoria e um otimismo descabido que induz nos membros do grupo uma complacência a respeito da qualidade das suas decisões.
- *Aparência de pensamento crítico.* Os membros do grupo discutem apenas algumas soluções, ignorando alternativas; deixam de examinar as eventuais consequências adversas da sua linha de ação preferida e rejeitam rápido demais qualquer alternativa que, na superfície, pareça ser insatisfatória.
- *Estereótipos negativos dos externos.* Surgem estereótipos de "mocinho/vilão" segundo os quais o grupo considera vilão qualquer pessoa externa que se oponha às suas decisões, percebendo-a como incompetente, prejudicial e com argumentos indignos de consideração séria.
- *Pressão direta.* Quando um membro da equipe se manifesta ou questiona a direção que a equipe tomou, aplica-se pressão direta no dissidente. Ele é lembrado de que velocidade é importante e que o objetivo é concordância, não discussão.

Síndrome do drible burocrático

Frequentemente, permite-se que as equipes de projeto façam as coisas sem ter que passar pelos protocolos regulares da empresa matriz. Driblar os canais burocráticos é atraente e revigorante. No entanto, quando o "drible" se torna um estilo de vida, resulta na rejeição das políticas e procedimento burocráticos que dão liga à empresa toda. Uma equipe que funciona por fora desse conjunto pode alienar os demais trabalhadores que são restringidos pelas normas e procedimentos; a consequência é que esses burocratas externos encontram modos de erguer barricadas e sabotar a equipe de projeto (Johansen et al., 1991).

O espírito de equipe se torna o xodó da equipe

Equipes de projeto de alto desempenho podem oferecer uma tremenda satisfação pessoal. O entusiasmo, o alvoroço e a alegria gerados pelo trabalho em um projeto desafiador podem ser uma experiência revigorante. Leavitt e Lipman-Blumen (1995) chegam ao ponto de dizer que todos os membros da equipe se comportam como pessoas apaixonadas. Eles ficam fascinados pelo desafio do projeto e pela convivência com tantos talentos. Essa preocupação total com o projeto e com a

> **CASO PRÁTICO** — Técnica de grupo nominal*
>
> GE Appliances, U.S. West, Marriott Corp. e Hewlett-Packard estão entre as muitas empresas que usam a **técnica de grupo nominal (NGT)** para guiar decisões em projetos. A NGT começa reunindo os membros da equipe e/ou partes interessadas do projeto ao redor de uma mesa e identificando o problema do projeto em questão. Então, cada membro sugere soluções por escrito. Em seguida, ele as apresenta ao grupo e o líder as escreve em um quadro. Críticas não são permitidas. Esse processo continua até que todas as ideias tenham sido expostas. Então, as soluções são, uma por uma, discutidas e esclarecidas pelo grupo. Em seguida e reservadamente, cada membro do grupo as classifica por ordem de preferência. A votação é conferida para criar uma classificação geral. Se necessário refinar mais a lista, esses passos são repetidos para que se eleja uma solução.
>
> A NGT oferece um processo organizado para lidar com problemas potencialmente explosivos; impede que ocorra pensamento de grupo; não incentiva pressões para se adequar aos desejos de um membro poderoso do grupo, pois todas as ideias são discutidas e todas as preferências são expressadas em sigilo. A criatividade acaba sendo otimizada, já que os membros podem oferecer uma solução com base na sua expertise e no seu ponto de vista. Finalmente, decisões importantes podem ser tomadas de maneira relativamente ágil. A NGT funciona melhor quando existe um problema bem-definido.
>
> * Andrew Delbeeq, Andrew H. Van de Ven, and D. H. Gustafson, *Group Techniques for Program Planning* (Glenview, II: Scott Foresman, 1975).

equipe, apesar de contribuir muito para o notável sucesso do projeto, pode deixar como legado uma fileira de relações profissionais e pessoais rompidas, contribuindo para a exaustão e a desorientação após a conclusão do projeto.

Agir como nativo

Agir como nativo (nativização) é uma expressão usada pela primeira vez pelo Serviço Estrangeiro Britânico na época colonial para descrever agentes que assumiam os costumes, valores e prerrogativas do país estrangeiro para onde eram designados,[11] indicando que não estavam mais representando os interesses do governo britânico, mas os dos nativos. Esse mesmo fenômeno pode ocorrer em equipes de projeto que trabalham no exterior ou naquelas que acabam intimamente identificadas com seus clientes. Em essência, os interesses do cliente assumem precedência em relação aos da empresa-matriz. Essa mudança de ponto de vista pode ocasionar fluência excessiva de escopo e oposição aberta à politica e aos interesses corporativos.

Lidar com tais situações é problemático porque, na maioria dos casos, elas são uma distorção de uma coisa boa, e não um simples mal. Conscientização é o primeiro passo da prevenção. O passo seguinte é tomar medidas profiláticas para reduzir a probabilidade de que essas armadilhas ocorram. Por exemplo, os gerentes podem diminuir o isolamento da equipe de projeto criando conexões relacionadas a trabalho fora da equipe de projeto. Essas interações ocorrem naturalmente em um ambiente de matriz, em que os membros trabalham em múltiplos projetos e mantêm laços com seu departamento de origem. Da mesma forma, o isolamento de equipes dedicadas de projeto pode ser reduzido pelo envolvimento oportuno de especialistas externos. Em qualquer dos casos, o envolvimento ativo dos membros relevantes da empresa matriz em reuniões de *status* de projeto pode ajudar a manter o laço entre o projeto e o resto da empresa. Se a equipe parecer estar sofrendo de pensamento de grupo, o gerente do projeto pode encorajar conflito funcional ao desempenhar o papel de advogado do diabo, a fim de estimular dissenção, ou ao utilizar uma abordagem estruturada de resolução de problemas, como a técnica nominal de grupo(Veja o caso prático). Por fim, sessões formais de construção de equipe podem revelar normas disfuncionais e restabelecer a atenção da equipe nos objetivos do projeto.

Resumo

Muitas vezes, os gerentes de projetos trabalham em condições inferiores às ideais para desenvolver uma equipe coesa, comprometida em trabalhar unida e concluir o projeto no máximo de suas capacidades. Eles têm de recrutar pessoas de outros departamentos e administrar o envolvimento

---

[11] Exemplos cinematográficos recentes disso incluem *Avatar* (2010) e *Dicionário de cama* (2003).

temporário dos membros da equipe. Precisam reunir gente que não se conhece e rapidamente estabelecer um conjunto de procedimentos operacionais que unam seus esforços e contribuições. Devem ter habilidades de gerenciamento de reuniões, para que elas não se tornem um fardo, mas um veículo para o progresso. Os gerentes de projetos precisam forjar uma identidade de equipe e uma visão compartilhada que retenham a atenção e a lealdade dos participantes. Também precisam utilizar incentivos específicos para estimular o trabalho em equipe, ao mesmo tempo em que reconhecem quando é apropriado distinguir indivíduos com reconhecimento especial. Os gerentes de projetos têm de encorajar o conflito funcional, que contribui para soluções superiores, ao passo que devem permanecer alertas ao conflito disfuncional, que pode desmantelar uma equipe. Todas essas tarefas devem ser cumpridas com o cuidado de não fazer um serviço bom demais e evitar as ciladas da excessiva coesão de grupo.

Embora pautas, documentos formais, visões, recompensas e semelhantes sejam ferramentas e técnicas importantes, foi realçado, tanto neste capítulo quanto no Capítulo 10, que a ferramenta mais importante que os gerentes de projetos têm para construir uma equipe de projeto eficaz é o seu próprio comportamento. Assim como os fundadores da empresa moldam a cultura desta, o gerente do projeto molda e influencia a cultura interna da equipe de projeto. Um exemplo positivo pode definir como os membros da equipe reagem a mudanças, como lidam com tarefas novas e se relacionam entre si e com o resto da empresa. Não existe um jeito fácil de exercer liderança pelo exemplo. Isso exige convicção pessoal, disciplina, sensibilidade à dinâmica de equipe e uma consciência constante de como as ações pessoais são percebidas pelos outros.

Termos-chave

Brainstorming, 341
Conflito disfuncional, 343
Conflito funcional, 343
Construção de equipe, 345
Equipe virtual de projeto, 346
Pensamento de grupo, 349

Reunião inaugural do projeto, *331*
Rituais de equipe, *335*
Sinergia positiva, *325*
Técnica de grupo nominal (NGT), *350*
Visão do projeto, *336*

Questões de revisão

1. Quais as diferenças entre o modelo em cinco estágios de desenvolvimento de equipe e o modelo de equilíbrio pontual?
2. Quais os elementos de uma visão de projeto eficaz? Por que eles são importantes?
3. Por que o gerente de projetos deve enfatizar recompensas de grupo em detrimento de recompensas individuais?
4. Qual a diferença entre o conflito funcional e o disfuncional em um projeto?
5. Quando seria apropriado organizar uma sessão formal de construção de equipe em um projeto?
6. Quais são os desafios únicos do gerenciamento de uma equipe virtual de projeto?
7. O que o gerente de projetos pode fazer para evitar algumas armadilhas de uma equipe de projeto altamente coesa?

Exercícios

1. As atividades a seguir são baseadas em um projeto de grupo recentemente concluído em que você esteve envolvido. O projeto pode ter sido de estudo, trabalho ou extracurricular.
   a. Analise o desenvolvimento da equipe quanto ao modelo em cinco fases e ao modelo de equilíbrio pontual. Qual funciona melhor para descrever como a equipe evoluiu?
   b. Analise o grupo segundo os nove fatores situacionais que influenciam o desenvolvimento da equipe. Quais fatores contribuíram positivamente para o desempenho do grupo? Quais fatores contribuíram negativamente para o desempenho do grupo? Como o grupo tentou superar os fatores negativos? O que você poderia ter feito de diferente para superar esses fatores negativos?

c. Analise a eficácia com que o grupo administrava as reuniões. O que o grupo fazia bem? O que o grupo não fazia bem? Se o grupo fosse formado novamente, quais recomendações específicas você para o grupo administrar reuniões?

2. Imagine que você tem as seguintes opções de tomada de decisão: (1) tomar a decisão por si só com as informações disponíveis, (2) consultar os outros antes de tomar uma decisão, e (3) convocar uma reunião e chegar a um consenso, buscando uma decisão final com que todos concordem. Qual abordagem você empregaria para tomar cada uma das decisões seguintes? Por quê?

   a. Você é o líder do projeto Noite de Cassino no Campus, um evento de caridade organizado pelo seu grupo para arrecadar dinheiro para os sem-teto, que foi um grande sucesso, com lucro líquido de US$ 3,5 mil. Antes do evento, a sua equipe pesquisou as organizações próximas que ajudam os sem-teto e às quais poderia ser doado o dinheiro. Você reduziu as opções a "Chunk of Coal House" e "St. Mary's Soup Kitchen". No fim, o grupo decidiu que os fundos irão para a Chunk of Coal. Você está prestes a preencher o cheque para o seu diretor quando lê no jornal da região que a entidade encerrou suas operações. O que você deve fazer com o dinheiro?

   b. Você é um designer de campos de golfe contratado pelo Trysting Tree Golf Club para reformar o campo deles. Você vem trabalhando de perto com o conselho de administração do clube para desenvolver um novo leiaute que seja desafiador e esteticamente agradável. Todo mundo está empolgado com as mudanças. O projeto está quase 75% concluído quando você se depara com problemas no 13º buraco. O 13º buraco do Trysting Tree é um par três de 144 m do ponto de lançamento onde os golfistas precisam dar suas tacadas por cima de um lago até outra parte do campo. Durante a construção do novo dispositivo de apoio, os operários descobriram que uma nascente subterrânea corre por baixo do box até o lago. Você inspecionou a obra e concordou com o supervisor da obra que isso poderia criar problemas sérios, especialmente nos meses chuvosos de inverno. Após examinar a área, você acha que a única opção viável seria estender o buraco para 155 m e criar outro dispositivo elevado nas encostas adjacentes.

   c. Você é o líder de um projeto de desenvolvimento de um novo produto. A sua equipe vem trabalhando duro para desenvolver um produto de 3ª geração que incorpore as novas tecnologias e satisfaça as demandas do cliente. O projeto está aproximadamente 50% concluído. Você recebeu recentemente um relatório do departamento de marketing dando pormenores de um produto similar que está prestes a ser lançado por um concorrente. O produto parece empregar princípios de design radicalmente novos que expandem a funcionalidade do produto. Isso representa uma séria ameaça ao sucesso do seu projeto e alta gerência está considerando cancelá-lo e começar do zero e quer que você dê uma recomendação.

3. As atividades a seguir são baseadas em um projeto de grupo atual ou recentemente concluído em que você esteve envolvido. O projeto pode ser de estudo, trabalho ou extracurricular.

   a. Quão forte é a identidade da equipe nesse projeto? Por quê?

   b. O que os participantes poderiam fazer para fortalecer a identidade da equipe?

   c. Quais tipos de atividades informais poderias ser utilizado para rejuvenescer a equipe? Por que essas atividades funcionariam?

Referências

Adams, J. R., and S. E. Brandt, "Behavioral Implications of the Project Lifecycle," *Project Management Handbook,* 2nd ed., D. I. Cleland and W. R. King (eds.), (New York: Van Nostrand Reinhold, 1988), pp. 206-30.

Berkun, S., *The Art of Project Management* (Sebastopol, CA: O'Reilly, 2005).

Cleland, D. I., "Team Building: The New Strategic Weapon," *PM Network,* Vol. 11 (1) 1997.

Bowen, K. H., K. B. Clark, C. A. Holloway, and S. C. Wheelwright, *The Perpetual Enterprise Machine,* (New York: Oxford Press, 1994).

Bolman, D. G., and T. E. Deal, What Makes Teams Work," *Organizational Dynamics,* vol. 21 (2), 1992, pp. 34-45.

Coutu, D. L., "Organization Trust in Virtual Teams," *Harvard Business Review,* Vol. 76 (3) 1998, pp. 20-21.

DeMarco, T., and T. Lister, *Peopleware: Productive Projects and Teams,* 2nd ed. (New York: Dorsett House, 1999).

Ericksen, J., and L. Dyer, "Right from the Start: Exploring the Effects of Early Team Events on Subsequent Project Team Performance," *Administrative Science Quarterly*, 49 (3) 2004, pp. 438-71.

Frame, J. D., *Managing Projects in Organizations* (San Francisco: Jossey-Bass, 1995).

Hackman, J. R., *Leading Teams: Setting the Stage for Great Performances* (Cambridge, MA: Harvard Business School Press, 2002).

Homans, G. C., *Social Behavior: Its Elementary Forms* (New York: Harcourt Brace Jovanovich, 1961).

Janis, I. L., *Groupthink* (Boston: Houghton Mifflin, 1982).

Johansen, R., D. Sibbett, S. Benson, A. Martin, R. Mittman, and P. Saffo, *Leading Business Teams: How Teams can use Technology and Group Process Tools to Enhance Performance* (Reading, MA: Addison-Wesley, 1991).

Katz, R., "How a Team at Digital Equipment Designed the 'Alpha' Chip," *The Human Side of Managing Technological Innovation,* 2nd ed. Ed. Ralph Katz (New York: Oxford University Press, 2004), pp. 121-33.

Katzenbach, J. R., and D. K. Smith, *The Wisdom of Teams* (Boston: Harvard Business School Press, 1993).

Kidder, T., *The Soul of a New Machine* (New York: Avon Books, 1981).

Kirkman, B. L., B. Rosen, C. B. Gibson, P. E. Tesluk, and S. O. McPherson, "Five Challenges to Virtual Team Success: Lessons From Sabre, INC.," *Academy of Management Executive,* 16 (2) 2002, pp. 67-79.

Leavitt, H. J., and J. Lipman-Blumen, "Hot Groups," *Harvard Business Review,* Vol. 73 1995, pp. 109-16.

Likert, R., *New Patterns in Management,* (New York: McGraw-Hill, 1961).

Linetz, B. P., and K. P. Rea, *Project Management for the 21st Century* (San Diego: Academic Press, 2001).

Lipsinger, R., and DeRosa D., *Virtual Team Success: A Practical Guide for Working and Leading from a Distance* (San Francisco: Jossey-Bass, 2010).

Maier, N. R. F., *Problem Solving and Creativity in Individuals and Groups* (Belmont, CA: Brooks-Cole, 1970).

Maier, N. R. F., *Problem-Solving Discussion and Conference,* (New York: McGraw-Hill, 1963).

Malhotra, A., A. Majchrzak, and B. Rosen, "Leading Virtual Teams," *Academy of Management Perspectives*, 21 (1) 2007, pp. 60-70.

Maznevski, M. L., and K. M. Chudoba, "Bridging Space over Time: Global Virtual Team Dynamics and Effectiveness," *Organization Science,* Vol. 11 (5), September–October 2000, pp. 473-92.

Posner, B. Z., "What's All the Fighting About? Conflicts in Project Management," *IEEE Transactions in Engineering Management*, EM-33, 1986, pp. 207-211.

Peters, T., *Thriving on Chaos: Handbook for a Management Revolution* (New York: Knopf, 1988).

Ritti, R. R., and S. L. Levy, *The Ropes to Skip and the Ropes to Know: Studies in Organizational Behavior* (New York: Wiley, 2009).

Senge, P. M., *The Fifth Discipline* (New York: Doubleday, 1990).

Seta, J. J., P. B. Paulus, and J. Schkade, "Effects of Group Size and Proximity under Cooperative and Competitive Conditions," *Journal of Personality and Social Psychology,* 98 (2) 1976, pp. 47-53.

Sherif, M., *Group Conflict and Cooperation: Their Social Psychology* (Chicago: Aldine, 1967).

Siebdrat, F., M. Hoegl, and H. Ernst, "How to Manage Virtual Teams," *MIT Sloan Management Review,* http://sloanreview.mit.edu/the-maazine/2009-summer/50412/how-to manage-virtual teams/2009.

Skilton, P. F., and K. J. Dooley, "The Effects of Repeat Collaboration on Creative Abrasion," *Academy of Management Review,* 35 (1) 2010, pp. 118-34.

Smith, B. J., "Buiolding Shared Visions: How to Begin," *The Fifth Discipline Fieldbook: Strategies and Tools for Building a Learning Organization,* eds. P. M. Senge, C. Roberts, R. B. Ross, B. J. Smith, and A. Kleiner (New York: Doubleday, 1994), pp. 312-327.

Smith, P. G., and D. G. Reinertsen, *Developing Products in Half the Time* (New York: Van Nostrand Reinhold, 1995).

Thamhain, H. J., and D. L. Wilemon, "Conflict Management in Project Life Cycle," *Sloan Management Review,* Vol. 16 (3) 1975, pp. 31-41.

Thoms, P., "Creating a Shared Vision with a Project Team," *PM Network,* January 1997, pp. 33–35.

3M, "Leading a Distributed Team," *www.3m.com/meetingnetwork/readingroom/meetingguide_distribteam.html*. Accessed June 6, 2006.

Tuchman, B. W., "Development Sequence of Small Groups," *Psychological Bulletin,* vol. 63 (1965), pp. 384-399.

Tuchman, B. W., and M. C. Jensen, "Stages of Small Group Development Revisited," *Group and Organizational Studies,* Vol. 2 1977, pp. 419-27.

Vroom, V. H., and A. G. Jago, *The New Leadership* (Englewood Cliffs, NJ: Prentice Hall, 1988).

Zander, A., *Making Groups Effective* (San Francisco: Jossey-Bass, 1994).

Caso | Kerzner Office Equipment

Amber Biggs olhava nervosa para o relógio, sentada na frente de uma grande mesa na cantina da Kerzner Office Equipment. Faltavam 10 minutos para as 15h, e apenas 10 dos 14 membros haviam chegado para a primeira reunião da força-tarefa do aniversário da Kerzner. Logo em seguida, mais dois membros se sentaram apressados e murmuraram desculpas pelo atraso. Amber limpou a garganta e começou a reunião.

KERZNER OFFICE EQUIPMENT

A Kerzner Office Equipment, especializada na fabricação e venda de mobiliário e equipamento de escritório de alta qualidade, está localizada em Charleston, Carolina do Sul. A empresa teve crescimento estável nos cinco primeiros anos de existência, chegando a ter mais de 1.400 funcionários. Então, uma recessão se abateu sobre o país, forçando a Kerzner a demitir 25% deles. Foi um período traumático para a empresa. Justin Tubbs foi trazido como o novo CEO, e as coisas começaram a melhorar lentamente. Ele estava comprometido com a participação dos funcionários e redesenhou as operações em torno do conceito de equipes autogerenciadas. A empresa logo introduziu uma linha inovadora de móveis ergonômicos, projetados para reduzir a tensão nas costas e outras partes do corpo. Essa linha de equipamento acabou sendo um sucesso estrondoso, e a Kerzner tornou-se uma líder do ramo. Atualmente, a empresa emprega 1.100 trabalhadores e acaba de ser declarada pelo *Charleston Post and Courier*, pela segunda vez seguida, como uma das 10 melhores empresas para trabalhar na Carolina do Sul.

AMBER BRIGGS

Amber Briggs, 42, é especialista em recursos humanos (RH) e trabalha para a Kerzner há cinco anos. Nesse tempo, desempenhou uma variedade de atividades envolvendo recrutamento, treinamento, remuneração e criação de equipes. David Brown, vice-presidente de RH, atribuiu a Briggs a responsabilidade de organizar a comemoração do 10º aniversário da Kerzner. Ela estava empolgada com o projeto, pois se reportaria diretamente à alta gerência.

O CEO Tubbs brifou-a quanto ao propósito e objetivos da comemoração. Tubb enfatizou que deveria ser um evento memorável e que era importante celebrar o sucesso da Kerzner desde os dias de demissões. Além do mais, ele confidenciou que acabara de ler um livro sobre culturas corporativas e acreditava que esses eventos eram importantes para transmitir os valores da empresa. Prosseguiu dizendo que queria que fosse uma comemoração para os funcionários, e não um evento forçado pela alta gerência. Assim, a ela seria designada uma força-tarefa de 14 funcionários de cada um dos principais departamentos para organizar e planejar a festa. Em três meses, a equipe deveria apresentar à alta gerência um plano e orçamento preliminares para o evento. Ao discutir orçamentos, Tubbs revelou que achava que o custo total deveria ficar na faixa dos US$ 150 mil e encerrou a reunião oferecendo-se para ajudar Briggs no que ela precisasse para fazer do evento um sucesso.

Logo depois, Briggs recebeu a lista dos nomes dos membros da força-tarefa, com os quais entrou em contato por telefone ou *e-mail* para marcar a reunião de hoje. Ela penou para achar um local para a reunião. O seu cubículo no departamento de RH era pequeno demais para acomodar o grupo e todas as salas de reunião da Kezner estavam já reservadas ou em reforma. Ela se decidiu pela cantina porque geralmente fica deserta no fim da tarde. Antes da reunião, Briggs afixou a pauta em um *flipchart* (Figura C11.1) adjacente à mesa. Dada a agenda corrida de todos, a reunião foi limitada a apenas uma hora.

A PRIMEIRA REUNIÃO

Amber começou a reunião: "Saudações. Para os que não me conhecem, sou Amber Briggs, do RH, e fui designada para administrar a comemoração do 10º aniversário da Kerzner. A alta gerência quer que seja um evento especial, ao mesmo tempo, eles querem que seja um evento nosso. É por isso que vocês estão aqui. Cada um de vocês representa um dos principais departamentos e o nosso trabalho é planejarmos e organizarmos juntos a comemoração". Ela, então, repassou a pauta e

FIGURA C11.1
Força-tarefa de comemoração

Pauta	
3:00	Apresentações
3:15	Panorama do projeto
3:30	Regras básicas
3:45	Horários de reunião
4:00	Encerramento

pediu que cada membro se apresentasse. A mulher alta e ruiva à direita de Amber rompeu o silêncio momentâneo dizendo: "Oi, sou Cara Miller, dos Plásticos. Acho que meu chefe me escolheu para esta força-tarefa porque tenho fama de organizar ótimas festas".

Cada um por vez, membros participantes seguiram o exemplo de Carla. A seguir, uma amostra das apresentações:

"Olá, sou Mike Wales, da Manutenção. Não tenho certeza por que estou aqui. As coisas andam meio devagar no nosso departamento, então o meu chefe disse para eu vir a esta reunião".

"Sou Megan Plinski, das Vendas Nacionais. Na verdade, eu me voluntariei para esta incumbência. Acho que será muito divertido planejar um festão."

"Opa, meu nome é Nick Psias, da Contabilidade. Meu chefe disse que um de nós tinha de se juntar a esta força-tarefa, e acho que era a minha vez."

"Oi, sou Rick Fennah. Sou o único das Compras que está aqui desde o início. Passamos por algumas épocas difíceis, e eu acho que é importante parar e comemorar o que realizamos."

"Oi, sou Ingrid Hedstrom, das Vendas Internacionais. Acho esta uma grande ideia, mas devo avisá-los de que estarei fora do país pela maior parte do mês que vem."

"Sou Abby Bell, da Engenharia. Desculpem pelo atraso, mas as coisas andam uma loucura no meu departamento."

Amber anotou os nomes das duas pessoas que estavam ausentes e circulou uma lista para todos verificarem se os respectivos telefones e *e-mails* estavam certos. Ela, então, resumiu a reunião que teve com Tubbs e informou ao grupo que a alta gerência esperava uma apresentação formal em 10 semanas. Disse que sabia que todos eram pessoas ocupadas e que o trabalho dela era gerenciar o projeto com o máximo de eficiência possível. Ao mesmo tempo, reiterou a importância do projeto e que aquele seria um evento de muita repercussão: "Se nós dermos uma mancada, todo mundo saberá".

Amber repassou as regras básicas e enfatizou que, dali em diante, as reuniões iniciariam no horário e que ela esperava ser avisada com antecedência quando alguém fosse se ausentar. Resumiu a primeira parte do projeto, centralizada em cinco perguntas-chave: quando, onde, o quê, quem e quanto? Ela causou um rebuliço quando, ao responder a uma pergunta sobre o custo, informou que a alta gerência estava disposta a pagar até US$ 150 mil pelo evento. Megan brincou: "Será uma festa de arromba".

Então, Amber direcionou a atenção do grupo para a escolha de um horário para as reuniões que fosse oportuno para todos. Após 15 minutos, ela encerrou a discussão solicitando que cada membro submetesse até sexta-feira um cronograma de tempo livre no mês seguinte e, então, usaria essas informações e um novo software de planejamento para identificar os melhores horários. Ela terminou a reunião agradecendo a presença de todos pedindo, aproveitando para informar que se reuniria individualmente com eles e pedindo-lhes que começassem a coletar ideias dos colegas sobre como o evento deveria ser celebrado. A reunião foi encerrada às 16h.

1. Faça uma crítica a respeito de como Amber gerenciou a primeira reunião. O que ela deveria ter feito diferente, se for o caso?
2. Quais barreiras ela poderá encontrar na conclusão desse projeto?

3. O que ela pode fazer para superar essas barreiras?
4. O que ela deveria fazer até a próxima reunião?

Caso Projeto Ajax

Tran estava levando seu cachorro Callie para passear à noite, com o sol começando a se pôr na serra do litoral. Ele adorava essa parte do dia, uma oportunidade para desfrutar de um pouco de paz e tranquilidade. Também era uma hora para repassar os acontecimento do projeto Ajax e traçar seus próximos movimentos.

Ajax é o codinome dado pela CEBEX para um projeto de sistema de segurança de alta tecnologia do Ministério da Defesa dos Estados Unidos. Tran é o gerente do projeto e a sua equipe nuclear consistia de 30 engenheiros de *hardware* e *software* em tempo integral.

Tran e sua família haviam fugido do Camboja quando ele tinha 4 anos. Aos 18, entrou para a Aeronáutica dos e usou a bolsa de estudos para frequentar a Washington State University. Depois de se formar com dupla graduação em engenharia mecânica e elétrica, ingressou na CEBEX. Após trabalhar em diversos projetos durante 10 anos, Tran decidiu que queria entrar para a gerência. Ele fez o curso noturno da Universidade de Washington para o MBA.

Tran tornou-se gerente de projetos por causa do dinheiro, mas também pensava que era bom naquilo. Gostava de trabalhar com gente e fazer as coisas certas acontecerem. Aquele era o seu quinto projeto e, até o momento, ele estava com 50% de rendimento, com metade dos seus projetos ficando à frente do cronograma. Tran tinha orgulho por agora poder mandar seu filho mais velho para a Stanford University.

O Ajax era um dos muitos projetos que a CEBEX Corporation tinha contratado com o DOD. A CEBEX é uma grande empresa de defesa, com vendas anuais acima de US$ 30 bilhões e mais de 120 mil funcionários em todo o mundo. As cinco maiores áreas comerciais da CEBEX são Aeronáutica, Sistemas Eletrônicos, Serviços de Informação e Tecnologia, Sistemas e Soluções Integrados e Sistemas Espaciais. O Ajax era um de vários novos projetos patrocinados pela divisão de Sistemas e Soluções Integrados voltados ao negócio de segurança nacional. A CEBEX acreditava poder alavancar sua expertise técnica e conexões políticas para se tornar um grande player desse mercado em crescimento. O Ajax era um de vários projetos voltados ao desenho, desenvolvimento e instalação de um sistema de segurança em uma importante instalação governamental.

Tran tinha duas grandes preocupações ao iniciar o projeto Ajax. A primeira eram os riscos técnicos inerentes ao projeto. Em teoria, os princípios de design faziam sentido e o projeto utilizava tecnologias comprovadas. Porém, a tecnologia nunca fora aplicada no campo em questão. Partindo da experiência prévia, Tran sabia que havia uma grande diferença entre o laboratório e o mundo real. Ele também sabia que integrar os subsistemas tátil, óptico, de áudio e de laser seria um teste de paciência e engenhosidade para a equipe.

A segunda preocupação se referia à equipe, praticamente dividida pela metade entre engenheiros de *hardware* e engenheiros eletricistas. Não apenas cada conjunto possuía habilidades diferentes e costumava enxergar os problemas de forma diferente, mas as diferenças geracionais entre as duas partes eram evidentes também. Os engenheiros de *hardware* eram quase todos ex-militares, pais de família com crenças conservadores. Os engenheiros eletricistas eram muito mais diversificados. Jovens, solteiros e, às vezes, muito convencidos. Enquanto os engenheiros de *hardware* conversavam sobre os Seattle Mariners, criar adolescentes e ir para Palm Desert jogar golfe, os engenheiros de *software* conversavam sobre Vapor, o último show no anfiteatro Gorge e *mountain biking* no Peru.

Para piorar tudo, uma tensão fermentava entre os dois grupos com a CEBEX a respeito de questões de salário. Os engenheiros eletricistas estavam ganhando mais e os de *hardware* se ressentiam com os pacotes salariais das novas contratações, equivalentes aos que eles ganhavam depois de 20 anos trabalhando para a CEBEX. Ainda assim, a real compensação financeira viria com os incentivos associados ao desempenho no projeto. Todos eles dependiam de cumprir os marcos do projeto e a data final de conclusão.

Antes que o trabalho efetivo no projeto começasse, Tran organizou um retiro dois dias para construção de equipe em chalés na Península Olympic para toda a sua equipe e pessoas-chave da instalação governamental. Ele aproveitou para repassar os principais objetivos do projeto e revelar o respectivo plano básico. Um consultor interno facilitou diversas atividades de formação de equipe que lançaram luz sobre questões relacionadas às diferenças entre produções. Tran experimentou uma sensação real de camaradagem na equipe.

Os bons sentimentos criados no retiro passaram para o começo do projeto. Toda a equipe assumiu a missão do projeto e os desafios técnicos que ele representava. Os engenheiros eletricistas e de hardware trabalhavam lado a lado para resolver problemas e criar subsistemas.

O plano do projeto foi criado em torno de uma série de cinco testes, sendo cada um deles uma verificação mais rigorosa do desempenho total do sistema. A aprovação em cada teste representava um ponto-chave do projeto. A equipe estava entusiasmada para realizar o primeiro teste Alfa com uma semana de antecedência – porém, frustrou-se com uma série de pequenos percalços técnicos cujo saneamento exigiu duas semanas. A equipe trabalhou com afinco extra para compensar o tempo perdido. Tran tinha orgulho da equipe e de como os membros haviam trabalhado duro juntos.

O teste Alfa II foi realizado dentro do cronograma, mas o sistema novamente não conseguiu desempenho satisfatório. Dessa vez, foram necessárias três semanas para resolver as falhas e a equipe receber sinal verde para passar para a fase seguinte do projeto. Àquela altura, a boa vontade da equipe fora testada e o moral estava um pouco corroído. O desânimo se instalou na a equipe quando as esperanças de bônus desapareceram com mais atrasos no projeto. Isso era pior para aqueles que achavam desde o começo que o cronograma original era injusto e os prazos, irreais.

Tran reagiu começando todo dia com uma reunião de *status*, em que a equipe examinava o que realizara no dia anterior e fixava novos objetivos para o dia presente. Ele achava que essas reuniões seriam úteis para estabelecer um impulso positivo e reforçar uma identidade de equipe entre os engenheiros. Ele também fez questão de passar mais tempo com as "tropas", ajudando a resolver problemas, estimulando e dando tapinhas nas costas quando alguém merecia.

Quando chegou a hora de efetuar o teste Alfa III, ele estava cautelosamente otimista. O interruptor foi acionado no fim do dia, mas nada aconteceu. Dentro de minutos, toda a equipe já sabia das novas. Dava para ouvir gritos do outro lado do corredor. Talvez o momento mais eloquente tenha sido quanto Tran olhou para o estacionamento da empresa e viu a maioria dos membros da equipe do seu projeto indo sozinhos para os carros deles.

Enquanto Callue perseguia uns coelhos do mato, Tran ponderava o que deveria fazer em seguida.

1. Quão eficaz Tran foi como gerente de projetos? Explique.
2. Quais problemas Tran está enfrentando?
3. Como você faria para resolvê-los? Por quê?

Caso Franklin Equipment, Ltd.*

A Franklin Equipment, Ltd. (FEL), com sede e unidade fabril principal em Saint John, New Brunswick, foi fundada há 75 anos para fabricar máquinas de grande porte sob medida para empresas de construção nas Províncias Marítimas. Ao longo dos anos, as suas linhas de produtos concentraram-se estrategicamente na criação de equipamentos para quebra de pedra para construção de barragens e rodovias e para alguns outros mercados que precisam de processamento de agregado. A FEL hoje desenha, fabrica e monta máquinas estacionárias e portáteis para quebra de pedra, além de dar assistência para produtos próprios e da concorrência.

---

* Cortesia de John A. Drexler Jr., Oregon State University.

Nos anos 1970, a FEL começou a expandir seu mercado, das Províncias Marítimas para o resto do Canadá. Atualmente, a empresa tem diversos escritórios e instalações fabris em todo o país. Mais recentemente, empreendeu um esforço concentrado para exportar.

No mês passado, ela assinou um contrato para desenhar e fabricar uma máquina para quebra de pedra para um projeto de construção no Oriente Médio, chamado Projeto Abu Dhabi. Charles Gatenby obteve esse contrato e foi designado como o respectivo gerente. Esse projeto é visto como uma oportunidade única, pois a FEL vem querendo abrir mercados nessa área há muito tempo e estava com dificuldades para fazer os clientes prospectivos perceberem que ela é uma empresa canadense, e não americana. Por algum motivo, esses clientes acham que todos os fornecedores norte-americanos são iguais, relutando em negociar com algum deles por causa de considerações políticas internacionais.

Um projeto desse escopo normalmente começa com a seleção de uma equipe de gerentes responsáveis por vários aspectos de desenho, fabricação, entrega e instalação do produto. A seleção dos gerentes é importante porque o desenho e a fabricação do produto variam de acordo com as necessidades particulares de cada cliente. Por exemplo, o terreno, as característica rochosas, as condições climáticas e questões logísticas criam problemas especiais em todas as fases do desenho e operação da máquina. Além disso, as questões ambientais e condições trabalhistas variam de cliente para cliente e de região para região.

Além do gerente do projeto, todos os projetos incluem um engenheiro de design; um engenheiro de operações, que supervisiona a fabricação e a montagem no local; e um contabilista de custos, que supervisiona todos os assuntos de finanças e relatório de custos do projeto. Todas essas pessoas precisam trabalhar de perto para que uma máquina em bom funcionamento seja entregue no prazo e dentro das restrições de custo. Como os contratos internacionais frequentemente exigem que a FEL empregue cidadãos do país hospedeiro para montar a máquina e receber treinamento para a operação, também é designado um gerente de RH à equipe do projeto. Esse profissional tem de compreender as singularidades das especificações da máquina e usar esse conhecimento para conceber procedimentos de seleção e avaliar as necessidades específicas de treinamento. O gerente de RH também precisa estudar as leis trabalhistas relevantes daquele país.

A FEL designa os gerentes para as equipes de projeto com base na sua expertise e na sua disponibilidade para trabalhar em um projeto específico, dados seus outros compromissos. Isso geralmente quer dizer que os gerentes sem compromissos pesados com projetos em andamento são designados aos novos projetos. Por exemplo, um gerente que está acabando um projeto provavelmente será designado para uma posição gerencial em uma nova equipe de projeto. O gerente de projetos normalmente não tem muita voz para dizer quem é designado para sua equipe.

Como conseguira o Projeto Abu Dhabi e estabelecera boas relações comerciais com o cliente em Abu Dhabi, Gatenby foi designado como gerente do projeto. Ele já gerenciou projetos semelhantes com sucesso. Os outros gerentes designados ao são Bill Rankins, brilhante engenheiro de design; Rob Perry, gerente de operações com responsabilidade em fabricação e instalação; Elaine Bruder, gerente financeira e de conta de custos; e Sam Stonebreaker, gerente de RH. Todos eles já trabalharam juntos em diversos projetos.

Alguns anos atrás, a FEL começou a contratar serviços de facilitador de equipe de diversas empresas de consultoria para ajudar as novas equipes de projeto a operar efetivamente. No mês passado, a FEL recrutou Carl Jobe, de uma dessas consultorias, para ser consultor interno em tempo integral. Diversos gerentes, incluindo Gatenby, ficaram tão impressionados com as habilidades dele que convenceram a alta gerência da FEL da necessidade de contratar um facilitador interno permanente; Jobe foi a escolha óbvia.

Como Gatebny tinha sido decisivo para que a FEL o contratasse, estava entusiasmado com a perspectiva de usar Jobe para facilitar a construção da equipe do Projeto Abu Dhabi. Gatenby tinha muito orgulho de ter obtido o projeto e estava esperando ser nomeado o respectivo gerente. Ele sabia que o sucesso desse projeto seria decisivo para promover a sua carreira.

Gatenby disse a Jobe: "Este projeto é de fato muito importante para a FEL e para mim pessoalmente. Preciso de verdade que você nos ajude a desenvolver uma equipe que trabalhe bem unida para atingir as metas do projeto dentro do orçamento. Observei o seu sucesso desenvolvendo equipes em outros projetos e espero que faça o mesmo no Projeto Abu Dhabi. Vou tomar conta de você se você me ajudar a fazer isso funcionar".

Jobe esquematizou para Gatenby como ele procederia. Jobe começaria entrevistando individualmente os membros da equipe, para conhecer as percepções que eles tinham uns dos outros e as promessas e armadilhas de estar envolvido no projeto. Reuniões com a equipe inteira se seguiriam a essas entrevistas, usando as informações que ele coletara para estabelecer uma identidade de equipe e uma visão compartilhada.

Jobe entrevistou Elaine primeiro, que expressou ceticismo quanto ao êxito do projeto. Durante a entrevista, a gerente financeira parecia distante e Jobe não entendia por que não conseguia estabelecer uma boa interação com ela. Elaine contou que receava muitos estouros nos custos e nos prazos. Mas, conhecendo bem Jobe, relutou em identificar as barreiras específicas ao sucesso do projeto. Embora ela não o dissesse diretamente, ficou claro para Jobe que Elaine não queria fazer parte do Projeto Abu Dhabi. Ele saiu confuso da entrevista e se perguntando o que estava acontecendo.

A entrevista seguinte foi com Perry. O gerente de operações trabalhava na FEL há 15 anos e foi imediatamente ao ponto: "Este projeto não vai funcionar. Não consigo entender por que a alta gerência fica me designando para trabalhar em projetos com Rankins. Nós simplesmente não conseguimos trabalhar juntos, e não nos damos bem. Não fui com a cara dele desde o primeiro dia. Ele vive falando que tem um monte de títulos da universidade. E está sempre nos dizendo como as coisas são feitas aqui. Sei que ele é mais estudado do que eu, e ele é inteligente de fato. Mas eu também sou, e sou bom no que faço. Não preciso do Rankins fazendo eu me sentir um idiota porque não tenho um diploma. Jobe, vou ser honesto com você. Rankins só está aqui há cinco anos, mas eu o julgo pessoalmente responsável pelo meu problema com o álcool e o consequente efeito sobre o meu casamento. Eu me divorciei no ano passado e é culpa do Rankins".

Em seguida, Jobe conversou com Rankins, que disse: "Não me importo com o que você faça. Perry e eu simplesmente não podemos trabalhar de perto durante os nove meses que o projeto durará. Um vai matar o outro. Desde que entrei na FEL, Parry me odeia de morte e faz tudo que pode para sabotar meus desenhos. Nós normalmente nos importamos quando os clientes expedem pedidos de mudança; aqui, é o gerente de fabricação e operações que é responsável por eles. Perry dá palpites em tudo que faço e efetua mudanças de desenho por conta própria e são sempre decisões ruins. Ele está fora de controle. Garanto que ele passa a noite em claro pensando em como sabotar meus desenhos. Não tenho esse problema com nenhum outro gerente".

Jobe saiu dessas entrevistas totalmente desanimado, e não conseguia imaginar o que resultaria da próxima. Stonebreaker, no entanto, mostrou-se bem positivo: "Gosto desses projetos internacionais em que viajo para o exterior e aprendo sobre culturas diferentes. Mal posso esperar para começar".

Jobe indagou Stonebreaker sobre a capacidade de vários membros da equipe de trabalhar juntos. Stonebreaker retrucou: "Sem problemas! Todos nós já trabalhamos juntos antes e não tivemos problemas. Claro, já tivemos algumas briguinhas e sentimentos magoados entre Rankins e Perry. Rankins às vezes é arrogante, e Perry, teimoso, mas nunca foi nada que não se pudesse contornar. Além do mais, ambos são bons no que fazem – ambos são profissionais. Eles manterão a cabeça no lugar".

Jobe ficou ainda mais intrigado. Gatenby diz que o sucesso do projeto depende das habilidades de facilitação de Jobe. A gerente financeira parece querer cair fora dessa equipe de projeto. O engenheiro de *design* e o gerente de operações admitem que se detestam e não podem trabalhar juntos. E o gerente de RH, já tendo trabalhado em projeto com Perry e Rankins, espera uma relação de trabalho pacífica e não prevê problemas.

Jobe fez uma segunda reunião com Gatenby. Antes de discutir o desenho das sessões de construção de equipe, perguntou-lhe o que achava da capacidade dos membros da equipe de trabalhar juntos. Gatenby admitiu que existe uma rixa entre Perry e Rankins, mas acrescentou: "É para isso que contratamos você. É seu trabalho fazer a história entre esses dois não interferir com o sucesso do Projeto Abu Dhabi. É seu trabalho fazê-los trabalharem bem juntos. Faça-o".

O seu diálogo no final dessa reunião progrediu como segue:

Jobe: "Por que você espera que Rankins e Perry trabalhem bem juntos, considerando a história deles? Que incentivos eles têm para isso?"

Gatenby: "Como você decerto sabe, a FEL exige uma fixação formal de metas entre os gerentes de projetos e os gerentes funcionais no início de cada projeto. Já fiz isso com Elaine, Stonebreaker, Perry e Rankins. Perry e Rankin têm metas explícitas, eles devem trabalhar bem juntos e cooperar entre si."

Jobe: "O que acontecerá se eles não cumprirem essas metas?"

Gatenby: "Já falei sobre isso com a alta gerência. Tenho a impressão que se depois de dois meses as coisas não estiverem funcionando entre Perry e Rankins, a FEL demitirá Rankins."

Jobe: "Perry sabe disso?"

Gatenby: "Sim."

1. Avalie os critérios que a FEL utiliza para designar gerentes às equipes de projeto. Quais eficiências esses critérios criam? Quais são os problemas resultantes?
2. Por que é ainda mais importante que os membros da equipe de projeto trabalhem bem juntos em projetos internacionais, como o Projeto Abu Dhabi?
3. Discuta o dilema que Jobe está enfrentando.
4. O que Jobe deve recomendar a Gatenby?

CAPÍTULO DOZE

Terceirização: gerenciamento de relações interorganizacionais

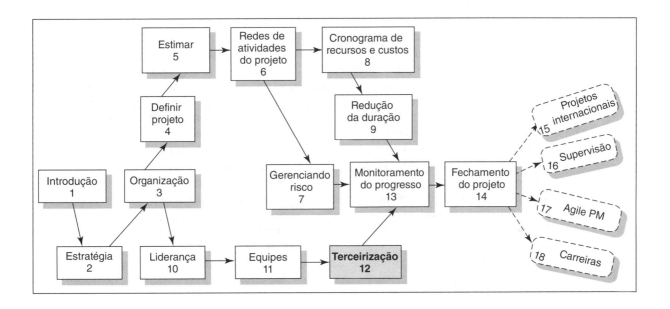

Terceirização: gerenciamento de relações interorganizacionais
Terceirização de trabalho do projeto
Melhores práticas na terceirização de trabalho do projeto
A arte da negociação
Nota sobre gerenciamento de relações com clientes
Resumo
Apêndice 12.1: Gerenciamento de contratos

(...) ser um bom parceiro tornou-se um ativo corporativo vital. Eu o chamo de vantagem colaborativa da empresa. Na economia global, uma capacidade bem-desenvolvida de criar e sustentar colaborações frutíferas dá às empresas um considerável avanço competitivo.

– Rosabeth Moss Kanter, professora da Harvard Business School

No mundo plano de hoje, é raro encontrar projetos importantes concluídos totalmente *in-house*. É lugar-comum terceirizar ou contratar de outras empresas segmentos significativos do trabalho do projeto. Exemplos desse tipo de iniciativa incluem nove estados dos EUA que tentavam unificar a contabilidade de todos os seus órgãos e não tinham os recursos internos para um projeto tão grande. Logo, foram montadas equipes de projeto com empresas de *software*, *hardware* e contabilidade. Ou pequenas empresas de alta tecnologia que terceirizam pesquisa para determinar quais atributos os clientes valorizam nos produtos em desenvolvimento. Mesmo gigantes da indústria, como a Microsoft e a Intel, costumam contratar empresas independentes para testar produtos em desenvolvimento.

A contratação de projetos há muito é norma no setor da construção, em que as empresas contratam empreiteiras que, por sua vez, contratam e gerenciam quadros terceirizados para construir prédios e estruturas. Por exemplo, o projeto Chunnel, que construiu um túnel para transporte entre França e Inglaterra, envolveu mais de 250 empresas. A contratação não se limita a projetos grandes. Uma seguradora chamou um fornecedor para desenvolver um serviço de atendimento que encaminha os clientes a departamentos e funcionários específicos. A tendência do futuro sugere que cada vez mais projetos envolverão o trabalho com pessoas de empresas diferentes.

Este capítulo estende a discussão dos dois capítulos anteriores sobre construção e gerenciamento de relações, enfocando especificamente questões relativas ao trabalho com pessoas de outras empresas para concluir projetos. Primeiro, apresentam-se as vantagens e desvantagens de terceirizar trabalho do projeto. Segue-se uma discussão das melhores práticas empregadas por empresas para terceirizar e colaborar entre si em projetos. O foco, então, passa a ser a arte da negociação, cerne da colaboração eficaz. Na sequência, são apresentadas técnicas e habilidades de negociação para resolver discordâncias e chegar a soluções ótimas. O capítulo se encerra com uma nota breve, porém importante, sobre o gerenciamento de relações com clientes. Além disso, inclui-se um apêndice sobre gerenciamento de contratos para ampliar a nossa discussão sobre como as empresas trabalham juntas em projetos.

Terceirização de trabalho do projeto

O termo **terceirização** é tradicionalmente aplicado à transferência de funções ou processos comerciais (por exemplo, suporte ao cliente, TI, contabilidade) para outras empresas, muitas vezes estrangeiras. Por exemplo, quando você liga para o seu provedor de Internet para resolver um problema técnico, pode ser que fale com um técnico de Bangalore, Índia, ou Bucareste, Romênia. Hoje, terceirização se aplica à contratação de pedaços consideráveis do trabalho do projeto. Assim, a Apple e a Motorola trabalham de perto com fabricantes da China para desenvolver smartphones de última geração; a Toyota e a DaimlerChrysler colaboram com fornecedores para desenvolver nova plataformas automotivas.

O movimento em direção à terceirização é visível na indústria cinematográfica. Na era de ouro de Hollywood, eram corporações imensas e verticalmente integradas que faziam filmes. Estúdios como MGM, Warner Brothers e 20th Century Fox tinham grandes cidades cenográficas e empregavam milhares de especialistas em turno integral – cenógrafos, cinegrafistas, montadores e diretores. Estrelas como Humphrey Bogart e Marilyn Monroe assinavam com os estúdios contratos de exclusividade por um número fixo de filmes (p. ex.: seis em três anos). Hoje, a maioria dos filmes é feita por uma variedade de pessoas e pequenas empresas que se juntam para um projeto por vez. Essa estrutura permite que cada projeto conte com uma equipe de talentos cuidadosamente selecionados, em lugar de contar apenas com os empregados do estúdio. A mesma abordagem está sendo aplicada à criação de novos produtos e serviços. Exemplo disso é a situação ilustrada na Figura 12.1, em que uma cadeira reclinável de gravidade zero – concebida por uma engenheira mecânica que desenvolveu a ideia na própria garagem – está sendo desenvolvida. A inventora negocia um contrato com uma empresa de catálogo para desenvolver e fabricar a cadeira. A empresa de catálogo, por sua vez, monta uma equipe de projeto com fabricantes, fornecedores e empresas de. Cada participante acrescenta a expertise necessária ao projeto. A empresa de catálogo traz a sua marca e seus canais de distribuição para o projeto. Empresas de ferramentaria fornecem peças customizadas, entregues a uma fabricante que produzirá a cadeira. Empresas de marketing refinam o design, desenvolvem a embalagem e testam possíveis nomes para o mercado. A empresa de catálogo designa um gestor de projetos para trabalhar com a inventora e as outras partes para concluir o projeto.

Muitos projetos terceirizados operam em um ambiente virtual, no qual as pessoas são ligadas por computadores, fax, sistemas de desenho assistido por computador e videoconferência. Elas raramente ou nunca se encontram. Em outros projetos, os participantes de diferentes empresas trabalham juntos, por exemplo, em um canteiro de obras ou em um escritório. Em ambos os casos, as pessoas vêm e vão conforme os serviços são necessários, semelhante à estrutura em matriz; contudo, elas não são membros formais de uma empresa, apenas técnicos que formam uma aliança temporária com ela, cumprem obrigações contratuais e, então, passam para o próximo projeto.

São muitas as vantagens da terceirização do trabalho do projeto:

1. *Redução de custos.* As empresas podem obter preços competitivos por serviços contratados, especialmente se o trabalho puder ser terceirizado no exterior. Além disso, os custos acessórios são cortados drasticamente, uma vez que a empresa não precisa mais manter internamente os serviços contratados.
2. *Conclusão mais rápida do projeto.* O trabalho pode ser feito não apenas de forma mais barata, mas também mais rápida. Preços competitivos significam mais recursos pelo dinheiro gasto. Por exemplo, pelo preço de um engenheiro de software norte-americano, podem-se contratar três indianos. Além do mais, a terceirização pode dar acesso a equipamentos que aceleram a conclusão das tarefas do projeto. Por exemplo, contratando um operador de retroescavadeiras, você consegue realizar em quatro horas o que uma equipe de paisagismo levaria quatro dias.

FIGURA 12.1
Projeto da cadeira reclinável

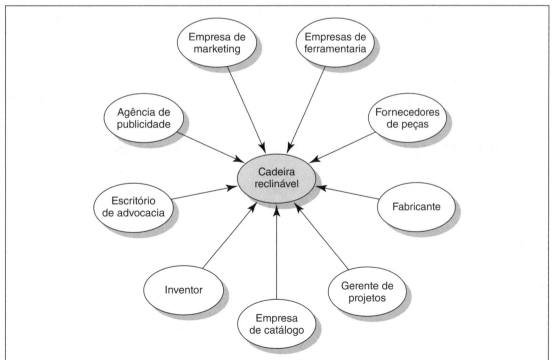

3. *Níveis mais altos de expertise.* Pode-se agregar um alto nível de expertise e tecnologia ao projeto. A empresa não precisa se manter a par dos progressos tecnológicos. Em vez disso, ela pode focar o desenvolvimento das suas competências nucleares e contratar firmas com o *know-how* necessário para trabalhar nos segmentos relevantes do projeto.
4. *Flexibilidade.* As empresas não são mais restritas por seus próprios recursos, com a possibilidade de combiná-los aos talentos de outras empresas e, assim, explorar uma grande variedade de projetos. Pequenas empresas podem se tornar globais instantaneamente ao trabalhar com parceiros estrangeiros.

As desvantagens da terceirização do trabalho do projeto são menos bem-documentadas:

1. Panes de coordenação. A coordenação de profissionais de empresas diferentes pode ser desafiadora, especialmente se o trabalho do projeto exigir colaboração estreita e ajustes mútuos. As panes são agravadas pela separação física, com pessoas trabalhando em prédios diferentes, cidades diferentes e até países diferentes.
2. Perda de controle. Existe uma potencial perda de controle sobre o projeto. A equipe nuclear depende de outras empresas sobre as quais não tem autoridade direta. Embora a sobrevivência de longo prazo das empresas participantes dependa do desempenho, um projeto pode vacilar quando um parceiro não cumpre uma entrega.
3. Conflito. Os projetos são mais propensos a conflitos interpessoais, já que os diferentes participantes não compartilham os mesmos valores, prioridades e cultura. A confiança, essencial para o sucesso do projeto, pode ser difícil de forjar quando as interações são limitadas e as pessoas vêm de empresas diferentes.
4. Questões de segurança. Dependendo da natureza do projeto, segredos industriais e comerciais podem ser revelados. Isso pode ser problemático se o prestador de serviço também trabalhar para o seu concorrente. A confidencialidade é outra preocupação, e as empresas precisam ter muito cuidado ao terceirizar processos como folha de pagamento, fichas médicas e informações de seguro.
5. Política controversa. A terceirização de trabalho no exterior é vista como uma grande causa do desemprego, e as empresas norte-americanas sofrem cada vez mais pressão para manter os empregos no país. Além disso, empresas com a Apple são criticadas pelas práticas trabalhistas opressivas de alguns dos seus fornecedores na China.

Poucas pessoas discordam de que reduzir custos é o principal motivo por trás da terceirização do trabalho do projeto. No entanto, há limites para a terceirização (ver "Caso Prático: Boeing 787 Dreamliner"), que parece estar havendo um movimento de simplesmente arranhar o negócio com o menor custo para obter serviços de empresas que oferecem o melhor valor em termos de custo e desempenho. Desempenho não está limitado simplesmente à qualidade do trabalho específico, mas também à capacidade de colaborar e trabalhar junto. As empresas estão fazendo a lição de casa para decidir se "podemos trabalhar com essa gente".

Melhores práticas na terceirização de trabalho do projeto

Esta seção descreve algumas das melhores práticas que observamos em empresas com excelência em gerenciamento de projeto (Figura 12.2). Embora não seja exaustiva, a lista reflete as estratégias utilizadas por empresas com ampla experiência em terceirização. Essas práticas revelam um tema

FIGURA 12.2
Melhores práticas na terceirização de trabalho do projeto

- Requisitos e procedimentos bem-definidos.
- Extensas atividades de treinamento e construção de equipe.
- Processos bem-estabelecidos de gerenciamento de conflitos em ação.
- Atualizações frequentes de revisão e *status*.
- Coalocação, quando necessário.
- Contratos justos e dotados de incentivos.
- Relações de terceirização de longo prazo.

CASO PRÁTICO — Boeing 787 Dreamliner*

HISTÓRICO

Em 2002, o desenho e as plantas básicos do 787 Dreamliner da Boeing foram aceitos, recebendo carta de aprovação. O Dreamliner ostenta tecnologia revolucionária e o design mais avançado da história da aviação comercial. Mas o projeto passou por turbulências. A primeira aeronave 787, programada para ser testada em julho de 2007, foi adiada até dezembro de 2009. Os pedidos pelo avançado 787 cresceram rapidamente em mais de 800 aviões. Essa perspectiva rósea trouxe uma enorme dor de cabeça para a Boeing. Por diversas razões (como desenho, terceirização e questões trabalhistas), as datas de entrega atrasaram três anos ou mais e os custos acumularam vários bilhões de dólares. Muitos analistas culpam a terceirização do trabalho a fornecedores estrangeiros pela maioria dos excessos de custo e dos atrasos no cronograma.

PRINCIPAIS FATORES QUE INFLUENCIAM A DECISÃO DE TERCEIRIZAÇÃO

A decisão de terceirização do Dreamliner, que dava 70% do conteúdo do avião a fornecedores externos, incluía 30% para fornecedores estrangeiros. Essas porcentagens são maiores do que as de qualquer outro avião comercial anterior construído pela Boeing. A lógica de terceirização da empresa era baseada em considerações econômicas típicas sobre custo, vendas e risco. No caso da Boeing, isso significava:

Custo. Estabelecer parcerias com fornecedores para diminuir riscos e custos de desenvolvimento, além de obter *expertise* valiosa e inovação de processo.

Vendas. Delegar diversos desenhos e componentes a outros países (p. ex.: Suécia, Itália, Coreia do Sul e China), na expectativa de que eles comprem aviões da Boeing no futuro.

Risco. Reconhecer a necessidade de equilibrar o risco da terceirização nos níveis organizacional e operacional é crucial. Os diferentes níveis são codependentes. Afastar-se da terceirização exitosa de pequenas partes dos aviões anteriores a fornecedores estrangeiros aumenta o risco. As complexidades da coordenação de novas tecnologias e capacidades avançadas são intimidadoras.

É claro, a decisão de terceirizar teve consequências. Os custos ficam acima do orçamento, algumas vendas foram canceladas, os clientes estão buscando indenização por atrasos e o ROI potencial é reduzido.

IMPACTOS

A marca Boeing foi seriamente maculada por atrasos e má administração. O gerenciamento da logística da terceirização não conseguiu lidar com o volume de problemas e as questões de gerenciamento da mudança. Atrasos crônicos de alguns parceiros com mau desempenho induziram a Boeing a adquirir ou a dar suporte a parceiros e também consumiram dinheiro. Wall Street estima que os excessos de custo variam entre US$ 12 e 18 bilhões acima do investimento original planejado em US$ 5 bilhões. As lições aprendidas com a terceirização do 787 Dreamliner podem indicar o caminho para trazer de volta o brilho à reputação da Boeing como líder em *design*, tecnologia e integração.

LIÇÕES APRENDIDAS

As lições aprendidas com o lançamento do Dreamliner foram bem-documentadas. Algumas delas, relevantes e óbvias, são assinaladas aqui em forma de sugestão:

- Identifique e analise todos os riscos da terceirização nos níveis da empresa e dos componentes. Por exemplo, avalie os riscos e implicações de delegar porções grandes (30%) do desenho e da fabricação de componentes cruciais para fornecedores estrangeiros. A terceirização tende a funcionar melhor em áreas não nucleares.
- Investigue minuciosamente a capacidades e recursos de parceria. A *due diligence* reduz problemas.
- Desenvolva processos para abordar rapidamente as questões e os problemas. Aumente o contato e a supervisão da logística de cadeia de suprimento com os parceiros terceirizados.
- Reconsidere seriamente as implicações de delegar *expertise* nuclear. Há o risco de ficar completamente dependente de fornecedores e transferir propriedade intelectual exclusiva. Os parceiros podem obter *know-how* técnico de graça, mercados de alta margem para peças ao longo da vida útil do avião e, talvez, a capacidade futura de se tornarem concorrentes.
- O risco de terceirizar componentes complexos e de alta tecnologia traz o ônus de coordenação e contato cuidadosos.

Os executivos da Boeing reconhecem os problemas associados à terceirização de grandes porções do 787 Dreamliner. Por exemplo, o diretor da área de aviões comerciais da Boeing, Jim Albaugh, disse aos alunos da Seattle University: "Gasta-

> **(continuação)**
>
> mos muito mais dinheiro tentando recuperar [o projeto] do que se tivéssemos tentado manter as principais tecnologias mais perto de casa. O pêndulo oscilou para longe demais". Ele acrescentou que, em parte, a corrida pela medida financeira de rentabilidade dos ativos fez a Boeing se perder. O CEO da Boeing, Jim McNerney, observou que o plano de jogo do 787 pode ter sido demasiado ambicioso, incorporando muitas coisas inéditas ao mesmo tempo.
>
> **O FUTURO**
>
> Embora a experiência de terceirização do Boeing 787 tenha sido muito cara, o processo vai continuar. As lições aprendidas incitarão os construtores de aeronaves a valorizar a terceirização futura e seguir em frente. A expectativa é a ênfase em parcerias com participação nos riscos e custos.
>
> O principal desafio de curto prazo para a Boeing é fazer a produção decolar a fim de satisfazer as centenas de pedidos. A Boeing pode se recuperar ajustando seu modelo integrativo de terceirização e logística.
>
> * http://seattletimes.nwsource.com/html/sundaybuzz/2014125414_sundaybuzz06.html; http://atwonline.com/aircraft-engines-components/news/boeing-commercial-airplanes-ceo-concedes-787-outsourcing-backfired. Acesso: 12/01/2013.

uniforme: como as empresas abordam o trabalho contratado em projetos. Em vez da relação tradicional de escravo/senhor entre proprietário e fornecedor ou comprador e vendedor, todas as partes trabalham juntas, como parceiros que compartem a meta final de um projeto bem-sucedido.

As diferenças entre a abordagem tradicional e a de parceria no gerenciamento de relações contratadas são sintetizadas na Tabela 12.1.[1] Parcerias exigem mais do que um simples aperto de mão. Elas normalmente acarretam um considerável comprometimento de tempo e energia para forjar e sustentar relações colaborativas entre todas as partes. Esse comprometimento é refletido pelas sete melhores práticas que serão expostas em seguida.

Requisitos e procedimentos bem-definidos

É difícil convencer pessoas de diferentes profissões, empresas e culturas a trabalharem juntas. Se as expectativas e requisitos forem confusos ou abertos a debate, é pior ainda. As empresas de sucesso são muito cuidadosas ao selecionar o trabalho a ser terceirizado. Elas, muitas vezes, prefe-

TABELA 12.1 Principais diferenças entre a abordagem tradicional e a de parceria ao gerenciamento de relações contratadas

Abordagem de parceria	Abordagem tradicional
Confiança mútua é a base de sólidas relações de trabalho.	Suspeita e desconfiança; cada parte tem receio quanto à motivação da outra.
Metas e objetivos compartilhados asseguram uma direção comum.	As metas e os objetivos das partes, embora semelhantes, estão atrelados ao que é melhor para cada uma.
Equipe de projeto conjunta existe com um alto nível de interação.	Equipes de projeto independentes; as equipes são especialmente separadas, com interações gerenciadas.
Comunicações abertas corrigem rumos e fortalecem relações de trabalho eficazes.	As comunicações são estruturadas e vigiadas.
Comprometimento de longo prazo dá a oportunidade de obter melhoria contínua.	É normal a contratação de um só projeto.
Crítica objetiva está atrelada à avaliação franca do desempenho.	A objetividade é limitada devido ao medo de represálias e falta de oportunidade de melhoria contínua.
Acesso aos recursos da outra organização fica disponível.	O acesso é limitado, com procedimentos estruturados e autopreservação, tendo prioridade maior do que a otimização total.
Envolvimento total da empresa exige comprometimento, do CEO aos membros da equipe.	O envolvimento normalmente é limitado ao pessoal no nível do projeto.
Integração de equipamentos de sistemas administrativos acontece.	Ocorre duplicação e/ou tradução, com os custos e atrasos correspondentes.
O risco é dividido pelos parceiros, o que estimula a inovação e a melhoria contínua.	O risco é transferido para a outra parte.

---

[1] Cowan, C., C. F. Gray, and E. W. Larson, "Project Partnering," *Project Management Journal*, Vol. 12, No. 4, December 1992, pp. 5–15.

rem contratar somente trabalho com entregas claramente definidas, com saídas mensuráveis. Por exemplo, empreiteiras contratam empresas especializadas para instalar sistemas de calefação e ar-condicionado, empresas de eletrônica utilizam escritórios de design para fabricar invólucros para seus produtos e equipes de desenvolvimento de *software* terceirizam o teste das versões dos seus programas. Em todos esses casos, os requisitos técnicos são enunciados em pormenores. Mesmo assim, comunicar requisitos pode ser problemático, especialmente com fornecedores estrangeiros (veja o "Caso prático: Quatro estratégias de comunicação com terceirizados"), e deve-se tomar cuidado extra para garantir que as expectativas sejam compreendidas.

Não apenas os requisitos precisam ser pormenorizados, mas os sistemas de gerenciamento de projetos das diferentes empresas precisam ser integrados. Procedimentos e terminologias comuns precisam ser estabelecidos para que as diferentes partes possam trabalhar juntas. Isso pode ser problemático quando há empresas com sistemas avançados de gerenciamento de projetos trabalhando com empresas menos desenvolvidas. É o que ocorre com muitas empresas norte-americanas que terceirizam trabalho de software para a Índia. Já ouvimos relatos de que os fornecedores indianos ficam chocados como seus correspondentes norte-americanos são assistemáticos em sua abordagem ao gerenciamento de projetos de software.

As melhores empresas enfrentam essa questão desde o início, em vez de esperar que surjam problemas. Elas primeiro avaliam o "encaixe" entre os métodos de gerenciamento de projetos dos fornecedores e o seu próprio. Essa é uma consideração primordial ao escolher fornecedores. Os requisitos e entregas do trabalho são pormenorizados no processo de busca do parceiro. Elas investem bastante tempo e energia estabelecendo sistemas de comunicação para uma colaboração eficaz.

Por fim, sempre que se trabalha em projetos com outras empresas, a segurança é uma questão importante. Segurança vai além de segredos competitivos e tecnologia, incluindo acesso a sistemas de informação. As empresas precisam estabelecer proteções robustas para evitar acesso à informação e a introdução de vírus em sistemas menos seguros que os fornecedores usam. Segurança de tecnologia da informação representa custo e risco adicionais que devem ser tratados antes que se terceirize o trabalho do projeto.

Extensas atividades de treinamento e construção de equipe

É muito comum que os gerentes fiquem preocupados com os planos e os desafios técnicos do projeto e assumam que as questões pessoais se resolverão por si só ao longo do tempo. As empresas atentas reconhecem que as questões pessoais são tão ou mais importantes do que as técnicas. Elas treinam seu pessoal para trabalhar de maneira eficiente com o pessoal de outras empresas e países. Esse treinamento é onipresente. Ele não se limita à gerência, mas envolve todas as pessoas, de todos os níveis, que interagem e dependem de terceirizados. Seja em uma classe geral de negociação ou especificamente para trabalhar com programadores chineses, os membros da equipe são dotados de uma compreensão teórica sobre as barreiras à colaboração, assim como sobre as habilidades e procedimentos para obter sucesso.

O treinamento é ampliado por meio de sessões de construção de equipes interorganizacionais, concebidas para forjar relações saudáveis antes que o projeto comece. Oficinas de construção de equipes envolvem os principais atores das diferentes empresas: engenheiros, arquitetos, advogados e outros especialistas. Em muitos casos, as empresas acham proveitoso contratar um consultor externo para conceber e facilitar as sessões. Ele, normalmente, é bem-versado em construção de equipes interorganizacionais e pode dar uma perspectiva imparcial ao treinamento.

A duração e a concepção das sessões de construção de equipe dependem da experiência, do comprometimento e do nível de habilidade dos participantes. Por exemplo, um projeto em que o proprietário e os prestadores de serviços eram relativamente inexperientes em trabalhar juntos utilizou treinamento de dois dias. O primeiro foi dedicado a atividades para quebrar o gelo e estabelecer a lógica por trás da parceria. Os fundamentos conceituais se serviram de exercícios e breves palestras sobre trabalho em equipe, sinergia, ganha-ganha e *feedback* construtivo. O segundo dia começou examinando os problemas e as barreiras que impediram a colaboração no passado. Os representantes das diferentes empresas foram separados e as seguintes perguntas lhes foram feitas:

- Quais ações dos outros grupos criam problemas para nós?
- Quais das nossas ações praticadas achamos que criam problemas para eles?
- O que recomendaríamos para melhorar a situação?

CASO PRÁTICO — Quatro estratégias de comunicação com terceirizados*

O Dr. Adam Kolawa oferece quatro estratégias para superar a comunicação ruim com parceiras de projetos no exterior.

ESTRATÉGIA 1: RECONHEÇA AS DIFERENÇAS CULTURAIS

Perceba que nem todo mundo que se comunica com você pensa da mesma forma. O que é óbvio para você não necessariamente é óbvio para seu parceiro. Isso é especialmente verdade em relação a terceirizados estrangeiros. Se você é norte-americano, certamente supõe que as leis devem ser cumpridas. Acredite ou não, isso nem sempre é assim em outros países, em que as leis podem ser orientações, e não necessariamente seguidas. Isso pode levar a grandes problemas de comunicação! Você acha que, se redigir um contrato, todo mundo vai cumpri-lo. Para muitas pessoas, um contrato é meramente uma sugestão.

ESTRATÉGIA 2: ESCOLHA AS PALAVRAS CERTAS

Quando você explica seus requisitos para um terceirizado, a escolha de palavras é vital. Para muitos terceirizados, o inglês ainda é uma língua estrangeira — mesmo na Índia, onde tanto a terceirização quanto a língua inglesa são comuns. Não importa o quão presente o inglês tenha se tornado: o seu terceirizado pode ter uma compreensão básica das palavras que você articula, mas, mesmo assim, não ter completa clareza sobre o significado exato da mensagem que você está tentando passar. É por isso que você deve falar de maneira direta, usando frases curtas compostas de palavras básicas e simples.

ESTRATÉGIA 3: CONFIRME OS SEUS REQUISITOS

Você deve percorrer as seguintes etapas para confirmar que o terceirizado entende inteiramente os seus requisitos:

1. Documente os seus requisitos. Dê um seguimento escrito às suas conversas. Ponha seus requisitos no papel para o terceirizado. Muitas pessoas entendem a linguagem escrita melhor do que a falada, provavelmente porque têm mais tempo para processar a mensagem.
2. Insista para que o terceirizado redocumente os seus requisitos. Não confie nada ao acaso. Peça que os terceirizados escrevam os requisitos em suas próprias palavras. Se eles não conseguem retransmitir o que você lhes explicou, eles não entenderam.
3. Solicite um protótipo. Uma vez escritos os requisitos, peça ao terceirizado que crie um protótipo para você. Isso é um teste de segurança para garantir que seus desejos e necessidades sejam positivamente compreendidos. Peça para o fornecedor esboçar como você quer o seu produto final, ou crie um programa rápido e simples que reflita como será o produto final.

ESTRATÉGIA 4: FIXE PRAZOS

Outra diferença cultural importante diz respeito a cronogramas e prazos. Para a maioria dos norte-americanos, um prazo é uma data fixa de conclusão. Em muitas outras culturas, um prazo é uma sugestão de que talvez algo esteja pronto até a data indicada. Para assegurar que o trabalho terceirizado seja concluído a tempo, é imperativo acrescentar uma cláusula penal no contrato ou cobrar taxas de atraso.

Embora essas estratégias sejam direcionadas ao trabalho com terceirizados estrangeiros, você ficará surpreso ao saber que muitos gerentes de projetos as usam ao trabalhar com os respectivos correspondentes americanos!

* Adam Kolawa, "Four Strategies for Communicating with Outsourcers," Enterprise Systems Journal em www.esj.com, acesso em 13 de setembro de 2005.

Os grupos dividiam suas respostas e faziam perguntas e pediam esclarecimento sobre alguns pontos. As concordâncias e disparidades entre as listas foram observadas e identificados problemas específicos. Após assinaladas as áreas problemáticas, cada grupo recebeu a tarefa de identificar os respectivos interesses e metas específicos no projeto. Estas foram compartilhadas entre os grupos e foi dedicada atenção especial ao estabelecimento daquelas em comum. O reconhecimento das metas compartilhadas é decisivo para transformar os diferentes grupos em uma equipe coesa.

As sessões de construção de equipe muitas vezes culminam na criação de um **documento formal de parceria**, assinado por todos os participantes. Ele afirma as metas comuns no projeto, assim como os procedimentos que serão empregados para alcançá-las (Figura 12.3 para um exemplo da primeira página de um documento formal de projeto).

Processos bem-estabelecidos de gerenciamento de conflito

O conflito é inevitável em um projeto, e, como apontado no capítulo anterior, o tratamento eficaz de discordâncias pode elevar o desempenho. O conflito disfuncional, no entanto, pode ser desencadeado, minando gravemente o sucesso do projeto. Projetos terceirizados são suscetíveis a conflitos, uma vez que as pessoas envolvidas não estão acostumadas a trabalhar juntas e têm valores e perspectivas diferentes. Empresas exitosas investem tempo e energia consideráveis desde o início para estabelecer as "regras de envolvimento", de modo que as discordâncias sejam tratadas de forma construtiva.

Escalonamento é o principal mecanismo de controle para tratar e resolver problemas. O princípio básico é que os problemas devem ser resolvidos no nível mais baixo dentro de um limite fixo de tempo (digamos, 24 horas), senão são "escalonados" para o próximo nível de gerenciamento. Se for o caso, os superiores têm o mesmo limite de tempo para resolver o problema, senão ele é passado para o próximo nível. Não agir não é uma opção. Tampouco um participante pode obter concessões do outro à força simplesmente adiando a decisão. Não é vergonhoso dizer que problemas significativos subam na hierarquia; ao mesmo tempo, os gerentes precisam ser rápidos em apontar aos subordinados os problemas ou questões que eles deveriam ter conseguido resolver sozinhos.

Se possível, pessoas importantes das respectivas empresas são reunidas para discutir potenciais problemas e reações. Isso normalmente faz parte de uma série coordenada de atividades de construção de equipe discutida anteriormente. Dedica-se atenção especial ao estabelecimento do sistema de controle de gerenciamento da mudança quando problemas surgem frequentemente. As pessoas que dependem umas das outras tentam identificar os potenciais problemas que podem ocorrer e acertam com antecedência como devem ser resolvidos. Consulte o "Caso Prático: Injeção contra a gripe 'em parceria' em projetos" para ver os benefícios de fazer isso.

Finalmente, a negociação com princípios é a norma para resolver problemas e chegar a acordos. Essa abordagem, que enfatiza a resolução colaborativa de problema, é discutida em detalhes mais adiante neste capítulo.

Revisões e atualizações de *status* frequentes

Gerentes de projetos e outras pessoas-chave de todas as empresas envolvidas se reúnem regularmente para revisar e avaliar o desempenho do projeto. Colaborar como parceiros é uma legítima prioridade de projeto, avaliada juntamente com o tempo, o custo e o desempenho. Avaliam-se trabalho em equipe, comunicação e resolução ágil de problemas. Isso proporciona um foro para identificar problemas não apenas com o projeto, mas também com as relações de trabalho, para que eles possam ser resolvidos com mais rapidez e adequação.

FIGURA 12.3 Documento formal de parceria do projeto

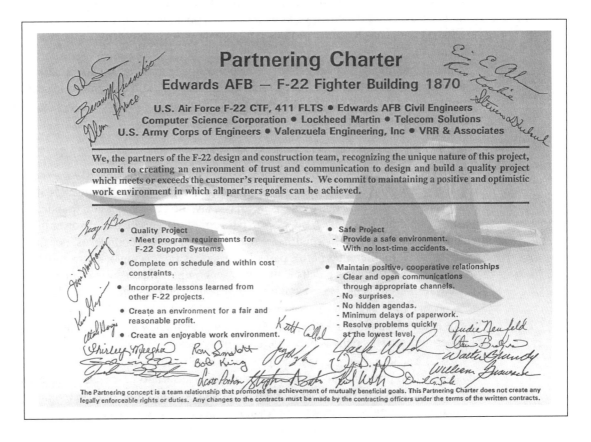

> **CASO PRÁTICO** — Parceiros na "vacina" contra falha em projetos*
>
> Antes de começar um projeto de construção de uma escola, o estado de Ohio fez o que uma companhia teatral faz antes da noite de abertura: realiza um ensaio geral. Sob a liderança da Project Management Consultants, de Cleveland, funcionários de secretaria de educação do estado e do município, gerentes de construção e arquitetos se reúnem para esquematizar a comunicação e a resolução de problemas. Cada parte fala sobre problemas que ocorreram no passado e, coletivamente, deliberam sobre como evitá-los. Os consultores ajudam os participantes a desenvolver um conjunto de diretrizes para o trabalho conjunto.
>
> Assim como o ensaio geral no teatro ajuda a companhia a localizar e consertar vicissitudes antes que elas arruínem o espetáculo, a parceria anterior à obra pode encontrar soluções antes que eles o problemas se avolumem. Por exemplo, durante o debate pode ficar aparente que diferentes partes estão interpretando um requisito-chave de maneiras diferentes. Em vez de esperar que essa diferença se amplie até um grande problema, as partes chegam a uma compreensão compartilhada antes que o trabalho comece.
>
> "Isso funciona porque, tradicionalmente, cada um faz seu próprio trabalho em um projeto, dentro das suas próprias paredes", diz Jeffrey Applebaum, advogado e diretor-gerente da Project Management Consultants, uma subsidiária do escritório de advocacia Thompson, Hine & Flory. "Estamos derrubando as paredes. É mais eficiente."
>
> "Não poderíamos estar mais contentes com este processo", diz Randy Fischer, diretor-executivo da Comissão de Unidades Escolares de Ohio, que distribui verba estadual para projetos de construção de escolas. "No momento, estamos administrando US$ 3 bilhões em obras e não temos nenhuma demanda importante".
>
> Crystal Canan, chefe de administração de contratos da comissão, ofereceu uma metáfora médica, comparando a parceria a uma "injeção contra a gripe" que impede os efeitos debilitadores dos litígios, interrupções de trabalho e panes de comunicação. "Todo projeto de construção imobiliária é um candidato à gripe", disse Canan. "Vemos a parceria como uma vacinação".
>
> * Mary Wisneiski, "Partnering Used to Curb Costs in Ohio School Construction," *Bond Buyer*, 22/11/2000, 334 (31023) 3/4p, 2bw.

Cada vez mais empresas estão usando questionários *online* para coletar dados de todos os participantes do projeto sobre a qualidade das relações de trabalho (veja a Figura 12.4 para um exemplo parcial). Com esses dados, podem-se tomar o "pulso" do projeto e identificar as questões que precisam ser resolvidas. A comparação das respostas ao questionário em cada período permite que se monitorem áreas de melhoria e as de problemas potenciais. Em alguns casos, são usadas sessões de acompanhamento de construção de equipe para enfocar problemas específicos e reenergizar a colaboração.

Finalmente, quando chega a hora de celebrar um marco significativo, não importando quem seja o responsável, todas as partes se reúnem, se possível, para comemorar o sucesso. Isso reforça um propósito comum e a identidade do projeto. Também estabelece impulso positivo para passar para a próxima fase do projeto.

Coalocação, quando necessária

Uma das melhores maneiras de superar a fricção interorganizacional é fazer pessoas de todas as empresas envolvidas trabalharem lado a lado no projeto. Empresas inteligentes alugam ou fazem os arranjos necessários para que todas as pessoas-chave do projeto possam trabalhar juntas. Isso possibilita o alto grau de interação necessário para coordenar atividades, resolver problemas difíceis e fomentar vínculos. Isso é especialmente relevante em projetos complexos, nos quais é necessária a colaboração entre diferentes partes para obter sucesso. Por exemplo, o governo dos Estados Unidos fornece alojamento e espaço de trabalho para ser compartilhado entre os principais prestadores de serviços responsáveis pelo desenvolvimento de planos de resposta a desastres.

A nossa experiência nos diz que a coalocação é decisiva, justificando bem as despesas e incômodos extras. Quando ela for impraticável, o orçamento de viagem do projeto deve prever fundos para permitir viagens rápidas para diferentes empresas.

A coalocação é menos relevante para o trabalho independente, que não exige coordenação constante entre profissionais de diferentes empresas. Seria o caso quando se estão terceirizando entregas discretas e independentes, como teste-beta ou uma campanha de marketing. Aí, os canais normais de comunicação conseguem tratar das questões de coordenação.

FIGURA 12.4
Amostra de questionário *online*

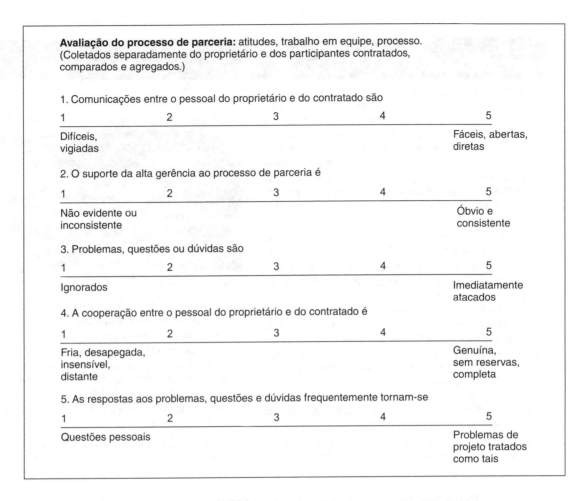

Contratos justos e com incentivos

Ao negociar contratos, a meta é chegar a um negócio justo para todos os envolvidos. Os gerentes reconhecem que a coesão e a cooperação resultarão minadas se uma parte achar que está sendo tratada injustamente pelas outras. Eles também percebem que o melhor negócio em termos de preço pode voltar para assombrá-los com trabalho malfeito e ajustes mediante pedidos de mudança.

Contratos baseados em desempenho, em que incentivos consideráveis são estabelecidos com base nas prioridades do projeto, estão ficando cada vez mais populares. Por exemplo, se o tempo é decisivo, os prestadores de serviços acumulam gratificações por antecipar prazos; se o escopo é decisivo, os bônus são dados quando as expectativas de desempenho são superadas. Ao mesmo tempo, os prestadores de serviços são responsabilizados por multas contratuais quando deixam de desempenhar segundo o padrão, cumprir prazos e/ou controlar custos. Informações mais específicas sobre diferentes tipos de contrato são apresentadas no apêndice deste capítulo sobre gerenciamento de contratos.

As empresas reconhecem que contratos podem desestimular a melhoria contínua e a inovação. Em vez experimentar uma técnica nova e promissora que pode reduzir custos, os prestadores de serviços preferem evitar riscos e aplicar métodos comprovados para satisfazer os requisitos acordados. Empresas que tratam os prestadores de serviços como parceiros consideram a melhoria contínua um esforço conjunto para eliminar desperdício e buscar oportunidades de economia. Os riscos, assim como os benefícios, costumam ser divididos 50/50 entre os coordenadores, com o proprietário anuindo com um acompanhamento ágil das mudanças propostas.

O modo como o Ministério da Defesa dos Estados Unidos colhe os benefícios da melhoria contínua por meio de engenharia de valor é realçado no "Caso prático: Prêmio engenharia de valor do Ministério da Defesa dos Estados Unidos".

CASO PRÁTICO
Prêmio Engenharia de Valor do Ministério da Defesa dos Estados Unidos*

Como parte de uma medida para cortar custos, o Departamento de Defesa dos EUA promove anualmente o Prêmio Engenharia de Valor. Engenharia de valor é um processo sistemático de análise de funções para identificar ações para reduzir custos, aumentar a qualidade e aprimorar as capacidades das missões em todo o espectro dos sistemas, processos e organizações do departamento. O Programa é um reconhecimento de realizações extraordinárias, estimulando que mais projetos melhorem a produtividade interna e dos prestadores de serviços.

Em 2012, 48 pessoas e equipes de projeto diferentes foram agraciados, registrando mais de US$ 4 bilhões em economia.

Um dos prêmios foi para a Equipe de Virtualização de Computação em Servidor Hospedado da Agência de Inteligência de Defesa, reconhecida pelo planejamento, engenharia, implementação e aplicação da nova Infraestrutura Virtual de HSC ao empreendimento do Sistema de Informação de Inteligência do DOD, virtualizando mais de 300 servidores e aplicações que residiam nesses servidores. Esses esforços garantem 100% de capacidade de recuperação de falhas e desastres para mais de 175 aplicações decisivas para o suporte da missão de inteligência do DOD. Além disso, essa iniciativa atende clientes e facilitadores de missões em toda a comunidade de inteligência.

A equipe de HSC também proveu um serviço de plataforma para possibilitar a hospedagem de soluções internas e

Foto por Sgt. Ken Hammond, Aeronáutica dos Estados Unidos

externas para a DIA e seus parceiros de missão. Todos os negócios e infraestruturas de inteligência são ou serão processados por 500 servidores virtuais que esse serviço integra, testa, aplica e mantém. A plataforma assegura recursos para hóspedes, aumenta a agilidade e eficiência operacionais, encurta o tempo até o mercado e proporciona mais automação e autosserviço, quando possível. O serviço de HSC demonstrou seu valor ao ampliar em mais de 40% a capacidade para clientes e usuários finais.

* http://www.dia.mil/public-affairs/news/2012-08-06.html. Acesso: 02/12/2012.

Relações de terceirização de longo prazo

Muitas empresas reconhecem que é possível ter grandes benefícios quando os acordos de terceirização se estendem a vários projetos e são de longo prazo. Por exemplo, a Corning e a Toyota estão entre as muitas empresas que forjaram uma rede de parcerias estratégicas de longo prazo com seus fornecedores. Em média, uma grande empresa está envolvida hoje em 30 alianças, contra menos de três no início dos anos 1990. Entre as muitas vantagens de estabelecer uma parceria de longo prazo, contam-se:

- **Custos administrativos menores** – Os custos associados à solicitação de propostas e seleção de um prestador de serviços são eliminados. Os custos de administração são reduzidos à medida que os parceiros se familiarizam com os aspectos jurídicos da outra parte.
- **Utilização mais eficiente de recursos** – Prestadores de serviços têm uma previsão conhecida de trabalho, enquanto os contratantes podem concentrar o próprio pessoal nos negócios nucleares, evitando as exigentes oscilações do suporte ao projeto.
- **Mais comunicação** – Na medida em que os parceiros trabalham juntos, desenvolvem uma linguagem e uma perspectiva comuns, o que diminui os mal-entendidos e otimiza a colaboração.
- **Mais inovação** – Os parceiros conseguem discutir mais abertamente a inovação e os riscos associados, dividindo riscos e recompensas com mais igualdade.
- **Melhor desempenho** – Com o tempo, os parceiros ficam mais familiarizados com os padrões e expectativas recíprocos, conseguindo aplicar aos projetos em andamento as lições aprendidas com os anteriores.

O trabalho em parceria é um esforço consciente por parte da gerência para estabelecer relações colaborativas com pessoas de diferentes empresas a fim de concluir um projeto. Para que a terceirização funcione, os indivíduos precisam ser negociadores eficazes, capazes de fundir interesses e descobrir soluções a problemas que contribuam para o projeto. A próxima seção trata de algumas das principais habilidades e técnicas associadas a uma negociação eficaz.

A arte da negociação

A negociação eficaz é decisiva para a colaboração bem-sucedida. Não é preciso mais do que um grande problema para converter um sentimento de "nós" em "nós contra eles". Ao mesmo tempo, a negociação está presente em todos os aspectos do trabalho com gerenciamento de projetos. Os gerentes de projetos precisam negociar suporte e financiamento da alta gerência. Eles precisam negociar estafe e contribuições técnicas por parte dos gerentes funcionais. Precisam se coordenar com outros gerentes de projetos e negociar prioridades e comprometimentos com o projeto. Precisam negociar com sua equipe de projeto para determinar incumbências, prazos, padrões e prioridades. Também precisam negociar preços e padrões com fornecedores e provedores. Uma compreensão consistente do processo, das habilidades e das táticas de negociação é essencial para o sucesso do projeto.

Muitas pessoas pensam a negociação como se fosse um torneio competitivo. Cada negociador está disposto a ganhar o máximo que puder para o próprio lado. O sucesso é medido por quanto se ganha em comparação com a outra parte. Embora isso possa ser aplicável quando se negocia a venda de uma casa, não é verdade no gerenciamento de projetos. Gerenciamento de projetos não é um torneio! Primeiro, as pessoas que trabalham no projeto, seja representando diferentes empresas seja representando departamentos da mesma empresa, não são inimigas ou concorrentes, mas aliadas ou parceiras. Elas formaram uma aliança temporária para concluir um projeto. Para que essa aliança funcione, é preciso certo grau de confiança, cooperação e honestidade. Segundo, se o conflito chegar ao ponto em que as negociações são interrompidas e o projeto estaca, todo mundo perde. Terceiro, ao contrário da pechincha com um vendedor ambulante, as pessoas envolvidas em trabalho de projeto precisam continuar trabalhando juntas. Portanto, compete a elas resolver discordâncias de um jeito que contribua para saudáveis relações de trabalho. Assim, como apontado no capítulo anterior, o conflito em um projeto pode ser bom. Quando ele é tratado de maneira eficiente, pode levar a inovação, decisões melhores e resolução mais criativa de problemas.

Os gerentes de projetos aceitam essa visão não competitiva de negociação e percebem que a negociação é, em essência, um processo de duas partes: a primeira trata de chegar a um acordo; a segunda é a implementação dele. É a fase de implementação, e não o acordo em si, o que determina o sucesso das negociações. Muito frequentemente, os gerentes fazem um acordo com alguém para depois descobrir que a outra parte não fez o prometido ou que deu uma resposta abaixo das expectativas. Gerentes de projetos experientes reconhecem que a implementação se baseia na satisfação não apenas com o resultado, mas também com o processo pelo qual se chegou ao acordo. Se alguém se sente intimidado ou enganado para fazer alguma coisa, esse sentimento invariavelmente se refletirá em um desempenho mediano.

Gerentes de projetos experientes fazem o melhor que podem para fundir os interesses individuais com o que é melhor para o projeto e criar soluções efetivas para os problemas. Fisher e Ury, do Harvard Negotiation Project, defendem uma abordagem de negociação que incorpora essas metas[2] que enfatiza o desenvolvimento de soluções ganha-ganha, ao mesmo tempo em que o protege daqueles que se aproveitariam da sua franqueza. Chama-se **negociação com princípios** e fundamenta-se nos quatro grandes pontos listados na Tabela 12.2 e discutidos nas seções seguintes.

TABELA 12.2
Negociação com princípios

1. Separe as pessoas do problema
2. Foco em interesses, não em posições
3. Crie alternativas de ganho mútuo
4. Quando possível, use critérios objetivos

---

[2] R. Fisher and W. Ury, *Getting to Yes: Negotiating Agreement without Giving In*, 2nd ed. (New York: Penguin Books, 1991).

1. Separar as pessoas do problema

Muitas vezes, relações pessoais se misturam às questões essenciais. Em vez de atacar os problemas, as pessoas atacam umas às outras. Quando se sentem atacadas ou ameaçadas, naturalmente usam energia para se defender, e não para resolver o problema. A chave, portanto, é se concentrar no problema (e não a outra pessoa), durante a negociação. Evite personalizar a negociação e contextualizá-la como uma competição. Em vez disso, tente manter o foco no problema a ser resolvido. Nas palavras de Fischer e Ury: *seja duro com o problema e suave com as pessoas*.

Mantendo o foco nas questões, e não nos indivíduos, os negociadores conseguem manter a pressão sob controle. Quando o problema é importante, não é incomum que as pessoas fiquem chateadas, frustradas e enraivecidas. Entretanto, um ataque de raiva gera um contra-ataque de raiva, e a discussão evolui rapidamente para um acalorado bate-boca, uma reação em cadeia emocional.

Em alguns casos, as pessoas usam a raiva como um meio de intimidar e forçar concessões, pois o interlocutor deseja preservar a relação. Se a situação tender para a emotividade, os negociadores devem manter a cabeça fria e lembrar o velho provérbio alemão: "Deixe a raiva voar pela janela".[3] Em outras palavras, em face de uma explosão emocional, imagine que você está abrindo uma janela e deixando o calor do momento sair por ela. Evite levar as coisas pelo lado pessoal e redirecione os ataques pessoais de volta à questão em causa. Não reaja à explosão emocional: tente encontrar as questões que a desencadearam. Negociadores habilidosos mantêm a frieza em momentos desgastantes, ao mesmo tempo em que criam laços com os outros por meio de empatia e reconhecimento de fontes comuns de frustração e raiva.

Embora seja importante separar as pessoas do problema durante as negociações em si, é benefício ter uma relação amistosa com o interlocutor antes de negociar. A relação amistosa é consistente com o axioma da rede social apresentado no Capítulo 10 sobre criar uma relação antes de precisar dela. Se a relação foi marcada no passado por uma troca saudável, em que ambas as partes demonstraram disposição para acomodar os interesses uma da outra, é provável que nenhuma delas adote uma perspectiva imediata de ganha-perde. Além do mais, uma relação positiva acrescenta um interesse comum que está além dos pontos específicos em disputa. Não apenas as partes querem chegar a um acordo que se harmonize com seus interesses individuais, mas também querem fazê-lo de maneira que preserve o relacionamento. Portanto, é mais provável que todos procurem soluções mutuamente benéficas.

2. Foco em interesses, não em posições

As negociações frequentemente estacam quando as pessoas focam posições:

Estou disposto a pagar US$ 10 mil. Não, custará US$ 15 mil.

Preciso disso feito até segunda. É impossível, só conseguirmos terminar na quarta.

Embora esses diálogos sejam comuns em discussões preliminares, os gerentes precisam evitar que essas posturas iniciais se polarizem. Quando essas posições são afirmadas, atacadas e, então, defendidas, cada parte começa a traçar simbolicamente uma linha que não pretende atravessar. Essa linha cria um cenário de ganha-perde em que alguém tem que perder, atravessando a linha, para se chegar a um acordo. Assim, as negociações podem se tornar uma guerra de vontades, com concessões sendo vistas como motivo para vergonha.

O segredo é se concentrar nos interesses por trás das suas posições (aquilo que você quer atingir) e separar o máximo possível essas metas do seu ego. Não apenas você deve ser impelido pelos seus interesses, mas deve também tentar identificar os interesses da outra parte. Pergunte por que custará tanto ou por que não pode ficar pronto até segunda-feira. Ao mesmo tempo, dê vida aos seus próprios interesses. Não diga apenas que é vital que fique pronto até segunda: explique o que acontecerá se não ficar pronto até segunda.

Às vezes, quando os verdadeiros interesses de ambas as partes são revelados, não há fundamento para conflito. Tome, por exemplo, a discussão da segunda *versus* quarta-feira. Essa discus-

---

[3] *Ibid.*

são poderia se aplicar a um cenário envolvendo um gerente de projetos e o gerente de produção de uma pequena firma local que foi contratada para produzir protótipos de uma nova geração de mouses. O gerente do projeto precisa dos protótipos na segunda-feira, para mostrá-los a um grupo de usuários. O gerente de produção disse que seria impossível. O gerente do projeto disse que isso seria constrangedor, pois o marketing se empenhou muito para agendar essa demonstração. O gerente de produção novamente negou o pedido, acrescentando que já teve que programar horas extras para cumprir a data de entrega na quarta-feira. Todavia, quando o gerente do projeto revelou que a finalidade do grupo era aferir as reações dos clientes à cor e ao formato dos novos dispositivos, e não o produto acabado, o conflito desapareceu. O gerente de produção disse ao gerente do projeto que poderia recolher as amostras hoje, se quisesse, pois a produção estava com um estoque excessivo de carcaças.

Ao mirar nos interesses, é importante praticar um princípio da comunicação: *primeiro busque entender, depois ser entendido*. Isso envolve o que Stephen Covey chama de escuta empática, que permite que uma pessoa compreenda integralmente o referencial do interlocutor – não apenas o ele está dizendo, mas também como ele se sente. Covey assevera que as pessoas têm uma necessidade inerente de serem compreendidas. Ele segue observando que necessidades satisfeitas não motivam o comportamento humano, apenas as insatisfeitas. As pessoas tentam dormir quando estão cansadas, e não quando estão descansadas. O ponto central é que, até acreditarem que estão sendo entendidas, as pessoas repetem seus pontos e reformulam seus argumentos.[4] Se, contudo, você satisfizer essa necessidade tentando primeiro entender, a outra parte fica livre para entender os seus interesses e focar diretamente as questões em causa. Buscar entender requer disciplina e empatia. Em vez de responder a seu interlocutor afirmando as suas próprias ideias, responda sintetizando os fatos e sentimentos por trás do que ele disse e verificando o acerto da compreensão.

3. Crie alternativas de ganho mútuo

Depois que as partes envolvidas identificarem seus interesses, elas podem explorar opções de ganho mútuo. Isso não é fácil. Negociações estressantes inibem a criatividade e a livre troca. O que é necessário é brainstorming colaborativo, no qual as pessoas trabalhem juntas para resolver o problema de modo que leve a um cenário ganha-ganha. O segredo do brainstorming é separar a invenção da decisão. Comece reservando 15 minutos para gerar o máximo de opções possíveis. Não importa o quão absurda uma opção seja: ela não deve ser sujeita a críticas ou rejeição imediata. As pessoas devem se alimentar das ideias dos outros para gerar novas ideias. Quando todas as opções possíveis estiverem exauridas, repasse as ideias geradas para se concentrar naquelas com as maiores possibilidades.

Esclarecer interesses e explorar opções mútuas cria a oportunidade de alinhavar interesses. Alinhavar é quando uma pessoa identifica opções que tem baixo custo para ela, mas grande interesse para a outra. Isso só é possível quando cada parte conhece as necessidades da outra. Por exemplo, ao negociar preço com um fornecedor de peças, um gerente de projetos ficou sabendo, na discussão, que o fornecedor estava com um fluxo de caixa apertado após adquirir uma máquina fabril muito cara. A necessidade de caixa era a razão principal por que o fornecedor assumira uma posição tão rígida no tocante ao preço. Durante a sessão de brainstorming, uma das opções apresentadas foi pagar antecipadamente o pedido, em vez do esquema habitual de pagamento na entrega. Ambas as partes aceitaram essa opção e chegaram a um acordo amigável em que o gerente do projeto pagaria ao fornecedor todo o serviço antes, em troca de um tempo de resposta mais veloz e uma considerável redução de preço. Essas oportunidades de acordos ganha-ganha, muitas vezes, não são vistas porque os negociadores se fixam em resolver seus problemas, e não em oportunidades de resolver os problemas da outra pessoa.

4. Quando possível, use critérios objetivos

A maioria das indústrias e profissões estabelecidas desenvolveu padrões e regras para ajudar a lidar com áreas comuns de divergência. Compradores e vendedores se utilizam da tabela oficial para

---

[4] S. R. Covey, *The Seven Habits of Highly Effective People* (New York: Simon and Schuster, 1990).

fixar parâmetros de preços para carros usados. O setor da construção tem regras e determinadas práticas para resolver procedimentos de verificação de qualidade e segurança no trabalho. O setor jurídico usa jurisprudência para encaminhar queixas.

Sempre que possível, deve-se insistir no uso de critérios externos e objetivos para sanar desentendimentos. Por exemplo, surgiu um desentendimento entre uma companhia aérea regional e uma equipe independente de contabilidade à qual foi confiada a elaboração da demonstração financeira anual. A companhia aérea havia feito um investimento substancial ao alugar diversos aviões usados de uma companhia maior. A disputa dizia respeito a se essa locação deveria ser classificada como um arrendamento operacional ou mercantil. Isso era importante para a companhia aérea, pois se a aquisição fosse classificada como arrendamento operacional, a dívida associada não teria de ser lançada na demonstração financeira. No entanto, se a aquisição fosse classificada como arrendamento mercantil, a dívida teria de ser computada na demonstração financeira, e o índice da dívida sobre o capital próprio seria muito menos atrativo para acionistas e possíveis investidores. As duas partes resolveram essa contenda submetendo-se a fórmulas fixadas pelo Conselho de Padrões Contábeis Financeiros. No fim, a equipe contábil estava certa, mas, ao se submeter a padrões objetivos, ela conseguiu se desviar do desapontamento dos gerentes da companhia aérea e preservar uma relação profissional com ela.

Lidar com pessoas não razoáveis

A maioria das pessoas que trabalham em projetos percebe que, no longo prazo, é benéfico trabalhar buscando soluções mutuamente satisfatórias. Mesmo assim, ocasionalmente se encontra alguém que tem uma atitude dominante de ganha-perde em relação à vida, sendo difícil lidar com ela. Fisher e Ury recomendam que se use negociação em jiu-jítsu quando se trata com uma pessoa dessas. Em outras palavras, quando a outra pessoa começa a empurrar, não empurre de volta. Como nas artes marciais, evite defrontar a sua força diretamente contra o interlocutor: em vez disso, use a sua habilidade para se esquivar e pôr a força dele a seu serviço. Quando alguém impõe peremptoriamente uma posição, não a rejeite nem a aceite. Trate-a como uma opção possível e, então, procure os interesses por trás dela. Em vez de defender as suas ideias, estimule críticas e conselhos. Pergunte por que elas não são boas e descubra o interesse oculto do seu interlocutor.

Aqueles que usam a negociação em jiu-jítsu se fiam em duas armas principais. Eles fazem perguntas em vez de fazer afirmações. Perguntas possibilitam que os interesses venham à tona, sem dar ao oponente algo com que atacar. A segunda arma é o silêncio. Se a outra pessoa fizer uma proposta não razoável ou atacá-lo pessoalmente, fique parado e não diga nada. Espere que a outra pessoa rompa o impasse respondendo à sua pergunta ou vindo com uma sugestão nova.

A melhor defesa contra negociadores não razoáveis, do tipo ganha-perde, é ter o que Fisher e Ury chamam de uma forte **BATNA (melhor alternativa para negociação de um acordo, do inglês** *best alternative to a negotiated agreement*). Eles indicam que as pessoas tentam chegar a um acordo para produzir algo melhor do que o resultado de não negociar. O que esse resultado seria é o verdadeiro *benchmark* para determinar se se deve aceitar um acordo. Uma BATNA forte lhe dá o poder de se afastar e dizer: "Não tem negócio se não trabalharmos em direção a um cenário ganha-ganha".

A sua BATNA reflete o quão dependente você é da outra parte. Se você está, por um lado, negociando preço e datas de entrega, podendo escolher entre diversos fornecedores confiáveis, você tem uma BATNA forte. Se, por outro, só existe um fornecedor que pode lhe prover um material específico e decisivo a tempo, você tem uma BATNA fraca. Nessas circunstâncias, você pode ser forçado a aceder às demandas do fornecedor. Ao mesmo tempo, você deve começar a explorar formas de aumentar a sua BATNA para negociações futuras. Isso pode ser feito reduzindo a sua dependência desse fornecedor. Comece a encontrar material substituível ou negocie prazos melhores com outros fornecedores.

A negociação é uma arte e envolve muitos aspectos intangíveis. Esta seção repassou alguns princípios comprovados da negociação eficaz baseados na obra pioneira de Fisher e Ury. Dado o significado da negociação, recomendamos que você leia os livros desses e outros autores a respeito. Além disso, frequentar cursos de treinamento pode ajudá-lo a exercitar as habilidades concernentes a ela. Você também deve aproveitar as interações cotidianas para afiar a sua argúcia na negociação.

Nota sobre gerenciamento de relações com clientes

No Capítulo 4, enfatizamos que o sucesso definitivo não é determinado pela conclusão do projeto no prazo, dentro do orçamento ou conforme as especificações, mas se o cliente ficou satisfeito com o que foi realizado. A satisfação do cliente é o que importa. Notícias ruins se espalham mais e mais rápido do que boas notícias. Para cada cliente contente que divide com uma pessoa a satisfação com determinado produto ou serviço, um cliente contrariado provavelmente dividirá a sua insatisfação com mais oito pessoas. A preservação da reputação dos gerentes de projetos depende de estes cultivarem relações de trabalho positivas com os clientes.

A satisfação do cliente é um fenômeno complexo. Um modo simples, porém útil, de percebê-la é pelo **modelo de expectativas satisfeitas**. De acordo com ele, a satisfação do cliente é uma função da medida em que o desempenho (ou saída) percebido excede as expectativas. Matematicamente, essa relação pode ser representada como a razão entre o desempenho percebido e o desempenho esperado (Figura 12.5). Quando o desempenho fica aquém das expectativas (razão < 1), o cliente fica insatisfeito. Se o desempenho corresponde às expectativas (razão = 1), o cliente fica satisfeito. Se o desempenho excede as expectativas (razão > 1), o cliente fica muito satisfeito, ou até mesmo encantado.

Alta satisfação do cliente é a meta da maioria dos projetos. No entanto, a lucratividade é outra grande inquietação. Exceder as expectativas normalmente acarreta custos extras. Por exemplo, concluir um projeto de construção 2 semanas antes do programado pode ter causado consideráveis despesas com horas extras. De forma semelhante, exceder os requisitos de confiabilidade em um novo componente eletrônico pode envolver consideravelmente mais esforço de design e *debugging*. Na maioria das circunstâncias, o arranjo mais lucrativo ocorre quando as expectativas do cliente só são levemente excedidas. Voltando ao modelo matemático: com todo o resto permanecendo igual, deve-se almejar uma razão de satisfação de 1,05, e não de 1,5!

O modelo de expectativas satisfeitas realça o ponto de que a insatisfação ou encanto do cliente com o projeto não se baseia em fatos concretos e dados objetivos, mas em percepções e expectativas. Por exemplo, um cliente pode ficar insatisfeito com um projeto que foi concluído antes do programado e abaixo do orçamento se achar que o trabalho foi de má qualidade e que seus medos e preocupações não foram resolvidos de forma adequada. Enquanto outro cliente pode ficar muito satisfeito com um projeto que estourou orçamento e cronograma se achar que a equipe do projeto protegeu seus interesses e fez o melhor trabalho possível sob circunstâncias adversas.

Os gerentes de projetos precisam estar habilitados para gerenciar as expectativas e percepções dos clientes. Muitas vezes, eles lidam com essas expectativas após os fatos, quando tentam amenizar a insatisfação do cliente explicando cuidadosamente por que o projeto custou ou demorou mais do que o planejado. Uma abordagem mais proativa é começar a moldar as expectativas adequadas desde o início e aceitar que esse é um processo contínuo, por toda a vida do projeto. Os gerentes de projetos precisam dirigir sua atenção tanto às expectativas básicas do cliente (o padrão pelo qual o desempenho percebido será avaliado) quanto às percepções do cliente acerca do desempenho efetivo. A meta final é informar os clientes para que eles possam emitir um juízo válido a respeito do desempenho do projeto.

O gerenciamento das expectativas começa na fase de negociação da aprovação do projeto preliminar. É importante evitar a tentação de enfatizar demais as virtudes do projeto a fim de obter aprovação porque isso pode criar expectativas irrealistas que talvez sejam difíceis (senão impossíveis) de atingir. Ao mesmo tempo, proponentes de projeto já abaixaram as expectativas do cliente diminuindo os projetos. Se o tempo estimado de conclusão é de 10 a 12 semanas, eles prometem concluí-lo dentro de 12 a 14 semanas, aumentando, assim, as chances de exceder as expectativas do cliente ao finalizar o projeto antes.

FIGURA 12.5
O modelo de expectativas satisfeitas

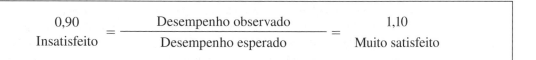

DESTAQUE DE PESQUISA
Gerentes de projetos de TI atuando também como executivos de contas de clientes*

Webber e Torti estudaram os múltiplos papéis que os gerentes de projetos desempenham em projetos de TI. Com base em um conjunto abrangente de entrevistas com gerentes de projetos e clientes de três empresas diferentes de serviços de TI, eles identificaram cinco grandes papéis decisivos para implementação bem-sucedida de projetos para clientes na área, descritos parcialmente na Tabela 12.3: empreendedor; político; amigo; marqueteiro; e *coach*. Webber e Torti observaram que, em vez de manter uma relação claramente definida com o cliente, o gerente de projetos se torna parte da empresa cliente. Eles informam que o gerente de projeto tenta "se vestir como o cliente, agir como o cliente e participar das atividades da empresa cliente (como reuniões sociais, doação de sangue etc.)". Ele se torna uma parte tão integrada ao cotidiano do cliente, que muitos funcionários do cliente, com o tempo, acabam esquecendo que o gerente de projetos não é funcionário da empresa cliente. Isso ajuda a estabelecer um grau de confiança essencial para a colaboração eficaz.

* S. S. Webber, and M. T. Torti, "Project Managers Doubling as Client Account Executives," *Academy of Management Executive*, Vol. 18, No. 1, pp. 60-71, 2004.

TABELA 12.3 Papéis, desafios e estratégias de projeto

Papéis do gerente de projetos	Desafios	Estratégias
Empreendedor	Navegar em águas desconhecidas	Utilizar persuasão para influenciar os outros
Político	Compreender duas culturas diversas	Alinhar-se com as pessoas poderosas (empresas matriz e cliente)
Amigo	Determinar as relações importantes a construir e sustentar fora da equipe em si	Identificar interesses e experiências comuns para forjar uma amizade como cliente
Profissional de marketing	Compreender os objetivos estratégicos da empresa cliente	Alinhar ideias/propostas novas com os objetivos estratégicos da empresa cliente
Técnico	Motivar os membros da equipe cliente sem autoridade formal	Proporcionar tarefas desafiadoras para aprimorar as habilidades dos membros da equipe

Tão logo o projeto seja autorizado, o gerente e a equipe do projeto precisam trabalhar de perto com o cliente para desenvolver uma declaração de escopo do projeto bem-definida, que enuncie claramente os objetivos, parâmetros e limites do trabalho do projeto. A declaração do escopo do projeto é essencial para estabelecer as expectativas do cliente a respeito do projeto. É fundamental que todas as partes concordem com o que deve ser realizado e que estejam falando da mesma coisa. Também é importante compartilhar riscos significativos que possam interromper a execução do projeto. Clientes não gostam de surpresas e, se souberem com antecedência sobre problemas potenciais, estarão muito mais propensos a aceitar as consequências.

Após o projeto ser iniciado, é importante manter os clientes a par do progresso. Foi-se a época em que simplesmente os pedidos dos clientes eram anotados e a eles era dito que voltassem quando o projeto estivesse terminado. Cada vez mais empresas e seus gerentes de projetos estão tratando seus clientes como membros de fato da equipe do projeto, envolvendo-os ativamente em aspectos decisivos do trabalho. No caso de incumbências de consultoria, os gerentes do projeto, às vezes, se *metamorfoseiam* em um membro da empresa cliente (ver "Destaque de Pesquisa: Gerentes de Projetos de TI").

Para que os clientes possam ajustar os respectivos planos, os gerentes de projeto precisam mantê-los informados sobre o desenvolvimento do projeto. Quando as circunstâncias ditam que se mudem o escopo ou as prioridades do projeto, os gerentes de projetos precisam ser rápidos para pormenorizar o melhor que puderem as implicações dessas mudanças aos clientes e estes possam, então, fazer uma escolha informada. O envolvimento ativo do cliente permite que ele ajuste naturalmente as suas expectativas de acordo com as decisões e eventos que transcorrem no projeto; ao mesmo tempo, a presença do cliente mantém a equipe do projeto focada nos objetivos dele para o projeto.

O envolvimento ativo do cliente também dá uma base mais firme para avaliar o desempenho do projeto. O cliente não apenas vê os resultados do projeto, como também vislumbra o esforço e as ações que os produziram. Naturalmente, os gerentes de projetos querem que isso reflita favoravelmente nas suas equipes de projeto, então, aplicam-se com cuidado especial para que as interações com o cliente se deem de uma maneira competente e profissional. Em alguns aspectos, as percepções dos clientes sobre desempenho são moldadas mais pela forma como a equipe do projeto lida com adversidades do que pelo desempenho efetivo. Os gerentes de projetos podem impressionar os clientes pela diligência em lidar com problemas e reveses inesperados. Da mesma forma, os analistas perceberam que a insatisfação do cliente pode ser transformada em satisfação quando os erros são corrigidos rapidamente há extrema atenção às preocupações dele.

O gerenciamento das relações com o cliente em um projeto é um tópico abrangente; realçamos apenas algumas das questões centrais envolvidas. Este breve segmento encerra com duas palavrinhas de conselho transmitidas por veteranos gerentes de projetos:

Fale com uma voz só. Nada corrói mais a confiança em um projeto do que o cliente receber mensagens conflitantes de diferentes membros do projeto. O gerente do projeto deve lembrar os membros da equipe desse fato, trabalhando com eles para que as informações apropriadas sejam compartilhadas com o cliente.

Fale a linguagem do cliente. É muito frequente que os membros do projeto respondam às consultas do cliente com um jargão técnico fora do alcance do cliente. Os gerentes e membros do projeto precisam descrever problemas, *trade-offs* e soluções de modos que o cliente entenda.

Resumo

A terceirização tornou-se uma parte integral do gerenciamento de projetos. Cada vez mais empresas estão colaborando entre si em projetos para competir no mundo comercial. As vantagens da terceirização incluem redução de custos, tempo menor de conclusão, maior flexibilidade e maior nível de *expertise*. As desvantagens incluem problemas de coordenação, perda de controle, conflitos, questões de segurança e política controversa.

Diversas práticas proativas melhores surgiram entre as empresas que dominaram o processo de terceirização que incluem estabelecer requisitos e procedimentos bem-definidos e utilizar contratos justos e com incentivos. Sessões de construção de equipe são organizadas antes que o projeto comece para forjar relações entre pessoas de diferentes empresas. São estabelecidas diretrizes de escalonamento para resolver conflitos, assim como dispositivos de melhoria de processo e compartilhamento de risco. Em trabalhos altamente críticos, são feitos arranjos para que os principais profissionais trabalhem juntos, lado a lado. Avaliações conjuntas de como as pessoas estão colaborando é a norma nos *briefings* de relatório de *status*. Por fim, muitas empresas estão percebendo os benefícios de formar alianças de longo prazo entre si em projetos. A meta final é trabalhar juntas como parceiros.

Para tanto, habilidades eficazes de negociação são essenciais. As pessoas precisam resolver ou manter as diferenças no menor nível possível para que o projeto permaneça nos trilhos. Gerentes de projetos veteranos se dão conta de que negociação não é um jogo competitivo, e trabalham buscando soluções colaborativas para os problemas. Eles alcançam isso separando as pessoas do problema, concentrando-se em interesses, e não em posições, propondo opções de ganho mútuo e, sempre que possível, utilizando critérios objetivos para resolver discordâncias. Eles também reconhecem a importância de desenvolver uma BATNA forte, que lhes dê a alavancagem necessária para buscar soluções colaborativas.

A satisfação do cliente é teste decisivo do sucesso do projeto. Os gerentes de projetos precisam assumir uma abordagem proativa a respeito do gerenciamento das expectativas e percepções do cliente. Eles precisam envolve-lo ativamente nas principais decisões, mantendo-o a par dos desdobramentos importantes. O envolvimento ativo do cliente mantém a equipe do projeto focada nos objetivos do projeto e reduz os mal-entendidos e a insatisfação.

Termos-chave

Coalocação, *370*
Documento formal de parceria, *368*
Escalonamento, *369*
Melhor alternativa para negociação de um acordo (BATNA), *376*

Modelo de expectativas satisfeitas, *377*
Negociação com princípios, *373*
Terceirização, *362*

Questões de revisão

1. Por que as empresas terceirizam trabalho de projeto?
2. Quais são as melhores práticas usadas pelas empresas para terceirizar trabalho de projeto?
3. O que o termo "escalonar" quer dizer e por que isso é essencial para o sucesso do projeto?
4. Por que a abordagem da negociação com princípios é recomendada para negociar acordos em projetos?
5. O que quer dizer a sigla BATNA e por que isso é importante para ser um negociador de sucesso?
6. Como um gerente de projetos pode influenciar as expectativas e percepções do cliente?

Exercícios

1. Formem grupos de quatro ou cinco alunos. Designem o papel de contratante a uma metade dos grupos e o papel de empreiteiro à outra.
   Proprietários: Depois de poupar muitos anos, vocês estão prestes a contratar um empreiteiro para construir a "casa dos seus sonhos". Quais são os seus objetivos neste projeto? Que preocupações ou dúvidas vocês têm quanto a trabalhar com um empreiteiro para construir a sua casa?
   Empreiteiros: Vocês são especialistas em construir casas sob medida e estão prestes a se reunir com os futuros clientes para começar a negociar um contrato para construir a "casa dos sonhos" deles. Quais são os seus objetivos neste projeto? Que preocupações ou dúvidas vocês têm quanto a trabalhar com os clientes para construir a casa deles?
   Um grupo de clientes se junta com um grupo de empreiteiros e compartilha objetivos, preocupações e dúvidas.
   Identifiquem quais objetivos, dúvidas e preocupações vocês têm em comum e quais são exclusivas. Discutam como vocês poderiam trabalhar juntos para concretizar os objetivos. Quais seriam as chaves para trabalhar como parceiros neste projeto?
2. Digite "terceirização" em uma busca na internet e navegue por diferentes sites. Quem parece estar interessado em terceirização? Quais são as vantagens da terceirização? Quais são as desvantagens? Terceirização quer dizer a mesma coisa para diferentes pessoas? Quais são as tendências futuras da terceirização?
3. Dividam-se em quatro grupos e examinem as instruções do exercício "Consiga o máximo que puder" dadas por seu professor. Façam o exercício. Qual era a sua estratégia inicial? Ela mudou? Se sim, por quê? O que esse exercício lhes diz sobre a nossa capacidade de colaborar uns com os outros?

Referências

Cowan, C., C. F. Gray, and E. W. Larson, "Project Partnering," Project Management Journal, Vol. 12, No. 4, December 1992, pp. 5-15.

Covey, S. R., The Seven Habits of Highly Effective People (New York: Simon and Schuster, 1990).

DiDonato, L. S., "Contract Disputes: Alternatives for Dispute Resolution (Part 1)," PM Network, May 1993, pp. 19-23.

Drexler, J. A., and E. W. Larson, "Partnering: Why Project Owner-Contractor Relationships Change," Journal of Construction Engineering and Management, Vol. 126, No. 4, July/August 2000, pp. 293-397.

Dyer, S., Partner Your Project (Warwickshire, UK: Pendulum Pub., 1997).

Economy, P., Business Negotiating Basics (Burr Ridge, IL: Irwin Professional Publishing, 1994).

Fisher, R., and W. Ury, Getting to Yes: Negotiating Agreement without Giving In, 2nd ed. (New York: Penguin Books, 1991).

Hedberg, B., G. Dahlgren, J. Hansson, and N. Olve, Virtual Organizations and Beyond (New York: Wiley, 1997).

Hoang, H., and F. T. Rothaermel, "The Effect of General and Partner-Specific Alliance Experience on Joint R&D Project Performance," Academy of Management Journal, Vol. 48, No. 2, 2005, pp. 332-45.

Kanter, R. M., "Collaborative Advantage: The Art of Alliances," Harvard Business Review, July–August 1994, pp. 92–113.

Kezsbom, D. S., D. L. Schilling, and K. A. Edward, Dynamic Project Management (New York: Wiley, 1989).

Larson, E. W., "Project Partnering: Results of a Study of 280 Construction Projects," Journal of Management Engineering, Vol. 11, No. 2, March/April 1995, pp. 30-35.

Larson, E. W., "Partnering on Construction Projects: A Study of the Relationship between Partnering Activities and Project Success," IEEE Transactions in Engineering Management, Vol. 44, No. 2, May 1997, pp. 188-95.

Larson, E. W., and J. A. Drexler, "Barriers to Project Partnering: Report from the Firing Line," Project Management Journal, Vol. 28, No. 1, March 1997, pp. 46-52.

Magenau, J. M., and J. K. Pinto, "Power, Influence, and Negotiation in Project Management," in The Wiley Guide to Managing Projects, P. W. G. Morris and J. K. Pinto (Eds.), (New York: Wiley, 2004), pp. 1033-60.

Maurer, I., "How to Build Trust in Interorganizational Projects: The Impact of Project Staffing and Project Rewards on the Formation of Trust, Knowledge Acquisition, and Product Innovation," International Journal of Project Management, Vol. 28 (7), 2010, pp. 629-37.

Nambisan, S., "Designing Virtual Customer Environments for New Product Development: Toward a Theory," Academy of Management Review, Vol. 27, No. 3, 2002, pp. 392-413.

Nissen, M. E., "Procurement: Process Overview and Emerging Project Management Techniques," in The Wiley Guide to Managing Projects, P. W. G. Morris and J. K. Pinto (Eds.), (New York: Wiley, 2004), pp. 643-54.

Quinn, R. E., S. R. Faerman, M. P. Thompson, and M. R. McGrath, Becoming a Master Manager: A Competency Framework (New York: Wiley, 1990).

Schultzel, H. J., and V. P. Unruh, Successful Partnering: Fundamentals for Project Owners and Contractors (New York: Wiley, 1996).

Shell, G. R., Bargaining for Advantage: Negotiation Strategies for Reasonable People (New York: Penguin, 2000).

Caso | Shell Case Fabricators

HISTÓRICO

A Shell Case Fabricators (SCF) desenha e constrói invólucros para produtos eletrônicos como calculadoras, celulares e modems. Em geral, as carcaças são de plástico ou compostos plásticos. A empresa tem seis linhas de produção diferentes, cobrindo diferentes tipos de produto. Por exemplo, a maior das linhas de produção de alto volume para modems consegue produzir três cores diferentes e dois modelos (vertical e plano). A Air Connection Links (ACL) é o maior cliente dessa linha. Essa linha de alta produção está funcionando em plena capacidade, com turno de 8 horas. As outras cinco linhas rendem quantidades menores e costumam atender às necessidades de outros produtos especializados, fabricados por diferentes empresas pequenas.

O fabricante do hardware desenha 95% da linha de invólucros de produtos da SCF. Colocar um invólucro no estágio de produção exige muita colaboração e interação entre o fabricante original do hardware e do design do invólucro (por exemplo, a ACL) e os engenheiros de design de invólucro e o departamento de produção da SCF. O mais novo produto da ACL é um modem concebido para ser usado no monitoramento da atividade hídrica em baías, por exemplo, tráfego de embarcações, poluição e dejetos flutuantes. Por causa da alta funcionalidade e baixo custo do produto, a demanda potencial pelo novo produto é imensurável. Parece que todo país com pequenas baías usadas para transporte vai querer modems subaquáticos para monitorá-las.

O PROJETO DO MODEM SUBAQUÁTICO

Na SCF, a cada produto novo é designado um gerente de projeto para coordenar e administrar o design do invólucro, os orçamentos e a inicialização da fabricação. Songsee é a estrela do gerenciamento de projetos na SCF, exercendo o cargo de gerente do projeto do invólucro para o novo modem acústico subaquático de curto alcance. O dispositivo exigia design e materiais especiais, equipamento sob medida e vedação para resistir a uma pressão de 50 m. A Air Connection Links, proprietária do produto, precisava de 60 mil modems em 91 dias (até o próximo 15 de janeiro) para a reunião do Instituto de Controle de Estuários, em Hong Kong.

Solicitação de mudança por parte do cliente

Songsee acha que o projeto vem progredindo tranquilamente, exceto pelo atraso de duas semanas no cronograma. Ela acredita que pode "fazer uma pressão" no departamento de design para colocar o projeto em alta prioridade e compensar esse tempo. Ontem, o gerente de projetos da ACL, Sabin, veio com uma "mudança simples": trocar o formato exterior do invólucro de retangular para forma de cúpula aumentará o desempenho em 2%. Songsee não conseguia acreditar. Ele sabe o que está fazendo, conhece as implicações de engenharia, e NÃO é simples! Porém, mesmo assim Sabin diz a Songsee: "Não custará muito". Songsee pensou em retrucar asperamente, mas contou até cinco e desistiu. A essa altura do campeonato, mudanças e compressão de cronograma custam um dinheirão! Songsee disse que se reuniria com sua equipe e iniciaria hoje uma nova estimativa de tempo e custo e que Sabin teria de lhe passar até amanhã, por escrito, uma solicitação de mudança a respeito dos novos requisitos. Sabin pareceu decepcionar-se. "Por que não pomos mais € 100 mil e vamos em frente? Já fazemos negócio com a SCF há 6 anos. Com a imensa demanda esperada, a SCF logo chega a um equilíbrio e terá um grande lucro no lado da produção." Songsee suspirou. "Vamos prosseguir com o processo de mudança de pedido. Levarei a sua solicitação de mudança de pedido ao comitê de governança corporativa."

A reunião de Songsee com sua equipe sobre a mudança se deu como o esperado. Todos os departamentos reclamaram por ter de mudar a essa altura. As estimativas chutadas de custo e tempo foram mais que o triplo da ideia de Sabin de € 100 mil. Por exemplo, desenhar uma nova vedação para um modem em forma de domo exigirá uma nova abordagem customizada de vedação contra água, possivelmente um selante diferente, não testado, e novos moldes. A ACL já definiu o design do novo modem? Songsee pediu que a equipe trouxesse uma estimativa mais detalhada na tarde do dia seguinte, antes que ela se reunisse com o comitê de governança sobre a mudança de pedido.

No dia seguinte (sexta-feira)

Sabin, da ACL, ligou no meio da manhã do dia seguinte. "A nossa gerência sênior está incomodada com tantas formalidades por causa de uma mudança tão pequena. Eles simplesmente querem tocar o projeto adiante e atingir a data de lançamento no mercado. € 100 mil parecem um preço justo. Eles acham que você precisa falar com a sua gerência e querem uma resposta até segunda".

As estimativas da equipe chegaram perto do chute do dia anterior (€ 391 mil). Uma notícia nada boa. Songsee sabia que o comitê de se aferraria ao valor integral. Ela tinha razão. O comitê acredita que os custos existem e devem ser cobertos para que se cumpra a data de lançamento. O comitê também estava preocupado porque as prioridades e a programação de recursos teriam de mudar nos departamentos de design e produção da SCF. Em 3 horas, ela se reuniria com a gerência sênior para decidir se aceitariam a solicitação do cliente no preço deles ou surgiriam com um plano alternativo. Songsee viu que teria diversas opções para a gerência sênior considerar juntamente com uma recomendação.

1. A SCF deveria aceitar ou rejeitar a solicitação da ACL? Qual opção você escolheria? Quais são os riscos envolvidos?
2. Como a SCF deve negociar com a ACL? Como a SCF e a ACL podem desenvolver uma relação positiva de longo alcance? Especifique.

Caso   O projeto de instalação de software de contabilidade

Em sua sala, Karin Chung está reexaminando os últimos quatro meses do grande projeto de instalação de software de contabilidade empresarial que ela vem gerenciando. Tudo parecia muito bem planejado antes de o projeto começar. Cada divisão da empresa tinha uma força-tarefa que contribuía com a instalação proposta, juntamente com problemas potenciais. Todas as diferentes divisões foram treinadas e instruídas sobre interagir com o software contábil e usá-lo. Todos os seis prestadores de serviços, que incluíam uma das cinco maiores empresas de consultoria, deram assistência no desenvolvimento da estrutura analítica de trabalho – custos, especificações e tempo.

Karin contratou um consultor para realizar um workshop de "parceria" de um dia de duração para os principais chefes de contabilidade, um membro de cada grupo de força-tarefa e representantes importantes de cada um dos prestadores de serviços. Durante os trabalhos, foram utilizados vários exercícios diferentes de construção de equipe para ilustrar a importância da colaboração e da comunicação eficaz. Todo mundo riu quando, em um exercício de construção de ponte humana, Karin caiu em um fosso imaginário de ácido. A atividade terminou com um clima positivo e todos assinaram um documento formal de parceria manifestando comprometimento em trabalhar juntos como parceiros para concluir o projeto.

DOIS MESES DEPOIS

Um membro de força-tarefa veio reclamar para Karin que o prestador de serviços que lidava com o faturamento não queria ouvir suas considerações sobre problemas que poderiam ocorrer na divisão da Virginia quando os faturamentos fossem consolidados. O prestador de serviços havia dito que tinha problemas mais sérios do que a consolidação do faturamento na divisão da Virginia. Karin respondeu: "Você pode ajeitar o problema com o prestador de serviços. Vá e diga a ele como a questão é séria e terá de ser resolvida antes que o projeto seja concluído".

Mais adiante na semana, no refeitório, ela escutou um prestador de serviços de consultoria falando mal do trabalho de outro: "sempre atrasado, o código de interface não foi testado". No mesmo dia, no corredor, um supervisor do departamento de contabilidade lhe disse que os testes acusavam que o novo software nunca seria compatível com as práticas contábeis da divisão da Georgia.

Embora apreensiva, Karin considerava esses problemas típicos do tipo que ela encontrara em outros projetos menores de software.

QUATRO MESES DEPOIS

O projeto parecia estar desmoronando. O que acontecera com a atitude positiva estimulada no workshop de construção de equipe? Um prestador de serviços escreveu uma carta formal reclamando de outro prestador que adiava uma decisão de codificação que estava atrasando o trabalho do queixoso. A carta prosseguia: "Não podemos ser responsabilizados por atrasos provocados pelos outros". O projeto já estava dois meses atrasado com os problemas se tornando reais e muito sérios. Karin finalmente decidiu convocar uma reunião com todas as partes do contrato de projeto e parceria.

Ela começou perguntando pelos problemas que as pessoas estavam encontrando ao trabalhar no projeto. Embora tivesse havido relutância em ser o primeiro a falar para não ser considerado um "reclamão", não demorou para que as acusações e ânimos ficassem fora de controle com um grupo se queixando do outro grupo. Diversos participantes reclamavam que os outros retinham decisões que interrompiam o trabalho. Um consultor disse: "É impossível saber quem está encarregado do quê". Outro participante reclamou que, apesar de o grupo se reunir separadamente sobre problemas pequenos, ele nunca se reunia como um grupo completo para avaliar as novas situações de risco que surgiam.

Karin sentia que a reunião degenerara em uma situação irrecuperável. O comprometimento com o projeto e a parceria pareciam estar se esvaindo. Decidiu interromper logo a reunião e esfriar os ânimos. Falou às partes interessadas do projeto: "Está claro que temos problemas sérios e o projeto está ameaçado. O projeto precisa voltar aos trilhos e as intrigas precisam parar. Quero que todos venham a uma reunião na sexta de manhã com sugestões concretas sobre o que é preciso para colocar o projeto de volta nos eixos e medidas específicas para fazer isso acontecer. Precisamos reconhecer a nossa interdependência mútua e colocar nossas relações de volta em um ambiente ganha-ganha. Depois de colocarmos as coisas nos eixos, precisamos descobrir como nos manter assim".

1. Por que essa tentativa de parceria em projeto parece estar fracassando?
2. Se você fosse Karin, o que faria para colocar esse projeto de volta ao eixo?
3. Que medida você tomaria para manter o projeto nos eixos?

Caso Buxton Hall

Cham Cromwell, chefe do alojamento universitário, levantou os olhos para a torre de Buxton Hall e sorriu enquanto caminhava em direção ao edifício histórico.

Buxton Hall foi construído em 1927 como um complexo residencial para mais de 350 estudantes da Pacifica State University. Na época, Buxton era o edifício mais alto do campus, e a sua torre possuía uma vista panorâmica dos campos de atletismo e dos campos litorâneos. Buxton logo se tornou um ponto focal da Pacifica State. Os estudantes encastelados na torre dominavam o campus na guerra anual de água, na primavera, com seus imensos estilingues e catapultas. A primeira intranet da costa do Pacífico foi criada na Buxton, ligando os computadores dos estudantes e permitindo que eles compartilhassem impressoras. Por volta dos anos 1970, alguns estudantes artistas iniciaram a tradição de pintar as portas dos respectivos dormitórios. Fosse o logo dos Rolling Stones ou o Pernalonga de skate, essas portas coloridas eram um legado artístico que chamava a atenção dos estudantes e professores.

Buxton Hall servia como residência universitária há muitos anos, mas o tempo não fora gentil com o imponente edifício. Infiltrações destruíam o reboco no interior. A fiação e a tubulação estavam ultrapassadas e tão perigosas que o edifício foi considerado inseguro. As portas de Buxton Hall foram fechadas para os estudantes, com as janelas sendo tapadas no final do trimestre de primavera de 1996. Por 10 anos, Buxton ficou em silêncio e, com o tempo, tornou-se um símbolo da decadência generalizada da Pacifica State. Agora, graças a fomentos estaduais e generosas contribuições, Buxton Hall estava prestes a ser reaberto após uma reforma de US$ 20 milhões.

18 MESES ANTES

Chad e importantes representantes das unidades universitárias estavam envolvidos no segundo dos dois dias de um workshop de parceria. Também presentes estavam gerentes da Crawford Construction, o empreiteiro do projeto de reforma da Buxton e diversos terceirizados e arquitetos da empresa Legacy West. No primeiro dia, um consultor os fez passar por uma série de exercícios de construção de equipe e comunicação que acentuavam a importância da comunicação aberta, negociação com princípios e pensamento ganha-ganha. O segundo dia começou com o exercício "projeto do inferno", em que cada grupo descrevia o pior projeto em que já trabalhara. Chad ficou surpreso ao ver que as descrições do pessoal da Crawford e da Legacy West eram muito parecidas com as suas. Por exemplo, todos os grupos falaram sobre como era frustrante quando mudanças eram feitas sem as consultas devidas ou custos eram escondidos até ser tarde demais para fazer alguma coisa a respeito. A isso se seguiu uma discussão sobre o melhor projeto em que trabalharam. O consultor, então, perguntou aos grupos qual dos dois eles queriam que Buxton fosse. Emergiu um sentimento genuíno de propósito comum, e todos começaram a ativamente especificar como gostariam de trabalhar juntos. A sessão terminou com todos os participantes assinando um documento formal de parceria, seguido de um piquenique e um amigável jogo de softball.

12 MESES ANTES

Chad estava indo, junto com Nick Bolas, se reunir com Dat Nguyen, o gerente de projetos da Crawford, no terceiro andar da torre de Buxton. Dat havia entrado em contato com ele para falar sobre um problema com a colocação dos azulejos em um dos banheiros coletivos. O pessoal de Dat havia concluído o trabalho, mas Nick, o gerente de instalações da Pacifica, se recusou a aprová-lo, dizendo que não cumpria as especificações. Após um impasse de 24 horas, o mestre de obras da Crawford pôs em prática a cláusula de escalonamento do contrato de parceria e passou a questão para o nível gerencial. Dat e Chad inspecionaram o trabalho. Embora ambos concordassem que o serviço poderia ter sido melhorzinho, ele estava dentro das especificações, e Chad mandou Nick aprová-lo.

Chad se encontrou com Dat mais tarde no mesmo dia, na reunião mensal de relatório de status de Buxton. A reunião foi aberta com uma breve revisão do que tinha sido realizado na semana anterior. A discussão ficou centrada na remoção dos olmos. Fora consideradas estratégia alternativa para lidar com o fiscal do município, que tinha a reputação de ser muito meticuloso. O projeto estava duas semanas atrasado no cronograma, o que é uma questão importante, pois era imperativo que o prédio estivesse pronto para que os estudantes se mudassem para o semestre de outono de 2008. Também, o projeto estava muito apertado no orçamento e a reserva gerencial tinha de ser cuidadosamente administrada. A reforma de edifícios antigos era sempre um pouco como uma loteria, pois nunca se sabia o que poderia ser encontrado quando se derrubavam as paredes. Felizmente, só foram encontradas pequenas quantidades de amianto, mas a corrosão era muito mais grave do que o previsto.

A reunião incluía uma avaliação da parceria. Foram distribuídos os resultados de um questionário online preenchido por todos os coordenadores que revelaram uma cisão entre os mestres de obra da Crawford e os funcionários da universidade a respeito de colaboração ágil e resolução de problemas eficaz. Uma das pessoas da equipe de Chad disse que a principal fonte de frustração era que os mestres de obras da Crawford não respondiam aos recados por e-mail e telefone. Dat pediu os nomes das pessoas e disse que falaria com todas. Os mestres de obras da Crawfors reclamavam que os funcionários da universidade eram muito detalhistas. "Não temos tempo ou dinheiro para fazer um trabalho classe A em tudo", alegava um mestre de obras. Chad disse a Dat e equipe que falaria com o pessoal das instalações e pedir que eles se concentrassem no que era realmente importante.

6 MESES ANTES

A reunião de relatório de status do projeto começou no horário. A Crawford conseguira compensar o tempo perdido, e agora parecia que o edifício abriria a tempo. Chad ficou feliz em ver que a avaliação da parceria tinha sido positiva e constante durante o mês anterior. A grande questão era o salto dos custos, restando apenas US$ 50 mil da reserva gerencial. Faltando seis meses para o fim, todo mundo sabia que isso não cobriria todos os pedidos de mudança necessária para aprontar o edifício. Afinal, já haviam US$ 24 mil em pedidos de mudança em aberto.

Chad olhava para o outro lado da mesa e não via nada além de rostos sombrios. Então, um dos mestres de obras da Crawford propôs que se adiasse o tratamento de todas as paredes externas. "Em vez de limpar e consertar a alvenaria de todo o prédio, faremos apenas a entrada frontal e as paredes norte e sul, que o público vê. Podemos dar apenas um jeito nas paredes do pátio interno e no lado oeste. Isso serviria por, ao menos, 8 anos, tempo em que deverá haver mais dinheiro para concluir o serviço".

No início, Chad não gostou da ideia, mas acabou se dando conta de que era o único jeito de ter o prédio pronto para os estudantes. Irromperam discussões amistosas sobre quais segmentos exteriores precisavam de atenção completa e quais não. Toda a equipe percorreu o exterior do prédio para identificar o tipo de trabalho que precisava ser efetuado. No fim, apenas 70% das paredes externas de alvenaria foram recondicionadas de acordo com o plano, poupando mais de US$ 250 mil. Apesar de essa otimização da reserva ainda deixar as coisas apertadas, todos sentiam que agora tinham chances de concluir o projeto a tempo.

HOJE

Enquanto Chad tomava uma taça de champanha, ninguém falava sobre as paredes que ainda precisavam ser reformadas: a noite era de comemorações. Todos os principais participantes e seus cônjuges estavam na festa e a universidade estava organizando uma refeição de cinco pratos no topo da torre. Durante os brindes, trocaram-se piadas, gozações e contaram-se histórias sobre fantasmas na ala oeste e a descoberta de um gambá morto no porão sul. Todos diziam como estavam orgulhosos por trazer de volta à vida o velho e majestoso edifício. Foi dito que isso era muito mais gratificante do que derrubar uma relíquia antiga e erguer um prédio novo. O reitor da universidade concluiu a comemoração agradecendo a todos por seu trabalho árduo e proclamando que Buxton se tornaria um ícone claro e reluzente da Pacifica State.

1. Quão exitoso foi esse projeto?
2. Quais melhores práticas ficaram evidentes no caso? Como elas contribuíram para os objetivos do projeto?

Caso: Exercício de negociação da Goldrush Electronics

OBJETIVO
A finalidade deste caso é dar-lhe uma oportunidade de praticar negociações.

PROCEDIMENTO

Etapa 1
A classe é dividida em quatro grupos, cada um correspondendo ao grupo de gerenciamento de um dos quatro projetos da Goldrush Electronics.

Etapa 2
Leia adiante a seção "Informação de histórico" da Goldrush Electronics. Depois, leia as instruções para o projeto que você representa. Logo, você se reunirá com a gerência dos outros projetos para trocar pessoal. Planeje como quer realizar essas reuniões.

INFORMAÇÃO DE HISTÓRICO

A Goldrush Electronics (GE) produz uma variedade de eletrônicos e tem um forte comprometimento com gerenciamento de projetos. A GE funciona como uma empresa de projetos e cada um deles é organizado como uma equipe integralmente dedicada. O sistema de remuneração baseia-se em uma fórmula 40 + 30 + 30. Quarenta por cento são representados por seu salário-base, 30% pelo seu desempenho em projeto e 30% pelo desempenho geral da firma.

Foram autorizados quatro projetos de desenvolvimento de produto novo. Seus codinomes são: Alfa, Beta, Teta e Zeta. A designação preliminar de pessoal é listada a seguir. Você é designado para representar o gerenciamento de um desses projetos.

A política da GE é de que, depois das designações preliminares, os gerentes dos projetos têm a liberdade de trocar pessoas, contanto que ambas as partes concordem. Você terá a oportunidade de ajustar a sua equipe negociando com os gerentes dos outros projetos.

Projeto Alfa		
Engenheiro de software	**Engenheiro de hardware**	**Engenheiro de design**
Jill	Cameron	Mitch
John	Chandra	Marsha

Projeto Beta		
Engenheiro de software	**Engenheiro de hardware**	**Engenheiro de design**
Jake	Casey	Mike
Jennifer	Craig	Maria

Projeto Teta		
Engenheiro de software	**Engenheiro de hardware**	**Engenheiro de design**
Jack	Chuck	Monika
Johan	Cheryl	Mark

Projeto Zeta		
Engenheiro de software	**Engenheiro de hardware**	**Engenheiro de design**
Jeff	Carlos	Max
Juwoo	Chad	Maile

Cada pessoa pode ser trocada por uma ou mais pessoas.

Etapa 3
Reúna-se e negocie com os gerentes dos outros projetos.

Etapa 4
Somam-se e divulgam-se as pontuações individuais dos projetos.

Etapa 5
Questões para discussão
1. Qual era a sua estratégia inicial antes de começar as negociações em si? Como você enxergava os outros grupos?
2. A sua estratégia inicial mudou depois que as negociações começaram? Como? Por quê?
3. O que a alta gerência da GE poderia ter feito para facilitar que se chegasse a um acordo com os outros grupos?

Apêndice 12.1 Gerenciamento de contratos

Uma vez que a maioria do trabalho terceirizado dos projetos é de natureza contratual, este apêndice debate os diferentes tipos de contrato que são usados, seus pontos fortes e fracos e como os contratos moldam os motivos e expectativas dos diferentes participantes. O gerenciamento de contratos é um elemento-chave de qualquer sistema de gerenciamento de aquisições de projetos. Descrever esse sistema está além do escopo deste livro. No entanto, são relacionados aqui os processos básicos para enxergar claramente o gerenciamento de contratos e tópicos relacionados, como solicitação de propostas (RFP) (vide Apêndice 2.1). O gerenciamento de aquisições compreende seis etapas principais:

- **Planejamento de compras e aquisições** envolve a definição do quê, de quando e de como obter. Isso acarreta a clássica análise criar/comprar, assim como determinar o tipo de contrato a utilizar.
- **Planejamento de contratação** contempla a descrição dos requisitos dos produtos e serviços terceirizados desejados e a identificação de potenciais fornecedores ou vendedores. As saídas incluem documentos de aquisições, como RFP e critérios de seleção.
- **Solicitação de respostas dos vendedores** compreende a obtenção de informações, orçamentos, ofertas e propostas de vendedores e prestadores. A principal saída deste processo inclui uma lista de vendedores qualificados e propostas específicas.
- **Seleção de vendedores** contempla a escolha entre potenciais fornecedores por meio de um processo de avaliação de potenciais prestadores de serviços e negociação de contrato.
- **Administração do contrato** envolve o gerenciamento da relação com o vendedor ou prestadores selecionados.
- **Fechar o contrato** se ocupa da finalização e da elaboração do contrato.

A maioria das empresas tem departamentos de compras especializados em aquisições. Muitas vezes, agentes de compras são designados para as equipes de projetos, trabalhando com os demais membros da equipe para elaborar soluções ótimas para o projeto. Mesmo se as equipes de projeto não sejam diretamente envolvidas nas negociações contratuais e na decisão de terceirizar o trabalho do projeto, é importante que ela compreenda o processo de aprovisionamento e a natureza dos diferentes tipos de contrato.

CONTRATOS

Um contrato é um acordo formal entre duas partes em que uma delas (o contratado) se obriga a realizar um serviço e a outra (o cliente) se obriga a fazer alguma coisa em contrapartida, geralmente na forma de um pagamento para o contratado. Por exemplo, uma seguradora contrata uma consultoria para reprogramar segmentos do seu sistema de informação, conformando-os ao Windows 8.

Um contrato é mais do que apenas um acordo entre as partes. É um instrumento de direito privado que rege as relações entre elas. Ele define as responsabilidades, pormenoriza as condições das operações, define os direitos das partes em relação uma à outra e garante as tutelas de uma parte caso a outra descumpra suas obrigações. Um contrato tenta pormenorizar em termos específicos as obrigações transacionais das partes envolvidas, assim como as contingências associadas à celebração do contrato. Um contrato ambíguo ou inconsistente é difícil compreensão e legitimação.

Essencialmente, existem dois tipos diferentes de contrato. O primeiro é o contrato "de preço fixo", em que se estipula um preço com antecedência, que permanece o mesmo desde que não haja mudanças nas disposições ou no escopo do contrato. O segundo é o contrato "de administração", segundo o qual o contratado é reembolsado por todas ou algumas das despesas que incidirem durante a execução do contrato. Ao contrário do contrato de preço fixo, o preço final só é conhecido quando o projeto é concluído. Os dois tipos de contratos apresentam diversas variações.

CONTRATOS DE PREÇO FIXO

No contrato de preço fixo (FP) ou valor total, o contratado concorda em realizar todo o trabalho especificado a um preço fixo. Os clientes podem conseguir o preço mínimo lançando uma concorrência pelo contrato. Anunciar um convite para a apresentação de propostas (IFB, *invitation for bid*) que relacione os requisitos do cliente costuma gerar propostas baixas. Os candidatos a contratado podem obter avisos de IFB por meio de vários canais. No caso de grandes empresas comerciais e órgãos governamentais, os potenciais contratados podem solicitar à instituição que sejam incluídos na lista da respectiva área de interesse da instituição. Em outros casos, IFB podem ser encontrados examinando-se a mídia comercial, como jornais, periódicos especializados e sites. Em muitos casos, o proprietário pode impor restrições aos potenciais ofertantes, como a exigência de certificação ISO 9000.

Nas propostas de contrato a preço fixo, o contratado precisa ter muito cuidado ao estimar o custo-alvo e o cronograma de conclusão, pois o preço, uma vez convencionado, não pode ser ajustado. Se os contratados superestimarem o custo-alvo no estágio das propostas, podem perder o contrato para um concorrente de preço menor; se a estimativa for baixa demais, podem ganhar o trabalho, mas lucrar pouco ou nada.

Contratos a preço fixo são preferidos por contratantes (ou clientes) e contratados quando o escopo do projeto é bem-definido, com custos previsíveis e baixos riscos de implementação. Pode ser o caso de produção de peças ou componentes segundo especificações, execução de programas de treinamento ou organização de um banquete. Nos contratos a preço fixo, os clientes não precisam se ocupar dos custos do projeto, podendo se concentrar em monitorar o progresso do trabalho e as especificações de desempenho. Da mesma forma, os contratados preferem os contratos a preço fixo porque há menos chances de o cliente solicitar mudanças ou acréscimos. Menos mudanças potenciais reduzem a incerteza do projeto e permitem que os contratados gerenciem com mais eficácia seus recursos entre múltiplos projetos.

A desvantagem do contrato a preço fixo para os clientes é que ele é mais difícil e caro de elaborar. Para que sejam eficazes, as especificações de desenho precisam ser pormenorizadas em detalhes suficientes para deixar pouca dúvida quanto ao que deve ser atingido. Como o lucro do contratado é determinado pela diferença entre a proposta e os custos realizados, existe certo incentivo para que os contratados usem materiais mais baratos, relaxem na mão de obra ou estendam a data de conclusão para diminuir os custos. O cliente pode contra-atacar estipulando especificações rígidas para o item final e para a data de conclusão e supervisionando o trabalho. Em muitos casos, o cliente contrata um consultor especialistas na área para fiscalizar o trabalho do contratado e salvaguardar seus interesses.

Para os contratados, a principal desvantagem do contrato a preço fixo é que eles correm o risco de subestimá-lo. Se o projeto tiver problemas sérios, os excessos de custo podem torná-lo não lucrativo e, em alguns casos, levá-lo à falência. Para evitar isso, os contratados têm de investir bastante tempo e dinheiro para garantir que suas estimativas sejam precisas.

Contratos com longos tempos de entrega, como de construção e produção, podem incluir dispositivos de escalonamento que protejam o contratado contra aumentos externos de custo de material, despesas com mão de obra e dispêndios acessórios. Por exemplo, o preço pode ser atrelado a um índice de inflação, para poder ser ajustado a súbitos aumentos nos preços de mão de obra e material, ou pode ser reestipulado à medida que os custos forem conhecidos. Diversos contratos de revisão são utilizados. Alguns estabelecem um teto de preço para o contrato, permitindo apenas ajustes para baixo, enquanto outros permitem ajustes para cima e para baixo; alguns estabelecem um período de reajuste no fim do projeto, enquanto outros lançam mão de mais de um período. Contratos de revisão são usados quando os esforços de engenharia e desenho são difíceis de estimar ou quando o preço final não pode ser estimado em virtude de falta de dados precisos sobre custos.

Embora, em princípio, os contratos de revisão tenham como finalidade fazer ajustes apropriados nas incertezas de custo, eles estão sujeitos a abuso. Um contratado pode ganhar um contrato inicial de oferta baixa, iniciar o trabalho contratado e depois "descobrir" que os custos são muito maiores do que o esperado. Ele pode tirar vantagem da disposição de revisar e da ignorância do cliente para justificar aumentos no custo realizado do contrato. O contrato se transforma em um contrato de administração.

Para amenizar alguma das desvantagens dos contratos de preço fixo, ao mesmo tempo em que se mantém alguma certeza quanto ao custo final, muitos deles contêm cláusulas de incentivo concebidas para motivar os contratados a reduzir custos e aumentar a eficácia. Por exemplo, um contratado negociar a execução do serviço por um preço-alvo com base em um custo-alvo e um lucro-alvo. Também são estabelecidos um preço máximo e um lucro máximo. Se o custo total resultar menor do que o custo-alvo, o contratado lucra mais, até o lucro máximo. Se houver um excesso de custo, o contratado absorve parte do excesso até que se chegue a um piso de lucro.

O lucro é computado de acordo com uma fórmula baseada em uma razão de participação nos custos (CSR). Uma CSR de 75/25, por exemplo, indica que, para cada dólar gasto além dos custos-alvo, o cliente paga 75 centavos e o contratado, 25 centavos. Esse dispositivo motiva os contratados a manter os custos baixos, uma vez que eles pagam 25 centavos sobre cada dólar gasto acima do custo esperado e recebem 25 centavos a mais sobre cada dólar poupado abaixo do custo esperado. Contratos de incentivo a custo fixo tendem a ser usados em projetos de longa duração, com estimativas de custo razoavelmente previsíveis. O segredo é conseguir negociar uma estimativa de custo-alvo razoável. Há contratados inescrupulosos que se aproveitam da ignorância do cliente para negociar um custo-alvo absurdamente alto e utilizar incentivos de desempenho para obter lucros excessivos.

CONTRATOS DE CUSTOS REEMBOLSÁVEIS (COST-PLUS)

Em um contrato de administração, o contratado é reembolsado por todos os custos diretos admissíveis (materiais, mão de obra, viagens) mais uma taxa adicional para cobrir custos acessórios e lucro. Essa taxa é negociada antecipadamente, e normalmente envolve uma porcentagem dos custos totais. Em projetos pequenos, este tipo de contrato aparece sob a rubrica "contrato por tempo e materiais", em que o cliente concorda em reembolsar o contratado pelo custo da mão de obra e materiais. Os custos de mão de obra são baseados em uma taxa horária ou diária que inclui custos diretos e indiretos, assim como o lucro. O contratado é responsável por documentar os custos com mão de obra e materiais.

Ao contrário dos contratos a preço fixo, os contratos de custos reembolsáveis transferem o ônus do risco para o cliente. O contrato só indica quanto o projeto vai custar no fim do projeto. Espera-se que os contratados façam o máximo para satisfazer os requisitos técnicos específicos do contrato, mas eles não podem ser responsabilizados se, apesar do seu empenho, o trabalho não for realizado dentro da estimativa de custo e janela de tempo. Esses contratos frequentemente são criticados porque existe pouco incentivo formal para que os contratados controlem custos ou terminem no prazo, pois serão pagos a despeito do custo final. O principal fator que motiva os contratados a controlar custos e cronograma é o efeito que os excessos têm sobre sua reputação e a possibilidade de negócios futuros.

O ponto fraco inerente aos contratos de custos reembolsáveis é compensado por uma variedade de cláusulas para incentivar os contratados a controlarem custos, manterem o desempenho e evitarem exceder o cronograma. Os contratados são reembolsados pelos custos, mas, em vez de a taxa ser fixa, ela é baseada em uma fórmula de incentivo, estando sujeita a dispositivos adicionais. Isso é muito semelhante ao contrato de incentivo a preço fixo, porém, em vez de ser baseada em um custo-alvo, a taxa é baseada no custo realizado, por meio de uma fórmula de participação nos custos.

A maioria dos contratos se concentra no custo negociado do projeto. Entretanto, dada a importância da velocidade e do timing no mundo dos negócios na atualidade, cada vez mais contratos envolvem cláusulas referentes às datas de conclusão. Em certo grau, incentivos de cronogramas proporcionam algumas medidas de controle de custo, pois atrasos normalmente (mas nem sempre) envolvem excessos de custo. Incentivos ou multas por cronograma são estipulados conforme o significado que o tempo de conclusão tem para o contratante. Por exemplo, um contrato a respeito da construção de um novo estádio de beisebol pode prever multas rígidas no caso de o estádio não estar pronto para abrir no início da temporada. Inversamente, projetos restritos por tempo, nos quais a prioridade número 1 é concluir o projeto assim que possível, podem incluir incentivos para conclusão antecipada do projeto.

Um bom exemplo disso pode ser visto no Caso Prático sobre o terremoto de Northridge (Capítulo 9), em que a construtora se desdobrou para restaurar o sistema rodoviário danificado 74 dias à frente do cronograma. A empresa recebeu um bônus de US$ 14,8 milhões por esse esforço!

A Figura A12.1 sintetiza o espectro de risco para o comprador e para o fornecedor nos diferentes tipos de contrato. Os compradores têm o mínimo de risco nos contratos a preço fixo porque sabem exatamente quanto terão de pagar ao fornecedor. Os compradores têm o máximo de risco nos contrato de administração por porcentagem de custo porque não sabem com antecedência qual será o custo dos fornecedores e os fornecedores podem ser motivados a aumentar os custos. Da perspectiva dos fornecedores, o contrato de administração oferece o menor risco e o contrato a preço fixo acarreta o maior.

SISTEMA DE CONTROLE DE MUDANÇA CONTRATUAL

Um sistema de controle de mudança contratual define o processo pelo qual o contrato pode ser modificado. Isso inclui a burocracia, sistemas de acompanhamento, procedimentos de resolução de demandas e níveis de aprovação necessários para autorizar alterações. Existem várias razões que ensejam mudanças em por que um contrato. Os clientes podem desejar alterar o desenho ou escopo original do contrato após o projeto ser iniciado. Isso é bastante comum quando o projeto passa do conceito para a realidade. Por exemplo, o cliente pode querer mais janelas após vistoriar a obra de sua casa parcialmente finalizada. Mudanças no mercado podem ditar o acréscimo de novos atributos ou o aumento dos requisitos de desempenho de equipamentos. Recursos financeiros em declínio podem determinar que o proprietário reduza o escopo do projeto. O contratado pode dar início a mudanças no contrato como resposta a problemas legítimos imprevistos. Um empreiteiro pode

FIGURA A12.1 Tipo *versus* risco contratual

precisar renegociar o contrato face ao excesso de água subterrânea ou indisponibilidade dos materiais especificados. Em alguns casos, forças externas podem ditar mudanças contratuais, como a necessidade de cumprir novas normas técnicas de segurança impostas pelo governo.

Deve haver procedimentos formais e convencionados para dar início a mudanças no contrato original. Pedidos de mudança contratual estão sujeitas a abuso. Por vezes, os contratados se aproveitam da ignorância dos proprietários para inflar os custos das mudanças a fim de reaver o lucro perdido com uma proposta baixa. Todavia, há contratantes que "se vingam" dos contratados atrasando a aprovação de mudanças contratuais, atrasando, assim, o trabalho do projeto e aumentando os custos do contratado. Todas as partes precisam entrar em acordo antecipado a respeito das regras e procedimentos para dar início ao contrato e efetuar alterações nos seus termos originais.

GERENCIAMENTO DE CONTRATOS EM PERSPECTIVA

O gerenciamento de contratos não é uma ciência exata. É como tentar desfazer uma ruga em um tapete persa. Os esforços para eliminar uma ruga em uma parte invariavelmente criam uma ruga em outra parte. Da mesma forma, cada nova versão dos procedimentos de licitação do governo parece gerar uma nova brecha que pode ser explorada. Não existe um sistema perfeito de gerenciamento de contratos. Dada a incerteza inerente envolvida na maior parte dos trabalhos do projeto, nenhum contrato consegue tratar de todas as questões que emergem. Contratos formais não podem substituir ou eliminar a necessidade de desenvolver relações de trabalho eficientes, entre as partes envolvidas, baseadas em metas, confiança e cooperação mútuas. Por esse motivo, a discussão anterior sobre melhores práticas de terceirização e negociação eficaz é muito importante.

QUESTÕES DE REVISÃO DO APÊNDICE

1. Quais as diferenças fundamentais entre os contratos a preço fixo e de custos reembolsáveis?
2. Para quais tipos de projetos você recomendaria um contrato a preço fixo? Para que tipos de projetos você recomendaria um contrato de custos reembolsáveis?

REFERÊNCIAS DO APÊNDICE

Angus, R. B., N. A. Gundersen, and T. P. Cullinane, Planning, Performing, and Controlling Projects (Upper Saddle River, NJ: Prentice Hall, 2003).

Cavendish, J., and M. Martin, Negotiating and Contracting for Project Management (Upper Darby, PA: Project Management Institute, 1982).

Fleming, Q. W., Project Procurement Management: Contracting, Subcontracting, Teaming (Tustin, CA: FMC Press, 2003).

Fraser, J., Professional Project Proposals (Aldershot, U.K.: Gower/Ashgate, 1995).

Lowe, D., "Contract Management" in The Wiley Guide to Managing Projects, P. W. G. Morris and J. K. Pinto (Eds.), (New York: Wiley, 2004), pp. 678-707.

Schwalbe, K., Information Technology Project Management, 4th ed. (Boston: Thomson Course Technology, 2006).

Worthington, M. M., and L. P. Goldsman, Contracting with the Federal Government, 4th ed. (New York: Wiley, 1998).

CAPÍTULO TREZE

Avaliação e medição do progresso e do desempenho

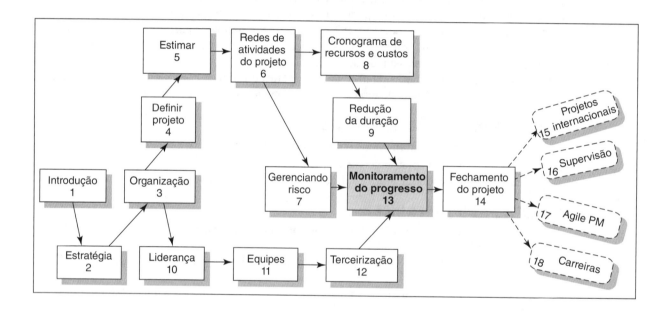

Avaliação e medição do progresso e do desempenho
Estrutura de um sistema de informação de monitoramento de projetos
O processo de controle do projeto
Monitoramento dos prazos
Desenvolvimento de um sistema de cronograma/custo de valor agregado
Desenvolvimento de um relatório de *status*: um exemplo hipotético
Índices de monitoramento de progresso
Previsão do custo final do projeto
Outras questões de controle
Resumo
Apêndice 13.1: A aplicação das regras adicionais de valor agregado
Apêndice 13.2: Obtenção de informações sobre desempenho do projeto no MS Project

Como um projeto fica um ano atrasado?
... Um dia por vez.

– Frederick P. Brooks, O mítico homem-mês, p. 153

Avaliação e controle fazem parte do trabalho de todo gerente de projetos. Controle por interação ou "perambulação" e/ou comprometimento supera a maior parte dos problemas em projetos pequenos. Contudo, projetos grandes precisam de algum tipo de controle formal. O controle responsabiliza as pessoas, impede que problemas pequenos degringolem em problemas grandes e mantém o foco. Exceto os controles contábeis, o controle de projetos não se efetua a contento na maioria das empresas. Controle é uma das áreas mais negligenciadas do gerenciamento de projetos. Infelizmente, não é incomum que se encontre resistência aos processos de controle. Em essência, aqueles que fazem pouco da importância do controle estão perdendo uma grande oportunidade de serem gerentes eficazes e, talvez, de permitir que a empresa ganhe uma vantagem competitiva. Negligenciar o controle em empresas com múltiplos projetos é ainda mais sério. Para um controle eficaz, o gerente de projetos precisa de um sistema de informação único para coletar dados e relatar progresso de custo, cronograma e especificações. A estrutura geral desse sistema é discutida a seguir.

Estrutura de um sistema de informação de monitoramento de projetos

Um sistema de monitoramento de projetos envolve *determinar quais* dados coletar; *como, quando* e *quem* os coletará; *análise* dos dados; e *relatório* do progresso atual.

Quais dados são coletados? São determinados pelas métricas usadas para o controle do projeto. Dados importantes comumente coletados são tempos realizados de duração das atividades, uso e taxas de recursos e custos realizados, que são comparados com os tempos, recursos e orçamentos planejados. Uma vez que uma grande porção do sistema de monitoramento se concentra em questões de custo/cronograma, é crucial dar ao gerente e às partes interessadas do projeto dados para responder a perguntas como:

- Qual o *status* atual do projeto em termos de cronograma e custo?
- Quanto custará concluir o projeto?
- Quando o projeto será concluído?
- Existem problemas potenciais que precisam ser tratados agora?
- Quais, quem e onde estão as causas dos excessos de custo e cronograma?
- O que obtivemos com o dinheiro gasto?
- Se houver um excesso de custo no meio do andamento do projeto, podemos prever o excesso na conclusão?

As métricas de desempenho que você precisa coletar devem ajudar a responder a essas perguntas. Exemplos de métricas e ferramentas específicas para coleta de dados serão discutidos em detalhes mais adiantes neste capítulo.

Coleta e análise de dados Definidos os dados a ser coletados, a etapa seguinte é estabelecer quem, quando e como eles serão reunidos. Os dados serão coletados pela equipe do projeto, pelo contratado, por engenheiros de custo independentes, pelo gerente do projeto? Ou os dados serão derivados eletronicamente a partir de algum tipo de dado substituto, como fluxo de caixa, horas-máquina, horas de mão de obra ou materiais usados? O período de relatório deve ser por hora, por dia, por semana ou o quê? Existe um repositório central para os dados coletados e há alguém responsável por sua disseminação?

Os meios eletrônicos de coleta de dados melhoraram imensamente a reunião, análise e disseminação de dados. Diversos fornecedores de software possuem programas e ferramentas para analisar seus dados coletados customizados e apresentá-los de uma forma que facilite o monitoramento do projeto, a identificação das fontes de problemas e a atualização do seu plano.

Relatórios Primeiro, quem recebe os relatórios de progresso? Já sugerimos que diferentes partes interessadas e níveis de gerência precisam de tipos diferentes de informação do projeto. Os principais interesses da gerência sênior costumam ser: "Estamos dentro do prazo e do orçamento? Se não, quais medidas corretivas estão sendo tomadas?". Da mesma forma, um gerente de TI trabalhando no projeto está preocupado primordialmente com sua entrega e seus pacotes específicos de trabalho. Os relatórios devem ser concebidos para o público certo.

Normalmente, relatórios de progresso de projeto são concebidos e comunicados de forma escrita ou oral. Um formato de tópicos comum para relatórios de progresso é o seguinte:

- Progresso desde o último relatório
- *Status* atual do projeto
  1. Cronograma
  2. Custo
  3. Escopo
- Tendência acumulada
- Problemas e questões desde o último relatório
  1. Medidas e resolução de problemas anteriores
  2. Novas variações e problemas identificados
- Medida corretiva planejada

Dadas a estrutura do seu sistema de informação e a natureza das suas saídas, podemos usar o sistema para efetuar a interface e a facilitação do processo de controle do projeto. Essas interfaces precisam ser relevantes e estanques para que o controle seja eficaz.

O processo de controle do projeto

Controle é o processo de comparar o desempenho realizado com o planejado a fim de identificar desvios, avaliar possíveis planos de ação alternativos e tomar as medidas corretivas apropriadas. A seguir, são apresentados os passos de controle de projeto para mensurar e avaliar o desempenho do projeto.

1. Fixar um plano de linha de base.
2. Mensurar progresso e desempenho.
3. Comparar o planejado com o realizado.
4. Tomar medidas.

Cada uma das etapas de controle é descrita nos parágrafos que se seguem.

Etapa 1: Fixar um plano de linha de base

O plano de linha de base nos dá os elementos para mensurar o desempenho. A linha de base é derivada das informações de custo e duração constantes na base de dados da estrutura analítica do projeto (EAP) e nos dados em sequência cronológica tirados da rede e das decisões de programação de recursos. A partir da EAP, o cronograma de recursos do projeto é utilizado para colocar todo o trabalho, recursos e orçamentos em fases cronológicas dentro de um plano de linha de base. Ver Capítulo 8.

Etapa 2: Mensurar progresso e desempenho

Tempo e orçamentos são medidas quantitativas de desempenho que se encaixam prontamente no sistema de informação integrado. Medidas qualitativas, como satisfação das especificações técnicas do cliente e funções do produto, costumam ser determinadas pela inspeção local ou uso real.

Este capítulo se limita às medidas quantitativas de tempo e orçamento. A mensuração do desempenho de tempo é relativamente fácil e óbvia, isto é: o caminho crítico está adiantado, dentro do cronograma ou atrasado? A folga dos caminhos quase críticos está aumentando, causando novas atividades críticas? Medir desempenho contra orçamento (por exemplo, dinheiro, unidades ativas, horas de mão de obra) é mais difícil, *não* sendo apenas um caso de comparar realizado com orçado. O valor agregado é necessário para fornecer uma estimativa realista do desempenho contra um orçamento em fases cronológicas. **Valor agregado** (EV, *earned value*) é definido como o custo orçado do trabalho realizado.

Etapa 3: Comparar o planejado com o realizado

Uma vez que os planos raramente se concretizam como o esperado, torna-se imperativo medir os desvios em relação ao plano para determinar se providências são necessárias. Monitoramento e mensuração periódicos do *status* do projeto possibilitam comparações entre o esperado e o realizado. É fundamental que o *timing* dos relatórios de *status* seja frequente o suficiente para que se possa desde logo detectar variações em relação ao plano e corrigir as causas. Geralmente, os relatório de *status* devem ocorrer de 1 a 4 semanas para que tenham utilidade e possibilitem correção proativa.

Etapa 4: Tomar medidas

Se os desvios em relação ao plano forem consideráveis, serão necessárias medidas corretivas para alinhar novamente o projeto com o plano original ou revisado. Em alguns casos, as condições ou o escopo podem mudar, o que, por sua vez, demandará uma mudança no plano de linha de base para reconhecer informações novas.

O restante deste capítulo descreve e ilustra sistemas, ferramentas e componentes de monitoramento para dar suporte ao gerenciamento e ao controle de projetos. Diversas das ferramentas que você desenvolveu nos capítulos sobre planejamento e programação, agora, servem como insumos para o seu sistema de informação a fim de monitorar o desempenho. Primeiro, se discute o monitoramento do desempenho de tempo, seguindo pelo desempenho de custo.

Monitoramento dos prazos

Uma das grandes metas do relatório de progresso é captar variações negativas em relação ao plano assim que possível, a fim de determinar se são necessárias medidas corretivas. Felizmente, é relativamente fácil monitorar o desempenho do cronograma. O cronograma da rede do projeto, derivado da EAP/EAO, serve como a linha de base para comparar com o desempenho realizado.

Gráficos de Gantt (gráficos de barras) e os de controle são as ferramentas típicas usadas para comunicar o *status* do cronograma do projeto. Como sugerido no Capítulo 6, o gráfico de Gantt é o mais usado e compreensível e comumente chamado de gráfico de Gantt de acompanhamento. Gráficos de Gantt e de controle servem bem como um meio de acompanhar e verificar as tendências de desempenho do cronograma. Seu formato visual fácil de entender faz deles ferramentas favoritas para comunicar o *status* do cronograma do projeto – especialmente para a alta gerência, que normalmente não tem tempo para detalhes. O acréscimo de estimativas de tempo efetivas e revisada ao gráfico de Gantt dá um rápido panorama do *status* do projeto na data do relatório.

Gráfico de Gantt de acompanhamento

A Figura 13.1 apresenta um gráfico de Gantt de linha de base e um gráfico de Gantt de acompanhamento para o projeto no fim do período 6. A barra cheia embaixo da barra do cronograma original representa os tempos realizados de início e fim das atividades concluídas ou de qualquer porção de atividade concluída (veja as atividades A, B, C, D e E). Por exemplo, o tempo realizado de início da atividade C é o período 2; o tempo realizado de fim é o período 5; a duração efetiva é de três unidades de tempo, em vez dos quatro período de tempo programados. As atividades em curso exibem o tempo realizado de início; a barra estendida representa a duração restante esperada (veja as atividades D e E). A duração restante das atividades D e E são mostradas por meio da barra sombreada. A atividade F, que ainda não começou, apresenta um tempo realizado estimado revisado de início (9) e de fim (13).

FIGURA 13.1
Gráfico de Gantt de linha de base

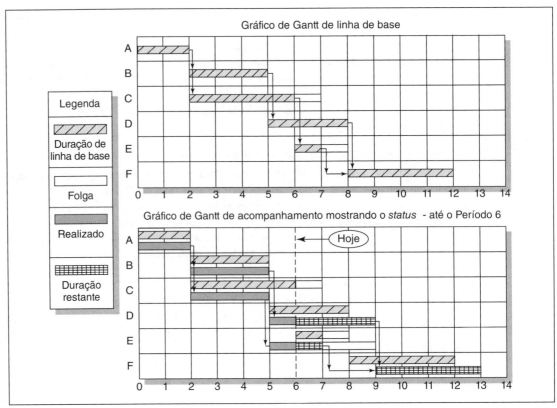

Observe que certas atividades têm durações que diferem do cronograma original, como as atividades C, D e E. Ou a atividade está concluída e conhece-se o efeito, ou novas informações sugerem que a estimativa de tempo seja revisada e apresentada no relatório de *status*. A duração revisada da atividade D resulta em um atraso esperado no início da atividade F. Agora se estima que o projeto seja concluído um período depois do planejado. Embora o gráfico de Gantt às vezes não mostre dependências, quando ele é usado com uma rede, as dependências são facilmente identificadas se for necessário rastreá-las.

Gráfico de controle

Este gráfico é outra ferramenta usada para monitorar o desempenho passado e atual do cronograma do projeto e para estimar tendências do cronograma. A Figura 13.2 ilustra um gráfico de controle de projeto. O gráfico é usado para traçar a diferença entre o tempo programado no caminho crítico na data do relatório com o ponto realizado no caminho crítico. Apesar de a Figura 13.2 mostrar que o projeto estava atrasado no início do projeto, o gráfico sugere que medidas corretivas colocaram o projeto de volta nos trilhos. Se essa tendência for sustentada, o projeto terminará à frente do cronograma. Como os tempos programados das atividades representam durações médias, quatro observações com tendência em uma direção indicam que há uma probabilidade muita alta de que haja uma causa identificável. Ela deve ser localizada, tomando-se as medidas necessárias. Tendências de gráficos de controle são muito úteis para advertir sobre problemas potenciais e para que seja possível tomar as medidas apropriadas, se necessário.

Gráficos de controle também são frequentemente usados para monitorar o progresso rumo a marcos, que delimitam eventos e, como tais, têm duração zero. Marcos são eventos significativos do projeto que referenciam grandes realizações e, para serem eficazes, eles precisam ser ocorrência concretas, específicas e mensuráveis. Os marcos precisam ser facilmente identificáveis por todos as partes interessadas do projeto – por exemplo, teste do produto concluído. Atividades de fusão críticas são bons candidatos a marcos. Gráficos de controle muito semelhantes ao exemplo mostrado na Figura 13.2, muitas vezes, são usados para registrar e comunicar o progresso do projeto rumo a um marco.

FIGURA 13.2
Gráfico de controle do cronograma do projeto

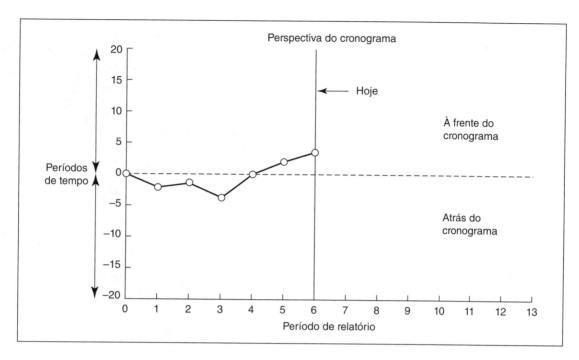

Um atraso de um dia no cronograma raramente recebe grande atenção. No entanto, um dia aqui e outro ali logo se acumulam em grandes problemas de atraso. É bem sabido que, uma vez que o trabalho atrase, ele tende a ficar atrasado, pois é difícil compensar. Exemplos de causas de atraso de cronograma são estimativas de tempo não confiáveis, pequenos redesenhos, fluência de escopo e recursos indisponíveis. O uso de folga no início de um caminho cria um problema para o responsável por uma atividade posterior; flexibilidade e oportunidade potenciais são diminuídas. Por esses motivos, ter pontos de monitoramento frequentes e claramente definidos para pacotes de trabalho pode melhorar consideravelmente as chances de detecção precoce de atraso do cronograma. A detecção precoce diminui a chance de que atrasos pequenos se transformem em grandes, reduzindo, assim, as oportunidades de medidas corretivas para voltar ao cronograma. Consulte o "Caso Prático: Relatórios de *status* na Microsoft".

Desenvolvimento de um sistema de cronograma/custo de valor agregado

O valor agregado não é novidade; embora seu uso inicial se desse em contratos militares, nos últimos anos o setor privado vem dependendo do sistema para gerenciar projetos múltiplos e grandes.

O sistema original de cronograma/custo de valor agregado foi uma iniciativa pioneira do Departamento de Defesa dos Estados Unidos, nos anos 1960. É quase certo que os gerentes de projetos de todos os grandes países usam esse sistema de alguma forma. Ele está sendo usado em projetos internos dos setores industrial, farmacêutico e de alta tecnologia. Por exemplo, corporações como EDS, NCR, Levi Strauss, Tektronics e Disney vêm usando sistemas de valor agregado para acompanhar projetos. O modelo básico do sistema de valor agregado está resistindo ao teste do tempo. A maioria dos *softwares* de gerenciamento de projetos inclui o modelo original; muitos sistemas acrescentaram variações específicas de setor para acompanhar progresso e custos com mais precisão. Este capítulo apresenta o núcleo "genérico" de um sistema de informação integrado de cronograma/custo.[1]

O sistema de valor agregado começa com os custos em fases cronológicas que proveem a *linha de base* do orçamento do projeto, chamado de valor orçado planejado do trabalho programado

---

[1] Vide Fleming e Koppelman para uma descrição mais completa do valor agregado.

CASO PRÁTICO — Relatórios de *status* na Microsoft*

Quando Bill Gates estava à frente da Microsoft, as equipes de projeto enviavam relatórios todos os meses aos altos executivos, assim como aos gerentes de todos os projetos relacionados. Os relatórios eram breves e de formato padronizado. Gates lia a maioria deles rapidamente, localizando atrasos potenciais ou mudanças que ele não queria. Cuidava especialmente de problemas no cronograma, corte excessivo de atributos de produtos ou necessidade de modificar uma especificação. Gates quase sempre respondia aos gerentes ou desenvolvedores relevantes diretamente, por *e-mail*. Relatórios de *status* são um mecanismo importante de comunicação entre a alta gerência e os projetos. Como Gates explicou:

"Recebo todos os relatórios de *status*. Neste instante, pode haver uma centena de projetos ativos. (...) [Os relatórios de *status*] contêm o cronograma, incluindo datas de marco, e qualquer mudança de especificação, além de comentários como 'Ei, não conseguimos contratar gente suficiente' ou 'Nossa, se esse OLE (*Object Linking and Embedding*) 2 Mac não for lançado, teremos de atrasar muito'. Eles sabem [que o seu relatório] sobe para todas as pessoas que gerenciam todos os outros grupos com os quais eles têm dependências. Assim, se eles não se manifestam no relatório de *status* e dizem alguma coisa dois meses depois, temos uma pane de comunicação. O grupo interno é totalmente consciente sobre essas coisas, então é uma espécie de consenso do grupo".

* De *Microsoft Secrets: The World's Most Powerful Software Company Creates Technology*. Copyright © 1995 by Michael A. Cusumano and Richard W. Selby.

(PV). Dada essa linha de base em fases cronológicas, são efetuadas comparações, pelo valor agregado, com o cronograma e custos realizados e planejados. A abordagem do valor agregado proporciona os elos perdidos, não encontrados nos sistemas convencionais de custo-orçamento. A qualquer momento, pode-se desenvolver um relatório de *status* para o projeto.

O sistema de custo/cronograma de valor agregado utiliza diversas siglas, cujo glossário é apresentado na Tabela 13.1, e equações para a análise. Nos últimos anos, as siglas vêm sendo abreviadas para serem mais palatáveis foneticamente. Esse movimento reflete-se no material do Project Management Institute, nos softwares de gerenciamento de projetos e na maioria dos profissionais. Esta edição segue a tendência mais recente. As siglas entre parênteses são as mais antigas, que ainda aparecem em muitos *softwares*. Para quem não é iniciado, os termos usados na prática parecem horrorosos e intimidadores. No entanto, depois entendidos alguns termos básicos, o estranhamento evapora.

Há cinco etapas que, se seguidas cuidadosamente, asseguram a integração do sistema de custo/cronograma. Delineadas aqui, as etapas 1, 2 e 3 são realizadas no estágio de planejamento; as 4 e 5, realizadas sequencialmente durante o estágio de execução do projeto.

1. Defina o trabalho usando uma EAP. Esta etapa abrange a elaboração de documentos que incluam as seguintes informações (ver Capítulos 4 e 5):
    a. Escopo.
    b. Pacotes de trabalho.
    c. Entregas.
    d. Unidades organizacionais.
    e. Recursos.
    f. Orçamentos para cada pacote de trabalho.

TABELA 13.1
Glossário de termos

EV (*Earned value*)		O valor agregado de uma tarefa é simplesmente o percentual de conclusão vezes seu orçamento original. Dito de outra forma, o EV é o percentual do orçamento original que foi obtido pelo trabalho realizado [a sigla antiga para esse valor era BCWP, do inglês *budgeted cost of the work scheduled*, custo orçado do trabalho realizado].
PV (*Planned value*)		A linha de base planejada, em fases cronológicas, do valor do trabalho programado. Uma estimativa de custo aprovada dos recursos programados em uma linha de base cumulativa em fases cronológicas [BCWS – custo orçado do trabalho programado].
AC (*Actual cost*)		Custo realizado do trabalho concluído. A soma dos custos que incidem durante a realização do trabalho [ACWP, do inglês *actual cost of the work performed* – custo realizado do trabalho realizado].
CV (*Cost variance*)		Variação de custo é diferença entre o valor agregado e os custos realizados do trabalho concluído até o momento, tal que CV= EV – AC.
SV (*Schedule variance*)		Variação do cronograma é a diferença entre o valor agregado e a linha de base até o momento, tal que SV= EV – PV.
BAC (*Budget at completion*)		Custo orçado na conclusão. O total de custo orçado das contas de custo da linha de base ou projeto.
EAC (*Estimated cost at completion*)		Custo estimado na conclusão.
ETC (*Estimated cost to completion*)		Custo estimado para concluir o trabalho restante.
VAC (*Cost variance at completion*)		Variação de custo na conclusão. VAC indica o resto ou excesso de custo realizado esperado na conclusão.

2. Desenvolva o cronograma de trabalho e recursos.
   a. Programe recursos para as atividades (ver Capítulo 8).
   b. Coloque os pacotes de trabalho em fases cronológicas dentro de uma rede.
3. Desenvolva um orçamento em fases cronológicas usando os pacotes de trabalho incluídos em uma atividade. Os valores acumulados desses orçamentos se tornarão a linha de base, sendo chamados de custo orçado planejado do trabalho programado (PV). A soma deve ser igual aos valores orçados para todos os pacotes de trabalho das contas de custo (ver Capítulo 8).
4. No nível do pacote de trabalho, reúna os custos efetivos do trabalho realizado. Esses custos serão chamados de custo realizado do trabalho concluído (AC). Multiplique o percentual de conclusão pelo valor orçado original para o trabalho efetivamente concluído. Esses valores serão chamados de valor agregado (EV).
5. Calcule a variação do cronograma (SV= EV– PV) e a variação de custo (CV= EV– AC). Elabore relatórios de *status* hierárquicos para cada nível de gerenciamento – do gerente do pacote de trabalho até o cliente ou gerente do projeto. Os relatórios também devem incluir sumários do projeto por unidade organizacional e entregas. Além disso, deve-se verificar o desempenho efetivo de tempo contra o cronograma de rede do projeto.

A Figura 13.3 apresenta um panorama esquemático do sistema de informação integrado que inclui as técnicas e os sistemas apresentados em capítulos anteriores. Os que esmiuçaram tenazmente os capítulos anteriores podem sorrir! As etapas 1 e 2 já estão cuidadosamente desenvolvidas. Observe que os dados de controle podem ser traçados de volta até entregas específicas e unidade organizacional responsável.

As principais razões para criar uma linha de base são monitorar e relatar o progresso e estimar o fluxo de caixa. Por conseguinte, é fundamental integrar a linha de base com o sistema de mensuração de desempenho. Os custos são colocados (em fases cronológicas) na linha de base exatamente como os gerentes esperam que eles sejam agregados. Essa abordagem facilita o rastreamento dos custos até o seu ponto de origem. Na prática, a integração é realizada aplicando-se à atribuição de custos à linha de base as mesmas regras usadas para medir o progresso mediante valor agregado. Você encontrará diversas regras na prática, mas o percentual de conclusão é "pau para toda obra". Alguém que conhece cada tarefa estima a porcentagem concluída ou quanto ainda resta.

FIGURA 13.3 Panorama do sistema de informação de gerenciamento de projetos

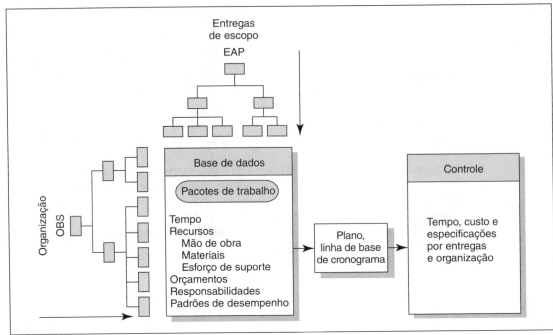

Regra do percentual de conclusão

Esta regra é o cerne de todo sistema de valor agregado. O melhor método para atribuir custos à linha de base segundo esta regra é estabelecer pontos de verificação frequentes ao longo da duração do pacote de trabalho e atribuir porcentagens de conclusão em termos monetários. Por exemplo, as unidades concluídas poderiam ser usadas para atribuir os custos da linha de base e, mais tarde, medir o progresso. Unidades podem ser linhas de código, horas, desenhos concluídos, metros cúbicos de concreto colocado, dias de trabalho, protótipos concluídos, etc. Essa abordagem ao percentual concluído acrescenta "objetividade" à observação subjetiva normalmente usada. Ao se medir o percentual concluído na fase de monitoramento do projeto, é comum limitar o valor obtido a 80 ou 90% até que o pacote de trabalho esteja 100% concluído.

Quais custos são incluídos nas linhas de base?

A linha de base (PV) é a soma das contas de custo e cada conta de custo é a soma dos pacotes de trabalho na conta de custo. Costuma-se incluir três custos diretos nas linhas de base: mão de obra, equipamento e materiais. O motivo: são custos diretos que o gerente do projeto pode controlar. Custos acessórios e lucro costumam ser acrescentados mais tarde, por processos contábeis. A maioria dos pacotes de trabalho deve ser discreta, com duração curta e saídas mensuráveis. Se os materiais e/ou equipamentos forem uma porção significativa do custo dos pacotes de trabalho, eles podem ser orçados em pacotes de trabalho e contas de custos separados.

Métodos de análise de variação

Em geral, o método para mensurar realizações é centrado em dois cálculos principais:
1. Comparação do valor agregado com o valor programado esperado.
2. Comparação do valor agregado com os custos realizados.

Essas comparações podem ser feitas no nível do projeto ou descendo até o nível da conta de custo. O *status* do projeto pode ser determinado para o último período, todos os períodos até o momento e ser estimado até o fim do projeto.

A avaliação do *status* atual do projeto usando o sistema de custo/cronograma de valor agregado requer três elementos de dados: custo planejado do trabalho programado (PV), custo orçado do trabalho concluído (EV) e custo realizado do trabalho concluído (AC). Com esses dados, são calculadas a variação do cronograma (SV) e a variação de custo (CV) para cada período de relatório. *Uma variação positiva indica uma condição desejável, enquanto uma variação negativa sugere a ocorrência de problema ou mudanças.*

A variação de custo diz se o trabalho realizado custou mais ou menos do que o que foi planejado em qualquer ponto da vida do projeto. Se a mão de obra e os materiais não foram separados, a variação de custo deve ser examinada cuidadosamente para se isolar a causa da mão de obra e/ou dos materiais.

A variação do cronograma apresenta uma avaliação geral de *todos* os pacotes de trabalho programados até o momento no projeto. É importante notar que a variação do cronograma *não* contém informações sobre o caminho crítico. Ela mede o progresso em unidades monetárias, e não de tempo. Portanto, é improvável que uma tradução de dinheiro em tempo renda informações precisas sobre se um marco ou caminho crítico está adiantado, dentro do tempo ou atrasado (mesmo se o projeto ocorrer exatamente como o planejado). *O único método preciso para determinar o verdadeiro progresso de tempo do projeto é comparar o cronograma da rede do projeto com o cronograma efetivo da rede para medir se o projeto está dentro do tempo* (consulte a Figura 13.1). Contudo, a variação de prazos (SV) é muito útil para avaliar a direção que todo o trabalho do projeto está tomando, depois que 20% ou mais do projeto tenham sido concluídos.

A Figura 13.4 apresenta uma amostra de gráfico custo/cronograma, com as variâncias identificadas no projeto na data atual de relatório de *status*. Note que o gráfico também foca o que resta a ser realizado e tendências favoráveis ou desfavoráveis. O rótulo "hoje" marca a data de relatório (período de tempo 25) de onde o projeto esteve e aonde ele está indo. Como o nosso sistema é hierárquico, podem-se desenvolver gráficos com a mesma forma para diferentes níveis de gerência. Na Figura 13.4, a linha superior representa os custos realizados (AC) que incidiram até o momento no trabalho do projeto. A linha do meio é a linha de base (PV), que termina na duração programada do projeto (45). A linha inferior é o valor orçado do trabalho efetivamente concluído até o momento (EV), ou valor agregado. A linha pontilhada que estende os custos realizados da data de relatório até a nova data estimada de conclusão representa as estimativas revisadas dos custos realizados *esperados*, ou seja: informações adicionais sugerem que os custos na conclusão do

FIGURA 13.4
Gráfico de custo/cronograma

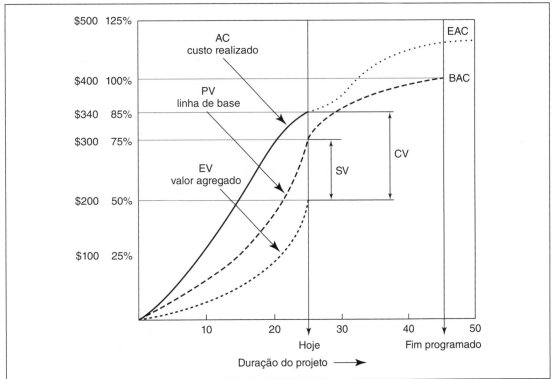

projeto serão diferentes do planejado. Observe que a duração do projeto foi estendida e que a variação na conclusão (VAC) é negativa (BAC − EAC).

Outra interpretação do gráfico emprega porcentagens. No fim do período 25, 75% do trabalho estavam programados para estar realizados. No fim do período 25, o valor do trabalho realizado era de 50%. O custo realizado do trabalho concluído até o momento é de US$ 340, ou 85% do orçamento total do projeto. O gráfico sugere que o projeto terá um excesso de custo de cerca de 18% e um atraso de cinco unidade de tempo. O *status* atual do projeto mostra que a variação de custo (CV) ficará US$ 140 acima do orçamento (EV − AC = 200 − 340 = −140). A variação do cronograma (SV) é de US$ 100 negativos (EV − PV = 200 − 300 = 100), o que sugere que o projeto está atrás no cronograma. Antes de passar para um exemplo, consulte a Figura 13.5 para praticar a interpretação das saídas de gráficos de custo/cronograma. Lembre-se de que o PV é a sua linha de base e seu ponto de ancoragem.

Desenvolvimento de um relatório de *status*: um exemplo hipotético

Trabalhar um exemplo demonstra como a linha de base serve como a âncora a partir da qual o projeto pode ser monitorado por meio de técnicas de valor agregado.

Pressupostos

Já que o processo torna-se geometricamente complexo com o acréscimo de detalhes do projeto, são adotados, no exemplo, alguns pressupostos simplificadores para demonstrar o processo mais facilmente:

1. Presuma que cada conta de custo tem apenas um pacote de custo e cada conta de custo é representada como uma atividade da rede.
2. Os tempos de início cedo da rede do projeto servirão como base para reatribuir os valores de linha de base.
3. A partir do momento em que se inicia o trabalho em uma tarefa da atividade, alguns custos realizados incidirão em cada período, até que a atividade seja concluída.

Desenvolvimento da linha de base

A Figura 13.6 (Estrutura de Decomposição de Trabalho com Contas de Custo) representa uma estrutura de analítica de projeto simples (EAP/EAO) para o exemplo da câmara digital. Existem seis entregas (Especificações de Design, Caixa Externa e Energia, Memória/Software, Sistema de Zoom, Montagem e Teste) e cinco departamentos responsáveis (Design, Invólucro, Armazenamento, Zoom e Montagem). O total de todas as contas de custo (CA) é US$ 320 mil, que representa o custo total do projeto. A Figura 13.7, derivada da EAP, apresenta um gráfico de

FIGURA 13.5
Exercício de revisão de valor agregado

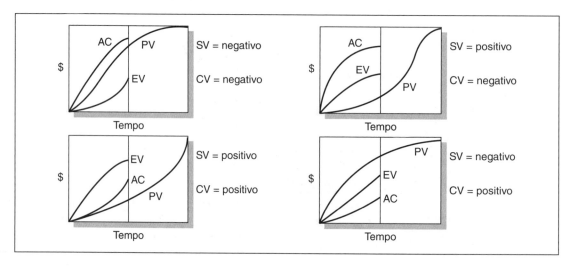

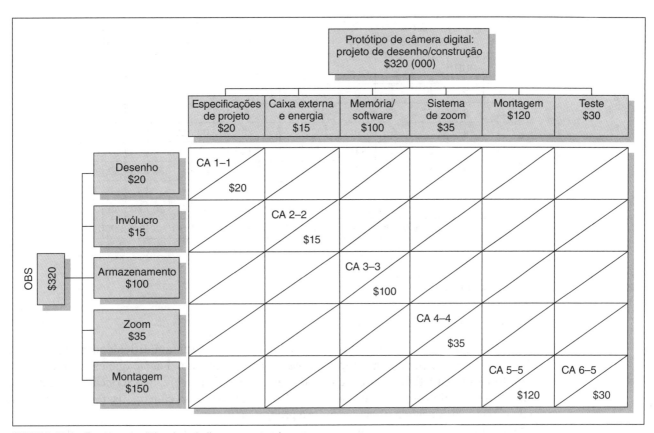

FIGURA 13.6 Estrutura analítica de trabalho com contas de custo

FIGURA 13.7
Gráfico de Gantt de linha de base do projeto do protótipo de câmara digital

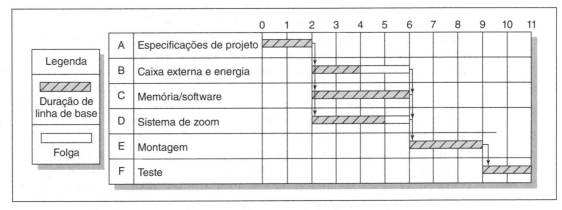

Gantt de planejamento para o projeto da câmara digital. A duração planejada do projeto é de 11 unidades de tempo. Essas informações sobre o projeto são usadas para colocar a linha de base orçamentária do projeto em fases cronológicas. A Figura 13.8 (**Orçamento de linha de base do projeto**) apresenta uma planilha com uma linha de base de início cedo desenvolvida com custos atribuídos. Eles são atribuídos "exatamente" como os gerentes planejam monitorar e mensurar o desempenho de cronograma e custo.

Desenvolvimento do relatório de *status*

Um relatório de *status* é parecido com uma foto instantânea do projeto em um ponto específico no tempo e usa o valor agregado para mensurar o desempenho de cronograma e custo. A mensuração do valor agregado começa no nível no pacote de trabalho. Em uma data de relatório, os pacotes de trabalho estão em uma de três condições:

FIGURA 13.8
Orçamento de linha de base do projeto do protótipo de câmara digital (US$ mil)

ATIV./PT	Informação de cronograma				Necessidades orçamentárias de linha de base — Período de tempo												
	DUR	ES	LF	SL	PV total	0	1	2	3	4	5	6	7	8	9	10	11
A	2	0	2	0	20	10	10										
B	2	2	6	2	15			5	10								
C	4	2	6	0	100			20	30	30	20						
D	3	2	6	1	35			15	10	10							
E	3	6	9	0	120								30	40	50		
F	2	9	11	0	30											10	20
PV total por período						10	10	40	50	40	20	30	40	50	10	20	
PV acumulado por período						10	20	60	110	150	170	200	240	290	300	320	

1. Ainda não iniciado.
2. Finalizado.
3. Em curso ou parcialmente concluído.

Os valores agregados das duas primeiras condições não apresentam dificuldades. Pacotes de trabalho que ainda não começaram agregam 0% do PV (orçamento). Pacote que estão concluídos agregam 100% do seu VP. Pacotes em curso aplicam a regra do percentual de conclusão à linha de base do PV para medir o valor agregado (EV). No exemplo da nossa câmara, usaremos somente a regra do percentual concluído para mensurar o progresso.

A Tabela 13.2 apresenta os relatórios de *status* completos separados para os períodos de 1 a 7 do projeto do protótipo de câmara digital. O percentual de conclusão e o custo realizado de cada tarefa em cada período foram coletados com a equipe no campo. São calculadas a variação do cronograma e de custo para cada tarefa e para o projeto até o momento. Por exemplo, o *status* no período 1 mostra que apenas a Tarefa A (especificações do projeto) está em curso, com 50% de conclusão, e o custo realizado da tarefa é 10. O valor planejado no fim do período 1 da Tarefa A é 10 (Figura 13.8). A variação de custo e do cronograma é zero, o que indica que o projeto está dentro do orçamento e do cronograma. No fim do período 3, a Tarefa A está finalizada. A Tarefa B (caixa externa e energia) está 33% concluída, com AC 10; a Tarefa C está 20% concluída, com AC 30; e a D está 60% concluída, com AC 20. Novamente, a partir da Figura 13.8 *no fim do período 3*, podemos ver que o PV da Tarefa A é 20 (10 + 10 = 20), o da Tarefa B é 5, o da Tarefa C é 20 e o da Tarefa D é 15. No fim do período 3, já está ficando claro que o custo realizado (AC) está ultrapassando o valor do trabalho concluído (EV). A variação de custo (Tabela 13.2) do projeto no fim do período 3 é de 24 negativos. A variação do cronograma é de seis positivos, o que sugere que o projeto pode estar à frente do cronograma.

É importante observar que, uma vez que os valores agregados são calculados a partir dos custos (ou, às vezes, em horas de mão de obra ou outras métricas), a relação entre custos e tempo não é de um para um. Por exemplo, é possível ter uma variação de SV negativa quando o projeto, na verdade, está à frente do caminho crítico. Portanto, é importante lembrar, o SV é em dólares, não sendo uma medida precisa de tempo; no entanto, ele é um indicador muito bom do *status* de todo o projeto em termos de estar à frente ou atrás no cronograma após o projeto estar 20% concluído. Apenas a rede do projeto, ou gráfico Gantt de acompanhamento, e o trabalho concluído podem oferecer uma avaliação precisa do desempenho do cronograma até o nível do pacote de trabalho.

Estudando os relatórios avulsos de *status* dos períodos 5 a 7, pode-se ver que o projeto ficará acima do orçamento e para trás do cronograma. No período 7, as Tarefas A, B e D estão finalizadas, mas todas estão acima do orçamento: 10, 5 e 25 negativos. A Tarefa C (Memória/Software) está 90% concluída. A Tarefa E está atrasada e ainda não começou porque a Tarefa C ainda não foi concluída. O resultado é que, no fim do período 7, o projeto da câmara digital está US$ 70 mil acima do orçamento, com um orçamento programado acima de US$ 40 mil.

TABELA 13.2
Relatórios de *status* do protótipo da câmara digital: Períodos 1 a 7

Variação de custo   CV= EV – AC
Variação do cronograma SV = EV – PV

Relatório de *status*: Fim do período 1

Tarefa	% Concluído	EV	AC	PV	CV	SV
A	50%	10	10	10	0	0
Totais acumulados		**10**	**10**	**10**	**0**	**0**

Relatório de *status*: Fim do período 2

Tarefa	% Concluído	EV	AC	PV	CV	SV
A	Finalizado	20	30	20	-10	0
Totais acumulados		**20**	**30**	**20**	**-10**	**0**

Relatório de *status*: Fim do período 3

Tarefa	% Concluído	EV	AC	PV	CV	SV
A	Finalizado	20	30	20	-10	0
B	33%	5	10	5	-5	0
C	20%	20	30	20	-10	0
D	60%	21	20	15	+1	+6
Totais acumulados		**66**	**90**	**60**	**-24**	**+6**

Relatório de *status*: Fim do período 4

Tarefa	% Concluído	EV	AC	PV	CV	SV
A	Finalizado	20	30	20	-10	0
B	Finalizado	15	20	15	-5	0
C	50%	50	70	50	-20	0
D	80%	28	30	25	-2	+3
Totais acumulados		**113**	**150**	**110**	**-37**	**+3**

Relatório de *status*: Fim do período 5

Tarefa	% Concluído	EV	AC	PV	CV	SV
A	Finalizado	20	30	20	-10	0
B	Finalizado	15	20	15	-5	0
C	60%	60	100	80	-40	-20
D	80%	28	50	35	-22	-7
Totais acumulados		**123**	**200**	**150**	**-77**	**-27**

Relatório de *status*: Fim do período 6

Tarefa	% Concluído	EV	AC	PV	CV	SV
A	Finalizado	20	30	20	-10	0
B	Finalizado	15	20	15	-5	0
C	80%	80	110	100	-30	-20
D	Finalizado	35	60	35	-25	0
Totais acumulados		**150**	**220**	**170**	**-70**	**-20**

Relatório de *status*: Fim do período 7

Tarefa	% Concluído	EV	AC	PV	CV	SV
A	Finalizado	20	30	20	-10	0
B	Finalizado	15	20	15	-5	0
C	90%	90	120	100	-30	-10
D	Finalizado	35	60	35	-25	0
E	0%	0	0	0	0	-30
F	0%	0	0	0	0	0
Totais acumulados		**160**	**230**	**200**	**-70**	**-40**

FIGURA 13.9
Gráfico resumido do protótipo da câmara digital (US$ mil)

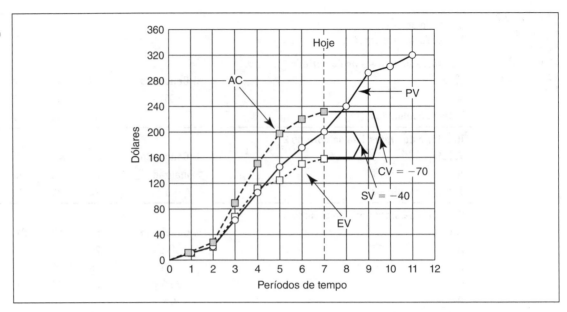

A Figura 13.9 mostra os resultados gráficos de todos os relatórios de *status* até o período 7. Esse gráfico representa os dados da Tabela 13.2. Os custos realizados cumulativos (AC) até o momento e os custos orçados de valor agregado até o momento (EV) são traçados contra a linha de base original do projeto (PV). O AC cumulativo até o momento é de US$ 230; o EV cumulativo até o momento é de US$ 160. Dados esses valores cumulativos, a variação de custo (CV = EV – AC) é de US$ 70 negativos (160 – 230 = –70). A variação do cronograma (SV = EV – PV) é de US$ 40 negativos (160 – 200 = –40). Novamente, lembre que apenas a rede do projeto ou o gráfico de Gantt de acompanhamento podem fazer uma avaliação precisa do desempenho de cronograma até o nível do pacote de trabalho.

Exibe-se um gráfico de barras de Gantt de acompanhamento para o Protótipo da câmara digital na Figura 13.10, na qual se pode ver que a Tarefa C (Memória/Software), que tinha uma duração original de 4 unidades de tempo, agora deverá exigir 6 unidades de tempo. Esse atraso de 2 unidades de tempo na Tarefa C também atrasará as Tarefas E e F em duas unidades de tempo, resultando no atraso do projeto em 2 períodos de tempo.

FIGURA 13.10
Gráfico de Gantt de acompanhamento do projeto da câmara digital, apresentando o *status* – até o período 7

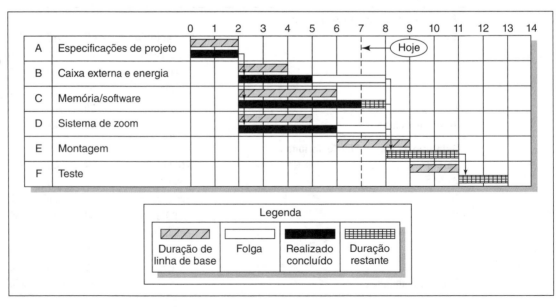

A Figura 13.11 mostra um resumo muito simplificado do projeto no fim do período 7. O resumo é por entregas e unidades organizacionais. Por exemplo, a entrega Memória/Software tem um SV de US$ –10 e um CV de –30. O departamento responsável, "Armazenamento", deveria ter uma explicação para essas variações. De maneira parecida, o departamento de montagem, responsável pelas entregas Montagem e Teste, tem um SV de US$ –30, devido ao atraso da Tarefa C (Figura 13.10). A maioria das entregas parece desfavorecida em termos de variação do cronograma e de custo.

Em projetos mais complexos, as tabulações cruzadas de contas de custo por entregas e unidades organizacionais podem ser muito reveladoras e mais profundas. Este exemplo contém os fundamentos para desenvolver um relatório de *status*, desenvolver uma linha de base e medir variação do cronograma e de custo. No nosso exemplo, a análise do desempenho só tinha um nível acima daquele da conta de custo. Como todos os dados são derivados da base de dados detalhada, é relativamente fácil determinar o *status* de progresso em todos os níveis das estruturas de composição de trabalho e da empresa. Felizmente, a mesma base de dados atualizada pode proporcionar outras visões do *status* atual do projeto e prever os custos na conclusão do projeto. A seguir, são apresentadas abordagens para derivar mais informações a partir da base de dados.

Para os não iniciados, faz-se necessária uma advertência. Na prática, os orçamentos podem não ser expressados em dinheiro total por atividade. Muitas vezes, os orçamentos estão em fases cronológicas, com materiais e mão de obra separados, para um controle mais eficaz dos custos. Outra prática comum é utilizar horas de mão de obra, no lugar de dinheiro, no sistema de valor agregado.

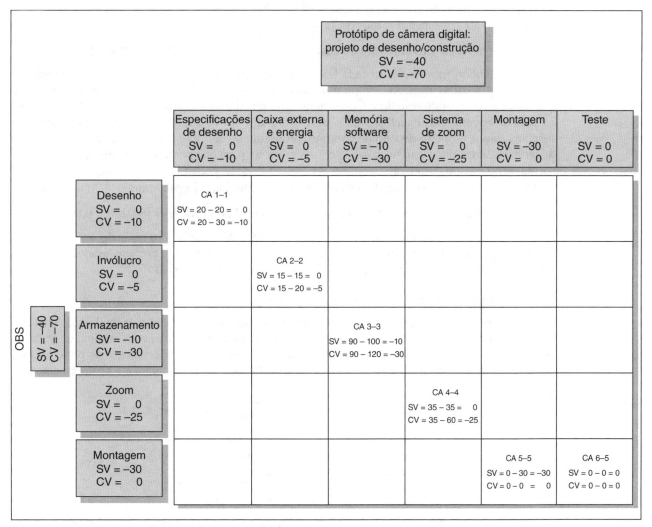

FIGURA 13.11 Resumo do projeto no fim do período 7 (US$ mil)

Mais tarde, elas são convertidas em dinheiro. O uso de horas de mão de obra no sistema de valor agregado é o *modus operandi* da maioria das obras. Horas de mão de obra são fáceis de entender e, frequentemente, são o modo em que muitas estimativas de tempo e custo são desenvolvidas. A maior parte dos softwares de valor agregado acomoda o uso de horas de mão de obra para o desenvolvimento de estimativas de custo.

Índices de monitoramento de progresso

Os praticantes às vezes preferem utilizam índices de cronograma e custo em detrimento de valores absolutos de SV e CV, pois os índices podem ser considerados quocientes de eficiência. Índices gráficos ao longo do ciclo de vida do projeto podem ser muito esclarecedores e úteis. Identificam-se facilmente as tendências das entregas e de todo o projeto.

Índices costumam ser usados no nível de conta de custo e acima. Na prática, a base de dados também é usada para desenvolver índices que permitem que o gerente do projeto e o cliente visualizem o progresso de diversos ângulos. Um índice de 1,00 (100%) indica que o progresso está como o planejado. Um índice maior que 1,00 mostra que o progresso está melhor do que o esperado. Um índice menor que 1,00 sugere que o progresso está pior do que o planejado, merecendo atenção. A Tabela 13.3 apresenta a interpretação dos índices.

Índices de desempenho

Existem dois índices de eficiência de desempenho. O primeiro mede a eficiência de *custo* do trabalho realizado até o momento (dados da Tabela 13.2):

Índice de desempenho de custo (CPI) = EV/AC= 160/230 = 0,696 ou 0,70

O CPI de 0,696 mostra que, para cada US$ 1,00 efetivamente gasto, até o momento foi concluído US$ 0,70 do trabalho planejado – uma situação bastante desfavorável. O CPI é o índice mais aceito e usado. Ele vem sendo testado e é considerado o mais preciso, confiável e estável. Por exemplo, estudos do governo dos Estados Unidos concluíram que o CPI é estável a partir do ponto de 20% de conclusão, a despeito do tipo de contrato, programa ou serviço. O CPI pode dar um "sinal de advertência antecipada" em relação a excessos de custo, para que possam ser feitos ajustes ao orçamento ou ao escopo do projeto.[2]

O segundo índice é uma medida da eficiência programada (de cronograma) até o momento:

Índice de desempenho de cronograma (SPI) = EV/PV = 160/200 = 0,80

O índice de cronograma indica que, para cada US$ 1,00 de trabalho programado, até o momento foi realizado US$ 0,80 de trabalho. A Figura 13.12, outro exemplo dos gráficos usados na prática, mostra os índices traçados para o projeto do nosso exemplo até o período 7.

Índices de percentual de conclusão do projeto

São usados dois índices de percentual de conclusão do projeto, dependendo de qual você considera mais representativo do seu projeto. O primeiro deles assume que o orçamento original de trabalho concluído é a informação mais confiável para mensurar o percentual de conclusão do projeto. O segundo assume que são mais confiáveis os custos realizados até o momento e o custo esperado na

TABELA 13.3 Interpretação de índices

Índice	Custo (CPI)	Cronograma (SPI)
>1,00	Abaixo do custo	À frente do cronograma
=1,00	No custo	No cronograma
<1,00	Acima do custo	Atrás no cronograma

[2] Citado por Q. W. Fleming and J. M. Koppleman, *Earned Value Project Management* (Newton Square, PA: Project Management Institute, 2010), pp. 39-42.

FIGURA 13.12
Índices nos períodos 1 a 7

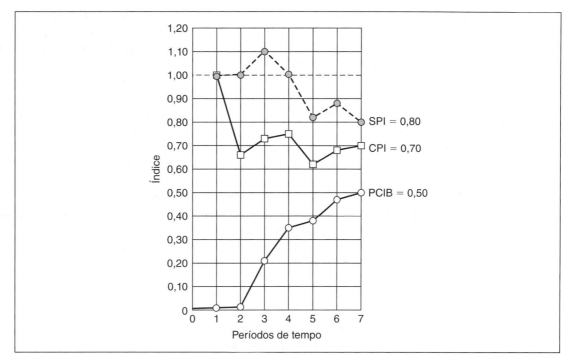

conclusão. Esses índices comparam o progresso até o momento com o fim do projeto. As implicações por trás do uso desses índices são que as condições não mudarão, nenhuma melhoria ou medida será executada e as informações da base de dados são precisas. O primeiro índice examina o percentual de conclusão em termos de valores *orçados*:

Índice de percentual de conclusão PCIB = EV/BAC= 160/320 = 0,50 (50%)

O PCIB indica que o trabalho realizado representa 50% do dinheiro total orçado (BAC) até o momento. Observe que esse cálculo não inclui os custos realizados incidentes. Como o dinheiro efetivamente gasto não garante o progresso do projeto, esse índice é favorecido por muitos gerentes de projetos quando há um alto nível de confiança nas estimativas orçamentárias originais.

O segundo índice enxerga o percentual de conclusão em termos do custo realizado para efetuar o trabalho até o momento e o custo realizado esperado para o projeto concluído (EAC). Por exemplo, no fim do período 7, o estafe reestima que o EAC será de 575, em vez de 320. A aplicação dessa visão é escrita como:

Índice de percentual de conclusão PCIC = AC/EAC= 230/575 = 0,40 (40%)

Alguns gerentes preferem este índice porque ele inclui estimativas efetivas e revisadas que contêm informações mais novas e completas.

Essas duas visões do percentual de conclusão apresentam visões alternativas do percentual "real" de conclusão. Esses percentuais podem ser bem diferentes, como demonstrado (observação: o índice PCIC não foi traçado na Figura 13.12; as novas cifras do EAC seriam derivadas a cada período pelos estimadores em campo).

Mensuração do desempenho técnico

A mensuração do desempenho técnico é tão importante quando a mensuração do desempenho de cronograma e custo. Embora normalmente se presuma o desempenho técnico, o oposto pode ser verdadeiro. As ramificações do mau desempenho técnico frequentemente são mais profundas: as coisas funcionam ou não caso não se atenda às especificação técnicas.

A avaliação do desempenho técnico de um sistema, instalação ou produto, muitas vezes, é realizada examinando-se os documentos constantes na declaração de escopo e/ou a documentação dos pacotes de trabalho. Esses documentos devem especificar os critérios e limites de tolerância em relação aos quais o desempenho pode ser medido. Por exemplo, o desempenho técnico de um projeto de software padeceu porque o recurso de "arrastar e soltar" foi deletado do produto final. Por sua vez, o protótipo de um carro experimental excedeu a especificação técnica de km/L e, portanto, o desempenho técnico. Muitas vezes, são realizados testes em diferentes dimensões de desempenho que se tornam parte integral do cronograma do projeto.

É muito difícil especificar como mensurar o desempenho técnico, pois ele depende da natureza do projeto. Em poucas palavras, a mensuração do desempenho técnico precisa ser feita. Frequentemente, é no desempenho técnico que os processos de controle de qualidade são precisos e usados. Os gerentes de projetos devem ser criativos para encontrar modos de controlar essa área muito importante.

Software de sistema de custo/cronograma de projetos

Os desenvolvedores de *software* criaram sofisticados sistemas de cronograma/custo de projetos que acompanham e dão relatórios de valor orçado, realizado, agregado, comprometido e indexado. Esses valores podem ser em horas de mão de obra, materiais e/ou dinheiro. Essas informações fundamentam o progresso de custo e cronograma, mensurações de desempenho e gerenciamento de fluxo de caixa. Recorde, do Capítulo 5, que os valores orçados, realizados e comprometidos costumam ser gastos em janelas de tempo diferentes (Figura 5.6). Um típico relatório de *status* gerado por computador inclui as seguintes saídas de informação:

1. Variação do cronograma (EV – PV) por conta de custo e por EAP e EAO.
2. Variação de custo (EV – AC) por conta de custo e por EAP e EAO.
3. Índices – índice de percentual de conclusão total e de desempenho.
4. Custo total realizado acumulado até o momento (AC).
5. Custos esperados na conclusão (EAC).
6. Compromissos pagos e não pagos.

A variedade dos pacotes de software, com seus recursos e constantes atualizações, é extensa demais para constar neste texto. Os desenvolvedores e fornecedores de software fizeram um excelente trabalho ao prover softwares que satisfazem as necessidades de informação da maioria dos gerentes de projetos. Na última década, as diferenças entre os *softwares* se concentraram em melhorar a "amigabilidade" e em saídas mais claras e fáceis de entender. Qualquer um que compreenda os conceitos e as ferramentas apresentados nos Capítulos 4, 5, 6, 8 e 13 não terá muitos problemas para entender as saídas de qualquer dos pacotes de software mais populares de gerenciamento de projetos.

Regras adicionais de valor agregado

Embora a regra do percentual de conclusão seja o método mais usado para atribuir orçamentos a linhas de base e para controle de custos, existem regras adicionais que são muito úteis para diminuir os custos acessórios da coleta de dados detalhados sobre o percentual concluído dos pacotes de trabalho avulsos (uma vantagem a mais dessas regras, é claro, é que elas eliminam os elementos frequentemente subjetivos dos contratados ou estimadores acerca de quanto trabalho realmente foi concluído). As duas primeiras regras costumam ser usadas para atividades de curta duração e/ou de custo pequeno. A terceira usa cancelas (*gates*) antes que o valor orçado total de uma atividade possa ser liberado.

- **Regra do 0/100.** Assume que se obtém crédito pela realização do trabalho depois de concluído. Portanto, 100% do orçamento é obtido quando o pacote de trabalho é concluído. É utilizada em pacotes de trabalho com durações muito curtas.
- **Regra do 50/50.** Permite que 50% do valor do orçamento do pacote de trabalho seja obtidos quando ele é iniciado e o restante quando o pacote é concluído. Essa regra é popular para pacotes de trabalho de curta duração e pequenos custos totais.
- **Percentual concluído com cancelas ponderadas de monitoramento.** Essa regra mais recente emprega o percentual de conclusão estimado subjetivo em conjunção com pontos de monitoramento concretos e tangíveis. Funciona bem em atividades de longa duração, que po-

dem ser fragmentadas em pacotes de trabalho curtos e discretos, de não mais que um ou dois períodos de relatório. Esses pacotes discretos limitam o valor estimado subjetivo. Por exemplo, imagine uma atividade de longa duração com um orçamento total de US$ 500. A atividade é cortada em três pacotes sequencialmente discretos, com cancelas de monitoramento representando 30%, 50% e 100% do orçamento total. O valor obtido em cada cancela de monitoramento não pode exceder US$ 150, US$ 250 e US$ 500. Esses pontos concretos de monitoramento servem como uma verificação de estimativas otimistas demais.

Observe que as únicas informações necessárias nas duas primeiras regras é que o pacote de trabalho começou e foi concluído. Para os que quiserem explorar a aplicação dessas duas regras (ou para os que estão estudando para uma certificação), o Apêndice 13.1 traz dois exercícios que as aplicam com a regra do percentual de conclusão.

A terceira regra, muitas vezes, é usada para autorizar pagamentos progressivos a contratados. Ela auxilia o acompanhamento e controle cuidadoso dos pagamentos; ela desencoraja o pagamento de contratados por trabalho ainda não concluído.

Previsão do custo final do projeto

Basicamente, existem dois métodos empregados para rever as estimativas dos custos futuros do projeto. Em muitos casos, ambos são usados em segmentos específicos do projeto. O resultado é uma confusão de termos em textos, software e entre os praticantes em campo. Optamos por apontar as diferenças entre os métodos.

O primeiro deles permite que os especialistas no campo mudem as durações e custos originais de linha de base quando novas informações lhes dizem que as estimativas originais não são precisas. Usamos **EAC$_{re}$** para representar revisões feitas por especialistas e praticantes associados ao projeto. As revisões dos especialistas do projeto são quase sempre usadas em projetos menores.

A equação para calcular o custo estimado na conclusão revisado (EAC$_{re}$) é a seguinte:

$$EAC_{re} = AC + ETC_{re}$$

onde EAC$_{re}$ = custo estimado na conclusão revisado.
AC = custo realizado acumulado do trabalho concluído até o momento.
ETC$_{re}$ = custo estimado revisado para concluir o trabalho restante.

O segundo é usado em projetos grandes, em que o orçamento original é menos confiável. Esse método utiliza os custos realizados até o momento mais um índice de eficiência (CPI = EV/AC) aplicado ao trabalho de projeto restante. Quando a estimativa de conclusão usa o CPI como base para prever o custo na conclusão, usamos a sigla **EAC$_f$**. A equação é apresentada aqui.

A equação para esse modelo de previsão (EAC$_f$) é a seguinte:

$$EAC_f = ETC + AC$$

$$ETC = \frac{\text{Trabalho restante}}{CPI} = \frac{BAC - EV}{EV/AC}$$

onde EAC$_f$ = custo total estimado na conclusão.
ETC = custo estimado para concluir o trabalho restante.
AC = custo realizado cumulativo do trabalho concluído até o momento.
CPI = índice de custo cumulativo até o momento.
BAC = orçamento total da linha de base.
EV = custo orçado cumulativo do trabalho concluído até o momento.

As seguintes informações são geradas pelo nosso exemplo anterior; o custo estimado na conclusão (EAC$_f$) é calculado como segue:

Orçamento total de linha de base (BAC) do projeto	US$ 320
Valor agregado cumulativo (EV) até o momento	US$ 160
Custo realizado cumulativo (AC) até o momento	US$ 230

$$EAC_f = \frac{320 - 160}{160/230} + 230 = \frac{160}{0,7} + 230 = 229 + 230$$

$$EAC_f = 459$$

A previsão final do custo projetado do projeto é de US$ 459 mil, contra os US$ 320 mil originalmente planejados.

Outro índice popular é o **índice de desempenho para concluir** (TCPI, do inglês *complete performance index*), útil como complemento para calcular a estimativa na conclusão (EAC_f). Essa razão mede quanto valor cada unidade monetária *restante* do orçamento precisa render para ficar dentro do orçamento. No projeto da câmara digital, o índice é calculado no fim do período 7.

$$TCPI = \frac{BAC - EV}{BAC - AC} = \frac{320 - 160}{320 - 230} = \frac{160}{90} = 1,78$$

O índice de 1,78 indica que cada dólar restante do orçamento precisa render US$ 1,78 em valor. Existe mais trabalho a ser feito do que orçamento sobrando. Fica claro que seria duro aumentar tanto assim a produtividade para cumprir o orçamento. O trabalho restante terá de ser reduzido, ou então, deve-se aceitar que o orçamento estourará. Se o TCPI for inferior a 1,00, deve-se conseguir concluir o projeto sem usar todo o orçamento restante. Uma razão inferior a 1,00 abre a possibilidade de outras oportunidades, como melhorar a qualidade, aumentar o lucro ou expandir o escopo.

Os dados da pesquisa apontam que, em projetos grandes com mais de 15% concluídos, o modelo tem um bom desempenho, com um erro menor que 10% (Fleming and Koppleman, 2010; Christensen, 1998). Esse modelo também pode ser adotado para contas de custo de EAP e EAO, usadas para prever os custos restantes e totais. É importante observar que ele assume que as condições não mudarão, que a base de dados de custo é confiável, que o EV e o AC são cumulativos e que o progresso anterior do projeto é representativo do progresso futuro. Essa previsão objetiva representa um bom ponto de partida ou benchmark que a gerência pode utilizar para comparar outras previsões que incluam outras condições e julgamentos subjetivos.

O Quadro 13.1 apresenta um relatório de *status* mensal abreviado semelhante aos usados por uma empresas em todo o seu portfólio de projetos (observe que a variação do cronograma de – US$22.176 não se traduz diretamente em dias. Os 25 dias foram derivados do cronograma da rede).

Outro relatório resumido é apresentado no "Caso Prático: Projeto de desativação da Trojan". Compare as diferenças de formato.

Outras questões de controle

Fluência de escopo

Grandes mudanças no escopo são facilmente identificadas. São os "pequenos refinamentos", conhecidos como **fluência de escopo,** que acabam se acumulando em grandes mudanças de escopo que podem provocar problemas. Por exemplo, o cliente de um desenvolvedor de software solicitou pequenas mudanças na elaboração de um pacote de software contábil personalizado. Após diversos refinamentos menores, evidenciou-se que as mudanças representavam uma considerável ampliação do escopo original do projeto. O resultado foi um cliente descontente e uma empresa de desenvolvimento que perdeu dinheiro e reputação.

Embora mudanças de escopo normalmente sejam vistas de forma negativa, há situações em que elas geram recompensas positivas. Mudanças de escopo podem representar oportunidades signifi-

QUADRO 13.1
Relatório mensal de *status*

Número do projeto: 163   **Gerente do projeto:** Connor Gage
Prioridade do projeto agora: 4
Status **em:** 1º de abril
Quantias de valor agregado:

PV	EV	AC	SV	CV	BAC
588.240	566.064	596.800	−22.176	−30.736	1.051.200
EAC	**VAC**	**EAC$_f$**	**CPI**	**PCIB**	**PCIC**
1.090.640	−39.440	1.107.469	0,95	0,538	0,547

Descrição do projeto: Uma esteira transportadora controlada por computador que movimente e posicione itens na esteira com uma precisão de menos de um milímetro.

Resumo do *status*: O projeto está aproximadamente 25 dias atrás no cronograma. O projeto tem uma variação de custo de (US$ 30.736).

Explicações: A variação do cronograma passou das atividades não crítica para aquelas no caminho crítico. A integração de primeira fase, programada para começar em 26/03, agora deverá iniciar em 19/04, o que significa aproximadamente 25 dias atrás no cronograma. Esse atraso resultou da perda da segunda equipe de design, que impossibilitou que se começasse a documentação de utilidades em 27/02, como planejado e ilustra o efeito de perder recursos valiosos no projeto. A variação de custo até o momento se deve em grande parte a uma mudança de design que custou US$ 21 mil.

Principais mudanças desde o último relatório: Perda de uma equipe de design do projeto.

Custo total das mudanças aprovadas no desenho: US$ 21 mil. A maioria parte dessa quantia é atribuída ao melhor desenho dos drivers I/O seriais.

Custo projetado na conclusão: O EAC$_f$ é estimado em US$ 1.107.469. Isso representa um excesso de US$ 56.269, dado um CPI de 0,95. O CPI de 0,95 aumenta a previsão do VAC além de US$ −39.440.

Alerta de risco: Nada sugere que o nível de risco de algum segmento tenha mudado.

---

cativas.[3] Em ambientes de desenvolvimento de produtos, acrescentar um pequeno atributo a um produto pode render uma vantagem competitiva enorme. Uma pequena mudança no processo de produção pode colocar o produto no mercado 1 mês antes ou diminuir o custo do produto.

A fluência de escopo é comum no início dos projetos (especialmente naqueles de desenvolvimento de produtos). Pedidos de atributos adicionais por parte do cliente, novas tecnologias, pressupostos ruins de design, etc. pressionam por mudanças no escopo. Muitas vezes, essas mudanças são pequenas e passam despercebidas até que se verificam atrasos ou excessos de custo. A fluência de escopo afeta a empresa, a equipe do projeto e os fornecedores do projeto. Mudanças de escopo alteram os requisitos de fluxo de caixa da empresa, sob a forma de mais ou menos recursos, o que também pode alterar outros projetos. Mudanças frequentes acabam desgastando a motivação e coesão da equipe. Metas claras de equipe são alteradas, tornam-se menos focadas e deixam de ser o ponto focal da ação da equipe de projeto. Começar tudo de novo é irritante e desmoraliza a equipe, pois interrompe o ritmo do projeto e diminui a produtividade. Os fornecedores do projeto são avessos a mudanças frequentes porque elas representam custos mais altos e afetam o pessoal deles como afetam a equipe do projeto.

O segredo para gerenciar a fluência de escopo é o gerenciamento da mudança. Um gerente de projetos de um escritório de arquitetura relatou que a fluência de escopo era o maior risco que a sua empresa enfrentava em projetos. A melhor defesa contra ela é uma declaração de escopo bem-definida. Declarações de escopo ruins são uma das principais causas de fluência de escopo.

Uma segunda defesa é definir o que o projeto não é, pois isso pode evitar interpretações equivocadas mais tarde (o Capítulo 7 discute o processo; consulte a Figura 7.9 para revisar as principais variáveis a documentar nas mudanças do projeto). Primeiro, a linha de base original precisa ser bem-estabelecida e acordada com o cliente do projeto. Antes que o projeto comece, é imperativo

---

[3] Ver S. Keifer, "Scope Creep... Not Necessarily a Bad Thing," PM Network, 10 (5), 1996, pp. 33-35.

CASO PRÁTICO — Projeto de desativação da Trojan

A Portland General Electric Company foi encarregada de desativar a Usina Nuclear Trojan, um projeto longo e complexo, que se estende por duas décadas. O primeiro segmento, recolher os reatores usados para um local de depósito, já foi concluído, e recebeu o prêmio Projeto do Ano de 2000 pelo Project Management Institute (PMI). O restante do projeto – descontaminação das estruturas e resíduos restantes – está em andamento.

A Tabela 13.4 apresenta o relatório de *status* de valor agregado que mede o desempenho de cronograma e de custo para monitorar o projeto. O relatório também serve como base para financiar pedidos de classificação junto à Comissão de Serviços Públicos Essenciais.

O SPI (0,94) sugere que o projeto está ficando para trás no cronograma. Resolver questões com um dos grandes fornecedores e solucionar problemas técnicos deverá sanar o atraso. O CPI (1,14) do projeto é positivo. Parte desse bom desempenho de custo é atribuída a esquemas de parceria e incentivos com fornecedores e sindicatos.

Entrevista com Michael B. Lackey, gerente-geral, Trojan, PGE.

---

que haja procedimentos claros de autorização e documentação de mudanças no escopo por parte do cliente ou da equipe do projeto. Se for necessária uma mudança no escopo, deve-se documentar com clareza o impacto na linha de base – por exemplo, custo, tempo, dependência, especificações, responsabilidades, etc. Por fim, a mudança no escopo deve ser rapidamente acrescentada à linha de base original para refletir a mudança no orçamento e no cronograma; essas mudanças e os seus impactos precisam ser comunicados a todas as partes interessadas do projeto.

Mudanças na linha de base

Mudanças durante o ciclo de vida dos projetos são inevitáveis e ocorrerão. Algumas podem ser muito benéficas para as saídas do projeto; são as mudanças com impacto negativo que queremos evitar. Uma definição cuidadosa do projeto pode minimizar a necessidade de mudanças. O preço da má definição do projeto podem ser mudanças que ocasionam excessos de custo, cronogramas atrasados, moral baixo e perda de controle. A mudança tem origem interna ou externa. Externamente, por exemplo, o cliente pode solicitar mudanças que não estavam incluídas na declaração de escopo original e que demandarão alterações significativas no projeto e, portanto, na linha de base. Ou, então, circunstâncias legais podem ensejar requisitos que não faziam parte do plano original e que exigem uma revisão do escopo do projeto. Internamente, as partes interessadas podem identificar problemas ou melhorias imprevistos que modificam o escopo do projeto. Em casos raros, as mudanças no escopo vêm de diversas fontes. Por exemplo, o sistema de processamento automático de bagagens do Aeroporto Internacional de Denver foi uma ideia tardia, apoiada por várias partes interessadas do projeto, inclusive a prefeitura de Denver, consultores e ao menos uma companhia aérea cliente. Os US$ 2 bilhões a mais em custos foram um golpe, e a abertura do aeroporto atrasou em 16 meses. Se essa mudança de escopo de bagagens automática estivesse no plano original, o custo teria sido apenas uma fração dos custos excessivos e os atrasos teriam sido consideravelmente reduzidos. Mudanças no escopo da linha de base devem ser registradas pelo sistema de gerenciamento da mudança implantado durante o planejamento de controle de riscos (Capítulo 7).

Via de regra, os gerentes de projetos monitoram as mudanças no escopo com muito cuidado. Eles só devem permitir mudanças no escopo se ficar claro que o projeto fracassará sem a mudança, que melhorará significativamente com ela ou que o cliente a deseja e pagará por ela. Essa afirmação é um exagero, mas dá o tom de como abordar mudanças na linha de base. O efeito da mudança no escopo e na linha de base deve ser aceito e aprovado pelo cliente do projeto. A Figura 13.13 ilustra o impacto de custo de uma mudança no escopo da linha de base em um momento no tempo

TABELA 13.4

Desempenho de custo/orçamento — **Custos cumulativos da desativação** — **Dólares nominais anuais**

Portland General Electric Co.-Usina Nuclear Trojan

Execução do Relatório: 23/01/01

Número do relatório: DECT005

Página: 1 de 1

Descrição	PV	EV	AC	PV	EV	AC	Variação EV-AC	PV	CPI EV/AC	SPI EV/PV
				Acumulado anual			**YTD**			
ISFSI	193.014	182.573	162.579	3.655.677	3.586.411	3.263.995	322.416	3.655.677	1,10	0,98
RVAIR	0	0	0	0	0	399	−399	0	0,00	0,00
Remoção equipamento – AB/FB	79.083	79.649	73.899	497.197	504.975	308.461	196.514	497.197	1,64	1,02
Remoção equipamento – outros	0	0	0	0	−36.822	519	−37.341	0	0,00	0,00
Enterrar tubul. – AB/FB	3.884	0	2.118	532.275	540.232	515.235	24.997	532.275	1,05	1,01
Enterrar tubulação – outros	0	0	3.439	175.401	210.875	79.235	131.640	175.401	2,66	1,20
Descontaminação de superfícies – AB/FB	29.935	23.274	21.456	1.266.685	1.293.315	1.171.712	121.603	1.266.665	1,10	1,02
Descontaminação de superfícies – outros	2.875	2	11.005	308.085	199.853	251.265	−51.412	308.085	0,80	0,65
Descontaminação de superfícies – contêineres	680.502	435.657	474.427	5.271.889	4.950.528	4.823.338	127.190	5.271.889	1,03	0,94
Descarte de resíduos rad.	884.873	453.032	−28.675	10.680.118	8.276.616	10.807.916	−2.531.300	10.880.118	0,77	0,77
Inspeção final	58.238	57.985	27.091	780.990	780.990	700.942	80.048	780.990	1,11	1,00
Áreas não radiológicas	92.837	91.956	58.538	2.471.281	2.376.123	834.643	1.541.480	2.471.281	2,85	0,96
Estafe	714.806	714.509	468.858	9.947.775	9.947.775	8.241.383	1.706.392	9.947.775	1,21	1,00
ISFSI – Oper. de longo prazo	85.026	85.028	19.173	2.004.398	2.004.398	337.206	1.667.192	2.004.398	5,94	1,00
Cargas de mão de obra	258.289	258.289	240.229	3.216.194	3.216.194	2.755.604	460.590	3.216.194	1,17	1,00
Cargas de material	17.910	17.910	−95.128	211.454	211.454	136.973	74.481	211.454	1,54	1,00
Governança corporativa	153.689	228.499	228.521	1.814.523	1.814.523	1.814.520	3	1.814.523	1,00	1,00
Custos não distribuídos	431.840	401.720	242.724	5.541.679	5.575.879	4.007.732	1.567.947	5.541.679	1,39	1,01
Desativação total	3.688.481	3.008.081	1.905.084	48.375.399	45.453.119	40.051.079	5.402.040	48.375.399	1,13	0,94
Total (menos ISFSI e RVAIR)	3.493.467	2.845.508	1.743.485	44.719.720	41.886.710	36.788.680	5.080.024	44.719.720	1,14	0,94

– "hoje". A linha A representa uma mudança no escopo que resulta em um aumento de custo. A linha B representa uma mudança no escopo que diminui o custo. Registrar rapidamente as mudanças de escopo na linha de base mantém válidos os valores obtidos calculados. Não o fazer leva a variações enganosas de custo e cronograma.

Deve-se tomar cuidado para não usar as mudanças na linha de base para disfarçar desempenho ruim em trabalho passado ou atual. Um sinal comum desse tipo de mudança na linha de base é uma linha de base constantemente revisada, que parece se adequar aos resultados. Os praticantes a chamam de "linha de base de borracha", pois ela estica para acomodar os resultados. A maioria das mudanças não ocasiona alterações sérias no escopo, devendo ser absorvidas como variações positivas ou negativas. Mudanças retroativas por trabalho já realizado não devem ser permitidas. Não se deve permitir transferência de dinheiro entre contas de custo após o trabalho ser concluído. Mudanças imprevistas podem ser tratadas por meio da reserva de contingência. O gerente do projeto é quem normalmente toma essa decisão. Em alguns projetos grandes, uma "equipe de revisão de mudanças" em parceria (composta por membros das equipes do projeto e do cliente) toma todas as decisões sobre mudanças de projetos.

Os custos e problemas da aquisição de dados

A aquisição de dados é demorada e cara. O "Caso Prático: Uma abordagem de valor agregado de pseudopercentual de conclusão" assinala algumas das questões frequentes que cercam a resistência à coleta de dados de percentual de conclusão em sistemas de valor agregado. Sistemas semelhantes de pseudopercentual de conclusão já foram usados por outros. Essas abordagens de pseudopercentual de conclusão parecem funcionar bem em ambientes multiprojetos que incluem diversos projetos de pequeno e médio porte. Assumindo-se um período de relatório de uma semana, deve-se tomar cuidado para desenvolver pacotes de trabalho com uma duração de cerca de uma semana, par que os problemas sejam rapidamente identificados. Em projetos grandes, não existe substituto para o uso de um sistema de percentual de conclusão que se sirva de dados coletados por meio da observação em pontos de monitoramento claramente definidos.

Em alguns casos, os dados existem, mas não são enviados às partes interessadas que precisam da informação relativa ao progresso do projeto. Fica claro que se as informações não chegarem às pessoas certas no tempo certo, podem-se esperar sérios problemas. O seu plano de comunicação, desenvolvido no estágio de planejamento do projeto, pode amenizar bastante esse problema mapeando todo o fluxo de informação e mantendo as partes interessadas informadas sobre todos os aspectos do progresso e das questões do projeto. Veja na Figura 13.14 um plano de comunicação interna de um Projeto de WiFi. As informações desenvolvidas neste capítulo contribuem com dados significativos para dar suporte ao seu plano de comunicação e assegurar a disseminação correta dos dados.

FIGURA 13.13
Mudanças no escopo em uma linha de base

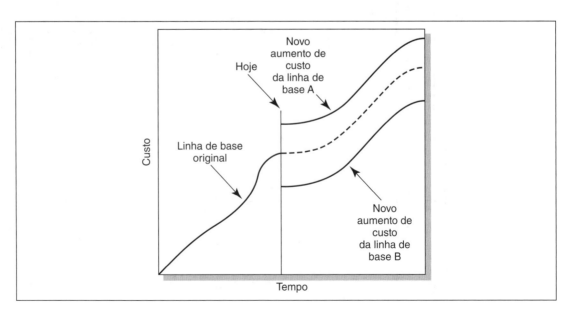

CASO PRÁTICO — Uma abordagem de percentual de valor pseudo-agregado

Um consultor do Serviço Florestal dos Estados Unidos sugeriu o uso do valor agregado para monitorar os mais de 50 projetos de venda de madeira que estavam ocorrendo ao mesmo tempo no distrito. À medida que os projetos eram concluídos, novos eram iniciados. O valor agregado foi experimentado por aproximadamente 9 meses. Após um teste de 9 meses, o processo deveria ser revisto por uma força-tarefa. A força-tarefa concluiu que o sistema de valor agregado dava boas informações para monitorar e prever o progresso do projeto; no entanto, os custos e problemas de coletar dados atualizados de percentual de conclusão eram inaceitáveis, pois não havia fundos disponíveis para coletá-los.

O dilema do nível de detalhes foi discutido sem que nenhuma sugestão satisfizesse o problema. O debate reconhece que muito poucos dados não ofereceriam um bom controle, enquanto relatórios excessivos exigem papelada e pessoas, o que é caro. A força-tarefa concluiu que o progresso e o desempenho poderiam ser medidos por meio de uma pseudoversão do percentual de conclusão, apesar de não dar muita precisão para o projeto total. Essa abordagem modificada do percentual de conclusão exigiu que pacotes de trabalho muito grandes (cerca de 3% a 5% de todos os pacotes de trabalho do projeto) fossem divididos em pacotes de trabalho menores, para um controle mais apurado e identificação mais antecipada de problemas. Decidiu-se que pacotes de trabalho com cerca de 1 semana de duração seriam o ideal. A suposta versão só exigia um telefonema e respostas "sim/não" a cada uma das seguintes perguntas para atribuir o percentual de conclusão:

O trabalho do pacote de trabalho já se iniciou?	Não = 0%
O pacote está sendo trabalhado?	Sim = 50%
O pacote de trabalho está concluído?	Sim = 100%

Os dados para o sistema de percentual concluído de valor pseudo-agregado de todos os mais de 50 projetos foram coletados por um estagiário que trabalhava menos de 8 horas por semana.

FIGURA 13.14 Plano de comunicação do projeto de WiFi em centro de conferências

Qual informação	Quando?	Modo?	Responsável?	Destinatário?
Relatório de marcos	Bimensal	E-mail	Escritório do projeto	Gerência sênior
Relatório de tempo/custo	Semanal	E-mail	Escritório do projeto	Equipe e cliente
Relatório de risco	Semanal	E-mail	Escritório do projeto	Equipe e cliente
Questões	Semanal	E-mail	Qualquer um	Equipe e cliente
Horário das reuniões da equipe	Semanal	Reunião	Gerente do projeto	Equipe e cliente
Desempenho de terceirização	Bimensal	Reunião	Gerente do projeto	Escritório, equipe e cliente do projeto
Solicitações de mudança	Qualquer momento	Documento	Gerente e cliente do projeto, desenho	Escritório, equipe e cliente do projeto
Decisões de cancela	Mensal	Reunião	Escritório do projeto	Gerência sênior

Resumo

Mesmo o melhor sistema de informação não resulta em um bom controle. Controle exige que o gerente do projeto *use* informações para guiar o projeto por águas turbulentas. Gráficos de controle e de Gantt são veículos úteis para monitorar o desempenho de tempo. O sistema de custo/cronograma permite que o gerente exerça uma influência positiva e ágil no custo e no cronograma. A capacidade de influenciar o custo diminui com o tempo; portanto, relatórios velozes que identifiquem tendências adversas de custos podem auxiliar grandemente o gerente do projeto para se recuperar no orçamento e no cronograma. O modelo integrado de custo/cronograma dá ao gerente do projeto e demais partes interessadas uma fotografia do *status* atual e futuro do projeto. Os benefícios do modelo de custo/cronograma são os seguintes:

1. Mede realizações em confronto com o plano e as entregas.
2. Proporciona um método para remontar um problema diretamente ao pacote de trabalho e à unidade organizacional responsável.

3. Alerta todas as partes interessadas sobre a identificação antecipada de problemas, possibilitando medidas corretivas velozes e proativas.
4. Melhora a comunicação, pois todas as partes interessadas utilizam a mesma base de dados.
5. Mantém o cliente informado sobre o progresso, encorajando a confiança dele em que o dinheiro gasto está rendendo o progresso esperado.
6. Proporciona prestação de contas de porções individuais do orçamento geral para cada unidade organizacional.

Com o seu sistema de informação a postos, você precisa utilizar seu plano de comunicação para manter as partes interessadas informadas e possibilitar a tomada ágil de decisões ágeis o projeto ser gerenciado com eficácia.

Termos-chave

Custo estimado na conclusão – estimativas revisadas (EAC_{re}), *411*
Custo estimado na conclusão – previsto (EAC_f), *411*
Fluência de escopo, *412*
Gráfico de controle, *396*
Gráfico de Gantt de acompanhamento, *395*
Índice de desempenho de cronograma (SPI), *408*
Índice de desempenho de custo (CPI), *408*

Índice de desempenho para concluir (TCPI), *412*
Índice de percentual de conclusão – custos orçados (PBIC), *409*
Índice de percentual de conclusão – custos realizados (PCIC), *409*
Orçamento de linha de base, *403*
Orçamento na conclusão (BAC), *399*
Valor agregado (EV), *395*
Variação de custo (CV), *399*
Variação do cronograma (SV), *399*
Variação de custo na conclusão (VAC), *399*

Questões de revisão

1. Como o gráfico de Gantt de acompanhamento ajuda a comunicar o progresso do projeto?
2. De que maneira o valor agregado dá uma imagem mais clara do *status* de cronograma e de custo do projeto em comparação com um sistema simples de plano *versus* realizado?
3. A variação do cronograma (SV) é traduzida em unidades monetárias e não representa diretamente o tempo. Por que ela é útil mesmo assim?
4. Como um gerente de projetos usaria o CPI?
5. Quais são as diferenças entre BAC e EAC?
6. Por que é importante que os gerentes de projetos resistam a mudanças na linha de base do projeto? Em que condições um gerente de projetos efetuaria mudanças na linha de base? Quando um gerente de projetos não permitiria mudanças na linha de base?

Exercícios

1. No mês 9, as seguintes informações estão disponíveis sobre o projeto: custo realizado de US$ 2000, valor agregado de US$ 2.100 e custo planejado de US$ 2.400. Calcule a SV e a CV do projeto.
2. No dia 51, um projeto tem um valor agregado de US$ 600, um custo realizado de US$ 650 e um custo planejado de US$ 560. Calcule a SV, a CV e o CPI do projeto. Qual é a sua avaliação do projeto no dia 51?
3. Dadas as informações de rede e linha de base do projeto a seguir, complete o formulário para desenvolver um relatório de *status* para o projeto no fim do período 4 e no fim do período 8. A partir dos dados que você coletou e calculou para os períodos 4 e 8, quais informações você tem para comunicar ao cliente sobre o *status* do projeto no fim do período 8?

Capítulo 13 Avaliação e medição do progresso e do desempenho

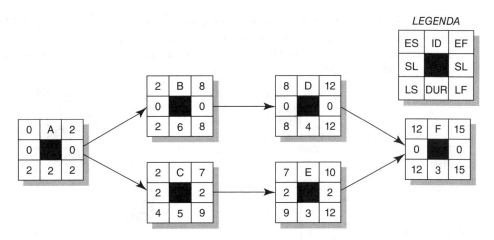

Tarefa	DUR	ES	LF	SL	Orçamento (PV)	0	1	2	3	4	5	6	7	8	9	10	11	12	13	14	15
A	2	0	2	0	400	200	200														
B	6	2	8	0	2400			200	600	200	600	200	600								
C	5	2	9	2	1500			200	400	500	100	300									
D	4	8	12	0	1600										400	400	400	400			
E	3	7	12	2	900									300	400	200					
F	3	12	15	0	600														200	100	300
			PV total do período			200	200	400	1000	700	700	500	900	800	600	400	400	200	100	300
			PV total acumulado			200	400	800	1800	2500	3200	3700	4600	5400	6000	6400	6800	7000	7100	7400

Fim do período 4

Tarefa	% real concluído	EV	AC	PV	CV	SV
A	Finalizado	—	300	400	—	—
B	50%	—	1.000	800	—	—
C	33%	—	500	600	—	—
D	0%	—	0	—	—	—
E	0%	—	—	—	—	—
Totais acumulados		—	—	—	—	—

Fim do período 8

Tarefa	% real concluído	EV	AC	PV	CV	SV
A	Finalizado	—	300	400	—	—
B	Finalizado	—	2.200	2.400	—	—
C	Finalizado	—	1.500	1.500	—	—
D	25%	—	300	0	—	—
E	33%	—	300	—	—	—
F	0%	—	0	—	—	—
Totais acumulados		—	—	—	—	—

4. Dadas as seguintes informações sobre a rede, linha de base e *status* do projeto, desenvolva relatórios de *status* para os períodos 2, 4, 6, e 8 e elabore a tabela de índices de desempenho. Calcule o EAC$_f$ e a VAC$_f$. Com base nos seus dados, qual é a sua avaliação do *status* atual do projeto? E na conclusão?

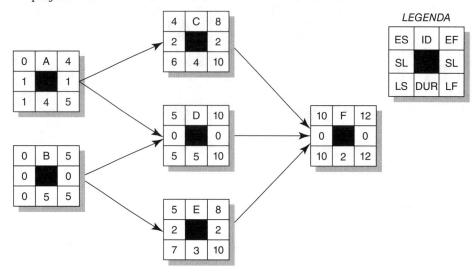

ID	Orçamento (US$ mil)	0	1	2	3	4	5	6	7	8	9	10	11	12
A	40		10	10	10	10								
B	32		8	4	8	4	8							
C	48						12	12	12	12				
D	18							6	2	2	2	6		
E	28							8	8	12				
F	40												20	20
Total	206		18	14	18	14	20	26	22	26	2	6	20	20
Acumulado			18	32	50	64	84	110	132	158	160	166	186	206

Relatório de *status*: Período final 2						(US$ mil)
Tarefa	% Concluído	EV	AC	PV	CV	SV
A	75%	——	25	——	——	——
B	50%	——	12	——	——	——
Totais acumulados		——	**37**	——	——	——

Relatório de *status*: Período final 4						(US$ mil)
Tarefa	% Concluído	EV	AC	PV	CV	SV
A	100%	——	35	——	——	——
B	100%	——	24	——	——	——
Totais acumulados		——	**59**	——	——	——

Relatório de *status*: Período final 6						(US$ mil)
Tarefa	% Concluído	EV	AC	PV	CV	SV
A	100%	——	35	——	——	——
B	100%	——	24	——	——	——
C	75%	——	24	——	——	——
D	0%	——	0	——	——	——
E	50%	——	10	——	——	——
Totais acumulados		——	**93**	——	——	——

Relatório de *status*: Período final 8						(US$ mil)
Tarefa	% Concluído	EV	AC	PV	CV	SV
A	100%	——	35	——	——	——
B	100%	——	24	——	——	——
C	100%	——	32	——	——	——
D	33%	——	20	——	——	——
E	100%	——	20	——	——	——
Totais acumulados		——	**131**	——	——	——

Resumo de índices de desempenho

Período	EV	AC	PV	SPI	CPI	PCI-B
2	——	——	——	——	——	——
4	——	——	——	——	——	——
6	——	——	——	——	——	——
8	——	——	——	——	——	——

$EAC_f =$ _____ $VAC_f =$ _____

5. Dadas as seguintes informações sobre a rede, linha de base e *status* do projeto, desenvolva relatórios de *status* para os períodos 1-4 e elabore o gráfico resumido do projeto (ou um similar). Informe a SV, a CV, o CPI e o PCIB finais. Com base nos seus dados, qual é a sua avaliação do *status* atual do projeto? E na conclusão?

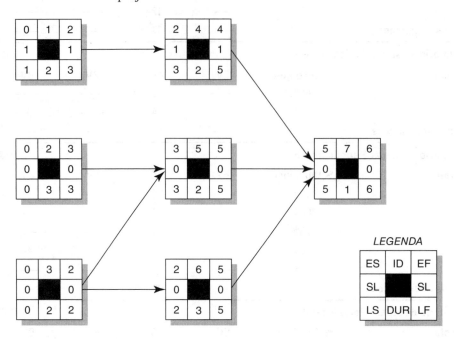

ATIV./PT	DUR	ES	LF	SL	PV total	0	1	2	3	4	5	6
1	2	0	3	1	12	4	8					
2	3	0	3	0	15	3	7	5				
3	2	0	2	0	8	4	4					
4	2	2	5	1	6			3	3			
5	2	3	5	0	10				6	4		
6	3	2	5	0	9			3	3	3		
7	1	5	6	0	5						5	
PV total por período						11	19	11	12	7	5	
PV acumulado por período						11	30	41	53	60	65	

Informação do cronograma / Necessidades orçamentárias da linha de base (US$ mil) — Período de tempo

Relatório de *status*: Período final 1					(US$	mil)
Tarefa	% Concluído	EV	AC	PV	CV	SV
1	50%	——	6	4	——	——
2	40%	——	8	3	——	——
3	25%	——	3	——	——	——
Totais acumulados		——	**17**	——	——	——

Relatório de *status*: Período final 2					(US$	mil)
Tarefa	% Concluído	EV	AC	PV	CV	SV
1	Finalizado	——	13	——	——	——
2	80%	——	14	——	——	——
3	75%	——	8	——	——	——
Totais acumulados		——	**35**	——	——	——

Relatório de *status*: Período final 3					(US$	mil)
Tarefa	% Concluído	EV	AC	PV	CV	SV
1	Finalizado	12	13	——	——	——
2	80%	——	15	——	——	——
3	Finalizado	——	10	——	——	——
4	50%	——	4	——	——	——
5	0%	——	0	——	——	——
6	33,3%	——	4	——	——	——
Totais acumulados		——	——	——	——	——

Relatório de *status*: Período final 4					(US$	mil)
Tarefa	% Concluído	EV	AC	PV	CV	SV
1	Finalizado	12	13	——	——	——
2	Finalizado	15	18	——	——	——
3	Finalizado	——	10	——	——	——
4	Finalizado	——	8	——	——	——
5	30%	——	3	——	——	——
6	66,7%	——	8	——	——	——
7	0%	——	0	——	——	——
Totais acumulados		——	——	——	——	——

6. Os seguintes dados de horas de mão de obra foram coletados para os períodos 1 a 6 de um projeto de nanotecnologia. Calcule a SV, a CV, o SPI e o CPI para cada período. Trace o EV e o AC no gráfico resumido fornecido (ou em um similar). Trace o SPI, o CPI e o PCIB no gráfico de índices fornecido (ou em um similar). Qual é a sua avaliação do projeto no fim do período 6?

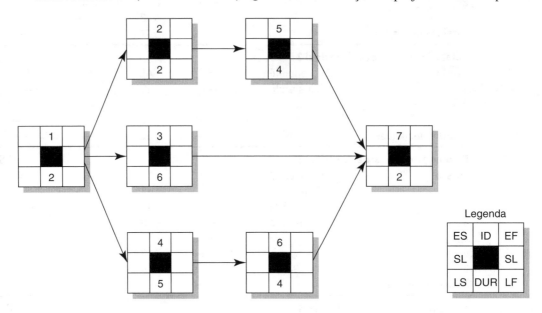

	Informação do cronograma					Necessidades orçamentárias da linha de base – horas de mão de obra (00)														
ATIV./PT	DUR	ES	LF	SL	Total PV	Período de tempo														
						0	1	2	3	4	5	6	7	8	9	10	11	12	13	14
1	2	0	2	0	20		10	10												
2	2	2	7	3	24				16	8										
3	6	2	11	3	30				5	5	10	3	2	5						
4	5	2	7	0	25				10	10	2	2	1							
5	4	4	11	3	16						4	4	4	4						
6	4	7	11	0	20									5	5	6	4			
7	2	11	13	0	10													5	5	
PV total por período							10	10	31	23	16	9	7	14	5	6	4	5	5	
PV acumulado por período							10	20	51	74	90	99	106	120	125	131	135	140	145	

Relatório de *status*: Fim do período 1					
Tarefa	% Concluído	EV	AC	CV	SV
1	50%	——	500	1.000	——
Totais acumulados		——	**500**	**1.000**	——

Relatório de *status*: Fim do período 2					
Tarefa	% Concluído	EV	AC	CV	SV
1	Finalizado	——	1.500	2.000	——
Totais acumulados		——	**1.500**	**2.000**	——

Relatório de *status*: Fim do período 3					
Tarefa	% Concluído	EV	AC	CV	SV
1	Finalizado	2.000	1.500	2.000	——
2	0%	——	0	——	——
3	10%	——	200	——	——
4	20%	——	500	——	——
Totais acumulados		——	**2.200**	——	——

Relatório de *status*: Fim do período 4					
Tarefa	% Concluído	EV	AC	CV	SV
1	Finalizado	2.000	1.500	2.000	——
2	50%	——	1.000	——	——
3	30%	——	800	——	——
4	40%	——	1.500	——	——
Totais acumulados		——	**4.800**	——	——

Relatório de *status*: Fim do período 5					
Tarefa	% Concluído	EV	AC	CV	SV
1	Finalizado	2.000	1.500	2.000	——
2	Finalizado	——	2.000	——	——
3	50%	——	800	——	——
4	60%	——	1.500	——	——
5	25%	——	400	——	——
Totais acumulados		——	**6.200**	——	——

Relatório de *status*: Fim do período 6					
Tarefa	% Concluído	EV	AC	CV	SV
1	Finalizado	2.000	1.500	2.000	——
2	Finalizado	——	2.000	——	——
3	80%	——	2.100	——	——
4	80%	——	1.800	——	——
5	50%	——	600	——	——
Totais acumulados		——	**8.000**	——	——

Período	SPI	CPI	PCIB
1	——	——	——
2	——	——	——
3	——	——	——
4	——	——	——
5	——	——	——
6	——	——	——

SPI = EV/PV
CPI = EV/AC
PCIB = EV/BAC

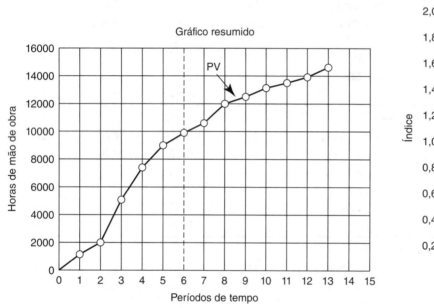
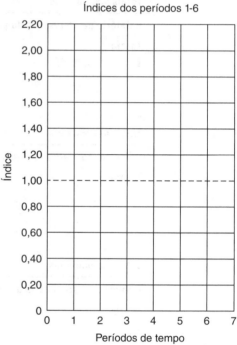

7. Os dados seguintes foram coletados para um projeto de TI de um centro médico britânico para os períodos de relatório de 2 semanas 2 a 12. Calcule a SV, a CV, o SPI e o CPI para cada período. Trace o EV e o AC no gráfico resumido fornecido. Trace o SPI, o CPI e o PCIB no gráfico de índices fornecido (você pode utilizar seus próprios gráficos). Qual é a sua avaliação do projeto no fim do período 12?

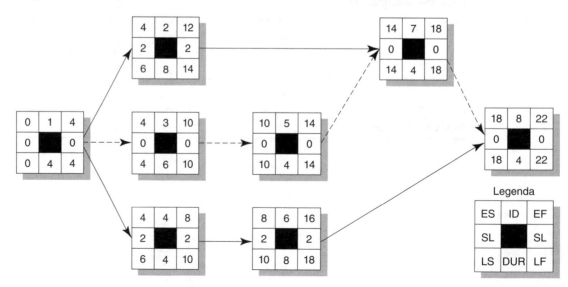

Tarefa	DUR	ES	LF	SL	PV ($00)	\multicolumn{12}{c}{Linha de base (PV) (US$00)}
						0	2	4	6	8	10	12	14	16	18	20	22
1	4	0	4	0	8	4	4										
2	8	4	14	2	40				10	10	10	10					
3	6	4	10	0	30				10	15	5						
4	4	4	10	2	20				10	10							
5	4	10	14	0	40							20	20				
6	8	8	18	2	60					20	20	10	10				
7	4	14	18	0	20									10	10		
8	4	18	22	0	30											20	10
			PV total do período			4	4	30	35	35	50	30	20	10	20	10	
			PV acumulado total			4	8	38	73	108	158	188	208	218	238	248	

Relatório de *status*: Período final 2 (centenas de US$)

Tarefa	% Concluído	EV	AC	PV	CV	SV
1	50%	—	4	—	—	—
Totais acumulados		—	**4**	—	—	—

Relatório de *status*: Período final 4 (centenas de US$)

Tarefa	% Concluído	EV	AC	PV	CV	SV
1	Finalizado	—	10	—	—	—
Totais acumulados		—	**10**	—	—	—

Relatório de *status*: Período final 6 (centenas de US$)

Tarefa	% Concluído	EV	AC	PV	CV	SV
1	Finalizado	—	10	—	—	—
2	25%	—	15	—	—	—
3	33%	—	12	—	—	—
4	0%	—	0	—	—	—
Totais acumulados		—	**37**	—	—	—

Relatório de *status*: Período final 8 (centenas de US$)

Tarefa	% Concluído	EV	AC	PV	CV	SV
1	Finalizado	—	10	—	—	—
2	30%	—	20	—	—	—
3	60%	—	25	—	—	—
4	0%	—	0	—	—	—
Totais acumulados		—	**55**	—	—	—

Relatório de *status*: Período final 10 (centenas de US$)

Tarefa	% Concluído	EV	AC	PV	CV	SV
1	Finalizado	——	10	——	——	——
2	60%	——	30	——	——	——
3	Finalizado	——	40	——	——	——
4	50%	——	20	——	——	——
5	0%	——	0	——	——	——
6	30%	——	24	——	——	——
Totais acumulados		——	**124**	——	——	——

Relatório de *status*: Período final 12 (centenas de US$)

Tarefa	% Concluído	EV	AC	PV	CV	SV
1	Finalizado	——	10	——	——	——
2	Finalizado	——	50	——	——	——
3	Finalizado	——	40	——	——	——
4	Finalizado	——	40	——	——	——
5	50%	——	30	——	——	——
6	50%	——	40	——	——	——
Totais acumulados		——	**210**	——	——	——

Período	SPI	CPI	PCIB
2	——	——	——
4	——	——	——
6	——	——	——
8	——	——	——
10	——	——	——
12	——	——	——

SPI = EV/PV
CPI = EV/AC
PCIB = EV/BAC

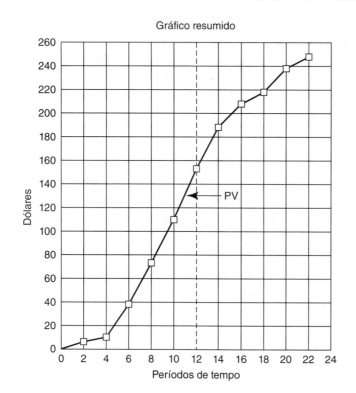

Gráfico resumido

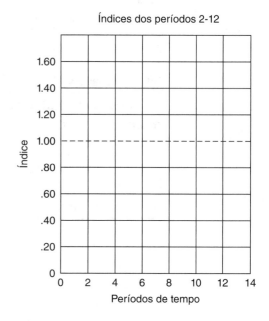

Índices dos períodos 2-12

8.* Parte A. Você foi encarregado do Projeto Aurora. Dadas as seguintes informações sobre a rede, linha de base e *status* do projeto, desenvolva relatórios de *status* para os períodos 1 a 8 e elabore a tabela de índices de desempenho. Calcule o EAC_f e a VAC_f. Com base nos seus dados, qual é o *status* atual do projeto? E na conclusão?

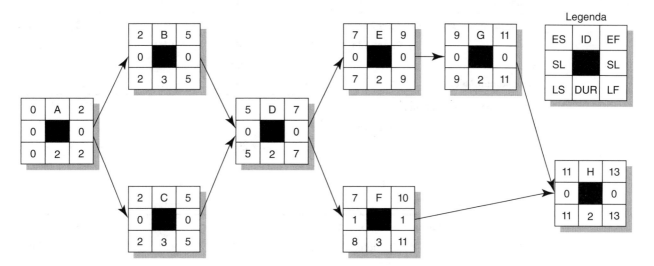

ID	Orçamento (US$ mil)	0	1	2	3	4	5	6	7	8	9	10	11	12	13
A	100	50	50												
B	250			100	50	100									
C	450			150	150	150									
D	200						100	100							
E	300								200	100					
F	300								100	50	150				
G	200										150	50			
H	200													100	100
Total	2000	50	50	250	200	250	100	100	300	150	300	50		100	100
Acumulado		50	100	350	550	800	900	1000	1300	1450	1750	1800	1900	2000	

---

* A solução deste exercício consta no Apêndice 1.

Relatório de *status*: Período final 1 (US$ mil)

Tarefa	% Concluído	EV	AC	PV	CV	SV
A	25%	——	50	——	——	——
Totais acumulados		——	**50**	——	——	——

Relatório de *status*: Período final 2 (US$ mil)

Tarefa	% Concluído	EV	AC	PV	CV	SV
A	50%	——	100	——	——	——
Totais acumulados		——	——	——	——	——

Relatório de *status*: Período final 3 (US$ mil)

Tarefa	% Concluído	EV	AC	PV	CV	SV
A	100%	——	200	——	——	——
B	0%	——	0	——	——	——
C	0%	——	0	——	——	——
Totais acumulados		——	——	——	——	——

Relatório de *status*: Período final 4 (US$ mil)

Tarefa	% Concluído	EV	AC	PV	CV	SV
A	100%	——	200	——	——	——
B	60%	——	100	——	——	——
C	50%	——	200	——	——	——
Totais acumulados		——	**500**	——	——	——

Relatório de *status*: Período final 5 (US$ mil)

Tarefa	% Concluído	EV	AC	PV	CV	SV
A	100%	——	200	——	——	——
B	100%	——	200	——	——	——
C	100%	——	400	——	——	——
Totais acumulados		——	**800**	——	——	——

Relatório de *status*: Período final 6 (US$ mil)

Tarefa	% Concluído	EV	AC	PV	CV	SV
A	100%	——	200	——	——	——
B	100%	——	200	——	——	——
C	100%	——	400	——	——	——
D	75%	——	100	——	——	——
Totais acumulados		——	**900**	——	——	——

Relatório de *status*: Período final 7 (US$ mil)

Tarefa	% Concluído	EV	AC	PV	CV	SV
A	100%	——	200	——	——	——
B	100%	——	200	——	——	——
C	100%	——	400	——	——	——
D	100%	——	150	——	——	——
E	20%	——	100	——	——	——
F	5%	——	50	——	——	——
Totais acumulados		——	**1.100**	——	——	——

Relatório de *status*: Período final 8   (US$ mil)

Tarefa	% Concluído	EV	AC	PV	CV	SV
A	100%	——	200	——	——	——
B	100%	——	200	——	——	——
C	100%	——	400	——	——	——
D	100%	——	150	——	——	——
E	100%	——	350	——	——	——
F	10%	——	100	——	——	——
Totais acumulados		——	1.400	——	——	——

Resumo de índices de desempenho

Período	EV	AC	PV	SPI	CPI	PCI-B
1	——	——	——	——	——	——
2	——	——	——	——	——	——
3	——	——	——	——	——	——
4	——	——	——	——	——	——
5	——	——	——	——	——	——
6	——	——	——	——	——	——
7	——	——	——	——	——	——
8	——	——	——	——	——	——

$EAC_f =$ _____ $VAC_f =$ _____

Parte B. Você se reuniu com a equipe do seu projeto Aurora e recebeu as seguintes estimativas revisadas para o restante do projeto.

- A atividade F será concluída ao fim do período 12, a um custo total de 500.
- A atividade G será concluída ao fim do período 10, a um custo total de 150.
- A atividade H será concluída ao fim do período 14, a um custo total de 200.

Calcule o EAC_{re} e a VAC_{re}. Com base nas estimativas revisadas, qual é o *status* esperado do projeto em termos de custo e cronograma? Entre a VAC_f e a VAC_{re}, em qual você teria mais confiança?

$EAC_{re} =$ _____ $VAC_{re} =$ _____

Referências

Abramovici, A., "Controlling Scope Creep," *PM Network,* Vol. 14, No. 1, January 2000, pp. 44-48.

Anbari, F. T., "Earned Value Project Management Method and Extensions," *Project Management Journal,* Vol. 34, No. 4, December 2003, pp. 12-22.

Brandon, D. M., Jr., "Implementing Earned Value Easily and Effectively," *Project Management Journal,* Vol. 29, No. 3, June 1998, pp. 11-17.

Bowles, M. "Keeping Score," *PMNetwork,* May 2011, pp. 50-59.

Christensen, D. S., and S. Heise, "Cost Performance Index Stability," *National Contract Management Association Journal,* 25, 1993, pp. 7-15.

Christensen, D. S., "The Cost and Benefits of the Earned Value Management Process," *Acquisition Review Quarterly,* 5 (1998), pp. 373-86.

Fleming, Q., and Joel M. Koppelman, *Earned Value Project Management,* 4th ed. (Newton Square, PA: Project Management Institute, 2010).

Kerzner, H., "Strategic Planning for a Project Office," *Project Management Journal,* Vol. 34, No. 2, June 2003, pp. 13-25.

Kim, E. H., W. G. Wells, and M. R. Duffey, "A Model for Effective Implementation of Earned Value Methodology," *International Journal of Project Management,* 21 (5), 2003, pp. 375-82.

Naeni, L., S. Shadrokh, and A. Salehipour, "A Fuzzy Approach to the Earned Value Management," *International Journal of Project Management*, 9 (6), 2011, pp. 764-72.

Webb, A., *Using Earned Value: A Project Manager's Guide* (Aldershot, UK: Gower Publishing Co., 2003).

Caso Projeto de poda de árvores

Will Fence, proprietário de uma grande fazenda de reflorestamento e de árvores de Natal, está frequentando um curso de gerenciamento de projeto de outono, sua estação de folga. Quando o programa do curso chegou ao valor agregado, Will ficou perplexo. Ele não está usando o EV?

Todo verão, Will contrata turmas para podar campos de árvores de Natal para as festas vindouras. O trabalho, com o uso de um facão, podar os galhos das árvores, dando-lhes uma bela forma de cone.

Will descreve o seu negócio assim:

A. Eu conto o número de abetos de Douglas no campo (24 mil).
B. Em seguida, combino com o chefe de turma uma quantia fechada por contrato para podar o campo inteiro (US$ 30.000).
C. Quando chega o pagamento parcial pelo trabalho concluído (5 dias depois), conto ou estimo o número efetivo de árvores podadas (6 mil). Pego o efetivo como um percentual do total a ser podado, multiplico o percentual de conclusão pelo valor contratual total para o pagamento parcial [(6.000/US$ 30.000 = 25%), 0,25 × US$ 30.000 = US$ 7.500)].

1. Will está acima, no ponto ou abaixo do custo e do cronograma? Ele está usando o valor agregado?
2. Como Will pode fixar uma variação do cronograma?

Caso Projeto de *scanner*

Você vem gerenciando o projeto da Electroscan que agora está bem. Desenvolva um relatório de *status* narrativo para o conselho de administração da rede de lojas que discuta o *status* do projeto até o momento e na conclusão. Seja o mais específico que puder, usando os números fornecidos e os que você desenvolver. Lembre que seu público não conhece o jargão usado por gerentes de projetos e técnicos de software; portanto, pode ser necessário explicar algumas coisas. O seu relatório será avaliado com base no uso detalhado dos dados, sua perspectiva total do *status* atual e do status futuro do projeto e as alterações que você recomenda (se for o caso).

Apêndice 13.1 A aplicação das regras adicionais de valor agregado

O exemplo e exercícios seguintes se destinam a praticar a aplicação das três regras de valor agregado a seguir:

- Regra do percentual de conclusão
- Regra do 0/100
- Regra do 50/50

Consulte o capítulo para uma explicação de cada uma delas.

Electroscan, Inc.
555 Acorn Street, Suite 5
Boston, Massachusetts

29 Projeto de *scanner* na loja (milhares de dólares)
Progresso efetivo em 1º de janeiro

Nome	PV	EV	AC	SV	CV	BAC	EAC_f
Projeto de *scanner*	420	395	476	–25	–81	915	1103
H 1.0 Hardware	92	88	72	–4	16	260	213
H 1.1 Especificações de hardware (DS)	20	20	15	0	5	20	15
H 1.2 Desenho de hardware (DS)	30	30	25	0	5	30	25
H 1.3 Documentação de hardware (DOC)	10	6	5	–4	1	10	8
H 1.4 Protótipos (PD)	2	2	2	0	0	40	40
H 1.5 Testar protótipos (T)	0	0	0	0	0	30	30
H 1.6 Pedir placas de circuito (PD)	30	30	25	0	5	30	25
H 1.7 Modelos pré-produção (PD)	0	0	0	0	0	100	100
OP 1.0 Sistema operacional	195	150	196	–45	–46	330	431
OP 1.1 Especificações de kernel (DS)	20	20	15	0	5	20	15
OP 1.2 Drivers	45	55	76	10	–21	70	97
OP 1.2.1 Drivers de disco (DEV)	25	30	45	5	–15	40	60
OP 1.2.2 Drivers I/O (DEV)	20	25	31	5	–6	30	37
OP 1.3 Codificação de software	130	75	105	–55	–30	240	336
OP 1.3.1 Codificação de software (C)	30	20	40	–10	–20	100	200
OP 1.3.2 Documentar software (DOC)	45	30	25	–15	5	50	42
OP 1.3.3 Codificar interfaces (C)	55	25	40	–30	–15	60	96
OP 1.3.4 Efetuar teste beta do software (T)	0	0	0	0	0	30	30
U 1.0 Utilitários	87	108	148	21	–40	200	274
U 1.1 Especificações dos utilitários (DS)	20	20	15	0	5	20	15
U 1.2 Utilitários de rotina (DEV)	20	20	35	0	–15	20	35
U 1.3 Utilitários complexos (DEV)	30	60	90	30	–30	100	150
U 1.4 Documentação dos utilitários (DOC)	17	8	8	–9	0	20	20
U 1.5 Efetuar teste beta dos utilitários (T)	0	0	0	0	0	40	40
S 1.0 Integração do sistema	46	49	60	3	–11	125	153
S 1.1 Decisões arquitetônicas (DS)	9	9	7	0	2	10	8
S 1.2 Integração hardware/software (DEV)	25	30	45	5	–15	50	75
S 1.3 Teste de hardware/software do sistema (T)	0	0	0	0	0	20	20
S 1.4 Documentação do projeto (DOC)	12	10	8	–2	2	15	12
S 1.5 Teste de integração de aceitação (T)	0	0	0	0	0	30	30

PRESSUPOSTOS SIMPLIFICADORES

Os mesmos pressupostos simplificadores usados no exemplo e exercícios do capítulo também serão empregados aqui.

1. Presuma que cada conta de custo tem apenas um pacote de custo e cada conta de custo é representada como uma atividade da rede.
2. Os tempos de início cedo da rede do projeto servirão como base para reatribuir os valores de linha de base.
3. Salvo quando a regra do 0/100 ou do 50/50 for usada, os valores de linha de base serão atribuídos linearmente, exceto se informado de outra forma (observação: na prática, os custos estimados devem ser aplicados "exatamente" como se espera que ocorram, a fim de que as medidas de desempenho de cronograma e custo sejam úteis e confiáveis).
4. Para demonstrar os exemplos, a partir do momento em que começa o trabalho em uma atividade, alguns custos realizados incidirão em cada período até que a atividade seja concluída.
5. Quando a regra do 0/100 é usada, o custo total da atividade é colocado na linha de base na data de fim cedo.
6. Quando a regra do 50/50 é usada, 50% do custo total são colocados na linha de base na data de início cedo e 50%, na data de fim cedo.

EXERCÍCIOS DO APÊNDICE

1. Dadas as informações fornecidas para o desenvolvimento de um projeto de garantia de produto para os períodos 1 a 7, calcule a SV, a CV, o SPI e o CPI de cada período. Trace o EV e o AC no gráfico de PV fornecido. Explique ao proprietário a sua avaliação do projeto no fim do período 7 e o *status* futuro esperado na conclusão do projeto. A Figura A13.1A apresenta a rede do projeto. A Figura A13.1B apresenta a linha de base do projeto, assinalando as atividades que saem das regras do 0/100 (regra 3) e do 50/50 (regra 2). Por exemplo, a atividade 1 usa a regra 3, a regra do 0/100. Embora o tempo de início cedo seja o período 0, o orçamento só é inserido na linha de base em fases cronológicas no período 2, quando se planeja que a atividade seja finalizada (EF). Esse mesmo procedimento foi usado para atribuir custos às atividades 2 e 7, as quais usam a regra do 50/50. Assim, 50% do orçamento de cada atividade é atribuído em sua respectiva data de início cedo (período de tempo 2 para a atividade 2 e período 11 para a atividade 7) e 50%, para suas respectivas datas de fim. Recorde que, ao atribuir valor agregado à medida que o projeto é implementado, se uma atividade realmente inicia cedo ou tarde, os valores agregados precisam acompanhar os tempos realizados. Por exemplo, se a atividade 7 na verdade iniciar no período 12, em vez de no 11, os 50% só são agregados no período 12.

FIGURA A13.1A

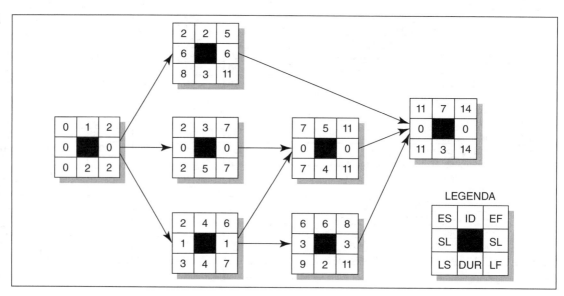

FIGURA A13.1B

Informação do cronograma						Necessidades orçamentárias de linha de base — Período de tempo
Regra do EV	ATIV./PT	DUR	ES	LF	SL	PV total	0	1	2	3	4	5	6	7	8	9	10	11	12	13	14

Regra do EV	ATIV./PT	DUR	ES	LF	SL	PV total	0	1	2	3	4	5	6	7	8	9	10	11	12	13	14
③	1	2	0	2	0	6		6													
②	2	3	2	11	6	20			10		10										
①	3	5	2	7	0	30				9	6	6	6	3							
①	4	4	2	7	1	20				8	2	5	5								
①	5	4	7	11	0	16									4	4	4	4			
①	6	2	6	11	3	18									9	9					
②	7	3	11	14	0	8													4		4
PV total por período							0	6	27	8	21	11	12	13	4	4	4	4	4	0	4
PV acumulado por período							0	6	33	41	62	73	85	98	102	106	110	114	114	118	

Regra
1 = %concluído
2 = 50/50
3 = 0/100

Relatório de *status*: Fim do período 1						
Tarefa	% Concluído	EV	AC	PV	CV	SV
1	0%	——	3	0	——	——
Totais acumulados		——	**3**	**0**	——	——

Relatório de *status*: Fim do período 2						
Tarefa	% Concluído	EV	AC	PV	CV	SV
1	Finalizado	6	5	——	——	——
Totais acumulados		**6**	**5**	——	——	——

Relatório de *status*: Fim do período 3						
Tarefa	% Concluído	EV	AC	PV	CV	SV
1	Finalizado	6	5	——	——	——
2	0%	——	5	——	——	——
3	30%	——	7	——	——	——
4	25%	——	5	——	——	——
Totais acumulados		——	**22**	——	——	——

Relatório de *status*: Fim do período 4						
Tarefa	% Concluído	EV	AC	PV	CV	SV
1	Finalizado	6	5	——	——	——
2	0%	——	7	——	——	——
3	50%	——	10	——	——	——
4	50%	——	8	——	——	——
Totais acumulados		——	**30**	——	——	——

Relatório de *status*: Fim do período 5						
Tarefa	% Concluído	EV	AC	PV	CV	SV
1	Finalizado	6	5	——	——	——
2	50%	——	8	——	——	——
3	60%	——	12	——	——	——
4	70%	——	10	——	——	——
Totais acumulados		——	**35**	——	——	——

Relatório de *status*: Fim do período 6						
Tarefa	% Concluído	EV	AC	PV	CV	SV
1	Finalizado	6	5	——	——	——
2	50%	——	10	——	——	——
3	80%	——	16	——	——	——
4	Finalizado	——	15	——	——	——
Totais acumulados		——	**46**	——	——	——

Relatório de *status*: Fim do período 7						
Tarefa	% Concluído	EV	AC	PV	CV	SV
1	Finalizado	6	5	——	——	——
2	Finalizado	——	14	——	——	——
3	Finalizado	——	20	——	——	——
4	Finalizado	——	15	——	——	——
5	0%	——	0	——	——	——
6	50%	——	9	——	——	——
Totais acumulados		——	**63**	——	——	——

Período	SPI	CPI	PCIB
1	——	——	——
2	——	——	——
3	——	——	——
4	——	——	——
5	——	——	——
6	——	——	——
7	——	——	——

SPI = EV/PV
CPI = EV/AC
PCIB = EV/BAC

FIGURA A13.1C

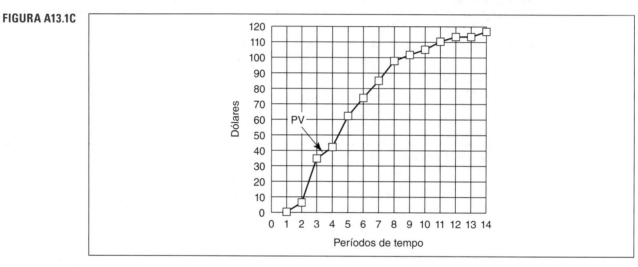

FIGURA A13.1D

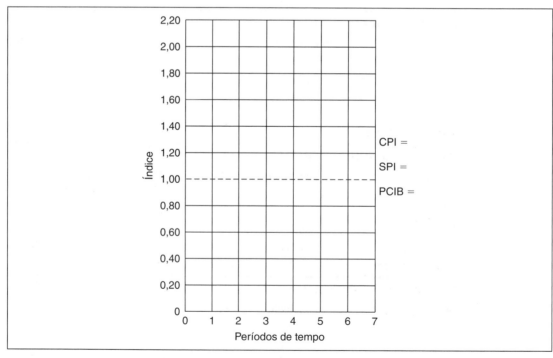

2. Dadas as informações fornecidas para desenvolver um processo de devolução de produto de catálogo nos períodos 1 a 5, atribua os valores de PV (usando as regras) para desenvolver uma linha de base para o projeto. Calcule a SV, a CV, o SPI e o CPI para cada período. Explique ao proprietário a sua avaliação do projeto no fim do período 5 e o *status* futuro esperado na conclusão do projeto.

FIGURA A13.2A

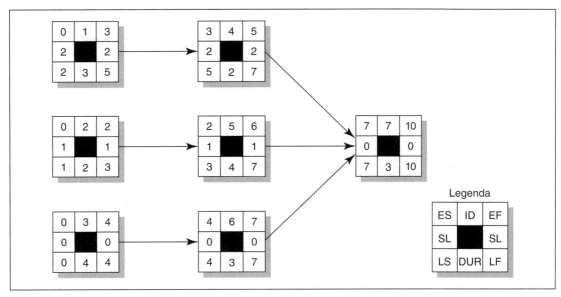

FIGURA A13.2B

Regra do EV	ATIV./PT	DUR	ES	LF	SL	Total PV
②	1	3	0	5	2	30
③	2	2	0	3	1	20
②	3	4	0	4	0	30
③	4	2	3	7	2	10
②	5	4	2	7	1	40
①	6	3	4	7	0	30
①	7	3	7	10	0	60

Informação do cronograma / Necessidades orçamentárias de linha de base — Período de tempo 0–10

PV total por período
PV acumulado por período

Regra
1 = % concluído
2 = 50/50
3 = 0/100

Relatório de *status*: Fim do período 1

Tarefa	% Concluído	EV	AC	PV	CV	SV
1	40%	——	8	——	——	——
2	0%	——	12	——	——	——
3	30%	——	10	——	——	——
Totais acumulados		——	**30**	——	——	——

Relatório de *status*: Fim do período 2

Tarefa	% Concluído	EV	AC	PV	CV	SV
1	80%	——	20	——	——	——
2	Finalizado	——	18	——	——	——
3	50%	——	12	——	——	——
Totais acumulados		——	**50**	——	——	——

Relatório de *status*: Fim do período 3

Tarefa	% Concluído	EV	AC	PV	CV	SV
1	Finalizado	——	27	——	——	——
2	Finalizado	——	18	——	——	——
3	70%	——	15	——	——	——
4	0%	——	5	——	——	——
5	30%	——	8	——	——	——
Totais acumulados		——	**73**	——	——	——

Relatório de *status*: Fim do período 4

Tarefa	% Concluído	EV	AC	PV	CV	SV
1	Finalizado	——	27	——	——	——
2	Finalizado	——	18	——	——	——
3	Finalizado	——	22	——	——	——
4	0%	——	7	——	——	——
5	60%	——	22	——	——	——
Totais acumulados		——	**96**	——	——	——

Relatório de *status*: Fim do período 5

Tarefa	% Concluído	EV	AC	PV	CV	SV
1	Finalizado	——	27	——	——	——
2	Finalizado	——	18	——	——	——
3	Finalizado	——	22	——	——	——
4	Finalizado	——	8	——	——	——
5	70%	——	24	——	——	——
6	30%	——	10	——	——	——
Totais acumulados		——	**109**	——	——	——

FIGURA A13.2C

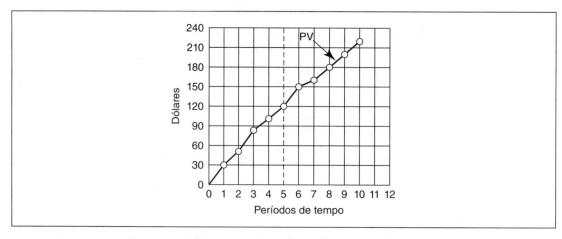

Período	SPI	CPI	PCIB
1	——	——	——
2	——	——	——
3	——	——	——
4	——	——	——
5	——	——	——

SPI = EV/PV
CPI = EV/AC
PCIB = EV/BAC

Apêndice 13.2 Obtenção de informações sobre o projeto no MS Project 2010[4]

O objetivo deste apêndice é ilustrar como se podem obter as informações de desempenho discutidas no Capítulo 13 no MS Project 2010. Um dos maiores pontos fortes do MS Project é a flexibilidade. O software oferece diversas opções para inserir, calcular e apresentar informações de projeto. A flexibilidade também é um dos grandes pontos fracos do software, havendo tantas opções, que trabalhar com ele pode ser frustrante e confuso. A intenção aqui é simplificar e apresentar passos básicos para obter informações de desempenho. Estudantes com intenções mais ambiciosas são aconselhados a trabalhar com o tutorial do software ou consultar um dos vários livros de instrução no mercado.

Para os fins deste exercício, usaremos o projeto da câmara digital, introduzido no Capítulo 13. Nesse cenário, o projeto começou em 1º de março, como o planejado, e a data de hoje é 7 de março. Recebemos as seguintes informações sobre o trabalho até o momento:

Especificações de Design demorou dois dias a um custo total de US$ 20.

Invólucro e energia demorou três dias a um custo total de US$ 25.

Memória/software está em curso, com quatro dias concluídos e dois restantes. O custo até o momento é de US$ 100.

Sistema de Zoom demorou dois dias para concluir a um custo de US$ 25.

Todas as tarefas tiveram início no prazo certo.

ETAPA 1 INSERIR INFORMAÇÕES DE PROGRESSO

Inserimos essas informações de progresso na TRACKING TABLE em GANTT CHART VIEW > VIEW > TABLES > TRACKING:

TABELA A13.2A
Tabela de acompanhamento

ID	Nome da tarefa	Inic. ativ.	Fim ativ.	% Concl.	Duração real (dias)	Duração rest. (dias)	Custo real (US$)	Trabalho realizado (horas)
1	Protótipo de câmara digital	1/3	NA	61%	6,72	4,28	170,00	272
2	Especificação de design	1/3	2/3	100%	2	0	2.000,00	32
3	Invólucro e energia	3/3	7/3	100%	3	0	25,00	40
4	Memória/software	3/3	NA	67%	4	2	100,00	160
5	Sistema de zoom	3/3	4/3	100%	2	0	25,00	40
6	Montagem	NA	NA	0%	0	3	0,00	0
7	Teste	NA	NA	0%	0	2	0,00	0

Observe que o software calcula automaticamente o percentual de conclusão e do fim, custo e trabalho realizados. Em alguns casos, você terá de substituir esses cálculos se eles forem inconsistentes com o que realmente aconteceu. **Não se esqueça de verificar** se as informações nessa tabela estão exibidas como você quer.

A etapa final é inserir a data atual do projeto (7 de março). Isso se faz clicando-se em PROJECT > PROJECT INFORMATION e inserindo-se a data na janela de data de *status*.

ETAPA 2 ACESSAR AS INFORMAÇÕES DO PROJETO

O MS Project oferece diversas opções diferentes para obter informações sobre o projeto. As informações mais básicas podem ser obtidas em PROJECT > REPORTS > COSTS > EARNED VALUE. Você também pode obtê-las na visualização GANTT CHART. Clique em VIEW > TABLE > MORE TABLES > EARNED VALUE.

---

[4] Para usuários do MS Project 2007, as instruções são muito parecidas, exceto que você pode acessar a opção Tables diretamente de Gantt View.

TABELA A13.2B
Tabela de valor agregado

ID	Nome da tarefa	PV (US$)	EV (US$)	AC (US$)	SV (US$)	CV (US$)	EAC (US$)	BAC (US$)	VAC (US$)
2	Especificação de design	20,00	20,00	20,00	0,00	0,00	20,00	20,00	0,00
3	Invólucro e energia	15,00	15,00	25,00	0,00	−10,00	25,00	15,00	−10,00
4	Memória/software	100,00	70,00	100,00	−30,00	−30,00	153,85	100,00	−53,85
5	Sistema de zoom	35,00	35,00	25,00	0,00	10,00	25,00	35,00	10,00
6	Montagem	0,00	0,00	0,00	0,00	0,00	120,00	120,00	0,00
7	Teste	0,00	0,00	0,00	0,00	0,00	30,00	30,00	0,00
		170,00	140,00	170,00	−30,00	−30,00	373,85	320,00	−53,85

Quando você aplica 80% de zoom a essa tabela, consegue ter todas as informações básicas de CV, SV e VAC em uma só página.

Observe que versões mais antigas do MS Project usam as siglas antigas:

BCWS = PV

BCWP = EV

ACWP = AC

e o EAC é calculado por meio do CPI e do que nosso texto chama de EAC_f.

ETAPA 3 ACESSAR INFORMAÇÕES DE CPI

Para obter informações adicionais de custo, como CPI e TCPI, na visualização GANTT CHART clique em VIEW > TABLE > MORE TABLES > EARNED VALUE COST INDICATORS, o que exibirá as seguintes informações:

TABELA A13.2C
Tabela de indicadores de custo em valor agregado

ID	Nome da tarefa	PV (US$)	EV (US$)	CV (US$)	CV% (US$)	CPI (US$)	BAC (US$)	EAC (US$)	VAC (US$)	TCPI (US$)
1	**Protótipo de câmara digital**	170,00	140,00	−30,00	−21%	0,82	320,00	373,85	−53.85	1,2
2	Especificação de design	20,00	20,00	0,00	0%	1	20,00	20,00	0,00	
3	Invólucro e energia	15,00	15,00	−10,00	−66%	0,6	15,00	25,00	−10,00	
4	Memória/software	100,00	70,00	−30,00	−42%	0,7	100,00	153,85	−53,85	
5	Sistema de zoom	35,00	35,00	10,00	28%	1,4	35,00	25,00	10,00	
6	Montagem	0,00	0,00	0,00	0%	0	120,00	120,00	0,00	
7	Teste	0,00	0,00	0,00	0%	0	30,00	30,00	0,00	

ETAPA 4 ACESSAR INFORMAÇÕES DE IDP

Para obter informações adicionais de cronograma, como SPI, na visualização GANTT CHART clique em VIEW > TABLE > MORE TABLES > EARNED VALUE SCHEDULE INDICATORS, o que exibirá as seguintes informações:

TABELA A13.2D
Tabela de indicadores de cronograma em valor agregado

ID	Nome da tarefa	PV (US$)	EV (US$)	SV (US$)	SV (%)	SPI
1	**Protótipo de câmara digital**	170,00	140,00	−30,00	−18	0,82
2	Especificação de design	20,00	20,00	0,00	0	1
3	Invólucro e energia	15,00	15,00	0,00	0	1
4	Memória/software	100,00	70,00	−30,00	−230	0,7
5	Sistema de zoom	35,00	35,00	0,00	0	1
6	Montagem	0,00	0,00	0,00	0	0
7	Teste	0,00	0,00	0,00	0	0

ETAPA 5 CRIAR UM GRÁFICO DE GANTT DE ACOMPANHAMENTO

Você pode criar um gráfico de Gantt de acompanhamento, como o apresentado neste capítulo, simplesmente clicando em TASK > GANTT CHART (canto superior esquerdo) > TRACKING GANTT > TRACKING GANTT.

FIGURA A13.2E
Gráfico de Gantt de acompanhamento

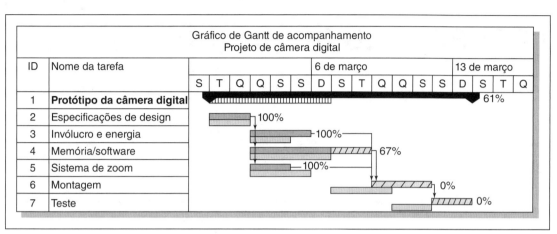

CAPÍTULO QUATORZE

Fechamento do projeto

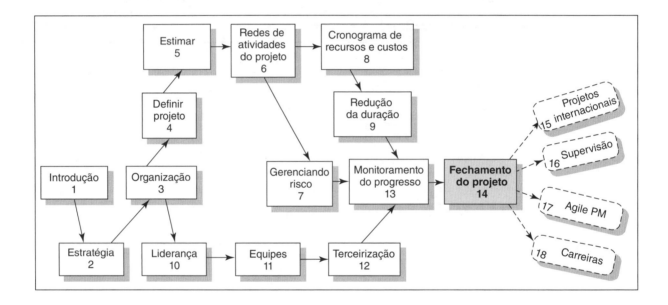

Fechamento do projeto
Tipos de fechamento do projeto
Atividades de encerramento
Avaliação pós-implementação
Retrospectivas
Resumo
Apêndice 14.1: Lista de verificação para encerramento do projeto
Apêndice 14.2: Conversão para o euro – Lista de verificação

Os que não conseguem se lembrar do passado estão condenados a revivê-lo.

– George Santayana, 1863-1952

Todo projeto acaba chegando a um fim. Mas quantos participantes ficam entusiasmados com o fechamento de um projeto? As entregas estão concluídas. A propriedade está pronta para ser transferida. O foco de todos é no que vem a seguir – de preferência, um projeto novo e emocionante. O gerenciamento cuidadoso da fase de fechamento é tão importante quanto em qualquer outra fase do projeto. A observação nos diz que as empresas que gerenciam o fechamento e revisam bem prosperam. As que não o fazem tendem a ter projetos que se arrastam para sempre e a repetir os mesmo erros vezes sem conta.

Fechar um projeto inclui um número intimidador de tarefas. No passado e em projetos pequenos, o gerente do projeto era responsável por providenciar que todas as tarefas fossem concluídas e aprovadas e pontas soltas, resolvidas. Isso não se aplica mais. Nas empresas orientadas a projetos, com muitos andando ao mesmo tempo, a responsabilidade pela conclusão das tarefas de fechamento é distribuída entre o gerente do projeto, as equipes, o escritório de projetos, um "comitê de avaliação" supervisor e um facilitador de retrospectiva independente. Muitas tarefas se sobrepõem, ocorrendo ao mesmo tempo e exigido coordenação e cooperação entre as partes interessadas.

As três principais entregas do **fechamento do projeto** são descritas a seguir (Figura 14.1):

1. *Encerrar o projeto.* A principal tarefa de encerramento é fazer o projeto ser aprovado e aceito pelo cliente. Outras atividades de encerramento incluem fechar contas, pagar notas, redistribuir equipamentos e pessoas, encontrar novas oportunidades para a equipe do projeto, fechar instalações e o relatório final. Listas de verificação são amplamente utilizadas para garantir que tarefas não sejam negligenciadas. Em muitas empresas, a maior parte das tarefas de fechamento é feita pelo escritório do projeto, em coordenação com o gerente do projeto. A redação do escritório final costuma ser atribuída a um membro da equipe do escritório do projeto, que reúne contribuições de todas as partes interessadas. Em empresas e projetos menores, essas atividades de fechamento são deixadas para o gerente e a equipe do projeto.

2. *Avaliação do desempenho e do gerenciamento do projeto.* A avaliação abrange o desempenho da equipe, dos membros individuais e do gerente do projeto. Fornecedores e o cliente podem fornecer contribuições externas. A avaliação dos principais atores proporciona importantes informações para o futuro.

3. *Retrospectivas.* Retrospectivas das lições aprendidas são concebidas para melhorar o desempenho em projetos atuais e futuros. Hoje, a maioria das retrospectivas é de responsabilidade de

FIGURA 14.1 Entregas do fechamento e avaliação do projeto

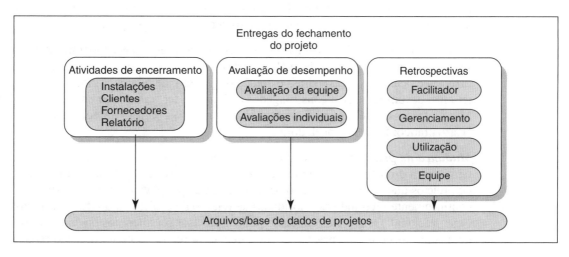

um facilitador independente. O facilitador também dá importantes contribuições para o relatório de fechamento, que inclui as lições aprendidas. Essas revisões pós-projeto devem ser realizadas com a equipe para detectar eventuais questões ou lacunas ausentes.

Este capítulo começa com o reconhecimento de que os projetos terminam por diversos motivos. Nem todos os projetos tem um "Concluído" claro, sendo devolvidos ao cliente. Quaisquer que sejam as condições do término de um projeto, o processo geral de fechamento é semelhante. Primeiro, são assinaladas as tarefas de fechamento. São todas as que precisam ser "limpas" antes que o projeto seja extinto. Segue-se a avaliação do desempenho do projeto. Por fim, são examinadas em detalhes as lições aprendidas ou os métodos utilizados.

Tipos de fechamento do projeto

Em alguns projetos, o fim pode não ser tão claro quanto se gostaria. Embora a declaração de escopo possa definir um término claro para o projeto, o término real pode não corresponder. Felizmente, a maioria dos projetos tem um término bem-definido. Revisões regulares identificam projetos com términos diferentes do planejado. Os diferentes tipos de fechamento são identificados aqui:

Normal A circunstância mais comum do fechamento de um projeto é simplesmente um projeto concluído. Em muitos projetos de desenvolvimento, o fim envolve repassar o desenho final para a produção e a criação de uma nova linha de produtos ou serviços. Em outros projetos internos de TI, como *upgrades* de sistema ou criação de novos sistemas de controle de estoque, o fim se dá quando a saída é incorporada às operações correntes. Provavelmente ocorreram algumas modificações de escopo, custo e cronograma durante a implementação.

Prematuro Em alguns casos, o projeto pode ser concluído mais cedo, com a eliminação de algumas partes. Por exemplo, em um projeto de desenvolvimento de um produto novo, o gerente de marketing pode insistir em produzir antes de mesmo de testar os modelos:

> Deem-me o produto novo agora, do jeito que estiver. Entrar antes no mercado significa grandes lucros! Sei que podemos vender um zilhão. Se não fizermos isso agora, a oportunidade será perdida!

A pressão é para finalizar o produto e enviá-lo para a produção. Antes de sucumbir à pressão, as implicações e os riscos associados a essa decisão devem ser cuidadosamente avaliados pela gerência sênior e por todas as partes interessadas. É muito comum que os benefícios sejam ilusórios, perigosos e muito arriscados.

Perpétuo Alguns projetos parecem não ter fim. A principal característica deste tipo de projeto são os constantes "adicionais", sugerindo um escopo mal-concebido. Em algum momento, o grupo de avaliação deve recomendar métodos para ensejar o fechamento definitivo deste tipo de projeto ou, então, a iniciação de outro. Por exemplo, acrescentar um novo atributo a um projeto antigo pode substituir um segmento de um projeto que parece ser perpétuo.

Projeto fracassado Projetos fracassados costumam ser fáceis de identificar, facilitando também seu fechamento pelo grupo de avaliação. No entanto, deve-se fazer o possível para comunicar as razões técnicas (ou outras) para a extinção do projeto; de qualquer modo, os participantes do projeto não devem receber o constrangedor estigma de ter trabalhado em um projeto que fracassou. Muitos fracassos se devem a circunstâncias fora do controle da equipe do projeto. Consulte o "Caso prático: Projeto cancelado".

Mudança de prioridade É comum que as prioridades das empresas mudem e que a estratégia tenha outra direção. Por exemplo, na crise financeira de 2008-2010, as empresas trocaram o foco de projetos que rendiam dinheiro para aqueles que poupavam custos. O grupo de supervisão está continuamente revisando as prioridades de seleção de projeto para refletir as mudanças na direção organizacional. Os projetos em curso podem precisar ser alterados ou cancelados. Assim, eles podem começar com uma prioridade alta, mas ter a respectiva classificação rebaixada ou compri-

CASO PRÁTICO — Projeto cancelado*

A Alemanha é o principal ponto de passagem dos caminhões de carga pela Europa. O governo alemão achou justo que aqueles acima de 12 toneladas que usassem a infraestrutura rodoviária do país ajudassem a pagar pela sua manutenção e renovação. Os objetivos do projeto eram claros: um novo sistema de pedágio eletrônico para caminhões que proporcionasse tarifas precisas e cobrança fácil nas rodovias alemãs, suíças e austríacas até 31 de agosto de 2003. A tecnologia se baseava em GPS, telecomunicações e *software* para registrar quilometragem e tarifas, sem usar as praças de pedágio das estradas.

Diversos problemas solaparam o projeto. Os prazos eram impossíveis de cumprir. Atrasos nas datas de lançamento foram provocados por problemas técnicos, como *software* e unidades de rastreamento de caminhões que não funcionavam segundo o previsto. A comunicação com *stakeholders* públicos e privados malogrou. Como resultado, o prazo de agosto de 2003 não foi cumprido. O prazo revisado de novembro de 2003 também não. Por fim, em março de 2004, o governo alemão cancelou o projeto.

O cancelamento do projeto teve sérios impactos sobre outros programas governamentais. O desfalque pelo não recebimento da receita do novo sistema de pedágio foi estimado em US$ 1,6 bilhão. Algumas dessas receitas eram destinadas a um trem de levitação magnética de alta velocidade em Munique e outros projetos de infraestrutura.

As lições aprendidas revelaram uma evidente falta de conhecimento de gerenciamento de projetos. Mais importante, a ausência de identificação e avaliação do impacto de cronograma e da tecnologia complexa ocasionou a morte do projeto. Talvez um sistema de micro-ondas mais simples e barato, recomendado pelos suíços e austríacos e com operação prevista para 2005, tivesse bastado. Ver http://www.toll-collect.de/frontend/HomepageVP.do: Jsessionid-F840E12142D.

* "Case Analysis: Taking a Toll," *PM Network,* Vol. 18, No. 3, March, 2004, p. 1.

---

mida durante o ciclo de vida à medida que as condições mudam. Quando as prioridades mudam, os projetos em curso podem precisar ser alterados ou cancelados.

Os diferentes tipos de extinção de projeto apresentam questões únicas. Podem ser necessários alguns ajustes aos processos genéricos de fechamento para acomodar o tipo de extinção de projeto que você enfrentar.

Atividades de encerramento

Os principais desafios do gerente e dos membros da equipe do projeto já passaram. Frequentemente, é difícil fazer o gerente e os participantes do projeto relatarem os detalhes necessários para concluí-lo por inteiro. É como um fim de festa: quem quer ajudar a limpar? Muito do trabalho é trivial e tedioso. A motivação pode ser o principal desafio. Por exemplo, prestar contas de equipamentos e elaborar relatórios finais são percebidos, por profissionais mais dinâmicos, como tarefas administrativas maçantes. O desafio do gerente do projeto é manter a equipe focada nas atividades restantes e na entrega ao cliente até o projeto estar concluído. Comunicar com antecedência um plano e cronograma de fechamento e avaliação permite que a equipe do projeto (1) aceite o fato psicológico de que ele terminará e (2) se prepare para seguir adiante. O cenário ideal é que a incumbência seguinte dos membros da equipe já tenha início quando a conclusão do projeto for anunciada. Os gerentes de projetos precisam ter cuidado para manter o entusiasmo pela conclusão do projeto e cobrar prazos das pessoas, pois elas tendem a atrasar nos estágios derradeiros.

A implementação do processo de fechamento abarca diversas atividades de encerramento. Muitas empresas criam longas listas de conclusão de projeto à medida que ganham experiência. Elas são muito úteis, garantindo que nada seja negligenciado. A implementação do fechamento inclui as seis principais atividades:

1. Obter aceitação da entrega por parte do cliente.
2. Desativar os recursos e liberá-los para novos usos.
3. Redistribuir os membros da equipe do projeto.
4. Fechar as contas e providenciar que todas as notas sejam pagas.
5. Entregar o projeto ao cliente.
6. Criar um relatório final.

TABELA 14.1
Lista de verificação de encerramento

	Tarefa	Concluído? Sim/Não
	Equipe	
1	Um cronograma para reduzir o estafe do projeto foi desenvolvido e aceito?	
2	O estafe foi liberado ou notificado de novas incumbências?	
3	Foram realizadas revisões de desempenho dos membros da equipe?	
4	Foram oferecidos ao estafe serviços de recolocação profissional e orientação de carreira?	
	Fornecedores/contratados	
5	Foram realizadas revisões de desempenho de todos os fornecedores?	
6	Todas as contas do projeto foram finalizadas e todo o faturamento foi encerrado?	
	Clientes/usuários	
7	O cliente aprovou o produto entregue?	
8	Foi realizada uma entrevista aprofundada de revisão e avaliação do projeto com o cliente?	
9	Os usuários foram entrevistados para avaliar sua satisfação com as entregas? E com a equipe do projeto? E com os fornecedores? E com o treinamento? E com o suporte? E com a manutenção?	
	Equipamento e instalações	
10	Os recursos do projeto foram transferidos para outros projetos?	
11	Os contratos de locação ou arrendamento de equipamentos foram encerrados?	
12	A data da avaliação de fechamento foi fixada e foram notificadas as partes interessadas?	
	Anexe comentários ou links sobre tarefas que, em sua opinião, precisam de explicação.	

A administração dos detalhes do fechamento de um projeto pode ser intimidadora. Algumas empresas possuem listas de verificação com mais de 100 tarefas de encerramento! Elas tratam de detalhes de fechamento, como instalações, equipes, estafe, cliente, fornecedores, e do projeto em si. A seguir, na Tabela 14.1, é exibida uma lista de verificação parcial de fechamento administrativo.

Obter a aceitação da entrega por parte do cliente é uma atividade de fechamento importante e crítica. A entrega de alguns projetos ao cliente é descomplicada. A de outro é mais complexa e difícil. Idealmente, não deveria haver surpresas. Isso exige um escopo bem-definido e um sistema eficaz de gerenciamento de mudanças, com envolvimento ativo do cliente. O envolvimento do usuário é vital para a aceitação (ver "Caso Prático: A bola nova da NBA murchou").

As condições de conclusão e transferência do projeto devem ser fixadas antes que ele se inicie. Um *software* concluído é um bom exemplo da necessidade de trabalhar os detalhes com antecedência. Se o usuário tiver problemas em usar o *software*, o cliente poderá reter os pagamentos finais? Quem é responsável pelo suporte e treinamento do usuário? Se essas condições não forem definidas claramente desde o começo, pode ser problemático obter a aceitação da entrega.

Outra tática de entrega (mencionada de passagem no Capítulo 7) de um projeto terceirizado é conhecida como BOOT: construir-possuir-operar-transferir (*build-own-operate-transfer*). Nesse tipo de projeto, o contratado constrói, assume a propriedade e opera a entrega do projeto por um período definido de tempo. Por exemplo, a Haliburton operará uma usina hidrelétrica durante seis meses antes de repassar as operações aos seus correspondentes indianos. Nesse período, todos os *bugs* são resolvidos e as condições de entrega são satisfeitas. Novamente, observe que as condições de entrega precisam ser fixadas cuidadosamente antes que o projeto comece; senão, as atividades de encerramento podem criar vida própria.

A liberação da equipe do projeto geralmente é gradual durante a fase de fechamento. Para algumas pessoas, a extinção das atividades de sua responsabilidade se dá antes que o projeto seja

CASO PRÁTICO — A bola nova da NBA murchou*

Em 31 de outubro de 2006, a National Basketball Association (NBA) inaugurou a sua 57ª temporada com novas bolas oficiais. A nova bola, fabricada pela Spalding, apresentava *design* e materiais novos que, juntos, deveriam oferecer mais aderência, sensibilidade tátil e consistência do que a bola de couro anterior. O material era um composto de microfibra com controle de umidade. O novo material composto dispensava o período de amaciamento, necessário para a antiga bola de couro, e tinha mais uniformidade.

A NBA e a Spalding submeteram a bola a um rigoroso processo de avaliação, incluindo testes em laboratório e na quadra. Todos os times da NBA receberam a nova bola e tiveram a oportunidade de usá-la na prática. A bola também foi testada na liga de verão da NBA.

Na coletiva de imprensa que anunciou a troca da bola de couro pela de microfibra, o representante da NBA, David Stern, declarou: "O progresso que a Spalding fez com a nova bola assegura que os melhores jogadores de basquete do mundo jogarão com a melhor bola de basquete do mundo".

Os defensores dos direitos dos animais aplaudiram a passagem de couro para microfibra. Não foi o caso dos jogadores que teriam de realmente usar a nova bola. Os resmungos surgiram imediatamente quando as quadras de treinamento abriram, em outubro. O armador dos Washington Wizard, Gilbert Arenas, disse que a nova bola ficava escorregadia quando entrava em contato mesmo com pouco suor. O pivô do Miami Heat, Shaquille O'Neil, disse que "parece aquelas bolas ordinárias compradas em loja de brinquedos".

Alguns jogadores, incluindo o MVP da liga, Steve Nash, começaram a reclamar que a nova bola estava provocando pequenos cortes nas mãos: "É terrível, [a fricção arde], é como uma urtiga... às vezes, tenho até que colocar esparadrapo nos dedos para treinar". Talvez tenha sido LeBron James, dos Cleveland Cavaliers, quem melhor sintetizou a atitude dos jogadores quanto à introdução da nova bola pela NBA, ao dizer: "Podem mudar os uniformes, podem encurtar os calções, mas trocar a bola não dá".

Em 1º de dezembro de 2006, após quatro semanas de temporada, o sindicato dos jogadores da NBA entrou com uma ação de prática trabalhista injusta porque a administração da liga adotou a bola nova sem consultar os jogadores. Dez dias depois, a NBA anunciou que voltaria à velha bola de couro a partir de 1º de janeiro de 2007. Em uma declaração lacônica, o comissário David Stern disse: "A reação dos nossos jogadores a esta bola sintética em especial foi majoritariamente negativa, e estamos agindo de acordo com ela".

Eles não terem consultado os jogadores (os usuários finais) nem obtido a aprovação da nova bola foi abertamente criticado pela imprensa. "Eles terem ido tão longe sem que os jogadores a testassem é simplesmente um exercício incrível, incrível de inépcia", disse Rob Frankel, um especialista em *branding* de Los Angeles, para a Bloomberg News.

* "NBA Introduces New Game Ball", www.nba.com/news, postado em 28/06/2006; Howard Bloom, "The NBA – uneventful 2006 II," *Sports Business News*, www.sportsbixnews.blogspot.com. 30/12/2006.

---

entregue ao cliente ou usuário. A redesignação desses participantes precisa se dar muito antes da data de término definitivo. Para os membros restantes da equipe (em meio turno ou turno integral), pode haver um novo projeto ou o retorno à sua ocupação funcional. Às vezes, em esforços de desenvolvimento de produto, os membros da equipe são designados a posições operacionais e desempenham um papel ativo na produção de um novo produto. Para pessoas contratadas, pode ser o fim da sua designação ao projeto; em alguns casos, há a possibilidade de trabalho de acompanhamento ou suporte ao usuário. Um pequeno número de participantes em meio turno pode ser encaminhado à empresa usuária, a fim de dar treinamento ou operar novos equipamentos e sistemas.

Já que muitas faturas de trabalho só são apresentadas depois que o projeto está oficialmente terminado, o fechamento dos contratos, muitas vezes, é bagunçado e cheio de pontas soltas. Por exemplo, é improvável que todas as faturas tenham sido finalizadas, contabilizadas e pagas. Além disso, quando são usados contratados, é preciso verificar se todo o trabalho contratado foi feito. Manter registros de contrato, como relatório de progresso, faturas, registros de mudanças e registros de pagamento, é importante no caso de uma fiscalização ou ação. Muitas vezes, na pressa para cumprir prazos, a papelada e a escrituração são abreviadas, criando grandes dores de cabeça quando chega a hora da documentação final.

Existem muito mais atividades de encerramento; é importante completar todas elas. A experiência comprova repetidamente que deixar de realizar todas as pequenas tarefas de limpeza cria problemas mais adiante. Dois outros exemplos de listas de verificação de fechamento são exibidos neste capítulo: o Apêndice 14.1 apresenta um exemplo utilizado pelo estado da Virginia e o Apêndice 14.2 traz uma lista de verificação resumida do projeto de conversão para o euro. A atividade de encerramento definitivo, que dá um sinal claro de que o projeto realmente terminou, é a apresentação do relatório final do projeto.

Elaboração do relatório final

O relatório final do projeto sintetiza o desempenho do projeto e dá informações úteis para melhoria contínua. Embora o relatório final seja customizado de acordo com o seu projeto e a sua empresa, o conteúdo do relatório final costuma incluir os seguintes tópicos: resumo executivo, avaliação e análise, recomendações, lições aprendidas e apêndice.

Resumo executivo Esse resumo simplesmente enfatiza as principais conclusões e fatos pertinentes à implementação do projeto. Por exemplo, as metas do projeto do cliente foram ou não satisfeitas. As partes interessadas estão satisfeitas em relação às suas intenções estratégicas? Qual foi a reação do usuário quanto à qualidade das entregas? As entregas do projeto estão sendo usadas como o pretendido, rendendo os benefícios esperados? Os desempenhos finais de tempo, custo e escopo são listados. Assinalam-se os principais problemas encontrados e tratados. Identificam-se as lições-chave aprendidas.

Avaliação e análise São coletados dados para registrar a história do projeto, desempenho de gerenciamento e lições aprendidas para melhorar projetos futuros. A análise examina em detalhes as causas subjacentes de problemas, questões e sucessos. A seção de análise inclui afirmações sucintas e factuais de avaliação do projeto, por exemplo: missão e objetivos do projeto, procedimentos e sistemas empregados e recursos organizacionais utilizados. É comum coletar dados a partir da visão organizacional e da visão da equipe. O departamento de projetos ou os facilitadores de fechamento costumam usar questionários e pesquisas para detectar questões e eventos que precisam ser mais bem examinados. Por exemplo: "A cultura organizacional deu suporte e foi adequada para este tipo de projeto? Por quê? Por que não?". Ou então: "A equipe teve acesso adequado aos recursos organizacionais – pessoas, orçamento, grupos de suporte, equipamentos?". O departamento de projetos também fornece cronogramas de projeto, comparações de custo, dados de escopo e outros dados necessários para se reconstituir a história de desempenho. Essas informações são usadas na criação do relatório final do projeto.

Recomendações Em geral, as recomendações de avaliação representam as principais medidas de melhoria que devem ser tomadas. Elas frequentemente são de natureza técnica e se concentram na solução dos problemas que surgiram. Por exemplo, para evitar retrabalho, o relatório de um projeto de construção recomendou que se usasse um material de construção mais resistente. Em outros casos, pode-se falar em término ou sustentação de relações com fornecedores ou contratados.

Lições aprendidas As lições aprendidas talvez sejam a contribuição mais valiosa do processo de fechamento. Dada a avaliação do processo e o insumo das reuniões com as partes interessadas, as lições aprendidas devem ser apresentadas de maneira sucinta e clara. Enfatize a necessidade de ajudar os outros em projetos futuros. Na prática, as equipes de projetos novos que estudam relatórios de projetos anteriores parecidos com o que estão iniciando veem os relatórios de avaliação anteriores como muito proveitosos. É comum que os membros da equipe comentem mais tarde: "As recomendações eram boas, mas a seção 'lições aprendidas' realmente nos ajudou a evitar muitas ciladas e deixou a implementação do nosso projeto mais tranquila". É precisamente por essa razão que as lições aprendidas, na forma de retrospectivas de projeto, assumiram uma proeminência maior no campo, justificando um debate estendido no fim deste capítulo. Consulte o "Caso prático: Lições aprendidas com o Katrina".

Apêndice O apêndice pode incluir dados de *backup* ou detalhes de análise para que os outros possam se aprofundar, se desejarem. Deve ser objetivo, apenas com informações pertinentes críticas.

Avaliação pós-implementação

O propósito da **avaliação do projeto** é valorar o desempenho da equipe, dos membros e do gerente do projeto.

CASO PRÁTICO — Lições aprendidas com o Katrina*

Em 25 de agosto de 2005, chuva e ventanias de 230 km/h se abateram sobre 80% de Nova Orleans, ficando algumas regiões sob 6 metros de água. O furacão Katrina espalhou a ruína por todas as esquinas de Nova Orleans, deixando em seu rastro mais de 1.300 mortos em Louisiana e Mississippi. O Katrina será lembrado por muito tempo como o furacão que causou mais prejuízo e o mais mortal já registrado nos Estados Unidos.

A resposta veio de muitos grupos diferentes do país e também do exterior. O Katrina também provocou a maior reposta da história da Guarda Nacional a uma emergência nacional. Os governadores de todos os estados enviaram tropas da Guarda Nacional para auxiliar o estado do Mississippi. Em 8 de setembro, já havia 51 mil agentes respondendo à emergência. Muitos outros grupos sem fins lucrativos ofereceram ajuda de diversas formas: alimentos, abrigo, finanças, tratamento médico e transporte. Os grupos que contribuíram com suporte revisaram seus esforços para verificar quais lições aprendidas poderiam ser utilizadas para melhorar seu desempenho em emergências futuras. Os resultados da avaliação são os seguintes:

São descritas três das principais lições da retrospectiva da Guarda Nacional.

- *A falta de equipamentos foi um dos maiores problemas, especialmente os de comunicação. A capacidade de comunicação dos diferentes grupos de apoio (por exemplo, civis e militares) foi prejudicada por sistemas incompatíveis ou simples indisponibilidade.*

  Item de ação: Foi autorizado US$ 1,3 bilhão para novos equipamentos compatíveis entre os principais grupos de emergência.

- *A falta de protocolos e padronização de relatórios, gráficos e comunicação provocou atrasos e problemas de coordenação entre os diversos grupos de suporte.*

  Item de ação: Agora se aplica um protocolo único em todos os estados.

- *A Guarda Nacional está sob controle estadual. As tropas da Guarda se integraram rapidamente às estruturas de comando do estado hospedeiro, resultando em cooperação.*

  Item de ação: Manter o status quo.

Como os soldados da Guarda são controlados pelos estados, eles tinham o poder de fazer cumprir leis civis, coisas que as tropas federais são proibidas de fazer, salvo nos termos das leis de insurreição. Felizmente, a coordenação e cooperação entre os comandos das tropas estaduais e federais funcionaram razoavelmente bem. No entanto, as agências federais (por exemplo, Segurança Nacional) precisam incorporar a Guarda no planejamento e preparação para a resposta federal a catástrofes.

As lições aprendidas com o flagelo do Katrina não se limitam às militares. Quase todas as agências e grupos de apoio, como indivíduos, comunidades, igrejas e outros grupos, desenvolveram lições aprendidas a partir da sua experiência de resposta no projeto. Por exemplo, a Cruz Vermelha e a guarda estadual têm planos melhores para lidar com milhares de pessoas com problemas relativos a abrigo, evacuação e assistência médica. Essas lições aprendidas com o Katrina estão prontas para ser aplicadas, devendo ser de enorme valia nas futuras situações envolvendo furacões.

* Les A. Melnyk, "Katrina Lessons Learned," *Soldiers Magazine*, June 20, 2006 and "Lessons Learned from Katrina: Preparing Your Institution for a Catastrophic Event." A fonte dessas informações é a Federal Deposit Insurance Corporation. 20/01/08.

Avaliação da equipe

A avaliação do desempenho é essencial para estimular mudanças de comportamento e para auxiliar o desenvolvimento de carreira individual e a melhoria contínua por meio do aprendizado organizacional. Avaliação implica mensuração por meio de critérios específicos. A experiência corrobora que, antes de se iniciar um projeto, deve-se estabelecer expectativas, padrões, cultura organizacional de suporte e restrições; caso contrário, a eficácia do processo de avaliação será prejudicada.

Em uma escala macro, as evidências atuais sugerem que a avaliação de desempenho não é bem-feita. Vide "Destaque de Pesquisa: Mensurações do Desempenho da Equipe". São duas as principais razões mencionadas pelos praticantes:

1. Avaliações de indivíduos ainda são confiadas aos supervisores do departamento de origem do membro da equipe.
2. As medida tradicionais do desempenho de equipe se concentram em tempo, custo e especificações.

A maioria das empresas não vai além dessas medidas, muito embora elas sejam importantes e decisivas. As empresas devem considerar avaliar o processo de construção de equipe, eficácia dos processos de decisão de grupo e resolução de problemas, coesão do grupo, confiança entre os membros da equipe e qualidade das informações trocadas. Muitas vezes, a mensuração da satisfação do cliente e do usuário com as entregas do projeto (isto é, com os resultados do projeto) é deixada completamente de lado. Contudo, o sucesso do projeto depende significativamente da satisfação desses dois grupos tão importantes. A qualidade das entregas é responsabilidade da equipe.

> ### DESTAQUE DE PESQUISA — Medidas de desempenho da equipe*
>
> É muito ruim, se a avaliação da equipe não for bem-feita? Joseph Fusco indagou 1.667 gerentes de projetos, que representavam 134 projetos diferentes. Cinquenta e dois por cento dos que responderam indicaram que a sua equipe não recebeu avaliação coletiva do próprio desempenho. Dos 22% que indicaram que sua equipe foi avaliada, ao serem questionados, revelaram que a avaliação fora informal, durante pouco mais de 20 minutos. Essa aparente falta de práticas de avaliação de equipe pode estar enviando a mensagem errada. Os membros individuais da equipe podem tirar o corpo fora do mau desempenho da equipe lançando mão da velha expressão: "Eu fiz a minha parte". Práticas fortes de avaliação de equipe precisam enfatizar que os membros da equipe "estão no mesmo barco" ao mesmo tempo em que diminuem a importância do desempenho individual. Quase todas as empresas da pesquisa de Fusco careciam de um sistema eficaz de recompensas por gerenciamento de projetos.
>
> * Joseph Fusco, "Better Policies Provide the Key to Implementing Project Management," *Project Management Journal*, Vol. 28, No. 3, September 1997, p. 38.

Antes que a avaliação da equipe do projeto possa ser eficaz e útil, deve haver um núcleo mínimo de condições atuando para que o projeto possa iniciar (ver Capítulo 11). Algumas condições típicas são listadas aqui em forma de perguntas:

1. Existem padrões para medir o desempenho (é impossível administrar o que não se pode medir)? As metas estão claras para a equipe e para os indivíduos? São desafiadoras? Viáveis? Terão consequências positivas?
2. As responsabilidades e padrões de desempenho individuais e da equipe são do conhecimento de todos os membros?
3. As recompensas da equipe são adequadas? Elas mandam uma mensagem clara de que a gerência sênior acredita que a sinergia da equipe é importante?
4. Existe um plano de carreira claro para gerentes de projeto bem-sucedidos?
5. A equipe tem poder para administrar dificuldades de curto prazo?
6. Existe um nível relativamente alto de confiança emanando da cultura organizacional?
7. A avaliação da equipe deve ir além de tempo, custo e especificações. Existem critérios além daqueles de restrição? A criação de entregas do projeto seria um bom lugar para começar. As "características das equipes altamente eficazes" do Capítulo 11 podem facilmente ser adaptadas como mensurações do desempenho da equipe.

As "condições atuantes" auxiliarão qualquer abordagem de avaliação de equipes e seus membros.

Na prática, o processo real de avaliação de equipes assume muitas formas, especialmente quando vai além de tempo, orçamento e especificações. O mecanismo típico de avaliação de equipes é uma pesquisa aplicada por um consultor, um membro do estafe do departamento de recursos humanos ou por e-mail. A pesquisa normalmente se limita aos membros da equipe, mas, em alguns casos, podem ser incluídas outras partes interessadas do projeto que interagem com a equipe. Um exemplo de uma pesquisa parcial consta na Tabela 14.2. Depois de tabulados os resultados, a equipe se reúne com o facilitador e/ou a gerência sênior, e os resultados são examinados.

Essa sessão é comparável às de construção de equipe descritas no Capítulo 11, salvo que o foco é no uso dos resultados da pesquisa para avaliar o desenvolvimento da equipe, seus pontos fortes e

TABELA 14.2 Amostra de pesquisa de avaliação e *feedback* da equipe

Usando a escala a seguir, avalie cada afirmação.	Discordo			Concordo	
1. A equipe compartilhava um sentimento de propósito comum e todos os membros se dispunham a trabalhar para atingir os objetivos do projeto.	1	2	3	4	5
2. Era demonstrado respeito pelo ponto de vista dos outros. Diferenças de opinião eram incentivadas e livremente expressadas.	1	2	3	4	5
3. Toda a interação entre os membros da equipe transcorreu em uma atmosfera confortável e apoiadora.	1	2	3	4	5

CASO PRÁTICO — O *feedback* de 360 graus*

Cada vez mais empresas estão abandonando o processo tradicional de *feedback* de desempenho superior/subordinado, substituindo-o por sistemas de *feedback* de 360 graus cuja abordagem reúne observações comportamentais de muitas fontes dentro da empresa, inclusive autoavaliação dos funcionários. Os indivíduos passam pelo mesmo processo estruturado de avaliação que os superiores, os membros da equipe do projeto, os colegas e, em muitos casos, os clientes externos utilizam para avaliar um desempenho. Normalmente, são usados questionários de pesquisa, ampliados com algumas perguntas abertas, para reunir informações.

Os resultados resumidos são comparados com as estratégias, os valores e os objetivos comerciais da empresa. O *feedback* é comunicado ao indivíduo com a assistência do departamento de recursos humanos da empresa ou de um consultor externo. Essa técnica é usada por um número crescente de companhias, incluindo General Electric, AT&T, Mobil Oil, Nabisco, Hewlett-Packard e Warner-Lambert.

O objetivo do processo de 360 graus é identificar pontos para melhoria individual. Quando o *feedback* anônimo dos é comparado com as autoavaliações do indivíduo, este consegue formar uma imagem mais realista dos seus pontos fortes e fracos. Isso pode desencadear mudanças de comportamento, no caso de a pessoa não conhecer os pontos fracos identificados. Assim, por exemplo, um gerente de projetos que acha que sabe delegar trabalho de maneira eficiente descobriu que os seus subordinados discordam. Isso o levou a refletir sobre o modo como delega e decidir delegar mais e antes.

Muitas empresas obtêm *feedback* de clientes internos e externos do projeto. Por exemplo, um cliente pode avaliar um gerente ou membro da equipe de projeto de acordo com a pergunta: "Com que eficácia esta pessoa faz as coisas sem criar relações de oposição desnecessárias?". A incorporação do *feedback* do cliente ao processo de avaliação sublinha a colaboração e a importância das expectativas do cliente na determinação do sucesso do projeto.

* Brian O'Reilly, "360 Feedback Can Change Your Life," *Fortune*, October, 17, 1994, pp. 93–100; Robert Hoffman, "Ten Reasons You Should Be Using 360 Degree Feedback," *HR Magazine*, April 1995, pp. 82–85; Dick Cochran, "Finally, a Way to Completely Measure Project Manager Performance," *PM Network*, September 2000, pp. 75–80.

---

fracos e as lições que podem ser aplicadas ao trabalho do projeto futuro. Os resultados das pesquisas de avaliação de equipe são úteis para mudar o comportamento para dar um melhor suporte à comunicação, abordagem e melhoria contínua do desempenho de equipe.

Avaliações de desempenho individual, dos membros da equipe e do gerente do projeto

As empresas variam na medida em que seus gerentes de projeto se envolvem ativamente no processo de avaliação dos membros da equipe. Naquelas onde os projetos são gerenciados dentro de uma organização funcional, é o gerente da área do membro da equipe (e não o gerente do projeto) o responsável pela avaliação do desempenho. O gerente de área pode solicitar a opinião do gerente do projeto sobre o desempenho do indivíduo em um projeto específico; isso será computado no desempenho geral do indivíduo. Em uma matriz balanceada, o gerente do projeto e o gerente de área avaliam conjuntamente o desempenho do indivíduo. Em matrizes e em estruturas de projetos em que a grande maioria do trabalho das pessoas é relacionado a projetos, o gerente do projeto é responsável por avaliar o desempenho individual. Um processo que parece estar ganhando maior aceitação é a avaliação com vários classificadores ou "*feedback* de 360 graus", que envolve a solicitação de *feedback* do desempenho dos membros da equipe junto a todas as pessoas afetadas pelo seu trabalho. Isso incluiria não apenas os gerentes de projeto e da área, mas também colegas, subordinados e até mesmo clientes. Consulte o "Caso prático: O *feedback* de 360 graus".

As avaliações de desempenho geralmente preenchem duas funções importantes. A primeira é desenvolvimentista por natureza: o foco está na identificação dos pontos fortes e fracos do indivíduo e no desenvolvimento de planos de ações para aprimorar o desempenho. A segunda é avaliativa e envolve valorizar o desempenho da pessoa a fim de determinar ajustes de salário ou mérito. As duas funções não são compatíveis. Os funcionários, ansiosos por descobrir quanto receberão, costumam ignorar o construtivo *feedback* de como poderiam melhorar seu desempenho. Da mesma forma, os gerentes costumam se ocupar mais em justificar a decisão que tomaram do que se envolver em uma discussão significativa sobre como o funcionário pode aperfeiçoar seu desempenho. É difícil ser técnico e juiz ao mesmo tempo. Como consequência, diversos *experts* em sistemas de avaliação de desempenho recomendam que as empresas separem revisões de desempenho (que enfocam melhoria individual) de revisões salariais (que alocam a distribuição de recompensas) (cf., Romanoff, 1989; Latham and Wexley, 2003).

Em algumas organizações matriciais, os gerentes de projeto realizam as revisões de desempenho, enquanto os gerentes de área são responsáveis pelas revisões salariais. Em outros casos, as avaliações de desempenho fazem parte do processo de fechamento do projeto, e as revisões salariais são o objetivo primordial da avaliação anual de desempenho. Outras empresas evitam esse dilema alocando apenas recompensas de grupo pelo trabalho do projeto, dando prêmios anuais por desempenho individual. O restante da discussão é voltado a revisões concebidas para melhorar o desempenho, pois as revisões salariais frequentemente estão fora da jurisdição do gerente do projeto.

Avaliações individuais

As empresas utilizam uma variedade de métodos para avaliar o desempenho individual em um projeto. Em geral, os métodos de avaliação focam as habilidades técnicas e sociais que contribuíram para o projeto e a equipe. Algumas empresas se valem simplesmente de uma conversa informal entre o gerente do projeto e o participante. Outras exigem que os gerentes de projetos submetam avaliações escritas, descrevendo e avaliando o desempenho do indivíduo no projeto. Muitas empresas usam escalas de classificação parecidas com a pesquisa de avaliação de equipe, em que o gerente do projeto classifica o indivíduo de acordo com uma determinada escala (por exemplo, de 1 a 5) em diversas dimensões relevantes de desempenho (por exemplo, trabalho em equipe e relações com o cliente). Algumas empresas ampliam esses esquemas de classificação com descrições de base comportamental sobre o que constitui uma classificação 1, uma classificação 2, etc. Cada método tem seus pontos fortes e fracos, e, infelizmente, em muitas empresas os sistemas de avaliação foram concebidos para auxiliar as operações corriqueiras, e não o trabalho específico dos projetos. O essencial é que os gerentes de projetos têm de usar, da melhor maneira possível, o sistema de avaliação de desempenho ditado por sua empresa.

Seja qual for o método, o gerente do projeto precisa se sentar com cada membro da equipe e conversar sobre o respectivo desempenho. Eis algumas dicas gerais para realizar avaliações de desempenho:

- Sempre comece o processo pedindo que a pessoa avalie as próprias contribuições para o projeto. Primeiro, esta abordagem pode gerar valiosas informações ignoradas por você. Segundo, a abordagem pode dar um alerta antecipado de situações em que há disparidade de avaliações. Por fim, este método dilui o caráter de julgamento que a conversa poderia assumir.
- Quando possível, evite fazer comparações com outros membros da equipe; em vez disso, avalie o indivíduo em termos de padrões e expectativas estabelecidos. Comparações tendem a solapar a coesão e a desviar a atenção do que a pessoa precisa fazer para melhorar o desempenho.
- Quando você tiver de ser crítico, concentre a crítica em exemplos específicos de comportamento, e não pessoalmente no indivíduo. Descreva em termos específicos como o comportamento afetou o projeto.
- Seja coerente e justo no modo como trata todos os membros da equipe. Nada cria mais ressentimento do que se, à boca pequena, alguns membros souberem que são avaliados por um padrão diferente dos outros.
- Trate a avaliação como apenas um ponto de um processo contínuo. Use-a para chegar a um acordo quanto a como o indivíduo pode melhorar o desempenho.

Tanto gerentes quanto subordinados podem abominar revisões formais de desempenho. Nenhum lado se sente confortável com a natureza avaliativa da discussão e com o potencial de mal-entendidos e mágoas. Muito dessa ansiedade pode ser amenizado se o gerente do projeto fizer bem o próprio trabalho. O gerente de projeto precisa dar *feedback* constante aos membros da equipe, durante todo o projeto, para que possam ter uma ideia bem clara de seu desempenho e como o gerente se sente antes da reunião formal. A angústia pós-projeto pode ser evitada se as expectativas pré-projeto forem discutidas antes do projeto e regularmente reforçadas ao longo de sua duração.

Embora em muitos casos se aplique à avaliação do gerente do projeto o mesmo processo de avaliação do desempenho dos membros da equipe, muitas empresas ampliam esse processo em razão da importância que dão a ele. É aí que a **avaliação de 360 graus** está ficando mais popular. Em empresas orientadas por projetos, o departamento do projeto normalmente é responsável por coletar informações sobre um gerente de projetos específico junto a clientes, fornecedores, membros de equipe, colegas e outros gerentes. Essa abordagem tem um potencial tremendo para tornar mais eficazes os gerentes de projetos (Cochran, 2000).

Além das avaliações de desempenho, são coletados dados para retrospectivas de projetos, que podem apresentar situações que talvez influenciem o desempenho. Nessas situações, as avaliações de desempenho devem reconhecer e assinalar a situação incomum.

Retrospectivas

Por que retrospectivas?

Lições aprendidas resultam de *uma análise durante e logo após o ciclo de vida do projeto; elas tentam detectar o aprendizado positivo e negativo do projeto*. Em outras palavras, "o que funcionou e o que não funcionou?". As lições aprendidas (*post mortem*, avaliação pós-projeto ou qualquer nome que você preferir) há muito fazem parte do gerenciamento de projetos. O livro de Peter Senge, *A quinta disciplina: arte e prática da organização que aprende* (1990), chamou a atenção para a institucionalização do aprendizado organizacional.

Embora os processos passados tenham sido úteis para o fechamento e as lições aprendidas, seu valor real infelizmente não foi explorado. Grandes empresas multinacionais, com projetos espalhados por todo o mundo, se decepcionaram com o próprio fracasso em extrair lições. As menores também observaram que não estavam colhendo as recompensas das lições aprendidas. Os mesmo erros se repetem ano após ano. Nas palavras de um executivo: "As lições aprendidas valem seu peso em ouro. Não entendo por que não fazemos um melhor trabalho em cultivar, disseminar e implementar as lições aprendidas". Os processos de captura de lições aprendidas continuam evoluindo, mas ainda existem muitas barreiras que impedem a extração das lições identificadas pelos praticantes. Assinalamos aqui algumas das barreiras mais presentes.

- O motivo mais mencionado para o não aproveitamento de lições aprendidas é a falta de tempo.
- A maioria das lições aprendidas é capturada quando o projeto é concluído; as equipes recebem pouca orientação ou suporte depois de as lições serem relatadas.
- As lições aprendidas, muitas vezes, degeneram em sessões de acusações, que se tornam emocionalmente danosas.
- As lições aprendidas não são disseminadas.
- As lições aprendidas enquanto se implementa o projeto raramente são usadas para aprimorar o trabalho restante do projeto.
- É muito comum que as lições aprendidas não sejam usadas em projetos futuros porque a cultura organizacional deixa de reconhecer o valor do aprendizado.

Para superar essas barreiras, são necessárias uma metodologia e uma filosofia gerencial para garantir que as lições aprendidas sejam identificadas, utilizadas e se tornem uma parte significativa da cultura organizacional de gerenciamento de projetos. Os segredos são transformar lições aprendidas em medidas tomadas e fazer de alguém o guardião da lição. Um esforço que parece resolver as barreiras e oferecer uma solução são as retrospectivas. Os militares há muito usam retrospectivas para melhorar suas operações (por exemplo, após cada manobra). As retrospectivas surgiram como um forte processo e filosofia gerencial usados por organizações orientadas a projetos no mundo todo para extrair o ouro que as lições aprendidas podem dar. As retrospectivas são defendidas por Norman Kerth em seu texto *Project Retrospectives* (2001).

> Uma **retrospectiva** é uma metodologia que analisa um evento de projeto passado para determinar o que funcionou e o que não funcionou, desenvolver lições aprendidas e criar um plano de ação que garanta que elas sejam usadas para melhorar o gerenciamento de projetos futuros.

As principais metas das retrospectivas são reutilizar soluções e impedir a repetição de erros.

A metodologia de retrospectivas tem diversas características distintivas imbricadas para assegurar sua eficácia e valor:

- Usa um facilitador independente.
- Inclui um mínimo de três portões de aprendizado intraprocessuais durante o ciclo de vida do projeto.

- Tem um guardião.
- Desenvolve um repositório fácil de usar.
- Estabelece uma disciplina que garante que as retrospectivas sejam usadas.

Iniciação da avaliação de retrospectiva

O processo de avaliação depende principalmente do tamanho da empresa e do projeto. Deve-se fazer todo o possível para que a avaliação do projeto seja um processo normal, e não uma surpresa. Em empresas e projetos pequenos, em que o contato direto é a regra em todos os níveis, o fechamento pode ser informal, representando apenas mais uma reunião de estafe. Porém, mesmo nesses ambientes, deve-se examinar e cobrir o conteúdo de uma avaliação formal de projeto, tomando-se nota das lições aprendidas. Em algumas empresas, o começo da avaliação se dá a partir de um grupo de avaliação formal de projeto ou, então, pode ser automática. Por exemplo, nesse último caso, todos os projetos são revisados em estágios específicos do ciclo de vida do projeto – talvez quando o projeto está entre 10% e 20% concluídos em tempo ou dinheiro, 50% concluídos e depois da conclusão. Na maioria das demais empresas multiprojetos, as revisões (chamadas de portões de estágio) são planejadas para a conclusão dos principais marcos. A avaliação não é vinculada a percentual de conclusão. Marcos são binários: ou você atingiu a conclusão dos requisitos ou não atingiu. Independentemente de como as revisões são montadas, elas devem ser fixadas no estágio de planejamento do projeto – antes que o projeto comece.

Uso de um facilitador independente

A metodologia retrospectiva usa um **facilitador** independente para coletar e implementar as lições aprendidas, de modo a melhorar o gerenciamento dos projetos atuais e futuros. *Um **facilitador de projeto** é um guia que lidera a equipe do projeto em uma análise das atividades do projeto que foram bem, do que precisa ser melhorado e no desenvolvimento de um plano de ação de acompanhamento, com metas e prestação de contas.*

Seleção do facilitador

Características do facilitador

Toda revisão de projeto começa com a atribuição de responsabilidades dentro da equipe. Em outras palavras: quem facilitará a avaliação e será responsável por sua realização? Talvez nada influencie mais o sucesso da avaliação do projeto do que a seleção do responsável pelo seu fechamento. A seleção do facilitador não deve ser uma escolha aleatória dentro do escritório de projeto! O requisito-chave da seleção do facilitador é a *independência*. É imperativo que o facilitador de fechamento possua no mínimo as seguintes características:

1. Nenhum envolvimento ou interesse direto no projeto.
2. Ser visto como imparcial e justo.
3. Ter o respeito da gerência sênior e das demais partes interessadas do projeto.
4. Disposição para escutar.
5. Independência e autoridade para relatar os resultados da revisão sem medo de recriminações em função de interesses especiais.
6. Levar em conta os interesses da empresa ao tomar decisões.
7. Ampla experiência na organização ou no setor.

Os demais participantes da revisão devem ter características semelhantes, mesmo se forem escolhidos por sua *expertise*.

Papéis do facilitador

Existem boas razões para usar um facilitador independente. Os exercícios em torno das lições aprendidas podem ter consequências negativas, degenerando em uma sessão de queixumes e culpa. As notícias sobre consequências negativas voam, resultando em participação ruim e desconfiança.

Perde-se o foco nas causas e na melhoria do desempenho futuro. O facilitador precisa ter cuidado para não culpar ninguém e fazer as partes interessadas se sentirem seguras para contribuir.

Um facilitador independente treinado, geralmente, é capaz de garimpar informações que não seriam prontamente fornecidas ao gerente do projeto. Os participantes de projetos relatam que ficam muito mais dispostos a comparecer e contribuir em uma sessão de lições aprendidas conduzida por um facilitador *independente*, que consegue eliminar a maioria dos aspectos políticos na coleta de lições aprendidas. O facilitador pode transmitir más notícias ao patrocinador ou à gerência do projeto sem recriminações. Por exemplo, como nunca é agradável para o gerente do projeto dar notícias ruins (ou potencialmente ruins) à gerência sênior ou ao proprietário do projeto, muitas pessoas esperam até que seja tarde demais. Em um projeto, o facilitador recebeu informações e pôde dar à gerência sênior um sinal de que havia uma chance superior a 60% de atraso de vagões novos a diesel autocontrolados de um fornecedor em dificuldades financeiras. Foram tomadas medidas, como emprestar dinheiro à empresa ferroviária para evitar atrasos.

Nas palavras de um gerente de projetos: "O facilitador me quebra galhos". Por esses e outros motivos, muitas empresas utilizam um facilitador independente para gerenciar o processo de retrospectiva. Os membros da equipe podem se sentir intimidados quanto o gerente do projeto ou a alta gerência comparece às reuniões da equipe. Um facilitador reconhecido consegue extrair uma visão/insumo de 360 graus de todas as partes interessadas, criando uma imagem mais rica e abrangente das questões e sucessos do projeto. O principal critério para selecionar um facilitador de projetos é que ele seja independente e tenha uma relação neutra com o projeto. Nike, Intel, Portland General Electric, Conway e diversos governos estaduais nos Estados Unidos usam facilitadores independentes, treinados nas lições aprendidas de projetos grandes.

Gerenciamento da retrospectiva

É preferível ter um facilitador disponível no início do projeto. A abordagem de retrospectiva enfatiza a coleta de lições aprendidas durante a execução do projeto e o uso delas para modificar o trabalho restante. A experiência nos diz que as memórias esmaecem com o passar do tempo; pessoas deixam o projeto. Se as lições aprendidas não forem capturadas cedo, podem ser perdidas. Captar lições no meio do ciclo de vida do projeto permite que se mude o jeito como o trabalho restante será realizado (alguns praticantes chamam esse processo de "trocar o pneu com o carro andando"). A maioria dos métodos de retrospectiva usa um mínimo de três portões (*gates*) durante o ciclo de vida do projeto para coletar lições aprendidas que possam ser usadas para autocorrigir o restante da sua execução. Consulte a Figura 14.2 para ver um fluxograma da coleta de lições aprendidas.

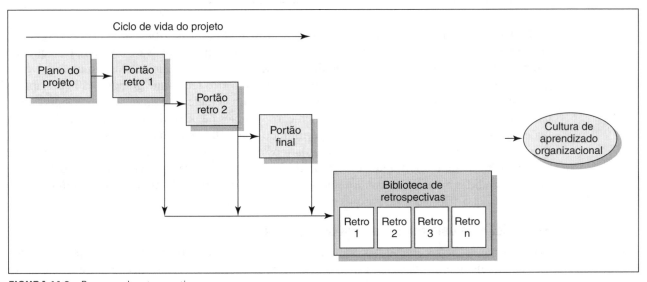

FIGURA 14.2 Processo de retrospectivas

> ## DESTAQUE DE PESQUISA — Chaos: Projetos de software*
>
> O Standish Group International é uma empresa de pesquisa e consultoria de mercado especializada em *software* de missão crítica e comércio eletrônico. Ela realizou e publicou uma extensa pesquisa sobre o sucesso e fracasso de projetos de desenvolvimento/aplicação de *software*. Com o codinome "Chaos", a pesquisa mostra que impressionantes 31% dos projetos de *software* são cancelados antes da conclusão. Além disso, 53% dos projetos custam 189% das suas estimativas originais. Em termos de sucesso, uma média de apenas 16% dos projetos de *software* é concluída no prazo e no orçamento. Em empresas maiores, a taxa de sucesso é muito pior: 9%. O Standish Group estimou que, em 1995, as empresas e os órgãos do governo norte-americano gastaram US$ 81 bilhões em projetos de *software* cancelados.
>
> A pesquisa Chaos é baseada nas "principais conclusões" de levantamentos de pesquisa e entrevistas pessoais. Os entrevistados eram gerentes executivos de tecnologia da informação (TI). A amostra abarcava empresas grandes, médias e pequenas dos principais segmentos econômicos, por exemplo: bancos; títulos mobiliários; indústria; varejo; atacado; saúde; seguros; e organizações municipais, estaduais e federais. O tamanho total da amostra era de 365, representando 8.380 projetos.
>
> Com base em uma comparação aprofundada de projetos de *software* bem-sucedidos e malsucedidos, o Standish Group criou uma tabela de potencial de sucesso que identifica os fatores-chave associados ao sucesso do projeto. Os critérios de sucesso foram ponderados com base no insumo dos gerentes de TI consultados. O critério mais importante, "envolvimento do usuário", recebeu 19 pontos de sucesso, ao passo que o menos importante, "estafe trabalhador e focado", recebeu três pontos de sucesso. A tabela a seguir arrola os critérios em ordem de importância:
>
> * Usado com permissão de Standish Group International, Inc., 196 Old Town House Rd., West Yarmouth, MA 02673. O relatório Chaos foi atualizado em 2001 e 2009. Embora tenha sido percebida uma melhora (por exemplo, os excessos de custo foram diminuídos para 145%), a magnitude dos problemas nucleares permanece a mesma.
>
> | Critérios de sucesso | Pontos |
> |---|---|
> | 1. Envolvimento do usuário | 19 |
> | 2. Suporte da gerência executiva | 16 |
> | 3. Enunciação clara dos requisitos | 15 |
> | 4. Planejamento correto | 11 |
> | 5. Expectativas realistas | 10 |
> | 6. Marcos de projeto menores | 9 |
> | 7. Equipe competente | 8 |
> | 8. Propriedade da equipe de projeto | 6 |
> | 9. Visão e objetivos claros | 3 |
> | 10. Equipe trabalhadora e focada | 3 |
> | Total | 100 |

É vital possuir um repositório ou biblioteca à parte, onde os relatórios e lições aprendidas estejam acessíveis e fácil de consultar. Os autores já se depararam com mais de uma empresa que faz um bom trabalho de criação de relatório de fechamento, mas o relatório é colocado no arquivo ou gaveta de em algum lugar e nunca mais é visto. Esse é um erro realmente grande! As lições aprendidas, muitas vezes, são as melhores informações que um gerente ou equipe de projetos pode usar para planejar um projeto futuro. Repetidamente, os gerentes de projetos contam histórias de como lições aprendidas "salvaram suas vidas", permitindo que evitassem uma cilada. Apresentações em reuniões ou conferências da empresa estimulam os outros a usar e desenvolver lições aprendidas. Isso também dá uma oportunidade de brilhar. A responsabilidade por manter um repositório de lições aprendidas e estimular seu uso normalmente é do escritório de projeto ou do comitê de supervisão. Leia o "Destaque de Pesquisa: CHAOS: Projetos de *Software*".

Supervisão de uma retrospectiva pós-projeto

Antigamente, as lições aprendidas eram majoritariamente coletadas a partir de uma pesquisa pós-projeto. Alguém examinava as respostas, sintetizava os resultados e arquivava o documento. Na metodologia retrospectiva, o facilitador lança mão de diversos questionários, como um ponto de partida para realizar a retrospectiva pós-projeto. Essas pesquisas, muitas vezes, dão dicas sobre problemas mais profundos não reconhecidos. Um facilitador relata que dicas sobre áreas que precisam de melhoria, com frequência, são obtidas verificando-se as mudanças que perpassam o sistema de gerenciamento de mudança do projeto. Por exemplo, um gerenciamento da mudança com diversas alterações de desenho pode sugerir regras ruins quanto ao desenho definitivo. Esses dados concretos podem indicar diretamente as áreas com potencial de melhoria. Em alguns casos, os dados direcionam o facilitador à área onde o problema foi resolvido.

Revisão de processo e métodos

A revisão de processo começa com um exame da intenção estratégica do projeto, critérios de seleção, documento formal do projeto, objetivos do projeto, escopo do projeto e critérios de aceitação. Esse ponto de partida reforça e esclarece a justificativa comercial do projeto e as entregas finais do projeto. Inicia-se uma coleta de dados adicionais para revisão de processo por meio de um questionário distribuído às principais partes interessadas do projeto. Algumas perguntas clássicas são apresentadas na Tabela 14.3. Embora esse questionário seja omisso em algumas áreas, pode ser usado para começar a desenvolver um questionário para o seu projeto.

Revisão organizacional

Um dos temas deste texto é a forte influência da cultura organizacional sobre o desempenho dos projetos. Por conseguinte, é importante avaliar quais propriedades fundamentais da cultura organizacional afetam os sucessos e fracassos do projeto ou se tornam um empecilho para as respectivas equipes. Novamente, questionários de pesquisa são modos fáceis, velozes e baratos de desenvolver e coletar dados. A Tabela 14.4, "Revisão da cultura organizacional", mostra uma pesquisa organizacional parcial encontrada na prática.

TABELA 14.3 Questionário de revisão de processo do projeto

Item	Comentários
1. Os objetivos e a intenção estratégica do projeto foram comunicados clara e explicitamente?	
2. Os objetivos e a estratégia estavam alinhados?	
3. As partes interessadas foram identificadas e incluídas no planejamento?	
4. Os recursos eram adequados para o projeto?	
5. As pessoas com os conjuntos de habilidades certos foram designadas para o projeto?	
6. As estimativas de tempo eram razoáveis e atingíveis?	
7. Os riscos do projeto foram corretamente identificados e avaliados antes de o projeto começar?	
8. Os processos e práticas eram apropriados para esse tipo de projeto? Projetos de tamanho e tipo semelhantes deveriam usar esses sistemas? Por quê?	
9. Os contratados externos tiveram o desempenho esperado? Explique.	
10. Os métodos de comunicação eram apropriados e adequados para todas as partes interessadas? Explique.	
11. O cliente está satisfeito com o produto do projeto?	
12. Os clientes estão usando as entregas do projeto como o pretendido? Eles estão satisfeitos?	
13. Os objetivos do projeto foram alcançados?	
14. As partes interessadas estão satisfeitas em relação ao cumprimento das suas intenções estratégicas?	
15. O cliente ou patrocinador aceitou uma declaração formal de que os termos do escopo e do documento formal do projeto foram cumpridos?	
16. Os padrões de cronograma, orçamento e escopo foram satisfeitos?	
17. Existe alguma área importante que precisa ser revisada e melhorada? Você consegue identificar a causa?	

TABELA 14.4
Questionário de revisão da cultura organizacional

Item	Comentários
1. A cultura organizacional dava suporte a este tipo de projeto?	
2. O suporte da gerência sênior foi adequado?	
3. As pessoas com as habilidades certas foram designadas para o projeto?	
4. O escritório de projetos ajudou ou prejudicou o gerenciamento do projeto? Explique.	
5. A equipe teve acesso a recursos organizacionais (pessoas, fundos, equipamentos)?	
6. O treinamento para este projeto foi adequado? Explique.	
7. As lições aprendidas com os projetos anteriores foram úteis? Por quê? Onde?	
8. O projeto tinha uma ligação clara com os objetivos organizacionais? Explique.	
9. O estafe do projeto foi redesignado de forma correta?	
10. O setor de recursos humanos ajudou a encontrar novas incumbências? Comente.	

É raro que problemas ou sucessos importantes não apareçam nas respostas de um questionário bem-desenvolvido.

Com as informações da pesquisa em mãos, o facilitador conversa individualmente os membros da equipe de projeto, o gerente do projeto e outras partes interessadas para investigar mais a fundo os impactos de causa e efeito. Fundamentalmente, tenta-se isolar que "a falta de x causou y". É importante se aferrar às grandes lições. Por exemplo, o facilitador pode perguntar aos membros da equipe: "Qual foi o ponto mais incômodo do projeto?". A partir dessas discussões, o facilitador sintetiza sabedoria coletiva.

Armado das informações extraídas das sessões individuais e de outras fontes, o facilitador conduz uma sessão de retrospectiva de equipe. Essa sessão, primeiro, repassa o relatório do facilitador e tenta acrescentar informações relevantes. Na verdade, um dos papéis do facilitador é liderar a equipe na exploração de novos jeitos de resolver os problemas. Após a equipe chegar a um consenso sobre as principais retrospectivas, ela desenvolve e documenta um plano de ação para melhorar os projetos futuros. Cada retrospectiva deve ter ao menos uma lição que melhorará os projetos atuais ou futuros. Uma pessoa precisa ser designada como guardiã da lição aprendida, servindo como o ponto de contato para mais informações. Se possível, o facilitador deve obter o comprometimento da gerência sênior para implementar a lição.

Um tarefa adicional do facilitador é um exame das lições arquivadas para identificar tendências entre projetos semelhantes. Por exemplo: existem afinidades entre os problemas e sucessos de vários projetos? Os recursos foram inadequados? A gerência sênior deu suporte visível à exploração das lições aprendidas? Quais propriedades fundamentais da cultura organizacional afetam os sucessos e fracassos do projeto ou se tornam um empecilho para as equipes de projeto?

Em uma conversa com uma gerente de escritório de projetos, ela relatou que um facilitador descobriu que o mesmo problema vinha ocorrendo há mais de quatro anos na maioria dos projetos envolvendo diversos países! É difícil de acreditar que ninguém havia detectado um problema tão óbvio em tantos projetos. Nessa empresa, os gerentes dos Estados Unidos estavam muito focados em cronogramas, desempenho e no resultado financeiro, negligenciando o estabelecimento de uma relação pessoal com seus parceiros estrangeiros – isto é, os principais interesses destes, família, comemorações de feriados e muitos outros aspectos culturais. As relações muitas vezes eram desgastadas, e o desempenho padeceu. O resultado foi que os participantes do projeto de cada país, hoje, precisam frequentar um curso de conscientização cultural do país dos seus parceiros a fim de aprender sobre costumes, cultura e hábitos. Os resultados melhoraram sensivelmente.

Utilização de retrospectivas

A cada retrospectiva é designado um dono, normalmente um membro da equipe que tem muito interesse e familiaridade com a retrospectiva. Esse membro da equipe/proprietário atuará como o ponto de contato para qualquer um que precise de informações (expertise, contatos, modelos, etc.) relacionadas à retrospectiva.

Uma outra tarefa do facilitador é garantir que haja um processo claro para que as retrospectivas sejam usadas para melhorar o gerenciamento dos projetos futuros. Onde a metodologia da retrospectiva é usada, algumas empresas determinam que a equipe do projeto novo revise as retrospectivas dos projetos similares. Essa diretiva é uma tática para assegurar que a maioria das lições significativas seja institucionalizada. Não existe desculpa para não utilizar as melhores práticas do passado e evitar os erros anteriores. Se os gerentes dos projetos anteriores ao seu tivessem feito retrospectivas mais eficazes, o seu projeto poderia ter evitado muitos erros. É claro, um requisitos é arquivar as lições em um repositório/biblioteca. Contudo, além de uma biblioteca de lições aprendidas em retrospectivas, é necessário um formato simples, fácil de usar e uniforme para que todas as informações sejam rapidamente encontradas, usadas e atualizadas ao longo do tempo. Pode-se usar um blog para receber comentários de usuários sobre a utilidade da retrospectiva na melhoria de um processo ou produto.

Arquivamento de retrospectivas

Para que as retrospectivas sejam usadas, é vital que haja um repositório onde relatórios e retrospectivas/lições aprendidas sejam acessíveis e rapidamente obtidas. Isso normalmente se faz por meio de um site ou outro meio eletrônico. Por exemplo, uma mesa-redonda de diretores de escritórios de projetos estimou que, entre o seu grupo de empresas, 60 a 70% dos projetos eram globais e virtuais; todos usam alguma versão de sistema baseado na Web para colaborar e arquivar o aprendizado (por exemplo, Basecamp, SharePoint, Net Meeting, Voice Over IP). A responsabilidade de manter um repositório de retrospectivas e estimular seu uso normalmente é do escritório de projeto ou do comitê de supervisão. O incentivo do uso do repositório depende da facilidade de busca de informações relevantes para o seu projeto. A utilização da informação é frustrada se ela é difícil de achar. Por exemplo, um gerente de projeto relatou aos autores: "Existem tantos itens de lições aprendidas na biblioteca de retrospectivas, que não consigo achar informações que se apliquem ao meu projeto". Ou esse gerente não estava interessado em aprender com os outros, ou o arquivo estava mal organizado.

No mínimo, o repositório deve classificar os projetos por tipo ou características. Cada revisão de projeto é categorizada porque existem diferenças na forma como os projetos com diferentes características são gerenciados e tratados em uma empresa. Um gerente de um projeto prospectivo de codificação de software terá pouco interesse na construção de uma sala estéril ou na reciclagem de cartuchos de tinta de impressoras. Um gerente de um projeto prospectivo pequeno não terá tanto interesse em um sistema de controle e planejamento de projeto computacional quanto um gerente que administrará um projeto muito grande. A classificação dos projetos prospectivos por características possibilita que leitores, equipes e gerentes sejam seletivos na busca e uso do conteúdo dos relatórios.

O mecanismo de busca de um repositório utiliza o seguinte esquema de classificação para que as partes interessadas de projetos prospectivos iniciem sua busca por informações relevantes:

- Tipo de projeto – por exemplo, desenvolvimento, marketing, sistemas, construção.
- Tamanho – monetário.
- Tamanho do estafe.
- Nível tecnológico – baixo, médio, alto, novo.
- Estratégico ou de suporte.

Poderíamos incluir outras classificações relevantes para a empresa a fim de esquadrinhar mais ainda os projetos que se encaixam com os atributos do projeto prospectivo. Por exemplo, outro sistema de classificação indexa as retrospectivas por questões e problemas.

Comemoração Uma atividade final de encerramento para o facilitador é a comemoração do fechamento do projeto. Uma reunião animada e festiva dá um fechamento às experiências agradáveis que todos tiveram e à necessidade de dizer adeus. Trata-se de uma oportunidade de reconhecer o empenho das partes interessadas do projeto. Mesmo que ele não tenha alcançado seus objetivos, reconheça o empenho de todos e as metas atingidas. Se o projeto foi um sucesso, convide todos que de alguma forma contribuíram para isso. Agradeça à equipe e a cada pessoa. O espírito da comemoração deve ser de gratidão a todas as partes interessadas pelo bom trabalho e deixar em todos uma sensação agradável de realização e sucesso.

Notas finais sobre a retrospectiva

A metodologia da retrospectiva é mais inclusiva e disciplinada do que as abordagens de lições aprendidas. O motivo do sucesso dela é acompanhado por um maior reconhecimento do valor real das lições aprendidas na melhoria do gerenciamento de projetos. Por exemplo, a Intel, que tem equipes de projeto dispersas por 290 localidades em 45 países, concluiu que o uso de facilitadores treinados é altamente eficaz para explorar e utilizar retrospectivas. A empresa segue treinando 15 novos facilitadores todo ano. A metodologia da retrospectiva é hoje um procedimento operacional padrão em muitas empresas orientadas por projetos. As lições aprendidas, muitas vezes, são a melhor fonte de informações que um gerente ou equipe de projeto pode usar ao planejar o próximo projeto. As retrospectivas são um grande agente de mudança para desenvolver melhores práticas de gerenciamento de projetos na empresa toda. A metodologia retrospectiva é um passo positivo para assegurar que as lições aprendidas sejam desenvolvidas e implementadas.

Resumo

As metas do fechamento do projeto são concluir o projeto e melhorar o desempenho dos projetos futuros. A implementação do fechamento e da revisão tem três principais entregas de fechamento: encerramento, avaliação e retrospectivas. As atividades de encerramento incluem a entrega final do projeto, fechamento de contas, busca de novas oportunidades para o estafe do projeto, fechamento de instalações e elaboração do relatório final. A avaliação do projeto verifica e documenta o desempenho do projeto. A metodologia das retrospectivas tem como promessa a identificação e uso das lições aprendidas. É muito comum que gastemos rios de dinheiro planejando um projeto e nada ou quase nada para aprender com a experiência de concluir o projeto. Deixar de revisar, avaliar e registrar os sucessos e fracassos é comprovadamente um desperdício custoso. A metodologia retrospectiva remedia esse desperdício.

Termos-chave

Avaliação da equipe, *449*
Avaliação de 360 graus, *452*
Avaliação de desempenho, *451*
Avaliação do projeto, *448*
Facilitador de projeto, *454*
Fechamento do projeto, *443*
Lições aprendidas, *453*
Retrospectiva, *453*

Questões de revisão

1. Em que a revisão de fechamento do projeto difere do sistema de controle de mensuração do desempenho exposto no Capítulo 13?
2. Quais principais informações você esperaria encontrar em uma revisão de projeto?
3. Por que é difícil realizar uma revisão realmente independente e objetiva?
4. Comente a seguinte assertiva: "Não podemos terminar o projeto agora. Já gastamos mais de 50% do orçamento".
5. Por que se deve separar revisões de desempenho de revisões de pagamento? Como fazer isso?
6. Os defensores da metodologia retrospectiva alegam haver características distintivas que aumentam seu valor em relação aos métodos das lições aprendidas. Quais são elas? Como cada característica otimiza o fechamento e a revisão do projeto?

Exercícios

1. Pense em uma disciplina que você tenha concluído faz pouco. Efetue uma revisão da disciplina (a disciplina representa o projeto e o programa da disciplina representa o plano do projeto).
2. Imagine que você está realizando uma revisão do projeto da Estação Espacial Internacional e pesquisa a cobertura de imprensa e a Internet para coletar informações sobre o *status* atual do projeto. Quais são os sucessos e fracassos até o momento? Quais previsões você faria sobre a

conclusão do projeto? Por quê? Quais recomendações você faria para a alta gerência do programa? Por quê?

3. Entreviste um gerente de projetos que trabalhe para uma empresa que implementa múltiplos projetos. Pergunte quais tipos de procedimentos de fechamento são usados para concluir projetos e se as lições aprendidas são usadas.
4. Quais são algumas das lições aprendidas com um projeto recente da sua empresa? Foi feita uma retrospectiva? Quais planos de ação foram gerados para melhorar os processos como consequência do projeto?

Referências

Anonymous, "Annual Survey of Business Improvement Architects," Toronto, Canada, in *PM Network*, "Deliverables," Vol. 21, No. 4, April 2007, p. 18.

Cochran, D., "Finally, a Way to Completely Measure Project Manager Performance," *PM Network*, September 2000, pp. 75-80.

Cooke-Davies, T., "Project Management Closeout Management: More than Simply Saying Good Bye and Moving On," in J. Knutson (Ed.), *Project Management for Business Processionals* (Indianapolis, IN: John Wiley and Sons, 2001), pp. 200-14.

Fretty, P., "Why Do Projects Really Fail?" *PM Network*, March 2006, pp. 45-48.

Gobeli, D., and E. W. Larson, "Barriers Affecting Project Success," in *1986 Proceedings Project Management Institute: Measuring Success* (Upper Darby, PA: Project Management Institute, 1986), pp. 22-29.

Hoffman, R., "Ten Reasons You Should Be Using 360 Degree Feedback," *HR Magazine*, April 1995, pp. 82-85.

Jedd, Marcia, "Standing Guard," *PM Network*, Vol. 21, No. 1, January 2007, pp. 73-77.

Kendrick, Tom, *Identifying and Managing Project Risk*, 2nd ed. ANACOM, New York, NY 2009.

Kerth, Norman L., *Project Retrospectives: A Handbook for Team Reviews* (New York: Dorset House, 2001).

Kwak, Y. H., and C. W. Ibbs, "Calculating Project Management's Return on Investment," *Project Management Journal*, Vol. 31, No. 2, March 2000, pp. 38-47.

Ladika, S., "By Focusing on Lessons Learned, Project Managers Can Avoid Repeating the Same Old Mistakes," *PM Network*, Vol. 22, No. 2, February 2008, pp. 75-77.

Lavell, Debra, and Russ Martinelli, "Program and Project Retrospectives: An Introduction," *PM World Today*, Vol. 10, No. 1, January 2008, p. 1.

Latham, G. P., and K. N. Wexley, *Increasing Productivity through Performance Appraisal*, 2nd ed. (Reading, MA: Addison-Wesley, 1994).

Marlin, Mark, "Implementing an Effective Lessons Learned Process in a Global Project Environment," *PM World Today*, Vol. 10, No. 11, November 2008, pp. 1-6.

Nelson, Ryan R., "Project Retrospectives: Evaluating Project Success, Failure, and Everything in Between," *MIS Quarterly Executive*, Vol. 4, No. 3, September 2005, p. 372.

Pippett, D. D., and J. F. Peters, "Team Building and Project Management: How Are We Doing?" *Project Management Journal*, Vol. 26, No. 4, December 1995, pp. 29-37.

Romanoff, T. K., "The Ten Commandments of Performance Management," *Personnel*, Vol. 66, No. 1, 1989, pp. 24-26.

Royer, I., "Why Bad Projects Are So Hard to Kill," *Harvard Business Review*, February 2003, pp. 49-56.

Senge, P., *The Fifth Discipline: The Art and Practice of the Learning Organization* (New York: Doubleday, 1990).

Sheperd, D. A., H. Patzelt, and M. Wolfe, "Moving Forward from Project Failure: Negative Emotions, Affective Commitment, and Learning from the Experience," *Academy of Management Journal*, Vol. 54, No. 6, 2011, pp. 1229-60.

Staw, Berry M., and Jerry Ross, "Knowing When to Pull the Plug," *Harvard Business Review*, March-April 1987, pp. 68-74.

Wheatly, M., "Over the Bar," *PM Network*, Vol. 17, No. 1, January 2003, pp. 40-45.

Yates, J. K., and S. Aniftos, "ISO 9000 Series of Quality Standards and the E/C Industry," *Project Management Journal*, Vol. 28, No. 2, June 1997, pp. 21-31.

Zaitz, Les, "Rail Car Deal Snags Tri Met for Millions," *Oregonian*, December 14, 2008, p. 1, and January 7, 2009, p. D4.

Apêndice 14.1 — Lista de verificação para encerramento do projeto

Seção 5: Encerramento do projeto
Lista de verificação para encerramento do projeto

Dê informações básicas sobre o projeto, inclusive: título (o nome próprio usado para identificar o projeto); título informal (o nome ou sigla informal que será usado para o projeto); secretário proponente (o secretário a quem a agência proponente é designada ou o secretário que está patrocinando o projeto; agência proponente (a agência que será responsável pelo gerenciamento do projeto); elaborado por (a pessoa que elaborou este documento); data/número de controle (a data de finalização da lista de verificação e o número atribuído de controle do item de modificação ou configuração).

Título do projeto: _____ Título informal do projeto: _____
Secretário proponente: _____ Agência proponente: _____
Elaborado por: _____ Data/número de controle: _____

Preencha as colunas de Status e Comentários. Na coluna de Status, indique: Sim, se o projeto foi resolvido ou concluído; Não, se o projeto não foi resolvido ou está inconcluso; N/A, se o item não se aplicar a este projeto. Faça comentários ou descreva o plano para resolver o item na última coluna.

Item		Status	Comentários/Plano para resolver
1	Todas as entregas do produto ou serviço foram aceitas pelo cliente?		
1.1	Existem contingências ou condições relacionadas à aceitação? Se for o caso, descreva-as nos comentários.		
2	O projeto foi avaliado em relação a cada meta de desempenho fixada no plano de desempenho do projeto?		
3	O custo realizado do projeto foi confrontado e comparado com a linha de base de custo aprovada?		
3.1	Todas as mudanças aprovadas da linha de base de custo foram identificadas, documentando-se seu impacto sobre o projeto?		
4	As datas efetivas de conclusão de marcos foram comparadas com o cronograma aprovado?		
4.1	Todas as mudanças aprovadas da linha de base de cronograma foram identificadas, documentando-se seu impacto sobre o projeto?		
5	Todas as mudanças aprovadas no escopo do projeto foram identificadas, documentando-se seu impacto sobre as linhas de base de desempenho, custo e cronograma?		
6	A gerência operacional aceitou formalmente a responsabilidade pela operação e manutenção dos produtos ou serviços entregues pelo projeto?		
6.1	A documentação relativa à operação, à manutenção dos produtos ou dos serviços foi entregue à gerência operacional e aceita por ela?		
6.2	O treinamento e a transferência de conhecimento da organização operacional foram concluídos?		
6.3	O custo anual projetado da operação e manutenção dos produtos ou serviços é diferente da estimativa informada na proposta do projeto? Se for o caso, assinale e explique a diferença na coluna de comentários.		
7	Os recursos usados pelo projeto foram transferidos para outras unidades da empresa?		
8	A documentação do projeto foi arquivada ou tratada de outro modo, conforme descrito no plano do projeto?		
9	As lições aprendidas foram documentadas de acordo com as diretrizes da Commonwealth Project Management?		
10	Foi fixada a data para a revisão pós-implementação?		
10.1	A pessoa ou unidade responsável encarregada da revisão pós-implementação foi identificada?		

Assinaturas

As assinaturas das pessoas a seguir implicam a compreensão de que os principais elementos da seção Fase de Fechamento foram concluídos e que o projeto foi formalmente encerrado.

Cargo	Nome	Data	Número de telefone

Fonte: http://www.vita.virginia.gov/projects/cpm/cpmDocs/CPMG-SEC5-Final.pdf.

Apêndice 14.2 Conversão para o euro – Lista de verificação para encerramento do projeto

Projeto: __Conversão ao Euro__ Cliente: __Departamento financeiro__
Gerente do projeto: __Hans Kramer__ Data de conclusão: __12 de dezembro de xx__

	Data final	Pessoa responsável	Observações
1. Documentar a aceitação do departamento financeiro	16/12	Hans	
2. Treinamento do cliente no software Euro	28/12	Joan	Treinar todos os departamentos antes da conversão
3. Arquivar todos			
Cronogramas/realizados	31/12	Maeyke	
Custos orçados/realizados	31/12	Maeyke	
Modificações	31/12	Maeyke	
4. Fechar todas as contas com fornecedores	31/12	Guido	
5. Fechar todas as ordens de trabalho	31/12	Mayo	
6. Fechar contas com parceiros	31/12	Guido	
7. Redesignar o estafe do projeto	16/12	Sophie	
8. Avaliação dos			
Fornecedores	31/12	Mayo	Usar questionário padrão para os fornecedores
Membros do estafe	31/12	Sophie	Mandar o departamento de RH desenvolver e administrar
9. Relatório final e reunião de lições aprendidas	4/1	Hans	Notificar todos os *stakeholders*
10. Arquivo de lições aprendidas para a base de dados	10/1	Maeyke	Contatar o departamento de SI
Atribuir prêmios		Sophie	Notificar todos os *stakeholders*

Caso Projeto Maximum Megahertz

Olaf Gundersen, o CEO da Wireless Telecom Company, está em um impasse. No ano passado, ele aceitou o Projeto Maximum Megahertz sugerido por seis jovens estrelas em ascensão da P&D corporativa. Embora Olaf não tenha compreendido de verdade a importância técnica do projeto, os respectivos criadores só precisavam de US$ 600 mil, então parecia um risco que valia a pena. Agora, o grupo está pedindo mais US$ 800 mil e uma extensão de seis meses em um projeto que já está quatro meses atrasado. No entanto, a equipe acredita que pode virar o jogo. O gerente e a equipe do projeto sentem que, se aguentarem um pouco mais, conseguirão superar as barreiras que vêm encontrando – especialmente em termos de redução de energia, aumento de velocidade e uso de uma nova tecnologia de bateria. Outros gerentes que conhecem o projeto comentam que o problema do bloco de alimentação pode ser resolvido, mas "o problema da bateria jamais será resolvido". Olaf acha que está paralisado com esse projeto; seu instinto lhe diz que o projeto nunca se materializará e que ele deveria cair fora. John, seu gerente de recursos humanos, sugeriu trazer um consultor para derrubar o projeto.

Olaf decidiu chamar a amiga Dawn O'Connor, CEO de uma empresa de *software* contábil. Ele lhe perguntou: "O que você faz quando os custos e prazos do projeto se expandem drasticamente? Como você lida com projetos duvidosos?". A resposta dela foi: "Deixo um outro gerente de projetos dar uma olhada no projeto e pergunto: 'Se você pegasse este projeto amanhã, você conseguiria atingir os resultados necessários, dado o tempo estendido e o dinheiro adicional?'. Se a resposta é não, reúno minha equipe de alta gerência e peço que eles revisem o projeto duvidoso em relação aos outros projetos do nosso portfólio". Olaf considera esse um bom conselho.

Infelizmente, o Projeto Maximum Megahertz não é um exemplo isolado. Nos últimos cinco anos, houve três projetos que nunca foram concluídos. "Parecia que não parávamos de colocar dinheiro neles, apesar de termos uma boa noção de que estavam morrendo. O custo era alto; aqueles recursos poderiam ter sido mais bem usados em outros projetos." Olaf se pergunta: "Será que aprendemos com nossos erros? Como podemos desenvolver um processos que detecte cedo os projetos inconsistente? Mais importante que isso: como retirar um projeto assim de um gerente e equipe de projetos sem constrangimentos?". Olaf certamente não quer perder as seis estrelas brilhantes do Projeto Maximum Megahertz.

Olaf está refletindo a respeito de como a sua empresa de telecomunicações em crescimento deveria lidar com o problema de identificar projetos que devem ser extintos antecipadamente, como evitar constrangimento público para bons gerentes que erram e como todos eles poderiam aprender com os próprios erros.

Dê a Olaf um plano de ação para o futuro. Seja específico e forneça exemplos que se relacionem com a Wireless Telecom Company.

Epílogo

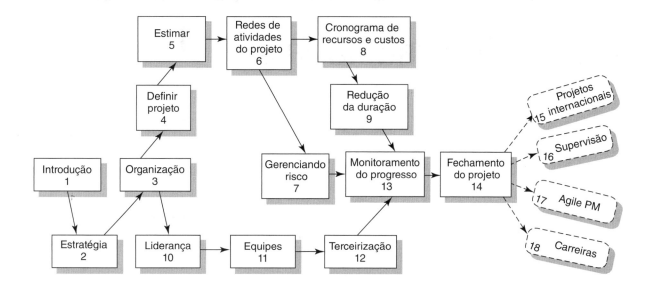

Com o Capítulo 14, o ciclo de vida do projeto está completo. Você foi exposto aos principais elementos do gerenciamento de projetos. Tentamos incorporar uma mescla de práticas socioculturais e processuais necessárias para gerenciar qualquer projeto com sucesso. Essas melhores práticas são transferíveis entre setores. A sua compreensão destes capítulos deve aprimorar a sua capacidade de dar uma contribuição positiva em qualquer ambiente projetual.

Os capítulos complementares que se seguem expandem esse núcleo, abrangendo gerenciamento de projetos internacionais, supervisão e métodos Ágeis.

- Capítulo 15. Explora os diferentes ambientes internacionais em que você pode ter que gerenciar um projeto. Em grandes empresas de tecnologia, estimamos que 60 a 90% dos projetos são virtuais e espalhados por várias culturas. Se esse ambiente for novo para você, o capítulo será uma excelente iniciação sobre os tipos de condições e questões que você pode encontrar em um projeto internacional.
- Capítulo 16. A supervisão de gerenciamento de projetos está crescendo e evoluindo. Dependendo do grau da supervisão, ela definirá o ambiente operacional em que você gerenciará seu projeto.
- Capítulo 17. A metodologia Ágil é usada em projetos complexos (por exemplo, *software* e novos produtos inovadores) em que os requisitos finais de desenho não são conhecidos, evoluindo à medida que o projeto é implementado. A metodologia fragmenta os requisitos em pedacinhos funcionais, o que permite uma resposta veloz às mudanças. O Ágil envolve flexibilidade, mudança, equipes pequenas e participação do cliente.

Familiaridade e compreensão desses diferentes ambientes operacionais lhe darão confiança para assumir e gerenciar seu projeto. Recomendamos a leitura desses capítulos para aperfeiçoar a sua compreensão geral do gerenciamento de projetos.

O Capítulo 18 apresenta reflexões sobre carreiras. Elas podem lhe ser úteis ao pensar no seu futuro.

CAPÍTULO QUINZE

Projetos internacionais

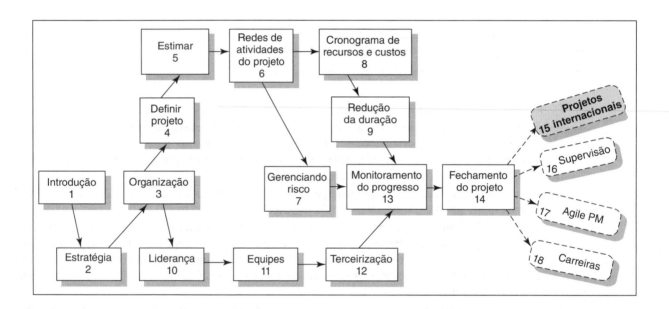

Projetos internacionais
Fatores ambientais
Seleção do local do projeto
Considerações transculturais: um olhar mais de perto
Seleção e treinamento para projetos internacionais
Resumo

O principal benefício de morar no exterior é que isso nos mostra como os outros nos veem e que as visões dos outros são mais exatas do que as nossas. O progresso começa quando se apreende a verdade sobre si mesmo, por mais desagradável que ela seja.

– *Russel Ackoff, The Wharton School, University of Pennsylvania*

Projetos são frequentemente classificados como domésticos, internacionais, estrangeiros ou globais. Um projeto doméstico é aquele realizado em seu país de origem para uma empresa nacional (uma construtora faz uma ponte no próprio estado). Um projeto internacional é aquele executado em um país estrangeiro para uma empresa desse país (uma empresa sueca monta uma fábrica de caminhões nos Estados Unidos para uma empresa norte-americana). Um projeto estrangeiro é executado em um país estrangeiro para uma empresa estrangeira (uma empresa norte-americana desenvolve um sistema de informação na Malásia para bancos canadenses). Um projeto global consiste em equipes formadas com profissionais espalhados por diversos países, continentes e culturas, integrando o trabalho com a empresa inteira (por exemplo, uma corporação multinacional desenvolve um sistema de distribuição global). Equipes globais são uma salada de funções, locais de trabalho, mercados, culturas e produtos. Hoje, essas distinções estão ficando imprecisas à medida que a economia mundial e as empresas se integram mais.

Este capítulo é direcionado ao gerente de projetos internacionais que precisa se instalar em um ambiente estrangeiro para fazer seu trabalho. O capítulo também inclui informações úteis para profissionais de projetos trabalhando no exterior, assim como para aqueles que trabalham em projetos virtuais que envolvem colegas de diferentes países.

Não existe um modelo ou mapa de aceitação geral para gerentes de projetos que recebem incumbências internacionais. Esses profissionais normalmente se deparam com um conjunto difícil de problemas, por exemplo: distância de casa, dos amigos, da família; riscos pessoais; oportunidades de carreira perdidas; necessidade de adaptação à língua, cultura e a leis estrangeiras; condições adversas. É claro, existem coisas positivas, como maior renda, maiores responsabilidades, oportunidades de carreira, viagem ao exterior, novos amigos para toda a vida. O modo como o gerente de projetos internacionais se adapta e aborda os problemas encontrados no país hospedeiro, muitas vezes, determina o sucesso ou fracasso do projeto.

Este capítulo enfoca quatro grandes questões em torno do gerenciamento de projetos internacionais. Primeiro, são brevemente realçados os principais fatores ambientais que afetam a seleção e a implementação de projetos. Segundo, é dado um exemplo de como as empresas decidem para onde se expandir globalmente. Terceiro, lida-se com o desafio de trabalhar em uma cultura nova e estrangeira. Finalmente, discute-se como as empresas selecionam e treinam profissionais para projetos internacionais. Embora absolutamente não seja completo, este capítulo tenta proporcionar uma compreensão sólida das principais questões e desafios que confrontam o gerente de projetos internacionais.

Fatores ambientais

O principal desafio encarado pelos gerentes de projetos internacionais é que o que funciona em casa pode não funcionar em um ambiente estrangeiro. É muito comum que os gerentes de projetos imponham práticas (que supõem superiores) do seu país natal aos nacionais do país hospedeiro, sem questionar a aplicabilidade ao novo ambiente. Embora haja semelhanças entre projetos nacionais e internacionais, é fato que as boas práticas gerenciais variam entre as nações e culturas. São essas diferenças que podem transformar um projeto internacional em um pesadelo. Se os potenciais gerentes de projetos internacionais tiverem uma percepção aguda das diferenças entre o ambiente do país hospedeiro e o seu próprio ambiente nacional, os perigos e obstáculos do projeto global podem ser diminuídos ou evitados. Existem vários fatores básicos do ambiente do país hospedeiro que podem alterar a implementação dos projetos: jurídico/político, segurança, geográfico, econômico, infraestrutura e cultural (Figura 15.1).

Jurídico/político

Gerentes de projetos expatriados (fora de seu país de origem), devem trabalhar dentro das leis e regulamentos do país hospedeiro. A estabilidade política e as leis locais influenciam fortemente o modo como os projetos são implementados. Em geral, essas leis protegem trabalhadores, fornecedores e ambiente locais. Por exemplo, qual será o nível de controle imposto pelas agências governamentais? Qual é a postura (diligente ou vagarosa) das burocracias federais e estaduais a respeito de regulamentos e políticas de aprovação que poderia provocar atrasos no projeto? Deve-se esperar quanta interferência ou apoio do governo? Por exemplo, alguns governos interpretam as regulamentações arbitrariamente, dependendo dos interesses pessoais.

As restrições impostas pelas leis nacionais e locais precisam ser identificadas e seguidas. As leis ambientais locais são restritivas? A fabricação de um novo produto em uma fábrica de chips de computador demandará a exportação de resíduos tóxicos? Qual o padrão para níveis de poluentes? Como as leis trabalhistas afetarão o emprego de mão de obra local para concluir o projeto? Como as leis que afetam os negócios variam amplamente entre os países, é essencial uma assessoria jurídica qualificada.

A corrupção governamental é uma parte muito presente nos negócios internacionais. Na China, já foram relatadas diversas formas de "participação nos lucros" obrigatória com autoridades municipais da província de Hainan. Emprego de parentes, doações e outros "favores" integram o custo esperado de fazer negócios na região. Da mesma forma, a *Bloomberg BusinessWeek* informou que, na Rússia, a ameaça de virar alvo de abuso de funcionários públicos – às vezes em conluio com empresas russas – é a principal razão por que o país atraiu menos de um quinto do investimento estrangeiro feito no Brasil (CAHILL, 2010).

A estabilidade política é outro fator-chave ao decidir implementar um projeto em um país estrangeiro. Quais são as chances de que mude o partido no poder durante o projeto? As disposições tributárias e regulamentos governamentais são estáveis ou estão sujeito a alterações com as marés da política? Como as leis são feitas e qual é o histórico de justiça? Como os sindicatos são tratados no âmbito político? Existem conflitos trabalhistas? Existem chances de um golpe de estado? Devem-se estabelecer planos de contingência para responder a emergências.

Segurança

O terrorismo internacional é um fato da vida moderna. Tim Danie, diretor operacional da SOS Assistance, Inc., relatou que o número dos clientes da sua empresa, especializada em evacuar expatriados em situações de risco no mundo todo, dobrou após o 11 de Setembro. A empresa conta com a PricewaterhouseCoopers, a Nortel Networks Corp. e o Citigroup entre seus clientes (SCOWN, 1993).

FIGURA 15.1 Impacto de fatores ambientais sobre projetos internacionais

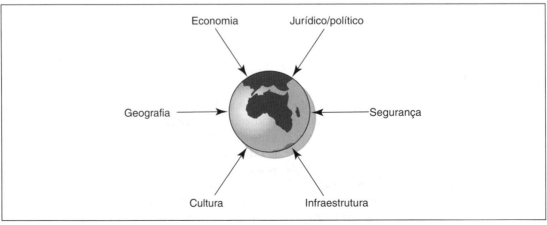

Embora os ataques de 11 de Setembro tenham realçado o fato de que a população norte-americana é vulnerável ao terrorismo em casa, eles também aguçaram as preocupações de segurança de quem trabalha no exterior. Por exemplo, depois daquela data, diversas empresas norte-americanas cancelaram ou reduziram projetos em lugares potencialmente problemáticos, como Somália ou as Filipinas. Outras relataram mais pressão por parte de expatriados que queriam voltar para casa e ficar com suas famílias. Em 7 de maio de 2009, o organismo humanitário vencedor do Prêmio Nobel da Paz Médicos sem Fronteiras reduziu os projetos de emergência no noroeste do Paquistão em função de choques entre forças do governo e combatentes talibãs.[1]

A criminalidade é outro fator. A presença crescente da máfia russa desestimulou muitas empresas estrangeiras a estabelecer operações na ex-União Soviética. O sequestro de profissionais norte-americanos também é uma ameaça muito real em muitas partes do mundo.

Nacionalmente, segurança envolve a capacidade que as forças militares e policiais do país têm de prevenir e responder a ataques. Em muitos países estrangeiros, as empresas norte-americanas precisam incrementar o sistema de segurança local. Por exemplo, é uma prática comum contratar guarda-costas tribais em lugares como Angola e Uzbequistão.

Outro custo real associado ao terrorismo internacional é a facilidade do comércio por meio das fronteiras. Medidas ampliadas de segurança criaram gargalos nas fronteiras que aumentaram o tempo e o custo de transportar pessoas, materiais e equipamentos entre os países. Essas restrições precisam ser levada em conta no orçamento e no cronograma dos projetos.

O gerenciamento do risco é sempre uma parte vital do gerenciamento de projetos. Ele tem um papel ainda maior no gerenciamento de projetos internacionais. Por exemplo, o Strohl Systems Group, um líder global de software e serviços de planejamento de recuperação, inclui as seguintes perguntas ao avaliar a vulnerabilidade ao terrorismo: você já considerou, nas suas análise de perigo e vulnerabilidade, a possibilidade de que pessoas e instalações sejam alvos de terrorismo (instalações e pessoas)? Você realizou um exercício antiterrorismo, incluindo participação no gerenciamento de policiamento, bombeiros, médicos e emergências? Qual deve ser a política da sua empresa quanto a negociações com uma pessoa que ameaça cometer um ato terrorista?[2]

O gerenciamento de projetos em um mundo perigoso é uma tarefa dura. As precauções de segurança são grandes considerações de custo, não apenas em dinheiro, mas também no bem-estar psicológico das pessoas enviadas ao exterior. O gerenciamento eficaz do risco é decisivo para o sucesso.

Geografia

Um fato que costuma ser subestimado até que o pessoal do projeto efetivamente chegue a um destino estrangeiro é a geografia do país. Imagine o que é desembarcar de um avião moderno e se deparar com o calor de 40°C e 90% de umidade de Jacarta, Indonésia, ou um metro de neve recente e temperaturas de –30°C em Kokkla, Finlândia. Seja vento, chuva, calor, selva ou deserto, mais de um gerente de projetos afirma que seu maior desafio foi superar os "elementos". A Mãe Natureza não pode ser ignorada.

O planejamento e a implementação do projeto precisam levar em conta o impacto que a geografia do país terá sobre o projeto. Por exemplo, uma operação de salvamento na costa da Groenlândia só pode ser programada para um mês do ano, pois as águas estão congeladas no resto do tempo. Projetos de construção no Sudeste da Ásia precisam acomodar a estação das monções, quando pode chover até 1.270 mm por mês. A geografia não afeta apenas projetos externos. Ela pode ter efeitos indiretos em projetos "dentro de casa". Por exemplo, um especialista em sistemas de informação relata que seu desempenho em um projeto no Norte da Suécia caiu por causa da privação de sono. Ele atribui seus problemas às 20 horas de luz solar que essa parte do mundo tem no verão. Por fim, condições meteorológicas extremas podem impor exigências extraordinárias aos equipamentos. Os projetos podem estacar por causa de pane de equipamentos sob o flagelo das intempéries climáticas. O trabalho em condições extremas geralmente exige equipamentos especiais, o que aumenta os custos e a complexidade do projeto.

---

[1] www.doctorswithoutborders.org/press/release, June 2009.
[2] Contingency Planning and Management.com, "Strohl Systems Offers Terrorism Readiness Questionnaire," September 24, 2001.

> **CASO PRÁTICO — A filmagem de *Apocalypse Now****
>
> Em fevereiro de 1976, Francis Ford Coppola levou sua equipe de Hollywood até as Filipinas para filmar *Apocalypse Now*, uma adaptação de *Coração das Trevas*, de Joseph Conrad, no contexto do conflito no Vietnã. As Filipinas foram escolhidas porque a geografia era parecida com a do Vietnã e o governo estava disposto a alugar sua frota de helicópteros para o filme. Na época, as forças armadas dos Estados Unidos não queriam cooperar com filmes sobre o Vietnã. Uma vantagem adicional era a mão de obra barata. Coppola conseguiu contratar mais de 300 operários, de US$ 1 a US$ 3 por dia, para construir elaborados *sets* de produção, incluindo um impressionante templo cambojano. *Apocalypse Now* foi programado para 16 semanas de filmagem, com um orçamento entre US$ 12 e US$ 14 milhões.
>
> Meses antes, George Lucas, famoso por *Guerra nas Estrelas*, advertira Coppola sobre rodar um filme nas Filipinas: "Uma coisa é ficar lá três semanas com cinco pessoas e arranjar umas cenas com o exército filipino, mas se você vai lá com uma grande produção de Hollywood, quanto mais tempo você ficar, maior o perigo de ficar atolado no pântano". Suas palavras mostraram-se proféticas.
>
> Havia uma guerra entre forças do governo e rebeldes comunistas. A filmagem era repetidamente interrompida porque as forças armadas filipinas ordenavam que os pilotos de helicóptero deixassem o *set* e voassem até as montanhas para combater os rebeldes.
>
> Em maio de 1976, um tufão atingiu as Ilhas Filipinas, destruindo a maioria dos *sets*. A equipe do filme foi forçada a desativar a produção e voltar aos Estados Unidos por dois meses.
>
> O personagem principal era interpretado por Martin Sheen, que sofreu um grave ataque cardíaco por causa do estresse e do calor da filmagem e teve que voltar aos Estados Unidos. Coppola se virou para filmar as cenas que não precisavam de Sheen, mas a produção acabou parando até a volta do ator, nove semanas depois.
>
> Todo o projeto foi uma experiência traumática para Coppola, que ganhara Oscar com os filmes anteriores da saga *O Poderoso Chefão*. "Havia momentos em que eu achava que ia morrer, realmente, por não conseguir resolver os problemas. Eu ia para a cama às 4 da manhã, suando frio."
>
> A produção do filme terminou em maio de 1977, depois de mais de 200 dias de filmagem. O custo final foi de US$ 30 milhões. Até hoje, *Apocalypse Now* rendeu mais de US$ 150 milhões no mundo todo.
>
> * *Coração das Trevas: O Apocalipse de um Cineasta* (Paramount Pictures, 1991).

Antes de iniciar um projeto em uma terra estrangeira, os planejadores e gerentes de projetos precisam estudar cuidadosamente as características únicas da geografia do país. Eles precisam incorporar aos planos e cronogramas do projeto itens como clima, estações do ano, altitude e obstáculos geográficos naturais. Consulte o "Caso prático: A filmagem de *Apocalypse Now*" para ver um exemplo de uma empreitada mal planejada nas Filipinas.

Economia

Os fatores econômicos básicos de países e regiões estrangeiros influenciam a escolha do local e o sucesso do projeto. O produto interno bruto (PIB) de um país sugere seu nível de desenvolvimento. Uma economia vacilante pode indicar menos fontes de financiamento. Alterações das estratégias protecionistas do país hospedeiro, como quotas e tarifas de importação, podem rapidamente transformar a viabilidade dos projetos. Outros fatores, como balanço de pagamentos, tributação, leis trabalhistas, regulamentações de segurança e tamanho do mercado, podem influenciar as opções e operações do projeto.

As qualificações, nível de educação e oferta de mão de obra presente no país hospedeiro podem determinar a escolha do local do projeto. A seleção dos projetos é impulsionada por níveis salariais baixos ou pela disponibilidade de talentos com qualificação técnica? Por exemplo, pelo preço de um programador de computador nos Estados Unidos podem-se contratar três na Ucrânia. Contudo, muitas empresas de alta tecnologia se dispõem a enfrentar a despesa extra de estabelecer projetos conjuntos na Suíça ou na Alemanha para aproveitar sua excelência em engenharia.

A exposição financeira é um risco significativo em muitos projetos internacionais. Primeiro, examinemos o impacto potencial das flutuações de câmbio sobre o sucesso de um projeto. Por exemplo, um contratado norte-americano acerta a confecção de um produto customizado para um cliente alemão. O produto será montado nos Estados Unidos. O contratado estima que o projeto custará US$ 925 mil e, objetivando maior margem de lucro, precifica o projeto em US$ 1 milhão. Pensando no comprador alemão, o preço é convertido para euros. Suponha que, à época do contrato, a taxa de câmbio seja de US$ 1,15 por euro, sendo o preço do contrato fixado em € 869.566.

Dez meses depois, o projeto é concluído como o esperado, com o trabalho custando os US$ 925 mil e o cliente pagando o preço acordado de € 869.566. No entanto, a taxa de câmbio mudou; agora está em US$ 1,05 por euro. Sendo esse o caso, o pagamento totaliza € 869.566 × 1,05 = US$ 913.044. Em vez de auferir um belo lucro, o contratado teve prejuízo de US$ (913.044 – 925.000) = US$ –11.956!

Uma empresa pode se proteger contra flutuações cambiais desfavoráveis de vários modos. Primeiro, ela pode fazer *hedging* contra esse risco, levando todas as partes a concordarem em finalizar o negócio e efetuar os pagamentos em uma data futura convencionada. Os profissionais de finanças chamam isso de *contrato* ou *câmbio futuro* ou *a termo* (*forward*). Segundo, elas podem estipular no contrato certas condições relativas a taxas cambiais para assegurar a margem de lucro. Por fim, muitas empresas multinacionais que fazem negócios no país do cliente evitam a conversão cambial e simplesmente usam a moeda local para gerenciar as operações naquele país. Os financiadores chamam isso de *hedge natural* (Moffet et. al., 2012).

A inflação é outro risco significativo. Um dos maiores pontos fortes da economia dos Estados Unidos é sua inflação relativamente baixa (abaixo de 3% entre 1990 e 2012). Outros países, especialmente os subdesenvolvidos, não gozam dessa estabilidade. A inflação galopante pode atacar a qualquer momento, tendo um impacto profundo sobre os custos e lucros dos projetos. Por exemplo, uma empreiteira europeia vence uma licitação para construir uma ponte para o governo da Tanzânia, no Leste da África. O trabalho se iniciou em 2010 para ser concluído até o fim de 2011. Em 2010, a taxa de inflação da Tanzânia era de menos de 6%, com uma média de 6,7% na década anterior. A empreiteira utilizou o que pensava ser uma taxa de inflação conservadora, de 9%, ao estimar os custos do projeto em 1,8 milhão de xelins (a moeda tanzaniana). A fim de vencer a licitação e conseguir um bom lucro, o preço contratado foi de 2 milhões de xelins.

No início de 2011, as chuvas foram esporádicas na Tanzânia, o que, aliado ao aumento no preço do petróleo, fez a inflação saltar para mais de 20%! De súbito, o custo de determinados elementos do projeto aumentaram drasticamente e, em vez de amealhar um belo lucro, o contratante mal empatou os custos. As empresas podem se proteger contra a inflação atrelando os custos a uma moeda forte, como o dólar norte-americano, a libra britânica ou o euro, e/ou negociando contratos de administração (ver Apêndice do Capítulo 12).

Permuta é uma forma de remuneração ainda usada em alguns países e empresas. Por exemplo, um projeto na África foi pago em peles de bode que acabaram vendidas a uma fábrica de luvas italiana. Outro projeto na costa do Mar Cáspio foi pago em petróleo. Existe um pequeno grupo de empresas especializadas em permutas para contratados de projetos. Esses intermediários cobram uma comissão para vender os bens permutados (por exemplo, petróleo, diamante, trigo) para o contratado. No entanto, negociar com mercadorias pode ser arriscado.

Infraestrutura

A infraestrutura diz respeito à capacidade de um país ou comunidade de prover os serviços necessários para um projeto. As necessidades de infraestrutura de um projeto podem ser comunicação, transporte, energia, tecnologia e sistemas educacionais. Blecautes são comuns em muitas partes do mundo. Por exemplo, a efervescente economia da Índia parou no verão de 2012 quando mais de 670 milhões de pessoas ficaram sem energia elétrica por mais de dois dias. Se não há energia confiável suficiente, deve-se considerar outras alternativas. Por exemplo, construtoras, muitas vezes, utilizam pesados geradores a diesel como reserva em seus projetos. Projetos de *software* que ultrapassam fronteiras são comuns hoje; entretanto, eles dependem de redes confiáveis de telecomunicação. Essas redes simplificam e facilitam a coordenação e gerenciamento dos projetos entre partes interessadas em diferentes localidades. Se o projeto depender de uma alta proporção de fornecedores, boas estradas e outras vias de transporte (aéreas e portuárias), será imperativa a existência de uma boa infraestrutura.

Um exemplo de projeto que não levou em conta as necessidades e a infraestrutura da nação hospedeira envolvia uma empresa norte-americana que obteve um contrato para construir um hospital em um país africano. As autoridades locais africanas queriam uma unidade de tratamento médico de "baixa tecnologia", que levasse em consideração as tradições locais. Como os parentes geralmente acompanhavam os pacientes, teria que haver espaço para eles também. O fornecimento de eletricidade não era confiável, e era duvidoso se médicos de boa formação quereriam fazer carreira longe da cidade, onde se localiza o hospital. Portanto, o pessoal local queria uma unidade hospitalar de tratamento básico com um mínimo de tecnologia. A construtora encarregada do prédio, por sua vez, tinha uma noção preconcebida de como um hospital deveria ser, e não queria ser acusada de construir uma instalação de segunda categoria. Ela construiu um hospital moderno, que poderia figurar em qualquer cidade norte-americana. A construção foi concluída; contudo, mesmo depois de vários anos, ele nunca foi usado, pois a eletricidade não era suficiente, o ar-condicionado não podia ser usado e os médicos se recusavam a morar na região rural (Adler and Gunderson, 2007).

As empresas precisam considerar as necessidades das famílias do profissional que enviam para o exterior. As instalações e condições de vida das famílias expatriadas representarão um fardo insuportável para elas? Haverá escolas para as crianças? O bem-estar e o conforto das famílias expatriadas desempenham um papel importante na retenção de bons gerentes de projeto e na promoção do seu melhor desempenho.

Cultura

Os gerentes de projetos visitantes precisam aceitar e respeitar costumes, valores, filosofias e padrões sociais do país hospedeiro. Os gerentes globais reconhecem que se os costumes e aspectos socioculturais do país hospedeiro não forem acomodados, os projetos não terão sucesso. Muitas auditorias de projeto e relatórios finais de projetos internacionais refletem desafios e problemas ligados a diferenças culturais.

Para a maioria dos gerentes de projetos, a maior diferença ao gerenciar um projeto internacional é operar em uma cultura nacional em que as coisas são feitas de um jeito diferente. Por exemplo, a maior parte dos países desenvolvidos usa as mesmas técnicas de gerenciamento de projetos (CPM, análise de risco, análise de *trade-off*). No entanto, o modo como a atividade é executada pode ser muito diferente no país hospedeiro.

O inglês será a língua operacional ou o gerente do projeto precisa ser fluente no idioma local? Haverá serviços de tradução disponíveis em grau suficiente? Problemas de comunicação – em função de diferenças linguísticas –, frequentemente, atrapalham a execução das tarefas mais simples. Embora os serviços de tradução possam ajudar tremendamente, eles não resolvem completamente o problema da comunicação, pois alguma coisa sempre se perde. Por exemplo, considere as consequências desastrosas das diferenças de interpretações e expectativas entre brasileiros e norte-americanos salientadas no "Caso Prático: Rio da dúvida".

Fatores religiosos influenciarão o projeto? Por exemplo, fatores religiosos afetaram a esposa de um gerente de projetos escandinavo responsável por construir uma planta de dessalinização de água do mar em um país do Oriente Médio. Ela ficou limitada ao complexo residencial para famílias de trabalhadores estrangeiros convidados. Sair do complexo até a cidade vizinha significava cobrir a cabeça, braços e pernas e ser acompanhada por outra mulher ou, de preferência, por um homem. Uma altercação física na cidade por causa das suas roupas foi traumática para ela. Ela deixou o país e voltou para casa e o marido, três meses depois. A perda do gerente original do projeto exigiu que o novo gerente estabelecesse relações com a equipe do projeto e os nacionais do país hospedeiro para que o projeto voltasse a progredir tranquilamente.

Não apenas os gerentes de projetos precisam se adaptar à cultura do país hospedeiro, mas, frequentemente, os projetos internacionais exigem que se trabalhe com pessoas de diferentes países. Por exemplo, em um projeto de trem leve nas Filipinas, uma empresa norte-americana foi contratada para supervisionar os interesses das imobiliárias locais que estavam financiando o projeto. O gerente de projetos norte-americano tinha de trabalhar com representantes tchecos que forneciam o equipamento ferroviário, engenheiros japoneses responsáveis por montar os trilhos, banqueiros australianos que proviam o financiamento adicional e a empresa indiana dos principais arquitetos, assim como com os filipinos nativos.

Entre todos os fatores, trabalhar em um ambiente multicultural costuma ser o maior desafio dos gerentes de projetos. Trataremos disso em detalhes mais adiante neste capítulo.

CASO PRÁTICO   Rio da dúvida*

Após uma derrota esmagadora na eleição de 1912 como candidato de um partido criado por ele, o ex-presidente Theodor ("Teddy") Roosevelt se voltou para uma grande aventura: a primeira viagem por um afluente do Amazonas, não mapeado e cheio de corredeiras, adequadamente chamado de "Rio da Dúvida" [hoje, Rio Roosevelt]. Junto como explorador mais famoso do Brasil, Cândido Mariano da Silva Rondon, Roosevelt realizou uma proeza que pertence aos anais das grandes expedições.

No percurso, Roosevelt e seus homens passaram por um série inacreditável de agruras, perdendo canoas e suprimentos em corredeiras demolidoras e resistindo à inanição, ataques de índios, doenças, afogamento e até assassinato entre suas fileiras. Candice Miller dá vida a esses acontecimentos extraordinários em seu *thriller* de não ficção *The River of Doubt*. Ao detalhar a jornada malfadada, seu relato também revela *insights* de gerenciamento de projetos internacionais ao descrever a colaboração entre os grupos norte-americano e brasileiro. Embora eles no fim tenham conquistado o respeito e a admiração um do outro, atritos existiram desde o início.

Uma fonte de consternação foi a quantidade de suprimentos e bagagens que os norte-americanos precisavam para a jornada. Avisado de que a bagagem do ex-presidente e sua comitiva seria enorme, o Marechal Rondon providenciou 110 mulas e 17 bois de carga para uso na jornada terrestre da expedição pelo interior do Brasil até o grande rio. Ele achou que isso seria mais do que o necessário para a viagem.

Os brasileiros ficaram estupefatos com o volume colossal da bagagem que foi descarregado do navio de Roosevelt, o *Vandycks*. Eram montanhas de caixas: armas e munição, cadeiras e mesas, tendas e catres, equipamento de coleta e preservação de espécies, de medição do rio e utensílios para cozinhar. Um estivador exausto arrancou uma ruidosa gargalhada da multidão de curiosos ao anunciar: "Só falta um piano!".

Em vez de arriscar o constrangimento de dizer a Roosevelt que eles não estavam preparados para levar tamanho carregamento, Rondon deu um jeito de achar mais animais. Bois e mulas extras foram localizados, mas eles não eram nem um pouco dóceis. Sobrecarregados, os animais davam coices e

derrubavam os fardos. A expedição atrasou enquanto os vaqueiros tentavam domar os animais o mais rápido possível.

Depois de alguns dias atravessando vastas regiões íngremes, Roosevelt e seus homens começaram a vivenciar a dura realidade que minaria a expedição. Após atravessar um cemitério coberto de ossos de bois e mulas que morreram de fome ou foram devorados em expedições anteriores, foram surpreendidos pela visão de caixas de suprimentos fechadas, todas com a nítida marca "Expedição Sul-Americana Roosevelt". Os animais de carga, ainda fazendo a cansativa travessia pelo planalto à frente deles, tinham começado a derrubar as pesadas cargas das costas!

Passando lentamente pelos caixotes, os oficiais imaginavam o que era que estavam deixando para trás e como isso poderia ser preciso nos meses seguintes. Mal sabiam eles como esses receios se tornariam verdade.

* Candice Millard, *The River of Doubt* (New York: Doubleday), 2005.

Seleção do local do projeto

Quando o gerente do projeto estuda os fatores que contribuem para a seleção do local, ele vê que, inerente a todos esses fatores, há o nível de risco que a gerência sênior e os conselheiros estão dispostos a aceitar em troca das recompensas potenciais de um projeto internacional exitoso. Uma abordagem para o gerente de projetos digerir, esclarecer e entender os fatores que levam à seleção de um projeto específico é usar uma matriz de risco parecida com a que o Capítulo 7 traz. A maior diferença está na seleção dos fatores de risco para diferentes locais de projeto.

A Figura 15.2 apresenta uma matriz incompleta de seleção de local para a construção de uma fábrica de impressoras a laser em Cingapura, na Índia ou na Irlanda. Nesse exemplo, estabilidade política, qualificação e oferta de mão de obra, compatibilidade cultural, infraestrutura, apoio do governo e vantagem de produto até o mercado foram os principais fatores avaliados. Todos os locais são comparados a cada fator. A Figura 15.3 exige uma decomposição do fator de avaliação de infraestrutura. Nesse exemplo, transporte, qualificação da mão de obra, serviços públicos, telecomunicações e fornecedores são considerados importantes na avaliação da infraestrutura de cada local. As pontuações dadas na Figura 15.3 são utilizadas para atribuir valores ao fator de infraes-

FIGURA 15.2
Matriz de avaliação de seleção do local do projeto

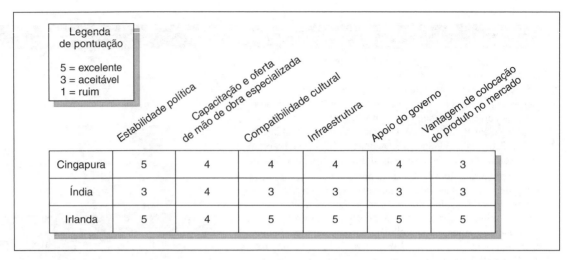

trutura da matriz de avaliação (Figura 15.2). Nesse projeto, a Irlanda foi escolhida. Cingapura e Irlanda estavam muito próximos em termos de infraestrutura e diversos outros fatores. No entanto, a proximidade da Irlanda com a Comunidade Econômica Europeia (vantagem de produto para o mercado) desempatou.

Dados os fatores macroeconômicos, a postura estratégica da empresa em relação a projetos globais e as principais considerações de seleção desse projeto, é imperativo que o gerente de projetos se sensibilize rapidamente quanto aos fatores culturais estrangeiros que podem determinar o fracasso ou o sucesso do projeto.

Considerações transculturais: um olhar mais de perto

O conceito de cultura foi introduzido no Capítulo 3 em referência à personalidade única de uma dada empresa. Mais especificamente, cultura foi definida como um sistema de normas, crenças valores e costumes compartilhados que unem as pessoas, criando significado compartilhado e uma identidade única. *Cultura* é um conceito criado para fins descritivos, dependendo do grupo que é o foco da atenção. Por exemplo, em um contexto global, cultura pode significar certas regiões (por exemplo, Europa, Oriente Médio), países específicos (por exemplo, França, Tailândia) ou grupos étnicos ou religiosos específicos (por exemplo, curdos, afro-americanos). Este capítulo contempla as culturas nacionais; reconhecemos de bom grado que muitas características culturais não têm fronteiras e que há uma variação considerável dentro de todo país. Todavia, as culturas nacionais proporcionam uma âncora útil para compreender diferentes hábitos, costumes e valores no mundo todo.

FIGURA 15.3
Composição da matriz de avaliação de infraestrutura

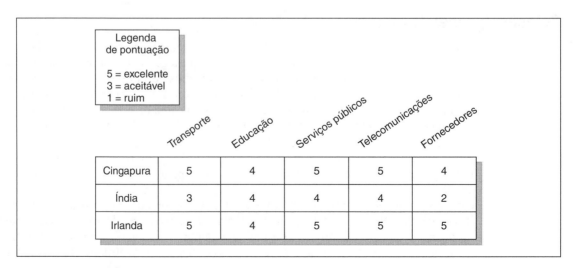

Com razão ou não, os norte-americanos têm a reputação de não conseguir trabalhar bem em culturas estrangeiras. Nos anos 1960, o termo "ugly american" ("norte-americano feio") transmitia a aparente indiferença dos norte-americanos em relação às culturas locais quando trabalhavam ou viajavam para o exterior. Eles são frequentemente criticados por serem provincianos, isto é, por enxergarem o mundo somente por meio dos seus próprios olhos e perspectivas. As pessoas com perspectiva provinciana não reconhecem que os outros têm modos diferentes de viver e trabalhar. As atitudes provincianas dos norte-americanos provavelmente refletem o imenso mercado doméstico dos Estados Unidos, o isolamento geográfico do país e a realidade de que o inglês é a língua franca dos negócios em muitas partes do mundo.

É importante que os norte-americanos que trabalham em projetos internacionais percebam diferenças culturais. Considere, por exemplo, um gerente de projetos de uma construtora norte-americana de grande porte encarregado de escolher o local para o desenho e construção de uma grande fábrica de processamento de peixe em um país do Oeste da África. O gerente avaliou locais potenciais de acordo com a disponibilidade de energia confiável, proximidade do transporte, distância até o rio para acesso de barcos pesqueiros vindos do Oceano Atlântico, vizinhança dos principais mercados e disponibilidade de alojamento e mão de obra disponível. Após avaliar as opções de lugares, o gerente do projeto escolheu o melhor. Logo antes de solicitar propostas das empreiteiras locais para parte da preparação do lugar, o gerente descobriu, ao conversar com os empreiteiros, que o local se situava em solo considerado sagrado pelo povo dali, que acreditava que era habitado por seus deuses. Nenhum dos nativos com quem o gerente do projeto contava para o estafe jamais pensaria em trabalhar lá! O gerente do projeto rapidamente reviu sua opção e realocou a obra. Nesse caso, ele teve sorte de que a gafe cultural foi descoberta antes da construção. É comum que esses equívocos só sejam percebidos depois que o projeto foi concluído.[3]

Alguns dizem que os norte-americanos estão menos provincianos. Viagem internacional, imigração, filmes e a popularidade de eventos internacionais como as Olimpíadas os tornaram mais sensíveis a diferenças culturais. Embora os norte-americanos possam estar mais traquejados, ainda tendem a achar que seus valores culturais e sua maneira de fazer as coisas são superiores a todos os demais. Essa perspectiva etnocêntrica reflete-se no desejo de querer fazer negócios apenas nos termos deles e prejulgar os outros países como preguiçosos, corruptos ou ineficientes. Os norte-americanos precisam se empenhar de verdade para dar valor a outros modos de abordar trabalho e problemas em outros países.

Por fim, os gerentes de projetos norte-americanos conquistaram no exterior a reputação de serem bons em tecnologia, mas ruins em entender pessoas. Como formulou um engenheiro indonésio: "Os norte-americanos são ótimos para resolver problemas técnicos, mas tendem a ignorar o fator humano". Por exemplo, eles tendem a subestimar a importância que a construção de relações desempenha na realização de negócios em outros países. Eles têm a tendência de querer trabalhar e deixar as amizades evoluírem com o andamento do trabalho. Na maioria das outras culturas, é o inverso que acontece. Antes de um estrangeiro trabalhar com você, ele quer conhecê-lo como pessoa. As confiança não é estabelecida por credenciais, mas evolui a partir da interação pessoal. Tratos comerciais muitas vezes exigem uma corte demorada e elaborada (Arms and Lucas, 1978; Chen and Miller, 2010). Por exemplo, pode demorar de cinco a oito reuniões para que gerente árabes se disponham a começar a falar sobre detalhes comerciais.

Ajustes

Dois dos maiores ajustes que os norte-americanos normalmente têm de fazer ao trabalhar no exterior é se adaptar ao ritmo geral da vida e à pontualidade das pessoas. Nos Estados Unidos, "tempo é dinheiro", e valoriza-se o trabalho rápido. Outras culturas não partilham esse sentimento de urgência, estando acostumadas a um ritmo de vida muito mais lento e não entendem por que os norte-americanos estão sempre com tanta pressa. A pontualidade varia entre as culturas. Por exemplo, os norte-americanos normalmente toleram que alguém se atrase 5 ou 10 minutos. Em contraste, no Peru, o período a partir do qual se esperam desculpas ou explicações por atraso pode ser de 45 minutos a uma hora!

---

[3] Esse incidente é mencionado em H. W. Lane and J. J. DiStefano, *International Project Management*, 2nd ed. (Boston: PWS-Kent, 1992), p. 27.

DESTAQUE DE PESQUISA — Orientação transcultural*

Os antropólogos Kluckhohn e Strodtbeck asseveram que as variações culturais refletem como as diferentes sociedades responderam a questões e problemas comuns ao longo do tempo (Figura 15.4). Aqui são discutidas cinco das questões presentes no modelo comparativo deles:

- *Relação com a natureza* – Essa questão reflete como os povos se relacionam com o mundo natural à sua volta e com o sobrenatural. As pessoas devem dominar o ambiente, viver em harmonia com ele ou se submeter a ele? Os norte-americanos costumam almejar o controle das forças da natureza, alterando-as conforme necessitam. Outras sociedades, como a Índia, almejam viver em harmonia com a natureza. Já outras sociedades se veem à mercê de forças físicas e/ou sujeitas à vontade de um ser supremo. Nesse contexto, a vida é vista como predeterminada, pré-ordenada ou um exercício de acaso.

- *Orientação temporal* – A cultura enfoca o passado, o presente ou o futuro? Por exemplo, muitos países europeus se concentram no passado, enfatizando a manutenção da tradição. Os norte-americanos, por outro lado, se preocupam menos com a tradição e costumam focar o presente e o futuro próximo. Paradoxalmente, a sociedade japonesa, mesmo que rica de tradições, tem um horizonte temporal muito mais longo.

- *Orientação de atividade* – Esta questão diz respeito ao foco desejado de comportamento. Algumas culturas enfatizam o "estar", ou viver o momento. Essa orientação enfatiza vivenciar a vida e buscar gratificação imediata. Outras culturas enfatizam o "fazer" e o adiamento da gratificação imediata em prol de maiores realizações. Uma terceira alternativa é a orientação de "controle", em que as pessoas limitam seus desejos desapegando-se dos objetos. A dimensão da atividade afeta como as pessoas lidam com trabalho e lazer e a medida em que temas relacionados a trabalho são presentes em suas vidas. Isso se reflete na velha pergunta: "Vive-se para trabalhar ou trabalha-se para viver?".

- *Natureza básica das pessoas* – A cultura enxerga as pessoas como boas, más ou uma mistura dos dois? Em muitos países do Terceiro Mundo, as pessoas se veem como basicamente honestas e confiáveis. Inversamente, algumas culturas mediterrâneas são caracterizadas pela visão bastante negativa da natureza humana. Os norte-americanos estão em algum ponto intermediário. Eles veem as pessoas como basicamente boas, mas ficam alertas para não serem enganados.

- *Relacionamento entre as pessoas* – Esta questão diz respeito à responsabilidade que se tem pelos outros. Os norte-americanos, por exemplo, tendem a ser altamente individualistas, acreditando que cada um tem de tomar conta de si. Em contraste, muitas sociedades asiáticas cuidam do grupo ou comunidades em que se está inserido. Uma terceira variação é parecida com a grupal, mas nela os grupos têm classificação por hierárquica e o pertencimento é essencialmente estável ao longo do tempo. Isso é característico de sociedades aristocráticas e sistemas de castas.

O modelo de Kluckhohn e Strodtbeck dá fundamentos para a melhor compreensão das diferenças culturais. Ao mesmo tempo, eles advertem que nem todos os membros de uma cultura apresentam o mesmo comportamento todo o tempo, havendo, como nos Estados Unidos, a probabilidade de uma variação considerável dentro da mesma cultura.

* F. Kluckhohn and F. L. Strodtbeck, *Variations in Value Orientations* (Evanston, IL: Row, Peterson, 1961).

FIGURA 15.4
Modelo transcultural de Kluckhohn-Strodtbeck

Observação: A linha indica onde os Estados Unidos geralmente ficam nessas questões.

Questão cultural	Variações		
Relação com natureza	Dominação	Harmonia	Subjugação
Orientação temporal	Passado	Presente	Futuro
Orientação de atividade	Ser	Fazer	Controlar
Natureza das pessoas	Boa	Má	Mista
Relacionamento entre as pessoas	Individualistas	Grupais	Hierárquicas

DESTAQUE DE PESQUISA — Modelo de Hofstede*

O modelo de Hofstede foi criado a partir de um estudo com 88 mil pessoas que trabalhavam em subsidiárias da IBM em 50 países e três regiões multinacionais. Com base nas respostas a um questionário de 32 pontos, o cientista social holandês Geert Hofstede desenvolveu diferentes dimensões para examinar culturas:

1. Individualismo *versus* coletivismo. Identifica se a cultura responsabiliza os indivíduos ou o grupo pelo bem-estar de cada membro.
2. Distância de poder. Descreve o grau em que a cultura aceita diferenças de *status* e poder entre seus membros.
3. Aceitação da incerteza. Identifica a disposição da cultura de aceitar incertezas e ambiguidades quanto ao futuro.
4. Masculinidade/feminilidade. Descreve o grau em que a cultura enfatiza comportamento competitivo e voltado a realizações ou apresenta cuidado com relacionamentos.

A Figura 15.5 mostra como ele classificou países selecionados de acordo com coletivismo/individualismo e distância de poder. A riqueza parece influenciar ambos os fatores. A distância de poder é correlacionada à desigualdade de renda do país, enquanto o individualismo é relacionado à riqueza nacional (produto interno bruto *per capita*). Como resultado, grande distância do poder e coletivismo são frequentemente encontrados juntos, assim como pequena distância do poder e individualismo. Isso pode afetar a tomada de decisão em equipes de projetos. Por exemplo, apesar de o alto coletivismo poder levar uma equipe de projeto na Tailândia a operar em consenso, a alta distância do poder torna decisões pesadamente influenciadas pelas vontades do gerente do projeto. Contudo, uma equipe parecida trabalhando com mais individualismo e menos distância do poder, como na Grã-Bretanha ou nos Estados Unidos, pode tomar decisões com debate mais aberto, podendo haver contestações às preferências do gerente do projeto.

* G. Hofstede, *Culture's Consequences: Comparing Values, Behaviors, Institutions and Organizations Across Nations*, 2nd Edition (Thousand Oaks, CA: Sage Publications, 2001). http://www.geerthofstede.nl

FIGURA 15.5
Agrupamentos dos países da amostra nas dimensões de Hofstede de individualismo/coletivismo e distância do poder

Coletivismo		Colômbia, Peru, Tailândia, Cingapura, México, Turquia, Indonésia
Individualismo	Israel, Finlândia, Alemanha, Irlanda, Nova Zelândia, Canadá, Grã-Bretanha, Estados Unidos	Espanha, África do Sul, França, Itália, Bélgica
	Pequena distância de poder	Grande distância de poder

Ao trabalhar em projetos multiculturais, os gerentes volta e meia se deparam com dilemas éticos ligados à cultura. Por exemplo, o escândalo da escolha da sede das Olimpíadas em 1999 escancarou os detalhes sórdidos dos membros de comitê que trocavam seus votos por uma grande variedade de presentes (por exemplo, bolsas universitárias para os filhos, viagens extravagantes). Em muitas sociedades, essas "propinas" ou "presentes" são esperados, e configuram-se no único caminho para negócios significativos. Além disso, muitas culturas não demonstram a uma gerente de projetos o mesmo respeito que demonstram a um gerente. A gerência norte-americana deveria aumentar o risco do projeto ou violar a sua própria política de discriminação sexual?

Essas diferenças culturais são apenas a parte visível do problema. Diversos livros do tipo "Como fazer negócios em...", escritos por pessoas que já viajaram e trabalharam fora, embora possam carecer de rigor, costumam ser bons para identificar costumes locais e erros comuns cometidos por quem visita determinados países. Por sua vez, os antropólogos vêm dando contribuições significativas à nossa compreensão de por que e como as culturas das sociedades diferem (leia os "Destaques de Pesquisa" correspondentes). Os estudantes de gerenciamento de projetos internacionais são encorajados a estudar essas obras para obter uma compreensão mais profunda dos fundamentos da diversidade cultural.

Então, o que se pode dizer para preparar as pessoas que trabalharão em projetos internacionais? O mundo é diversificado demais para que um capítulo possa fazer justiça a todas as variações culturais que os gerentes encontrarão em outros países. Em vez disso, realçaremos algumas dessas diferenças falando sobre o trabalho em projetos em quatro países diferentes: México, França, Arábia Saudita e China. Pedimos desculpas aos leitores de fora dos Estados Unidos pelo fato de os resumos serem apresentados do ponto de vista de um gerente de projetos norte-americano trabalhando naqueles países. Porém, em um esforço de não sermos etnocêntricos demais, apresentamos um quinto cenário com gerentes de projetos estrangeiros designados para trabalhar no Estados Unidos. Embora não sejam nem de longe exaustivos, esses resumos dão um gostinho de como é trabalhar nesses países com a gente de lá.

Trabalhando no México

Historicamente, os Estados Unidos se desenvolveram em um ambiente em que era importante que os estrangeiros conseguissem se inserir, interagir e fazer negócios. Na fronteira norte-americana, quase todo mundo era estrangeiro e as pessoas tinham tanto de cooperar quanto manter distância. O sentimento ianque da Nova Inglaterra de que "boas cercas fazem bons vizinhos" expressa bem esse valor cultural norte-americano. Em contraste, o México se desenvolveu historicamente em um ambiente em que só se confiava em parentes e amigos íntimos – e, por extensão, nos conhecidos mais próximos. Como consequência, as relações pessoais dominam todos os aspectos dos negócios mexicanos. Enquanto os norte-americanos aprendem que "amigos, amigos, negócios à parte", os mexicanos e outros latino-americanos aprendem a só fazer negócios com amigos.

O significado das relações pessoais criou um sistema de compadrio, em que os mexicanos são obrigados a dar preferência a parentes e amigos ao contratar, terceirizar, comprar e dividir oportunidades comerciais. Os norte-americanos frequentemente reclamam que essas práticas contribuem para a ineficiência das empresas mexicanas. Embora isso possa ou não ser verdade, a eficiência é prezada pelos norte-americanos, ao passo que os mexicanos dão mais valor à amizade.

Os mexicanos tendem a enxergar os norte-americanos como "frios". Eles também acreditam que a maioria dos norte-americanos se julga superior a eles. Entre as coisas mais efetivas que um norte-americano pode fazer para evitar ser visto como um típico gringo está empregar tempo e empenho no início de uma relação de trabalho para realmente conhecer os colegas mexicanos. Como a família é a coisa mais importante para os mexicanos, uma boa maneira de desenvolver uma relação pessoal é trocar informações sobre as famílias. Os mexicanos frequentemente aferem a confiabilidade das pessoas pela lealdade e atenção que elas dedicam à família.

A síndrome do *mañana* reflete outra diferença cultural entre norte-americanos e mexicanos e se refere ao conceito de tempo, diferente para ambos os povos. Mexicanos se sentem atados e pressionados quando têm prazos; preferem cronogramas abertos. Eles geralmente consideram as pessoas mais importante do que se aferrar a um cronograma. Se um amigo dá uma passada no seu trabalho, a maioria dos mexicanos para e conversa, não importa por quanto tempo, mesmo se o papo atrasar o trabalho. Isso, às vezes, contribui para a percepção errônea de que os mexicanos não têm uma ética de trabalho. Muito pelo contrário: com um incentivo mínimo, os mexicanos podem ser muito laboriosos e ambiciosos.

Finalmente, como em muitas outras culturas, os mexicanos não compartilham da confiança que os norte-americanos têm em controlar seu próprio destino. Ao passo que os norte-americanos aprendem que "quando as coisas ficam duras, quem é duro vai adiante", os mexicanos aprendem que "agir sem saber o que é esperado ou desejado pode ter consequências perigosas". Os mexicanos costumam ser mais cautelosos, querendo passar mais tempo debatendo riscos e problemas potenciais que os norte-americanos talvez descartem como improváveis ou irrelevantes.

Outras diretrizes úteis para trabalhar com mexicanos em projetos incluem as seguintes:
1. Os norte-americanos tendem a ser impessoais e práticos ao discutir; os mexicanos, às vezes, são muito passionais e emotivos e gostam de um debate acirrado.

2. Se os norte-americanos tendem a usar as reuniões como o lugar para arranjar as coisas em público, os mexicanos tendem a ver as reuniões como a ocasião em que as pessoas com autoridade ratificam o que ficou decidido em conversas particulares informais.
3. Embora os mexicanos, às vezes, sejam emotivos, eles costumam se esquivar de toda espécie de confronto ou crítica direta. Um silêncio longo geralmente indica desagrado ou discordância.
4. O discurso no México frequentemente é indireto. As pessoas raramente dizem "não" (*no*), sendo mais provável que respondam com "talvez" (*quizás*), dizendo "vou pensar a respeito" ou mudando de assunto. Sim (*sí*) tem mais chances de significar "eu o compreendo" do que "sim".
5. Cargos são extremamente importantes no México, sempre usados quando uma pessoa está se apresentando ou sendo apresentada. Cuide para lembrar o cargo da pessoa tanto quanto o nome dela.

Hoje, com o NAFTA e a maior atividade de negócios internacionais no México, as velhas tradições estão desaparecendo. Os gerentes norte-americanos relatam que as diferenças culturais são menos evidentes no norte do país, onde muitas empresas multinacionais operam. Lá, tende-se a usar a *hora norte-americana* (horário norte-americano) em vez da *hora mexicana* quando se trata com estrangeiros. Os gerentes de projetos devem se esforçar desde o início para verificar quanto dos velhos hábitos da cultura mexicana se aplica ao seu projeto.[4]

Trabalhando na França

Alguns norte-americanos consideram os franceses os europeus mais difíceis com os quais trabalhar. Esse sentimento provavelmente é oriundo de uma reflexão sobre a cultura francesa, que é bem diferente da norte-americana.

Na França, a classe social das pessoas é muito importante. As interações sociais são limitadas pela situação de classe, e a maioria do povo francês não muda de *status* social ao longo da vida. Ao contrário dos norte-americanos, que com trabalho árduo e sucesso podem passar do estrato econômico mais baixo para o mais alto, um francês bem-sucedido galga no máximo um ou dois degraus da pirâmide social. Além disso, os franceses são muito ciosos do respectivo *status* e gostam de dar sinais sobre ele, como conhecimentos de literatura e arte; uma casa bem-projetada e com decoração de bom gosto; e um alto nível de instrução.

Os franceses tendem a admirar ou ficar fascinados com as pessoas que discordam deles; em contraste, os norte-americanos são mais atraídos por quem concorda com eles. Como consequência, os franceses estão acostumados ao conflito e, nas negociações, aceitam o fato de que algumas posições são irreconciliáveis, devendo ser aceitas como tal. Os norte-americanos, por sua vez, tendem a achar que os conflitos podem ser resolvidos se ambas as partes fizerem um esforço extra e se dispuserem a chegar a um meio-termo. Também, os franceses, muitas vezes, determinam e uma pessoa é digna de confiança baseados na avaliação direta e pessoal que fazem do caráter dela. Os norte-americanos, em contraste, costumam avaliar a confiabilidade de uma pessoa baseados nas realizações delas e no julgamento alheio de outras pessoas.

Os franceses, frequentemente, são acusados de não terem uma ética de trabalho consistente. Por exemplo, muitos trabalhadores franceses não gostam de horas extras, e, em média, as férias deles estão entre as mais longas do mundo (de quatro a cinco semanas por ano). Por sua vez, os franceses gozam de uma reputação de produtividade, como resultado da tradição francesa de trabalho artesanal. Essa tradição valoriza mais a qualidade do que realizar as coisas velozmente.

A maioria das empresas francesas tende a ser altamente centralizada, com estruturas rígidas. Em consequência, costumam demorar mais para tomar decisões. Como esse esquema é bem diferente do das empresas mais centralizadas dos Estados Unidos, muitos gerentes de projetos norte-americanos percebem o empecilho burocrático como uma fonte de considerável frustração.

---

[4] Adaptado de E. Kras, *Management in Two Cultures: Bridging the Gap between U.S. and Mexican Managers,* rev. ed. (Yarmouth, ME: Intercultural Press, 1995); L. W. Tuller, *An American's Guide to Doing Business in Latin America* (Avon, MA: Adams Business, 2008).

Em países como os Estados Unidos, grande parte da motivação resulta das realizações profissionais. Os franceses não costumam partilhar dessa mesma visão sobre o trabalho. Embora admirem o empreendedorismo dos norte-americanos, eles acham que a qualidade de vida é o que importa de verdade. Assim, eles dão muito mais importância ao tempo livre e muitos se negam a deixar de aproveitar a vida para se dedicar a um projeto.

Alguns cuidados quanto aos franceses incluem:

1. Eles valorizam a pontualidade. É muito importante chegar na hora em reuniões e ocasiões sociais.
2. Dá-se muita importância a refinamento e bom gosto. Ao interagir com homens de negócios franceses, preste muita atenção à sua própria aparência profissional e pareça culto e sofisticado.
3. Pode ser muito difícil negociar com os franceses. Eles, muitas vezes, ignoram os fatos, por mais convincentes que possam ser. Frequentemente, são muito enigmáticos quanto ao que estão pensando. É difícil obter informações deles, mesmo em favor da própria posição. Paciência é essencial para negociar com eles.
4. Os gerentes franceses costumam ver o próprio trabalho como um exercício intelectual. Eles não compartilham a visão dos norte-americanos do gerenciamento como um exercício exigente em termos interpessoais, em que os planos têm de ser constantemente "vendidos" para superiores e subordinados por meio de habilidades pessoais.
5. Os franceses, em geral, consideram gerentes *experts*. Eles esperam que os gerentes deem respostas precisas a perguntas relacionadas a trabalho. Para preservar sua reputação, alguns gerentes franceses fingem que conhecem as respostas às perguntas mesmo quando não as sabem.[5]

Trabalhando na Arábia Saudita

O gerenciamento de projetos tem uma longa tradição na Arábia Saudita e em outros países árabes. Financiadas pelo dinheiro do petróleo, empresas europeias e norte-americanas contribuíram grandemente para a modernização dos países árabes, apesar disso, é comum que estrangeiros achem muito difícil trabalhar em projetos na Arábia Saudita. Várias diferenças culturais podem ser mencionadas como justificativa.

Uma delas é a visão que os árabes têm do tempo. Na América do Norte, é comum usar o velho clichê: "Deus ajuda a quem cedo madruga". Na Arábia Saudita, uma expressão favorita é: "Bukra insha Allah", que quer dizer: "Amanhã, se Deus quiser", que reflete como os sauditas pensam o tempo. Ao contrário dos ocidentais, que acreditam que controlam seu próprio tempo, os árabes acreditam que Alá o faz. Como resultado, quando os sauditas se comprometem com uma data futura e não aparecem, não existe culpa ou inquietação por parte deles, pois eles sequer têm controle sobre o tempo. Ao planejar eventos futuros com árabes, vale a pena instituir um *lead time* de uma semana ou menos, pois outros fatores podem surgir e assumir precedência.

Uma crença cultural associada é que o destino depende mais da vontade do ser supremo do que do comportamento do indivíduo. Um poder superior dita o resultado dos eventos importantes, de forma que a ação individual tem pouca relevância. Em consequência, o progresso ou falta de progresso de um projeto é considerado mais uma questão de sina do que de esforço. Isso leva os sauditas a se fiarem menos em planos e cronogramas detalhados para concluir projetos do que os norte-americanos.

Outro contraste cultural importante diz respeito à emoção e à lógica. Os sauditas frequentemente agem com base na emoção; em contraste, a cultura anglo-saxã orienta ações baseadas na lógica. Em negociações, é importante não apenas expor os fatos, mas também fazer apelos emocionais que demonstrem que a sua sugestão é a coisa certa a fazer.

O sauditas também fazem uso de formas elaboradas e ritualizadas de saudação e despedida. Uma pessoa de negócios pode ter de esperar muito além da hora marcada para a reunião até ser recebida em um escritório saudita. Chegando lá, talvez encontre uma multidão, pois reuniões

---

[5] Adaptado de R. Hallowell, D. Bowen, and C. I. Knoop, "Four Seasons Goes to Paris," *Academy of Management Executive,* 16 (4) November 2002, pp. 7–24; J. Hooker, *Working across Cultures* (Stanford, CA: Stanford Business Books, 2003); T. Morrison and W. A. Conaway, *Kiss, Bow, or Shake Hands (The Bestselling Guide to Doing Business in More than 60 Countries)*, 2nd ed. (New York: Adams Media, 2006).

individuais são raras. Além do mais, pode haver interrupções contínuas durante a reunião. Visitantes chegam e começam a falar com o anfitrião, e pode ser que mensageiros entrem e saiam com regularidade. Espera-se que a pessoa de negócios veja toda essa atividade como perfeitamente normal, permanecendo composta e pronta para continuar o debate assim que o anfitrião estiver preparado para tal.

As reuniões iniciais normalmente são usadas para conhecer as partes se conhecerem. Discussões relacionadas a negócios podem só ocorrer na terceira ou quarta reunião. Tradicionalmente, é servido chá ou café no encerramento das reuniões de negócios. Isso é um sinal de que a reunião acabou e que, se for o caso de reuniões futuras, elas devem ser combinadas agora.

Os sauditas dão muita importância a *status* e posição. Quando estiver com eles, acate a pessoa mais velha. Também é importante jamais criticar ou fazer comentários desairosos sobre alguém. Isso é motivo para vergonha de quem comentou e do seu alvo. Espera-se respeito mútuo sempre.

Outras diretivas úteis para trabalhar em uma cultura árabe, como a da Arábia Saudita, incluem:

1. É importante nunca demonstrar sentimentos ou superioridade, pois isso faz a outra parte se sentir inferior. Não importa quão bem você faça algo: deixe a ação falar por si e não se gabe ou chame a atenção para si.
2. Muito do que acontece é resultado de passar pelos canais administrativos do país. É frequentemente difícil contornar muito dessa burocracia e tentativas de fazê-lo podem ser vistas como desrespeito pelas instituições jurídicas e governamentais locais.
3. Conexões pessoais são extremamente importantes para realizar negócios. As pessoas mais importantes são atendidas mais rapidamente do que as menos importantes. Parentes próximos têm prioridade absoluta; não aparentados ficam esperando.
4. Paciência é decisiva para o sucesso das negociações comerciais. Deve-se reservar tempo para deliberar em todas as negociações, a fim de evitar que se façam concessões demais na tentativa de chegar a um acordo rápido.
5. Decisões importantes normalmente são tomadas pessoalmente, e não por correspondência ou telefone. Apesar de os sauditas buscarem a orientação de muitas pessoas, o poder definitivo de tomar a decisão fica com a pessoa no topo, e esse indivíduo confia pesadamente em impressões pessoais, confiança e empatia.[6]

Trabalhando na China

Nos últimos anos, a República Popular da China (RPC, ou China, para encurtar) passou do isolamento ao estímulo de mais negócios com o resto do mundo. Embora o país prometa muito, muitas empresas ocidentais consideram trabalhar em projetos conjuntos um processo longo e doloroso, muitas vezes resultando em fracasso. Um dos motivos principais dos problemas é não entender a cultura chinesa.

A sociedade chinesa, assim como a japonesa e a coreana, é influenciada pelos ensinamentos de Confúcio (551-478 a.C.). Ao contrário da América do Norte, que lança mão de institutos jurídicos para disciplinar o comportamento, nas sociedades confucianas, o principal inibidor do comportamento indevido ou ilegal é a vergonha ou vexame. Vergonha é mais do que simplesmente reputação. Existe um ditado chinês que diz: "A vergonha é como a casca da árvore: sem a casca, ela morre". O vexame traz vergonha não apenas às pessoas, mas aos seus familiares. Os atos de um membro podem envergonhar toda a família, impedindo que ela funcione corretamente na sociedade chinesa.

Na China, "quem você conhece é mais importante do que o que você sabe". O termo *guanxi* se refere a conexões pessoais com as autoridades ou indivíduos certos. Os observadores da China alegam que *guanxi* é crucial para trabalhar com os chineses. Os chineses são educados para desconfiar de estranhos, especialmente de estrangeiros. A confiança é transmitida via *guanxi*. Isso quer dizer que um parceiro comercial confiável seu precisa encaminhá-lo aos parceiros comerciais

---

[6] Adaptado de R. T. Moran, P. R. Harris, and S. V. Moran, *Managing Cultural Differences*, 5th ed. (Houston, TX: Gulf Publishing, 2010); e J. Hooker, *Working across Cultures* (Stanford, CA: Stanford Business Books, 2003).

confiáveis dele. Muitos de fora criticam o *guanxi*, julgando-o um nepotismo em que decisões sobre contratos ou problemas são tomadas com base em laços de família ou conexões pessoais, em vez de uma avaliação objetiva de capacidades.

Muitos acreditam que o jeito mais rápido de criar relações de *guanxi* é oferecer favores. Presentes, entretenimento em lautos banquetes, pagamentos questionáveis e viagens internacionais são comuns. Ao passo que os ocidentais veem isso como o mais puro suborno, os chineses o consideram essencial para bons negócios. Um outro método comum para forasteiros adquirirem *guanxi* é contratar intermediários locais, que usam suas conexões para criar contatos com funcionários públicos e homens de negócios chineses.

Ao lidar com os chineses, você precisa se dar conta de que eles são uma sociedade coletiva, na qual as pessoas se orgulham de serem membros de um grupo. Por esse motivo, nunca se deve destacar um chinês com louvor específico, pois isso poderá constrangê-lo diante dos seus pares. Ao mesmo tempo, deve-se evitar o uso do "eu", pois isso comunica que o falante está chamando a atenção para si.

Os chineses não apreciam comportamento ruidoso e rude, e, ao conversar, eles mantêm uma distância física maior do que o costume na América do Norte. Outros cuidados incluem:

1. Depois que os chineses decidem quem e o que é melhor, costumam se aferrar às suas decisões. Logo, apesar de talvez serem lentos para formular um plano, depois de começar, eles fazem bons progressos.
2. A reciprocidade é importante nas negociações. Se um chinês faz concessões, vai esperar retribuição.
3. Os chineses costumam ser menos animados do que os norte-americanos; evitam demonstrações abertas de afeto e contato físico; e são mais reticentes e reservados.
4. Os chineses dão menos valor ao significado do tempo e, muitas vezes, usam essa "enrolação" para arranca concessões dos norte-americanos.
5. Nas sociedades confucianas, quem está em posição de poder e autoridade tem obrigação de ajudar os desfavorecidos. Em troca, ganha respeitabilidade e boa reputação.[7]

Para obter mais *insights* sobre a cultura chinesa, leia o "Caso Prático: Arquivo X do gerenciamento de projetos".

Trabalhando nos Estados Unidos

No mundo dos projetos internacionais, profissionais de outros países vêm aos Estados Unidos para gerenciar projetos. Para eles, os Estados Unidos são um trabalho no exterior. Eles precisam adaptar seu estilo gerencial ao novo ambiente que encontram no país.

A imigração fez dos Estados Unidos um caldeirão de diversas culturas. Apesar de muitos prontamente apontarem as diferença entre o Norte o Sul, o Vale do Silício e Wall Street, os antropólogos sociais identificaram certas características culturais que moldam o jeito como muitos norte-americanos fazem negócios e administram projetos.

Os norte-americanos comuns são motivados por realizações e êxitos. A sua identidade e, em certa medida, o seu valor próprio são medidos pelo que realizaram. Muitas vezes, os estrangeiros ficam aturdidos com a riqueza material acumulada pelos norte-americanos e pelo conforto de que a maioria desfruta. Eles também prontamente apontam que os norte-americanos parecem ser ocupados demais para realmente aproveitar o que conquistaram.

Os norte-americanos tendem a idolatrar o *self-made man*, o indivíduo que sai da pobreza e da adversidade para se tornar rico e bem-sucedido. A maioria deles tem a firme crença de que pode influenciar e criar seu futuro, de que, com trabalho duro e iniciativa, é possível atingir o que quer que proponham a si mesmos. Autodeterminação e pragmatismo dominam a abordagem norte-americana dos negócios.

---

[7] Adaptado de J. L. Graham and N. M. Lam, "The Chinese Negotiation," *Harvard Business Review*, October 1, 2003, pp. 82–91; I. Yeung and R. L. Tung, "Achieving Business Success in Confucian Societies: The Importance of Guanxi (Connections)," *Organizational Dynamics*, 25 (2) Autumn 1996, pp. 54-65; e Hooker, *Working across Cultures*.

CASO PRÁTICO — Arquivo X do gerenciamento de projetos

Os norte-americanos costumam fazer pouco do significado da sorte, acreditando que a boa fortuna é geralmente resultado de trabalho árduo. Em outras culturas, a sorte tem um significado maior, com ramificações sobrenaturais. Por exemplo, em muitas culturas asiáticas, certos números são considerados propícios, enquanto outros significam azar. Em Hong Kong, os números 7, 3, e especialmente 8 (que soa como a palavra para "prosperidade") são considerados de sorte, ao passo que o número 4 é considerado de azar (pois é pronunciado parecido com a palavra "morte"). Os empresários de Hong Kong se empenham muito para evitar o número 4. Por exemplo, não existe quarto andar em hotéis e edifícios comerciais. Já houve executivos que rejeitaram localizações ideais na altamente congestionada Hong Kong porque o endereço continha o número 4. Eles pagam preços mais caros por locais adequados cujo endereço contenha os números de sorte. Da mesma forma, os gerentes comerciais de Hong Kong evitam agendar eventos importantes no quarto dia do mês, preferindo marcar reuniões importantes no dia 8.

Hong Kong também é um lugar onde a antiga arte do *feng shui* (literalmente, "água vento") é praticada. Ela analisa se os locais e prédios estão alinhados em harmonia com as forças de energia da Terra para que a localidade seja propícia. Muitas vezes, praticantes de *feng shui* são convocados em projetos de construção para verificar se a construção está posicionada corretamente no terreno. Em alguns casos, o desenho técnico do prédio é modificado de acordo com as recomendações desses especialistas. Da mesma forma, eles, às vezes, são chamados quando os projetos estão tendo problemas. Suas recomendações podem incluir o reposicionamento da escrivaninha do gerente do projeto ou pendurar espelhos para

desviar o fluxo de influências desarmônicas para fora do edifício ou do terreno do projeto.

Em culturas em que se acredita que a sorte desempenha um papel nos negócios, as pessoas que fazem pouco da sorte podem não apenas insultar aqueles que a buscam, mas também podem arriscar ser consideradas negligentes por não prestar atenção suficiente ao que é visto como uma questão comercial legítima.

Embora gostem de fixar objetivos precisos, os norte-americanos enxergam o planejamento como um meio, não como um fim. Valorizam a flexibilidade e se dispõem a desviar dos planos e improvisar se acreditarem que a mudança levará ao êxito. Os obstáculos de um projeto devem ser superados, e não driblados. Tendo tempo, dinheiro e tecnologia, acham que podem realizar praticamente qualquer coisa.

Eles combateram em uma revolução e nas guerras subsequentes para preservar seu conceito de democracia, então eles não gostam de controle ou interferência demais, especialmente por parte de governos. Apesar de ser mais um ideal do que uma prática, a filosofia gerencial norte-americana tem a crença profundamente arraigada de que devem participar da tomada de decisão as pessoas que serão afetadas por ela. Muitas pessoas de negócios estrangeiras ficam surpresas com o grau de autonomia e autoridade de tomada de decisão que é dado aos subordinados. O pessoal estrangeiro tem que aprender a interagir com profissionais norte-americanos abaixo do grau que eles têm em suas próprias empresas.

Os homens de negócios de diferentes países da África, Ásia e América Latina se surpreendem e se incomodam um pouco com o ritmo veloz dos Estados Unidos. "Fazer as coisas" é uma característica do país. Os norte-americanos, muito conscientes do tempo e eficientes, esperam que as reuniões comecem no horário. Eles lidam com aparelhos e sistemas tecnológicos, sempre buscando jeitos melhores, mais rápidos e mais eficientes de realizar as coisas. São profissionais frequentemente incansáveis ao ir atrás dos objetivos do projeto e esperam esse comportamento dos outros também.

No lazer ou nos negócios, os norte-americanos geralmente são bastante competitivos, refletindo seu desejo de realização e sucesso. Embora a respectiva cultura abrigue mensagens contraditórias sobre a importância do sucesso (por exemplo, "o importante é competir" contra "o mundo é dos vivos"), vencer e ser o número 1 são valores claros da sociedade norte-americana. Os estrangeiros frequentemente se surpreendem com a agressividade da abordagem profissional dos norte-americanos que assumem atitudes antagonistas frente aos concorrentes e o desejo de não apenas cumprir, mas exceder as metas e objetivos dos projetos.

Outras diretrizes e cuidados ao trabalhar com norte-americanos em projetos incluem:

1. Mais da metade das mulheres dos Estados Unidos trabalha fora; elas têm oportunidades consideráveis de crescimento pessoal e profissional garantidas por lei. Não é incomum encontrar mulheres em posições importantes de projetos. As profissionais mulheres esperam ser tratadas como iguais. Comportamentos tolerados em outros países estão sujeitos a leis de assédio nos Estados Unidos.
2. Nos Estados Unidos, é raro que visitantes levem presentes a uma situação de negócios.
3. Os norte-americanos costumam ser bastante amigáveis e abertos ao conhecer alguém. Os estrangeiros frequentemente confundem essa "chegada" forte com o início de uma forte amizade recíproca. Isso contrasta com muitas outras culturas, em que há mais reserva inicial nas relações interpessoais, especialmente com estranhos. Para muitos estrangeiros, os norte-americanos "chegam" muito forte, muito cedo e, depois, deixam de dar seguimento à amizade implicitamente prometida.
4. Apesar de os norte-americanos tenderem à informalidade na saudação e vestuário se comparados como resto do mundo, eles têm uma cultura sem contato (por exemplo, normalmente evitam se abraçar em público) e mantêm uma certa distância física/psicológica (por exemplo, cerca de 60 cm) ao conversar com os outros.
5. A tomada de decisão norte-americana é voltada aos resultados. As decisões costumam se fundamentar em fatos e resultados esperados, e não em impacto social.[8]

Comentários resumidos sobre o trabalho em culturas diferentes

Essas sínteses sublinham a complexidade do trabalho em projetos internacionais. É uma prática comum se servir de intermediários – geralmente nativos com educação no exterior – para fazer a ponte entre as culturas. Esses intermediários desempenham uma variedade de funções. Eles atuam como tradutores. Usam suas conexões sociais para agilizar transações e proteger o projeto contra interferência indevida. São usados para driblar o delicado dilema do suborno/presente (consulte o "Caso Prático: Lidando com a Alfândega"). Servem como guias culturais, ajudando quem é de fora a entender e interpretar a cultura estrangeira. No mundo atual, há um número crescente de consultorias que realizam essas funções, ajudando os clientes estrangeiros a trabalhar em projetos dos seus países.

Choque cultural

As minhas primeiras semanas em Chiang Mai [Tailândia] foram cheias de entusiasmo. Eu estava empolgado com o desafio de construir uma estação de tratamento de resíduos em um país estrangeiro. Fiquei fascinado com os costumes e tradições tailandeses, com os cheiros e imagens do mercado noturno. Logo percebi uma mudança nítida nas minhas atitudes e no meu comportamento. Comecei a ter problemas de sono e falta de energia. Tornei-me irritadiço no trabalho, frustrado com o tempo que demorava para as coisas se realizarem e o fato de parecer que eu não conseguia realizar nada. Comecei a ficar acordado até tarde, assistindo à CNN no meu quarto de hotel.

Esse engenheiro está passando pelo que muitos chamariam de "choque cultural". *Choque cultural* é uma desorientação psicológica natural de que a maioria das pessoas sofre quando vão para uma cultura diferente da sua própria. O ciclo do choque cultural tem quatro estágios (Figura 15.6):

---

[8] Adaptado de Moran et al., *Managing Cultural Differences*; e D. Z. Milosevic, "Echoes of the Silent Language of Project Management," *Project Management Journal*, 30 (1) March 1999, pp. 27–39.

CASO PRÁTICO Lidando com a Alfândega

A corrupção influenciará o projeto? Propinas são ilegais nos Estados Unidos, mas, em alguns países, são o modo comum de fazer negócios. Por exemplo, um gerente de projetos norte-americano em um país estrangeiro solicitou que uma remessa de equipamentos decisivos para o projeto fosse feita por "via área expressa". Dois dias depois, consultas feitas com o remetente confirmaram que os materiais foram entregues no aeroporto vizinho. Mais consultas junto ao aeroporto revelaram que a remessa estava "aguardando liberação alfandegária". Os nativos rapidamente informaram o norte-americano que dar algum dinheiro ao inspetor-chefe da alfândega agilizaria a liberação. O gerente respondeu: "Não serei refém. Subornos são ilegais!". Mais dois dias ligando para autoridades não tiraram a remessa da aduana. Em uma ocasião social, o gerente relatou o problema a um simpático empresário da nação hospedeira que lhe disse que veria se poderia ajudar. Na manhã seguinte, a remessa chegou, às 10h. O norte-americano ligou para o amigo de negócios local e agradeceu-lhe profusamente. "Devo uma para você." "Não", retrucou o nativo. "Você me deve um jantar de US$ 50 quando eu o visitar nos Estados Unidos". Recorrer a um intermediário nessas situações pode ser a única via disponível para um gerente reduzir o estresse e o conflito pessoal com o sistema de valores dos Estados Unidos.

As sínteses internacionais também enfatizam a importância de que os gerentes de projetos façam o dever de casa e se familiarizem com os costumes e hábitos do país hospedeiros onde trabalharão. Na medida do possível, o projeto deve ser administrado de modo que as normas e costumes locais do país sejam observados. No entanto, existem limites para o grau em que você deve se acomodar às culturas estrangeiras. *Nativização* geralmente não é uma alternativa. Afinal, um russo leva sua vida inteira aprendendo como ser russo. Seria tolice pensar que um forasteiro poderia aprender a ser russo em seis meses, em dois anos ou em uma vida inteira.

O restante deste capítulo se concentra na seleção e treinamento de pessoal de projeto para projetos internacionais. Contudo, antes de debatermos essas questões, esta seção conclui com uma discussão sobre o fenômeno do choque cultural, que pode ter um efeito profundo sobre o desempenho de um estrangeiro em um projeto situado em uma cultura estranha.

1. *Lua de mel* – Você começa a sua incumbência internacional com uma sensação de empolgação. O novo e o incomum são bem-vindos. No início, é divertido não compreender ou não ser compreendido. Em breve, um sentimento de frustração começa a se instalar.
2. *Irritabilidade e hostilidade* – O seu entusiasmo inicial é exaurido e você começa a perceber que as diferenças são maiores do que você inicialmente imaginara. Você fica frustrado com a sua incapacidade de fazer as coisas do jeito como está acostumado. Você começa a perder confiança na sua capacidade de se comunicar e trabalhar bem na cultura diferente.
3. *Ajuste gradual* – Você começa a superar o seu sentimento de isolamento e a descobrir como fazer as coisas na nova cultura. Você adquire uma nova perspectiva sobre o que é possível e reconquista a confiança na sua capacidade de trabalhar na cultura.
4. *Adaptação* – Você se recupera do seu sentimento de desorientação psicológica e começa a funcionar e se comunicar na nova cultura.

FIGURA 15.6
Ciclo do choque cultural

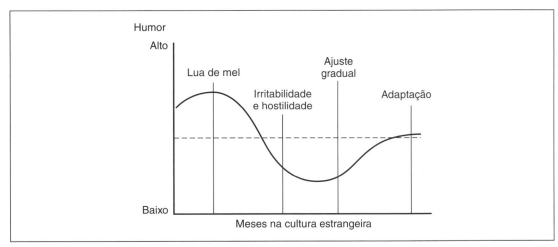

Choque cultural não é uma doença, mas uma reação natural à imersão em um novo ambiente. O choque cultural se origina de uma pane no seu sistema de percepção seletiva e interpretação efetiva. Em um nível subliminar, os seus sentidos estão sendo bombardeados por uma grande variedade de sons, imagens e cheiros estranhos. Ao mesmo tempo, os pressupostos normais que você está acostumado a usar na sua cultura natal para interpretar percepções e comunicar intenções não mais se aplicam. Quando isso acontece, seja em um contexto comercial ou em tentativas normais de socializar, confusão e frustração se instalam. O comportamento dos nativos não parece fazer sentido, e, o que é ainda mais importante, o seu comportamento não produz os resultados esperados. Ocorre frustração porque você está acostumado a ser competente nessas situações, e agora vê que não consegue operar de maneira eficiente.

O choque cultural é geralmente considerado um sinal positivo de que o profissional está se envolvendo com a nova cultura, em vez de permanecer isolado em um gueto de expatriados. A questão significativa é qual a melhor maneira de administrar o choque cultural, e não como evitá-lo. O segredo parece ser administrar o estresse associado ao choque cultural.

O choque cultural relacionado a estresse assume muitas formas: decepção, frustração, retraimento, ansiedade e reações fisiológicas tais como fadiga, insônia e dor de cabeça. O estresse é induzido pelos sentidos sobrepujados por estímulos estrangeiros e a incapacidade de funcionar efetivamente em uma terra estranha. O estresse se acentua quando a pessoa se depara com situações perturbadoras que, como estrangeira, ela não compreende nem assimila. Por exemplo, muitos norte-americanos se apavoram com a pobreza e a fome em muitos países subdesenvolvidos.

Enfrentar o choque cultural

Existe um grande espectro de técnicas de gerenciamento de estresse para enfrentar o choque cultural. Um método não necessariamente funciona melhor do que os outros; o sucesso depende do indivíduo em questão e da situação envolvida. Algumas pessoas entram em programas de exercício físico regular, outras praticam meditação e exercícios de relaxamento e há quem prefira escrever um diário.

Muitos gerentes internacionais eficazes criam "zonas de estabilidade". Eles passam a maior parte do tempo imersos na cultura estrangeira, mas depois se retiram brevemente para um ambiente – uma zona de estabilidade – que simula a terra natal. Por exemplo, quando um dos autores vivia com sua família em Cracóvia, na Polônia, eles tinham o hábito de ir aos cinemas poloneses para ver filmes norte-americanos com legendas em polonês. As duas horas passadas escutando inglês e revivendo um ambiente familiar pela tela tinham um efeito tranquilizante sobre todos.

No projeto, os gestores podem diminuir o estresse provocado pelo choque cultural reconhecendo-o e adequando suas expectativas e seu comportamento. Eles podem redefinir prioridades e desenvolver expectativas mais realistas quanto ao que é possível. Podem focar sua energia limitada apenas nas tarefas mais importantes, valorizando as pequenas realizações.

Depois de três a seis meses, dependendo do indivíduo e da incumbência, a maioria das pessoas sai da sua "fossa" de choque cultural e começa a levar uma vida mais normal no país estrangeiro. Elas conversam com conhecidos do país hospedeiro e estrangeiros experientes vindos da sua própria cultura a fim de descobrir como se comportar e o que esperar. Pouco a pouco, aprendem a dar sentido ao novo ambiente. Elas descobrem quando "sim" é "sim", quando é "talvez" e quando é "não". Começam a dominar o idioma para conseguir se fazer entender nas conversas do dia a dia. Consulte o "Caso Prático: Projeto X – Namíbia, África" para ter mais dicas sobre como enfrentar o choque cultural.

A grande maioria das pessoas acaba fazendo o ajuste, embora algumas demorem muito mais do que três a seis meses. Um pequeno número nunca se recupera, e a sua experiência internacional se transforma em um pesadelo. Alguns apresentam sintomas graves de estresse (por exemplo, alcoolismo, abuso de drogas, colapso nervoso) e precisam voltar para casa antes de finalizar o trabalho.

Os profissionais podem usar o trabalho do projeto como uma ponte até se ajustarem ao novo ambiente. Infelizmente, cônjuges que não trabalham não têm essa vantagem. Quando deixados para lidar com o ambiente estranho por si só, eles costumam ter muito mais dificuldade para superar o choque cultural. O efeito sobre os cônjuges não deve ser subestimado. O motivo número 1 de

> ## CASO PRÁTICO — Projeto X – Namíbia, África*
>
> Embora os *reality shows* da TV norte-americana girem em torno de encontrar um amor, ser mais esperto do que os oponentes e angariar o apoio dos espectadores, um programa de TV norueguês lançou luz sobre o gerenciamento de projetos em condições extremas. O argumento era enganosamente simples: enviar dez voluntários escandinavos a 10 mil km longe de casa, até a secura subtropical do Sul da África, e encarregá-los de construir uma escola para órfãos e crianças carentes em menos de 30 dias. Eles não apenas seriam forçados a se ajustar a um idioma, clima e culinária e diferentes, mas apenas um dos 10 tinha experiência prévia com obras. As provações e atribulações da equipe foram transmitidas pela televisão norueguesa em 2009. A campanha intensiva de promoção do programa, intitulado *Projeto X*, capitalizava o drama com a chamada: "Será que eles conseguem cumprir a missão?".
>
> No início, a equipe estava entusiasmada, mas os desgostos começaram assim que chegaram ao vilarejo de mineração de Tsumeb, na Namíbia. Os voluntários foram impactados imediatamente pelo choque cultural – tudo exibido pela equipe de TV que os seguia, enfiando câmeras na cara deles e perguntando como estavam se sentindo.
>
> O calor abrasador, as condições miseráveis e a alimentação limitada imediatamente provocaram reclamações: "Não consigo dormir"; "A comida é horrível"; "Onde tem banheiros?".
>
> Um dos maiores erros que os voluntários cometeram foi aplicar uma noção europeia de tempo e planejamento. "Trouxe minha mentalidade dinamarquesa de que 'na sexta vamos fazer isso e no sábado vamos fazer aquilo'", relatou Merete Lange, uma das voluntárias. "Aí, comecei a entender o tempo africano, e essa foi a maior surpresa".
>
> Esperando contar com a ajuda local, a srta. Lange combinou com um carpinteiro nativo que ele faria mesas e escrivaninhas. Poucos dias antes de a mobília ser necessária, ela descobriu que o trabalho sequer começara.
>
> "Fiquei bem estressada e fiz o máximo para ser diplomática", recorda a srta. Lange. "Perguntei: 'Quando você acha que terá aprontado os móveis?'. O carpinteiro respondeu: 'O tempo é imprevisível. Eu aviso você'."
>
> Com o tempo, a srta. Lange e seus colegas conseguiram se adaptar às circunstâncias e a inventar modos de trabalhar com os nativos, construindo a escola em 30 dias. "O segredo é refletir sobre 'de onde as pessoas vinham, como encontrá-las aqui e como criar uma situação ganha-ganha que satisfizesse ambas as partes'".
>
> * B. G. Yovovich, "Worlds Apart," *PMNetwork*, October 2010, pp. 24-29.

os gerentes expatriados voltarem para casa é o fato de seus cônjuges não conseguirem se ajustar ao novo ambiente (Tung, 1987).

Profissionais de projetos que trabalham no exterior aceitam que estão em uma situação difícil e que sua atuação não será tão eficaz quanto em casa, especialmente nos estágios iniciais. Eles reconhecem a necessidade de boas técnicas de gerenciamento de estresse, incluindo zonas de estabilidade. Também reconhecem que esse não é um problema individual, investindo tempo e energia extras para ajudar seus cônjuges e famílias a administrar a transição. Ao mesmo tempo, eles percebem que seus colegas estão passando por problemas parecidos e se sensibilizam com as suas necessidades. Eles trabalham juntos para administrar o estresse e sair do fosso do choque cultural o mais rápido possível.

É um tanto irônico, mas as pessoas que trabalham em projetos internacionais passam duas vezes pelo choque cultural. Muitos profissionais passam pelo mesmo tipo de desorientação e estresse quando voltam para casa, muito embora costume ser menos grave. Para alguns, o trabalho atual tem menos responsabilidade e é enfadonho se comparado ao desafio da incumbência internacional. Já outros têm problemas em se ajustar às mudanças feitas na empresa enquanto eles estavam fora. Isso pode ser agravado pelo impacto financeiro com a perda salarial e de benefícios acessórios a que tinham se acostumado durante a missão no exterior, sendo difícil se acostumar a um padrão de vida mais baixo agora. Normalmente, demora de seis meses a um ano para que os gerentes operem novamente com eficiência total após uma missão estrangeira prolongada (Adler and Gunderson, 2007).

Seleção e treinamento para projetos internacionais

Quando os profissionais selecionados para projetos no exterior não dão certo, os custos gerais podem ser estarrecedores. Não apenas o projeto passa por um sério revés, mas a reputação da empresa é prejudicada na região. É por isso que muitas empresas desenvolveram processos formais de triagem para ajudar a garantir a escolha cuidadosa de indivíduos para projetos internacionais, examinando diversas características para determinar quem é adequado ao trabalho no exterior. Elas podem atentar para experiência de trabalho com culturas, viagens internacionais anteriores, boa saúde física e emocional, conhecimento do idioma da nação hospedeira e até mesmo histórico ou herança recente de imigração. Os candidatos prospectivos e seus familiares, muitas vezes, são entrevistados por psicólogos treinados, que avaliam sua capacidade de se adaptar e funcionar na nova cultura.

Enquanto a adoção da triagem de pessoas para missões estrangeiras cresce, a razão número 1 para seleção é que as pessoas designadas sejam as melhores pessoas disponíveis para os desafios técnicos do projeto (Mendenhall et al., 1987). O *know-how* técnico prevalece sobre a sensibilidade ou experiência transculturais. Como consequência, o treinamento é decisivo para sanar as lacunas culturais e preparar as pessoas para trabalhar em um país estrangeiro.

O treinamento varia muito, dependendo do indivíduo, da empresa, da natureza do projeto e das culturas visadas. Os profissionais de projetos designados para países estrangeiros devem ter uma compreensão mínima das seguintes áreas:
- Religião.
- Hábitos de vestuário.
- Sistema educacional.
- Feriados – nacionais e religiosos.
- Padrões de alimentação diária.
- Vida familiar.
- Protocolos de negócios.
- Etiqueta social.
- Igualdade de oportunidades.

Um exemplo de programa de treinamento de curto prazo é o desenvolvido pela Underwriter Laboratories, Inc. para treinar o estafe enviado ao Japão para trabalhar com os clientes em projetos. O programa é concebido em torno de uma série de minipalestras cobrindo tópicos que vão desde como lidar com apresentação até como trocar presentes e a forma adequada de interpretar o comportamento social e comercial japoneses. O programa de dois dias abrange estudos de caso, encenações, prática de idioma e um pequeno teste sobre terminologia cultural. O encerramento é feito em uma sessão de perguntas de 90 minutos. No fim do programa, os participantes têm uma compreensão fundamental de como se comunicar com os japoneses. Mais importante do que isso, eles ficam conhecendo os tipos de informação que não possuem e como se preparar para aprender a serem comunicadores interculturais mais eficazes.

Outros programas de treinamento são mais abrangentes. Por exemplo, os voluntários do Corpo da Paz são submetidos a um intenso programa de dois a quatro meses, no país onde servem, que inclui aulas de história e tradições locais, ensino intensivo do idioma e treinamento transcultural, assim como acantonamentos com famílias locais. Muitas empresas terceirizam o treinamento com uma das várias firmas especializadas em treinamento internacional e intercultural.

A Figura 15.7 tenta relacionar a duração e o tipo do treinamento com a fluência cultural necessária para a conclusão bem-sucedida do projeto. São realçadas três abordagens diferentes de aprendizado (Mendenhall et al., 1987):
1. "Dar informações" – o aprendizado de informações ou habilidades a partir de uma orientação do tipo palestra.
2. "Afetiva" – o aprendizado de informações/habilidades que elevam as respostas afetivas por parte do aluno, gerando *insights* culturais.
3. "Comportamental/experiencial" – uma variante da técnica de abordagem afetiva que dá ao aluno simulações ou cenários realistas.

De acordo com o modelo, a duração e o nível do treinamento dependem do grau de fluência cultural requerido. Em geral, quanto mais tempo a pessoa deverá passar trabalhando no país estrangeiro, mais intenso o treinamento deve ser. A duração da estadia não deve ser a única consideração: podem ser necessários altos níveis de fluência cultural (e, portanto, treinamento mais extenso) para realizar projetos intensos de curto prazo. Além disso, a localização é importante.

FIGURA 15.7
Relação entre duração e rigor do treinamento e a fluência cultural necessária

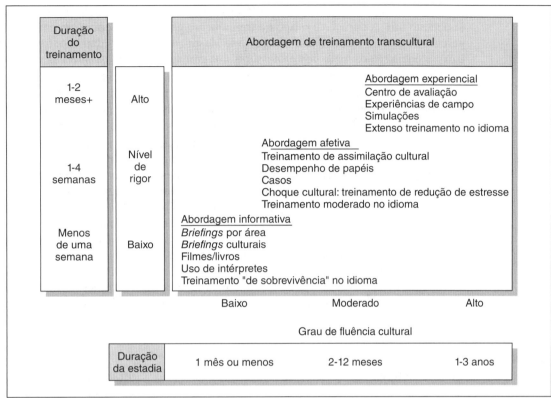

Trabalhar na Austrália provavelmente demanda menos treinamento em fluência cultural do que trabalhar em um projeto no Paquistão.

Embora o inglês esteja se tornando cada vez mais a língua internacional de negócios em muitas partes do mundo, não se deve subestimar o valor de se conhecer a língua do país hospedeiro. No mínimo, deve-se saber trocar amabilidades básicas na língua nativa. A maioria dos estrangeiros considera isso um sinal de respeito, apreciando o empenho mesmo se você vacilar.

Em muitas situações, usam-se tradutores para facilitar a comunicação. Embora consuma tempo, esse é o único modo de se comunicar com pessoas que não falam inglês. Tenha cuidado ao escolher tradutores, e não pense logo de cara que eles são competentes. Por exemplo, um dos autores contratou uma tradutora polonesa para realizar uma reunião com alguns gerentes poloneses. Após a reunião, a tradutora (que lecionava inglês em uma universidade da região) perguntou se o autor "*had a good time*" [se eu tinha gostado]. Eu respondi que achava que tudo tinha ido bem. A tradutora repetiu a pergunta. Intrigado, reafirmei que achava que tudo tinha ido bem. Após o diálogo ser repetido diversas vezes, a tradutor finalmente agarrou meu pulso, apontou para o meu relógio e perguntou novamente se eu "*had a good time?*" [algo a ver com estar bem de horário, mas em inglês truncado]. Claro que surgiram dúvidas quanto à exatidão da tradução da reunião!

Resumo

O número de projetos internacionais segue crescendo e nada no horizonte sugere que as coisas mudarão no novo milênio. Cada vez mais gerentes serão necessários para implementar projetos internacionais. Existem algumas diretrizes para o gerentes de projetos internacionais novatos. A preparação para projetos internacionais pode ser otimizada por meio de treinamento. Como base geral, os potenciais gerentes de projetos internacionais podem se beneficiar de um curso básico de negócios internacionais que os sensibilize em relação às forças da mudança na economia global e às diferenças culturais. Estudar um idioma estrangeiro também é enfaticamente recomendado.

Treinamento específico mais aprofundado sobre o país hospedeiro é uma empreitada pré-projeto muito útil. A duração e o tipo do treinamento geralmente dependem da duração da missão do gerente de projetos. Consulte a Figura 15.7. Mesmo assim, autodidatismo, treinamento no trabalho e experiência são os melhores professores dos gerentes de projetos internacionais.

A preparação para um projeto internacional específico exige empenho sério no dever de casa de cada pré-projeto. A compreensão da motivação da empresa ao escolher o projeto e o respectivo local dá dicas importantes. Quais fatores políticos básicos, geográficos, econômicos e de infraestrutura foram considerados mais relevantes? Como eles afetarão a implementação do projeto?

Finalmente, a preparação e a compreensão das diferenças culturais do país hospedeiro são de grande valia para que sejam positivas as primeiras impressões nos nativos e para gerenciar o projeto. Os projetos internacionais contêm personalidades distintas. Nenhuma pessoa é igual à outra. As diferenças internas e aquelas entre os países e culturas são numerosas e complexas. Os gerentes de projetos precisam aceitá-las e tratá-las como reais – ou, então, encarar as consequências. O que funciona em casa pode não funcionar no país estrangeiro. Os norte-americanos são vistos como amistosos por nossos vizinhos da aldeia global, mas também são percebidos como insensíveis às diferenças das culturas e costumes locais e desajeitados no manejo de outros idiomas. Apesar de a maioria da atenção no tocante a projetos estrangeiros se concentrar em esforços técnicos e seu custo, o projeto precisa ser levado a efeito no ambiente dos costumes sociais, práticas de trabalho, controles governamentais e crenças religiosas locais. Na maioria das culturas, sinceridade e flexibilidade valem a pena.

Termos-chave

Choque cultural, *484*
Cultura, *472*
Infraestrutura, *471*
Orientações transculturais, *476*

Questões de revisão

1. Como os fatores ambientais afetam a implementação do projeto?
2. Que papel os intermediários locais desempenham ao auxiliar um estrangeiro a concluir um projeto?
3. Por que é importante observar os costumes e tradições do país ao trabalhar em um projeto internacional?
4. O que é choque cultural? O que se pode fazer para reduzir os efeitos negativos do choque cultural?
5. O que você deve fazer para se preparar para um projeto internacional?

Exercícios

1. Entreviste alguém que já trabalhou ou morou no exterior por mais de seis meses:
   a. Descreva sua experiência com o choque cultural?
   b. O que você aprendeu sobre a cultura do país onde viveu?
   c. Quais conselhos você daria para alguém que fosse trabalhar em um projeto nesse país?
2. Faça o máximo que conseguir para aplicar o modelo transcultural de Kluckhohn-Strodtbeck aos quatro países discutidos neste capítulo: México, França, Arábia Saudita e China. Qual você acha que é a posição desses países em cada uma das questões culturais?
3. Coloque os seguintes países em ordem do menos para o mais corrupto: Estados Unidos, Dinamarca, Arábia Saudita, Rússia, Austrália, Hong Kong, Nepal, China, Quênia, Indonésia, Botsuana, Grécia e Chile.

   Use um mecanismo de busca da Internet para encontrar o Índice de Percepções Internacionais de Corrupção (CPI, do inglês *International Corruptions Perceptions Index*), publicado pela Transparência Internacional, de Berlim.
   a. Compare como você classificou os país com a classificação do CPI.
   b. Como você foi? Quais países o surpreenderam? Por quê?

4. A segurança é uma grande inquietação quando se trabalha em projetos no exterior. Escolha um país que você consideraria perigoso e consulte a respectiva orientação de viagem fornecida pelo Ministério das Relações Exteriores dos Estados Unidos (http://travel.state.gov/). É seguro trabalhar nesse país?

Referências

Ackoff, R. L., *Ackoff's Fables: Irreverent Reflections on Business and Bureaucracy* (New York: Wiley, 1991), p. 221.

Adler, N., and A. Gunderson, *International Dimensions of Organizational Behavior*, 5th ed. (Mason, OH: Thomson Publishing, 2007).

Arms, P. B. and E, Lucas, "How do Foreign Clients Really See American Project Managers?," *Proceedings of the 1978 Annual Seminar/Symposium on Project Management* (Newtown, PA: Project Management Institute, 1978), pp. 11K 1-7.

Borsuk, R., "In Indonesia, a Twist on Spreading the Wealth: Decentralization of Power Multiplies Opportunities for Bribery, Corruption," *The Wall Street Journal,* January 29, 2003, p. A16.

Cahill, T., "Deadly Business in Moscow," *Bloomberg Businessweek,* March 1, 2010, pp. 22-23.

Chen, M., and D. Miller, "West Meets East: Toward an Ambicultural Approach to Management," *The Academy of Management Perspectives,* 24 (4) November 2010, pp. 17-24.

Contingency Planning and Management.com, "Strohl Systems Offers Terrorism Readiness Questionnaire," September 24, 2001.

Deneire, M., and M. Segalla, "Mr. Christian Pierret, Secretary of State for Industry (1997–2002), on French Perspectives on Organizational Leadership and Management," *Academy of Ma*Doh, J. P., P. Rodriguez, K. Uhlenbruck, J. Collins, and L. Eden, "Coping with Corruption in Foreign Markets," *Academy of Management Executive,* 17 (3)

August 2003, pp. 114-27.

Graham, J. L., and N. M. Lam, "The Chinese Negotiation," *Harvard Business Review,* October 1, 2003, pp. 82–91.

Hallowell, R., D. Bowen, and C. I. Knoop, "Four Seasons Goes to Paris," *Academy of Management Executive,* 16 (4) November 2002, pp. 7-24.

Hodgetts, R. M., and F. Luthans, *International Management: Culture, Strategy, and Behavior,* 5th ed. (Boston: McGraw-Hill/Irwin, 2003).

Hofstede, G., *Cultures Consequences: International Difference in Work-Related Values* (Beverly Hills, CA: Sage Publishing, 1980).

Hooker, J., *Working across Cultures* (Stanford, CA: Stanford Business Books, 2003).

Kluckhohn, F., and F. L. Strodtbeck, *Variations in Value Orientations* (Evanston, IL: Row, Peterson, 1961).

Krane, J., "Intelligence Companies Help Overseas Business Travelers," *The Cincinnati Enquirer,* April 2, 2002, website.

Kras, E., *Management in Two Cultures: Bridging the Gap between U.S. and Mexican Managers,* rev. ed. (Yarmouth, ME: Intercultural Press, 1995).

Lane, H. W., and J. J. DiStefano, *International Project Management,* 2nd ed. (Boston: PWS-Kent, 1992).

Lieberthal, K., and G. Lieberthal, "The Great Transition," *Harvard Business Review,* October 1, 2003, pp. 71–81.

Mendenhall, M. E., E. Dunbar, and G. R. Oddou, "Expatriate Selection, Training, and Career-Pathing: A Review and Critique," *Human Resource Management,* 26 (3) Fall 1987, pp. 331-45.

Milosevic, D. Z., "Echoes of the Silent Language of Project Management," *Project Management Journal,* 30 (1) March 1999, pp. 27-39.

Moffett, M. H., I. Stonehill, and D. K. Eiteman, *Fundamentals of Multinational Finance* (Boston: Pearson, 2012).

Moran, R. T., P. R. Harris, and S. V. Moran, *Managing Cultural Differences,* 5th ed. (Houston, TX: Gulf Publishing, 2010).

Morrison, T., and W. A. Conaway, *Kiss, Bow, or Shake Hands (The Bestselling Guide to Doing Business in More than 60 Countries),* 2nd ed. (New York: Adams Media, 2006).

Ricks, D. A., *Blunders in International Business* (London: Blackwell, 2000).

Saunders, C., C. Van Slyke, and D. R. Vogel "My Time or Yours? Managing Time Visions in Global Virtual Teams," *Academy of Management Executive,* 18 (1) 2004, pp. 19-31.

Scown, M. J., "Managers Journal: Barstool Advice for the Vietnam Investor," *Asian Wall Street Journal*, July 15, 1993.

Tung, R. L., "Expatriate Assignments: Enhancing Success and Minimizing Failure," *Academy of Management Executive*, 1 (2) 1987, pp. 117-26.

Yeung, I., and R. L. Tung, "Achieving Business Success in Confucian Societies: The Importance of Guanxi (Connections)," *Organizational Dynamics*, 25 (2) Autumn 1996, pp. 54-65.

Caso AMEX, Hungria

Michael Thomas gritou: "Sasha, Tor-Tor, vamos! O motorista está nos esperando". Naquele dia, as duas filhas de Thomas estavam brigando para ver quem ficaria com a última laranja para o almoço. Victoria (Tor-Tor) levou a melhor, agarrando a laranja e correndo porta afora até o Mercedes-Benz que os aguardava. A briga continuou no banco de trás enquanto eles se deslocavam até a cidade de Budapeste, na Hungria. Thomas acabou se virando, pegando a laranja e anunciando que ele a comeria. O banco de trás caiu em um silêncio de morte enquanto eles seguiam caminho para a Escola Americana Internacional de Budapeste.

Depois de deixar as meninas na escola, Thomas foi levado até seu escritório, na região da cidade chamada de Belverós. Ele trabalhava para a AMEX Petroleum e fora enviado para Budapeste quatro meses antes para estabelecer operações comerciais no Centro da Hungria. Sua missão era abrir de 10 a 14 postos de gasolina na região, comprando postos existentes, construindo novos ou negociando tratos de franquia com os proprietários de postos existentes. Thomas se lançou ao projeto. Ele percebeu que a sua carreira na AMEX não estava indo para lugar nenhum nos Estados Unidos e se ele quisesse realizar suas ambições, teria de ser no "Velho Leste" do antigo império soviético. Além disso, a mãe de Thomas era húngara e ele sabia falar o idioma. Pelo menos ele achava que sabia, até chegar a Budapeste e perceber que superestimara a sua competência.

Quando entrou no escritório parcialmente reformado da AMEX, percebeu que apenas três membros do seu estafe estavam presentes. Ninguém sabia onde Miklos estava e Margit informara que não iria trabalhar naquele dia porque tinha de ficar em casa cuidado da sua mãe doente. Thomas perguntou a Béla por que os operários não estava trabalhando para terminar o escritório. Béla informou que a obra teve de ser interrompida até que eles recebessem aprovação do historiador municipal. Budapeste, ansiosa para preservar sua herança histórica, exigia que todas as reformas prediais fossem aprovadas pelo historiador municipal. Quando Thomas perguntou a Béla quanto isso demorou, Béla respondeu: "Quem sabe? Dias, semanas, talvez meses, até". Thomas murmurou "ótimo" de si para si e voltou sua atenção ao trabalho da manhã. Ele tinha marcadas entrevistas com para gerentes de posto e para o estafe.

A entrevista com Ferenc Erkel foi um exemplo das muitas que fez naquela manhã. Erkel era um profissional desempregado de 42 anos, bem-vestido, que falava um inglês limitado. Ele tinha mestrado em economia internacional e havia trabalhado por 12 anos na estatal Instituto de Comércio Exterior. Desde que fora despedido, dois anos antes, vinha trabalhando como taxista. Quando indagado sobre seu trabalho no Instituto, Erkel sorriu amarelo e disse que carimbava papéis, passando a maior parte do tempo jogando cartas com seus colegas.

Até o momento, Thomas contratara 16 funcionários. Quatro saíram depois de três dias de serviço e seis foram demitidos após o contrato de experiência por faltas, não cumprir seus deveres ou não ter iniciativa. Thomas achava que, nesse ritmo, demoraria mais de um ano apenas para contratar o estafe.

Ele fez uma pausa nas entrevistas para dar uma olhada no *Budapest Business Journal*, um jornal inglês que fazia cobertura de notícias de negócios na Hungria. Duas coisas prenderam sua atenção. Um artigo sobre a crescente ameaça da máfia ucraniana na Hungria, dando detalhes de tentativas de extorsão em Budapeste; e outro que dizia que a inflação subira a 32%, notícia que perturbou Thomas, pois naquela época apenas uma em cinco famílias húngaras tinha um carro. A estratégia da AMEX na Hungria dependia de um *boom* de pessoas comprando seu primeiro carro.

Thomas guardou suas coisas e tomou algumas aspirinas para a dor de cabeça que estava começando. Caminhou vários quarteirões até o restaurante Kispipa, onde tinha um jantar de negócios com o empresário húngaro Zoltán Kodaly que conhecera em uma recepção promovida pelo consulado dos Estados Unidos para pessoas de negócios norte-americanas e húngaras. Parece que Kodaly era dono de três postos de gasolina, daí o interesse de Thomas.

Thomas esperou por 25 minutos, tomando água mineral. Kodaly apareceu com uma moça que não deveria ter mais de 19 anos. Revelou-se que Kodaly havia trazido sua filha Annia, que era estudante universitária, para atuar como tradutora. Apesar de Thomas fazer inicialmente uma tentativa de falar em húngaro, Kodaly insistiu que Annia auxiliasse na conversa.

Após pedir a especialidade da casa, *szekelygulas*, Thomas imediatamente partiu para os negócios. Ele disse a Kodaly que a AMEX estava disposta a lhe fazer duas ofertas. Eles gostariam ou de comprar dois dos seus postos por US$ 150 mil cada, ou de negociar um contrato de franquia. Thomas disse que a AMEX não estava interessada no terceiro posto, localizado perto de Klinikak, porque seria caro demais modernizar o equipamento. Annia traduzia e, na medida em que Thomas podia avaliar, estava fazendo um belo trabalho. No início, Kodaly não respondeu, e apenas iniciava conversas paralelas com Annia e trocava amabilidades com as pessoas que passavam. Thomas ficou frustrado e repetiu sua oferta. No fim, Kodaly perguntou o que ele queria dizer com franquia, e Thomas tentou usar o McDonald's local como um exemplo de como funcionava. Ele mencionou que Kodaly ainda seria o dono dos postos, mas teria de pagar uma taxa de franquia, dividir os lucros com a AMEX e aderir aos procedimentos e práticas da AMEX. Em troca, a AMEX forneceria a gasolina e fundos para reformar os postos e deixá-los nos padrões da AMEX.

No fim da refeição, Kodaly perguntou o que aconteceria com o pessoal que trabalhava nos postos. Thomas afirmou que, de acordo com seus cálculos, os postos tinham um excesso de 70% de mão de obra, e que, para haver lucro, ao menos 15 trabalhadores teriam de ser despedidos. Essa afirmação foi recebida com silêncio. Kodaly, então, dirigiu a conversa para futebol e perguntou a Thomas se era verdade que as meninas nos Estados Unidos jogavam futebol. Thomas disse que suas duas filhas jogavam futebol pela Organização Americana de Futebol Juvenil (AYSO) nos Estados Unidos e esperavam jogar na Hungria. Kodaly disse que as meninas não jogam futebol na Hungria, e que Annia era uma competente jogadora de vôlei. Thomas pressionou Kodaly por uma resposta à sua oferta, mas Kodaly se levantou e agradeceu a Thomas pela refeição. Ele disse que pensaria sobre a oferta e retornaria o contato.

Thomas saiu do Kispipa se perguntando se algum dia veria Kodaly novamente. Ele voltou ao escritório, onde uma mensagem urgente de Tibor o aguardava. Tibor era o responsável pelo recondicionamento do primeiro posto que Thomas comprara para a AMEX. Os tanques novos não haviam chegado de Viena e a equipe de construção passara o dia sem fazer nada. Após diversos telefonemas, ele descobriu que os tanques estavam sendo retidos na fronteira pela alfândega. Isso o irritou, pois as autoridades locais o haviam assegurado de que tudo estava acertado. Ele pediu à secretária que agendasse uma conversa com o departamento de comércio húngaro.

No fim do dia, ele checou seu *e-mail* dos Estados Unidos. Havia uma mensagem da matriz indagando sobre o *status* do projeto. A essa altura, ele esperava ter o escritório com estafe e funcionando e ao menos três postos garantidos. Até o momento, ele só tinha um terço do estafe, o escritório estava caindo aos pedaços e apenas uma estação estava sendo recondicionada. Thomas decidiu esperar para responder ao *e-mail* no dia seguinte.

Antes de voltar para casa, passou no English Pub, o bar favorito dos expatriados em Budapeste. Lá, encontrou Jan Krovert, que trabalhava para uma companhia holandesa que estava construindo uma grande loja de descontos na periferia de Budapeste. Thomas e Krovert frequentemente conversavam no bar sobre serem "estranhos em uma terra estranha". Thomas falou das entrevistas e que dava para ver no olhos dos candidatos que eles não tinham estímulo ou iniciativa. Krovert respondeu que a Hungria tinha um alto desemprego, mas também uma escassez de trabalhadores motivados e contou que não entrevistava mais ninguém com mais de 30 anos, pois a motivação que eventualmente tiveram um dia já se extinguira depois de anos trabalhando em estatais.

1. Quais são as questões que Thomas encara nesse caso?
2. Thomas está lidando bem com elas?
3. O que você sugeriria para Thomas no gerenciamento desse projeto?

Caso Phuket A

Em 26 de dezembro de 2004, um terremoto de 9,1 na escala Richter desencadeou uma série de tsunamis devastadores na costa da Indonésia. Eles se espalharam por todo o Oceano Índico, matando um grande número de pessoas e inundando comunidades litorâneas em todo o Sul e Sudeste da Ásia, incluindo partes da Indonésia, Sri Lanka, Índia e Tailândia. O tsunami asiático de 2004 foi uma das catástrofes mais letais da história moderna, com mais de 220 mil vidas perdidas.

Nils Lofgrin, que administrara diversos projetos de construção na Austrália e Nova Guiné, foi enviado por sua construtora para reformar um resort cinco estrelas na costa de Adaman, no Sul da Tailândia, que fora destruído pelo tsunami. As perdas no resort incluíram 12 funcionários e 37 hóspedes. Essa era a primeira missão de Nils na Tailândia.

Ele pegou um avião, vistoriou o local e concluiu que o dano não era tão grave quanto temia. A infraestrutura básica estava intacta, mas os destroços tinham de ser removidos e o resort, reformado. No relatório para a matriz, ele disse que, com alguma sorte, poria o resort para funcionar em questão de meses. Mal sabia ele que logo em seguida se arrependeria de ter feito essa promessa.

Os problemas começaram imediatamente ao não conseguir recrutar operários para a limpeza do local. Os trabalhadores birmaneses imigrados compunham uma porção considerável do efetivo de trabalho da região. A forte presença do governo os afugentou para as montanhas, pelo medo de serem presos e deportados. Mesmo oferecendo salário dobrado, Nils não conseguiu recrutar muitos tailandeses.

1. Por que você acha que Nils não consegue recrutar trabalhadores tailandeses para o projeto?

CAPÍTULO DEZESSEIS

Supervisão

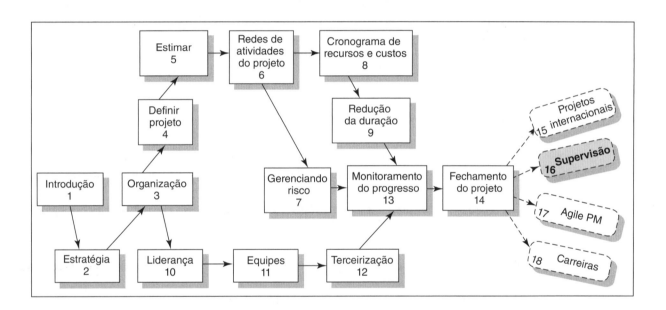

Supervisão
Supervisão do projeto
Gerenciamento de projetos da organização
   no longo prazo
Resumo

Sem crescimento e progresso contínuos, palavras como realização e sucesso não têm significado.

– Benjamin Franklin

Supervisão do projeto

Nos anos recentes, a mudança de paradigma para supervisão/governança de projetos foi profunda. A **supervisão do projeto** pode ser definida como *um conjunto de princípios e processos para guiar e melhorar o gerenciamento dos projetos*. A intenção é garantir que os projetos satisfaçam as necessidades da *organização* por meio de padrões, procedimentos, prestação de contas, alocação eficiente de recursos e melhoria contínua do gerenciamento de projetos. Uma segunda finalidade é dar suporte ao gerente do projeto. Estimamos que mais de 95% das empresas orientadas por projetos vêm implementando algum tipo de supervisão há vários anos. O progresso é veloz e estável. As atividades típicas de supervisão de projetos abrangem duas dimensões: empresa e projeto. Eis algumas das principais atividades de supervisão empregadas na prática:

No nível da empresa
- Seleção de projetos.
- Gerenciamento de portfólio.
- Melhoria do modo como todos os projetos são gerenciados ao longo do tempo.
- Avaliação e elevação do nível de maturidade do sistema de gerenciamento de projetos da empresa.
- Uso da abordagem de *balanced scorecard* para revisar o progresso nas prioridades estratégicas.

No nível do projeto
- Decisão sobre questões levantadas pelo gerente do projeto, como necessidades de recursos e escalonamento.
- Acompanhamento e auxílio ao projeto para resolver gargalos.
- Revisão dos relatórios de *status* feitos pelo gerente do projeto.
- Auditoria e revisão das lições aprendidas.
- Autorização de desvios importantes do escopo original.
- Cancelamento do projeto.

Todas essas atividades são concebidas para trazer consistência, estrutura, prestação de contas e melhoria ao gerenciamento dos projetos. Hoje, a supervisão de projetos, por meio de um comitê executivo, equipe de supervisão ou escritório de projetos, abrange todos os aspectos de gerenciamento de projetos da empresa.

Importância da supervisão para o gerente de projetos

O que essa modificação de um paradigma sólido significa para um gerente que normalmente fica encarregado de apenas um ou dois projetos? Quatro coisas. Primeiro, em quase todos os casos, a supervisão está interessada em apoiar e auxiliar o gerente de projetos quando necessário. Isso é um melhoramento em relação ao passado. Segundo, a função de supervisão determina o ambiente no qual o gerente implementará seu projeto. Isso pode afetar o trabalho dele de maneira positiva ou negativa. Terceiro, dependendo do tamanho e da complexidade do projeto, os métodos usados para responsabilizar o respectivo gerente influenciam como o desempenho é medido. Finalmente, o gerente do projeto, que é responsável pelo gerenciamento do dia a dia, provavelmente se reportará ao grupo de supervisão em fases predeterminadas do projeto. Em suma, a supervisão de projetos dá suporte ao gerenciamento do projeto no âmbito da empresa e no do projeto.

Como gerente de projetos, você precisa estar ciente de como essas atividades de supervisão podem e influenciarão o gerenciamento dos seus projetos. Segue uma breve descrição de duas estruturas significativas de supervisão organizacional dessas atividades.

Gerenciamento do portfólio de projetos

É a supervisão centralizada de projetos para que a alocação dos recursos seja dirigida àqueles que contribuam para as metas da empresa. O gerenciamento de portfólio está se tornando cada vez mais comum e importante nas empresas de projetos. Um levantamento global do PMI com mais de mil praticantes e líderes de projetos, em diversos setores, concluiu que 72% das empresas de alto desempenho utilizam gerenciamento de portfólio, comparado com apenas 39% das de baixo desempenho.[1]

Um comitê de supervisão executiva sênior garante que o portfólio de projetos seja equilibrado de forma a se servir dos recursos e competências da empresa e representar o seu nível de tolerância a risco. O gerenciamento do portfólio de projetos da empresa inclui diversas responsabilidades--chave:

- Revisar as opções de projetos disponíveis por tipo (novos, operacionais, de conformidade).
- Confirmar o estudo de viabilidade e a ligação com a estratégia organizacional.
- Selecionar, priorizar e equilibrar o risco de todos os projetos organizacionais.
- Assegurar a disponibilidade de recursos.
- *Fixar tempo, custo e requisitos macro.
- *Revisar os resultados do *stage-gate* – revisão de fases (veja a próxima seção).

Trazer a responsabilidade do gerenciamento de portfólio para um só guarda-chuva proporciona benefícios em relação ao gerenciamento individual. Algumas das responsabilidades do gerenciamento de portfólio costumam ser delegadas ao escritório de projetos, especialmente as duas últimas, assinaladas com um asterisco.

Escritório de projetos

Um estudo do PMI concluiu que 65% das empresas de projetos têm um escritório de projetos[2] usado para dar suporte e administrar atividades de supervisão. Eis uma definição:

O *escritório de projetos* (PO, do inglês *projetct office*) é a unidade responsável pelo suporte contínuo da aplicação consistente de critérios de seleção, padrões e processos; treinamento e assistência geral aos gerentes de projetos; e melhoria contínua e uso de melhores práticas.

O escritório de projetos frequentemente inclui gerenciamento de portfólio de projetos. Portfólios de projetos e escritório de projetos resultam em uma função de integração para planejamento e controle. O PO também apoia a integração dos processos de gerenciamento de projetos no ambiente social/cultural da empresa. Empresas de alta tecnologia, como a Hewlett-Packard (HP), a International Business Machines (IBM) e a Dell usam escritórios de projetos para coordenar projetos e garantir que as melhores práticas sejam usadas para administrá-los.[3] Por exemplo, a HP tem escritórios de projetos na Europa/Oriente Médio, Américas, Pacífico Asiático e Japão, além diversos outros sendo planejados. Como os projetos são usados para implementar a estratégia, a HP criou um novo cargo: vice-presidente do escritório de projetos. Os escritórios de projetos asseguram uma abordagem uniforme em todos os projetos em todas as localidades. Consulte o "Caso Prático: O escritório de projetos".

---

[1] "PMI's Pulse of the Profession," March 2012, Project Management Institute Report, p. 7, www.pmi.org.
[2] Ibid.
[3] D. Kingsberry and Jake Steward, "Implementing a Global Program Management Office," PMI Global Conference, 2003.

CASO PRÁTICO — O escritório de projetos*

À medida que mais e mais empresas adotam o gerenciamento de projetos como forma de atingir objetivos corporativos, elas criam os escritórios de projetos (PO) centralizados para supervisionar e melhorar o gerenciamento de projetos. As funções do PO variam muito segundo a empresa e a necessidade. Em alguns casos, ele serve como uma simples "câmara de compensação" de informações de gerenciamento de projetos. Em outro, recruta, treina e designa gerentes a projetos específicos. Conforme os POs amadurecem e evoluem, tornam-se prestadores integrais de serviços de expertise em gerenciamento de projetos dentro da empresa. Os diferentes serviços que os PMO podem prestar incluem:

- Criar e manter o sistema interno de informações de gerenciamento de projetos.
- Recrutar e selecionar gerentes tanto dentro quanto fora da empresa.
- Estabelecer metodologias padronizadas de planejamento e relatórios de projetos.
- Treinar pessoas em técnicas e ferramentas de gerenciamento de projetos.
- Auditar projetos correntes e recentemente concluídos.
- Desenvolver programas abrangentes de gerenciamento do risco.
- Prestar serviços internos para mentores e consultores em gerenciamento de projetos.
- Manter uma biblioteca interna de gerenciamento de projetos com documentos, incluindo planos de projetos, papéis de financiamento, planos de teste, relatórios de auditoria etc.
- Estabelecer e fazer o *benchmarking* de melhores práticas em gerenciamento de projetos.
- Manter e acompanhar o portfólio de projetos da empresa.

Um bom exemplo de como os escritórios de projetos evoluem é o escritório global de projetos (GPO) do Global Corporate Bank do Citibank. O GPO nasceu no pequeno mundo das Operações e Tecnologia de Gestão Global de Caixa. Comprometido em ordenar o caos do gerenciamento de projetos, o GPO instituiu programas de treinamento e práticas profissionais de gerenciamento de projetos em uma escala muito pequena. Em seguida, o sucesso dos projetos auxiliados pelo GPO captaram a atenção da alta gerência. Em três anos, o departamento foi ampliado, oferecendo uma linha completa de serviços de PO para toda a operação bancária do Citibank. A missão do GPO é estabelecer o gerenciamento de projetos como uma competência essencial na empresa toda.

* T. R. Block and J. D. Frame, "Today's Project Office: Gauging Attitudes," *PM Network*, August 2001; W. Gradante and D. Gardner, "Managing Projects from the Future, Not from the Past," *Proceedings of the 29th Annual Project Management Institute 1998 Seminars and Symposium* (Newtown Square, PA: Project Management Institute, 1998), pp. 289-94.

As Figuras 16.1 e 16.2 dão um exemplo do relatório que um escritório de projetos envia à gerência sênior de uma empresa internacional. Observe que esse tipo de relatório exige um formato padrão para todos os projetos. A Figura 16.1 exibe um relatório de resumo de custos do portfólio de projetos, desenvolvido para a alta gerência. A Figura 16.2 apresenta o mesmo resumo para cronogramas de projetos. Informações detalhadas adicionais de qualquer projeto específico escolhido – como cronograma, relatório de *status* de custo, equipe do projeto – estão a um mero clique duplo de distância. Por exemplo, o projeto Smart Card da Comunidade Econômica Europeia (CEE) parece atrasado no cronograma. A causa pode ser identificada "fuçando" no cronograma, EAP, recursos ou questões do projeto. Formatos padrão de projeto como esse fornecem uma profusão de informações em empresas multiprojetos.

Escritórios de projetos costumam surtir benefícios positivos, como os seguintes:
- Servem como uma ponte entre a gerência sênior e os gerentes de projetos.
- Auxiliam a integração de todos os processos de gerenciamento de projetos, da seleção até o fechamento do projeto e as lições aprendidas.
- Por meio de treinamento, apoiam o amadurecimento da empresa no gerenciamento de projetos.

O gerenciamento de projetos em portfólio e os escritórios de projetos, cujo crescimento prosseguirá, influenciam fortemente o modo como um gerente de projetos administra o respectivo projeto. Uma atividade de supervisão mais recente é a implementação rápida de revisões de barreira ou portões (*gate*) de fase.

		Net Services, Inc. View Cost ▼	Project Portfolio Cost Summary ($ 000)							Date:		
	Location	Project ID	Description	PV	EV	AC	CPI	SPI	PCIB	BAC	EAC	VAC
	Summary	All	Portfolio							$18,120		
	United States									$10,500		
Gantt	○	01-003	Digitize Fingerprints-FBI	3,000	3,500	3,230	1.08	1.17	97.2%	3,600	3,322	278
	◐	01-011	Encryption	270	250	250	1.00	0.93	71.4%	350	350	0
	○	01-002	Internet Protocol--CIA						0.0%	950		
Network	○	01-009	Supply Chain Partners	90	90	90	1.00	1.00	16.7%	540	540	0
		01-012	Bonus Mileage Awards						0.0%	630		
	●	01-005	E-sales Claims	150	140	150	0.93	0.93	35.0%	400	429	-29
Resource	●	01-011	Procurement Net	400	340	380	0.89	0.85	27.6%	1,230	1,375	-145
	○	01-008	Smart Tag Tracking	850	900	900	1.00	1.06	32.1%	2,800	2,800	0
	Asia/Pacific									$2,800		
	○	02-007	Currency Conversion	125	120	120	1.00	0.96	80.0%	150	150	0
Status	○	02-002	Billing System	280	280	280	1.00	1.00	70.0%	400	400	0
	○	02-005	Web-Based Cash Flow	210	220	200	1.10	1.05	73.3%	300	273	27
WBS		02-004	Olympic Simulation						0.0%	1,950		
Sponsor	**EEC**									$4,820		
Team	●	03-008	Smart Card	145	110	140	0.79	0.76	18.3%	600	764	-164
Priority Issues		03-003	Warranty						0.0%	70		
		03-004	Simulation--ESA						0.0%	800		
	●	03-005	Air Reservation Net	510	490	520	0.94	0.96	35.0%	1,400	1,486	-86
	●	03-007	Pilot Internet Log Syst.	540	490	550	0.89	0.91	57.6%	850	954	-104
LEGEND	○	03-006	Internet Telephone Syst.	850	850	860	0.99	1.00	77.3%	1,100	1,113	-13

○ Under Budget
◐ On Budget
● Over Budget

FIGURA 16.1 Relatório resumido de custos do portfólio de projetos para a alta gerência

Metodologia *phase gate* – Revisão de fases

A metodologia *phase gate* proporciona uma revisão aprofundada dos projetos individuais em *fases específicas* do ciclo de vida do projeto. Essas revisões abrangem avaliações para continuar ou extinguir o projeto, reavaliar a alocação de recursos, reavaliar a priorização e avaliar o progresso da execução, assim como decisões de alinhamento estratégico. O processo de revisão de fases serve à empresa colocando guardiões (*gatekeepers*), normalmente selecionados de diversas áreas da empresa, para realizar a revisão. O processo de portões por fase também é concebido para auxiliar o gerente do projeto em decisões e questões como escalonamento e necessidades de recursos. A ideia da metodologia *phase gate* se encaixa sem esforço na função de supervisão do escritório de projetos. A metodologia *phase gate* foi originalmente concebida para o desenvolvimento de produtos, mas sua aplicação cresceu além, abrangendo todos os projetos do portfólio. Um estudo de Morris e Jamieson mostrou que 85% dos respondentes utilizavam barreiras de revisão de fase, ao passo que 85% dos que não o faziam achavam que deveriam utilizá-lo.

O modelo *Stage-Gate*™ original foi uma iniciativa pioneira de Robert G. Cooper (2000), há vários anos, a fim de aprimorar o gerenciamento de desenvolvimento de produtos novos. O modelo original incorpora cinco estágios: investigação preliminar; investigação detalhada; desenvolvimento; teste e validação; e produção plena e lançamento no mercado. Os estágios precedem as barreiras ou portões e representam informações desenvolvidas para que os guardiões possam tomar decisões corretas na barreira seguinte. Esses pontos de decisão em cada barreira são conhecidos como decisões de seguir, matar, segurar ou reciclar. Dadas as informações desenvolvidas para cada estágio, os guardiões (a equipe de supervisão) podem decidir continuar com o projeto, abortá-lo ou revisar/reciclar.

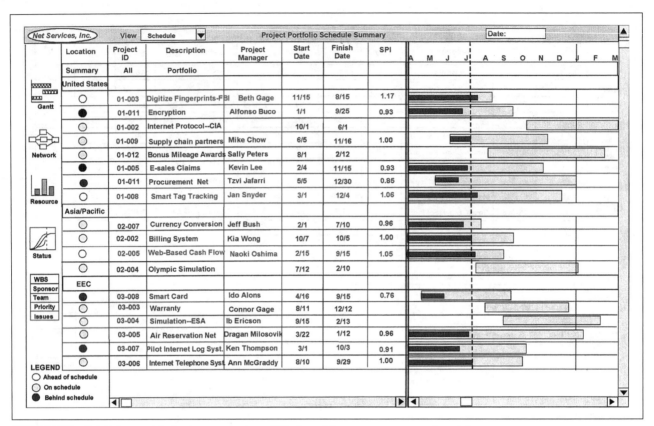

FIGURA 16.2 Relatório resumido de cronogramas do portfólio de projetos para cronogramas de projetos

Hoje, variações do modelo original estão sendo usadas em muitos setores da economia para ajudar no gerenciamento de portfólios de projetos. Essas variações não se limitam ao desenvolvimento de produtos novos. O número de estágios e de barreiras varia. Contudo, a ideia de revisar repetidas vezes durante o ciclo de vida do projeto aparece em todos os modelos. Cada portão de verificação checará sempre, no mínimo, o projeto em relação ao alinhamento com as metas estratégicas atuais.

A metodologia *phase gate* é atraente porque proporciona um processo nítido e estruturado, que pode ser aplicado uniformemente em todos os projetos do portfólio. Essa função de supervisão é composta por distintos estágios de revisão e barreiras de seguir/matar. As principais metas das barreiras de fase são assegurar supervisão e suporte para o gerente e a equipe do projeto, dirigir os recursos da empresa em direção às metas estratégicas e reduzir o número de projetos que não as apoiam. É raro uma empresa multiprojeto, com funcionários trabalhando sob muitos fusos horários, não usar alguma forma da metodologia de revisão por fases. Por exemplo, empresas como 3M, General Motor, Northern Telecom, DuPont, Intel, Hewlett-Packard e Dell utilizam todas algum tipo de barreira de fase para gerenciar projetos.

O processo de revisão por portões (**barreira de fase**) pode ser definido como um *processo estruturado de revisão, avaliação e documentação de resultados em cada fase do projeto, também dando à gerência informações para guiar a mobilização de recursos rumo às metas estratégicas.* Essa atividade de supervisão começa com a seleção do projeto e o acompanhamento do ciclo de vida do projeto até o fechamento e as lições aprendidas. As barreiras de fase precisam ocorrer em pontos uniformes do ciclo de vida do projeto, de modo que todo projeto encontre barreiras semelhantes em pontos de autorização predefinidos.

O processo de revisão em fases pode parecer semelhante à auditoria de projetos debatida em um capítulo anterior. Existe certa sobreposição, mas aqui o foco é mais integrado e holístico. Os projetos individuais são examinados como parte de um portfólio. Por exemplo, as prioridades estratégicas modificaram a importância do projeto? Se as prioridades da empresa mudaram, um projeto que esteja sendo executado dentro do prazo, do orçamento e das respectivas metas pode ter de ser "morto". A revisão em fases ocorre em cada uma delas na seleção do projeto, por meio de lições aprendidas, em oposição à auditoria, que normalmente ocorre no fim do projeto. A revisão de fases dá uma perspectiva maior para gerenciar múltiplos projetos em um portfólio de projetos. Os guardiões se concentram primeiro nas necessidades da empresa e as necessidades específicas do projeto vêm em segundo lugar.

A Figura 16.3 é um fluxograma de uma variação abreviada e genérica da metodologia de *phase gate* que tem aplicação em todos os tipos de projetos. Uma outra prática utilizada durante a fase de implementação é criar barreiras em marcos significativos.

As barreiras ou portões de decisão focam decisões de seguir/matar, com base em perguntas-chave como as mostradas nos portões 1 e 2 a seguir. No mínimo, cada portão deve incluir três componentes:

1. Entregas necessárias (por exemplo, metas do projeto, progresso, variações).
2. Critérios da barreiras e saídas específicas (por exemplo, ajustar o escopo ou o cronograma do projeto).
3. Uma decisão clara de sim/não quanto a continuar.

FIGURA 16.3 Diagrama abreviado do processo genérico de revisão de fase

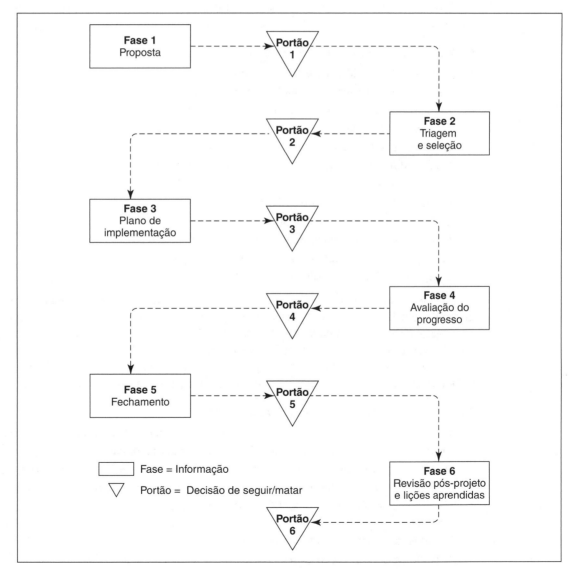

Os critérios de todas os portões durante o projeto são selecionados *antes* do início do projeto.

O valor dos métodos revisão de fases é firmemente ligado à disponibilidade de informações suficientes para auxiliar a decisão na barreira. Quantidades consideráveis de dados de suporte precisam ser reunidas para responder a questões críticas de barreira. Usar as melhores práticas apresentadas em capítulos anteriores o preparará para responder mais facilmente às perguntas decisivas de cada barreira. Aqui, apresentamos questões frequentes na prática para cada *gate*.

Gate 1: Decisão sobre a proposta

- Qual problema comercial este projeto proposto resolve?
- Este projeto está alinhado com a nossa direção estratégica?
- Que tipo de projeto é este? Estratégico, de manutenção da empresa, "obrigatório" etc.?
- O projeto deve ser considerado?

Esta fase de *proposta* responde a uma pergunta fundamental: o projeto é uma boa ideia e resolve um problema ou questão comercial? Basicamente, qualquer um pode propor um projeto. No entanto, a proposta deve dar informações importantes o suficiente para que a equipe de supervisão possa decidir se a proposta deve continuar sendo considerada. Por exemplo, as informações podem incluir o problema comercial que o projeto proposto resolverá, a urgência do projeto e seus objetivos claros e relevantes. A barreira 1 dá informações gastando um mínimo de custo e recursos e em pouco tempo, de forma que o projeto possa ser reavaliado mais cuidadosamente caso apresente méritos.

Gate 2: Decisão sobre triagem e seleção

- O patrocinador é identificado e dá suporte?
- Este projeto deve ser selecionado e implementado?
- Como o projeto dá suporte à estratégia e às metas da empresa?
- É importante implementar este projeto agora? Por quê?
- Qual o impacto ou risco de não tocar este projeto?
- Qual o ROI e/ou benefícios não financeiros do projeto?
- Como o projeto se encaixa nas nossas habilidades e cultura?
- Como são mensurados o progresso e o sucesso?
- Quais os principais riscos do projeto?
- Este projeto será implementado internamente ou será terceirizado?
- A nossa cultura de negócios dará suporte ao projeto?
- Qual a duração e dimensão deste projeto?

A revisão de *triagem e seleção* inclui uma análise integral com base em critérios de seleção. O grupo de revisão usa critérios do modelo de pontuação ponderada, que normalmente inclui riscos do projeto, custos, necessidades de recursos, urgência, análise financeira, benefícios, patrocinador identificado e outros critérios encontrados em modelos de seleção. Muitos requisitos de informação do *gate* 2 são discutidos em detalhes no Capítulo 2 (seção sobre seleção de projetos), devendo responder à maioria dos critérios de decisão desta revisão em fases.

Gate 3: Decisão sobre o plano de implementação

- O escopo, tarefas, marcos, entregas e barreiras do projetos foram estabelecidos e são aceitáveis?
- Os recursos necessários foram identificados e estão disponíveis?
- As tarefas estão sequenciadas e foi estabelecido um orçamento em fases cronológicas?
- Existem métricas de desempenho adequadas em vigor para acompanhar o projeto?
- Os riscos do projeto foram identificados e o modo como eles serão gerenciados está claramente definido?
- Todas as partes interessadas estão identificadas?
- O plano de comunicação com as partes interessadas foi elaborado e é apropriado?

- Existe um sistema formal de gerenciamento de mudanças em vigor?
- Existem critérios para a prestação de contas em vigor e alguém está responsável por ela?

As informações da revisão do *plano de implementação* devem incluir o documentos de planejamento desenvolvido em capítulos anteriores. Por exemplo, quais as metas específicas do projeto e as entregas principais (escopo)? Quais tarefas serão realizadas para concluir as entregas (EAP)? Como as tarefas são sequenciadas (rede)? Quando as tarefas serão realizadas (cronograma)? Quais recursos são necessários para concluir as tarefas (cronograma de recursos)? Quais são os custos estimados das tarefas (orçamento em fases cronológicas)? Quais desempenhos serão medidos e como (métricas de variação)? Como as informações serão coletadas e distribuídas (plano de comunicação)? Quais riscos de projetos serão identificados e como serão tratados (plano de risco)? Quais fornecedores serão acionados para o aprovisionamento?

Gate 4: Decisão sobre avaliação do progresso
- O projeto ainda está alinhado com os requisitos comerciais?
- As atividades são concluídas de acordo com o plano do projeto?
- Os requisitos técnicos do projeto estão sendo satisfeitos?
- Os contratados estão satisfazendo os requisitos de desempenho definidos?
- Existem medidas corretivas urgentes que precisam ser tomadas rapidamente?
- Os desempenhos de tempo, custo e escopo estão dentro de limites aceitáveis?
- Os objetivos do projeto mudaram?
- Quais riscos podem ser eliminados?

A sua revisão de *avaliação do progresso* abarca as atividades de controle para acompanhar o progresso, identificar variações em relação ao plano e tomar medidas corretivas. Um grande pedaço dos requisitos de dados da revisão de fase são simplesmente medidas em relação ao plano do projeto. Acompanhar o progresso e identificar variações em relação a escopo, tempo, orçamento e controle de mudanças e riscos identificados são coisas fáceis de fazer com os softwares disponíveis (Capítulos 7 e 13). Por exemplo, se o projeto não está indo de acordo com o planejado, o seu plano de avaliação de riscos pode ajudá-lo a tomar uma decisão. Além dessas mensurações quantitativas, existem sempre "questões" que merecem atenção. Ademais, a prioridade do projeto precisa ser verificada em relação à estratégia para determinar se essa mensuração ainda é válida. Senão, pode ser preciso modificar o escopo ou matar o projeto. Don Kingsberry, diretor do Escritório Global de Gerenciamento de Projetos da HP, descreve sucintamente a revisão de fase de progresso da HP: "Temos 42 verificações da saúde dos projetos atuais. Olhamos riscos, questões, análise de caminho crítico, análise de recursos, patrocínio, alinhamento com a estratégia, métricas de valor agregado, dependências e outros fatores que afetam as restrições triplas do gerenciamento de projetos: tempo, custo e escopo" (ver Boyer [2003] para mais informações sobre os esforços da HP).

Gate 5: Fechamento
- O projeto entregou os resultados comerciais? As métricas e benefícios usados para justificar o projeto foram atingidos?
- Os objetivos do escopo do projeto foram satisfeitos?
- O custo e o cronograma do projeto foram cumpridos?
- Os contratos foram encerrados?
- Os usuários finais estão satisfeitos?
- A equipe recebeu reconhecimento e foi realocada?
- A cultura organizacional era adequada para este tipo de projeto?
- O suporte da gerência sênior foi adequado?
- As pessoas certas foram designadas para o projeto?
- Os riscos do projeto foram identificados e avaliados de maneira realista?
- A tecnologia estava além das nossas competências?
- Como o projeto será entregue?

> **CASO PRÁTICO** — Benefícios acessórios da revisão de fases
>
> Um gerente de uma empresa de alta tecnologia relatou aos autores que "a revisão de fases é a melhor coisa que já aconteceu a esta empresa – melhor do que torta de maçã. Fazemos rodízio entre os gerentes médios no comitê de supervisão de projetos para que sejam expostos o máximo possível". Atuar no comitê de supervisão traz grandes recompensas para a empresa e o profissional. A seguir, expomos o núcleo da conversa:
>
> Primeiro, o processo em si atualiza a todos os envolvidos. Todo mundo é constantemente lembrado sobre a visão estratégica da empresa e como o projeto dá suporte a ela. Segundo, atuar em um comitê de revisão ou supervisão dá um *insight* mais realista, fomentando mais entendimento e tolerância sobre as mudanças que precisam ocorrer. Atuar no comitê de supervisão é o veículo de aprendizado mais barato e recompensador que já tivemos. O melhor de tudo é que o treinamento é duradouro e a visão holística aprendida é transferida aos outros. O custo de atuar no comitê de supervisão é quase zero. Os membros ficam mais habilitados a dar suporte e auxílio para que os projetos cheguem a uma conclusão veloz e bem-sucedida. Em seguida, a abordagem em fases limita a fluência de escopo, uma questão constante em todos os nossos projetos. Finalmente, o essencial é que o número de projetos inúteis praticamente desapareceu – projetos "xodó" ficam expostos, os recursos são usados com mais eficácia e a maioria dos projetos termina dentro do prazo e do orçamento. A revisão de fases mudou toda a cultura da nossa empresa e a maneira como os projetos são administrados.
>
> Uma outra função-chave de supervisão é fazer o *benchmarking* da sua maturidade em gerenciamento de projetos contra os outros do seu setor.

As atividades de *fechamento* e lições aprendidas seguem de perto as atividades de fechamento constantes no capítulo sobre auditoria. Algumas empresas amarraram as fases 5 e 6 – fechamento, revisão pós-projeto e lições aprendidas – e uma só barreira.

Gate 6: Revisão pós-projeto e lições aprendidas

- Nós identificados o que deu errado e o que contribuiu para o sucesso?
- As mudanças para melhorar a entrega de projetos futuros foram comunicadas e arquivadas?
- Foi identificado um proprietário de cada retrospectiva?
- O que prejudicou ou contribui para a entrega do ROI ou dos resultados comerciais esperados?
- Os outros podem aprender com esta experiência?
- Quais mudanças de escopo ou de qualidade foram efetuadas?
- Quem será responsável pelo arquivamento das lições aprendidas?

As perguntas apresentadas para cada fase apenas tocam a superfície das encontradas na prática. Alguns são formalizados; outros, muito porosos e menos estruturados, mas todos os modelos de revisão de fase são desenhados para verificar o gerenciamento do projeto desde a seleção até as lições aprendidas. Os principais benefícios do uso de revisão de fases são:

- Dá excelente treinamento para estafe funcional atuando em grupos de revisão de supervisão.
- Estimula uma perspectiva maior e o papel dos projetos dentro da empresa.
- É um processo nítido, facilmente entendido e aplicável a todos os projetos do portfólio.
- Proporciona um processo estruturado para o escritório de projetos seguir em todos os projetos.
- Elimina projetos de pouco valor.
- Auxilia uma tomada de decisão mais veloz, com entregas predefinidas para cada barreira.

Consulte o "Caso Prático: Benefícios acessórios da revisão de fases" para ver a opinião de um gerente de projetos sobre os benefícios do *phase gate*.

Gerenciamento de projetos da organização no longo prazo

Maturidade de gerenciamento de projetos na organização

Auditorias individuais e revisões de barreiras de fase podem render lições preciosas para os membros da equipe. Uma visão mais abrangente, de um ponto de vista organizacional, utiliza um modelo de maturidade de projeto que almeja a meta infinita de melhorar continuamente o gerenciamento de projetos. É fato reconhecido que as empresas orientadas por projetos que têm níveis mais altos de maturidade são mais bem-sucedidas no seu gerenciamento do que as que carecem de programas de maturidade de projetos. A maturidade em projetos tornou-se vantagem competitiva. As empresas estão cada vez mais utilizando terceirizados ou contratados externos e RFP (solicitações de propostas) para procurar contratados com altos níveis de maturidade. Harold Kerzner, professor e consultor de gerenciamento de projetos, defende ardorosamente a busca da maturidade:

> Uma vez que muitos executivos hoje veem a própria empresa como um fluxo de projetos, o gerenciamento de projetos permeia a empresa toda, tornando obrigatória a maturidade. Assim, apenas as empresas que querem permanecer ativas e competitivas devem buscá-la. A alternativa é bastante desagradável (Citado em MUELLER, 2005).

A finalidade de todos os modelos de maturidade (e há muitos disponíveis) é possibilitar que as empresas avaliem seu progresso na implementação das melhores práticas do seu setor e estejam sempre se aprimorando. É importante compreender que o modelo não garante sucesso: ele apenas serve como um termo de comparação e um indicador de progresso.

O termo *modelo de maturidade* foi cunhado no fim da década de 1980 em um estudo de pesquisa do governo dos Estados Unidos e do Instituto de Engenharia de Software (SEI) da Carnergie Mellon University. O governo queria uma ferramenta para predizer o desenvolvimento bem-sucedido de software por parte de contratados. O resultado dessa pesquisa foi o Modelo de Maturidade da Capacitação (CMMI). O modelo está focado em guiar e assessorar empresas na implementação de melhores práticas concretas de gerenciamento de projetos de desenvolvimento de software. Desde o seu desenvolvimento, o modelo é usado em todos os setores da economia.

O CMMI foi substituído em 2004 pela versão do Project Management Institute (PMI) do Modelo de Maturidade Organizacional em Gerenciamento de Projetos. A última versão é chamada de OPM3 (acesse *www.pmi.org/opm3*). Em geral, esses modelos são divididos em um *continuum* de camadas de crescimento: inicial, repetível, definido, gerenciado e otimizado. A Figura 16.4 apresenta a nossa versão, com generosos empréstimos de outras.

Nível 1: Gerenciamento de projetos ad hoc   Não há um processo consistente de gerenciamento de projetos em operação. O modo como o projeto é administrado depende das pessoas envolvidas. As características deste nível incluem:

- Não existe um sistema formal de seleção de projetos – os projetos são feitos porque as pessoas assim o decidem ou porque um gerente de alto escalão manda que sejam feitos.
- A maneira como os projetos são gerenciados varia com as pessoas, sendo, portanto, imprevisível.
- Não são feitos investimentos em treinamento de gerenciamento de projetos.
- O trabalho nos projetos é uma luta, pois vai contra a maré das políticas e procedimentos estabelecidos.

FIGURA 16.4
Modelo de maturidade em gerenciamento de projetos

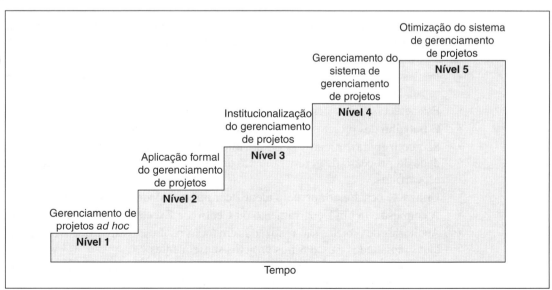

Nível 2: Aplicação formal do gerenciamento de projetos A empresa aplica procedimentos e técnicas estabelecidos de gerenciamento de projetos. Este nível, do qual algumas características são relatadas a seguir, muitas vezes, é marcado por tensão entre gerentes de projetos e de linha, que precisam redefinir seus papéis:

- São usadas abordagens padronizadas para gerenciar projetos, incluindo declarações de escopo, EAP e listas de atividade.
- A ênfase de qualidade se dá sobre o produto ou resultado do projeto, sendo inspecionada em vez de embutida.
- A empresa está se direcionando a uma matriz mais forte, com os gerentes de projetos e de linha trabalhando seus respectivos papéis.
- O reconhecimento da necessidade de controle de custos, e não apenas de gerenciamento de tempo e escopo, é crescente.
- Não é estabelecido um sistema formal de seleção de prioridades de projetos.
- Dá-se treinamento limitado de gerenciamento de projetos.

Nível 3: Institucionalização do gerenciamento de projetos Estabelece-se um sistema de gerenciamento de projetos abrangendo a empresa toda, talhado às suas necessidades específicas e com a flexibilidade para adaptar o processo às características únicas do projeto. As características deste nível incluem:

- Um processo estabelecido para gerenciar projetos fica evidente por meio de modelos de planejamento, sistemas de relatório de *status* e listas de verificação para cada estágio do ciclo de vida do projeto.
- São usados critérios formais para escolher projetos.
- O gerenciamento de projetos é integrado com gestão da qualidade e engenharia concorrente.
- As equipes de projetos tentam embutir a qualidade, e não simplesmente inspecioná-la.
- A empresa se direciona a um sistema de recompensas baseado em equipe para reconhecer a execução do projeto.
- Deriva-se a avaliação de risco da EAP, havendo análises técnicas e insumos do cliente.
- A empresa oferece treinamento expandido em gerenciamento de projetos.
- São usados orçamentos em fases cronológicas para mensurar e monitorar o desempenho com base em análise de valor agregado.
- Desenvolve-se um sistema específico de controle de mudanças de requisitos, custos e cronograma para cada projeto, havendo um sistema de autorização de trabalho ativo.
- Auditorias de projetos tendem a ser realizadas apenas quando o projeto fracassa.

Nível 4: Gerenciamento do sistema de gerenciamento de projetos A empresa desenvolve um sistema para gerenciar múltiplos projetos alinhados às suas metas estratégicas. As características deste nível incluem:

- Pratica-se gerenciamento de portfólio de projetos; os projetos são selecionados com base na capacidade de recursos e na contribuição para as metas estratégicas.
- Estabelece-se um sistema de prioridades de projetos.
- O trabalho dos projetos é integrado às operações existentes.
- São concebidas iniciativas de aprimoramento da qualidade para melhorar tanto a qualidade do processo de gerenciamento de projetos quanto a qualidade dos produtos e serviços específicos.
- Utiliza-se benchmarking para identificar oportunidades de melhoria.
- A empresa tem um Departamento ou Centro de Excelência de Gerenciamento de Projetos.
- Auditorias de projetos são realizadas em todos os projetos significativos, sendo as lições aprendidas registradas e usadas nos projetos subsequentes.
- Estabelece-se um sistema de informações integrativo para acompanhar o uso de recursos e o desempenho de todos os projetos significativos.

Nível 5: Otimização do sistema de gerenciamento de projetos   O foco está na melhoria contínua por meio de avanços incrementais das práticas existentes e inovações que usem novas tecnologias e métodos. As características incluem:

- Afina-se um sistema de informação de gerenciamento de projetos; informações específicas e agregadas são fornecidas a diferentes partes interessadas.
- A empresa não é orientada por políticas e procedimentos, mas por uma cultura informal que valoriza o aprimoramento.
- Existe maior flexibilidade na adaptação do processo de gerenciamento de projetos às demandas dos projetos específicos.

O progresso de um nível para o outro não se dá da noite para o dia. O Software Engineering Institute estima os seguintes tempos médios para a passagem:

- Nível de maturidade 1 a 2 – 22 meses.
- Nível de maturidade 2 a 3 – 29 meses.
- Nível de maturidade 3 a 4 – 25 meses.
- Nível de maturidade 4 a 5 – 13 meses.

Por que demora tanto? Uma razão é simplesmente a inércia organizacional. É difícil para as organizações sociais instituir modificações significativas ao mesmo tempo em que mantêm a eficácia comercial. "Como achar tempo para mudar, se estamos tão ocupados só de tentar nos mantermos na superfície?"

Uma segunda razão significativa é que não se pode pular nenhum nível. Assim como uma criança não pode evitar as provações e atribuições de ser adolescente, as pessoas em uma organização precisam passar pelos desafios e problemas únicos de cada nível para chegar ao seguinte. Naturalmente, um aprendizado dessa magnitude toma tempo e não pode ser evitado por meio de soluções provisórias ou paliativas.

As nossas estimativas aproximadas são que a maioria das empresas está na luta para passar do nível 2 para o nível 3 e que há menos de 10% das empresas praticando ativamente o gerenciamento de projetos no nível 4 ou 5. Recorde que a maturidade em projetos não é o final de uma sequência, mas um processo infinito de melhoria contínua. Em seguida, discutidos uma visão sobre o sucesso dos projetos selecionados ao longo do tempo.

O modelo do *balanced scorecard*

Os modelos de seleção de prioridades de projetos escolhem as ações (projetos) que dão mais suporte à estratégia organizacional. O modelo do *balanced scorecard* difere dos modelos de seleção ao examinar os projetos por um horizonte mais longo – de 5 a 10 anos após o projeto ser implementado. Ele é mais "macro" em sua perspectiva do que os modelos de seleção de projetos e mede os resultados das principais atividades realizadas para dar suporte à visão geral, missão e metas da empresa. Ele ajuda a responder a duas perguntas: escolhemos os projetos certos? Os projetos contribuíram para a direção estratégica de longo prazo da empresa? American Express, Ministério do Transporte dos Estados Unidos, ExxonMobil, Kaiser Permanente, National Semiconductor e outros estão usando os próprios modelos customizados do *balanced scorecard*. (Kaplan and Norton, 1992.)

O modelo do *scorecard* limita as medidas de desempenho às metas em quatro áreas principais: *cliente, interno, inovação e aprendizado* e *medidas financeiras*. Por exemplo, uma medida de desempenho para um cliente pode ser classificação no setor por vendas, qualidade ou projetos no prazo. Medidas internas que influenciam as ações dos funcionários podem ser tempo até o mercado ou redução do tempo de desenho até o produto final. Medidas de inovação e aprendizado frequentemente lidam com inovação e melhoria de processo e produto. Por exemplo, muitas vezes se usa a porcentagem de vendas ou lucro com produtos novos como uma meta de desempenho e medida. As economias com melhoria de projetos obtidas em contratos de parceria são outro exemplo de medida de inovação e aprendizado. Por fim, medidas financeiras como ROI, fluxo de caixa e projetos dentro do orçamento refletem melhorias e ações que contribuem com valor para o resultado financeiro.

Essas quatros perspectivas e medidas de desempenho mantêm a visão e a estratégia no primeiro plano das ações dos funcionários. O pressuposto básico por trás do modelo do *balanced scorecard* é que as pessoas tomarão as providências necessárias para melhorar o desempenho da empresa nas medidas e metas dadas. O modelo do *balanced scorecard* e os modelos de seleção de prioridades nunca devem conflitar. Se existir conflito, os dois modelos devem ser revistos e os conflitos, eliminados. Quando ambos os modelos são usados em empresas orientadas por projetos, reforçam-se o foco na visão, a estratégia e a implementação. Ambos os modelos estimulam os funcionário a determinar as ações necessárias para aprimorar o desempenho.

Resumo

As práticas de supervisão são dirigidas à melhoria do modo como a empresa gerencia todos os projetos. Supervisão ou governança em empresas multiprojetos vem auxiliando a tendência de integração nas últimas três décadas. A centralização das atividades de gerenciamento de projetos tornou-se imperativa à medida que os projetos se fizeram mais numerosos, tornando-se o meio para implementar a estratégia da empresa. Portfólios de projetos e escritórios de projetos servem para obter controle centralizado sobre todos os projetos da empresa. O ambiente multiprojetos também funciona como um estímulo para verificações de barreiras de fase em diversos pontos ao longo do ciclo de vida do projeto. O *benchmarking* da maturidade do gerenciamento de projetos emergiu rapidamente quando as grandes empresas perceberam a quantidade de recursos organizacionais dedicados a projetos e a importância dos projetos para fazer frente à concorrência. A necessidade de avaliar o valor a longo prazo dos projetos selecionados no decorrer de vários anos continua a aumentar todo ano. A metodologia do *balanced scorecard* parece satisfazer essa necessidade. Dito de forma sucinta, as principais metas da supervisão de projetos são garantir a alocação eficaz dos recursos da empresa e melhorar o gerenciamento dos projetos. Atividades de supervisão continuam sendo adotadas pela maioria das empresas que participam da economia global. As atividades de supervisão não se limitam apenas a empresas grandes: elas seguem descendo a pirâmide de tamanho, chegando às empresas menores, onde o gerenciamento de projetos exitoso pode ser uma vantagem competitiva considerável.

O modo como os projetos são gerenciados na sua empresa depende muito do nível de maturidade e da supervisão de projetos. À medida que a supervisão continuar evoluindo, você precisará enxergar seu trabalho como gerente de projetos a partir de uma perspectiva mais ampla e de cima para baixo sobre o gerenciamento de projetos na empresa, e até mesmo na totalidade do gerenciamento de projetos.

Termos-chave

Balanced scorecard, 507
Barreira de fase, *500*
Escritório de projetos (PO), *497*
Gerenciamento de portfólio, *497*

Maturidade de gerenciamento
   de projetos, *504*
Supervisão, *496*

Questões de revisão

1. Quais são as principais forças econômicas que servem com ímpeto para utilizar ferramentas e processo de supervisão/governança?
2. A presidente da Super Web Design pediu que você justificasse as atividades presentes e futuras de supervisão. Atenda ao seu pedido.
3. Quais são as três maiores vantagens do modelo de maturidade para a empresa?
4. "Não somos grandes o suficiente para ter um escritório de projetos, mas precisamos da disciplina dos métodos e padrões de gerenciamento de projetos". Quais conselhos você daria ao CEO dessa empresa? Justifique.
5. Explique a um colega da faculdade os principais benefícios da supervisão de gerenciamento de projetos para a empresa.

Exercício

1. Releia o caso "Um Dia Qualquer", no Capítulo 1. Como você avaliaria a eficácia da Rachel, agora que você estudou gerenciamento de projetos? Qual parte da experiência dessa gerente contribui para o próprio sucesso?

Referências

Archibald, Russell D., "The Interfaces between Strategic Management of an Enterprise and Project Portfolio Management within the Enterprise," *Proceedings of 22nd IPMA World Congress,* "Project Management to Run," Rome, Italy, November 2008, pp. 9-11.

Archibald, Russell D., "Five Decades of Modern Project Management: Where It Came From –Where It's Going," *PM World Today,* Vol. XI, Issue X, October 2009.

OcBaker, B., "The Nominees Are...," *PM Network,* Vol. 18, No. 6, June 2004, p. 23.

Boyer, C., "Make Profit Your Priority," *PM Network,* Vol. 17, No. 10, October 2003, p. 40.

Cooper, R. G., *Product Leadership: Creating and Launching Superior New Products* (Cambridge, MA: Perseus Publishing, 2000).

Cooper, R. G., S. J. Edgett, and E. J. Kleinschmidt, *Portfolio Management for New Products* (Reading, MA: Addison-Wesley, 1998).

Ibbs, C. W., and Y. H. Kwak, "Assessing Project Maturity," *Project Management Journal,* Vol. 31, No. 1, March 2000, pp. 32-43.

Jafari, Ali, "Bridging the Gap," *The Project Manager (The Magazine of the Australian Institute of Project Management),* Vol. 29, No. 4, June/July 2010, pp. 24-26.

Kaplan, R. S., and D. Norton, "The Balanced Scorecard – Measures that Drive Performance," *Harvard Business Review,* January-February 1992, pp. 73-79.

Nota: uma simulação em CD (em inglês) está disponível no Harvard Customer Service, Product 8387. Ela é interativa e oferece uma experiência prática para aprender mais sobre o método.

Morris, P. W., and A. Jamieson, "Moving from Corporate Strategy to Project Strategy," *Project Management Journal,* Vol. 36, No. 4, December 2005, pp. 5-18.

Mueller, E., "Maturity, Do or Die?" *PM Network,* Vol. 20, No. 2, February 2006, p. 32.

Norrie, J., and D. H. T. Walker, "A Balanced Scorecard Approach to Project Management Leadership," *Project Management Journal,* Vol. 35, No. 4, December 2004, pp. 47–56. "Pull the Plug," *PM Network,* Vol. 20, No. 6, June 2006, pp. 39-42.

PMI Report, "PMI's Pulse of the Profession," March 2012, Project Management Institute, p. 7.

Rover, I., "Why Bad Projects Are So Hard to Kill," *Harvard Business Review,* February 2003, pp. 49-56.

Stewart, W. E., "Balanced Scorecard for Projects," *Project Management Journal,* Vol. 32, No. 1, March 2001, pp. 38-47. (2000 International Student Paper Award Winner.)

Caso | Não me diga o que você fez. Diga-me o que você fará

A empresa fundiu-se com outra maior e que tem uma linha semelhante de produtos de TI. Uma das principais metas da fusão era poupar custos, eliminando duplicação e melhorando o gerenciamento. Algumas semanas antes da fusão, Lauren (nome fictício) fora promovida a diretora do escritório de projetos da empresa menor. Ela imaginava que o cargo seria absorvido pelo escritório de projetos da empresa maior. Lauren estava psicologicamente preparada para começar a procurar emprego. Talvez ela devesse trocar de carreira e voltar a um emprego em que usasse seu bacharelado em ciências políticas. Duas semanas após a conclusão da fusão, algumas pessoas (incluindo ela) receberam uma carta para se apresentar a uma entrevista com o vice-presidente de "conversão" da gerência sênior da nova empresa. Lauren passou três dias reunindo material para fundamentar todas as suas realizações passadas, demonstrar suas habilidades potenciais e mostrar seu valor potencial para a nova empresa. Quando o grande dia chegou, Lauren entrou na sala do entrevistador com uns 20 cm de material. Ela realmente se preparou!

Os primeiros minutos foram empregados explicando suas funções anteriores na empresa, no novo escritório de projetos e outras amenidades. Ela explicou ao vice-presidente que trouxera todas as informações para embasar o que dizia e que ele podia ficar com elas, se quisesse. Ele respondeu:

"Não estou tão interessado nas suas realizações passadas quanto estou nas suas possíveis realizações futuras. Eis o que é necessário: os projetos comem cerca de 40% das nossas despesas anuais. Precisamos cortar 10 milhões dessas despesas. Diga-me em cinco minutos como você fará isso e como será verificado".

A sua última frase ao fim de quatro minutos foi: "Eu posso lhe dar 5 milhões até o ano que vem. Dez milhões já são demais".

A sua réplica foi: "Lauren, você consegue 5 milhões em seis meses?".

(Gulp.) "Tenho certeza que sim."

"Parabéns, Lauren, você é a nova diretora do escritório de projetos desta divisão continental."

Em até 500 palavras, escreva o que você acha que Lauren poderia ter usado como principais argumentos para conseguir o cargo.

CAPÍTULO DEZESSETE

Introdução ao gerenciamento ágil de projetos

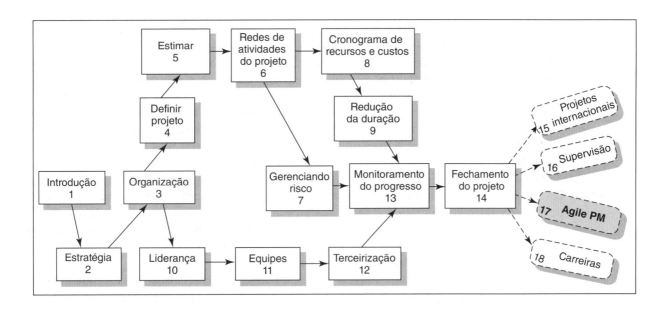

Uma Introdução ao gerenciamento ágil de projetos
Métodos tradicionais *versus* gerenciamento ágil
Gerenciamento ágil
Gerenciamento ágil de projetos em ação: Scrum
Aplicação de gerenciamento ágil em projetos grandes
Limitações e problemas
Resumo

Sabemos menos sobre o projeto hoje do que em qualquer momento do futuro.

— Chet Hendrickson

Quando o gerenciamento de projetos ingressou no novo milênio, muitos profissionais perceberam que os métodos de gerenciamento de projetos "tamanho único" não satisfaziam as suas necessidades. Isso se aplicava especialmente àqueles que trabalhavam em projetos de desenvolvimento de software e produtos, em que o produto final não é bem-definido e evolui com o tempo. Esse ambiente de projeto exige flexibilidade e a capacidade de administrar mudanças à medida que mais informações e aprendizados surgem. Aí entra o **gerenciamento ágil de projetos** (Agile PM, do inglês *Agile Project Management*). Em vez de tentar planejar todo o projeto desde o início, o gerenciamento ágil de projetos se utiliza de ciclos de desenvolvimento incrementais e iterativos para concluir projetos.

Ken Schwaber usa a analogia da construção de uma casa para explicar a diferença entre desenvolvimento incremental e iterativo e o gerenciamento de projetos tradicional.[1] A abordagem tradicional seria quando os compradores não podem se mudar para a casa até ela estar totalmente pronta. A abordagem iterativa seria construir a casa aposento por aposento. A hidráulica, a elétrica e a infraestrutura seriam feitas primeiro para o aposento mais importante (por exemplo, a cozinha), sendo, então estendidas para cada cômodo à medida fossem construídos. Sempre que finalizado um cômodo, os construtores e os clientes avaliariam o progresso e fariam ajustes. Em alguns casos, os clientes podem decidir que não precisam daquele aposento extra que planejaram. Em outros casos, eles podem fazer acréscimos que não sabiam que precisariam ter. Em última instância, a casa é construída para se adequar aos desejos dos clientes.

O gerenciamento ágil é ideal para projetos exploratórios, em que os requisitos precisam ser descobertos e novas tecnologias têm de ser testadas. Ele enfoca a colaboração ativa entre a equipe do projeto e os representantes do cliente, fragmentando os projetos em pequenos pedaços funcionais e adaptando-os aos requisitos em mudança. Embora princípios de desenvolvimento iterativo já circulem há algum tempo, foi apenas recentemente que as metodologias de gerenciamento ágil fincaram raízes no gerenciamento de projetos.

Neste capítulo, os princípios centrais do gerenciamento ágil são discutidos e comparados aos métodos tradicionais de gerenciamento de projetos. Uma metodologia de gerenciamento ágil específica, chamada Scrum, é usada para descrever o funcionamento desses princípios. O capítulo termina com um debate sobre limitações e problemas. O objetivo não é fazer um relatório completo sobre todos os métodos associados ao gerenciamento ágil, mas mostrar como ele funciona.

Métodos tradicionais *versus* gerenciamento ágil

As abordagens tradicionais do gerenciamento de projetos se concentram firmemente no planejamento completo desde o início. A lógica é que se você planejar, executar seu plano e corrigir eventuais desvios, você tem uma alta probabilidade de sucesso. Após o escopo do projeto estar firmemente estabelecido, todos os detalhes do projeto são definidos por meio da EAP. A maioria dos problemas e riscos é identificada e avaliada antes de o projeto começar. Estimativas são feitas, recursos são atribuídos, ajustes são efetuados e, por fim, criam-se um cronograma e um orçamento de linha de base. O controle do projetos é uma comparação entre planejado e efetivo e medidas corretivas para voltar ao planejado.

O gerenciamento de projetos tradicional exige um grau bem alto de previsibilidade para ser eficaz. Para que os planos sejam úteis, os gerentes precisam ter uma ideia firme sobre o que deve

---

[1] Schwaber, K., *Project Management with Scrum*, (Seattle: Microsoft, 2004) p. xviii.

FIGURA 17.1
Incerteza do projeto

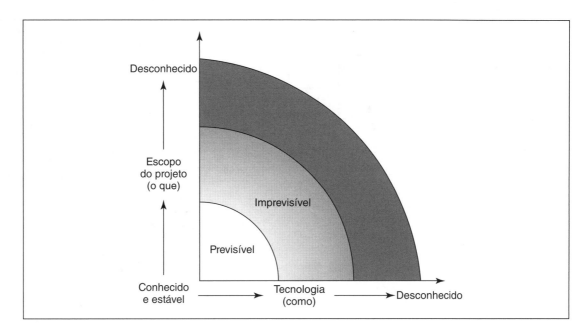

ser realizado e como fazê-lo. Por exemplo, quando se trata de construir uma ponte sobre um rio, os engenheiros podem se basear em tecnologia comprovada e princípios de desenho para planejar e executar o projeto. Nem todos os projetos desfrutam dessa certeza. A Figura 17.1 diz respeito a essa questão e é, muitas vezes, usada para auxiliar o uso do Gerenciamento ágil.

A incerteza do projeto varia em relação à medida que o escopo do projeto é conhecido e estável e em que a tecnologia a ser usada é conhecida e comprovada. Muitos projetos, como o exemplo da ponte, assim como outros de construção, eventos, extensões de produto, campanhas de marketing etc., têm escopos bem-estabelecidos e utilizam tecnologia comprovada, o que dá um grau de previsibilidade para um planejamento eficaz. No entanto, quando o escopo e/ou a tecnologia do projeto não são completamente conhecidos, as coisas tornam-se muitos menos previsíveis e os métodos guiados por planos fracassam.

Por exemplo, antes do gerenciamento ágil, os projetos de desenvolvimento de software utilizavam uma abordagem em "cascata", que contém uma série de fases lógicas, em que o progresso flui de uma fase para a próxima (Figura 17.2). O principal pressuposto é que os requisitos essenciais podem ser definidos desde o início para que o software possa ser desenhado, criado e testado. Projetos de software normalmente envolvem muitos clientes diferentes, com diferentes necessidades. Essas necessidades mudam frequentemente, dificultando, muitas vezes, a articulação entre elas. Em muitos casos, os clientes só começam a entender o que realmente desejam quando alguém lhes diz o que querem. Nessas condições, seria difícil (e talvez inútil) desenvolver uma lista detalhada de requisitos de escopo no lançamento do projeto. Essa é uma das principais razões por que os projetos de software que utilizam a abordagem em cascata têm um histórico de atrasos e/ou cancelamentos.

A tecnologia pode ser outra fonte de imprevisibilidade. Por exemplo, uma equipe de desenvolvimento encarregada de desenhar a próxima geração de carros elétricos sabe que deve criar um veículo que acomode quatro adultos com conforto e faça 360 km por carga, mas pode não saber se existe tecnologia de bateria para abastecê-lo. Novamente, seria muito difícil desenvolver um cronograma confiável quando dúvidas assim existem.

O ponto principal é que as técnicas tradicionais de gerenciamento de projeto foram desenvolvidas para funcionar em uma zona previsível, em que o escopo do projeto é razoavelmente bem-definido e a tecnologia a ser usada é estabelecida. O gerenciamento ágil vive na zona da imprevisão. Ele representa um afastamento fundamental em relação à abordagem tradicional do gerenciamento de projetos impulsionado por planos, adotando uma abordagem mais experimental e adaptativa ao gerenciamento de projetos. Os projetos não são executados: eles evoluem. A Tabela 17.1 exibe algumas das diferentes entre o gerenciamento ágil e o gerenciamento de projetos tradicional.

FIGURA 17.2
A abordagem em cascata do desenvolvimento de software

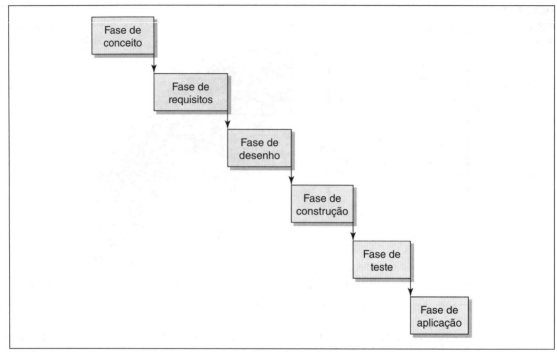

Gerenciamento ágil

Fundamentalmente, o **gerenciamento ágil** está relacionado com a metodologia de planejamento e programação de projetos em ondas sucessivas (Capítulo 5). Isso significa que o desenho final do projeto não é conhecido em grandes detalhes, sendo continuamente desenvolvido por meio de uma série de iterações incrementais ao longo do tempo. As iterações são pequenas janelas de tempo ("caixas de tempo"), normalmente de 1 a 4 semanas. O objetivo é que cada iteração desenvolva um produto maleável que satisfaça um ou mais atributos do produto, a fim de demonstrá-los ao cliente e outras partes interessadas. No fim de cada iteração, as partes interessadas e os clientes revisam o progresso e reavaliam as prioridades para assegurar o alinhamento com as necessidades do cliente e as metas da empresa. São feitos ajustes e um novo ciclo iterativo começa. Cada nova iteração incorpora o trabalho das anteriores e acrescenta novas capacidades ao produto em evolução (Figura 17.3) para gerar a próxima versão expandida do produto. Consulte o "Caso Prático: IDEO – Mestres do design" para ver um exemplo de desenvolvimento iterativo em ação.

Processos de desenvolvimento iterativo trazem as seguintes vantagens:
- Integração, verificação e validação contínuas do produto em evolução.
- Demonstração frequente do progresso para aumentar a probabilidade de que o produto final satisfaça as necessidades do cliente.
- Detecção precoce de defeitos e problemas.

TABELA 17.1
Gerenciamento de projetos tradicional *versus* gerenciamento ágil

Tradicional	Ágil
Desenho no início	Desenho contínuo
Escopo fixo	Escopo flexível
Entregas	Atributos/requisitos
Congelar o desenho assim que possível	Congelar o desenho o mais tarde possível
Baixa incerteza	Alta incerteza
Evita a mudança	Incorpora a mudança
Baixa interação com o cliente	Alta interação com o cliente
Equipes de projeto convencionais	Equipes de projeto auto-organizadas

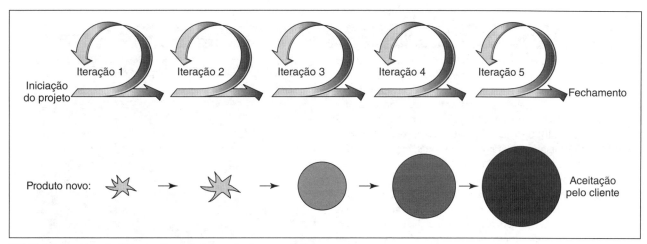

FIGURA 17.3 Desenvolvimento de produto iterativo incremental

Existem evidências crescentes de que o desenvolvimento iterativo e evolutivo é superior ao gerenciamento de projetos guiado por plano quando se trata de criar produtos (leia o "Destaque de Pesquisa: Práticas de Desenvolvimento de Produto que Funcionam").

Deve-se observar que o gerenciamento ágil não é um método fixo, mas uma família de métodos concebidos para responder aos desafios de projetos imprevisíveis. Listamos aqui alguns dos mais populares:

Scrum	RUP (Rational Unified Process)
Extreme Programming (XP)	Crystal Clear
Gerenciamento ágil	Dynamic Systems Development Method (DSDM)
Lean Development	Rapid Product Development (RPD)

Apesar de cada um desses métodos ter elementos e aplicações únicos, a maioria se baseia nos seguintes princípios do gerenciamento ágil:

- Foco no valor para o cliente – Priorização de requisitos e atributos guiados por negócios.
- Entrega iterativa e incremental – Criação de um fluxo de valor para os clientes ao "quebrar" a entrega do projeto em pequenos incrementos funcionais.
- Experimentação e adaptação – Teste de pressupostos no início e criação de protótipos funcionais para solicitar *feedback* do cliente e refinar os requisitos do produto.
- Auto-organização – Decisão, entre os membros da equipe, de quem fará o quê.
- Melhoria contínua – As equipes refletem, aprendem e se adaptam às mudanças; o trabalho dá forma ao plano.

A metodologia gerenciamento ágil conhecida como "Scrum" será usada para ilustrar como esses princípios centrais são postos em ação.

Gerenciamento ágil de projetos em ação: Scrum

O Scrum pode ser rastreado até o trabalho de Hirotaka Takeuchi e Ikujiro Nonaka que, em 1986, descreveram uma nova abordagem holística para o desenvolvimento de produtos comerciais. Eles comparam essa abordagem, em que uma equipe transfuncional colabora para desenvolver um produto, com o rúgbi, em que todo o time "tenta percorrer a distância como uma unidade, passando a bola para a frente e para trás". A metáfora do *scrum* (uma jogada de rúgbi) foi expandida e refinada até um modelo bastante prescritivo, que teve sucesso em projetos de alta tecnologia e desenvolvimento de software (ver "Caso Prático: Busca por Almas após 11/09").

CO Scrum, como outros métodos de gerenciamento ágil, começa com uma alta definição de escopo e estimativas de referência de tempo e custo para o projeto. As estimativas de escopo e

CASO PRÁTICO — IDEO – Mestres do design*

A IDEO, com sede em Palo Alto, Califórnia, é uma das melhores empresas de design do mundo, responsável por um amplo espectro de inovações em produtos, incluindo o primeiro mouse da Apple, a raquete de tênis Airflow da Head, o lavador de salada da Zyliss e os *smartphones* N-Gage da Nokia. Os muitos clientes da IDEO incluem Pepsi-Cola, 3M, Logitech, Nike e HBO. A IDEO ganhou mais prêmios de *Excelência em Design Industrial BusinessWeek/IDSA* do que qualquer outra empresa.

A abordagem da IDEO ao design de produto depende muito de um processo de desenvolvimento iterativo, em que se usam protótipos iterativos para explorar e refinar as ideias de produtos. O CEO, Tim Brown, diz que o objetivo da prototipagem "é aprender sobre os pontos fortes e fracos da ideia e identificar as novas direções que o protótipo pode tomar".

Por exemplo, a IDEO trabalhou com a Procter and Gamble para desenvolver um novo tubo para o creme dental Crest. O desafio era aperfeiçoar a tradicional tampa de rosquear, na qual o creme dental sempre fica incrustado. A primeira solução da IDEO foi uma tampa com dobradiça. No entanto, quando os designers criaram protótipos iniciais e observaram as pessoas a utilizá-los, logo notaram que elas continuavam tentando desenroscar a tampa, apesar de instruídas sobre o novo funcionamento. Os designers concluíram que a ação era um hábito entranhado, provavelmente impossível de eliminar. Assim, conceberam um modelo híbrido: uma tampa de rosquear com rosca curta, fácil de limpar.

A prototipagem focada resolve os problemas críticos um por um. Brown recomenda que os protótipos só devem tomar o tempo e o esforço necessários para gerar *feedback* útil e desenvolver uma ideia.

Por exemplo, a IDEO estava trabalhando em uma cadeira para a Vecta, um fabricante de móveis de escritório de alto padrão. O projeto evoluíra a tal ponto que a alavanca de ajuste de altura que inclinava com a cadeira se tornara decisiva. A equipe não construiu a cadeira inteira, nem mesmo o mecanismo de inclinação; apenas uma pequena alavanca e sua interface com o mecanismo de inclinação. Só levou algumas horas. Quando finalizado, o protótipo demonstrou rapidamente que o princípio funcionaria.

"Não importa quão inteligente você é, a sua primeira ideia sobre uma coisa nunca está certa", diz Brown, "então o grande valor da prototipagem – prototipagem rápida e barata – é que você aprende sobre a ideia e a aprimora".

* J. M. Pethokoukis, "The Deans of Design: From the Computer Mouse to the Newest Swiffer, IDEO is the Firm behind the Scenes," *U.S. News & World Report*, Posted 9-24-2008; T. Brown, "Design Thinking," *Harvard Business Review*, June 2008, pp. 84-95.

---

custo devem ser completas o suficiente para deixar a gerência confortável. A teoria é que, uma vez que os requisitos evoluem com o tempo, planejamento detalhado desde o início é desperdício. No lugar de uma EAP de produto, o Scrum usa *atributos* do produto como entregas. Um **atributo** *é definido como uma parte de um produto que entrega alguma funcionalidade útil a um cliente*. No caso de um projeto de software, um atributo pode ser um cliente bancário conseguir mudar sua senha. No caso de um produto de alta tecnologia, pode ser acesso wireless 3G. Os atributos são priorizados segundo seu mais alto valor percebido. A equipe do projeto trabalha, primeiro, nos atributos viáveis de prioridade mais alta. As prioridades são reavaliadas após cada iteração. As iterações são chamadas de *sprints*, e não devem durar mais de quatro semanas. O objetivo de cada *sprint* é produzir atributos completamente funcionais. Isso força a equipe a resolver decisões difíceis no início para criar um demo funcional.

Os atributos específicos são criados de acordo com quatro fases distintas: análise, desenho, construção e teste (Figura 17.4). Cada atributo pode ser visto como um miniprojeto. A primeira fase compreende a análise e revisão dos requisitos funcionais necessários para concluir o atributo. A equipe se compromete com esses requisitos. A segunda abrange o desenvolvimento de um desenho que satisfaça os requisitos do atributo. A terceira se ocupa da construção do atributo de modo que ele seja funcional. Finalmente, o atributo é testado e documentado. No fim de cada *sprint*, os atributos são demonstrados. Nesse modelo de *sprint*, o Scrum utiliza papéis específicos, reuniões e documentos/registros para administrar o projeto.

DESTAQUE DE PESQUISA — Práticas de desenvolvimento de produto que funcionam*

Alan MacCormack e seus colegas da Harvard Business School realizaram um aprofundado estudo de dois anos com 29 projetos de software que responderam à seguinte pergunta: "O desenvolvimento evolutivo, em oposição ao modelo em cascata, resulta em maior sucesso?". Modelo em cascata é o nome usado na indústria do software para a abordagem tradicional de gerenciamento de projetos, em que uma estrutura analítica de processo (PBS) é utilizada para, primeiro, definir todos os requisitos de início e, então, iniciar uma sequência de desenho, criação, teste e implantação. Ao passo que desenvolvimento evolutivo é o termo para descrever uma abordagem gerenciamento ágil em que os clientes testam versões iniciais do software e os requisitos vão surgindo e sendo refinados a cada demonstração.

Os resultados do estudo favoreceram claramente a abordagem ágil iterativa ao desenvolvimento de software. Diversas práticas essenciais, hoje associadas ao gerenciamento ágil, foram consideradas estatisticamente correlacionadas aos projetos mais exitosos:

1. Um ciclo de vida iterativo, como lançamento precoce do produto em evolução para que as partes interessadas o revisem e deem *feedback*.
2. Incorporação diária de software novo e *feedback* rápido sobre alterações de desenho.
3. Uma arquitetura de produto flexível, modular e escalável.

MacCormack assevera que a incerteza em projetos de software torna necessários "microprojetos" curtos — até o nível dos atributos. Isso não se limita a projetos de software, incluindo qualquer empreitada de produto novo em que a incerteza seja alta e a necessidade de *feedback* do cliente e refinamento, decisiva para o sucesso.

* A. MacCormack, "Product-Development Practices that Work: How Internet Companies Build Software," *MIT Sloan Management Review*, 42(2), 2001, pp. 75-84.

Papéis e responsabilidades

Existem três grandes papéis no processo de Scrum: proprietário do produto, equipe de desenvolvimento e mestre Scrum.

Dono do produto Esta pessoa atua em nome dos clientes/usuários finais, representando seus interesses. Em projetos de desenvolvimento comercial, o proprietário do produto pode ser o gerente de produtos. Em projetos internos, poderia ser o gerente do grupo de negócios que se beneficiará com o produto. Em outros casos, o proprietário poderia ser um representante da empresa cliente. Ele tem a responsabilidade de garantir que a equipe de desenvolvimento concentre esforços em desenvolver um produto que cumpra o objetivo comercial do projeto.

O proprietário, consultando os demais, estabelece uma lista inicial de requisitos do produto e os prioriza no *backlog* de produtos. Frequentemente, os proprietários trabalham com a equipe de desenvolvimento para refinar os atributos por meio de históricos e casos dos usuários finais (por exemplo, quando o usuário aperta a tecla F2, aparece uma janela de opções). Os donos do produto

FIGURA 17.4 Processo de desenvolvimento do Scrum

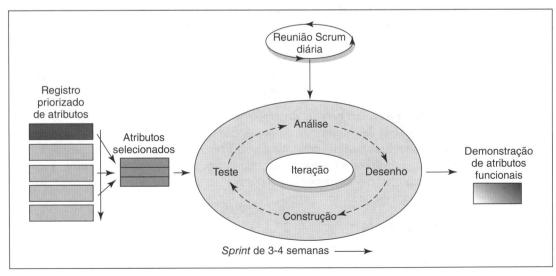

> ### CASO PRÁTICO — Busca por Almas após 11/09*
>
> Mais de 2.792 vidas foram perdidas com a queda do World Trade Center (WTC) em 11 de setembro de 2011. Enquanto as equipes de resgate trabalhavam dia e noite para resgatar os corpos, uma pequena equipe de engenheiros de software de Michigan se lançou à sua identificação.
>
> O município de Nova York contratou Gene Codes, uma empresa de bioinformática de Ann Arbor, Michigan, para reinventar a ciência da identificação de DNA em massa, criando um software que inventariasse e comparasse os restos mortais das vítimas e as unisse às suas famílias. Isso deveria ser feito o mais rápido possível, e sem erros. Os *experts* previam que, com a violência do desabamento e o calor intenso das chamas, no máximo 25% das vítimas seriam identificadas.
>
> A Gene Codes contratou William Wake, um técnico de *software* independente, para trabalhar no projeto com a equipe de oito engenheiros de software da empresa. Wake apresentou o gerenciamento ágil à equipe. Sob a orientação de Wake, criou-se na equipe de programação um ambiente de intensa interação e comunicação, por meio da programação de lançamentos frequentes, moderados por testes constantes e *feedback* dos usuários. Foram feitos testes antes, durante e depois do código ser escrito, para que os mesmos *bugs* (erros) não surgissem duas vezes.
>
> No fim da iteração de cada semana, o estafe organizava uma retrospectiva e assinalava as coisas que funcionaram bem e o que precisava melhorar com *post-its* rosa, verde e amarelo fluorescentes, transformando a parede inteira em um exemplo de arte imitando a vida. Em "Funcionou bem", um adesivo dizia: "Descobri como usar o formulário de *debug* em uma aula de texto com quebra de linha". Um quadradinho na categoria "Precisa melhorar" dizia simplesmente: "Tô cansado".
>
> Seja por patriotismo ou profissionalismo, a equipe chegava todo dia às 7h e trabalhava até a meia-noite. Engenheiros como Dave Relyea só queriam ajudar. "Pensávamos nas vítimas, nas famílias e no pessoal do Instituto Médico Legal trabalhando 24 horas. O que eles estavam passando nos fazia sentir que nenhum trabalho era suficiente."
>
> O produto do seu trabalho foi o Sistema de Identificação de Fatalidades em Massa (M-FISys, do inglês *Mass Fatality Identification System*), contendo mais de 164 mil linhas de código. O M-FISys ligava todas as informações do projeto de identificação: 11.641 amostras de esfregaço de 7.166 familiares; 7.681 pertences pessoais (como escovas de dente e de cabelo) e os resultados de três tipos de teste de DNA; e quase 20 mil restos mortais humanos. As chances de um resultado errado era inferior a 1 em 3,58 milhões.
>
> No fim, com a ajuda do M-FISys, o Instituto Médico Legal de Nova York conseguiu identificar 1.521 das 2.791 pessoas que pereceram no desastre do WTC.
>
> * Melissa Krause, "Soul Searching" *Bio-ITworld*. Acessado em 10/03/2008 em http://www.bio-itworld.com/archive/091103/soul.html.

negociam metas de *sprint* e itens de *backlog* com a equipe de desenvolvimento. Eles têm a opção de modificar atributos e prioridades no fim de cada *sprint*, se desejarem. *No entanto, nenhuma mudança deve ser feita depois do início do sprint.* Os proprietários do produto são o árbitro final quanto a questões de requisitos, tendo o poder de aceitar ou rejeitar cada incremento do produto. No fim, eles acabam decidindo quando o projeto é concluído e são os guardiões da concepção do produto e as sentinelas do custo do projeto.

Equipe de desenvolvimento É responsável por entregar o produto. Uma equipe, normalmente, é formada por cinco a nove pessoas com conjuntos de habilidades transfuncionais. Não existem cargos ou títulos designados: as pessoas assumem diferentes responsabilidades de acordo com a natureza do trabalho. A equipe é **auto-organizada** no sentido de que decide quem realizará o trabalho e como. Para favorecer uma colaboração mais intensa, os membros da equipe devem ser coalocados, trabalhando no mesmo ambiente. Eles têm a responsabilidade de cumprir os compromissos que assumem nas reuniões de planejamento e revisão de *sprint*.

Mestre Scrum (vulgo gerente do projetos) O mestre Scrum facilita o processo e resolve impedimentos no nível da equipe e da empresa. Ele não é o líder da equipe (a equipe lidera a si mesma!), agindo como uma barreira entre ela e a interferência externa. Ele não possui autoridade formal. Em vez disso, é responsável por garantir que o processo Scrum seja seguido. Ele ajuda o proprietário do produto com o planejamento e tenta manter a equipe energizada. O mestre Scrum serve mais como técnico do que como gerente.

Reuniões Scrum

O Scrum usa uma série de reuniões coordenadas para gerenciar o processo de desenvolvimento (Figura 17.5).

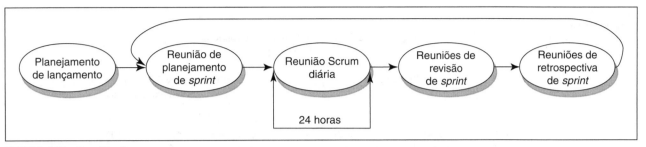

FIGURA 17.5 Reuniões Scrum

Planejamento de lançamento A finalidade do planejamento de lançamento é estabelecer as metas e o plano geral do projeto. O proprietário do produto trabalha com a equipe, o mestre Scrum e outros para resolver a questão de como o projeto pode satisfazer ou exceder as expectativas do cliente e do retorno sobre investimento. Os resultados dessa reunião incluem estabelecer o *backlog* de produtos de prioridade mais alta, os principais riscos, os atributos e as funcionalidades gerais que o produto lançado conterá. A reunião também gera uma data provável de entrega e estimativas iniciais de custo caso nada mude. Então, a gerência pode monitorar o progresso e efetuar mudanças no plano de lançamento *sprint* por *sprint*.

***Planejamento de* sprint** No início de cada *sprint*, o proprietário do produto e a equipe de desenvolvimento negociam quais itens do *backlog* do produto a equipe tentará naquele *sprint*. A responsabilidade do proprietário do produto é identificar quais atributos são mais importantes, e a da equipe é determinar o que é possível dentro do *sprint*. Se for impossível concluir um determinado item-chave em 4 semanas, a equipe trabalha com o proprietário do produto para fragmentar o atributo em pedaços factíveis. Todos os itens assumidos são registrados em um *backlog* de produto. A equipe usa esse produto para priorizar o trabalho específico a ser feito e atribuir responsabilidades iniciais, tarefas essas registradas no *backlog* de *sprint*. Após o encerramento da reunião, as metas do *sprint* não podem ser alteradas.

Scrum diário O pulso de um projeto gerenciado de forma ágil são as reuniões diárias, normalmente chamadas de "Scrum". Todos os dias de trabalho, nos mesmos horário e local, os membros da equipe formam um círculo, em pé, e cada um responde às seguintes perguntas:
1. O que você fez desde o último Scrum?
2. O que você fará até o próximo Scrum?
3. O que está impedindo (blocos) que você realize o seu trabalho com o máximo de eficiência?

O Scrum, que geralmente dura 15 minutos, é realizado com um quadro branco, no qual todas as tarefas e blocos são registrados. O mestre Scrum apaga os blocos quando eles são eliminados.

As reuniões precisam começar no horário. Uma multa por atraso (por exemplo, US$ 1), recolhida pelo mestre Scrum e doada à caridade, é uma regra popular. A reunião é limitada apenas a essas três perguntas centrais. Os membros ficam de pé para criar um sentimento de urgência. Imediatamente depois, membros específicos podem se reunir para resolver questões que tenham surgido.

O valor do Scrum é a criação de um mecanismo diário para informar a equipe rapidamente sobre o estado do projeto, o que sustenta uma noção de identidade de equipe que incentiva a franqueza e a resolução dos problemas em tempo real. Todos informarem sobre o que planejam fazer no dia gera um clima de compromisso entre os integrantes da equipe, criando, assim, uma espécie de prestação de contas.

Observe novamente que a equipe é autogerenciada. O mestre Scrum não atribui tarefas diárias aos membros da equipe: eles o fazem entre si. O papel do mestre Scrum é fiscalizar se o Scrum está ocorrendo corretamente. Ele não é "mestre" da equipe, mas do processo.

***Revisão de* sprint** No fim de cada *sprint*, a equipe demonstra os incrementos reais do trabalho no produto efetuados para o proprietário do produto e outras partes interessadas relevantes, dos quais é solicitado. O proprietário do produto declara quais itens estão "feitos" e quais precisam de

FIGURA 17.6
Backlog parcial de produto

	A	B	C	D	E	F	G
1		Projeto de Software de Pedidos por Telefone					
2		*Backlog* de Produto					
3							
4	ID	Produto	Prioridade	Situação	Horas estimadas	Horas praticadas	
5							
6							
7	1	Informação do consumidor	2	Completo	100	90	
8	2	Informação do plano de saúde	1	Completo	160	180	
9	3	Informação do medicamento	3	Iniciado	80		
10	4	Informação do médico	5	Não iniciado	40		
11	5	Situação no inventário	4	Iniciado	120		
12							

mais trabalho, voltando ao *backlog* de produto. A equipe pode aproveitar essa oportunidade para sugerir melhorias e novos atributos e o proprietário os aceita ou não. A reunião de revisão de *sprint* é uma oportunidade para examinar e adaptar o produto à medida que ele emerge e refinar iterativamente os requisitos-chave. Esses refinamentos serão o tema da reunião seguinte de planejamento de *sprint*.

***Retrospectiva de* sprint** A finalidade da reunião de retrospectiva é refletir como foi o *sprint* anterior e identificar ações específicas que possam aprimorar os próximos. Normalmente, é o mestre Scrum quem facilita essa reunião, enquanto a equipe decide quais mudanças serão feitas no modo como os respectivos integrantes trabalham para o próximo *sprint*. A retrospectiva reflete o comprometimento que o Scrum tem com a melhoria contínua e o valor que ele dá a melhorar não apenas produtos, mas interações da equipe.

Backlogs de produto e *sprint*

Cada projeto tem um *backlog* de produto e outro de *sprint*. O proprietário do produto controla o *primeiro* e a equipe, o segundo. O ***backlog* de produto** é a lista priorizada do cliente de atributos-chave desejados quando o projeto estiver concluído. O *backlog* de produto normalmente define cada atributo e as estimativas de tempo, custo e trabalho remanescentes. Veja na Figura 17.6 um *backlog* de produto parcial para um projeto de *software*.

O ***backlog* de *sprint*** é desenvolvido e controlado pela equipe; representa a quantidade de trabalho que ela se compromete a realizar durante o próximo *sprint* e lista as tarefas (atividades) que precisam ser concluídas para entregar um atributo ou segmento de atributo funcional. Ele também serve como um documento de *status* que lista a pessoa responsável pelas tarefas, as horas restantes de trabalho, a tarefa *finalizada, em curso* ou *ainda não iniciada*. A Figura 17.7 dá um exemplo parcial de um *backlog* de *sprint*.

O Scrum não usa nenhuma das ferramentas convencionais de gerenciamento de projetos como gráficos Gantt ou diagramas de rede, mas Scrums diários e o envolvimento ativo do proprietário do produto para administrar o fluxo de trabalho. O risco é atenuado por ciclos de desenvolvimento curtos e testes rigorosos.

Gráficos de *burndown* de *sprint* e lançamento

O Scrum usa gráficos de "burndown"* focados no trabalho restante para monitorar o progresso, acompanhando o progresso diariamente (Figura 17.8). O eixo à esquerda apresenta o esforços restantes necessários para concluir o *backlog* de *sprint*; o eixo inferior contém o número de dias até o *sprint* ser concluído. O esforço restante é calculado somando-se as estimativas de tempo das tarefas incompletas registradas no *backlog* de *sprint* e atualizadas diariamente.

---

* N. de R.T.: Gráficos que medem o desempenho do projeto realizado *versus* o que foi planejado por iteração.

	A	B	C	D	E	F	G	H	I
1		Projeto de Software de Pedidos por Telefone							
2		Backlog de Sprint							
3									
4	Descrição de Sprint	Responsável	Horas praticadas	Horas restantes	Definido	Em curso	Testado	Aceito	
5									
6									
7	Categorias de medicamentos	RT	16	0	X	X	X	✓	
8	Genéricos	CG	32	0	X	X	X	✓	
9	De marca	AL	24	8	X	X	X		
10									
11									
12	Projeto do sistema de inventário de medicamentos	EL	40	0	X	X	X	✓	
13									
14	Código de avaliabilidade no inventário	CE		32					
15	Código de pedido no fabricante	MC		32					
16	Integração de todos os sistemas de inventário	LE	4	16	X				
17									
18									

FIGURA 17.7 *Backlog* parcial de *sprint*

Na Figura 17.8, a linha cheia mostra o cenário ideal se o *sprint* progredir como previsto pelas estimativas iniciais de tarefa, e a linha pontilhada mostra o desempenho efetivo. Idealmente, a linha pontilhada deve ficar bem perto da linha cheia. Se ficar acima, a equipe está atrás no cronograma; quando fica abaixo, a equipe está à frente. A linha do restante efetivo ficar acima da linha ideal por um período extenso sinaliza que devem ser feitos ajustes no projeto. Isso pode significar abandonar uma tarefa, atribuir recursos extras ou trabalhar até mais tarde. Nada disso é agradável, mas, por causa do gráfico de burndown, a equipe consegue responder antes do prazo do *sprint*.

O **gráfico de *burndown* de lançamento** é usado para monitorar o progresso rumo à conclusão do projeto (Figura 17.8). Ele mostra a quantidade de trabalho restante ao longo do tempo. Antes do início de cada *sprint*, as estimativas de conclusão são revisadas no *backlog* de produto e somadas no gráfico de *burndown* de lançamento. Ao longo do tempo, o gráfico torna-se um excelente método para visualizar a relação entre a quantidade de trabalho restante e a velocidade à qual a equipe

FIGURA 17.8
Gráfico de *burndown* de *sprint*

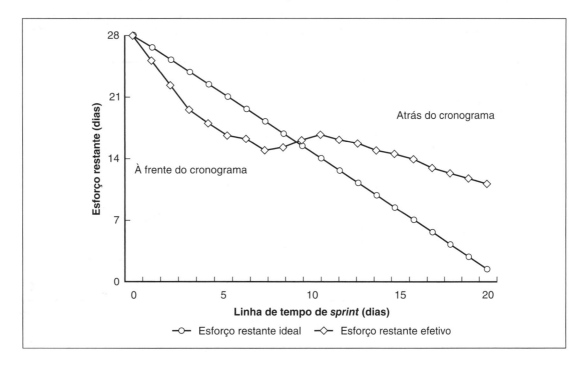

está tocando esse trabalho. Também, a intersecção da linha de tendência de trabalho restante com a linha do tempo horizontal pode ser usada para estimar a data provável de conclusão. O proprietário do produto e a equipe usam essas informações para testar hipóteses para o projeto, removendo ou acrescentando funcionalidades do lançamento a fim de atingir uma data específica de conclusão ou estender a data para incluir mais funcionalidades.

Na Figura 17.9, o trabalho restante é registrado para os seus primeiros *sprint*s, sendo usada uma linha de tendência para revisar a data esperada de conclusão. Observe que, nesse exemplo, espera-se que o projeto seja concluído depois do planejado. Isso significa que o desempenho da equipe está baixo? Não necessariamente! Lembre-se de que o *backlog* de produto é dinâmico e revisado ao final de cada *sprint*. Atributos são acrescentados, modificados ou eliminados. As estimativas de trabalho são ampliadas ou reduzidas. Não existe uma linha de base estabelecida no gerenciamento ágil.

Aplicação de gerenciamento ágil em projetos grandes

O Scrum e a maioria dos outros métodos gerenciamento ágil são perfeitamente adequados para diferentes projetos que possam ser concluídos por pequenas equipes de cinco a nove integrantes. Os métodos de gerenciamento ágil podem ser usados em projetos de maior escala, em que diversas equipes trabalham em diferente atributos ao mesmo tempo. Na prática, essa situação é chamada de **escalar**. O principal desafio ao escalar é a integração – fazer os diferentes atributos em desenvolvimento funcionarem em harmonia uns com os outros.

Não existem soluções fáceis para o desafio da integração. É necessário um planejamento inicial considerável para administrar as interdependências dos diferentes atributos que serão desenvolvidos. Isso é chamado de *staging*, muitas vezes sendo o tema da primeira iteração de desenvolvimento. Nela, são definidos protocolos e papéis para coordenar esforços e assegurar compatibilidade, apoiados por uma visão clara de produto, para que as decisões de *trade-off* sejam consistentes no nível local da equipe.

Os defensores do gerenciamento ágil recomendam que se crie uma estrutura de *hub* (Figura 17.10), com papéis e responsabilidades sobrepostos, para administrar projetos grandes. Existem diversas equipes de desenvolvimento de atributos. Forma-se uma equipe separada de integração e construção com membros de cada equipe de atributo trabalhando meio período. Essa equipe ataca a delicada questão da integração por meio de testes e do estabelecimento de requisitos para as equipes de atributos. Para coordenar a estrutura de múltiplas equipes, é criada uma equipe de projeto central, consistindo de um gerente de projetos de alto nível, um gerente de produto (que representa os interesses do cliente) e os líderes ("gerentes de projetos") das equipes de desenvolvimento

FIGURA 17.9
Gráfico de *burndown* de lançamento após seis *sprints*

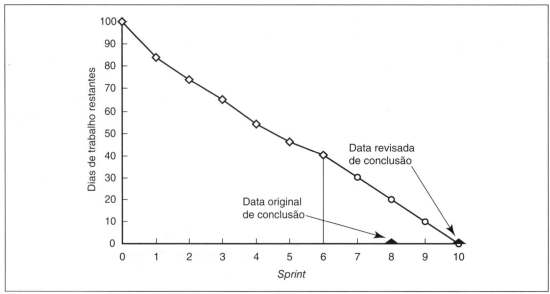

FIGURA 17.10
Estrutura de gerenciamento de projetos em *hub*

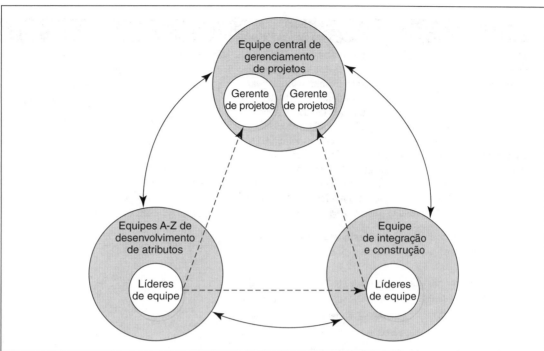

de atributos. A equipe de gerenciamento de projetos dá as coordenadas e facilita a tomada de decisão do projeto. Seu papel é guiar as outras equipes, em vez de comandá-las. As equipes podem ser reais, virtuais ou uma combinação. Todo o sistema exige espírito de colaboração para funcionar.

Limitações e problemas

Os métodos de gerenciamento ágil cresceram na base da indústria de *software*. Muitos engenheiros achavam que o gerenciamento de projetos tradicional, orientado por planos, sufocava o desenvolvimento eficaz, dando muita ênfase a processos e documentação e pouca à criatividade e à experimentação. No início, o movimento ágil tinha um tom rebelde, tanto que diversos dos principais fundadores publicaram um *Manifesto* ágil (ver "Caso Prático: Aliança ágil), em que afirmavam um conjunto de valores diferentes dos que eram aplicados pela gerência dos projetos em que eles trabalhavam.

A natureza revolucionária do gerenciamento ágil se reflete na história que uma gerente de TI contou aos autores sobre seus esforços para usá-lo, muitos anos atrás. Ela trabalhava em um grande empresa multinacional de alta tecnologia que passara cinco anos institucionalizando rigidamente um conjunto de políticas e procedimentos de gerenciamento de projetos tradicional. Apesar de todo o empenho, o departamento dela sempre concluía os projetos com atraso e diversos cancelamentos. Em desespero, ela começou a usar métodos ágeis em segredo para concluir projetos de software. Com ele, suas equipes de projeto conseguiram não apenas cumprir, mas superar os prazos dos projetos – uma raridade na empresa. Quando a alta gerência a recriminou por não se adequar ao procedimento, ela apresentou sua taxa de sucesso recente para que a deixassem em paz. No fim das contas, a gerência não tinha como discutir com o sucesso, e ela teve autorização para expandir seus esforços.

O sucesso repetido e a melhoria dos projetos de desenvolvimento de software levaram os principais elementos do gerenciamento ágil a integrar Corpo de Conhecimento em Gerenciamento de Projetos (Pmbok). Em 2011, o Project Management Institute começou a oferecer certificação em métodos ágeis, juntamente com o tradicional Project Management Professional (PMP).

O gerenciamento ágil não satisfaz a necessidade que a alta gerência tem de controle de orçamento, escopo e cronograma. Tenha em mente a analogia da casa nova. Os clientes receberam exatamente a que queriam, mas não sabiam quanto custaria. Também não sabiam quanto

> **CASO PRÁTICO** — Aliança ágil
>
> Entre 11 e 13 de fevereiro de 2011, no resort de esqui The Lodge at Snowbird, nas Montanhas Wasatch de Utah, 17 representantes de novas metodologias de desenvolvimento de software (como Extreme Programming, Scrum, Adaptive Software Development e Crystal Clear) se reuniram para debater a necessidade de alternativas mais leves à metodologia tradicional de gerenciamento de projetos orientada por documentação. Eles estavam unidos pelo desejo de se livrar de manifestações a la Dilbert de sinecuras e políticas obscuras e desencadear uma revolução na indústria do software. Ao fim de dois dias, eles formaram a Aliança ágil, defendendo a mudança e publicando um manifesto que declarava quatro valores centrais:
>
> > Estamos revelando novas maneiras de desenvolver software, utilizando-as e ajudando os outros a fazê-lo, o que nos levou a valorizar:
> >
> > Indivíduos e interações em vez de processos e ferramentas
> > Software funcional em vez de documentação abrangente
> > Colaboração com o cliente em vez de negociação de contratos
> > Responder à mudança em vez de seguir um plano
>
> Esses quatro valores foram expandidos, tornando-se um conjunto de 12 princípios-guia.
>
> 1. Ter como prioridade é satisfazer o cliente por meio de entrega antecipada e contínua de software eficaz.
> 2. Abertura a mudanças de requisitos, mesmo em fases adiantadas do desenvolvimento.
> 3. Entregar *softwares* com frequência, a cada poucas semanas ou meses, dando preferência à escala de tempo menor.
> 4. Os executivos e os desenvolvedores devem trabalhar juntos diariamente durante todo o projeto.
> 5. Fazer projetos com pessoas motivadas, proporcionando o ambiente e o suporte de que precisam e confiando que farão o trabalho.
> 6. O método mais eficiente e eficaz de transmitir informação para e dentro de uma equipe de desenvolvimento é conversar pessoalmente.
> 7. Software em funcionamento é a principal medida do progresso.
> 8. O gerenciamento ágil promove o desenvolvimento sustentável.
> 9. A atenção contínua à excelência técnica e ao bom design otimiza a agilidade.
> 10. Simplicidade, a arte de maximizar a quantidade de trabalho não feito, é essencial.
> 11. As melhores arquiteturas, requisitos e design surgem de equipes auto-organizadas.
> 12. A intervalos regulares, a equipe reflete formas de se tornar mais eficaz para, depois, ajustar seu comportamento a elas.
>
> Acesse o site da Aliança Agile (http://www.agilealliance.org/) para mais informações sobre gerenciamento ágil.

demoraria, ou que cara teria quando estivesse pronta. Embora sejam fornecidas estimativas de referência, os métodos ágeis, por sua própria natureza, não dão as estimativas detalhadas de tempo e custos que agradam à gerência. Não importa o quão realista a expressão "depende de..." seja: a gerência e os clientes estão acostumados a trabalhar com um nível de certeza maior do que o proporcionado pelo gerenciamento ágil. Em resposta às questões financeiras, muitas empresas estabelecem "tetos", que são o orçamento máximo que não deve ser ultrapassado no desenvolvimento de um dado produto ou serviço.

Mesmo se a gerência se convencer inteiramente do valor do gerenciamento ágil, não se pode simplesmente instalá-lo na empresa da noite para o dia: ele precisa evoluir com o tempo. Muitos dos princípios gerenciamento ágil, incluindo equipes auto-organizadas e colaboração intensa, são incompatíveis com culturas corporativas. Por exemplo, o princípio das equipes auto-organizadas, em que os membros decidem quem deve fazer o quê, sem atentar para grau ou cargo, contradiz as estruturas de comando e controle. Da mesma forma, colaboração intensa não é para todo mundo. Uma "gerente ágil" confessou que teve de demitir diversos dos seus melhores engenheiros porque as suas personalidades "bicho do mato" não eram compatíveis com colaboração. A maioria das empresas prefere a introdução gradual do gerenciamento ágil. Por exemplo, a Siemens Medical Systems começou com uma equipe Scrum em 2004, depois 10 equipes em 2005, 70 em 2006 e 97 em 2007.

Como afirmado antes, os métodos ágeis parecem funcionar melhor em projetos pequenos que exigem apenas de cinco a nove membros de equipe dedicada para concluir o trabalho. Assim, a comunicação presencial substitui documentação demorada, e coordenação informal suplanta controle de cima para baixo.

Embora algumas empresas tenham tido sucesso na aplicação do gerenciamento ágil em projetos grandes, outras debateram-se com a tarefa desafiadora. É muito frequente que os requisitos de coordenação impossibilitem a adaptação das equipes pequenas, que é um dos principais pontos fortes do gerenciamento ágil. Isso levou muitas empresas a utilizar modelos híbridos que combinam métodos ágeis e em cascata. Por exemplo, a IPC Media, uma subsidiária da Time Inc., usa uma abordagem iterativa em cascata, em que projetos grandes são fragmentados em subprojetos realizados por equipes diferentes em paralelo. *Sprints* curtos e pontos de verificação adicionais são usados em um processo planejado estruturado. Uma pesquisa recente com mais de 800 engenheiros de software concluiu que 40% estavam usando uma abordagem híbrida em seus projetos.[2]

Empresas com sucesso em projetos grandes tendem a ter uma história sólida de uso de gerenciamento ágil em projetos menores, cujos princípios se tornam uma parte da cultura organizacional de desenvolvimento de produtos.

O gerenciamento ágil requer o envolvimento ativo do cliente sob diferentes formas. É relativamente fácil designar uma pessoa interna como dona do produto a fim de representar os interesses dos clientes. Solicitar a participação ativa dos clientes externos pode ser mais problemático. Embora haja evidências consistentes de que a participação deles otimiza o sucesso do projeto, nem todos os clientes querem se envolver tão ativamente assim. Muitos simplesmente são ocupados demais. Outros acreditam que contrataram a equipe de projeto para não ter de se envolver. Obter a cooperação dos clientes necessária ao suporte do gerenciamento ágil é uma fonte comum de frustração.

Métodos ágeis, como o Scrum, são usados exclusivamente para concluir projetos de desenvolvimento de software do início ao fim. Outras empresas estão usando gerenciamento ágil apenas durante a fase exploratória inicial dos projetos. O gerenciamento ágil é usado para desenvolver tecnologia revolucionária crítica ou definir atributos essenciais. Após conhecidos os atributos e a tecnologia, o gerenciamento de projetos tradicional é aplicado para concluir o projeto.

Resumo

O gerenciamento ágil surgiu como uma resposta aos desafios de gerenciar projetos com escopos frouxamente definidos e altos níveis de incerteza. Ele se utiliza de um processo de desenvolvimento iterativo em que o escopo do projeto evolui com o tempo. Equipes de desenvolvimento criam produtos funcionais orientados por atributos no fim de cada ciclo de desenvolvimento. Usa-se o envolvimento ativo do cliente para guiar o processo. Eis algumas das principais vantagens dos métodos ágeis:

- O trabalho é dividido em pedaços cada vez menores, mais fáceis de programar e controlar.
- A colaboração entre o cliente e quem desenha é maior, levando a um sólido controle das mudanças.
- Os métodos exigem que os atributos sejam testados e estejam funcionais quando concluídos.

O gerenciamento ágil ainda está evoluindo. Embora muito da atenção deste capítulo tenha sido dedicado ao desenvolvimento de software, o gerenciamento ágil está sendo aplicado com sucesso em uma ampla variedade de projetos imprevisíveis. Novos métodos e abordagens continuarão sendo desenvolvidos e adaptados para satisfazer as necessidades específicas dos projetos. Fique atento.

Termos-chave

Atributos, *516*
Backlog de produto, *520*
Backlog de sprint, *520*
Desenvolvimento incremental iterativo (IID), *515*
Dono do produto, *517*
Equipe auto-organizada, *518*

Escalar, *522*
Gerenciamento ágil de projetos, *512*
Gráfico de *burndown* de lançamento, *521*
Gráfico de *burndown de sprint*, *520*
Mestre Scrum, *518*
Reunião Scrum, *518*

---

[2] http://www.jamasoftware.com/media/documents/State_of_Requirements_Management_2011.pdf.

Questões de revisão

1. Por que a abordagem tradicional de gerenciamento de projetos é menos eficaz quando o escopo e a tecnologia do projeto não são bem-conhecidos?
2. O que é desenvolvimento incremental iterativo? Por que ele é útil para desenvolver produtos?
3. Quais são as vantagens do gerenciamento ágil de projetos? Quais são as desvantagens do gerenciamento ágil?
4. Quais semelhanças e diferenças existem entre um gerentes de projetos tradicional e um mestre Scrum?
5. Quais são as diferenças entre uma equipe auto-organizada e uma de projeto convencional?
6. Por que é difícil aplicar o gerenciamento ágil a projetos de grande porte?

Exercícios

1. Formem pequenos grupos e identifiquem ao menos dois exemplos da vida real de projetos em que:
   a. O escopo e a tecnologia são bem-conhecidos.
   b. O escopo é bem-conhecido, mas a tecnologia não.
   c. O escopo não é bem-conhecido, mas a tecnologia é.
   d. Nem o escopo nem a tecnologia são bem-conhecidos.
2. Formem pequenos grupos e discutam a seguinte questão:
   Quais fatores organizacionais, grupais, individuais e do projeto você acha que promovem a adoção exitosa de metodologias ágeis como Scrum? Por quê?
3. Usem um projeto em que estejam trabalhando agora para realizar uma reunião Scrum, conforme as diretrizes da página 519. Designem um membro para atuar como mestre Scrum e façam uma reunião em pé, com a duração máxima de 15 minutos. Avalie o valor dessas reuniões.
4. A seguir, há quatro minicasos retirados da prática. Formem pequenos grupos e (1) analisem o caso e (2) deem cinco recomendações para o departamento de TI.

Projeto A

Você assumiu recentemente um projeto de um outro gerente de projetos e está voltando de uma reunião muito desconfortável com o seu patrocinador em que ele lhe disse como está insatisfeito com o desempenho do projeto até o momento e que está pronto para tirar o plugue da tomada. Os prazos estão sempre estourados, a aplicação não está concluída e o patrocinador tem a impressão de que não consegue entrar em contato com ninguém que possa atualizá-lo sobre o *status* e o progresso do projeto.

Conversando com a sua equipe de projeto, você descobre que os requisitos ainda não foram finalizados e que ela está esperando informações para poder prosseguir com diversas partes cruciais da aplicação. Apesar disso, ela avançou em outras áreas, estando bastante orgulhosa do que alcançou. No entanto, ela ainda não teve a oportunidade de mostrar isso ao patrocinador.

Para complicar ainda mais as coisas, o seu chefe deixou claro que esse projeto precisa ser concluído dentro do cronograma, pois ele precisa dos recursos para outro projeto.

O que você faz? Que impacto as suas decisões têm sobre o custo, o cronograma e o desempenho do projeto?

Projeto B

A sua equipe de projeto terminou de coletar os requisitos e desenvolver o design da solução. Ela se divide em dois grupos principais: o primeiro consiste em gerente do projeto, analistas comerciais e gerência, localizado nos Estados Unidos. O segundo grupo é composto de equipes de desenvolvimento e QA (garantia de qualidade), localizado na Índia.

A EAP foi desenvolvida com base em estimativas das equipes da Índia. A equipe de desenvolvimento concordou em fornecer atualizações diárias sobre o progresso em relação à EAP para garantir que os marcos do projeto sejam cumpridos.

Porém, quando a equipe de desenvolvimento chegou perto do primeiro marco, ficou claro que estava atrasada, muito embora suas atualizações diárias indicassem que estava no trilho certo. Além disso, a equipe adotou uma abordagem de design diferente da combinada no início do projeto.

A falta de atualizações coerentes por parte da equipe de desenvolvimento, aliada a um rumo de design diferente, ameaçou todo o projeto pela obsolescência do plano. Agora, a sua equipe corre o risco de não entregar o projeto.

O que você faz? Qual o impacto de custo, cronograma e desempenho?

Projeto C

Você assumiu recentemente a gerência de projeto de um grande programa com várias vertentes e lançamento programado para três meses. Na primeira reunião com os patrocinadores e principais partes interessadas do projeto, você descobre que os requisitos comerciais não estão concluídos e, em alguns casos, não foram iniciados, que o escopo do projeto não é realista para cumprir a data de lançamento e que, em geral, as equipes do projeto estão confusas devido à falta de comunicação e de compreensão das prioridades.

O que você faz? Qual impacto as suas decisões têm sobre o custo, o cronograma e o desempenho do projeto?

Projeto D

Você foi designado recentemente para assumir um novo projeto de um gerente de projetos que está indo embora. O projeto é de alta visibilidade e utiliza uma metodologia de desenvolvimento nova para você e a empresa. Nas reuniões de transição, o atual gerente de projetos lhe garante que o desenvolvimento está concluído e tudo o que você tem de fazer é guiar o projeto até o teste de aceitação e o lançamento. Como resultado, diversos membros da equipe do projeto foram liberados, conforme o programado.

O teste de aceitação não transcorre tão tranquilamente quanto se planejou. A aplicação tem mais defeitos do que o previsto e algumas funcionalidades centrais não podem ser testadas. A equipe do projeto acha que não está obtendo a direção de que precisa para prosseguir, e o patrocinador comercial lhe perguntou para quando ele pode esperar o teste de funcionalidades da aplicação que você não sabia que estavam no escopo. Além disso, o prazo do seu projeto está rapidamente se aproximando e dependências entre projetos tornam improvável que você consiga postergar sua data de lançamento.

O que você faz? Qual impacto as suas decisões têm sobre o custo, o cronograma e o desempenho?

Referências

Boulter, M., *Smart Client Architecture and Design Guide* (Seattle: Microsoft Press, 2004).

Decarlo, D., *eXtreme Project Management* (Jossey-Bass, 2004).

Faris, R., and I. Abdelshafi, "Project Management and Agile: Perfect Fit," 2006 PMI Global Congress Proceedings, Seattle, Washington.

Griffiths, M., *Using Agile Principles Alongside: A Guide to the Project Management Body of Knowledge,* PMI Global Proceedings, Anaheim, California, 2004. J., *Agile Project Management* (Boston: Addison Wesley, 2004).

Hildebrand, C., *Full Speed Ahead, PM Network,* Vol. 21, No. 10, October 2007. pp. 36-41.

Jackson, M. B., "Step by Step," *PM Network,* 26 (6), June 2012, pp. 57-61.

James, M., "Scrum" (Download PDF @ *http://refcardz.dzone.com*/on 5/18/2009), 2009.

Jonasson, Hans, *Determining Project Requirements* (Boca Raton, FL: Auerback Publications, 2008).

Kruchten, P., *The Rational Unified Process: An Introduction,* Third Edition. (Upper Saddle River, NJ: Pearson Education, 2004).

Larman, C., *Agile & Iterative Development: A Manager's Guide* (Boston: Addison-Wesley, 2004).

McConnel, S., *Rapid Development: Taming Wild Software Schedules* (Redmond, WA: Microsoft Press, 1996).

Schwaber, K., *Agile Project Management with Scrum* (Redmond, WA: Microsoft Press, 2004).

Takeuchi, H., and I. Nonaka, "The New Product Development Game," *Harvard Business Review,* January-February 1986.

Vanderjack, B., "21 Methods to Engage and Retain Your Product Owner in an Agile Project," www.pmworldjournal.net, Vol. 1, No. 4, November 2012, pp. 1-6.

Worthen, B., "Try Software on Workers First, Fix It Later," *The Wall Street Journal,* September 25, 2007, pp. B1 and B4.

Caso Introduzindo o Scrum na P2P

PARTE A

Kendra Hua trabalhava há seis anos como engenheira de software no departamento de TI da Point 2 Point (P2P), uma grande empresa de mudanças. Ela gostava do emprego e dos colegas. Embora fizesse um pouco de manutenção, ela trabalhava essencialmente com projetos, quase sempre em tempo integral. O seu trabalho cobria um grande espectro de projetos, incluindo atualizações de sistema, controle de estoque, rastreamento por GPS, faturamento e bases de dados de clientes. Esses projetos normalmente conseguiam satisfazer os requisitos, mas sempre atrasavam. No departamento de TI, era prática comum surgirem apostas quanto às datas de conclusão. A regra geral era pegar o cronograma original e multiplicá-lo por 1,5, começando os palpites a partir daí.

A gerência decidiu transformar as coisas mudando o modo com a P2P concluía projetos de TI. Em vez da abordagem tradicional em cascata, em que todos os requisitos são definidos já no início, o departamento de TI deveria começar a usar métodos ágeis (Scrum, mais especificamente) para concluí-los.

Kendra fora designada recentemente ao projeto Big Foot, que envolvia o desenvolvimento de um sistema para monitorar a pegada de carbono da P2P. Para se preparar para o projeto, Kendra e toda a sua equipe de engenheiros de software teriam de frequentar um *workshop* de Scrum de dois dias, para o qual todo mundo recebeu um livro sobre o método.

No início, Kendra ficou aturdida com a terminologia: mestre Scrum, *sprint*s, gerente de produto, logs de *sprint* etc. Ela questionou a metáfora do rúgbi, já que a única coisa que ela sabe sobre o esporte é que um ex-namorado da faculdade voltava à residência universitária embriagado e ensanguentado dos jogos. E por que o gerente do projeto era chamado de mestre? Isso lhe parecia um absurdo. Ainda assim, tinha ouvido boas coisa sobre o Scrum de um amigo que o estava usando em outra empresa e que dizia que ele dava aos programadores mais liberdade para trabalhar, acelerando o ritmo. Assim, ela chegou ao *workshop* de dois dias com a mente aberta.

O *workshop* foi facilitado por um treinador bem-versado no mundo do desenvolvimento de software. Os participantes incluíam seus outros cinco membros de equipe, assim como Prem Gupta, um gerente de projetos veterano que agora assumiria o papel de mestre Scrum, e Isaac Smith, que atuaria como gerente de produto representando os interesses dos clientes. No início, não largaram do pé de Prem, curvando-se diante dele e implorando: "Mestre, mestre, mestre...". O facilitador logo os corrigiu, dizendo que ele não mestre deles, mas do processo Scrum. Prosseguiu enfatizando que eles trabalhariam como uma equipe auto-organizada. Kendra não tinha bem certeza do que ele queria dizer, mas achava que tinha algo a ver com a equipe ser gerenciada por si mesma, e não por Prem.

O *workshop* cobriu todas as ferramentas, conceitos e papéis básicos do Scrum. Todo mundo pôde praticar o processo concluindo um projeto simulado que envolvia a criação de um jogo de tabuleiro. Kendra gostou da ideia da reunião Scrum de pé, já que a maioria das suas reuniões na P2P demorava demais. Também a agradou ter um gerente de produto, que era quem tomava a decisão final sobre os atributos e quando o trabalho estivesse concluído. Todos riram com a analogia do "só um pescoço para torcer" que o facilitador usou para descrever seu papel. Em geral, ela achava que o processo era promissor e estava entusiasmada para experimentá-lo no projeto Big Foo, estimado para ser concluído em cinco *sprint*s, com cada um deles levando quatro semanas.

O PRIMEIRO *SPRINT*

A primeira reunião de planejamento de *sprint* seguiu o regulamento, basicamente. Isaac tinha feito seu dever de casa e veio à reunião com uma abrangente lista de atributos que o software deveria contemplar. Houve uma saudável discussão e Isaac emendou a lista, incluindo alguns atributos que a equipe julgava necessários. Na sessão da tarde, Isaac, o proprietário do produto, priorizou os atributos no *backlog* de produto com o *feedback* da equipe. O segmento final foi dedicado à decisão, por parte da equipe, sobre quais atributos de alta prioridade eles se comprometeriam a criar durante o *sprint* de quatro semanas. Prem fez um bom trabalho ao lembrar a equipe que deveriam criar um atributo completamente funcional. Isso moderou o entusiasmo da equipe e, no fim, um conjunto desafiador, mas exequível, de atributos foi designado ao *backlog* de *sprint* para o primeiro *sprint*.

As duas primeiras reuniões Scrum diárias foram um pouco estranhas, com os membros ainda desconfortáveis uns com os outros. Um dos primeiros impedimentos identificados foi a inexistência de uma compreensão compartilhada de como funcionava uma equipe auto-organizada. Prem continuava salientando que era tarefa da equipe decidir quem fazia o quê e quando. Aí, em uma manhã, a ficha subitamente caiu e os membros se manifestaram a respeito de trabalhos que eles achavam que precisavam ser feitos. Depois disso, os scrums diários tomaram vida própria, sendo interrompidos apenas quando um membro tinha de fazer cinco flexões para cada minuto de atraso. O ritmo de trabalho tomou embalo e havia um entusiasmo compartilhado à medida que as tarefas e os atributos funcionais eram concluídos rapidamente. Kendra trabalhava lado a lado com os demais engenheiros de software, resolvendo problemas e dividindo o que haviam aprendido. Ocasionalmente, Isaac era chamado à sala do projeto para responder a perguntas sobre atributos específicos e ver o trabalho em curso.

Quando chegou a primeira reunião de revisão de *sprint*, a equipe pôde demonstrar a Isaac todos os atributos designados, menos um, e mais três que não estavam na lista inicial. A equipe obteve *feedback* útil não apenas de Isaac, mas também de alguns usuários finais que ele trouxe. Isaac declarou 80% dos atributos finalizados, enquanto os outros só precisavam de ligeiras modificações. Todos concordaram que a próxima revisão de *sprint* seria ainda mais bem-sucedida.

A reunião de retrospectiva de *sprint* foi um alívio, com os membros falando abertamente sobre as coisas boas e más. Todos concordavam que a equipe precisava fazer um trabalho melhor de documentação. Foram trazidos à tona temas como igualdade em distribuir tanto o trabalho divertido como o árduo por toda a equipe. Kendra ficou impressionada com a forma como todo mundo estava focado no que era melhor para o projeto, e não apenas para si.

O SEGUNDO *SPRINT*

A segunda reunião de *sprint* foi boa. Os atributos que precisavam de retrabalho após a reunião de revisão do primeiro *sprint* estavam no topo do *backlog* e Isaac fez os ajustes adequados nas prioridades, acrescentando alguns novos atributos descobertos durante a reunião de revisão de *sprint*. A reunião foi encerrada com a equipe confiante em que conseguiria concluir o trabalho a que se comprometera.

O trabalho do projeto progrediu velozmente na semana seguinte. Kendra se sentia pressionada para realizar o que dizia que faria no Scrum diário. Ao mesmo tempo, sentia uma tremenda de satisfação ao relatar o trabalho feito. Toda a equipe parecia estimulada. Então, certo dia tudo empacou por causa de um espinhoso problema de integração. A equipe passou os 3 dias seguintes lutando para resolver o problema, até que, no Scrum seguinte, Prem se prontificou, dizendo: "Acho que vocês devem fazer isso...". Ele, então, delineou um método específico para resolver o problema, chegando inclusive a atribuir tarefas específicas para cada membro da equipe. Durante os dois dias subsequentes, Prem ia e vinha entre os membros da equipe, coordenando o trabalho e resolvendo problemas. Apesar de haver alguns resmungos na equipe, a solução dele funcionou, e Kendra teve a satisfação de retomar o rumo.

Dali em diante, Prem assumiu um papel mais ativo nas reuniões Scrum diárias, muitas vezes tendo a decisão final sobre a pauta de trabalho do dia. As reuniões assumira um tom diferente quando os membros passaram a esperar que Prem falasse primeiro. Nessa época, Isaac andava ausente da sala do projeto, pois estava visitando locais que usariam o novo software. Mesmo assim, os atributos estavam sendo concluídos, e Kendra estava contente com seu progresso. Então, um dia Isaac apareceu na reunião Scrum matinal. Ele tinha voltado recentemente com informações frescas que queria introduzir no projeto. Ele havia reescrito o projeto e acrescentado diversos atributos novos de alta prioridade, eliminando alguns dos atributos em que a equipe andara trabalhando. Ele queria que a equipe redirecionasse os esforços e concluísse os novos atributos até o fim do *sprint*.

A equipe ficou chocada, pois um dos princípios que eles tinham aprendido era que não se muda de curso no meio de um *sprint*. Prem fez o que pôde para explicar isso a Isaac, mas ele insistia. Ficava dizendo que as mudanças tinham de ser feitas, senão muito da saída do *sprint* seria perda de tempo. Ele não parava de repetir que a equipe precisava ser flexível: "Afinal de contas, gerenciamento ágil é isso". A reunião chegou a um impasse, até que Prem propôs um meio-termo. A equipe concordaria em fazer o trabalho novo, mas o *sprint* precisaria ser estendido por mais 2 semanas. Todo mundo concordou e Kendra voltou ao trabalho.

Até o fim do segundo *sprint*, Prem continuou dirigindo o trabalho do projeto. Quando chegou a reunião de revisão de *sprint*, quatro dos cinco atributos novos estavam concluídos, assim como a maioria dos atributos originais. Entretanto, a demonstração dos atributos não foi boa. Isaac e vários do usuários finais presentes criticaram aspectos de diversos atributos concluídos. Kendra e outros membros da equipe defendiam o trabalho dizendo: "Por que você não disse que queria que ele funcionasse desse jeito?". Prem fez o que pôde para manter a reunião sob controle, mas a equipe tinha pouco a dizer quando um atributo importante simplesmente não funcionava. No fim, apenas metade dos atributos foi aceita como finalizada.

Kendra saiu desanimada da revisão de *sprint*. A reunião de retrospectiva de *sprint* seria na manhã seguinte. Ela tinha muitas coisas na cabeça, mas não tinha certeza do que deveria dizer na reunião, nem como.

1. O Scrum está funcionando bem?
2. Quais as principais questões que o projeto Big Foot enfrenta?
3. Imagine que você é Kendra. O que você gostaria de dizer na retrospectiva? Como você diria isso?
4. Quais melhorias ou mudanças precisam ser feitas?

PARTE B

Prem abriu a retrospectiva dizendo que recebera uma ligação da sua chefe, que não estava contente com o progresso das coisas. Prem disse que ele e toda a equipe estavam com a corda no pescoço para voltar ao rumo certo. A lista do que foi bem no segundo *sprint* era curta e, quando chegou a hora de discutir melhorias, fez-se um estranho silêncio. Kendra se manifestou e começou relatando que repassara o livro sobre Scrum. Seguiu dizendo que achava que a ideia por trás do Scrum era que a equipe deveria trabalhar para resolver seus próprios problemas, não sendo o papel de Prem se fazer de mestre de tarefas. Alguns outros membros da equipe murmuraram em concordância. Prem ficou na defensiva e disse que se ele não tivesse intervindo, a equipe teria levado dias para resolver o problema.

Outro membro disse que achava que era um erro permitir que Isaac mudasse os compromissos do *sprint*. Prem concordou que, em princípio, isso era verdade, mas disse que, às vezes, devem-se flexibilizar as regras para fazer o que é certo. Ele repreendeu a equipe, dizendo que ela precisa ser mais ágil. A retrospectiva terminou com poucas recomendações práticas além de que, para voltar ao rumo certo, Prem achava que teria que se envolver ainda mais com a execução do projeto.

A reunião de planejamento do *sprint* 3 subsequente foi mais uma formalidade. Isaac atualizou o *backlog* de produto com prioridades revisadas e Prem deu a aprovação em nome da equipe a respeito de quais seriam seus compromissos. Houve pouca interação entre a equipe e Isaac, salvo para buscar esclarecimento sobre os requisitos de desempenho de atributos específicos.

Nos Scrums diários, a equipe se reunia sob a liderança de Prem. Às vezes, os Scrums passavam dos 15 minutos normais, pois Prem revisava o progresso e descrevia em detalhes o que precisava ser feito no dia. Isaac aparecia volta e meia, mudando prioridades, revisando o trabalho e respondendo a perguntas. Kendra trabalhava com afinco nas suas incumbências e recebia elogios frequentes de Prem pelo trabalho bem-feito.

Uma noite, quando a equipe se reuniu para tomar cerveja e comer sushi, um dos membros puxou uma planilha e perguntou quem queria fazer a primeira aposta sobre quando o projeto seria finalizado.

Depois de diversos *sprint*s, Isaac finalmente aprovou o último atributo e declarou o projeto concluído. a equipe soltou um "urra" coletivo. Depois da reunião, Kendra saiu recolhendo dinheiro de todos os colegas de equipe – ela havia previsto que o projeto tomaria 12 semanas a mais do que o planejado.

1. Como você avaliaria o esforço da P2P para introduzir o Scrum?
2. Quais desafios uma empresa encara ao adotar uma abordagem ágil como o Scrum?
3. O que a P2P poderia ter feito para otimizar o sucesso?

CAPÍTULO DEZOITO

Carreiras em gerenciamento de projetos

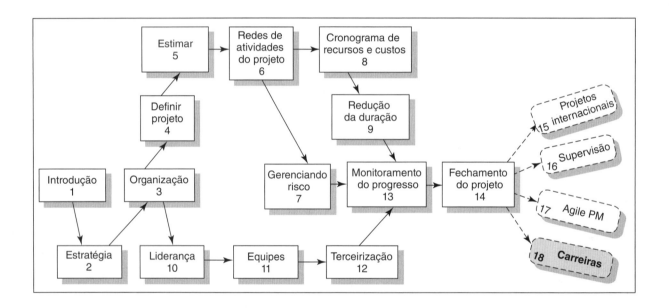

Carreiras em gerenciamento de projetos
Possibilidades de carreiras
Seguindo uma carreira
Treinamento e certificação profissional
Ganhando visibilidade
Mentores
Sucesso em projetos importantes
Resumo

Oitenta por cento do sucesso é aparecer.

– Woody Allen

Este capítulo discute questões básicas relativas a carreiras em gerenciamento de projetos. Um ponto a recordar é que seguir uma carreira em gerenciamento de projetos não necessariamente significa um dia ter o título de gerente de projetos. Sim, existe um número crescente de campos em que gerente de projetos é uma carreira, mas existem muitas outras atividades em que gerenciamento de projetos não é um cargo, mas um requisito. Isso sublinha a grande vantagem de ser bom em gerenciar projetos: a metodologia básica de gerenciamento de projetos a que você foi exposto neste livro é transferível para a maioria das empresas e profissões. Pense nos casos práticos que fazem parte dos diferentes capítulos. Eles não se limitam a um ou dois setores ou atividades, mas compõem um banquete completo! Assim, não importa se você está interessado em uma carreira formal em gerenciamento de projetos ou apenas se o vê como importante para as suas aspirações: este capítulo dá conselhos para desenvolver mais as suas habilidades e *know-how* de gerenciamento de projetos.

Possibilidades de carreiras

Não existe uma carreira fixa para se tornar gerente de projetos. Os planos de carreira variam de um setor para outro, de uma empresa para outra e de uma profissão para outra. O que pode ser dito é que o avanço ocorre em incrementos. Não é que você simplesmente se forma e se torna gerente de projetos. Como em outras carreiras, você tem de ir subindo até esse cargo. Por exemplo, em empresas baseadas em projetos, como construtoras, você pode começar trabalhando em diversos projetos como engenheiro assistente, depois assume uma posição de analista de projetos. A partir daí, você é promovido a engenheiro pleno, avança para gerente assistente de projetos, assume o papel de gerente de projetos em um projeto pequeno e depois vai adiante para projetos maiores e mais arriscados. Em outras empresas, as carreiras de gerenciamento de projetos correm em paralelo com o progresso funcional, com muitos cruzamentos. Por exemplo, na Intel, um especialista em gerenciamento de sistemas de informação (MIS) pode começar a carreira como designer, depois assumir a posição de especialista de projeto, trabalhar como gerente de projetos e voltar a uma posição funcional como chefe de departamento ou gerente de produtos. Consulte o "Caso Prático: Rod Gwinn" para ver um exemplo de como um ex-estudante deslanchou na carreira em gerenciamento de projetos.

Outras pessoas acabam tendo suas responsabilidades de gerenciamento de projetos ampliadas à medida que sobem na hierarquia da empresa. Por exemplo, uma ex-estudante de marketing começou a carreira como assistente de compras de uma grande empresa varejista. Depois, tornou-se gerente de vendas de uma loja, envolvendo-se em meio turno em uma série de projetos e atuando como facilitadora de grupos de foco. Foi promovida a compradora e acabou se tornando gerente de loja. No cargo atual, ela coordena uma variedade de projetos, que vão de melhorar o tino comercial da sua equipe de venda até alterar o *layout* físico da loja. Embora o título de gerente de projetos não apareça na descrição do seu cargo, quase 50% do seu trabalho envolve o gerenciamento de projetos.

Uma faceta característica do gerenciamento de projetos é a natureza temporária das missões. Em empregos de linha, as promoções são, em sua maior parte, permanentes, havendo uma progressão hierárquica natural para posições com mais autoridade e responsabilidade. No exemplo da ex-estudante de marketing, ela progrediu de compradora assistente para gerente de vendas, compradora e gerente de loja. Apenas em circunstâncias muito incomuns, ela voltaria a ser compradora. Contudo, os gerentes de projetos raramente têm estabilidade. Após a conclusão do projeto, o gerente pode voltar ao seu departamento anterior, às vezes para uma posição inferior. Ou, então, dependendo dos projetos disponíveis, pode ser designado para gerenciar um projeto mais ou menos

CASO PRÁTICO — Rod Gwinn

1988-2002	Profissional de tecnologia da informação
2002-2006	Bacharelado em Administração de Empresas – Oregon State University
2005-2006	Estagiário de gerenciamento de projetos – Symantec Inc.
2006-2008	Gerente de TI – ECOS Consulting
2008-atual	Gerente de projetos de TI – Estado de Oregon

Ao longo dos anos, gerenciei e trabalhei em muitos projetos de tecnologia. Alguns tiveram êxito, outros não. Percebo hoje que os projetos que transcorreram tranquilamente foram aqueles bem-organizados e que tinham algum tipo de plano. Na época, não me dava conta de que o gerenciamento de projetos desempenhava um papel mesmo nos menores projetos de TI.

Após trabalhar no campo de TI por quase 20 anos, decidi que era hora de volta à faculdade para finalizar minha formação. No terceiro ano, nossa disciplina de MIS assumiu a tarefa de auxiliar a Symantec Corporation em um pequeno projeto de desenvolvimento. Isso permitiu que eu utilizasse diretamente as habilidades adquiridas no início da minha carreira, acrescidas do que aprendi na Faculdade de Administração. Um dos resultados desse projeto foi que o representante da Symantec mencionou um programa de estágio que talvez nos interessasse.

Quando as férias de verão se aproximaram, fui atrás da oportunidade na Symantec. Comecei como estagiário um pouco antes do fim do meu terceiro ano, trabalhando com eles até o fim de 2005, o que se revelou uma tremenda oportunidade. Eu trabalhava diretamente em projetos de TI em uma das maiores empresas de software do mundo. Fui exposto ao seu processo muito formal de gerenciamento de projetos e tive a oportunidade de aplicar, de maneira significativa, minha recente experiência de sala de aula.

Depois da graduação, aceitei um emprego na ECOS, uma pequena empresa de consultoria ambiental, onde apliquei minhas habilidades recém-desenvolvidas para ajudá-los a moldar seu plano estratégico. Continuei explorando oportunidades de gerenciamento de projetos e fiquei sabendo de um cargo no Estado de Orgeon que parecia se encaixar bem com minha experiência e formação. Em abril de 2008, assumi o posto de gerente de projetos de otimização. Minha principal responsabilidade era supervisionar a fase de otimização (versão 1.5) do novo Sistema de Informação de Gerenciamento de Seguro Médico. Estou muito satisfeito com esta carreira nova, que permite que eu, como gerente de projetos de TI, utilize tanto minhas experiências passadas quanto minha formação recente. Uma das coisas de que mais gosto nesse tipo de trabalho é a sensação de realização ao entregar um projeto útil, utilizável e que satisfaz (ou mesmo ultrapassa) as expectativas.

---

significativo. O trabalho futuro depende de quais projetos estão disponíveis quando o indivíduo também estiver à disposição e de como o último projeto se saiu. Leia o "Caso Prático: Ron Parker" para ver outro exemplo de um ex-estudante que alavancou sua capacidade de gerenciar projetos em uma carreira de sucesso no ramo de produtos de vidro.

Seguindo uma carreira

Os estudantes frequentemente reclamam que as empresas só buscam candidatos com experiência, mas como eles podem adquirir experiência se ninguém lhes dá uma oportunidade e os contrata? Embora haja um pouco de verdade nesse beco sem saída, a universidade pode servir como um incrível laboratório para adquirir habilidades e experiência em gerenciamento de projetos. Seja organizando um evento para arrecadar fundos para a moradores do campus, administrando um campeonato esportivo universitário ou liderando uma força-tarefa de administração estudantil, oportunidades de gerenciamento de projetos abundam na maioria dos *campi*. Quando se formam, os estudantes com iniciativa podem, por meio de uma carteira robusta de projetos, sinalizar aos empregadores que conseguem fazer as coisas direito. Por exemplo, um ex-estudante, ao se formar em quatro anos, podia listar em seu currículo:

- Organizou um evento de boliche que arrecadou mais de US$ 2.500 para o Clube de Moços e Moças local.
- Lançou um projeto "Fique Verde" que aumentou em 220% o uso de materiais recicláveis em cinco alojamentos estudantis.
- Codirigiu uma força-tarefa de estudantes, patrocinada pelo governo, estudantil que gerou sete recomendações aprovadas para melhorar a interação entre estudantes norte-americanos e internacionais.

CASO PRÁTICO — Ron Parker

1986	Bacharelado em Administração de Empresas – Oregon State University
1986-1990	Fabricação de produtos alimentícios
1990-1994	Fabricação de produtos de madeira
1994-atual	Fabricação de produtos de vidro

Depois de obter meu diploma em administração na OSU, fui recrutado por uma empresa de produtos alimentícios da *Fortune 100* para uma posição de supervisor de produção de primeira linha. Nessa função, surgiu a oportunidade de gerenciar um projeto envolvendo um novo programa estatístico de controle de peso embalado na fábrica. A conclusão exitosa desse projeto foi vital para acelerar minha carreira internamente: passei de supervisor a gerente de produto em menos de três anos.

Depois de quatro anos em produtos alimentícios, aceitei uma oferta de uma empresa de produtos de madeira. Inicialmente, minha função era gerente de recursos humanos. Minhas responsabilidades de RH incluíam diversos projetos para aprimorar segurança e retenção de funcionários. A conclusão bem-sucedida desses projetos resultou na promoção a gerente de fábrica. Nessa função, fui encarregado de construir e administrar uma nova fábrica de portas de madeira. Depois de levar essa fábrica à produção plena, fui novamente promovido, dessa vez a gerente corporativo de melhoria contínua. Esse projeto de "mudança cultural" envolvia a implementação de gestão da qualidade total em 13 fábricas diferentes, assim como funções indiretas e de suporte dentro da corporação. Logo depois de conseguirmos implantar essa nova cultura na empresa, o proprietário faleceu, levando-me a buscar outro emprego.

Pude usar minha experiência e sucesso anteriores para convencer o proprietário de fábrica de vidro a me contratar. Na nova função de gerente geral, fui encarregado de fazer o *turnaround* daquela empresa, que passava por apuros. Era o meu maior projeto até então. Fazer o *turnaround* de uma empresa envolve uma infinidade de pequenos projetos de melhoria, alcançando desde as instalações e equipamentos até acréscimos e exclusões da linha de produtos, estratégia de vendas e *marketing* e todo o resto. Em quatro anos, conseguimos transformar a empresa, a ponto de o proprietário poder vendê-la e aposentar-se tranquilamente.

O *turnaround* bem-sucedido da empresa de vidros chamou a atenção de um concorrente muito maior que nós, resultando em uma oferta de emprego. Era uma *start-up* de uma fábrica de vidro de alta tecnologia, valendo US$ 30 milhões, em outro estado. Em apenas três anos, conseguirmos fazer aquela fábrica passar de um terreno baldio para líder em volume no respectivo setor em todo o mundo. Após construir e operar essa fábrica em um nível de *benchmark* de primeiro mundo por oito anos, eu me deparei com uma nova e empolgante oportunidade para ajudar a expandir uma fábrica de vidros no Canadá. Passei quatro anos fazendo a transição dessa empresa canadense de uma fábrica de vidros de porte médio para uma das maiores e mais bem-sucedidas empresas do ramo na América do Norte.

Um pouco cansado do Norte, encontrei uma oportunidade para assumir o maior e mais impactante projeto da minha carreira. Atualmente, sou vice-presidente de operações de uma *start-up* de alta tecnologia financiada por capital de risco, em que supervisiono a construção e o *start-up* da primeira fábrica de vidro eletrocrômico em escala integral e alto volume do mundo. Esse novo projeto envolve criar uma empresa do zero e levar uma emocionante tecnologia nova do laboratório para a comercialização em grande escala. O sucesso na função, embora ainda longe de ser garantido, poderá revolucionar a indústria do vidro ao introduzir um produto que aumenta drasticamente a eficiência energética e o conforto nos prédios em todo o mundo.

Olhando para a minha carreira, fica claro que meu sucesso resultou de eu ter assumido e concluído a contento projetos cada vez maiores e mais impactantes.

Existe um ditado que sempre me chamou a atenção: "Se a sua única ferramenta é um martelo, todos os seus problemas parecem pregos". Boas ferramentas são difíceis de conseguir e pesadas de carregar. Gosto de ter a minha caixa cheia de ferramentas gerais: coisas como habilidades de comunicação, liderança, bom senso, julgamento, raciocínio, lógica e um forte sentimento de urgência. Muitas vezes, fico pensando em quanto mais eu poderia ter alcançado se tivesse realmente estudado gerenciamento de projetos e possuísse mais desse tipo de ferramenta na minha caixa. Tendo uma caixa cheia de ferramentas, você pode atacar qualquer problema em qualquer negócio. Gerenciamento de projetos é claramente uma daquelas habilidades em que quanto melhor você é, maiores as suas chances de sucesso em qualquer ambiente de negócios. Possuir as ferramentas é só uma parte da equação, contudo. Para ter sucesso, você também precisa estar disposto a encarar problemas/oportunidades quando todo mundo está fugindo deles.

- Organizou uma série de palestras no Clube da Administração, trazendo ao campus nove destacados profissionais dos negócios para falar com os estudantes sobre oportunidades de carreira e habilidades gerenciais essenciais.

Em uma época de economia muito difícil, ele conseguiu um emprego "barbada" na Nike, apesar da sua média GPA de apenas 3,2.

Ao ser entrevistado para possíveis empregos relacionados a gerenciamento de projetos, você pode impressionar os entrevistadores fazendo-lhes perguntas sobre como a empresa gerencia projetos:

- Quais tipos de projeto a empresa realiza? Quais as oportunidades de fazer parte desses projetos?
- Qual é a estrutura de gerenciamento de projetos da empresa? É por projeto, funcional ou em matriz?
- Como a empresa monitora o progresso dos projetos? Ela usa um sistema de valor agregado?
- Qual software ela usa nos projetos? Microsoft Project? Excel? Primavera?
- Como a empresa determina se um projeto é bem-sucedido? O que é mais importante: tempo, dinheiro, escopo, satisfação do cliente?

Essas perguntas não apenas podem impressionar o entrevistador, como também geram informações valiosas para ajudá-lo a fazer uma escolha. Em particular, elas devem lhe dar um vislumbre da cultura organizacional e se você se encaixa nela. Elas também revelam a maturidade dos processos de gerenciamento de projetos da empresa. Empresas com procedimentos e processos estabelecidos de gerenciamento de projetos são grandes laboratórios de aprendizado.

Se você está pensando uma carreira em gerenciamento de projetos, deve, primeiro, descobrir quais oportunidades específicas de trabalho em projetos existem na sua empresa. Você deve falar com pessoas em postos de gerenciamento de projetos, descobrir como chegaram lá e quais conselhos elas podem lhe dar. Já que as carreiras, como observado anteriormente, variam de uma empresa para outra, você precisa estar ciente das carreiras únicas da sua empresa. Por exemplo, empresas de varejo naturalmente designam gerentes de marketing aos projetos. As de eletrônica, por sua vez, normalmente designam engenheiros como líderes de projetos.

Depois de concluir que deseja seguir uma carreira em gerenciamento de projetos ou a vê como um caminho para avançar, você precisa compartilhar suas aspirações com seu superior imediato. Ele pode estimular suas ambições, sancionar treinamento extra em gerenciamento de projetos e designar trabalho imediato que contribua para a sua base de habilidades em projetos.

Treinamento e certificação profissional

A maioria dos gerentes de projetos jamais recebeu treinamento formal na área. Eles dominaram o trabalho enquanto o realizavam, arrematando com cursos ocasionais sobre tópicos específicos de projetos, como cronogramas de projetos e negociação de contratos. Foi apenas recentemente que as universidades começaram a oferecer cursos de gerenciamento de projetos fora das faculdades de engenharia; até o momento, só existem uns poucos cursos superiores em gerenciamento de projetos. Qualquer que seja seu nível de treinamento, você provavelmente precisará complementar sua formação. Muitas grandes empresas têm programas internos de treinamento em gerenciamento de projetos. Por exemplo, em certo momento, a Hewlett-Packard tinha mais de 32 módulos de treinamento no seu currículo de gerenciamento de projetos, organizado em torno de cinco níveis de experiência: equipe de projeto, novo gerente de projetos, gerente de projetos, gerente de projetos experiente e gerente de gerentes de projetos. Aproveite as oficinas profissionais, que podem cobrir uma variedade de ferramentas e tópicos específicos de gerenciamento de projetos. A educação continuada não deve se restringir a gerenciamento de projetos. Muitos profissionais técnicos voltam à universidade para fazer um MBA ou um curso noturno de administração a fim de expandir a perspectiva geral de negócios.

Muitos profissionais sabem dos benefícios em se associar ao Project Management Institute (PMI). A associação dá direito a assinaturas de publicações do PMI, incluindo o periódico acadêmico *Project Management Journal* e a revista especializada *PM Network*. O PMI promove cursos e fóruns nacionais sobre gerenciamento de projetos. Quando você se associa ao PMI, também se torna membro de uma das mais de 400 seccionais em toda a América do Norte. O PMI também tem seccionais em mais de 60 países que se reúnem mensalmente, dando aos profissionais de projetos oportunidades de formar redes e aprender uns com os outros.

Além disso, como parte do seu trabalho para promover a profissão, o PMI certifica a proficiência em competências de gerenciamento de projetos por meio de um exame formal que abrange todo

TABELA 18.1
Requisitos das certificações do PMI

	CAPM	**PMP**
Nome completo:	Certified Associate in Project Management	Project Management Professional
Função em projetos:	Contribui para a equipe do projeto	Lidera e dirige equipes de projeto
Qualificação:	Diploma de ensino médio/global	Diploma de ensino superior/global
Requisitos:	Equivalente **E** 1.500 horas de experiência **OU** 23 horas de estudo em gerenciamento de projetos	Equivalente **5** anos de experiência em gerenciamento de projetos **35** horas de estudo em gerenciamento de projetos **OU** Bacharelado/global equivalente a **3** anos de experiência em gerenciamento de projetos **35** horas de estudo em gerenciamento de projetos
Informações sobre o exame:	3 horas; 150 questões de múltipla escolha	4 horas; 200 questões de múltipla escolha

o corpo de conhecimento em gerenciamento de projetos. Duas das certificações mais populares são Certified Associate in Project Management **(CAPM)**, para jovens profissionais que se iniciam na área, e o Project Management Professional **(PMP)**, restrito àqueles com considerável experiência em gerenciamento de projetos (Tabela 18.1).

A maioria dos estudantes está qualificada para fazer o exame CAPM depois de uma disciplina formal de gerenciamento de projetos em nível universitário. Tanto o exame CAPM quanto o PMP são baseados no Corpo de Conhecimento de Gerenciamento de Projetos (PMBOK) oficial publicado pelo PMO. Existem diversas "apostilas" de preparação para auxiliar os estudantes a prestarem os exames. Esses livros dão dicas úteis, assim como exames simulados.

Ser aprovado no exame e certificado como CAPM ou PMP é um modo claramente visível de sinalizar a sua competência e interesse. Consulte o "Caso Prático: Ginger Butler" para ver um exemplo de como uma ex-estudante usou o CAPM para avançar na carreira como gerente de projetos.

Mais sobre certificação

O benefício de obter certificação está no valor agregado ao seu diploma. Ser certificado pode abrir portas para um entrevista. Levinson relata que gerentes de projetos certificados podem ter mais acesso a empregos e maiores salários. De acordo com a Sétima Edição da Pesquisa Salarial em Gerenciamento de Projetos do PMI, quem tem determinadas credenciais (como PMP) ganha ao menos US$ 10 mil a mais por ano do que quem não as têm. A IBM informa que alguns dos seus clientes exigem um gerente de projetos certificado. No entanto, Steve DelGrosso, diretor do Centro de Excelência em Gerenciamento de Projetos da IBM, aponta: "Ser gerente de projetos certificado não necessariamente o torna melhor do que um outro gerente de projetos. Isso apenas indica que você tem um certo nível de conhecimento e expertise e que sabe trabalhar com proficiência em um ambiente de projeto". Se a cada 10 projetos, sete falharem, os clientes podem acreditar que um gerente certificado completará o projeto dentro do prazo e do orçamento. Entretanto, muitos fatores afetam o sucesso de um projeto. O melhor que pode ser dito é que contratar um gerente de projetos certificado pode aumentar as chances de sucesso (Levinson, 2010).

Entrevistas com executivos de TI mostram que muitas das chamadas habilidades "soft" de liderança, habilidades de comunicação (oral e escrita) e capacidade de lidar com ambiguidade e mudanças são mais valiosas do que certificação (Stevenson and Starkweather, 2010). A certificação PMI indica que você aprendeu os processos de gerenciamento de projetos, assim como os termos comuns usados no ramo (por exemplo, escopo, requisitos, estrutura analítica de trabalho, rede do projeto, risco, valor agregado, corrente crítica, Gestão ágil de projetos). Em resumo: os exames de

CASO PRÁTICO — Ginger Butler

2000	Bacharelado em administração de empresas
2000-07	Analista de software
2007	Master Business Administration (MBA) CAPM PMI Project Management Certification
2007	Gerente de projetos
2008	Diretora do escritório de gerenciamento de projetos
2009	Vice-presidente de produtos e operações

Após 10 anos como contadora, decidi voltar à faculdade para cursar administração de empresas (ênfase em sistemas de informações gerenciais). No terceiro ano, tive uma disciplina de gerenciamento de projetos (PM). Fiquei impressionada como os métodos de PM conseguem dividir até mesmo os projetos mais complicados em etapas, que, então, podem ser transformados em processos com mais chances de resultar em um projeto de sucesso. Passei os sete anos seguintes como analista de software. Vez por outra, eu via a necessidade de um PM eficaz no nosso escritório de desenvolvimento de software. Lentamente, comecei a aplicar o que havia aprendido e comecei a perceber como as ferramentas e técnicas de gerenciamento de projetos eram úteis para fazer as coisas.

Eu sabia que precisava aprender mais e estava dividida entre fazer um curso de gerenciamento de projetos para adquirir certificação em PM ou, em uma manobra mais ousada, cursar um MBA. Tomei a decisão de cursar o MBA e, novamente, tive a oportunidade de fazer uma disciplina avançada em PM. Antes de me formar, busquei um curso de preparação para certificação em PM que permitiu que eu e mais 11 estudantes conseguíssemos a certificação.

Uma semana após a formatura, assumi um cargo de gerente de projetos na Avant Assessment. A certificação em PM era uma exigência para o trabalho. A empresa, fundada em 2001, desenha, desenvolve e entrega avaliações de proficiência em idiomas, baseadas em padrões, validadas e entregues por em um ambiente Web. A empresa adotara a ciência do PM, dando-me uma oportunidade incrível para produzir um impacto significativo como gerente de projetos. Em dois anos, fui promovida a diretora do nosso escritório de PM. A partir daí, consegui criar processos coesos e eficazes no nosso departamento de produção, tendo repetido o sucesso em desenvolvimento de processos no nosso departamento de produtos.

Recentemente, fui promovida a diretora de operações. Isso é um resultado direto do que consegui realizar com a educação e o aprendizado contínuo sobre gerenciamento de projetos. Aliando o MBA ao PM, estava preparada para assumir desafios consideráveis e produzir melhorias táticas, operacionais e estratégicas dentro e entre departamentos. É claro, eu estava no lugar certo na hora certa para conseguir essa ótima oportunidade na Avant Assessment, empresa de pensamento inovador e orientada à ação, onde é muito gratificante trabalhar. A Avant reconhece e estimula o crescimento e desenvolvimento pessoal e profissional. Graças à centelha de interesse em gerenciamento de projetos surgida anos atrás e à Avant Assessment, que acendeu em mim a paixão por melhor sempre, a minha carreira levantou voo.

---

certificação do PMI são muito voltados a processos, podendo ajudá-lo a passar por etapas de contratação.

Ganhando visibilidade

À medida que você acumula conhecimento e técnicas, precisa aplicá-los à sua situação profissional imediata. O trabalho da maioria das pessoas envolve alguma forma de trabalho em projetos, seja realizando um objetivo ordenado ou simplesmente descobrindo jeitos de melhorar a qualidade do desempenho. Gráficos de Gantt, matrizes de responsabilidade, redes CPM e outras ferramentas de gerenciamento de projetos podem ser usadas para planejar e implementar essas empreitadas. Talvez seja inteligente também procurar oportunidades fora do ambiente de trabalho para desenvolver habilidades de gerenciamento de projetos. O envolvimento ativo com a sua comunidade local pode oferecer várias oportunidades de gerenciar projetos. Organizar um campeonato local de futebol, administrar um evento para arrecadar fundos para caridade ou coordenar a revitalização da praça do bairro pode possibilitar que você pratique o gerenciamento de projetos. Além disso, dada a natureza voluntária da maioria desses projetos, eles podem lhe dar um excelente espaço de treinamento para aguçar sua capacidade de exercer influência sem autoridade formal.

Independentemente da sua competência e valor, as suas habilidades de gerenciamento de projetos devem ser visíveis aos outros para serem reconhecidas. A carreira da maioria dos gerentes de projetos começou quando eles se voluntariaram para forças-tarefas e projetos pequenos. Idealmente, você deve escolher forças-tarefa e projetos que proporcionem acesso a pessoas situadas mais alto e a outros departamentos dentro da sua empresa, permitindo novos contatos.

Isso foi especialmente verdadeiro no caso de um ex-aluno nosso chamado Bob, que saiu das trincheiras de uma grande corporação se voluntariando para liderar a campanha United Way anual da empresa. Embora uma causa importante, a direção da campanha United Way normalmente era concedida a alguém dispensável. Era o caso de Bob, cuja carreira havia chegado ao seu ponto mais baixo. Ele aproveitou a força-tarefa United Way para exibir suas habilidades em gerenciamento de projetos. Por meio de recrutamento de importantes participantes, estabelecimento de uma visão compartilhada, gerenciamento de marcos e entusiasmo contagiante, a campanha foi um sucesso estrondoso, deixando longe os recordes anteriores. O empenho de Bob chamou a atenção da alta gerência, e ele recebeu mais projetos.

Mentores

Ao ir atrás das suas ambições, você deve buscar um mentor. A maioria dos bons gerentes reconhece que seu progresso contou com a participação importante de mentores. **Mentores** normalmente são mais experientes que você, estão em níveis superiores da hierarquia na empresa (na sua ou na deles) e têm um interesse especial em você e na sua carreira. Eles usam a influência que têm para promover as suas ambições e atuam como *coach* pessoal, ensinando a você "onde pisar e onde não pisar". Esse tratamento especial têm um preço. Geralmente, os menores demandam lealdade fervorosa e desempenho superior – afinal de contas, a reputação deles depende do seu desempenho. Como se encontra um mentor? A maioria das pessoas diz que é uma coisa que simplesmente acontece. Mas não acontece para todos. Via de regra, os mentores procuram trabalhadores nota A com estrelinha, e não nota C, e você precisa divulgar suas capacidades para os outros.

Muitas empresas instituem programas formais de mentoria, nos quais gerentes de projetos experientes são designados a jovens gerentes promissores (ver "Caso Prático: Criando a nova geração na Intel"). Embora a relação possa não evoluir para o nível pessoal alcançado com um mentor informal, os mentores designados desempenham um papel muito semelhante no *coaching* e promoção do progresso profissional da pessoa. Você deve aproveitar essa oportunidade para aprender o máximo que puder com esses profissionais tarimbados.

Uma vez que muito do trabalho com projetos é de natureza temporária e contratual, é importante desenvolver contatos profissionais que possam levar a trabalho no futuro. Frequentar conferências, feiras e workshops oferece boas oportunidades para fazer "networking" e desenvolver conexões sociais que talvez ocasionem trabalhos com projetos. Essas redes sociais/profissionais podem representar uma rede de segurança de trabalho com projetos em tempos de *downsizing* e demissões.

Sucesso em projetos importantes

Em última instância, o seu objetivo é acumular um portfólio de experiências de gerenciamento de projetos que ampliem sua base de habilidades e reputação. Se possível, você deve desde o início escolher projetos com as maiores oportunidades de aprendizado. Selecione-os mais pela qualidade das pessoas que trabalham neles do que pelo respectivo escopo. Não existe melhor maneira de aprender como ser um gerente de projetos eficaz do que ver um em ação. Faça um diário das suas observações e revise e refine as lições aprendidas. Mais tarde, quando sua confiança e competência crescerem, você deve tentar se envolver em projetos que otimizem a sua reputação dentro da empresa. Lembre-se dos comentários sobre satisfação do cliente. Você quer exceder as expectativas dos seus superiores. Evite projetos ou incumbências rotineiras. Busque projetos *high-profile*, com algum risco e retornos concretos. Ao mesmo tempo, tome cuidado para se envolver com projetos equiparáveis às suas capacidades.

Por fim, pode acontecer que, apesar do seu empenho, você não esteja conseguindo fazer um progresso satisfatório rumo aos seus objetivos profissionais. Se essa é a sua percepção, pode ser que você precise considerar seriamente mudar de empresa ou mesmo de setor, indo para um lugar que ofereça mais oportunidades de gerenciamento de projetos. De preferência, acumule experiência suficiente em gerenciamento de projetos para ajudá-lo na sua busca por trabalho. Uma vantagem do trabalho com projetos em relação ao gerenciamento em geral é que costuma ser mais fácil salientar e "vender" as suas realizações.

> **CASO PRÁTICO** — Criando a nova geração na Intel*
>
> "Mentoria é como criamos a nova geração de talentos", afirma Jeff Hodkinson, gerente de programas sênior no gigante da TI Intel. Veterano com 30 anos de Intel, ele já foi mentor de dúzias de pessoas de toda a corporação – de novos recrutas a gerentes de projetos procurando ajuda em transição para novas funções.
>
> "Tive grandes mentores e gerentes ao longo dos anos e agora estou na idade em que me sinto obrigado a passar o conhecimento adiante para a próxima geração", diz o Sr. Hodgkinson. "Além disso, quero que a nova geração de funcionários da Intel mantenha nossas ações bem-cotadas e continuem lançando bons produtos."
>
> Também profissionais calejados podem se beneficiar com a mentoria. Hodgkinson foi designado para ser mentor de Bill Crider, um gerente de programas sênior do escritório de programas de cálculo de engenharia da Intel em Austin, Texas. Crider estava no meio do gerenciamento de um enorme projeto de upgrade de TI, de cinco anos, envolvendo 48 subequipes, mais de 85 mil computadores e 24 gerentes de projetos que se reportavam a ele.
>
> "Havia muitos momentos do projeto em que eu sentia que não dava pé", admite Crider.
>
> A mentoria ajudou Crider a aperfeiçoar seu estilo de gerenciamento de projetos, ensinando-o a focar a perspectiva maior e delegar mais tarefas diárias. "Eu estava rumando a uma situação clássica de estafa. Trabalhava 12 horas por dia, mas não podia me queixar a ninguém acima ou abaixo de mim", diz Crider: "Jeff me ajudou a ver que eu estava assumindo coisas demais e a me preocupar menos com coisas pequenas".
>
> Hoje, Crider é mentor e *coach* de cerca de 15 gerentes de projeto. Ele admite que a mentoria toma tempo, mas diz que vale o esforço – tanto para o mentorado quanto para a empresa. "Você precisa ser mentor porque é errado não transmitir o que você sabe", diz ele.
>
> Para Hodgkinson, a mentoria expandiu sua rede social e fez dele o cara com quem falar sobre gerenciamento de projetos. "Quando você é mentor de outras pessoas, você obtém respeito", diz ele. "Elas vêm lhe pedir ajuda, o que estabelece sua reputação de *expert*".
>
> * S. F. Gale, "Building Leaders," *PM Network*, October 2010, pp. 34-37.

Resumo

É raro encontrar uma profissão ou carreira que não possa se beneficiar de eficiência em gerenciamento de projetos. Os estudantes em início de carreira devem aproveitar todas as oportunidades para continuar desenvolvendo e expandindo suas habilidades em gerenciamento de projetos. Eles devem tentar se voluntariar para trabalhar em forças-tarefa, aproveitar oportunidades de treinamento e aplicar ferramentas e técnicas de gerenciamento de projetos ao seu trabalho. Devem sinalizar aos seus superiores seu interesse em gerenciamento de projetos e granjear incumbências de projetos. Ao longo do tempo, acabarão acumulando um portfólio de experiências com gerenciamento de projetos que estabeleça sua base de habilidades e reputação de alguém que faz as coisas bem-feitas e rapidamente.

Damos duas sugestões para você perseguir sua carreira de gerente de projetos:

1. Mantenha uma visão do todo. Faça regularmente o que alguns chamam de "gerenciamento de helicóptero", ou seja, expanda sua perspectiva além dos seus afazeres imediatos e avalie onde o projeto se encaixa no todo. Os gerentes de projetos precisam estar constantemente avaliando como o projeto realiza a missão e a estratégia da empresa, como o projeto está afetando o resto da empresa, se as expectativas das partes interessadas estão mudando e quais são principais interfaces do projeto a serem administradas.
2. Relembre que o gerenciamento de projetos bem-sucedido é, essencialmente, um ato de equilíbrio. Os gerentes de projetos precisam balancear o lado *soft* (pessoal) do gerenciamento de projetos com o *hard* (técnico), as demandas da alta gerência com as necessidades dos membros da equipe, o ganho de curto prazo com a necessidade de longo prazo, e assim por diante.

Termos-chave

CAPM, 537   Mentor, 539   PMP, 537

Questões de revisão

1. Por que o conhecimento e as habilidades de gerenciamento de projetos são transferíveis entre os setores? E entre as profissões?

2. Existe uma carreira fixa em gerenciamento de projetos? Explique.
3. Como um mentor pode auxiliar alguém a seguir uma carreira em gerenciamento de projetos?

Exercícios

1. Entreviste pessoas que já trabalharam como gerente de projetos ou como profissional de gerenciamento de projetos.
   a. Como suas carreiras começaram na área?
   b. Como suas carreiras progrediram?
   c. Quais conselhos dariam a quem deseja seguir uma carreira em gerenciamento de projetos?
2. Entreviste pessoas que trabalham em uma área em que você gostaria de ingressar.
   a. Como suas carreiras na área começaram?
   b. O gerenciamento de projetos é importante nessa área? E no emprego atual deles?
   c. Quais conselhos dariam a quem deseja seguir carreira nessa área?
3. Use um mecanismo de busca de empregos na Internet (p. ex.: Monster.com) e procure vagas na área de gerenciamento de projetos. O que a pesquisa revela sobre:
   a. a demanda por gerentes de projetos?
   b. a importância da certificação?
   c. diferentes setores à procura de gerentes de projetos?

Referências

Ferrazzi, K., and T. Rhaz, *Never Eat Alone: And Other Secrets to Success, One Relationship at a Time* (New York: Broadway Business, 2005).

Gray, C., "Accelerating Management Maturity in Project-Oriented Organizations," *PM World Today,* May 2011, pp. 1-4.

Lientz, B. P., and K. P. Rea, *Project Management for the 21st Century* (San Diego: Academic Press, 1995).

Hölzle, K., "Designing and Implementing a Career Path for Project Managers," *International Journal of Project Management,* 28 (8), 2010, pp. 779-786.

Levinson, M., "Why Project Management Certifications Matter," *Networkworld.com* (retrieved November 17, 2010).

Martin, P., and K. Tate, *Getting Started in Project Management* (New York: Wiley, 2004).

Pant, L., and B. Baroudi, "Project Management Education: The Human Skills Imperative," *International Journal of Project Management,* Vol. 26, 2008, pp. 124-128.

Project Management Institute, *Project Management Salary Survey, 7th ed.* (Newton Sq., PA: PMI Publications, 2012).

Stevenson, D. H., and Jo A. Starkweather, "IT Critical Competency Index: IT Execs Prefer Soft Skills," *International Journal of Project Management,* Vol. 7, October 2010, pp. 663-671.

APÊNDICE UM

Soluções de exercícios selecionados

Capítulo 2

2-2. *Payback* = Investimento/Economia anual
   Projeto Alfa: US$ 150.000/US$ 40.000 = 3,75 anos
   Projeto Beta: US$ 200.000/US$ 50.000 = 4 anos
O Projeto Alfa tem o melhor *payback*.

2-5. O único projeto que a SIMSOX deveria considerar é o **Voyagers**. Nenhum dos outros dois projetos satisfaria a alta rentabilidade que a SIMSOX espera dos seus projetos.

Projeto: **Dust Devils**

Ano	Entradas	Saídas	Fluxo líquido	Fator de desconto	NPV
0		500.000	−500.000	1,00	−500.000
1	50.000		50.000	0,81	40.500
2	250.000		250.000	0,66	165.000
3	350.000		350.000	0,54	189.000

Total: US$ −105.500

Se calculado no Excel: US$ −106,020

Projeto: **Ospry**

Ano	Entradas	Saídas	Fluxo líquido	Fator de desconto	NPV
0		250.000	−250.000	1,00	−250.000
1	75.000		75.000	0,81	60.750
2	75.000		75.000	0,66	49.500
3	75.000		75.000	0,54	40.500
4	50.000		50.000	0,44	22.000

Total: US$ −77.250

Se calculado no Excel: US$ −77.302

Projeto: **Voyagers**

Ano	Entradas	Saídas	Fluxo líquido	Fator de desconto	NPV
0		75.000	−75.000	1,00	−75.000
1	15.000		15.000	0,81	12.150
2	25.000		25.000	0,66	16.500
3	50.000		50.000	0,54	27.000
4	50.000		50.000	0,44	22.000
5	150.000		150.000	0,36	54.000

Total: US$−56.650

Se calculado no Excel: US$−55.714

Capítulo 6

6-3. A atividade C é uma atividade de desdobramento. A atividade C é uma atividade de fusão.

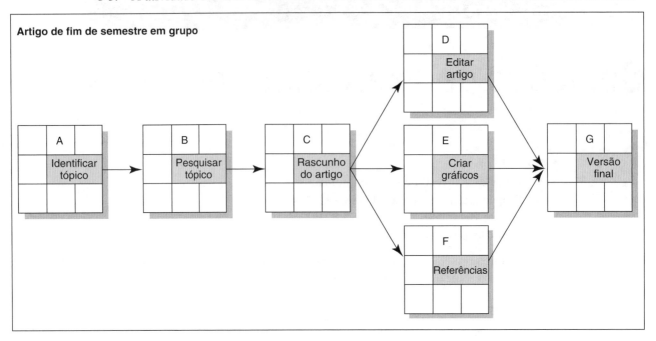

6-11.

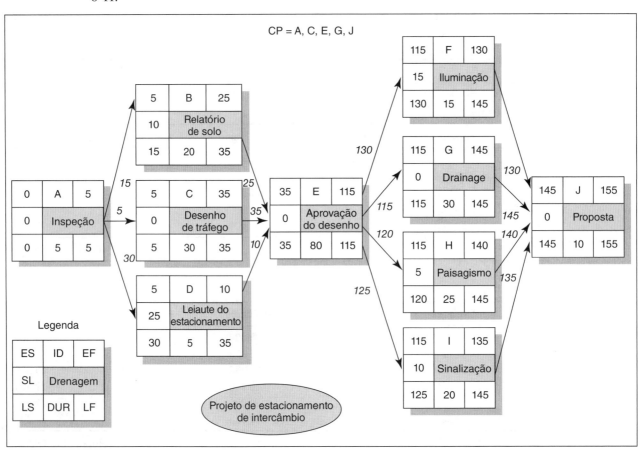

6-13.

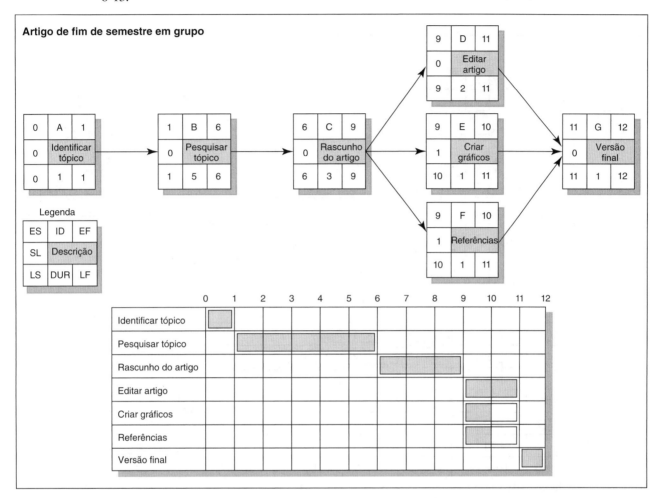

6-20.

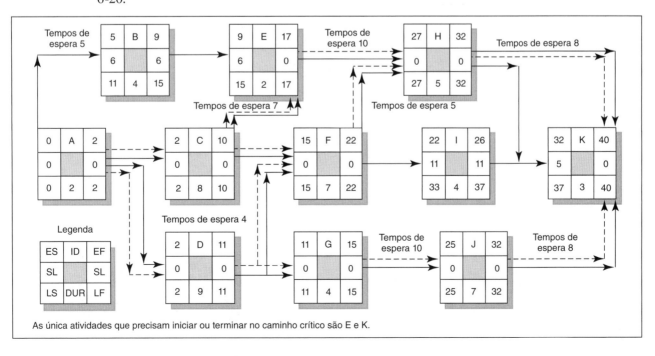

Capítulo 8

8-4.

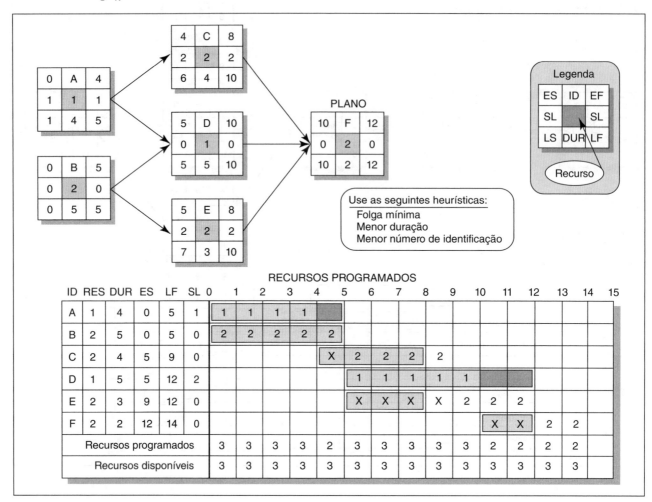

8-7. Você não deve perder seu tempo planejando como gastará seu bônus. O cronograma tomará 16 dias.

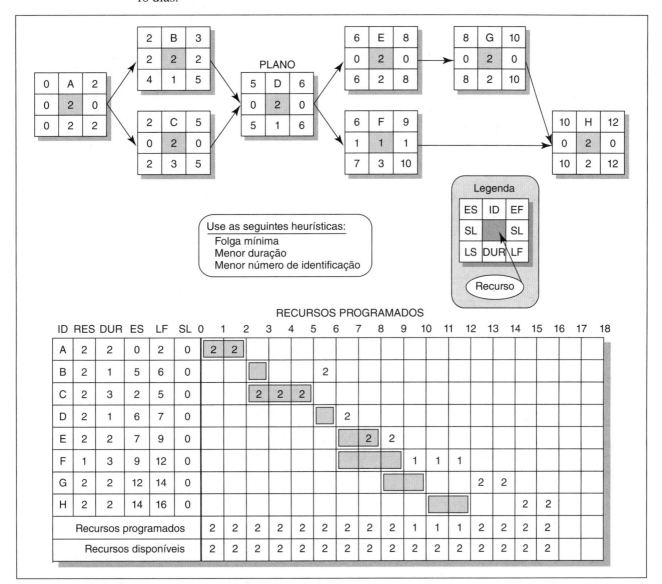

8-10.

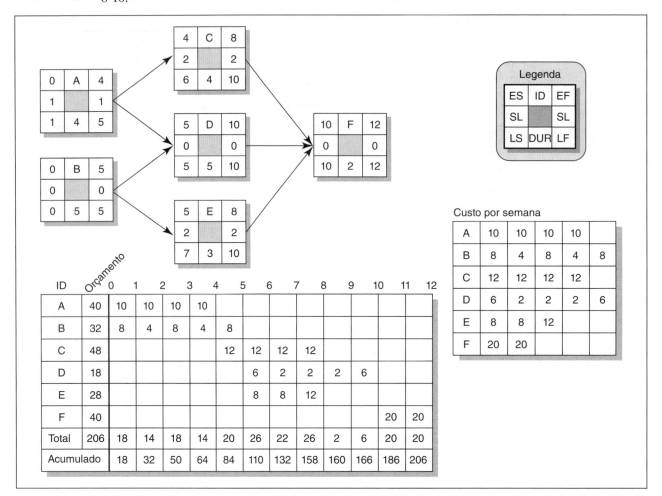

Capítulo 9

9-2.

Atividade	Tempo normal	Custo normal	Tempo de compressão máximo	Custo de compressão
A	1	100	0	0
B	3	150	2	100
C	4	200	1	50
D	3	200	1	60
E	4	200	2	70
F	3	150	1	90

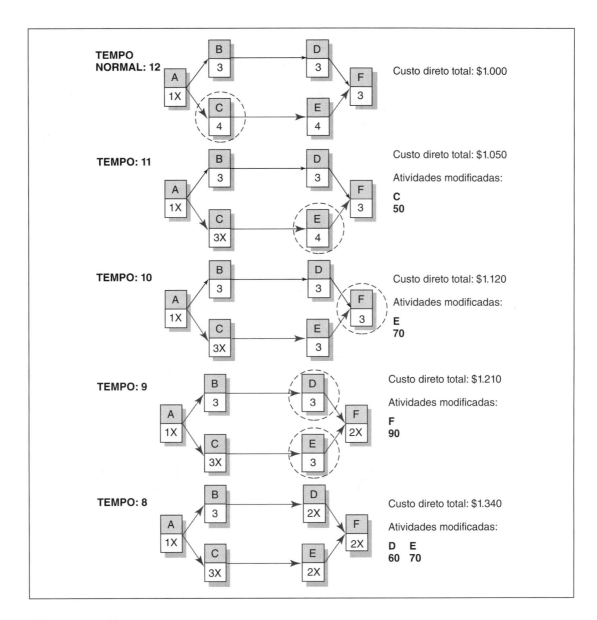

9-8.

Atividade	Tempo normal	Custo normal	Tempo de compressão máximo	Custo de compressão
A	3	150	0	0
B	4	200	1	100
C	3	250	1	60
D	4	200	1	40
E	2	250	0	0
F	3	200	2	30
G	2	250	1	20
H	4	300	2	60
I	2	200	1	200

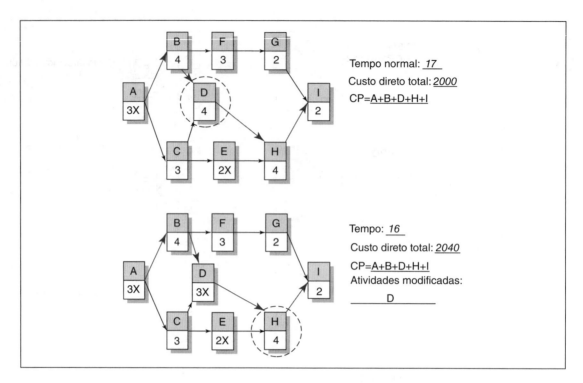
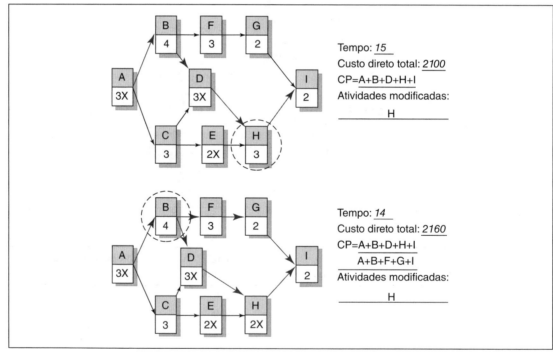

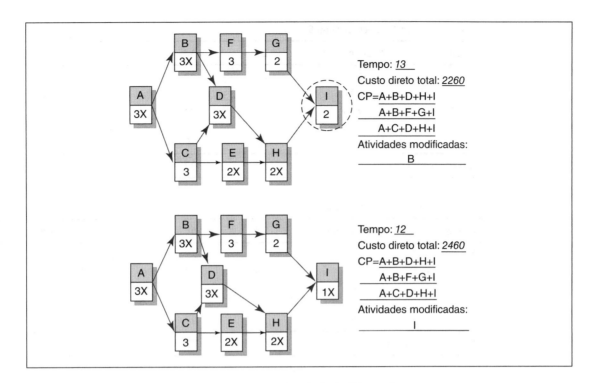

Duração	Custo direto	Custo indireto	Custo total
17	2.000	1.500	3.500
16	2.040	1.450	3.490
15	2.100	1.400	3.500
14	2.160	1.350	3.510
13	2.260	1.300	3.560
12	2.460	1.250	3.710

O cronograma ótimo de tempo/custo seria de 16 semanas a um custo US$ 3.490.

Capítulo 13

13-4.

Relatório de *status*: **Período final 2** (US$ mil)

Tarefa	% Concluído	EV	AC	PV	CV	SV
A	75%	30	25	20	5	10
B	50%	16	12	12	4	4
Totais acumulados		46	37	32	9	14

Relatório de *status*: **Período final 4** (US$ mil)

Tarefa	% Concluído	EV	AC	PV	CV	SV
A	100%	40	35	40	5	0
B	100%	32	24	24	8	8
Totais acumulados		72	59	64	13	8

Relatório de *status*: **Período final 6** (US$ mil)

Tarefa	% Concluído	EV	AC	PV	CV	SV
A	100%	40	35	40	5	0
B	100%	32	24	32	8	0
C	75%	36	24	24	12	12
D	0%	0	0	6	0	−6
E	50%	14	10	8	4	6
Totais acumulados		122	93	110	29	12

Relatório de *status*: **Período final 8** (US$ mil)

Tarefa	% Concluído	EV	AC	PV	CV	SV
A	100%	40	35	40	5	0
B	100%	32	24	32	8	0
C	100%	48	32	48	16	0
D	33%	6	20	10	−14	−4
E	100%	28	20	28	8	0
Totais acumulados		154	131	158	23	−4

Resumo de índices de desempenho (US$ mil)

Período	EV	AC	PV	SPI	CPI	PCIB
2	46	37	32	1,44	1,24	22%
4	72	59	64	1,13	1,22	35%
6	122	93	110	1,11	1,31	59%
8	154	131	158	0,97	1,18	75%

Custos previstos na conclusão

$$EAC_f = \frac{(BAC - EV)}{(EV/AC)} + AC$$

$$= \frac{(206 - 154)}{(154/131)} + 131$$

$$= 175$$

$$VAC_f = BAC - EAC_f$$

$$VAC_f = 206 - 175$$

$$VAC_f = 31$$

No fim do 8º período, três quartos do projeto foram concluídos, com economia de US$ 23 mil. Se o projeto seguir obtendo US$ 1,18 em trabalho para cada dólar gasto, ele estará US$ 31 mil abaixo do orçamento na conclusão. O projeto parece estar ligeiramente atrasado no cronograma.

13-8. Parte A

Relatório de *status*: **Período final 1** (US$ mil)

Tarefa	% Concluído	EV	AC	PV	CV	SV
A	25%	25	50	50	−25	−25
Totais acumulados		25	50	50	−25	−25

Relatório de *status*: **Período final 2** (US$ mil)

Tarefa	% Concluído	EV	AC	PV	CV	SV
A	50%	50	100	100	−50	−50
Totais acumulados		50	100	100	−50	−50

Relatório de *status*: **Período final 3** (US$ mil)

Tarefa	% Concluído	EV	AC	PV	CV	SV
A	100%	100	200	100	−100	0
B	0%	0	0	100	0	−100
C	0%	0	0	150	0	−150
Totais acumulados		100	200	350	−100	−250

Relatório de *status*: **Período final 4** (US$ mil)

Tarefa	% Concluído	EV	AC	PV	CV	SV
A	100%	100	200	100	−100	0
B	60%	150	100	150	50	0
C	50%	225	200	300	25	−75
Totais acumulados		475	500	550	−25	−75

Relatório de *status*: **Período final 5** (US$ mil)

Tarefa	% Concluído	EV	AC	PV	CV	SV
A	100%	100	200	100	−100	0
B	100%	250	200	250	50	0
C	100%	450	400	450	50	0
Totais acumulados		800	800	800	0	0

Relatório de *status*: **Período final 6** (US$ mil)

Tarefa	% Concluído	EV	AC	PV	CV	SV
A	100%	100	200	100	−100	0
B	100%	250	200	250	50	0
C	100%	450	400	450	50	0
D	75%	150	100	100	50	50
Totais acumulados		950	900	900	50	50

Relatório de *status*: **Período final 7** (US$ mil)

Tarefa	% Concluído	EV	AC	PV	CV	SV
A	100%	100	200	100	−100	0
B	100%	250	200	250	50	0
C	100%	450	400	450	50	0
D	100%	200	150	200	50	0
E	20%	60	100	0	−40	60
F	5%	15	50	0	−35	15
Totais acumulados		1.075	1.100	1.000	−25	75

Relatório de *status*: **Período final 8** (US$ mil)

Tarefa	% Concluído	EV	AC	PV	CV	SV
A	100%	100	200	100	−100	0
B	100%	250	200	250	50	0
C	100%	450	400	450	50	0
D	100%	200	150	200	50	0
E	100%	300	350	200	−50	100
F	10%	30	100	100	−70	−70
Totais acumulados		1.330	1.400	1.300	−70	30

Resumo de índices de desempenho (US$ mil)

Período	EV	AC	PV	SPI	CPI	PCIB
1	25	50	50	0,50	0,50	2%
2	50	100	100	0,50	0,50	3%
3	100	200	350	0,29	0,50	5%
4	475	500	550	0,86	0,95	24%
5	800	800	800	1,00	1,00	40%
6	950	900	900	1,06	1,06	48%
7	1.075	1.100	1.000	1,08	0,98	54%
8	1.330	1.400	1.300	1,02	0,95	67%

$$EAC_f = \frac{(BAC - EV)}{(EV/AC)} + AC \qquad VAC_f = BAC - EAC_f$$

$$2105 = \frac{(2000 - 1330)}{(1330/1400)} + 1400 \qquad -105 = 2000 - 2105$$

Com dois terços do projeto concluídos, a previsão é que o projeto esteja US$ 105 mil acima do orçamento na conclusão.

13-8 Parte B.

Estimativas revisadas: **Período final 14**

Tarefa	% Concluído	EV	AC	PV	CV	SV
A	100%	100	200	100	−100	0
B	100%	250	200	250	50	0
C	100%	450	400	450	50	0
D	100%	200	150	200	50	0
E	100%	300	350	300	−50	0
F	100%	300	500	300	−200	0
G	100%	200	150	200	50	0
H	100%	200	200	200	0	0
Totais acumulados		2.000	2.150	2.000	−150	0

$EAC_{re} = AC + ETC_{re}$ $2.150 = 1.400 + 750$
$VAC_{re} = BAC - EAC_{re}$ $-150 = 2.000 - 2.150$

As estimativas revisadas indicam que o projeto ficará um período atrasado no cronograma e US$ 150 mil acima do orçamento.

APÊNDICE DOIS

Exercícios de projetos computacionais

No desenvolvimento dos exercícios, tiveram de ser feitos *trade-offs* para enriquecer a experiência de aprendizado. Um dos maiores problemas que os estudantes encontram no início é a sobrecarga de dados e detalhes. Isso diminui sua capacidade de identificar os problemas dos projetos e dos dados e de comparar alternativas. Embora o projeto constante nos exercícios seja real, ele foi reduzido e, muitas vezes, foram suprimidos detalhes para destacar a aplicação dos princípios de gerenciamento de projetos e compreender ligações. Além disso, foram assumidos outros pressupostos simplificadores para que estudantes e professores possam acompanhar os problemas e discutir os resultados. Esses pressupostos se desviam da realidade, mas mantêm o foco nos objetivos dos exercícios e diminuem a frustração do estudante com os meandros dos softwares. A transição destes exercícios para projetos reais é majoritariamente uma questão de mais detalhes. Os pressupostos simplificadores são informados a seguir (inclua-os nas seções "padrão", "preferências" e/ou "opções" do software usado):

O Projeto POM+*

A Big Kola Company tem estado preocupada porque bebidas funcionais de fruta estão erodindo o mercado do refrigerante de cola. O CEO dita: "Se você não pode vencê-los, junte-se a eles". O primeiro produto a ter sucesso foi o suco de uva, após uma campanha relâmpago propagandeando os benefícios dos antioxidantes. Nos últimos tempos, a concorrência está espremendo as margens de lucro do suco de uva. Meses de novas pesquisas de mercado e grupos de foco tiveram como resultado três bebidas de margem alta: *cranberry* (oxicoco), *blueberry* (mirtilo) e romã. Todas essas opções apresentam antioxidantes. A decisão é produzir a bebida de romã, que possui muitos benefícios para a saúde. Por exemplo, a capacidade relativa que esses sucos têm de eliminar radicais livres prejudiciais através da ação de antioxidantes é de 71% para romã, 33% para *blueberry* e 20% para *cranberry* (Instituto de Tecnologia Technion). O potencial de mercado parece ser muito atrativo, devendo ter uma margem de lucro mais alta do que os outros sucos. Outro atrativo do suco de romã é sua popularidade no Oriente Médio e na Ásia.

A matriz de prioridades do Projeto POM+ é:

	Tempo	Escopo	Custo
Restrição			X
Otimização		X	
Aceitação	X		

Connor Gage, o gerente do projeto, formou sua equipe, e os membros criaram a seguinte estrutura analítica de trabalho:

---

* Cliff Gray, Erik Larson e Pinyarat Sirisomboonsuk, estudantes de doutorado na Rawls College of Business, Texas Tech University.

1.0 Projeto POM+
1.1 Desenvolvimento do produto pela P&D
    1.1.1 Pesquisa de necessidade
    1.1.2 Fixar especificações do produto
    1.1.3 Relatório de tempo de validade
    1.1.4 Relatório de nutrição
1.2 Obter fornecedores de fruta
1.3 Produção inicial
    1.3.1 Condicionar equipamento
    1.3.2 Ensaios de produção
    1.3.3 Ensaios de qualidade
    1.3.4 Métricas de qualidade
    1.3.5 Treinamento de qualidade
1.4 Distribuição
    1.4.1 Teste de mercado
    1.4.2 Design da embalagem
    1.4.3 Selecionar distribuidores
1.5 Jurídico
    1.5.1 Obter alvará do FDA
    1.5.2 Registrar marca comercial
1.6 Preparar lançamento do produto

Parte 1

1. Desenvolva o esboço da EAPEAP usando o software à disposição (salve o arquivo).
2. Utilize esse arquivo e as informações a seguir para criar um cronograma de projeto.
3. São observados os seguintes feriados: 1º de janeiro, Dia de Tiradentes (terceira segunda-feira de abril), Corpus Christi (última segunda-feira de junho), 9 de julho, Dia da Independência (primeira segunda-feira de setembro), Dia de Finados (primeira quinta-feira de novembro), 25 e 26 de dezembro.
4. Se um feriado cair em um sábado, a sexta-feira será dia de folga; se cair em um domingo, a segunda-feira será dia de folga.
5. A equipe do projeto trabalha oito horas por dia, de segunda a sexta.
6. O projeto começará em 3 de janeiro de 2015.
7. Com base nesse cronograma, apresente um memorando respondendo às seguintes perguntas:
   a. Quando se estima que o projeto será concluído? Quantos dias de trabalho ele levará?
   b. Qual é o caminho crítico?
   c. Qual atividade tem a maior folga total?
   d. Quão sensível é a rede?
   e. Identifique dois marcos sensíveis e explique a sua escolha.

Inclua o seguinte material impresso (de uma página):
- Um gráfico de Gantt.
- Um diagrama de rede destacando o caminho crítico.
- Uma tabela de cronograma informando o ES, o LS, o EF, o LF e a folga de cada atividade.

Dicas: Mude a escala de tempo para meses e semanas. A duração estimada do projeto é de 135 dias.

Lembre-se: Salve seus arquivos para exercícios futuros!

As seguintes informações foram derivadas da EAP. *Observe* que o número da atividade é o que aparece no software após a EAP completa ser inserida.

N°*	Atividade	Duração	Predecessor(as)
3	Pesquisa de necessidade	20	Nenhuma
4	Fixar especificações do produto	15	3
5	Relatório de tempo de validade	10	4
6	Relatório de nutrição	5	4
7	Selecionar fornecedores de fruta	20	5, 6
9	Condicionar equipamento	30	4
10	Ensaios de produção	15	7, 9
11	Ensaios de qualidade	20	10
12	Métricas de qualidade	5	11
13	Treinamento de qualidade	15	12
15	Teste de mercado	30	5, 6
16	Design da embalagem	15	15
17	Selecionar distribuidores	25	5, 6
19	Obter alvará da Anvisa	15	7, 15
20	Registrar marca comercial	5	7, 15
21	Preparar lançamento do produto	15	13, 16, 17, 19FS + 25 dias, 20FS + 15 dias

FS (do inglês *finish to start lag*) = Tempo de espera de fim para início

Parte 2

Lembre-se da máxima: "Um plano de projeto só é um cronograma após os recursos estarem comprometidos". Este exercício ilustra esse ponto sutil, mas importante.

Usando seus arquivos da Parte 1, insira os recursos e seus custos, se ainda não tiver feito isso. Todas as informações constam nas Tabelas A2.1 e A2.2.

Elabore um memorando que trate das seguintes questões:

1. Há recursos sobrealocados? Quais?
2. Assuma que o projeto é restrito por tempo e tente resolver problemas de sobrealocação nivelando dentro da folga. O que acontece?
3. Que impacto o nivelamento dentro da folga tem sobre a sensibilidade da rede?

Inclua um gráfico de Gantt com a tabela de cronograma após o nivelamento dentro da folga.

4. Assuma que o projeto é restrito por recursos e resolva os problemas de sobrealocação nivelando fora da folga. O que acontece?

TABELA A2.1
Atribuições de recursos

Atividade	Recursos
Pesquisa de necessidade	MRKT (500%)
Fixar especificações do produto	R&D (400%), MRKT (200%)
Relatório de tempo de validade	R&D (300%)
Relatório de nutrição	R&D (300%)
Selecionar fornecedores de fruta	PURCH (100%)
Condicionamento do equipamento	ENG (1000%), PROD (2000%)
Ensaios da produção	PROD (1500%), PURCH (100%), ENG (1000%)
Ensaios de qualidade	QUAL (300%), PROD (500%)
Métricas de qualidade	QUAL (300%), PROD (100%)
Treinamento de qualidade	QUAL (300%), PROD (1.500%)
Teste de *marketing*	MRKT (500%)
Design da embalagem	DESIGN (300%), MRKT (100%)
Selecionar distribuidores	MRKT (500%)
Obter alvará da Anvisa	LEGAL (300%)
Registrar marca comercial	LEGAL (300%)
Preparar lançamento do produto	QUAL (300%), PURCH (200%), PROD (1,500%), MRKT (500%), ENG (500%), R&D (100%)

TABELA A2.2
Disponibilidade de recursos e remuneração

Recurso	Abrev.	Disponível	Preço por hora
Estafe de *marketing*	MRKT	5	US$ 80/h
P&D	P&D	5	US$ 80/h
Engenharia	ENG	10	US$ 100/h
Compras	PURCH	2	US$ 60/h
Engenheiros de qualidade	QUAL	3	US$ 80/h
Designers	DESIGN	3	US$ 60/h
Estafe jurídico	LEGAL	3	US$ 120/h
Produção	PROD	20	US$ 60/h

Inclua um gráfico de Gantt com a tabela de cronograma após o nivelamento fora da folga.

Observação: Não é possível dividir atividades.

Observação: Sem atribuições parciais (por exemplo, 50%). Todos os recursos devem ser 100% atribuídos.

Parte 3

A alta gerência aceitou o cronograma com conclusão em 19 de julho criado no fim da Parte 2. Elabore um breve memorando que trate das seguintes questões:
1. Quanto custará o projeto? Qual é a atividade mais cara?
2. O que a demonstração de fluxo de caixa diz sobre como os custos são distribuídos ao longo da vida do projeto?

Inclua um fluxo de caixa mensal para o projeto.

Quando estiver confiante de que tem o cronograma definitivo, salve o arquivo como linha de base. **Dica:** Para garantir, salve um arquivo de backup sem linha de base!

Parte 4 A

Imagine que hoje é 31 de março de 2015 e que a Tabela A2.3 contém as informações de acompanhamento do projeto até o momento. Insira as informações no arquivo de linha de base salvo e elabore um relatório de *status* para os três primeiros meses do projeto POM+.

O seu relatório de *status* também deve tratar das seguintes questões:
1. Qual é o progresso do projeto em termos de custo e cronograma?
2. Quais atividades deram certo? Quais atividades não deram certo?
3. O que o PCIB e o PCIC indicam em termos de quanto do projeto foi realizado até o momento?
4. Qual é o custo previsto na conclusão (EAC_f)? Qual é o VAC_f previsto?
5. Informe e interprete o TCPI para o projeto neste momento.
6. Qual é a data de conclusão estimada?
7. Como o projeto está se saindo em termos de suas prioridades?

Tente apresentar as informações acima em um formato digno de consideração pela alta gerência.

TABELA A2.3
Relatório de *status* de 31 de março de 2015

Atividade	Início efetivo	Fim efetivo	Duração efetiva	Duração restante
Pesquisa de necessidade	03/01/15	02/02/15	22	0
Fixar especificações do produto	03/02/15	28/02/15	18	0
Relatório de tempo de validade	29/02/15	13/03/15	10	0
Relatório de nutrição	14/03/15	19/03/15	4	0
Condicionamento do equipamento	29/02/15		23	12

TABELA A2.4
Relatório de *status* de 31 de maio de 2015

Atividade	Início efetivo	Fim efetivo	Duração efetiva	Duração restante
Pesquisa de necessidade	03/01/15	02/02/15	22	0
Fixar especificações do produto	03/02/15	28/02/15	18	0
Relatório de tempo de validade	29/02/15	13/03/15	10	0
Relatório de nutrição	14/03/15	19/03/15	4	0
Selecionar fornecedores de fruta	03/04/15	30/04/15	20	0
Condicionamento do equipamento	29/02/15	11/04/15	31	0
Ensaios de produção	17/04/15	04/05/15	14	0
Ensaios de qualidade	07/05/15	31/05/15	18	0
Teste de mercado	04/04/15	09/05/15	26	0
Design da embalagem	10/05/15	25/05/15	12	0
Selecionar distribuidores	28/05/15		4	18
Obter alvará do FDA	11/05/15	31/05/15	14	0

Inclua uma tabela de valor agregado e um gráfico de Gantt de acompanhamento.

Observação: Insira 31 de março de 2015 como a data de *status* na caixa "Informações do projeto".

Parte 4 B

Imagine que hoje é 31 de maio de 2015 e que a Tabela A2.3 contém as informações de acompanhamento do projeto até o momento. Insira as informações no arquivo de linha de base salvo e elabore um relatório de *status* para o projeto POM+.

O seu relatório de status deve tratar das seguintes questões:

1. Qual é o progresso do projeto em termos de custo e cronograma?
2. Quais atividades deram certo? Quais atividades não deram certo?
3. Quanto do projeto foi realizado até o momento segundo o PCIB e o PCIC?
4. Qual é o custo previsto na conclusão (EAC$_f$)? Qual é o VAC$_f$ previsto?
5. Informe e interprete o TCPI para o projeto neste momento.
6. Qual é a data de conclusão estimada?
7. Como o projeto está se saindo em termos de suas prioridades?

Tente apresentar as informações acima em um formato digno de consideração pela alta gerência.

Inclua uma tabela de valor agregado e um gráfico de Gantt de acompanhamento.

Observação: Insira quinta-feira, 31 de maio de 2015 como a data de *status* na caixa "Informações do projeto".

Projeto Red Zuma

A ARC Company é especializada em desenvolvimento e venda de uma grande linha de patinetes de alta qualidade. Os representantes de vendas informam que há uma demanda crescente por patinetes de corrida. A presidente da ARC, Robin Lane, está entusiasmada com as possibilidades e prevê que um dia esse tipo de patinete figurará em eventos do tipo X-Games. A ARC é uma empresa pequena e usa uma matriz forte para utilizar ao máximo seu efetivo limitado.

A matriz de prioridades do Projeto Red Zuma é:

	Tempo	Escopo	Custo
Restrição		X	
Otimização	X		
Aceitação			X

Parte 1

Você é membro de uma equipe de projeto designada para desenvolver um novo patinete, de codinome "Red Zuma". A Tabela A2.5 contém as informações necessárias para criar um cronograma de projeto. Para os fins deste caso, pressuponha o seguinte:

1. O projeto começa em 2 de janeiro de 2015.
2. São observados os seguintes feriados: 1º de janeiro, Dia de Tiradentes (terceira segunda-feira de abril), Corpus Christi (última segunda-feira de junho), 9 de julho, Dia da Independência (primeira segunda-feira de setembro), Dia de Finados (primeira quinta-feira de novembro), 25 e 26 de dezembro.
3. Se um feriado cair em um sábado, a sexta-feira será dia de folga; se cair em um domingo, a segunda-feira será dia de folga. Se 25 de dezembro cair numa sexta-feira, a segunda-feira não é folga.
4. A equipe do projeto trabalha 8 horas por dia, de segunda a sexta.

Crie um cronograma de rede para o projeto e elabore um memorando que responda às seguintes perguntas:

1. Quando se estima que o projeto será concluído? Quanto este projeto demorará?
2. Qual é o caminho crítico do projeto?
3. Qual atividade tem a maior quantidade de folga?
4. Quão sensível esta rede é?
5. Identifique dois marcos sensíveis e explique a sua escolha.

Inclui os seguintes materiais impressos:
- Um gráfico de Gantt.
- Um diagrama de rede destacando o caminho crítico.
- Uma tabela de cronograma informando o ES, o LS, o EF, o LF e a folga de cada atividade.

Parte 2

As seguintes pessoas foram atribuídas em turno integral à equipe do Projeto Red Zuma:

4 especialistas em *marketing*

4 projetistas

TABELA A2.5 Red Zuma: Cronograma de projeto

Nº	Nome da tarefa	Duração	Predecessoras
1	1 Projeto Red Zuma	260 dias	
2	1.1 Análise de mercado	25 dias	
3	1.2 Design do produto	30 dias	2
4	1.3 Estudo de fabricação	20 dias	2
5	1.4 Seleção do design do produto	10 dias	3, 4
6	1.5 Plano detalhado de marketing	15 dias	5
7	1.6 Processo de fabricação	30 dias	5
8	1.7 Design detalhado do produto	45 dias	5
9	1.8 Construir protótipos	25 dias	8
10	1.9 Testar protótipos no laboratório	10 dias	9
11	1.10 Testar protótipos no campo	15 dias	9
12	1.11 Design do produto finalizado	20 dias	7, 10, 11
13	1.12 Processo definitivo de fabricação	10 dias	12
14	1.13 Pedir componentes	7 dias	12
15	1.14 Pedir equipamento de produção	14 dias	13
16	1.15 Instalar equipamento de produção	35 dias	14FS+20 dias, 15FS+30 dias
17	1.16 Comemoração	1 dia	6, 16

4 engenheiros de desenvolvimento
4 engenheiros industriais
4 pilotos de teste
2 agentes de compras

Use o arquivo da Parte 1 e as informações constantes nas Tabelas A2.6 e A2.7 para atribuir recursos ao cronograma do projeto.

Parte A

Elabore um memorando que trate das seguintes questões:
1. Há recursos sobrealocados? Quais?
2. Assuma que o projeto é restrito por tempo e tente resolver problemas de sobrealocação nivelando dentro da folga. O que acontece?

TABELA A2.6 Recursos do Projeto Red Zuma

	US$	Número disponível
Especialista de *marketing*	US$ 80.000/ano	4
Projetista	US$ 125.000/ano	4
Engenheiro de desenvolvimento	US$ 110.000/ano	4
Engenheiro industrial	US$ 100.000/ano	4
Agente de compras	US$ 75.000/ano	2
Piloto de testes	US$ 70/hora	4

Observação: O MS Project considera os recursos em termos de porcentagem, sendo um trabalhador em turno integral equivalente a 100%.

TABELA A2.7 Atribuições de recursos do Red Zuma

Nome da tarefa	Nome dos recursos
Projeto Red Zuma	
Análise de mercado	Especialista de *marketing* [400%]
Design do produto	Especialista de *marketing*, projetista [400%], engenheiro de desenvolvimento [200%], engenheiro industrial, agente de compras
Estudo de fabricação	Engenheiro industrial [400%], engenheiro de desenvolvimento [200%]
Seleção do design do produto	Especialista de *marketing* [200%], projetista [300%], engenheiro de desenvolvimento [200%], engenheiro industrial [200%], agente de compras [25%]
Plano detalhado de *marketing*	Especialista de *marketing* [400%]
Processo de fabricação	Engenheiro de design, engenheiro de desenvolvimento [200%], engenheiro industrial [300%]
Design detalhado do produto	Especialista de *marketing* [200%], projetista [400%], engenheiro de desenvolvimento [200%], engenheiro industrial [200%], agente de compras [25%]
Construir protótipos	Projetista [200%], engenheiro de desenvolvimento [200%], engenheiro industrial [400%]
Testar protótipos no laboratório	Projetista [200%], engenheiro de desenvolvimento [200%], piloto de testes
Testes de campo	Especialista de *marketing*, projetista [200%], engenheiro de desenvolvimento, engenheiro de industrial, piloto de testes [300%]
Design do produto finalizado	Especialista de *marketing* [200%], projetista [300%], engenheiro de desenvolvimento [300%], engenheiro industrial [200%], agente de compras [25%]
Processo definitivo de fabricação	Engenheiro industrial [300%], projetista, agente de compras [25%]
Pedir componentes	Agente de compras
Pedir equipamento de produção	Agente de compras
Instalar equipamento de produção	Projetista, engenheiro de desenvolvimento [300%], engenheiro industrial [400%]
Comemoração	Projetista [400%], engenheiro de desenvolvimento [400%], engenheiro industrial [400%], especialista de *marketing* [400%], agente de compras [200%]

Observação: Atribuições de recursos sem chaves são de 100%.

3. Qual o impacto do nivelamento dentro da folga sobre a sensibilidade da rede?

Inclua um gráfico de Gantt com a tabela de cronograma após o nivelamento dentro da folga.

4. Assuma que o projeto é restrito por recursos, não havendo disponibilidade de pessoal extra. Dados os recursos atribuídos, quanto o projeto demorará? (Dica: Desfaça o nivelamento efetuado na Parte A antes de responder a esta pergunta.)

Observação: Não é possível dividir atividades.

5. Como fica a nova duração em comparação com a data de conclusão estimada gerada na Parte 1? O que isso lhe diz sobre o impacto que os recursos podem ter sobre um cronograma?

Inclua um gráfico de Gantt, com uma tabela de cronograma mostrando a folga livre e total, que retrate o cronograma restrito por recursos.

Parte B

A alta gerência não está satisfeita com o cronograma restrito por recursos. Robin Lane, a presidente, prometeu aos varejistas que a ARC começará a produzir a tempo para a grande feira em Las Vegas, em 22 de janeiro de 2016, assim, o projeto precisa ser concluído até 17 de janeiro de 2016. Ela autorizou que se trabalhe no primeiro sábado disponível de cada mês para ajudar o projeto a ser concluído antes. Ela sabe que isso só reduzirá a duração do projeto de 12 a 13 dias.

Depois de falar com os engenheiros, todos concordam que eles não precisam esperar que o "Design detalhado do produto" esteja 100% concluído para começar a criar o protótipo. O consenso é que "Construir o protótipo" pode se iniciar 30 dias após o começo do "Design detalhado do produto". Da mesma forma, o "Processo definitivo de fabricação" pode começar 15 dias após o início do "Design do produto finalizado".

Dewey Martin, diretor de desenvolvimento de produto, também está disposto a acrescentar mais pessoas ao projeto. Ele se propõe a disponibilizar ao menos mais um engenheiro de desenvolvimento, um projetista e/ou um engenheiro industrial para o projeto, assim como um especialista de *marketing*. Uma vez que há uma escassez aguda de pessoal na ARC, ele pede que você só use o efetivo adicional que ajude a cumprir o prazo. O seu objetivo é desenvolver um cronograma que satisfaça o prazo com o mínimo de uso adicional de recursos.

Elabore um memorando que trate das seguintes questões:

1. Qual foi o impacto da introdução das defasagens de início para início sobre o cronograma e o orçamento?
2. Se for o caso, quais designações extras de pessoal você escolheria para concluir o projeto antes do prazo de 17 de janeiro? Explique as suas escolhas, assim como os motivos para não fazer outras opções.
3. Como essas alterações afetaram a sensibilidade da rede e o caminho crítico?

Inclua um gráfico de Gantt, com uma tabela de cronograma mostrando a folga livre e total para o novo cronograma.

Observação: Não designe pessoas novas a tarefas específicas: simplesmente acrescente-as à planilha de recursos. Todas as pessoas novas estão disponíveis em tempo integral (100%).

> À primeira vista, parece ser uma atribuição difícil, mas se você inserir as informações corretamente, o computador gera as respostas com alguns cliques.

Parte 3

A alta gerência aceitou o cronograma criado no fim da Parte 2. Elabore um breve memorando que trate das seguintes questões:

1. Quanto custará o projeto? Qual é a atividade mais cara?

2. O que a demonstração de fluxo de caixa diz sobre como os custos são distribuídos ao longo da vida do projeto?

Inclua um fluxo de caixa mensal para o projeto.

Quando estiver seguro de que tem o cronograma definitivo, salve o arquivo como linha de base. **Dica:** Para garantir, salve um arquivo de backup sem linha de base!

Parte 4

Parte A

A data de hoje é 8 de julho de 2015, o marco para a conclusão do protótipo. Você foi encarregado da elaboração de um relatório de *status* para a alta gerência. A Tabela A2.8 sintetiza o progresso do Projeto Red Zuma:

Apresente a Robin Lane um relatório de *status* profissional que aborde as seguintes questões:
1. Qual é o progresso do projeto em termos de custo e cronograma?
2. Quais atividades deram certo? Quais atividades não deram certo?
3. Quanto do projeto já foi realizado (PCIB)?
4. Qual é o custo previsto na conclusão (EAC_f)?
5. Qual é a data de conclusão estimada?
6. Como o projeto está se saindo em termos de prioridades (ver Parte 1)?

Informe e interprete as métricas relevantes de valor agregado no seu relatório.

Inclua em seu memorando um gráfico de Gantt de acompanhamento, assim como uma tabela de valor agregado.

TABELA A2.8   Atualização do Projeto Red Zuma

	Nome da tarefa	Início da atividade	Fim da atividade	% Conclusão	% Conclusão física	Duração da atividade	Duração restante
1	**1 Red Zuma**	Sex 09/01/15	ND	46%	0%	125,85 dias	146,4 dias
2	1.1 Análise de mercado	Sex 09/01/15	Qui 12/02/15	100%	0%	25 dias	0 dia
3	1.2 Design do produto	Sex 13/02/15	Qua 01/04/15	100%	0%	35 dias	0 dia
4	1.3 Estudo de fabricação	Sex 13/02/15	Sex 06/03/15	100%	0%	16 dias	0 dia
5	1.4 Seleção do design do produto	Qui 02/04/15	Sex 17/04/15	100%	0%	13 dias	0 dia
6	1.5 Plano detalhado de *marketing*	NA	NA	0%	0%	0 dia	15 dias
7	1.6 Processo de fabricação	NA	NA	0%	0%	0 dia	30 dias
8	1.7 Design detalhado do produto	Seg 20/04/15	Qua 24/06/15	100%	0%	49 dias	0 dia
9	1.8 Construir protótipos	Qua 10/06/15	NA	39%	0%	9 dias	14 dias
10	1.9 Testar protótipos no laboratório	NA	NA	0%	0%	0 dia	10 dias
11	1.10 Testar protótipos no campo	NA	NA	0%	0%	0 dia	15 dias
12	1.11 Design do produto finalizado	NA	NA	0%	0%	0 dia	20 dias
13	1.12 Processo definitivo de fabricação	NA	NA	0%	0%	0 dia	10 dias
14	1.13 Pedir componentes	NA	NA	0%	0%	0 dia	7 dias
15	1.14 Pedir equipamento de produção	NA	NA	0%	0%	0 dia	14 dias
16	1.15 Instalar equipamento de produção	NA	NA	0%	0%	0 dia	35 dias
17	1.16 Comemorar	NA	NA	0%	0%	0 dia	1 dia

Parte B

Você disse a Robin Lane que, com base no que você sabe, agora você precisa rever as estimativas de algumas das atividades restantes. Espera-se que o "Design detalhado do produto" demore 3 dias a mais do que o planejado; "Construir protótipos", 2 dias a menos; "Design do produto finalizado", 3 dias a mais; "Processo definitivo de fabricação", 2 dias a menos; ao passo que agora é esperado que "Instalar equipamento de produção" leve apenas 30 dias. Você também relata que o "Plano detalhado de *marketing*" será concluído antes do Ano Novo. Ela insiste para que o projeto seja concluído até 17 de janeiro para a feira de Las Vegas e está disposta a gastar US$ 50 mil das reservas gerenciais para agilizar o envio, se necessário. US$ 25 mil reduziriam a remessa dos componentes em 5 dias e/ou reduziriam a remessa das peças de fabricação em 5 dias (Dica: ajuste o tempo de espera). Elabore para Robin um memorando que trate das seguintes questões:

1. Qual o impacto das estimativas revisadas do "Design do produto finalizado" e de "Instalar equipamento de produção" sobre o cronograma e o custo do projeto?
2. Você recomendaria autorizar o dispêndio de US$ 50 mil? Explique.
3. Quais outras recomendações você faria para que o projeto alcance o prazo de Robin? Justifique suas recomendações.

Inclua um gráfico de Gantt de acompanhamento com cronograma de variação, ilustrando as suas recomendações finais e o cronograma revisado.

Dica: Depois de ajustar "Instalação do equipamento de produção" e "Design do produto finalizado", nivele fora da folga para eliminar problemas de sobrealocação de recursos.

Projeto de esteira transportadora

Parte 1

Descrição do projeto

A nova esteira transportadora é um projeto emocionante, que movimenta e posiciona itens sobre a esteira com precisão de < 1 mm. O projeto produzirá um novo sistema para futuras instalações e para substituição das existentes, com um custo baixo. A esteira transportadora controlada por computador tem potencial para ser uma unidade decisiva em 30% dos sistemas instalados nas fábricas. O novo sistema também é de mais fácil atualização por tecnologias futuras.

A matriz de prioridades do projeto de esteira transportadora (CBP) é:

	Tempo	Escopo	Custo
Restrição	X		
Otimização		X	
Aceitação			X

A Tabela A2.9 foi criada para que você a use na resolução dos exercícios do projeto.

Incumbência

Desenvolva o esboço da EAP usando o software à disposição.

Pergunta

Essas informações (EAP) permitem que você defina marcos para o projeto? Por quê? Quais são eles?
Lembre-se: salve seus arquivos para exercícios futuros!

Parte 2

Use seu arquivo da Parte 1 e as informações a seguir para resolver este exercício (ver Tabela A2.10).
1. Cada pacote de trabalho representa uma atividade.
2. O projeto começa em 4 de janeiro de 2015.

TABELA A2.9
Projeto de esteira transportadora; EAP

Projeto de esteira transportadora	
Hardware	Especificações de hardware
	Design de hardware
	Documentação de hardware
	Protótipos
	Pedir placas de circuito
	Montar modelos pré-produção
Sistema operacional	Especificações de *kernel*
	Drivers
	Drivers de disco
	Drivers seriais I/O
	Gerenciamento de memória
	Documentação do sistema operacional
	Interface de rede
Utilitários	Especificações dos utilitários
	Utilitários de rotina
	Utilitários complexos
	Documentação dos utilitários
	Invólucro
Integração do sistema	Decisões de arquitetura
	Integração de primeira fase
	Teste de hardware/software do sistema
	Documentação do projeto
	Teste de aceitação de integração

3. São observados os seguintes feriados: 1º de janeiro, Dia de Tiradentes (terceira segunda-feira de abril), Corpus Christi (última segunda-feira de junho), 9 de julho, Dia da Independência (primeira segunda-feira de setembro), Dia de Finados (primeira quinta-feira de novembro), 25 e 26 de dezembro.
4. Se um feriado cair em um sábado, a sexta-feira será dia de folga; se cair em um domingo, a segunda-feira será dia de folga.
5. As equipes do projeto trabalham 8 horas por dia, de segunda a sexta.

Atenção: a experiência ensinou aos estudantes a sempre salvar arquivos de backup diferentes para cada exercício. O software nunca é tão amigável quanto os usuários esperam!

Crie um cronograma de rede para o projeto da esteira transportadora e elabore um memorando que responda às seguintes perguntas:
1. Quando se estima que o projeto será concluído? Quanto este projeto demorará?
2. Qual(is) o(s) caminho(s) crítico(s) do projeto?
3. Qual atividade tem a maior quantidade de folga?
4. Quão sensível esta rede é?
5. Identifique dois marcos sensíveis e explique a sua escolha.
6. Compare as vantagens/desvantagens de exibir o cronograma como uma rede *versus* um gráfico de Gantt.

Inclui os seguintes materiais impressos:
- Um gráfico de Gantt.
- Um diagrama de rede destacando o caminho crítico.
- Uma tabela de cronograma informando o ES, o LS, o EF, o LF e a folga de cada atividade.

Dica: O projeto deve ser concluído em 530 dias.

Lembre-se: salve seus arquivos para exercícios futuros!

Parte 3

Lembre-se da máxima: "Um plano de projeto só é um cronograma após os recursos estarem comprometidos". Este exercício ilustra essa diferença sutil, mas importante.

Parte A

Usando seus arquivos da Parte 2, insira os recursos e seus custos, se ainda não tiver feito isso. Todas as informações constam nas Tabelas A2.10 e A2.11.

Elabore um memorando que trate das seguintes questões:

1. Há recursos sobrealocados? Quais?
2. Assuma que o projeto é restrito por tempo e tente resolver problemas de sobrealocação nivelando dentro da folga. O que acontece?
3. Qual é o impacto do nivelamento dentro da folga sobre a sensibilidade da rede?

Inclua um gráfico de Gantt com a tabela de cronograma após o nivelamento dentro da folga.

4. Assuma que o projeto é restrito por recursos e resolva os problemas de sobrealocação nivelando fora da folga. O que acontece? Quais são as implicações gerenciais?
5. Quais são as opções à disposição neste momento?

TABELA A2.10 Projeto de esteira transportadora; cronograma

Atividade	Descrição	Recurso	Duração (dias)	Atividade predecessora
1	Decisões de arquitetura	Design	25	—
2	Especificações de hardware	Desenvolvimento, design	50	1
3	Especificações de *kernel*	Design	20	1
4	Especificações dos utilitários	Desenvolvimento, *design*	15	1
5	Design de hardware	Design, desenvolvimento	70	2
6	*Drivers* de disco	Montagem, desenvolvimento	100	3
7	Gerenciamento de memória	Desenvolvimento	90	3
8	Documentação do sistema operacional	Design, documentação	25	3
9	Utilitários de rotina	Desenvolvimento	60	4
10	Utilitários complexos	Desenvolvimento	80	4
11	Documentação dos utilitários	Documentação, design	20	4
12	Documentação do hardware	Documentação, design	30	5
13	Integração de primeira fase	Montagem, desenvolvimento	50	6,7,8,9,10,11,12
14	Protótipos	Montagem, desenvolvimento	80	13
15	*Drivers* seriais I/O	Desenvolvimento	130	13
16	Teste de hardware/software do sistema	Montagem	25	14,15
17	Pedir placas de circuito	Compra	5	16
18	Interface de rede	Desenvolvimento	90	16
19	Invólucro	Desenvolvimento	60	16
20	Documentação do projeto	Documentação, desenvolvimento	50	16
21	Montar modelos pré-produção	Montagem, desenvolvimento	30	17FS, tempo de espera 50 dias
22	Teste integrado de aceitação	Montagem, desenvolvimento	60	18,19,20,21

TABELA A2.11 Recursos da empresa

Nome	Grupo	Custo (US$/h)
Design	P&D (2 equipes)	100
Desenvolvimento	P&D (2 equipes)	70
Documentação	P&D (1 equipe)	60
Montagem/teste	P&D (1 equipe)	70
Compras	Aprovisionamento (1 equipe)	40

Inclua um gráfico de Gantt com a tabela de cronograma após o nivelamento fora da folga.

Observação: Não é possível dividir atividades.

Observação: Sem atribuições parciais (por exemplo, 50%). Todos os recursos devem ser 100% atribuídos.

Parte B

A alta gerência fica visivelmente perturbada quando você mostra a ela a rede restrita por recursos. Após algumas explicações e negociações, ela faz o seguinte acordo com você:

- O projeto precisa ser concluído até 2 de fevereiro de 2017 (530 dias).
- Você pode designar mais duas equipes de desenvolvimento.
- Se isso não bastar, você pode contratar outras equipes externas de desenvolvimento. Contrate o mínimo possível, pois elas custam US$ 50 a mais por hora do que seu pessoal interno de desenvolvimento.

Desenvolvimento interno

Adicione quantas unidades (equipes) de desenvolvimento precisar para se manter dentro dos 530 dias. Se você precisar de mais do que duas, contrate o mínimo de equipes externas necessárias. Escolha a possibilidade mais barata! Mude o mínimo possível de atividades. Recomenda-se que você mantenha os pacotes de trabalho que requerem cooperação de diversas unidades organizacionais dentro da sua empresa. É você quem decide como fazer isso.

Dica: Desfaça o nivelamento antes de acrescentar recursos novos.

Após obter um cronograma que satisfaça as restrições de tempo e recursos, elabore um memorando com as seguintes questões:

1. Quais mudanças você efetuou? Por quê?
2. Quanto este projeto demorará?
3. Como essas mudanças afetaram a sensibilidade da rede?

Inclua um gráfico de Gantt com uma tabela de cronograma apresentando o novo cronograma.

Parte 4

Com base no arquivo criado no fim da Parte 3, elabore um memorando que aborde as seguintes questões:

1. Quanto custará o projeto?
2. O que a demonstração de fluxo de caixa diz sobre como os custos são distribuídos ao longo da vida do projeto?

Inclua um fluxo de caixa mensal e uma tabela de custos para o projeto.

Quando estiver seguro de que tem o cronograma definitivo, salve o arquivo como linha de base.

Dica: Para garantir, salve um arquivo de backup sem linha de base!

Parte 5

Elabore relatórios de *status* para cada um dos quatro primeiros trimestres do projeto, dadas as informações fornecidas aqui. Isso exige que você salve o seu cronograma de recursos como uma linha de base e insira a data de relatório de *status* adequada no programa. Assuma que nenhum trabalho foi realizado no dia do relatório de *status*.

O seu relatório de *status* deve incluir uma tabela contendo PV, EV, AC, BAC, EAC, SV, CV e CPI de cada atividade e do projeto todo. O relatório também deve tratar das seguintes questões:

1. Qual é o progresso do projeto em termos de custo e cronograma?
2. Quais atividades deram certo? Quais atividades não deram certo?
3. Quanto do projeto foi realizado até o momento segundo o PCIB e o PCIC?
4. Qual é o custo previsto na conclusão (EAC$_f$)? Qual é o VAC$_f$ previsto?
5. Informe e interprete o TCPI para o projeto neste momento.

6. Qual é a data de conclusão estimada?
7. Como o projeto está se saindo em termos de suas prioridades?

Tente apresentar as informações acima em um formato digno de consideração pela alta gerência.

Inclua um gráfico de Gantt de acompanhamento em cada relatório.

Primeiro trimestre, 1º de abril de 2015

A Tabela A2.12 sintetiza as informações a respeito das atividades realizadas até o momento.

Não se esqueça de salvar seu arquivo a cada relatório trimestral e de usá-lo para criar o próximo relatório!

Segundo trimestre, 1º de julho de 2015

A Tabela A2.13 sintetiza as informações a respeito das atividades realizadas desde o último relatório.

Terceiro trimestre, 1º de outubro de 2015

A Tabela A2.14 sintetiza as informações a respeito das atividades realizadas desde o último relatório.

Quatro trimestre, 1º de janeiro de 2016

A Tabela A2.15 sintetiza as informações a respeito das atividades realizadas desde o último relatório.

Parte 6

Você recebeu as estimativas revisadas para as atividades restantes no fim do quarto trimestre:
- Os protótipos estarão concluídos em 08/03/16.
- O *drivers* seriais I/O estarão concluídos em 30/06/16.

TABELA A2.12
1º de abril de 2015

Atividade	Data de início	Data de fim	Duração efetiva	Duração restante
Especificações de hardware	09/02/15		37	8
Especificações de *kernel*	08/02/15	12/03/15	25	0
Drivers de disco	15/03/15		13	87
Gerenciamento de memória	15/03/15		13	77
Documentação dos sistemas op.	15/03/15		13	7
Especificações dos utilitários	08/03/15	29/03/15	16	0
Utilitários complexos	30/03/15		2	85
Decisões arquitetônicas	04/01/15	05/02/15	25	0

TABELA A2.13
1º de julho de 2015

Atividade	Data de início	Data de fim	Duração efetiva	Duração restante
Especificações dos utilitários	09/02/15	12/04/15	45	0
Design de hardware	13/04/15		56	11
Especificações de *kernel*	08/02/15	12/03/15	25	0
Drivers de disco	15/03/15		77	33
Gerenciamento de memória	15/03/15		77	19
Documentação dos sistemas op.	15/03/15	16/04/15	25	0
Especificações dos utilitários	08/03/15	29/03/15	16	0
Utilitários de rotina*	26/04/15		47	18
Utilitários complexos	30/03/15		66	25
Documentação dos utilitários	03/05/15	02/06/15	22	0
Decisões arquitetônicas	04/01/15	05/02/15	25	0

* O gerente do projeto da equipe de desenvolvimento externa que foi contratada para realizar os utilitários de rotina informou que, por causa de compromissos com outros clientes, eles poderiam começar essa atividade em 26/04/2015.

TABELA A2.14
1º de outubro de 2015

Atividade	Data de início	Data de fim	Duração efetiva	Duração restante
Especificações dos utilitários	09/02/15	12/04/15	45	0
Design de hardware	13/04/15	16/07/15	67	0
Documentação de hardware	19/07/15	24/08/15	27	0
Especificações de *kernel*	08/02/15	12/03/15	25	0
Drivers de disco	15/03/15	17/08/15	110	0
Gerenciamento de memória	15/03/15	30/07/15	98	0
Documentação dos sistemas op.	15/03/15	16/04/15	25	0
Especificações dos utilitários	08/03/15	29/03/15	16	0
Utilitários de rotina	26/04/15	27/07/15	65	0
Utilitários complexos	30/03/15	11/08/15	95	0
Documentação dos utilitários	03/05/15	02/06/15	22	0
Decisões arquitetônicas	04/01/15	05/02/15	25	0
Integração de primeira fase	25/08/15		26	24

TABELA A2.15
1º de janeiro de 2016

Atividade	Data de início	Data de fim	Duração efetiva	Duração restante
Especificações de hardware	09/02/15	12/04/15	45	0
Design de hardware	13/04/15	16/07/15	67	0
Documentação de hardware	19/07/15	24/08/15	27	0
Protótipos	11/11/15		34	44
Especificações de *kernel*	08/02/15	12/03/15	25	0
Drivers de disco	15/03/15	17/08/15	110	0
Drivers seriais I/O	11/11/15		34	119
Gerenciamento de memória	15/03/15	30/07/15	98	0
Documentação dos sistemas op.	15/03/15	16/04/15	25	0
Especificações dos utilitários	08/03/15	29/03/15	16	0
Utilitários de rotina	26/04/15	27/07/15	65	0
Utilitários complexos	30/03/15	11/08/15	95	0
Documentação dos utilitários	03/05/15	02/06/15	22	0
Decisões arquitetônicas	04/01/15	05/02/15	25	0
Integração de primeira fase	25/08/15	10/11/15	55	0

- O teste de hardware/software do sistema se iniciará em 01/07/16 e durará 25 dias.
- O pedido das placas de circuito se iniciará em 08/08/16 e durará 5 dias.
- A montagem do modelo de pré-produção se iniciará em 14/10/16 e durará 18 dias.
- Espera-se que a documentação do projeto se inicie em 08/08/16 e dure 55 dias.
- Espera-se que a interface de rede se inicie em 08/08/16 e dure 99 dias.
- Espera-se que o invólucro inicie em 08/08/16 e dure 55 dias.
- Espera-se que o teste integrado de aceitação se inicie em 29/12/16 e dure 54 dias.

Elabore um memorando que trate das seguintes questões:

1. Qual é o novo EAC do projeto? Dadas essas estimativas revisadas, quanto o projeto deverá demorar?
2. Dadas as prioridades do projeto, a alta gerência ficará satisfeita com essas previsões?
3. Quais recomendações você faria?

Inclua em seu memorando um cronograma revisado, um gráfico de Gantt de acompanhamento e uma tabela de custos.

GLOSSÁRIO

A

agilização Aceleração da conclusão do projeto, normalmente por meio de rearranjo do cronograma da rede e uso de defasagens entre inícios.

análise São coletados dados para registrar a história do projeto, desempenho de gerenciamento e lições aprendidas para melhorar projetos futuros. A análise examina em detalhes as causas subjacentes de problemas, questões e sucessos.

AOA (atividade em seta) Método de atividade em seta para desenhar redes de projeto. A atividade é mostrada como uma seta.

AON (atividade em nó) Método de atividade em nó para desenhar redes de projeto. A atividade está no nó (retângulo).

atenuação de riscos Medida tomada para reduzir a probabilidade de que um risco ocorra e/ou o impacto que o risco terá sobre o projeto.

atividade Tarefa(s) do projeto que consome(m) tempo, pessoas e equipamentos.

atividade de desdobramento Sequência com mais de uma atividade imediatamente seguinte.

atividade fantasma Aquela que não consome tempo; é representada na rede AOA como uma linha tracejada. Usa-se uma atividade fantasma para garantir um número único de identificação para atividades paralelas e para manter dependências entre atividades da rede do projeto.

atividade intercalada Aquela com mais de uma atividade imediatamente anterior.

atividade paralela Uma ou mais atividades que podem ser realizadas ao mesmo tempo – concorrente ou simultaneamente.

atividade sumarizadora Aquela resumida com a finalidade especial de agregar e identificar o uso de recursos fixos ou custos em um segmento do projeto – por exemplo, um consultor. Deriva sua duração do intervalo de tempo entre outras atividades.

atributo Uma parte de um produto que entrega alguma funcionalidade útil ao cliente.

auditoria de projeto no processo Auditorias no início dos projetos, possibilitando mudanças corretivas (se necessárias) no projeto auditado ou em outros em curso.

avaliação conjunta Processo em que as diferentes partes envolvidas de um projeto avaliam quão bem elas trabalham juntas.

avaliação de equipes Avaliar o desempenho da equipe do projeto usando um núcleo mínimo de condições ativas antes de o projeto começar. As práticas de avaliação devem considerar a equipe como um todo, ao mesmo tempo em que minimizam o desempenho individual.

avaliação do projeto Processo de avaliar, verificar e documentar resultados de um projeto.

B

backlog **de produto** Lista priorizada de requisitos de projeto, com o tempo estimado para transformá-los em funcionalidades completas do produto.

backlog **de** *sprint* Lista de tarefas que define o trabalho de uma equipe Scrum para um *sprint*. Cada tarefa identifica os responsáveis por fazer o trabalho e a quantidade estimada de trabalho restante para a tarefa em qualquer dia durante o *sprint*.

barramento em fase Processo estruturado de revisão, avaliação e documentação de resultados em cada fase do projeto, também dando à gerência informações para guiar o desdobramento de recursos rumo às metas estratégicas.

barreira de tempo Quantidade contingencial de tempo para que uma atividade cubra incerteza – por exemplo, disponibilidade de um recurso-chave ou evento de fusão.

bases de dado de tempo e custo Coleção de tempos e custos efetivos *versus* estimados de pacotes de trabalho de vários projetos, usados para estimar novas tarefas de projeto e seu erro possível esperado.

BATNA Melhor alternativa a um acordo negociado. Um BATNA forte ou fraco indica seu poder de negociação com a outra parte.

brainstorming Técnica de reunião para gerar o maior número de ideias/soluções possíveis sem julgamento crítico.

C

caminho Sequência de atividades conectadas.

caminho crítico Caminho(s) de atividade mais longos da rede. O caminho crítico pode ser distinguido identificando-se a coleção de atividades que têm a mesma folga mínima.

caminho de ida Método usado para determinar os momentos de fim e início cedo para cada atividade na rede do projeto.

caminho de volta Método usado para calcular os momentos de fim e início tarde para cada atividade da rede do projeto.

choque cultural Desorientação psicológica natural de que a maioria das pessoas sofre em uma cultura diferente da sua própria.

ciclo de vida do projeto Estágios presentes em todos os projetos – definição, planejamento, execução e entrega.

cindir Técnica de cronograma em que se interrompe o trabalho em uma atividade e o recurso é atribuído a outra atividade por um período de tempo, sendo, então, reatribuído ao trabalho na atividade original.

coalocação Situação em que membros do projeto, incluindo aqueles de empresas diferentes, trabalham juntos na mesma locação.

compartilhar risco Alocar proporções de riscos a diferentes partes.

comprimir Encurtar uma atividade ou projeto.

conflito disfuncional Desentendimento que não melhora o desempenho do projeto.

conflito funcional Desacordo que contribui para os objetivos do projeto.

construção de equipes Processo concebido para melhorar o desempenho de uma equipe.

construção de redes sociais Processo de identificar e construir relações cooperativas com pessoas-chave.

construir-possuir-operar-transferir (CPOT) Disposição de gerenciamento do risco em que o contratado/prestador de serviço principal não apenas constrói a instalação e, até que a capacidade operacional dela tenha sido comprovada, ele assume sua propriedade antes de a transferir definitivamente ao cliente.

conta de custo Ponto de controle de um ou mais pacotes de trabalho usado para planejar, programar cronograma e controlar o projeto. A soma de todas as contas de custo do projeto representa o custo total do projeto.

contrato Acordo formal entre duas partes em que uma (o contratado/prestador de serviços) se obriga a realizar um serviço e a outra (o cliente) se obriga a fazer alguma coisa em contrapartida, geralmente na forma de um pagamento para o contratado/prestador de serviços.

contrato a preço fixo ou global Contrato em que o contratado/prestador de serviços aceita realizar todo o trabalho especificado no contrato a um preço fixo predeterminado.

contrato com custos reembolsáveis Contrato em que o contratado/prestador de serviços é reembolsado por todos os custos admissíveis (materiais, mão de obra, viagem) mais uma taxa adicional para cobrir custos acessórios e lucro.

controle de mudança Processo de documentação, revisão, aceitação ou rejeição de mudanças e a documentação de qualquer alteração na linha de base do projeto.

cultura Totalidade dos padrões de comportamento socialmente transmitidos, crenças, instituições e todos os demais produtos do trabalho e pensamento humanos característicos de uma comunidade ou país.

cultura organizacional Sistema de normas, crenças, valores e pressupostos compartilhados por parte dos membros de uma empresa.

curvas de aprendizado Curva matemática utilizada para predizer um padrão de redução de tempo à medida que uma tarefa é executada repetidas vezes.

custo de compressão Custo direto de se concluir uma atividade em seu tempo de compressão.

custo efetivo do trabalho concluído/realizado (AC) Soma do custo incorrido na realização do trabalho. Custo efetivo do trabalho realizado em um dado período de tempo.

custo estimado na conclusão (EAC) Soma dos custos efetivos até o momento, mais os custos estimados revisados do trabalho remanescente na ECT. O texto usa EAC_{re} para representar revisões feitas por especialistas e profissionais associados ao projeto. Um segundo método é usado em projetos grandes nos quais o orçamento original é menos confiável. Esse método utiliza os custos efetivos até o momento mais um índice de eficiência (CPI = EV/AC) aplicado ao trabalho de projeto restante. Quando a estimativa de conclusão utiliza o IDC como base da previsão de custo na conclusão, emprega-se a sigla EAC_f, onde EAC_f = custos estimados na conclusão. Inclui custos até o momento mais custos estimados revisados para o trabalho restante (utiliza uma fórmula para calcular o EAC).

custo estimado previsto para concluir (ETC_f) Custo total estimado de um projeto baseado no CPI – índice de desempenho de custos. Utiliza uma fórmula para calcular estimativas.

custo estimado revisto para concluir o trabalho restante (ETC_{re}) Custo total estimado baseado em estimativas revisadas feitas por especialistas e em custos efetivos até o momento.

custo orçado do trabalho realizado (BCWP) Valor do trabalho concluído medido em termos do orçamento planejado para o trabalho. O valor obtido ou custo orçado original do trabalho efetivamente concluído.

custos acessórios Em geral, custos da empresa que não estão ligados diretamente a um projeto específico. Esses custos cobrem despesas gerais, como gerência superior, jurídico, promoção de mercado e contabilidade. Custos acessórios costumam ser cobrados por unidade de tempo ou como uma porcentagem dos custos com mão de obra ou material.

custos diretos Aqueles claramente contabilizados para um pacote de trabalho específico – geralmente mão de obra, material ou equipamento.

custos indiretos Custos que não podem ser remontados a um projeto ou pacote de trabalho específico.

D

declaração de escopo Definição do resultado final ou missão de um projeto. Declarações de escopo normalmente incluem objetivos do projeto, resultados práticos, marcos, especificações, limitações e exclusões.

departamento de projetos (DP) Unidade centralizada dentro de uma empresa que supervisiona e aprimora o gerenciamento de projetos

desenvolvimento incremental iterativo (IID) Processo de desenvolvimento cíclico em que um projeto gradualmente evolui com o tempo.

dicionário de composição de trabalho Dá informações detalhadas sobre cada elemento da EAP. O dicionário normalmente inclui o nível do pacote de trabalho (código), nome e descrição funcional.

documento formal de parceria Afirma metas comuns, assim como procedimentos cooperativos utilizados para alcançar essas metas, sendo assinado por todas as partes que estão trabalhando no projeto.

documento formal do projeto Autoriza o gerente de projeto a iniciar e liderar um projeto.

duração (DUR) Tempo necessário para concluir uma atividade, caminho ou projeto.

duração da atividade Estimativa do tempo (horas, dias, semanas, meses etc.) necessário para concluir uma tarefa do projeto.

E

engenharia concorrente ou engenharia simultânea Trabalho em equipe transfuncional em projetos de desenvolvimento de produtos que provê design, engenharia de qualidade e engenharia de processo de produção, tudo ao mesmo tempo.

entrega Produto ou resultado importante que precisa ser finalizado para concluir o projeto.

entrega de projeto em fases Entrega de partes úteis de um projeto em fases, em vez de quando o projeto estiver inteiramente concluído.

equipe auto-organizada Equipe semiautônoma que gerencia a si própria.

equipe dedicada de projeto Estrutura organizacional em que todos os recursos necessários para realizar um projeto são atribuídos ao projeto em tempo integral.

equipe de prioridades Grupo (às vezes, o departamento de projetos) responsável por selecionar, supervisionar e atualizar os critérios de seleção de prioridades do projeto.

equipe de projeto virtual Equipe de projeto espacialmente separada, cujos membros não podem se comunicar pessoalmente (face a face). A comunicação costuma se dar por meios eletrônicos.

escalar Adaptar GP Agile a projetos grandes com várias equipes.

escalonamento Mecanismo de controle para resolução de problemas em que as pessoas no menor nível apropriado tentam resolver um problema dentro de um limite de tempo estabelecido, senão o problema é "escalonado" ao próximo nível de gerenciamento.

estimativa por fases Método de estimativa que começa com uma estimativa macro do projeto e, depois, refina as estimativas para fases do projeto enquanto ele é implementado.

estimativas de baixo para cima Estimativas detalhadas de pacote de trabalho, geralmente feitas por quem mais conhece a tarefa (também chamadas de estimativas micro).

estimativas de cima para baixo Estimativas aproximadas que usam substitutos para estimar tempo e custo do projeto (também chamadas de estimativas macro).

estrutura analítica de processo (PBS) Agrupamento orientado por fases de atividades de projeto que define o escopo total do projeto. Cada nível descendente representa uma descrição mais detalhada do trabalho do projeto.

estrutura analítica de projeto (EAP) Método hierárquico que consegue subdividir o trabalho do projeto em mais pormenores.

estrutura analítica de riscos (EAR) Representação hierárquica dos riscos de projeto identificados, arranjados por categoria e subcategoria de risco, identificando as várias áreas e causas de riscos potenciais.

estrutura analítica organizacional (EAO) Utilizada para atribuir responsabilidade por pacotes de trabalho.

estrutura de projetos Estrutura organizacional em que o trabalho central é realizado por equipes de projetos.

estrutura projetizada Empresa multiprojetual em que os gerentes de projeto possuem plena autoridade para atribuir prioridades e dirigir o trabalho das pessoas atribuídas a seus projetos.

ETC$_f$ Custo estimado para concluir (utiliza fórmula para calcular estimativas).

ETC$_{re}$ Custo estimado para concluir (utiliza estimativas de especialistas).

evento Ponto no tempo em que uma atividade é iniciada ou concluída. Não consome tempo.

F

facilitador do projeto Guia que lidera a equipe do projeto por meio de uma análise das atividades do projeto que foram bem, aquelas que precisam ser melhoradas e desenvolve um plano de ação de acompanhamento com metas e prestação de contas.

fechamento do projeto Todas as atividades de fechamento de um projeto. As principais atividades são avaliação de metas e desempenho do projeto, desenvolvimento de lições aprendidas, liberação de recursos e elaboração de um relatório final.

fim cedo (EF) Data mais cedo em que uma atividade pode ser finalizada se todas atividades precedentes forem finalizadas em seus tempos de fim cedo (EF = ES + DUR).

fim tarde (LF) O mais tarde que uma atividade pode terminar sem atrasar uma atividade seguinte (LF = LS + DUR).

fluência de escopo Tendência que o escopo do projeto tem de se expandir após seu início.

flutuação *Ver* folga.

folga livre Quantidade máxima de tempo em que uma atividade pode ser atrasada a partir do seu início cedo (ES) sem afetar o início cedo (ES) de qualquer atividade imediatamente seguinte.

folga (SL) Tempo que uma atividade pode ser atrasada antes de se tornar decisiva.

folga total (TS) Tempo que uma atividade pode ser atrasada sem afetar a duração do projeto (TS = LS – ES ou LF – EF).

fundo de contingência *Ver* reserva de contingência.

G

Gantt de acompanhamento Gráfico de Gantt que compara informações de cronograma planejado *versus* efetivo.

Gerenciamento Ágil de Projetos (APM) Família de métodos de desenvolvimento iterativos e incrementais para concluir projetos.

gerenciamento de portfólio Seleção e gerenciamento centralizadas de uma carteira de projetos para garantir que a alocação de recursos seja direcionada e equilibrada em direção ao foco estratégico da empresa.

gerenciamento de projetos Aplicação de conhecimento, habilidades, ferramentas e técnicas para projetar atividades a fim de satisfazer os requisitos do projeto.

gerenciamento por perambulação (MBWA) Estilo gerencial em que os gerentes passam a maior parte do tempo fora das suas salas, interagindo com pessoas-chave.

gerente de projetos Pessoa responsável por gerenciar um projeto.

gerente funcional Gerente responsável por atividades em um departamento ou função especializado (por exemplo, engenharia, marketing ou financeiro).

gráfico de barras Apresentação gráfica das atividades de projeto, ilustradas como uma linha de barra em escala cronológica (também chamado de gráfico de Gantt).

gráfico de *burndown* de lançamento Curva de trabalho restante ao longo do tempo. Em um lançamento ou produto, a fonte de dados é o *backlog* de produto, com o trabalho restante marcado no eixo vertical e o número de sprints, no eixo horizontal.

gráfico de *burndown* de *sprint* Curva de trabalho restante ao longo do tempo em um *sprint*. A fonte de dados é o *backlog* de *sprint*, com o trabalho restante marcado no eixo vertical e os dias de *sprint*, no horizontal.

gráfico de custo-duração do projeto Traça custo do projeto contra tempo; inclui custo direto, indireto e total de um projeto ao longo do espectro do tempo.

gráfico de Gantt *Ver* gráfico de barras.

H

heurística Regra prática utilizada para tomar decisões. Encontrada com frequência na elaboração de cronograma de projetos. Por exemplo, programar primeiro atividades críticas, depois programar atividades com a menor duração.

I

índice de desempenho de cronograma (SPI) Razão entre o trabalho realizado e o trabalho programado (EV/PV).

índice de desempenho de custo (CPI) Razão entre o trabalho realizado e os custos efetivos (EV/AC).

infraestrutura Serviços básicos (como comunicação, transporte e energia elétrica) necessários para apoiar a conclusão do projeto.

início cedo (ES) Data mais cedo em que uma atividade pode se iniciar. É o maior fim cedo de todos os seus antecessores imediatos (ES + EF – DUR).

início tarde (LS) O mais tarde que uma atividade pode iniciar sem atrasar uma atividade seguinte. É o maior fim tarde (LF) de todas as atividades imediatamente precedentes (LS = LF – DUR).

inteligência emocional (IE) Capacidade ou habilidade de perceber, avaliar e administrar as emoções próprias e alheias.

interfaces do projeto Intersecções entre um projeto e outros grupos de pessoas dentro e fora da empresa.

ISO 9000 Conjunto de padrões que regem os requisitos de documentação de um programa de qualidade.

L

lacuna de implementação Falta de consenso entre as metas definidas pela alta gerência e aquelas definidas independentemente por níveis menores da gerência. Essa falta de consenso leva à má alocação de recursos da empresa.

lei da reciprocidade As pessoas são obrigadas a fazer um favor equivalente àquele recebido.

liderança por exemplo Demonstrar os comportamentos que se quer ver nos outros.

linha de base Documento e compromisso concreto; representa o primeiro plano real, com custo, cronograma e alocação de recursos. O custo e o desempenho de cronograma planejados são usados para medir o custo e o desempenho de cronograma efetivos. Serve como um ponto de ancoragem para medir o desempenho.

linha de base em fases cronológicas Linha de base de custo derivada da ECT e do cronograma do projeto. Os custos orçados são distribuídos para refletir o cronograma do projeto.

M

marco Evento que representa uma realização significativa e considerável rumo à conclusão do projeto.

matriz Qualquer estrutura organizacional em que o gerente do projeto divide com os gerentes funcionais a responsabilidade de atribuir prioridades e dirigir o trabalho de pessoas designadas para o projeto.

matriz balanceada Estrutura de matriz em que o gerente do projeto e os gerentes funcionais dividem uma autoridade praticamente igual sobre o projeto. O gerente do projeto decide o que deve ser feito; gerentes funcionais se ocupam de como será realizado.

matriz de gravidade de riscos Ferramenta usada para avaliar o impacto dos riscos em um projeto.

matriz de prioridades Matriz elaborada antes de o projeto começar, estabelecendo quais critérios de custo, tempo e escopo serão otimizados, restritos ou aceitos.

matriz de responsabilidade Aquela cujo ponto de intersecção mostra a relação entre uma atividade (pacote de trabalho) e o responsável (pessoa/grupo) por sua conclusão.

matriz de triagem de projetos Usada para avaliar e comparar o valor relativo de projetos sob consideração para implementação.

matriz forte Estrutura de matriz em que o gerente do projeto tem o controle primário sobre as respectivas atividades, com gerentes funcionais dando suporte ao trabalho do projeto.

matriz fraca Estrutura de matriz em que os gerentes funcionais têm o controle primário sobre as atividades do projeto, com o gerente do projeto coordenando o trabalho do projeto.

menina dos olhos Projeto favorito de uma poderosa figura gerencial, que geralmente é o promotor do projeto.

mentor Via de regra, um gerente mais experiente que atua como *coach* pessoal e apoia as ambições de alguém.

mestre Scrum Pessoa responsável pelo processo Scrum e sua aplicação correta.

método de gráfico por precedência Utilizado para construir uma rede de projeto que emprega nós (isto é, um retângulo) para representar atividades e setas conectoras para indicar dependências.

método de modelo Uso de S sistema de avaliação com múltiplos avaliadores baseado em informações de desempenho reunidas de múltiplas fontes (superiores, pares, subordinados, clientes).

método de *payback* Tempo que leva para o investimento no projeto se pagar (investimento/economia anual líquida). O método não considera o valor do dinheiro no tempo ou a vida útil do investimento.

método de rateio Custos alocados a um segmento específico de um projeto utilizando uma porcentagem do custo total planejado – por exemplo, a EAP de uma casa pode usar 25% do custo total, ou codificar um módulo de ensino pode usar 40% do custo total.

método do balanced scorecard Mede os resultados de longo prazo das principais atividades do projeto em quatro áreas – cliente; processos internos; inovação e aprendizado; e financeiro.

método do caminho crítico (CPM) Método de cronograma baseado nas estimativas do tempo necessário para concluir as atividades no caminho crítico. O método calcula os tempos cedo, tarde e de folga para cada atividade da rede. Ele estabelece uma duração planejada para o projeto, caso ela não seja imposta ao projeto.

métodos de quociente (paramétricos) Utiliza o quociente dos custos efetivos anteriores de trabalhos semelhantes para estimar o custo de um projeto potencial. Este método macro de previsão de custo não dá um fundamento sólido para o controle de custos do projeto, uma vez que não reconhece diferenças entre projetos.

modelo de expectativas satisfeitas A satisfação do cliente é uma função da medida em que o desempenho percebido excede as expectativas.

modelo de maturidade de capacidade (CMM) Descreve os estágios evolutivos de sistemas de gerenciamento de projetos.

modelo de maturidade Usado para avaliar práticas de gerenciamento de projetos em relação a outros na mesma área e para guiar e aprimorar continuamente o gerenciamento de projetos. A maioria desses modelos reconhece níveis de maturidade para que as empresas possam calibrar sua maturidade relativa contra as demais do setor.

modo de falhas e análise de efeitos (FMEA) É uma técnica utilizada para avaliar risco potencial de projeto. É possível fazer avaliação em termos de gravidade de impacto, probabilidade de ocorrência do evento e facilidade de detecção.

moedas de posição Influência baseada na capacidade de otimizar a posição de outrem dentro de uma empresa.

moedas de relacionamento Influência baseada em amizade.

moedas de tarefa Influência baseada em ajudar alguém a fazer seu trabalho.

moedas organizacionais Um conjunto de moedas usadas como meio de troca dentro das organizações para influenciar o comportamento.

moedas pessoais Influência baseada na otimização da autoestima de outra pessoa.

moedas relacionadas a inspiração Influência baseada em inspiração (oportunidade de fazer bem, ser o melhor etc.).

N

nativizar Adotar os costumes, valores e prerrogativas de uma cultura alheia.

negociação com princípios Processo de negociação que almeja obter resultados ganha-ganha.

nivelamento Técnicas usadas no exame de um projeto para identificar desequilíbrios no uso de recursos e para resolver sua eventual sobrealocação.

O

objetivo Fim que se busca criar ou adquirir. Deve ser específico, mensurável, realista, atribuível e incluir uma janela de tempo de realização.

orçamento na conclusão (BAC) Custo orçado na conclusão. O total de custo orçado das contas de custo da linha de base ou projeto.

orçamentos em fases cronológicas Custos planejados decompostos em períodos de tempo distintos (por exemplo, US$ 5 mil por semana) para um pacote de projeto, em oposição a um orçamento para um trabalho/projeto inteiro (6 meses para um total de US$ 130 mil). As fases cronológicas permitem maior controle de custo ao medir a taxa efetiva de gastos *versus* a taxa planejada de gastos em pequenas partes do projeto.

organização em rede Aliança de diversas empresas com a finalidade de criar produtos e serviços para clientes.

organização funcional Estrutura organizacional hierárquica em que departamentos representam disciplinas individuais, como engenharia, marketing e compras.

P

pacote de trabalho Tarefa no menor nível da EAP. A responsabilidade pelo pacote deve ser atribuída a uma pessoa e, se possível, limitada a 80 horas de trabalho.

parceria de projetos Método não vinculante de transformar relações contratuais em uma equipe cooperativa e coesa de projeto, com um conjunto único de metas e procedimentos estabelecidos para resolver conflitos de maneira ágil.

patrocinador de projetos Geralmente, um gerente de alto escalão que promove e apoia um projeto.

pensamento de grupo Tendência de os membros de grupos altamente coesos perderem a capacidade de avaliação crítica.

pensamento sistêmico Abordagem sistêmica de problemas que enfatiza a compreensão das interações entre diferentes fatores problemáticos.

perfil de recurso Gráfico que mostra o uso de um recurso em um projeto ao longo do tempo. É comum tentar reduzir o pico de uso do recurso nivelando ou aplainando, o que otimiza a utilização do recurso.

perfil de riscos Lista de perguntas abordando áreas tradicionais de incerteza em um projeto.

perspectiva sociotécnica Foco na interação entre ferramentas/métodos e pessoas.

planejamento por cenários Processo estruturado para pensar sobre possíveis ambientes futuros com um alto impacto potencial de ruptura do jeito em que se fazem negócios e, então, desenvolver estratégias potenciais para competir nesses ambientes alterados.

plano de comunicação Define informações a serem coletadas e distribuídas aos interessados do projeto com base em seus requisitos.

plano de contas Sistema de numeração hierárquica utilizado para identificar tarefas, resultados práticos e responsabilidade organizacional na estrutura analítica do projeto.

plano de contingência Plano que cobre possíveis riscos de projeto identificados passíveis de se materializar ao longo da vida do projeto.

plano oficial Plano oficial atual do projeto, em termos de escopo, orçamento e cronograma.

política organizacional Ações por parte de indivíduos ou grupos de indivíduos para adquirir, desenvolver e empregar poder ou outros recursos para obter resultados preferidos quando há incerteza ou desacordo quanto a escolhas.

ponto de compressão Máximo de compressão que o tempo de uma atividade de projeto suporta com os recursos disponíveis da empresa.

pontos de função Pontos derivados de projetos de software anteriores para estimar tempo e custo do projeto, dados os atributos específicos do projeto.

portfólio de projetos Grupo (carteira) de projetos selecionados para implementação, equilibrados por tipo de projeto, risco e classificação segundo critérios estabelecidos.

prevenção de riscos Eliminação da causa de riscos antes de o projeto começar.

previsão por classe de referência Sofisticado método de previsão em que se toma uma visão externa e preveem-se custos de projeto com base nos resultados efetivos de projetos similares.

proativo Trabalhar dentro da sua esfera de influência para realizar algo. Tomar certas medidas antes que sejam necessárias, prevenindo possível agravamento da situação.

Profissional de Gerenciamento de Projetos (PMP) Pessoa que satisfez requisitos específicos de educação e experiência estabelecidos pelo Project Management Institute, concordou em aderir a um código de conduta profissional e passou em um exame elaborado para avaliar e medir objetivamente conhecimentos de gerenciamento de projetos. Além disso, um PMP deve satisfazer requisitos de educação continuada para não perder a certificação.

projeto Empreitada temporária levada a cabo para criar um produto, serviço ou resultado exclusivo.

projeto internacional Inclui tarefas que serão cumpridas em países diferentes.

projeto restrito por recursos Assume que os recursos são limitados (fixos) e, portanto, que o tempo é variável.

projeto restrito por tempo Um projeto que assume que o tempo é fixo e que, se recursos forem necessários, eles serão acrescentados.

prolongamento de estimativas Acrescenta um fator de segurança a uma estimativa de tempo ou custo para garantir que a estimativa seja cumprida quando o projeto for executado.

proprietário do produto Pessoa responsável por gerenciar o *backlog* de produto no Scrum a fim de maximizar o valor do projeto.

R

recurso Qualquer pessoa, grupo, habilidade, equipamento ou material empregado para realizar uma tarefa, pacote de trabalho ou atividade.

rede Gráfico lógico disposto em um formato prescrito (por exemplo, AOA ou AON), consistindo em atividades, sequências, inter-relações e dependências.

rede insensível Rede em que o caminho crítico provavelmente permanecerá estável durante a vida do projeto.

reforço negativo Técnica motivacional em que estímulos negativos são removidos depois de manifestado o comportamento desejado.

Regra de Ouro Faça aos outros o que gostaria que fizessem a você.

relação de tempo de espera Relação entre o início e/ou fim de uma atividade do projeto e o início e/ou fim de outra atividade. As relações mais comuns são (1) fim para início, (2) fim para fim, (3) início para início e (4) início para fim.

relatório de auditoria do projeto Relatório que inclui classificação do projeto, análise das informações reunidas, recomendações, lições aprendidas e um apêndice com informações de backup.

requisitos Definem as capacidades, atributos ou características dos resultados práticos do projeto, geralmente por meio de histórias ou casos de usuário que representam a perspectiva dos usuários sobre o que eles esperam do projeto.

reserva de contingência Normalmente, uma quantia de dinheiro ou tempo reservado para cobrir riscos de projeto identificados e imprevistos.

reserva gerencial Porcentagem do orçamento total do projeto reservada para contingências. O fundo existe para cobrir problemas novos e imprevistos – não necessariamente excessos. A reserva é concebida para reduzir o risco de atrasos no projeto. Reservas de gerenciamento normalmente são controladas pelo proprietário ou pelo gerente do projeto. *Ver* reserva orçamentária.

reserva orçamentária Provisão de reserva para cobrir riscos identificados que podem ocorrer e influenciar tarefas ou custos de linha de base. Essas reservas normalmente são controladas pelo gerente do projeto e pela equipe do projeto. *Ver* reserva gerencial.

restrição tripla As demandas concorrentes de tempo, custo e escopo. Essas limitações frequentemente representam decisões de trade-off que devem ser tratadas pelo gerente e/ou patrocinador do projeto.

retrospectiva Metodologia que analisa um evento de projeto passado para determinar o que funcionou e o que não funcionou, desenvolver lições aprendidas e criar um plano de ação que garanta que as lições aprendidas sejam usadas para melhorar o gerenciamento de projetos futuros.

reunião de lançamento Reunião de projeto Agile que ocorre antes de o projeto começar, concentrada nas metas, prioridades, riscos e cronologia do projeto.

reunião de planejamento de *sprint* Reunião Scrum dividida em dois segmentos. No primeiro, o proprietário do produto apresenta à equipe o *backlog* de produto de maior prioridade. A equipe e o proprietário do produto colaboram para determinar quanto do *backlog* do produto pode ser transformado em funcionalidade durante o sprint vindouro. No segundo segmento, a equipe planeja como cumprirá seu compromisso, detalhando seu trabalho como um plano no *backlog* de *sprint*.

reunião de revisão de *sprint* Reunião Scrum em que a equipe demonstra ao proprietário do produto e a outras partes interessadas o que conseguiu realizar durante o *sprint*.

reunião inaugural do projeto Via de regra, a primeira reunião da equipe do projeto.

reunião retrospectiva de *sprint* Reunião Scrum na qual a equipe discute o *sprint* recém-concluído e determina o que poderia ser mudado para tornar o próximo *sprint* mais proveitoso e produtivo.

reunião Scrum diária Reunião curta de *status* com cada equipe, na qual os membros sincronizam trabalho e progresso, assim como relatam impedimentos a serem removidos pelo mestre Scrum.

revisão de desempenho Em geral, todos os métodos de revisão de desempenho individual focam as habilidades técnicas e sociais que contribuíram para o projeto e a equipe. Essas revisões enfatizam aprimoramento pessoal e frequentemente são usadas para decisões sobre salário e promoção.

risco Chance de que um evento de projeto indesejável aconteça e as consequências de todos os seus possíveis resultados.

rituais de equipe Ações cerimoniais que reforçam a identidade e os valores da equipe.

S

Scrum Abordagem de desenvolvimento incremental e iterativa para gerenciar projetos com um conjunto bem-definido de papéis e processos.

sensibilidade de rede A probabilidade de que o caminho crítico mude em um projeto.

simulação de Monte Carlo Método de simulação de durações de atividades de projeto utilizando probabilidades. O método identifica a porcentagem de tempos, atividades e caminhos que são críticos em milhares de simulações.

sinergia positiva Característica de equipes de alto desempenho, em que o desempenho do grupo é superior à soma das contribuições individuais.

sistema de gerenciamento de mudança Processo definido para autorizar e documentar mudanças no escopo de um projeto.

sistema de prioridades Processo usado na seleção de projetos. O sistema utiliza critérios selecionados para avaliar e escolher projetos fortemente ligados a estratégias e objetivos de nível superior.

sprint Período de tempo fixo em que uma equipe Scrum trabalha para transformar o *backlog* de produto que escolheu em um incremento de funcionalidade do produto.

stakeholders Pessoas e organizações ativamente envolvidas, interessadas no projeto, cujos interesses podem ser afetados positiva ou negativamente pelo resultado da execução ou conclusão do projeto. Elas também podem exercer influência sobre o projeto e seus resultados.

supervisão Um conjunto de princípios e processos para guiar e melhorar o gerenciamento dos projetos. A intenção é garantir que os projetos satisfaçam as necessidades da empresa mediante padrões, procedimentos, prestação de contas, alocação eficiente de recursos e melhoria contínua no gerenciamento de projetos.

T

tarefa *Ver* atividade.

técnica de grupo nominal (NGT) Um processo estruturado de resolução de problema em que os membros fazem uma classificação privada das soluções preferidas.

técnica Delphi Método de grupo para predizer eventos futuros – por exemplo, tempo ou custo.

tempo de compressão Tempo mínimo em que uma atividade pode ser concluída (assumindo-se um nível razoável de recursos).

tempo de espera Quantidade de tempo entre o fim de uma atividade e o início de outra. Uma duração atribuída à dependência da atividade. A quantidade mínima de tempo em que uma atividade dependente precisa ser atrasada para iniciar ou terminar.

terceirização Contratação para utilizar fontes (habilidades) externas para auxiliar na implementação de um projeto.

tomada de decisão consensual Chegar a uma decisão com a qual todas as partes envolvidas basicamente concordam e apoiam.

transferir risco Passar para outro a responsabilidade por um risco.

V

valor agregado (EV) Trabalho físico realizado mais o orçamento autorizado para o trabalho. Anteriormente, era chamado de custo orçado do trabalho realizado (BCWP).

valor planejado (PV) Linha de base planejada, em fases cronológicas, do valor do trabalho programado. Anteriormente, era chamado de custo orçado do trabalho programado (BCWS).

valor presente líquido (NPV) Desconto mínimo desejado de taxa de retorno (por exemplo, 15%) utilizado para calcular o valor presente de todas as entradas e saídas de caixa.

variação de cronograma (SV) Diferença entre o valor em dinheiro planejado do trabalho efetivamente concluído e o valor do trabalho programado para ser concluído em um dado ponto no tempo (SV = EV – PV). A variação programada não contém informação de caminho crítico.

variação de custos (CV) Diferença entre o valor agregado e os custos realizados (CV = EV – AC). Esclarece se o trabalho realizado custou mais ou menos do que o que foi planejado em qualquer ponto da vida do projeto.

variação na conclusão (VAC) Indica o resto ou excesso de custo esperado e efetivo na conclusão (VAC = BAC – EAC).

visão do projeto Imagem do que o projeto realizará.

ÍNDICE

Observação: Números de página seguidos de "n" indicam material em notas de fontes e de rodapé.

11 de setembro de 2011, ataques terroristas, 468-469, 517-518
20th Century-Fox, 362-363
3M, 32-33, 72-73, 260-261, 348, 353-354, 500-501, 515-516

A

A quinta disciplina (Senge), 452-453
Abdel-Hamid, T., 285-286
Abdelshafi, I., 527
Abordagem de percentual de valor pseudo-agregado, 417
Abordagem proativa, 312
Abordagem sociotécnica ao gerenciamento de projetos, 13-14
Abramovici, A., 431
Abrashoff, D. M., 316-317
Ackoff, Russell L., 467, 490-491
Acompanhamento na tomada de decisão em grupo, 341
Adams, A. M., 197
Adams, J. R., 342, 352
Adaptive Software Development, 523-524
Adler, N., 472, 487, 490-491
Adler, P. S., 44
Administração de Alimentos e Medicamentos (FDA) dos EUA, 297
Aeronáutica dos EUA, 260-261
Agência de Inteligência de Defesa (DIA) dos EUA, 371-372
Agile PM, 511-526
  com projetos grandes, 522-524
  estrutura analítica de processo (PBS), 515-517
  exemplos de, 515-516, 515-517, 517-518, 523-524
  limitações e problemas, 523-526
  natureza dos, 512
  processos de desenvolvimento incremental iterativo (IIDs), 514-517
Agilização, 154, 269-271
Ahmadi, R., 285-286
Albaugh, Jim, 364-366
Alegi, Peter, 186-187n
Alemanha
  procedimentos de cancelamento de projetos, 444-445
  sistema de pedágio para caminhões, 444-445
Alexander, R. C., 27-28n, 45-46
Aliança Ágil, 523-524
Allen, Roger F., 84n
Allen, Stephen D., 84n

Allen, Woody, 533
Alta gerência. *Veja também* Gerência média
  dependências de, 296-297
  ética e, 308-310
  gerenciamento de relações ascendentes, 303-305
  lacuna de implementação no sistema de portfólio de projetos, 26-27, 28-29
  nível de detalhe nas estimativos do projeto, 118-119
  no gerenciamento do portfólio de projetos, 39-41
  no sistema de portfólio, 39-40
  organização funcional e, 56-57
  responsabilidade por priorizar projetos, 38-39
Alternativas, na tomada de decisão em grupo, 340-341
Ambientes multiprojetuais
  programação de recursos em, 232-234
  redes de projeto em, 148-151
American Express, 507-508
American Planning Association (APA), 123
Análise de cenários, 177-180
Análise de probabilidades na avaliação do risco, 180-181
Análise de variação
  custo efetivo (AC), 400-401
  métodos de, 400-402
  valor agregado (EV), 400-401
  valor planejado (VP), 400-401
  variação de custo (CV), 398-402
  variação do cronograma (SV), 398-401, 402
Análise SWOT (*strengths, weaknesses, opportunities, and threats*), 25
Analogia do Zorro, 305
Anand, V., 316-317
Anbari, F. T., 431
Ancona, D. G., 305, 305n, 316-317
Andersen, Arthur E., 309
Angus, R. B., 390-391
Aniftos, S., 461
Apocalypse now (filme), 469-470, 470
Apotheker, Leo, 24
Apple, 11-12, 24, 25, 27-28, 61-62, 266, 362-363, 364-365
Applebaum, Jeffrey, 370
Arábia Saudita, fatores transculturais na, 480-481
Arbitragem de conflitos, 343-344
Archibald, Russell D., 508-509
Arenas, Gilbert, 446-447

Armazéns automatizados, 139-140, 147-150
Arms, P. B., 475, 490-491
Arquivamento de retrospectivas no estágio de fechamento, 458-460
Arrow, K. J., 219-221, 252-253
Arthur Andersen, 309, 308-310
Ashforth, B. E., 316-317
Ashley, D. B., 84-85, 104
Associação de Golfe dos Estados Unidos (USGA), 87
Associação para o Desenvolvimento da Engenharia de Custos (AACE), 123
AT&T, 20, 56, 115, 451
Ataques terroristas de 2001, 468-469, 517-518
Atenuação de riscos, 181-183
Atenuação do risco, 181-183
Atividade
  de desdobramento, 135-137, 138-139, 143-145
  de fusão, 135-137, 138-139, 142-143
  definição de, 134-135, 135-137
  divisão de, 224-230, 259-261
  em redes de projeto, 134-135, 135-137, 137-141
  nível de detalhes, 147-148
  numeração, 147-148
  paralela, 135-137, 138-139
  relações básicas, 137-139
  sumarizadora, 156-158
Atividade em nó (AON), 137-141
  armazéns automatizados, 139-140, 147-150
  caminho de ida, 141-143
  caminho de volta, 142-145
  combinações, 153-155
  computadores no desenvolvimento, 147-150
  escalonamento, 148-151, 151-152
  fim para fim, 153-155, 155-156
  fim para início, 151-152
  fundamentos, 137-138
  início para fim, 153-155
  início para início, 151-155
  relação de atraso, 148-157
  relações básicas, 137-141
  uso nos caminhos de ida e volta, 155-157
  versus atividade em seta (AOA), 137-138
Atividade em seta (AOA), 137-141
Atividades de batedor, 305
Atividades de coordenador de tarefas, 305
Atividades de embaixador, 305
Atividades de encerramento, 443-444, 444-449, 462-463
  atividades de desligamento, 445-446

lista de verificação parcial de fechamento administrativo, 445-446
Atividades de guarda, 305
Atkinson, W., 197
Atraso, 233, 396-398
Atrasos, 148-157
  em procedimentos dos caminhos de ida e volta, 155-157
  para reduzir os detalhes do cronograma, 148-155
Atribuição de trabalho
  como incentivo, 339-340
  na programação de recursos, 231-232
Atributos, 515-517
Atualizações de *status* na terceirização, 368-370
Automotivação, 312-313
Autonomy Corporation, 24
Autopercepção, 312-313
Autoproteção, 255-256
Autoridade Federal de Moradia (FHA) dos EUA, 113-114
Autorregulação, 312-313
Avaliação da equipe, 448-451
Avaliação de risco, 174-175, 177-181
Avaliação do projeto
  afirmação dos critérios, 53-54
  no estágio de fechamento, 443-444, 448-453
Avaliação pós-implementação, 443-444, 448-453
  avaliação da equipe, 448-451
  metodologia de barramento por fases, 502-504
  revisões de desempenho, 451-453
Avant Assessment, 538
Avatar (filme), 349-350n

B

Backlogs de produto, 519-521
Backlogs de *sprint*, 519-520
Badaracco, J. L., Jr., 316-317
Baker, B. M., 197, 285-286, 316-317
Baker, B., 509
Baker, W. E., 316-317
Bancos, 497-498
Bank of America, 115
Bard, J. F., 318
Barnes, M., 127-128
Barnes, R., 263
Baroudi, B., 541
Bases de dados
  sistema de informação de monitoramento do projeto, 393-394, 416-417
  tempo e custo, 124-125
Bastão derrubado, 255-256
BATNA (melhor alternativa a um acordo negociado), 376-377
Baxter, Jerry B., 267n
Bedeian, A. G., 197
BellAircraft, 187-188
Benko, C., 16-17, 44

Bennis, W., 312, 316-317
Benson, S., 349-350, 353
Berkun, S., 336n, 352
Beyer, J. M., 68-69n, 76-77
Bigelow, D., 44
Biotecnologia, 268
Black, J. H., 131
Block, T. R., 76-77, 497-498n
Bloom, Howard, 446-447n
Boeing, 124-125, 260-261, 364-366
Bogart, Humphrey, 362-363
Boletins eletrônicos, equipes de projeto virtuais e, 348
Bolman, L. G., 333-334n, 352
Bonar, Robert, 10-11
Bônus, 338-339
Borsuk, R., 490-491
Boulter, M., 527
Bourne, Lynda, 98-100n, 298n, 316-317
Bowen, D., 480n, 491-492
Bowen, H. K., 62-64, 73-74, 76-77, 336, 337-338, 352
Bowles, M., 431
Boyer, C., 44, 503-504, 509
Bradberry, T., 312-313n, 316-317
Bradford, David L., 298, 298-299, 298-299n, 316-317
Brainstorming
  de opções de economia de custos, 279-281
  na geração de alternativas, 340-341
  opções de ganho mútuo, 375
Brandon, D. M., Jr., 431
Brandt, S. E., 342, 352
Brasil, 472-473
Breashears, David, 185-186
Brin, Sergey, 70
Brooks, Frederick P., Jr., 268, 268n, 285-286, 393
Brown, S., 76-77
Brown, Tim, 515-516
Brucker, P., 252-253
Bruzelius, N., 127-128
Bryant, Kobe, 326
Budd, C. S., 262
Buehler, R., 123n, 127-128
Burgess, A. R., 252-253
Butler, Ginger, 538

C

C. C. Myers, Inc., 267
Cabanis, J., 316-317
Cabanis-Brewin, J., 312-313n, 316-317
Cahill, T., 468-469, 490-491
Caldwell, D. F., 68-69n, 77, 305, 305n, 316-317
Calhoun, Chad, 270
Callaway Golf Equipment, 87
Câmbio/contrato a termo (*forward*), 471
Cameron, K. S., 76-77
Caminho, 135-137
Caminho de ida – datas mais cedo, 140-143
  com tempos de folga, 144-145

tempos de espera, 155-157
usando informações de caminho de ida, 145-148
Caminho de volta – datas mais tarde, 142-145, 155-157
  tempos de espera, 155-157
  usando informações do caminho de volta, 145-148
Caminhos soltos, 148-151
Canan, Crystal, 370
CAPM (Certified Associate in Project Management), 2-3, 536-537
Características físicas na cultura organizacional, 70-71
Caráter, confiança e, 310-311, 311
Carlton, J., 61-62n, 76-77
Carnegie Mellon University, 505
Carr, M. J., 197
Carreiras em gerenciamento de projetos, 532-541
  exemplos de, 533-534, 535, 538, 539-540
  ganhando visibilidade, 538-539
  mentores, 538-540
  natureza do, 533-534
  projetos dados a recém-graduados, 3-4
  seguindo carreira em, 534-537
  sucesso nas principais carreiras, 539-540
  treinamento e certificação profissional, 2-3, 536-538
Carrier Transicold, 184-186
Cartas de recomendação, 339-340
Casey, W., 66-67n, 76-77
Casos
  AMEX, Hungary, 492-494
  Aventura de pós-graduação, 128-129
  Caso do estádio Greendale, 170-171
  Cerberus Corporation, 322-323
  Clube de futebol Manchester United, 104-105
  Corrida Mundial de Veleiros Whitbread, 286-288
  Escritório de contabilidade Moss and McAdams, 78-80
  Exercício de negociação da Goldrush Electronics, 385-387
  Expedição de pesca com mosca ao Alasca, 197-198
  Franklin Equipment, Ltd., 357-360
  Hector Gaming Company, 46-47
  Horizon Consulting, 80-82
  International Capital, Inc. – Parte A, 208-209
  International Capital, Inc. – Parte B, 286
  Introduzindo o Scrum na P2P, 527-531
  Kerzner Office Equipment, 353-355
  Migração do centro de dados da Advantage Energy Technology – Parte B, 209-2012
  Migração do centro de dados da Advantage Energy Technology, 168-170
  Não me diga o que você fez. Diga-me o que você vai fazer, 509-510
  O Casamento "pra já" – Parte A, 290-292

O Casamento "Pra Já" – Parte B, 292
O projeto de instalação de software contábil, 382-386
Power Train, Ltd., 252-255
Priorização de filmes, 47-50
Projeto Ajax, 355-357
Projeto Blue Sky, 318-322
Projeto de LAN da Trans, 199-201
Projeto de poda de árvores, 432
Projeto de scanner, 432
Projeto Maximum Megahers, 463-464
Projeto Nightingale – A, 288-290
Projeto Nightingale – B, 289-291
Seleção de projeto de levantamento de fundos, 50-52
Sharp Printing, AG, 128-129
Shell Case Fabricators, 381-383
Show de primavera XSU, 200-202
Silver Fiddle Construction, 198-200
Sustentação do gerenciamento do risco do projeto durante a implementação, 202-204
Tom Bray, 321-322
Um dia qualquer, 16-18
Castro, Edson de, 337
Cavendish, J., 390-391
CCPM. *Veja* Gerenciamento de projetos de corrente crítica (CCPM)
Certified Associate in Project Management (CAPM), 4, 536-537
Chaparral Steel, 66-68, 73-74
Charnes, A., 252-253
Chatman, J., 68-69n, 77
Chen, M., 475, 490-491
Chermack, T. J., 45
Chilmeran, A. H., 104
China
  fatores jurídicos/políticos na, 467-469
  fatores transculturais na, 467-469, 481-482
China Sunergy Co., Ltd., 9-10
Choque cultural, 484-487
  ciclo do choque cultural, 485-486
  natureza do, 484-486
  relacionado a estresse, 486
  tolerando o, 486-487
Christensen, D. S., 412-413, 431
Chudoba, K. M., 353
Ciclo de vida do produto, compressão do, 8, 20
Ciclo de vida do projeto, 5-7
  definição de, 5-6
  estágios do, 5-7 *Veja também* Estágio de fechamento; Estágio de definição; Estágio de execução; Estágio de planejamento
  fontes de conflito no, 342-343
  tempos de ciclo do projeto, 20
Cigna, 110-111
Cisco, 24
Citibank Global Corporate Bank, 497-498
Citigroup, 468-469
Clark, K. B., 76-77, 336, 337, 352

Classificação dos projetos
  na seleção de projetos, 33-35
  tipos de projeto, 29-30, 40-41
Cleland, D. I., 352
Cleveland Cavaliers, 446-447
Clientes
  assumir responsabilidades do projeto, 279-280
  dependências de, 297
  revisão da lista de verificação de escopo com, 85-86
Coady, Gerry, 33-34
Coalocação
  identidade de equipe e, 334-335
  na terceirização, 370-371
Cochran, Dick, 451n, 452-453, 460-461
Cohen, A. R., 298, 298-299, 298-299n, 316-317
Cohen, D. J., 16-17, 44
Colangelo, Jerry, 326
Collins, J. C., 72-73, 76-77, 491-492
Combinação de tempos de espera, 153-155
Comemoração no estágio de fechamento, 459-460
Comitê de Padrões do PMI, 104
Companhias aéreas, 380
Competência, confiança e, 310-311
Comportamento na cultura organizacional, 71
Compressão, 272-279
Comunicação
  em projetos internacionais, 488-490
  equipes virtuais de projeto, 348-349
  fatores culturais na, 488-490 *Veja também* Fatores culturais
  na terceirização, 367-368, 372-373
  plano de comunicação do projeto, 98-102
Comunidade Econômica Europeia (CEE), 498-499
Conaway, W. A., 480n, 491-492
Condições normais na estimativa do projeto, 109-110
Confiança
  em negociações de terceirização, 372-374
  equipes de projeto virtuais e, 347-348
  liderança e, 308-311
Conflito disfuncional, 342-343, 343-345
Conflito funcional, 342-344
Conflitos por recursos, 27-29
Confúcio, 481
Conselho de Construção Verde dos EUA, 10-11
Consistência, confiança e, 310-311
Construção de equipe, 328-346
  equilíbrio pontuado e, 329
  modelo de desenvolvimento de equipes em cinco estágios, 325-328
  na terceirização, 367-369
  recrutamento de membros do projeto, 328-332
  rejuvenescendo a equipe do projeto, 344-346

técnicas de construção de equipe na, 345-346
Consultores de gerenciamento de projetos, 370
Consultores externos
  como facilitadores independentes do projeto, 454-456
  rejuvenescendo a equipe do projeto, 344-346
Contas de custo, 93-95
Contingências na estimativa do projeto, 110-111
Contraculturas, 69-70, 73-74
Contratados. *Veja também* Terceirização
  contratos de incentivo, 266-267, 267, 370-372
  dependências de, 297
  seleção entre as ofertas propostas, 54
Contratos adicionais, 131
Contratos baseados em desempenho, 370-371
  índices de desempenho, 408
Contratos de preço fixo, 53-54, 388-389
Contratos de revisão, 388-389
Contratos com custos reembolsáveis, 53-54, 389-390
Controle de resposta a riscos, 189-195
  gerenciamento de controle de riscos, 190-195
  registro de riscos, 189-191
Controle. *Veja também* Sistema de informação de monitoramento de projetos
  controle de mudança de contratos, 390-391
  controle de resposta a riscos, 189-195
  definição de, 393-394
  no gerenciamento de conflitos, 343-345
  processo de controle de projetos, 393-395
Controlled Demolition Inc., 182-183
Conversão do Windows 5-6, 178-181
Convite à apresentação de propostas (IFB), 388
Conway, 455-456
Cooke-Davies, T., 460-461
Cooper, M. J., 262
Cooper, Robert G., 499-500, 509
Cooper, W. W., 252-253
Cooperação. *Veja também* Equipes de projeto
  em negociações de terceirização, 372-374
  na liderança por exemplo, 307-308
Copa do Mundo (2022), 186-187
Coppola, Francis Ford, 470
Corning, 371-372
Corpo da Paz, 488
Corpo de Conhecimento em Gerenciamento de Projetos (PMBOK), 197, 295-296, 524-525, 536-537
Cost and Optimization Engineering (Jelen and Black), 131

Coutu, D. L., 348, 352
Covance, 268
Covey, Stephen R., 310-311, 312n, 316-317, 375, 375n, 380
Cowan, C. C., 364-366n, 380
Crawford, Lynn, 16-17, 29, 44
Credibilidade no recrutamento de membros de projeto, 330-331
Criação de rede social, 300-308
   "gerenciamento por perambulação" (MBWA), 302-303, 340-341, 393
   gerenciamento de relações ascendentes, 303-305
   liderança pelo exemplo, 305-308
   mapeamento de dependências, 300-302
   rede social, definição de, 300-301
Crider, Bill, 539-540
Crime, 468-469
Cronogramas de projeto. *Veja também* Estimativas de tempo
   atraso nos, 233, 396-398
   datas mais cedo e mais tarde, 135-136
   declaração de, 53-54
   desenvolvimento do sistema de custo/cronograma de valor agregado, 395-395, 397-402, 432-439
   no gerenciamento de projetos de corrente crítica (CCPM), 259-260. *Veja também* Gerenciamento de projetos de corrente crítica (CCPM)
   opções de aceleração, 266-270
   prazos, 266-267, 367-368
   recursos não restritos, 267-269
   recursos restritos, 269-270
   redes de projeto e, 134-135
   reservas (*buffers*) de tempo, 189-190
   variação do cronograma (SV), 398-401, 402
Cronogramas de recursos multiprojetuais, 232-234
Cronogramas. *Veja* Cronogramas de projeto
Crystal Clear, 523-524
Cubanis, J., 307-308n
Cullinane, T. P., 390-391
Cultura do NIH (não inventado aqui), 328-330
Cultura empreendedora, 72-73
Cultura organizacional, 56, 67-74. Veja também Fatores culturais
   características da, 68-69, 69-72
   contraculturas e, 69-70, 73-74
   ética na, 307-310
   funções da, 68-70
   implicações na organização de projetos, 71-74
   na estimativa do projeto, 108-109
   natureza da, 67-70
   planilha de diagnóstico, 71
   relação com a estrutura do projeto, 73-74
Culver, Irvin, 60

Curvas de aprendizado para estimar tempos e custos de projeto, 129-131
Custo efetivo (AC)
   análise de variação, 400-401
   definição de, 398-399
Custo estimado na conclusão (EAC)
   definição de, 398-399
Custos diretos, 120-121
   acessórios do projeto, 120-121
   do projeto, 272
Custos indiretos do projeto, 271-272

D

Dahlgren, G., 380
DaimlerChrysler, 362-363
Dalkey, N. C., 127-128
Daniel, Tim, 468-469
Darnell, R., 16-17
Data General Corporation, 337
Datas de calendário para atividades de projeto, 148-151
Datas mais cedo e mais tarde, 135-136
De Laat, P. B., 76-77
Deal, T. E., 67-68, 76-77, 333-334n, 352
Decarlo, D., 527
Decisão de avaliação do progresso, metodologia de barreira de fase, 502-504
Decisões de acompanhamento, 332-333
Decisões de planejamento, 332-333
Declarações de escopo, 7-8, 13-14, 53-54, 86-88
Definição do projeto. *Veja* Estágio de definição
Dehler, G. E., 317
Delbeeq, Andrew, 350-351n
Delegação, 312
DelGrosso, Steve, 537
Dell Children's Medical Center, 10-11
Dell Computer, 497-498, 500-501
Deloitte Consulting, 26-27
DeMarco, T., 269, 285-286, 352
Demeulemeester, E. L., 252-253, 262
Deneire, M., 490-491
Departamento de Transporte da Califórnia (CalTrans), 267
Dependências
   mapeamento, 300-302
   stakeholders, 295-298
Derby, Charles, 16-17
DeRosa, D., 347, 353
Desativação da Usina Nuclear Trojan, 413-414
Descamps, J. P., 44
Descritivo de serviços (SOW), 7-8, 13-14, 53-54, 86-88
Desempenho de tempo no sistema de informação de monitoramento de projetos, 395-398
Desenvolvimento de resposta a riscos, 174-175, 181-190
   atenuação do risco, 181-183
   reservas (*buffers*) de tempo, 189-190

   fundos de contingência, 188-190
   gerenciamento de oportunidades, 187-188
   planejamento de contingência, 182-188
   prevenção do risco, 182-183
   retenção de risco, 182-183
   transferência de risco, 182-183
Developing Products in Half the Time (Smith and Reinertsen), 184-186
Dexter, Susan, 268
Dicionário de cama (filme), 349-350n
Dicionário de EAP, 96-97
DiDonato, L. S., 380
Digital Equipment Corporation, 333-334n, 336, 337
Dinsmore, P. C., 316-317
Dish Network, 9-10
Dispositivos para construir-possuir-operar-transferir (BOOT), 182-183, 446-447
DiStefano, J. J., 475n, 491-492
Distribuição beta, PERT, 203-205
Divisão de atividades
   gerenciamento de projetos de corrente crítica (CCPM) e, 259-261
   na programação de recursos, 224-230
Documentação. *Veja também* Relatórios
   documentos públicos na cultura organizacional, 71
   na terceirização, 367-368
Documentos formais de equipe, 333-334
Documentos formais de parceria, 368-369, 369
Documentos formais de projeto, 7-8, 86-88
Documentos públicos na cultura organizacional, 71
Doh, J. P., 491-492
Dooley, K. J., 331, 353-354
Doran, G. T., 25, 25n, 45
Dreamliner (Boeing), 364-366
Drexl, A., 252-253
Drexler, John A., Jr., 357n, 380, 381
Duffey, M. R., 431
Dunbar, E., 491-492
Duncan, David, 309
Duncan, J., 197
DuPont, 115, 500-501
Duração do projeto, 264-281
   atrasos e, 148-157
   considerações práticas, 276-279
   custo como uma questão na, 270-281
   opções de aceleração quando os recursos não são restritos, 267-269
   opções de aceleração quando os recursos são restritos, 269-270
   Gráfico de custo/duração do projeto, 271-279
   lógica de redução, 265-267
   na estimativa do projeto, 107-108
Dvir, Dov, 20-22n, 66-67n, 78, 263
Dworatschek, S., 76-77
Dyer, L., 352
Dyer, S., 380

E

EAC$_f$ (custo estimado na conclusão, estimado), 411-412
EAC$_f$ (previsão), 411-412
EAC$_{re}$ (custo estimado na conclusão, revisado), 410-412
EAC$_{re}$ (revisado), 410-412
Eastman Kodak, 124-125, 337-338
Eden, L., 491-492
Edgett, S. J., 509
EDS, 397-398
Edward, K. A., 381
Einsiedel, A. A., 316-317
Eisenhardt, K. R., 76-77
Eiteman, D. K., 491-492
E-mail, equipes de projeto virtuais e, 348
Emerson, Ralph Waldo, 265
Emhjellenm, K., 127-128
Empatia, 312-313, 375
Empresas de design, 514-515, 515-516
Engenharia concorrente, 152-155
Englund, R. L., 76-77
Enron, 309, 308-310
Entregas
　escopo do projeto, 53-54, 2
　no estágio de fechamento, 443-444
Enxugamento corporativo (*downsizing*), 9-10
Equilíbrio pontuado, 329
Equipe central do projeto na aceleração da conclusão do projeto, 269
Equipe de prioridades, 32-35
Equipes auto-organizadas, 517-518
Equipes de projeto, 7-8, 324-351
　ciladas, 348-351
　construção de equipes de alto desempenho, 328-346
　dependências de, 295-298
　equilíbrio pontuado e, 329
　fatores situacionais no desenvolvimento de equipes, 327-330
　gerenciamento de conflitos, 341-345
　identidade da equipe, 334-336
　importância do trabalho em equipe, 14
　modelo de desenvolvimento de equipes em cinco estágios, 325-328
　processo de recrutamento, 328-332
　processo de tomada de decisão, 339-341
　projeto internacional, 487-490
　projetos de baixa prioridade, 342
　rejuvenescimento, 344-346
　reuniões, 331-335, 517-520
　sinergia do projeto, 325-327
　sistemas de recompensa, 338-340
　visão compartilhada, 336-339, 342-343
Equipes de projeto dedicadas, 58-62, 73-74
　exemplos de, 58-62
　natureza das, 58-60
　vantagens e desvantagens, 60-62
Equipes de projeto virtuais, 345-349
　confiança e, 347-348
　no ambiente global, 346-347
　padrões de comunicação e, 348-349
　terceirização e, 363-364
Ericksen, J., 352
Ernst, H., 353-354
Erros
　aceitáveis, 190-191
　estimativa do projeto, 110-111
　lógica da rede, 147-148
　relatórios, 190-191
Escalar, 522-524
Escalonamento, 148-151, 151-152, 368-369
Escopo do projeto, 84-88
　declaração de escopo, 7-8, 13-14, 53-54, 86-88
　lista de verificação, 84-88
　mudanças no, 122-123, 269-271, 279-280
　redução, 269-271, 279-280
Escritório de projeto da Estação Meteorológica, 66-67
Escritório de projeto da Torre de Controle, 66-67
Escritório de projeto de acervo de recursos, 66-67
Escritórios de projeto (POs), 66-67, 496-499
　benefícios dos, 498-499
　definição de, 66-67
　exemplo de relatório, 498-500
　serviços dos, 497-498
　tipos de, 66-67
Escuta empática, 375
Especialistas da equipe interna rejuvenescendo a equipe do projeto, 344-346
Espírito de equipe, 349-350
Esportes e lazer, 9-10, 87, 185-186, 186-187, 326, 338-339, 446-447, 472-473, 477
Estados Unidos, fatores transculturais nos, 475-477, 482-484
Estágio de definição, 83-103
　escopo do projeto, 84-88
　estabelecimento de prioridades do projeto, 86-90
　estrutura analítica da organização (OBS), 93-95
　estrutura analítica do projeto (EAP), 84, 90-97
　estrutura analítica do processo (PBS), 84, 96-97, 515-517
　fontes de conflito no, 342-343
　matrizes de responsabilidade (RM), 97-98, 99
　no ciclo de vida do projeto, 5-6, 6-7, 342-343
　plano de comunicação do projeto, 98-102
Estágio de desarranjo das equipes, 325-327, 327-328
Estágio de desempenho das equipes, 325-327, 327-328
Estágio de desmobilização das equipes, 325-327, 327-328
Estágio de execução. *Veja também* Implementação
　do ciclo de vida do projeto, 6-7, 342-343
　fontes de conflito no, 342-343
Estágio de fechamento, 442-460
　atividades de encerramento, 443-444, 444-449, 462-463
　avaliação pós-implementação, 443-444, 448-453
　avaliação, 443-444, 448-453
　do ciclo de vida do projeto, 6-7, 342-343
　equipes de projeto dedicadas e, 61-62
　estágio de desmobilização das equipes, 325-327, 327-328
　fontes de conflito no, 342-343
　gerenciamento por matriz e, 65
　listas de verificação de encerramento de projeto, 445-446, 462-463
　metodologia de barramento por fases, 503-504
　organização funcional e, 57-58
　retrospectivas, 443-444, 452-460
　tipos, 443-445
Estágio de fechamento normal, 443-444
Estágio de fechamento perpétuo, 443-444
Estágio de fechamento prematuro, 443-444
Estágio de formação das equipes, 325-327
Estágio de normatização das equipes, 325-327, 327-328
Estágio de planejamento. *Veja* Estimativa do projeto; Programação de recursos
　do ciclo de vida do projeto, 5-6, 6-7, 342-343
　fontes de conflito no, 342-343
Estimativa do projeto, 106-126. *Veja também* Estimativas de custo; Estimativas de recursos; Estimativas de tempo
　ajuste das estimativas de tarefas específicas, 122-125
　base de dados de tempo e custo, 124-125
　curvas de aprendizado na, 115-116, 129-131
　de cima para baixo versus de baixo para cima, 110-112
　diretrizes de tempos, custos e recursos, 108-111
　fatores que influenciam estimativas de qualidade, 107-109
　importância da, 107
　megaprojetos, 122-123, 123
　nível de detalhe, 118-120
　precisão, 118-119
　redução do erro, 110-111
　refinamento de estimativas, 121-125
　tipos de custo, 120-121
Estimativa por faixas para estimar tempos e custos do projeto, 116-118
Estimativas de baixo para cima, 110-19
　estimativas por faixa, 116-118
　métodos de modelo, 115-116

natureza das, 111-112
procedimentos paramétricos, 115-117
Estimativas de cima para baixo, 110-119
   curvas de aprendizado, 115-116
   métodos de consenso, 112-113
   métodos de quociente, 113
   métodos de rateio, 113-114
   natureza das, 111-112
   "pontos de função", 113-116
Estimativas de custo, 107-125
   base de dados de tempo e custo, 124-125
   curvas de aprendizado, 115-116, 129-131
   de cima para baixo *versus* de baixo para cima, 110-112
   diretrizes de, 108-111
   estimativa por faixas, 116-118
   estimativa por fases, 117-119
   fatores que influenciam a qualidade das, 107-109
   métodos de consenso, 112-113
   métodos de modelo, 115-116
   métodos de ponto de função, 113-116
   métodos de quociente, 113
   métodos de rateio, 113-114
   nível de detalhe, 118-120
   para megaprojetos, 123
   previsão do custo final do projeto, 410-413
   procedimentos paramétricos, 115-117
   refinamento, 121-125
   tipos de custo, 120-121
Estimativas de recursos, 107-125
   de cima para baixo *versus* de baixo para cima, 110-112
   diretrizes de, 108-111
   estimativa por fases, 117-119
   fatores que influenciam a qualidade das, 107-109
   nível de detalhe, 118-120
   refinamento, 121-125
Estimativas de tempo, 107-125 *Veja também* Cronogramas de projeto
   base de dados de tempo e custo, 124-125
   curvas de aprendizado, 115-116, 129-131
   de cima para baixo versus de baixo para cima, 110-112
   diretrizes de, 108-111
   estimativa por faixas, 116-118
   estimativa por fases, 117-119
   fatores que influenciam a qualidade das, 107-109
   métodos de consenso, 112-113
   métodos de modelo, 115-116
   métodos de ponto de função, 113-116
   métodos de quociente, 113
   métodos de rateio, 113-114
   nível de detalhe, 118-120
   no gerenciamento de projetos de corrente crítica (CCPM), 259-260
   procedimentos paramétricos, 115-117
   refinamento, 121-125
Estratégia organizacional, 19-42
   alinhamento do projeto com, 12-13, 20
   compreensão do gerente de projetos da, 20-22
   critérios de seleção de projetos, 30-35
   estratégia, definição de, 20
   gerenciamento do sistema de portfólio, 39-41, 28-296
   implementação através de projetos, 25-26
   modelos de seleção de projetos, 33-39
   panorama do processo de gerenciamento estratégico, 20-26
   revisão, 24
   sistema de gerenciamento do portfólio de projetos, 25-30
Estratégia
   compreensão, 20-22
   definição de, 20
Estrutura analítica da organização (OBS), 90-91
   integração com a organização, 93-95, 94
   orçamento em fases cronológicas e, 234-240
Estrutura analítica de processo (PBS), 84, 96-97, 515-517
Estrutura analítica de risco (RBS), 176-178
Estrutura analítica do projeto (EAP), 84, 90-97
   agrupamentos encontrados na, 90-91
   ajudando o gerente do projeto, 90-91
   codificação para o sistema de informação, 93-97
   desenvolvimento da rede do projeto a partir da, 134-136
   desenvolvimento de linha de base no sistema de informação de monitoramento do projeto, 395-395, 400-401, 402-403, 413-416
   desenvolvimento de EAP simplificada, 90-93
   elaboração, 92-93
   integração com a organização, 93-95, 94
   nível de detalhe da, 118-120
   orçamento em fases cronológicas e, 234-240
   panorama do processo, 92
Estrutura do projeto
   cultura organizacional e, 73-74
   na estimativa do projeto, 107-108
Estruturas de gerenciamento de projetos, 56-68
   arranjo matricial, 61-66, 74
   considerações organizacionais, 65-66
   considerações projetuais, 65-68
   equipes dedicadas, 58-62, 73-74
   organização funcional, 56-59
   relação com a cultura organizacional, 73-74
Ética, 307-310
   códigos de conduta, 308-310
   colapso da Arthur Andersen, 309
   na liderança por exemplo, 307-308
   suborno, 477, 484-485
Ética de trabalho, 478-480

Everest (filme IMAX), 185-186
Exclusões do escopo, 85-86
Exército dos EUA, 187-188
Expectativas
   gerenciamento, 303
   modelo das expectativas satisfeitas, 376-379
Experiência passada na estimativa do projeto, 107-108, 115-116, 129-131
Experiências ao ar livre/retiros, 345-346
Expertise tecnológica
   no recrutamento de membros do projeto, 330
   terceirização e, 363-364
Explosão de conhecimento, 8
Extreme Programming, 523-524
ExxonMobil, 507-508

F

Facilitadores do projeto, 454-456
   papéis, 454-455
   seleção, 454-455
Faris, R., 527
Fator de equipamento como restrição de recursos, 216-218
Fator pessoal
   ao designar trabalho de projeto, 231-232
   como restrição de recursos, 215-217
   lidar com pessoas não razoáveis, 376-377
   na estimativa do projeto, 107-108
   no processo de negociação, 373-374, 376-377
   separar as pessoas do problema, 373-374
Fatores ambientais, 467-474
   cultura, 472-474. Veja também Fatores culturais
   economia, 469-471
   geografia, 469-470, 470
   infraestrutura, 471-472
   jurídico/político, 331, 364-365, 467-469
   segurança, 468-470
Fatores culturais. *Veja também* Comunicação; Cultura organizacional
   ajustes, 475-478
   choque cultural, 484-487
   cultura, definição de, 472, 474-475
   na China, 467-469, 481-482
   na França, 478-480
   orientações transculturais, 476
Fatores de infraestrutura, 471-472
Fatores de segurança, 468-470
Fatores econômicos, 469-471
Fatores geográficos, 469-470, 470
Fatores jurídicos/políticos, 331, 364-365, 467-469 Veja também Políticas organizacionais
Fatores materiais como restrição de recursos, 216-217
Fatores não projetuais na estimativa do projeto, 108-109
Fatores religiosos, 472-474
Fatores situacionais no desenvolvimento de equipes, 327-330

Fazer duas vezes na aceleração da conclusão do projeto, 269
Fechamento do projeto, 443. *Veja também* Estágio de fechamento
  atividades de encerramento, 443-444, 444-449, 462-463
Fendly, L. G., 219-221, 252-253
Ferrazzi, K., 317, 541
Fiat, 9-10
FIFA (Federação Internacional de Futebol Associado), 186-187
Filipczak, B., 76-77
Filipinas, 470
Fischer, Randy, 370
Fisher, R., 373-377, 380
Fleming, Q. W., 391, 408n, 412-413, 431
Floyd, S. W., 45
Fluência de escopo, 86-88, 413-414, 416
Flutuação, 144-146
  livre, 145-146
  total, 144-146
Flutuações culturais, 470-471
Flutuações da taxa de câmbio, 470-471
Fluxograma da metodologia de barreira de fase, 500-502
Flyvbjerg, Bent, 123, 123n, 127-128
FMEA (Modo de Falhas e Análise de Efeitos), 180-181
Folclore na cultura organizacional, 71-72
Folga, 144-146
  livre, 145-146
  total, 144-146
Ford Motors, 115, 334-335
Ford, E. C., 197
Ford, Henry, 325
Fortune 433, 26-27
Foti, R., 29, 45
Frame, J. D., 76-77, 334-335, 353, 497-498n
França, fatores transculturais na, 478-480
Frank, L., 45
Frankel, Rob, 446-447
Franklin, Benjamin, 496
Fraser, J., 391
Fretty, Peter, 257n, 461
Friedman, Thomas L., 45
Fritz, Robert, 336
Frontier Airlines Holdings, 33-34
Fuji, 337-338
Fundação Bill & Melinda Gates, 9-10
Fundos de contingência, 188-190
Furacão Katrina, 449-450
Fusco, Joseph C., 26-27, 26-27n, 45, 450, 450n

G

Gabarro, S. J., 317
Gale, S. F., 539-540n
Gallagher, R. S., 76-77
Gamble, John E., 87n
Ganho mútuo no processo de negociação, 375
Gantt, H. L., 168-169
Gardner, D., 497-498n

Gargalos de recursos, 256
Garside, J., 266n
Gary, L., 104
Gates, Bill, 397-398
GE Appliances, 350-351
Geary, L. K., 77
Gene Codes, 517-518
General Electric (GE), 5-6, 11-12, 20, 115, 350-351, 451
General Motors (GM), 154, 260-261, 500-501
Gerência média. *Veja também* Alta gerência
  gerenciar *versus* liderar um projeto, 294-295
  lacuna de implementação no sistema de portfólio de projetos, 26-27, 28-29
  nível de detalhe nas estimativos do projeto, 118-119
Gerência sênior. *Veja* Alta gerência
Gerenciamento de aprovisionamento
  componentes do, 387-388
Gerenciamento de conflitos, 341-345
  conflito disfuncional, 342-343, 343-345
  conflito funcional, 342-344
  conflitos por recursos, 27-29
  equipes de projeto dedicadas e, 60-61, 61-62
  equipes de projeto virtuais e, 348-349
  gerenciamento por matriz e, 65
  na terceirização, 368-369
  projetos de baixa prioridade, 342
Gerenciamento de contratos
  contratos de preço fixo, 53-54, 388-389
  contratos por administração, 53-54, 389-390
  em perspectiva, 390-391
  gerenciamento de aprovisionamento e, 52-54, 387-388, 505
  na terceirização, 370-372, 386-391
  natureza dos contratos, 387-388
  sistema de controle de mudanças contratuais, 390-391
Gerenciamento de expectativas, 303
Gerenciamento de oportunidades, 187-188
  oportunidade, definição de, 187-188
  respostas à oportunidade, 188
Gerenciamento de portfólio, 496-497
Gerenciamento de programas, 5-6
Gerenciamento de projetos de corrente crítica (CCPM), 254-263
  abordagem tradicional de programação *versus*, 257-260
  aceleração da conclusão do projeto, 269-271, 270
  divisão de tarefas, 259-261
  em ação, 256-257, 260-262
  estimativas de tempo, 255-256
  impacto sobre o cronograma do projeto, 259-260
  monitoramento do desempenho do projeto, 260-261

Gerenciamento de projetos. *Veja também* Equipes de projeto
  abordagem sociotécnica ao, 13-14
  exemplos atuais de, 3-4, 9-10
  gerenciamento de projetos usando corrente crítica (CCPM) e, 260-261
  importância do, 2-4
  impulsionadores atuais do, 8-12
  integração do, 11-13, 20
  liderança *versus*, 294-295
  tamanho do projeto e, 11-12, 122-123, 123, 522-524
  visão antiquada do, 297-298
Gerenciamento de relações ascendentes, 303-305
Gerenciamento do tempo, 312-313
Gerenciamento matricial, 61-66
  vantagens e desvantagens, 63-65
"Gerenciamento por perambulação" (MBWA), 302-303, 340-341, 393
Gerentes de projetos, 293-314. Veja também Liderança; Equipes do projeto
  carreiras. Veja Carreiras em gerenciamento de projetos
  certificação e treinamento, 2-3, 524-525, 536-537
  como executivos de conta de clientes, 378-379
  compreensão da estratégia, 20-22
  criação de confiança, 308-311
  criação de rede social, 300-308
  dependências de, 296-297
  equipes de projeto, 7-8
  estrutura analítica de projeto (EAP) e, 90-91
  ética e, 307-310
  gerenciamento de expectativas, 303
  gerenciamento de relações ascendentes, 303-305
  "gerenciamento por perambulação" (MBWA), 302-303, 340-341, 393
  importância da supervisão do projeto para, 496-497
  lei da reciprocidade e, 298-301
  liderança de projetos *versus*, 294-295
  liderança no limite, 306
  liderança por exemplo, 305-308
  melhoria do desempenho de equipes de produtos novos, 305
  mestres Scrum como, 517-518
  metáfora do regente e, 298
  motivação para desempenho extraordinário, 278
  natureza dos, 6-8
  papel do, 6-8
  qualidades dos eficazes, 311-314
  revisões de desempenho, 452-453
  stakeholders e, 294-298
Gerentes funcionais
  dependências de, 296-297
  gerentes de projetos *versus*, 62-64, 65
Gersick, Connie J., 329, 329n

Gestão da qualidade total (TQM), 28-29, 299-300
Ghani, Saud Abdul, 186-187
Gibson, C. B., 353
Ginter, P. M., 197
Globerson, S., 104, 318
Gobeli, D. H., 62-64, 63-64, 65-66, 76-77, 77, 84-85, 104, 461
Gold, Dan, 268
Goldberg, Aaron I., 61-62, 77
Goldratt, Eliyahu, 224-230, 252-253, 254-262
Goldsman, L. P., 391
Goleman, Daniel, 312-313
Goo, S. K., 70n
Google Inc., 11-12, 24, 70
Gordon, R. I., 268n, 285-286
Governança do projeto, 11-13
    alinhamento de projetos e estratégia organizacional, 12-13
    equipe de governança no sistema de portfólio, 39-40
    natureza da, 11-13
Gradante, W., 497-498n
Gráfico de custo/cronograma, 401-402
Gráfico de custo/duração do projeto, 271-279
    compressão, 272-279
    custo indiretos do projeto, 271-272
    custos diretos do projeto, 272
    decisões de redução de tempo, 278-279
    determinação das atividades a abreviar, 272-274
    exemplo simplificado, 274-277
    uso, 276-277
Gráfico de evento de risco, 174
Gráficos de *burndown* de lançamento, 521-522
Gráficos de *burndown* de *sprint*, 520-522
Gráficos de controle no sistema de informação de monitoramento de projetos, 395-396, 396-398
Gráficos de Gantt, 147-148, 150
    de acompanhamento, 395-397, 406, 440-441
    de linha de base, 395-396
    no gerenciamento de projetos de corrente crítica (CCPM), 259-260
    no sistema de informação de monitoramento de projetos, 395-397
"Grande Escavação" (Boston), 123
Graham, J. L., 482n, 491-492
Graham, R. J., 16-17, 44, 76-77
Grant, A., 298, 317
Graves, J., 312-313n, 316-317
Gray, Clifford F., 5-6, 16-17, 65-66, 76-77, 197, 364-366n, 380, 541
Gray, N. S., 127-128
Green, S. G., 317
Griffen, D., 123n, 127-128
Griffiths, M., 527
Gringos, 478
Grupo de Soluções Financeiras da Mynd, 303
Gryglak, Adam, 334-335

Guanxi, 481-482
Guerra nas estrelas (filmes), 9-10, 470
Gundersen, N. A., 390-391
Gunderson, A., 472, 487, 490-491
Gustafson, D. H., 350-351n
Gwinn, Rod, 533, 533-534

H

Habilidades sociais, 312-313
Habitat for Humanity, 270, 270n
Hackman, J. R., 353
Halliburton, 446-447
Hallowell, R., 480n, 491-492
Hamburger, D. H., 197
Hansson, J., 380
Harris, P. R., 481n, 491-492
Harrison, M. T., 68-69n, 76-77
Harvard Business School, 515-517
Harvard Negotiation Project, 373-374
HBO, 515-516
Hedberg, B., 380
Hedging natural, 471
Hedging, 471
Heise, S., 431
Helm, J., 45
Hendrickson, Chet, 512
Hendrix, K., 104
Henricks, Paul, 268
Henry, R. A., 174-176, 197
Hermida Quintella, Rogério, 45-46
Herroelen, W. S., 252-253, 262
Heurística, 219-221, 220
Hewlett-Packard (HP), 24, 56, 115, 345-347, 350-351, 451, 497-498, 500-501, 503-504, 536-537
Highsmith, J., 527
Hildebrand, C., 527-528
Hill, L. A., 317
Hoang, H., 380
Hobbs, B., 29, 44, 65-67, 77
Hobday, M., 77
Hodgetts, R. M., 491-492
Hodgkinson, Jeff, 539-540
Hoegl, M., 353-354
Hoffman, Robert, 451n, 461
Hofstede, Geert, 477, 477n, 491-492
Holloway, C. A., 76-77, 336, 337, 352
Hölzle, K., 541
Homans, G. C., 327-328n, 353
Honestidade em negociações de terceirização, 372-374
Hong Kong, fatores transculturais em, 483
Hooker, J., 480n, 482n, 491-492
Horas extras
    atitudes transculturais em relação a, 479-480
    na aceleração da conclusão do projeto, 267, 268-269
Horizonte de planejamento na estimativa do projeto, 107-108
Hubris, 61-62
Hulett, D. T., 197

Hurowicz, L., 219-221, 252-253
Hutchens, G., 45

I

Ibbs, C. W., 285-286, 461, 509
IBM, 21, 24, 73-74, 115, 124-125, 268, 346-347, 497-498, 537
Identidade da equipe, 334-336
Identificação de problemas na tomada de decisão em grupo, 340-341
Identificação de riscos, 174-178
IDEO, 514-515, 515-516
Implementação
    da metodologia *phase gate*, 502-503
    de projetos na estratégia da organização, 25-26
    lacuna de implementação no sistema de portfólio de projetos, 25-27, 28-29
Incentivos, 278
    contratos de incentivo, 266-267, 267, 370-372
    sistemas de recompensa de projetos, 338-340
Independência
    facilitadores do projeto, 454-456
    na estimativa do projeto, 109-111
Índia, fatores de infraestrutura na, 471-472
Índice de desempenho de cronograma (SPI), 408, 440-441
Índice de desempenho de custo (CPI), 408
Índice de desempenho para concluir (TCPI), 411-413
Índice de percentual de conclusão – custos efetivos (PCIC), 408-410
Índice de percentual de conclusão – custos orçados (PBIC), 408-410
Índices para monitorar progresso, 408-411
    índices de desempenho, 408
    índices de percentual de conclusão do projeto, 408-410, 417
    mensuração do desempenho técnico, 409-410
    regras adicionais de valor agregado, 410-411, 432-439
    software para sistemas de custo/cronograma de projetos, 409-410, 438-441
Inflação, 471
Ingebretsen, M., 104, 197
Inovação na terceirização, 372-373
Instituto Eliyahu Goldratt, 260-261n, 261-262
Integração transfuncional, 60-61
Integridade, 312
Intel, 20, 260-261, 362, 455-456, 459-460, 500-501, 533, 538-539, 539-540
Inteligência emocional (Goleman), 312-313
Inteligência emocional (IE), 312-313
International Business Machines (IBM), 21, 24, 73-74, 115, 124-125, 268, 346-347, 497-498, 537
International SOS Assistance, Inc., 468-469
Invasão da Baía dos Porcos (Cuba), 348-349
IPC Media, 524-525

Irix Pharmaceuticals, 268

J

Jackson, M. B., 527-528
Jafari, Ali, 509
Jago, A. G., 340-341, 353-354
James, LeBron, 326, 446-447
James, M., 527-528
Jamieson, A., 45, 499-500, 509
Janis, I. L., 348-349, 353
Japão, treinamento no, 488
Jassawalla, A. R., 77
Jedd, Marcia, 461
Jeffery, R., 127-128
Jelen, F. C., 131
Jensen, M. C., 325-327, 353-354
Jet Propulsion Laboratory, 331
Jobs, Steve, 61-62
Johansen, R., 349-350, 353
Johnson, Clarence L. "Kelly," 60, 77
Johnson, Magic, 326
Johnson, R. E., 45
Jonas, D., 16-17
Jonasson, Hans, 527-528
Jones, Claude, 127-128, 252-253
Jordan, Michael, 326
Joshi, M., 316-317

K

Kahneman, D., 123n, 127-128
Kaiser Permanente, 507-508
Kalaritis, Panos, 268
Kanter, Rosabeth Moss, 310-311, 317, 362, 381
Kaplan, R. E., 298, 317
Kaplan, Robert S., 45, 507-508, 509
Katz, D. M., 104
Katz, Ralph, 336, 353
Katzenbach, J. R., 333-334n, 353
Keifer, S., 413-414n
Kellebrew, J. B., 252-253
Kelly, J. E., 168-169
Kendrick, Tom, 461
Kennedy, A. A., -176, 197
Kennedy, A. A., 67-68, 76-77
Kenny, J., 45
Kerth, Norman L., 453-454, 461
Kerzner, Harold, 67-68n, 77, 104, 431, 505
Kezsbom, D. S., 381
Khang, D. B., 285-286
Kharbanda, O. P., 45, 107n, 127-128
Kidd, Jason, 326
Kidder, Tracy, 337, 337n, 338-339, 338-339n, 353
Kim, E. H., 431
King, Jon B., 306-307n, 317
Kingsberry, Don, 497-498n, 503-504
Kipling, Rudyard, 134
Kirk, Dorothy, 303, 303n, 317
Kirkman, B. L., 353
Kleiner, A., 353-354
Kleinschmidt, E. J., 509
Kluckhohn, F., 476, 476n, 491-492

Knoepfel, H., 76-77
Knoop, C. I., 480n, 491-492
Koh, Aileen, 16-17
Kolawa, Adam, 367-368, 367-368n
Konda, S. L., 197
Koppelman, Joel M., 408n, 412-413, 431
Korte, R. F., 45
Kotter, J. P., 294-295, 317
Kouzes, J. M., 305, 317
Krakauer, Jon, 185-186, 185-186n
Krane, J., 491-492
Kras, E., 478-479n, 491-492
Krause, Melissa, 517-518n
Kruchten, Philippe, 527-528
Krupp, Goran, 185-186
Kryzewski, Mike, 326
Kwak, Y. H., 461, 509

L

Lackey, Michael B., 413-414n
Ladika, S., 461
Lam, N. M., 482n, 491-492
Lamb, J. C., 268n, 285-286
Landau, E., 174-175n
Lane, H. W., 475n, 491-492
Lange, Merete, 487
Lansing, Alfred, 306, 306n
Larman, Craig, 527-528
Larson, Erik W., 16-17, 57-58, 60, 62-64, 63-64, 65-66, 76-77, 77, 84-85, 104, 306-307n, 317, 318n, 364-366n, 380, 381, 461
Larsson, U., 77
Laslo, Z., 77
Latham, G. P., 451-452, 461
Lavell, Debra, 461
Lawrence, P. R., 77
Leach, L. P., 257n, 262
Leading at the Edge (Perkins), 306
Lealdade, 304
Leavitt, H. J., 349-350, 353
Lechler, T., 78
Lee, S. A., 285-286
LEED (Leadership in Energy & Environmental Design), 10-11
Lei da reciprocidade, 298-301
  moedas relacionadas à inspiração, 298-299, 299-300
  moedas relacionadas à posição, 298-299, 299-300
  moedas relacionadas a relações, 298-299, 299-301
  moedas relacionadas a tarefas, 298-299
  moedas relacionadas ao pessoal, 298-299, 300-301
Lei de Parkinson, 255-256
Leifer, R., 45
Lenovo, 24
Lerner, Mathew, 268n
Leus, R., 262
Levi Strauss, 397-398
Levine, H. A., 262
Levinson, Meredith, 537, 541

Levy, F. K., 168-169
Levy, S. L., 338-339, 339-340n, 353
Lewis, J. P., 104
Lewis, M. W., 317
Lewis, R., 127-128
Li, M. I., 285-286
Licenças, 480
Lições aprendidas
  com o Furacão Katrina, 449-450
  metodologia de *phase-gate*, 503-504
  relatório final do projeto, 448-449, 452-454, 503-504
Liderança, 293-314. *Veja também* Gerentes de projetos
  confiança e, 308-311
  criação de rede social, 300-308
  ética e, 307-310
  gerenciar *versus* liderar um projeto, 294-295
  lei da reciprocidade e, 298-301
  liderança no limite, 306
  liderança por exemplo, 305-308
  qualidades do gerente de projetos eficaz, 311-314
  stakeholders do projeto e, 294-298
Lieberthal, G., 491-492
Lieberthal, K., 491-492
Lientz, B. P., 541
Likert, R., 325n, 353
Lilly, Bonnie, 270
Limites de escopo, 85-86
Lindberg, Mike, 112
Linetz, B. P., 353
Linhas de base
  custo do projeto, 214, 234-240
  desenvolvimento, 234-240, 395-395, 398-401, 402-403
  mudanças na, 413-416
  orçamento em fases cronológicas, 147-148, 214, 234-240, 399-400
  sistema de informação de monitoramento do projeto, 395-395, 400-401, 402-403, 413-416
Linhas de base de orçamento em fases cronológicas, 147-148, 214, 234-240, 399-400
  elaboração, 234-240
  necessidade de, 237-240
Lipman-Blumen, J., 349-350, 353
Lipsinger, R., 347, 353
Listas de verificação
  escopo do projeto, 84-88
  estágio de fechamento, 445-446, 462-463
  na seleção de projetos, 31-33
Lister, T., 352
Loch, C. H., 197
Lockheed Martin, 58-59, 60, 173-174, 174-175
Lodge at Snowbird (Utah), 523-524
Logitech, 515-516
Loizeaux, Mark, 182-183
Lonza Biologics, 268
Lorsch, J. W., 77

Lovallo, D., 123n, 127-128
Low, G. C., 127-128
Lowe, D., 391
Luby, R. E., 104
Lucas, E., 475, 490-491
Lucas, George, 470
Lucasfilm, 9-10, 470
Lucent Technologies, 260-261
Luthans, F., 491-492

M

MacCormack, Alan, 515-517, 515-517n
MacIntyre, Jeff, 26-27, 26-27n, 45
Mackey, J., 263
Madnick, S., 285-286
Magenau, J. M., 381
Magne, E., 127-128
Magretta, Joan, 45
Maier, N. R. F., 340-341n, 353
Majchrzak, A., 77, 353
Malhotra, A., 353
Managing Martians (Shirley and Morton), 331
Manifesto Ágil, 523-524
Mannakau, 270
Mantel, S. K., 317
Marcos no escopo do projeto, 85-86
Marinha dos EUA, 260-261
Marlin, Mark, 461
Marriott Corp., 350-351
Martin, A., 349-350, 353
Martin, M., 390-391
Martin, P., 541
Martinelli, Russ, 461
Matheson, David, 40-41, 40-41n, 45
Matheson, Jim, 40-41, 40-41n, 45
Matriz balanceada, 63-64, 65-66
   exemplo de, 74
   natureza da, 61-64
   recrutamento de membros do projeto, 330, 331-332
   responsabilidades do gerente de projetos *versus* funcional, 62-64, 65
   revisões de desempenho, 451-452
Matriz de gravidade de risco, 179-181
   análise de cenários, 177-180
Matriz de prioridades, 86-90
Matriz de responsabilidade (RM), 97-98, 99
Matriz de resposta a riscos, 184-186
Matriz de triagem de projetos, 32-35, 35-37
Matriz forte, 63-66
Matriz fraca, 62-64, 65
Maturidade de gerenciamento de projetos, 504-508
Maurer, I., 381
Maznevski, M. L., 353
MBWA ("gerenciamento por perambulação"), 302-303, 340-341, 393
McConnel, S., 527-528
McDermott, C. M., 45
McDougall, Lorna, 309n
McFarlan, F. W., 16-17, 44

McGrath, M. R., 381
McLeod, G., 128
McNerney, Jim, 364-366
McPherson, S. O., 353
Mediação de conflitos, 343-344
Médicins sans frontières (Médicos sem Fronteiras), 468-469
Megaprojetos, estimativa em, 122-123, 123
Melhor alternativa a um acordo negociado (BATNA), 376-377
Melhores práticas de terceirização, 364-373
   atividades de treinamento e construção de equipe, 367-369
   atualizações frequentes de revisão e status, 368-370
   coalocação, 370-371
   contratos justos e dotados de incentivos, 370-372
   processo de gerenciamento de conflitos, 368-369
   relações de terceirização de longo prazo, 371-373
   requisitos e procedimentos bem-definidos, 364-367
Melnyk, Les A., 449-450n
Ménard, P., 65-67, 77
Mendenhall, M. E., 488-489, 491-492
Menon, R., 197
Menina dos olhos, 26-28, 33-34
Mensuração do desempenho técnico, 409-410
Mensuração do desempenho. *Veja* Sistema de informação de monitoramento de projetos
Mensuração do progresso *Veja* Sistema de informação de monitoramento de projetos
Mentores, 538-540
Merritt, G. M., 197
Mestre Scrum, 517-518
Metáfora do regente, 298
Método Delphi, 112, 113, 177-178n
Método do caminho crítico (CPM), 134, 135-137, 144-146, 147-148, 147-148, 203-204, 275. *Veja também* PERT (técnica de avaliação e revisão de programa)
Método em cascata, 96-97, 96-97n, 513-514, 515-517, 524-525. *Veja também* Estrutura analítica de processo (PBS)
Metodologia de *phase-gate*, 499-504
   benefícios acessórios, 504
   fluxograma, 500-502
   gate 1: decisão da proposta, 501-502
   gate 2: triagem e decisão de seleção, 502-503
   gate 3: decisão de plano de implementação, 502-503
   gate 4: decisão de avaliação de progresso, 502-504
   gate 5: fechamento, 503-504
   gate 6: lições aprendidas, 503-504
   processo de revisão de *phase-gate*, 500-501

Métodos de consenso
   para estimar tempos e custos de projeto, 112-113
   teste de consenso em tomada de decisão em grupo, 341
Métodos de modelo para estimar tempos e custos do projeto, 115-116
Métodos de quociente para estimar tempos e custos do projeto, 113
México, fatores transculturais no, 478-479
Meyer, A. D., 197
MGM, 362-363
Miami Heat, 446-447
Microgerenciamento, 295-296
Microsoft Office, 115-117
Microsoft Project e, 438-441
   desempenho de tempo, 395-398
   estrutura do, 393-394
   fluência de escopo, 413-414, 416
   panorama do processo, 399-400
   processo de controle de projetos, 393-395, 396-398
   relatório de status, 403-408, 412-413
   relatórios no, 393-394, 402-408
Microsoft Project, 157-158n, 221-230, 333-334, 387-388, 438-441
Microsoft, 24, 89, 362, 397-398
Millard, Candice, 472-473, 472-473n
Miller, D., 475, 490-491
Miller, J., 60n, 77
Mills, E., 70n
Milosevic, D. Z., 45, 128, 491-492
Ministério da Agricultura dos EUA, 231
Ministério da Defesa dos EUA, 2, 187-188, 371-372, 397-398
Ministério do Transporte dos EUA, 507-508
Missão da organização
   compreensão pelo gerente de projetos da, 20-22
   no processo de gerenciamento estratégico, 22-24
Mitchel, Russ, 232n
Mittman, R., 349-350, 353
Mobil Oil, 451
Modelo das expectativas satisfeitas, 376-379
Modelo de Hofstede, 477
   em Hong Kong, 483
   em projetos internacionais, 472-474, 474-487
Modelo de maturidade de capacidade (CMM), 505
Modelo de Maturidade de Gerenciamento de Projetos da Organização (OPM3), 505-507
Modelo de maturidade, 504-508
Modelo do *balanced scorecard*, 507-508
Modelo do retorno do investimento, 30, 31
Modelo *Stage-Gate*™, 499-500
Modelo transcultural de Kluckhohn--Strodtbeck, 476
   comentários de síntese, 483-485
   na Arábia Saudita, 480-481

na Namíbia, África, 487
na terceirização, 367-368
no México, 478-479
nos Estados Unidos, 475-477, 482-484
Modelos de pontuação multiponderados, 32-35, 35-37
Modelos de seleção de critérios múltiplos, 31-35, 35-37
Modelos financeiros de seleção, 30-32
   retorno do investimento, 30, 31
   valor presente líquido (VPL), 30-32, 180-181
Modelos não financeiros de seleção, 31-35
   modelos de lista de verificação, 31-33
   modelos de pontuação multiponderados, 32-35, 35-37
Modo de Falhas e Análise de Efeitos (FMEA), 180-181
   análise de probabilidade, 180-181
   na estimativa do projeto, 110-111
Moedas relacionadas a inspiração, 298-299, 299-300
Moedas relacionadas à posição, 298-299, 299-300
Moedas relacionadas a relações, 298-299, 299-301
Moedas relacionadas a tarefas, 298-299
Moedas relacionadas ao pessoal, 298-299, 300-301
Moffett, M. H., 471, 491-492
Mohring, R., 252-253
Monarch, I., 197
Monroe, Marilyn, 362-363
Montol, S. K., 303n
Moran, James, 168-169n
Moran, R. T., 481n, 483-484n, 491-492
Moran, S. V., 481n, 491-492
Morgan, Pat, 334-335
Morigeau, Stuart, 197n
Morris, P. W., 45, 499-500, 509
Morrison, T., 480n, 491-492
Morton, Danielle, 331, 331n
Motivação
   incentivos na, 266-267, 267, 278, 338-340, 370-372
   para desempenho extraordinário, 278
Motorola, 266, 362-363
Motta, Silva, 45-46
Mudanças de prioridades, 444-445
Mueller, E., 505, 509
Müller, R., 312, 318
Multitarefas excessivas, 255-256
Multitarefas, 27-29, 255-256
Murch, R., 104

N

Nabisco, 451
Naeni, L., 431
Nambisan, S., 381
Namíbia, África, fatores transculturais na, 487
NASA Mars Climate Orbiter, 173-174, 174-175

National Basketball Association (NBA), 326, 446-447
National Semiconductor, 507-508
Nativização, 349-350, 484-485
Natureza básica das pessoas, 476
Natureza da relação, 476
Navistar, 334-335
NCR, 397-398
NEC, 20
Negociação
   componentes da negociação com princípios, 373-377
   na terceirização, 372-377
Nellenbach, Joanita M., 14n
Nelson, K. A., 308-310n, 318
Nelson, Ryan R., 461
Newbold, R. C., 224-230, 252-253, 262
Newmann, L., 252-253
Nike, 455-456, 515-516
Nissen, M. E., 381
Nível de detalhe
   na estimativa do projeto, 118-120
   nas atividades do projeto, 147-148
   nas redes de projetos, 147-148
Nivelamento, 214-215, 217-219
Nivelamento de recursos, 214-215, 217-219
No ar rarefeito (Krakauer), 185-186
Nofziner, B., 312, 318
Nokia, 266
Nonaka, Ikujiro, 515-517, 527-528
Noreen, E., 263
Norrie, J., 509
Nortel Networks Corp., 468-469
Northern Telecom, 500-501
Norton, D. P., 45, 507-508, 509
Novell, 232
Numeração das atividades, 147-148

O

O segredo do sucesso (Rizova), 74
O'Connor, G. C., 45
O'Neal, Shaquille, 446-447
O'Reilly, Brian, 451n
O'Reilly, C. A., 68-69n, 77
Oakland A's, 9-10
Objetividade no processo de negociação, 375-376
Objetivos
   características dos, 25
   formulação da estratégia para cumprir os, 22-25
   no escopo do projeto, 84-86
   no suporte da estratégia da organização, 25
OBS (estrutura analítica da organização), 90-91, 93-95, 94, 234-240
Oddou, G. R., 491-492
Olimpíadas, 326, 477
Olson, E. M., 77
Olve, N., 380
Opções de aceleração, 266-270
Ópera de Sydney (Austrália), 123

OPM3, 505-507
Oracle, 24
Orçamento de linha de base do projeto, 402-403, 404
   linhas de base de orçamento em fases cronológicas, 147-148, 234-240
Orçamento na conclusão (BAC), 398-399
Orçamentos
   índice de percentual de conclusão – custos orçados (PBIC), 408-410
   reservas orçamentárias, 189
Oregon Health Sciences University (OHSU), 112
Organização funcional, 56-59
   natureza da, 56-57
   vantagens e desvantagens, 57-59
Organização projetizada, 60-61
Órgãos governamentais. *Veja também* nomes dos órgãos específicos.
   dependências de, 297
Orientação a atividades, 476
Orientação temporal, 476
Orientações transculturais, 476
Os 7 hábitos das pessoas altamente eficazes (Covey), 310-311, 375
Osmundsen, P., 127-128
Otimismo, 312-313

P

Pacote de trabalho, 91-92, 399-400
Padrões de desempenho na liderança por exemplo, 307-308
Pant, L., 541
Parker, Ron, 533-534, 535
Pascoe, T. L., 219-221, 252-253
Patheon Inc., 268
Patrocinadores do projeto
   dependências de, 297
   gerenciamento de relações ascendentes, 304
Patterson, J. H., 219-221, 252-253
Patzelt, H., 461
Paulus, P. B., 327-328n, 353
Pavlik, A., 197
PBS (estrutura analítica do processo), 84, 96-97, 515-517
Peck, W., 66-67n, 76-77
Peel, D., 104
Pensamento de grupo, 348-350
Pensamento sistêmico, 312
Pepsi-Cola, 515-516
Percentual de conclusão com barreiras de monitoramento ponderadas, 410-411
Perfil de risco, 177-178
Perkins, Dennis N. T., 306, 306n
Perrow, L. A., 285-286
PERT (técnica de avaliação e revisão de programa), 116-117, 180-181, 203-209
   desenvolvimento do, 203-205
   exemplo hipotético de, 204-208
Pesch, E., 252-253
Pesquisa Salarial em Gerenciamento de Projetos do PMI, 537

Peters, J. F., 461
Peters, L. S., 45
Peters, Lawrence H., 305, 317, 337, 337n
Peters, T., 21, 317, 353
Pethokoukis, J. M., 515-516n
Pettegrew, A. M., 77
Pich, M. T., 197
Pinto, J. K., 45, 84-85, 104, 107n, 127-128, 197, 303n, 317, 381
Pippett, D. D., 461
Pitagorsky, G., 104
Planejamento de contingência, 182-188
    risco de financiamento, 187-188
    riscos de cronograma, 186-187
    riscos de custo, 186-188
    riscos técnicos, 184-187
Planejamento de lançamento, 519
Planejamento de *sprint*, 519
Plano de comunicação do projeto, 98-102
Planos de projeto. *Veja* Redes de projeto
PM Network, 536-537
PMBOK (Corpo de Conhecimento em Gerenciamento de Projetos), 197, 295-296, 524-525, 536-537
PMI. *Veja* Project Management Institute (PMI)
PMP (Project Management Professional), 2-3, 524-525, 536-537
Poli, M., 78
Política organizacional
    confiança e, 308-311
    gerentes de projetos e, 312-313
    no recrutamento de membros do projeto, 331
    no sistema de portfólio de projetos, 26-28, 28-29
Ponte Golden Gate (San Francisco), 216-217
Ponto de compressão, 273-274
"Pontos de função" para estimar tempos e custos de projeto, 113-116
Pontualidade, 475-477, 479-480
Porras, J. I., 72-73, 76-77
Portland General Electric Company, 413-414, 455-456
Posner, B. Z., 104, 305, 312, 317, 342, 353
Powell, M., 77
Prazos
    impostos, 266-267
    na terceirização, 367-368
Pressman, R. S., 128
Prevenção de riscos, 182-183
Previsão
    do custo final do projeto, 410-413
Previsão por Classe de Referência, 123
Price, M., 45
PricewaterhouseCoopers, 468-469
Primavera, 333-334
    para sistemas de custo/cronograma de projetos, 409-410, 438-441
Prioridades
    estágio de fechamento com prioridades modificadas, 444-445

    matriz de prioridades, 106-90
    na liderança por exemplo, 306-307
    projetos de baixa prioridade, 342
    responsabilidade por priorizar projetos, 38-39
    sistema de prioridades na seleção de projetos, 25-26, 38-39
    sistemas de recompensa de projetos e, 338-340
Procedimentos paramétricos para estimar tempos e custos de projeto, 115-117
Processo de controle de projetos, 393-395, 396-398
Processo de gerenciamento de riscos, 172-196
    avaliação de risco, 174-175, 177-181
    balanceamento de riscos do portfólio, 39-41
    controle de resposta a riscos, 189-195
    custo do risco mal gerenciado, 173-175
    desenvolvimento de resposta a riscos, 174-175, 181-190
    exemplos de, 173, -174-175, 182-183, 185-186
    fontes de riscos de projeto, 174-175
    identificação de risco, 174-178
    panorama do processo, 174-175
    projetos internacionais e, 468-470
    risco, definição de, 173
Processo de gerenciamento estratégico, 20-41
    analisar e formular estratégias, 22-25
    definição de, 20-22, 22-23
    gerenciamento sistema de portfólio, 39-41
    implementação de estratégias por meio de projetos, 25-26
    objetivos dando suporte à estratégia, 25
    panorama do processo, 22-23
    revisar e definir a missão organizacional, 22-24
    seleção de projetos, 30-39
    sistema de gerenciamento do portfólio de projetos, 25-30
Processo de recrutamento, 328-332
    considerações no, 330-331
    no gerenciamento matricial, 330, 331-332
    projetos internacionais, 487-490
Processo de tomada de decisão, 339-341
    em reuniões do projeto, 331-335
    facilitação, 340-341
    importância do, 339-341
    técnica de grupo nominal (NGT) no, 350-351
Processos de desenvolvimento incremental iterativo (IIDs), 514-517
Procrastinação, 256
Procter and Gamble, 9-10, 515-516
Produção de aviões, 257, 364-366
Produção de energia, 9-10
Produto interno bruto (PIB), 469-470

Produtos e serviços relacionados a computadores, 70
Produtos novos
    engenharia concorrente, 152-155
    melhoria do desempenho de equipes de produtos novos, 305
Produtos para o lar, 9-10
Programa(s)
    definição de, 5-6
    projetos *versus*, 5-6
Programação de recursos, 213-241
    ao designar trabalho de projeto, 231-232
    nivelamento de recursos em, 214-215, 217-219
    avaliação de alocação de recursos, 230
    benefícios da, 231
    cronogramas de recursos multprojetuais, 232-234
    divisão de atividades, 224-230
    gerenciamento de projetos com o uso de corrente crítica (CCPM), 254-263
    linha de base de orçamento em fases cronológicas, 147-148, 214, 234-240, 399-400
    panorama do processo, 214-216
    para desenvolver linha de base de custo do projeto, 214, 234-240
    projetos restritos por recursos, 214-216, 217-218, 219-230, 230
    projetos restritos por tempo, 215-216, 217-219
    tipos de restrição de recursos, 215-218
Programas de certificação, 2-3, 536-538
Project Management Institute (PMI), 2, 2-3, 3-5, 16-17, 27-28, 317, 398-399, 413-414, 496-497, 505-507, 524-525, 537, 541
Project Management Journal, 536-537
Project Management Professional (PMP), 2-3, 524-525, 536-537
Project Retrospectives (Kerth), 453-454
Projetite, 61-62
Projeto Chunnel, 123, 362
Projeto de conformidade/emergenciais, 29-30
Projeto Jeopardy do Watson (IBM), 21
Projeto(s), 3-8
    características dos, 5
    classificação dos, 29-30, 40-41
    definição de, 3-5
    exemplo para estudantes universitários, 3-4
    implementação da organização através de, 25-26
    programas *versus*, 5-6
    trabalho do dia a dia versus, 5, 5-6
Projetos estratégicos, 29-30
Projetos fracassados, 444-445
Projetos grandes, 122-123, 123, 522-524
Projetos internacionais, 466-490
    equipes de projeto virtuais em, 346-347
    fatores ambientais, 467-474
    fatores transculturais em, 472-474, 474-487

Índice **589**

seleção do local do projeto, 472-475, 477
seleção e treinamento de pessoas para, 487-490
terceirização, 362-363, 367-368, 367
Projetos operacionais, 29-30
Projetos pequenos, 11-12
Projetos restritos por recursos, 214-216, 217-218, 219-230, 230
   conflitos por recursos e multitarefas, 27-29
   demonstração computadorizada, 221-230
   exemplo de projeto EMR, 221-230
   impacto dos, 224-230
   método paralelo de aplicação de heurística, 219-221, 220
   métodos de alocação de recursos, 219-230
   natureza dos, 219-224
   opções de aceleração, 269-270
Projetos restritos por tempo, 215-216, 217-219
   natureza dos, 217-218
   nivelamento da demanda por recursos, 214-215, 217-219
   programação de intervalos na aplicação de heurística, 219-224
Projetos tudo ou nada, 187-188
Prolongamento de estimativas, 107-109
Propostas
   classificação, 35-39
   metodologia de barramento por fases, 501-502
   seleção de contratados a partir de, 54
Propriedade na construção de equipes, 345-346
Proprietário do produto, 517-518
Protótipos na terceirização, 367-368

Q

Qualidade
   gestão da qualidade total (TQM), 29, 299-300
   na estimativa do projeto, 107-109
   opções para acelerar projetos, 269-271
Quinn, R. E., 76-77, 381

R

Radcliffe, Lauren, 174
Raja, V. T., 318n
RAND Corporation, 113
Randall, Doug, 45-46
Raskin, P., 45-46
Rateio, para estimar tempos e custos de projeto, 113-114
Raz, T., 104, 263
Razão de participação nos custos (CSR), 389
Rea, K. P., 353, 541
Rebello, K., 77
Reconhecimento público, 339-340
Redes de projeto, 133-158
   atividades na, 134-135, 135-137, 137-141
   numeração das atividades, 147-148

atividade em seta (AOA), 137-141
atividade em nó (AON), 137-141
   atividade em seta (AOA) *versus*, 137-138
   caminho de volta, 142-145
   caminho de ida, 141-143
   datas mais tarde no caminho de volta, 142-145, 145-148, 155-157
   regras básicas para desenvolver, 135-137
   datas de calendário, 148-151
   computadores no desenvolvimento, 147-150
   engenharia concorrente, 152-155
   atividades críticas em, 134-135
   método do caminho crítico (CPM), 134, 135-137, 144-146, 147-148, 147-148, 203-204, 275
   desenvolvimento
      regras básicas, 135-137
      a partir da estrutura analítica de trabalho (WBS), 134-136
      abordagem do adesivo amarelo para, 137
   técnicas estendidas de rede, 148-158
   datas mais cedo no caminho de ida, 140-143, 144-145, 145-148, 155-157
   atividades sumarizadoras, 156-158
   escalonamento, 148-151, 151-152
   tempo de espera, 148-157
      em procedimentos nos caminho de ida e volta, 155-157
      para reduzir os detalhes do cronograma, 148-155
   nível de detalhe par atividades, 147-148
   múltiplos inícios/múltiplos projetos, 148-151
   natureza das, 134
   processo de cálculo por computador, 140-146
      datas mais tarde no caminho de volta, 140-141, 142-145
      datas mais cedo no caminho de ida, 140-143
   erros lógicos na rede, 147-148
   considerações práticas, 147-151
   cronogramas de projetos e, 134-135
   sensibilidade, 144-146, 278-279
      folga/flutuação em, 144-146
      livre, 145-146
      total, 144-146
   terminologia, 135-137
Refinamento de estimativas, 121-125
Registro de riscos, 189-191
Regra do percentual de conclusão, 400-401
Reinertsen, D. G., 73-74, 78, 184-186, 197, 252-253, 285-286, 338-339
Reinman, R., 197
Relação de atraso de fim para fim, 153-155, 155-156
Relação de atraso de fim para início, 151-152
Relação de atraso de início para fim, 153-155
Relação de atraso de início para início, 151-155
Relações com o cliente

expectativas satisfeitas nas, 376-379
gerentes de projetos como executivos de conta de clientes, 378-379
maior foco no cliente e, 10-11
na terceirização, 376-379
Relações de longo prazo
   maturidade de gerenciamento de projetos da organização, 504-508
   na terceirização, 371-373
Relações entre pessoas, 476
Relatório de status, 403-408
   desenvolvimento da linha de base, 402-403
   desenvolvimento do, 403-408
   exemplo de relatório mensal, 412-413
   pressupostos, 402
Relatório final do projeto, 447-449
   apêndice, 448-449
   lições aprendidas, 448-449, 452-454, 503-504
   previsão, 410-413
   recomendações, 448-449
   resumo executivo, 447-448
   revisão e análise, 447-449
Relatórios
   erros, 190-191
   formulários e registros de solicitação de mudança, 192-195
   na terceirização, 367-368
   por escritórios de projeto (POs), 498-500
   relatório de *status*, 403-408, 412-413
   relatório final do projeto, 447-449
   sistema de informação de monitoramento do projeto, 393-394, 402-408
Relyea, Dave, 517-518
Remington, K., 45
República Popular da China (RPC). *Veja* China
Requisitos técnicos no escopo do projeto, 85-86
Reservas (*buffers*)
   de alimentadores, 256
   de projeto, 256
   de recursos, 256
   de tempo, 189-190
Reservas, 188-190
   gerenciais, 189-190
   orçamentárias, 189
Resolução de problemas
   na liderança por exemplo, 306-308
   no recrutamento de membros do projeto, 330
Resorts, 523-524
Responsabilidades
   escopo do projeto, 53-54
   na estimativa do projeto, 108-110
   no controle de resposta a riscos, 190-191
   no plano de comunicação do projeto, 100-101
   presunções do clientes sobre, 279-280
Resultado triplo, 7-8

Retenção de risco, 182-183
Retrospectiva de *sprint*, 519-520
Retrospectivas no estágio de fechamento, 443-444, 452-460
  arquivamento, 458-460
  facilitadores independentes, 454-456
  gerenciamento, 455-457
  iniciação da revisão retrospectiva, 453-454
  lições aprendidas, 448-449, 452-454, 503-504
  notas finais da retrospectiva, 459-460
  panorama do processo, 455-456
  supervisão da retrospectiva pós-projeto, 456-459
  utilização, 458-459
Retrospectivas pós-projeto, 456-459
  revisão organizacional, 457-459
  revisões de processo e métodos, 457
Reunião Scrum, 517-520
Reuniões do projeto, 331-335
  estabelecimento de regras básicas, 331-335
  reunião inaugural do projeto, 331-332
Revisão de 360 graus, 451-453, 455-456
Revisão de métodos, 457
Revisão de processo, 457
Revisão de *sprint*, 519-520
Revisão organizacional, 457-459
Revisões de desempenho, 451-453
  de membros da equipe, 443-453
  do gerente do projeto, 452-453
  individual, 451-453
  revisões de 360 graus, 451-453, 455-456
Revisões na terceirização, 368-370
RFP (solicitação de propostas), 35-37, 52-54, 387-388, 505
Rhaz, T., 541
RHI Consulting, 14
Ricks, D. A., 491-492
RIM, 266
Risco específico do projeto. *Veja* Processo de gerenciamento de riscos
Risco
  definição de, 173
  fontes de risco no projeto, 174-175
  prevenção, 182-183
  retenção, 182-183
  transferência, 182-183
Riscos de cronograma. Veja também Programação de recursos
  no planejamento de contingências, 186-187
Riscos de custo no planejamento de contingência, 186-188
Riscos de financiamento no planejamento de contingência, 187-188
Riscos do portfólio, equilíbrio dos, 39-41
Riscos técnicos no planejamento de contingência, 184-187
Ritmo de vida, 475-477
Ritti, R. R., 338-339, 339-340n, 353

Rituais de equipe, 334-336
River of Doubt (Millard), 472-473
Rizova, Polly S., 74, 74n, 77
Robb, D. J., 317
Rodriguez, P., 491-492
Roemer, T. R., 285-286
Romanoff, T. K., 451-452, 461
Rondon, Cândido Mariano da Silva, 472-473
Roosevelt, Theodore "Teddy," 472-473
Rosen, B., 353
Rosenblatt, A., 168-169
Ross, Jerry, 461
Ross, M., 123n, 127-128
Rothaermel, F. T., 380
Rothengatter, W., 127-128
Rourke, D. L., 127-128
Rousculp, M. D., 197
Rover, I., 509
Royer, I., 461
Ruekert, R. W., 77
Rússia, fatores jurídicos/políticos na, 468-469

S

Safio, P., 349-350, 353
Salehipour, A., 431
Samsung, 266
Santayana, George, 443
Sashittal, H. C., 77
Saudações, 480
Saunders, C. C., 491-492
Sayles, L. R. (442).
Sayles, Leonard R., 303n, 304n, 312, 317, 318
Schein, E. H., 68-69n, 78, 325n
Schilling, D. L., 381
Schkade, J., 327-328n, 353
Schmidt, Eric, 232
Schuler, J. R., 197
Schultzel, H. J., 381
Schwaber, Ken, 512, 512n, 527-528
Schwalbe, K., 391
Schwartz, Peter, 45-46
Scileppi, Greg, 14
Scown, M. J., 468-469, 468-469n, 491-492
Scrum diário, 519-520
Scrum, 515-523
  atributos, 515-517
  backlogs de produto e *sprint*, 519-521
  gráficos de *burndown* de *sprint* e lançamento, 520-522
  origens do, 515-517
  visão geral do processo, 517-518
  papéis e responsabilidades, 517-518
  reuniões, 517-520
Scrum, 515-523
  métodos tradicionais *versus*, 512-514
Scrum, 517-520
  identidade de equipe e, 334-335
  reuniões subsequentes, 334-335
Sculley, John, 61-62, 61-62n, 78
Sears Roebuck, 115

Seattle Kingdome, 182-183
Segalla, M., 490-491
Seleção de projetos, 30-39
  classificação de propostas, 35-39
  classificação dos projetos, 33-35
  critérios financeiros, 30-32
  critérios não financeiros, 31-35
  fontes de propostas de projeto, 35-37
  metodologia de revisão de fases, 502-503
  modelos de seleção de critérios múltiplos, 31-35, 35-37
  priorização de propostas, 25-26, 38-39
  projetos internacionais, 487-488
  seleção de um modelo, 33-37
  solicitação de propostas de projeto, 35-37
Seleção do local do projeto, 472-475, 477
Seleção. *Veja* Seleção de projetos
Senge, Peter M., 312n, 318, 336n, 353, 452-453, 461
Sensibilidade da rede de projeto, 144-146, 278-279
Serviços contábeis, 309
Serviços de transporte, 112, 267
Serviços Florestal dos EUA (USFS), 231, 417
Seta, J. J., 327-328n, 353
Setor aeroespacial, 60, 331
Setor alimentício, 174
Setor automotivo, 9-10, 334-335
Setor cinematográfico, 9-10, 470
Setor computacional, 21, 24, 61-62, 232, 337, 345-347, 539-540
Setor de *timer*, 231, 417
Setor eletrônico, 60, 9-10
Setor médico, 10-11
Setor telefônico, 266
Setores de construção/demolição, 123, 182-183, 216-217, 267, 270
Shackleton, Ernest, 306
Shadrokh, S., 431
Shanahan, S., 219-221, 252-253
Shareware, equipes de projeto virtuais e, 348
Sheen, Martin, 470
Shell, G. R., 381
Shenhar, Aaron J., 20-22, 20-22n, 45-46, 66-67n, 78, 312, 318
Shepherd, D. A., 461
Sherif, M., 327-328n, 353
Shirley, Donna, 331, 331n
Shtub, A., 318
Sibbett, D., 349-350, 353
Siebdrat, F., 353-354
Siemens Medical Systems, 524-525
Síndrome do drible burocrático, 349-350
Síndrome do *mañana*, 478-479
Sinergia positiva, 325-327
Sinergia, 325-327
Singer, Carl A., 346-347, 346-347n
Sistema de compadrio, 478
Sistema de controle de mudanças contratuais, 390-391

Sistema de gerenciamento de mudanças, 190-195
   formulários e registros de solicitação de mudança, 192-195
   integração do, 193-195
Sistema de gerenciamento do portfólio de projetos, 25-41
   benefícios do, 28-29
   classificação dos projetos, 29-30, 40-41
   conflitos por recursos e multitarefas, 27-29
   gerenciamento do sistema, 38-41
   lacuna de implementação, 17-26, 28-29
   política organizacional, 26-28, 28-29
   portfólio de projetos no, 25-26
   seleção de projetos, 30-39
   sistema de prioridades no, 25-26, 38-39
Sistema de Identificação de Fatalidades em Massa (M-FISys), 517-518
Sistema de informação de monitoramento de projetos, 392-418
   custos e problemas de aquisição de dados, 416-417
   dados coletados no, 393-394, 416-417
   exemplos de uso, 397-398, 413-414
   gerenciamento de projetos de corrente crítica (CCPM) no, 260-261
   índices para monitorar progresso, 408-411
   mudanças na linha de base, 413-416
   previsão do custo final do projeto, 410-413
   sistema de custo/cronograma de valor agregado, 395-395, 397-402, 432-439
Sistema de informação. *Veja também* Sistema de informação de monitoramento de projetos
   codificação da estrutura analítica de trabalho para, 93-97
   no plano de comunicação do projeto, 100-101
Sistema de prioridades, 25-26, 38-39
Sistemas de fila de projetos, 233
Sistemas de recompensa de projetos, 338-340
Sistemas de recompensa, 338-340. *Veja também* Incentivos
Skilton, P. F., 331, 353-354
Skunk works. Veja Equipes de projeto dedicadas
Slevin, D. P., 84-85, 104, 317
Sloan, John, 322n
Smith, B. J., 337-338, 353
Smith, Cynthia J., 309n
Smith, D. K., 27-28n, 45-46, 128, 263, 333-334n, 337-338, 353
Smith, M., 73-74, 77
Smith, P. G., 78, 184-186, 197, 285-286, 353-354
Snapple Company, 174
Snyder, D., 127-128
Software de gerenciamento de projetos
   no desenvolvimento de redes de projeto, 147-151
Software Engineering Institute (SEI), 505

Solicitação de propostas (RFP), 35-37, 52-54, 387-388, 505
   fontes de, 35-37
Sony, 9-10, 11-12
Sood, S., 263
Soul of a New Machine, The (Kidder), 337, 338-339
Spalding, 446-447
Spirit Aero Systems, 257
Squires, Susan E., 309n
Srivannaboon, S., 45
Stakeholders, 294-298
   análise de *stakeholders* no plano de comunicação do projeto, 98-101
   definição de, 295-296
   dependências de, 295-298
   tipos de, 295-297
Standish Group International Inc., 16-17, 84-85, 104, 456-457, 456-457n
Starkweather, Jo Ann, 537, 541
Staw, Berry M., 461
Stern, David, 326, 446-447
Stevenson, Deborah H., 537, 541
Steward, Jake, 497-498n
Stewart, T. A., 16-17
Stewart, W. E., 509
Stonehill, I., 491-492
Strickland, A. J., 87n
Strodtbeck, F. L., 476, 476n, 491-492
Strohl Systems Group, 468-470
Stuckenbruck, L. C., 78
Suborno, 477, 484-485
Sullivan, Stacy Savides, 70
Sumário de projetos, 407
Sun Microsystems, 232
Supervisão, 495-509
   definição de, 496
   escritório de projeto, 80, 496-499
   gerenciamento de portfólio, 496-497
   importância para o gerente do projeto, 496-497
   maturidade de gerenciamento de projetos da organização, 504-508
   metodologia de revisão de fases, 499-504
   modelo do *balanced scorecard*, 507-508
   no nível da organização, 496, 504-508
   no nível do projeto, 496
Suporte administrativo, dependências do, 296-297
Swahl, W., 104
Swanson, S., 45-46, 110-111n
Symons, C. R., 128

T

Takeuchi, Hirotaka, 515-517, 527-528
Talbot, B. F., 219-221, 252-253
Tanzânia, 471
Tate, K., 104, 541
Técnica de avaliação e revisão de programa (PERT), 116-117, 180-181, 203-209

Técnica de grupo nominal (NGT), 350-351
Tektronics, 397-398
Teleconferência, equipes de projeto virtuais e, 348
Televisão, 487
Tempos de compressão, 272-274, 277-279
Terceirização, 361-380
   abordagem tradicional versus abordagem de parceria, 364-366
   atividades de construção de equipe, 367-369
   atividades de treinamento, 367-369
   coalocação, 370-371
   comunicação na, 367-368, 372-373
   definição de, 268, 362-363
   exemplos de, 364-366, 370, 371-372, 378-379
   gerenciamento de contratos, 370-372, 386-391
   melhores práticas, 364-373
   na aceleração da conclusão do projeto, 268, 279-280
   na alocação de recursos, 233-234
   negociação na, 372-377
   processo de gerenciamento de conflitos, 368-369
   relações com os clientes, 376-379
   relações de longo prazo, 371-373
   requisitos e procedimentos bem-definidos, 364-367
   revisão e atualizações de status, 368-370
   vantagens e desvantagens, 363-365
Terremoto de Northridge (Califórnia), 267, 390
Tesluk, P. E., 353
Thamhain, H. J., 342, 353-354
The Goal (Goldratt), 254-263
Thompson, A. A., 87n
Thompson, G. L., 168-169
Thompson, Hine, & Flory, 370
Thompson, M. P., 381
Thoms, P., 353-354
Time Inc., 524-525
Torti, M. T., 378-379, 378-379n
Toyota, 362-363, 371-372
Transferência do risco, 182-183
Treinamento
   em projetos internacionais, 487-490
   na terceirização, 367-369
   treinamento e certificação profissional, 2-3, 536-538
Trevino, L. K., 308-310n, 318
Triagem de projetos
   matriz de triagem de projetos, 32-35, 35-37
   metodologia de revisão de fases, 502-503
   modelos de seleção de critérios múltiplos, 31-35
   modelos financeiros de seleção, 30-32
   modelos não financeiros de seleção, 31-35
   panorama do processo de triagem de projetos, 37-39

Tuchman, B. W., 325-327, 353-354
Tuller, L. W., 478-479n
Tung, R. L., 482n, 486, 491-492
Turner, J. R., 29, 44, 312, 318
Turtle, Q. C., 153-155, 168-169

U

U.S. West, 350-351
Ugly american, 474-475
Uhlenbruck, K., 491-492
Ulrich, F. C., 197
Underwriter Laboratories, Inc., 488
United Way, 538-539
Unruh, V. P., 381
Urgência na liderança por exemplo, 306-307
Ury, W., 373-377, 380
Utilitários elétricos, 413-414

V

Valor agregado (EV)
    abordagem de percentual de valor pseudo-agregado, 417
    análise de variação, 400-401
    definição de, 237-238, 395-395, 398-399
    desenvolvimento do sistema de custo/cronograma de valor agregado, 395-395, 397-402, 432-439
    em orçamentos em fases cronológicas, 237-238
    no relatório de status, 404
    percentual de conclusão com barreiras de monitoramento ponderadas, 410-411
    regra do 0/100, 410-411
    regra do 50/50, 410-411
    regra do percentual de conclusão, 400-401
    regras adicionais de valor agregado, 410-411, 432-439
Valor planejado (PV)
    análise de variação, 400-401
    custos incluídos no, 400-401
    definição de, 237-238, 398-399
    em orçamentos em fases cronológicas, 237-238
Valor presente líquido (VPL)
    na avaliação do risco, 180-181
    na seleção de projetos, 30-32
Valores Z, PERT, 205-208

Van de Ven, Andrew H., 350-351n
Van Slyke, C., 491-492
Vanderjack, Brian, 527-528
Variação de custo (CV)
    análise de variação 400-401, 401-402
    cálculo, 399-400
    definição de, 398-399
Variação do cronograma (SV)
    análise de variação, -398-401, 402
    cálculo, 399-400
    definição de, 398-399
Variação na conclusão (VAC)
    análise de variação, 401-402
    definição de, 398-399
Varkonyi, Greg, 326n
Vecta, 515-516
Versatec, 71-72
Vertica, 24
Veryzer, R. W., 45
Verzuh, E., 285-286
Videoconferência, equipes de projeto virtuais e, 348
Visão, 336-339, 342-343
Visão compartilhada, 336-339, 342-343
Visão do projeto, 336-339, 342-343
Vogel, D. R., 491-492
Volta (*looping*), 147-148
Vroom, Victor H., 278n, 285-286, 340-341, 353-354

W

Wake, William, 517-518
Walker, C. F., 197
Walker, D. H. T., 509
Walker, O. C., Jr., 77
Wal-Mart, 5-6
Walt Disney Company, 9-10, 397-398
Walt Disney World, 338-339
Walters, H., 70n
Wang, Q., 77
Wang, R., 285-286
Warner Brothers, 362-363
Warner-Lambert, 451
Washington Wizards, 446-447
Watson, G., 168-169
Webb, A. P., 316-317, 431
Webber, S. S., 378-379, 378-379n

Weiler, Ed, 174-175
Wells, W. G., 431
Welsh, M. A., 317
West, J. D., 168-169
West, Tom, 337, 337n
Wexley, K. N., 451-452, 461
Wheatly, M., 461
Wheelwright, S. C., 76-77, 336, 337, 352
Whitman, Meg, 24
Whybark, D. Clay, 290-291n
Wiest, J. D., 252-253
Wilemon, D. L., 342, 353-354
Willie, C. J., 214-215, 252-253
Willis, Kerry, 110-111
Wilson, Pete, 267
Wisneiski, Mary, 370n
Wolfe, M., 461
Wolff, Alexander, 326n
Woodward, H., 45-46
Woodworth, B. M., 214-215, 219-221, 252-253
Woolridge, B., 45
World Trade Center, ataques terroristas ao (2001), 468-469, 517-518
Worldcom, 308-310
Worthen, B., 33-34n, 527-528
Worthington, M. M., 391

X

Xerox, 27-28, 71-72

Y

Yates, J. K., 461
Yeak, William R., 309n
Yeung, I., 482n, 491-492
Yin, M., 285-286
Youker, R., 78
Young, Brue, 278
Young, J., 77
Yovovovich, B. G., 487

Z

Zaitz, Les, 461
Zalmanson, E., 261-262, 263
Zander, A., 327-328n, 353-354
Zaphiropoulos, Renn, 71-72
Zenisek, Joseph, 257
Zwikael, Ofer, 16-17